2024
年 版
法律法规全书系列

中华人民共和国

文化和旅游法律法规全书

THE CULTURE AND TOURISM LAWS
AND REGULATIONS

· 含相关政策 ·

法律出版社法规中心 编

法律出版社
LAW PRESS · CHINA
北京

图书在版编目（CIP）数据

中华人民共和国文化和旅游法律法规全书：含相关政策／法律出版社法规中心编．--5版．--北京：法律出版社，2024
（法律法规全书系列）
ISBN 978－7－5197－8744－8

Ⅰ．①中… Ⅱ．①法… Ⅲ．①旅游业－法规－汇编－中国 Ⅳ．①D922.296.9

中国国家版本馆CIP数据核字（2024）第004198号

中华人民共和国文化和旅游法律法规全书（含相关政策）
ZHONGHUA RENMIN GONGHEGUO WENHUA HE LÜYOU FALÜ FAGUI QUANSHU（HAN XIANGGUAN ZHENGCE）

法律出版社法规中心 编

责任编辑 李争春
装帧设计 臧晓飞

出版发行 法律出版社
编辑统筹 法规出版分社
责任校对 张红蕊
责任印制 耿润瑜
经　　销 新华书店

开本 787毫米×960毫米 1/16
印张 44.5 **字数** 1535千
版本 2024年1月第5版
印次 2024年1月第1次印刷
印刷 固安华明印业有限公司

地址：北京市丰台区莲花池西里7号（100073）
网址：www.lawpress.com.cn
投稿邮箱：info@lawpress.com.cn
举报盗版邮箱：jbwq@lawpress.com.cn
销售电话：010－83938349
客服电话：010－83938350
咨询电话：010－63939796

书号：ISBN 978－7－5197－8744－8　　**定价**：98.00元

凡购买本社图书，如有印装错误，我社负责退换。电话：010－83938349

编辑出版说明

近年来，随着城乡居民生活水平持续快速提升，居民文化和旅游消费需求持续扩大。文化和旅游在满足人民群众对美好生活向往方面的作用日益凸显。一方面，文化和旅游业蓬勃发展。另一方面，文化市场出现的文化产品低俗、违规违法经营等问题严重扰乱了文化市场秩序；旅游市场出现的霸王条款、虚假宣传、低价陷阱等问题严重侵害了消费者权益。

为规范文化和旅游市场秩序，弘扬中国特色社会主义先进文化，保障旅游者和旅游经营者的合法权益，促进文化和旅游市场高质量发展，国家陆续出台了相关领域的法律法规。集结出版一本权威的文化和旅游法律法规，为我国文化和旅游工作提供遵循，尤为必要。为此，我们精心编辑出版了这本《中华人民共和国文化和旅游法律法规全书（含相关政策）》，以期为执法者、管理者、消费者提供法律依据，助力法律落地起跑。本书具有以下特点：

一、收录全面，编排合理，查询方便

收录截至2023年12月以来公布的现行有效的与文化和旅游相关的法律、行政法规、司法解释、部门规章及政策规定。全书分为两篇，上篇“文化法规政策”包括“图书”“报纸、期刊”“印刷”“影视音像与电子出版物”“广播、电视、广告”“互联网和网络游戏”“演出与娱乐场所”“文物、艺术品与文化场馆”；下篇“旅游法规政策”包括“旅行社管理”“导游人员管理”“出入境旅游管理”“旅馆、酒店管理”“旅游景点管理”“旅游安全及交通法律制度”“旅游市场监督”“旅游纠纷”。本书分类细致，全面覆盖文化和旅游活动的方方面面，具有体例清晰、查询方便的特点。

二、法律文本标准，特设条旨，权威实用

作为专业法律出版机构，多年来，我社积淀了丰富的标准法律文本资源，并根据立法进度及时更新相关内容，有能力向公民传播权威的法律信息。全书对重点法律附加条旨，可指引读者迅速找到自己需要的条文，实用性强。

三、特色服务，动态增补

为保持本书与新法的同步更新，避免读者在一定周期内重复购书，特结合法律出版社法规中心的资源优势提供动态增补服务。读者可扫描封底二维码，查看、下载免费增补材料。

由于编者水平有限，还望读者在使用过程中不吝赐教，提出您的宝贵意见（邮箱地址：faguizhongxin@163.com），以便本书继续修订完善。谢谢！

法律出版社法规中心

2024年1月

总　目　录

上篇　文化法规政策

下篇　旅游法规政策

目　录

上篇　文化法规政策

一、综　合

---

① 目录中对有修改的文件,将其第一次公布的时间和最近一次修改的时间一并列出,在正文中收录的是最新修改后的文本。特此说明。

二、图　　书

① 加星号的文件为重见件,在目录中可归于不同类别,在正文中只收录一次。

四、印　　刷

五、影视音像与电子出版物

1. 电影

2. 电视剧

3. 音像制品

4. 电子出版物

六、广播、电视、广告

1. 综合规定

2. 广播电台、电视台的设立与经营

3. 广播电视节目

4. 广告

七、互联网和网络游戏

1. 互联网

2. 互联网上网服务

八、演出与娱乐场所

1. 综合规定

九、文物、艺术品与文化场馆

1. 文物

2. 文化遗产

3. 文化艺术品

4. 文化场馆

下篇　旅游法规政策

一、综　　合

二、旅行社管理

三、导游人员管理

四、出入境旅游管理

五、旅馆、酒店管理

六、旅游景点管理

七、旅游安全及交通法律制度

八、旅游市场监督

九、旅游纠纷

上篇　文化法规政策

一、综　合

资料补充栏

1. 总　类

中华人民共和国宪法(节录)

1. 1982年12月4日第五届全国人民代表大会第五次会议通过
2. 1982年12月4日全国人民代表大会公告公布施行
3. 根据1988年4月12日第七届全国人民代表大会第一次会议通过的《中华人民共和国宪法修正案》、1993年3月29日第八届全国人民代表大会第一次会议通过的《中华人民共和国宪法修正案》、1999年3月15日第九届全国人民代表大会第二次会议通过的《中华人民共和国宪法修正案》、2004年3月14日第十届全国人民代表大会第二次会议通过的《中华人民共和国宪法修正案》和2018年3月11日第十三届全国人民代表大会第一次会议通过的《中华人民共和国宪法修正案》修正

第四条　【民族政策】①中华人民共和国各民族一律平等。国家保障各少数民族的合法的权利和利益,维护和发展各民族的平等团结互助和谐关系。禁止对任何民族的歧视和压迫,禁止破坏民族团结和制造民族分裂的行为。

国家根据各少数民族的特点和需要,帮助各少数民族地区加速经济和文化的发展。

各少数民族聚居的地方实行区域自治,设立自治机关,行使自治权。各民族自治地方都是中华人民共和国不可分离的部分。

各民族都有使用和发展自己的语言文字的自由,都有保持或者改革自己的风俗习惯的自由。

第五条　【法治原则】中华人民共和国实行依法治国,建设社会主义法治国家。

国家维护社会主义法制的统一和尊严。

一切法律、行政法规和地方性法规都不得同宪法相抵触。

一切国家机关和武装力量、各政党和各社会团体、各企业事业组织都必须遵守宪法和法律。一切违反宪法和法律的行为,必须予以追究。

任何组织或者个人都不得有超越宪法和法律的特权。

第十四条　【发展生产与社会保障】国家通过提高劳动者的积极性和技术水平,推广先进的科学技术,完善经济管理体制和企业经营管理制度,实行各种形式的社会主义责任制,改进劳动组织,以不断提高劳动生产率和经济效益,发展社会生产力。

国家厉行节约,反对浪费。

国家合理安排积累和消费,兼顾国家、集体和个人的利益,在发展生产的基础上,逐步改善人民的物质生活和文化生活。

国家建立健全同经济发展水平相适应的社会保障制度。

第二十二条　【文化事业】国家发展为人民服务、为社会主义服务的文学艺术事业、新闻广播电视事业、出版发行事业、图书馆博物馆文化馆和其他文化事业,开展群众性的文化活动。

国家保护名胜古迹、珍贵文物和其他重要历史文化遗产。

第二十四条　【精神文明建设】国家通过普及理想教育、道德教育、文化教育、纪律和法制教育,通过在城乡不同范围的群众中制定和执行各种守则、公约,加强社会主义精神文明的建设。

国家倡导社会主义核心价值观,提倡爱祖国、爱人民、爱劳动、爱科学、爱社会主义的公德,在人民中进行爱国主义、集体主义和国际主义、共产主义的教育,进行辩证唯物主义和历史唯物主义的教育,反对资本主义的、封建主义的和其他的腐朽思想。

第三十五条　【基本政治自由】中华人民共和国公民有言论、出版、集会、结社、游行、示威的自由。

第三十六条　【宗教信仰自由】中华人民共和国公民有宗教信仰自由。

任何国家机关、社会团体和个人不得强制公民信仰宗教或者不信仰宗教,不得歧视信仰宗教的公民和不信仰宗教的公民。

国家保护正常的宗教活动。任何人不得利用宗教进行破坏社会秩序、损害公民身体健康、妨碍国家教育制度的活动。

宗教团体和宗教事务不受外国势力的支配。

第四十七条　【文化活动权】中华人民共和国公民有进行科学研究、文学艺术创作和其他文化活动的自由。国家对于从事教育、科学、技术、文学、艺术和其他文化事业的公民的有益于人民的创造性工作,给以鼓励和帮助。

第四十八条　【妇女的平等权】中华人民共和国妇女在政治的、经济的、文化的、社会的和家庭的生活等各方面享有同男子平等的权利。

国家保护妇女的权利和利益,实行男女同工同酬,

① 条文主旨为编者所加,下同。

培养和选拔妇女干部。

第一百二十一条 【自治机关的公务语言】民族自治地方的自治机关在执行职务的时候,依照本民族自治地方自治条例的规定,使用当地通用的一种或者几种语言文字。

第一百二十二条 【国家对民族自治地方的帮助、扶持】国家从财政、物资、技术等方面帮助各少数民族加速发展经济建设和文化建设事业。

国家帮助民族自治地方从当地民族中大量培养各级干部、各种专业人才和技术工人。

中华人民共和国刑法(节录)

1. 1979年7月1日第五届全国人民代表大会第二次会议通过
2. 1997年3月14日第八届全国人民代表大会第五次会议修订
*3. 根据1998年12月29日第九届全国人民代表大会常务委员会第六次会议通过的《关于惩治骗购外汇、逃汇和非法买卖外汇犯罪的决定》、1999年12月25日第九届全国人民代表大会常务委员会第十三次会议通过的《中华人民共和国刑法修正案》、2001年8月31日第九届全国人民代表大会常务委员会第二十三次会议通过的《中华人民共和国刑法修正案(二)》、2001年12月29日第九届全国人民代表大会常务委员会第二十五次会议通过的《中华人民共和国刑法修正案(三)》、2002年12月28日第九届全国人民代表大会常务委员会第三十一次会议通过的《中华人民共和国刑法修正案(四)》、2005年2月28日第十届全国人民代表大会常务委员会第十四次会议通过的《中华人民共和国刑法修正案(五)》、2006年6月29日第十届全国人民代表大会常务委员会第二十二次会议通过的《中华人民共和国刑法修正案(六)》、2009年2月28日第十一届全国人民代表大会常务委员会第七次会议通过的《中华人民共和国刑法修正案(七)》、2009年8月27日第十一届全国人民代表大会常务委员会第十次会议通过的《关于修改部分法律的决定》、2011年2月25日第十一届全国人民代表大会常务委员会第十九次会议通过的《中华人民共和国刑法修正案(八)》、2015年8月29日第十二届全国人民代表大会常务委员会第十六次会议通过的《中华人民共和国刑法修正案(九)》、2017年11月4日第十二届全国人民代表大会常务委员会第三十次会议通过的《中华人民共和国刑法修正案(十)》、2020年12月26日第十三届全国人民代表大会常务委员会第二十四次会议通过的《中华人民共和国刑法修正案(十一)》和2023年12月29日第十四届全国人民代表大会常务委员会第七次会议通过的《中华人民共和国刑法修正案(十二)》修正*①

第三十九条 【被管制罪犯的义务与权利】被判处管制的犯罪分子,在执行期间,应当遵守下列规定:

(一)遵守法律、行政法规,服从监督;

(二)未经执行机关批准,不得行使言论、出版、集会、结社、游行、示威自由的权利;

(三)按照执行机关规定报告自己的活动情况;

(四)遵守执行机关关于会客的规定;

(五)离开所居住的市、县或者迁居,应当报经执行机关批准。

对于被判处管制的犯罪分子,在劳动中应当同工同酬。

第五十四条 【剥夺政治权利的内容】剥夺政治权利是剥夺下列权利:

(一)选举权和被选举权;

(二)言论、出版、集会、结社、游行、示威自由的权利;

(三)担任国家机关职务的权利;

(四)担任国有公司、企业、事业单位和人民团体领导职务的权利。

第一百五十二条 【走私淫秽物品罪】以牟利或者传播为目的,走私淫秽的影片、录像带、录音带、图片、书刊或者其他淫秽物品的,处三年以上十年以下有期徒刑,并处罚金;情节严重的,处十年以上有期徒刑或者无期徒刑,并处罚金或者没收财产;情节较轻的,处三年以下有期徒刑、拘役或者管制,并处罚金。

【走私废物罪】逃避海关监管将境外固体废物、液态废物和气态废物运输进境,情节严重的,处五年以下有期徒刑,并处或者单处罚金;情节特别严重的,处五年以上有期徒刑,并处罚金。

单位犯前两款罪的,对单位判处罚金,并对其直接负责的主管人员和其他直接责任人员,依照前两款的规定处罚。

第二百一十七条 【侵犯著作权罪】以营利为目的,有下列侵犯著作权或者与著作权有关的权利的情形之一,违法所得数额较大或者有其他严重情节的,处三年以下有期徒刑,并处或者单处罚金;违法所得数额巨大或者有其他特别严重情节的,处三年以上十年以下有期徒刑,并处罚金:

(一)未经著作权人许可,复制发行、通过信息网络向公众传播其文字作品、音乐、美术、视听作品、计算机软件及法律、行政法规规定的其他作品的;

(二)出版他人享有专有出版权的图书的;

---

① 刑法、历次刑法修正案、涉及修改刑法的决定的施行日期,分别依据各法律所规定的施行日期确定。

（三）未经录音录像制作者许可，复制发行、通过信息网络向公众传播其制作的录音录像的；

（四）未经表演者许可，复制发行录有其表演的录音录像制品，或者通过信息网络向公众传播其表演的；

（五）制作、出售假冒他人署名的美术作品的；

（六）未经著作权人或者与著作权有关的权利人许可，故意避开或者破坏权利人为其作品、录音录像制品等采取的保护著作权或者与著作权有关的权利的技术措施的。

第二百一十八条 【销售侵权复制品罪】以营利为目的，销售明知是本法第二百一十七条规定的侵权复制品，违法所得数额巨大或者有其他严重情节的，处五年以下有期徒刑，并处或者单处罚金。

第二百二十二条 【虚假广告罪】广告主、广告经营者、广告发布者违反国家规定，利用广告对商品或者服务作虚假宣传，情节严重的，处二年以下有期徒刑或者拘役，并处或者单处罚金。

第二百二十五条 【非法经营罪】违反国家规定，有下列非法经营行为之一，扰乱市场秩序，情节严重的，处五年以下有期徒刑或者拘役，并处或者单处违法所得一倍以上五倍以下罚金；情节特别严重的，处五年以上有期徒刑，并处违法所得一倍以上五倍以下罚金或者没收财产：

（一）未经许可经营法律、行政法规规定的专营、专卖物品或者其他限制买卖的物品的；

（二）买卖进出口许可证、进出口原产地证明以及其他法律、行政法规规定的经营许可证或者批准文件的；

（三）未经国家有关主管部门批准非法经营证券、期货、保险业务的，或者非法从事资金支付结算业务的；

（四）其他严重扰乱市场秩序的非法经营行为。

第二百五十条 【出版歧视、侮辱少数民族作品罪】在出版物中刊载歧视、侮辱少数民族的内容，情节恶劣，造成严重后果的，对直接责任人员，处三年以下有期徒刑、拘役或者管制。

第二百八十六条 【破坏计算机信息系统罪】违反国家规定，对计算机信息系统功能进行删除、修改、增加、干扰，造成计算机信息系统不能正常运行，后果严重的，处五年以下有期徒刑或者拘役；后果特别严重的，处五年以上有期徒刑。

违反国家规定，对计算机信息系统中存储、处理或者传输的数据和应用程序进行删除、修改、增加的操作，后果严重的，依照前款的规定处罚。

故意制作、传播计算机病毒等破坏性程序，影响计算机系统正常运行，后果严重的，依照第一款的规定处罚。

单位犯前三款罪的，对单位判处罚金，并对其直接负责的主管人员和其他直接责任人员，依照第一款的规定处罚。

第二百八十七条之一 【非法利用信息网络罪】利用信息网络实施下列行为之一，情节严重的，处三年以下有期徒刑或者拘役，并处或者单处罚金：

（一）设立用于实施诈骗、传授犯罪方法、制作或者销售违禁物品、管制物品等违法犯罪活动的网站、通讯群组的；

（二）发布有关制作或者销售毒品、枪支、淫秽物品等违禁物品、管制物品或者其他违法犯罪信息的；

（三）为实施诈骗等违法犯罪活动发布信息的。

单位犯前款罪的，对单位判处罚金，并对其直接负责的主管人员和其他直接责任人员，依照第一款的规定处罚。

有前两款行为，同时构成其他犯罪的，依照处罚较重的规定定罪处罚。

第二百八十七条之二 【帮助信息网络犯罪活动罪】明知他人利用信息网络实施犯罪，为其犯罪提供互联网接入、服务器托管、网络存储、通讯传输等技术支持，或者提供广告推广、支付结算等帮助，情节严重的，处三年以下有期徒刑或者拘役，并处或者单处罚金。

单位犯前款罪的，对单位判处罚金，并对其直接负责的主管人员和其他直接责任人员，依照第一款的规定处罚。

有前两款行为，同时构成其他犯罪的，依照处罚较重的规定定罪处罚。

第二百九十一条之一 【投放虚假危险物质罪；编造、故意传播虚假恐怖信息罪】投放虚假的爆炸性、毒害性、放射性、传染病病原体等物质，或者编造爆炸威胁、生化威胁、放射威胁等恐怖信息，或者明知是编造的恐怖信息而故意传播，严重扰乱社会秩序的，处五年以下有期徒刑、拘役或者管制；造成严重后果的，处五年以上有期徒刑。

【编造、故意传播虚假信息罪】编造虚假的险情、疫情、灾情、警情，在信息网络或者其他媒体上传播，或者明知是上述虚假信息，故意在信息网络或者其他媒体上传播，严重扰乱社会秩序的，处三年以下有期徒刑、拘役或者管制；造成严重后果的，处三年以上七年以下有期徒刑。

第三百二十八条 【盗掘古文化遗址、古墓葬罪】盗掘具有历史、艺术、科学价值的古文化遗址、古墓葬的，处三年以上十年以下有期徒刑,并处罚金;情节较轻的,处三年以下有期徒刑、拘役或者管制,并处罚金;有下列情形之一的,处十年以上有期徒刑或者无期徒刑,并处罚金或者没收财产:

(一)盗掘确定为全国重点文物保护单位和省级文物保护单位的古文化遗址、古墓葬的;

(二)盗掘古文化遗址、古墓葬集团的首要分子;

(三)多次盗掘古文化遗址、古墓葬的;

(四)盗掘古文化遗址、古墓葬,并盗窃珍贵文物或者造成珍贵文物严重破坏的。

【盗掘古人类化石、古脊椎动物化石罪】盗掘国家保护的具有科学价值的古人类化石和古脊椎动物化石的,依照前款的规定处罚。

第三百六十一条 【特定单位的人员组织、强迫、引诱、容留、介绍卖淫的处理规定】旅馆业、饮食服务业、文化娱乐业、出租汽车业等单位的人员,利用本单位的条件,组织、强迫、引诱、容留、介绍他人卖淫的,依照本法第三百五十八条、第三百五十九条的规定定罪处罚。

前款所列单位的主要负责人,犯前款罪的,从重处罚。

第三百六十二条 【窝藏、包庇罪】旅馆业、饮食服务业、文化娱乐业、出租汽车业等单位的人员,在公安机关查处卖淫、嫖娼活动时,为违法犯罪分子通风报信,情节严重的,依照本法第三百一十条的规定定罪处罚。

第三百六十三条 【制作、复制、出版、贩卖、传播淫秽物品牟利罪】以牟利为目的,制作、复制、出版、贩卖、传播淫秽物品的,处三年以下有期徒刑、拘役或者管制,并处罚金;情节严重的,处三年以上十年以下有期徒刑,并处罚金;情节特别严重的,处十年以上有期徒刑或者无期徒刑,并处罚金或者没收财产。

【为他人提供书号出版淫秽书刊罪】为他人提供书号,出版淫秽书刊的,处三年以下有期徒刑、拘役或者管制,并处或者单处罚金;明知他人用于出版淫秽书刊而提供书号的,依照前款的规定处罚。

第三百六十四条 【传播淫秽物品罪】传播淫秽的书刊、影片、音像、图片或者其他淫秽物品,情节严重的,处二年以下有期徒刑、拘役或者管制。

【组织播放淫秽音像制品罪】组织播放淫秽的电影、录像等音像制品的,处三年以下有期徒刑、拘役或者管制,并处罚金;情节严重的,处三年以上十年以下有期徒刑,并处罚金。

制作、复制淫秽的电影、录像等音像制品组织播放的,依照第二款的规定从重处罚。

向不满十八周岁的未成年人传播淫秽物品的,从重处罚。

第三百六十五条 【组织淫秽表演罪】组织进行淫秽表演的,处三年以下有期徒刑、拘役或者管制,并处罚金;情节严重的,处三年以上十年以下有期徒刑,并处罚金。

第三百六十六条 【单位犯本节规定之罪的处罚】单位犯本节第三百六十三条、第三百六十四条、第三百六十五条规定之罪的,对单位判处罚金,并对其直接负责的主管人员和其他直接责任人员,依照各该条的规定处罚。

第三百六十七条 【淫秽物品的范围】本法所称淫秽物品,是指具体描绘性行为或者露骨宣扬色情的诲淫性的书刊、影片、录像带、录音带、图片及其他淫秽物品。

有关人体生理、医学知识的科学著作不是淫秽物品。

包含有色情内容的有艺术价值的文学、艺术作品不视为淫秽物品。

国务院关于进一步繁荣发展少数民族文化事业的若干意见

1. 2009年7月5日
2. 国发〔2009〕29号

各省、自治区、直辖市人民政府,国务院各部委、各直属机构:

为全面贯彻党的十七大精神,深入贯彻落实科学发展观,进一步繁荣发展少数民族文化事业,推动社会主义文化大发展大繁荣,促进各民族共同团结奋斗、共同繁荣发展,现提出如下意见。

一、繁荣发展少数民族文化事业具有重要意义

(一)*文化是民族的重要特征,是民族生命力、凝聚力和创造力的重要源泉。*少数民族文化是中华文化的重要组成部分,是中华民族的共有精神财富。在长期的历史发展过程中,我国各民族创造了各具特色、丰富多彩的民族文化。各民族文化相互影响、相互交融,增强了中华文化的生命力和创造力,不断丰富和发展着中华文化的内涵,提高了中华民族的文化认同感和向心力。各民族都为中华文化的发展进步做出了自己的贡献。

(二)*党和国家历来高度重视和关心少数民族文化事业。*新中国成立以来特别是改革开放以来,少数民族文化事业取得了历史性的重大成就。少数民族文化工作体系不断完善,少数民族语言文字得到保护和发展,少数民族优秀传统文化得到传承和弘扬,少数民族文学艺术日益繁荣，少数民族和民族地区文化产业初具规模，文化体制改革不断深化，对外交流不断加强。少数民族文化事业的发展在提高各族群众文明素质，促进民族地区经济社会发展，推动民族团结进步事业，繁荣社会主义先进文化方面，发挥了重要作用。

（三）繁荣发展少数民族文化事业，是一项长期而重大的战略任务。在少数民族文化事业取得巨大进步的同时，也必须充分认识存在的一些亟待解决的突出困难和特殊问题。文化基础设施条件相对落后，公共文化服务体系比较薄弱，文化机构不够健全，人才相对缺乏，文化产品和服务供给能力不强，文化遗产损毁、流失、失传等现象比较突出，境外敌对势力加紧进行文化渗透等。因此，必须从贯彻落实科学发展观、巩固民族团结、兴起社会主义文化建设新高潮、推动社会主义文化大发展大繁荣的高度，深刻认识繁荣发展少数民族文化事业的特殊重要性和紧迫性，把繁荣发展少数民族文化事业作为一项重大的战略任务，采取更加切实、更加有效的政策措施，着力加以推进。

二、繁荣发展少数民族文化事业的指导思想、基本原则和目标任务

（四）指导思想。全面贯彻党的十七大精神，高举中国特色社会主义伟大旗帜，以邓小平理论和“三个代表”重要思想为指导，深入贯彻落实科学发展观，牢牢把握社会主义先进文化的前进方向，紧紧围绕共同团结奋斗、共同繁荣发展的民族工作主题，以建设社会主义核心价值体系为主线，以完善公共文化服务体系为重点，以加强基础设施建设为手段，以推动文化创新为动力，以改革体制机制为保障，以满足各族群众日益增长的精神文化需求为出发点和落脚点，促进少数民族文化建设与全国文化建设、与民族地区经济社会建设、与民族地区教育事业协调发展，促进民族团结、实现共同进步，更加自觉、更加主动地为推动社会主义文化大发展大繁荣做贡献。

（五）基本原则。坚持为人民服务、为社会主义服务的方向和百花齐放、百家争鸣的方针，尊重差异、包容多样，既要继承、保护、弘扬少数民族文化，又要推动各民族文化相互借鉴、加强交流、和谐发展。坚持面向现代化、面向世界、面向未来，把握规律性，保持民族性，体现时代性，推动少数民族文化的改革创新，不断解放和发展少数民族文化生产力。坚持贴近实际、贴近生活、贴近群众，生产更多各族群众喜闻乐见的优秀精神文化产品。坚持社会效益和经济效益相统一，把社会效益放在首位，充分发挥政府和市场的作用，促进少数民族文化事业和文化产业协调发展。坚持基本公共服务均等化，优先发展少数民族和民族地区文化事业，保障少数民族和民族地区各族群众的基本文化权益。坚持因地制宜、分类指导，不断完善扶持少数民族文化事业发展的政策措施。

（六）目标任务。到2020年，民族地区文化基础设施相对完备，覆盖少数民族和民族地区的公共文化服务体系基本建立，主要指标接近或达到全国平均水平，少数民族群众读书看报难、收听收看广播影视难、开展文化活动难等问题得到较好解决，少数民族优秀传统文化得到有效保护、传承和弘扬。实施一批重大文化项目和工程，推出一批体现民族特色、反映时代精神、具有很高艺术水准的文化艺术精品，创作生产更多更好适应各族群众需求的优秀文化产品。文化工作体制机制创新取得重大突破，科学有效的宏观管理体制和微观服务运行机制基本形成，政策法规更臻完备，政府文化管理和服务职能显著增强。文化市场体系更加健全，以公有制为主体、多种所有制共同发展的少数民族文化产业格局更加合理。少数民族文化对外交流迈出重大步伐，国际影响力和竞争力进一步提高。

三、繁荣发展少数民族文化事业的政策措施

（七）加快少数民族和民族地区公共文化基础设施建设。大力推进民族地区县级图书馆文化馆、乡镇综合文化站和村文化室、广播电视村村通工程、农村电影放映工程、农家书屋工程、文化信息资源共享工程等建设，保障民族地区基层文化设施有效运转。地广人稀的民族地区配备流动文化服务车和相关设备，建设和完善流动服务网络。大力推进数字和网络技术等现代科技手段的应用和普及，形成实用、便捷、高效的公共文化服务体系。国家实施各项重大文化工程时，切实加大对少数民族和民族地区的倾斜力度。

（八）繁荣发展少数民族新闻出版事业。加大对民族类新闻媒体的扶持力度，加快设备和技术的更新改造，提高信息化水平和传播能力，扩大覆盖面和受益面。对涉及少数民族事务的重大宣传报道活动、少数民族文字重大出版项目，给予重点扶持。逐步实现向少数民族群众和民族地区基层单位免费赠阅宣传党和国家大政方针、传播社会主义核心价值体系、普及科学文化技术知识的图书、报刊和音像制品等出版物。加强少数民族语文翻译出版工作，逐步提高优秀汉文、外文出版物和优秀少数民族文字出版物双向翻译出版的数量和质量。扶持民族类重点新闻网站建设，支持少数民族文字网站和新兴传播载体有序发展，加强管理

和引导。少数民族出版事业属公益性文化事业，中央和地方财政要加大对纳入公益性出版单位的少数民族出版社的资金投入力度，逐步增加对少数民族文字出版的财政补贴。

（九）大力发展少数民族广播影视事业。巩固广播电视村村通工程、农村电影放映工程建设成果，扩大民族地区广播影视覆盖面，对设施维护进行适当补助，确保长期通、安全通。提高少数民族语言广播影视节目制作能力，加强优秀广播影视作品少数民族语言译制工作。提高民族地区电台、电视台少数民族语言节目自办率，改善民族地区尤其是边远农牧区电影放映条件，增加播放内容和时间。推出内容更加新颖、形式更加多样、数量更加丰富的少数民族广播影视作品，更好地满足各族群众多层次、多方面、多样化精神文化需求。

（十）加大对少数民族文艺院团和博物馆建设扶持力度。重点扶持体现民族特色和国家水准的少数民族文艺院团建设，积极鼓励少数民族文艺院团发展。扶持民族自治地方重点民族博物馆或民俗博物馆建设，鼓励社会力量兴办各类民族博物馆。民族自治地方的综合博物馆要突出少数民族特色，适当设立少数民族文物展览室、陈列室。加强少数民族文物征集工作，改善馆藏少数民族文物保存条件，做好少数民族文物鉴定、定级工作，提升管理、研究和展示服务水平。

（十一）大力开展群众性少数民族文化活动。鼓励举办具有民族特色的文化展演和体育活动，支持基层开展丰富多彩的群众性少数民族传统节庆、文化活动，加强指导和管理。尊重群众首创精神，发挥各族群众在文化建设中的主体作用，努力探索保护和传承少数民族优秀传统文化的有效途径。进一步办好全国少数民族文艺会演和全国少数民族传统体育运动会。

（十二）加强对少数民族文化遗产的挖掘和保护。结合第三次全国文物普查和非物质文化遗产普查，开展少数民族文化遗产调查登记工作，对濒危少数民族重要文化遗产进行抢救性保护。加大现代科技手段运用力度，加快少数民族文化资源数字化建设进程。进一步加强人口较少民族文化遗产保护。扶持少数民族古籍抢救、搜集、保管、整理、翻译、出版和研究工作，逐步实现少数民族古籍的科学管理和有效保护。加强少数民族非物质文化遗产发掘和保护工作，对少数民族和民族地区非物质文化遗产保护予以重点倾斜，推进少数民族非物质文化遗产申报联合国教科文组织“人类非物质文化遗产代表作名录”和国家级非物质文化遗产名录，加大对列入名录的非物质文化遗产项目保护力度。积极开展少数民族文化生态保护工作，有计划地进行整体性动态保护。加强保护具有浓郁传统文化特色的少数民族建筑、村寨。

（十三）尊重、继承和弘扬少数民族优秀传统文化。加强宣传引导，营造尊重和弘扬少数民族优秀传统文化的社会氛围。国家保障各民族使用和发展本民族语言文字的自由，鼓励各民族公民互相尊重、互相学习语言文字。尊重语言文字发展规律，推进少数民族语言文字的规范化、标准化和信息处理工作。在有利于社会发展和民族进步前提下，使各民族饮食习惯、衣着服饰、建筑风格、生产方式、技术技艺、文学艺术、宗教信仰、节日风俗等，得到切实尊重、保护和传承。加强对工业化、信息化、城镇化、市场化、国际化深入发展形势下少数民族文化发展特点和规律研究，不断开辟传承和弘扬少数民族优秀传统文化的有效途径，推进和谐文化和中华民族共有精神家园建设。

（十四）大力推动少数民族文化创新。促进现代技术和手段在少数民族文化发展中的应用，鼓励具有民族特色和时代气息的优秀文化作品创作，提高少数民族文化产品数量和质量。加大对少数民族艺术精品创作扶持力度，打造一批有影响的少数民族文学、戏曲、影视、音乐等文化艺术品牌。国家舞台艺术精品工程要进一步向少数民族和民族地区倾斜。国家各级各类文化奖项，少数民族文化作品获奖应占合理比重，对优秀少数民族文化作品及有突出贡献的文化工作者给予奖励和表彰，进一步激发少数民族文化创作的积极性、主动性和创造性。

（十五）积极促进少数民族文化产业发展。把握少数民族文化发展特点和规律，建设统一、开放、竞争、有序的文化市场体系，培育文化产品市场和要素市场，形成富有效率的文化生产和服务运行机制。充分发挥少数民族文化资源优势，鼓励少数民族文化产业多样化发展，促进文化产业与教育、科技、信息、体育、旅游、休闲等领域联动发展。确定重点发展的文化产业门类，推出一批具有战略性、引导性和带动性的重大文化产业项目，建设一批少数民族文化产业园区和基地，在重点领域取得跨越式发展。

（十六）加强边疆民族地区文化建设。支持边疆地区少数民族语言文字新闻出版业发展，增加公共文化产品特别是少数民族语言文字文化产品有效供给。进一步提高边疆民族地区广播电视覆盖率和影响力。发挥边疆少数民族人文优势，加强与周边国家文化交流，促进和谐周边环境建设。加强边疆民族地区文化产品进出口市场监管，清除各类非法印刷品，加强卫星接收设施监督管理工作，防止非法盗版、接收、传播境外广播电视节目，有效防范境外敌对势力文化渗透活动，维护边疆地区文化安全。

（十七）努力推进少数民族文化对外交流。切实增加少数民族文化在国家对外文化交流中的比重。每年安排一定数量的少数民族文化活动参与中外互办文化年和在国外举办的中国文化节、文化周、艺术周、电影周、电视周、文物展、博览会以及各类演出、展览等，促进形成全方位、多层次、宽领域的对外文化交流格局。打造一批少数民族文化对外交流精品，巩固少数民族文化对外交流已有品牌，进一步提升少数民族文化国际影响力。大力推动少数民族文化与海外华人华侨、台湾同胞、港澳同胞的交流，增强中华文化的认同感，为促进国家和平统一服务。

四、完善少数民族文化事业发展的体制机制

（十八）完善少数民族文化事业发展政策法规。加强少数民族文化立法工作，适时研究制订有关少数民族文化保护和发展的法律法规和政策措施。加快制定和完善从事少数民族文化工作的专业（技术）人员职称评定政策和资质认证、机构和团体建设等方面的相关标准和办法。研究、制定或修订有关文化事业和文化产业政策法规时，要充分考虑少数民族文化的特殊性，增加专条专款加以明确。推动国家扶持与市场运作相结合，从制度上更好发挥市场在少数民族文化资源配置中的基础性作用，引导社会力量参与少数民族文化建设，形成有利于科学发展的宏观调控体系。

（十九）深化少数民族和民族地区文化事业单位体制机制改革。实行公益性事业与经营性业务分类管理，对公益性事业单位实行聘用制度、岗位管理制度和岗位绩效工资制度。引入竞争机制，采取政府招标、项目补贴、定向资助等形式，对重要少数民族文化产品、重大公共文化项目和公益性文化活动给予扶持。支持少数民族文化单位按照有关规定转企改制，在一定期限内给予财政、税收等方面的优惠政策，做好劳动人事、社会保障的政策衔接，按照新人新办法、老人老办法的原则制定相关政策。

（二十）加强少数民族文化事业发展经费保障，加大政府对少数民族文化事业的投入。中央和省级财政在安排促进民族地区发展和宣传文化发展相关经费时，逐步加大对少数民族文化事业的支持力度。继续实行相关税收优惠政策，鼓励和扶持少数民族和民族地区文化事业和文化产业发展。

（二十一）加大少数民族文化人才队伍建设力度。努力造就一支数量充足、素质较高的少数民族文化工作者队伍，营造有利于优秀人才脱颖而出的体制机制和社会环境，着力培养一大批艺术拔尖人才、经营管理人才、专业技术人才。积极保护和扶持少数民族优秀民间艺人和濒危文化项目传承人，对为传承非物质文化遗产做出突出贡献的传承人，按照国家有关规定给予表彰。支持高等院校和科研机构参与抢救濒危文化，推动相关学科建设，培养濒危文化传承人。

五、加强对少数民族文化工作的领导

（二十二）切实把少数民族文化工作摆上更加重要的位置。各地区、各部门要进一步提高对少数民族文化工作重要性的认识，增强责任感和紧迫感，切实把少数民族文化工作纳入重要议事日程，纳入当地经济社会发展总体规划，纳入科学发展考评体系。加强对少数民族文化工作的调查研究，定期听取工作汇报，做出部署，狠抓落实。关心支持少数民族和民族地区文化工作部门和单位的建设，及时研究解决存在的突出困难和特殊问题，充分调动和有效保护少数民族文化工作者的积极性、主动性、创造性。

（二十三）推动形成分工协作、齐抓共管的良好局面。在党委统一领导下，建立健全政府统筹协调、业务部门主管、有关部门密切配合、社会各界广泛参与的少数民族文化工作格局。各有关部门编制规划、部署工作，要把少数民族文化工作作为重要内容，加大支持力度，确保目标任务完成。加强舆论宣传，营造有利于少数民族文化事业发展的社会氛围。充分发挥各方面的积极作用，不断开创少数民族文化工作的新局面。

各地区、各部门要按照本意见的精神，结合实际，制定贯彻实施的具体措施和办法。有关部门要加强对本意见贯彻执行情况的督促检查。

国务院关于推进文化创意和设计服务与相关产业融合发展的若干意见

1. 2014年2月26日
2. 国发〔2014〕10号

各省、自治区、直辖市人民政府，国务院各部委、各直属机构：

近年来，随着我国新型工业化、信息化、城镇化和农业现代化进程的加快，文化创意和设计服务已贯穿在经济社会各领域各行业，呈现出多向交互融合态势。

文化创意和设计服务具有高知识性、高增值性和低能耗、低污染等特征。推进文化创意和设计服务等新型、高端服务业发展,促进与实体经济深度融合,是培育国民经济新的增长点、提升国家文化软实力和产业竞争力的重大举措,是发展创新型经济、促进经济结构调整和发展方式转变、加快实现由"中国制造"向"中国创造"转变的内在要求,是促进产品和服务创新、催生新兴业态、带动就业、满足多样化消费需求、提高人民生活质量的重要途径。为推进文化创意和设计服务与相关产业融合发展,现提出以下意见。

一、总体要求

(一)指导思想。以邓小平理论、"三个代表"重要思想、科学发展观为指导,按照加快转变经济发展方式和全面建成小康社会的总体要求,以改革创新和科技进步为动力,以知识产权保护利用和创新型人力资源开发为核心,牢固树立绿色节能环保理念,充分发挥市场作用,促进资源合理配置,强化创新驱动,增强创新动力,优化发展环境,切实提高我国文化创意和设计服务整体质量水平和核心竞争力,大力推进与相关产业融合发展,更好地为经济结构调整、产业转型升级服务,为扩大国内需求、满足人民群众日益增长的物质文化需要服务。

(二)基本原则。

统筹协调,重点突破。统筹各类资源,加强协调配合,着力推进文化软件服务、建筑设计服务、专业设计服务、广告服务等文化创意和设计服务与装备制造业、消费品工业、建筑业、信息业、旅游业、农业和体育产业等重点领域融合发展。根据不同地区实际、不同产业特点,鼓励先行先试,发挥特色优势,促进多样化、差异化发展。

市场主导,创新驱动。以市场为导向、企业为主体,产学研用协同,转变政府职能,加强扶持引导,实施支持企业创新政策,打破行业和地区壁垒,充分调动社会各方面积极性,促进技术创新、业态创新、内容创新、模式创新和管理创新,推进文化创意和设计服务产业化、专业化、集约化、品牌化发展,促进与相关产业深度融合,催生新技术、新工艺、新产品,满足新需求。

文化传承,科技支撑。依托丰厚文化资源,丰富创意和设计内涵,拓展物质和非物质文化遗产传承利用途径,促进文化遗产资源在与产业和市场的结合中实现传承和可持续发展。加强科技与文化的结合,促进创意和设计产品服务的生产、交易和成果转化,创造具有中国特色的现代新产品,实现文化价值与实用价值的有机统一。

(三)发展目标。到2020年,文化创意和设计服务的先导产业作用更加强化,与相关产业全方位、深层次、宽领域的融合发展格局基本建立,相关产业文化含量显著提升,培养一批高素质人才,培育一批具有核心竞争力的企业,形成一批拥有自主知识产权的产品,打造一批具有国际影响力的品牌,建设一批特色鲜明的融合发展城市、集聚区和新型城镇。文化创意和设计服务增加值占文化产业增加值的比重明显提高,相关产业产品和服务的附加值明显提高,为推动文化产业成为国民经济支柱性产业和促进经济持续健康发展发挥重要作用。

二、重点任务

(一)塑造制造业新优势。支持基于新技术、新工艺、新装备、新材料、新需求的设计应用研究,促进工业设计向高端综合设计服务转变,推动工业设计服务领域延伸和服务模式升级。汽车、飞机、船舶、轨道交通等装备制造业要加强产品的外观、结构、功能等设计能力建设。以打造品牌、提高质量为重点,推动生活日用品、礼仪休闲用品、家用电器、服装服饰、家居用品、数字产品、食品、文化体育用品等消费品工业向创新创造转变,增加多样化供给,引导消费升级。支持消费类产品提升新产品设计和研发能力,加强传统文化与现代时尚的融合,创新管理经营模式,以创意和设计引领商贸流通业创新,加强广告营销策划,增加消费品的文化内涵和附加值,健全品牌价值体系,形成一批综合实力强的自主品牌,提高整体效益和国际竞争力。

(二)加快数字内容产业发展。推动文化产品和服务的生产、传播、消费的数字化、网络化进程,强化文化对信息产业的内容支撑、创意和设计提升,加快培育双向深度融合的新型业态。深入实施国家文化科技创新工程,支持利用数字技术、互联网、软件等高新技术支撑文化内容、装备、材料、工艺、系统的开发和利用,加快文化企业技术改造步伐。大力推动传统文化单位发展互联网新媒体,推动传统媒体和新兴媒体融合发展,提升先进文化互联网传播吸引力。深入挖掘优秀文化资源,推动动漫游戏等产业优化升级,打造民族品牌。推动动漫游戏与虚拟仿真技术在设计、制造等产业领域中的集成应用。全面推进三网融合,推动下一代广播电视网和交互式网络电视等服务平台建设,推动智慧社区、智慧家庭建设。加强通讯设备制造、网络运营、集成播控、内容服务单位间的互动合作。提高数字版权集约水平,健全智能终端产业服务体系,推动产品设计制造与内容服务、应用商店模式整合发展。推进数字电视终端制造业和数字家庭产业与内容服务业融合发展，提升全产业链竞争力。推进数字绿色印刷发展，引导印刷复制加工向综合创意和设计服务转变，推动新闻出版数字化转型和经营模式创新。

（三）提升人居环境质量。坚持以人为本、安全集约、生态环保、传承创新的理念，进一步提高城乡规划、建筑设计、园林设计和装饰设计水平，完善优化功能，提升文化品位。注重对文物保护单位、历史文化名城名镇名村和传统村落的保护。加强城市建设设计和景观风貌规划，突出地域特色，有效保护历史文化街区和历史建筑，提高园林绿化、城市公共艺术的设计质量，建设功能完善、布局合理、形象鲜明的特色文化城市。加强村镇建设规划，培育村镇建筑设计市场，建设环境优美、设施完备、幸福文明的社会主义新农村。贯彻节能、节地、节水、节材的建筑设计理念，推进技术传承创新，积极发展绿色建筑。因地制宜融入文化元素，加快相关建筑标准规范的更新或修订。完善建筑、园林、城市设计、城乡规划等设计方案竞选制度，重视对文化内涵的审查。鼓励装饰设计创新，引领装饰产品和材料升级。

（四）提升旅游发展文化内涵。坚持健康、文明、安全、环保的旅游休闲理念，以文化提升旅游的内涵质量，以旅游扩大文化的传播消费。支持开发康体、养生、运动、娱乐、体验等多样化、综合性旅游休闲产品，建设一批休闲街区、特色村镇、旅游度假区，打造便捷、舒适、健康的休闲空间，提升旅游产品开发和旅游服务设计的人性化、科学化水平，满足广大群众个性化旅游需求。加强自然、文化遗产地和非物质文化遗产的保护利用，大力发展红色旅游和特色文化旅游，推进文化资源向旅游产品转化，建设文化旅游精品。加快智慧旅游发展，促进旅游与互联网融合创新，支持开发具有地域特色和民族风情的旅游演艺精品和旅游商品，鼓励发展积极健康的特色旅游餐饮和主题酒店。

（五）挖掘特色农业发展潜力。提高农业领域的创意和设计水平，推进农业与文化、科技、生态、旅游的融合。强化休闲农业与乡村旅游经营场所的创意和设计，建设集农耕体验、田园观光、教育展示、文化传承于一体的休闲农业园。注重农村文化资源挖掘，不断丰富农业产品、农事景观、环保包装、乡土文化等创意和设计，着力培育一批休闲农业知名品牌，提升农产品附加值，促进创意和设计产品产业化。发展楼宇农业、阳台农艺，进一步拓展休闲农业发展空间。支持专业农产品市场建设特色农产品展览展示馆（园），推进特色农产品文化宣传交流。建立健全地理标志的技术标准体系、质量保证体系与检测体系，扶持地理标志产品，加强地理标志和农产品商标的注册和保护。支持农业企业申报和推介绿色环保产品和原产地标记，鼓励利用信息技术创新具有地域文化特色的农产品营销模式。

（六）拓展体育产业发展空间。积极培育体育健身市场，引导大众体育消费。丰富传统节庆活动内容，支持地方根据当地自然人文资源特色举办体育活动，策划打造影响力大、参与度高的精品赛事，推动体育竞赛表演业全面发展。鼓励发展体育服务组织，以赛事组织、场馆运营、技术培训、信息咨询、中介服务、体育保险等为重点，逐步扩大体育服务规模。推动与体育赛事相关版权的开发与保护，进一步放宽国内赛事转播权的市场竞争范围，探索建立与体育赛事相关的版权交易平台。加强体育产品品牌建设，开发科技含量高、拥有自主知识产权的体育产品，提升市场竞争力。促进体育衍生品创意和设计开发，推进相关产业发展。

（七）提升文化产业整体实力。坚持正确的文化产品创作生产方向，着力提升文化产业各门类创意和设计水平及文化内涵，加快构建结构合理、门类齐全、科技含量高、富有创意、竞争力强的现代文化产业体系，推动文化产业快速发展。鼓励各地结合当地文化特色不断推出原创文化产品和服务，积极发展新的艺术样式，推动特色文化产业发展。强化与规范新兴网络文化业态，创新新兴网络文化服务模式，繁荣文学、艺术、影视、音乐创作与传播。加强舞美设计、舞台布景创意和舞台技术装备创新。坚持保护传承和创新发展相结合，促进艺术衍生产品、艺术授权产品的开发生产，加快工艺美术产品、传统手工艺品与现代科技和时代元素融合。完善博物馆、美术馆等公共文化设施功能，提高展陈水平。

三、政策措施

（一）增强创新动力。深入实施知识产权战略，加强知识产权运用和保护，健全创新、创意和设计激励机制。加强商标法、专利法、著作权法、反不正当竞争法等知识产权保护法律法规宣传普及，完善有利于创意和设计发展的产权制度。完善网络环境下著作权保护等法律法规，加强数据保护等问题研究。加强知识产权监督执法，加大对侵权行为的惩处力度，完善维权援助机制。优化知识产权申请与审查制度，建立并完善专利优先审查通道和软件著作权快速登记通道，健全便捷高效的商标注册审查体系。完善知识产权入股、分红等形式的激励机制和管理制度。活跃知识产权交易，促进知识产权的合理有效流通。提升企业知识产权综合能力，培育一批知识产权优势企业。鼓励企业、院校、科研机构成立战略联盟，引导创意和设计、科技创新要素向企业聚集，加大联盟知识产权管理能力建设，推行知识产权集群式管理。

（二）强化人才培养。推动实施文化创意和设计服务人才扶持计划，打破体制壁垒，扫除身份障碍，营造有利于创新型人才健康成长、脱颖而出的制度环境。优化专业设置，鼓励普通本科高校和科研院所加强专业（学科）建设和理论研究。鼓励将非物质文化遗产传承人才培养纳入职业教育体系，发挥职业教育在文化传承创新中的重要作用，重点建设一批民族文化传承创新专业点。推动民间传统手工艺传承模式改革，培养一批具有文化创新能力的技术技能人才。积极推进产学研用合作培养人才，发展专业学位研究生教育，扶持和鼓励相关行业和产业园区、龙头企业与普通本科高校、职业院校及科研机构共同建立人才培养基地，支持符合条件的设立博士后科研工作站，探索学历教育与职业培训并举、创意和设计与经营管理结合的人才培养新模式，加快培养高层次、复合型人才。加大核心人才、重点领域专门人才、高技能人才和国际化人才的培养和扶持力度，造就一批领军人物。完善政府奖励、用人单位奖励和社会奖励互为补充的多层次创意和设计人才奖励体系，对各类创意和设计人才的创作活动、学习深造、国际交流等进行奖励和资助。加强创业孵化，加大对创意和设计人才创业创新的扶持力度。规范和鼓励举办国际化、专业化的创意和设计竞赛活动，促进创意和设计人才的创新成果展示交易。积极利用各类引才引智计划，引进海外高端人才。健全符合创意和设计人才特点的使用、流动、评价和激励体系，按照国家有关规定，进一步落实国有企业、院所转制企业、职业院校、普通本科高校和科研院所创办企业的股权激励政策，推进职业技能鉴定和职称评定工作，加强人才科学管理。

（三）壮大市场主体。实施中小企业成长工程，支持专业化的创意和设计企业向专、精、特、新方向发展，打造中小企业集群。鼓励挖掘、保护、发展中华老字号等民间特色传统技艺和服务理念，培育具有地方特色的创意和设计企业，支持设计、广告、文化软件工作室等各种形式小微企业发展。推动创意和设计优势企业根据产业联系，实施跨地区、跨行业、跨所有制业务合作，打造跨界融合的产业集团和产业联盟。鼓励有条件的大型企业设立工业设计中心，建设一批国家级工业设计中心。积极推进相关事业单位分类改革，鼓励国有文化企业引进战略资本，实行股份制改造，积极引导民间资本投资文化创意和设计服务领域。支持有条件的企业“走出去”，扩大产品和服务出口，通过海外并购、联合经营、设立分支机构等方式积极开拓国际市场。推进文化等服务业领域有序开放，放开建筑设计领域外资准入限制。围绕提升产业竞争力，建立健全文化创意和设计服务与相关产业融合发展的技术标准体系，加快制定修订一批相关领域的重要国家标准。鼓励行业组织、中介组织和企业参与制定国际标准，支持自主标准国际化。

（四）培育市场需求。加强全民文化艺术教育，提高人文素养，推动转变消费观念，激发创意和设计产品服务消费，鼓励有条件的地区补贴居民文化消费，扩大文化消费规模。鼓励企业应用各类设计技术和设计成果，开展设计服务外包，扩大设计服务市场。创新公共文化服务提供方式，加大政府对创意和设计产品服务的采购力度。消除部门限制和地区分割，促进形成统一开放、竞争有序的国内市场。充分利用上海、深圳文化产权交易所等市场及文化产业、广告、设计等展会，规范交易秩序，提升交易平台的信息化和网络化水平，促进产品和服务交易。鼓励电子商务平台针对创意和设计提供专项服务，帮助小微企业、创意和设计创业人才拓展市场。鼓励有条件的地区在国家许可范围内，根据自身特点建设区域性和行业性交易市场。在商贸流通业改造升级中，运用创意和设计促进专业市场和特色商业街等发展。鼓励批发、零售、住宿、餐饮等生活服务企业在店面装饰、产品陈列、商品包装和市场营销上突出创意和设计，更加注重节能环保，顺应消费者需求。

（五）引导集约发展。依托现有各类文化、创意和设计园区基地，加强规范引导、政策扶持，加强公共技术、资源信息、投资融资、交易展示、人才培养、交流合作等服务能力建设，完善创新创业服务体系，促进各类园区基地提高效益、发挥产业集聚优势。鼓励各地根据资源条件和产业优势，明确发展重点，科学规划建设融合发展集聚区，打造区域性创新中心和成果转化中心。建立区域协调机制与合作平台，加强产业集群内部的有机联系，形成合理分工与协作，构建优势互补、相互促进的区域发展格局。充分发挥各部门职能，组织实施基础性、引导性重大工程和重点项目，提升产业整体素质，增强发展后劲。

（六）加大财税支持。增加文化产业发展专项资金规模，加大对文化创意和设计服务企业支持力度。在体现绿色节能环保导向、增强可操作性的基础上，完善相关税收扶持政策。在文化创意和设计服务领域开展高新技术企业认定管理办法试点，将文化创意和设计服务内容纳入文化产业支撑技术等领域，对经认定为高新技术企业的文化创意和设计服务企业，减按15%的税率征收企业所得税。文化创意和设计服务企业发生的职工教育经费支出，不超过工资薪金总额8%的部分，准予在计算应纳税所得额时扣除。企业发生的符合条件的创意和设计费用，执行税前加计扣除政策。对国家重点鼓励的文化创意和设计服务出口实行营业税免税。落实营业税改增值税试点有关政策，对纳入增值税征收范围的国家重点鼓励的文化创意和设计服务出口实行增值税零税率或免税，对国家重点鼓励的创意和设计产品出口实行增值税零税率。

（七）加强金融服务。建立完善文化创意和设计服务企业无形资产评估体系。支持符合条件的企业上市，鼓励企业发行公司债、企业债、集合信托和集合债、中小企业私募债等非金融企业债务融资工具。支持金融机构选择文化创意和设计服务项目贷款开展信贷资产证券化试点。鼓励银行业金融机构支持文化创意和设计服务小微企业发展。鼓励金融机构创新金融产品和服务，增加适合文化创意和设计服务企业的融资品种，拓展贷款抵（质）押物的范围，完善无形资产和收益权抵（质）押权登记公示制度，探索开展无形资产质押和收益权抵（质）押贷款等业务。建立社会资本投资的风险补偿机制，鼓励各类担保机构提供融资担保和再担保服务。鼓励保险公司加大创新型文化保险产品开发力度，提升保险服务水平，探索设立专业文化产业保险组织机构，促进文化产业保险发展。政府引导，推动设立文化创意和设计服务与相关产业融合发展投资基金。积极引导私募股权投资基金、创业投资基金及各类投资机构投资文化创意和设计服务领域。

（八）优化发展环境。评估清理现有行政审批事项，确需保留的，要精简审批流程，严控审批时限，公开审批标准，提高审批效率。支持以划拨方式取得土地的单位利用存量房产、原有土地兴办文化创意和设计服务，在符合城乡规划前提下土地用途和使用权人可暂不变更，连续经营一年以上，符合划拨用地目录的，可按划拨土地办理用地手续；不符合划拨用地目录的，可采取协议出让方式办理用地手续。广告领域文化事业建设费征收范围严格限定在广告媒介单位和户外广告经营单位，清理其他不合理收费，推动落实文化创意和设计服务企业用水、用电、用气、用热与工业同价。完善城乡规划、建筑设计收费制度，鼓励和推行优质优价。创新政府支持方式，发挥社会组织作用，加强人才队伍建设，资助创业孵化，开展研讨交流等。

四、组织实施

各地区、各部门要按照本意见的要求，根据本地区、本部门、本行业实际情况，切实加强对推进文化创意和设计服务与相关产业融合发展工作的组织领导，编制专项规划或行动计划，制定相关配套文件。要建立工作机制，加强地区间、部门间、行业间的协同联动，确保各项任务措施落到实处。要加强宣传，积极营造全社会支持创新、鼓励创意和设计的良好氛围。加强文化产业振兴方面的立法工作，不断健全相关法律法规和制度。重视完善文化产业统计制度，加强文化创意和设计服务类产业统计、核算和分析。加快发展和规范相关行业协（商、学）会、中介组织，充分发挥行业组织在行业研究、标准制定等方面的作用。发展改革委要会同相关部门对本意见的落实情况进行跟踪分析和监督检查，重大事项及时向国务院报告。

国务院关于加快发展对外文化贸易的意见

1. *2014年3月3日*
2. *国发〔2014〕13号*

各省、自治区、直辖市人民政府，国务院各部委、各直属机构：

近年来，随着改革开放的推进，我国对外文化贸易的规模不断扩大、结构逐步优化，但核心文化产品和服务贸易逆差仍然存在，对外文化贸易占对外贸易总额的比重还较低，有待进一步加强。加快发展对外文化贸易，对于拓展我国文化发展空间、提高对外贸易发展质量，对于继续扩大改革开放、转变经济发展方式，对于稳增长促就业惠民生、提升国家软实力、全面建成小康社会具有重要意义。为进一步做好有关工作，现提出以下意见：

一、总体要求

（一）指导思想。

立足当前，着眼长远，改革创新，完善机制，统筹国际国内两个市场、两种资源，加强政策引导，优化市场环境，壮大市场主体，改善贸易结构，加快发展对外文化贸易，在更大范围、更广领域和更高层次上参与国际文化合作和竞争，把更多具有中国特色的优秀文化产品推向世界。

（二）基本原则。

坚持统筹发展。将发展文化产业、推动对外文化贸易与促进经济结构调整、产业结构优化升级相结合，与扩大国内需求、改善人民群众生活相结合，促进服务业发展、拉动消费和投资增长。

坚持政策引导。切实转变政府职能，依法监管，减少行政干预，加大政策支持力度，营造对外文化贸易发展的良好环境。

坚持企业主体。着力培育外向型文化企业，鼓励各类文化企业从事对外文化贸易业务，到境外开拓市场，形成各种所有制文化企业积极参与的文化出口格局。

坚持市场运作。进一步发挥市场在文化资源配置中的积极作用，激发社会活力，创新文化内容和文化走出去模式，努力打造我国文化出口竞争新优势。

（三）发展目标。

加快发展传统文化产业和新兴文化产业，扩大文化产品和服务出口，加大文化领域对外投资，力争到2020年，培育一批具有国际竞争力的外向型文化企业，形成一批具有核心竞争力的文化产品，打造一批具有国际影响力的文化品牌，搭建若干具有较强辐射力的国际文化交易平台，使核心文化产品和服务贸易逆差状况得以扭转，对外文化贸易额在对外贸易总额中的比重大幅提高，我国文化产品和服务在国际市场的份额进一步扩大，我国文化整体实力和竞争力显著提升。

二、政策措施

（一）明确支持重点。

1. 鼓励和支持国有、民营、外资等各种所有制文化企业从事国家法律法规允许经营的对外文化贸易业务，并享有同等待遇。进一步完善《文化产品和服务出口指导目录》，定期发布《国家文化出口重点企业目录》和《国家文化出口重点项目目录》，加大对入选企业和项目的扶持力度。

2. 鼓励和引导文化企业加大内容创新力度，创作开发体现中华优秀文化、展示当代中国形象、面向国际市场的文化产品和服务，在编创、设计、翻译、配音、市场推广等方面予以重点支持。

3. 支持文化企业拓展文化出口平台和渠道，鼓励各类企业通过新设、收购、合作等方式，在境外开展文化领域投资合作，建设国际营销网络，扩大境外优质文化资产规模。推动文化产品和服务出口交易平台建设，支持文化企业参加境内外重要国际性文化展会。鼓励文化企业借助电子商务等新型交易模式拓展国际业务。

4. 支持文化和科技融合发展，鼓励企业开展技术创新，增加对文化出口产品和服务的研发投入，开发具有自主知识产权的关键技术和核心技术。支持文化企业积极利用国际先进技术，提升消化、吸收和再创新能力。

（二）加大财税支持。

1. 充分发挥财政资金的杠杆作用，加大文化产业发展专项资金等支持力度，综合运用多种政策手段，对文化服务出口、境外投资、营销渠道建设、市场开拓、公共服务平台建设、文化贸易人才培养等方面给予支持。中央和地方有关文化发展的财政专项资金和基金，要加大对文化出口的支持力度。

2. 对国家重点鼓励的文化产品出口实行增值税零税率。对国家重点鼓励的文化服务出口实行营业税免税。结合营业税改征增值税改革试点，逐步将文化服务行业纳入“营改增”试点范围，对纳入增值税征收范围的文化服务出口实行增值税零税率或免税。享受税收优惠政策的国家重点鼓励的文化产品和服务的具体范围由财政部、税务总局会同有关部门确定。

3. 在国务院批准的服务外包示范城市从事服务外包业务的文化企业，符合现行税收优惠政策规定的技术先进型服务企业相关条件的，经认定可享受减按15%的税率征收企业所得税和职工教育经费不超过工资薪金总额8%的部分税前扣除政策。

（三）强化金融服务。

1. 鼓励金融机构按照风险可控、商业可持续原则探索适合对外文化贸易特点的信贷产品和贷款模式，开展供应链融资、海外并购融资、应收账款质押贷款、仓单质押贷款、融资租赁、银团贷款、联保联贷等业务。积极探索扩大文化企业收益权质押贷款的适用范围。鼓励金融机构对符合信贷条件的国家文化出口重点企业和项目提供优质金融服务。

2. 支持符合条件的国家文化出口重点企业通过发行企业债券、公司债券、非金融企业债务融资工具等方式融资。积极发挥专业增信机构作用，为中小文化企业发行中期票据、短期融资券、中小企业集合票据、中小企业私募债券等债务融资工具提供便利。支持符合条件的文化出口项目发行非金融企业资产支持票据和证券公司资产证券化产品。鼓励有跨境投资需求的文化企业在境内发行外币债券。支持文化出口企业在国务院批准的额度内，赴香港等境外人民币市场发行债券。

3. 鼓励保险机构创新保险品种和保险业务，开展知识产权侵权险，演艺、会展、动漫游戏、出版物印刷复制发行和广播影视产品完工险和损失险，团体意外伤害保险、特定演职人员人身意外伤害保险等新型险种和业务。对国家文化出口重点企业和项目，鼓励保险机构提供出口信用保险服务，在风险可控的前提下可采取灵活承保政策，优化投保手续。

4. 鼓励融资性担保机构和其他各类信用中介机构开发符合文化企业特点的信用评级和信用评价方法，通过直接担保、再担保、联合担保、担保与保险相结合等方式为文化企业提供融资担保服务，多渠道分散风险。利用中小企业发展专项资金等对符合条件的融资性担保机构和担保业务予以支持。

5. 推进文化贸易投资的外汇管理便利化，确保文化出口相关跨境收付与汇兑顺畅，满足文化企业跨境投资的用汇需求。支持文化企业采用出口收入存放境外等方式提高外汇资金使用效率。简化跨境人民币结算手续和审核流程，提升结算便利，降低汇率风险。鼓励境内金融机构开展境外项目人民币贷款业务，支持文化企业从事境外投资。

（四）完善服务保障。

1. 尽快培育国家文化出口重点企业成为海关高信用企业，享受海关便捷通关措施。对图书、报纸、期刊等品种多、时效性强、出口次数频繁的文化产品，经海关批准，实行集中申报管理。为文化产品出口提供24小时预约通关服务等便利措施。对文化企业出境演出、展览、进行影视节目摄制和后期加工等所需暂时进出境货物，按照规定加速验放。对暂时出境货物使用暂准免税进口单证册（ATA单证册）向海关申报的，免于向海关提供其他担保。

2. 减少对文化出口的行政审批事项，简化手续，缩短时限。对国有文化企业从事文化出口业务的编创、演职、营销人员等，不设出国（境）指标，简化因公出国（境）审批手续，出国一次审批、全年有效。对面向境外市场生产销售外语出版物的民营文化企业，经批准可以配置专项出版权。

3. 加强相关知识产权保护，研究开展文化知识产权价值评估，及时提供海外知识产权、法律体系及适用等方面咨询，支持文化企业开展涉外知识产权维权工作。加强对外文化贸易公共信息服务，及时发布国际文化市场动态和国际文化产业政策信息。着力培养对外文化贸易复合型人才，积极引进各类优秀人才。建立健全行业中介组织，发挥其在出口促进、行业自律、国际交流等方面的作用。

三、组织领导

建立健全由商务、宣传文化、外交、财税、金融、海关、统计等部门组成的对外文化贸易工作联系机制，加强统筹协调，整合资源，推动相关政策措施的落实，依法规范对外文化贸易工作。加强对外文化贸易统计工作，完善文化领域对外投资统计，统一发布对外文化贸易和对外投资统计数据。结合《文化及相关产业分类（2012）》，修订完善文化产品和服务进出口统计目录。

各地区、各有关部门要按照本意见的要求，切实加强对外文化贸易工作的组织领导，明确任务落实责任，尽快制定具体实施方案，完善和细化相关政策措施，扎实做好相关工作，确保取得实效。

（此件有删减）

关于支持戏曲传承发展的若干政策

1. 2015年7月11日国务院办公厅印发

2. 国办发〔2015〕52号

戏曲具有悠久的历史、独特的魅力和深厚的群众基础，是表现和传承中华优秀传统文化的重要载体。为促进戏曲繁荣发展，弘扬中华优秀传统文化，丰富人民群众精神文化生活，现制定以下政策。

一、总体要求

（一）指导思想。全面贯彻落实党的十八大和十八届二中、三中、四中全会精神，按照党中央、国务院决策部署，坚持“二为”（为人民服务、为社会主义服务）方向、“双百”（百花齐放、百家争鸣）方针，坚持以人民为中心的创作导向，坚持以社会主义核心价值观为引领，坚持扬弃继承、转化创新，保护、传承与发展并重，更好地发挥戏曲艺术在建设中华民族精神家园中的独特作用。

（二）总体目标。力争在“十三五”期间，健全戏曲艺术保护传承工作体系、学校教育与戏曲艺术表演团体传习相结合的人才培养体系，完善戏曲艺术表演团体体制机制、戏曲工作者扎根基层潜心事业的保障激励机制，大幅提升戏曲艺术服务群众的综合能力和水平，培育有利于戏曲活起来、传下去、出精品、出名家的良好环境，形成全社会重视戏曲、关心支持戏曲艺术发展的生动局面。

二、加强戏曲保护与传承

（三）开展地方戏曲剧种普查。2015年7月至2017年6月，在全国范围内开展地方戏曲剧种普查。建立地方戏曲剧种数据库和信息共享交流网络平台。

（四）实施地方戏曲振兴工程。加强地方戏曲保护与传承，振兴戏曲艺术，并将其纳入国民经济和社会发展“十三五”规划。鼓励地方设立戏曲发展专项资金或基金，扶持本地戏曲艺术发展。鼓励将符合条件的地方戏曲列入非物质文化遗产名录，实施抢救性记录和保存。中央财政对老少边穷地区地方戏曲保护与传承工作予以支持。

（五）传承保护京剧、昆曲。继续安排资金支持京剧、昆曲保护与传承。实施中国京剧像音像集萃计划。实施当代昆曲名家收徒传艺工程，做好优秀昆曲传统折子戏录制工作。

三、支持戏曲剧本创作

（六）加大剧本创作扶持力度。实施戏曲剧本孵化计划，文化产业发展专项资金对戏曲企业的优秀戏曲剧本创作项目予以支持。中央财政支持开展“三个一批”优秀戏曲剧本创作扶持，通过“征集新创一批、整理改编一批、买断移植一批”，调动全社会戏曲剧本创作积极性、主动性，推出一批优秀戏曲剧本。国家艺术基金加大对优秀戏曲剧本创作的扶持力度。

四、支持戏曲演出

（七）加大政府购买力度。根据当地群众实际需求，将地方戏曲演出纳入基本公共文化服务目录，通过政府购买服务等方式，组织地方戏曲艺术表演团体到农村为群众演出。把下基层演出场次列为地方戏曲艺术表演团体考核指标内容。

五、改善戏曲生产条件

（八）改善戏曲创作生产场地条件。把简易戏台纳入村级公共服务平台建设范围。在城镇建设和旧城改造中，合理布局文化特别是戏曲演出空间，注重保护利用古戏台，鼓励有条件的历史建筑、工业遗址等，在符合城乡规划、土地利用总体规划和相关保护法律规定的前提下，通过合理利用成为特色鲜明的戏曲演出聚集区。县级以上（含县级）的群艺馆、文化馆建设按照国家颁布的用地标准和建设标准，综合设置戏曲排练演出场所。鼓励群艺馆、文化馆（站）等，通过资源共享、项目合作等方式，为戏曲艺术表演团体免费或低价提供排练演出场所。继续安排资金支持国家级非物质文化遗产保护利用设施建设，增加戏曲类保护利用项目的比重。鼓励采取灵活的产权形式，或以政府购买演出场所的演出时段、提供场租补贴等形式，帮助戏曲艺术表演团体解决演出场所问题。

（九）实行差别化的戏曲教学排练演出设施用地政策。进一步完善有关用地标准和建设标准，提出戏曲教学排练演出场所建设要求。戏曲教学排练演出设施独立用地，符合《划拨用地目录》的，可以划拨方式提供。支持现有戏曲教学排练演出设施改造建设，在符合城乡规划、土地利用总体规划的前提下，现有戏曲教学排练演出设施改造可兼容一定规模的商业、服务、办公等其他用途，并按协议方式补充办理用地手续。严格戏曲教学排练演出设施用地供后监管，需改变合同约定的土地用途的，必须取得出让方和市、县人民政府城市规划行政主管部门同意，其中单独建设戏曲教学排练演出设施用地应在用地合同和划拨决定书中明确，改变用途应由政府依法收回后重新供应。

六、支持戏曲艺术表演团体发展

（十）重点资助基层和民营戏曲艺术表演团体。文化产业发展专项资金对符合条件的县级以下（含县级）转企改制国有戏曲艺术表演团体和民营戏曲艺术表演团体，在购置和更新服装、乐器、灯光、音响等方面给予资金支持。根据基层实际，在为转企改制戏曲艺术表演团体配备流动舞台车的基础上，中央财政出资为县级划转为研究类或传承保护类机构且未配备过流动舞台车的戏曲艺术表演团体配备流动舞台车。

（十一）实行财政配比政策。鼓励地方财政参照中央财政的做法，对地方国有戏曲艺术表演团体捐赠收入实行财政配比政策。

（十二）落实税费优惠政策。落实转企改制戏曲艺术表演团体有关优惠政策。落实暂免征收部分小微企业增值税和营业税、小型微利企业所得税优惠，以及免征部分小微企业教育费附加、残疾人就业保障金等各项已出台的税费优惠政策，支持符合条件的小型微型戏曲艺术表演团体发展。

（十三）鼓励和引导社会力量支持戏曲表演团体。鼓励和引导企业、社会团体或个人通过兴办实体、资助项目、赞助活动、提供设施、建立专项基金等形式参与扶持地方戏曲的传承发展，营造有利于社会力量支持戏曲艺术表演团体的良好环境，发挥好政府引导和社会参与的综合效益。

七、完善戏曲人才培养和保障机制

（十四）加强学校戏曲专业人才培养。研究制定新形势下加强戏曲教育工作的意见。对中等职业教育戏曲表演专业学生实行免学费。地方各级财政部门应切实落实大中专戏曲职业教育生均拨款制度。鼓励戏曲表演类民间艺人、非物质文化遗产传承人参与戏曲职业教育教学,建立非物质文化遗产传承人"双向进入"机制,设立技艺指导大师特设岗位,鼓励有条件的戏曲职业院校成立大师工作室。支持戏曲艺术表演团体与戏曲职业院校合作,建立学生学习(实践)基地及人才培养基地。国家艺术基金加大对优秀戏曲创作表演人才培养项目的支持力度。

(十五)完善戏曲艺术表演团体青年表演人才培养机制。实施"名家传戏——戏曲名家收徒传艺"计划,支持各级各类戏曲艺术表演团体、学校、研究机构采取"一带一、一带二"等方式传授戏曲表演艺术精粹。建立戏曲院校青年教师与戏曲艺术表演团体青年骨干"双向交流"机制,为培养新一代青年拔尖人才创造良好条件。

(十六)畅通引进优秀戏曲专业人员的通道。保留事业性质和划转为研究类、传承保护类机构的戏曲艺术表演团体,在公开招聘戏曲专业技术人员时,可按照国家关于事业单位公开招聘有关要求,结合本地区本单位实际和戏曲专业人员特点,注重人才的思想政治素质、专业素养和艺术成就,合理确定招聘方式,按照特人特招、特事特办原则引进优秀专业人员。

(十七)扩大职称评审范围。将转制为企业的戏曲艺术表演团体和民营戏曲艺术表演团体中的专业技术人员纳入职称评审范围。

(十八)切实保障戏曲从业人员社会保障权益。戏曲艺术表演团体应按国家有关规定为职工办理社会保险,有条件的可购买商业保险,切实维护戏曲从业人员合法权益。鼓励社会团体、社会资本等对戏曲武功伤残、患职业病等特殊人员进行救助,有条件的可以发起设立戏曲从业人员保障公益基金会。

八、加大戏曲普及和宣传

(十九)加强学校戏曲通识教育。结合学校教育实际,强化中华优秀传统文化特别是戏曲内容的教育教学。大力推动戏曲进校园,支持戏曲艺术表演团体到各级各类学校演出,鼓励大中小学生走进剧场。大中小学应采取多种形式,争取每年让学生免费欣赏到1场优秀的戏曲演出。向中小学生推荐优秀戏曲。严把到学校演出和向学生推荐的戏曲剧目的内容质量关。鼓励学校建设戏曲社团和兴趣小组,鼓励中小学与本地戏曲艺术表演团体合作开展校园戏曲普及活动。鼓励中小学特聘校外戏曲专家和非物质文化遗产传承人担任学校兼职艺术教师。

(二十)扩大戏曲社会影响力。实施优秀经典戏曲剧目影视创作计划,鼓励开设、制作宣传推广戏曲作品、传播普及戏曲知识的栏目节目。鼓励电影发行放映机构为戏曲电影的发行放映提供便利。发挥互联网在戏曲传承发展中的重要作用,鼓励通过新媒体普及和宣传戏曲。各级新闻媒体要加大戏曲宣传力度,报道戏曲创作演出优秀剧目,报道传承发展戏曲的好经验、好做法,报道戏曲界树立新风、弘扬美德、服务人民的精神风貌。

九、加强组织领导

(二十一)抓好贯彻落实。各省(区、市)人民政府要高度重视,加强指导,精心部署,做好政策落地和督查工作。国务院有关部门要认真落实关于支持戏曲传承发展的各项政策,积极推进相关配套政策措施。各级文化部门要切实强化责任意识,认真抓好具体实施工作,确保取得实效。各级文联协助做好实施工作。

国务院办公厅关于推进基层综合性文化服务中心建设的指导意见

1. 2015年10月2日

2. 国办发〔2015〕74号

各省、自治区、直辖市人民政府,国务院各部委、各直属机构:

为贯彻落实《中共中央办公厅、国务院办公厅关于加快构建现代公共文化服务体系的意见》精神,推进基层公共文化资源有效整合和统筹利用,提升基层公共文化设施建设、管理和服务水平,经国务院同意,现就推进基层综合性文化服务中心建设提出如下意见。

一、推进基层综合性文化服务中心建设的重要性和紧迫性

基层是公共文化服务的重点和薄弱环节。近年来,我国公共文化服务体系建设加快推进,公共文化设施网络建设成效明显,基层公共文化设施条件得到较大改善。但随着我国新型工业化、信息化、城镇化和农业现代化进程加快,城市流动人口大幅增加,基层群众的精神文化需求呈现出多层次、多元化特点,现有的基层文化设施和服务已难以满足广大人民群众的实际需要。一是基层特别是农村公共文化设施总量不足、布局不合理。尤其在西部地区和老少边穷地区,基层文化设施不足的问题突出。二是面向基层的优秀公共文化产品供给不足，特别是内容健康向上、形式丰富多彩、群众喜闻乐见的文化产品种类和数量少，服务质量参差不齐。三是由于缺少统筹协调和统一规划，公共文化资源难以有效整合，条块分割、重复建设、多头管理等问题普遍存在，基层公共文化设施功能不健全、管理不规范、服务效能低等问题仍较突出，总量不足与资源浪费问题并存，难以发挥出整体效益。

党的十八届三中全会明确提出“建设综合性文化服务中心”的改革任务。推进基层综合性文化服务中心建设，有利于完善基层公共文化设施网络，补齐短板，打通公共文化服务的“最后一公里”；有利于增加基层公共文化产品和服务供给，丰富群众精神文化生活，充分发挥文化凝聚人心、增进认同、化解矛盾、促进和谐的积极作用；有利于统筹利用资源，促进共建共享，提升基层公共文化服务效能。要从战略和全局的高度，充分认识加强基层综合性文化服务中心建设的重要性和紧迫性，增强责任感和使命感，为巩固基层文化阵地、全面建成小康社会奠定坚实基础。

二、指导思想、基本原则和工作目标

（一）指导思想。全面贯彻党的十八大和十八届二中、三中、四中全会精神，按照党中央、国务院决策部署，以保障群众基本文化权益为根本，以强化资源整合、创新管理机制、提升服务效能为重点，因地制宜推进基层综合性文化服务中心建设，把服务群众同教育引导群众结合起来，把满足需求同提高素养结合起来，促进基本公共文化服务标准化均等化，使基层公共文化服务得到全面加强和提升，为实现“两个一百年”奋斗目标和中华民族伟大复兴中国梦提供精神动力和文化条件。

（二）基本原则。

坚持导向，服务大局。发挥基层综合性文化服务中心在宣传党的理论和路线方针政策、培育社会主义核心价值观、弘扬中华优秀传统文化等方面的重要作用，推动人们形成向上向善的精神追求和健康文明的生活方式，用先进文化占领基层文化阵地。

以人为本，对接需求。把保障人民群众基本文化权益作为工作的出发点和落脚点，把群众满意度作为检验工作的首要标准，建立健全群众需求反馈机制，促进供需有效对接，真正把综合性文化服务中心建成服务基层、惠及百姓的民心工程。

统筹规划，共建共享。以中西部地区和老少边穷地区为重点，从城乡基层实际出发，发挥基层政府的主导作用，加强规划指导，科学合理布局，整合各级各类面向基层的公共文化资源和服务，促进优化配置、高效利用，形成合力。

因地制宜，分类指导。综合考虑不同地区的经济发展水平、人口变化、文化特点和自然条件等因素，坚持试点先行，及时总结不同地区建设经验，发挥典型示范作用，推动各地形成既有共性又有特色的建设发展模式。

改革创新，提升效能。围绕建设、管理、使用等关键环节，改革管理体制和运行机制，创新基层公共文化服务的内容和形式，鼓励社会参与和群众自我服务，提高综合服务效益。

（三）工作目标。到2020年，全国范围的乡镇（街道）和村（社区）普遍建成集宣传文化、党员教育、科学普及、普法教育、体育健身等功能于一体，资源充足、设备齐全、服务规范、保障有力、群众满意度较高的基层综合性公共文化设施和场所，形成一套符合实际、运行良好的管理体制和运行机制，建立一支扎根基层、专兼职结合、综合素质高的基层文化队伍，使基层综合性文化服务中心成为我国文化建设的重要阵地和提供公共服务的综合平台，成为党和政府联系群众的桥梁和纽带，成为基层党组织凝聚、服务群众的重要载体。

三、加强基层综合性文化服务中心建设

（四）科学规划，合理布局。在全面掌握基层公共文化设施存量和使用状况的基础上，衔接国家和地方经济社会发展总体规划、土地利用总体规划、城乡规划以及其他相关专项规划，根据城乡人口发展和分布，按照均衡配置、规模适当、经济适用、节能环保等要求，合理规划布局公共文化设施。

（五）加强基层综合性文化设施建设。落实《国家基本公共文化服务指导标准（2015－2020年）》，进一步完善基层综合性文化设施建设标准，加大建设力度。基层综合性文化服务中心主要采取盘活存量、调整置换、集中利用等方式进行建设，不搞大拆大建，凡现有设施能够满足基本公共文化需求的，一律不再进行改扩建和新建。乡镇（街道）综合性文化设施重在完善和补缺，对个别尚未建成的进行集中建设。村（社区）综合性文化服务中心主要依托村（社区）党组织活动场所、城乡社区综合服务设施、文化活动室、闲置中小学校、新建住宅小区公共服务配套设施以及其他城乡综合公共服务设施，在明确产权归属、保证服务接续的基础上进行集合建设，并配备相应器材设备。

（六）加强文体广场建设。与乡镇（街道）和村（社

区)综合性文化设施相配套,按照人口规模和服务半径,建设选址适中、与地域条件相协调的文体广场,偏远山区不具备建设条件的,可酌情安排。文体广场要建设阅报栏、电子阅报屏和公益广告牌,并加强日常维护,及时更新内容。配备体育健身设施和灯光音响设备等,有条件的可搭建戏台舞台。

四、明确功能定位

(七)向城乡群众提供基本公共文化服务。着眼于保障群众的基本文化权益,按照《国家基本公共文化服务指导标准(2015－2020年)》和各地实施标准,由县级人民政府结合自身财力和群众文化需求,制定本地基层综合性文化服务中心基本服务项目目录(以下简称服务目录),重点围绕文艺演出、读书看报、广播电视、电影放映、文体活动、展览展示、教育培训等方面,设置具体服务项目,明确服务种类、数量、规模和质量要求,实现"软件"与"硬件"相适应、服务与设施相配套,为城乡居民提供大致均等的基本公共文化服务。

(八)整合各级各类面向基层的公共文化资源。发挥基层综合性文化服务中心的终端平台优势,整合分布在不同部门、分散孤立、用途单一的基层公共文化资源,实现人、财、物统筹使用。以基层综合性文化服务中心为依托,推动文化信息资源共建共享,提供数字图书馆、数字文化馆和数字博物馆等公共数字文化服务;推进广播电视户户通,提供应急广播、广播电视器材设备维修、农村数字电影放映等服务;推进县域内公共图书资源共建共享和一体化服务,加强村(社区)及薄弱区域的公共图书借阅服务,整合农家书屋资源,设立公共图书馆服务体系基层服务点,纳入基层综合性文化服务中心管理和使用;建设基层体育健身工程,组织群众开展体育健身活动等。同时,加强文化体育设施的综合管理和利用,提高使用效益。

(九)开展基层党员教育工作。结合推进基层组织建设,把基层综合性文化服务中心作为加强思想政治工作、开展党员教育的重要阵地,发挥党员干部现代远程教育网络以及文化信息资源共享工程基层服务点、社区公共服务综合信息平台等基层信息平台的作用,广泛开展政策宣讲、理论研讨、学习交流等党员教育活动。

(十)配合做好其他公共服务。按照功能综合设置的要求,积极开展农民科学素质行动、社区居民科学素质行动、法治宣传教育和群众性法治文化活动,提高基层群众的科学素养和法律意识。要结合当地党委和政府赋予的职责任务,与居民自治、村民自治等基层社会治理体系相结合,根据实际条件,开展就业社保、养老助残、妇儿关爱、人口管理等其他公共服务和社会管理工作,推广一站式、窗口式、网络式综合服务,简化办事流程,集中为群众提供便捷高效的服务。

五、丰富服务内容和方式

(十一)广泛开展宣传教育活动。围绕新时期党和国家的重大改革措施及惠民政策,采取政策解读、专题报告、百姓论坛等多种方式,开展基层宣传教育,使群众更好地理解、支持党委和政府工作;开展社会主义核心价值观学习教育和中国梦主题教育实践,推进文明村镇、文明社区创建和乡贤文化建设,利用宣传栏、展示墙、文化课堂、道德讲堂以及网络平台等方式开展宣传,举办道德模范展览展示、巡讲巡演活动,通过以身边人讲身边事、身边事教身边人的方式,培养群众健康的生活方式和高尚的道德情操,引领社会文明风尚;弘扬中华优秀传统文化,利用当地特色历史文化资源,加强非物质文化遗产传承保护和民间文化艺术之乡创建,开展非物质文化遗产展示、民族歌舞、传统体育比赛等民族民俗活动,打造基层特色文化品牌;积极开展艺术普及、全民阅读、法治文化教育、科学普及、防灾减灾知识技能和就业技能培训等,传播科学文化知识,提高群众综合素质。

(十二)组织引导群众文体活动。支持群众自办文化,依托基层综合性文化服务中心,兴办读书社、书画社、乡村文艺俱乐部,组建演出团体、民间文艺社团、健身团队以及个体放映队等。结合中华传统节日、重要节假日和重大节庆活动等,通过组织开展读书征文、文艺演出、经典诵读、书画摄影比赛、体育健身竞赛等文体活动,吸引更多群众参与。加强对广场舞等群众文体活动的引导,推进广场文化健康、规范、有序发展。工会、共青团、妇联等群团组织保持和增强群众性,以基层综合性文化服务中心为载体开展职工文化交流、青少年课外实践和妇女文艺健身培训等丰富多彩的文体活动,引导所联系群众继承和弘扬中华优秀传统文化,自觉培育和践行社会主义核心价值观。

(十三)创新服务方式和手段。畅通群众文化需求反馈渠道,根据服务目录科学设置"菜单",采取"订单"服务方式,实现供需有效对接。实行错时开放,提高利用效率。为老年人、未成年人、残疾人、农民工和农村留守妇女儿童等群体提供有针对性的文化服务,推出一批特色服务项目。广泛开展流动文化服务,把基层综合性文化服务中心建成流动服务点，积极开展文化进社区、进农村和区域文化互动交流等活动。充分发挥互联网等现代信息技术优势，利用公共数字文化项目和资源，为基层群众提供数字阅读、文化娱乐、公共信息和技能培训等服务。推广文化体育志愿服务，吸纳更多有奉献精神和文体技能的普通群众成为志愿者，在城乡社区就近就便开展志愿服务活动。探索国家和省级文化体育等相关机构与基层综合性文化服务中心的对口帮扶机制，推动国家及省级骨干文艺团体与基层综合性文化服务中心“结对子”。

六、创新基层公共文化运行管理机制

（十四）强化政府的主导作用。县（市、区）人民政府在推进基层综合性文化服务中心建设中承担主体责任，要实事求是确定存量改造和增量建设任务，把各级各类面向基层的公共文化资源纳入到支持基层综合性文化服务中心建设发展上来；宣传文化部门要发挥牵头作用，加强协调指导，及时研究解决建设中存在的问题；各相关部门要立足职责、分工合作；公共文化体育机构要加强业务指导，共同推动工作落实。

（十五）建立健全管理制度。加强对乡镇（街道）综合文化站的管理，制定乡镇（街道）综合文化站服务规范。建立村（社区）综合性文化服务中心由市、县统筹规划，乡镇（街道）组织推进，村（社区）自我管理的工作机制。结合基本公共文化服务标准化建设，重点围绕基层综合性文化服务中心的功能定位、运行方式、服务规范、人员管理、经费投入、绩效考核、奖惩措施等重点环节，建立健全标准体系和内部管理制度，形成长效机制，实现设施良性运转、长期使用和可持续发展。严格安全管理制度，制定突发事件应急预案，及时消除各类安全隐患。

（十六）鼓励群众参与建设管理。在村（社区）党组织的领导下，发挥村委会和社区居委会的群众自治组织作用，引导城乡居民积极参与村（社区）综合性文化服务中心的建设使用，加强群众自主管理和自我服务。健全民意表达机制，依托社区居民代表会议、村民代表会议和村民小组会议等，开展形式多样的民主协商，对基层综合性文化服务中心建设发展的重要事项，充分听取群众意见建议，保证过程公开透明，接受群众监督。

（十七）探索社会化建设管理模式。加大政府向社会力量购买公共文化服务力度，拓宽社会供给渠道，丰富基层公共文化服务内容。鼓励支持企业、社会组织和其他社会力量，通过直接投资、赞助活动、捐助设备、资助项目、提供产品和服务，以及采取公益创投、公益众筹等方式，参与基层综合性文化服务中心建设管理。率先在城市探索开展社会化运营试点，通过委托或招投标等方式吸引有实力的社会组织和企业参与基层文化设施的运营。

七、加强组织实施

（十八）制定实施方案。各省（区、市）政府要把加强基层综合性文化服务中心建设发展作为构建现代公共文化服务体系的重要内容，对接相关规划，结合本地实际，尽快制定实施方案，明确总体思路、具体举措和时间安排。市、县两级政府要结合农村社区建设、扶贫开发、美丽乡村建设等工作，抓紧制定落实方案。

（十九）坚持试点先行。要稳步推进，先期确定一批基础条件较好的地方和部分中西部贫困地区进行试点，并逐步在全国范围推广实施。支持试点地区因地制宜探索符合本地实际、具有推广价值的基层综合性文化服务中心建设发展模式，创新服务内容和提供方式，拓宽优秀公共文化产品和服务供给渠道。

（二十）加大资金保障。地方各级政府要根据实际需要和相关标准，将基层综合性文化服务中心建设所需资金纳入财政预算。中央和省级财政统筹安排一般公共预算和政府性基金预算，通过转移支付对革命老区、民族地区、边疆地区、贫困地区基层综合性文化服务中心设备购置和提供基本公共文化服务所需资金予以补助，同时对绩效评价结果优良的地区予以奖励。发挥政府投入的带动作用，落实对社会力量参与公共文化服务的各项优惠政策，鼓励和引导社会资金支持基层综合性文化服务中心建设。

（二十一）加强队伍建设。乡镇（街道）综合文化站按照中央有关规定配备工作人员，村（社区）综合性文化服务中心由“两委”确定1名兼职工作人员，同时通过县、乡两级统筹和购买服务等方式解决人员不足问题。推广部分地方基层文化体育设施设立文化管理员、社会体育指导员等经验。鼓励“三支一扶”大学毕业生、大学生村官、志愿者等专兼职从事基层综合性文化服务中心管理服务工作。加强业务培训，乡镇（街道）和村（社区）文化专兼职人员每年参加集中培训时间不少于5天。

（二十二）开展督促检查。把基层综合性文化服务中心建设纳入政府公共文化服务考核指标。由各级文化行政部门会同有关部门建立动态监测和绩效评价机制，对基层综合性文化服务中心建设使用情况进行督促检查，及时协调解决工作中的各种问题。同时，引入第三方开展公众满意度测评。对基层综合性文化服务中心建设、管理和使用中群众满意度较差的地方要进行通报批评,对好的做法和经验及时总结、推广。

国务院办公厅转发文化部等部门关于推动文化文物单位文化创意产品开发若干意见的通知

1. 2016年5月11日
2. 国办发〔2016〕36号

各省、自治区、直辖市人民政府,国务院各部委、各直属机构:

文化部、国家发展改革委、财政部、国家文物局《关于推动文化文物单位文化创意产品开发的若干意见》已经国务院同意,现转发给你们,请结合实际,认真贯彻执行。

关于推动文化文物单位文化创意产品开发的若干意见

文化部　国家发展改革委　财政部　国家文物局

为深入发掘文化文物单位馆藏文化资源,发展文化创意产业,开发文化创意产品,弘扬中华优秀文化,传承中华文明,推进经济社会协调发展,提升国家软实力,根据《国务院关于进一步加强文物工作的指导意见》(国发〔2016〕17号)有关要求,现提出以下意见。

一、总体要求

文化文物单位主要包括各级各类博物馆、美术馆、图书馆、文化馆、群众艺术馆、纪念馆、非物质文化遗产保护中心及其他文博单位等掌握各种形式文化资源的单位。文化文物单位馆藏的各类文化资源,是中华民族五千多年文明发展进程中创造的博大精深灿烂文化的重要组成部分。

依托文化文物单位馆藏文化资源,开发各类文化创意产品,是推动中华文化创造性转化和创新性发展、使中国梦和社会主义核心价值观更加深入人心的重要途径,是推动中华文化走向世界、提升国家文化软实力的重要渠道,是丰富人民群众精神文化生活、满足多样化消费需求的重要手段,是增强文化文物单位服务能力、提升服务水平、丰富服务内容的必然要求,对推动优秀传统文化与当代文化相适应、与现代社会相协调,推陈出新、以文化人,具有重要意义。

推动文化创意产品开发,要始终把社会效益放在首位,实现社会效益和经济效益相统一;要在履行好公益服务职能、确保文化资源保护传承的前提下,调动文化文物单位积极性,加强文化资源系统梳理和合理开发利用;要鼓励和引导社会力量参与,促进优秀文化资源实现传承、传播和共享;要充分运用创意和科技手段,注意与产业发展相结合,推动文化资源与现代生产生活相融合,既传播文化,又发展产业、增加效益,实现文化价值和实用价值的有机统一。力争到2020年,逐步形成形式多样、特色鲜明、富有创意、竞争力强的文化创意产品体系,满足广大人民群众日益增长、不断升级和个性化的物质和精神文化需求。

二、主要任务

(一)充分调动文化文物单位积极性。具备条件的文化文物单位应结合自身情况,依托馆藏资源、形象品牌、陈列展览、主题活动和人才队伍等要素,积极稳妥推进文化创意产品开发,促进优秀文化资源的传承传播与合理利用。鼓励文化文物单位与社会力量深度合作,建立优势互补、互利共赢的合作机制,拓宽文化创意产品开发投资、设计制作和营销渠道,加强文化资源开放,促进资源、创意、市场共享。

(二)发挥各类市场主体作用。鼓励众创、众包、众扶、众筹,以创新创意为动力,以文化创意设计企业为主体,开发文化创意产品,打造文化创意品牌,为社会力量广泛参与研发、生产、经营等活动提供便利条件。鼓励企业通过限量复制、加盟制造、委托代理等形式参与文化创意产品开发。鼓励和引导社会资本投入文化创意产品开发,努力形成多渠道投入机制。

(三)加强文化资源梳理与共享。推进文化文物单位各类文化资源的系统梳理、分类整理和数字化进程,明确可供开发资源。用好用活第三次全国文物普查和第一次全国可移动文物普查数据。鼓励依托高新技术创新文化资源展示方式,提升体验性和互动性。支持数字文化、文化信息资源库建设,用好各类已有文化资源共建共享平台,面向社会提供知识产权许可服务,促进文化资源社会共享和深度发掘利用。

(四)提升文化创意产品开发水平。深入挖掘文化资源的价值内涵和文化元素,广泛应用多种载体和表现形式,开发艺术性和实用性有机统一、适应现代生活需求的文化创意产品,满足多样化消费需求。结合构建中小学生利用博物馆学习的长效机制,开发符合青少年群体特点和教育需求的文化创意产品。鼓励开发兼具文化内涵、科技含量、实用价值的数字创意产品。推动文化文物单位、文化创意设计机构、高等院校、职业学校等开展合作，提升文化创意产品设计开发水平。

（五）完善文化创意产品营销体系。创新文化创意产品营销推广理念、方式和渠道，促进线上线下融合。支持有条件的文化文物单位在保证公益服务的前提下，将自有空间用于文化创意产品展示、销售，鼓励有条件的单位在国内外旅游景点、重点商圈、交通枢纽等开设专卖店或代售点。综合运用各类电子商务平台，积极发展社交电商等网络营销新模式，提升文化创意产品网络营销水平，鼓励开展跨境电子商务。配合优秀文化遗产进乡村、进社区、进校园、进军营、进企业，加强文化创意产品开发和推广。鼓励结合陈列展览、主题活动、馆际交流等开展相关产品推广营销。积极探索文化创意产品的体验式营销。

（六）加强文化创意品牌建设和保护。促进文化文物单位、文化创意设计企业提升品牌培育意识以及知识产权创造、运用、保护和管理能力，积极培育拥有较高知名度和美誉度的文化创意品牌。依托重点文化文物单位，培育一批文化创意领军单位和产品品牌。建立健全品牌授权机制，扩大优秀品牌产品生产销售。

（七）促进文化创意产品开发的跨界融合。支持文化资源与创意设计、旅游等相关产业跨界融合，提升文化旅游产品和服务的设计水平，开发具有地域特色、民族风情、文化品位的旅游商品和纪念品。推动优秀文化资源与新型城镇化紧密结合，更多融入公共空间、公共设施、公共艺术的规划设计，丰富城乡文化内涵，优化社区人文环境，使城市、村镇成为历史底蕴厚重、时代特色鲜明、文化气息浓郁的人文空间。将文化创意产品开发作为推动革命老区、民族地区、边疆地区、贫困地区文化遗产保护和文化发展、扩大就业、促进社会进步的重要措施。鼓励依托优秀演艺、影视等资源开发文化创意产品，延伸相关产业链条。

三、支持政策和保障措施

（一）推动体制机制创新。鼓励具备条件的文化文物单位在确保公益目标、保护好国家文物、做强主业的前提下，依托馆藏资源，结合自身情况，采取合作、授权、独立开发等方式开展文化创意产品开发。逐步将文化创意产品开发纳入文化文物单位评估定级标准和绩效考核范围。文化文物事业单位要严格按照分类推进事业单位改革的政策规定，坚持事企分开的原则，将文化创意产品开发与公益服务分开，原则上以企业为主体参与市场竞争；其文化创意产品开发取得的事业收入、经营收入和其他收入等按规定纳入本单位预算统一管理，可用于加强公益文化服务、藏品征集、继续投入文化创意产品开发、对符合规定的人员予以绩效奖励等。国有文化文物单位应积极探索文化创意产品开发收益在相关权利人间的合理分配机制。促进国有和非国有文化文物单位之间在馆藏资源展览展示、文化创意产品开发等方面的交流合作。鼓励具备条件的非国有文化文物单位充分发掘文化资源开发文化创意产品，同等享受相关政策支持。

（二）稳步推进试点工作。按照试点先行、逐步推进的原则，在国家级、部分省级和副省级博物馆、美术馆、图书馆中开展开办符合发展宗旨、以满足民众文化消费需求为目的的经营性企业试点，在开发模式、收入分配和激励机制等方面进行探索。试点名单由文化部、国家文物局确定，或者由省级人民政府文化文物部门确定并报文化部、国家文物局备案。允许试点单位通过知识产权作价入股等方式投资设立企业，从事文化创意产品开发经营。试点单位具备相关知识和技能的人员在履行岗位职责、完成本职工作的前提下，经单位批准，可以兼职到本单位附属企业或合作设立的企业从事文化创意产品开发经营活动；涉及的干部人事管理、收入分配等问题，严格按照有关政策规定执行。参照激励科技人员创新创业的有关政策完善引导扶持激励机制。探索将试点单位绩效工资总量核定与文化创意产品开发业绩挂钩，文化创意产品开发取得明显成效的单位可适当增加绩效工资总量，并可在绩效工资总量中对在开发设计、经营管理等方面作出重要贡献的人员按规定予以奖励。

（三）落实完善支持政策。中央和地方各级财政通过现有资金渠道，进一步完善资金投入方式，加大对文化创意产品开发工作的支持力度。研究论证将符合条件的文化创意产品开发项目纳入专项建设基金支持范围。认真落实推进文化创意和设计服务与相关产业融合发展、发展对外文化贸易等扶持文化产业发展的税收政策，支持文化创意产品开发。将文化创意产品开发纳入文化产业投融资服务体系支持和服务范围。面向从事文化创意产品开发的企事业单位，培育若干骨干文化创意产品开发示范单位，加强引领示范，形成可向全行业推广的经验。将文化创意产品开发经营企业纳入各级文化产业示范基地评选范围。强化文化市场监管和执法，加大侵权惩处力度，创造良好市场环境。鼓励各级地方政府创新文化创意产品开发机制，用机制创新干事。

（四）加强支撑平台建设。发挥国家级文化文物单位和骨干企业作用，支持实施一批具有示范引领作用的项目，搭建面向全行业的产品开发、营销推广、版权交易等平台。支持有条件的地方和企事业单位建设文化创意产品开发生产园区基地。实施“互联网＋中华文明”行动计划，遴选和培育一批“双创”空间，实施精品文物数字产品和精品展览数字产品推广项目。充分发挥重点文化产业、文物展会作用，促进优秀文化创意产品的展示推广和交易。规范和鼓励举办产品遴选推介、创意设计竞赛等活动，促进文化创意产品展示交易。借助海外中国文化中心、国际展览展示交易活动、文物进出境展览和交流等平台，促进优秀文化创意产品走出去。

（五）强化人才培养和扶持。以高端创意研发、经营管理、营销推广人才为重点，同旅游、教育结合起来，加强对文化创意产品开发经营人才的培养和扶持。将文化创意产品设计开发纳入各类文化文物人才扶持计划支持范围。文化文物单位和文化创意产品开发经营企业要积极参与各级各类学校相关专业人才培养，探索现代学徒制、产学研结合等人才培养模式，并为学生实习提供岗位，提高人才培养的针对性和适用性。通过馆校结合、馆企合作等方式大力培养文化文物单位的文化创意产品开发、经营人才。支持文化文物单位建设兼具文化文物素养和经营管理、设计开发能力的人才团队，并通过多种形式引进优秀专业人才，进一步畅通国有和民营、事业单位和企业之间人才流动渠道。鼓励开展中外文化创意产品设计开发、经营管理人才交流与合作，定期开展海外研习活动。

（六）加强组织实施。地方各级文化、发展改革、财政、文物等部门要按照本意见的要求，根据本地区实际情况，加强对推动文化创意产品开发工作的组织实施，做好宣传解读和相关统计监测工作。部门间、地区间要协同联动，确保各项任务措施落到实处。注意加强规范引导，因地制宜，突出特色，科学论证，确保质量，防止一哄而上、盲目发展。强化开发过程中的文物保护和资产管理，制定严格规程，健全财务制度，防止破坏文物，杜绝文物和其他国有资产流失。充分发挥各级各类行业协会、中介组织、研究机构等在行业研究、标准制定、交流合作等方面的作用。

国务院办公厅关于转发文化部等部门中国传统工艺振兴计划的通知

1. 2017年3月12日
2. 国办发〔2017〕25号

各省、自治区、直辖市人民政府，国务院各部委、各直属机构：

文化部、工业和信息化部、财政部《中国传统工艺振兴计划》已经国务院同意，现转发给你们，请结合实际，认真贯彻执行。

中国传统工艺振兴计划

文化部　工业和信息化部　财政部

为落实党的十八届五中全会关于“构建中华优秀传统文化传承体系，加强文化遗产保护，振兴传统工艺”和《中华人民共和国国民经济和社会发展第十三个五年规划纲要》关于“制定实施中国传统工艺振兴计划”的要求，促进中国传统工艺的传承与振兴，特制定本计划。

本计划所称传统工艺，是指具有历史传承和民族或地域特色、与日常生活联系紧密、主要使用手工劳动的制作工艺及相关产品，是创造性的手工劳动和因材施艺的个性化制作，具有工业化生产不能替代的特性。

一、重要意义

中国各族人民在长期社会生活实践中共同创造的传统工艺，蕴含着中华民族的文化价值观念、思想智慧和实践经验，是非物质文化遗产的重要组成部分。我国传统工艺门类众多，涵盖衣食住行，遍布各族各地。振兴传统工艺，有助于传承与发展中华优秀传统文化，涵养文化生态，丰富文化资源，增强文化自信；有助于更好地发挥手工劳动的创造力，发现手工劳动的创造性价值，在全社会培育和弘扬精益求精的工匠精神；有助于促进就业，实现精准扶贫，提高城乡居民收入，增强传统街区和村落活力。

二、总体要求

（一）总体目标。立足中华民族优秀传统文化，学习借鉴人类文明优秀成果，发掘和运用传统工艺所包含的文化元素和工艺理念，丰富传统工艺的题材和产品品种，提升设计与制作水平，提高产品品质，培育中国工匠和知名品牌，使传统工艺在现代生活中得到新的广泛应用，更好满足人民群众消费升级的需要。到2020年，传统工艺的传承和再创造能力、行业管理水平和市场竞争力、从业者收入以及对城乡就业的促进作用得到明显提升。

（二）基本原则。

尊重优秀传统文化。尊重地域文化特点、尊重民族传统，保护文化多样性，维护和弘扬传统工艺所蕴含的文化精髓和价值。

坚守工匠精神。厚植工匠文化，倡导专注坚守、追求卓越，树立质量第一意识，推动品质革命，加强品牌建设，多出精品、多出人才。

激发创造活力。保护广大手工艺者个性，挖掘创造性手工的价值，激发因材施艺灵感和精心手作潜能，恢复和发展濒危或退化的优秀工艺和元素。

促进就业增收。发挥传统工艺覆盖面广、兼顾农工、适合家庭生产的优势，扩大就业创业，促进精准扶贫，增加城乡居民收入。

坚持绿色发展。增强生态保护意识，合理利用天然材料，反对滥用不可再生的天然原材料资源，禁止使用非法获取的珍稀动植物资源。

三、主要任务

（一）建立国家传统工艺振兴目录。以国家级非物质文化遗产代表性项目名录为基础，对具备一定传承基础和生产规模、有发展前景、有助于带动就业的传统工艺项目，建立国家传统工艺振兴目录。实施动态管理，鼓励地方参照建立本级的传统工艺振兴目录。对列入振兴目录的项目，予以重点支持。

（二）扩大非物质文化遗产传承人队伍。鼓励技艺精湛、符合条件的中青年传承人申报并进入各级非物质文化遗产代表性项目代表性传承人队伍，形成合理梯队，调动年轻一代从事传统工艺的积极性，培养高水平大国工匠队伍。各地要通过多种方式，为收徒授艺等传统工艺传习活动提供支持。引导返乡下乡人员结合自身优势和特长，发展传统工艺、文化创意等产业。

（三）将传统工艺作为中国非物质文化遗产传承人群研修研习培训计划实施重点。依托相关高校、企业、机构，组织传统工艺持有者、从业者等传承人群参加研修、研习和培训，提高传承能力，增强传承后劲。组织优秀传承人、工艺师及设计、管理人员，到传统工艺项目所在地开展巡回讲习，扩大传承人群培训面。倡导传承人群主动学习，鼓励同行之间或跨行业切磋互鉴，提高技艺水平，提升再创造能力。

（四）加强传统工艺相关学科专业建设和理论、技术研究。支持具备条件的高校开设传统工艺的相关专业和课程，培养传统工艺专业技术人才和理论研究人才。支持具备条件的职业院校加强传统工艺专业建设，培养具有较好文化艺术素质的技术技能人才。积极推行现代学徒制，建设一批技能大师工作室，鼓励代表性传承人参与职业教育教学和开展研究。支持有条件的学校帮助传统工艺传承人群提升学历水平。鼓励高校、研究机构、企业等设立传统工艺的研究基地、重点实验室等，在保持优秀传统的基础上，探索手工技艺与现代科技、工艺装备的有机融合，提高材料处理水平，切实加强成果转化。加强传统工艺的挖掘、记录和整理。对具有独特历史意义的濒危传统工艺项目，加快实施抢救性记录，落实保护与传承措施。鼓励出版有关传统工艺的专著、译著、图册等研究和实践成果。

（五）提高传统工艺产品的设计、制作水平和整体品质。强化质量意识、精品意识、品牌意识和市场意识，结合现代生活需求，改进设计，改善材料，改良制作，并引入现代管理制度，广泛开展质量提升行动，加强全面质量管理，提高传统工艺产品的整体品质和市场竞争力。鼓励传统工艺从业者在自己的作品或产品上署名或使用手作标识，支持发展基于手工劳动、富有文化内涵的现代手工艺。鼓励传统工艺企业和从业者合理运用知识产权制度，注册产品商标，保护商业秘密和创新成果。支持有条件的地方注册地理标志证明商标或集体商标，培育有民族特色的传统工艺知名品牌。鼓励拥有较强设计能力的企业、高校和相关单位到传统工艺项目集中地设立工作站，帮助当地传统工艺企业和从业者解决工艺难题，提高产品品质，培育品牌，拓展市场。依托乡村旅游创客示范基地和返乡下乡人员创业创新培训园区（基地），推动传统工艺品的生产、设计等和发展乡村旅游有机结合。开展多种形式的传统工艺大赛、技能大赛，发现、扶持传统工艺创意人才。

（六）拓宽传统工艺产品的推介、展示、销售渠道。鼓励在传统工艺集中的历史文化街区和村镇、自然和人文景区、传统工艺项目集中地，设立传统工艺产品的展示展销场所，集中展示、宣传和推介具有民族或地域特色的传统工艺产品，推动传统工艺与旅游市场的结合。在非物质文化遗产、旅游等相关节会上设立传统工艺专区。举办多种传统工艺博览会和传统工艺大展，为传统工艺搭建更多展示交易平台。鼓励商业网站与相关专业网站设立网络销售平台，帮助推介传统工艺产品。

（七）*加强行业组织建设*。鼓励地方成立传统工艺行业组织。行业组织要制定产品质量行业标准，组织或支持开展面向本地区或本行业传承人群的培训和交流等活动，并提供信息发布、权益维护等服务。

（八）*加强文化生态环境的整体保护*。鼓励各地对传统工艺集中的乡镇、街道和村落实施整体性保护。结合传统村落、少数民族特色村镇和历史文化街区保护，注意保护传统工艺相关的文化空间和特定的自然人文环境。鼓励研发绿色环保材料，改进有污染的工艺流程，加强生态环境保护。整合现有资源开展非商业性象牙雕刻技艺研究和传承，引导和支持使用替代材料传承以象牙等珍稀动植物资源为原材料的相关技艺。

（九）*促进社会普及教育*。继续开展非物质文化遗产进校园等活动。支持各地将传统工艺纳入高校人文素质课程和中小学相关教育教学活动；支持大中小学校组织开展体现地域特色、民族特色的传统工艺体验和比赛，提高青少年的动手能力和创造能力，加深对传统文化的认知。鼓励电视、网络媒体等推出丰富多彩的传统工艺类节目。拍摄和译制传统工艺纪录片、教学片和宣传片，弘扬工匠精神，促进知识传播、普及和技艺交流，方便大众学习传统工艺知识。鼓励有关部门和社会组织积极参与或组织传统工艺相关活动，充分发挥各级公共文化机构的作用，依托公共文化服务场所积极开展面向社区的传统工艺展演、体验、传习、讲座、培训等各类活动，使各级公共文化机构成为普及推广传统工艺的重要阵地，丰富民众文化生活，增强传统工艺的社会认同。

（十）*开展国际交流与合作*。通过双边、多边渠道，组织传统工艺传承人、企业和行业组织代表开展国际交流和研修培训，以及技术领域的研究与合作，开拓视野，借鉴经验。

四、保障措施

（一）*加强统筹协调*。各级人民政府有关部门要结合发展繁荣文化事业和文化产业、精准扶贫、新农村建设、少数民族传统手工艺及特色村镇保护与发展、传统村落保护、美丽乡村建设、乡村旅游发展等工作，积极探索振兴传统工艺的有效途径。广泛开展面向农村剩余劳动力、城市下岗职工、城乡残疾人、返乡下乡创业创新人员、民族地区群众的手工艺技能培训，鼓励其从事传统工艺生产。引导非物质文化遗产生产性保护示范基地发挥示范引领作用。

（二）*落实支持政策*。利用现有资金渠道，对符合规定的传统工艺相关项目以及特色文化产业传统工艺发展予以适当支持。将传统工艺展示、传习基础设施建设纳入“十三五”时期文化旅游提升工程。传统工艺企业符合现行小微企业和高新技术企业等税收优惠政策条件的，可按规定享受税收优惠政策。

（三）*加强金融服务*。探索建立传统工艺企业无形资产评估准则体系，支持符合条件的传统工艺企业融资发展。鼓励金融机构开发适合传统工艺企业特点的金融产品和服务，加强对传统工艺企业的投融资支持与服务。

（四）*鼓励社会参与*。鼓励社会力量兴办传统工艺企业，建设传统工艺展示、传习场所和公共服务平台，举办传统工艺的宣传、培训、研讨和交流合作等。

进一步支持文化企业发展的规定

1. 2018年12月18日国务院办公厅印发
2. 国办发〔2018〕124号

为进一步深化文化体制改革，促进文化企业发展，特制定以下规定：

一、关于财政税收

（一）中央财政和地方财政应通过文化产业发展专项资金等现有资金渠道，创新资金投入方式，完善政策扶持体系，支持文化企业发展。

（二）对电影制片企业销售电影拷贝（含数字拷贝）、转让版权取得的收入，电影发行企业取得的电影发行收入，电影放映企业在农村的电影放映收入免征增值税。一般纳税人提供的城市电影放映服务，可以按现行政策规定，选择按照简易计税办法计算缴纳增值税。

（三）对广播电视运营服务企业收取的有线数字电视基本收视维护费和农村有线电视基本收视费，免征增值税。

（四）落实和完善有利于文化内容创意生产、非物质文化遗产项目经营的税收优惠政策。

（五）加大对国家文化出口重点企业和项目扶持力度，加强国家文化出口基地建设。

（六）加大财政对文化科技创新的支持，将文化科技纳入国家相关科技发展规划和计划，加强国家文化和科技融合示范基地建设，积极鼓励文化与科技深度融合，促进文化企业、文化产业转型升级，发展新型文化业态。

（七）通过政府购买、消费补贴等途径，引导和支持文化企业提供更多文化产品和服务，鼓励出版适应群众购买能力的图书报刊，鼓励在商业演出和电影放映中安排低价场次或门票，鼓励网络文化运营商开发更多低收费业务。加大对文化消费基础设施建设、改造投资力度，完善政府投入方式，建立健全社会力量、社会资本参与机制，促进多层次多业态文化消费设施发展。

（八）认真落实支持现代服务业、中小企业特别是小微企业等发展的有关优惠政策，促进中小文化企业发展。

二、关于投资和融资

（九）对投资兴办文化企业的，有关行政主管部门应当提高行政审批效率，并不得收取国家规定之外的任何附加费用。

（十）在国家许可范围内，鼓励和引导社会资本以多种形式投资文化产业，参与国有经营性文化事业单位转企改制，允许以控股形式参与国有影视制作机构、文艺院团改制经营，在投资核准、银行贷款、土地使用、税收优惠、上市融资、发行债券、对外贸易等方面给予支持。

（十一）鼓励国有文化产业投资基金作为文化产业的战略投资者，对重点领域的文化企业进行股权投资。创新基金投资模式，更好地发挥各类文化产业投资基金的引导和杠杆作用，推动文化企业跨地区、跨行业、跨所有制兼并重组，切实维护国家文化安全。

（十二）创新文化产业投融资体制，推动文化资源与金融资本有效对接，鼓励有条件的文化企业利用资本市场发展壮大，推动资产证券化，鼓励文化企业充分利用金融资源，投资开发战略性、先导性文化项目。

（十三）通过公司制改建实现投资主体多元化的文化企业，符合条件的可申请上市。鼓励符合条件的已上市文化企业通过公开增发、定向增发等再融资方式进行并购和重组。鼓励符合条件的文化企业进入中小企业板、创业板、新三板、科创板等融资。鼓励符合条件的文化企业通过发行企业债券、公司债券、非金融企业债务融资工具等方式扩大融资，鼓励以商标权、专利权等无形资产和项目未来收益权提供质押担保以及第三方公司提供增信措施等形式，提高文化企业的融资能力，实现融资渠道多元化。

（十四）针对文化企业的特点，研究制定知识产权、文化品牌等无形资产的评估、质押、登记、托管、投资、流转和变现等办法，完善无形资产和收益权抵（质）押权登记公示制度，鼓励金融机构积极开展金融产品和服务方式创新。在风险可控、商业可持续原则下，进一步推广知识产权质押融资、供应链融资、并购融资、订单融资等贷款业务，加大对文化企业的有效信贷投入。鼓励开发文化消费信贷产品。

（十五）探索建立符合文化企业特点的公共信用综合评价制度。加强对文化企业的分类监管，鼓励各类担保机构对文化企业提供融资担保，通过再担保、联合担保以及担保与保险相结合等方式分散风险。

三、关于资产和土地处置

（十六）发生分立、合并、重组、改制、撤销等经济行为涉及国有资产或产权结构重大变动的文化企业，应当按照国家有关规定进行清产核资，清产核资工作中发现的资产损失经确认后应当依次冲减未分配利润、盈余公积、资本公积、实收资本。

（十七）文化企业改制涉及的原划拨土地，改制后符合《划拨用地目录》的，可继续以划拨方式使用；不符合《划拨用地目录》的，应当依法实行有偿使用。经省级以上人民政府批准，国有文化企业改制为授权经营或国有控股企业的，原生产经营性划拨用地，经批准可采用作价出资（入股）方式配置。文化企业改制为一般竞争性企业的，原生产经营性划拨用地可采用协议出让或租赁方式进行土地资产处置。

（十八）利用划拨方式取得的存量房产、土地兴办文化产业的，符合《划拨用地目录》的，可按划拨方式办理用地手续；不符合《划拨用地目录》的，在符合国家有关规定的前提下可采取协议出让方式办理。

（十九）将文化类建设用地纳入城乡规划、土地利用总体规划，有效保障文化产业设施、项目用地需求。鼓励利用闲置设施、盘活存量建设用地发展文化产业。鼓励将城市转型中退出的工业用地根据相关规划优先用于发展文化产业。企业利用历史建筑、旧厂房、仓库等存量房产、土地，或生产装备、设施发展文化产业，可实行继续按原用途和土地权利类型使用土地的过渡期政策。

四、关于工商管理

（二十）允许投资人以知识产权等无形资产评估作价出资组建文化企业，具体按国家法律规定执行。

上述政策适用于所有文化企业，执行期限为 2019 年 1 月 1 日至 2023 年 12 月 31 日。

文化和旅游市场信用管理规定

1. 2021年11月11日文化和旅游部令第7号发布
2. 自2022年1月1日起施行

第一章　总　　则

第一条　为规范和加强文化和旅游市场信用管理，保护各类市场主体、从业人员和消费者合法权益，维护文化和旅游市场秩序，促进文化和旅游市场高质量发展，根据《中华人民共和国旅游法》《中华人民共和国未成年人保护法》《营业性演出管理条例》《娱乐场所管理条例》《互联网上网服务营业场所管理条例》《旅行社条例》等相关法律法规，制定本规定。

第二条　文化和旅游主管部门实施信用管理，应当坚持依法行政、合理关联、保护权益、审慎适度原则，确保奖惩措施与守信失信行为相当。

第三条　本规定适用于文化和旅游市场主体和从业人员的信用信息的采集、归集、公开和共享，守信激励和失信惩戒，信用修复，信用承诺和信用评价等活动。

文化市场主体包括从事营业性演出、娱乐场所、艺术品、互联网上网服务、网络文化、社会艺术水平考级等经营活动的法人或者其他组织；从业人员包括上述市场主体的法定代表人、主要负责人、实际控制人等有关人员。

旅游市场主体包括从事旅行社经营服务、A级旅游景区经营服务、旅游住宿经营服务、在线旅游经营服务的法人或者其他组织；从业人员包括上述市场主体的法定代表人、主要负责人、实际控制人以及导游等有关人员。

第四条　文化和旅游部信用管理部门负责指导协调和监督管理全国文化和旅游市场信用管理工作。具体职责包括：

（一）承担文化和旅游行业信用体系建设工作，拟定行业信用体系建设规划并组织实施，实施行业信用监管，统筹推进信用联合奖惩；

（二）组织起草文化和旅游市场信用管理规章制度、标准规范等，开展信用监督检查；

（三）承担社会信用体系建设部际联席会议相关工作，开展文化和旅游市场失信主体认定工作；

（四）负责管理文化和旅游市场信用信息采集、归集、公开和共享工作；

（五）负责管理信用承诺、信用评价、守信激励和失信惩戒、信用修复等工作；

（六）负责建设管理全国文化和旅游市场信用管理系统，负责信用信息安全管理，组织开展信用信息分析与监测工作；

（七）开展诚信文化建设，指导组织信用培训和宣传等工作。

第五条　县级以上地方人民政府文化和旅游主管部门负责本行政区域内文化和旅游市场信用管理工作。具体职责包括：

（一）负责本行政区域文化和旅游市场信用管理制度规范的组织实施，开展本行政区域文化和旅游市场失信主体认定工作；

（二）开展本行政区域内信用信息采集、归集、公开和共享工作，组织开展信用承诺、信用评价、守信激励和失信惩戒、信用修复等工作；

（三）组织开展本行政区域诚信文化建设、信用信息分析与监测、信用培训和宣传等工作。

第六条　鼓励行业协会商会、第三方信用服务机构、金融机构、新闻媒体等各类单位和个人依法参与信用管理。鼓励各类市场主体在生产经营活动中广泛、主动地应用信用报告。

支持行业协会商会开展行业信用建设。支持行业协会商会对认定为失信主体的会员采取公开遣责、取消评优评先资格等行业自律措施，加强诚信宣传教育。

第二章　信用信息采集与归集

第七条　文化和旅游部建立全国文化和旅游市场主体和从业人员信用信息记录。

地方各级文化和旅游主管部门负责补充完善信用信息记录，管理本行政区域内信用信息有关工作。

第八条　文化和旅游市场信用信息包括下列信息：

（一）注册登记、备案等用以识别、记载市场主体和从业人员基本情况的信息；

（二）司法裁判仲裁执行信息；

（三）行政许可、行政处罚信息；

（四）与其他部门实施联合奖惩的信息；

（五）信用评价结果信息、信用承诺履行情况信息；

（六）其他反映市场主体和从业人员信用状况的相关信息。

第九条　文化和旅游主管部门应当按照“谁管理、谁采集”的要求，依法依职责采集相关信用信息，任何单位和个人不得违法违规采集。

第十条　文化和旅游主管部门应当通过全国文化和旅游

市场信用管理系统归集职责范围内的相关信用信息。

第三章　失信主体认定

第十一条　文化和旅游市场失信主体分为严重失信主体和轻微失信主体。

第十二条　文化市场主体和从业人员有下列情形之一的，应当将其认定为严重失信主体：

（一）因欺骗、故意隐匿、伪造、变造材料等不正当手段取得许可证、批准文件的，或者伪造、变造许可证、批准文件的；

（二）提供含有法律、行政法规、规章禁止的内容，造成严重后果的；

（三）受到文化和旅游主管部门吊销许可证行政处罚的；

（四）擅自从事营业性演出、娱乐场所、互联网上网服务等文化市场经营活动，特别是造成重大事故或者恶劣社会影响的；

（五）其他应当认定为严重失信主体的情形。

第十三条　旅游市场主体和从业人员有下列情形之一的，应当将其认定为严重失信主体：

（一）因欺骗、故意隐匿、伪造、变造材料等不正当手段取得许可证、批准文件的，或者伪造、变造许可证、批准文件的；

（二）发生重大安全事故，属于旅游市场主体主要责任的；

（三）因侵害旅游者合法权益，造成游客滞留或者严重社会不良影响的；

（四）受到文化和旅游主管部门吊销旅行社业务经营许可证、导游证行政处罚的；

（五）未经许可从事旅游市场经营活动，特别是造成重大事故或者恶劣社会影响的；

（六）其他应当认定为严重失信主体的情形。

第十四条　文化和旅游主管部门将市场主体和从业人员认定为严重失信主体，应当遵守以下程序规定：

（一）告知。经查证符合严重失信主体认定标准的，应当向文化和旅游市场主体和从业人员送达《严重失信主体认定告知书》，载明认定理由、依据、惩戒措施和当事人享有的陈述、申辩权利。

（二）陈述与申辩。当事人在被告知的 10 个工作日内有权向认定部门提交书面陈述、申辩及相关证明材料，逾期不提交的，视为放弃。认定部门应当在 15 个工作日内给予答复。陈述、申辩理由被采纳的，不认定为严重失信主体。

（三）认定。符合严重失信主体认定标准的，经专家评估、法制审核、集体讨论等程序，依法在 15 个工作日内作出决定。

（四）决定与送达。认定部门应当向当事人出具《严重失信主体认定决定书》并送达。

第十五条　文化和旅游市场主体和从业人员有下列情形之一的，应当认定为轻微失信主体：

（一）存在“捂票炒票”、虚假宣传、未履行相关义务、违反公序良俗等行为，造成不良社会影响的；

（二）因故意或者重大过失严重损害旅游者合法权益，但尚不符合严重失信主体认定情形的；

（三）在旅游经营活动中存在安全隐患，未在指定期限内整改完毕的；

（四）拒不配合投诉处置、执法检查，拒不履行行政处罚决定，造成不良社会影响的；

（五）12 个月内受到文化和旅游主管部门两次较大数额罚款行政处罚，造成不良社会影响的；

（六）其他应当认定为轻微失信主体的情形。

12 个月内第 3 次认定为轻微失信主体的，应当认定为严重失信主体。

第十六条　符合轻微失信主体认定标准的，由县级以上地方人民政府文化和旅游主管部门依法作出决定。认定部门应当向行政相对人出具《轻微失信主体认定决定书》并送达。

符合轻微失信主体认定标准的，在作出决定前，经文化和旅游主管部门约谈督促，改正违法行为、履行赔偿补偿义务、挽回社会不良影响的，可以不认定为轻微失信主体。

第四章　信用管理措施

第十七条　文化和旅游主管部门对守信情况良好的市场主体和从业人员，可以采取加强宣传、公开鼓励、提供便利服务等激励措施。

第十八条　文化和旅游主管部门对文化市场严重失信主体实施下列管理措施：

（一）适当提高抽查比例和频次，纳入重点监管对象；

（二）将失信信息提供给有关部门查询，供其在相关行政管理、公共服务、评优评先等活动中参考使用；

（三）将失信信息提供给各类市场主体查询，供其在市场活动中参考使用；

（四）因擅自从事娱乐场所经营活动而被认定为严重失信主体的，其投资人和负责人终身不得投资开办娱乐场所或者担任娱乐场所的法定代表人、负责人；

（五）因擅自设立互联网上网服务营业场所经营

单位而被认定为严重失信主体的，其法定代表人或者主要负责人5年内不得担任互联网上网服务营业场所经营单位的法定代表人或者主要负责人；

（六）因被吊销营业性演出许可证而被认定为严重失信主体的，当事人为单位的，其法定代表人、主要负责人5年内不得担任文艺表演团体、演出经纪机构或者演出场所经营单位的法定代表人、主要负责人；

（七）因营业性演出含有禁止内容被吊销营业性演出许可证而被认定为严重失信主体的，不得再次从事营业性演出或者营业性演出的居间、代理、行纪活动；

（八）因被吊销或者撤销娱乐经营许可证而被认定为严重失信主体的，其法定代表人、主要负责人5年内不得担任娱乐场所的法定代表人、负责人；

（九）因被吊销《网络文化经营许可证》而被认定为严重失信主体的，其法定代表人或者主要负责人5年内不得担任互联网上网服务营业场所经营单位的法定代表人或者主要负责人；

（十）法律、行政法规和党中央、国务院政策文件规定的其他管理措施。

第十九条　文化和旅游主管部门对旅游市场严重失信主体实施下列管理措施：

（一）适当提高抽查比例和频次，纳入重点监管对象；

（二）将失信信息提供给有关部门查询，供其在相关行政管理、公共服务、评优评先等活动中参考使用；

（三）将失信信息提供给各类市场主体查询，供其在市场活动中参考使用；

（四）旅行社因被吊销旅行社业务经营许可证而被认定为严重失信主体的，其主要负责人5年内不得担任任何旅行社的主要负责人；

（五）导游、领队因被吊销导游证而被认定为严重失信主体的，旅行社有关管理人员因旅行社被吊销旅行社业务经营许可证而被认定为严重失信主体的，自处罚之日起3年内不得重新申请导游证或者从事旅行社业务；

（六）旅行社因侵犯旅游者合法权益受到罚款以上行政处罚而被认定为严重失信主体的，自处罚之日起2年内不得申请出境旅游业务；

（七）法律、行政法规和党中央、国务院政策文件规定的其他管理措施。

第二十条　文化和旅游主管部门对轻微失信主体实施下列管理措施：

（一）依据法律、行政法规和党中央、国务院政策文件，在审查行政许可、资质资格等时作为参考因素；

（二）加大日常监管力度，提高随机抽查的比例和频次；

（三）将失信信息提供给有关部门查询，供其在相关行政管理、公共服务等活动中参考使用；

（四）在行政奖励、授予称号等方面予以重点审查；

（五）法律、行政法规和党中央、国务院政策文件规定的其他管理措施。

第二十一条　对严重失信主体实施信用管理措施的期限为3年，对轻微失信主体实施信用管理措施的期限为1年。

法律法规另有规定的，从其规定。

第五章　信用信息公开与共享

第二十二条　文化和旅游市场信用信息的公开与共享坚持合法、必要、安全原则，防止信息泄露，不得侵犯商业秘密和个人隐私。

第二十三条　失信主体信息应当按照“谁认定、谁公开”原则通过全国文化和旅游市场信用管理系统等渠道公开。

法律法规另有规定的，从其规定。

第二十四条　文化和旅游部信用管理部门应当建立健全信用信息查询、应用和反馈机制，推进信用信息与其他有关部门共享，实施信用联合奖惩。

各级文化和旅游主管部门有关职能部门、文化市场综合执法机构，应当将执法信息等相关信用信息及时与同级文化和旅游信用管理部门共享。

第二十五条　公民、法人和其他组织有权查询与自身相关的信用信息。文化和旅游主管部门应当依法依规为查询提供便利。

认定部门或者信用信息归集管理部门发现信用信息有误的，应当及时主动更正。

公民、法人和其他组织认为自己的信用信息有误时，有权向认定部门申请更正相关信息。认定部门应当在收到实名提交的书面更正申请之日起5个工作日内作出是否更正的决定。

第六章　信用修复

第二十六条　符合以下条件的，认定部门应当主动进行信用修复：

（一）实施信用管理措施期限届满；

（二）认定为失信主体的依据被撤销或者变更，不符合认定为失信主体标准的；

（三）因为政策变化或者法律法规修订，已经不适宜认定为失信主体的；

（四）其他应当主动修复的情形。

信用修复应当通过全国文化和旅游市场信用管理系统进行。

第二十七条　文化和旅游市场失信主体积极进行合规整改、纠正失信行为、消除不良影响、接受信用修复培训、作出信用承诺的，可以向认定部门提出信用修复申请并遵循以下程序：

（一）申请。有关市场主体和从业人员可以向认定部门提出信用修复申请，说明事实和理由，提交信用修复申请书、培训记录、纠正失信行为等有关材料。

（二）受理。认定部门收到申请后，应当于 10 个工作日内予以受理。不符合条件的不予受理并说明理由。

（三）核查。认定部门应当自受理之日起 10 个工作日内，采取线上、书面、实地等方式检查核实。必要时，可以组织开展约谈或者指导。

（四）决定。认定部门应当自核查完成之日起 5 个工作日内作出准予信用修复或者不予信用修复的决定，不予信用修复的应当说明理由。

（五）修复。认定部门应当自作出准予信用修复决定之日起 5 个工作日内，解除对失信主体的相关管理措施。

第二十八条　具有下列情形之一的，不予信用修复：

（一）认定为严重失信主体不满 6 个月的、认定为轻微失信主体不满 3 个月的；

（二）因违反相关法律法规规定，依法被限制或者禁止行业准入期限尚未届满的；

（三）距离上一次信用修复时间不到 1 年的；

（四）申请信用修复过程中存在弄虚作假、故意隐瞒事实等欺诈行为的；

（五）申请信用修复过程中又因同一原因受到行政处罚，造成不良社会影响的；

（六）法律法规和党中央、国务院政策文件明确规定不可修复的。

第七章　信用评价与信用承诺

第二十九条　文化和旅游部根据工作需要，制定行业信用评价制度和规范，组织开展信用评价，实施分级分类管理。各级文化和旅游主管部门在职责范围内开展信用评价工作。

鼓励行业协会商会、第三方信用服务机构等具备条件的机构依法依规参与信用评价。

第三十条　鼓励各部门在评优评先、人员招聘、试点示范等方面优先选择信用评价较好的市场主体和从业人员。

鼓励和支持有关机构积极利用信用评价结果，拓展信用应用场景。

第三十一条　文化和旅游主管部门在行政管理、政务服务等工作中应当规范应用信用承诺，将文化和旅游市场主体和从业人员的承诺履约情况记入信用信息记录，作为监督管理的重要依据。

文化和旅游市场主体和从业人员被认定为严重失信主体或者曾经作出虚假承诺的，不适用信用承诺的有关规定。

第八章　监督责任与权利保障

第三十二条　文化和旅游主管部门应当对信用管理工作进行检查和评估，并采取通报表扬、通报批评、责令改正等措施。

第三十三条　文化和旅游主管部门及其工作人员未依照本规定履行职责的，依法予以处理。

第三十四条　文化和旅游主管部门应当依法保障市场主体和从业人员的合法权益。

第九章　附　　则

第三十五条　《严重失信主体认定告知书》《严重失信主体认定决定书》《轻微失信主体认定决定书》等文书格式由文化和旅游部另行制定。

第三十六条　文化和旅游主管部门对收到的人民法院生效法律文书，根据法律、行政法规和党中央、国务院政策文件需要实施严重失信管理措施的，参照本规定执行。

第三十七条　本规定自 2022 年 1 月 1 日起施行。《文化和旅游部关于印发〈全国文化市场黑名单管理办法〉的通知》（文旅市发〔2018〕30 号）、《文化和旅游部关于印发〈旅游市场黑名单管理办法（试行）〉的通知》（文旅市场发〔2018〕119 号）同时废止。

文化和旅游规划管理办法

1．2019 年 5 月 7 日文化和旅游部印发
2．文旅政法发〔2019〕60 号

第一章　总　　则

第一条　为推进文化和旅游规划工作科学化、规范化、制度化，充分发挥规划在文化和旅游发展中的重要作用，依据《中共中央、国务院关于统一规划体系更好发挥国家发展规划战略导向作用的意见》、《国家级专项规划管理暂行办法》，结合文化和旅游工作实际，制定本办法。

第二条　本办法所称文化和旅游规划，是指文化和旅游行政部门编制的中长期规划，主要包括：文化和旅游部相关司局或单位编制的以文化和旅游部名义发布的总体规划、专项规划、区域规划，地方文化和旅游行政部门编制的地方文化和旅游发展规划。

总体规划是指导全国文化和旅游工作的中长期发展规划，是其他各类规划的重要依据，规划期与国家发展规划相一致，落实国家发展规划提出的战略安排；专项规划是以文化和旅游发展的特定领域为对象编制的规划；区域规划是以特定区域的文化和旅游发展为对象编制的规划；地方文化和旅游发展规划是指导本地区文化和旅游工作的中长期发展规划；总体规划、专项规划、区域规划以及地方文化和旅游发展规划构成统一的规划体系，专项规划、区域规划、地方文化和旅游发展规划须依据总体规划编制。

第三条　规划编制要坚持以下原则：

（一）围绕中心，服务大局，以习近平新时代中国特色社会主义思想为指导，体现关于文化和旅游发展的总体要求；

（二）突出功能，找准定位，明确政府职责的边界和范围；

（三）实事求是，改革创新，适应时代要求和符合发展规律；

（四）远近结合，务实管用，突出约束力、可操作，使规划可检查、易评估。

第四条　规划文本一般包括指导思想、基本原则、发展目标、重点任务、工程项目、保障措施等以及法律法规规定的其他内容。具体要求如下：

（一）符合国家发展规划；

（二）发展目标尽可能量化；

（三）发展任务具体明确、重点突出；

（四）工程项目和政策举措具有必要性、可行性；

（五）对需要国家安排投资的规划，应事先征求发展改革、财政等相关部门意见。

第五条　文化和旅游部规划工作由政策法规司归口管理。政策法规司负责组织编制和实施总体规划，统筹协调专项规划、区域规划的编制和实施工作。文化和旅游部各司局和单位根据职责分工，配合政策法规司做好总体规划的编制和实施工作，依据相关法律法规组织开展本业务领域的专项规划、区域规划的编制和实施工作。

第六条　地方文化和旅游行政部门依据相关法律法规的规定或本地人民政府赋予的职责和要求，开展规划编制和实施工作。文化和旅游部应加强对地方文化和旅游行政部门规划工作的指导。

第二章　立项和编制

第七条　规划编制单位应对规划立项的必要性进行充分论证。属日常工作或任务实施期限少于 3 年的，原则上不编制规划。

第八条　规划编制单位应制定相应工作方案，对规划期、论证情况、编制方式、进度安排、人员保障、经费需求等进行必要说明。

第九条　规划编制单位应深化重大问题研究论证，深入研究前瞻性、关键性、深层次重大问题，充分考虑要素支撑条件、资源环境约束和重大风险防范。

第十条　文化和旅游部规划立项须报经部长和分管部领导批准。文化和旅游部建立五年规划编制目录清单管理制度，政策法规司会同各司局研究规划编制需求后制定五年规划编制目录清单，报部批准后实施。未列入目录清单的规划，如因工作需要确需编制的，立项须报部长和分管部领导批准，报批时应会签政策法规司。

第十一条　拟报请国务院批准的国家级专项规划，由文化和旅游部政策法规司会同相关司局，与国家发展改革部门进行立项衔接。

第十二条　规划立项后，规划编制单位要认真做好基础调查、资料搜集、课题研究等前期工作，科学测算目标指标，对需要纳入规划的工程和项目进行充分论证。坚持开门编制规划，提高规划编制的透明度和社会参与度。

第十三条　编制规划应当符合国家相关标准和技术规范要求，保证规划的科学性、规范性和可操作性。

第三章　衔接和论证

第十四条　各级文化和旅游行政部门应当建立健全规划衔接协调机制。总体规划要与国家发展规划进行统筹衔接，落实国家发展规划的要求。地方文化和旅游发展规划要与上级文化和旅游发展规划、本地区经济社会发展规划相衔接。专项规划、区域规划、地方文化和旅游发展规划的目标、任务、布局等要与总体规划保持一致，各类规划的重要目标指标及工程、项目、政策要相互衔接。

第十五条　文化和旅游规划应当与土地利用总体规划、城乡规划、环境保护规划以及其他相关规划相衔接。

第十六条　以文化和旅游部名义发布的规划应充分征求相关单位意见。总体规划草案由政策法规司征求各司局和单位意见。各业务领域的专项规划和区域规划草案应征求政策法规司意见。涉及其他司局和单位职能的,规划编制单位应将规划草案征求相关司局和单位意见,相关司局和单位应及时反馈意见。

第十七条　规划编制单位应当采取多种形式广泛听取基层群众、基层文化和旅游单位、相关部门、专家学者的意见,必要时公开征询社会公众意见。

第十八条　规划编制单位应在规划报批前,委托研究机构或组织专家组对规划进行论证,形成论证报告。参与论证的机构和专家,应严格遵守相关保密规定。

第四章　报批和发布

第十九条　文化和旅游行政部门应严格履行规划报批程序。以文化和旅游部名义发布的规划原则上须经部党组会议审定,规划报批前应充分征求文化和旅游部各相关司局和单位意见并达成一致,各业务领域的专项规划和区域规划报批时须会签政策法规司。

第二十条　需报国务院审批的国家级专项规划,经文化和旅游部党组会议审定后,由规划编制单位送国家发展改革部门会签后上报。

第二十一条　规划报批时,除规划文本外还应附下列材料:

（一）编制说明,包括编制依据、编制程序、未采纳相关意见的理由等;

（二）论证报告;

（三）法律法规规定需要报送的其他相关材料。

第二十二条　除法律法规另有规定以及涉及国家秘密的内容外,各类规划应在批准后一个月内向社会公开发布相关内容。

第二十三条　文化和旅游部建立规划信息库。省级文化和旅游行政部门应在省级文化和旅游发展规划印发一个月内,将规划纸质文件和电子文档报送文化和旅游部备案。文化和旅游部各司局和单位在专项规划、区域规划印发后,应及时将规划纸质文件和电子文档送政策法规司入库。

第五章　实施和责任

第二十四条　文化和旅游行政部门要健全规划实施机制,加强规划实施评估,提升规划实施效能。

第二十五条　按照谁牵头编制谁组织实施的基本原则,规划编制单位应及时对规划确定的任务进行分解,制定任务分工方案,落实规划实施责任。

第二十六条　规划编制单位应制定年度执行计划,组织开展规划实施年度监测分析,强化监测评估结果应用。文化和旅游行政部门在制定政策、安排项目时,要优先对规划确定的发展重点予以支持。

第二十七条　上级文化和旅游行政部门应加强对下级文化和旅游行政部门规划实施工作的指导和监督。

第二十八条　规划编制单位应组织开展规划实施中期评估和总结评估,积极引入第三方评估。

第二十九条　规划经评估或因其他原因确需要修订的,规划编制单位应按照新形势新要求调整完善规划内容,将修订后的规划履行原编制审批程序。

第三十条　文化和旅游行政部门要把规划工作列入重要日程,纳入领导班子、领导干部考核评价体系,切实加强组织领导、监督检查和队伍建设。

第三十一条　规划工作所需经费应在本单位预算中予以保障。

第六章　附　　则

第三十二条　本办法由文化和旅游部政策法规司负责解释。

第三十三条　本办法自2019年6月1日起施行。

曲艺传承发展计划

1. 2019年7月12日文化和旅游部印发
2. 文旅非遗发〔2019〕92号

为深入贯彻习近平新时代中国特色社会主义思想以及党的十九大和十九届二中、三中全会精神,落实中共中央办公厅、国务院办公厅《关于实施中华优秀传统文化传承发展工程的意见》和中宣部、文化和旅游部、财政部《非物质文化遗产传承发展工程实施方案》有关要求,进一步推动曲艺传承发展工作,根据《中华人民共和国非物质文化遗产法》等法律法规,特制定本计划。

一、重要意义

曲艺历史悠久、魅力独特,具有深厚的群众基础,是我国宝贵的非物质文化遗产(下称"非遗")。推动曲艺传承发展,对于弘扬中华优秀传统文化,传承中华文脉,增强文化自信,繁荣文艺事业,推动文化建设,满足人民群众日益增长的美好生活需要都具有重要意义。

二、总体要求

（一）指导思想

以习近平新时代中国特色社会主义思想为指导，全面贯彻党的十九大和十九届二中、三中全会精神，坚持以人民为中心的工作导向，坚持以社会主义核心价值观为引领，坚持创造性转化、创新性发展，不断提高曲艺的传承发展能力，充分发挥曲艺在文化建设中的积极作用，推动曲艺为建设社会主义文化强国做出更大贡献。

（二）工作原则

坚持以融入现代生活、弘扬时代价值为导向，加强曲艺的赓续传承，不断赋予曲艺新的时代内涵，更好地满足人民群众对美好生活的需求。

坚持以说唱表演作为基本实践形式，不断提高曲艺的表现力和感染力，有效保持曲种的独特性、多样性和丰富性。

坚持以传承人群为核心，充分尊重传承人群的主体地位，着力提高传承人群的传承能力，保障传承人群的合法权益。

坚持整体性保护的理念，维护曲艺生态，培育曲艺受众，不断增强曲艺的生命力，促进曲艺的可持续发展。

（三）工作目标

到2025年，曲艺类国家级非遗代表性项目档案建设和国家级代表性传承人记录工作基本完成；曲艺类非遗传承人群研修研习培训覆盖范围进一步扩大，曲艺类非遗传承人群文化自信和可持续发展能力进一步提高；曲艺演出场所数量和演出实践频次持续增长，形成一批驻场演出场所和专题品牌活动。通过本计划的实施，曲艺的整体活力显著增强，存续状态持续好转，曲种特色更加鲜明，传承队伍有效扩大，受众群体明显增加，曲艺在社会主义文化建设中的积极作用进一步得到充分发挥。

三、主要任务

（一）开展调查评估，完善档案信息。以国家级非遗代表性项目为重点，以省（区、市）（包括新疆生产建设兵团）为单位，组织开展曲艺类非遗代表性项目的集中调查，全面掌握其主要传承队伍、代表性节目、演出场所和演出频次等基本情况。在调查基础上，开展曲艺类非遗代表性项目存续状况评估。对存续状况不佳的项目，作为急需保护的项目，研究制定有针对性的保护措施，加大扶持力度。加强对集中调查和存续状况评估所取得信息、资料的保存、管理和利用，全面建立曲艺类非遗代表性项目的完整档案。

（二）加强项目管理，夯实保护责任。以国家级非遗代表性项目为重点，定期开展保护单位履责情况检查，对履责不力的保护单位进行及时调整和重新认定。鼓励将专门从事曲艺演出实践、具有履责能力、能够直接开展传承的演出团体认定为保护单位。进一步加强对保护单位的管理，指导保护单位制定并实施年度工作计划，并定期报告工作进展情况。鼓励采用签订协议或责任书的方式，进一步明确保护单位责任，加强日常监管。鼓励以适当方式向社会公布项目保护传承工作开展情况，接受社会监督。

（三）做好项目记录，加强成果利用。以非遗记录工程为依托，以国家级非遗代表性项目为重点，组织开展曲艺记录工作，利用现代技术手段，全面、真实、准确地记录项目信息。加强曲艺传统曲本（脚本）和音像资料的搜集整理，保留珍贵历史信息。加强对全社会曲艺记录的收集和整理，定期汇总形成记录成果目录，有条件的地方及时向社会公布。加强记录成果出版和传播，以资保护传承和后续转化、利用。

（四）扩大传承队伍，提高传承能力。指导曲艺类非遗代表性项目保护单位制定年度传承人才培养计划，定期招收学员，组织授徒传艺，不断壮大青年传承队伍。鼓励中青年传承人重视并加强曲艺基本功锻炼，扎实掌握表演技巧，全面领会曲种特点，切实传承曲种精髓。支持各级代表性传承人切实履行传承义务，培养后继人才。建立学徒名单备案更新制度。鼓励技艺精湛、符合条件的曲艺类非遗中青年传承人，申报并进入各级非遗代表性传承人队伍。以中国非遗传承人群研修研习培训计划为依托，面向曲艺基层表演团体和从业艺人，开展传承人群研修研习培训，帮助提高文化素养、演出水平和创作能力，更好适应现代演出市场需求。鼓励民间曲艺工作者积极开展授徒传艺。鼓励曲艺类非遗代表性项目保护单位、相关机构与专业艺术院校或艺术职业院校开展“订单式”人才培养，建立长期合作机制。

（五）推出优秀作品，满足人民需求。支持曲艺类非遗代表性项目保护单位、代表性传承人和各类表演团体挖掘、整理优秀传统节目，尤其是经典长篇节目，逐步恢复演出。鼓励根据现实生活需要，对传统节目进行改编或再创作，增强其表现力和吸引力。鼓励根据曲种特点，创作体现时代精神、植根人民日常生活、反映当代人民喜怒哀乐、满足人民群众精神文化需要的现代曲艺作品。鼓励开展不同曲种之间的相互交流和借鉴。

（六）扶持曲艺演出，增加实践频次。以国家级非遗代表性项目为重点，扶持曲艺开展驻场演出。指导各地积极协调本地区各类公共文化设施或演出场地，尤其是非遗中心、非遗（博物）馆等，为曲艺类非遗代表性项目保护单位、代表性传承人和各类表演团体开展驻场演出提供免费或优惠场所。鼓励将已在剧场、书场、茶楼（茶馆）等固定演出场所常年开展驻场演出的表演团体纳入扶持范围。鼓励在曲艺项目丰富、观众氛围浓厚的地方探索挂牌设立“非遗曲艺书场”，开展专门驻场演出。鼓励曲艺类非遗代表性项目保护单位、代表性传承人和各类表演团体与电视台、广播电台、互联网直播平台等开展合作，探索设立曲艺电视书场、广播书场和网络书场，开展多种形式的演播活动，拓展发展空间。

（七）组织展演活动，繁荣曲艺市场。组织举办“全国非遗曲艺周”活动，展示曲艺传承发展成果，推出曲艺优秀传承人和优秀作品。鼓励各地组织区域性曲艺会演，逐步形成曲艺专题品牌活动。扶持马街书会、胡集书会等民间曲艺展示交易集市的发展。鼓励各地在各种曲艺相关展演会演中增设交易环节，推动曲艺演出交易。鼓励和引导曲艺项目进入城市和乡村旅游演艺市场，与当地旅游发展相结合，拓展更大发展空间。

（八）开展曲艺普及，扩大曲艺受众。定期组织开展曲艺进校园、进社区、进乡村等活动，普及曲艺知识，推广曲艺项目，培养曲艺受众。鼓励对曲艺及其相关环境开展整体性保护，维护和培育曲艺传承发展的文化生态环境，有条件的地方鼓励设立文化生态保护区。鼓励各地积极借助各种媒体资源，创新传播渠道，搭建传播平台，加强对曲艺的宣传报道，扩大曲艺的社会影响，为曲艺传承发展营造良好的社会氛围。

（九）支持学术研究，加强专业指导。鼓励相关院校、研究机构、非遗保护机构等积极开展曲艺项目调查研究，深入研究曲艺项目的传承发展规律，重点挖掘整理曲艺所蕴含的当代价值、人文精神和文化内涵，为曲艺项目的传承发展实践提供坚实的学术支持。鼓励有条件的院校和科研院所开展曲艺理论研究，推动完善曲艺相关学科建设。

四、保障措施

（一）明确职责，加强部署。各级文化和旅游行政部门要高度重视曲艺传承发展工作，认真落实本计划各项任务措施。文化和旅游部负责本计划的统筹部署，定期对计划实施情况开展评估和检查。省级文化和旅游行政部门负责本计划在本区域范围内的组织实施，根据各项任务措施，制定工作方案，推动各项任务有效落实。市、县级文化和旅游行政部门要按照省级文化和旅游行政部门指定的责任分工，加大执行力度，确保各项工作有序实施。

（二）统筹力量，加强管理。各地文化和旅游行政部门要加强工作统筹，指导曲艺类非遗代表性项目所在地区非遗保护中心发挥进一步管理职责，加强与项目保护单位、代表性传承人和各类表演团体的业务联系，并引导区域内各方力量参与项目保护传承，壮大工作队伍。

（三）落实资金，加强保障。文化和旅游部将通过国家非遗保护专项资金为本计划提供资金保障。鼓励各地积极协调本级财政，为本地区曲艺项目传承发展提供相应资金扶持，或纳入相关政府购买服务范围。同时，鼓励各地采取多种方式动员和吸纳社会资金，支持曲艺传承发展。

文化和旅游统计管理办法

1. 2020年8月18日文化和旅游部印发
2. 文旅财发〔2020〕54号

第一章 总　　则

第一条 为规范文化和旅游统计工作，加强文化和旅游统计管理，保障文化和旅游统计资料的真实性、准确性、完整性和及时性，将防范和惩治统计造假、弄虚作假纳入各级文化和旅游行政部门依法行政、依法履职责任范围，根据《中华人民共和国统计法》及其实施条例，结合文化和旅游统计工作实际，制定本办法。

第二条 文化和旅游统计的基本任务是对文化和旅游活动进行统计调查和统计分析，提供统计资料和统计咨询，实行统计监督。

第三条 本办法所称的统计调查对象包括各级文化和旅游行政部门、从事文化和旅游活动的各类企事业单位和个体工商户。

第四条 文化和旅游部是全国文化和旅游统计工作的主管部门，在国家统计局的业务指导下，对全国文化和旅游统计工作实行统一管理。

地方各级文化和旅游行政部门在上级文化和旅游行政部门和同级人民政府统计机构的业务指导下，负责本行政区域内的文化和旅游统计工作。

第五条 各级文化和旅游行政部门应当加强对文化和旅游统计工作的领导，健全统计机构，充实统计人员，强化统计人员的专业培训和职业道德教育。

第六条　各级文化和旅游行政部门统计工作经费应列入年度预算，并确保及时拨付到位，切实保障文化和旅游统计工作正常有效开展。

第七条　各级文化和旅游行政部门应当高度重视统计信息化建设，为文化和旅游统计工作提供必要的技术装备和其他各项条件，有效推进统计数据的搜集、处理、传输与共享。

第八条　各级文化和旅游行政部门应当加强文化和旅游统计科学研究，健全文化和旅游统计指标体系，不断改进统计调查方法，提高文化和旅游统计的科学性。

第二章　统计机构和统计人员

第九条　文化和旅游统计工作实行统一管理、分级负责。

文化和旅游部财务司作为文化和旅游部设立的综合统计机构，承担文化和旅游综合统计职能，归口管理全国文化和旅游统计工作。

文化和旅游部承担统计工作的有关业务机构，设置统计岗位，配备统计人员，负责业务领域范围内的统计工作。

地方各级文化和旅游行政部门负责管理和组织协调本行政区域内的文化和旅游统计工作，设置统计机构，配备统计人员（省级文化和旅游行政部门应当配备专职统计人员），在业务上受上级文化和旅游行政部门和同级人民政府统计机构指导。

第十条　文化和旅游部财务司依法履行以下主要职责：

（一）组织制定文化和旅游统计规章制度并监督实施；

（二）依法组织拟定全国文化和旅游统计调查制度、指标体系和部门统计标准并部署实施；

（三）管理、审定、公布、出版文化和旅游统计公报、年鉴等统计资料，对外提供文化和旅游统计数据；

（四）指导督促和监督检查全国文化和旅游统计工作，防范和惩治统计造假、弄虚作假；

（五）对文化和旅游发展情况进行统计分析研究和监测评价；

（六）组织推进全国文化和旅游统计信息化建设；

（七）组织文化和旅游统计人员业务培训，开展文化和旅游统计科学研究和国际交流；

（八）负责与国务院有关部门的统计业务联系与合作。

第十一条　文化和旅游部承担统计工作的有关业务机构依法履行以下主要职责：

（一）拟订业务范围内的文化和旅游统计调查制度；

（二）组织、协调、指导业务领域范围内的统计资料搜集、审核、汇总工作，并按照统计调查制度规定要求，按时向财务司提交汇总完成的统计数据，经审定后使用；

（三）开展业务领域范围内的统计分析与服务工作；

（四）配合财务司开展业务领域范围内的统计人员培训和统计制度改革研究；

（五）配合财务司开展统计信息化建设；

（六）配合财务司开展业务领域范围内的防范和惩治统计造假、弄虚作假工作。

第十二条　地方各级文化和旅游行政部门依法履行以下主要职责：

（一）组织、协调、指导、监督本行政区域内的文化和旅游统计工作，按照统计调查制度完成有关统计任务，按时报送本地区文化和旅游统计数据和其他统计资料；

（二）管理、审定、公布、出版本地区文化和旅游统计资料；

（三）对本地区文化和旅游发展情况进行统计分析研究和监测评价；

（四）组织开展本地区文化和旅游统计人员业务培训。

第十三条　地方各级文化和旅游行政部门应当明确负责统计工作的职能部门，选配具有统计专业知识的人员从事文化和旅游统计工作。

第十四条　各类文化和旅游统计调查对象应当根据统计任务需要设置统计工作岗位，配备专兼职统计人员，依法开展统计工作。

第十五条　各级文化和旅游行政部门统计机构和统计人员依法独立行使以下职权，任何单位和个人不得干扰或者阻挠。

（一）统计调查权：依法如实调查、搜集统计资料，检查与统计资料有关的各种原始记录和统计台账，要求改正不实的统计资料；

（二）统计报告权：将统计调查所得资料和情况进行整理、分析，及时向上级文化和旅游行政部门提出统计报告；

（三）统计监督权：根据统计调查和统计分析，对文化和旅游工作进行统计监督，指出存在的问题，提出改进的建议。

第十六条　各级文化和旅游行政部门统计机构和统计人

员应当依法履行职责，如实搜集、报送统计资料，不得伪造、篡改统计资料，不得以任何方式要求任何单位和个人提供不真实的统计资料。

第十七条　各级文化和旅游行政部门统计人员应当具备与其从事文化和旅游统计工作相适应的专业知识和业务能力。坚持实事求是，恪守职业道德，对其负责搜集、审核、录入的统计资料与统计调查对象报送的统计资料的一致性负责。

第十八条　各级文化和旅游行政部门负责人不得自行修改统计机构和统计人员依法搜集、整理的统计资料，不得以任何方式要求统计人员及其他机构、人员伪造、篡改统计资料，不得对依法履行职责或者拒绝、抵制统计违法行为的统计人员打击报复。

第十九条　各级文化和旅游行政部门统计人员应保持相对稳定，统计人员因工作需要调离统计岗位时，应选派有能力承担统计工作的人员接替，办清交接手续，并及时告知上级文化和旅游行政部门。

第三章　统计调查管理

第二十条　各级文化和旅游行政部门开展统计调查，应当制定统计调查制度，并就调查项目的必要性、可行性、科学性进行充分论证。

统计调查制度内容包括总说明、报表目录、调查表式、分类目录、指标解释、指标间逻辑关系，采用抽样调查的还应当包括抽样调查方案。

统计调查制度总说明应当对调查目的、调查对象、统计范围、调查内容、调查频率、调查时间、调查方法、组织实施方式、质量控制、报送要求、信息共享、资料公布等作出规定。

第二十一条　全国文化和旅游统计调查制度由文化和旅游部负责制定。统计调查对象属于本部门管辖系统的，报国家统计局备案；统计调查对象超出本部门管辖系统的，报国家统计局审批。

地方各级文化和旅游行政部门可按需要制定补充性文化和旅游统计调查制度，报上级文化和旅游行政部门同意后，报同级人民政府统计机构审批或者备案。

地方补充性文化和旅游统计调查制度不得与上级文化和旅游统计调查制度重复、矛盾；不得影响全国文化和旅游统计调查制度的实施。

第二十二条　各级文化和旅游行政部门应当按照批准的统计调查制度开展统计工作。

依法执行的统计调查表应当标明表号、制定机关、批准机关或者备案机关、批准文号或者备案文号、有效期限等标志。

对未标明规定标志或者超过有效期限的统计调查表，统计调查对象有权拒绝填报。

第二十三条　文化和旅游部负责制定全国文化和旅游统计标准，确保文化和旅游统计调查采用的指标涵义、计算方法、分类目录、调查表式和统计编码等的标准化。

第二十四条　凡将各类文化和旅游企事业单位作为统计调查对象的，各类文化和旅游统计调查对象应取自文化和旅游部全国文化和旅游统计调查基本单位名录库。

地方各级文化和旅游行政部门应配合文化和旅游部财务司，加强对全国文化和旅游统计调查基本单位名录库的动态管理。

第二十五条　各类文化和旅游统计调查对象应当根据文化和旅游行政部门制定并经批准的统计调查制度，建立健全原始记录、统计台账和各项管理制度；应当根据统计工作的需要，配备必要的计算机和网络通讯设备。

各类文化和旅游统计调查对象应当依照统计法律法规和本办法的规定，真实、准确、完整、及时地提供文化和旅游统计调查所需的资料，不得提供不真实或者不完整的统计资料，不得迟报、拒报统计资料。

第二十六条　文化和旅游统计调查综合运用年度常规调查、抽样调查、重点调查、普查等方法，并充分开发利用行政记录和大数据。运用大数据进行调查时，要符合文化和旅游统计调查所采用的指标涵义、分类目录和统计编码，相关计算方法要进行充分论证。

第二十七条　各级文化和旅游行政部门应当建立健全文化和旅游统计调查数据质量控制体系，加大对源头数据的审核和评估力度，保证数出有源、数出有据。

第二十八条　各级文化和旅游行政部门应当积极沟通同级人民政府统计机构和有关行业部门，探索建立重要核心数据会商评估机制，加强与其他相关领域数据的比对和印证。

第二十九条　各级文化和旅游行政部门应当建立防范和惩治统计造假、弄虚作假责任制，坚持集体领导与个人分工负责相结合，本部门领导班子承担主体责任，部门主要负责人承担主要领导责任，分管负责人承担直接领导责任，统计人员承担直接责任。按照谁主管、谁负责，谁经办、谁负责的原则，形成一级抓一级、层层抓落实的责任体系。

第三十条　各级文化和旅游行政部门应当加强文化和旅游统计信息化建设，建立健全文化和旅游统计直报制度，完善全国文化和旅游统计直报系统，实现文化和旅游统计工作全流程信息化、网络化。已建成并投入使用的其他统计信息系统要与全国文化和旅游统计直报系统相衔接，设立数据接口，实现互联互通。

第四章　统计资料管理和公布

第三十一条　文化和旅游部依法管理、审定、公布和出版全国文化和旅游统计资料；地方各级文化和旅游行政部门依法管理、审定、公布和出版本行政区域内的文化和旅游统计资料。

第三十二条　各级文化和旅游行政部门应当建立健全文化和旅游统计资料公布制度，除依法应当保密内容外，应及时通过门户网站、统计公报、统计年鉴等途径公布文化和旅游统计资料。

第三十三条　各级文化和旅游行政部门应当按照国家有关规定建立健全统计资料的审核、签署、交接、归档等管理制度。

第三十四条　文化和旅游统计资料的管理、使用和公布，应当严格遵守国家档案管理制度、保密制度和信息公开制度的有关要求。

第三十五条　各级文化和旅游行政部门统计机构和文化和旅游统计人员，对统计调查对象的商业秘密和个人隐私负有保密义务。

第三十六条　各级文化和旅游行政部门在制定政策规划、督查工作进展、评价发展水平时，凡涉及统计数据的，应当优先使用已公开发布的文化和旅游统计资料。

第五章　监督检查

第三十七条　各级文化和旅游行政部门依法对下级文化和旅游行政部门、文化和旅游统计调查对象的统计工作进行监督检查。

统计检查的内容包括：统计法律法规和规章制度的执行情况，统计机构和统计人员的配置情况，统计经费和统计工作设备配置保障情况，统计数据报送质量情况，统计资料的管理和公布情况以及其他与统计工作有关的情况。

第三十八条　各级文化和旅游行政部门、文化和旅游统计调查对象应当配合监督检查工作。任何单位、个人不得干扰和妨碍统计人员监督检查和作出检查结论。

第三十九条　各级文化和旅游行政部门应当建立文化和旅游统计工作监督检查办法，定期开展统计工作监督检查，并对有关结果予以通报。

第四十条　对违反统计法律法规及本办法有关规定的，由有关部门依法对相关单位和人员给予行政处罚或追究法律责任。

第六章　附　　则

第四十一条　地方各级文化和旅游行政部门可依据本办法，结合实际，制定相应的实施细则。

第四十二条　本办法由文化和旅游部负责解释。

第四十三条　本办法自颁布之日起施行。

文化产业发展专项资金管理办法

1. 2021年4月9日财政部印发

2. 财教〔2021〕64号

第一章　总　　则

第一条　为进一步规范和加强文化产业发展专项资金（以下称文产专项）管理与使用，提高资金使用效益，根据《中华人民共和国预算法》及其实施条例等法律法规和党中央、国务院关于文化产业发展的相关要求，结合文化产业发展实际，制定本办法。

第二条　文产专项由中央财政预算安排，用于支持文化产业发展，健全现代文化产业体系和市场体系，创新生产经营机制，维护国家文化安全，提高文化产业整体实力，推动文化产业高质量发展。根据预算管理规定，文产专项分别列入中央本级支出和对地方转移支付。

第三条　文产专项由财政部会同中央宣传部、商务部等中央业务主管部门管理。

第四条　文产专项实施期限至2023年。到期前根据法律、行政法规有关规定和党中央、国务院决策部署及文化产业发展工作需要，由财政部牵头组织评估确定是否继续实施和延续期限，并按程序报批。

第二章　中央本级安排的文产专项

第五条　中央本级安排的文产专项用于以下几个方面：

（一）中央业务主管部门按照国家文化发展改革规划要求组织实施的文化产业重点项目，采用项目法分配，具体分为三类：一是中央宣传部负责的推动影视产业发展项目，对有关重点影视项目予以补助，突出支持的政治性、思想性和引领性；二是商务部负责的推动对外文化贸易发展项目，对具有较好文化服务出口业绩的企业按照一定标准予以奖励；三是党中央、国务院确定的项目。

财政部负责编制年度预算，按预算管理程序审核下达资金，组织实施绩效管理并对资金使用情况进行监督。中央业务主管部门负责遴选、评审、公示项目，拟定预算资金分配方案，会同财政部对资金使用情况进行监督管理，对所负责项目组织开展全过程绩效管理工作。

（二）设立中国文化产业投资基金（以下称中文投基金）二期，主要以母基金方式运作，参股地方政府、企业发起设立的区域性、行业性文化产业投资基金。

第六条 中央业务主管部门组织实施的文化产业重点项目，按照以下程序办理申报、分配及预算下达：

（一）根据文化产业发展需要，财政部会同中央业务主管部门印发年度文产专项申报通知。

（二）中央部门（单位）应加强项目管理，按申报通知要求组织本部门（单位）申报工作，对申报项目进行初审后，按申报通知要求报送文产专项预算申请文件。

（三）中央业务主管部门应加强项目管理，规范组织项目遴选、评审，在中央本级文产专项当年预算规模内提出预算资金分配方案报送财政部。已获中央财政相关资金支持的项目不予支持。中央业务主管部门将预算资金分配方案报送财政部前，应当将拟支持项目通过互联网等媒介向社会公示，涉及国家秘密或敏感内容的情况除外。

（四）财政部根据中央业务主管部门预算资金分配方案，综合考虑年度文产专项预算规模和预算管理要求，按预算管理程序审核列入中央部门（单位）年初预算。

（五）中央部门（单位）接到预算资金后，应当及时列入资金使用单位年初预算。

第七条 中央宣传部指导中文投基金二期依据《中国文化产业投资基金二期（有限合伙）有限合伙协议》，按照预算管理程序向财政部提出基金年度出资需求。财政部根据预算管理程序出资。

第三章 转移支付安排的文产专项

第八条 转移支付安排的文产专项用于支持地方文化产业重点项目，包括推动影视产业发展项目、推动对外文化贸易发展项目，以及党中央、国务院确定的项目等。

第九条 转移支付安排的文产专项按照以下程序办理申报、分配及预算下达：

（一）根据文化产业发展需要，财政部会同中央业务主管部门向地方印发年度文产专项申报通知。

（二）省级财政部门和同级业务主管部门应加强项目管理，按要求组织本地区申报工作，对申报项目进行初审后，按申报通知要求报送文产专项预算申请文件。

（三）中央业务主管部门应加强项目管理，规范组织项目遴选、评审，按照当年文产专项转移支付资金规模提出预算资金分配方案报送财政部。已获中央财政相关资金支持的项目不予支持。中央业务主管部门将预算资金分配方案报送财政部前，应当将拟支持项目通过互联网等媒介向社会公示，涉及国家秘密或敏感内容的情况除外。

（四）财政部根据中央业务主管部门预算资金分配方案，综合考虑年度文产专项预算规模和预算管理要求，按预算管理程序审核下达预算，并抄送财政部有关监管局。中央本级支出预算和转移支付预算在年度预算执行中不能相互调剂或补充。

（五）省级财政部门接到预算资金后，应当按规定及时分解下达至资金使用单位，省级财政部门应将专项资金预算下达文件抄送财政部当地监管局。

第四章 资金使用和管理

第十条 资金使用单位应当规范文产专项管理，做到手续完备、账目清楚、核算准确。

第十一条 任何部门和单位不得滞留、截留、挤占、挪用文产专项。

第十二条 文产专项结转和结余资金管理按照财政部门有关规定执行。

第十三条 文产专项支付按照国库集中支付制度有关规定执行。资金使用过程中，涉及政府采购的，应当按照政府采购有关法律法规及制度执行。

第五章 绩效管理

第十四条 中央业务主管部门、省级财政部门和同级业务主管部门应当按照中央财政加强预算绩效管理有关制度规定，加强对文产专项的绩效管理，建立健全全过程预算绩效管理机制，不断提高资金使用效益。

加强项目事前论证评估，严格绩效目标管理，将审核确定后的绩效目标与预算资金同步分解下达，执行中对照绩效目标做好执行监控，以充分发挥绩效目标的引导约束作用。

第十五条 中央本级安排的中央业务主管部门组织实施的文化产业重点项目，由中央部门（单位）按要求组织本部门（单位）的项目单位开展自评，并将自评结果报送中央业务主管部门；中央业务主管部门按照预算绩效管理规定和资金管理需要，按年度对项目单位资金使用情况开展绩效评价。

中央宣传部按照预算绩效管理等有关规定和资金管理需要，对中文投基金二期资金使用情况开展绩效评价。

转移支付安排的文产专项，由省级业务主管部门按照预算绩效管理规定和资金管理需要，审核汇总形成本区域绩效自评报告，经省级财政部门审核后，报送中央业务主管部门；中央业务主管部门按照预算绩效管理规定和资金管理需要，按年度对地方资金使用情况开展绩效评价。

财政部根据工作需要，对相关资金管理使用情况组织开展绩效评价。

第十六条　有关绩效评价结果作为调整完善政策、安排预算、分配资金的重要依据。

第六章　监 督 管 理

第十七条　财政部和中央业务主管部门应根据文产专项使用管理情况，适时开展监督检查，强化流程控制，确保资金专款专用。省级财政部门和同级业务主管部门应加强对本地区文产专项使用管理情况的监督检查和绩效执行监控，及时发现和纠正问题，并按财政部和中央业务主管部门要求，汇总上报文产专项使用和绩效情况。资金使用单位应当建立健全内部监督约束机制，确保规范使用文产专项。财政部各地监管局按照工作职责和财政部要求，对文产专项进行监管。

第十八条　文产专项实行"谁使用、谁负责"的责任机制，对于挤占、挪用、虚列、套取文产专项等违法违规行为，按照《中华人民共和国预算法》及其实施条例、《财政违法行为处罚处分条例》等国家有关规定追究相应责任；涉嫌犯罪的，依法移送有关机关处理。

第十九条　各级财政部门、业务主管部门及相关单位、相关工作人员在文产专项分配、使用、管理等工作中，存在违反规定分配资金，向不符合条件的单位（或项目）分配资金，擅自超过规定范围分配或使用资金，以及其他滥用职权、玩忽职守、徇私舞弊等违法违纪行为的，依法责令改正，对负有责任的领导人员和直接责任人员依法给予处分；涉嫌犯罪的，依法移送有关机关处理。

第七章　附　　则

第二十条　省级财政部门可根据本办法规定，结合本地实际，制定具体管理办法，抄送财政部当地监管局。

第二十一条　本办法自印发之日起施行。《财政部关于重新修订印发〈文化产业发展专项资金管理暂行办法〉的通知》（财文资〔2012〕4号）同时废止。

中华老字号示范创建管理办法

1. 2023年1月6日商务部、文化和旅游部、市场监管总局、文物局、知识产权局发布

2. 商流通规发〔2023〕6号

第一章　总　　则

第一条　为立足新发展阶段，完整、准确、全面贯彻新发展理念，贯彻《中共中央办公厅、国务院办公厅关于实施中华优秀传统文化传承发展工程的意见》，落实《商务部等8部门关于促进老字号创新发展的意见》，促进老字号创新发展，充分发挥老字号在商贸流通、消费促进、质量管理、技术创新、品牌建设、文化传承等方面的示范引领作用，服务构建以国内大循环为主体、国内国际双循环相互促进的新发展格局，制定本办法。

第二条　本办法所称中华老字号，是指历史底蕴深厚、文化特色鲜明、工艺技术独特、设计制造精良、产品服务优质、营销渠道高效、社会广泛认同的品牌（字号、商标等）。

第三条　商务部负责全国中华老字号示范创建工作，会同文化和旅游部、市场监管总局、文物局、知识产权局（以下称相关部门）将符合本办法第二条、第六条、第七条规定，在全国范围内具有较强示范引领性的品牌认定为中华老字号，将其所属企业认定为中华老字号企业，建立中华老字号名录。

各省、自治区、直辖市和计划单列市商务主管部门（以下称省级商务主管部门）会同同级相关部门负责本行政区域内中华老字号示范创建相关工作。

第四条　中华老字号示范创建遵循"自愿申报、自主创建、优中择优、动态管理"的原则。

第五条　中华老字号示范创建以企业为主体，创建企业应当体现品牌示范性、企业代表性、行业引领性，注重理念、设计、研发、工艺、技术、制造、产品、服务、经营、营销、管理等各方面创新，与时俱进、守正创新，彰显经济价值和文化价值。

第二章　示 范 条 件

第六条　中华老字号应当具备以下基本条件：

（一）品牌创立时间在50年（含）以上；

（二）具有中华民族特色和鲜明的地域文化特征；

（三）面向居民生活提供经济价值、文化价值较高的产品、技艺或服务；

（四）在所属行业或领域内具有代表性、引领性和示范性,得到广泛的社会认同和赞誉。

第七条 中华老字号企业应当具备以下基本条件:

(一)在中华人民共和国境内依法设立;

(二)依法拥有与中华老字号相一致的字号,或与中华老字号相一致的注册商标的所有权或使用权且未侵犯他人注册商标专用权,传承关系明确且无争议;

(三)主营业务连续经营30年(含)以上,且主要面向居民生活提供商品或服务;

(四)经营状况良好,且具有较强的可持续发展能力;

(五)具有符合现代要求的企业治理模式,在设计、研发、工艺、技术、制造、产品、服务和经营理念、营销渠道、管理模式等方面具备较强的创新能力;

(六)在所属行业或领域内具有较强影响力;

(七)未在经营异常名录或严重违法失信名单中。

第三章 申报与认定

第八条 商务部会同相关部门原则上每3年认定并公布新一批次中华老字号名录。

中华老字号申报和认定工作主要通过商务部中华老字号信息管理系统(网址:https://zhlzh. mofcom. gov. cn)进行,具体时间安排由商务部会同相关部门发布通知。

第九条 符合本办法第六条、第七条规定条件的企业应在规定日期内通过商务部中华老字号信息管理系统上传申报材料,具体包括:

(一)企业基本信息、股权结构及近5年经营情况;

(二)品牌创立时间的证明材料;

(三)老字号注册商标的权属证明文件;

(四)主营业务传承脉络清晰的证明材料;

(五)品牌历史价值和文化价值的介绍材料;

(六)企业在设计研发、工艺技术、产品服务和经营理念、营销渠道、管理模式等方面创新发展的介绍材料;

(七)企业文化的介绍材料和获得荣誉的证明材料;

(八)针对上述材料并经法定代表人或负责人签字的真实性承诺;

(九)商务主管部门和相关部门认为应当提交的其他相关材料。

上述申报材料应当真实、有效、完整,其中能够通过政府信息系统获取的,相关部门可不再要求企业提供。

中央企业可通过其一级集团(总公司)并经主管单位同意后向商务部申报。

第十条 省级商务主管部门会同同级相关部门组织有关机构和专家对申报材料进行研究论证后向商务部提出推荐名单,并优先推荐已被认定为省级老字号3年(含)以上的企业。

商务部将根据各地中华老字号和省级老字号数量,结合各地历史文化、经济发展等综合情况,采用因素法确定每一批次各地可推荐的数量上限。

省级商务主管部门可根据需要委托市级相关部门对本地区企业申报材料的真实性、有效性、完整性进行审核。

推荐名单应当对外公示,且公示期不少于15个工作日。公示期满无异议或异议不成立的,由省级商务主管部门向商务部提出推荐意见并上报申报材料。

第十一条 商务部会同相关部门组织专家按照科学、公平、公正的原则,对各地推荐的企业进行评议,按照不超过全国推荐总量80%的比例提出拟认定的中华老字号及其所属企业。

参与评议的专家可根据需要或委托有关机构采取材料审查、现场调查、查阅档案等形式进行审查。

第十二条 商务部在商务部网站对拟认定的中华老字号及其所属企业相关信息进行公示,公示期不少于15个工作日。任何单位或个人对名单有不同意见的,均可向商务部提出异议,并提供详实的书面举证材料。

商务部在接到异议后会同相关部门组织专家对异议情况进行复核。如存在较大争议,商务部可召开听证会。

第十三条 在公示期间无异议或异议不成立的,由商务部会同相关部门列入中华老字号名录并向社会公布,由商务部依据本办法授予中华老字号标识使用权、颁发中华老字号牌匾。

第十四条 中华老字号标识属商务部标志,中华老字号企业可依据《中华老字号标识和牌匾使用规定》(附件),使用中华老字号标识和牌匾。

第四章 动态管理

第十五条 中华老字号企业的企业名称或其商标发生以下变化的,应当自发生变化之日起30个工作日之内通过商务部中华老字号信息管理系统向住所地省级商务主管部门提出申请,并详细说明发生变化的理由:

(一)企业名称发生变化的;

(二)在不丧失老字号注册商标使用权的前提下,该注册商标发生转让的。

省级商务主管部门在接到企业申请后，应按照中华老字号认定条件进行审核，并提出审核意见报商务部。审核过程中可根据需要现场核实相关情况或要求企业补充提供相关材料，必要时向社会公示。

商务部收到省级商务主管部门审核意见后进行复核，必要时商相关部门联合审核，并通过商务部中华老字号信息管理系统公布复核通过的企业变更信息。

第十六条　中华老字号企业应当于每季度首月 10 日前通过商务部中华老字号信息管理系统填报上一季度经营情况，并于每年 1 月 31 日前填报上一年度经营情况（上市公司可在季报年报公布后的 5 个工作日内进行上报）。

第十七条　商务部组织有关机构开展中华老字号日常监测，建立“红绿灯”机制，对出现本办法第十八条、第十九条、第二十条所列有关情形的中华老字号企业，分别采取相应管理措施。商务部组织有关机构建立创新发展评估模型，原则上每年对中华老字号企业进行评估，发布评估报告，并依据评估结果分别采取通报表扬、约谈警示等措施。

第十八条　中华老字号企业出现下列情形之一的，由住所地省级商务主管部门责令 3 个月内予以整改，必要时可约谈企业负责人：

（一）企业信息发生变化后未按本办法第十五条规定及时提交申请的；

（二）未按本办法第十六条规定按时在商务部中华老字号信息管理系统填报相关信息的；

（三）中华老字号标识、牌匾使用不符合《中华老字号标识和牌匾使用规定》的；

（四）因经营问题被相关部门作出行政处罚，或引起社会不良影响的；

（五）因违反《文物保护法》相关规定，对涉及不可移动文物的生产经营场所违法进行修缮、转让、抵押、改变用途等活动被相关部门作出行政处罚的；

（六）被相关部门列入经营异常名录的。

第十九条　中华老字号企业出现下列情形之一的，住所地省级商务主管部门可以建议商务部暂停其中华老字号标识及牌匾使用权：

（一）被省级商务主管部门约谈，未按时整改或整改措施不力的；

（二）被相关部门列入严重违法失信名单的。

商务部认为确有必要的，应当作出暂停其中华老字号标识及牌匾使用权的决定，并责令其于 3 个月内完成整改。

中华老字号企业整改完成后，由住所地省级商务主管部门对整改情况进行审核，并提出审核意见报商务部。商务部认为整改到位的，应当作出撤销暂停其中华老字号标识及牌匾使用权的决定。

第二十条　中华老字号企业出现下列情形之一的，住所地省级商务主管部门可以建议商务部将其移出中华老字号名录并收回中华老字号标识使用权及牌匾：

（一）企业破产清算、解散、注销、被吊销营业执照或三年以上不开展经营活动的；

（二）丧失老字号注册商标所有权及使用权的；

（三）发生严重损害消费者权益、出现重大质量问题或安全事故、重复侵犯他人知识产权、严重扰乱市场秩序或其他严重违法行为的；

（四）以欺骗或其他不正当手段骗取中华老字号示范称号的；

（五）被暂停中华老字号标识及牌匾使用权，到期后仍未有效整改的；

（六）其他不符合中华老字号和中华老字号企业基本条件的。

商务部认为确有必要的，商相关部门作出移出中华老字号名录并收回中华老字号标识使用权及牌匾的决定。

第二十一条　商务部会同相关部门原则上每 3 年对中华老字号开展复核。对复核中发现已经不符合中华老字号条件的，商相关部门作出移出中华老字号名录、收回中华老字号标识使用权及牌匾的决定。

第二十二条　商务部作出暂停或收回中华老字号标识使用权、移出中华老字号名录决定的，在商务部中华老字号信息管理系统中通报并在商务部网站向社会公布。

被移出中华老字号名录的，自决定作出之日起两个申报周期内不得再次申报中华老字号。

第五章　其　　他

第二十三条　省级各相关部门加强对本行政区域内老字号知识产权、历史网点、文化遗产的保护，为老字号文化传承、技艺改造、改革创新提供必要的政策支持，组织开展老字号宣传推广活动。

第二十四条　中华老字号企业违反《中华老字号标识和牌匾使用规定》的，商务部和省级商务主管部门可依据本办法采取相关措施。

中华老字号企业因违反本办法第十九条，被暂停中华老字号标识、牌匾使用权期间，应撤回其含有中华老字号标识的相关产品、服务，移除并妥善保存中华老字号牌匾，且不得以中华老字号名义开展宣传。

任何单位或个人冒用或滥用中华老字号标识或牌匾，违反《商标法》《反不正当竞争法》《广告法》等法律法规的，由市场监管部门依法依规进行查处。

第二十五条 本办法实施前已经商务部认定的中华老字号，按照本办法管理，无需重新申报，但应当按照本办法规定进行定期复核。

第二十六条 本办法由商务部负责解释。

第二十七条 本办法自公布之日起30日后施行。《商务部关于实施“振兴老字号工程”的通知》（商改发〔2006〕171号）、《商务部关于印发〈“中华老字号”标识使用规定〉的通知》（商改发〔2007〕137号）同时废止。

附件：中华老字号标识和牌匾使用规定

附件

中华老字号标识和牌匾使用规定

第一条 为维护中华老字号信誉，加强对中华老字号标识和牌匾的管理，规范中华老字号标识和牌匾的使用，依据《中华老字号示范创建管理办法》，制定本规定。

第二条 中华老字号标识和牌匾的使用应当遵循本规定。

第三条 商务部对中华老字号标识和牌匾的使用实行统一管理和监督。省级商务主管部门按照职责分工对所辖区域内中华老字号标识和牌匾的使用进行管理与监督。

第四条 中华老字号标识适用于商务部认定的中华老字号及中华老字号企业。未被认定为中华老字号的企业或个人，不得使用中华老字号标识和文字。

第五条 中华老字号标识属商务部所有，由标准图形和“中华老字号”中英文文字组成，图形可单独使用，也可与文字组合使用。标识设有标准色3色、标准组合4种供企业选用。推荐使用第一种“中华老字号”2色标识。中华老字号标识标准图形、标准字体、标准色彩、标准组合详见附。

第六条 中华老字号企业可以在相应产品或服务的包装、装潢、各类资料、广告宣传及互联网等媒介中使用统一规定的中华老字号标识。

第七条 中华老字号标识只能用于与中华老字号相一致的产品或服务上，以其老字号注册商标核定使用的商品或服务为限，并应明显标注获得认定的企业名称，不得扩大使用范围。同时，应符合《商标法》《广告法》等相关法律法规要求。

第八条 中华老字号标识在使用时，必须根据规定式样使用，可按比例放大或缩小，但不得更改标识的比例关系和色值。

第九条 中华老字号标识在印刷时，附着媒介的底色不得影响标识的标准色值，不得透叠其他色彩和图案。

第十条 商务部统一制作和颁发中华老字号牌匾，未经许可，任何组织或个人不得自行制作、伪造、变造、销售或者冒用。

第十一条 中华老字号牌匾不得复制。

第十二条 中华老字号牌匾应悬挂或放置于中华老字号企业主要办公或经营场所，牌匾需保持牢固安全、整洁、美观，任何组织或个人不得随意侵占、污损、破坏牌匾。涉及不可移动文物的，悬挂、放置牌匾不得破坏文物。

第十三条 被商务部移出中华老字号名录并收回中华老字号标识使用权及牌匾的企业，自商务部作出决定之日起，停止使用中华老字号标识，并负责清理自身使用的有关中华老字号标识；中华老字号牌匾由所在省级商务主管部门负责收回，交回商务部统一注销和销毁。

第十四条 中华老字号企业的企业名称和注册商标人名义发生变更后，中华老字号标识和牌匾的使用权随之变更，但须按照《中华老字号示范创建管理办法》规定报商务部备案。

附：中华老字号标识标准式样（略）

2. 出版管理

(1)综合规定

中华人民共和国
国家通用语言文字法

1. *2000年10月31日第九届全国人民代表大会常务委员会第十八次会议通过*
2. *2000年10月31日中华人民共和国主席令第37号公布*
3. *自2001年1月1日起施行*

目　　录

第一章　总　　则

第一条　【立法目的】为推动国家通用语言文字的规范化、标准化及其健康发展,使国家通用语言文字在社会生活中更好地发挥作用,促进各民族、各地区经济文化交流,根据宪法,制定本法。

第二条　【国家通用语言文字】本法所称的国家通用语言文字是普通话和规范汉字。

第三条　【推广普通话与推行规范汉字】国家推广普通话,推行规范汉字。

第四条　【学习和使用】公民有学习和使用国家通用语言文字的权利。

国家为公民学习和使用国家通用语言文字提供条件。

地方各级人民政府及其有关部门应当采取措施,推广普通话和推行规范汉字。

第五条　【使用的原则】国家通用语言文字的使用应当有利于维护国家主权和民族尊严,有利于国家统一和民族团结,有利于社会主义物质文明建设和精神文明建设。

第六条　【国家的责任】国家颁布国家通用语言文字的规范和标准,管理国家通用语言文字的社会应用,支持国家通用语言文字的教学和科学研究,促进国家通用语言文字的规范、丰富和发展。

第七条　【国家奖励】国家奖励为国家通用语言文字事业做出突出贡献的组织和个人。

第八条　【民族语言文字自由】各民族都有使用和发展自己的语言文字的自由。

少数民族语言文字的使用依据宪法、民族区域自治法及其他法律的有关规定。

第二章　国家通用语言文字的使用

第九条　【公务用语用字】国家机关以普通话和规范汉字为公务用语用字。法律另有规定的除外。

第十条　【教育用语用字】学校及其他教育机构以普通话和规范汉字为基本的教育教学用语用字。法律另有规定的除外。

学校及其他教育机构通过汉语文课程教授普通话和规范汉字。使用的汉语文教材,应当符合国家通用语言文字的规范和标准。

第十一条　【汉语文出版物】汉语文出版物应当符合国家通用语言文字的规范和标准。

汉语文出版物中需要使用外国语言文字的,应当用国家通用语言文字作必要的注释。

第十二条　【播音用语】广播电台、电视台以普通话为基本的播音用语。

需要使用外国语言为播音用语的,须经国务院广播电视部门批准。

第十三条　【服务用字】公共服务行业以规范汉字为基本的服务用字。因公共服务需要,招牌、广告、告示、标志牌等使用外国文字并同时使用中文的,应当使用规范汉字。

提倡公共服务行业以普通话为服务用语。

第十四条　【基本用语用字】下列情形,应当以国家通用语言文字为基本的用语用字:

(一)广播、电影、电视用语用字;
(二)公共场所的设施用字;
(三)招牌、广告用字;
(四)企业事业组织名称;
(五)在境内销售的商品的包装、说明。

第十五条　【信息用语文字】信息处理和信息技术产品中使用的国家通用语言文字应当符合国家的规范和标准。

第十六条　【方言的使用】本章有关规定中,有下列情形的,可以使用方言:

(一)国家机关的工作人员执行公务时确需使用的;

(二)经国务院广播电视部门或省级广播电视部

门批准的播音用语；

（三）戏曲、影视等艺术形式中需要使用的；

（四）出版、教学、研究中确需使用的。

第十七条 【繁体字、异体字的保留或使用】本章有关规定中，有下列情形的，可以保留或使用繁体字、异体字：

（一）文物古迹；

（二）姓氏中的异体字；

（三）书法、篆刻等艺术作品；

（四）题词和招牌的手书字；

（五）出版、教学、研究中需要使用的；

（六）经国务院有关部门批准的特殊情况。

第十八条 【汉语拼音方案】国家通用语言文字以《汉语拼音方案》作为拼写和注音工具。

《汉语拼音方案》是中国人名、地名和中文文献罗马字母拼写法的统一规范，并用于汉字不便或不能使用的领域。

初等教育应当进行汉语拼音教学。

第十九条 【普通话能力】凡以普通话作为工作语言的岗位，其工作人员应当具备说普通话的能力。

以普通话作为工作语言的播音员、节目主持人和影视话剧演员、教师、国家机关工作人员的普通话水平，应当分别达到国家规定的等级标准；对尚未达到国家规定的普通话等级标准的，分别情况进行培训。

第二十条 【对外汉语教学】对外汉语教学应当教授普通话和规范汉字。

第三章 管理和监督

第二十一条 【国务院的规划指导与管理监督】国家通用语言文字工作由国务院语言文字工作部门负责规划指导、管理监督。

国务院有关部门管理本系统的国家通用语言文字的使用。

第二十二条 【地方语言文字的管理和监督】地方语言文字工作部门和其他有关部门，管理和监督本行政区域内的国家通用语言文字的使用。

第二十三条 【工商行政的管理监督】县级以上各级人民政府工商行政管理部门依法对企业名称、商品名称以及广告的用语用字进行管理和监督。

第二十四条 【测试等级标准】国务院语言文字工作部门颁布普通话水平测试等级标准。

第二十五条 【译名】外国人名、地名等专有名词和科学技术术语译成国家通用语言文字，由国务院语言文字工作部门或者其他有关部门组织审定。

第二十六条 【违法及其处理】违反本法第二章有关规定，不按照国家通用语言文字的规范和标准使用语言文字的，公民可以提出批评和建议。

本法第十九条第二款规定的人员用语违反本法第二章有关规定的，有关单位应当对直接责任人员进行批评教育；拒不改正的，由有关单位作出处理。

城市公共场所的设施和招牌、广告用字违反本法第二章有关规定的，由有关行政管理部门责令改正；拒不改正的，予以警告，并督促其限期改正。

第二十七条 【违法干涉】违反本法规定，干涉他人学习和使用国家通用语言文字的，由有关行政管理部门责令限期改正，并予以警告。

第四章 附 则

第二十八条 【施行日期】本法自2001年1月1日起施行。

中华人民共和国著作权法

1. 1990年9月7日第七届全国人民代表大会常务委员会第十五次会议通过

2. 根据2001年10月27日第九届全国人民代表大会常务委员会第二十四次会议《关于修改〈中华人民共和国著作权法〉的决定》第一次修正

3. 根据2010年2月26日第十一届全国人民代表大会常务委员会第十三次会议《关于修改〈中华人民共和国著作权法〉的决定》第二次修正

4. 根据2020年11月11日第十三届全国人民代表大会常务委员会第二十三次会议《关于修改〈中华人民共和国著作权法〉的决定》第三次修正

目 录

第一章 总 则

第一条 【立法目的】为保护文学、艺术和科学作品作者的著作权,以及与著作权有关的权益,鼓励有益于社会主义精神文明、物质文明建设的作品的创作和传播,促进社会主义文化和科学事业的发展与繁荣,根据宪法制定本法。

第二条 【适用范围】中国公民、法人或者非法人组织的作品,不论是否发表,依照本法享有著作权。

外国人、无国籍人的作品根据其作者所属国或者经常居住地国同中国签订的协议或者共同参加的国际条约享有的著作权,受本法保护。

外国人、无国籍人的作品首先在中国境内出版的,依照本法享有著作权。

未与中国签订协议或者共同参加国际条约的国家的作者以及无国籍人的作品首次在中国参加的国际条约的成员国出版的,或者在成员国和非成员国同时出版的,受本法保护。

第三条 【著作权客体】本法所称的作品,是指文学、艺术和科学领域内具有独创性并能以一定形式表现的智力成果,包括:

(一)文字作品;

(二)口述作品;

(三)音乐、戏剧、曲艺、舞蹈、杂技艺术作品;

(四)美术、建筑作品;

(五)摄影作品;

(六)视听作品;

(七)工程设计图、产品设计图、地图、示意图等图形作品和模型作品;

(八)计算机软件;

(九)符合作品特征的其他智力成果。

第四条 【监督管理】著作权人和与著作权有关的权利人行使权利,不得违反宪法和法律,不得损害公共利益。国家对作品的出版、传播依法进行监督管理。

第五条 【不适用客体】本法不适用于:

(一)法律、法规,国家机关的决议、决定、命令和其他具有立法、行政、司法性质的文件,及其官方正式译文;

(二)单纯事实消息;

(三)历法、通用数表、通用表格和公式。

第六条 【民间文学艺术作品的保护】民间文学艺术作品的著作权保护办法由国务院另行规定。

第七条 【著作权行政管理部门】国家著作权主管部门负责全国的著作权管理工作;县级以上地方主管著作权的部门负责本行政区域的著作权管理工作。

第八条 【著作权集体管理组织】著作权人和与著作权有关的权利人可以授权著作权集体管理组织行使著作权或者与著作权有关的权利。依法设立的著作权集体管理组织是非营利法人,被授权后可以以自己的名义为著作权人和与著作权有关的权利人主张权利,并可以作为当事人进行涉及著作权或者与著作权有关的权利的诉讼、仲裁、调解活动。

著作权集体管理组织根据授权向使用者收取使用费。使用费的收取标准由著作权集体管理组织和使用者代表协商确定,协商不成的,可以向国家著作权主管部门申请裁决,对裁决不服的,可以向人民法院提起诉讼;当事人也可以直接向人民法院提起诉讼。

著作权集体管理组织应当将使用费的收取和转付、管理费的提取和使用、使用费的未分配部分等总体情况定期向社会公布,并应当建立权利信息查询系统,供权利人和使用者查询。国家著作权主管部门应当依法对著作权集体管理组织进行监督、管理。

著作权集体管理组织的设立方式、权利义务、使用费的收取和分配,以及对其监督和管理等由国务院另行规定。

第二章 著 作 权

第一节 著作权人及其权利

第九条 【著作权人】著作权人包括:

(一)作者;

(二)其他依照本法享有著作权的自然人、法人或者非法人组织。

第十条 【著作权内容】著作权包括下列人身权和财产权:

(一)发表权,即决定作品是否公之于众的权利;

(二)署名权,即表明作者身份,在作品上署名的权利;

(三)修改权,即修改或者授权他人修改作品的权利;

(四)保护作品完整权,即保护作品不受歪曲、篡改的权利;

(五)复制权,即以印刷、复印、拓印、录音、录像、翻录、翻拍、数字化等方式将作品制作一份或者多份的权利;

（六）发行权，即以出售或者赠与方式向公众提供作品的原件或者复制件的权利；

（七）出租权，即有偿许可他人临时使用视听作品、计算机软件的原件或者复制件的权利，计算机软件不是出租的主要标的的除外；

（八）展览权，即公开陈列美术作品、摄影作品的原件或者复制件的权利；

（九）表演权，即公开表演作品，以及用各种手段公开播送作品的表演的权利；

（十）放映权，即通过放映机、幻灯机等技术设备公开再现美术、摄影、视听作品等的权利；

（十一）广播权，即以有线或者无线方式公开传播或者转播作品，以及通过扩音器或者其他传送符号、声音、图像的类似工具向公众传播广播的作品的权利，但不包括本款第十二项规定的权利；

（十二）信息网络传播权，即以有线或者无线方式向公众提供，使公众可以在其选定的时间和地点获得作品的权利；

（十三）摄制权，即以摄制视听作品的方法将作品固定在载体上的权利；

（十四）改编权，即改变作品，创作出具有独创性的新作品的权利；

（十五）翻译权，即将作品从一种语言文字转换成另一种语言文字的权利；

（十六）汇编权，即将作品或者作品的片段通过选择或者编排，汇集成新作品的权利；

（十七）应当由著作权人享有的其他权利。

著作权人可以许可他人行使前款第五项至第十七项规定的权利，并依照约定或者本法有关规定获得报酬。

著作权人可以全部或者部分转让本条第一款第五项至第十七项规定的权利，并依照约定或者本法有关规定获得报酬。

第二节 著作权归属

第十一条 【作者】著作权属于作者，本法另有规定的除外。

创作作品的自然人是作者。

由法人或者非法人组织主持，代表法人或者非法人组织意志创作，并由法人或者非法人组织承担责任的作品，法人或者非法人组织视为作者。

第十二条 【作者等著作权人的权利】在作品上署名的自然人、法人或者非法人组织为作者，且该作品上存在相应权利，但有相反证明的除外。

作者等著作权人可以向国家著作权主管部门认定的登记机构办理作品登记。

与著作权有关的权利参照适用前两款规定。

第十三条 【演绎作品】改编、翻译、注释、整理已有作品而产生的作品，其著作权由改编、翻译、注释、整理人享有，但行使著作权时不得侵犯原作品的著作权。

第十四条 【合作作品】两人以上合作创作的作品，著作权由合作作者共同享有。没有参加创作的人，不能成为合作作者。

合作作品的著作权由合作作者通过协商一致行使；不能协商一致，又无正当理由的，任何一方不得阻止他方行使除转让、许可他人专有使用、出质以外的其他权利，但是所得收益应当合理分配给所有合作作者。

合作作品可以分割使用的，作者对各自创作的部分可以单独享有著作权，但行使著作权时不得侵犯合作作品整体的著作权。

第十五条 【汇编作品】汇编若干作品、作品的片段或者不构成作品的数据或者其他材料，对其内容的选择或者编排体现独创性的作品，为汇编作品，其著作权由汇编人享有，但行使著作权时，不得侵犯原作品的著作权。

第十六条 【演绎作品中原作品著作权人的权利】使用改编、翻译、注释、整理、汇编已有作品而产生的作品进行出版、演出和制作录音录像制品，应当取得该作品的著作权人和原作品的著作权人许可，并支付报酬。

第十七条 【视听作品的著作权】视听作品中的电影作品、电视剧作品的著作权由制作者享有，但编剧、导演、摄影、作词、作曲等作者享有署名权，并有权按照与制作者签订的合同获得报酬。

前款规定以外的视听作品的著作权归属由当事人约定；没有约定或者约定不明确的，由制作者享有，但作者享有署名权和获得报酬的权利。

视听作品中的剧本、音乐等可以单独使用的作品的作者有权单独行使其著作权。

第十八条 【职务作品】自然人为完成法人或者非法人组织工作任务所创作的作品是职务作品，除本条第二款的规定以外，著作权由作者享有，但法人或者非法人组织有权在其业务范围内优先使用。作品完成两年内，未经单位同意，作者不得许可第三人以与单位使用的相同方式使用该作品。

有下列情形之一的职务作品，作者享有署名权，著作权的其他权利由法人或者非法人组织享有，法人或者非法人组织可以给予作者奖励：

（一）主要是利用法人或者非法人组织的物质技术条件创作，并由法人或者非法人组织承担责任的工程设计图、产品设计图、地图、示意图、计算机软件等职务作品；

（二）报社、期刊社、通讯社、广播电台、电视台的工作人员创作的职务作品；

（三）法律、行政法规规定或者合同约定著作权由法人或者非法人组织享有的职务作品。

第十九条　【委托作品】受委托创作的作品，著作权的归属由委托人和受托人通过合同约定。合同未作明确约定或者没有订立合同的，著作权属于受托人。

第二十条　【作品原件的转移】作品原件所有权的转移，不改变作品著作权的归属，但美术、摄影作品原件的展览权由原件所有人享有。

作者将未发表的美术、摄影作品的原件所有权转让给他人，受让人展览该原件不构成对作者发表权的侵犯。

第二十一条　【著作权的转移和承受】著作权属于自然人的，自然人死亡后，其本法第十条第一款第五项至第十七项规定的权利在本法规定的保护期内，依法转移。

著作权属于法人或者非法人组织的，法人或者非法人组织变更、终止后，其本法第十条第一款第五项至第十七项规定的权利在本法规定的保护期内，由承受其权利义务的法人或者非法人组织享有；没有承受其权利义务的法人或者非法人组织的，由国家享有。

第三节　权利的保护期

第二十二条　【署名权、修改权、保护作品完整权】作者的署名权、修改权、保护作品完整权的保护期不受限制。

第二十三条　【发表权的保护期】自然人的作品，其发表权、本法第十条第一款第五项至第十七项规定的权利的保护期为作者终生及其死亡后五十年，截止于作者死亡后第五十年的12月31日；如果是合作作品，截止于最后死亡的作者死亡后第五十年的12月31日。

法人或者非法人组织的作品、著作权（署名权除外）由法人或者非法人组织享有的职务作品，其发表权的保护期为五十年，截止于作品创作完成后第五十年的12月31日；本法第十条第一款第五项至第十七项规定的权利的保护期为五十年，截止于作品首次发表后第五十年的12月31日，但作品自创作完成后五十年内未发表的，本法不再保护。

视听作品，其发表权的保护期为五十年，截止于作品创作完成后第五十年的12月31日；本法第十条第一款第五项至第十七项规定的权利的保护期为五十年，截止于作品首次发表后第五十年的12月31日，但作品自创作完成后五十年内未发表的，本法不再保护。

第四节　权利的限制

第二十四条　【合理使用】在下列情况下使用作品，可以不经著作权人许可，不向其支付报酬，但应当指明作者姓名或者名称、作品名称，并且不得影响该作品的正常使用，也不得不合理地损害著作权人的合法权益：

（一）为个人学习、研究或者欣赏，使用他人已经发表的作品；

（二）为介绍、评论某一作品或者说明某一问题，在作品中适当引用他人已经发表的作品；

（三）为报道新闻，在报纸、期刊、广播电台、电视台等媒体中不可避免地再现或者引用已经发表的作品；

（四）报纸、期刊、广播电台、电视台等媒体刊登或者播放其他报纸、期刊、广播电台、电视台等媒体已经发表的关于政治、经济、宗教问题的时事性文章，但著作权人声明不许刊登、播放的除外；

（五）报纸、期刊、广播电台、电视台等媒体刊登或者播放在公众集会上发表的讲话，但作者声明不许刊登、播放的除外；

（六）为学校课堂教学或者科学研究，翻译、改编、汇编、播放或者少量复制已经发表的作品，供教学或者科研人员使用，但不得出版发行；

（七）国家机关为执行公务在合理范围内使用已经发表的作品；

（八）图书馆、档案馆、纪念馆、博物馆、美术馆、文化馆等为陈列或者保存版本的需要，复制本馆收藏的作品；

（九）免费表演已经发表的作品，该表演未向公众收取费用，也未向表演者支付报酬，且不以营利为目的；

（十）对设置或者陈列在公共场所的艺术作品进行临摹、绘画、摄影、录像；

（十一）将中国公民、法人或者非法人组织已经发表的以国家通用语言文字创作的作品翻译成少数民族语言文字作品在国内出版发行；

（十二）以阅读障碍者能够感知的无障碍方式向其提供已经发表的作品；

（十三）法律、行政法规规定的其他情形。

前款规定适用于对与著作权有关的权利的限制。

第二十五条　【法定许可使用】为实施义务教育和国家

教育规划而编写出版教科书,可以不经著作权人许可,在教科书中汇编已经发表的作品片段或者短小的文字作品、音乐作品或者单幅的美术作品、摄影作品、图形作品,但应当按照规定向著作权人支付报酬,指明作者姓名或者名称、作品名称,并且不得侵犯著作权人依照本法享有的其他权利。

前款规定适用于对与著作权有关的权利的限制。

第三章 著作权许可使用和转让合同

第二十六条 【许可使用合同】使用他人作品应当同著作权人订立许可使用合同,本法规定可以不经许可的除外。

许可使用合同包括下列主要内容:

(一)许可使用的权利种类;

(二)许可使用的权利是专有使用权或者非专有使用权;

(三)许可使用的地域范围、期间;

(四)付酬标准和办法;

(五)违约责任;

(六)双方认为需要约定的其他内容。

第二十七条 【著作权的转让】转让本法第十条第一款第五项至第十七项规定的权利,应当订立书面合同。

权利转让合同包括下列主要内容:

(一)作品的名称;

(二)转让的权利种类、地域范围;

(三)转让价金;

(四)交付转让价金的日期和方式;

(五)违约责任;

(六)双方认为需要约定的其他内容。

第二十八条 【出质登记】以著作权中的财产权出质的,由出质人和质权人依法办理出质登记。

第二十九条 【未明确许可、转让的权利】许可使用合同和转让合同中著作权人未明确许可、转让的权利,未经著作权人同意,另一方当事人不得行使。

第三十条 【使用作品付酬标准】使用作品的付酬标准可以由当事人约定,也可以按照国家著作权主管部门会同有关部门制定的付酬标准支付报酬。当事人约定不明确的,按照国家著作权主管部门会同有关部门制定的付酬标准支付报酬。

第三十一条 【禁止侵犯作者权利】出版者、表演者、录音录像制作者、广播电台、电视台等依照本法有关规定使用他人作品的,不得侵犯作者的署名权、修改权、保护作品完整权和获得报酬的权利。

第四章 与著作权有关的权利

第一节 图书、报刊的出版

第三十二条 【出版合同】图书出版者出版图书应当和著作权人订立出版合同,并支付报酬。

第三十三条 【专有出版权】图书出版者对著作权人交付出版的作品,按照合同约定享有的专有出版权受法律保护,他人不得出版该作品。

第三十四条 【作品的交付及重印、再版】著作权人应当按照合同约定期限交付作品。图书出版者应当按照合同约定的出版质量、期限出版图书。

图书出版者不按照合同约定期限出版,应当依照本法第六十一条的规定承担民事责任。

图书出版者重印、再版作品的,应当通知著作权人,并支付报酬。图书脱销后,图书出版者拒绝重印、再版的,著作权人有权终止合同。

第三十五条 【投稿、转载】著作权人向报社、期刊社投稿的,自稿件发出之日起十五日内未收到报社通知决定刊登的,或者自稿件发出之日起三十日内未收到期刊社通知决定刊登的,可以将同一作品向其他报社、期刊社投稿。双方另有约定的除外。

作品刊登后,除著作权人声明不得转载、摘编的外,其他报刊可以转载或者作为文摘、资料刊登,但应当按照规定向著作权人支付报酬。

第三十六条 【对作品的修改、删节】图书出版者经作者许可,可以对作品修改、删节。

报社、期刊社可以对作品作文字性修改、删节。对内容的修改,应当经作者许可。

第三十七条 【版式设计专有使用权】出版者有权许可或者禁止他人使用其出版的图书、期刊的版式设计。

前款规定的权利的保护期为十年,截止于使用该版式设计的图书、期刊首次出版后第十年的 12 月 31 日。

第二节 表 演

第三十八条 【表演者义务】使用他人作品演出,表演者应当取得著作权人许可,并支付报酬。演出组织者组织演出,由该组织者取得著作权人许可,并支付报酬。

第三十九条 【表演者权利】表演者对其表演享有下列权利:

(一)表明表演者身份;

(二)保护表演形象不受歪曲;

(三)许可他人从现场直播和公开传送其现场表演,并获得报酬;

（四）许可他人录音录像，并获得报酬；

（五）许可他人复制、发行、出租录有其表演的录音录像制品，并获得报酬；

（六）许可他人通过信息网络向公众传播其表演，并获得报酬。

被许可人以前款第三项至第六项规定的方式使用作品，还应当取得著作权人许可，并支付报酬。

第四十条 【职务表演】演员为完成本演出单位的演出任务进行的表演为职务表演，演员享有表明身份和保护表演形象不受歪曲的权利，其他权利归属由当事人约定。当事人没有约定或者约定不明确的，职务表演的权利由演出单位享有。

职务表演的权利由演员享有的，演出单位可以在其业务范围内免费使用该表演。

第四十一条 【表演者权利保护期】本法第三十九条第一款第一项、第二项规定的权利的保护期不受限制。

本法第三十九条第一款第三项至第六项规定的权利的保护期为五十年，截止于该表演发生后第五十年的12月31日。

第三节 录音录像

第四十二条 【录音录像制作者使用作品】录音录像制作者使用他人作品制作录音录像制品，应当取得著作权人许可，并支付报酬。

录音制作者使用他人已经合法录制为录音制品的音乐作品制作录音制品，可以不经著作权人许可，但应当按照规定支付报酬；著作权人声明不许使用的不得使用。

第四十三条 【录音录像制品的合同和报酬】录音录像制作者制作录音录像制品，应当同表演者订立合同，并支付报酬。

第四十四条 【录音录像制作者专有权和权利保护期】录音录像制作者对其制作的录音录像制品，享有许可他人复制、发行、出租、通过信息网络向公众传播并获得报酬的权利；权利的保护期为五十年，截止于该制品首次制作完成后第五十年的12月31日。

被许可人复制、发行、通过信息网络向公众传播录音录像制品，应当同时取得著作权人、表演者许可，并支付报酬；被许可人出租录音录像制品，还应当取得表演者许可，并支付报酬。

第四十五条 【录音录像传播的报酬】将录音制品用于有线或者无线公开传播，或者通过传送声音的技术设备向公众公开播送的，应当向录音制作者支付报酬。

第四节 广播电台、电视台播放

第四十六条 【广播电台、电视台使用作品】广播电台、电视台播放他人未发表的作品，应当取得著作权人许可，并支付报酬。

广播电台、电视台播放他人已发表的作品，可以不经著作权人许可，但应当按照规定支付报酬。

第四十七条 【广播组织专有权和权利保护期】广播电台、电视台有权禁止未经其许可的下列行为：

（一）将其播放的广播、电视以有线或者无线方式转播；

（二）将其播放的广播、电视录制以及复制；

（三）将其播放的广播、电视通过信息网络向公众传播。

广播电台、电视台行使前款规定的权利，不得影响、限制或者侵害他人行使著作权或者与著作权有关的权利。

本条第一款规定的权利的保护期为五十年，截止于该广播、电视首次播放后第五十年的12月31日。

第四十八条 【电视台播放他人作品】电视台播放他人的视听作品、录像制品，应当取得视听作品著作权人或者录像制作者许可，并支付报酬；播放他人的录像制品，还应当取得著作权人许可，并支付报酬。

第五章 著作权和与著作权有关的权利的保护

第四十九条 【技术措施】为保护著作权和与著作权有关的权利，权利人可以采取技术措施。

未经权利人许可，任何组织或者个人不得故意避开或者破坏技术措施，不得以避开或者破坏技术措施为目的制造、进口或者向公众提供有关装置或者部件，不得故意为他人避开或者破坏技术措施提供技术服务。但是，法律、行政法规规定可以避开的情形除外。

本法所称的技术措施，是指用于防止、限制未经权利人许可浏览、欣赏作品、表演、录音录像制品或者通过信息网络向公众提供作品、表演、录音录像制品的有效技术、装置或者部件。

第五十条 【可避开技术措施的情形】下列情形可以避开技术措施，但不得向他人提供避开技术措施的技术、装置或者部件，不得侵犯权利人依法享有的其他权利：

（一）为学校课堂教学或者科学研究，提供少量已经发表的作品，供教学或者科研人员使用，而该作品无法通过正常途径获取；

（二）不以营利为目的，以阅读障碍者能够感知的无障碍方式向其提供已经发表的作品，而该作品无法通过正常途径获取；

（三）国家机关依照行政、监察、司法程序执行公务；

（四）对计算机及其系统或者网络的安全性能进行测试；

（五）进行加密研究或者计算机软件反向工程研究。

前款规定适用于对与著作权有关的权利的限制。

第五十一条 【未经权利人许可的禁止行为】未经权利人许可，不得进行下列行为：

（一）故意删除或者改变作品、版式设计、表演、录音录像制品或者广播、电视上的权利管理信息，但由于技术上的原因无法避免的除外；

（二）知道或者应当知道作品、版式设计、表演、录音录像制品或者广播、电视上的权利管理信息未经许可被删除或者改变，仍然向公众提供。

第五十二条 【侵权行为的民事责任】有下列侵权行为的，应当根据情况，承担停止侵害、消除影响、赔礼道歉、赔偿损失等民事责任：

（一）未经著作权人许可，发表其作品的；

（二）未经合作作者许可，将与他人合作创作的作品当作自己单独创作的作品发表的；

（三）没有参加创作，为谋取个人名利，在他人作品上署名的；

（四）歪曲、篡改他人作品的；

（五）剽窃他人作品的；

（六）未经著作权人许可，以展览、摄制视听作品的方法使用作品，或者以改编、翻译、注释等方式使用作品的，本法另有规定的除外；

（七）使用他人作品，应当支付报酬而未支付的；

（八）未经视听作品、计算机软件、录音录像制品的著作权人、表演者或者录音录像制作者许可，出租其作品或者录音录像制品的原件或者复制件的，本法另有规定的除外；

（九）未经出版者许可，使用其出版的图书、期刊的版式设计的；

（十）未经表演者许可，从现场直播或者公开传送其现场表演，或者录制其表演的；

（十一）其他侵犯著作权以及与著作权有关的权利的行为。

第五十三条 【侵权行为的民事、行政、刑事责任】有下列侵权行为的，应当根据情况，承担本法第五十二条规定的民事责任；侵权行为同时损害公共利益的，由主管著作权的部门责令停止侵权行为，予以警告，没收违法所得，没收、无害化销毁处理侵权复制品以及主要用于制作侵权复制品的材料、工具、设备等，违法经营额五万元以上的，可以并处违法经营额一倍以上五倍以下的罚款；没有违法经营额、违法经营额难以计算或者不足五万元的，可以并处二十五万元以下的罚款；构成犯罪的，依法追究刑事责任：

（一）未经著作权人许可，复制、发行、表演、放映、广播、汇编、通过信息网络向公众传播其作品的，本法另有规定的除外；

（二）出版他人享有专有出版权的图书的；

（三）未经表演者许可，复制、发行录有其表演的录音录像制品，或者通过信息网络向公众传播其表演的，本法另有规定的除外；

（四）未经录音录像制作者许可，复制、发行、通过信息网络向公众传播其制作的录音录像制品的，本法另有规定的除外；

（五）未经许可，播放、复制或者通过信息网络向公众传播广播、电视的，本法另有规定的除外；

（六）未经著作权人或者与著作权有关的权利人许可，故意避开或者破坏技术措施的，故意制造、进口或者向他人提供主要用于避开、破坏技术措施的装置或者部件的，或者故意为他人避开或者破坏技术措施提供技术服务的，法律、行政法规另有规定的除外；

（七）未经著作权人或者与著作权有关的权利人许可，故意删除或者改变作品、版式设计、表演、录音录像制品或者广播、电视上的权利管理信息的，知道或者应当知道作品、版式设计、表演、录音录像制品或者广播、电视上的权利管理信息未经许可被删除或者改变，仍然向公众提供的，法律、行政法规另有规定的除外；

（八）制作、出售假冒他人署名的作品的。

第五十四条 【赔偿标准】侵犯著作权或者与著作权有关的权利的，侵权人应当按照权利人因此受到的实际损失或者侵权人的违法所得给予赔偿；权利人的实际损失或者侵权人的违法所得难以计算的，可以参照该权利使用费给予赔偿。对故意侵犯著作权或者与著作权有关的权利，情节严重的，可以在按照上述方法确定数额的一倍以上五倍以下给予赔偿。

权利人的实际损失、侵权人的违法所得、权利使用费难以计算的，由人民法院根据侵权行为的情节，判决给予五百元以上五百万元以下的赔偿。

赔偿数额还应当包括权利人为制止侵权行为所支付的合理开支。

人民法院为确定赔偿数额，在权利人已经尽了必要举证责任，而与侵权行为相关的账簿、资料等主要由侵权人掌握的，可以责令侵权人提供与侵权行为相关的账簿、资料等；侵权人不提供，或者提供虚假的账簿、资料等的，人民法院可以参考权利人的主张和提供的证据确定赔偿数额。

人民法院审理著作权纠纷案件，应权利人请求，对侵权复制品，除特殊情况外，责令销毁；对主要用于制造侵权复制品的材料、工具、设备等，责令销毁，且不予补偿；或者在特殊情况下，责令禁止前述材料、工具、设备等进入商业渠道，且不予补偿。

第五十五条　【主管部门查处的权利】主管著作权的部门对涉嫌侵犯著作权和与著作权有关的权利的行为进行查处时，可以询问有关当事人，调查与涉嫌违法行为有关的情况；对当事人涉嫌违法行为的场所和物品实施现场检查；查阅、复制与涉嫌违法行为有关的合同、发票、账簿以及其他有关资料；对于涉嫌违法行为的场所和物品，可以查封或者扣押。

主管著作权的部门依法行使前款规定的职权时，当事人应当予以协助、配合，不得拒绝、阻挠。

第五十六条　【诉前财产保全措施和禁止令】著作权人或者与著作权有关的权利人有证据证明他人正在实施或者即将实施侵犯其权利、妨碍其实现权利的行为，如不及时制止将会使其合法权益受到难以弥补的损害的，可以在起诉前依法向人民法院申请采取财产保全、责令作出一定行为或者禁止作出一定行为等措施。

第五十七条　【诉前证据保全】为制止侵权行为，在证据可能灭失或者以后难以取得的情况下，著作权人或者与著作权有关的权利人可以在起诉前依法向人民法院申请保全证据。

第五十八条　【法院对侵权行为的民事制裁】人民法院审理案件，对于侵犯著作权或者与著作权有关的权利的，可以没收违法所得、侵权复制品以及进行违法活动的财物。

第五十九条　【过错推定】复制品的出版者、制作者不能证明其出版、制作有合法授权的，复制品的发行者或者视听作品、计算机软件、录音录像制品的复制品的出租者不能证明其发行、出租的复制品有合法来源的，应当承担法律责任。

在诉讼程序中，被诉侵权人主张其不承担侵权责任的，应当提供证据证明已经取得权利人的许可，或者具有本法规定的不经权利人许可而可以使用的情形。

第六十条　【纠纷解决途径】著作权纠纷可以调解，也可以根据当事人达成的书面仲裁协议或者著作权合同中的仲裁条款，向仲裁机构申请仲裁。

当事人没有书面仲裁协议，也没有在著作权合同中订立仲裁条款的，可以直接向人民法院起诉。

第六十一条　【违约责任】当事人因不履行合同义务或者履行合同义务不符合约定而承担民事责任，以及当事人行使诉讼权利、申请保全等，适用有关法律的规定。

第六章　附　　则

第六十二条　【版权】本法所称的著作权即版权。

第六十三条　【出版】本法第二条所称的出版，指作品的复制、发行。

第六十四条　【计算机软件、信息网络传播权的保护】计算机软件、信息网络传播权的保护办法由国务院另行规定。

第六十五条　【摄影作品保护期届满】摄影作品，其发表权、本法第十条第一款第五项至第十七项规定的权利的保护期在2021年6月1日前已经届满，但依据本法第二十三条第一款的规定仍在保护期内的，不再保护。

第六十六条　【著作权法溯及力】本法规定的著作权人和出版者、表演者、录音录像制作者、广播电台、电视台的权利，在本法施行之日尚未超过本法规定的保护期的，依照本法予以保护。

本法施行前发生的侵权或者违约行为，依照侵权或者违约行为发生时的有关规定处理。

第六十七条　【施行日期】本法自1991年6月1日起施行。

中华人民共和国著作权法实施条例

1. 2002年8月2日国务院令第359号公布

2. 根据2011年1月8日国务院令第588号《关于废止和修改部分行政法规的决定》第一次修订

3. 根据2013年1月30日国务院令第633号《关于修改〈中华人民共和国著作权法实施条例〉的决定》第二次修订

第一条　根据《中华人民共和国著作权法》（以下简称著作权法），制定本条例。

第二条　著作权法所称作品，是指文学、艺术和科学领域内具有独创性并能以某种有形形式复制的智力成果。

第三条 著作权法所称创作，是指直接产生文学、艺术和科学作品的智力活动。

为他人创作进行组织工作，提供咨询意见、物质条件，或者进行其他辅助工作，均不视为创作。

第四条 著作权法和本条例中下列作品的含义：

（一）文字作品，是指小说、诗词、散文、论文等以文字形式表现的作品；

（二）口述作品，是指即兴的演说、授课、法庭辩论等以口头语言形式表现的作品；

（三）音乐作品，是指歌曲、交响乐等能够演唱或者演奏的带词或者不带词的作品；

（四）戏剧作品，是指话剧、歌剧、地方戏等供舞台演出的作品；

（五）曲艺作品，是指相声、快书、大鼓、评书等以说唱为主要形式表演的作品；

（六）舞蹈作品，是指通过连续的动作、姿势、表情等表现思想情感的作品；

（七）杂技艺术作品，是指杂技、魔术、马戏等通过形体动作和技巧表现的作品；

（八）美术作品，是指绘画、书法、雕塑等以线条、色彩或者其他方式构成的有审美意义的平面或者立体的造型艺术作品；

（九）建筑作品，是指以建筑物或者构筑物形式表现的有审美意义的作品；

（十）摄影作品，是指借助器械在感光材料或者其他介质上记录客观物体形象的艺术作品；

（十一）电影作品和以类似摄制电影的方法创作的作品，是指摄制在一定介质上，由一系列有伴音或者无伴音的画面组成，并且借助适当装置放映或者以其他方式传播的作品；

（十二）图形作品，是指为施工、生产绘制的工程设计图、产品设计图，以及反映地理现象、说明事物原理或者结构的地图、示意图等作品；

（十三）模型作品，是指为展示、试验或者观测等用途，根据物体的形状和结构，按照一定比例制成的立体作品。

第五条 著作权法和本条例中下列用语的含义：

（一）时事新闻，是指通过报纸、期刊、广播电台、电视台等媒体报道的单纯事实消息；

（二）录音制品，是指任何对表演的声音和其他声音的录制品；

（三）录像制品，是指电影作品和以类似摄制电影的方法创作的作品以外的任何有伴音或者无伴音的连续相关形象、图像的录制品；

（四）录音制作者，是指录音制品的首次制作人；

（五）录像制作者，是指录像制品的首次制作人；

（六）表演者，是指演员、演出单位或者其他表演文学、艺术作品的人。

第六条 著作权自作品创作完成之日起产生。

第七条 著作权法第二条第三款规定的首先在中国境内出版的外国人、无国籍人的作品，其著作权自首次出版之日起受保护。

第八条 外国人、无国籍人的作品在中国境外首先出版后，30日内在中国境内出版的，视为该作品同时在中国境内出版。

第九条 合作作品不可以分割使用的，其著作权由各合作作者共同享有，通过协商一致行使；不能协商一致，又无正当理由的，任何一方不得阻止他方行使除转让以外的其他权利，但是所得收益应当合理分配给所有合作作者。

第十条 著作权人许可他人将其作品摄制成电影作品和以类似摄制电影的方法创作的作品的，视为已同意对其作品进行必要的改动，但是这种改动不得歪曲篡改原作品。

第十一条 著作权法第十六条第一款关于职务作品的规定中的“工作任务”，是指公民在该法人或者该组织中应当履行的职责。

著作权法第十六条第二款关于职务作品的规定中的“物质技术条件”，是指该法人或者该组织为公民完成创作专门提供的资金、设备或者资料。

第十二条 职务作品完成两年内，经单位同意，作者许可第三人以与单位使用的相同方式使用作品所获报酬，由作者与单位按约定的比例分配。

作品完成两年的期限，自作者向单位交付作品之日起计算。

第十三条 作者身份不明的作品，由作品原件的所有人行使除署名权以外的著作权。作者身份确定后，由作者或者其继承人行使著作权。

第十四条 合作作者之一死亡后，其对合作作品享有的著作权法第十条第一款第五项至第十七项规定的权利无人继承又无人受遗赠的，由其他合作作者享有。

第十五条 作者死亡后，其著作权中的署名权、修改权和保护作品完整权由作者的继承人或者受遗赠人保护。

著作权无人继承又无人受遗赠的，其署名权、修改权和保护作品完整权由著作权行政管理部门保护。

第十六条　国家享有著作权的作品的使用，由国务院著作权行政管理部门管理。

第十七条　作者生前未发表的作品，如果作者未明确表示不发表，作者死亡后50年内，其发表权可由继承人或者受遗赠人行使；没有继承人又无人受遗赠的，由作品原件的所有人行使。

第十八条　作者身份不明的作品，其著作权法第十条第一款第五项至第十七项规定的权利的保护期截止于作品首次发表后第50年的12月31日。作者身份确定后，适用著作权法第二十一条的规定。

第十九条　使用他人作品的，应当指明作者姓名、作品名称；但是，当事人另有约定或者由于作品使用方式的特性无法指明的除外。

第二十条　著作权法所称已经发表的作品，是指著作权人自行或者许可他人公之于众的作品。

第二十一条　依照著作权法有关规定，使用可以不经著作权人许可的已经发表的作品的，不得影响该作品的正常使用，也不得不合理地损害著作权人的合法利益。

第二十二条　依照著作权法第二十三条、第三十三条第二款、第四十条第三款的规定使用作品的付酬标准，由国务院著作权行政管理部门会同国务院价格主管部门制定、公布。

第二十三条　使用他人作品应当同著作权人订立许可使用合同，许可使用的权利是专有使用权的，应当采取书面形式，但是报社、期刊社刊登作品除外。

第二十四条　著作权法第二十四条规定的专有使用权的内容由合同约定，合同没有约定或者约定不明的，视为被许可人有权排除包括著作权人在内的任何人以同样的方式使用作品；除合同另有约定外，被许可人许可第三人行使同一权利，必须取得著作权人的许可。

第二十五条　与著作权人订立专有许可使用合同、转让合同的，可以向著作权行政管理部门备案。

第二十六条　著作权法和本条例所称与著作权有关的权益，是指出版者对其出版的图书和期刊的版式设计享有的权利，表演者对其表演享有的权利，录音录像制作者对其制作的录音录像制品享有的权利，广播电台、电视台对其播放的广播、电视节目享有的权利。

第二十七条　出版者、表演者、录音录像制作者、广播电台、电视台行使权利，不得损害被使用作品和原作品著作权人的权利。

第二十八条　图书出版合同中约定图书出版者享有专有出版权但没有明确其具体内容的，视为图书出版者享有在合同有效期限内和在合同约定的地域范围内以同种文字的原版、修订版出版图书的专有权利。

第二十九条　著作权人寄给图书出版者的两份订单在6个月内未能得到履行，视为著作权法第三十二条所称图书脱销。

第三十条　著作权人依照著作权法第三十三条第二款声明不得转载、摘编其作品的，应当在报纸、期刊刊登该作品时附带声明。

第三十一条　著作权人依照著作权法第四十条第三款声明不得对其作品制作录音制品的，应当在该作品合法录制为录音制品时声明。

第三十二条　依照著作权法第二十三条、第三十三条第二款、第四十条第三款的规定，使用他人作品的，应当自使用该作品之日起2个月内向著作权人支付报酬。

第三十三条　外国人、无国籍人在中国境内的表演，受著作权法保护。

外国人、无国籍人根据中国参加的国际条约对其表演享有的权利，受著作权法保护。

第三十四条　外国人、无国籍人在中国境内制作、发行的录音制品，受著作权法保护。

外国人、无国籍人根据中国参加的国际条约对其制作、发行的录音制品享有的权利，受著作权法保护。

第三十五条　外国的广播电台、电视台根据中国参加的国际条约对其播放的广播、电视节目享有的权利，受著作权法保护。

第三十六条　有著作权法第四十八条所列侵权行为，同时损害社会公共利益，非法经营额5万元以上的，著作权行政管理部门可处非法经营额1倍以上5倍以下的罚款；没有非法经营额或者非法经营额5万元以下的，著作权行政管理部门根据情节轻重，可处25万元以下的罚款。

第三十七条　有著作权法第四十八条所列侵权行为，同时损害社会公共利益的，由地方人民政府著作权行政管理部门负责查处。

国务院著作权行政管理部门可以查处在全国有重大影响的侵权行为。

第三十八条　本条例自2002年9月15日起施行。1991年5月24日国务院批准、1991年5月30日国家版权局发布的《中华人民共和国著作权法实施条例》同时废止。

出版管理条例

1. 2001年12月25日国务院令第343号公布
2. 根据2011年3月19日国务院令第594号《关于修改〈出版管理条例〉的决定》第一次修订
3. 根据2013年7月18日国务院令第638号《关于废止和修改部分行政法规的决定》第二次修订
4. 根据2014年7月29日国务院令第653号《关于修改部分行政法规的决定》第三次修订
5. 根据2016年2月6日国务院令第666号《关于修改部分行政法规的决定》第四次修订
6. 根据2020年11月29日国务院令第732号《关于修改和废止部分行政法规的决定》第五次修订

第一章 总 则

第一条 为了加强对出版活动的管理,发展和繁荣有中国特色社会主义出版产业和出版事业,保障公民依法行使出版自由的权利,促进社会主义精神文明和物质文明建设,根据宪法,制定本条例。

第二条 在中华人民共和国境内从事出版活动,适用本条例。

本条例所称出版活动,包括出版物的出版、印刷或者复制、进口、发行。

本条例所称出版物,是指报纸、期刊、图书、音像制品、电子出版物等。

第三条 出版活动必须坚持为人民服务、为社会主义服务的方向,坚持以马克思列宁主义、毛泽东思想、邓小平理论和“三个代表”重要思想为指导,贯彻落实科学发展观,传播和积累有益于提高民族素质、有益于经济发展和社会进步的科学技术和文化知识,弘扬民族优秀文化,促进国际文化交流,丰富和提高人民的精神生活。

第四条 从事出版活动,应当将社会效益放在首位,实现社会效益与经济效益相结合。

第五条 公民依法行使出版自由的权利,各级人民政府应当予以保障。

公民在行使出版自由的权利的时候,必须遵守宪法和法律,不得反对宪法确定的基本原则,不得损害国家的、社会的、集体的利益和其他公民的合法的自由和权利。

第六条 国务院出版行政主管部门负责全国的出版活动的监督管理工作。国务院其他有关部门按照国务院规定的职责分工,负责有关的出版活动的监督管理工作。

县级以上地方各级人民政府负责出版管理的部门(以下简称出版行政主管部门)负责本行政区域内出版活动的监督管理工作。县级以上地方各级人民政府其他有关部门在各自的职责范围内,负责有关的出版活动的监督管理工作。

第七条 出版行政主管部门根据已经取得的违法嫌疑证据或者举报,对涉嫌违法从事出版物出版、印刷或者复制、进口、发行等活动的行为进行查处时,可以检查与涉嫌违法活动有关的物品和经营场所;对有证据证明是与违法活动有关的物品,可以查封或者扣押。

第八条 出版行业的社会团体按照其章程,在出版行政主管部门的指导下,实行自律管理。

第二章 出版单位的设立与管理

第九条 报纸、期刊、图书、音像制品和电子出版物等应当由出版单位出版。

本条例所称出版单位,包括报社、期刊社、图书出版社、音像出版社和电子出版物出版社等。

法人出版报纸、期刊,不设立报社、期刊社的,其设立的报纸编辑部、期刊编辑部视为出版单位。

第十条 国务院出版行政主管部门制定全国出版单位总量、结构、布局的规划,指导、协调出版产业和出版事业发展。

第十一条 设立出版单位,应当具备下列条件:

(一)有出版单位的名称、章程;

(二)有符合国务院出版行政主管部门认定的主办单位及其主管机关;

(三)有确定的业务范围;

(四)有30万元以上的注册资本和固定的工作场所;

(五)有适应业务范围需要的组织机构和符合国家规定的资格条件的编辑出版专业人员;

(六)法律、行政法规规定的其他条件。

审批设立出版单位,除依照前款所列条件外,还应当符合国家关于出版单位总量、结构、布局的规划。

第十二条 设立出版单位,由其主办单位向所在地省、自治区、直辖市人民政府出版行政主管部门提出申请;省、自治区、直辖市人民政府出版行政主管部门审核同意后,报国务院出版行政主管部门审批。设立的出版单位为事业单位的,还应当办理机构编制审批手续。

第十三条 设立出版单位的申请书应当载明下列事项:

(一)出版单位的名称、地址;

(二)出版单位的主办单位及其主管机关的名称、地址;

（三）出版单位的法定代表人或者主要负责人的姓名、住址、资格证明文件；

（四）出版单位的资金来源及数额。

设立报社、期刊社或者报纸编辑部、期刊编辑部的，申请书还应当载明报纸或者期刊的名称、刊期、开版或者开本、印刷场所。

申请书应当附具出版单位的章程和设立出版单位的主办单位及其主管机关的有关证明材料。

第十四条　国务院出版行政主管部门应当自受理设立出版单位的申请之日起60日内，作出批准或者不批准的决定，并由省、自治区、直辖市人民政府出版行政主管部门书面通知主办单位；不批准的，应当说明理由。

第十五条　设立出版单位的主办单位应当自收到批准决定之日起60日内，向所在地省、自治区、直辖市人民政府出版行政主管部门登记，领取出版许可证。登记事项由国务院出版行政主管部门规定。

出版单位领取出版许可证后，属于事业单位法人的，持出版许可证向事业单位登记管理机关登记，依法领取事业单位法人证书；属于企业法人的，持出版许可证向工商行政管理部门登记，依法领取营业执照。

第十六条　报社、期刊社、图书出版社、音像出版社和电子出版物出版社等应当具备法人条件，经核准登记后，取得法人资格，以其全部法人财产独立承担民事责任。

依照本条例第九条第三款的规定，视为出版单位的报纸编辑部、期刊编辑部不具有法人资格，其民事责任由其主办单位承担。

第十七条　出版单位变更名称、主办单位或者其主管机关、业务范围、资本结构，合并或者分立，设立分支机构，出版新的报纸、期刊，或者报纸、期刊变更名称的，应当依照本条例第十二条、第十三条的规定办理审批手续。出版单位属于事业单位法人的，还应当持批准文件到事业单位登记管理机关办理相应的登记手续；属于企业法人的，还应当持批准文件到工商行政管理部门办理相应的登记手续。

出版单位除前款所列变更事项外的其他事项的变更，应当经主办单位及其主管机关审查同意，向所在地省、自治区、直辖市人民政府出版行政主管部门申请变更登记，并报国务院出版行政主管部门备案。出版单位属于事业单位法人的，还应当持批准文件到事业单位登记管理机关办理变更登记；属于企业法人的，还应当持批准文件到工商行政管理部门办理变更登记。

第十八条　出版单位中止出版活动的，应当向所在地省、自治区、直辖市人民政府出版行政主管部门备案并说明理由和期限；出版单位中止出版活动不得超过180日。

出版单位终止出版活动的，由主办单位提出申请并经主管机关同意后，由主办单位向所在地省、自治区、直辖市人民政府出版行政主管部门办理注销登记，并报国务院出版行政主管部门备案。出版单位属于事业单位法人的，还应当持批准文件到事业单位登记管理机关办理注销登记；属于企业法人的，还应当持批准文件到工商行政管理部门办理注销登记。

第十九条　图书出版社、音像出版社和电子出版物出版社自登记之日起满180日未从事出版活动的，报社、期刊社自登记之日起满90日未出版报纸、期刊的，由原登记的出版行政主管部门注销登记，并报国务院出版行政主管部门备案。

因不可抗力或者其他正当理由发生前款所列情形的，出版单位可以向原登记的出版行政主管部门申请延期。

第二十条　图书出版社、音像出版社和电子出版物出版社的年度出版计划及涉及国家安全、社会安定等方面的重大选题，应当经所在地省、自治区、直辖市人民政府出版行政主管部门审核后报国务院出版行政主管部门备案；涉及重大选题，未在出版前报备案的出版物，不得出版。具体办法由国务院出版行政主管部门制定。

期刊社的重大选题，应当依照前款规定办理备案手续。

第二十一条　出版单位不得向任何单位或者个人出售或者以其他形式转让本单位的名称、书号、刊号或者版号、版面，并不得出租本单位的名称、刊号。

出版单位及其从业人员不得利用出版活动谋取其他不正当利益。

第二十二条　出版单位应当按照国家有关规定向国家图书馆、中国版本图书馆和国务院出版行政主管部门免费送交样本。

第三章　出版物的出版

第二十三条　公民可以依照本条例规定，在出版物上自由表达自己对国家事务、经济和文化事业、社会事务的见解和意愿，自由发表自己从事科学研究、文学艺术创作和其他文化活动的成果。

合法出版物受法律保护，任何组织和个人不得非法干扰、阻止、破坏出版物的出版。

第二十四条　出版单位实行编辑责任制度，保障出版物刊载的内容符合本条例的规定。

第二十五条　任何出版物不得含有下列内容：

（一）反对宪法确定的基本原则的；

（二）危害国家统一、主权和领土完整的；

（三）泄露国家秘密、危害国家安全或者损害国家荣誉和利益的；

（四）煽动民族仇恨、民族歧视，破坏民族团结，或者侵害民族风俗、习惯的；

（五）宣扬邪教、迷信的；

（六）扰乱社会秩序，破坏社会稳定的；

（七）宣扬淫秽、赌博、暴力或者教唆犯罪的；

（八）侮辱或者诽谤他人，侵害他人合法权益的；

（九）危害社会公德或者民族优秀文化传统的；

（十）有法律、行政法规和国家规定禁止的其他内容的。

第二十六条 以未成年人为对象的出版物不得含有诱发未成年人模仿违反社会公德的行为和违法犯罪的行为的内容，不得含有恐怖、残酷等妨害未成年人身心健康的内容。

第二十七条 出版物的内容不真实或者不公正，致使公民、法人或者其他组织的合法权益受到侵害的，其出版单位应当公开更正，消除影响，并依法承担其他民事责任。

报纸、期刊发表的作品内容不真实或者不公正，致使公民、法人或者其他组织的合法权益受到侵害的，当事人有权要求有关出版单位更正或者答辩，有关出版单位应当在其近期出版的报纸、期刊上予以发表；拒绝发表的，当事人可以向人民法院提起诉讼。

第二十八条 出版物必须按照国家的有关规定载明作者、出版者、印刷者或者复制者、发行者的名称、地址，书号、刊号或者版号，在版编目数据，出版日期、刊期以及其他有关事项。

出版物的规格、开本、版式、装帧、校对等必须符合国家标准和规范要求，保证出版物的质量。

出版物使用语言文字必须符合国家法律规定和有关标准、规范。

第二十九条 任何单位和个人不得伪造、假冒出版单位名称或者报纸、期刊名称出版出版物。

第三十条 中学小学教科书由国务院教育行政主管部门审定；其出版、发行单位应当具有适应教科书出版、发行业务需要的资金、组织机构和人员等条件，并取得国务院出版行政主管部门批准的教科书出版、发行资质。纳入政府采购范围的中学小学教科书，其发行单位按照《中华人民共和国政府采购法》的有关规定确定。其他任何单位或者个人不得从事中学小学教科书的出版、发行业务。

第四章 出版物的印刷或者复制和发行

第三十一条 从事出版物印刷或者复制业务的单位，应当向所在地省、自治区、直辖市人民政府出版行政主管部门提出申请，经审核许可，并依照国家有关规定到工商行政管理部门办理相关手续后，方可从事出版物的印刷或者复制。

未经许可并办理相关手续的，不得印刷报纸、期刊、图书，不得复制音像制品、电子出版物。

第三十二条 出版单位不得委托未取得出版物印刷或者复制许可的单位印刷或者复制出版物。

出版单位委托印刷或者复制单位印刷或者复制出版物的，必须提供符合国家规定的印刷或者复制出版物的有关证明，并依法与印刷或者复制单位签订合同。

印刷或者复制单位不得接受非出版单位和个人的委托印刷报纸、期刊、图书或者复制音像制品、电子出版物，不得擅自印刷、发行报纸、期刊、图书或者复制、发行音像制品、电子出版物。

第三十三条 印刷或者复制单位经所在地省、自治区、直辖市人民政府出版行政主管部门批准，可以承接境外出版物的印刷或者复制业务；但是，印刷或者复制的境外出版物必须全部运输出境，不得在境内发行。

境外委托印刷或者复制的出版物的内容，应当经省、自治区、直辖市人民政府出版行政主管部门审核。委托人应当持有著作权人授权书，并向著作权行政管理部门登记。

第三十四条 印刷或者复制单位应当自完成出版物的印刷或者复制之日起 2 年内，留存一份承接的出版物样本备查。

第三十五条 单位从事出版物批发业务的，须经省、自治区、直辖市人民政府出版行政主管部门审核许可，取得《出版物经营许可证》。

单位和个体工商户从事出版物零售业务的，须经县级人民政府出版行政主管部门审核许可，取得《出版物经营许可证》。

第三十六条 通过互联网等信息网络从事出版物发行业务的单位或者个体工商户，应当依照本条例规定取得《出版物经营许可证》。

提供网络交易平台服务的经营者应当对申请通过网络交易平台从事出版物发行业务的单位或者个体工商户的经营主体身份进行审查，验证其《出版物经营许可证》。

第三十七条 从事出版物发行业务的单位和个体工商户变更《出版物经营许可证》登记事项，或者兼并、合并、分立的，应当依照本条例第三十五条的规定办理审批手续。

从事出版物发行业务的单位和个体工商户终止经营活动的，应当向原批准的出版行政主管部门备案。

第三十八条　出版单位可以发行本出版单位出版的出版物，不得发行其他出版单位出版的出版物。

第三十九条　国家允许设立从事图书、报纸、期刊、电子出版物发行业务的外商投资企业。

第四十条　印刷或者复制单位、发行单位或者个体工商户不得印刷或者复制、发行有下列情形之一的出版物：

（一）含有本条例第二十五条、第二十六条禁止内容的；

（二）非法进口的；

（三）伪造、假冒出版单位名称或者报纸、期刊名称的；

（四）未署出版单位名称的；

（五）中学小学教科书未经依法审定的；

（六）侵犯他人著作权的。

第五章　出版物的进口

第四十一条　出版物进口业务，由依照本条例设立的出版物进口经营单位经营；其他单位和个人不得从事出版物进口业务。

第四十二条　设立出版物进口经营单位，应当具备下列条件：

（一）有出版物进口经营单位的名称、章程；

（二）有符合国务院出版行政主管部门认定的主办单位及其主管机关；

（三）有确定的业务范围；

（四）具有进口出版物内容审查能力；

（五）有与出版物进口业务相适应的资金；

（六）有固定的经营场所；

（七）法律、行政法规和国家规定的其他条件。

第四十三条　设立出版物进口经营单位，应当向国务院出版行政主管部门提出申请，经审查批准，取得国务院出版行政主管部门核发的出版物进口经营许可证后，持证到工商行政管理部门依法领取营业执照。

设立出版物进口经营单位，还应当依照对外贸易法律、行政法规的规定办理相应手续。

第四十四条　出版物进口经营单位变更名称、业务范围、资本结构、主办单位或者其主管机关，合并或者分立，设立分支机构，应当依照本条例第四十二条、第四十三条的规定办理审批手续，并持批准文件到工商行政管理部门办理相应的登记手续。

第四十五条　出版物进口经营单位进口的出版物，不得含有本条例第二十五条、第二十六条禁止的内容。

出版物进口经营单位负责对其进口的出版物进行内容审查。省级以上人民政府出版行政主管部门可以对出版物进口经营单位进口的出版物直接进行内容审查。出版物进口经营单位无法判断其进口的出版物是否含有本条例第二十五条、第二十六条禁止内容的，可以请求省级以上人民政府出版行政主管部门进行内容审查。省级以上人民政府出版行政主管部门应出版物进口经营单位的请求，对其进口的出版物进行内容审查的，可以按照国务院价格主管部门批准的标准收取费用。

国务院出版行政主管部门可以禁止特定出版物的进口。

第四十六条　出版物进口经营单位应当在进口出版物前将拟进口的出版物目录报省级以上人民政府出版行政主管部门备案；省级以上人民政府出版行政主管部门发现有禁止进口的或者暂缓进口的出版物的，应当及时通知出版物进口经营单位并通报海关。对通报禁止进口或者暂缓进口的出版物，出版物进口经营单位不得进口，海关不得放行。

出版物进口备案的具体办法由国务院出版行政主管部门制定。

第四十七条　发行进口出版物的，必须从依法设立的出版物进口经营单位进货。

第四十八条　出版物进口经营单位在境内举办境外出版物展览，必须报经国务院出版行政主管部门批准。未经批准，任何单位和个人不得举办境外出版物展览。

依照前款规定展览的境外出版物需要销售的，应当按照国家有关规定办理相关手续。

第六章　监督与管理

第四十九条　出版行政主管部门应当加强对本行政区域内出版单位出版活动的日常监督管理；出版单位的主办单位及其主管机关对所属出版单位出版活动负有直接管理责任，并应当配合出版行政主管部门督促所属出版单位执行各项管理规定。

出版单位和出版物进口经营单位应当按照国务院出版行政主管部门的规定，将从事出版活动和出版物进口活动的情况向出版行政主管部门提出书面报告。

第五十条　出版行政主管部门履行下列职责：

（一）对出版物的出版、印刷、复制、发行、进口单位进行行业监管，实施准入和退出管理；

（二）对出版活动进行监管，对违反本条例的行为进行查处；

（三）对出版物内容和质量进行监管；

（四）根据国家有关规定对出版从业人员进行管理。

第五十一条　出版行政主管部门根据有关规定和标准，对出版物的内容、编校、印刷或者复制、装帧设计等方面质量实施监督检查。

第五十二条　国务院出版行政主管部门制定出版单位综合评估办法，对出版单位分类实施综合评估。

出版物的出版、印刷或者复制、发行和进口经营单位不再具备行政许可的法定条件的，由出版行政主管部门责令限期改正；逾期仍未改正的，由原发证机关撤销行政许可。

第五十三条　国家对在出版单位从事出版专业技术工作的人员实行职业资格制度；出版专业技术人员通过国家专业技术人员资格考试取得专业技术资格。具体办法由国务院人力资源社会保障主管部门、国务院出版行政主管部门共同制定。

第七章　保障与奖励

第五十四条　国家制定有关政策，保障、促进出版产业和出版事业的发展与繁荣。

第五十五条　国家支持、鼓励下列优秀的、重点的出版物的出版：

（一）对阐述、传播宪法确定的基本原则有重大作用的；

（二）对弘扬社会主义核心价值体系，在人民中进行爱国主义、集体主义、社会主义和民族团结教育以及弘扬社会公德、职业道德、家庭美德有重要意义的；

（三）对弘扬民族优秀文化，促进国际文化交流有重大作用的；

（四）对推进文化创新，及时反映国内外新的科学文化成果有重大贡献的；

（五）对服务农业、农村和农民，促进公共文化服务有重大作用的；

（六）其他具有重要思想价值、科学价值或者文化艺术价值的。

第五十六条　国家对教科书的出版发行，予以保障。

国家扶持少数民族语言文字出版物和盲文出版物的出版发行。

国家对在少数民族地区、边疆地区、经济不发达地区和在农村发行出版物，实行优惠政策。

第五十七条　报纸、期刊交由邮政企业发行的，邮政企业应当保证按照合同约定及时、准确发行。

承运出版物的运输企业，应当对出版物的运输提供方便。

第五十八条　对为发展、繁荣出版产业和出版事业作出重要贡献的单位和个人，按照国家有关规定给予奖励。

第五十九条　对非法干扰、阻止和破坏出版物出版、印刷或者复制、进口、发行的行为，县级以上各级人民政府出版行政主管部门及其他有关部门，应当及时采取措施，予以制止。

第八章　法律责任

第六十条　出版行政主管部门或者其他有关部门的工作人员，利用职务上的便利收受他人财物或者其他好处，批准不符合法定条件的申请人取得许可证、批准文件，或者不履行监督职责，或者发现违法行为不予查处，造成严重后果的，依法给予降级直至开除的处分；构成犯罪的，依照刑法关于受贿罪、滥用职权罪、玩忽职守罪或者其他罪的规定，依法追究刑事责任。

第六十一条　未经批准，擅自设立出版物的出版、印刷或者复制、进口单位，或者擅自从事出版物的出版、印刷或者复制、进口、发行业务，假冒出版单位名称或者伪造、假冒报纸、期刊名称出版出版物的，由出版行政主管部门、工商行政管理部门依照法定职权予以取缔；依照刑法关于非法经营罪的规定，依法追究刑事责任；尚不够刑事处罚的，没收出版物、违法所得和从事违法活动的专用工具、设备，违法经营额1万元以上的，并处违法经营额5倍以上10倍以下的罚款，违法经营额不足1万元的，可以处5万元以下的罚款；侵犯他人合法权益的，依法承担民事责任。

第六十二条　有下列行为之一，触犯刑律的，依照刑法有关规定，依法追究刑事责任；尚不够刑事处罚的，由出版行政主管部门责令限期停业整顿，没收出版物、违法所得，违法经营额1万元以上的，并处违法经营额5倍以上10倍以下的罚款；违法经营额不足1万元的，可以处5万元以下的罚款；情节严重的，由原发证机关吊销许可证：

（一）出版、进口含有本条例第二十五条、第二十六条禁止内容的出版物的；

（二）明知或者应知出版物含有本条例第二十五条、第二十六条禁止内容而印刷或者复制、发行的；

（三）明知或者应知他人出版含有本条例第二十五条、第二十六条禁止内容的出版物而向其出售或者以其他形式转让本出版单位的名称、书号、刊号、版号、版面，或者出租本单位的名称、刊号的。

第六十三条　有下列行为之一的，由出版行政主管部门责令停止违法行为，没收出版物、违法所得，违法经营额1万元以上的，并处违法经营额5倍以上10倍以下的罚款；违法经营额不足1万元的，可以处5万元以下的罚款；情节严重的，责令限期停业整顿或者由原发证机关吊销许可证：

（一）进口、印刷或者复制、发行国务院出版行政主管部门禁止进口的出版物的；

（二）印刷或者复制走私的境外出版物的；

（三）发行进口出版物未从本条例规定的出版物进口经营单位进货的。

第六十四条　走私出版物的，依照刑法关于走私罪的规定，依法追究刑事责任；尚不够刑事处罚的，由海关依照海关法的规定给予行政处罚。

第六十五条　有下列行为之一的，由出版行政主管部门没收出版物、违法所得，违法经营额1万元以上的，并处违法经营额5倍以上10倍以下的罚款；违法经营额不足1万元的，可以处5万元以下的罚款；情节严重的，责令限期停业整顿或者由原发证机关吊销许可证：

（一）出版单位委托未取得出版物印刷或者复制许可的单位印刷或者复制出版物的；

（二）印刷或者复制单位未取得印刷或者复制许可而印刷或者复制出版物的；

（三）印刷或者复制单位接受非出版单位和个人的委托印刷或者复制出版物的；

（四）印刷或者复制单位未履行法定手续印刷或者复制境外出版物的，印刷或者复制的境外出版物没有全部运输出境的；

（五）印刷或者复制单位、发行单位或者个体工商户印刷或者复制、发行未署出版单位名称的出版物的；

（六）印刷或者复制单位、发行单位或者个体工商户印刷或者复制、发行伪造、假冒出版单位名称或者报纸、期刊名称的出版物的；

（七）出版、印刷、发行单位出版、印刷、发行未经依法审定的中学小学教科书，或者非依照本条例规定确定的单位从事中学小学教科书的出版、发行业务的。

第六十六条　出版单位有下列行为之一的，由出版行政主管部门责令停止违法行为，给予警告，没收违法经营的出版物、违法所得，违法经营额1万元以上的，并处违法经营额5倍以上10倍以下的罚款；违法经营额不足1万元的，可以处5万元以下的罚款；情节严重的，责令限期停业整顿或者由原发证机关吊销许可证：

（一）出售或者以其他形式转让本出版单位的名称、书号、刊号、版号、版面，或者出租本单位的名称、刊号的；

（二）利用出版活动谋取其他不正当利益的。

第六十七条　有下列行为之一的，由出版行政主管部门责令改正，给予警告；情节严重的，责令限期停业整顿或者由原发证机关吊销许可证：

（一）出版单位变更名称、主办单位或者其主管机关、业务范围，合并或者分立，出版新的报纸、期刊，或者报纸、期刊改变名称，以及出版单位变更其他事项，未依照本条例的规定到出版行政主管部门办理审批、变更登记手续的；

（二）出版单位未将其年度出版计划和涉及国家安全、社会安定等方面的重大选题备案的；

（三）出版单位未依照本条例的规定送交出版物的样本的；

（四）印刷或者复制单位未依照本条例的规定留存备查的材料的；

（五）出版进口经营单位未将其进口的出版物目录报送备案的；

（六）出版单位擅自中止出版活动超过180日的；

（七）出版物发行单位、出版物进口经营单位未依照本条例的规定办理变更审批手续的；

（八）出版物质量不符合有关规定和标准的。

第六十八条　未经批准，举办境外出版物展览的，由出版行政主管部门责令停止违法行为，没收出版物、违法所得；情节严重的，责令限期停业整顿或者由原发证机关吊销许可证。

第六十九条　印刷或者复制、批发、零售、出租、散发含有本条例第二十五条、第二十六条禁止内容的出版物或者其他非法出版物的，当事人对非法出版物的来源作出说明、指认，经查证属实的，没收出版物、违法所得，可以减轻或者免除其他行政处罚。

第七十条　单位违反本条例被处以吊销许可证行政处罚的，其法定代表人或者主要负责人自许可证被吊销之日起10年内不得担任出版、印刷或者复制、进口、发行单位的法定代表人或者主要负责人。

出版从业人员违反本条例规定，情节严重的，由原发证机关吊销其资格证书。

第七十一条　依照本条例的规定实施罚款的行政处罚，应当依照有关法律、行政法规的规定，实行罚款决定与罚款收缴分离；收缴的罚款必须全部上缴国库。

第九章　附　　则

第七十二条　行政法规对音像制品和电子出版物的出版、复制、进口、发行另有规定的，适用其规定。

接受境外机构或者个人赠送出版物的管理办法、

订户订购境外出版物的管理办法、网络出版审批和管理办法，由国务院出版行政主管部门根据本条例的原则另行制定。

第七十三条 本条例自2002年2月1日起施行。1997年1月2日国务院发布的《出版管理条例》同时废止。

关于推动出版深度融合发展的实施意见

1. 2022年4月18日中共中央宣传部印发
2. 中宣发〔2022〕13号

为深入学习贯彻习近平总书记关于媒体融合发展的重要论述，按照《中华人民共和国国民经济和社会发展第十四个五年规划和2035年远景目标纲要》有关部署，根据《出版业"十四五"时期发展规划》有关安排，围绕加快推动出版深度融合发展，构建数字时代新型出版传播体系，坚持系统推进与示范引领相结合的总体思路，制定如下实施意见。

一、加强出版融合发展战略谋划

1. *坚持正确发展方向*。以习近平新时代中国特色社会主义思想为指导，深刻领悟"两个确立"的决定性意义，增强"四个意识"，坚定"四个自信"，做到"两个维护"，坚持党对出版工作的全面领导，弘扬和践行社会主义核心价值观，坚守中华文化立场，坚持把社会效益放在首位、实现社会效益和经济效益相统一，确保出版深度融合发展始终沿着正确方向前进。

2. *科学设定发展目标*。锚定出版强国建设目标，对标《出版业"十四五"时期发展规划》，到"十四五"时期末，出版深度融合发展取得明显成效，传统出版与新兴出版"融为一体、合而为一"的体制机制更加健全，以内容建设为根本、先进技术为支撑、创新管理为保障的新型出版传播体系更加完善。推动主力军进入主战场，打造一批竞争力强、优势突出的出版融合发展示范企业，有效巩固数字时代出版发展主阵地，始终用主流价值引领网上出版舆论，进一步扩大主流价值影响力版图。

3. *统筹规划发展布局*。鼓励各地区和各级各类出版单位立足实际、改革创新、做出特色，优化调整出版融合发展的种类、布局、结构，解决好功能重复、内容同质、力量分散问题，推动出版融合集约化、差异化、高质量发展。加强示范引领，深化开展出版融合发展工程，实施好产品、平台、企业、人才等相关系列子计划，突出重点，扶优助强，打造标杆，培育出版融合发展第一方阵和示范矩阵。对接国家区域发展战略，加强对数字出版基地（园区）的规范管理、考核评估、动态调整，发挥好数字出版基地（园区）的孵化、服务和支撑作用。

二、强化出版融合发展内容建设

4. *扩大优质内容供给*。坚持内容为王，把握数字化、网络化、智能化方向，发挥出版单位内容资源和编辑把关优势，大力推进出版供给侧结构性改革，优化出版融合发展内容结构，加强网络原创优质内容建设，打造更多突出思想引领、彰显主流价值、富有文化内涵、产生广泛影响的出版融合发展项目，切实把出版内容优势转化为融合发展优势。探索通过版权合作、项目共建等方式，整合更多优质内容资源，形成品类齐全、内容丰富的出版融合发展资源池和项目库。

5. *创新内容呈现传播方式*。积极贴近读者，增强服务意识，适应网络传播分众化、差异化趋势，探索通过用户画像、大数据分析等方式，充分把握数字时代不同受众群体的新型阅读需求，推出更多广为读者接受、适合网络传播的数字出版产品和服务。坚持效果导向，适应数字时代舆论生态、文化业态、传播形态的深刻变化，更加注重利用新型传播手段，加强全媒体运营推广，提高优质数字出版内容的到达率、阅读率和影响力。

6. *打造重点领域内容精品*。大力实施精品战略，坚持精品引领、精品带动，构建主题突出、质量上乘的出版融合发展精品体系。围绕服务党和国家工作大局、满足人民群众精神文化生活新期待，打造宣传阐释习近平新时代中国特色社会主义思想、展示新时代伟大成就、弘扬中华优秀文化、彰显时代精神风貌、促进经济社会发展、服务高水平学术研究、引导青少年健康成长等方面的精品项目。加强重要领域专业数据库建设，推动出版单位打造代表国家水平的党史文献、社科文献、科技文献、学术文献、古籍整理融合出版精品，推出更多具有中国特色、世界影响的数据库项目。

三、充分发挥技术支撑作用

7. *加强前沿技术探索应用*。紧盯技术发展前沿，用好信息技术革命成果，强化大数据、云计算、人工智能、区块链等技术应用，创新驱动出版深度融合发展。鼓励出版单位与高等院校、科研机构、科技企业等加强合作，搭建支撑出版融合发展的技术型高水平实验室，提升实验室建设效能，促进相关科技成果高效转化，为推动出版融合发展提供更大动能。

8. *促进成熟技术应用推广*。着眼适合管用，充分挖掘满足出版融合发展业务需要的各类适配技术，促进数字出版内容的多介质、多角度延伸，打造出版融合发展新产品、新服务、新模式。建立科技工作与标准化工作联动机制,及时将科技创新成果融入相关标准,重点支持出版新型业态和融合技术等领域的标准研制,以高质量标准促进技术成果产业化应用。

9. 健全科技创新应用体系。强化出版企业创新主体地位,有效对接出版融合发展技术需求,促进各类创新要素整合集聚,形成以企业为主体、市场为导向、产学研用相衔接的技术创新体系。以出版业科技与标准创新项目为抓手,评选确定一批出版技术研发应用、标准研制推广等方面的优秀成果,推动科技创新有效赋能出版融合发展。

四、打造出版融合发展重点工程项目

10. 优化提升重大工程实施效果。深入推进"新时代 新经典——学习习近平新时代中国特色社会主义思想重点数字图书专栏"、中国共产党思想理论资源数据库等项目建设,丰富专栏和数据库内容形式,创新传播方式,持续推动形成网上学习党的创新理论浓厚氛围。加快推进国家古籍数字化工程,建设国家古籍数字化总平台、中国古籍总目网络版、古籍资源专题数据库,汇聚共享优质古籍数字化资源,更好地继承弘扬中华优秀传统文化。高标准建设《中国大百科全书》网络版、《辞海》网络版,创新编纂、出版、传播方式,更好满足读者对权威百科知识的新需求。

11. 着力打造重点品牌项目。推动出版单位实施品牌提升计划,立足优势领域精耕细作,充分发挥内容资源、作者资源、品牌资源优势,积极布局重点产品、服务和平台,集中力量打造读者认可度高、行业竞争力强的出版融合发展重点项目。实施数字出版精品遴选推荐计划、数字出版优质平台遴选推荐计划,着眼重点领域和关键环节打造示范样本,遴选推荐一批质量上乘、影响广泛的精品项目和优质平台,构建重点项目带动、全面协调推进的出版融合发展格局。

12. 做强做优头部示范企业。推动有条件、有实力的出版单位加大投入力度,大幅提升融合发展的资源聚合力、产品创新力、品牌运营力,打造技术领先、融合度高、精品聚集、示范性强的知名企业。实施出版融合发展示范单位遴选推荐计划,推出一批有影响的融合发展旗舰单位和特色单位,推动入选单位加强融合发展战略部署,加大资金、技术、资源、人才等方面投入,不断增强核心竞争力,带动出版融合发展向纵深推进。

13. 加强重要成果展示交流。用好北京国际图书博览会、中国数字出版博览会、中国数字阅读年会等重要展会平台,全面展示出版融合发展重要成果,进一步扩大重点项目和品牌企业的示范力引领力影响力。办好出版融合发展经验交流会,加强政策宣介、经验分享和案例交流,深入挖掘示范项目的典型意义和引领价值,进一步凝聚行业共识,坚定发展信心,推动深度融合。

五、建强出版融合发展人才队伍

14. 夯实人才培养基础。发挥高校人才培养重要作用,在出版学科建设中加强融合发展理论与实践人才培养,支持重点高校与出版单位、数字出版企业等合作培养急需紧缺人才。组织有关行业协会、研究机构等分层分类办好出版融合发展培训班、研修班,重点围绕融合发展新趋势、新理念、新技能,精心选配师资,打造精品课程,着力培养"一专多能"的出版融合发展人才。各级党委宣传部和各主管主办单位开展出版融合发展专题培训,对出版企业及其融合发展业务负责人、重点项目核心成员等加强培训,提升出版融合发展骨干队伍的思想政治素质和专业能力水平。

15. 强化高层次人才培养激励。加大国家重大文化出版人才工程对出版融合发展人才的重视支持力度,在文化名家暨"四个一批"人才评选、中国出版政府奖优秀出版人物奖评选中,增加融合发展人才入选比例,造就更多高层次复合型人才。实施好出版融合发展优秀人才遴选培养计划,突出优秀人才发现、培养、使用,打造一批思想政治素质过硬、创新创造能力突出、引领发展表现出色的出版融合发展人才。聚焦出版融合发展重大问题研究、重大技术攻关、重大工程建设,整合各方面优质资源和创新要素,在重大任务中打造融合发展高端人才和领跑团队。

16. 发挥企业人才建设主体作用。出版企业根据出版融合发展事业需要,制定相关人才建设规划、制度、举措,坚持全员参加与专人负责相结合、内部挖潜与外部引进相结合,不断扩充融合发展人才队伍。对专门从事融合发展业务的人员实施专项培养计划,在产品策划、内容编辑、技术开发、传播运营等方面,培养一大批骨干人才、青年英才、业务新秀,对优秀人才在考核评价、工资待遇、职业发展等方面给予更大支持。鼓励有条件的出版企业,聚焦融合发展前沿,跨单位调集优秀人才组建攻坚团队,在人才梯队、科研条件、资金投入等方面给予配套支持。

六、健全出版融合发展保障体系

17. 完善政策扶持机制。在出版单位年度核验、社会效益评价考核中强化出版融合发展情况考核,推动出版融合发展成效与有关评奖评优、出版资源配置联动挂钩,进一步激发出版深度融合发展活力。创新资金投入方式,引导推动各地区各有关部门根据实际加大对出版融合发展的资金支持力度,鼓励出版单位设立出版融合发展专项资金,推动国家出版基金对出版融合发展重大项目择优支持,强化出版融合发展资金保障。对出版融合发展精品项目、优质平台、示范单位、优秀人才等,在宣传推广展示、支持政策对接等方面适当倾斜。

18. 深化体制机制改革。健全数字化环境下一体化内容生产传播机制,全面推进机构融合、业务融合、资源要素融合,提高出版融合发展海量资源集聚、优质IP运营能力。在出版产业链上下游资源整合、出版与其他行业跨界融合等方面,加强改革创新,不断拓展融合发展新模式,形成数字时代出版融合发展新优势。鼓励出版企业大胆探索融合发展质量评估体系,建立以创新价值和综合贡献为导向的绩效评价机制,更好地促进出版深度融合发展。

19. 营造良好发展环境。坚持安全为要,用主流价值导向驾驭技术,加快构建数字内容安全风控体系,筑牢出版融合发展安全底线。强化版权意识,充分体现优质内容资源的市场价值,大力整治重点领域侵权盗版行为,有力遏制侵权盗版行为对出版融合发展的不利影响。坚持融合共生,支持出版单位之间、出版单位与网络平台之间通过项目合作、联合研发、资源共享等方式有效对接、优势互补,释放产业链各要素活力,构建良性的融合发展新格局新生态。

20. 逐级抓好贯彻落实。中央宣传部加强对出版深度融合发展的总体统筹、规划、布局,加大对出版融合发展重点工程项目的协调推进力度。各地党委宣传部和各主管主办单位要把推进出版深度融合发展作为落实意识形态工作责任制的重要内容,主要负责同志要亲自抓、负总责,既抓好谋划部署、统筹协调,又抓好政策支持、业务指导。出版单位要切实履行主体责任,把出版融合发展作为“一把手”工程,加强组织领导,优化资源配置,加大工作力度,把出版深度融合发展各项任务落到实处。

出版管理行政处罚实施办法

1. 1997年12月30日新闻出版署令第12号发布
2. 自1998年1月1日起施行

第一章 总　　则

第一条 为了规范出版管理行政处罚,保障和监督新闻出版行政机关有效实施行政管理,保护公民、法人或者其他组织的合法权益,根据《中华人民共和国行政处罚法》和《出版管理条例》等有关法律、法规,制定本办法。

第二条 公民、法人或者其他组织违反出版管理法规,应当给予行政处罚的,由新闻出版行政机关依照《中华人民共和国行政处罚法》和本办法的规定实施。

第三条 新闻出版行政机关实施行政处罚应当遵循下列原则:

(一)必须有法定依据,遵守法定程序,否则行政处罚无效;

(二)必须以事实为依据,与违法行为的事实、性质、情节以及社会危害程度相当,违法事实不清的,不得给予行政处罚;

(三)对违法行为给予行政处罚的规定必须公布,未经公布的不得作为行政处罚的依据;

(四)应当坚持处罚与教育相结合,教育公民、法人或者其他组织自觉守法;

(五)在作出行政处罚决定之前,应当向当事人告知给予行政处罚的事实、理由和依据,听取当事人的陈述、申辩,否则行政处罚决定不能成立。

第四条 新闻出版行政机关在法定职权范围内负责对下列违法行为实施行政处罚:

(一)《出版管理条例》规定的违法行为;

(二)《音像制品管理条例》规定的违法行为;

(三)《印刷业管理条例》规定的违法行为;

(四)其他有关法律、法规和规章规定的应当由新闻出版行政机关给予行政处罚的违法行为。

第五条 本办法所称新闻出版行政机关是指新闻出版署,省、自治区、直辖市新闻出版局,计划单列市新闻出版局,地市级和县级新闻出版局,或者省、自治区、直辖市人民政府规定的行使新闻出版行政管理职能的行政机关。

法律、法规授权的具有新闻出版管理职能的组织实施出版管理行政处罚,适用本办法。

第二章 管　　辖

第六条 新闻出版署负责对下列违法行为实施行政处罚:

(一)在全国有重大影响的;

(二)法律、法规规定由新闻出版署管辖的;

(三)其他应当由自己管辖的。

第七条 省、自治区、直辖市新闻出版局负责对下列违法行为实施行政处罚:

（一）在本行政区有重大影响的；

（二）涉及外国的；

（三）其他依法应当由自己管辖的。

其他地方新闻出版行政机关负责对本行政区域发生的违法行为实施行政处罚。省、自治区、直辖市制定的地方性法规、规章有具体规定的，从其规定。

第八条 行政处罚由主要违法行为发生地的新闻出版行政机关管辖。两个以上地方新闻出版行政机关对同一违法行为都有管辖权的，由先立案的新闻出版行政机关管辖。

第九条 地方新闻出版行政机关就行政处罚管辖发生争议或者管辖不明的，报请共同的上一级新闻出版行政机关指定管辖。该上一级新闻出版行政机关应当指定其中一个地方新闻出版行政机关管辖，或者指定适宜的其他地方新闻出版行政机关管辖。

第十条 上级新闻出版行政机关在必要的时候可以处理下级新闻出版行政机关管辖的行政处罚案件，也可以把自己管辖的行政处罚案件交下级新闻出版行政机关处理。

下级新闻出版行政机关认为其管辖的行政处罚案件重大、复杂，需要由上级新闻出版行政机关处理的，可以报请上一级新闻出版行政机关决定。

第十一条 对出版单位的行政处罚，由新闻出版署或者省级新闻出版行政机关管辖；新闻出版署、省级新闻出版行政机关认为由出版单位所在地的新闻出版行政机关管辖更适宜的，可以指定该地的新闻出版行政机关管辖。

第十二条 吊销许可证的处罚，由原发证机关决定。

第十三条 新闻出版行政机关认为违法行为构成犯罪的，必须将案件移送司法机关。

第十四条 有关著作权的违法行为，由著作权行政管理部门依照有关规定处理。

第三章 立 案

第十五条 除依照《中华人民共和国行政处罚法》可以当场作出行政处罚决定的以外，新闻出版行政机关发现公民、法人或者其他组织有依法应当给予行政处罚的违法行为的，应当立案查处。

第十六条 新闻出版行政机关应当严格履行职责，对有关公民、法人或者其他组织遵守出版法律、法规和规章的情况进行监督检查。对在检查中发现的违法行为，新闻出版行政机关应当及时立案。

新闻出版行政机关在进行执法检查时，执法人员不得少于两人，并应当向当事人或者有关人员出示新闻出版行政执法证。

第十七条 新闻出版行政机关在执法检查中，发现正在印刷、复制、批发、零售、出租违禁出版物或者非法出版物，情况紧急来不及立案的，执法人员可以采取以下措施：

（一）对违法行为予以制止或者纠正；

（二）对违禁出版物或者非法出版物、专用于违法行为的工具、设备依法查封或扣押；

（三）收集、提取有关证据。

第十八条 新闻出版行政机关应当建立健全违法行为举报制度，接受公民、法人或者其他组织对违法行为的控告、检举。对控告、检举的违法行为经审核基本属实的，应当及时立案。不予立案的，应当及时告知控告人或检举人。

第十九条 新闻出版行政机关对其他行政机关移送的、上级新闻出版行政机关指定或者交办的、当事人主动交待的和通过其他方式发现的违法行为，应当及时立案。

第二十条 行政处罚案件的具体立案工作由新闻出版行政机关的相关职能部门负责。

立案应当制作出版管理行政处罚案件立案审批表，报本机关负责人审查，决定立案或者不予立案。

立案应当自发现或者受理案件之日起7日内完成。情况紧急来不及立案的，应当在调查取证或者依法采取有关行政措施后及时立案。

第四章 调 查 取 证

第二十一条 行政处罚案件立案后，新闻出版行政机关应当及时进行调查取证。

调查取证必须全面、客观、公正，以收集确凿证据，查明违法事实。

第二十二条 调查取证由新闻出版行政机关立案的职能部门或者新闻出版行政机关所属的稽查部门负责。

调查取证时执法人员不得少于两人，并向当事人或有关人员出示有效证件。执法人员与当事人有直接利害关系的，应当回避。

第二十三条 进行调查取证可以采取以下手段：

（一）询问当事人、证人、利害关系人等有关人员；

（二）查阅、复制与违法行为有关的文件、档案、帐簿和其他书面材料；

（三）对违法出版物或者其他违法物品抽样取证；

（四）对证据先行登记保存；

（五）自行或委托其他组织对证据进行鉴定；

（六）对与违法行为有关的场所、设备进行勘验、检查。

第二十四条 执法人员进行调查取证应制作询问笔录、勘验或检查等调查笔录，笔录由当事人或有关人员签名或盖章，当事人拒绝签名或盖章的，由执法人员在笔录上注明情况。

第二十五条 进行抽样取证、先行登记保存和勘验、检查，应当有当事人在场，当事人拒绝到场的，执法人员应当邀请有关人员参加见证。执法人员应当在调查笔录上注明情况，并由参加见证的有关人员签名或者盖章。

第二十六条 执法人员对抽样取证、先行登记保存的物品应当开列清单，一式两份，写明物品的名称、数量、规格等项目，由执法人员、当事人签字或者盖章，一份清单交付当事人。当事人拒绝签名或者盖章和接收清单的，由执法人员在清单上注明情况。

第二十七条 在证据可能灭失或者以后难以取得的情况下采取先行登记保存，应当经过本机关负责人批准，并向当事人出具证据先行登记保存通知书，责令当事人或者有关人员在证据保存期间不得转移、毁坏。认为先行登记保存的证据确需移至他处的，可以移至适当的场所保存。

情况紧急来不及办理上款规定程序的，执法人员可以先行采取措施，事后及时补办手续。

第二十八条 新闻出版行政机关对先行登记保存的证据，应当在7日内作出以下处理决定：

（一）需要进行检验或者鉴定的，予以检验或者鉴定；

（二）对依法应予没收的，予以没收，对依法不予没收的，退还当事人；

（三）对依法应当移送有关机关处理的，移交有关机关。

在7日内未作出处理决定的，应当解除保存，并将先行登记保存的证据退还当事人。

第二十九条 非法出版物的鉴定由省级以上新闻出版行政机关指定的鉴定机关和鉴定人员作出，违禁出版物的鉴定由省级以上新闻出版行政机关作出。鉴定书由两名以上鉴定人签名，经机关负责人审核后签发，加盖新闻出版行政机关出版物鉴定专用章。

鉴定中遇有复杂、疑难问题或者鉴定结论有分歧，或者应当事人申请要求重新鉴定的，可以报请上级新闻出版行政机关鉴定。

第三十条 新闻出版行政机关在调查取证有困难的情况下，可以委托其他新闻出版行政机关就某些事项代为调查取证，受委托的新闻出版行政机关应当积极办理，及时将调查取证结果回复委托的机关。

上级新闻出版行政机关对已经立案的案件可以指示下级新闻出版行政机关调查取证。

第五章 听　　证

第三十一条 新闻出版行政机关作出责令停产停业、责令停业整顿、吊销许可证和较大数额罚款等行政处罚决定之前，调查取证部门应当告知当事人有要求听证的权利。

本条所称“较大数额罚款”，由新闻出版署作出处理决定的，是指对公民2万元以上、对法人或者其他组织10万元以上的罚款；由地方新闻出版行政机关作出处罚决定的，按照地方性法规、规章的规定办理，地方性法规、规章未作规定的，是指对公民1万元以上、对法人或者其他组织5万元以上的罚款。

第三十二条 当事人要求举行听证的，应当在被告知后3日内提出书面申请，说明听证要求和理由。当事人提出书面申请有困难的，可以口头提出申请，调查取证部门应当制作笔录，并由当事人签名或盖章。

当事人在被告知后3日内未提出听证申请的，视为放弃听证要求，由调查取证部门记录在案。

第三十三条 新闻出版行政机关应当从本机关法制工作部门或者其他比较超脱的相关职能部门中指定一名听证主持人、一名书记员。调查取证部门的人员不得作为听证主持人和书记员。

第三十四条 新闻出版行政机关决定举行听证的，应当制作听证通知书，并在听证7日前，将举行听证的时间、地点通知当事人和本案调查人员。

第三十五条 当事人可以亲自参加听证，也可以委托一至二人代理。委托代理人申请和参加听证的，应当提交委托书，委托书应当载明委托权限。

第三十六条 当事人接到听证通知书后，无正当理由不按期参加听证的，视为放弃听证要求。

有下列情况之一的，听证可以延期举行：

（一）当事人有正当理由未到场的；

（二）当事人提出回避申请理由成立，需要重新确定主持人的；

（三）发现有新的重要事实需要重新调查核实的；

（四）其他需要延期的情形。

第三十七条 在听证举行过程中，当事人放弃申辩或者退出听证的，终止听证，并记入听证笔录。

第三十八条 听证主持人履行以下职责：

（一）决定举行听证的时间和地点；

（二）主持进行听证程序；

（三）维持听证秩序；

（四）决定终止听证；

（五）决定听证延期举行；

（六）根据听证情况向机关负责人写出报告并就案件的处理提出意见。

听证书记员如实记录听证情况，制作听证笔录，协助听证主持人工作。

第三十九条　当事人认为主持人、书记员与本案有利害关系的，有权申请回避。书记员的回避，由主持人决定；主持人的回避，由其所在部门负责人决定。

第四十条　听证应当按照以下程序进行：

（一）听证会开始，介绍主持人、书记员，宣布听证纪律；

（二）告知当事人听证中的权利和义务，询问是否有回避申请；

（三）核对参加听证的当事人及代理人、本案调查人员、本案直接利害关系人、证人的身份；

（四）本案调查人员说明案件事实、证据、适用的法律、法规或者规章，以及拟作出的行政处罚决定的理由；

（五）询问当事人或者代理人、本案调查人员、证人和其他有关人员，并要求出示有关证据材料；

（六）当事人或者代理人从事实和法律上进行申辩，并对证据材料进行质证；

（七）当事人或者其代理人和本案调查人员就本案的事实和法律问题进行辩论；

（八）当事人或者其代理人作最后陈述；

（九）听证主持人宣布听证会结束。

第四十一条　听证结束，当事人或者其代理人应当将申辩材料及有关证据提交听证主持人。

第四十二条　听证笔录应当在听证后交双方人员审核，经确认无误后，由双方人员在听证笔录上签名。双方人员拒绝签名的，由书记员在笔录上记明。

第四十三条　听证主持人应当根据听证确定的事实、证据，依照本办法第四十五条的规定对原拟作出的处罚决定及其事实、理由和依据加以复核，向本机关负责人提出意见。

第六章　决　　定

第四十四条　违法行为经调查事实清楚、证据确凿的，调查人员应当制作出版管理行政处罚意见书，载明违法事实、理由、法律依据、处罚意见及立案、调查取证情况。

调查人员应当依照《中华人民共和国行政处罚法》第三十一、三十二条的规定，听取当事人的陈述和申辩。

调查人员应当将出版管理行政处罚意见书和当事人的陈述、申辩材料，连同立案审批表和其他有关证据材料，经本部门负责人同意，送本机关法制工作部门复核。

经过听证的案件，按照本办法第四十三条的规定办理。

第四十五条　法制工作部门对出版管理行政处罚意见书等书面材料就以下事项进行复核，签署意见后报本机关负责人审批：

（一）认定事实是否清楚；

（二）适用法律是否正确；

（三）处罚意见是否合法、适当；

（四）是否符合法定程序；

（五）其他有关事项。

第四十六条　新闻出版行政机关负责人对报送的出版管理行政处罚意见书等材料进行审查，根据不同情况分别作出以下决定：

（一）确有应受行政处罚的违法行为，根据情节轻重及具体情况，作出行政处罚决定；

（二）违法事实不能成立的和违法行为轻微依法可以不予行政处罚的，不予行政处罚；

（三）认为违法行为构成犯罪的，移送司法机关；

（四）认为应当吊销营业执照或者其他许可证的，向工商行政管理机关或者公安机关提出建议；

（五）认为应当给予当事人或受处罚单位主要负责人行政处分的，向其所在单位或其主管部门提出建议。

经过听证的和其他较重大的行政处罚，由新闻出版行政机关负责人集体讨论决定。

第四十七条　新闻出版行政机关决定给予行政处罚的，应当制作出版管理行政处罚决定书，载明《中华人民共和国行政处罚法》第三十九条和国务院《罚款决定与罚款收缴分离实施办法》第七条规定的事项。

新闻出版行政机关决定不给予行政处罚的，应当制作不予行政处罚通知书，说明不予行政处罚的理由，送达当事人。

新闻出版行政机关决定移送司法机关处理的案件，应当制作建议追究刑事责任意见书，连同有关材料和证据及时移送有管辖权的司法机关。

新闻出版行政机关向工商行政管理机关或者公安机关建议吊销当事人营业执照或者其他许可证的，应当制作建议吊销营业执照或者其他许可证意见书。

新闻出版行政机关建议给予当事人或者其他有关人员行政处分的，应当制作建议给予行政处分意见书，送达当事人或者其他人员所在单位或其主管机关。

本条各款所列法律文书，由调查部门负责制作并送达。

第四十八条 对同一违法行为，其他行政机关已经给予罚款处罚的，新闻出版行政机关不得再予罚款，但仍可以依法给予其他种类的行政处罚。

第四十九条 给予停业整顿行政处罚的，应当明确停业的时限和整顿的事项。

第五十条 新闻出版行政机关对违法行为的行政处罚决定，应当自立案之日起两个月内作出；案件重大、复杂的，经本机关负责人决定，可以延长，但延长的时间最多不得超过两个月。

作出行政处罚决定的日期以行政处罚决定书上的日期为准。

第七章 执 行

第五十一条 行政处罚决定书应当在宣告后当场交付当事人；当事人不在场的，新闻出版行政机关应当在作出行政处罚决定的7日内依照民事诉讼法的有关规定，将行政处罚决定书送达当事人。

第五十二条 新闻出版行政机关作出的行政处罚决定，可以在有关范围内予以通报或者在报纸、期刊等媒介上公布。

第五十三条 罚款的收缴依照国务院《罚款决定与罚款收缴分离实施办法》执行。

第五十四条 没收的出版物需要销毁的，纸质出版物应当化浆，其他出版物应当以适宜的方式销毁。新闻出版行政机关应当指派专人负责销毁事宜，监督销毁过程，核查销毁结果，防止应当销毁的出版物流失。

没收的出版物不需要销毁的，新闻出版行政机关应当报请上一级新闻出版行政机关决定处理的方式。

第五十五条 对没收的从事非法活动的主要专用工具和设备，新闻出版行政机关依照有关规定处理。

第五十六条 对于给予停业整顿行政处罚的，新闻出版行政机关应当对当事人停业期间的整顿情况进行监督，并在停业期满前进行检查验收，对整顿符合要求的，根据当事人的申请，恢复其业务。

第五十七条 上一级新闻出版行政机关作出的行政处罚决定，可以指示下一级新闻出版行政机关执行。

第五十八条 新闻出版行政机关实施行政处罚时，可以采取下列措施纠正违法行为：

（一）对未经批准擅自设立的出版、印刷、复制、发行单位予以公告取缔；

（二）责令停止出版、印刷、复制、发行出版物；

（三）其他责令当事人纠正违法行为的措施。

第五十九条 当事人逾期不履行行政处罚决定的，新闻出版行政机关可以依照《中华人民共和国行政处罚法》规定的措施处理。

新闻出版行政机关申请人民法院强制执行行政处罚决定，应当自当事人起诉期限届满之日起3个月内提出。

第六十条 当事人申请行政复议或提起行政诉讼期间，行政处罚决定不停止执行，法律、法规另有规定的除外。

第六十一条 出版管理行政处罚案件终结后，调查人员应当将案件材料立卷归档。

第八章 附 则

第六十二条 新闻出版行政机关应当建立行政处罚统计制度和重大行政处罚备案制度，每半年向上一级新闻出版行政机关提交一次行政处罚统计报告，重大行政处罚报上一级新闻出版行政机关备案。

第六十三条 新闻出版行政机关的法制工作部门负责对本机关实施行政处罚进行监督，负责办理本办法第六十二条规定的事项。

第六十四条 新闻出版行政执法证由新闻出版署统一制作，具体管理办法另行制定。

新闻出版行政执法证未颁发之前，适用当地人民政府颁发的执法证或者其他有效证件。

第六十五条 本办法所称非法出版物，是指违反《出版管理条例》未经批准擅自出版的出版物，伪造、假冒出版单位或者报纸、期刊名称出版的出版物，擅自印刷或者复制的境外出版物，非法进口的出版物。

本办法所称违禁出版物，是指内容违反《出版管理条例》第二十五条、第二十六条规定的出版物。

第六十六条 本办法自1998年1月1日起施行。

中华人民共和国
新闻出版行政执法证管理办法

1. 1998年6月15日新闻出版署令第13号发布

2. 自1998年8月1日起施行

第一条 为了统一集中地管理《中华人民共和国新闻出

版行政执法证》(以下简称新闻出版行政执法证),规范新闻出版行政执法行为,促进新闻出版行政执法队伍建设,根据《中华人民共和国行政处罚法》和《出版管理行政处罚实施办法》,制定本办法。

第二条　新闻出版行政执法证是新闻出版行政执法人员履行新闻出版行政执法职责的有效资格和身份评价,各级新闻出版行政机关执法人员应当依照本办法的规定申领、使用。

第三条　新闻出版行政执法证由国家新闻出版署统一制作、颁发、规格、式样和内文全国统一,并按照国家新闻出版署规定的编码办法编写证号。

第四条　新闻出版行政执法证的管理实行国家新闻出版署主管、各级新闻出版行政机关分级负责的原则。国家新闻出版署是新闻出版行政执法证的主管机关,并负责署机关和省级新闻出版局的新闻出版行政执法证的核发和管理;省级新闻出版局负责本行政区域其他各级新闻出版行政机关的新闻出版行政执法证的核发和管理。

各级新闻出版行政机关应当教育和监督其行政执法人员依法正确使用新闻出版行政执法证。

新闻出版行政执法证核发和管理的具体工作由本机关的法制工作部门负责。

第五条　申请领取新闻出版行政执法证,应当具备以下条件:

(一)系新闻出版行政机关的正式工作人员;

(二)在新闻出版行政执法岗位上执行职务;

(三)经过新闻出版行政执法培训,考核合格。

第六条　省级新闻出版局负责培训、考核本行政区域新闻出版行政执法人员。培训内容由国家新闻出版署确定。

第七条　申请领取新闻出版行政执法证,须由执法人员所在机关填写《中华人民共和国新闻出版行政执法证申领表》并签署意见盖章后,根据本办法第四条规定,报国家新闻出版署或者省级新闻出版局。

县级新闻出版行政机关申请领取新闻出版行政执法证,经由地市新闻出版行政机关统一向省级新闻出版局办理。

第八条　国家新闻出版署和省级新闻出版局对申请领取新闻出版行政执法证的执法人员的条件进行审查,符合条件的予以核发。

第九条　新闻出版行政执法证有效期为5年,有效期届满时,国家新闻出版署和省级新闻出版局负责收回,由国家新闻出版署统一销毁,并按照本规定重新核发。

第十条　新闻出版行政执法证实行年检制度,每年注册一次。省新闻出版局负责本行政区域的新闻出版行政执法证的年检注册。被暂扣的新闻出版行政执法证不予注册。不予注册和未经注册的新闻出版行政执法证不得使用。

第十一条　新闻出版行政执法人员在依法实施行政处罚、行政强制措施、行政执法检查以及履行其他法定执法职责时,必须持有并出示新闻出版行政执法证。

第十二条　新闻出版行政执法证限于持证人在本行政区域内依照法定职权使用,不得转借他人,不得超越法定职权使用。在其他行政区域持证从事行政执法活动,须由持有本证的当地新闻出版行政执法人员陪同。

第十三条　未按照本规定领取新闻出版行政执法证的新闻出版行政执法人员和新闻出版行政机关的其他工作人员,不得从事新闻出版行政执法活动。

第十四条　新闻出版行政执法证的规格、式样和内文不得擅自变动或者涂改,凡擅自变动或者涂改的证件一律作废,不得使用。

第十五条　新闻出版行政执法人员应当妥善保管新闻出版行政执法证,丢失或者毁损的,应当立即向发证机关报告,丢失的登报声明作废。经向所在机关重新申请,可以补新证。

新闻记者证管理办法

1. 2009年8月24日新闻出版总署令第44号公布

2. 自2009年10月15日起施行

第一章　总　　则

第一条　为规范新闻记者证的管理,保障新闻记者的正常采访活动,维护新闻记者和社会公众的合法权益,根据有关法规和国务院决定,制定本办法。

第二条　本办法适用于新闻记者证的申领、核发、使用和管理。

在中华人民共和国境内从事新闻采编活动,须持有新闻出版总署核发的新闻记者证。

第三条　新闻记者证是新闻记者职务身份的有效证明,是境内新闻记者从事新闻采编活动的唯一合法证件,由新闻出版总署依法统一印制并核发。

境内新闻机构使用统一样式的新闻记者证。

第四条　本办法所称新闻记者,是指新闻机构编制内或者经正式聘用,专职从事新闻采编岗位工作,并持有新闻记者证的采编人员。

本办法所称新闻机构,是指经国家有关行政部门依法批准设立的境内报纸出版单位、新闻性期刊出版单位、通讯社、广播电台、电视台、新闻电影制片厂等具有新闻采编业务的单位。其中，报纸、新闻性期刊出版单位由国务院新闻出版行政部门认定；广播、电影、电视新闻机构的认定，以国务院广播电影电视行政部门的有关批准文件为依据。

第五条 新闻记者持新闻记者证依法从事新闻采访活动受法律保护。各级人民政府及其职能部门、工作人员应为合法的新闻采访活动提供必要的便利和保障。

任何组织或者个人不得干扰、阻挠新闻机构及其新闻记者合法的采访活动。

第六条 新闻记者证由新闻出版总署统一编号，并签印新闻出版总署印章、新闻记者证核发专用章、新闻记者证年度核验标签和本新闻机构（或者主办单位）钢印方为有效。

其他任何单位或者个人不得制作、仿制、发放、销售新闻记者证，不得制作、发放、销售专供采访使用的其他证件。

第二章 申领与核发

第七条 新闻出版总署负责全国新闻记者证的核发工作，省、自治区、直辖市新闻出版行政部门负责审核本行政区域新闻机构的新闻记者证。

第八条 新闻记者证由新闻机构向新闻出版行政部门申请领取。申领新闻记者证须由新闻机构如实填写并提交《领取新闻记者证登记表》、《领取新闻记者证人员情况表》以及每个申领人的身份证、毕业证、从业资格证（培训合格证）、劳动合同复印件等申报材料。

第九条 新闻机构中领取新闻记者证的人员须同时具备下列条件：

（一）遵守国家法律、法规和新闻工作者职业道德；

（二）具备大学专科以上学历并获得国务院有关部门认定的新闻采编从业资格；

（三）在新闻机构编制内从事新闻采编工作的人员，或者经新闻机构正式聘用从事新闻采编岗位工作且具有一年以上新闻采编工作经历的人员。

本条所称“经新闻机构正式聘用”，是指新闻采编人员与其所在新闻机构签有劳动合同。

第十条 下列人员不发新闻记者证：

（一）新闻机构中党务、行政、后勤、经营、广告、工程技术等非采编岗位的工作人员；

（二）新闻机构以外的工作人员，包括为新闻单位提供稿件或者节目的通讯员、特约撰稿人，专职或兼职为新闻机构提供新闻信息的其他人员；

（三）教学辅导类报纸、高等学校校报工作人员以及没有新闻采访业务的期刊编辑人员；

（四）有不良从业记录的人员、被新闻出版行政部门吊销新闻记者证并在处罚期限内的人员或者受过刑事处罚的人员。

第十一条 中央单位所办新闻机构经主管部门审核所属新闻机构采编人员资格条件后，向新闻出版总署申领新闻记者证，由新闻出版总署批准后发放新闻记者证。

第十二条 省和省以下单位所办新闻机构经主管部门审核所属新闻机构采编人员资格条件后，向所在地省、自治区、直辖市新闻出版行政部门申领新闻记者证，由省、自治区、直辖市新闻出版行政部门审核并报新闻出版总署批准后，发放新闻记者证。

其中，地、市、州、盟所属新闻机构申领新闻记者证须经地、市、州、盟新闻出版行政部门审核后，报省、自治区、直辖市新闻出版行政部门。

第十三条 记者站的新闻采编人员资格条件经设立该记者站的新闻机构审核，主管部门同意后，向记者站登记地省、自治区、直辖市新闻出版行政部门申领新闻记者证，由省、自治区、直辖市新闻出版行政部门审核并报新闻出版总署批准后，发放新闻记者证。

在地、市、州、盟设立的记者站，申领新闻记者证应报当地新闻出版行政部门逐级审核后，报省、自治区、直辖市新闻出版行政部门。

新闻机构记者站的新闻记者证应注明新闻机构及记者站名称。

第十四条 解放军总政治部宣传部新闻出版局负责解放军和武警部队（不含边防、消防、警卫部队）新闻机构新闻记者证的审核发放工作，并向新闻出版总署备案。

第十五条 除解放军和武警部队（不含边防、消防、警卫部队）系统外，新闻记者证申领、审核、发放和注销工作统一通过新闻出版总署的“全国新闻记者证管理及核验网络系统”进行。

第三章 使用与更换

第十六条 新闻采编人员从事新闻采访工作必须持有新闻记者证，并应在新闻采访中主动向采访对象出示。

新闻机构中尚未领取新闻记者证的采编人员，必须在本新闻机构持有新闻记者证的记者带领下开展采访工作，不得单独从事新闻采访活动。

第十七条 新闻机构非采编岗位工作人员、非新闻机构以及其他社会组织或者个人不得假借新闻机构或者假冒新闻记者进行新闻采访活动。

第十八条 新闻记者使用新闻记者证从事新闻采访活动，应遵守法律规定和新闻职业道德，确保新闻报道真实、全面、客观、公正，不得编发虚假报道，不得刊播虚假新闻，不得徇私隐匿应报道的新闻事实。

第十九条 新闻采访活动是新闻记者的职务行为，新闻记者证只限本人使用，不得转借或者涂改，不得用于非职务活动。

新闻记者不得从事与记者职务有关的有偿服务、中介活动或者兼职、取酬，不得借新闻采访工作从事广告、发行、赞助等经营活动，不得创办或者参股广告类公司，不得借新闻采访活动牟取不正当利益，不得借舆论监督进行敲诈勒索、打击报复等滥用新闻采访权利的行为。

第二十条 新闻记者与新闻机构解除劳动关系、调离本新闻机构或者采编岗位，应在离岗前主动交回新闻记者证，新闻机构应立即通过"全国新闻记者证管理及核验网络系统"申请注销其新闻记者证，并及时将收回的新闻记者证交由新闻出版行政部门销毁。

第二十一条 新闻记者证因污损、残破等各种原因无法继续使用，由新闻机构持原证到发证机关更换新证，原新闻记者证编号保留使用。

第二十二条 新闻记者证遗失后，持证人须立即向新闻机构报告，新闻机构须立即办理注销手续，并在新闻出版总署或者省、自治区、直辖市新闻出版行政部门指定的媒体上刊登遗失公告。

需要重新补办新闻记者证的，可在刊登公告一周后到发证机关申请补领新证，原新闻记者证编号同时作废。

第二十三条 新闻机构撤销，其原已申领的新闻记者证同时注销。该新闻机构的主管单位负责收回作废的新闻记者证，交由发证机关销毁。

第二十四条 采访国内、国际重大活动，活动主办单位可以制作一次性临时采访证件，临时采访证件的发放范围必须为新闻记者证的合法持有人，并随新闻记者证一同使用。

第二十五条 新闻记者证每五年统一换发一次。新闻记者证换发的具体办法由新闻出版总署另行制定。

第四章 监督管理

第二十六条 新闻出版总署和各省、自治区、直辖市新闻出版行政部门以及解放军总政治部宣传部新闻出版局负责对新闻记者证的发放、使用和年度核验等工作进行监督管理。

各级新闻出版行政部门负责对新闻记者在本行政区域内的新闻采编活动进行监督管理。

新闻出版行政部门根据调查掌握的违法事实，建立不良从业人员档案，并适时公开。

第二十七条 新闻机构的主管单位须履行对所属新闻机构新闻记者证的申领审核和规范使用的管理责任，加强对所属新闻机构及其新闻记者开展新闻采编活动的监督管理。

第二十八条 新闻机构须履行对所属新闻采编人员资格条件审核及新闻记者证申领、发放、使用和管理责任，对新闻记者的采访活动进行监督管理，对有违法行为的新闻记者应及时调查处理。

新闻机构应建立健全新闻记者持证上岗培训和在岗培训制度，建立健全用工制度和社会保障制度，及时为符合条件的采编人员申领新闻记者证。

新闻机构不得聘用存在搞虚假报道、有偿新闻、利用新闻报道谋取不正当利益、违法使用新闻记者证等不良从业记录的人员。

第二十九条 新闻机构每年应定期公示新闻记者证持有人名单和新申领新闻记者证人员名单，在其所属媒体上公布"全国新闻记者证管理及核验网络系统"的网址和举报电话，方便社会公众核验新闻记者证，并接受监督。

第三十条 被采访人以及社会公众有权对新闻记者的新闻采访活动予以监督，可以通过"全国新闻记者证管理及核验网络系统"等途径核验新闻记者证、核实记者身份，并对新闻记者的违法行为予以举报。

第三十一条 新闻记者涉嫌违法被有关部门立案调查的，新闻出版总署可以视其涉嫌违法的情形，通过"全国新闻记者证管理及核验网络系统"中止其新闻记者证使用，并根据不同情形依法处理。

第三十二条 新闻记者证实行年度核验制度，由新闻出版总署和各省、自治区、直辖市新闻出版行政部门以及解放军总政治部宣传部新闻出版局分别负责中央新闻机构、地方新闻机构和解放军及武警部队（不含边防、消防、警卫部队）新闻机构新闻记者证的年度核验工作。

新闻记者证年度核验每年1月开始，3月15日前结束，各省、自治区、直辖市新闻出版行政部门和解放军总政治部宣传部新闻出版局须在3月31日前，将年度核验报告报新闻出版总署。

新闻机构未按规定进行新闻记者证年度核验的，由发证机关注销其全部新闻记者证。

第三十三条 新闻记者证年度核验工作由新闻机构自查，填写《新闻记者证年度核验表》，经主管单位审核后，报新闻出版行政部门依法核验。年度核验的主要内容是：

（一）检查持证人员是否仍具备持有新闻记者证的所有条件；

（二）检查持证人员本年度内是否出现违法行为；

（三）检查持证人员的登记信息是否变更。

通过年度核验的新闻记者证，由新闻出版行政部门核发年度核验标签，并粘贴到新闻记者证年度核验位置，新闻记者证的有效期以年度核验标签的时间为准。未通过年度核验的新闻记者证，由发证机关注销，不得继续使用。

第五章 法律责任

第三十四条 新闻机构及其工作人员违反本办法的，新闻出版行政部门视其情节轻重，可采取下列行政措施：

（一）通报批评；

（二）责令公开检讨；

（三）责令改正；

（四）中止新闻记者证使用；

（五）责成主管单位、主办单位监督整改。

本条所列行政措施可以并用。

第三十五条 新闻机构工作人员有以下行为之一的，由新闻出版总署或者省、自治区、直辖市新闻出版行政部门给予警告，并处3万元以下罚款，情节严重的，吊销其新闻记者证，构成犯罪的，依法追究刑事责任：

（一）违反本办法第十七条，从事有关活动的；

（二）违反本办法第十八条，编发虚假报道的；

（三）违反本办法第十九条，转借、涂改新闻记者证或者利用职务便利从事不当活动的；

（四）违反本办法第二十条，未在离岗前交回新闻记者证的。

第三十六条 新闻机构有以下行为之一的，由新闻出版总署或者省、自治区、直辖市新闻出版行政部门没收违法所得，给予警告，并处3万元以下罚款，可以暂停核发该新闻机构新闻记者证，并建议其主管单位、主办单位对其负责人给予处分：

（一）违反本办法第六条，擅自制作、仿制、发放、销售新闻记者证或者擅自制作、发放、销售采访证件的；

（二）违反本办法第八条，提交虚假申报材料的；

（三）未按照本办法第九条、第十条，严格审核采编人员资格或者擅自扩大发证范围的；

（四）违反本办法第十六条，新闻机构内未持有新闻记者证的人员从事新闻采访活动的；

（五）违反本办法第二十条，未及时注销新闻记者证的；

（六）违反本办法第二十二条，未及时办理注销手续的；

（七）违反本办法第二十八条，未履行监管责任、未及时为符合条件的采编人员申领新闻记者证的或者违规聘用有关人员的；

（八）违反本办法第二十九条，未公示或公布有关信息的；

（九）违反本办法第三十二条，未按时参加年度核验的；

（十）对本新闻机构工作人员出现第三十五条所列行为负有管理责任的。

第三十七条 社会组织或者个人有以下行为之一的，由新闻出版行政部门联合有关部门共同查处，没收违法所得，给予警告，并处3万元以下罚款，构成犯罪的，依法追究刑事责任：

（一）擅自制作、仿制、发放、销售新闻记者证或者擅自制作、发放、销售采访证件的；

（二）假借新闻机构、假冒新闻记者从事新闻采访活动的；

（三）以新闻采访为名开展各类活动或者谋取利益的。

第三十八条 新闻记者因违法活动被吊销新闻记者证的，5年内不得重新申领新闻记者证，被追究刑事责任的，终身不得申领新闻记者证。

第六章 附　　则

第三十九条 国外及香港、澳门、台湾新闻机构的人员在境内从事新闻采访活动，不适用本办法。

第四十条 本办法自2009年10月15日起施行。2005年1月10日新闻出版总署颁布的《新闻记者证管理办法》同时废止，本办法生效前颁布的与本办法不一致的其他规定不再执行。

订户订购进口出版物管理办法

2011年3月25日新闻出版总署令第51号公布施行

第一条 为了满足国内单位和个人、在华外国机构、外商投资企业外籍人士和港、澳、台人士对进口出版物的阅读需求，加强对进口出版物的管理，根据《出版管理条例》和有关法律、法规，制定本办法。

第二条 在中国境内订户订购进口出版物适用本办法。

本办法所称进口出版物，是指由出版物进口经营单位进口的，在外国以及在中国香港特别行政区、澳门特别行政区和台湾地区出版的图书、报纸（含过期报纸）、期刊（含过期期刊）、电子出版物等。

本办法所称出版物进口经营单位，是指依照《出版管理条例》设立的从事出版物进口业务的单位。

本办法所称订户，是指通过出版物进口经营单位订购进口出版物的国内单位和个人、在华外国机构、外商投资企业和在华长期工作、学习、生活的外籍人士以及港、澳、台人士。

本办法所称订购，是指订户为满足本单位或者本人的阅读需求，向出版物进口经营单位预订购买进口出版物。

第三条　进口出版物分为限定发行范围的和非限定发行范围的两类，国家对其发行实行分类管理。

进口限定发行范围的报纸、期刊、图书、电子出版物等实行订户订购、分类供应的发行方式；非限定发行范围的进口报纸、期刊实行自愿订户订购和市场销售相结合的发行方式；非限定发行范围的进口图书、电子出版物等实行市场销售的发行方式。

限定发行范围的进口报纸、期刊、图书、电子出版物的种类由新闻出版总署确定。

第四条　订户订购进口出版物由出版物进口经营单位经营。其中，订户订购限定发行范围的进口报纸、期刊、图书、电子出版物的业务，须由新闻出版总署指定的出版物进口经营单位经营。

未经新闻出版总署批准，任何单位和个人不得从事订户订购进口出版物的经营活动。

出版物进口经营单位委托非出版物进口经营单位代理征订或者代理配送进口出版物，须事先报新闻出版总署同意。

第五条　国内单位订户订购非限定发行范围的进口报纸、期刊，持单位订购申请书，直接到新闻出版总署批准的报纸、期刊进口经营单位办理订购手续。国内个人订户应通过所在单位办理订购手续。

第六条　可以订购限定发行范围的进口报纸、期刊、图书和电子出版物的国内单位订户由新闻出版总署确定。

第七条　国内单位订户订购限定发行范围的进口报纸、期刊、图书、电子出版物等，中央单位订户由所属中央各部委审批；地方单位订户经所在地省、自治区、直辖市新闻出版行政部门审核后报送同级党委宣传部审批。获得批准的订户持单位订购申请书和有关批准文件，到新闻出版总署指定的出版物进口经营单位办理订购手续。

国内单位订户订购限定发行范围的进口报纸、期刊、图书、电子出版物等，应制定相应的使用管理办法。

第八条　在华外国机构、外商投资企业和在华长期工作、学习、生活的外籍人士和港、澳、台人士订购进口报纸、期刊，应持单位订购申请书或者本人身份证明，到新闻出版总署批准或者指定的报纸、期刊进口经营单位办理订购手续。

第九条　出版物进口经营单位负责对订购限定发行范围的进口报纸、期刊、图书、电子出版物的订户进行审核，并将审核后的订户名单、拟订购进口报纸、期刊、图书、电子出版物的品种和数量报送新闻出版总署批准。出版物进口经营单位依照批准后的订户名单及进口报纸、期刊、图书、电子出版物的品种和数量供应订户。

第十条　未经批准，擅自从事进口出版物的订户订购业务，按照《出版管理条例》第六十一条处罚。

违反本办法其他规定的，由新闻出版行政部门责令改正，给予警告；情节严重的，并处3万元以下的罚款。

第十一条　本办法自公布之日起施行。新闻出版总署2004年12月31日颁布的《订户订购进口出版物管理办法》同时废止。

教科书法定许可使用作品支付报酬办法

1. *2013年10月22日国家版权局、国家发展和改革委员会令第10号公布*
2. *自2013年12月1日起施行*

第一条　为保护文学、艺术和科学作品作者的著作权，规范编写出版教科书使用已发表作品的行为，根据《中华人民共和国著作权法》、《中华人民共和国著作权法实施条例》及《著作权集体管理条例》，制定本办法。

第二条　本办法适用于使用已发表作品编写出版九年制义务教育和国家教育规划教科书的行为。本办法所称教科书不包括教学参考书和教学辅导材料。

本办法所称九年制义务教育教科书和国家教育规划教科书，是指为实施义务教育、高中阶段教育、职业教育、高等教育、民族教育、特殊教育，保证基本的教学标准，或者为达到国家对某一领域、某一方面教育教学的要求，根据国务院教育行政部门或者省级人民政府教育行政部门制定的课程方案、专业教学指导方案而编写出版的教科书。

第三条　在教科书中汇编已经发表的作品片断或者短小

的文字作品、音乐作品或者单幅的美术作品、摄影作品,除作者事先声明不许使用的外,可以不经著作权人许可,但应当支付报酬,指明作者姓名、作品名称,并且不得侵犯著作权人依法享有的其他权利。

作品片断或者短小的文字作品,是指九年制义务教育教科书中使用的单篇不超过2000字的文字作品,或者国家教育规划(不含九年制义务教育)教科书中使用的单篇不超过3000字的文字作品。

短小的音乐作品,是指九年制义务教育和国家教育规划教科书中使用的单篇不超过5页面或时长不超过5分钟的单声部音乐作品,或者乘以相应倍数的多声部音乐作品。

第四条 教科书汇编者支付报酬的标准如下:

(一)文字作品:每千字300元,不足千字的按千字计算;

(二)音乐作品:每首300元;

(三)美术作品、摄影作品:每幅200元,用于封面或者封底的,每幅400元;

(四)在与音乐教科书配套的录音制品教科书中使用的已有录音制品:每首50元。

支付报酬的字数按实有正文计算,即以排印的版面每行字数乘以全部实有的行数计算。占行题目或者末尾排印不足一行的,按一行计算。

诗词每十行按一千字计算;不足十行的按十行计算。

非汉字的文字作品,按照相同版面同等字号汉字数付酬标准的80%计酬。

第五条 使用改编作品编写出版教科书,按照本办法第四条的规定确定报酬后,由改编作品的作者和原作品的作者协商分配,协商不成的,应当等额分配。

使用的作品有两个或者两个以上作者的,应当等额分配该作品的报酬,作者另有约定的除外。

第六条 教科书出版发行存续期间,教科书汇编者应当按照本办法每年向著作权人支付一次报酬。

报酬自教科书出版之日起2个月内向著作权人支付。

教科书汇编者未按照前款规定向著作权人支付报酬,应当在每学期开学第一个月内将其应当支付的报酬连同邮资以及使用作品的有关情况交给相关的著作权集体管理组织。教科书汇编者支付的报酬到账后,著作权集体管理组织应当及时按相关规定向著作权人转付,并及时在其网站上公告教科书汇编者使用作品的有关情况。

著作权集体管理组织收转报酬,应当编制报酬收转记录。

使用作品的有关情况包括使用作品的名称、作者(包括原作者和改编者)姓名、作品字数、出版时间等。

第七条 教科书出版后,著作权人要求教科书汇编者提供样书的,教科书汇编者应当向著作权人提供。

教科书汇编者按照本办法通过著作权集体管理组织转付报酬的,可以将样书交给相关的著作权集体管理组织,由其转交给著作权人。

转交样书产生的费用由教科书汇编者承担。

第八条 教科书汇编者按照本办法第六条第三款规定将相应报酬转交给著作权集体管理组织后,对著作权人不再承担支付报酬的义务。

第九条 教科书汇编者未按照本办法规定支付报酬的,应当承担停止侵权、消除影响、赔礼道歉、赔偿损失等民事责任。

第十条 教科书汇编者向录音制作者支付报酬,适用本办法第六条、第八条和第九条规定。

第十一条 本办法自2013年12月1日起施行。本办法施行前发布的其他有关规定与本办法不一致的,以本办法为准。

新闻出版行业标准化管理办法

1. 2013年12月27日国家新闻出版广电总局令第1号公布
2. 自2014年2月1日起施行

第一章 总 则

第一条 为加强新闻出版行业标准化工作的管理,促进新闻出版业技术创新与发展,根据《中华人民共和国标准化法》等相关法律法规,结合新闻出版行业的实际情况,制定本办法。

第二条 在中华人民共和国境内从事新闻出版行业标准化活动,适用本办法。

第三条 新闻出版行业标准化工作全面落实国家标准化战略,以推动新闻出版技术进步,促进新闻出版业健康、有序发展为宗旨,贯彻协调统一、广泛参与、鼓励创新、国际接轨、支撑发展的标准化工作方针,坚持依法办事、科学公正、公开透明和协调推进的原则。

第四条 新闻出版行业标准化工作的主要任务是在全行业开展标准的制定、修订、宣传、实施,运用标准化手段促进新闻出版行业的技术进步,提升新闻出版行业产品质量和服务质量。

第五条　标准化是新闻出版行业科学发展的重要基础性工作，各级出版行政主管部门要加强对新闻出版行业标准化工作的领导和管理，并纳入新闻出版行业各级发展规划、计划和财政预算。

第六条　新闻出版行业各单位不得无标准生产，应依法执行强制性标准，积极采用推荐性标准；鼓励研究国际标准和国外先进标准，结合我国国情和产业发展的需要，积极采用，制定相关标准。

第二章　组织机构与职责分工

第七条　新闻出版广电总局统一管理新闻出版行业标准化工作，履行下列职责：

（一）贯彻执行国家标准化工作的方针、政策和法律法规，制定、颁布新闻出版行业标准化工作相关规定，负责新闻出版行业标准化工作的宏观管理；

（二）审批发布新闻出版行业标准化工作规划和工作计划；

（三）负责新闻出版领域国家标准的申报；

（四）负责新闻出版领域行业标准的批准发布，并报国家标准化主管部门备案；

（五）受国家标准化主管部门委托，管理新闻出版领域的全国专业标准化技术委员会；

（六）批准成立新闻出版领域的行业专业标准化技术委员会；

（七）批准成立新闻出版领域标准注册管理机构；

（八）审议、决定新闻出版行业标准化工作的其他重大事项。

第八条　新闻出版广电总局标准化主管部门具体负责管理新闻出版行业标准化工作，履行下列职责：

（一）负责标准化工作在新闻出版行业的贯彻实施，组织起草新闻出版行业标准化工作的相关规定，起草、实施新闻出版行业标准化工作规划和工作计划，建立和完善新闻出版行业标准化体系；

（二）负责新闻出版行业标准化工作的日常管理与监督，负责与其他行业标准化工作的协调；

（三）组织起草新闻出版领域国家标准；

（四）审核和批准行业标准立项；

（五）负责组织新闻出版领域相关标准的制定、修订、复审工作；

（六）负责行业标准发布前的审核；

（七）开展行业标准的动态维护和标准符合性测试与评估工作；

（八）负责新闻出版领域的标准宣传、培训、实施，对标准贯彻实施情况进行监督检查；

（九）组建和管理新闻出版专业标准化技术委员会，并指导其开展相关标准化工作；

（十）组建和管理新闻出版领域标准注册管理机构；

（十一）组织协调参加国际标准化组织的有关活动并承担有关工作；

（十二）负责新闻出版行业标准化工作的其他重大事项。

第九条　新闻出版广电总局有关业务部门履行下列职责：

（一）贯彻执行有关标准化工作的方针、政策和法律法规；

（二）在本部门业务范围内负责提出制定、修订标准的立项建议；

（三）在本部门业务范围内负责标准的贯彻实施及监督检查；

（四）协助新闻出版广电总局标准化主管部门开展标准化宣传、培训工作。

第十条　各省、自治区、直辖市人民政府出版行政主管部门履行下列职责：

（一）贯彻执行有关标准化工作的方针、政策和法律法规；

（二）提出制定、修订标准的立项建议；

（三）在本行政区域内负责标准的贯彻实施及监督检查；

（四）对本行政区域内各新闻出版单位及相关行业协会、学术团体的标准化工作进行指导；

（五）在本行政区域内协助开展新闻出版标准化宣传、培训工作。

第十一条　新闻出版专业标准化技术委员会包括新闻出版领域的全国专业标准化技术委员会及行业专业标准化技术委员会，是由新闻出版广电总局归口管理的在本专业领域内从事全国性标准化工作的组织机构，按技术归口管理原则划分工作范围，履行下列职责：

（一）贯彻执行有关标准化工作的方针、政策和法律法规；

（二）研究起草本专业标准化工作规划，建立健全标准体系；

（三）分析本专业领域的标准化工作需求，广泛征集标准立项建议，提出本专业领域的标准制定、修订计划项目；

（四）按照各级标准化主管部门批准的标准制定、

修订计划,组织本专业领域标准的制定和修订工作;

（五）负责对组织起草的标准的专业内容和文本质量进行审查;

（六）组织对本专业领域的标准进行复审;

（七）组织开展标准宣传、培训、对外交流工作,协助开展对标准贯彻实施情况的检查工作,提供相关技术服务;

（八）承办新闻出版广电总局标准化主管部门委托的其他工作。

第三章　标准的制定、修订与发布

第十二条　新闻出版领域行业标准的制定、修订与发布应本着公开透明、科学合理、技术先进、协调配套、切实可行和符合经济社会发展需要的原则进行。

新闻出版领域国家标准的制定、修订与发布应遵循《国家标准管理办法》。

第十三条　任何单位和个人均可向技术归口的新闻出版专业标准化技术委员会提出标准立项建议,所提立项建议没有技术归口管理的新闻出版专业标准化技术委员会时,可以向新闻出版广电总局标准化主管部门直接提出,由新闻出版广电总局标准化主管部门指定新闻出版专业标准化技术委员会负责接收。

立项建议应符合以下条件:

（一）在新闻出版领域内,有制定基础、通用、方法、产品、技术、管理等各类标准以规范生产与管理的需求;

（二）因现行标准不适用而应予以修订。

第十四条　新闻出版领域行业标准制定、修订实行年度立项制度。新闻出版专业标准化技术委员会对立项建议进行论证通过后,于每年 5 月 31 日前向新闻出版广电总局标准化主管部门报送下一年度标准立项申请,申请立项应提供如下材料:

（一）标准项目建议书;

（二）标准草案或框架;

（三）项目立项专家论证意见;

（四）其他必要材料。

第十五条　新闻出版广电总局标准化主管部门于每年 7 月 31 日前完成年度立项申请的审查,确定项目名称、项目归口管理的新闻出版专业标准化技术委员会、项目承担方等,并形成下一年度的新闻出版领域行业标准制定、修订计划,经公示后由新闻出版广电总局下达。

第十六条　新闻出版广电总局标准化主管部门对列入新闻出版领域行业标准制定、修订计划中的标准制定、修订项目给予适当经费补贴。补贴经费的使用,须按新闻出版广电总局相关经费管理办法的规定专款专用。鼓励有条件的企业参与标准的制定、修订工作。

第十七条　新闻出版领域行业标准制定、修订计划执行过程中,必要时可以对计划项目进行增补、调整或撤销。

第十八条　项目承担方应在计划确定的时限内完成标准的起草工作。标准的起草应在广泛调研、深入研究、充分协调和试验验证的基础上,按照标准编写规则提出标准征求意见稿,并广泛征求意见。

第十九条　项目承担方向项目归口管理的新闻出版专业标准化技术委员会秘书处提交项目送审材料,由秘书处对送审材料进行审核,确定能否提交审查,如未达到审查要求应退回项目承担方修改完善。

送审材料包括:

（一）标准送审稿;

（二）编制说明及有关附件;

（三）征求意见汇总处理表及标准征求意见稿。

第二十条　标准的审查由项目归口管理的新闻出版专业标准化技术委员会组织进行,由委员会秘书处召开专家审查会,对标准送审稿提出初步审查意见;初步审查通过后,由全体委员以会议审查或函审方式完成标准审查。

第二十一条　标准的报批由项目归口管理的新闻出版专业标准化技术委员会向新闻出版广电总局标准化主管部门提出申请,应提交如下材料:

（一）标准申报单;

（二）标准报批稿;

（三）编制说明及有关附件;

（四）征求意见汇总处理表及标准送审稿;

（五）审查会议纪要或函审结论表。

第二十二条　新闻出版领域行业标准报批稿经新闻出版广电总局标准化主管部门审核通过后,统一编号,由新闻出版广电总局批准发布,并向国家标准化主管部门备案。

第二十三条　新闻出版领域行业标准由新闻出版广电总局授权出版单位出版,相关费用从项目经费中支出。

第二十四条　新闻出版领域行业标准由新闻出版广电总局负责解释。

第二十五条　新闻出版领域强制性行业标准的代号为 CY;推荐性行业标准的代号为 CY/T;行业标准化指导性技术文件的代号为CY/Z。

第二十六条　新闻出版领域标准实施后,新闻出版专业标准化技术委员会应根据新闻出版产业发展形势，结合新闻出版行业科学技术的发展及管理的需要适时组织复审，并形成复审报告，报新闻出版广电总局审批发布。复审周期一般不超过五年。

第二十七条　对只有通过动态维护方式才能有效实施的标准，新闻出版广电总局在批准发布时指定其动态维护机构，由该机构组织技术专家负责该标准的动态维护。

第二十八条　新闻出版行业标准批准发布后，任何单位或个人发现个别技术内容有问题，必须作少量修改或增减时，可以向新闻出版专业标准化委员会提出修改建议，由该标准化技术委员会审核认定后提交标准修改单，报新闻出版广电总局标准化主管部门审核并做出相应决定。

第四章　标准的实施和监督

第二十九条　新闻出版广电总局标准化主管部门应在标准发布后组织标准的宣传和贯彻，并对标准的实施情况进行监督检查。

第三十条　新闻出版广电总局和各省、自治区、直辖市人民政府出版行政主管部门设立的质量检验机构，要密切配合标准的贯彻实施工作，依据相关标准对新闻出版领域企业提供的产品和服务进行检验。

第三十一条　新闻出版专业标准化技术委员会应协助各级政府相关机构及质量检验机构开展标准的宣传和实施的监督检查工作。

第三十二条　任何单位和个人在新闻出版领域开展生产、经营等活动中，应依法执行强制性标准，积极采用推荐性标准和行业标准化指导性技术文件。任何单位开展的生产和服务活动，应当执行相应的企业标准或项目标准、工程标准。

禁止生产、销售和进口不符合强制性标准的产品。

第三十三条　新闻出版领域各类产品未达到相关强制性标准要求的，不得进入流通领域；凡未通过标准检验和标准符合性测试认证的产品不得参评相关奖励。

第三十四条　标准属于科技成果，对技术水平高和取得显著效益的新闻出版领域的国家标准或行业标准，应纳入新闻出版领域相关科技奖励范围。

第五章　法律责任

第三十五条　违反本办法的，由出版行政主管部门责令改正，视情节轻重依法作出警告、三万元以下罚款的行政处罚。其中，提供的产品或服务不符合强制性标准的，由出版行政主管部门责令停止生产或服务。法律、行政法规另有规定的除外。

出版物质量不符合有关标准的，根据《出版管理条例》第六十七条的规定，由出版行政主管部门责令改正，给予警告；情节严重的，责令限期停业整顿或者由原发证机关吊销许可证。

第三十六条　标准化主管部门、质量检验机构和标准测试工作机构的工作人员，因失职、渎职造成不良后果或重大损失的，由有关主管部门给予行政处分，构成犯罪的依法追究刑事责任。

第六章　附　　则

第三十七条　在中华人民共和国境内从事版权领域标准化活动，参照适用本办法。

第三十八条　本办法自2014年2月1日起施行，新闻出版署于2001年1月6日发布的《新闻出版行业标准化管理办法》同时废止。

使用文字作品支付报酬办法

1. *2014年9月23日国家版权局、国家发展和改革委员会令第11号公布*
2. *自2014年11月1日起施行*

第一条　为保护文字作品著作权人的著作权，规范使用文字作品的行为，促进文字作品的创作与传播，根据《中华人民共和国著作权法》及相关行政法规，制定本办法。

第二条　除法律、行政法规另有规定外，使用文字作品支付报酬由当事人约定；当事人没有约定或者约定不明的，适用本办法。

第三条　以纸介质出版方式使用文字作品支付报酬可以选择版税、基本稿酬加印数稿酬或者一次性付酬等方式。

版税，是指使用者以图书定价×实际销售数或者印数×版税率的方式向著作权人支付的报酬。

基本稿酬，是指使用者按作品的字数，以千字为单位向著作权人支付的报酬。

印数稿酬，是指使用者根据图书的印数，以千册为单位按基本稿酬的一定比例向著作权人支付的报酬。

一次性付酬，是指使用者根据作品的质量、篇幅、作者的知名度、影响力以及使用方式、使用范围和授权期限等因素，一次性向著作权人支付的报酬。

第四条　版税率标准和计算方法：

（一）原创作品：3%—10%

（二）演绎作品：1%—7%

采用版税方式支付报酬的，著作权人可以与使用者在合同中约定，在交付作品时或者签订合同时由使用者向著作权人预付首次实际印数或者最低保底发行数的版税。

首次出版发行数不足千册的，按千册支付版税，但在下次结算版税时对已经支付版税部分不再重复支付。

第五条 基本稿酬标准和计算方法：

（一）原创作品：每千字 80－300 元，注释部分参照该标准执行。

（二）演绎作品：

1. 改编：每千字 20－100 元
2. 汇编：每千字 10－20 元
3. 翻译：每千字 50－200 元

支付基本稿酬以千字为单位，不足千字部分按千字计算。

支付报酬的字数按实有正文计算，即以排印的版面每行字数乘以全部实有的行数计算。占行题目或者末尾排不足一行的，按一行计算。

诗词每十行按一千字计算，作品不足十行的按十行计算。

辞书类作品按双栏排版的版面折合的字数计算。

第六条 印数稿酬标准和计算方法：

每印一千册，按基本稿酬的 1% 支付。不足一千册的，按一千册计算。

作品重印时只支付印数稿酬，不再支付基本稿酬。

采用基本稿酬加印数稿酬的付酬方式的，著作权人可以与使用者在合同中约定，在交付作品时由使用者支付基本稿酬的 30%－50%。除非合同另有约定，作品一经使用，使用者应当在 6 个月内付清全部报酬。作品重印的，应在重印后 6 个月内付清印数稿酬。

第七条 一次性付酬的，可以参照本办法第五条规定的基本稿酬标准及其计算方法。

第八条 使用演绎作品，除合同另有约定或者原作品已进入公有领域外，使用者还应当取得原作品著作权人的许可并支付报酬。

第九条 使用者未与著作权人签订书面合同，或者签订了书面合同但未约定付酬方式和标准，与著作权人发生争议的，应当按本办法第四条、第五条规定的付酬标准的上限分别计算报酬，以较高者向著作权人支付，并不得以出版物抵作报酬。

第十条 著作权人许可使用者通过转授权方式在境外出版作品，但对支付报酬没有约定或约定不明的，使用者应当将所得报酬扣除合理成本后的 70% 支付给著作权人。

第十一条 报刊刊载作品只适用一次性付酬方式。

第十二条 报刊刊载未发表的作品，除合同另有约定外，应当自刊载后 1 个月内按每千字不低于 100 元的标准向著作权人支付报酬。

报刊刊载未发表的作品，不足五百字的按千字作半计算；超过五百字不足千字的按千字计算。

第十三条 报刊依照《中华人民共和国著作权法》的相关规定转载、摘编其他报刊已发表的作品，应当自报刊出版之日起 2 个月内，按每千字 100 元的付酬标准向著作权人支付报酬，不足五百字的按千字作半计算，超过五百字不足千字的按千字计算。

报刊出版者未按前款规定向著作权人支付报酬的，应当将报酬连同邮资以及转载、摘编作品的有关情况送交中国文字著作权协会代为收转。中国文字著作权协会收到相关报酬后，应当按相关规定及时向著作权人转付，并编制报酬收转记录。

报刊出版者按前款规定将相关报酬转交给中国文字著作权协会后，对著作权人不再承担支付报酬的义务。

第十四条 以纸介质出版方式之外的其他方式使用文字作品，除合同另有约定外，使用者应当参照本办法规定的付酬标准和付酬方式付酬。

在数字或者网络环境下使用文字作品，除合同另有约定外，使用者可以参照本办法规定的付酬标准和付酬方式付酬。

第十五条 教科书法定许可使用文字作品适用《教科书法定许可使用作品支付报酬办法》。

第十六条 本办法由国家版权局会同国家发展和改革委员会负责解释。

第十七条 本办法自 2014 年 11 月 1 日起施行。国家版权局 1999 年 4 月 5 日发布的《出版文字作品报酬规定》同时废止。

内部资料性出版物管理办法

1. 2015 年 2 月 10 日国家新闻出版广电总局令第 2 号公布
2. 自 2015 年 4 月 1 日起施行

第一章 总 则

第一条 为了规范内部资料性出版物的管理，根据《印刷业管理条例》和有关法律法规，制定本办法。

第二条 凡从事内部资料性出版物编印和发送活动，必须遵守本办法。

本办法所称内部资料性出版物(以下简称内部资料)，是指在本行业、本系统、本单位内部，用于指导工作、交流信息的非卖性单本成册或连续性折页、散页印刷品，不包括机关公文性的简报等信息资料。

内部资料分为一次性内部资料和连续性内部资料。

第三条 对内部资料的编印，实行核发《内部资料性出版物准印证》(以下简称《准印证》)管理。未经批准取得《准印证》，任何单位和个人不得从事内部资料的编印活动。

第四条 编印内部资料，应当向所在地省、自治区、直辖市新闻出版行政部门提出申请，经审核批准，领取《准印证》后，方可从事编印活动。

第二章 准印证的核发

第五条 申请编印一次性内部资料，须符合以下条件：

(一)申请方应为党政机关、企事业、社会团体等单位；

(二)编印目的及发送范围符合本办法第二条的规定，编印内容与编印单位的性质和能力相一致；

(三)稿件内容符合本办法第十三条的规定；

(四)拟委托印刷的单位为出版物印刷企业。

第六条 申请编印一次性内部资料，应当提交申请书和稿件清样。

申请书应当载明一次性内部资料的名称、申请单位、编印目的、内容简介、印数、印张数、开本、发送对象、印刷单位等项目。

第七条 申请编印连续性内部资料，须符合以下条件：

(一)申请方应为党政机关、企事业、社会团体等单位；

(二)有确定的名称，名称应充分体现编印宗旨及地域、行业或单位特征；

(三)有确定的编印目的和固定的发送对象，编印目的应限于与编印单位业务相一致的工作指导、信息交流；编印内容应与编印单位的性质和能力相一致；企业编印散页连续性内部资料，应主要用于指导本企业的生产经营、企业文化和精神文明建设；

(四)有适应编印活动需要的人员；

(五)有稳定的资金来源和固定的办公场所；

(六)拟委托印刷的单位为出版物印刷企业。

第八条 编印连续性内部资料，应当提交下列材料：

(一)编印连续性内部资料的申请书，内容包括：连续性内部资料的名称、编印目的、栏目设置、印数、印制周期、开本、发送对象和经费来源等项目；

(二)编印单位资质证明材料；

(三)编印人员的基本情况及身份证明；

(四)拟承印单位的《印刷经营许可证》复印件。

第九条 具有下列情形之一的，不予核发内部资料《准印证》：

(一)不符合本办法第二条、第五条或第七条规定的审批条件的；

(二)广告印刷品、介绍推广本单位基本情况的宣传资料，或者仅含有历法信息及广告内容的挂历、台历、年历等无需申领《准印证》的一般印刷品；

(三)中小学教科书及教辅材料、地图、个人画册、个人文集等应由出版单位出版的作品。

第十条 省、自治区、直辖市新闻出版行政部门自受理申请之日起20日内作出审批决定。决定批准的，核发一次性内部资料或者连续性内部资料《准印证》；不予批准的，应当书面说明理由。

第十一条 《准印证》按一种内部资料一证的原则核发，其中对一次性内部资料，一次性使用有效；连续性内部资料的《准印证》有效期为1年，期满须重新核发。

《准印证》不得转让和出租出借，内部资料停办后《准印证》应及时交回发证部门。

第三章 监督管理

第十二条 内部资料的编印单位应当对所编印的内容和质量负责，并承担法律责任。

第十三条 内部资料不得含有下列内容：

(一)反对宪法确定的基本原则的；

(二)危害国家统一、主权和领土完整的；

(三)泄露国家秘密、危害国家安全或者损害国家荣誉和利益的；

(四)煽动民族仇恨、民族歧视，破坏民族团结，或者侵害少数民族风俗、习惯的；

(五)宣扬邪教、迷信的；

(六)扰乱社会秩序，破坏社会稳定的；

(七)宣扬淫秽、赌博、暴力或者教唆犯罪的；

(八)侮辱或者诽谤他人，侵害他人合法权益的；

(九)危害社会公德或者民族优秀文化传统的；

(十)法律、行政法规和国家规定禁止的其他内容的。

第十四条 内部资料必须在封面完整印刷标注《准印证》编号和“内部资料，免费交流”字样，并在明显位置

(封面、封底或版权页)标明编印单位、发送对象、印刷单位、印刷日期、印数等,连续性内部资料还须标明期号。

连续性内部资料不得使用"××报"、"××刊"或"××杂志"、"记者××"、"期刊社"、"杂志社"、"刊号"等字样,不得在内文中以"本报"、"本刊"自称。

第十五条　编印内部资料,应严格遵守以下规定:

(一)按照批准的名称、开本(开版)、周期印制,不得用《准印证》印制其他内容,一次性内部资料不得一证多期,连续性内部资料不得一期多版;

(二)严格限定在本行业、本系统、本单位内部交流,不得标价、销售或征订发行,不得在公共场所摆放,不得向境外传播;不得将服务对象及社会公众作为发送对象,也不得以提供信息为名,将无隶属关系和指导关系的行业、企事业单位作为发送对象;

(三)不得以工本费、会员费、版面费、服务费等任何形式收取任何费用,不得刊登广告,不得搞经营性活动;编印单位不得利用登记、年检、办证、办照、评奖、验收、论证等工作之便向服务和管理对象摊派或变相摊派;

(四)不得将内部资料承包给其他组织和个人,不得与外单位以"协办"等其他形式进行编印和发送。

第十六条　内部资料必须在编印单位所在地省、自治区、直辖市内的出版物印刷企业印刷。

印刷企业接受委托印刷内部资料,须验证所在地新闻出版行政部门核发的《准印证》原件并收存《准印证》复印件;接受委托印刷宗教内容的内部资料,还须验证省、自治区、直辖市人民政府宗教事务管理部门的批准文件。

编印和承印单位必须严格按照《准印证》核准的项目印制,严禁擅自更改《准印证》核准项目。

《准印证》复印件须保存两年,以备查验。

第十七条　内部资料的印刷质量应符合印刷质量标准。

第十八条　内部资料的编印单位须在印刷完成后10日内向核发《准印证》的新闻出版行政部门送交样本。

第十九条　各级新闻出版行政部门负责本行政区域内部资料的日常监督管理工作。

内部资料实行审读制度和质量检查制度,新闻出版行政部门要配备必要的人员和经费对内部资料进行内容审读和质量监管。

第二十条　连续性内部资料编印单位的有关人员应按照省、自治区、直辖市新闻出版行政部门的要求,参加有关法规、业务培训。

第二十一条　连续性内部资料编印单位需要延续《准印证》有效期的,应当在《准印证》有效期届满30日前向省、自治区、直辖市新闻出版行政部门提出申请。

省、自治区、直辖市新闻出版行政部门负责审核连续性内部资料的内容、质量、是否符合许可条件以及遵守本办法各项规定情况等。审核通过的,重新核发《准印证》;审核未通过或者逾期一个月不办理延期申请的,原《准印证》自动失效,予以注销。

省、自治区、直辖市新闻出版行政部门应于每年3月底前,将本地区上一年度内部资料监督管理情况报告国家新闻出版广电总局。

第四章　法律责任

第二十二条　有下列行为之一的,由县级以上地方人民政府新闻出版行政部门责令改正、停止违法行为,根据情节轻重,给予警告,并处1千元以下的罚款;以营利为目的从事下列行为的,并处3万元以下罚款:

(一)未经批准擅自编印内部资料的;

(二)编印本办法第十三条规定禁止内容的内部资料的;

(三)违反本办法第十四条、第十五条规定,编印、发送内部资料的;

(四)委托非出版物印刷企业印刷内部资料或者未按照《准印证》核准的项目印制的;

(五)未按照本办法第十八条送交样本的;

(六)违反本办法其他规定的。

其中,有前款第(一)项至第(三)项违法行为的,对非法编印的内部资料予以没收,超越发送范围的责令收回。

未取得《准印证》,编印具有内部资料形式,但不符合内部资料内容或发送要求的印刷品,经鉴定为非法出版物的,按照《出版管理条例》第六十一条或第六十二条的规定处罚。

第二十三条　有下列情形的,由县级以上新闻出版行政部门依照《印刷业管理条例》的有关规定,责令停业整顿,没收内部资料和违法所得,违法经营额1万元以上的,并处违法经营额5倍以上10倍以下的罚款;违法经营额不足1万元的,并处1万元以上5万元以下的罚款;情节严重的,由原发证机关吊销许可证:

(一)印刷业经营者印刷明知或者应知含有本办法第十三条规定禁止内容的内部资料的;

(二)非出版物印刷企业印刷内部资料的。

第二十四条　出版物印刷企业未按本规定承印内部资料

的,由县级以上新闻出版行政部门依照《印刷业管理条例》的有关规定,给予警告,没收违法所得,违法经营额1万元以上的,并处违法经营额5倍以上10倍以下的罚款;违法经营额不足1万元的,并处1万元以上5万元以下的罚款;情节严重的,责令停业整顿或者由原发证机关吊销许可证。

第五章　附　　则

第二十五条　省、自治区、直辖市新闻出版行政部门可根据本地区内部资料管理的情况,对本办法规定的内部资料的审批条件和审批程序作出具体规定,也可以规定由副省级以下新闻出版行政部门承担部分审批职责。

第二十六条　各级各类学校学生自行编印仅面向本校发送的内部资料由该校校内有关主管部门负责审批和管理。

第二十七条　《准印证》由省、自治区、直辖市新闻出版行政部门按照新闻出版广电总局统一确定的格式制作。

第二十八条　本办法自2015年4月1日起施行。新闻出版署于1997年12月30日发布施行的《内部资料性出版物管理办法》同时废止,本办法施行前与本办法不一致的其他规定不再执行。

新闻出版统计管理办法

1. *2016年5月5日国家新闻出版广电总局令第9号公布*
2. *自2016年7月1日起施行*

第一章　总　　则

第一条　为科学、有效、规范地组织新闻出版统计工作,保障新闻出版(版权)统计资料的真实性、准确性、完整性和及时性,充分发挥统计工作在服务新闻出版行业发展中的重要作用,根据《中华人民共和国统计法》(以下简称《统计法》)及其实施细则的有关规定,制定本办法。

第二条　新闻出版统计是指各级新闻出版行政主管部门为满足新闻出版行业管理工作需要,依法对新闻出版统计调查对象组织实施的各项统计活动。

新闻出版统计调查对象包括各级新闻出版行政主管部门、从事新闻出版(版权)活动的企业事业单位、其他组织以及个体工商户等。

第三条　新闻出版统计的基本任务是对新闻出版(版权)活动的相关情况进行统计调查和统计分析,提供统计资料和统计咨询意见,实行统计监督。

第四条　新闻出版统计调查对象必须依照有关统计法律法规和本办法的规定,提供新闻出版统计调查所需的统计资料,不得提供不真实或者不完整的统计资料,不得迟报、拒报统计资料。

第五条　新闻出版统计工作实行统一管理、分级负责。

国家新闻出版广电总局是新闻出版统计工作的主管部门,在国家统计局的业务指导下,对新闻出版统计工作实行统一管理和组织协调。

地方各级新闻出版行政主管部门,在上级新闻出版行政主管部门和同级人民政府统计机构的业务指导下,负责本行政区域内的新闻出版统计工作。

第六条　各级新闻出版行政主管部门应加强对新闻出版统计工作的领导,健全统计机构,充实专职统计人员,建立统计工作责任机制,定期检查并监督统计法律法规的执行情况。

第七条　各级新闻出版行政主管部门应将必要的统计工作经费列入单位相应年度财政预算。

第八条　各级新闻出版行政主管部门应重视统计信息化建设,为新闻出版统计工作提供必要的技术装备和其他各项条件,推进统计信息搜集、处理、传输、共享、存储技术和统计数据库体系的现代化。

第二章　统计调查管理

第九条　国家新闻出版广电总局制定全国新闻出版统计调查项目,并依法定程序报国家统计局审批或备案。

第十条　地方新闻出版行政主管部门可以制定补充性地方新闻出版统计调查项目,经上级新闻出版行政主管部门同意后,报同级人民政府统计机构审批。

补充性地方新闻出版统计调查项目,不得与国家统计调查项目和上级新闻出版统计调查项目重复、矛盾。

第十一条　各级新闻出版行政主管部门制定统计调查项目,应当同时制定该项目的统计调查制度,并依照本办法第九条、第十条的有关规定一并报经审批或者备案。

统计调查制度应当对调查目的、调查内容、调查方法、调查对象、调查组织方式、调查表式、统计资料的报送和公布等作出规定。

第十二条　各级新闻出版行政主管部门制发的统计调查表应由本部门统计机构统一编号,并标明表号、制定机关、批准或备案文号、有效期限等法定标识。

第十三条　新闻出版统计调查对象应当根据依法制定的新闻出版统计调查制度,设置原始记录、统计台账,建立健全统计资料的审核、签署、交接、归档等管理制度。

第十四条　各级新闻出版行政主管部门应当结合年度核

验、行政记录等方式，开展新闻出版统计调查，做好数据搜集、审核、汇总、报送工作；建立健全新闻出版统计调查质量控制体系，保证统计资料的完整性和准确性。

第十五条　地方新闻出版行政主管部门向上级主管部门报送统计数据，须经本部门主管领导审核、签署，并对基层数据上报情况及本期数据中异常变动情况予以说明。省级新闻出版行政主管部门每年报送年度统计资料后，应向国家新闻出版广电总局报送本地区年度统计分析报告。

第十六条　统计数据报出后，如发现内容有误，报送单位应按照国家有关规定及时进行更正并书面说明理由。

第三章　统计资料的管理和公布

第十七条　新闻出版（版权）统计资料实行分级管理。全国新闻出版（版权）统计资料由国家新闻出版广电总局统一管理；地方新闻出版（版权）统计资料由各地新闻出版行政主管部门统一管理。

第十八条　新闻出版行政主管部门应严格按照国家档案管理制度和保密制度的有关要求，建立健全新闻出版（版权）统计资料档案制度，加强保密管理，妥善保管、调用和移交统计资料。

第十九条　新闻出版行政主管部门应当依法建立健全统计资料公布制度，按照法律法规和国家有关规定以及依法制定的统计调查制度公布新闻出版（版权）统计资料。

全国新闻出版（版权）统计资料，由国家新闻出版广电总局负责审核、公布；各地新闻出版（版权）统计资料，由地方新闻出版行政主管部门负责审核、公布。

第二十条　尚未公布的新闻出版（版权）统计资料，不得擅自对外提供，不得公开使用。

第四章　统计机构和统计人员

第二十一条　新闻出版行政主管部门根据统计工作的需要，设立承担综合统计职能的机构，指定统计负责人和统计人员，统一管理新闻出版统计工作；从事新闻出版（版权）活动的企业事业单位和其他组织等新闻出版统计调查对象，根据需要设立统计机构或者指定统计人员，完成新闻出版统计工作。

第二十二条　国家新闻出版广电总局承担新闻出版综合统计职能的机构履行以下职责：

（一）拟定全国新闻出版统计工作规划、统计调查制度、调查任务、调查方案和相关统计标准，并组织实施。

（二）负责与同级有关部门的统计业务合作；组织、指导、协调本部门内非综合统计职能机构的统计工作，审核本部门内非综合统计职能机构拟定的统计调查方案；组织、指导、协调地方各级新闻出版行政主管部门的新闻出版统计工作，审核地方各级新闻出版行政主管部门拟定的补充性新闻出版统计调查制度。

（三）组织指导新闻出版统计调查方法和统计管理制度改革的研究、试点和推广。

（四）开展全国新闻出版行业情况的统计分析、监测评价。

（五）统一管理、审定、公布全国新闻出版（版权）统计资料。

（六）会同相关部门，组织、指导全国新闻出版（版权）统计人员的业务培训和科学研究交流。

（七）统一规划全国新闻出版统计网络信息系统建设，管理、开发和利用全国新闻出版统计数据和行政记录等资料。

（八）监督检查统计法律、法规、规章和统计调查制度的执行，并进行考核。

第二十三条　地方新闻出版行政主管部门承担综合统计职能的机构履行以下职责：

（一）完成上级新闻出版行政主管部门部署的统计调查任务；组织、实施补充性新闻出版统计调查项目；审核并按时向上级新闻出版行政主管部门报送本地区的统计数据、统计报告和其他统计资料。

（二）负责与本地区同级有关部门的统计业务合作；组织、指导、协调本部门内非综合统计职能机构的统计工作，审核本部门内非综合统计职能机构拟定的统计调查方案；组织、指导、协调下级新闻出版行政主管部门的统计工作。

（三）贯彻执行统计法律、法规、规章，实施国家统计标准和补充性的新闻出版统计标准。

（四）开展本地区的新闻出版行业情况的统计分析、监督评价。

（五）统一管理、审定、公布本地区的新闻出版（版权）统计资料。

（六）会同相关部门，组织本地区新闻出版（版权）统计人员的业务培训。

（七）按照上级新闻出版行政主管部门的统一规划，组织本地区新闻出版统计网络信息系统建设，管理、开发和利用本地区新闻出版统计数据和行政记录等资料。

第二十四条　中国新闻出版研究院在国家新闻出版广电总局的领导下，根据有关统计制度和调查计划、方案，履行以下职责：

（一）统计数据的搜集、审核、汇总、报送；

（二）新闻出版（版权）统计资料汇编和产业分析报告等统计资料的编制、撰写；

（三）新闻出版统计网络信息系统的建设和应用；

（四）面向社会的统计信息咨询服务；

（五）境外新闻出版信息的搜集；

（六）有关统计档案的管理。

第二十五条　新闻出版统计机构和统计人员依法独立行使以下职权：

（一）统计调查权：调查、搜集有关资料，召开有关调查会议，检查与统计资料有关的各种原始记录和统计台账，要求更正不实的统计数据。

（二）统计报告权：将统计调查所得资料和情况进行整理、分析，及时如实地向上级机关和统计部门提出统计报告。任何单位或个人不得阻挠、扣压统计报告，不得伪造和篡改统计资料。

（三）统计监督权：根据统计调查和统计分析，对新闻出版工作进行统计监督，指出存在的问题，提出改进的建议。有关部门对统计机构、统计人员指出的问题和提出的建议，应当及时予以研究处理。

第二十六条　新闻出版统计机构和统计人员应坚持实事求是，恪守职业道德，依法履行职责，如实搜集、录入、审核、报送统计资料，不得伪造、篡改统计资料，不得以任何方式要求任何单位和个人提供不真实的统计资料，有权拒绝、抵制有关强令或者授意篡改统计资料、编造虚假数据的行为，对其负责搜集、审核、录入的统计资料与统计调查对象报送的统计资料的一致性负责。

第二十七条　新闻出版行政主管部门、从事新闻出版（版权）活动的单位负责人负有督促统计机构和统计人员执行《统计法》以及各种规章制度的职责；不得自行修改统计机构和统计人员提供的新闻出版（版权）统计资料，不得以任何方式要求统计机构、统计人员及其他机构、人员伪造、篡改统计资料；不得对依法履行职责或者拒绝、抵制统计违法行为的统计人员打击报复。

第二十八条　新闻出版行政主管部门、新闻出版统计机构和统计人员对在统计工作中知悉的国家秘密、商业秘密和个人信息，应当予以保密，对统计调查中获得的能够识别和推断单个统计调查对象身份的资料应当保密，不得对外提供泄露。

第二十九条　各级新闻出版行政主管部门的统计人员应保持相对稳定。统计人员因工作需要调离统计岗位时，应选派有能力承担规定职责的人员接替，先补后调，办清交接手续，并及时告知上级新闻出版行政主管部门。对不称职、不合格的统计人员应及时进行调整。

第五章　监督检查和法律责任

第三十条　各级新闻出版行政主管部门统计机构依法对下级新闻出版行政主管部门、统计调查对象的统计工作进行监督、检查和考核。

新闻出版统计检查的内容包括：统计法律法规和规章制度的执行情况，统计机构和统计人员的配置情况，统计资料搜集和报送的真实、准确、及时、完整程度等，统计资料的公布情况，统计信息化建设情况，对下级单位和统计调查对象统计工作监督、检查和考核的执行情况，以及其他与统计工作相关的情况。

第三十一条　各级新闻出版行政主管部门、统计调查对象应配合上级新闻出版行政主管部门的检查工作。任何单位、个人不得干扰和妨碍统计人员执法检查和作出检查结论。

第三十二条　新闻出版行政主管部门对有下列情形之一的统计机构或统计人员，按照有关规定给予表彰或奖励：

（一）忠于职守，执行统计法律、法规和规章表现突出的；

（二）在改进和完善新闻出版统计制度、统计调查方法等方面有重要贡献的；

（三）在完成规定的新闻出版统计调查任务，保障新闻出版（版权）统计资料准确性、及时性方面作出显著成绩的；

（四）在进行新闻出版统计分析、监督方面取得突出成绩的；

（五）在新闻出版统计工作中运用和推广现代信息技术有显著效果的；

（六）在新闻出版统计科学研究方面有所创新、作出重要贡献的。

第三十三条　各级新闻出版行政主管部门或者有关部门、单位的负责人有下列行为之一的，由上级新闻出版行政主管部门予以通报，建议任免机关或监察机关等有关部门依法给予处分；并由统计机构依照《统计法》第三十七条予以处理：

（一）自行修改统计资料、编造虚假统计数据的；

（二）要求统计机构、统计人员或者其他机构、人员伪造、篡改统计资料的；

（三）对依法履行职责或者拒绝、抵制统计违法行为的统计人员打击报复的；

（四）对本部门、本单位发生的严重统计违法行为失察的。

第三十四条　各级新闻出版行政主管部门在组织实施统计调查活动中有下列行为之一的，由上级新闻出版行政主管部门责令改正，予以通报，对直接负责的主管人员和其他直接责任人员，建议任免机关或监察机关等有关部门依法给予处分；并由统计机构依照《统计法》第三十八条予以处理：

（一）未经批准擅自组织实施统计调查的；

（二）未经批准擅自变更统计调查制度的内容的；

（三）伪造、篡改统计资料的；

（四）要求统计调查对象或者其他机构、人员提供不真实的统计资料的；

（五）未按照统计调查制度的规定报送有关资料的。

第三十五条　各级新闻出版行政主管部门有下列行为之一的，由上级新闻出版行政主管部门予以通报，对直接负责的主管人员和其他直接责任人员，建议任免机关或监察机关等有关部门依法给予处分；并由统计机构依照《统计法》第三十九条予以处理：

（一）违法公布统计资料的；

（二）泄露统计调查对象的商业秘密、个人信息或者提供、泄露在统计调查中获得的能够识别或者推断单个统计调查对象身份的资料的；

（三）违反国家有关规定，造成统计资料毁损、灭失的。

第三十六条　各级新闻出版行政主管部门、统计人员泄露国家秘密的，依法追究法律责任。

第三十七条　新闻出版统计调查对象有下列行为之一的，由新闻出版行政主管部门责令改正，给予警告，可以予以通报，对其直接负责的主管人员和其他直接责任人员属于国家工作人员的，建议任免机关或监察机关等有关部门依法给予处分；并由统计机构依照《统计法》第四十一条予以处理：

（一）拒绝提供统计资料或者经催报后仍未按时提供统计资料的；

（二）提供不真实或者不完整的统计资料的；

（三）拒绝、阻碍统计调查、统计检查的；

（四）转移、隐匿、篡改、毁弃或者拒绝提供原始记录和凭证、统计台账、统计调查表及其他相关证明和资料的。

第三十八条　作为新闻出版统计调查对象的国家机关、企业事业单位或者其他组织迟报统计资料，或者未按照国家有关规定设置原始记录、统计台账的，由上级或本级新闻出版行政主管部门责令改正，给予警告，可以予以通报；并由统计机构依照《统计法》第四十二条予以处理。

第三十九条　违反本办法，利用虚假统计资料骗取荣誉称号、物质利益或者职务晋升的，依照《统计法》第四十五条予以处理。

第四十条　违反本办法，构成犯罪的，依法追究刑事责任。

第六章　附　　则

第四十一条　本办法自2016年7月1日起施行。原新闻出版总署、国家统计局于2005年2月7日颁布的《新闻出版统计管理办法》同时废止。

出版物进口备案管理办法

1. *2017年1月22日国家新闻出版广电总局、海关总署令第12号公布*
2. *自2017年3月1日起施行*

第一条　为规范出版物进口备案行为，加强出版物进口管理，根据《出版管理条例》《音像制品管理条例》等法规，制定本办法。

第二条　在中华人民共和国境内从事出版物进口活动，适用本办法。

本办法所称出版物，是指进口的图书、报纸、期刊、音像制品（成品）及电子出版物（成品）、数字文献数据库等。

本办法所称出版物进口经营单位，是指依照《出版管理条例》设立的从事出版物进口业务的单位。

第三条　出版物进口经营单位应当按照许可的业务范围从事出版物进口经营活动。

第四条　出版物进口经营单位应当按照《出版管理条例》及本办法的要求，向省级以上出版行政主管部门办理进口出版物备案手续。出版物进口经营单位提供备案材料不齐备或不真实的，不予备案。

负责备案的省、自治区、直辖市出版行政主管部门应将相关备案信息报国家新闻出版广电总局。国家新闻出版广电总局对省、自治区、直辖市出版行政主管部门的备案工作进行检查指导。

第五条　进口图书的，出版物进口经营单位应当于进口前向省级以上出版行政主管部门申请办理进口备案手

续。申请备案时,需提交备案申请和出版物进口经营单位出具的审查意见,备案申请包括以下信息:

(一)图书名称;

(二)出版机构;

(三)进口来源国家(地区);

(四)作者;

(五)国际标准出版代码(ISBN);

(六)语种;

(七)数量;

(八)类别;

(九)进口口岸;

(十)订购方;

(十一)需要提交的其他材料。

第六条　省级以上出版行政主管部门在受理出版物进口经营单位进口图书备案申请材料之日起 20 个工作日内完成图书目录的备案手续。准予备案的,负责备案的出版行政主管部门为出版物进口经营单位出具通关函。出版物进口经营单位应当向海关交验通关函,海关按规定办理报关验放手续,没有通关函海关不予放行。

第七条　进口音像制品(成品)及电子出版物(成品)的,出版物进口经营单位应当按照《音像制品进口管理办法》《电子出版物出版管理规定》的要求,履行相应进口审批手续。出版物进口经营单位应当向海关交验批准文件,海关按规定办理报关验放手续,没有批准文件海关不予放行。

第八条　出版物进口经营单位进口音像制品(成品)及电子出版物(成品)后 15 个工作日内报国家新闻出版广电总局备案。报送备案时,需按音像制品(成品)及电子出版物(成品)的实际进口情况提交以下信息:

(一)名称;

(二)出版机构;

(三)进口来源国家(地区);

(四)国际标准音像制品编码(ISRC)或电子出版物编码等;

(五)语种;

(六)数量;

(七)类别;

(八)进口口岸;

(九)载体形式;

(十)进口通关放行日期;

(十一)进口批准文号;

(十二)订购方;

(十三)需要提交的其他材料。

第九条　进口后的音像制品(成品)及电子出版物(成品)的使用,应当符合其他法律法规等相关规定。

第十条　进口报纸、期刊的,出版物进口经营单位应当按照《订户订购进口出版物管理办法》的要求,履行相应进口审批手续。出版物进口经营单位应当向海关交验批准文件,海关按规定办理报关验放手续,没有批准文件海关不予放行。

第十一条　出版物进口经营单位进口报纸、期刊后,每季度报国家新闻出版广电总局备案,同时抄送所在地省、自治区、直辖市出版行政主管部门。报送备案时,需按照实际进口情况提交以下信息:

(一)报刊名称;

(二)出版机构;

(三)进口来源国家(地区);

(四)国际标准连续出版物号(ISSN);

(五)语种;

(六)数量;

(七)类别;

(八)进口口岸;

(九)刊期;

(十)进口通关放行日期;

(十一)订户;

(十二)需要提交的其他材料。

第十二条　通过信息网络进口到境内的境外数字文献数据库,必须由国务院出版行政主管部门批准的有境外数字文献数据库网络进口资质的出版物进口经营单位进口。出版物进口经营单位办理境外数字文献数据库进口时,应当严格按照《出版管理条例》《音像制品管理条例》《订户订购进口出版物管理办法》等法规规章及相关规定,对其进口的境外数字文献数据库进行内容审查(含进口前内容审查和进口后更新内容审查),分类办理数字文献数据库进口备案、审批手续。

第十三条　出版物进口经营单位进口境外数字文献数据库后,于每个自然年年末报国家新闻出版广电总局备案。报送备案时,需按境外数字文献数据库实际进口信息提供以下材料:

(一)名称;

(二)境外供应商;

(三)进口来源国家(地区);

(四)语种;

(五)用户数量;

(六)类别;

(七)开通时间;

（八）当前合同起止年月；

（九）进口金额；

（十）国内订购单位；

（十一）动态监管人员；

（十二）监管设施的 IP 地址；

（十三）监管方式；

（十四）需要提交的其他材料。

第十四条 出版物进口经营单位应当对实际进口出版物进行内容审查并每月定期向国家新闻出版广电总局提交审读报告。

第十五条 出版物进口经营单位未按本办法要求履行备案手续的，根据《出版管理条例》第六十七条的规定，由省级以上出版行政主管部门责令改正，给予警告；情节严重的，责令限期停业整顿或者由原发证机关吊销许可证。

第十六条 出版物进口经营单位未履行审读责任，进口含有《出版管理条例》第二十五条、第二十六条禁止内容的，根据《出版管理条例》第六十二条的规定，由省级以上出版行政主管部门责令停止违法行为，没收出版物、违法所得，违法经营额 1 万元以上的，并处违法经营额 5 倍以上 10 倍以下的罚款；违法经营额不足 1 万元的，可以处 5 万元以下的罚款；情节严重的，责令限期停业整顿或者由原发证机关吊销许可证。

第十七条 出版物进口经营单位备案时提交的材料不齐备、不真实或违反本办法其他规定的，由省级以上出版行政主管部门责令停止进口行为，并给予警告；情节严重的，处 3 万元以下罚款。

第十八条 本办法由国家新闻出版广电总局会同海关总署负责解释。

第十九条 本办法自 2017 年 3 月 1 日起施行。

出版物汉字使用管理规定

1992 年 7 月 7 日新闻出版署、国家语言文字工作委员会发布

第一条 为使报纸、期刊、图书、音像制品等出版物使用汉字规范化，消除用字不规范现象，根据国家有关新闻出版的法律、法规和关于汉字使用的有关规定，根据我国的实际情况，制定本规定。

第二条 本规定适用于经国家新闻出版行政管理机关批准出版发行的报纸、期刊、图书、音像制品等出版物。

第三条 本规定所称的规范汉字，主要是指 1986 年 10 月根据国务院批示由国家语言文字工作委员会重新发表的《简化字总表》所收录的简化字；1988 年 3 月由国家语言文字工作委员会和新闻出版署发布的《现代汉语通用字表》中收录的汉字。

本规定所称不规范汉字，是指在《简化字总表》中被简化的繁体字；1986 年国家宣布废止的《第二次汉字简化方案（草案）》中的简化字；在 1955 年淘汰的异体字（其中 1986 年收入《简化字总表》中的 11 个类推简化字和 1988 年收入《现代汉语通用字表》中的 15 个字不作为淘汰的异体字）；1977 年淘汰的计量单位旧译名用字；社会上出现的自造简体字及 1965 年淘汰的旧字形。

第四条 新闻出版署和国家语言文字工作委员会主管全国出版物汉字使用的规范工作。

各省、自治区、直辖市新闻出版行政管理机关和语言文字工作机关，主管本行政区域内出版物汉字使用的规范工作。

第五条 报纸、期刊、图书、音像制品等出版物的报头（名）、刊名、封皮（包括封面、封底、书脊等）、包装装饰物、广告宣传品等用字，必须使用规范汉字，禁止使用不规范汉字。

出版物的内文（包括正文、内容提要、目录以及版权记录项目等辅文），必须使用规范汉字，禁止使用不规范汉字。

第六条 向台湾、香港、澳门地区及海外发行的报纸、期刊、图书、音像制品等出版物，可以用简化字的一律用简化字，如需发行繁体字版本的，须报新闻出版署批准。

第七条 下列情形可以不适用第五条、第六条的规定：

（一）整理、出版古代典籍；

（二）书法艺术作品；

（三）古代历史文化学术研究著述和语文工具书中必须使用繁体字、异体字的部分；

（四）经国家有关部门批准，依法影印、拷贝的台湾、香港、澳门地区及海外其他地区出版的中文报刊、图书、音像制品等出版物。

第八条 报纸、期刊、图书、音像制品出版单位在申请创办时，必须向批准机关提交出版社社名、报名、刊名字样，经审定符合规范获得批准后方可使用。

第九条 印刷通用汉字字模的设计、计算机编排系统和文字信息处理系统使用汉字，必须符合国家标准和有关规定。需要使用繁体字的，须经新闻出版署批准。

第十条 新闻出版行政管理机关和语言文字工作机关负

责对出版物汉字使用情况进行监督检查。

被检查单位不得拒绝提供检查需用的出版物样本。

第十一条　违反本规定，有下列情形之一的，由省级以上（包括省级）新闻出版行政管理机关根据情节轻重分别处以责令改正、警告、500 元以上 5000 元以下罚款、停业整顿的行政处罚：

（一）违反第五条第一款，报纸报头（名）使用不规范汉字 1 个字以上（含 1 个字），日报连续 6 期以上，周报连续 3 期以上，半月报连续 2 期以上的；

（二）违反第五条第一款，期刊刊名及封皮、包装装饰物、千字以内的广告宣传品使用不规范汉字 1 个字以上（含 1 个字），半月刊连续 2 期以上，月刊、双月刊、季刊 1 期以上的；

（三）违反第五条第二款，在 1 期（1 册、1 盒）内，报纸、期刊、图书、音像制品等出版物内文使用不规范汉字占总字数千分之一以上的；

（四）违反第六条规定的。

第十二条　出版单位和印刷单位，对行政处罚决定不服的，可以在接到处罚决定书之日起 15 日内，依法申请行政复议；对行政复议决定不服的，可以在接到复议决定书之日起 15 日内向人民法院提起诉讼。

逾期不申请复议也不提起诉讼，又不履行处罚决定的，由作出处罚决定的机关申请人民法院强制执行。

第十三条　各省、自治区、直辖市新闻出版行政管理机关和语言文字工作机关，可根据本规定制定实施办法。

第十四条　本规定由新闻出版署和国家语言文字工作委员会负责解释。

第十五条　本规定自 1992 年 8 月 1 日起施行。

标准出版管理办法

1. 1997 年 8 月 8 日国家技术监督局、新闻出版署印发
2. 技监局政发〔1997〕118 号

第一条　为了加强标准出版活动的管理，保护知识产权，根据《中华人民共和国标准化法》、《中华人民共和国标准化法实施条例》、《出版管理条例》和国家有关出版管理规定，制定本办法。

第二条　在中国境内从事标准出版活动，适用本办法。

本办法所称标准，是指国家标准、行业标准和地方标准。

本办法所称标准出版活动，包括标准出版物（包括纸质文本、电子文本）的出版、印制（印刷或复制）、发行。

第三条　标准必须由国务院出版行政部门批准的正式出版单位出版。

国家标准由中国标准出版社出版；工程建设、药品、食品卫生、兽药和环境保护国家标准，由国务院工程建设、卫生、农业、环境保护等管理部门根据出版管理的有关规定确定相关的出版单位出版，也可委托中国标准出版社出版。

行业标准由国务院有关行政主管部门根据出版管理的有关规定确定相关的出版单位出版，也可由中国标准出版社出版。

地方标准由省、自治区、直辖市标准化行政主管部门根据出版管理的有关规定确定相关的出版单位出版。

第四条　标准的正式说明和解释，由标准的审批部门组织编写，并按本办法第三条的有关规定由有的出版单位出版，其他任何单位和个人不得编写和出版。

第五条　根据上级主管部门的授权或同标准审批部门签订的合同，标准的出版单位享有标准的专有出版权。

第六条　标准出版合同应当符合国家出版管理规定。出版合同包括以下基本内容：

（一）标准的专有出版权；

（二）标准的载体形式、文种；

（三）发行范围；

（四）交稿要求；

（五）出版周期、质量要求；

（六）出版费用；

（七）义务与权利；

（八）违约责任。

第七条　任何单位或个人以经营为目的，以各种形式复制标准的任何部分，必须事先征得享有专有出版权单位的书面同意。

任何单位或个人将标准的任何部分存入电子信息网络中用于传播，必须事先征得享有专有出版权单位的书面同意。

出版单位出版标准汇编时，必须事先征得享有专有出版权单位的书面同意。

第八条　非正式审批或发布的标准，任何单位不得以任何形式出版发行。

第九条　经审批、发布的标准，在送交出版单位出版时，需附有标准审批部门的正式批文或发布文。出版稿的内容应当符合《标准化工作导则》(GB/T 1)的规定。

第十条 标准出版后,出版单位应当按照有关规定及时向有关标准化技术委员会或有关技术归口单位赠送样本。

第十一条 标准发行应当遵守国务院出版行政部门的有关规定。

第十二条 违反本办法第三条、第四条、第五条、第七条、第八条、第十一条规定的,按下列有关规定处理:

(一)未经批准,擅自设立标准出版单位或者擅自从事标准的出版、印刷或者经营性复制、发行、传播业务的,予以取缔,没收非法出版物和从事非法活动的专用工具、设备以及违法所得,并处违法所得2倍以上10倍以下的罚款;构成犯罪的,依法追究刑事责任。

(二)盗印、盗制标准的,没收非法出版物和违法所得,并处违法所得3倍以上10倍以下的罚款;情节严重的,责令停业整顿或者依据《出版管理条例》吊销许可证;构成犯罪的,依法追究刑事责任。

(三)印刷或者复制单位未取得印刷或者复制合法手续而印刷或者经营性复制标准的,发行单位和个人发行未署出版单位名称的标准,没收出版物和违法所得,可以并处违法所得5倍以下罚款;情节严重的,责令停业整顿或者依据《出版管理条例》吊销许可证。

(四)伪造、假冒标准出版单位名称出版或复制标准的,依照《中华人民共和国标准化法》、《中华人民共和国标准化法实施条例》和《出版管理条例》予以取缔,没收非法出版物和违法所得,并处违法所得3倍以上5倍以下的罚款。构成犯罪的,依法追究刑事责任。

(五)侵犯标准出版单位合法权益的,依法承担民事责任。

第十三条 本办法中涉及的行政处罚,由国务院出版行政部门或者省、自治区、直辖市出版行政部门决定。吊销许可证的处罚,由原发证部门决定。

第十四条 根据国际标准化组织(ISO)和国际电子委员会(IEC)的授权,由国务院标准化行政主管部门负责组织翻译或认可的ISO/IEC标准、技术报告、国际标准草案(DIS)、委员会草案(CD)等正式文件的出版发行按本办法执行。

由国际标准化组织(ISO)认可的其他国际标准化组织制定的标准及其各种正式文件的出版发行参照本办法执行,上述出版物均由中国标准出版社出版。

第十五条 本办法由国家技术监督局和国家新闻出版署解释。

第十六条 本办法自发布之日起施行。

出版物条码管理办法

1. 2000年3月29日新闻出版署发布
2. 新出技〔2000〕404号
3. 自2000年5月1日起施行

第一章 总 则

第一条 为了规范出版物条码管理,保证出版物条码质量,加快出版物条码推广应用,促进社会主义市场经济发展,根据国家有关规定,制定本办法。

第二条 凡在中国注册并获准使用ISBN、ISSN、ISRC号的出版单位,必须办理和使用出版物条码。

第三条 出版物条码是由一组按EAN规则排列的条、空及其对应字符组成的表示一定信息的出版物标识。出版物条码包括图书条码、期刊条码、音像制品条码和电子出版物条码。

第四条 各级出版行政管理部门和有关部门,应当积极引导和鼓励出版发行单位规范使用出版物条码,推广应用出版物条码技术。

第二章 出版物条码的组织机构和管理

第五条 新闻出版署是全国出版物条码工作的主管部门,履行下列职责:

(一)制定全国出版物条码工作的方针、政策和法规;

(二)组织制修订、宣传、贯彻和实施出版物条码的有关标准;

(三)组织全国出版物条码工作的监督检查;

(四)处理出版物条码工作中的其他问题。

第六条 新闻出版署条码中心是全国出版物条码工作机构,在新闻出版署领导下,履行下列职责:

(一)贯彻执行出版物条码工作的方针、政策、法规和标准;

(二)统一组织、协调、管理全国出版物条码工作;

(三)负责全国范围内出版物条码技术培训,提供出版物条码技术咨询与服务;

(四)开展与出版物条码技术有关的国内和国际交流与合作;

(五)负责审批出版物条码申请单,并提供符合质量标准的出版物条码软片。

第七条 新闻出版署条码中心地方分中心接受所在省、自治区、直辖市新闻出版局的领导,其业务工作接受新闻出版署条码中心的指导、检查和考核,履行下列职责:

（一）贯彻执行出版物条码工作的方针、政策、法规和标准；

（二）组织、协调和集中管理本地区的出版物条码工作；

（三）负责审核和汇总本地区出版物条码申请单；为本地区出版单位发放条码；

（四）负责本地区出版物条码质量检测、技术培训，提供出版物条码技术咨询与服务。

第三章　出版物条码的制作和申办方法

第八条　为了切实达到出版管理的目的，确保出版物条码软片的制作质量，出版物条码软片统一由新闻出版署条码中心制作。其他单位一律不得从事此项业务。

第九条　北京地区中央级出版单位向新闻出版署条码中心申办条码，在各省、自治区、直辖市的出版单位向所在地的新闻出版署条码中心地方分中心申办条码。

第十条　条码的申办按下列程序进行：

1. 图书出版单位申办条码，持省、自治区、直辖市新闻出版局或中央、国务院各部委出版社主管部门、解放军总政治部宣传部出具的含有书号分配数量、书号起止号的证明信，经新闻出版署图书出版管理司核准后，到中国ISBN中心领取书号的顺序号、校验码，然后按第九条的规定申办条码。

当出版单位重印图书的价格与上一次印刷不同时，须申办带有附加码的条码。出版单位持加盖单位公章的条码申请单，按第九条的规定申办条码。

2. 期刊出版单位申办条码，须到中国ISSN中心办理ISSN号后，携带期刊登记证和加盖单位公章的条码申请单，按第九条的规定申办条码。

3. 电子出版物出版单位申办条码，持由新闻出版署音像和电子出版管理司核发电子出版物的批准文件、中国ISBN中心核发的ISBN号和加盖单位公章的条码申请单，按第九条的规定申办条码。

4. 音像出版单位申办条码，持中国ISRC中心分配的版号批准文件和条码申请单，到新闻出版署条码中心申办条码。

第十一条　新闻出版署条码中心收到条码申请单后，须在三个工作日内完成条码软片的制作。

第十二条　出版物条码软片的模块尺寸应符合国家标准GB 12904。

第四章　出版物条码的应用

第十三条　无条码的出版物或印有不符合质量标准条码的出版物不得上市销售。

第十四条　出版单位不得将一个条码在多种出版物上使用。出版单位对其相应出版物的条码享有专用权。

第十五条　出版单位应当按照有关对出版物条码的颜色及印刷位置的标准和规定印刷出版物条码。

第十六条　印刷单位应当按照有关国家标准印刷出版物条码，不得随意缩小。如需使用缩小版的条码，应在申办条码时向新闻出版署条码中心注明，由该中心制作缩小版的条码软片，以保证出版物条码的印刷质量。

第十七条　任何单位或者个人不得伪造、冒用出版单位的出版物条码。

第五章　罚　　则

第十八条　违反本办法第二、八、十三、十四和十七条规定，责令改正，并可处以5000元罚款；情节严重的，可处以10000元罚款。

第十九条　本章所规定的行政处罚由各省、自治区、直辖市出版管理部门负责实施。

第二十条　从事出版物条码管理工作的有关人员滥用职权、徇私舞弊的，由主管部门予以行政处分；构成犯罪的，依法追究其刑事责任。

第六章　附　　则

第二十一条　出版物条码收费按照国家有关规定执行。

第二十二条　本办法由新闻出版署负责解释。

第二十三条　本办法自2000年5月1日起施行。

新闻出版业会计核算办法

1. 2004年1月14日财政部印发

2. 财会〔2004〕号

一、总说明

（一）为了统一规范新闻出版业的会计核算，真实、完整地反映新闻出版业的会计信息，有利于新闻出版业的公平竞争，根据《中华人民共和国会计法》、《企业财务会计报告条例》、《企业会计制度》和国家有关法律、法规，并结合新闻出版业特点及实际情况，特制定《新闻出版业会计核算办法》（以下简称“办法”）。

（二）中华人民共和国境内从事新闻出版工作（含图书、报纸、期刊、音像制品和电子出版物的出版、发行、印刷、复制加工、物资供应等活动）的经营单位，在执行《企业会计制度》的同时，执行本办法。

（三）本办法仅对新闻出版业主营业务的会计核算方法进行规范，由《出版单位会计核算办法》、《发行企业会计核算办法》、《报业单位会计核算办法》、《印刷、复制企业成本核算办法》和《印刷物资供应企业成本核算办法》组成。从事图书、期刊、音像制品、电子出版物、网络出版物、投影片(含缩微制品)等出版业务的单位(以下简称"出版单位")、发行企业、报业单位、印刷、复制企业、印刷物资供应企业应根据其经营特点,执行相应的会计核算办法。

二、出版单位会计核算办法

(一)说明

1. 出版单位在执行《企业会计制度》的同时,执行本办法。出版单位所属具有法人资格并独立核算的下属单位,在执行《企业会计制度》时,应执行相应的会计核算办法。

2. 出版单位内部单独核算、不具有法人资格的发行、期刊、印刷等机构,参照执行相应的会计核算办法,并在出版单位统一的会计账簿体系之内分别设置相应的明细账,进行明细核算,按照有关规定定期进行账账、账实核对。

3. 出版单位根据出版物的特点,可对库存图书、期刊、音像制品、电子出版物、投影片(含缩微制品)等的呆滞损失实行分年核价、提取提成差价的办法。

4. 出版物经审批报废时,应按报废清单设置辅助账。再销售时,其收入在"营业外收入"科目中核算。

5. 出版单位非独立核算的发行机构经销外版出版物,属受托代销商品的,应按《企业会计制度》有关规定进行核算。属非受托代销的,应将购进出版物视同本版出版物进行管理与核算,其中采用售价核算的,可在"库存商品"、"商品进销差价"等科目中设置相应的明细科目进行核算。

6. 原在"编录经费"科目核算的可以反映单一出版物的费用作为出版物的直接成本,在"生产成本 其他直接费用"科目核算。

不能反映单一出版物的费用通过"编录经费"科目核算,并按照合理分配方法分配计入相关出版物的成本。

7. 出版单位以提供广告服务、专有出版权使用再许可版权使用费(含租型)、版权贸易为主营业务的,其广告收入、专有出版权使用再许可版权使用费收入(含租型收入)、版权贸易收入,在"主营业务收入"科目中核算;否则,在"其他业务收入"科目中核算。

8. 出版单位委托有关单位协助进行出版物的宣传推广,可视同委托代销方式按合同规定以推销出版物总定价(码洋)的一定比例支付宣传推广费。

(二)补充会计科目使用说明

1. 会计科目的设置

本办法在《企业会计制度》的基础上,增设了"应计生产成本"、"编录经费"等科目,并对"库存商品"、"产品成本差异"、"委托代销商品"、"存货跌价准备"、"其他应交款"、"资本公积"、"生产成本"、"主营业务收入"、"补贴收入"等科目的明细科目设置和核算内容进行了补充规定。

2. 补充会计科目的使用说明

1243 库存商品

一、本科目应按出版物类别、品种分版(印、批、期)次、定价设置明细账,进行明细核算。库房应按品种分版(印、批、期)次、定价设置实物明细卡片,记录库存出版物的进销存情况。

二、库存商品的计价可采用定价法(或计划成本法,下同)或实际成本法。

(一)采用定价法核算库存出版物

1. 出版物完工入库时,按入库出版物定价,借记本科目,按实际生产成本,贷记"生产成本"科目,按定价与实际成本的差额,贷记"产品成本差异"科目。

2. 采取委托代销(寄销)或分期收款销售方式发出出版物时,按发出出版物定价,借记"委托代销商品"或"分期收款发出商品"科目,贷记本科目。

3. 结转当期出版物销售成本时,借记"主营业务成本"、"产品成本差异"等科目,贷记本科目"委托代销商品"、"分期收款发出商品"等科目。

(二)采用实际成本法核算库存出版物

1. 出版物完工入库时,借记本科目,贷记"生产成本"科目。

2. 采取委托代销(寄销)或分期收款销售方式发出出版物时,按实际成本,借记"委托代销商品"或"分期收款发出商品"科目,贷记本科目。

3. 结转当期出版物销售成本时,借记"主营业务成本"科目,贷记本科目、"委托代销商品"、"分期收款发出商品"等科目。

4. 单品种销售成本的结转,可采用移动平均法、加权平均法、先进先出法、后进先出法等方法确定已销出版物的销售成本,核算方法一经确定,不得随意变更。如需变更,应在会计报表附注中予以说明。

三、销售退回出版物的核算

(一)采用定价法核算

1. 未确认收入的已发出出版物的退回,借记本科目,贷记"委托代销商品"、"分期收款发出商品"等科目。

2. 已确认收入的销售出版物的退回，对销售收入在当期已确认，但销售成本尚未结转的，借记“主营业务收入”和“应交税金　应交增值税（销项税额）”科目，贷记“银行存款”、“应收账款”、“预收账款”等科目；对于销售成本已结转的，还应同时，按退回出版物的定价，借记本科目、“委托代销商品”、“分期收款发出商品”等科目，贷记“主营业务成本”、“产品成本差异”科目。

3. 资产负债表日及之前售出的出版物在资产负债表日至财务会计报告批准报出日之间发生退回的，应当作为资产负债表日后事项的调整事项处理，调整报告年度的收入、成本等。

（二）采用实际成本法核算

1. 未确认收入的已发出出版物的退回，借记本科目，贷记“委托代销商品”、“分期收款发出商品”等科目。

2. 已确认收入的销售出版物的退回，对销售收入在当期已确认，但销售成本尚未结转的，借记“主营业务收入”和“应交税金——应交增值税（销项税额）”科目，贷记“银行存款”、“应收账款”、“预收账款”等科目；对于销售成本已结转的，还应同时，按退回出版物的成本，借记本科目、“委托代销商品”、“分期收款发出商品”等科目，贷记“主营业务成本”科目。

3. 资产负债表日及之前售出的出版物在资产负债表日至财务会计报告批准报出日之间发生退回的，应当作为资产负债表日后事项的调整事项处理，调整报告年度的收入、成本等。

1244 产品成本差异

一、本科目核算出版单位按定价法（或计划成本法，下同）核算库存出版物时，库存出版物的实际成本与定价（或计划成本，下同）的差异。

二、出版物完工入库时，按定价，借记“库存商品”科目，按实际成本，贷记“生产成本”科目，按定价与实际成本的差异，贷记本科目；结转当期出版物销售成本时，借记“主营业务成本”科目，按应分摊的成本差异，借记本科目，按本期销售出版物的定价，贷记“库存商品”、“委托代销商品”、“分期收款发出商品”等科目。

三、本期销售出版物应分摊产品成本差异的计算公式如下：

产品成本差异 = 本期销售出版物总定价 × 产品成本差异率

本期产品成本差异率 = 期初产品成本差异 + 本期产品成本差异贷方发生额期初出版物总定价 + 本期入库出版物总定价 × 100% 其中，出版物总定价包括库存出版物、委托代销出版物、分期收款销售发出出版物的销售总定价。

四、本科目应按库存出版物的种类或经营部门设置明细账，进行明细核算。

五、本科目期末贷方余额，反映出版单位库存出版物、委托代销出版物和分期收款销售发出出版物的实际成本小于总定价的差异。

1261 委托代销商品

一、本科目按照出版物的品种分版（印、批、期）次、定价及受托单位分别进行数量和金额的明细核算。

二、采用定价法核算委托代销（寄销）出版物

（一）采用定价法核算的，可按“实洋”和“折扣”设置明细科目。

（二）出版物发出时，按发出出版物定价，借记本科目，贷记“库存商品”科目。

（三）结转当月出版物销售成本时，借记“主营业务成本”、“产品成本差异”等科目，贷记本科目。

三、采用实际成本法核算委托代销（寄销）出版物

（一）出版物发出时，按发出出版物实际成本，借记本科目，贷记“库存商品”科目。

（二）结转当月出版物销售成本时，借记“主营业务成本”科目，贷记本科目。

1281 存货跌价准备

一、出版单位应在本科目设置“出版物提成差价”明细科目，核算对库存出版物提取的呆滞损失准备。

二、出版物包括库存图书、期刊（杂志）、音像制品、电子出版物、投影片（含缩微制品）。

三、出版单位应于每年年度终了，对库存出版物存货进行全面清查并实行分年核价，按规定的比例提取提成差价。出版单位首次提取提成差价时，借记“管理费用　出版物提成差价”科目，贷记本科目，以后年度末应计提的金额大于本科目的期末余额时，应按差额，借记“管理费用　出版物提成差价”科目，贷记本科目；应提取的金额小于本科目的期末余额时，应冲回差额，借记本科目，贷记“管理费用　出版物提成差价”科目。

四、提成差价的计提标准：

（一）纸质图书，分三年提取，当年出版的不提；前一年出版的，按年末库存图书总定价提取 10% ~ 20%；前二年出版的，按年末库存图书总定价提取

20% ~30%;前三年及三年以上的,按年末库存图书总定价提取 30% ~40%。

(二)纸质期刊(包括年鉴)和挂历、年画,当年出版的,按年末库存实际成本提取。

(三)音像制品、电子出版物和投影片(含缩微制品),按年末库存实际成本的 10% ~30% 提取,如遇上述出版物升级,升级后的原有出版物仍有市场的,保留该出版物库存实际成本 10%;升级后的原有出版物已无市场的,全部报废。

(四)所有各类提成差价的累计提取额不得超过实际成本。

五、出版物经批准报废时,在出版物提成差价中列支。

(一)采用定价法报废核算时,按实际成本,借记本科目,按定价与实际成本的差额,借记“产品成本差异”科目,按定价,贷记“库存商品”科目。

(二)采用实际成本法报废核算时,借记本科目,贷记“库存商品”科目。

六、“存货跌价准备——出版物提成差价”科目期末贷方余额,反映出版单位提取的库存出版物的呆滞损失准备。

2176 其他应交款

一、出版单位应在本科目设置“文化事业建设费”明细科目,核算出版单位根据国家有关规定,按照广告收入一定比例计算交纳的文化事业建设费。

二、出版单位按广告收入提取文化事业建设费时,借记“其他业务支出”科目,贷记本科目(文化事业建设费);实际交纳时,借记本科目(文化事业建设费),贷记“银行存款”科目。

2192 应计生产成本

一、本科目核算出版单位期末归集当期完工产品生产成本时(出版物已入库、已发货或已销售),按照权责发生制原则的要求,以合同、付印通知单、协议工价、市场材料价、稿酬计算标准等为计算依据,应计入生产成本但尚未结算的款项。

二、应计入本期完工产品生产成本的各项支出,借记“生产成本”科目,贷记本科目。

根据真实性原则的要求,应计的生产成本应尽可能接近实际成本,不得以应计成本代替实际成本。

三、应计生产成本项目实际结算时,应根据实际结算金额与应计成本的差额对库存商品或本期销售成本进行调整。

(一)采用定价法核算库存商品时,按应计成本,借记本科目,按实际结算金额与应计成本的差额,借记“产品成本差异”科目,按实际结算金额,贷记“银行存款”等科目。

(二)采用实际成本法核算库存商品时,如果相关出版物尚有库存,按应计成本,借记本科目,按实际结算金额与应计成本的差额,借记“库存商品”、“委托代销商品”、“分期收款发出商品”等科目,按实际结算金额,贷记“银行存款”等科目;如果出版物已经出售完毕,按应计成本,借记本科目,按差额,借记“主营业务成本”科目,按实际结算金额,贷记“银行存款”等科目。

四、本科目应按出版物单一品种、分版(印、批、期)次设置明细账,进行明细核算。

五、本科目期末贷方余额,反映已计入生产成本但尚未结算的款项。

3111 资本公积

一、出版单位应在本科目设置“宣传文化发展专项资金”明细科目,核算出版单位根据国家有关规定获得的宣传文化发展专项资金拨款和专项贴息资金。

二、出版单位收到财政部门或主管部门拨付的宣传文化发展专项资金拨款和专项贴息资金时,借记“银行存款”科目,贷记本科目。

4101 生产成本

一、本科目应按“稿酬及校订费”、“租型费用”、“原材料及辅助材料”、“制版费用”、“印装(制作)费用”、“出版损失”、“编录经费”、“其他直接费用”等项目设置明细科目。其中:

(一)稿酬及校订费,是指支付给著者、译者、校订者的基本稿酬、印数稿酬、版税、额定稿酬等所有报酬及翻译文字的校订费用;

(二)租型费用,是指从境内外出版单位租赁型版、本单位印制发行而支付给出租型版单位的专有出版权再许可使用费;

(三)原材料及辅助材料,是指出版物生产所需的纸张、装帧用料等原材料以及辅助用料的成本;

(四)制版费用,是指在出版物的排版、制版以及纸型、胶片、母片、母带的型版生产过程中支付的各种加工费用;

(五)印装(制作)费用,是指在出版物生产过程中支付的纸质出版物印刷费用、装订费用,音像制品、电子出版物的复制刻录费用、印刷费用、包装费用,投影片(含缩微制品)的复制费用和装帧费用等;

(六)出版损失,是指生产过程中某种产品尚未完工之前发现的各种废品扣除过失人应承担的赔偿或保险公司赔款和残料价值后的报废净损失，包括由于出版单位的责任形成的重新生产所支付的原材料、辅助材料及加工、退稿等费用，以及非管理原因造成的报废损失等；

（七）编录经费，是指按照合理的分配方法分配计入的编录经费；

（八）其他直接费用，是指除上述各项费用以外的其他直接成本，包括选题策划、开发、设计制图、编辑加工、专题会议、音像制品和电子出版物的实验以及各类专项费用等。

以包印张（件）方式进行结算的，应根据有关部门提供的计算清单或合理的比例按本科目所设置的明细科目分解记入相应成本。

二、确定成本核算对象时，图书应按品种分版（印）次核算，期刊按单一品种分期次核算，音像制品、电子出版物及投影片（含缩微制品）按品种分批次核算。

三、成本的归集与分配

（一）发生书配盘（带）或盘（带）配书时，以有定价的一方作为成本核算对象，无定价的一方视为另一方的成本组成部分。书或盘都有定价的，应分别核算。

（二）正在制作过程中的同批（印）次出版物需增加制作数量时，如果能同批（印）次制作，应当将增加的数量、成本并入本批（印）次出版物；如果不能同批（印）次制作的，应按新的批（印）次核算。

（三）纸质出版物为刊登广告而加版、加页的生产成本，可按广告成本单独核算，不计入生产成本。

（四）期末，出版单位应将完工品种的生产成本全部转入库存商品，不得仅按已售产品或部分生产成本结转。完工出版物品种根据入库、发货、销售清单（包含非本社库和作者包销）确认；纸质期刊根据收到的样刊确认。

四、实际发生或应计的各项生产费用，借记本科目，贷记“现金”、“银行存款”、“原材料”、“委托加工物资”、“应计生产成本”等科目。

4106 编录经费

一、本科目核算出版单位编录部门所发生的、无法直接计入某一种出版物成本的各项间接生产费用，如人员工资、办公费、编录用品等费用。

总编辑及总编室、设计、校对、绘图、印制、材料等人员工资、社会保险、职工福利、办公费、差旅费、会议费、图书资料等费用作为期间费用，应在“管理费用”科目核算，不在本科目核算。

二、编录经费中能直接确定为某种出版物费用的，直接计入其生产成本；不能直接确定为某种出版物费用的，按编录部门归集分摊。期末，归集当期完工产品生产成本时，应按总印张或总定价、总初版字数、盒数、总印数等一种方法或多种方法组合进行分配。

年度内，出版数量不均衡，也可在本年度的 1～11 月份（或 1～3 季度）按计划定额分配，全年实际编录费用减去 1～11 月份（或 1～3 季度）累计已分配数后的余额，在 12 月份一次分配完毕。

出版单位具体采用何种分配方法，由出版单位自行决定。分配方法一经确定，不得随意变更。如需变更，应当在会计报表附注中予以说明。

三、发生编录经费时，借记本科目，贷记“现金”、“银行存款”、“原材料”、“应付工资”、“低值易耗品”、“待摊费用”等科目。

四、期末，在完工产品之间分配编录经费，借记“生产成本”科目，贷记本科目。

五、本科目可分别按编录部门、个人及费用项目等，进行明细核算。

六、编录经费按实际发生数分配的，本科目期末应无余额；采用计划定额分配的，期末编制资产负债表时，本科目如有余额，并入“存货”项目。

5101 主营业务收入

一、本科目应按品种分版（印、批、期）次、类别进行数量和金额核算。

二、出版单位应按以下规定确认销售出版物收入实现，并按已实现的收入记账，计入当期损益。

（一）出版单位销售出版物的收入，应当在下列条件均能满足时予以确认：

1. 出版单位已将出版物所有权上的主要风险和报酬转移给购买方；

2. 出版单位既没有保留通常与所有权相联系的继续管理权，也没有对已售出的出版物实施控制；

3. 与交易相关的经济利益能够流入出版单位；

4. 相关的收入和成本能够可靠地计量。

销售出版物的收入应按出版单位与购货方签订的合同或协议金额或双方接受的金额确定。

（二）采取直接收款方式销售出版物时，通常以取得索取货款的凭据，并将提单交给购买方时确认销售出版物收入。

（三）采取托收承付和委托银行收款方式销售出版物时，通常以发出出版物并办妥托收手续时确认销售出版物收入。

（四）采取赊销和分期收款销售方式销售出版物时，应按合同约定的收款日期分期确认收入。同时，按商品全部销售成本与全部销售收入的比率，计算出本期应结转的销售成本。

（五）采取委托代销（寄销）方式销售出版物时，分为视同买断和收取手续费两种情况确认收入：

1. 视同买断方式，是指由委托方和受托方签订协议，委托方按协议价收取所代销出版物的货款，实际售价可由受托方自定，实际售价与协议价之间的差额归受托方所有的销售方式。在这种销售方式下，委托方在交付出版物时不确认收入，受托方也不作为购进出版物处理。受托方将出版物售出后，应按实际售价确认为销售收入，并向委托方开具代销清单。委托方收到代销清单时，再确认收入。

2. 收取手续费方式，是指受托方根据所代销的出版物数量向委托方收取手续费的销售方式。在这种代销方式下，委托方应在受托方将出版物销售后，并向委托方出具代销清单时，确认收入；受托方在出版物销售后，按应收取的手续费确认收入。

（六）附有销售退回条件的销售出版物，是指购买方依照有关协议有权退货的销售方式。在这种销售方式下，如果出版单位能够按照以往的经验对退货的可能性做出合理估计的，应在发出出版物时，将估计不会发生退货的部分确认收入，估计可能发生退货的部分，不确认收入；如果出版单位不能合理确定退货的可能性，则在售出出版物的退货期满时确认收入。

（七）采取预交定金方式销售出版物时，以发出出版物确认收入。

（八）出口出版物

1. 采取离岸价方式销售出版物时，以办妥报关、发运手续，货物装上船或飞机确认收入；

2. 采取到岸价方式销售出版物时，以购买方开具的收货凭据确认收入；

3. 采取代销（寄销）方式销售出版物时，以收到货款确认收入。

三、出版单位对外提供劳务，其收入按以下规定确认：

（一）在同一会计年度内开始并完成的劳务，应当在完成劳务时确认收入。

（二）如果劳务的开始和完成分属不同的会计年度，在提供劳务交易的结果能够可靠估计的情况下，应当在资产负债表日按完工百分比法确认相关的劳务收入。当劳务总收入和总成本能够可靠地计量、与交易相关的经济利益能够流入出版单位、劳务的完成程度能够可靠地确定时，则交易的结果能够可靠地估计。

（三）在提供劳务交易的结果不能可靠估计的情况下，应当在资产负债表日对收入分别以下两种情况确认和计量：

1. 如果已经发生的劳务成本预计能够得到补偿，应按已经发生的劳务成本金额确认收入，并按相同金额结转成本。

2. 如果已经发生的劳务成本预计不能全部得到补偿，应按能够得到补偿的劳务成本金额确认收入，并按已经发生的劳务成本作为当期费用。确认的收入金额小于已经发生的劳务成本的差额，作为当期损失。

3. 如果已经发生的劳务成本预计全部不能得到补偿，应按已经发生的劳务成本作为当期费用，不确认收入。

四、采取出租型版方式取得专有出版权使用再许可版权使用费，以收到货款或将销售凭单交给承租型版单位时确认出版物销售收入实现。

专有出版权使用再许可版权使用费中包含著译者版权收入时，根据版权使用协议，应按扣除著译者版权收入后的部分确认收入。

五、采取刊登广告方式取得广告收入，应在相关的广告刊出或商业行为开始出现于公众面前时予以确认收入。出版单位委托广告公司等中介机构代理广告业务，广告收入按扣除代理费后的金额确认收入。

六、采取版权贸易出口版权和合作出版境外销售方式，以收到境外销售单位支付的款项确认出版物销售收入。

七、出版单位根据应确认的收入金额，借记“银行存款”、“现金”、“应收账款”、“预收账款”等科目，贷记本科目、“应交税金——应交增值税（销项税额）”科目。

八、期末，应将本科目的余额转入“本年利润”科目，结转后本科目应无余额。

5203 补贴收入

一、出版单位应在本科目设置“增值税返还款”和“其他补贴收入”明细科目，用于核算出版单位取得的增值税返还款以及出版物出版补贴等专项补助。

二、出版单位取得增值税返还款和专项补助时，借记“银行存款”科目，贷记本科目。

（三）报表项目补充编制说明

1. “编录经费”科目余额应列入资产负债表中的

"存货"项目。

2."应计生产成本"科目余额应列入资产负债表中的"应付账款"项目。

3.出版单位应在会计报表附注中说明库存出版物的构成及提成差价的计提标准。

三、发行企业会计核算办法

(一)说明

1.本办法对发行企业有关存货、收入的核算方法作了补充规定。

2.发行企业可以采用售价(或码价)核算,也可以采用进价核算。

3.发行企业出版物的采购业务可以不通过"物资采购"科目核算,直接通过"库存商品"科目核算。

4.发行企业包装物的采购与摊销业务可以不通过"包装物"科目核算,直接通过"营业费用"、"其他业务支出"科目核算。

(二)补充会计科目使用说明

1.会计科目的设置

本办法在《企业会计制度》的基础上,对"库存商品"、"商品进销差价"、"委托代销商品"、"受托代销商品"、"主营业务收入"等科目的明细科目设置和核算内容进行了补充规定。

2.补充会计科目的使用说明

1243 库存商品

一、本科目核算发行企业从供货方购进的出版物的实际成本(或进价)、或计划成本(或售价)、或明码标印的定价(码价)。凡所有权不属于本企业的出版物,不在本科目核算。

二、本科目可以按照"期刊"、"教材"、"图书"、"年(历)画"、"音像制品"、"出租商品"等出版物的种类设置明细科目,进行明细核算。

三、库存商品采用售价(或码价)核算

1.期刊、教材、图书、年(历)画、音像制品的核算

(1)发行企业购进出版物验收入库时,借记本科目,贷记"应付账款"、"现金"、"银行存款"、"预付账款"、"商品进销差价"等科目。

(2)发行企业购进出版物委托外单位代销,商品发出时,借记"委托代销商品"科目,贷记本科目。

(3)期末,结转当期出版物销售成本时,借记"主营业务成本"、"商品进销差价"科目,贷记本科目、"委托代销商品"等科目。

2.出租商品的核算

(1)发行企业应在"出租商品"明细科目下,按照"出租商品售价(或码价)"、"出租商品摊销"设置三级明细科目,进行明细核算。

(2)发行企业购进出版物对外出租时,借记本科目(出租商品售价或码价),贷记本科目、"商品进销差价"科目。

(3)期末,摊销出租出版物成本时,借记"主营业务成本"、"商品进销差价"科目,贷记本科目(出租商品摊销)。

(4)出租出版物报废时,按已摊销的价值,借记本科目(出租商品摊销),按未摊销的价值,借记"营业费用"、"商品进销差价"科目,贷记本科目(出租商品售价或码价)。

四、库存商品采用进价核算

1.期刊、教材、图书、年(历)画、音像制品的核算

(1)发行企业购进出版物验收入库时,借记本科目,贷记"应付账款"、"现金"、"银行存款"、"预付账款"等科目。

(2)发行企业购进出版物委托外单位代销,商品发出时,借记"委托代销商品"科目,贷记本科目。

(3)期末,结转当期出版物销售成本时,借记"主营业务成本"科目,贷记本科目、"委托代销商品"等科目。

2.出租商品的核算

(1)发行企业应在"出租商品"明细科目下,按照"出租商品进价"、"出租商品摊销"设置三级明细科目,进行明细核算。

(2)发行企业购进出版物对外出租时,借记本科目(出租商品进价),贷记本科目。

(3)期末,摊销出租出版物成本时,借记"主营业务成本"科目,贷记本科目(出租商品摊销)。

(4)出租出版物报废时,按已摊销的价值,借记本科目(出租商品摊销),按未摊销的价值,借记"营业费用"科目,按进价,贷记本科目(出租商品进价)。

1244 商品进销差价

一、本科目核算发行企业采用售价(或码价)核算的出版物售价(或码价)与进价之间的差额。

二、本科目设置"进销差价"、"进项税额"明细科目。

三、发行企业购进出版物验收入库时,按出版物的售价(或码价),借记"库存商品"科目,按售价(或码价)与含税进价之间的差额,贷记本科目(进销差价),按含税进价与不含税进价的差额,贷记本科目(进项税额),按不含税进价,贷记"应付账款"等科目。

结转当期出版物销售成本时,借记“主营业务成本”科目、本科目(进销差价、进项税额),贷记“库存商品”、“委托代销商品”、“受托代销商品”等科目。

四、本科目可以按照出版物的种类设置三级明细科目。

五、本科目的期末贷方余额,反映尚未销售也尚未摊销的出版物的进销差价。

1271 受托代销商品

一、本科目核算发行企业按照寄销方式接受外单位委托,代其销售出版物的进价或售价(或码价)。

二、本科目可以按照受托代销出版物的种类设置明细科目,进行明细核算。将受托代销出版物委托外单位代销,可以按照委托代销单位设置明细科目,进行明细核算。

三、受托代销商品的核算

1. 受托代销商品采用进价核算

(1)发行企业收到受托代销出版物验收入库时,按进价,借记本科目(按受托代销出版物类别设置的明细科目),贷记“代销商品款”科目。

(2)发行企业将受托代销出版物委托外单位代销,出版物发出时,借记本科目(按委托代销单位设置的明细科目),贷记本科目(按受托代销出版物类别设置的二级科目)。

(3)结转当月销售成本时,借记“主营业务成本”科目,贷记本科目(按受托代销出版物类别或委托代销单位设置的明细科目)。

(4)期末,根据受托代销出版物销售汇总单结转应付账款,借记“代销商品款”科目,贷记“应付账款”科目。

(5)受托代销单位向发行企业发生退货时,借记本科目(按受托代销出版物类别设置的明细科目),贷记本科目(按委托代销单位设置的明细科目)。

(6)发行企业向委托代销单位办理退货时,借记“代销商品款”科目,贷记本科目(按受托代销出版物类别设置的二级明细科目)。

2. 受托代销商品采用售价(或码价)核算

(1)发行企业收到受托代销出版物验收入库时,按售价(或码价),借记本科目(按受托代销出版物类别设置的明细科目),贷记“代销商品款”科目。

(2)发行企业将受托代销出版物委托外单位代销,出版物发出时,借记本科目(按委托代销单位设置的明细科目),贷记本科目(按受托代销出版物类别设置的明细科目)。

(3)结转当月销售成本时,借记“主营业务成本”、“商品进销差价”科目,贷记本科目(按受托代销出版物类别或委托代销单位设置的明细科目)。

(4)期末,根据受托代销出版物销售汇总单结转应付账款,借记“代销商品款”科目,贷记“商品进销差价”、“应付账款”科目。

(5)委托代销单位发生退货时,借记本科目(按受托代销出版物类别设置的明细科目),贷记本科目(按委托代销单位设置的明细科目)。

(6)向委托代销单位办理退货时,借记“代销商品款”科目,贷记本科目(按受托代销出版物类别设置的明细科目)。

四、本科目期末借方余额,反映发行企业受托代销出版物的进价或售价(码价)。

5101 主营业务收入

一、本科目核算发行企业在出版物销售活动中所取得的销售收入、出租商品收入。托收货款过程取得付款方滞纳金收入不在本科目核算,应作为营业外收入核算。

商品销售收入的确认原则,应执行《企业会计制度》相关规定。

二、本科目可以按照核算内容设置“商品销售收入”、“出租商品收入”、“销售折让”、“销项税额”等明细科目。

三、主营业务收入的核算

(一)采用进价核算库存出版物

1. 实现出版物销售收入时,按实际售价,借记“应收账款”、“现金”、“银行存款”、“预收账款”等科目,贷记本科目(商品销售收入)。

2. 出租出版物实现收入时,借记“现金”等科目,贷记本科目(出租商品收入)。

3. 期末,根据“商品销售收入”、“出租商品收入”等明细科目的本期发生额计算销项税额,借记本科目(销项税额),贷记“应交税金”科目。

(二)采用码价核算库存出版物

1. 实现出版物销售收入时,按实际售价,借记“应收账款”、“现金”、“银行存款”、“预收账款”等科目,按码价与实际售价的差额,借记本科目(销售折让),按码价,贷记本科目(商品销售收入)。

2. 出租出版物实现收入时,借记“现金”等科目,贷记本科目(出租商品收入)。

3. 期末,根据“商品销售收入”、“出租商品收入”、“销售折让”等明细科目的本期发生额计算销项税额,借记本科目（销项税额），贷记“应交税金”科目。

四、期末，应将本科目的余额转入“本年利润”科目，结转后本科目应无余额。

四、报业单位会计核算办法

（一）说明

1. 报业集团、报社（以下简称“报业单位”）在执行《企业会计制度》的同时，执行本办法。

2. 报业单位中具有独立法人资格的出版社、杂志社、发行公司、广告公司、印务公司等单位，执行《企业会计制度》及相应的会计核算办法。

3. 报业单位承接外部报刊等印刷业务时，由委托印刷单位自购提供新闻纸等印刷材料的，单独设置“代管新闻纸”等备查簿登记，进行收、付、结存的核算。

（二）补充会计科目使用说明

1. 会计科目的设置

本办法在《企业会计制度》的基础上增设了“拨付所属资金”、“社会公益往来”、“上级拨入资金”、“采编费用”、“记者站经费”科目，并对“其他应交款”、“资本公积”、“生产成本”、“主营业务收入”、“其他业务支出”、“营业费用”等科目的明细科目设置和核算内容进行了补充规定。

2. 补充会计科目的使用说明

1441 拨付所属资金

一、本科目核算报业单位对所属的非独立法人单位拨付的经营等项目所需资金。

二、报业单位向所属单位拨付资金时，借记本科目，贷记“银行存款”等科目。

三、本科目期末借方余额，反映报业单位向所属单位投入的资金总额。

2176 其他应交款

一、报业单位应在本科目设置“文化事业建设费”明细科目，核算报业单位根据国家有关规定，按照广告收入的一定比例计算交纳的文化事业建设费。

二、报业单位按广告收入提取文化事业建设费时，借记“其他业务支出”科目，贷记本科目（文化事业建设费）；实际交纳时，借记本科目（文化事业建设费），贷记“银行存款”科目。

2182 社会公益往来

一、本科目核算报业单位与国家机关、社会团体、企事业单位及个人以报纸为载体联合举办社会公益性活动的经费。

二、本科目应按社会公益活动项目名称设置明细科目，进行明细核算。

三、报业单位收到专项公益活动赞助款时，借记“银行存款”或“现金”科目，贷记本科目。专项活动发生费用支出时，借记本科目，贷记“银行存款”、“现金”科目。

待该专项活动结束时，本科目如为借方余额，借记“营业外支出”科目，贷记本科目；本科目如为贷方余额，借记本科目，贷记“营业外收入”科目。

四、本科目期末贷方余额，反映报业单位尚未结束的社会公益活动的经费余额。在编制资产负债表时，本科目余额应在“其他流动负债”项目列示。

3102 上级拨入资金

一、本科目由报业单位所属的非独立法人单位使用。

二、所属单位收到报业单位拨入的资金时，借记“银行存款”、“现金”等科目，贷记本科目。

三、本科目属于所有者权益类科目，期末余额在资产负债表中单列“上级拨入资金”项目列示。

四、运用“拨付所属资金”和“上级拨入资金”科目对报业单位进行内部核算时，期末，报业单位在编制汇总会计报表时两个科目余额相互抵销。

3111 资本公积

一、报业单位应在本科目设置“宣传文化发展专项资金或新闻出版发展基金”明细科目，核算报业单位根据国家有关规定取得的专项资金拨款。

二、报业单位收到财政部门或主管部门拨付的专项资金拨款时，借记“银行存款”科目，贷记本科目。

4101 生产成本

一、本科目核算报业单位报纸的生产成本。

二、报纸的生产成本可按纸张费、排版、传版费、印制费、采编费、其他费用等成本项目进行核算，反映报纸编辑、印刷等过程中发生的费用。一般报纸的单位成本以千对开印张（简称“千对开”）为核算对象。其中：

（一）纸张费，是指报纸印刷全部用纸成本。

（二）排版、传版费，是指报纸照排费用、委托印刷所发生的版面传输费用。

（三）印制费，是指报业单位印刷机构和委托印刷等发生的费用。

（四）采编费，是指归集采编费用、记者站经费等发生的费用。

（五）其他费用，是指除上述费用以外，应计入报纸生产成本的其他直接费用。

相关费用发生时，借记本科目，贷记“银行存款”、“现金”等科目。

三、月末，将归集完整的费用全部转入“库存商品”科目，借记“库存商品”科目，贷记本科目。期末结转后本科目应无余额。

4106 采编费用

一、本科目核算报业单位采编部门开展新闻采访、报纸编辑业务所发生的费用，主要包括采编部门人员工资及附加、福利费、稿费、办公费、差旅费、邮电通讯费、美术摄影费、图书资料费、通联费、业务招待费、外事经费、折旧费、租赁费、修理费、物业管理费、低值易耗品摊销、水电费、社会保险费等。

其中，稿费包括出版稿件支付的稿费，内部采编人员非职务撰稿及非采编人员撰稿的稿酬，按规定支付的审稿费以及对来稿摘编向投稿者支付的信息费等。通联费包括采编部门组织大型读者活动以及为作者、通讯员组织大型业务交流、培训活动的各项费用等。

二、本科目应按费用项目类别设置明细科目，进行明细核算。

三、采编费用发生时，借记本科目，贷记“现金”、“银行存款”、“应付工资”、“待摊费用”、“累计折旧”等科目。

四、月末，应将本科目余额转入“生产成本”科目，结转后本科目应无余额。

4108 记者站经费

一、本科目核算报业单位驻外记者站所发生各项费用，主要包括各驻站记者及工作人员工资及附加、福利费、办公费、差旅费、交通费、邮电通讯费、图书资料费、通联费、房屋租赁费（物业管理费）、折旧费、低值易耗品摊销、修理费、水电费、社会保险费等。

二、本科目应按费用项目类别设置明细科目，进行明细核算。

三、记者站发生费用时，借记本科目，贷记“现金”、“银行存款”等科目。

四、月末，应将本科目余额转入“生产成本”科目，结转后本科目应无余额。

5101 主营业务收入

一、本科目核算报业单位的报纸发行收入。报业单位承接外部报刊印刷等取得的印刷收入也在本科目核算。广告收入不在本科目核算，应在“其他业务收入”科目核算。

二、本科目应按收入项目设置明细科目，进行明细核算。

三、报纸发行收入的金额应为报业单位与邮局或发行机构实际应结算的金额。

四、报业单位预收的报刊费在报纸实际出版发行时，确认为报纸发行收入。

五、期末，应将本科目的余额转入“本年利润”科目，结转后本科目应无余额。

5405 其他业务支出

一、报业单位应在本科目设置“广告成本”明细科目，核算报业单位的广告成本。

二、报业单位为客户刊出广告所支付的费用，包括组稿费、广告业务费、设计制作费、专设广告机构人员工资及附加、福利费、办公费、差旅费等。广告的制版、印刷费等一般不单独计算。如采用加版、加页等方式刊登的广告，则应计算所有费用。

相关费用发生时，借记本科目，贷记“银行存款”、“现金”等科目。

三、期末，应将本科目的余额转入“本年利润”科目，结转后本科目应无余额。

5501 营业费用

一、本科目核算报业单位在报纸发行、销售业务过程中支付的各项费用，主要包括发行人员的工资及附加、福利费、办公费、差旅费、宣传推广费、业务招待费、租赁费、运输费、发行网点费、其他等项目。

其中，宣传推广费，是指报纸发行过程中，为促进和扩大发行量，支付给其他媒体或协助报纸推广的部门的相关费用、劳务费，为报纸发行、推介组织各类活动所支付的费用等。

发行网点费，是指为组织报纸发行工作而设置的门市、经销网点、投送网点所发生的各项业务经费等。

二、相关费用发生时，借记本科目，贷记“现金”、“银行存款”等科目。

三、期末，应将本科目余额转入“本年利润”科目，结转后本科目应无余额。

五、印刷、复制企业成本核算办法

（一）说明

1. 为了规范印刷、复制企业的会计核算，正确计算印刷、复制企业的产品成本，根据《企业会计制度》有关规定，特制定《印刷、复制企业成本核算办法》（以下简称“办法”）。

2. 本办法适用于书刊、报纸印刷、音像电子出版复制（复录）等企业。包装装潢、铁制罐和塑料等其他印刷制品企业可参照执行。

（二）书刊、报纸印刷成本核算

1. 印刷具有连续、多品种生产和分阶段结算产品的特点，要求印刷产品成本核算采用分类与分批相结合的方法。在实际工作中，一般按产品类别、定单、批量等作为成本核算对象。在分批核算成本的基础上，也可按“本”、“件”、“张”计算成本。

2. 企业在生产经营过程中发生的各项费用，按实际发生数计入本期成本、费用。如采用计划成本法或定额成本法等方法核算的，应在规定的成本核算期内调整为实际成本。

3. 为正确计算印刷产品的生产成本，企业应按各个生产车间（包括独立工段、独立小组，下同）在生产过程中所担负的任务，划分为基本生产与辅助生产。

（1）基本生产，是指为完成各类印刷产品加工任务而直接进行的生产，例如电脑制版、胶印印刷、装订等基本生产车间，分别核算各基本生产车间产品生产时所发生的生产费用。

（2）辅助生产，是指为本企业基本生产服务而进行的生产，单独核算企业内部为印刷产品生产提供劳务时所发生的生产费用。

4. 为便于按加工步骤计算分类产品的分段成本和总成本，对具有几个生产工段多生产步骤的基本生产车间，企业还可按各工段在生产中担负的任务划分为基本工段和辅助工段。

（1）基本工段，是指直接为各类印刷产品进行生产加工，并能按产品的批别分别统计工时消耗且工时所占比重较大的主要生产工段，如制版车间的电脑排版、电分，或 CTP 直接制版等工段，印刷车间的轮转胶印、平印、零件印刷、上光、贴塑、过油等工段，装订车间的骑马订、平装、精装、联动机等工段。

（2）辅助工段，是指为基本工段提供劳务或对基本工段的产品进行检验的附属工段或工序，如制版车间的整版、磨版等工段或工序，印刷车间的晒版、调墨、成品检查、文字检查等工段或工序，装订车间的烊胶、毛（光）本检查、磨刀等工段或工序。

5. 为统一印刷产品的计量单位，企业计算分类产品单位成本时，应采用实物产量，个别不便统计产量的特殊产品可用百元产值；计算分批产品的单位成本和机种单位成本时，应采用实物产量。

印刷产品基本分类及计量单位，示例如下：

电脑排版（万字）

制版（四开块、十六开块）

书版轮转胶印印刷（包括上版）（令）

书版双面胶印印刷（包括上版）（令）

单色胶印印刷（包括制上车版）（对开色令）

彩色胶印印刷（包括制上车版）（对开色令）

零件印刷（百元产值）

骑马装订（千本 - 32 开、令）

平装装订（串线订、无线胶订）（万页 - 32 开、令）

精装装订（万页 - 32 开、令）

特种装订（百元产值）

上光（或过油）（令）

压膜（平方米、令）

外购商品

纸张代料

其他

其中，外购商品，是指本企业向其他单位购入的不经过本企业任何加工或装配，或为客户发外加工后加收管理费的商品。

6. 印刷产品生产成本核算，应设置以下成本项目：

（1）原材料，是指直接用于产品生产，虽不构成产品实体，但有助于产品形成的各种原材料及辅助材料，如制版用的软片和各种药水，印刷用的油墨、橡皮布、PS 版，装订用的热熔胶、线、布，压膜用的塑料薄膜、胶水等。

（2）印刷用纸，是指为委印单位代垫纸张进行产品加工时，该产品实际耗用的纸张成本。

（3）燃料和动力，是指直接用于产品生产的燃气和动力费用。

（4）工资及福利费，是指直接从事产品生产人员的工资、奖金、津贴以及其他各种属于工资性质的补贴和职工福利费。

（5）废品损失，是指在生产过程中发生的报废损失，包括纸张超伸放、产品缺交与补版和重制重印的损失。

（6）制造费用，是指生产车间为加工产品和提供劳务而发生的各项间接费用，包括车间管理人员工资和职工福利费、折旧费、租赁费、修理费、机物料消耗、水电费、办公费、差旅费、保险费、劳动保护费、季节性和修理期间的停工损失等。

（7）委托外加工，是指委托外加工时所发生的各项费用。

7. 企业进行印刷产品加工生产，应按生产过程中各项生产费用的用途，分别设置“生产成本”、“制造费用”科目，及相应的“生产成本——基本生产成本”、

“生产成本——辅助生产成本”和“制造费用”等明细账予以归集。

(1)基本生产明细账,应按各个基本生产车间及其所属各个基本工段和各分类产品别设置,分别按成本项目进行归集登记。

对基本生产车间所属各辅助工段的生产费用,可以合并设置一个账户予以归集;辅助工段只设置工资及福利费一个成本项目,其他各项生产费用并入“制造费用”明细账进行核算。

(2)辅助生产明细账,应按各个辅助生产车间、部门,以及为受益部门提供的劳务或产品别由厂部统一设置,分别按成本项目进行归集登记。

(3)制造费用明细账,应按各个基本生产车间及所属工段分别设置,并按制造费用细目进行归集。

8. 原材料成本的归集与分配

(1)企业生产过程中耗用的原材料,应按车间、部门、工段和用途别归集的“材料耗用汇总表”,据以登记“生产成本”、“制造费用”等有关明细账。

(2)基本生产车间一个基本工段生产两类或两类以上的产品,且耗用同一种原材料,应尽可能分别统计各类产品的实耗数,并按实耗数计入产品成本;如不能划分而又必须分配的,可按实物产量、工时比例或产值比例进行分配,计入有关产品成本。

9. 人工成本的归集与分配

(1)基本生产车间的工资及福利费,应按车间、部门的“工资汇总表”,据以登记“生产成本——基本生产成本”、“生产成本——辅助生产成本”和“制造费用”等有关明细账。

(2)基本生产车间的一个基本工段生产两类或两类以上产品,各类产品的人工成本,可按该工段的实耗工时(或实物产量)工资率乘各类产品的实耗工时数(或实物产量)计算后求得。计算公式如下:

基本工段实耗工时(或实物产量)工资率 = 工资及福利费总额 ÷ 实耗工时(或实物产量)总数

(3)基本生产车间的几个基本工段共同完成的同一类产品,其人工成本应按各工段的实耗工时(或实物产量)工资率乘各工段实耗工时数(或实物产量),分段计算各个工段成本,经加总后计入该类产品成本。

(4)基本生产车间辅助工段的工资及福利费,按各受益工段的受益程度采取定额法比例分配。

辅助工段发生对外供应劳务收入,不得直接冲减基本生产成本;对外供应劳务应负担的工资和福利费,可以根据实耗工时及工时工资率或定额成本进行分配。

10. 燃料和动力成本的归集与分配

(1)基本生产车间生产耗用的燃料和动力,按使用车间、部门的仪表记录数的比例进行分配。没有仪表记录的,燃气按所用设备每小时耗用量计算耗用数分配;动力按使用机器的马达匹数与开动台时的乘积比例分配,分别记入有关明细账内:

①属于基本生产车间的基本工段耗用的,应记入“生产成本——基本生产成本”明细账;

②属于基本生产车间耗用而不能按基本工段划分或由辅助工段耗用的,应记入“制造费用”明细账;

③属于辅助生产车间耗用的,应记入“生产成本——辅助生产成本”明细账。

(2)基本生产车间的一个基本工段生产两类或两类以上的产品,其燃料和动力直接记入受益产品;如不能直接记入的,可按实物产量或工时比例进行分配。

11. 其他直接费用的归集与分配

企业生产过程中,为生产产品和提供劳务而发生的其他直接费用,直接计入产品成本。

(1)印刷用纸张和委托外加工发生费用,直接计入产品成本。

(2)固定资产折旧和低值易耗品摊销,分别按使用车间、部门编制的“应计折旧明细表”和“低值易耗品摊销明细表”,将应由各受益的车间、部门负担数,分别记入“生产成本——辅助生产成本”、“制造费用”和“管理费用”等有关明细账;对应由基本生产车间负担的部分,还应按各受益的基本工段分别归集登记,尽可能直接计入受益产品成本。

(3)照明电和水,应按使用车间、部门的照明电表和水表的记录数的比例进行分配。如无仪表记录,照明电按使用灯光的千瓦数与使用小时数的比例分配;水按每小时耗用量或人员比例分配,分别记入“制造费用”、“生产成本——辅助生产成本”、“管理费用”等有关明细账。

(4)机器和房屋租赁费,能直接按使用车间、部门划分的,应直接记入“制造费用”、“生产成本——辅助生产成本”和“管理费用”等有关明细账;不能划分的,应按受益车间、部门的使用工时或使用面积的比例进行分配。

(5)基本生产过程中发生的废品损失,应在同类产品已完工产成品之间进行分配,不得将报损的废品支出,列入其他成本项目。

12. 共同费用的归集与分配

企业生产过程中,为生产产品和提供劳务而发生的各项间接费用，按一定标准分配计入产品成本。

（1）辅助生产车间成本的分配

①辅助生产车间有商品制造任务或对外供应劳务的，应根据有关的施工单和用料、耗料记录，按其应负担的实际成本计算。

②辅助生产车间为企业内部提供劳务而发生的各项支出，应按该辅助生产车间为之服务而实际耗用的原材料和人工实耗工时数乘以工时成本率计算。

③辅助生产车间分配转入基本生产车间、各辅助生产车间和管理部门的劳务成本，应分别记入"制造费用"、"生产成本——辅助生产成本"、"管理费用"和"营业费用"明细账的有关项目内。

（2）制造费用的分配

基本生产车间的发生的制造费用，按实物产量、工时比例分配于该车间的基本工段。

13. 月末，企业应根据"生产成本——基本生产成本"、"生产成本——辅助生产成本"和"制造费用"等有关明细账和各种材料、费用分配表，及其他有关的单据，进行成本核算与分配，求得如下各种成本：

（1）各辅助车间当月各项目成本和总成本；

（2）各基本生产车间及其所属工段当月各项目成本和总成本；

（3）各类产成品的各项目成本、总成本和单位成本；

（4）各类在产品的各项目成本和总成本；

（5）各批产品的分批成本和单位成本。

14. 完工产品与在产品成本的划分界线

（1）电脑照排产品以出菲林片为产成品，未出菲林片为在产品；

（2）胶印照相制版产品以打样签准为产成品，未签准为在产品；

（3）印刷产品以印制单规定的产量印刷检查完毕后可供销售，或可移交下一工段为产成品，在此以前为在产品；

（4）装订产品以装订、检查、包扎好可供销售为产成品，在此以前为在产品；

（5）其他产品，以加工完毕可以单独向客户结价收款的为产成品；不能单独结价收款的，以可移交下一工段加工的为产成品，在此以前均为在产品。

15. 完工产品与在产品成本的分配标准

（1）材料成本：凡能按产品批别建立用料记录的，均按分批记录计算产品的用料成本；如不能按批建立分批产品用料记录，可按实物产量、约当产量或产值比例进行分配。

（2）人工及费用成本（指工资及福利费、燃料和动力、制造费用），一律按在产品与产成品所消耗的工时、产量比例或约当产量进行分配。

16. 完工产品与在产品成本的核算

（1）企业必须如实核算完工产品与在产品成本，对由基本生产车间的几个基本工段，多步骤加工完成的分类产品，可以按工段计算在产品成本。

（2）企业核算各分类在产品和产成品应负担的单位生产成本时，应将上期结转在产品成本与本期各同类产品的生产费用发生额合并后计算。公式如下：

①材料成本计算

本期产成品和期末在产品应负担的单位生产成本（指实物产量或产值）=（期初在产品成本＋本期生产费用发生额）÷（本期产成品实物产量或产值＋期末在产品实物产量或产值或约当产量）

②人工及费用成本计算

本期产成品和期末在产品应负担的单位生产费用数（指实耗工时或实物产量）=（期初在产品成本＋本期生产费用发生额）÷（期初在产品工时数或实物产量＋本期发生工时数或实物产量）

17. 产品销售成本的核算

产品销售成本和期末产品成本的核算，按完工产品成本和完工产品同口径的实物产量或百元产值成本计算的单位成本进行核算。公式如下：

（1）按实物产量计算销售成本

①实物产量单位成本 =（期初完工产品成本＋本期增加完工产品成本）÷（期初完工产品产量＋本期增加完工产品产量）

②本期产品销售成本 = 本期销售产品数量 × 实物产量单位成本

③期末产成品成本 = 期初完工产品成本＋本期增加完工产品成本－本期销售产品成本

（2）按每百元商品产值成本计算销售成本

①每百元商品产值成本率 =（期初完成产品成本＋本期增加完成产品成本）÷（本期销售收入＋已开发票尚未回笼的销售收入＋已完成但尚未开出发票的该类产品的销售收入估计数）

②本期产品销售成本 = 本期产品销售收入 × 每百元商品产值成本率

③期末产成品成本 = 期初完成产品成本＋本期增加完成产品成本－本期销售产品成本

④每本（套、张）单位成本 = 该批总成本 ÷ 印制本

(套、张)数量该批总成本 = ∑(各产品实物量 × 该产品单位成本)

(三)音像电子出版物复制成本核算

1. 音像电子出版物的复制,是将母带、母盘上的信息进行批量翻录的生产活动,要求企业按产品载体形式(产品品种)归集产品生产费用,一般将母带、子带、CD 母盘、CD 子盘、DVD 母盘、DVD 子盘等品种作为产品成本的核算对象。企业可按上述分类产品分别核算产品成本。

2. 音像电子出版物产品的复制成本,应设置以下成本项目:

(1)原材料,是指直接用于产品生产、构成产品实体的原料和主要材料,外购半成品,修理用备件,燃料及动力,以及有助于产品形成的辅助材料。如磁带复制企业的 C-0 外盒、印刷品(唱词等)、书型盒、饼带、AB 贴、包装膜、"PP"盒、粘接带、封口胶、打包带、纸箱等,光盘复制企业的聚碳酸酯、银靶、硅靶、铝靶、镍靶、感光胶、胶水、油墨、网框、网布、包装盒、纸箱、打包带等。

(2)委托加工母盘,是指光盘复制企业委托外部加工制作的母盘。

(3)动力,是指直接用于产品生产的动力费用。

(4)工资及福利费,是指直接从事产品生产人员的工资、奖金、津贴以及其他各种属于工资性质的补贴和职工福利费。

(5)制造费用,是指直接用于产品生产但不便于直接计入产品成本,以及间接用于产品生产的各项费用。包括车间管理人员工资和职工福利费、折旧费、租赁费、修理费、机物料消耗、水电费和办公费、劳动保护费等。

3. 音像电子出版物复制成本的计量单位:磁带制品为"盒"、光盘制品为"张"。

4. 复制企业生产过程中发生的各项生产费用,按照生产步骤进行归集,分别按成本项目设置专栏进行归集登记。生产步骤一般包括:母盘(带)制作、子盘(带)复制、盘面印刷、包装装潢等。

5. 原材料的归集与分配

产品生产耗用的原材料,应根据各生产步骤的领料凭证和"材料耗用汇总表",直接计入该产品的生产成本;如不能直接计入的,可按各产品的产量、重量、定额消耗量或定额费用比例等确定分配标准,分配计入各有关产品成本。

6. 委托加工的归集与分配

企业应根据委托购入母盘的实际成本,直接计入该产品的生产成本。

7. 动力费用的归集与分配

实际发生的动力费用,应根据仪表记录耗用动力的数量以及动力的平均单价计算,直接计入该产品成本项目;如没有仪表记录的,可按生产实物产量和工时比例、机器功率时数(机器功率 × 机器时数)比例,或定额消耗量比例等确定分配标准,分配计入各个有关产品成本。

8. 人工费用的归集与分配

(1)计件工资,应根据工资结算凭证和"工资分配表",直接计入产品生产成本;计时工资,应根据人工工种的不同,按不同工种生产各类产品的生产工时(实际工时)比例,分配计入各生产步骤的有关生产成本。

(2)奖金、津贴、补贴和计提职工福利费,以及特殊情况下支付的工资等,应按计入的工资额比例或生产工时比例,分配计入各生产步骤的有关生产成本。

9. 制造费用的归集与分配

(1)根据车间、部门分别设立制造费用明细账进行归集与分配。

(2)按车间、部门受益情况分别核算,不得将各车间、部门的制造费用汇总后统一分配。

(3)月末,根据各类费用的项目性质和特点,确定制造费用的分配方法。计算后将制造费用分配记入各有关产品成本。

常用的分配方法有以下几种:生产工人工时比例分配法、生产工人工资比例分配法、机器工时比例分配法和年度计划分配率法等。

10. 月末,企业根据"生产成本——基本生产成本"等有关明细账和费用分配表以及各类单据,进行复制成本的计算与分配。

(1)每个步骤产品完工经检验合格后,由车间填制完工产品转移通知单,分别作为财会部门成本计算的依据和下道工序或仓库接收的凭证,以及车间产品转移记录的备查单据。

(2)财会部门依据最终产品车间送来的完工产品转移通知单、仓库产品入库单、产品成本明细账和有关原始凭证资料,选用移动平均法等产品计价方法,编制产品成本计算表,据以计算产成品的单位成本和总成本。

(3)根据复制企业的生产特点,一般不计算各步骤在产品成本。月末,如有在产品及可回收废品,可按其完工程度折合成约当产量,并结合已完工产品产量,与总生产成本相配比,最终计算在产品成本和可回收废品的成本。

11. 产品销售成本,应按该产品销售数量和该产品单位成本计算后结转。

六、印刷物资供应企业成本核算办法

(一)说明

为了规范印刷物资供应企业的会计核算,正确计算印刷物资供应企业的商品成本,根据《企业会计制度》有关规定,特制定《印刷物资供应企业成本核算办法》(以下简称"办法")。

(二)印刷物资供应企业成本核算

1. 印刷物资供应属于商品流通领域,其成本核算包括印刷物资销售成本和期间费用的核算。

(1)印刷物资销售成本,是指企业经营过程中购进商品的价格,以及属于价格性质的价外支出。

(2)期间费用,是指其他不属于价格性质的经营支出。

2. 印刷物资供应企业的成本核算对象,为当期实现销售收入的全部商品。

印刷物资销售成本可按印刷物资的属性划分为:印刷机械设备类、印刷器材类(版材、感光材料、配件等)、印刷耗材类(油墨、包装材料等)、纸张类、木浆类、光盘材料类和其他物资类等。

3. 企业根据实际经营情况和各类商品的性质,对印刷物资销售成本可采用不同的核算方法。一般按类选用以下核算方法:

(1)印刷机械类物资,因单价大、购销数量和次数少,适用进价计价的个别计价法核算成本。

(2)耗材类物资,因品种多、单价小而杂,且销售数量大、进货批次多,但销价较稳定,适用售价计价的分类进销差价率的方法核算成本。

(3)纸张、木浆和光盘材料类等物资,因进销数量大,品种少、批次多,价格较单一,适用进价计价的加权平均法(或后进先出法等)核算成本。

4. 印刷物资销售成本应与当期实现的商品销售收入相配比。企业当期商品销售成本核算一般按出版系统内外划分:

(1)供应系统外的物资销售,以当期实现销售的商品作为成本计算的依据;

(2)供应系统内的物资销售,以出版社、供应方和承印厂确认付印单上的数量,并按供应结算金额确认的销售收入部分,作为当期成本计算的依据。

5. 商品销售成本的核算

(1)根据销售收入情况,分别计算当期各类商品物资的销售数量或金额。

(2)按确定的成本核算方法,计算各类商品物资当期销售成本。主要方法如下:

①按进销差价率的方法计算成本

某类商品进销差价率 = (某类商品期初进销差价 + 当期购入商品进销差价) ÷ (某类商品期初库存商品金额 + 当期购入库存商品金额) × 100%

某类商品销售成本 = 该类商品当期销售收入 × (1 - 该类商品进销差价率)

②按加权平均法的方法计算成本

商品销售成本 = ∑(某商品当期销售数量 × 按用加权平均法计算的进货单价)

③月末,企业汇总各类商品销售成本后,计算出当期全部销售成本。

6. 期间费用的计算

企业经营过程中发生非价格属性的费用,一般作为期间费用,直接计入当期损益。期间费用按经济用途划分为"营业费用"、"管理费用"和"财务费用"。

(1)营业费用,是指企业销售商品过程中发生的各项费用以及为销售本企业商品而专设的销售机构的经营费用,以及购买商品过程中发生的进货费用。一般包括:

①商品销售费用,是指企业在商品销售过程中发生的包装费、运输费、装卸费、保险费等。

②商品促销费用,是指为扩大商品销售所发生的促销费用,包括展览费、广告费、经营租赁费、销售服务费等。

③商品仓储费,是指仓库在储存货物过程中发生的费用和仓库租赁费用。

④销售部门的费用,是指为销售商品专设的销售机构(含销售网点、售后服务网点等销售部门)有关人员工资及福利费、业务费、质量检测费用等。

⑤委托代销费用,指委托其他单位代销商品时,按代销合同规定支付的委托代销手续费。

⑥商品进货费用,是指企业在进货过程中发生的运输费、装卸费、包装费、保险费以及运输途中合理损耗和入库前挑选整理等。

(2)管理费用,是指企业为组织和管理商品经营活动所发生的各种管理费用。一般包括:

①工资性支出和管理费用,是指管理人员的工资及福利费、修理费、办公费、差旅费、物料消耗、低值易耗品摊销、工会经费、职工教育经费、劳动保险费、待业保险费、审计费、诉讼费、咨询费、聘请中介机构费等。

②无形资产摊销。

③业务招待费,是指企业正常业务经营活动发生合理的支付,如招待费、业务费用等。

④损失或准备,是指企业存货盘点时发现盘亏、盘盈的净额损失以及按规定计提的坏账准备、存货跌价准备等。

⑤各项税费,是指按规定计入管理费用的房产税、车船使用税、土地使用税、印花税等。

⑥其他费用。

(3)财务费用,是指企业为筹集生产经营所需资金等而发生的费用,包括应当作为期间费用的利息支出(减利息收入)、汇兑损失(减汇兑收益)及相关手续费等。

图书、期刊、音像制品、电子出版物重大选题备案办法

1. 2019年10月25日国家新闻出版署印发
2. 国新出发〔2019〕35号

第一条 为加强和改进出版物重大选题备案工作,根据中央有关精神和《出版管理条例》相关规定,制定本办法。

第二条 列入备案范围内的重大选题,图书、期刊、音像制品、电子出版物出版单位在出版之前,应当依照本办法报国家新闻出版署备案。未经备案批准的,不得出版发行。

第三条 本办法所称重大选题,指涉及国家安全、社会稳定等方面内容选题,具体包括:

(一)有关党和国家重要文件、文献选题。

(二)有关现任、曾任党和国家领导人讲话、著作、文章及其工作和生活情况的选题,有关现任党和国家主要领导人重要讲话学习读物类选题。

(三)涉及中国共产党历史、中华人民共和国历史上重大事件、重大决策过程、重要人物选题。

(四)涉及国防和军队建设及我军各个历史时期重大决策部署、重要战役战斗、重要工作、重要人物选题。

(五)集中介绍党政机构设置和领导干部情况选题。

(六)专门或集中反映、评价"文化大革命"等历史和重要事件、重要人物选题。

(七)专门反映国民党重要人物和其他上层统战对象的选题。

(八)涉及民族宗教问题选题。

(九)涉及中国国界地图选题。

(十)反映香港特别行政区、澳门特别行政区和台湾地区经济、政治、历史、文化、重要社会事务等选题。

(十一)涉及苏联、东欧等社会主义时期重大事件和主要领导人选题。

(十二)涉及外交方面重要工作选题。

有关重大选题范围,国家新闻出版署根据情况适时予以调整并另行公布。

第四条 编辑制作出版反映党和国家领导人生平、业绩、工作和生活经历的重大题材作品,实行统筹规划、归口审批,按照中央和国家有关文件要求办理立项手续。经批准立项的选题,出版前按规定履行重大选题备案程序。

第五条 图书、音像制品和电子出版物重大选题备案中有以下情况的,由相关单位出具选题审核意见报国家新闻出版署,国家新闻出版署根据审核意见直接核批。

(一)中央和国家机关有关部门组织编写的主要涉及本部门工作领域的选题,由本部门出具审核意见。

(二)中央统战部、中央党史和文献研究院、外交部、国家民委等部门所属出版单位出版的只涉及本部门工作领域的选题,由本部门出具审核意见。

(三)解放军和武警部队出版单位出版的只涉及军事军史内容的选题,由中央军委政治工作部出具审核意见。

(四)各地编写的只涉及本地区党史事件、人物和本地区民族问题的选题,不涉及敏感、复杂内容和全局工作的,由所在地省级出版管理部门组织审读把关,出具审核意见。

(五)涉及中国国界地图选题,不涉及其他应备案内容的,由出版单位在报备时出具国务院测绘地理信息行政主管部门的审核意见。

第六条 期刊重大选题备案中有以下情况的,按本条相关要求执行。

(一)期刊首发涉及本办法第三条第二、三、四项内容的文章,经期刊主管主办单位审核同意,报国家新闻出版署备案。转载或摘要刊发已正式出版的图书、期刊以及人民日报、新华社刊发播发的涉及上述内容的文章,经期刊主管单位审核同意后出版。

(二)中央各部门各单位主管的期刊刊发涉及重

大选题备案范围的文章，主要反映本领域工作，不涉及敏感、复杂内容的，经本部门审核同意后出版。

（三）中央党史和文献研究院、人民日报社、求是杂志社、新华社主管的期刊，刊发涉及重大选题备案范围的文章，经主管单位审核同意后出版。

（四）解放军和武警部队期刊刊发涉及重大选题备案范围的文章，经所在大单位或中央军委机关部门审核同意后出版。

（五）地方期刊刊发文章涉及本办法第五条第四项内容的文章，由所在地省级出版管理部门组织审读把关，审核同意后出版。

由期刊主管单位或有关部门审核同意出版的，审核意见应存档备查。

第七条　出版单位申报重大选题备案，应当通过所在地省级出版管理部门或主管单位进行。

（一）地方出版单位申报材料经主管主办单位审核同意后报所在地省级出版管理部门，非在京的中央各部门各单位出版单位申报材料经主办单位审核同意后报所在地省级出版管理部门，由所在地省级出版管理部门报国家新闻出版署。

（二）在京的中央各部门各单位出版单位申报材料经主管主办单位审核同意后，由主管单位报国家新闻出版署。

（三）解放军和武警部队出版单位申报材料经中央军委政治工作部审核同意后报国家新闻出版署。

第八条　申报重大选题备案时，应当如实、完整、规范填报并提交如下材料：

（一）省级出版管理部门或主管单位的备案申请报告。报告应当对申报备案的重大选题有明确审核意见。

（二）重大选题备案申报表。应当清楚填写涉及重大选题备案范围，需审核问题，需审核的具体章节、页码和待审核的人物、事件、文献、图片等内容。

（三）书稿、文章、图片或者样片、样盘、样带。书稿应当“齐清定”、经过编辑排版并装订成册，文字符合国家语言文字规范，引文注明出处。

（四）出版物“三审”意见复印件。

（五）备案需要的其他材料。包括有关部门同意立项的材料，送审照片（图片）样稿，相关部门保密审核意见等。

第九条　国家新闻出版署对申报备案的重大选题进行审核，必要时转请有关部门或组织专家协助审核。

第十条　国家新闻出版署自备案受理之日起20日内（不含有关部门或专家协助审核时间），对备案申请予以答复或提出意见。

第十一条　国家新闻出版署审核同意的备案批复文件，两年内有效；备案批复文件超出有效期及出版物修订再版的，应当重新履行备案程序。

第十二条　出版单位应当按照出版专业分工安排重大选题出版计划，对不具备相关出版资质和编辑能力的选题，不得报备和出版；应当严格履行出版物内容把关主体责任，坚持优化结构、提高质量，严格执行选题论证、“三审三校”制度，确保政治方向、出版导向、价值取向正确。

第十三条　各地出版管理部门和主管主办单位是落实重大选题备案制度的前置把关部门，应当严格落实属地管理和主管主办责任。主要职责是：负责审核所属出版单位申请备案选题的内容导向质量及出版单位出版资质，对不符合备案条件的不予受理，对思想倾向不好、内容平庸、题材重复、超业务范围等不具备出版要求的选题予以撤销；对由地方出版管理部门和主管单位审核把关的选题，组织相关单位认真做好内容审核和保密审查，提出具体审核意见；对审核部门提出的意见，督促出版单位认真修改并做好复核工作；对应履行重大选题备案程序但未按要求备案的出版单位进行处理、追责问责。

第十四条　出版单位违反本办法，未经备案出版涉及重大选题范围出版物的，由国家新闻出版署或省级出版管理部门责成其主管单位对出版单位的主要负责人员给予行政处分；停止出版、发行该出版物；违反《出版管理条例》和有关规定的，依照有关规定处罚。

第十五条　国家新闻出版署对重大选题备案执行情况开展年度检查和考核评估，视情况予以奖惩。

第十六条　本办法由国家新闻出版署负责解释。

第十七条　本办法自印发之日起施行。《图书、期刊、音像制品、电子出版物重大选题备案办法》（新出图〔1997〕860号）同时废止。

（2）出版单位

中华人民共和国外国常驻新闻机构和外国记者采访条例

2008年10月17日国务院令第537号公布施行

第一条　为了便于外国常驻新闻机构和外国记者在中华

人民共和国境内依法采访报道，促进国际交往和信息传播，制定本条例。

第二条　本条例所称外国常驻新闻机构，是指外国新闻机构在中国境内设立、从事新闻采访报道业务的分支机构。

本条例所称外国记者包括外国常驻记者和外国短期采访记者。外国常驻记者是指由外国新闻机构派遣，在中国境内常驻6个月以上、从事新闻采访报道业务的职业记者；外国短期采访记者是指在中国境内停留期不超过6个月、从事新闻采访报道业务的职业记者。

第三条　中国实行对外开放的基本国策，依法保障外国常驻新闻机构和外国记者的合法权益，并为其依法从事新闻采访报道业务提供便利。

第四条　外国常驻新闻机构和外国记者应当遵守中国法律、法规和规章，遵守新闻职业道德，客观、公正地进行采访报道，不得进行与其机构性质或者记者身份不符的活动。

第五条　中华人民共和国外交部（以下简称外交部）主管外国常驻新闻机构和外国记者事务。国务院新闻办公室和其他部门在各自职责范围内负责外国常驻新闻机构和外国记者有关事务。

地方人民政府外事部门受外交部委托，办理本行政区域内外国常驻新闻机构和外国记者事务。地方人民政府新闻办公室和其他部门在各自职责范围内负责本行政区域内外国常驻新闻机构和外国记者有关事务。

第六条　外国新闻机构在中国境内设立常驻新闻机构、向中国派遣常驻记者，应当经外交部批准。

第七条　外国新闻机构申请在中国境内设立常驻新闻机构，应当直接或者通过中国驻外使领馆向外交部提交以下材料：

（一）由该新闻机构总部主要负责人签署的书面申请；

（二）该新闻机构情况介绍；

（三）拟设立机构的负责人、拟派遣的常驻记者以及工作人员情况介绍；

（四）该新闻机构在所在国设立的证明文件副本。

第八条　在中国境内设立常驻新闻机构的申请经批准后，该常驻新闻机构负责人应当自抵达中国之日起7个工作日内，持本人护照到外交部办理外国常驻新闻机构证；其中，驻北京市以外地区的常驻新闻机构，其负责人应当自抵达中国之日起7个工作日内，持本人护照到外交部委托的地方人民政府外事部门办理外国常驻新闻机构证。

第九条　外国新闻机构申请向中国派遣常驻记者，应当直接或者通过中国驻外使领馆向外交部提交以下材料：

（一）由该新闻机构总部负责人签署的书面申请；

（二）拟派遣记者情况介绍；

（三）拟派遣记者在所在国从事职业活动的证明文件副本。

两个以上外国新闻机构派遣同一名常驻记者的，应当依照前款规定分别办理申请手续，并在各自的书面申请中注明该记者所兼职的外国新闻机构。

第十条　向中国派遣常驻记者的申请经批准后，被派遣的外国记者应当自抵达中国之日起7个工作日内，持本人护照到外交部办理外国常驻记者证；其中，驻北京市以外地区的常驻记者，应当自抵达中国之日起7个工作日内，持本人护照到外交部委托的地方人民政府外事部门办理外国常驻记者证。

外国记者办理外国常驻记者证后，应当到居住地公安机关办理居留证。

第十一条　外国常驻新闻机构变更机构名称、常驻地区等事项，应当向外交部提交书面申请，经批准后办理变更手续。

外国常驻新闻机构变更负责人、办公地址等事项，应当在变更后7个工作日内书面告知外交部；其中，驻北京市以外地区的常驻新闻机构变更负责人、办公地址等事项，应当在变更后7个工作日内书面告知外交部委托的地方人民政府外事部门。

第十二条　外国常驻记者证有效期届满需要延期的，外国常驻记者应当提前向外交部或者外交部委托的地方人民政府外事部门提出申请，办理延期手续；逾期不办理的，视为自动放弃外国常驻记者资格，其外国常驻记者证将被注销。

第十三条　外国常驻新闻机构拟终止业务的，应当在终止业务30日前告知外交部，并自终止业务之日起7个工作日内到外交部或者外交部委托的地方人民政府外事部门办理外国常驻新闻机构证及其常驻记者的外国常驻记者证注销手续。

外国常驻新闻机构连续10个月以上无常驻记者，视为该机构已经自动终止业务，其外国常驻新闻机构证将被注销。

外国常驻记者在中国境内居留时间每年累计少于6个月的，其外国常驻记者证将被注销。

外国常驻新闻机构应当在其常驻记者离任前到外交部或者外交部委托的地方人民政府外事部门办理该记者外国常驻记者证注销手续。

第十四条　外国常驻新闻机构证、外国常驻记者证被注销后，应当向社会公布。

外国常驻记者证被注销的记者，其记者签证自注销之日起10日后自动失效。

外国常驻记者证被注销的记者，应当自外国常驻记者证被注销之日起10日内持相关证明，到居住地公安机关申请办理签证或者居留证变更登记。

第十五条　外国记者常驻或者短期采访，应当向中国驻外使领馆或者外交部授权的签证机构申请办理记者签证。

第十六条　外国记者随国家元首、政府首脑、议长、王室成员或者高级政府官员来中国访问，应当由该国外交部或者相关部门向中国驻外使领馆或者外交部授权的签证机构统一申请办理记者签证。

第十七条　外国记者在中国境内采访，需征得被采访单位和个人的同意。

外国记者采访时应当携带并出示外国常驻记者证或者短期采访记者签证。

第十八条　外国常驻新闻机构和外国记者可以通过外事服务单位聘用中国公民从事辅助工作。外事服务单位由外交部或者外交部委托的地方人民政府外事部门指定。

第十九条　外国常驻新闻机构和外国记者因采访报道需要，在依法履行报批手续后，可以临时进口、设置和使用无线电通信设备。

第二十条　外国人未取得或者未持有有效的外国常驻记者证或者短期采访记者签证，在中国境内从事新闻采访报道活动的，由公安机关责令其停止新闻采访报道活动，并依照有关法律予以处理。

第二十一条　外国常驻新闻机构和外国记者违反本条例规定的，由外交部予以警告，责令暂停或者终止其业务活动；情节严重的，吊销其外国常驻新闻机构证、外国常驻记者证或者记者签证。

第二十二条　外国常驻新闻机构和外国记者违反中国其他法律、法规和规章规定的，依法处理；情节严重的，由外交部吊销其外国常驻新闻机构证、外国常驻记者证或者记者签证。

第二十三条　本条例自2008年10月17日起施行。1990年1月19日国务院公布的《外国记者和外国常驻新闻机构管理条例》同时废止。

新闻出版署关于出版单位的主办单位和主管单位职责的暂行规定①

1. 1993年6月29日

2. 新闻出版署〔1993〕801号

第一条　为了适应新闻出版事业发展的需要，明确出版单位的主办单位和主管单位的职责，特制定本规定。

第二条　举办出版单位，必须有确定的主办单位和主管单位。

第三条　出版单位是指依照国家有关规定举办，经国家新闻出版行政管理部门审核批准并履行登记注册手续的报社、期刊社（编辑部）、图书出版社和音像出版社。

第四条　主办单位是指出版单位的上级领导部门。

主办单位所办的出版单位的专业分工范围，应与主办单位的业务范围相一致。主办单位所办的出版单位的办公场所应与主办单位在同一城市或同一行政区域。

两个或两个以上单位联合申办出版单位，应确定其中一个单位为主要的主办单位以及相应的主管单位。

第五条　主管单位是指出版单位创办时的申请者，并是该出版单位的主办单位（两个或两个以上主办单位的则为主要主办单位）的上级主管部门。

主管单位，在中央应是部级（含副部级）以上单位；在省、自治区、直辖市应是厅（局）级以上单位；在自治州、设县的市和省、自治区设立的行政公署，应是局（处）级以上单位；在县级行政区域，应是县（处）级领导机关。

第六条　主管单位、主办单位与出版单位之间必须是领导与被领导的关系，不能是挂靠与被挂靠的关系。出版单位的主要负责人员应是主办单位所属的在职人员，禁止将出版单位承包给其他组织和个人。

出版单位在主管单位和主办单位的领导和管理下负责开展各项业务活动，保证出版物的编辑、出版、印刷、发行工作的正常进行。

第七条　出版单位根据工作需要设置的社委会、编委会、

---

①　该规定中关于“教育系统有关出版单位及高等学校出版社的年度选题计划审批”的行政审批项目已被《国务院关于取消第二批行政审批项目和改变一批行政审批项目管理方式的决定》（2003年2月27日发布，2003年2月27日实施）取消。

编辑室、管理委员会等机构，均为出版单位的内部管理机构，不能作为出版单位的主办单位或主管单位。

第八条 主办单位对所办出版单位负有下列职责：

（一）领导、监督出版单位遵照中国共产党的基本路线、方针、政策和国家的法律、法规、政策以及办社（报、刊）方针、宗旨、专业范围，做好出版工作及有关各项工作；审核出版单位的重要宣传、报道或选题计划，审核批准重要稿件（书稿、评论、报道等）的出版或发表；决定所属出版单位的出版物发行或不发行；对出版单位在出版物内容等方面发生的严重错误和其他重大问题，承担直接领导责任。

（二）依照国家的有关规定为出版单位的设立提供和筹集必要的资金、设备，并创造其他必要条件，办理核准登记手续，依法取得企业法人或者事业单位法人资格。

（三）依照国家的有关规定，决定出版单位经营管理国有资产的责任制形式；遵循国家有关规定和责、权、利相统一的原则，保证出版单位的经营自主权，但应对出版单位各项经营活动切实担负监督职责；监督出版单位严格执行国家财政、税收和国有资产管理的法律、法规，定期进行审计，确保出版单位财产的保值、增值。出版单位为实现社会效益目标而形成政策性亏损，主办单位应当给予相应的补贴或者其他方式的补偿。

（四）审核出版单位的内部机构的设置，考核并提出任免出版单位的负责人的建议，报主管单位批准。

（五）向主管单位汇报出版单位的工作情况，贯彻落实主管单位的有关决定和意见。

（六）承担出版单位或出版物停办后的资产清算、人员安置和其他善后工作。

（七）国家规定的和上级主管部门规定的其他职责。

第九条 主管单位对所属的出版单位及其主办单位负有下列职责：

（一）监督出版单位及其主办单位贯彻执行中国共产党的基本路线、方针、政策和国家的法律、法规、政策；采取行政措施和经济措施保证出版单位的出版工作坚持为人民服务、为社会主义服务的方向，坚持以社会效益为最高准则；有权决定所属出版单位的出版物发行或不发行；对出版单位在出版物内容等方面发生的严重错误和其他重大问题，承担领导责任。

（二）审核批准出版单位的重大宣传、报道或选题计划，批准有重要影响的稿件的出版或发表；决定出版单位或出版物停办或变更，并向新闻出版行政管理部门提出书面报告。

（三）对主办单位对出版单位的领导和管理工作进行检查、监督、指导，并可提出意见或作出决定。

（四）扶持、协助主办单位为出版单位提供或筹措资金、购置设备。

（五）与主办单位共同负责出版单位或出版物停办后的资产清算、人员安置和其他善后工作。

（六）国家规定的其他职责。

第十条 主办单位与主管单位是同一机构的，该机构对本规定第八、九条规定的职责均应履行。

第十一条 主办单位决定不再履行本规定第八条规定的职责时，应及时用书面形式报告其主管部门和新闻出版行政管理部门，并由其主管单位直接履行主办单位的职责；主管单位应在两个月内决定该出版单位停办或者另行指定新的适当的主办单位；逾期仍没有合格的主办单位的，由新闻出版行政管理部门根据有关规定对该出版单位注销登记。

第十二条 主管单位决定不再履行本规定第九条规定的职责时，应作出停办该出版单位的决定并以书面形式报告新闻出版行政管理部门，新闻出版行政管理部门即对该出版单位注销登记。

第十三条 出版单位因严重亏损，无力清偿到期债务，主办单位或主管单位又不代替清偿的，主管单位应当决定其停办，并书面报告新闻出版行政管理部门，对该出版单位注销登记，依法进行清算。

第十四条 主管单位、主办单位不能履行职责或违反本规定，致使出版单位丧失继续举办条件的，由新闻出版行政管理部门对该出版单位撤销登记。

第十五条 本规定由新闻出版署解释。

第十六条 本规定自公布之日起施行。

高等学校出版社管理办法

1. 2002年2月21日教育部印发
2. 教社政〔2002〕4号

第一章 总 则

第一条 为加强对高等学校出版社的宏观指导和管理，推动高等学校出版社的改革与发展，促进高等学校出版事业的繁荣，根据国家有关法律、法规，制定本办法。

第二条 本办法所称高等学校出版社，是指经国务院出版行政部门审核批准并履行登记注册手续，主办单位为高等学校的出版社。

第三条　高等学校出版社是我国社会主义出版事业和教育事业的重要组成部分，是社会主义精神文明建设的重要阵地，是科学文化知识积累与传播的重要基地。

第四条　高等学校出版社要以马列主义、毛泽东思想、邓小平理论为指导，贯彻江泽民同志"三个代表"重要思想，坚持党在社会主义初级阶段的基本路线，坚持为人民服务、为社会主义服务的办社方向，坚持为教学、科研和学科建设服务的办社宗旨，坚持以科学的理论武装人、以正确的思想引导人、以高尚的精神塑造人、以优秀的作品鼓舞人。

第五条　高等学校出版社是事业单位，实行企业化管理。

第六条　高等学校出版社的主要任务是根据我国教育事业发展的需要，结合教育改革和发展的实际，出版高等学校教学需要的教材、教学参考书、教学工具书及其他教学用书，推动高等学校的教学工作和学科建设。

高等学校出版社的重要任务是出版学术著作。高等学校出版社应出版反映不同学派、学术观点和风格的学术著作，推动学术水平和教师队伍素质的提高，促进我国哲学社会科学及自然科学研究的繁荣和发展。

高等学校出版社要立足本校，面向全国，主动为经济和社会发展、文化教育进步服务，积极出版学校教育和社会教育需要的出版物，为提高全民族思想道德素质和科学文化素质提供更多的精神产品。

第七条　高等学校出版社从事出版活动，应将社会效益放在首位，实现社会效益和经济效益的最佳结合。

第二章　管理体制

第八条　国务院教育行政部门依据有关政策、法规和全国新闻出版整体规划，对全国高等学校出版社进行宏观指导和管理，制定高等学校出版社的发展方针、规划和管理办法。

第九条　国务院有关部门及省（自治区、直辖市）教育行政部门是所属出版社的主管部门。高等学校是所属出版社的主办单位。

第十条　高等学校出版社主管部门的职责是：

1. 监督主办单位按照国家规定落实对所属出版社的管理职责；指导、检查和评估主办单位对所属出版社的领导及管理工作；

2. 依法审核、审批出版物选题；

3. 奖励优秀出版物、表彰优秀高等学校出版社；

4. 国家规定的其他职责。

第十一条　高等学校出版社主办单位的职责是：

1. 监督出版社贯彻执行党的路线、方针和政策，遵守国家的法律和有关规定，坚持正确的办社方向和宗旨；

2. 任免社长，并报主管部门备案；负责考核所属出版社的其他社级负责人；

3. 提供所属出版社建设和发展的必要条件；对新建所属出版社，拨给必要的开办经费及流动资金；

4. 审批所属出版社的发展规划及重要规章制度，审核所属出版社的选题计划，并负责组织对重大选题及书稿内容的审查监督；

5. 监督所属出版社的财务收支情况。

第十二条　高等学校出版社实行社长负责制。高等学校出版社应设专职社长。社长可实行任期制，任期一般应为 5 年，可连任。社长的主要职责是：

1. 坚持正确的办社方向和宗旨；

2. 制定本社的中长期发展规划、选题计划和出版计划，审定书稿的出版；

3. 制定、修改和废除出版社的规章制度，并报主办单位批准；

4. 根据本社的发展规划和实际需要，调整社内机构的设置，招聘工作人员；

5. 聘任由社长推荐、经主办单位考核合格的社级负责人；解聘社级负责人应报主办单位备案；聘任、解聘社级以下干部；

6. 决定本社的分配方案；

7. 保证国有资产的保值增值；

8. 向职工代表大会报告年度工作，听取职工的意见。

第十三条　设有总编辑岗位的高等学校出版社，总编辑在社长领导下开展工作。总编辑的主要职责是：

1. 负责编辑部门的管理工作；

2. 协助社长制定并组织落实选题计划和出版计划；

3. 主管出版物的质量工作；

4. 主管编辑队伍的业务培训和考核工作；

5. 社长授权的其他有关工作。

第十四条　高等学校出版社设立社务委员会。社务委员会是议事机构，社长为主任委员。出版社的重大决策和重要项目的实施应该经社务委员会集体讨论，社长决定，报主办单位备案。

第三章　出版物管理

第十五条　高等学校出版社必须严格遵守国家有关政策和法规，健全和完善各项规章制度，依法从事出版活动。

第十六条　高等学校出版社的出版物不得含有法律、法规等规定禁止的内容。

第十七条　高等学校出版社必须坚持出版物的高品位和高质量。

第十八条　高等学校出版社须严格执行《图书质量保障体系》,切实落实选题论证、重大选题备案、书稿"三审"、出版物审读、年度选题出版计划报批以及出版物档案管理等制度。

第十九条　高等学校出版社应该加强版权管理工作,依法维护著作权人和出版社的合法权益。

第四章　经营管理

第二十条　高等学校出版社要建立适应社会主义市场经济体制及社会主义精神文明建设需要,符合高等学校出版社发展规律的运行机制。

第二十一条　高等学校出版社应提高经营管理的科技含量,充分利用现代管理手段,采用计算机和网络化管理,提高工作效率和管理水平。

第二十二条　高等学校出版社要确立以质量效益为中心的管理责任制。

第二十三条　高等学校出版社应实行独立核算,并接受主办单位及有关部门的财务审计和监督。高等学校出版社应不断完善内部财务管理制度,完善财务核算体系;加强成本管理,合理控制成本;不断提高高等学校出版社的企业化管理水平。

第二十四条　高等学校出版社的经济收益主要用于本社的建设和发展及教材、学术著作的出版补贴。出版社在保证正常经营和发展的情况下,应将部分收益上交主办单位。

第二十五条　高等学校出版社应该建立学术著作和教材出版基金,支持高等学校教材和学术著作的出版。基金主要来源于出版社上缴的部分收益、院系(所)的专项科研或项目经费、社会捐助资金等。

第五章　人员管理

第二十六条　高等学校出版社实行全员聘用(聘任)制度,按需设岗,公开招聘,择优聘用,严格考核。出版社应该与受聘人员签订聘任合同。

第二十七条　高等学校出版社实行多种形式的用人机制,按照相对稳定、合理流动、专兼结合、资源共享的原则,促进人员的有序流动。

第二十八条　高等学校出版社可结合主办单位管理体制改革及本社经济效益,确定分配方式和工资制度,按照效率优先、兼顾公平和生产要素参与分配的原则,确定以岗位工资为主要内容的社内分配办法,以岗定薪,按劳取酬,优劳优酬,收入的分配要向优秀人才和关键岗位倾斜。

第二十九条　高等学校出版社社长的任职条件:

1. 有较高的思想政治水平和政策水平,有较强的法制观念,有较强的事业心和责任感;善于团结,作风民主;

2. 具备较宽的专业知识面,有高级专业技术职称;

3. 熟悉国家出版方面的法律、法规;

4. 具有较为全面的出版业务知识、较为丰富的经营管理经验以及较强的综合管理能力;有较强的市场意识,了解市场规则。

第三十条　高等学校出版社可以根据实际需要,设置相应的专业技术岗位。

第三十一条　高等学校出版社要建立一支政治强、业务精、素质好的编辑、出版、营销和管理队伍。各工作岗位须有相应的学历、专业技术职务及能力要求。

高等学校出版社的业务人员一般应具有本科或相当于本科以上学历的文化水平。

高等学校出版社要有计划地加强本社队伍的思想政治、职业道德建设和业务培训工作,专业人员按照规定经过专门培训后,持证上岗。

第六章　奖励与处罚

第三十二条　对执行本办法有显著成绩和突出贡献的高等学校出版社和有关人员,由主办单位或者主管部门给予表彰和奖励。

第三十三条　高等学校出版社违法从事出版活动的,由出版行政部门依法予以查处。

第三十四条　违反本办法第十一条规定的,有关主管部门对负有领导责任的主办单位的领导给予行政处分。

第三十五条　违反本办法第十二条规定的,除依法处理外,主办单位对负有责任的所属出版社领导及直接责任人给予行政处分。

第七章　附　　则

第三十六条　本办法自发布之日起实施。

外国通讯社在中国境内发布新闻信息管理办法

2006年9月10日新华通讯社发布施行

第一条　为了规范外国通讯社在中国境内发布新闻信息

和国内用户订用外国通讯社新闻信息，促进新闻信息健康、有序传播，根据国家法律、行政法规和国务院的有关规定，制定本办法。

第二条 外国通讯社在中国境内发布文字、图片、图表等新闻信息，适用本办法。

本办法所称外国通讯社包括具有通讯社性质的外国新闻信息发布机构。

第三条 新华通讯社对外国通讯社在中国境内发布新闻信息实行统一管理。

第四条 根据《国务院对确需保留的行政审批项目设定行政许可的决定》，外国通讯社在中国境内发布新闻信息，应当经新华通讯社批准，并由新华通讯社指定的机构(以下简称指定机构)代理。外国通讯社不得在中国境内直接发展新闻信息用户。

除指定机构外，任何单位和个人不得经营、代理外国通讯社的新闻信息。

第五条 外国通讯社申请在中国境内发布新闻信息，应当具备以下条件：

(一)在所在国家(地区)有相应的合法资质；

(二)在新闻信息发布业务领域有良好信誉；

(三)有确定的业务范围；

(四)有与其开展业务相适应的技术传播手段；

(五)中国法律、行政法规规定的其他条件。

第六条 外国通讯社在中国境内发布新闻信息，应当向新华通讯社提交书面申请，并提供下列材料：

(一)所在国家(地区)主管当局出具的相应的合法资质证明；

(二)所在国家(地区)有关机构出具的良好信誉记录证明；

(三)所发布新闻信息的细目、说明和样品；

(四)传播手段说明；

(五)新华通讯社规定的其他材料。

第七条 指定机构代理外国通讯社在中国境内发布新闻信息，应当具备以下条件，并向新华通讯社提交书面申请：

(一)有合法资质；

(二)在新闻信息代理发布业务领域有良好信誉；

(三)有开展与其代理业务相适应的服务网络和技术传播手段；

(四)中国法律、行政法规和部门规章规定的其他条件。

第八条 新华通讯社应当自收到外国通讯社和指定机构提交申请材料之日起20日内作出批准或者不批准决定。批准的，发给批准文件；不批准的，书面通知申请人并说明理由。

第九条 外国通讯社依据批准文件核定的业务范围在中国境内发布新闻信息，应当与指定机构签订代理协议，并自协议签订之日起15日内报新华通讯社备案。

第十条 外国通讯社变更业务范围、传播手段等事项的，应当在变更前向新华通讯社重新申请核发批准文件。

第十一条 外国通讯社在中国境内发布的新闻信息不得含有下列内容：

(一)违反《中华人民共和国宪法》确定的基本原则的；

(二)破坏中国国家统一、主权和领土完整的；

(三)危害中国国家安全和国家荣誉、利益的；

(四)违反中国的宗教政策，宣扬邪教、迷信的；

(五)煽动民族仇恨、民族歧视，破坏民族团结，侵害民族风俗习惯，伤害民族感情的；

(六)散布虚假信息，扰乱中国经济、社会秩序，破坏中国社会稳定的；

(七)宣扬淫秽、暴力或者教唆犯罪的；

(八)侮辱、诽谤他人，侵害他人合法权益的；

(九)危害社会公德或者中华民族优秀文化传统的；

(十)中国法律、行政法规禁止的其他内容。

第十二条 新华通讯社对外国通讯社在中国境内发布的新闻信息有选择权，发现含有本办法第十一条所列内容的，应当予以删除。

第十三条 国内用户订用外国通讯社新闻信息，应当与指定机构签订订用协议，不得以任何方式直接订用、编译和刊用外国通讯社的新闻信息。

国内用户使用外国通讯社新闻信息时，应当注明来源，并不得以任何形式转让。

第十四条 外国通讯社和指定机构应当每年在规定期限内分别就其发布、代理新闻信息的情况向新华通讯社提交报告。

新华通讯社可以根据报告情况进行核查；经核查合格的，方可继续从事新闻信息的发布或者代理业务。

第十五条 任何单位和个人发现有违反本办法行为的，有权向新华通讯社举报，新华通讯社应当依法调查、处理。

第十六条 外国通讯社违反本办法规定，有下列情形之一的，由新华通讯社视情节给予警告、限期改正、暂停特定内容发布、暂停或取消发布资格：

（一）超出批准文件核定的业务范围发布新闻信息的；

（二）直接或者变相发展新闻信息用户的；

（三）发布的新闻信息含有本办法第十一条所列内容的。

第十七条　国内用户违反本办法规定，有下列情形之一的，由新华通讯社视情节给予警告、限期改正、责令指定机构中止或者解除订用协议：

（一）超出订用协议范围使用外国通讯社新闻信息的；

（二）转让所订用的外国通讯社新闻信息的；

（三）使用外国通讯社新闻信息不注明来源的。

第十八条　违反本办法规定，有下列情形之一的，由新华通讯社提请国务院有关部门依法给予行政处罚：

（一）未经新华通讯社批准发布新闻信息的，未经新华通讯社指定机构订用外国通讯社新闻信息的；

（二）擅自经营、代理外国通讯社新闻信息的；

（三）擅自直接编译、刊用外国通讯社新闻信息的。

第十九条　指定机构违反本办法规定，代理未经批准的外国通讯社新闻信息的，由新华通讯社责令改正，对直接负责的主管人员和其他直接责任人员给予纪律处分。

第二十条　新华通讯社工作人员有下列行为之一的，由新华通讯社给予纪律处分：

（一）向不符合本办法规定条件的申请人颁发批准文件的；

（二）不依法履行监督管理职责的；

（三）接到对违法行为的举报后不依法调查处理的；

（四）有滥用职权、玩忽职守、徇私舞弊等行为的。

第二十一条　香港特别行政区、澳门特别行政区、台湾地区的通讯社及其他具有通讯社性质的新闻信息发布机构，在内地发布新闻信息，参照本办法执行。

第二十二条　本办法自发布之日起施行。1996年4月15日新华通讯社发布的《外国通讯社及其所属信息机构在中国境内发布经济信息的管理办法》同时废止。

出版单位变更资本结构审批管理办法

1. 2016年6月19日国家新闻出版广电总局办公厅印发

2. 新广出办发〔2016〕54号

第一条　根据《出版管理条例》等有关法规规定，为规范出版单位变更资本结构审批，制定本办法。

第二条　出版单位变更资本结构审批，是指国家新闻出版广电总局对出版单位变更资本结构依法实施的前置性行政许可。

出版单位变更资本结构包括投资人变更、投资人资本性质变更、投资人出资比例变更等。

第三条　具有下列情形之一的，无须报批：

（一）国有资本投资出版单位；

（二）出版单位经批准上市融资。

第四条　中央和地方出版单位变更资本结构，经出版单位主管机关同意，由主办单位向所在地省级新闻出版广电行政主管部门提出申请，省级新闻出版广电行政主管部门提出审核意见后，报国家新闻出版广电总局审批。

中国人民解放军和中国人民武装警察部队系统出版单位变更资本结构，经出版单位主管机关同意，由主办单位向中央军委政治工作部宣传局提出申请，中央军委政治工作部宣传局提出审核意见后，报国家新闻出版广电总局审批。

网络出版服务单位变更资本结构，直接向所在地省级新闻出版广电行政主管部门提出申请，省级新闻出版广电行政主管部门提出审核意见后，报国家新闻出版广电总局审批。

第五条　出版单位变更资本结构，应当提交下列材料：

（一）申请单位的请示文件；

（二）出版单位主管机关同意文件；

（三）《出版单位变更资本结构申请表》；

（四）出版单位出版许可证、企业法人营业执照、公司章程等证明文件；

（五）出版单位变更资本结构有关决定或协议；

（六）投资人资质证明文件。

第六条　国家新闻出版广电总局应当自受理出版单位变更资本结构申请之日起60个工作日内，作出批准或不批准的决定。不批准的，应当说明理由。

第七条　出版单位收到批准决定后，持批准文件到工商行政管理部门办理相应登记手续，之后到省级新闻出版广电行政主管部门办理登记。

第八条　出版单位未经审批变更资本结构的，根据《出版管理条例》第六十七条规定，由出版行政主管部门责令改正，给予警告；情节严重的，责令限期停业整顿或者由原发证机关吊销出版许可证。

第九条　出版单位为主办单位内设非法人编辑部的，主办单位资本结构变更视同出版单位资本结构变更，参照本办法执行。

第十条　以特殊管理股方式设立的出版单位，其资本结构变更还应符合国家关于特殊管理股的相关规定。

第十一条　本办法自发布之日起施行，《出版单位变更资本结构审批办法（试行）》同时废止。

（3）出版从业人员

出版专业技术人员职业资格管理规定

1. 2008年2月21日新闻出版总署令第37号公布
2. 自2008年6月1日起施行

第一章　总　　则

第一条　为了规范出版专业职业资格管理，提高出版从业人员的整体素质，加强出版专业技术队伍建设，根据国务院《出版管理条例》、《音像制品管理条例》、《国务院对确需保留的行政审批项目设定行政许可的决定》和国家对职业资格管理的有关制度，制定本规定。

第二条　国家对在报纸、期刊、图书、音像、电子、网络出版单位从事出版专业技术工作的人员实行职业资格制度，对职业资格实行登记注册管理。

本规定所称出版专业技术人员包括在图书、非新闻性期刊、音像、电子、网络出版单位内承担内容加工整理、装帧和版式设计等工作的编辑人员和校对人员，以及在报纸、新闻性期刊出版单位从事校对工作的专业技术人员。

第三条　出版专业技术人员职业资格分为初级、中级和高级。初级、中级职业资格通过全国出版专业技术人员职业资格考试取得，高级职业资格通过考试、按规定评审取得。

第四条　凡在出版单位从事出版专业技术工作的人员，必须在到岗2年内取得出版专业职业资格证书，并按本规定办理登记手续；否则，不得继续从事出版专业技术工作。

在出版单位担任责任编辑的人员必须在到岗前取得中级以上出版专业职业资格，并办理注册手续，领取责任编辑证书。

本规定所称责任编辑是指在出版单位为保证出版物的质量符合出版要求，专门负责对拟出版的作品内容进行全面审核和加工整理并在出版物上署名的编辑人员。

第五条　在出版单位担任社长、总编辑、主编、编辑室主任（均含副职）职务的人员，除应具备国家规定的任职条件外，还必须具有中级以上出版专业职业资格并履行登记、注册手续。

第六条　新闻出版总署负责全国出版单位出版专业技术人员职业资格的监督管理工作和中央在京出版单位出版专业技术人员职业资格登记注册工作。省、自治区、直辖市新闻出版行政部门负责本行政区域内的出版专业技术人员职业资格登记注册及管理工作。

第七条　出版专业技术人员应按照规定参加继续教育。

继续教育的具体内容，由新闻出版总署另行规定。

第二章　职业资格登记

第八条　已取得出版专业技术人员职业资格证书的人员应当在取得证书后3个月内申请职业资格登记；未能及时登记的，在按规定参加继续教育的情况下，可以保留其5年内申请职业资格登记的资格。

第九条　职业资格首次登记，应提供以下材料：

（一）出版专业职业资格证书原件；

（二）身份证复印件；

（三）职业资格登记申请表。

第十条　职业资格登记材料由申请人所在出版单位统一报送。中央在京出版单位申报材料由新闻出版总署受理，其他出版单位申报材料由所在地省、自治区、直辖市新闻出版行政部门受理。登记部门应在受理后20日内办理职业资格登记手续。

第十一条　职业资格登记有效期3年，每3年续展登记一次。续展登记时，由申请人所在出版单位于有效期满前30日内申请办理续展登记手续；如有特殊情况，登记有效期可适当延长，但最长不超过3个月，逾期仍不办理续展登记手续的，原登记自动失效。

职业资格登记失效后，按规定参加继续教育的，可以保留其5年内申请职业资格续展登记的资格。

已按规定办理责任编辑注册手续并取得责任编辑证书的人员，无需办理续展登记。

第十二条　职业资格续展登记，需提供以下材料：

（一）出版专业职业资格证书原件；

（二）职业资格续展登记申请表；

（三）近3年继续教育证明。

第十三条　已登记的出版专业技术人员变更出版单位或取得高一级职业资格的，应在3个月内按本规定第九条、第十条申请变更登记。

第三章　责任编辑注册

第十四条　在出版单位拟担任责任编辑的人员，应首先进行职业资格登记，然后申请责任编辑注册，取得责任编辑证书后,方可从事责任编辑工作。

责任编辑注册申请可与职业资格登记申请同时提出。

第十五条　申请责任编辑注册的人员应具备与责任编辑岗位相适应的政治素质、业务能力和职业道德;出版单位应对拟申请责任编辑注册人员的上述情况进行审核。

第十六条　责任编辑首次注册应当提交以下材料:

(一)中级以上出版专业职业资格证书原件;

(二)身份证复印件;

(三)责任编辑注册申请表;

(四)继续教育证明材料。

第十七条　责任编辑注册材料由申请人所在出版单位统一报送。中央在京出版单位注册材料由新闻出版总署受理,其他出版单位注册材料由所在地省、自治区、直辖市新闻出版行政部门受理。注册部门应在受理后20日内办理责任编辑注册手续,为同意注册者颁发责任编辑证书。

第十八条　责任编辑注册有效期3年,每3年续展注册一次。续展注册时,由申请人所在出版单位于有效期满前30日内申请办理续展注册手续;如有特殊情况,注册有效期可适当延长,但最长不超过3个月,逾期仍不办理续展注册手续的,原注册自动失效。

责任编辑注册失效后,按规定参加继续教育的,可以保留其5年内申请责任编辑续展注册的资格。

第十九条　申请责任编辑续展注册,应提交以下材料:

(一)责任编辑证书原件;

(二)责任编辑续展注册申请表;

(三)近3年继续教育证明材料。

第二十条　有下列情况之一者,不予续展注册,注销责任编辑证书:

(一)有本规定第二十五条所列情形之一,情节严重的;

(二)连续2次年度考核达不到岗位职责要求的;

(三)新闻出版总署认定不予续展注册的其他情形的。

第二十一条　被注销责任编辑证书的人员,3年内不得申请责任编辑注册。

第二十二条　已注册的责任编辑变更出版单位或取得高一级职业资格的,应在3个月内按本规定第十六条、第十七条申请变更注册。

第二十三条　责任编辑调离出版单位并不再从事责任编辑工作的,由原所在的出版单位收回《责任编辑证书》,并交原注册机构统一销毁。

第二十四条　新闻出版总署定期向社会公布取得责任编辑证书的人员姓名、所在单位、证书编号等信息,接受社会监督。

第四章　法律责任

第二十五条　责任编辑有下列情形之一的,由新闻出版总署或者省、自治区、直辖市新闻出版行政部门给予警告;情节严重的,注销其责任编辑证书:

(一)有参与买卖书号、刊号、版号等违反出版法规行为的;

(二)担任责任编辑的出版物出现内容质量、编校质量等违法问题的。

第二十六条　出版专业技术人员因违反出版法规被追究刑事责任的,由新闻出版总署或者省、自治区、直辖市新闻出版行政部门取消其出版专业职业资格,注销其出版专业职业资格登记和责任编辑注册,不得继续从事出版专业技术工作,并不得申请参加出版专业职业资格考试。

第二十七条　出版单位有下列情形之一的,由新闻出版总署或者省、自治区、直辖市新闻出版行政部门给予警告、可以根据情节并处3万元以下罚款:

(一)聘用未取得责任编辑证书的人员从事责任编辑工作的;

(二)未按本规定履行出版专业技术人员登记注册手续的。

第二十八条　对出版单位作出行政处罚,新闻出版总署或者省、自治区、直辖市新闻出版行政部门可以告知其主办单位和主管单位,可以向社会公布。

第五章　附　　则

第二十九条　责任编辑证书由新闻出版总署统一印制。

第三十条　中国人民解放军和中国人民武装警察部队系统出版单位出版专业技术人员的职业资格管理工作,由中国人民解放军总政治部宣传部新闻出版局参照本规定执行,并将登记注册信息报新闻出版总署备案。

第三十一条　已取得其他行业高级职称并在出版单位从事出版专业技术工作的人员,可以按照规定申请《专业技术职务资格证书》(编辑专业高级职称证书)的职称转评。

第三十二条　在报纸、新闻性期刊出版单位从事采编工作人员的职业资格管理办法另行制定。

在出版单位从事少数民族语言文字编辑、校对工作的出版专业技术人员职业资格管理办法另行制定。

第三十三条　本规定自2008年6月1日起施行,新闻出版总署2002年6月3日颁布的《出版专业技术人员职业资格管理暂行规定》同时废止。

新闻出版行业领导岗位持证上岗实施办法

1. 2002年6月3日新闻出版总署印发
2. 新出办〔2002〕717号

第一条　为了贯彻落实中共中央办公厅、国务院办公厅转发的《中共中央宣传部、国家广电总局、新闻出版总署关于深化新闻出版广播电视业改革的若干意见》和新闻出版署、中共中央宣传部、国家教委、人事部《关于在出版行业开展岗位培训实施持证上岗制度的规定》,加强新闻出版单位领导岗位持证上岗工作的管理,制定本实施办法(以下简称办法)。

第二条　按本办法规定实施持证上岗的领导岗位是:

1. 出版社(含图书、音像、电子出版单位,下同)社长、总编辑。

2. 期刊社主编。

3. 新华书店省、地(市)、县市店经理(含外文书店、古旧书店以及一级书刊批发单位经理,下同)。

4. 国家级、省级书刊印刷定点企业厂长(经理)。

5. 音像复制单位的法定代表人或主要负责人。

6. 报社社长、总编辑。

(上述岗位均包括副职,下同)。

第三条　本办法所称持证上岗,是指第二条所列岗位人员在经主管机关(部门或单位)批准任职时,须持新闻出版总署统一印制的《岗位培训合格证书》上岗。

第四条　新闻出版总署主管全国新闻出版行业的持证上岗工作,负责对全国新闻出版行业需要持证上岗的岗位及持证上岗要求和时间等作出规定。

省、自治区、直辖市新闻出版局根据新闻出版总署的要求,负责本省(区、市)新闻出版单位领导岗位持证上岗实施工作,并主管本省(区、市)新闻出版单位其他岗位持证上岗工作。

中央和国家机关有关部委、人民团体新闻出版主管部门协助新闻出版总署做好本系统新闻出版单位领导岗位持证上岗管理工作。

第五条　《岗位培训合格证书》由新闻出版总署统一印制并用印,分别由新闻出版总署和各省、自治区、直辖市新闻出版局指定的培训机构颁发,在全国新闻出版行业有效。

第六条　《岗位培训合格证书》通过岗位培训取得。本办法第二条规定岗位的在职或拟任职人员,要在当年内(或任职后半年内)按规定参加由新闻出版总署或各省、自治区、直辖市新闻出版局组织或指定培训机构举办的相应岗位的岗位培训班,学完规定的全部课程,并经考试、考核合格者,即可获得《岗位培训合格证书》。

岗位培训班由新闻出版总署或各省、自治区、直辖市新闻出版局指定的培训机构按年度定期举办。

第七条　《岗位培训合格证书》有效期为五年,持有《岗位培训合格证书》的人员,要在有效期满后的第一年内,按本办法第六条要求参加岗位培训,并重新取得《岗位培训合格证书》。

第八条　持有《岗位培训合格证书》的人员,调离原单位,但不改变任职岗位性质的,其《岗位培训合格证书》继续有效。脱离原岗位工作,并改变岗位性质三年以下,又回原岗位工作的,其《岗位培训合格证书》要经新闻出版管理机关核验,方可有效。脱离原岗位工作并改变岗位性质三年以上的,其《岗位培训合格证书》自行失效。

第九条　新闻出版单位要根据新闻出版总署或各省、自治区、直辖市新闻出版局的规定,定期向上述新闻出版管理机关书面报告本单位领导持证上岗情况。

第十条　从2002年起,新闻出版管理机关要将本办法第二条所列人员持证上岗情况列入新闻出版单位年检内容。年检内容包括:1. 单位领导持证上岗率达不到80%的(非本单位原因除外),新闻出版单位年检主管机关将视不同情况给予警告;2. 单位领导持证上岗率达不到50%的,暂缓年检。对受到警告、暂缓年检的出版单位,要在新闻出版单位年检主管机关规定的时间内,达到持证上岗要求。

第十一条　任何单位和个人不得伪造、涂改、出借、转让《岗位培训合格证书》。《岗位培训合格证书》如有遗失,须由本人提出书面申请,经本单位确认,方可由新闻出版总署或省、自治区、直辖市新闻出版局指定的培训机构按本办法第六条规定审核补发。

第十二条　本办法第二条规定之外的其他岗位的持证上岗位工作,在条件具备时,各省、自治区、直辖市新闻出版局可参照本办法作出具体规定。

第十三条　本办法发布之前,已取得《岗位培训合格证书》的人员，其持证上岗按本办法执行。

第十四条 中国人民解放军所属出版单位持证上岗实施办法，由解放军总政治部另行规定。

第十五条 本办法由新闻出版总署负责解释。

新闻从业人员职务行为信息管理办法

1. 2014年6月30日国家新闻出版广电总局印发

2. 新广出发〔2014〕75号

第一条 为加强新闻从业人员职务行为信息的管理，规范新闻传播秩序，根据《保守国家秘密法》、《劳动合同法》、《著作权法》等有关法律法规，制定本办法。

第二条 本办法所称新闻从业人员职务行为信息，是指新闻单位的记者、编辑、播音员、主持人等新闻采编人员及提供技术支持等辅助活动的其他新闻从业人员，在从事采访、参加会议、听取传达、阅读文件等职务活动中，获取的各类信息、素材以及所采制的新闻作品，其中包含国家秘密、商业秘密、未公开披露的信息等。

第三条 新闻单位要坚持依法依规、趋利避害、善管善用、可管可控的原则，加强职务行为信息管理，确保新闻从业人员职务行为信息使用科学合理、规范有序。

第四条 新闻单位应健全保密制度，对新闻从业人员在职务行为中接触的国家秘密信息，应明确知悉范围和保密期限，健全国家秘密载体的收发、传递、使用、复制、保存和销毁制度，禁止非法复制、记录、存储国家秘密，禁止在任何媒体以任何形式传递国家秘密，禁止在私人交往和通信中涉及国家秘密。

新闻从业人员上岗应当经过保密教育培训，并签订保密承诺书。

第五条 新闻单位应按照《劳动合同法》的有关规定，与新闻从业人员就职务行为信息中的商业秘密、未公开披露的信息、职务作品等与知识产权相关的保密事项，签订职务行为信息保密协议，建立职务行为信息统一管理制度。

保密协议须分类明确新闻从业人员职务行为信息的权利归属、使用规范、离岗离职后的义务和违约责任。

新闻从业人员不得违反保密协议的约定，向其他境内外媒体、网站提供职务行为信息，或者担任境外媒体的“特约记者”、“特约通讯员”、“特约撰稿人”或专栏作者等。

第六条 新闻从业人员不得利用职务行为信息谋取不正当利益。

第七条 新闻从业人员以职务身份开设博客、微博、微信等，须经所在新闻单位批准备案，所在单位负有日常监管职责。

新闻从业人员不得违反保密协议的约定，通过博客、微博、微信公众账号或个人账号等任何渠道，以及论坛、讲座等任何场所，透露、发布职务行为信息。

第八条 新闻从业人员离岗离职要交回所有涉密材料、文件，在法律规定或协议约定的保密期限内履行保密义务。

第九条 新闻单位须将签署保密承诺书和职务行为信息保密协议，作为新闻从业人员劳动聘用和职务任用的必要条件，未签订的不得聘用和任用。

第十条 新闻采编人员申领、换领新闻记者证，须按照《新闻记者证管理办法》的规定提交有关申报材料，申报材料中未包含保密承诺书和职务行为信息保密协议的，不予核发新闻记者证。

第十一条 新闻单位应在参加新闻记者证年度核验时，向新闻出版广电行政部门报告新闻从业人员保密承诺书和保密协议签订、执行情况。

第十二条 新闻从业人员违反保密承诺和保密协议、擅自使用职务行为信息的，新闻单位应依照合同追究违约责任，视情节作出行政处理或纪律处分，并追究其民事责任。

第十三条 新闻单位的主管主办单位应督促所属新闻单位健全保密承诺和保密协议制度，履行管理责任；新闻出版广电行政部门应加强本行政区域内新闻单位职务行为信息管理情况的日常监督检查。

第十四条 新闻从业人员擅自发布职务行为信息造成严重后果的，由新闻出版广电行政部门依法吊销新闻记者证，列入不良从业行为记录，做出禁业或限业处理。

第十五条 新闻单位对新闻从业人员职务行为信息管理混乱，造成失密泄密、敲诈勒索、侵权等严重问题的，由新闻出版广电行政部门等依法查处，责令整改，对拒不改正或整改不到位的不予通过年度核验，情节严重的撤销许可证，并依法追究新闻单位负责人和直接责任人的责任。

第十六条 新闻从业人员违反规定使用职务行为信息造成失密泄密的，依法追究相关人员责任，涉嫌违法犯罪的移送司法机关处理。

第十七条 本办法自发布之日起施行。

（4）出版活动管理

关于对描写党和国家主要领导人的出版物加强管理的规定（节录）

1990年5月5日中共中央宣传部、新闻出版署联合发布

最近一个时期，一些出版社、杂志和报纸出版、发表了一批描写毛泽东、周恩来、刘少奇、朱德、邓小平、陈云等党和国家主要领导人生平的纪实文学、报告文学或传记作品，还有写江泽民、李鹏等同志的图书和文章，在社会上产生了很大的影响。其中有一些作品是写得比较好的，但是总的来看，这类作品过多，存在不少值得重视的问题。例如，有的事实内容不准确、不真实，对人物的评价偏颇不公正；有的擅自公开党中央内部情况和领导人的重要言论；有的热衷于“秘闻”、“内幕”、“隐私”、“野史”，大量使用道听途说的传闻，捏造史实，杜撰领导人的心态、言论和领导人之间的关系，贬低甚至诬蔑革命领袖。这些问题在政治上损害了党的领导，不利于坚持四项基本原则和稳定大局。

为加强对这类出版物的管理，保证质量，经中央批准，现将有关规定通知如下：

一、本规定所称党和国家的主要领导人指：现任或曾任党中央政治局的常委，国家主席、副主席，国务院总理，全国人大常务委员会委员长，中央顾问委员会主任，全国政协主席。本规定所称描写党和国家主要领导人的出版物指：专门描写、记述上述人物的专著、传记、回忆录、纪实文学、报告文学等。

二、出版、发表这类图书、文章必须十分严肃、慎重。所述史实一定要准确，观点必须符合党中央《关于若干历史问题的决议》、《关于建国以来党的若干历史问题的决议》以及中央有关文件的精神。各有关主管部门和出版单位必须严格把关，凡不符合上述要求的，不得出版、发表。

三、这类图书限由人民出版社、中央文献出版社、中共党史资料出版社、中共中央党校出版社、中国青年出版社、解放军出版社和各省、自治区、直辖市人民出版社出版，其他出版社一律不得安排出版。杂志、报纸刊载这类作品，要与杂志、报纸的性质、分工相符，不符的不得刊载。

四、有关出版社在安排这类图书选题时，地方出版社要将书稿报当地新闻出版局，由新闻出版局提出审读意见，经党委宣传部同意后报新闻出版署审批；中央级出版社要将书稿报主管部门，由主管部门提出审读意见后报新闻出版署审批。凡写健在的党和国家主要领导人的书稿，在报送新闻出版署之前，须先由出版单位征求本人意见。新闻出版署在审批中，如有重要疑难问题，可送中央宣传部审批。必要时，中央宣传部可视情况分别请中央文献研究室、中央党史研究室和军事科学院等部门协助审批。

关于部分应取缔出版物认定标准的暂行规定

1989年11月3日新闻出版署发布

中共中央办公厅、国务院办公厅于1989年9月16日发布的《关于整顿、清理书报刊和音像市场严厉打击犯罪活动的通知》明确规定：

“凡属于下列范围的书报刊和音像制品一律取缔：宣扬资产阶级自由化或其他内容反动的；有严重政治错误的；淫秽色情的；夹杂淫秽色情内容、低级庸俗、有害于青少年身心健康的；宣传封建迷信、凶杀暴力的；封面、插图、广告及其他宣传品存在上述问题的；非法出版的书报刊和音像制品。”据此，为使整顿、清理书报刊和音像市场工作的顺利进行，现对部分应取缔的出版物的认定标准作如下具体规定：

一、“夹杂淫秽色情内容、低级庸俗、有害于青少年身心健康的”出版物（简称“夹杂淫秽内容的出版物”），是指尚不能定性为淫秽、色情出版物，但具有下列内容之一，低级庸俗，妨害社会公德，缺乏艺术价值或者科学价值，公开展示或阅读会对普通人特别是青少年身心健康产生危害，甚至诱发青少年犯罪的出版物：

1. 描写性行为、性心理，着力表现生殖器官，会使青少年产生不健康意识的；

2. 宣传性开放、性自由观念的；

3. 具体描写腐化堕落行为，足以导致青少年仿效的；

4. 具体描写诱奸、通奸、淫乱、卖淫的细节的；

5. 具体描写与性行为有关的疾病，如梅毒、淋病、艾滋病等，令普通人厌恶的；

6. 其他刊载的猥亵情节，令普通人厌恶或难以容忍的。

二、“宣扬封建迷信”的出版物，是指除符合国家规定出版的宗教出版物外，其他违反科学、违反理性，宣扬愚昧迷信的出版物：

1. 以看相、算命、看风水、占卜为主要内容的；

2. 宣扬求神问卜、驱鬼治病、算命相面以及其他传播迷信谣言、荒诞信息，足以蛊惑人心，扰乱公共秩序的。

三、宣扬“凶杀暴力”的出版物，是指以有害方式描述凶杀等犯罪活动或暴力行为，足以诱发犯罪，破坏社会治安的出版物：

1. 描写罪犯形象，足以引起青少年对罪犯同情或赞赏的；

2. 描述罪犯践踏法律的行为，唆使人们蔑视法律尊严的；

3. 描述犯罪方法或细节，会诱发或鼓动人们模仿犯罪行为的；

4. 描述离奇荒诞、有悖人性的残酷行为或暴力行为，令普通人感到恐怖、会对青少年造成心理伤害的；

5. 正面肯定抢劫、偷窃、诈骗等具有犯罪性质的行为的。

中小学教辅材料管理办法

1. 2015年8月3日国家新闻出版广电总局、教育部、国家发展改革委印发

2. 新广出发〔2015〕45号

一、为规范中小学教辅材料管理，切实减轻中小学生过重课业负担和学生家长的经济负担，根据《中华人民共和国著作权法》《中华人民共和国教育法》《中华人民共和国义务教育法》《中华人民共和国价格法》《出版管理条例》等法律法规及国务院有关规定，制定本办法。

二、本办法所称中小学教辅材料是指与教科书配套，供中小学生使用的各种学习辅导、考试辅导等出版物，包括：教科书同步练习类出版物，寒暑假作业类出版物，中小学习题、试卷类出版物，省级以上新闻出版行政主管部门认定的其他供中小学生使用的学习、考试辅导类出版物。其产品形态包括图书、报纸、期刊、音像制品、电子出版物等。

三、中小学教辅材料编写出版管理

（一）出版单位出版中小学教辅材料必须符合依法批准的出版业务范围。

（二）中小学教辅材料出版单位要严格规范对外合作行为，严禁任何形式的买卖书号、刊号、版号和一号多用等违法违规行为。

（三）教辅材料主要编写者应当具有相关学科教学经验且熟悉相关教材；各级行政主管部门和负责实施考试命题、监测评价的单位不得组织编写有偿使用的同步练习册、寒暑假作业、初中和高中毕业年级考试辅导类中小学教辅材料。

（四）鼓励有条件的单位组织开发供学生免费使用的教学辅助资源。

四、中小学教辅材料印刷复制管理

（一）出版单位应优先选择通过绿色印刷合格评定的印刷企业印制中小学教辅材料。

（二）出版物印刷复制单位在承接中小学教辅材料印制业务时，必须事先核验出版单位的委托印制手续，手续不齐或无效的一律不得承接。

五、中小学教辅材料发行管理

（一）中小学教辅材料须由新闻出版行政主管部门依法批准、取得《出版物经营许可证》的发行单位发行。未经批准，任何部门、单位和个人一律不得从事中小学教辅材料的发行。

（二）中小学教辅材料出版发行单位不得委托不具备发行资质的部门、单位和个人发行中小学教辅材料。

（三）在中小学教科书发行中，不得搭售中小学教辅材料。

六、中小学教辅材料质量管理

（一）中小学教辅材料出版、印制质量必须符合《中华人民共和国产品质量法》《图书质量管理规定》等有关法律规定，符合国家标准、行业标准及其他规范要求。

（二）中小学教辅材料出版、印制单位应当建立内部质量管理制度，完善中小学教辅材料质量管理机制。

（三）各省、自治区、直辖市新闻出版行政主管部门负责对本行政区域内出版发行的中小学教辅材料质量进行监督检查。

七、中小学教辅材料评议管理

（一）各省、自治区、直辖市教育行政主管部门会同新闻出版行政主管部门、价格主管部门加强对中小学教辅材料使用的指导，组织成立中小学教辅材料评议委员会，下设学科组。学科组负责按照教科书选用程序对进入本地区中小学校的教辅材料进行初评排序，并提出初选意见，提交中小学教辅材料评议委员会审议后进行公告。

（二）中小学教辅材料评议推荐的种类主要是与本地区使用的教科书配套的同步练习册，也可根据教学需要评议推荐寒暑假作业、初中和高中毕业年级考试辅导类教辅材料。凡评议推荐的教辅材料应控制内容容量，避免增加学生负担。中小学教辅材料评议推荐的学科、年级由省级教育行政主管部门确定。一个学科每个版本教科书配套同步练习册送评数少于3种的，该版本该学科不予评议。

提供学生免费使用教辅材料的地方可自行确定使用教辅材料的种类和范围，但应符合《中华人民共和国政府采购法》有关规定。

（三）教辅材料评议委员会要确保专业性和代表性。教辅材料的评议推荐要做到机会均等、过程透明、程序公正。教辅材料编写人员和被评议的教辅材料出版人员不得参加教辅材料评议推荐工作。

（四）省级教辅材料评议公告结果报教育部备案，抄送国家新闻出版广电总局、国家发展改革委、国务院纠风办。

八、中小学教辅材料选用管理

（一）中小学教辅材料的购买与使用实行自愿原则。任何部门和单位不得以任何形式强迫中小学校或学生订购教辅材料。

（二）各地市教材选用委员会根据当地教育实际和教科书使用情况，按照教科书选用的程序，从本省中小学教辅材料评议公告目录中，一个学科每个版本直接为各县（区）或学校推荐1套教辅材料供学生选用。地市教辅材料推荐结果报省级教育行政主管部门备案。

（三）学生自愿购买本地区评议公告目录内的中小学教辅材料并申请学校代购的，学校可以统一代购，但不得从中牟利。其他教辅材料由学生和家长自行在市场购买，学校不得统一征订或提供代购服务。

（四）任何单位和个人不得进入学校宣传、推荐和推销任何教辅材料。

九、中小学教辅材料价格管理

（一）各省、自治区、直辖市评议公告目录内的教辅材料价格管理按国家有关规定执行。

各省、自治区、直辖市物价主管部门要会同新闻出版行政主管部门，加强对列入本地区评议公告目录的教辅材料价格监管。

（二）对各省、自治区、直辖市评议公告目录以外的教辅材料，由出版单位自主定价。在每学期开学前，出版单位要在本单位互联网页显著位置，向社会公开所出版的所有中小学教辅材料价格情况，包括开本、印张数、印张单价、零售价格等情况，主动接受社会监督。

十、从事中小学教辅材料编写、出版、印制、发行活动的单位或个人须严格遵守《中华人民共和国著作权法》等有关法律法规，不得侵害著作权人的合法权益。

使用他人享有著作权的教科书等作品编写出版同步练习册等教辅材料，应依法取得著作权人的授权。

十一、中小学教辅材料监督管理

国家新闻出版广电总局、教育部、国家发展改革委及各省、自治区、直辖市新闻出版行政主管部门、教育行政主管部门、价格主管部门建立健全监督管理制度，接受社会监督。对群众举报和反映的有关教辅材料出版、印制、发行、使用和价格中的违规情况，由各级新闻出版行政主管部门、教育行政主管部门、价格主管部门根据本办法并按各自的管理职责调查处理。

（一）对违反本办法从事中小学教辅材料出版、印刷复制、发行活动的单位或个人，由新闻出版行政主管部门责令其纠正违法行为，依法给予行政处罚，按照相关规定追究有关单位和人员的行政责任。

（二）对违反本办法，强制或变相强制学校或学生购买教辅材料、不按规定代购、从代购教辅材料中收取回扣的单位和个人，由上级教育行政主管部门责令其纠正违规行为，按照相关规定追究有关单位和人员的行政责任。

（三）对违反本办法，擅自或变相提高进入评议公告目录的教辅材料定价标准的，由价格主管部门依照《价格法》、《价格违法行为行政处罚规定》有关法律法规给予处罚，追究有关人员和单位的行政责任。

（四）违反本办法构成犯罪的，由司法机关依法追究刑事责任。

十二、各地要建立工作经费保障机制，确保有关工作顺利开展。

十三、本办法由国家新闻出版广电总局、教育部、国家发展改革委按照行政管理职责负责解释。

十四、本办法自2015年10月1日起施行，2001年印发的《中小学教辅材料管理办法》（新出联〔2001〕8号）、《新闻出版总署、教育部关于〈中小学教辅材料管理办法〉的实施意见》（新出联〔2001〕26号）同时废止。此前与本办法规定不一致的以本办法为准。

（5）出版市场管理

出版物市场管理规定

1. 2016年5月31日国家新闻出版广电总局、商务部令第10号公布
2. 自2016年6月1日起施行

第一章　总　　则

第一条　为规范出版物发行活动及其监督管理，建立全国统一开放、竞争有序的出版物市场体系，满足人民群众精神文化需求，推进社会主义文化强国建设，根据《出版管理条例》和有关法律、行政法规，制定本规定。

第二条　本规定适用于出版物发行活动及其监督管理。

本规定所称出版物，是指图书、报纸、期刊、音像制品、电子出版物。

本规定所称发行，包括批发、零售以及出租、展销等活动。

批发是指供货商向其他出版物经营者销售出版物。

零售是指经营者直接向消费者销售出版物。

出租是指经营者以收取租金的形式向消费者提供出版物。

展销是指主办者在一定场所、时间内组织出版物经营者集中展览、销售、订购出版物。

第三条　国家对出版物批发、零售依法实行许可制度。从事出版物批发、零售活动的单位和个人凭出版物经营许可证开展出版物批发、零售活动；未经许可，任何单位和个人不得从事出版物批发、零售活动。

任何单位和个人不得委托非出版物批发、零售单位或者个人销售出版物或者代理出版物销售业务。

第四条　国家新闻出版广电总局负责全国出版物发行活动的监督管理，负责制定全国出版物发行业发展规划。

省、自治区、直辖市人民政府出版行政主管部门负责本行政区域内出版物发行活动的监督管理，制定本省、自治区、直辖市出版物发行业发展规划。省级以下各级人民政府出版行政主管部门负责本行政区域内出版物发行活动的监督管理。

制定出版物发行业发展规划须经科学论证，遵循合法公正、符合实际、促进发展的原则。

第五条　国家保障、促进发行业的发展与转型升级，扶持实体书店、农村发行网点、发行物流体系、发行业信息化建设等，推动网络发行等新兴业态发展，推动发行业与其他相关产业融合发展。对为发行业发展作出重要贡献的单位和个人，按照国家有关规定给予奖励。

第六条　发行行业的社会团体按照其章程，在出版行政主管部门的指导下，实行自律管理。

第二章　申请从事出版物发行业务

第七条　单位从事出版物批发业务，应当具备下列条件：

（一）已完成工商注册登记，具有法人资格；

（二）工商登记经营范围含出版物批发业务；

（三）有与出版物批发业务相适应的设备和固定的经营场所，经营场所面积合计不少于50平方米；

（四）具备健全的管理制度并具有符合行业标准的信息管理系统。

本规定所称经营场所，是指企业在工商行政主管部门注册登记的住所。

第八条　单位申请从事出版物批发业务，可向所在地地市级人民政府出版行政主管部门提交申请材料，地市级人民政府出版行政主管部门在接受申请材料之日起10个工作日内完成审核，审核后报省、自治区、直辖市人民政府出版行政主管部门审批；申请单位也可直接报所在地省、自治区、直辖市人民政府出版行政主管部门审批。

省、自治区、直辖市人民政府出版行政主管部门自受理申请之日起20个工作日内作出批准或者不予批准的决定。批准的，由省、自治区、直辖市人民政府出版行政主管部门颁发出版物经营许可证，并报国家新闻出版广电总局备案。不予批准的，应当向申请人书面说明理由。

申请材料包括下列书面材料：

（一）营业执照正副本复印件；

（二）申请书，载明单位基本情况及申请事项；

（三）企业章程；

（四）注册资本数额、来源及性质证明；

（五）经营场所情况及使用权证明；

（六）法定代表人及主要负责人的身份证明；

（七）企业信息管理系统情况的证明材料。

第九条　单位、个人从事出版物零售业务，应当具备下列条件：

（一）已完成工商注册登记；

（二）工商登记经营范围含出版物零售业务；

（三）有固定的经营场所。

第十条　单位、个人申请从事出版物零售业务，须报所在地县级人民政府出版行政主管部门审批。

县级人民政府出版行政主管部门应当自受理申请之日起20个工作日内作出批准或者不予批准的决定。批准的，由县级人民政府出版行政主管部门颁发出版物经营许可证，并报上一级出版行政主管部门备案；其中门店营业面积在5000平方米以上的应同时报省级人民政府出版行政主管部门备案。不予批准的，应当向申请单位、个人书面说明理由。

申请材料包括下列书面材料：

（一）营业执照正副本复印件；

（二）申请书，载明单位或者个人基本情况及申请事项；

（三）经营场所的使用权证明。

第十一条　单位从事中小学教科书发行业务，应取得国家新闻出版广电总局批准的中小学教科书发行资质，并在批准的区域范围内开展中小学教科书发行活动。单位从事中小学教科书发行业务，应当具备下列条件：

（一）以出版物发行为主营业务的公司制法人；

（二）有与中小学教科书发行业务相适应的组织机构和发行人员；

（三）有能够保证中小学教科书储存质量要求的、与其经营品种和规模相适应的储运能力，在拟申请从事中小学教科书发行业务的省、自治区、直辖市、计划单列市的仓储场所面积在5000平方米以上，并有与中小学教科书发行相适应的自有物流配送体系；

（四）有与中小学教科书发行业务相适应的发行网络。在拟申请从事中小学教科书发行业务的省、自治区、直辖市、计划单列市的企业所属出版物发行网点覆盖不少于当地70%的县（市、区），且以出版物零售为主营业务，具备相应的中小学教科书储备、调剂、添货、零售及售后服务能力；

（五）具备符合行业标准的信息管理系统；

（六）具有健全的管理制度及风险防控机制和突发事件处置能力；

（七）从事出版物批发业务五年以上。最近三年内未受到出版行政主管部门行政处罚，无其他严重违法违规记录。

审批中小学教科书发行资质，除依照前款所列条件外，还应当符合国家关于中小学教科书发行单位的结构、布局宏观调控和规划。

第十二条　单位申请从事中小学教科书发行业务，须报国家新闻出版广电总局审批。

国家新闻出版广电总局应当自受理之日起20个工作日内作出批准或者不予批准的决定。批准的，由国家新闻出版广电总局作出书面批复并颁发中小学教科书发行资质证。不予批准的，应当向申请单位书面说明理由。

申请材料包括下列书面材料：

（一）申请书，载明单位基本情况及申请事项；

（二）企业章程；

（三）出版物经营许可证和企业法人营业执照正副本复印件；

（四）法定代表人及主要负责人的身份证明，有关发行人员的资质证明；

（五）最近三年的企业法人年度财务会计报告及证明企业信誉的有关材料；

（六）经营场所、发行网点和储运场所的情况及使用权证明；

（七）企业信息管理系统情况的证明材料；

（八）企业发行中小学教科书过程中能够提供的服务和相关保障措施；

（九）企业法定代表人签署的企业依法经营中小学教科书发行业务的承诺书；

（十）拟申请从事中小学教科书发行业务的省、自治区、直辖市、计划单列市人民政府出版行政主管部门对企业基本信息、经营状况、储运能力、发行网点等的核实意见；

（十一）其他需要的证明材料。

第十三条　单位、个人从事出版物出租业务，应当于取得营业执照后15日内到当地县级人民政府出版行政主管部门备案。

备案材料包括下列书面材料：

（一）营业执照正副本复印件；

（二）经营场所情况；

（三）法定代表人或者主要负责人情况。

相关出版行政主管部门应在10个工作日内向申请备案单位、个人出具备案回执。

第十四条　国家允许外商投资企业从事出版物发行业务。

设立外商投资出版物发行企业或者外商投资企业从事出版物发行业务，申请人应向地方商务主管部门报送拟设立外商投资出版物发行企业的合同、章程，办理外商投资审批手续。地方商务主管部门在征得出版行政主管部门同意后，按照有关法律、法规的规定，作出批准或者不予批准的决定。予以批准的，颁发外商投资企业批准证书，并在经营范围后加注“凭行业经营许可开展”；不予批准的，书面通知申请人并说明理由。

申请人持外商投资企业批准证书到所在地工商行政主管部门办理营业执照或者在营业执照企业经营范围后加注相关内容，并按照本规定第七条至第十条及第十三条的有关规定到所在地出版行政主管部门履行审批或备案手续。

第十五条　单位、个人通过互联网等信息网络从事出版物发行业务的，应当依照本规定第七条至第十条的规定取得出版物经营许可证。

已经取得出版物经营许可证的单位、个人在批准的经营范围内通过互联网等信息网络从事出版物发行业务的，应自开展网络发行业务后15日内到原批准的出版行政主管部门备案。

备案材料包括下列书面材料：

（一）出版物经营许可证和营业执照正副本复印件；

（二）单位或者个人基本情况；

（三）从事出版物网络发行所依托的信息网络的情况。

相关出版行政主管部门应在10个工作日内向备案单位、个人出具备案回执。

第十六条　书友会、读者俱乐部或者其他类似组织申请从事出版物零售业务，按照本规定第九条、第十条的有关规定到所在地出版行政主管部门履行审批手续。

第十七条　从事出版物发行业务的单位、个人可在原发证机关所辖行政区域一定地点设立临时零售点开展其业务范围内的出版物销售活动。设立临时零售点时间不得超过10日，应提前到设点所在地县级人民政府出版行政主管部门备案并取得备案回执，并应遵守所在地其他有关管理规定。

备案材料包括下列书面材料：

（一）出版物经营许可证和营业执照正副本复印件；

（二）单位、个人基本情况；

（三）设立临时零售点的地点、时间、销售出版物品种；

（四）其他相关部门批准设立临时零售点的材料。

第十八条　出版物批发单位可以从事出版物零售业务。

出版物批发、零售单位设立不具备法人资格的发行分支机构，或者出版单位设立发行本版出版物的不具备法人资格的发行分支机构，不需单独办理出版物经营许可证，但应依法办理分支机构工商登记，并于领取营业执照后15日内到原发证机关和分支机构所在地出版行政主管部门备案。

备案材料包括下列书面材料：

（一）出版物经营许可证或者出版单位的出版许可证及分支机构营业执照正副本复印件；

（二）单位基本情况；

（三）单位设立不具备法人资格的发行分支机构的经营场所、经营范围等情况。

相关出版行政主管部门应在10个工作日内向备案单位、个人出具备案回执。

第十九条　从事出版物发行业务的单位、个人变更出版物经营许可证登记事项，或者兼并、合并、分立的，应当依照本规定到原批准的出版行政主管部门办理审批手续。出版行政主管部门自受理申请之日起20个工作日内作出批准或者不予批准的决定。批准的，由出版行政主管部门换发出版物经营许可证；不予批准的，应当向申请单位、个人书面说明理由。

申请材料包括下列书面材料：

（一）出版物经营许可证和营业执照正副本复印件；

（二）申请书，载明单位或者个人基本情况及申请变更事项；

（三）其他需要的证明材料。

从事出版物发行业务的单位、个人终止经营活动的，应当于15日内持出版物经营许可证和营业执照向原批准的出版行政主管部门备案，由原批准的出版行政主管部门注销出版物经营许可证。

第三章　出版物发行活动管理

第二十条　任何单位和个人不得发行下列出版物：

（一）含有《出版管理条例》禁止内容的违禁出版物；

（二）各种非法出版物，包括：未经批准擅自出版、印刷或者复制的出版物，伪造、假冒出版单位或者报刊名称出版的出版物，非法进口的出版物；

（三）侵犯他人著作权或者专有出版权的出版物；

（四）出版行政主管部门明令禁止出版、印刷或者复制、发行的出版物。

第二十一条　内部发行的出版物不得公开宣传、陈列、展示、征订、销售或面向社会公众发送。

第二十二条　从事出版物发行业务的单位和个人在发行活动中应当遵循公平、守法、诚实、守信的原则，依法订立供销合同，不得损害消费者的合法权益。

从事出版物发行业务的单位、个人，必须遵守下列规定：

（一）从依法取得出版物批发、零售资质的出版发行单位进货；发行进口出版物的，须从依法设立的出版物进口经营单位进货；

（二）不得超出出版行政主管部门核准的经营范围经营；

（三）不得张贴、散发、登载有法律、法规禁止内容的或者有欺诈性文字、与事实不符的征订单、广告和宣传画；

（四）不得擅自更改出版物版权页；

（五）出版物经营许可证应在经营场所明显处张挂；利用信息网络从事出版物发行业务的，应在其网站主页面或者从事经营活动的网页醒目位置公开出版物经营许可证和营业执照登载的有关信息或链接标识；

（六）不得涂改、变造、出租、出借、出售或者以其他任何形式转让出版物经营许可证和批准文件。

第二十三条　从事出版物发行业务的单位、个人，应查验供货单位的出版物经营许可证并留存复印件或电子文件，并将出版物发行进销货清单等有关非财务票据至少保存两年，以备查验。

进销货清单应包括进销出版物的名称、数量、折扣、金额以及发货方和进货方单位公章（签章）。

第二十四条　出版物发行从业人员应接受出版行政主管部门组织的业务培训。出版物发行单位应建立职业培训制度，积极组织本单位从业人员参加依法批准的职业技能鉴定机构实施的发行员职业技能鉴定。

第二十五条　出版单位可以发行本出版单位出版的出版物。发行非本出版单位出版的出版物的，须按照从事出版物发行业务的有关规定办理审批手续。

第二十六条　为出版物发行业务提供服务的网络交易平台应向注册地省、自治区、直辖市人民政府出版行政主管部门备案，接受出版行政主管部门的指导与监督管理。

备案材料包括下列书面材料：

（一）营业执照正副本复印件；

（二）单位基本情况；

（三）网络交易平台的基本情况。

省、自治区、直辖市人民政府出版行政主管部门应于10个工作日内向备案的网络交易平台出具备案回执。

提供出版物发行网络交易平台服务的经营者，应当对申请通过网络交易平台从事出版物发行业务的经营主体身份进行审查，核实经营主体的营业执照、出版物经营许可证，并留存证照复印件或电子文档备查。不得向无证无照、证照不齐的经营者提供网络交易平台服务。

为出版物发行业务提供服务的网络交易平台经营者应建立交易风险防控机制，保留平台内从事出版物发行业务经营主体的交易记录两年以备查验。对在网络交易平台内从事各类违法出版物发行活动的，应当采取有效措施予以制止，并及时向所在地出版行政主管部门报告。

第二十七条　省、自治区、直辖市出版行政主管部门和全国性出版、发行行业协会，可以主办全国性的出版物展销活动和跨省专业性出版物展销活动。主办单位应提前2个月报国家新闻出版广电总局备案。

市、县级出版行政主管部门和省级出版、发行协会可以主办地方性的出版物展销活动。主办单位应提前2个月报上一级出版行政主管部门备案。

备案材料包括下列书面材料：

（一）展销活动主办单位；

（二）展销活动时间、地点；

（三）展销活动的场地、参展单位、展销出版物品种、活动筹备等情况。

第二十八条　从事中小学教科书发行业务，必须遵守下列规定：

（一）从事中小学教科书发行业务的单位必须具备中小学教科书发行资质；

（二）纳入政府采购范围的中小学教科书，其发行单位须按照《中华人民共和国政府采购法》的有关规定确定；

（三）按照教育行政主管部门和学校选定的中小学教科书，在规定时间内完成发行任务，确保“课前到书，人手一册”。因自然灾害等不可抗力导致中小学教科书发行受到影响的，应及时采取补救措施，并报告所在地出版行政和教育行政主管部门；

（四）不得在中小学教科书发行过程中擅自征订、搭售教学用书目录以外的出版物；

（五）不得将中小学教科书发行任务向他人转让和分包；

（六）不得涂改、倒卖、出租、出借中小学教科书发行资质证书；

（七）中小学教科书发行费率按照国家有关规定执行，不得违反规定收取发行费用；

（八）做好中小学教科书的调剂、添货、零售和售后服务等相关工作；

（九）应于发行任务完成后30个工作日内向国家

新闻出版广电总局和所在地省级出版行政主管部门书面报告中小学教科书发行情况。

中小学教科书出版单位应在规定时间内向依法确定的中小学教科书发行单位足量供货，不得向不具备中小学教科书发行资质的单位供应中小学教科书。

第二十九条　任何单位、个人不得从事本规定第二十条所列出版物的征订、储存、运输、邮寄、投递、散发、附送等活动。

从事出版物储存、运输、投递等活动，应当接受出版行政主管部门的监督检查。

第三十条　从事出版物发行业务的单位、个人应当按照出版行政主管部门的规定接受年度核验，并按照《中华人民共和国统计法》《新闻出版统计管理办法》及有关规定如实报送统计资料，不得以任何借口拒报、迟报、虚报、瞒报以及伪造和篡改统计资料。

出版物发行单位、个人不再具备行政许可的法定条件的，由出版行政主管部门责令限期改正；逾期仍未改正的，由原发证机关撤销出版物经营许可证。

中小学教科书发行单位不再具备中小学教科书发行资质的法定条件的，由出版行政主管部门责令限期改正；逾期仍未改正的，由原发证机关撤销中小学教科书发行资质证。

第四章　法律责任

第三十一条　未经批准，擅自从事出版物发行业务的，依照《出版管理条例》第六十一条处罚。

第三十二条　发行违禁出版物的，依照《出版管理条例》第六十二条处罚。

发行国家新闻出版广电总局禁止进口的出版物，或者发行未从依法批准的出版物进口经营单位进货的进口出版物，依照《出版管理条例》第六十三条处罚。

发行其他非法出版物和出版行政主管部门明令禁止出版、印刷或者复制、发行的出版物的，依照《出版管理条例》第六十五条处罚。

发行违禁出版物或者非法出版物的，当事人对其来源作出说明、指认，经查证属实的，没收出版物和非法所得，可以减轻或免除其他行政处罚。

第三十三条　违反本规定发行侵犯他人著作权或者专有出版权的出版物的，依照《中华人民共和国著作权法》和《中华人民共和国著作权法实施条例》的规定处罚。

第三十四条　在中小学教科书发行过程中违反本规定，有下列行为之一的，依照《出版管理条例》第六十五条处罚：

（一）发行未经依法审定的中小学教科书的；

（二）不具备中小学教科书发行资质的单位从事中小学教科书发行活动的；

（三）未按照《中华人民共和国政府采购法》有关规定确定的单位从事纳入政府采购范围的中小学教科书发行活动的。

第三十五条　出版物发行单位未依照规定办理变更审批手续的，依照《出版管理条例》第六十七条处罚。

第三十六条　单位、个人违反本规定被吊销出版物经营许可证的，其法定代表人或者主要负责人自许可证被吊销之日起10年内不得担任发行单位的法定代表人或者主要负责人。

第三十七条　违反本规定，有下列行为之一的，由出版行政主管部门责令停止违法行为，予以警告，并处3万元以下罚款：

（一）未能提供近两年的出版物发行进销货清单等有关非财务票据或者清单、票据未按规定载明有关内容的；

（二）超出出版行政主管部门核准的经营范围经营的；

（三）张贴、散发、登载有法律、法规禁止内容的或者有欺诈性文字、与事实不符的征订单、广告和宣传画的；

（四）擅自更改出版物版权页的；

（五）出版物经营许可证未在经营场所明显处张挂或者未在网页醒目位置公开出版物经营许可证和营业执照登载的有关信息或者链接标识的；

（六）出售、出借、出租、转让或者擅自涂改、变造出版物经营许可证的；

（七）公开宣传、陈列、展示、征订、销售或者面向社会公众发送规定应由内部发行的出版物的；

（八）委托无出版物批发、零售资质的单位或者个人销售出版物或者代理出版物销售业务的；

（九）未从依法取得出版物批发、零售资质的出版发行单位进货的；

（十）提供出版物网络交易平台服务的经营者未按本规定履行有关审查及管理责任的；

（十一）应按本规定进行备案而未备案的；

（十二）不按规定接受年度核验的。

第三十八条　在中小学教科书发行过程中违反本规定，有下列行为之一的，由出版行政主管部门责令停止违法行为，予以警告，并处3万元以下罚款：

（一）擅自调换已选定的中小学教科书的；

（二）擅自征订、搭售教学用书目录以外的出版物的；

（三）擅自将中小学教科书发行任务向他人转让和分包的；

（四）涂改、倒卖、出租、出借中小学教科书发行资质证书的；

（五）未在规定时间内完成中小学教科书发行任务的；

（六）违反国家有关规定收取中小学教科书发行费用的；

（七）未按规定做好中小学教科书的调剂、添货、零售和售后服务的；

（八）未按规定报告中小学教科书发行情况的；

（九）出版单位向不具备中小学教科书发行资质的单位供应中小学教科书的；

（十）出版单位未在规定时间内向依法确定的中小学教科书发行企业足量供货的；

（十一）在中小学教科书发行过程中出现重大失误，或者存在其他干扰中小学教科书发行活动行为的。

第三十九条　征订、储存、运输、邮寄、投递、散发、附送本规定第二十条所列出版物的，按照本规定第三十二条进行处罚。

第四十条　未按本规定第三十条报送统计资料的，按照《新闻出版统计管理办法》有关规定处理。

第五章　附　　则

第四十一条　允许香港、澳门永久性居民中的中国公民依照内地有关法律、法规和行政规章，在内地各省、自治区、直辖市设立从事出版物零售业务的个体工商户，无需经过外资审批。

第四十二条　本规定所称中小学教科书，是指经国务院教育行政主管部门审定和经授权审定的义务教育教学用书（含配套教学图册、音像材料等）。

中小学教科书发行包括中小学教科书的征订、储备、配送、分发、调剂、添货、零售、结算及售后服务等。

第四十三条　出版物经营许可证和中小学教科书发行资质证的设计、印刷、制作与发放等，按照《新闻出版许可证管理办法》有关规定执行。

第四十四条　本规定由国家新闻出版广电总局会同商务部负责解释。

第四十五条　本规定自2016年6月1日起施行，原新闻出版总署、商务部2011年3月25日发布的《出版物市场管理规定》同时废止。本规定施行前与本规定不一致的其他规定不再执行。

新闻出版许可证管理办法

1. 2016年1月24日国家新闻出版广电总局令第4号公布
2. 根据2017年12月11日国家新闻出版广电总局令第13号《关于废止、修改和宣布失效部分规章、规范性文件的决定》修正

第一章　总　　则

第一条　为加强新闻出版许可证（以下简称许可证）管理，规范新闻出版市场秩序，维护公民、法人和其他组织的合法权益，根据《中华人民共和国行政许可法》《出版管理条例》《音像制品管理条例》《印刷业管理条例》等相关法律、法规制定本办法。

第二条　本办法所称许可证，是指新闻出版行政部门根据公民、法人或其他组织的申请，经依法审查，准予其从事新闻出版活动的行政许可证件。

许可证的设立、设计、印刷、制作、发放、使用、换发、补发、变更、注销等管理适用本办法。

第三条　新闻出版行政部门在许可证管理中应当遵循依法、公开、规范、便民的原则。

无法律法规依据，不得以任何名义和形式向行政相对人收取涉及许可证的相关费用。

第四条　国家新闻出版广电总局负责全国新闻出版许可证监督检查、统一备案和信息公示等职责；地方新闻出版行政部门负责本辖区许可证的监督检查职责。

各级新闻出版行政部门负责对所发放、注销、吊销的许可证在政府网站或经批准公开发行的报纸上进行公示。

第二章　许可证的设立、设计、印刷、制作与发放

第五条　许可证设立，是指对依法设定的行政许可项目，决定以颁发许可证的形式作为许可证件。

许可证设立，必须以法律法规设定的行政许可为依据。

第六条　许可证设计，是指对许可证的登记项目和样式进行的设计。设计许可证时须规定其有效期限。

国家新闻出版广电总局负责各类许可证的设立与设计。

第七条　许可证印刷，是指按照许可证的设计样式，印刷不含登记内容的纸质许可证或复制不含登记内容的电子许可证。

许可证的印刷原则上由实施行政许可的新闻出版

行政部门负责，根据实际情况也可由上级新闻出版行政部门统一印刷。

第八条 许可证制作，是指空白许可证的内容填写、盖章、封装等。

许可证须由新闻出版行政部门依法作出行政许可批准决定或按本办法及有关规定履行补发、换发手续后制作。

许可证的许可登记项目内容必须与行政许可决定内容相一致。许可证不得交由行政相对人自行填写或由其他机构代为填写。

许可证登记事项发生变更的，由办理变更登记的新闻出版行政部门在许可证相应位置加盖变更专用章。

许可证加盖实施行政许可的或办理变更登记的新闻出版行政部门公章或变更专用章后，正本、副本具有同等的法律效力，其他任何部门或单位不得在许可证上加盖公章。

第九条 许可证发放，是指将许可证送达行政相对人。

许可证原则上由实施行政许可的新闻出版行政部门发放。为方便行政相对人，也可由实施行政许可的新闻出版行政部门依法委托下级新闻出版行政部门代为发放。

新闻出版行政部门应当自作出行政许可批准决定之日起10个工作日内，将许可证送达行政相对人。

委托发放许可证的，下级新闻出版行政部门应自收到行政许可批准决定和许可证后4个工作日内送达行政相对人，并不得要求行政相对人另行办理许可证申领手续。

第三章 许可证的使用、换发与补发

第十条 许可证持证者应按照许可证所载明的业务范围和期限从事新闻出版活动。

第十一条 许可证不得伪造、涂改、冒用，或者以买卖、租借等任何形式转让。

第十二条 许可证有效期满即失效。持证者需要延续依法取得的许可证的，应当在该许可证有效期限届满30日前，向原发证机关提出换发许可证申请。

第十三条 许可证发生损坏、丢失的，持证人应向原发证机关申请补发新证。申请时须将损坏的许可证原件缴还原发证机关。发证机关应当自收到补发许可证申请后5个工作日内，注销旧证，发放新证。

第十四条 换发新的许可证时，应同时收回旧证。除国家新闻出版广电总局直接换发的许可证外，其余旧证按属地管理原则由属地许可证换发部门统一登记销毁，并于销毁后1个月内将换发、销毁情况逐级报上级新闻出版行政部门备案。

第四章 许可证的变更与注销

第十五条 许可证登记的许可事项发生变更的，实施行政许可的新闻出版行政部门应根据持证者提出的许可申请，履行审批程序，按审批权限在变更记录页上办理变更登记或由原发证机关换发新证。

第十六条 许可证登记的非许可事项发生变更的，实施行政许可或受委托的新闻出版行政部门根据持证者提出的变更申请，原则上应现场即时完成许可证副本变更记录页的变更登记或由原发证机关换发新证，为行政相对人提供便捷高效的服务。

第十七条 实行年度核验制度的行政许可，许可证在年度核验合格并加盖核验章后继续使用。

第十八条 有《行政许可法》第七十条规定情形的，由实施行政许可的新闻出版行政部门在1个月内注销许可证并公示。

第五章 许可证的电子信息化管理

第十九条 国家实行统一的许可证信息化管理。国家新闻出版广电总局负责"全国新闻出版许可证信息管理系统"的总体设计、建设指导以及应用协调等工作，实行许可证信息的全国联网、集中公示和有效管理。

第二十条 地方各级新闻出版行政部门按要求做好"全国新闻出版许可证信息管理系统"的衔接、应用工作，严格履行信息采集、报送等职责。

第二十一条 新闻出版行政部门在条件具备时制作发放电子许可证。电子许可证与纸质许可证具有同等的法律效力。

第六章 法律责任

第二十二条 新闻出版行政部门有下列行为之一的，依据《行政许可法》第六十九条、第七十四条，由其上级行政机关或者监察机关责令纠正违法违规行为，撤销行政许可，注销所发放的许可证并予以通报批评；情节严重的，追究部门主要领导和直接责任人员的行政责任：

（一）无法定行政许可依据或超越权限设立许可证的；

（二）未经法定行政许可，擅自制作、发放许可证的；

（三）违规在许可证上加盖公章的；

（四）擅自改变许可证样式、登记项目并制作、发放许可证的。

第二十三条　新闻出版行政部门有下列行为之一的，由其上级行政机关或者监察机关责令改正并通报批评：

（一）由行政相对人或其他机构代为填写许可证内容的；

（二）不按行政许可决定填写许可证内容的；

（三）发放许可证时要求行政相对人另行办理申领手续的；

（四）未按规定及时发放许可证的；

（五）未按规定逐级报备废旧许可证销毁情况的。

第二十四条　违法违规收取涉及许可证有关费用的，依据《行政许可法》第七十五条，由其上级行政机关或者监察机关追究有关领导和直接责任人员的行政责任，监督退还所收取的费用并通报批评；情节严重的，移交有关部门查处。

第二十五条　新闻出版行政部门工作人员在涉及许可证的有关工作中，利用职务获取不当利益的，依据《出版管理条例》第六十条规定处罚。

第二十六条　行政相对人有下列行为之一的，依据《行政许可法》《出版管理条例》《音像制品管理条例》《印刷业管理条例》和有关部门规章的规定处罚；没有相应规定的，由新闻出版行政部门责令改正，情节严重的，并处警告或3万元以下罚款：

（一）许可证登记事项发生改变，未依法依规进行变更登记的；

（二）涂改、出卖、租借或者以其他形式非法转让许可证的；

（三）以欺骗、贿赂等不正当手段取得许可证的；

（四）未按许可证载明的业务范围从事新闻出版活动的。

第七章　附　　则

第二十七条　《新闻记者证》等有关人员资格证书不适用本办法。

第二十八条　省级新闻出版行政部门可根据本地区实际制定实施办法。

第二十九条　电子许可证和“全国新闻出版许可证信息管理系统”的管理办法由国家新闻出版广电总局另行制定。

第三十条　地方性法规设定行政许可的许可证的设立、设计、印刷、制作、发放、变更登记事项、注销等，可参照本办法进行管理。

第三十一条　本办法自2016年3月1日起施行。

出版物样本赠阅财务管理办法

1．1992年4月18日财政部、新闻出版署印发
2．〔92〕财文字第57号

第一条　根据国务院发布的《国营企业成本管理条例》和财政部发布的《国营出版企业成本管理实施细则》、《国营报社成本管理实施细则》、《国营音像企业成本管理实施细则》的有关规定，为了加强图书、报纸、期刊（杂志）、音像等出版单位样本赠阅的财务管理，降低成本开支，特制订本办法。

第二条　列入本办法进行管理的样书、样报、样刊、样带、样片（以下简称样本）包括：图书、报纸、期刊（杂志）、录音带、录像带、唱片等出版物。

第三条　本办法适用于下列经国家新闻出版行政机关批准成立的出版社（含音像，下同）、报社、期刊（杂志）社及国家有关部门批准成立的音像单位：

一、国营综合出版社、专业出版社、出版公司；

二、国营报社和党政机关、事业、团体附属的报社；

三、国营期刊（杂志）社和机关、事业、团体附属的期刊（杂志）社；

四、国营音像企业和机关、事业、团体附属的音像单位。

第四条　样本赠阅，是指出版单位按国家有关规定缴纳和赠送著译者（以下简称作者）的样本，出版单位有关部门和工作用样本，以及出版单位必须送请有关部门和领导审阅的样本。

第五条　样本赠阅范围与数量：

一、出版单位按国家规定的数量向新闻出版署、中国版本图书馆、北京图书馆缴纳的样本；地方出版单位向本省、自治区、直辖市和计划单列市新闻出版机构和指定的图书馆缴纳的样本。

二、出版单位赠送作者的样本

（一）图书

1．10人以下（含10人）和机关团体（创作、翻译、校点、编选等，下同）的作品首次出版，可赠送总数10—20册（套）。

2．10人以上的作品首次出版，如是单卷本（不包括大型辞书、工具书）可赠送每人1册；如是多卷集，每人只赠送其主编（或收有作品）的有关卷1本；大型辞书、工具书、画册等，只赠送主要编纂者，每种赠送数量最多不超过20本。

3. 出版单位重印的图书不再赠送作者，如果修订后再版，可赠送作者样本，但赠送数量不得超过首次出版赠送样书的50%。

(二)期刊(杂志)

期刊(杂志)每期可赠送刊有作品的作者1—2本。

(三)报纸

报纸每期可赠送刊登作品的作者1—2份。

(四)音像制品

音像出版单位首次出版发行的录音带、录像带、唱片，可赠送作者、导演和主要表演者样本。录音带、唱片每人赠送1—3盒(张)；录像带每人1盒。

三、出版单位工作样本

(一)出版单位的工作用样本，包括留存的版本以及资料、编辑、设计、校对、编务、出版、发行、财务等部门的工作用样本，参加评奖、展览等活动以及与有关出版单位对口交换的样本。

(二)出版单位的工作用样本，图书每种不得超过60册(套)、期刊(杂志)每期不得超过100本；报纸每期不得超过250份。具体数量由各省、自治区、直辖市和计划单列市新闻出版局商财政厅(局)确定。

(三)音像出版单位的工作用样本，必须由资料部门集中管理。录音带、唱片不得超过20盒(张)，录像带不得超过10盒，有关部门需要时，从资料部门借用。

(四)出版单位举行出版物首发式和看样订货所需的样本，应严格控制数量。具体办法由各省、自治区、直辖市和计划单列市新闻出版局商财政厅(局)结合本省(区、市)实际情况制订。

四、出版单位按照新闻出版署和各省、自治区、直辖市和计划单列市新闻出版局规定送有关部门或领导审阅的样本；音像单位按照主管部门规定送有关部门或领导审阅的样本。

第六条　样本赠阅的审批与管理：

(一)出版单位的样本赠阅，必须指定一个部门统一管理，并由专人审批。

(二)赠阅样本时，要填写《样本领用单》(格式附后)，凭单一式三联，分别由样本管理部门、成品管理部门和财务部门用于存查或报帐。

(三)样本管理部门要按月(或季)编制《样本赠阅汇总表》(格式附后)，并附凭单报财务部门，财务部门要认真审核，严格按本办法规定入帐。

(四)出版单位有关部门工作用的样本，应指派专人登记保管，每年清理一次，已用完的样本要如数交回样本管理部门，由样本管理部门集中折价销售或作为废品处理。

(五)出版单位之间交换样本，必须由资料管理部门统一进行，交换回的样本要交资料管理部门进行登记、管理。

第七条　样本赠阅费用列支的财务规定：

(一)出版单位在本办法第五条规定的范围内赠送及领用的样本，可按实际成本或批发折扣在样本赠阅费中列支。

(二)出版单位处理本单位有关部门工作用样本的收款，应全部交财务部门，冲减样本赠阅费支出。

(三)出版单位超出本办法第五条规定范围和数量赠送的样本，不得在样本赠阅费中列支。其中：赠送外单位或个人的样本从本单位自有资金列支；赠送本单位职工的样本必须在职工奖励基金中列支，并按规定缴纳奖金税或工资调节税。

第八条　各级财政、新闻出版、审计、税务等部门，要加强监督检查，对不按本规定执行的部门、单位、个人按照《国务院关于违反财政法规处罚的暂行规定》严肃处理。

第九条　各省、自治区、直辖市和计划单列市财政厅(局)和新闻出版局可根据本办法制定具体实施细则或补充规定，并报财政部和新闻出版署备案。

第十条　中央单位参照所在地财政厅(局)、新闻出版局的有关规定执行。

第十一条　本办法由财政部、新闻出版署负责解释。

第十二条　本办法自1992年1月1日起执行。

最高人民法院关于审理非法出版物刑事案件具体应用法律若干问题的解释

1. 1998年12月11日最高人民法院审判委员会第1032次会议通过
2. 1998年12月17日公布
3. 法释〔1998〕30号
4. 自1998年12月23日起施行

为依法惩治非法出版物犯罪活动，根据刑法的有关规定，现对审理非法出版物刑事案件具体应用法律的若干问题解释如下：

第一条　明知出版物中载有煽动分裂国家、破坏国家统一或者煽动颠覆国家政权、推翻社会主义制度的内容，而予以出版、印刷、复制、发行、传播的，依照刑法第一百零三条第二款或者第一百零五条第二款的规定，以煽动分裂国家罪或者煽动颠覆国家政权罪定罪处罚。

第二条　以营利为目的，实施刑法第二百一十七条所列侵犯著作权行为之一，个人违法所得数额在五万元以上，单位违法所得数额在二十万元以上的，属于"违法所得数额较大"；具有下列情形之一的，属于"有其他严重情节"：

（一）因侵犯著作权曾经两次以上被追究行政责任或者民事责任，两年内又实施刑法第二百一十七条所列侵犯著作权行为之一的；

（二）个人非法经营数额在二十万元以上，单位非法经营数额在一百万元以上的；

（三）造成其他严重后果的。

以营利为目的，实施刑法第二百一十七条所列侵犯著作权行为之一，个人违法所得数额在二十万元以上，单位违法所得数额在一百万元以上的，属于"违法所得数额巨大"；具有下列情形之一的，属于"有其他特别严重情节"：

（一）个人非法经营数额在一百万元以上，单位非法经营数额在五百万元以上的；

（二）造成其他特别严重后果的。

第三条　刑法第二百一十七条第（一）项中规定的"复制发行"，是指行为人以营利为目的，未经著作权人许可而实施的复制、发行或者既复制又发行其文字作品、音乐、电影、电视、录像作品、计算机软件及其他作品的行为。

第四条　以营利为目的，实施刑法第二百一十八条规定的行为，个人违法所得数额在十万元以上，单位违法所得数额在五十万元以上的，依照刑法第二百一十八条的规定，以销售侵权复制品罪定罪处罚。

第五条　实施刑法第二百一十七条规定的侵犯著作权行为，又销售该侵权复制品，违法所得数额巨大的，只定侵犯著作权罪，不实行数罪并罚。

实施刑法第二百一十七条规定的侵犯著作权的犯罪行为，又明知是他人的侵权复制品而予以销售，构成犯罪的，应当实行数罪并罚。

第六条　在出版物中公然侮辱他人或者捏造事实诽谤他人，情节严重的，依照刑法第二百四十六条的规定，分别以侮辱罪或者诽谤罪定罪处罚。

第七条　出版刊载歧视、侮辱少数民族内容的作品，情节恶劣，造成严重后果的，依照刑法第二百五十条的规定，以出版歧视、侮辱少数民族作品罪定罪处罚。

第八条　以牟利为目的，实施刑法第三百六十三条第一款规定的行为，具有下列情形之一的，以制作、复制、出版、贩卖、传播淫秽物品牟利罪定罪处罚：

（一）制作、复制、出版淫秽影碟、软件、录像带五十至一百张（盒）以上，淫秽音碟、录音带一百至二百张（盒）以上，淫秽扑克、书刊、画册一百至二百副（册）以上，淫秽照片、画片五百至一千张以上的；

（二）贩卖淫秽影碟、软件、录像带一百至二百张（盒）以上，淫秽音碟、录音带二百至四百张（盒）以上，淫秽扑克、书刊、画册二百至四百副（册）以上，淫秽照片、画片一千至二千张以上的；

（三）向他人传播淫秽物品达二百至五百人次以上，或者组织播放淫秽影、像达十至二十场次以上的；

（四）制作、复制、出版、贩卖、传播淫秽物品，获利五千至一万元以上的。

以牟利为目的，实施刑法第三百六十三条第一款规定的行为，具有下列情形之一的，应当认定为制作、复制、出版、贩卖、传播淫秽物品牟利罪"情节严重"：

（一）制作、复制、出版淫秽影碟、软件、录像带二百五十至五百张（盒）以上，淫秽音碟、录音带五百至一千张（盒）以上，淫秽扑克、书刊、画册五百至一千副（册）以上，淫秽照片、画片二千五百至五千张以上的；

（二）贩卖淫秽影碟、软件、录像带五百至一千张（盒）以上，淫秽音碟、录音带一千至二千张（盒）以上，淫秽扑克、书刊、画册一千至二千副（册）以上，淫秽照片、画片五千至一万张以上的；

（三）向他人传播淫秽物品达一千至二千人次以上，或者组织播放淫秽影、像达五十至一百场次以上的；

（四）制作、复制、出版、贩卖、传播淫秽物品，获利三万至五万元以上的。

以牟利为目的，实施刑法第三百六十三条第一款规定的行为，其数量（数额）达到前款规定的数量（数额）五倍以上的，应当认定为制作、复制、出版、贩卖、传播淫秽物品牟利罪"情节特别严重"。

第九条　为他人提供书号、刊号，出版淫秽书刊的，依照刑法第三百六十三条第二款的规定，以为他人提供书号出版淫秽书刊罪定罪处罚。

为他人提供版号，出版淫秽音像制品的，依照前款规定定罪处罚。

明知他人用于出版淫秽书刊而提供书号、刊号的，依照刑法第三百六十三条第一款的规定，以出版淫秽物品牟利罪定罪处罚。

第十条 向他人传播淫秽的书刊、影片、音像、图片等出版物达三百至六百人次以上或者造成恶劣社会影响的，属于“情节严重”，依照刑法第三百六十四条第一款的规定，以传播淫秽物品罪定罪处罚。

组织播放淫秽的电影、录像等音像制品达十五至三十场次以上或者造成恶劣社会影响的，依照刑法第三百六十四条第二款的规定，以组织播放淫秽音像制品罪定罪处罚。

第十一条 违反国家规定，出版、印刷、复制、发行本解释第一条至第十条规定以外的其他严重危害社会秩序和扰乱市场秩序的非法出版物，情节严重的，依照刑法第二百二十五条第（三）项的规定，以非法经营罪定罪处罚。

第十二条 个人实施本解释第十一条规定的行为，具有下列情形之一的，属于非法经营行为“情节严重”：

（一）经营数额在五万元至十万元以上的；

（二）违法所得数额在二万元至三万元以上的；

（三）经营报纸五千份或者期刊五千本或者图书二千册或者音像制品、电子出版物五百张（盒）以上的。

具有下列情形之一的，属于非法经营行为“情节特别严重”：

（一）经营数额在十五万元至三十万元以上的；

（二）违法所得数额在五万元至十万元以上的；

（三）经营报纸一万五千份或者期刊一万五千本或者图书五千册或者音像制品、电子出版物一千五百张（盒）以上的。

第十三条 单位实施本解释第十一条规定的行为，具有下列情形之一的，属于非法经营行为“情节严重”：

（一）经营数额在十五万元至三十万元以上的；

（二）违法所得数额在五万元至十万元以上的；

（三）经营报纸一万五千份或者期刊一万五千本或者图书五千册或者音像制品、电子出版物一千五百张（盒）以上的。

具有下列情形之一的，属于非法经营行为“情节特别严重”：

（一）经营数额在五十万元至一百万元以上的；

（二）违法所得数额在十五万元至三十万元以上的；

（三）经营报纸五万份或者期刊五万本或者图书一万五千册或者音像制品、电子出版物五千张（盒）以上的。

第十四条 实施本解释第十一条规定的行为，经营数额、违法所得数额或者经营数量接近非法经营行为“情节严重”、“情节特别严重”的数额、数量起点标准，并具有下列情形之一的，可以认定为非法经营行为“情节严重”、“情节特别严重”：

（一）两年内因出版、印刷、复制、发行非法出版物受过行政处罚两次以上的；

（二）因出版、印刷、复制、发行非法出版物造成恶劣社会影响或者其他严重后果的。

第十五条 非法从事出版物的出版、印刷、复制、发行业务，严重扰乱市场秩序，情节特别严重，构成犯罪的，可以依照刑法第二百二十五条第（三）项的规定，以非法经营罪定罪处罚。

第十六条 出版单位与他人事前通谋，向其出售、出租或者以其他形式转让该出版单位的名称、书号、刊号、版号，他人实施本解释第二条、第四条、第八条、第九条、第十条、第十一条规定的行为，构成犯罪的，对该出版单位应当以共犯论处。

第十七条 本解释所称“经营数额”，是指以非法出版物的定价数额乘以行为人经营的非法出版物数量所得的数额。

本解释所称“违法所得数额”，是指获利数额。

非法出版物没有定价或者以境外货币定价的，其单价数额应当按照行为人实际出售的价格认定。

第十八条 各省、自治区、直辖市高级人民法院可以根据本地的情况和社会治安状况，在本解释第八条、第十条、第十二条、第十三条规定的有关数额、数量标准的幅度内，确定本地执行的具体标准，并报最高人民法院备案。

3. 广播电影电视管理

广播电台电视台播放录音制品支付报酬暂行办法

1. 2009年11月10日国务院令第566号公布
2. 根据2011年1月8日国务院令第588号《关于废止和修改部分行政法规的决定》修订

第一条　为了保障著作权人依法行使广播权，方便广播电台、电视台播放录音制品，根据《中华人民共和国著作权法》（以下称著作权法）第四十四条的规定，制定本办法。

第二条　广播电台、电视台可以就播放已经发表的音乐作品向著作权人支付报酬的方式、数额等有关事项与管理相关权利的著作权集体管理组织进行约定。

广播电台、电视台播放已经出版的录音制品，已经与著作权人订立许可使用合同的，按照合同约定的方式和标准支付报酬。

广播电台、电视台依照著作权法第四十四条的规定，未经著作权人的许可播放已经出版的录音制品（以下称播放录音制品）的，依照本办法向著作权人支付报酬。

第三条　本办法所称播放，是指广播电台、电视台以无线或者有线的方式进行的首播、重播和转播。

第四条　广播电台、电视台播放录音制品，可以与管理相关权利的著作权集体管理组织约定每年向著作权人支付固定数额的报酬；没有就固定数额进行约定或者约定不成的，广播电台、电视台与管理相关权利的著作权集体管理组织可以以下列方式之一为基础，协商向著作权人支付报酬：

（一）以本台或者本台各频道（频率）本年度广告收入扣除15%成本费用后的余额，乘以本办法第五条或者第六条规定的付酬标准，计算支付报酬的数额；

（二）以本台本年度播放录音制品的时间总量，乘以本办法第七条规定的单位时间付酬标准，计算支付报酬的数额。

第五条　以本办法第四条第（一）项规定方式确定向著作权人支付报酬的数额的，自本办法施行之日起5年内，按照下列付酬标准协商支付报酬的数额：

（一）播放录音制品的时间占本台或者本频道（频率）播放节目总时间的比例（以下称播放时间比例）不足1%的，付酬标准为0.01%；

（二）播放时间比例为1%以上不足3%的，付酬标准为0.02%；

（三）播放时间比例为3%以上不足6%的，相应的付酬标准为0.09%到0.15%，播放时间比例每增加1%，付酬标准相应增加0.03%；

（四）播放时间比例为6%以上10%以下的，相应的付酬标准为0.24%到0.4%，播放时间比例每增加1%，付酬标准相应增加0.04%；

（五）播放时间比例超过10%不足30%的，付酬标准为0.5%；

（六）播放时间比例为30%以上不足50%的，付酬标准为0.6%；

（七）播放时间比例为50%以上不足80%的，付酬标准为0.7%；

（八）播放时间比例为80%以上的，付酬标准为0.8%。

第六条　以本办法第四条第（一）项规定方式确定向著作权人支付报酬的数额的，自本办法施行届满5年之日起，按照下列付酬标准协商支付报酬的数额：

（一）播放时间比例不足1%的，付酬标准为0.02%；

（二）播放时间比例为1%以上不足3%的，付酬标准为0.03%；

（三）播放时间比例为3%以上不足6%的，相应的付酬标准为0.12%到0.2%，播放时间比例每增加1%，付酬标准相应增加0.04%；

（四）播放时间比例为6%以上10%以下的，相应的付酬标准为0.3%到0.5%，播放时间比例每增加1%，付酬标准相应增加0.05%；

（五）播放时间比例超过10%不足30%的，付酬标准为0.6%；

（六）播放时间比例为30%以上不足50%的，付酬标准为0.7%；

（七）播放时间比例为50%以上不足80%的，付酬标准为0.8%；

（八）播放时间比例为80%以上的，付酬标准为0.9%。

第七条　以本办法第四条第（二）项规定的方式确定向著作权人支付报酬的数额的，按照下列付酬标准协商支付报酬的数额：

（一）广播电台的单位时间付酬标准为每分钟

0.30元；

(二)电视台的单位时间付酬标准自本办法施行之日起5年内为每分钟1.50元，自本办法施行届满5年之日起为每分钟2元。

第八条 广播电台、电视台播放录音制品，未能依照本办法第四条的规定与管理相关权利的著作权集体管理组织约定支付报酬的固定数额，也未能协商确定应支付报酬的，应当依照本办法第四条第(一)项规定的方式和第五条、第六条规定的标准，确定向管理相关权利的著作权集体管理组织支付报酬的数额。

第九条 广播电台、电视台转播其他广播电台、电视台播放的录音制品的，其播放录音制品的时间按照实际播放时间的10%计算。

第十条 中部地区的广播电台、电视台依照本办法规定方式向著作权人支付报酬的数额，自本办法施行之日起5年内，按照依据本办法规定计算出的数额的50%计算。

西部地区的广播电台、电视台以及全国专门对少年儿童、少数民族和农村地区等播出的专业频道(频率)，依照本办法规定方式向著作权人支付报酬的数额，自本办法施行之日起5年内，按照依据本办法规定计算出的数额的10%计算；自本办法施行届满5年之日起，按照依据本办法规定计算出的数额的50%计算。

第十一条 县级以上人民政府财政部门将本级人民政府设立的广播电台、电视台播放录音制品向著作权人支付报酬的支出作为核定其收支的因素，根据本地区财政情况综合考虑，统筹安排。

第十二条 广播电台、电视台向著作权人支付报酬，以年度为结算期。

广播电台、电视台应当于每年度第一季度将其上年度应当支付的报酬交由著作权集体管理组织转付给著作权人。

广播电台、电视台通过著作权集体管理组织向著作权人支付报酬时，应当提供其播放作品的名称、著作权人姓名或者名称、播放时间等情况，双方已有约定的除外。

第十三条 广播电台、电视台播放录音制品，未向管理相关权利的著作权集体管理组织会员以外的著作权人支付报酬的，应当按照本办法第十二条的规定将应支付的报酬送交管理相关权利的著作权集体管理组织；管理相关权利的著作权集体管理组织应当向著作权人转付。

第十四条 著作权集体管理组织向著作权人转付报酬，除本办法已有规定外，适用《著作权集体管理条例》的有关规定。

第十五条 广播电台、电视台依照本办法规定将应当向著作权人支付的报酬交给著作权集体管理组织后，对著作权集体管理组织与著作权人之间的纠纷不承担责任。

第十六条 广播电台、电视台与著作权人或者著作权集体管理组织因依照本办法规定支付报酬产生纠纷的，可以依法向人民法院提起民事诉讼，或者根据双方达成的书面仲裁协议向仲裁机构申请仲裁。

第十七条 本办法自2010年1月1日起施行。

有线电视管理暂行办法

1. 1990年11月16日广播电影电视部令第2号发布

2. 根据2011年1月8日国务院令第588号《关于废止和修改部分行政法规的决定》第一次修订

3. 根据2018年9月18日国务院令第703号《关于修改部分行政法规的决定》第二次修订

第一条 为了加强有线电视的管理，宣传国家的法律和方针政策，传播科学文化知识，丰富人民的精神生活，促进社会主义物质文明和精神文明建设，制定本办法。

第二条 本办法所称的有线电视，是指下列利用电缆或者光缆传送电视节目的公共电视传输系统：

(一)接收、传送无线电视节目，播放自制电视节目和录像片的有线电视台；

(二)接收、传送无线电视节目，播放录像片的有线电视站；

(三)接收、传送无线电视节目的共用天线系统。

第三条 国务院广播电视行政管理部门负责全国有线电视管理工作和有线电视事业发展规划。

省、自治区、直辖市广播电视行政管理部门负责本行政区域内的有线电视管理工作和有线电视事业发展规划。

第四条 机关、部队、团体、企业事业单位，符合下列条件的，可以申请开办有线电视台：

(一)符合当地电视覆盖网络的整体规划要求；

(二)有专门的管理机构，专职的采访、编辑、制作、摄像、播音、传输以及技术维修人员；

(三)有可靠的经费来源；

（四）有省级以上广播电视行政管理部门根据国家有关技术标准认定合格的摄像、编辑、播音设备；

（五）有固定的节目制作场所；

（六）有省级以上广播电视行政管理部门根据国家有关技术标准认定合格的传输设备；

（七）有固定的播映场所。

具备前款第（一）项、第（三）项、第（六）项和第（七）项规定条件的，可以申请开办有线电视站。

禁止利用有线电视站播放自制电视节目。

个人不得申请开办有线电视台、有线电视站。

第五条　单位或者个人设置共用天线系统，必须健全管理措施或者配备管理人员，必须使用省级以上广播电视行政管理部门根据国家有关技术标准认定合格的传输设备。

禁止利用共用天线系统播放自制电视节目和录像片。

第六条　开办有线电视台，必须经省级广播电视行政管理部门初步审查同意后，报国务院广播电视行政管理部门批准，由国务院广播电视行政管理部门发给《有线电视台许可证》。

开办有线电视站，必须经县级广播电视行政管理部门初步审查同意后，报省级广播电视行政管理部门批准，由省级广播电视行政管理部门发给《有线电视站许可证》。

设置共用天线系统，由设置共用天线系统的单位或者个人向县级广播电视行政管理部门备案。

第七条　工程设计、安装单位承担有线电视台的工程设计、安装任务的，必须经省级广播电视行政管理部门批准，由省级广播电视行政管理部门发给《有线电视台设计（安装）许可证》。

工程设计、安装单位承担有线电视站、共用天线系统的设计、安装任务的，必须经县级广播电视行政管理部门批准，由县级广播电视行政管理部门发给《有线电视站、共用天线系统设计（安装）许可证》。

第八条　有线电视台、有线电视站工程竣工后，由省级广播电视行政管理部门组织或者委托有关单位验收。未经验收或者验收不合格的，不得投入使用。

第九条　有线电视台、有线电视站播映的电视节目必须符合有关法律、法规和国家有关部门关于电视节目和录像制品的规定。严禁播映反动、淫秽以及妨碍国家安全和社会安定的自制电视节目或者录像片。

第十条　有线电视台、有线电视站必须完整地直接接收、传送中央电视台和地方电视台的新闻和其他重要节目。

第十一条　开办有线电视台、有线电视站的单位应当建立健全设备、片目、播映等管理制度，必须按月编制播映的节目单，经开办单位主管领导审核后，报县级广播电视行政管理部门备案。

第十二条　已开办的有线电视台、有线电视站，因条件发生变化，不再继续开办的，应当在1个月内向审批机关报告，由审批机关注销。

第十三条　行政区域性的有线电视台、有线电视站，由当地广播电视行政管理部门根据国务院广播电视行政管理部门的有关规定开办。

第十四条　学校开办用于教学目的的有线电视，由有关教育行政管理部门参照本办法的规定审批、管理，并由审批机关抄学校所在地的县级以上广播电视行政管理部门备案。

第十五条　县级以上地方各级广播电视行政管理部门负责对当地有线电视设施和有线电视播映活动进行监督检查，对违反本办法的行为，视情节轻重，给予相应的行政处罚：

（一）对违反本办法第八条、第九条、第十条或者第十一条的规定的有线电视台、有线电视站，可以处以警告、2万元以下的罚款或者吊销许可证，并可以建议直接责任人所在单位对其给予行政处分；

（二）对违反本办法第六条的规定未获得许可证私自开办有线电视台、有线电视站，违反本办法第四条的规定私自利用有线电视站播映自制电视节目以及违反本办法第五条的规定私自利用共用天线系统播映自制电视节目或者录像片的，可以处以警告、2万元以下的罚款，并可以同时没收其播映设备；

（三）对违反本办法第七条的规定未获有线电视台或者有线电视站、共用天线系统设计（安装）许可证，私自承揽有线电视台、有线电视站或者共用天线系统设计、安装任务的，除责令其停止非法业务活动外，可以处以1万元以下的罚款。

第十六条　当事人对广播电视行政管理部门的行政处罚决定不服的，可以在收到处罚决定书之日起15日内，向作出行政处罚决定的机关的上一级机关申请复议。上一级广播电视行政管理部门应当在收到复议申请之日起1个月内作出复议决定。当事人对复议决定不服的，可以在接到复议决定之日起15日内向人民法院提起诉讼。当事人在规定的期限内不申请复议、也不向人民法院提起诉讼、又不履行处罚决定的，由作出处罚决定的机关申请人民法院强制执行。

第十七条　对违反本办法，构成违反治安管理的行为，由公安机关依照《中华人民共和国治安管理处罚法》的规定予以处罚；情节严重构成犯罪的，由司法机关依法追究刑事责任。

第十八条　用于国防、公安、国家安全业务的有线电视系统由中国人民解放军有关部门、公安部、国家安全部分别管理。

第十九条　本办法由国务院广播电视行政管理部门负责解释。

第二十条　本办法自发布之日起施行。

广播电影电视行政复议办法

2001年5月9日国家广播电影电视总局令第5号发布施行

第一条　为了防止和纠正违法的或者不当的广播电影电视具体行政行为，保护公民、法人和其他组织的合法权益，保障和监督广播电影电视行政机关依法行使职权，根据《中华人民共和国行政复议法》（以下简称行政复议法），并结合本系统实际，制定本办法。

第二条　公民、法人或者其他组织认为广播电影电视具体行政行为侵犯其合法权益，向上一级广播电影电视行政部门或机构（以下统称广播电影电视行政机关）提出行政复议申请，广播电影电视行政机关受理行政复议申请、作出行政复议决定，适用行政复议法和本办法。

第三条　依照本办法履行行政复议职责的广播电影电视行政机关是广播电影电视行政复议机关。地市级以上广播电影电视行政机关应当明确具体办理行政复议事项的机构和人员。

第四条　广播电影电视行政复议机关负责法制工作的机构具体办理行政复议事项，履行下列职责：

（一）受理行政复议申请；

（二）向有关组织和人员调查取证，查阅有关文件和资料；

（三）审查申请行政复议的具体行政行为是否合法与适当，拟订行政复议决定；

（四）处理或转送对有关规范性文件的审查申请；

（五）对被申请人违反行政复议法和本办法的行为，依照规定的权限和程序提出处理建议；

（六）办理因不服行政复议决定提起行政诉讼的应诉事项；

（七）法律、法规规定的其他职责。

第五条　国家广播电影电视总局负责指导全国广播电影电视系统的行政复议工作。

上级广播电影电视行政机关对下级广播电影电视行政机关的行政复议工作进行检查、监督和指导。下级广播电影电视行政复议机关每年应将受理行政复议案件的情况及时向上级广播电影电视行政机关上报。

第六条　广播电影电视行政复议机关履行行政复议职责，应当遵循合法、公正、公开、及时、便民的原则，坚持有错必纠，保障法律、法规的正确实施。

第七条　广播电影电视行政复议机关受理申请人对下列广播电影电视具体行政行为不服提出的行政复议申请：

（一）对广播电影电视行政机关作出的警告、罚款、没收违法所得、没收从事违法活动的专用工具、设备和节目载体等非法财物、责令停产停业、暂扣或者吊销许可证（执照）等行政处罚决定不服的；

（二）对广播电影电视行政机关作出的行政强制措施决定不服的；

（三）对广播电影电视行政机关的有关许可证（执照）、资格证等证书的变更、终止、撤销决定不服的；

（四）认为符合法定条件，申请广播电影电视行政机关颁发许可证（执照）、资格证等证书，或者申请审批、登记有关事项，行政机关没有依法办理的；

（五）认为广播电影电视行政机关侵犯合法的经营自主权，或者违法要求其履行义务的；

（六）认为广播电影电视行政机关的其他具体行政行为侵犯其合法权益的。

第八条　公民、法人或者其他组织认为广播电影电视行政机关的具体行政行为所依据的规范性文件不合法，在对具体行政行为申请行政复议时，可以一并提出对该文件的审查申请。对规范性文件的审查申请不含国家广播电影电视总局规章和地方人民政府规章。

第九条　公民、法人或者其他组织认为具体行政行为侵犯其合法权益申请行政复议，应当自知道该具体行政行为之日起六十日内提出。

因不可抗力或者其他正当理由耽误法定申请期限的，申请期限自障碍消除之日起继续计算。在障碍消除后，申请人应提供有关证明。

第十条　认为广播电影电视行政机关的具体行政行为侵犯其合法权益，依法申请行政复议的公民、法人或者其他组织，是申请人。

同申请行政复议的具体行政行为有利害关系的公

民、法人或者其他组织,可以作为第三人参加行政复议。

申请人对广播电影电视行政机关的具体行政行为不服申请行政复议,作出具体行政行为的广播电影电视行政机关是被申请人。

申请人、第三人可以委托一至二名代理人代为参加行政复议。委托代理人须向复议机关提交授权委托书,载明委托事项和权限。

第十一条　申请人申请行政复议,一般应当书面申请,如确有困难,也可以口头申请。

书面申请的,应当在申请书中载明申请人的基本情况,被申请人的名称、地址,行政复议请示申请复议的主要事实、理由和时间。申请书上应有申请人的签字或签章。

口头申请的,复议机关应当当场记录上述情况,并由申请人签字或盖章。

第十二条　对县级以上广播电影电视行政机关作出的具体行政行为不服的,申请人可以向一级广播电影电视行政机关申请行政复议,也可以向同级人民政府申请行政复议。

对广播电影电视行政机关与其他同级行政机关以共同名义作出的具体行政行为不服的,向其共同上一级行政机关申请行政复议。

对国家广播电影电视总局作出的具体行政行为不服的,向国家广播电影电视总局申请行政复议。

第十三条　凡符合行政复议法和本办法的行政复议申请,广播电影电视行政复议机关必须依据行政复议法规定的受理程序予以受理。行政复议机关无正当理由不予受理的,上级广播电影电视行政机关应当责令其受理;必要时,上级广播电影电视行政机关也可以直接受理。

广播电影电视行政机关的信访或者其他机构收到行政复议申请后,应当及时送交本单位负责行政复议工作的机构。

第十四条　广播电影电视行政复议机关收到行政复议申请后,应当在五个工作日内进行审查。对有下列情形之一的,决定不予受理,并以《不予受理决定书》的形式书面告知申请人:

(一)不属于法定行政复议范围的;

(二)超过法定申请行政复议期限,且无本办法第九条第二款规定情形的;

(三)已向人民法院提起行政诉讼,人民法院已依法受理的;

(四)其他不符合行政复议法规定的。

对符合行政复议法规定,但是不属于本机关受理的行政复议申请,应当告知申请人向有关行政复议机关提出。

第十五条　除第十四条规定外,行政复议申请自行政复议机关负责复议工作的机构收到之日起即为受理。行政复议申请一经受理,应及时告知申请人和被申请人。

复议机构收到复议申请的日期,属直接从邮递渠道收到或者从复议机关其他部门、机构及其下属机构转来的,由复议机构的签收章确认;属申请人当面递交的由复议机构经办人在申请书上注明收到日期,并由递交人签字确认。

第十六条　行政复议期间具体行政行为不停止执行,但有行政复议法第二十一条规定情形之一的,可以停止执行。决定停止执行的,应将对具体行政行为的《停止执行通知书》送达被申请人。

第十七条　广播电影电视行政复议机关对依法受理的行政复议申请,应按照行政复议法的规定进行审查,作出复议决定。审查前,复议机构应做好下列准备工作:

(一)确定行政复议工作人员;

(二)明确复议参加人;

(三)按规定发送复议法律文书。

复议机构审查复议案件时,如认为有必要,可以要求本机关内相关机构的人员参加。

第十八条　行政复议原则上采取书面审查的办法,但有下列情形之一的,复议机构可以向有关组织和人员调查情况,听取申请人、被申请人和第三人的意见:

(一)申请人提出要求的;

(二)案件主要事实不清的;

(三)案情重大、复杂、疑难的;

(四)复议机构认为有必要的。

复议机构调查情况、听取意见时,复议人员不得少于两人,并应当制作《行政复议调查笔录》,调查笔录应由被调查人、调查人签名或盖章。

第十九条　广播电影电视行政复议机关负责复议工作的机构应当自行政复议申请受理之日起七个工作日内,将行政复议申请书副本或者行政复议申请笔录复印件发送被申请人。被申请人应当自收到申请书副本或者申请笔录复印件之日起十日内,提出书面答复,并提交当初作出具体行政行为的证据、依据和其他有关材料。

第二十条　被申请人提交的《行政复议被申请人答复

书》应当载明下列内容：

（一）被申请人的名称、地址，法定代表人姓名及职务；

（二）作出具体行政行为的事实、证据和依据，对有关事实的陈述应注明相应的证据材料和出处；

（三）对申请人的复议要求、所述事实和理由进行答辩和必要的举证；

（四）作出书面答复的年、月、日，并加盖印章。

第二十一条　申请人、第三人可以查阅被申请人提出的书面答复、作出具体行政行为的证据、依据和其他有关材料，除涉及国家秘密、商业秘密或者个人隐私外，行政复议机关不得拒绝。查阅有关材料，应符合下列规定：

（一）向复议机构提出申请，并出示有关身份证明；

（二）查阅时，应有复议机构的工作人员在场；

（三）查阅时不得涂改、毁损、拆换、增添、取走查阅的材料。

第二十二条　广播电影电视行政复议机关应当自受理申请之日起六十日内作出行政复议决定。情况复杂，不能在规定期限内作出行政复议决定，经行政复议机关的负责人批准，可以适当延长，并告知申请人和被申请人；但是延长期限最多不超过三十日。

第二十三条　广播电影电视行政复议机关应当对被申请人作出的具体行政行为的合法性和适当性进行全面审查，依照行政复议法第二十八条的规定作出复议决定。《行政复议决定书》应当载明下列内容：

（一）申请人的姓名、性别、年龄、职业、住址（法人或其他组织的名称、地址、法定代表人的姓名和职务）；

如有第三人，并列明第三人的上述情况；

（二）被申请人的名称、地址、法定代表人姓名和职务；

（三）申请人申请行政复议的请示和理由；

（四）被申请人的答复；

（五）复议机关认定的事实、证据、理由和依据；

（六）复议机关的复议结论；

（七）不服复议结论向人民法院起诉的期限；

（八）作出复议决定的日期和复议机关的印章。

《行政复议决定书》一经送达，即发生法律效力。

第二十四条　被申请人、申请人应当履行行政复议决定。

被申请人不履行或者无正当理由拖延履行行政复议决定的，行政复议机关或者有关上级行政机关应当责令其限期履行。

对申请人逾期不起诉又不履行行政复议决定的，依行政复议法第三十三条的规定申请人民法院强制执行时，使用《强制执行申请书》。

第二十五条　广播电影电视行政复议审查终结作出复议决定后，复议机构应对有关复议的所有法律文书和材料进行认真清理、鉴别和编号、及时归档。广播电影电视行政复议机关应当在行政复议案件结案后三十日内，将复议情况向上一级广播电影电视行政机关备案。

第二十六条　广播电影电视行政复议机关受理行政复议申请，不得向申请人收取任何费用。行政复议活动所需的经费，应当列入本机关的行政经费，依法予以保障。

行政复议人员必须精通法律和广播电影电视业务，广播电影电视行政机关应当保障复议工作的资金和工作条件，保持复议人员的相对稳定。

第二十七条　广播电影电视行政复议法律文书，参照国家广播电影电视总局制作的统一样式制作。

第二十八条　本办法未尽事宜，按行政复议法的规定办理。

第二十九条　本办法自发布之日起施行。《关于广播电影电视行政复议若干规定》（广播电影电视部第6号令）和《广播电影电视行政复议法律文书使用与管理办法》（广发政字〔1993〕268号）同时废止。

国家广播电影电视总局
行政许可实施检查监督暂行办法

1. 2004年6月18日国家广播电影电视总局令第24号发布
2. 自2004年8月1日起施行

第一条　为规范总局行政许可行为，推进总局依法行政工作，根据行政许可法的有关规定，制定本办法。

第二条　总局各司局实施行政许可，应当严格遵循行政许可法和其他法律、法规、规章规定。法律、法规、规章没有具体规定的，适用本办法。

本办法适用于由总局实施的行政许可事项及由法律、法规、国务院决定设立或保留的由总局实施的行政许可事项。

第三条　除法律、法规另有规定的以外，不得授权其他机关、组织实施行政许可。

除法律、法规、规章规定可以委托其他行政机关实施行政许可的情形外，总局各司局不得将总局的行政许可事项擅自委托其他行政机关实施。

不得委托除行政机关之外的任何组织、企业和个人实施行政许可。

第四条　任何规定未经公布，不得作为实施行政许可的依据。实施行政许可的司局应依法履行公示义务，可以通过在总局指定地点张贴、向申请人提供行政许可指南手册、在广播电台、电视台、报刊、杂志和政府网站公布等多种方式公示行政许可法第三十条所规定的各项内容。除依法不得公开的外，下列内容应当公示：

（一）行政许可事项、依据、条件、数量、程序、期限，需要提交的全部材料的目录，申请书示范文本及许可证件样式；

（二）承办部门及联系方式（电话、通讯地址及电子邮件地址）；

（三）需要听证、招标、检测、检验、专家论证和需要其他行政机关协办的事项及期限；

（四）授权实施行政许可的组织和被授权实施行政许可的内容；

（五）受委托的行政机关和受委托实施行政许可的内容；

（六）依法应当先经下级行政机关审查的行政许可事项；

（七）对行政许可的实施有异议时可采取的投诉方式（投诉电话、通讯地址及电子邮件地址）；

（八）公众有权查询的材料目录及查阅方式。

上述各方式公示的内容不一致的，以总局政府网站公示内容为最终有效。

第五条　实施行政许可的司局不得擅自更改依法确定的行政许可事项的名称、条件、程序和期限。依法变更的，应及时更新相关公示内容。

第六条　实施行政许可的司局应当制作并向申请人提供行政许可申请书、申请表等格式文本，格式文本中不得包括与申请行政许可事项无直接关系的内容。不得要求申请人提交与所申请的行政许可事项无关的技术资料和其他材料。

第七条　申请人直接提交或按照公示的联系方式通过邮寄、传真或电子邮件方式提交行政许可申请的，以公示的受理部门收到之日为申请日。申请人同时以邮寄、传真或电子邮件方式提交行政许可申请的，其申请日以邮寄方式为准。

依法应当先经下级广播影视行政机关审查的行政许可事项，以该机关公示的受理部门收到之日为申请日。对申请人提交的行政许可申请，一般应在受理当场或收到申请之日作出是否受理的决定，最多不得超过五个工作日。受理或不受理行政许可申请，应分别向申请人出具《行政许可受理通知书》或《行政许可不受理通知书》。

申请人提交的申请材料需要补正的，受理申请的司局应于当场或在收到申请材料之日起五个工作日内向申请人出具《申请材料补正通知书》，一次性列出应补正材料的全部内容。《申请材料补正通知书》应一式两份，一份交申请人，一份自存作为补正后的核对凭证。

《行政许可受理通知书》和《行政许可不受理通知书》样式由总局统一制定，分类型编号。《申请材料补正通知书》由各司局自行印制。

第八条　实施行政许可的有关司局通过邮寄方式将《行政许可受理通知书》、《行政许可不受理通知书》、《申请材料补正通知书》、行政许可决定等文件送达申请人的，以文件发出之日（以邮戳为准）为送达之日。

行政许可文件一般不以传真或电子邮件方式送达。如遇特殊情况，以传真或电子邮件方式送达的，应在条件具备时以邮寄方式补发行政许可文件。

第九条　由两个以上司局共同办理的行政许可事项，主办司局负责统一受理行政许可申请、会同协办司局审查、统一送达行政许可文件等事项。协办司局应将需要审查的材料清单事先提供给主办司局。

《申请材料补正通知书》应当包括协办司局办理行政许可事项所需要的申请材料。

第十条　除法律、法规另有规定外，实施行政许可的司局应当自受理行政许可申请之日起二十个工作日内作出行政许可决定。实施行政许可的司局如需延长审查期限的，报经总局局长或分管副局长批准，可以延长十个工作日，并应当将延长期限的理由告知申请人。

根据法律、法规和规章规定，作出行政许可决定依法需要听证、招标、拍卖、检验、检测、鉴定和专家评审的，应当在规定的期限内完成，实施行政许可的司局应当将所需时间书面告知申请人。

两个以上司局共同办理的事项，主办司局应与协办司局共同确定各自实施行政许可所需要的时限，并按确定的时限完成。

第十一条　实施行政许可需要进行听证的，由受理申请的司局组织，并制作听证笔录，经听证参加人确认无误后签字认可并立卷归档。

听证按照法定程序进行，由审查该行政许可申请的工作人员以外的人员主持，申请人、利害关系人要求主持人回避的，受理申请的司局应尽快作出决定并告知当事人。

听证事项涉及公共利益的，应于举行听证之日的七个工作日前将举行听证的时间、地点通过总局政府网站予以公告。

第十二条 实施行政许可的司局应当对申请人提交的申请材料进行审查。申请人提交的申请材料齐全、符合法定形式的，实施行政许可的司局应当作出书面的行政许可决定。需要对申请材料的实质内容进行核实的，应当指派两名以上工作人员进行核实。

第十三条 除法律、法规另有规定的外，依法应先经下级广播影视行政机关审查的行政许可事项，下级广播影视行政机关决定受理后，应在二十个工作日内按法律、法规、规章的规定进行初审，并按照行政许可法第三十五条的规定将初审意见和全部申请材料直接报送上级广播影视行政机关，不得自行作出准予或不准予行政许可的决定。上级广播影视行政机关不得要求申请人重复提供申请材料。

第十四条 作出不予行政许可书面决定的，应当说明理由，并告知申请人依法享有申请行政复议或者提起行政诉讼的权利。申请人对行政许可决定不服依法提起行政复议的，由总局法规司负责受理。

第十五条 实施行政许可的司局应将实施行政许可形成的全部材料和监督核查被许可人从事行政许可事项的有关情况和处理结果的记录立卷归档。

实施行政许可的司局负责统计受理、批准件数，给予通报、行政处罚的件数等。总局法规司负责统计受理处理行政复议的情况，驻总局监察局负责统计受理投诉、检举情况和处理情况。

凡法律、法规、规章规定公众有权查询的与行政许可实施有关的材料，由实施该行政许可的司局协助查询。

第十六条 实施行政许可的司局负责监督核查被许可人从事行政许可事项的活动，依据行政许可法及广播影视有关法规、规章的规定提出对违法被许可人给予行政处罚的意见，报总局局长或分管副局长批准。

实地核查时，实施行政许可的司局应有两名以上（含两名）工作人员同行，向被许可人或其委托人出示介绍信。负责核查的工作人员将核查情况和处理结果予以记录，由核查人、被核查的被许可人或其委托人签字后归档。被许可人或其委托人不签字的，由核查人注明在场人员和拒绝签字原因等。

需要对行政许可事项进行年检的，应当有法律、法规的规定作为依据。

第十七条 已实施的行政许可有依行政许可法第六十九条、第七十条规定可撤销、应注销情形的，该行政许可实施司局应及时办理撤销、注销手续。

第十八条 其他行政机关、组织和个人反映被许可人违法从事行政许可活动，作出该行政许可决定的司局应当及时核实、处理。

第十九条 总局法规司和驻总局监察局负责监督各司局实施行政许可的情况，可以对行政许可实施情况进行核查，也可直接向申请人、被许可人调查了解有关情况，并根据核查结果，提出处理建议。

第二十条 驻总局监察局负责受理社会投诉和举报。有违反行政许可法规定的，由有关部门依法给予批评教育、通报批评、调离岗位、免职等行政处分。需要给予党纪处分的，向总局直属机关纪委提出建议。

能主动承认错误，及时纠正违规行为并尚未造成严重后果的，可以对其作出从轻、减轻或免除责任追究的决定。

第二十一条 除行政许可法第七十二条、第七十三条、第七十四条规定外，各司局有下列情形之一的，由总局法规司或驻总局监察局建议改正；情节严重的，由有关部门依法对直接负责的主管人员和其他直接责任人给予相应处分：

（一）擅自设立、更改或者取消行政许可事项的；

（二）在依法规定的许可条件和标准之外，擅自增加其他条件或者限制的；

（三）违反法定程序实施行政许可的；

（四）应撤销行政许可决定或吊销行政许可证件未及时撤销、吊销、办理注销手续造成严重后果的；

（五）拒绝、妨碍监督部门的监督、检查的。

第二十二条 对于依法先经下级广播影视行政机关审查的行政许可，有关司局对下级广播影视行政机关实施行政许可的行为应加强监督。凡下级广播影视行政机关未按照行政许可法的规定实施行政许可的，有关司局应当给予批评教育，并将情况通报其所属地方人民政府。

第二十三条 由法律、法规授权实施行政许可的组织和受总局委托的行政机关实施被授权、受委托的行政许可时，执行本办法。

地方广播影视行政机关实施行政许可，参照执行本办法。

第二十四条　本办法自2004年8月1日起施行。

广播电视行业统计管理规定

1. 2020年4月3日国家广播电视总局令第6号公布
2. 自2020年5月5日起施行

第一章　总　　则

第一条　为加强对广播电视行业统计工作的管理，充分发挥广播电视统计的信息咨询与监督作用，提升广播电视统计服务水平，根据《中华人民共和国统计法》《中华人民共和国统计法实施条例》和国家有关规定，制定本规定。

第二条　本规定适用于广播电视主管部门依法调查、搜集、整理、研究和提供广播电视、网络视听节目服务统计资料（包括大数据统计资料）的广播电视行业统计活动。

第三条　本规定所称广播电视行业各单位，是指从事广播电视、网络视听节目服务相关业务活动的各类法人单位。

第四条　广播电视行业统计工作要坚持和加强党的全面领导，增强“四个意识”，坚定“四个自信”，做到“两个维护”，切实发挥统计工作在广播电视高质量创新性发展中的重要基础性作用。

广播电视行业统计工作要依法统计，建立健全与行业发展要求相适应的统计指标体系、统计标准和统计调查制度，保障统计资料的真实性、准确性、完整性和及时性。

第五条　国务院广播电视主管部门主管全国范围内的广播电视行业统计监督和管理工作，并接受国务院统计主管部门的业务指导。

县级以上地方人民政府广播电视主管部门主管本行政区域内的广播电视行业统计监督和管理工作，同时接受本级人民政府统计机构的业务指导。

第六条　广播电视行业各单位负责本单位的综合统计工作。

广播电视行业各单位的年度预算中应当列有必要的统计工作经费。

第七条　广播电视行业各单位应当加快推广和应用现代信息技术，建立健全统计信息系统，拓展数据采集方式和服务渠道，推进统计信息公开和数据共享利用，提高广播电视统计工作效率和服务质量。

第二章　统计机构与统计人员

第八条　广播电视行业统计工作实行统一领导、分级负责。

第九条　国务院广播电视主管部门设立综合统计机构，履行下列职责：

（一）按照国家有关规定，制定广播电视行业统计工作管理办法、统计标准、统计调查制度、调查任务和调查方案，监督统计法律、行政法规、规章以及统计标准、统计调查制度的实施情况；

（二）搜集、整理全国广播电视行业统计资料，组织推进全国广播电视统计调查任务，对广播电视行业的发展情况进行统计分析、预测和监督；

（三）组织建立、管理全国广播电视统计信息系统（含大数据统计信息系统），建立完善全国广播电视统计信息数据库；

（四）审定、管理、公布、出版、提供广播电视行业统计资料，定期发布全国广播电视行业发展统计公报；

（五）组织培训中央和国家机关、省级部门所属广播电视单位的统计人员。

第十条　县级以上地方人民政府广播电视主管部门履行下列职责：

（一）组织、协调、指导、监督本地区的广播电视统计工作，监督统计法律、法规、规章在本地区广播电视单位的实施情况；

（二）搜集、整理本地区的广播电视统计资料，完成国家广播电视统计调查制度确定的调查任务和地方统计调查任务。按规定向上级广播电视主管部门报送本地区的统计报表、统计分析报告和其他统计资料，对本地区的广播电视发展情况进行统计分析、预测和监督；

（三）管理本地区的广播电视统计信息系统，完成统计数据采集、处理、传递、存储等工作，配合上级部门建立、管理地区性的广播电视统计信息数据库；

（四）审定、管理、公布、出版、提供本地区的广播电视统计资料；

（五）组织培训本地区广播电视单位的统计人员。

第十一条　广播电视行业各单位履行下列职责：

（一）组织、协调本单位和所属机构的统计工作，完成广播电视统计任务，按时报送本单位统计报表、统计分析报告和其他统计资料；

（二）对本单位的业务和管理情况进行统计分析，开展统计咨询和统计监督；

（三）加强统计基础工作，建立健全原始记录和统

计台账,严格统计工作责任制,加强统计人员培训;

(四)管理本单位的统计调查表、统计资料和数据库。

第十二条 广播电视主管部门应当统筹各项行政管理职能和流程,加强内部联动、协同配合,共同推进广播电视统计工作。

第十三条 广播电视主管部门应当依托大数据统计信息系统,统筹收视收听率(点击率)统计工作,对数据的采集、发布进行监督。

任何机构和个人不得干扰、破坏广播电视主管部门依法开展的收视收听率(点击率)统计工作,不得制造虚假的收视收听率(点击率)。

第十四条 广播电视行业各单位应当依法加强统计力量,配备专职或者指定兼职统计人员,保持统计人员的相对稳定。统计人员应当具备完成统计任务的专业知识。

第十五条 统计机构、统计人员依法独立行使统计调查权、统计报告权、统计监督权及其他法定权利。

第三章 统计调查制度

第十六条 国务院广播电视主管部门负责制定、调整、修改全国广播电视统计调查制度,报国务院统计主管部门批准后实施。

县级以上地方人民政府广播电视主管部门负责制定补充性的地方广播电视统计调查制度,报上一级广播电视主管部门和本级人民政府统计机构备案后实施。

地方广播电视主管部门自行开展的广播电视统计调查的主要内容不得与全国性广播电视统计调查内容重复。

第十七条 根据广播电视行业管理工作需要可以开展广播电视专项统计调查。

广播电视专项部门统计调查项目(含大数据统计调查项目),由国务院广播电视主管部门制定并报国务院统计主管部门批准或者备案后实施。

地方性广播电视专项地方统计调查项目,由本级人民政府广播电视主管部门制定并报本级人民政府统计机构批准后实施。

专项调查能够满足需要的不做全面统计调查,一次性调查能够满足需要的不做经常性调查,专项调查的内容原则上不与全面统计调查的内容重复。

第十八条 广播电视行业各单位应当认真组织本单位有关机构、人员完成国家广播电视统计调查任务和其他专项统计调查任务,并配合统计机构和统计人员开展统计检查工作。

第十九条 广播电视行业各单位应当建立健全统计工作责任制,并按照“集体领导与个人分工相结合”、“谁主管、谁负责,谁经办、谁负责”的原则,完善落实防范和惩治统计造假、弄虚作假责任体系。

出现统计造假、弄虚作假行为的,所在单位的主要负责人承担第一责任,分管负责人承担主要责任,统计人员承担直接责任。

第二十条 广播电视行业各单位应当建立统计数据质量控制责任制,对原始记录和原始台账进行归纳和整理,对所填报统计报表的完整性、真实性和有效性进行审查、复核,并由单位负责人审核签署盖章,在规定时限内报送广播电视主管部门。报表报送后发现有误的,应当在规定期限内予以更正。

第二十一条 广播电视行业各单位负责人不得擅自修改统计人员依法搜集、整理的统计资料,不得以任何方式要求统计人员伪造、篡改统计资料,不得对依法履行职责或者拒绝、抵制统计违法行为的统计人员打击报复。

第四章 统计资料的管理和公布

第二十二条 广播电视行业各单位应当建立健全广播电视统计资料审核制度,保障统计资料的准确性和及时性。统计资料由相关职能机构分工负责,综合统计机构统一管理。

统计调查中取得的原始资料应当至少保存 2 年。汇总性统计资料应当至少保存 10 年,重要的统计资料应当永久保存。

第二十三条 全国性广播电视行业统计资料由国务院广播电视主管部门审核后,向社会公布。

全国性广播电视行业统计数据以国务院广播电视主管部门公布的数据为准。

地方性广播电视行业统计资料由本级人民政府广播电视主管部门审核后,向社会公布。

第二十四条 广播电视行业各单位应当依法加强对统计资料的保密管理。

任何单位和个人对在统计调查中获得的能够识别和推断单个统计调查对象身份的资料,依法负有保密责任。

统计机构和统计人员对在统计工作中知悉的国家秘密、商业秘密和个人信息,应当依法予以保密。

第二十五条 广播电视行业各单位应当建立统计档案制度。统计数据文件的保管、调用、移交,应当遵守国家有关规定。

第二十六条 广播电视行业各单位应当做好统计信息咨

询工作，为社会公众提供服务。

第五章　统计监督与奖励处罚

第二十七条　广播电视主管部门应当对广播电视行业统计工作情况进行监督，主要内容包括：

（一）统计法律、法规、规章和有关制度的执行情况；

（二）统计机构和统计人员的配置情况；

（三）统计原始记录与台账建立管理情况；

（四）统计资料的真实、准确、完整程度等；

（五）统计资料的使用与公布情况；

（六）其他与统计工作有关的情况。

广播电视主管部门应当支持配合国务院统计主管部门的统计督察工作，并提供必要的条件保障。

第二十八条　广播电视主管部门应当定期对广播电视行业统计工作情况进行考核评定，并依据有关规定对统计机构和统计人员给予奖惩。

广播电视行业各单位应当依据本规定，建立统计工作奖惩制度。

第二十九条　违反本规定的，依照《中华人民共和国统计法》《中华人民共和国统计法实施条例》等有关法律、法规进行处罚、处理。

第六章　附　　则

第三十条　境外组织、个人需要在中华人民共和国境内进行广播电视统计调查活动的，应当按照国家有关规定，委托境内具有涉外统计调查资格的机构进行。

第三十一条　本规定自2020年5月5日起施行，2005年1月27日原国家广播电影电视总局发布、2016年5月4日原国家新闻出版广电总局修订的《广播电影电视行业统计管理办法》（国家广播电影电视总局令第47号）同时废止。

4. 文化管理

中华人民共和国
公共文化服务保障法

1. 2016年12月25日第十二届全国人民代表大会常务委员会第二十五次会议通过
2. 2016年12月25日中华人民共和国主席令第60号公布
3. 自2017年3月1日起施行

目　　录

第一章　总　　则

第一条　【立法目的】为了加强公共文化服务体系建设，丰富人民群众精神文化生活，传承中华优秀传统文化，弘扬社会主义核心价值观，增强文化自信，促进中国特色社会主义文化繁荣发展，提高全民族文明素质，制定本法。

第二条　【公共文化服务的定义】本法所称公共文化服务，是指由政府主导、社会力量参与，以满足公民基本文化需求为主要目的而提供的公共文化设施、文化产品、文化活动以及其他相关服务。

第三条　【公共文化服务原则】公共文化服务应当坚持社会主义先进文化前进方向，坚持以人民为中心，坚持以社会主义核心价值观为引领；应当按照“百花齐放、百家争鸣”的方针，支持优秀公共文化产品的创作生产，丰富公共文化服务内容。

第四条　【纳入国民经济和社会发展规划】县级以上人民政府应当将公共文化服务纳入本级国民经济和社会发展规划，按照公益性、基本性、均等性、便利性的要求，加强公共文化设施建设，完善公共文化服务体系，提高公共文化服务效能。

第五条　【标准制定与调整】国务院根据公民基本文化需求和经济社会发展水平，制定并调整国家基本公共文化服务指导标准。

省、自治区、直辖市人民政府根据国家基本公共文化服务指导标准，结合当地实际需求、财政能力和文化特色，制定并调整本行政区域的基本公共文化服务实施标准。

第六条　【协调机制】国务院建立公共文化服务综合协调机制，指导、协调、推动全国公共文化服务工作。国务院文化主管部门承担综合协调具体职责。

地方各级人民政府应当加强对公共文化服务的统筹协调，推动实现共建共享。

第七条　【主管部门】国务院文化主管部门、新闻出版广电主管部门依照本法和国务院规定的职责负责全国的公共文化服务工作；国务院其他有关部门在各自职责范围内负责相关公共文化服务工作。

县级以上地方人民政府文化、新闻出版广电主管部门根据其职责负责本行政区域内的公共文化服务工作；县级以上地方人民政府其他有关部门在各自职责范围内负责相关公共文化服务工作。

第八条　【均衡协调发展】国家扶助革命老区、民族地区、边疆地区、贫困地区的公共文化服务，促进公共文化服务均衡协调发展。

第九条　【特殊群体需求】各级人民政府应当根据未成年人、老年人、残疾人和流动人口等群体的特点与需求，提供相应的公共文化服务。

第十条　【与教育结合】国家鼓励和支持公共文化服务与学校教育相结合，充分发挥公共文化服务的社会教育功能，提高青少年思想道德和科学文化素质。

第十一条　【科技作用】国家鼓励和支持发挥科技在公共文化服务中的作用，推动运用现代信息技术和传播技术，提高公众的科学素养和公共文化服务水平。

第十二条　【国际合作交流】国家鼓励和支持在公共文化服务领域开展国际合作与交流。

第十三条　【公众参与】国家鼓励和支持公民、法人和其他组织参与公共文化服务。

对在公共文化服务中作出突出贡献的公民、法人和其他组织，依法给予表彰和奖励。

第二章　公共文化设施建设与管理

第十四条　【公共文化设施范围】本法所称公共文化设施是指用于提供公共文化服务的建筑物、场地和设备，主要包括图书馆、博物馆、文化馆（站）、美术馆、科技馆、纪念馆、体育场馆、工人文化宫、青少年宫、妇女儿童活动中心、老年人活动中心、乡镇（街道）和村（社区）基层综合性文化服务中心、农家（职工）书屋、公共阅报栏（屏）、广播电视播出传输覆盖设施、公共数字文化服务点等。

县级以上地方人民政府应当将本行政区域内的公共文化设施目录及有关信息予以公布。

第十五条 【公共文化设施建设及选址】县级以上地方人民政府应当将公共文化设施建设纳入本级城乡规划，根据国家基本公共文化服务指导标准、省级基本公共文化服务实施标准，结合当地经济社会发展水平、人口状况、环境条件、文化特色，合理确定公共文化设施的种类、数量、规模以及布局，形成场馆服务、流动服务和数字服务相结合的公共文化设施网络。

公共文化设施的选址，应当征求公众意见，符合公共文化设施的功能和特点，有利于发挥其作用。

第十六条 【公共文化设施建设用地】公共文化设施的建设用地，应当符合土地利用总体规划和城乡规划，并依照法定程序审批。

任何单位和个人不得侵占公共文化设施建设用地或者擅自改变其用途。因特殊情况需要调整公共文化设施建设用地的，应当重新确定建设用地。调整后的公共文化设施建设用地不得少于原有面积。

新建、改建、扩建居民住宅区，应当按照有关规定、标准，规划和建设配套的公共文化设施。

第十七条 【设计和建设的要求与标准】公共文化设施的设计和建设，应当符合实用、安全、科学、美观、环保、节约的要求和国家规定的标准，并配置无障碍设施设备。

第十八条 【基层综合性文化服务中心建设】地方各级人民政府可以采取新建、改建、扩建、合建、租赁、利用现有公共设施等多种方式，加强乡镇（街道）、村（社区）基层综合性文化服务中心建设，推动基层有关公共设施的统一管理、综合利用，并保障其正常运行。

第十九条 【不得擅自破坏公共文化设施】任何单位和个人不得擅自拆除公共文化设施，不得擅自改变公共文化设施的功能、用途或者妨碍其正常运行，不得侵占、挪用公共文化设施，不得将公共文化设施用于与公共文化服务无关的商业经营活动。

因城乡建设确需拆除公共文化设施，或者改变其功能、用途的，应当依照有关法律、行政法规的规定重建、改建，并坚持先建设后拆除或者建设拆除同时进行的原则。重建、改建的公共文化设施的设施配置标准、建筑面积等不得降低。

第二十条 【配置更新必需的服务内容和设备】公共文化设施管理单位应当按照国家规定的标准，配置和更新必需的服务内容和设备，加强公共文化设施经常性维护管理工作，保障公共文化设施的正常使用和运转。

第二十一条 【统计报告制度和年报制度】公共文化设施管理单位应当建立健全管理制度和服务规范，建立公共文化设施资产统计报告制度和公共文化服务开展情况的年报制度。

第二十二条 【安全管理制度】公共文化设施管理单位应当建立健全安全管理制度，开展公共文化设施及公众活动的安全评价，依法配备安全保护设备和人员，保障公共文化设施和公众活动安全。

第二十三条 【使用效能考核评价制度】各级人民政府应当建立有公众参与的公共文化设施使用效能考核评价制度，公共文化设施管理单位应当根据评价结果改进工作，提高服务质量。

第二十四条 【建立健全法人治理结构】国家推动公共图书馆、博物馆、文化馆等公共文化设施管理单位根据其功能定位建立健全法人治理结构，吸收有关方面代表、专业人士和公众参与管理。

第二十五条 【鼓励社会力量参与建设】国家鼓励和支持公民、法人和其他组织兴建、捐建或者与政府部门合作建设公共文化设施，鼓励公民、法人和其他组织依法参与公共文化设施的运营和管理。

第二十六条 【公众保护义务】公众在使用公共文化设施时，应当遵守公共秩序，爱护公共设施，不得损坏公共设施设备和物品。

第三章 公共文化服务提供

第二十七条 【促进优秀文化产品传播和传承】各级人民政府应当充分利用公共文化设施，促进优秀公共文化产品的提供和传播，支持开展全民阅读、全民普法、全民健身、全民科普和艺术普及、优秀传统文化传承活动。

第二十八条 【公共文化服务目录的制定与实施】设区的市级、县级地方人民政府应当根据国家基本公共文化服务指导标准和省、自治区、直辖市基本公共文化服务实施标准，结合当地实际，制定公布本行政区域公共文化服务目录并组织实施。

第二十九条 【公益性文化服务】公益性文化单位应当完善服务项目、丰富服务内容，创造条件向公众提供免费或者优惠的文艺演出、陈列展览、电影放映、广播电视节目收听收看、阅读服务、艺术培训等，并为公众开展文化活动提供支持和帮助。

国家鼓励经营性文化单位提供免费或者优惠的公共文化产品和文化活动。

第三十条 【资源整合】基层综合性文化服务中心应当

加强资源整合，建立完善公共文化服务网络，充分发挥统筹服务功能，为公众提供书报阅读、影视观赏、戏曲表演、普法教育、艺术普及、科学普及、广播播送、互联网上网和群众性文化体育活动等公共文化服务，并根据其功能特点，因地制宜提供其他公共服务。

第三十一条　【公共文化设施的免费或优惠开放】公共文化设施应当根据其功能、特点，按照国家有关规定，向公众免费或者优惠开放。

公共文化设施开放收取费用的，应当每月定期向中小学生免费开放。

公共文化设施开放或者提供培训服务等收取费用的，应当报经县级以上人民政府有关部门批准；收取的费用，应当用于公共文化设施的维护、管理和事业发展，不得挪作他用。

公共文化设施管理单位应当公示服务项目和开放时间；临时停止开放的，应当及时公告。

第三十二条　【文化体育设施向公众开放】国家鼓励和支持机关、学校、企业事业单位的文化体育设施向公众开放。

第三十三条　【数字化和网络建设】国家统筹规划公共数字文化建设，构建标准统一、互联互通的公共数字文化服务网络，建设公共文化信息资源库，实现基层网络服务共建共享。

国家支持开发数字文化产品，推动利用宽带互联网、移动互联网、广播电视网和卫星网络提供公共文化服务。

地方各级人民政府应当加强基层公共文化设施的数字化和网络建设，提高数字化和网络服务能力。

第三十四条　【流动文化服务】地方各级人民政府应当采取多种方式，因地制宜提供流动文化服务。

第三十五条　【农村地区公共文化产品的供给】国家重点增加农村地区图书、报刊、戏曲、电影、广播电视节目、网络信息内容、节庆活动、体育健身活动等公共文化产品供给，促进城乡公共文化服务均等化。

面向农村提供的图书、报刊、电影等公共文化产品应当符合农村特点和需求，提高针对性和时效性。

第三十六条　【重点区域提供便利可及的公共文化服务】地方各级人民政府应当根据当地实际情况，在人员流动量较大的公共场所、务工人员较为集中的区域以及留守妇女儿童较为集中的农村地区，配备必要的设施，采取多种形式，提供便利可及的公共文化服务。

第三十七条　【鼓励开展群众性文体活动】国家鼓励公民主动参与公共文化服务，自主开展健康文明的群众性文化体育活动；地方各级人民政府应当给予必要的指导、支持和帮助。

居民委员会、村民委员会应当根据居民的需求开展群众性文化体育活动，并协助当地人民政府有关部门开展公共文化服务相关工作。

国家机关、社会组织、企业事业单位应当结合自身特点和需要，组织开展群众性文化体育活动，丰富职工文化生活。

第三十八条　【加强在校学生的文体活动】地方各级人民政府应当加强面向在校学生的公共文化服务，支持学校开展适合在校学生特点的文化体育活动，促进德智体美教育。

第三十九条　【丰富军营文体活动】地方各级人民政府应当支持军队基层文化建设，丰富军营文化体育活动，加强军民文化融合。

第四十条　【开展民族特色的群众性文体活动】国家加强民族语言文字文化产品的供给，加强优秀公共文化产品的民族语言文字译制及其在民族地区的传播，鼓励和扶助民族文化产品的创作生产，支持开展具有民族特色的群众性文化体育活动。

第四十一条　【根据指导性意见和目录确定政府购买的具体项目和内容】国务院和省、自治区、直辖市人民政府制定政府购买公共文化服务的指导性意见和目录。国务院有关部门和县级以上地方人民政府应当根据指导性意见和目录，结合实际情况，确定购买的具体项目和内容，及时向社会公布。

第四十二条　【鼓励参与方式】国家鼓励和支持公民、法人和其他组织通过兴办实体、资助项目、赞助活动、提供设施、捐赠产品等方式，参与提供公共文化服务。

第四十三条　【文化志愿服务机制】国家倡导和鼓励公民、法人和其他组织参与文化志愿服务。

公共文化设施管理单位应当建立文化志愿服务机制，组织开展文化志愿服务活动。

县级以上地方人民政府有关部门应当对文化志愿活动给予必要的指导和支持，并建立管理评价、教育培训和激励保障机制。

第四十四条　【禁止违法活动】任何组织和个人不得利用公共文化设施、文化产品、文化活动以及其他相关服务，从事危害国家安全、损害社会公共利益和其他违反法律法规的活动。

第四章　保障措施

第四十五条　【公共文化服务经费】国务院和地方各级人民政府应当根据公共文化服务的事权和支出责任，

将公共文化服务经费纳入本级预算，安排公共文化服务所需资金。

第四十六条　【重点扶助和援助】国务院和省、自治区、直辖市人民政府应当增加投入，通过转移支付等方式，重点扶助革命老区、民族地区、边疆地区、贫困地区开展公共文化服务。

国家鼓励和支持经济发达地区对革命老区、民族地区、边疆地区、贫困地区的公共文化服务提供援助。

第四十七条　【补助】免费或者优惠开放的公共文化设施，按照国家规定享受补助。

第四十八条　【社会资本投入】国家鼓励社会资本依法投入公共文化服务，拓宽公共文化服务资金来源渠道。

第四十九条　【政府购买服务】国家采取政府购买服务等措施，支持公民、法人和其他组织参与提供公共文化服务。

第五十条　【公益捐赠税收优惠及捐赠设立公共文化服务基金】公民、法人和其他组织通过公益性社会团体或者县级以上人民政府及其部门，捐赠财产用于公共文化服务的，依法享受税收优惠。

国家鼓励通过捐赠等方式设立公共文化服务基金，专门用于公共文化服务。

第五十一条　【公共文化服务岗位】地方各级人民政府应当按照公共文化设施的功能、任务和服务人口规模，合理设置公共文化服务岗位，配备相应专业人员。

第五十二条　【基层公共文化服务工作】国家鼓励和支持文化专业人员、高校毕业生和志愿者到基层从事公共文化服务工作。

第五十三条　【社会组织】国家鼓励和支持公民、法人和其他组织依法成立公共文化服务领域的社会组织，推动公共文化服务社会化、专业化发展。

第五十四条　【专业人才教育培训】国家支持公共文化服务理论研究，加强多层次专业人才教育和培训。

第五十五条　【资金监督】县级以上人民政府应当建立健全公共文化服务资金使用的监督和统计公告制度，加强绩效考评，确保资金用于公共文化服务。任何单位和个人不得侵占、挪用公共文化服务资金。

审计机关应当依法加强对公共文化服务资金的审计监督。

第五十六条　【考核评价制度】各级人民政府应当加强对公共文化服务工作的监督检查，建立反映公众文化需求的征询反馈制度和有公众参与的公共文化服务考核评价制度，并将考核评价结果作为确定补贴或者奖励的依据。

第五十七条　【社会舆论监督】各级人民政府及有关部门应当及时公开公共文化服务信息，主动接受社会监督。

新闻媒体应当积极开展公共文化服务的宣传报道，并加强舆论监督。

第五章　法律责任

第五十八条　【政府部门未履行保障职责的法律责任】违反本法规定，地方各级人民政府和县级以上人民政府有关部门未履行公共文化服务保障职责的，由其上级机关或者监察机关责令限期改正；情节严重的，对直接负责的主管人员和其他直接责任人员依法给予处分。

第五十九条　【政府部门侵占、挪用公共文化服务资金等行为的法律责任】违反本法规定，地方各级人民政府和县级以上人民政府有关部门，有下列行为之一的，由其上级机关或者监察机关责令限期改正；情节严重的，对直接负责的主管人员和其他直接责任人员依法给予处分：

（一）侵占、挪用公共文化服务资金的；

（二）擅自拆除、侵占、挪用公共文化设施，或者改变其功能、用途，或者妨碍其正常运行的；

（三）未依照本法规定重建公共文化设施的；

（四）滥用职权、玩忽职守、徇私舞弊的。

第六十条　【侵占公共文化设施建设用地或擅自改变其用途的法律责任】违反本法规定，侵占公共文化设施的建设用地或者擅自改变其用途的，由县级以上地方人民政府土地主管部门、城乡规划主管部门依据各自职责责令限期改正；逾期不改正的，由作出决定的机关依法强制执行，或者依法申请人民法院强制执行。

第六十一条　【公共文化设施管理单位违法责任之一】违反本法规定，公共文化设施管理单位有下列情形之一的，由其主管部门责令限期改正；造成严重后果的，对直接负责的主管人员和其他直接责任人员，依法给予处分：

（一）未按照规定对公众开放的；

（二）未公示服务项目、开放时间等事项的；

（三）未建立安全管理制度的；

（四）因管理不善造成损失的。

第六十二条　【公共文化设施管理单位违法责任之二】违反本法规定，公共文化设施管理单位有下列行为之一的，由其主管部门或者价格主管部门责令限期改正，没收违法所得，违法所得五千元以上的，并处违法所得两倍以上五倍以下罚款；没有违法所得或者违法所得五千元以下的，可以处一万元以下的罚款；对直接负责的主管人员和其他直接责任人员，依法给予处分：

（一）开展与公共文化设施功能、用途不符的服务活动的；

（二）对应当免费开放的公共文化设施收费或者变相收费的；

（三）收取费用未用于公共文化设施的维护、管理和事业发展，挪作他用的。

第六十三条 【民事、行政、刑事责任】违反本法规定，损害他人民事权益的，依法承担民事责任；构成违反治安管理行为的，由公安机关依法给予治安管理处罚；构成犯罪的，依法追究刑事责任。

第六章 附 则

第六十四条 【涉外规定】境外自然人、法人和其他组织在中国境内从事公共文化服务的，应当符合相关法律、行政法规的规定。

第六十五条 【施行日期】本法自2017年3月1日起施行。

国务院办公厅转发文化部等部门关于做好政府向社会力量购买公共文化服务工作意见的通知

1. 2015年5月5日
2. 国办发〔2015〕37号

各省、自治区、直辖市人民政府，国务院各部委、各直属机构：

文化部、财政部、新闻出版广电总局、体育总局《关于做好政府向社会力量购买公共文化服务工作的意见》已经国务院同意，现转发给你们，请结合实际，认真贯彻执行。

关于做好政府向社会力量购买公共文化服务工作的意见

文化部 财政部 新闻出版广电总局 体育总局

党的十八届三中全会提出，要完善文化管理体制，推动公共文化服务社会化发展。十八届四中全会提出，要深入推进依法行政，加快建设法治政府，依法加强和规范公共服务，规范和引导各类社会组织健康发展。今年《政府工作报告》对深化文化体制改革、逐步推进基本公共文化服务标准化均等化作出明确部署。政府向社会力量购买公共文化服务，既是深入推进依法行政、转变政府职能、建设服务型政府的重要环节，也是规范和引导社会组织健康发展、推动公共文化服务社会化发展的重要途径，对于进一步深化文化体制改革，丰富公共文化服务供给，提高公共文化服务效能，满足人民群众精神文化和体育健身需求具有重要意义。根据《国务院办公厅关于政府向社会力量购买服务的指导意见》（国办发〔2013〕96号）有关要求，为加快推进政府向社会力量购买公共文化服务工作，现提出以下意见：

一、指导思想、基本原则和目标任务

（一）指导思想。以邓小平理论、“三个代表”重要思想、科学发展观为指导，深入贯彻习近平总书记系列重要讲话精神，按照党中央、国务院决策部署，以社会主义核心价值观为引领，按照深入推进依法行政、深化文化体制改革和构建现代公共文化服务体系的目标和要求，转变政府职能，推动公共文化服务社会化发展，逐步建立起适应社会主义市场经济的公共文化服务供给机制，为人民群众提供更加方便、快捷、优质、高效的公共文化服务。

（二）基本原则。

坚持正确导向，发挥引领作用。以人民为中心，坚持社会主义先进文化前进方向，将政府向社会力量购买的公共文化服务与培育践行社会主义核心价值观相结合、与传承弘扬中华优秀传统文化相融合，发挥文化引领风尚、教育人民、服务社会、推动发展的作用。

明确政府主导，完善政策体系。加强对政府向社会力量购买公共文化服务工作的组织领导、政策支持、财政投入和监督管理，按照相关法律法规要求，坚持与文化、体育事业单位改革相衔接，坚持与完善文化、体育管理体制相衔接，制定中央与地方协同配套、操作性强的政府向社会力量购买公共文化服务政策体系和管理规范。

培育市场主体，丰富服务供给。进一步发挥市场在文化资源配置中的积极作用，推进政府向社会力量购买公共文化服务与培育社会化公共文化服务力量相结合，规范和引导社会组织健康发展，逐步构建多层次、多方式的公共文化服务供给体系。

立足群众需求，创新购买方式。以满足人民群众基本公共文化需求为目标，突出公共性和公益性，不断创新政府向社会力量购买公共文化服务模式，建立“自下而上、以需定供”的互动式、菜单式服务方式，推动公共文化服务供给与人民群众文化需求有效对接。

规范管理程序，注重服务实效。按照公开、公平、

公正原则，建立健全政府向社会力量购买公共文化服务的工作机制，规范购买流程，稳步有序开展工作。坚持风险和责任对等原则，规范政府和社会力量合作关系，严格价格管理。加强绩效管理，完善群众评价和反馈机制，切实提高政府向社会力量购买公共文化服务的针对性和有效性。

（三）目标任务。到 2020 年，在全国基本建立比较完善的政府向社会力量购买公共文化服务体系，形成与经济社会发展水平相适应、与人民群众精神文化和体育健身需求相符合的公共文化资源配置机制和供给机制，社会力量参与和提供公共文化服务的氛围更加浓厚，公共文化服务内容日益丰富，公共文化服务质量和效率显著提高。

二、积极有序推进政府向社会力量购买公共文化服务工作

（一）明确购买主体。政府向社会力量购买公共文化服务的主体是承担提供公共文化与体育服务的各级行政机关。纳入行政编制管理且经费由财政负担的文化与体育群团组织，也可根据实际需要，通过购买服务方式提供公共文化服务。

（二）科学选定承接主体。承接政府向社会力量购买公共文化服务的主体主要为具备提供公共文化服务能力，且依法在登记管理部门登记或经国务院批准免予登记的社会组织和符合条件的事业单位，以及依法在工商管理或行业主管部门登记成立的企业、机构等社会力量。各地要结合本地实际和拟购买公共文化服务的内容、特点，明确具体条件，秉持公开、公平、公正的遴选原则，科学选定承接主体。

（三）明确购买内容。政府向社会力量购买公共文化服务的内容为符合先进文化前进方向、健康积极向上的，适合采取市场化方式提供、社会力量能够承担的公共文化服务，突出公共性和公益性并主动向社会公开。主要包括：公益性文化体育产品的创作与传播，公益性文化体育活动的组织与承办，中华优秀传统文化与民族民间传统体育的保护、传承与展示，公共文化体育设施的运营和管理，民办文化体育机构提供的免费或低收费服务等内容。

（四）制定指导性目录。文化部、财政部、新闻出版广电总局、体育总局制定面向全国的政府向社会力量购买公共文化服务指导性目录。各地要按照转变政府职能的要求，结合本地经济社会发展水平、公共文化服务需求状况和财政预算安排情况，制定本地区政府向社会力量购买公共文化服务的指导性目录或具体购买目录。指导性目录和具体购买目录，应在总结经验的基础上，及时进行动态调整。

（五）完善购买机制。各地要建立健全方式灵活、程序规范、标准明确、结果评价、动态调整的购买机制。结合公共文化服务的具体内容、特点和地方实际，按照政府采购有关规定，采用公开招标、邀请招标、竞争性谈判、竞争性磋商、单一来源等方式确定承接主体，采取购买、委托、租赁、特许经营、战略合作等各种合同方式。建立以项目选定、信息发布、组织采购、项目监管、绩效评价为主要内容的规范化购买流程。根据所购买公共文化服务特点，分类制定内容明确、操作性强、便于考核的公共文化服务标准，方便承接主体掌握，便于购买主体监管。加强对服务提供全过程的跟踪监管和对服务成果的检查验收，检查验收结果应结合服务对象满意度调查，作为付款的重要依据。建立购买价格或财政补贴的动态调整机制，根据承接主体服务内容和质量，合理确定价格，避免获取暴利。

（六）提供资金保障。政府向社会力量购买公共文化服务所需资金列入财政预算，从部门预算经费或经批准的专项资金等既有预算中统筹安排。逐步加大现有财政资金向社会力量购买公共文化服务的投入力度。对新增的公共文化服务内容，凡适于以购买服务实现的，原则上都要通过政府购买服务方式实施。

（七）健全监管机制。加强对政府向社会力量购买公共文化服务的监督管理，建立健全政府购买的法律监督、行政监督、审计监督、纪检监督、社会监督、舆论监督制度，完善事前、事中和事后监管体系，严格遵守相关财政财务管理规定，确保购买行为公开透明、规范有效，坚决遏制和预防腐败现象。财政部门要加强对政府向社会力量购买公共文化服务资金的监管，监察、审计等部门要加强监督，文化、新闻出版广电、体育部门要按照职能分工将承接政府购买服务行为纳入监管体系。购买主体与承接主体应按照权责明确、规范高效的原则签订合同，严格遵照合同约定，避免出现行政干预行为。购买主体应建立健全内部监督管理制度，按规定公开购买服务的相关信息，自觉接受审计监督、社会监督和舆论监督。承接主体应主动接受购买主体的监管，健全财务报告制度，严格按照服务合同履行服务任务，保证服务数量、质量和效果，严禁服务转包行为。

（八）加强绩效评价。健全由购买主体、公共文化服务对象以及第三方共同参与的综合评审机制；加强对购买公共文化服务项目的绩效评价，建立长效跟踪

机制。在绩效评价体系中,要侧重服务对象对公共文化服务的满意度评价。政府向社会力量购买公共文化服务的绩效评价结果要向社会公布,并作为以后年度编制政府向社会力量购买公共文化服务预算和选择政府向社会力量购买公共文化服务承接主体的重要参考依据。

三、营造政府向社会力量购买公共文化服务的良好环境

(一)加强组织领导。政府向社会力量购买公共文化服务,是保障和改善民生的一项重要工作,事关人民群众切身利益,也是进一步转变政府职能、创新文化与体育管理方式的重要抓手。各地要高度重视,切实加强组织领导,建立健全政府统一领导,文化、财政、新闻出版广电、体育部门负责,社会力量广泛参与的工作机制,逐步使政府向社会力量购买公共文化服务工作制度化、规范化和科学化。

(二)强化沟通协调。各地要建立健全政府向社会力量购买公共文化服务的协调机制,文化、财政、新闻出版广电、体育部门要密切配合,注重协调沟通,整合资源,共同研究政府向社会力量购买公共文化服务有关重要事项,及时发现和解决工作中出现的问题,统筹推进政府向社会力量购买公共文化服务工作。

(三)注重宣传引导。各地要充分利用各种媒体,广泛宣传实施政府向社会力量购买公共文化服务工作的重要意义、主要内容、政策措施和流程安排,精心做好政策解读,加强正面舆论引导,主动回应社会关切,充分调动社会参与的积极性,为推进政府向社会力量购买公共文化服务营造良好的工作环境和舆论氛围。

(四)严格监督管理。建立政府向社会力量购买公共文化服务信用档案。对在购买服务实施过程中,发现承接主体不符合资质要求、歪曲服务主旨、弄虚作假、冒领财政资金等违法违规行为的,记入信用档案,并按照相关法律法规进行处罚,对造成社会重大恶劣影响的,禁止再次参与政府购买公共文化服务工作。

附件:政府向社会力量购买公共文化服务指导性目录

附件

政府向社会力量购买公共文化服务指导性目录

一、公益性文化体育产品的创作与传播

(一)公益性舞台艺术作品的创作、演出与宣传

(二)公益性广播影视作品的制作与宣传

(三)公益性出版物的编辑、印刷、复制与发行

(四)公益性数字文化产品的制作与传播

(五)公益性广告的制作与传播

(六)公益性少数民族文化产品的创作、译制与传播

(七)全民健身和公益性运动训练竞赛的宣传与推广

(八)面向特殊群体的公益性文化体育产品的创作与传播

(九)其他公益性文化体育产品的创作与传播

二、公益性文化体育活动的组织与承办

(一)公益性文化艺术活动(含戏曲)的组织与承办

(二)公益性电影放映活动的组织与承办

(三)全民阅读活动的组织与承办

(四)公益性文化艺术培训(含讲座)的组织与承办

(五)公益性体育竞赛活动的组织与承办

(六)全民健身活动的组织与承办

(七)公益性体育培训、健身指导、国民体质监测与体育锻炼标准测验达标活动的组织与承办

(八)公益性青少年体育活动的组织与承办

(九)面向特殊群体的公益性文化体育活动的组织与承办

(十)其他公益性文化体育活动的组织与承办

三、中华优秀传统文化与民族民间传统体育的保护、传承与展示

(一)文化遗产保护、传承与展示

(二)优秀民间文化艺术的普及推广与交流展示

(三)民族民间传统体育项目的保护、传承与展示

(四)其他优秀传统文化和传统体育的保护、传承与展示

四、公共文化体育设施的运营和管理

(一)公共图书馆(室)、文化馆(站)、村(社区)综合文化服务中心(含农家书屋)等运营和管理

(二)公共美术馆、博物馆等运营和管理

(三)公共剧场(院)等运营和管理

(四)广播电视村村通、户户通等接收设备的维修维护

(五)公共电子阅览室、数字农家书屋等公共数字文化设施的运营和管理

(六)面向特殊群体提供的有线电视免费或低收

费服务

（七）公共体育设施、户外营地的运营和管理

（八）公共体育健身器材的维修维护和监管

（九）其他公共文化体育设施的运营和管理

五、民办文化体育机构提供的免费或低收费服务

（一）民办图书馆、美术馆、博物馆等面向社会提供的免费或低收费服务

（二）民办演艺机构面向社会提供的免费或低票价演出

（三）互联网上网服务场所面向社会提供的免费或低收费上网服务

（四）民办农村（社区）文化服务中心（含书屋）面向社会提供的免费或低收费服务

（五）民办体育场馆设施、民办健身机构面向社会提供的免费或低收费服务

（六）其他民办文化体育机构面向社会提供的免费或低收费服务

文化部行政复议工作程序规定

1. 2008年1月9日文化部令第44号发布

2. 自2008年3月1日起施行

第一章　总　　则

第一条　为规范文化部行政复议工作程序，提高行政复议工作质量和效率，根据《中华人民共和国行政复议法》（以下简称《行政复议法》）、《中华人民共和国行政复议法实施条例》（以下简称《行政复议法实施条例》），结合文化部工作实际，制定本规定。

第二条　文化部处理行政复议案件，适用本规定。

第三条　公民、法人和其他组织对文化部和省、自治区、直辖市文化行政部门作出的具体行政行为不服，可以向文化部申请行政复议。

第四条　文化部政策法规司是文化部行政复议机构，具体办理行政复议案件，履行下列职责：

（一）审查行政复议申请，并决定是否受理；

（二）组织行政复议案件的审查处理，向有关组织和人员调查取证，查阅文件和资料；

（三）审查申请行政复议的具体行政行为是否合法与适当，拟订行政复议决定；

（四）处理或转送对《行政复议法》第七条所列有关规定的审查申请；

（五）办理因不服行政复议决定提起行政诉讼的应诉事项；

（六）依照《行政复议法》第二十六条、第二十七条的规定转送有关行政复议申请；

（七）办理《行政复议法》第二十九条规定的行政赔偿等事项；

（八）按照职责权限，督促行政复议申请的受理和行政复议决定的履行；

（九）办理行政复议、行政应诉案件统计和重大行政复议决定备案事项；

（十）办理或者组织办理未经行政复议直接提起行政诉讼的行政应诉事项；

（十一）研究行政复议工作中发现的问题，及时向有关机关提出改进建议；

（十二）定期组织对文化系统行政复议人员进行业务培训，提高行政复议人员的专业素质；

（十三）法律、行政法规规定的其他职责。

第五条　文化部有关司局根据行政复议案件的内容，指定专人，参与办理涉及本司局业务的行政复议案件。

第六条　文化部承担行政复议工作的机构、工作人员和涉及行政复议事项的司局应当在法定时限内履行职责。

第七条　文化部设立行政复议专项经费，制作启用行政复议专用章。

第二章　申请和受理

第八条　申请人申请行政复议，可以书面申请，也可以口头申请。申请人提出口头申请，行政复议机构工作人员应当依照《行政复议法实施条例》第十九条规定的事项，当场制作行政复议申请笔录交申请人核对或者向申请人宣读，并由申请人签字确认。

第九条　文化部办公厅统一接收行政复议申请，办公厅签收后应于当日转交政策法规司。

文化部其他司局收到行政复议申请，应于当日经办公厅签收后转交政策法规司。

第十条　政策法规司收到行政复议申请后，应当在5日内进行审查，行政复议申请不符合《行政复议法》和《行政复议法实施条例》规定的，政策法规司应当制作《行政复议申请不予受理决定书》，加盖行政复议专用章，告知申请人；行政复议申请符合《行政复议法》和《行政复议法实施条例》的规定，但不属于文化部受理范围的，政策法规司应当制作《行政复议告知书》，加盖行政复议专用章，告知申请人向有关行政机关申请复议。

除前款规定外，行政复议申请自政策法规司收到

之日起即为受理。

第十一条 政策法规司可以就是否受理行政复议申请征求相关司局意见，相关司局应当在2日内提出书面答复。

第三章 审 查

第十二条 行政复议申请原则上采取书面审查的办法，但申请人提出要求或政策法规司认为有必要时，可以向有关组织和人员调查情况，听取申请人、被申请人或有关当事人的意见。

第十三条 对已受理的行政复议申请，政策法规司应当自收到行政复议申请之日起7日内，制作《提出答复通知书》，加盖行政复议专用章，连同《行政复议申请书》（副本）送达被申请人，被申请人应当自收到之日起10日内提出书面答复，并提交当初做出具体行政行为的证据、依据和其他有关材料。

被申请人是文化部的，由作出具体行政行为的司局按照《行政复议法》和《行政复议法实施条例》的规定提出书面答复和提供相关材料。

第十四条 政策法规司收到被申请人提交的答复材料后，应当按照《行政复议法》和《行政复议法实施条例》规定的内容与方式，对案件进行全面审查。

行政复议申请材料不齐全或者表述不清楚的，政策法规司可以自收到该行政复议申请之日起5日内，将需要补正的事项和补正期限书面通知申请人。无正当理由逾期不补正的，视为申请人放弃行政复议申请，补正申请材料所用时间不计入行政复议审理期限。

第十五条 对于属于相关司局业务主管范围内的行政复议案件，需要相关司局协助审查的，政策法规司应将基本案情、案件受理情况、被申请人答辩情况等内容告知相关司局，相关司局应当在收到材料后7日内，提出书面处理建议。

文化部是被申请人的不适用前款规定。

第十六条 相关司局应当协助政策法规司审理属于本司局业务主管范围内的行政复议案件，参与办理因不服行政复议决定而提起的行政诉讼的应诉工作，参与办理《行政复议法》第二十九条规定的行政赔偿等事项。

第十七条 申请人在申请行政复议时，依据《行政复议法》第七条规定，一并对具体行政行为所依据的规定提出审查要求，文化部有权处理的，政策法规司应当会同相关司局提出处理建议，经部领导批准后，30日内依法处理。文化部无权处理的，政策法规司应当制作《规范性文件转送函》，加盖行政复议专用章，7日内转送有权处理的行政机关处理。处理期间，中止对具体行政行为的审查。

第十八条 政策法规司对被申请人的具体行政行为进行审查时，认为其依据不合法，文化部有权处理的，政策法规司应当会同相关司局提出处理建议，经部领导批准后，30日内依法处理。文化部无权处理的，政策法规司应当制作《行政复议转送函》，加盖行政复议专用章，在7日内转送有权处理的行政机关处理。处理期间，中止对具体行政行为的审查。

第十九条 行政复议期间有下列情形之一，影响行政复议案件审理的，行政复议中止：

（一）作为申请人的自然人死亡，其近亲属尚未确定是否参加行政复议的；

（二）作为申请人的自然人丧失参加行政复议的能力，尚未确定法定代理人参加行政复议的；

（三）作为申请人的法人或者其他组织中止，尚未确定权利义务承受人的；

（四）作为申请人的自然人下落不明或者被宣告失踪的；

（五）申请人、被申请人因不可抗力，不能参加行政复议的；

（六）案件涉及法律适用问题，需要有权机关作出解释或者确认的；

（七）案件审理需要以其他案件的审理结果为依据，而其他案件尚未审结的；

（八）其他需要中止行政复议的情形。

第二十条 根据第十七条、第十八条、第十九条规定，中止对具体行政行为审查的，政策法规司应当制作《行政复议中止通知书》，加盖行政复议专用章，送达申请人、被申请人和有关当事人。

行政复议中止的原因消除后，政策法规司应当及时恢复行政复议案件的审理。

政策法规司中止、恢复行政复议案件的审理，应当告知有关当事人。

第二十一条 行政复议的和解和调解程序，分别按照《行政复议法实施条例》第四十条和第五十条的规定执行。

第四章 复议决定

第二十二条 文化部应当自收到行政复议申请之日起60日内作出行政复议决定，法律另有规定的除外。情况复杂，不能在规定期限内作出行政复议决定的，经部领导批准后，可以适当延长，但是延长期限最多不超过30日。

决定延长复议期限的，政策法规司应当拟定《行政复议案件复议期限延期通知书》，经部领导批准后，加盖部章，送达申请人、被申请人和有关当事人。

第二十三条　政策法规司应当对被申请人作出的具体行政行为提出处理意见，依法做出行政复议决定，拟定《行政复议决定书》，经部领导批准后，加盖部章，送达申请人、被申请人和有关当事人。

政策法规司可以就复议决定征求相关司局意见，相关司局应当在5日内提出反馈意见。

第二十四条　遇有疑难复杂、社会影响大或对处理意见有分歧的行政复议案件，复议决定应经部长办公会集体讨论，必要时也可进行听证。

第二十五条　申请人在行政复议决定作出前自愿撤回行政复议申请的，经政策法规司同意，可以撤回。撤回行政复议申请的，行政复议终止。

第二十六条　终止行政复议的，政策法规司应当制作《行政复议终止通知书》，加盖行政复议专用章，送达申请人、被申请人和有关当事人。

第五章　附　　则

第二十七条　文化部行政复议工作中的行政复议文书应当使用国务院法制办印发的行政复议法律文书格式文本，并统一编号。

第二十八条　文化部办公厅优先安排行政复议文书印制、盖章，确保行政复议文书在法定期限内送达当事人。

第二十九条　本规定关于行政复议期间的计算和行政复议文书的送达按照民事诉讼法的规定执行。

第三十条　本规定中有关"2日""5日""7日"的规定是指工作日，不含节假日。

第三十一条　本规定自2008年3月1日起施行。

文化市场综合行政执法管理办法

1. 2011年12月19日文化部令第52号发布
2. 自2012年2月1日起施行

第一章　总　　则

第一条　为规范文化市场综合行政执法行为，加强文化市场管理，维护文化市场秩序，保护公民、法人和其他组织的合法权益，促进文化市场健康发展，根据《中华人民共和国行政处罚法》、《中华人民共和国行政强制法》等国家有关法律、法规，制定本办法。

第二条　本办法所称文化市场综合行政执法是指文化市场综合行政执法机构（以下简称综合执法机构），依照国家有关法律、法规、规章的规定，对公民、法人或者其他组织的文化经营活动进行监督检查，并对违法行为进行处理的具体行政行为。

第三条　本办法所称综合执法机构包括：

（一）经法律、法规授权实施文化市场综合行政执法，对同级人民政府负责的执法机构；

（二）接受有关行政部门委托实施文化市场综合行政执法，接受委托机关的指导和监督，对委托机关负责的执法机构。

第四条　文化市场综合行政执法应当遵循公平、公正、公开的原则，建立权责明确、行为规范、监督有效、保障有力的行政执法运行机制。

第五条　文化部负责指导全国文化市场综合行政执法，建立统一完善的文化市场综合行政执法工作制度，建设全国文化市场技术监管体系，加强文化市场综合行政执法队伍的专业化、规范化、信息化建设，完善对文化市场综合行政执法工作的绩效考核。

各有关行政部门在各自职责权限范围内，指导综合执法机构依法开展执法业务。

各级综合执法机构依照职责分工负责本行政区域内的文化市场综合行政执法工作。

第二章　执法机构与执法人员

第六条　综合执法机构与各有关行政部门应当建立协作机制，及时掌握行政执法的依据、标准以及相关行政许可情况，定期通报市场动态和行政执法情况，提出政策或者工作建议。

第七条　文化市场综合行政执法人员（以下简称执法人员）应当具备以下条件：

（一）具有中华人民共和国国籍；

（二）年满十八周岁；

（三）遵纪守法、品行良好、身体健康；

（四）熟悉文化市场管理法律法规，掌握文化市场管理所需的业务知识和技能；

（五）无犯罪或者开除公职记录；

（六）法律法规规定的其他条件。

录用执法人员应当参照《中华人民共和国公务员法》的有关规定公开招考，择优录取。

第八条　执法人员经岗位培训和考试合格，取得《中华人民共和国文化市场综合行政执法证》或者各级人民政府核发的行政执法证后，方可从事行政执法工作。

综合执法机构应当每年对执法人员进行业务考核。对考核不合格的执法人员，应当暂扣执法证件。

第九条　综合执法机构应当有计划地对执法人员进行业

务培训，鼓励和支持执法人员参加在职继续教育。

第十条　综合执法机构应当配备调查询问、证据保存等专用房间及交通、通讯、取证、检测等行政执法所必需的设施设备；为执法人员购买人身意外伤害保险。

第十一条　综合执法机构应当实行执法人员定期岗位轮换制度。执法人员在同一执法岗位上连续工作时间原则上不超过5年。

第十二条　各有关行政部门或者综合执法机构可按有关规定对工作成绩显著的综合执法机构和执法人员给予表彰、奖励。

第三章　执法程序

第十三条　综合执法机构应当建立健全12318文化市场举报体系，向社会公布举报方式，依法及时有效受理、办理举报，对举报有功人员可给予一定奖励。

对日常巡查或者定期检查中发现的违法行为，公民、法人及其他组织举报的违法行为，上级交办的、下级报请处理的或者有关部门移送的案件，应当及时处理。

第十四条　重大案件发生后12小时内，当地综合执法机构应当将案件情况向上级报告。上级综合执法机构或者委托机关应当对重大案件的查处进行督办。

第十五条　文化市场行政违法案件由违法行为发生地所在的县级以上有关行政部门或者综合执法机构管辖。法律、法规、规章另有规定的，从其规定。对管辖发生争议的，报请共同的上一级行政机关指定管辖。

发现受理的案件不属于自己管辖的，应当及时将案件移交给有管辖权的有关行政部门、综合执法机构；违法行为涉嫌构成犯罪的，应当移送司法机关依法处理。

第十六条　执法人员依法执行公务时，应当规范着装，佩戴执法标志。

第十七条　综合执法机构开展行政执法活动，应当严格按照法律、法规和本办法规定的程序进行，并依法制作执法文书。

第十八条　对于公民、法人或者其他组织违反文化市场管理法律法规的行为，依法应当给予行政处罚的，必须查明事实；违法事实不清的，不得给予行政处罚。

第十九条　在作出行政处罚之前，应当告知当事人作出行政处罚决定的事实、理由和依据，并告知当事人依法享有的权利。

执法人员应当充分听取当事人的陈述和申辩，并制作笔录，对当事人提出的事实、理由和证据进行复核，经复核成立的应当采纳。

第二十条　违法事实确凿并有法定依据，对公民处以50元以下、对法人或者其他组织处以1000元以下罚款或者警告的行政处罚的，可以当场作出处罚决定；执法人员应当填写预定格式、编有号码的行政处罚决定书，经签名或者盖章后，当场交付当事人。

执法人员应当自作出当场处罚决定之日起3日内向所属综合执法机构报告并备案。

第二十一条　除依法可以当场作出的行政处罚外，发现公民、法人或者其他组织有依法应当给予行政处罚的行为的，应当登记立案，客观公正地进行调查，收集有关证据，必要时可以依照法律、法规的有关规定进行检查。

证据包括书证、物证、证人证言、视听资料、当事人陈述、鉴定结论、勘验笔录和现场笔录或者其他有关证据。证据必须查证属实，才能作为认定事实的根据。

第二十二条　在调查或者执法检查时，执法人员不得少于2名，并应当向当事人或者有关人员出示执法证件。当事人及有关人员应当如实回答询问，并协助调查或者检查。执法人员应当制作调查询问或者现场检查笔录，经当事人或者有关人员核对无误后，由当事人或者有关人员签名或者盖章。当事人或者有关人员拒绝的，由2名以上执法人员在笔录上注明情况并签名。

执法人员与当事人有直接利害关系的，应当回避。

第二十三条　在调查或者执法检查中，发现正在发生的违法违规行为，情况紧急无法立案的，执法人员可以采取以下措施：

（一）对违法行为予以制止或者纠正；

（二）依据相关法律法规规定，对有关物品、工具进行查封或者扣押；

（三）收集、提取有关证据。

第二十四条　执法人员在收集证据时，可以采取抽样取证的方法；在证据可能灭失或者以后难以取得的情况下，经依法批准后，可以采取先行登记保存等措施。

对证据进行抽样取证或者登记保存，应当有当事人在场；当事人不在场或者拒绝到场的，可以请在场的其他人员见证并注明。

对抽样取证或者登记保存的物品应当开列清单，并依据情况分别制作抽样取证凭证或者证据登记保存清单，标明物品名称、数量、单价等事项，由执法人员、当事人签名或者盖章，交付当事人。当事人拒绝签名、盖章或者接收的，由2名以上执法人员在凭证或者清单上注明情况并签名。

登记保存物品时，在原地保存可能灭失或者妨害公共安全的，可以异地保存。

第二十五条　对先行登记保存的证据，应当在7日内作出下列处理决定：

（一）需要进行技术检验或者鉴定的，送交检验或者鉴定；

（二）依法不需要没收的物品，退还当事人；

（三）依法应当移交有关部门处理的，移交有关部门。

法律法规另有规定的，从其规定。

第二十六条　对情节复杂或者重大的案件作出责令停业整顿、吊销许可证或者较大数额罚款等行政处罚前，应当经过集体讨论后，再做决定。

第二十七条　拟作出责令停业整顿、吊销许可证、较大数额罚款等行政处罚决定的，应当告知当事人有听证的权利。当事人要求听证的，应当组织听证。

第二十八条　听证会应当按照以下程序进行：

（一）听证主持人宣布听证开始，宣布案由、听证纪律、当事人的权利和义务，宣布和核对听证参加人员名单；

（二）调查人员提出当事人违法的事实、证据、处罚依据和行政处罚的理由；

（三）当事人可以提出证据，进行陈述和申辩，对调查人员提出的证据进行质证；

（四）听证主持人向当事人、调查人员、证人等有关人员询问；

（五）当事人最后陈述；

（六）听证主持人宣布听证结束。

第二十九条　听证会应当制作笔录，交当事人核阅无误后签字或者盖章。

听证主持人应当依据听证情况作出书面报告，报告的主要内容为：案由，听证时间、地点，听证参加人姓名或者名称，申辩和质证的事项，证据鉴别和事实认定情况。

第三十条　行政处罚决定书应当在宣告后当场交付当事人，由当事人在送达回证上记明收到日期，签名或者盖章。

当事人不在场的，应当自作出行政处罚决定之日起7日内依照民事诉讼法的有关规定，将行政处罚决定书送达当事人。

第三十一条　作出责令停业整顿、吊销许可证等重大行政处罚的，应当自作出行政处罚决定之日起15日内，报许可机关和上级综合执法机构备案，必要时可将处罚决定抄告有关部门。

第三十二条　依法没收的财物，必须按照国家有关规定公开拍卖或者处理。

依法应当予以销毁的物品，经综合执法机构负责人批准，由2名以上执法人员监督销毁，并制作销毁记录。

第三十三条　执法文书及有关材料，应当依照有关法律、法规、规章的规定，编目装订，立卷归档。

第四章　执法监督与责任追究

第三十四条　上级综合执法机构对下级综合执法机构及执法人员的执法行为实行执法监督。

综合执法机构接受同级人民政府及有关行政部门的执法监督。

第三十五条　执法监督的内容包括：

（一）执法主体；

（二）执法程序；

（三）法律、法规、规章的适用；

（四）履行法定职责的情况；

（五）罚没财物的处理；

（六）其他需要监督的内容。

第三十六条　执法监督的方式：

（一）受理对违法违规执法行为的申诉、控告和检举，并直接处理或者责成有关部门处理；

（二）对执法工作进行检查；

（三）调阅执法案卷和其他资料；

（四）在职权范围内采取的其他方式。

第三十七条　在执法过程中有下列情形之一的，应当予以纠正或者撤销行政处罚，损害当事人合法权益的，应当依法给予赔偿：

（一）执法主体不合法的；

（二）执法程序违法的；

（三）具体行政行为适用法律、法规、规章错误的；

（四）违法处置罚没或者扣押财物的。

第三十八条　因第三十七条列举情形造成以下后果的，应当依法追究直接责任人和主要负责人的责任：

（一）人民法院撤销、变更行政处罚决定的；

（二）复议机关撤销、变更行政处罚决定的。

第三十九条　执法人员有下列情形之一，尚不构成犯罪的，应当依法给予行政处分，并收回其执法证件；情节严重，构成犯罪的，依法追究刑事责任：

（一）滥用职权，侵犯公民、法人及其他组织合法权益的；

（二）利用职权或者工作之便索取或者收受他人财物，或者支持、纵容、包庇文化市场违法经营活动的；

（三）伪造、篡改、隐匿和销毁证据的；

（四）玩忽职守、贻误工作的；

（五）泄露举报内容和执法行动安排的；

（六）其他违反法律、法规、规章的行为。

第四十条 执法人员在被暂扣执法证件期间，不得从事行政执法工作；执法人员被收回执法证件的，应当调离执法岗位，不得再从事行政执法工作。

第五章 附 则

第四十一条 《中华人民共和国文化市场综合行政执法证》是执法人员履行职责时的合法证件，由文化部统一制式，省级文化行政部门或者综合执法机构监制并核发。

各级人民政府核发的行政执法证，也是执法人员履行职责时的合法证件。

执法文书由文化部统一格式，省级文化行政部门或者综合执法机构监制。

第四十二条 本办法所称“较大数额罚款”是指对公民处以1万元以上、对法人或者其他组织处以5万元以上的罚款，法律、法规、规章另有规定的，从其规定。

第四十三条 本办法由文化部负责解释。

第四十四条 本办法自2012年2月1日起施行。2006年7月1日文化部发布的《文化市场行政执法管理办法》同时废止。

文化市场综合行政执法人员行为规范

1. 2012年5月23日文化部办公厅印发

2. 办市发〔2012〕11号

第一条 为规范文化市场综合行政执法行为，根据《中华人民共和国行政处罚法》、《文化市场综合行政执法管理办法》等有关法律、法规和规章的规定，制定本规范。

第二条 各级文化行政部门和文化市场综合行政执法机构（以下简称执法部门）的文化市场综合行政执法人员（以下简称执法人员）开展执法检查、监督、处罚等公务时应当遵守本规范。

第三条 各级执法部门负责本规范的组织实施；执法部门主要负责人是组织实施本规范的第一责任人。

上级执法部门负责对下级执法部门执行本规范的情况进行指导、监督和考核。

第四条 执法人员开展执法检查时，应当向当事人主动出示文化部监制的《中华人民共和国文化市场综合行政执法证》或省级以上人民政府核发的执法资格证（以下统称执法证件），表明执法身份。

第五条 经初步调查核实，发现当事人不存在违法行为的，执法人员应当对其配合执法检查的行为表示谢意；发现当事人涉嫌存在违法行为的，应当责令当事人立即停止或改正违法行为，并对当事人进行法制教育。

第六条 执法人员不得通过引诱、欺诈、胁迫、暴力等违反法定程序的手段进行调查取证。

执法人员通过其他方式不能或难以收集了解文化市场管理信息，需要采取隐蔽拍摄、录制等特殊手段时，应当报请执法部门主要负责人同意。

第七条 执法人员应当穿着文化部统一样式的执法工作服，佩带执法标志，并符合下列要求：

（一）配套着装，穿着整齐，保持执法工作服洁净、平整；

（二）执法胸牌佩戴在上衣左口袋上沿正中处；

（三）穿着黑色皮鞋或深棕色皮鞋；

（四）不得混穿不同季节的执法工作服，不得混穿执法工作服和便装，不得披衣、敞怀、卷裤腿、上翻衣领；

（五）男性执法人员不得留长发、大鬓角，不得蓄胡须、剃光头；女性执法人员不得披散长发，不得化浓妆，不得佩戴夸张的饰物。

第八条 执法人员应当妥善保管执法证件、执法工作服及执法胸牌，不得变卖或擅自拆改，不得转借他人使用；因工作调动、退休等原因离开文化市场综合行政执法工作岗位时，执法证件及执法胸牌应当上交。

第九条 执法人员应当举止端庄，态度和蔼。不得袖手、背手或将手插入衣袋，不得吸烟、吃东西，不得勾肩搭背、嬉笑打闹。不得推搡或手指当事人，不得踢、扔、敲、摔当事人的物品。

第十条 执法人员在接听举报电话或者接待群众来访时，应当使用普通话，注意音量适宜，文明礼貌。对属于职权范围内的举报，应当及时处理；对不属于职权范围内的举报，应当向对方说明理由。解答问题、办理咨询时应当符合政策法规，对于不清楚的问题不得随意发表意见。

第十一条 执法人员开展执法检查或者执行其他公务时应当使用文明规范用语，应当清晰、准确、得体表达执法检查或其他意图：

（一）亮明身份时：我们是×××（单位）执法人员，正在执行公务，这是我们的证件，请您配合我们的工作；

（二）做完笔录时：请您看一下记录，如属实请您签字予以确认；

（三）回答咨询时：您所反映的问题需要调查核实，我们在×日内调查了解清楚后再答复您；您所反映的问题不属于我单位职责范围，此问题请向×××（单位）反映（或申诉），我们可以告诉您×××（单位）的地址和电话；

（四）执法过程中遇到抵触时：根据法律规定，你有如实回答询问、并协助调查（或者检查）的义务，请配合我们的工作，欢迎您对我们的工作提出意见，我们愿意接受监督；

（五）告知权利义务时：根据法律规定，您有陈述和申辩的权利；根据法律规定，您有要求听证的权利；如果您对行政处罚（理）决定不服，有权在法定期限内提出行政复议或行政诉讼；

（六）结束执法时：谢谢您的配合；感谢您对我们工作的支持。

第十二条　除办理案件外，执法人员不得动用被暂扣或者作为证据登记保存的物品。

第十三条　执法人员应当严格遵守工作纪律、组织纪律和廉政纪律，应当严格按照法律法规规定的职责权限实施行政执法行为，不得推诿或者拒绝履行法定职责，不得滥用职权，不得越权执法，不得以权谋私。

第十四条　执法人员不得以各种名义索取、接受行政相对人（请托人、中间人）的宴请、礼品、礼金（含各种有价证券）以及其他消费性活动，不得向行政相对人借款、借物、赊账、推销产品、报销任何费用或者要求行政相对人为其提供服务。

第十五条　执法人员不得参与和职权有关的各种经营性活动，不得利用职权为配偶、子女及其他特定关系人从事经营性活动提供便利条件，不得在被管理单位兼职。

第十六条　执法人员不得弄虚作假，不得隐瞒、包庇、纵容违法行为，不得为行政相对人的违法行为开脱、说情。

第十七条　非因公务需要，执法人员不得在非办公场所接待行政相对人及其亲属，不得单独对当事人进行调查询问。

第十八条　违反本规范造成不良影响或者后果的，由纪检监察部门视情节轻重追究有关责任人的相关责任；触犯法律的，依法追究法律责任。

第十九条　本规范由文化部负责解释。

第二十条　本规范自印发之日起施行。

文化市场重大案件管理办法

1. 2012年7月30日文化部印发
2. 文市发〔2012〕23号

第一条　为加强文化市场重大案件管理，规范文化市场重大案件报告、督办和查处等工作，落实行政执法责任，强化行政执法监督，根据《行政处罚法》、《文化市场综合行政执法管理办法》等有关法律、法规和规章的规定，制定本办法。

第二条　本办法所称文化市场重大案件是指文化市场经营活动中发生的违法情节严重、社会影响恶劣、涉案财物数额较大、涉案人员或者地区较多，依法应当给予行政处罚或者刑事处罚的案件。

具有下列情形之一的，属文化市场重大案件：

（一）文化产品或者服务含有国家法律法规禁止内容，造成严重社会影响的；

（二）未经批准擅自从事文化市场经营活动，造成恶劣社会影响的；

（三）违法向未成年人提供文化产品或者服务，或者向未成年人提供违法文化产品或者服务，严重损害未成年人身心健康，造成恶劣社会影响的；

（四）非法经营数额在50万元以上或者违法所得数额在10万元以上的；

（五）依法移送司法机关，当事人被追究刑事责任的；

（六）其他社会广泛关注、影响特别恶劣的案件。

第三条　文化部负责全国文化市场重大案件的指导、监督和协调工作。

地市级以上文化行政部门或文化市场综合行政执法机构（以下合并简称执法部门）负责本辖区内文化市场重大案件的指导、监督、协调和查处工作。

第四条　文化市场重大案件报告、督办和查处工作应当坚持属地管理、分级负责、及时高效、客观公正的原则。

第五条　下级执法部门应当将本辖区内发生的文化市场重大案件向上级执法部门报告。

第六条　案件发生后，经初步调查核实，符合本办法第二条所列情形，属文化市场重大案件的，案发地执法部门应当在案发后12小时内向上级执法部门报告；符合本办法第二条第二款（一）项的文化市场重大案件，应当在案发后12小时内逐级报告至文化部。

案件调查处理取得重大进展或者办理终结的，下级执法部门应当及时向上级执法部门报告。

第七条　文化市场重大案件报告应当采取书面形式，并包括以下内容：

（一）案件名称、案件来源、案发时间、案发地点、涉案人员、涉案金额等基本情况；

（二）案件调查处理情况；

（三）其他需要报告的事项。

紧急情况下，可以首先采取电话、传真或者互联网等方式报告，并及时补交书面报告。

第八条　省级执法部门应当在每年12月15日之前向文化部报告本年度本辖区文化市场重大案件查处情况，具体包括下列内容：

（一）辖区内文化市场重大案件的总体分析报告，包括数量类别、基本特点和典型意义；

（二）各门类文化市场重大案件的规范名称、办案单位、办案人员、基本案情、处理结果或者进展情况；

（三）其他需要报告的内容。

第九条　文化市场重大案件涉及国家秘密的，应当按照国家有关保密法律法规规定的形式报告。

第十条　上级执法部门可以根据案件性质、涉案金额、复杂程度、查处难度以及社会影响等情况，对辖区内发生的文化市场重大案件进行督办。

对于涉案财物数额较大、涉案人员或者地区较多，案情特别复杂，查处确有难度的文化市场重大案件，下级执法部门可以报请上级执法部门进行督办。

第十一条　文化部对下列文化市场重大案件进行督办：

（一）党中央、国务院等上级部门交办的案件；

（二）文化部领导交办的案件；

（三）在全国或者省、自治区、直辖市范围内有重大影响的案件；

（四）违法情节特别严重、社会影响特别恶劣的案件；

（五）具有典型性、示范性的案件；

（六）文化部认为确有必要督办的其他案件。

各省、自治区、直辖市文化市场重大案件督办的范围和标准，由省级执法部门根据本地实际情况确定。

第十二条　对需要督办的文化市场重大案件，执法人员应当填写《文化市场重大案件督办立项审批表》，提出拟督办意见，经执法部门主要负责人或者指定的执法机构负责人审核同意后，向下级执法部门发出《文化市场重大案件督办通知书》，要求其在规定的期限内查清事实，并作出处理决定。

《文化市场重大案件督办通知书》应当包括督办案件的名称、来源、基本情况及督办部门、承办部门、督办要求等内容。

第十三条　督办案件涉及多个地区的，上级执法部门应当明确主办执法部门和协办执法部门，并按照各自管辖职责分别确定案件查处任务。

主办执法部门和协办执法部门应当密切协作，及时沟通。对主办单位请求协助的事项，协办执法部门应当依法开展调查取证，及时准确反馈情况，并提供相关证据材料。

第十四条　下级执法部门应当在收到《文化市场重大案件督办通知书》后5个工作日内制定案件查处方案，组织调查处理。

案件查处方案应当报送上级执法部门备案；上级执法部门要求下级执法部门在调查处理前报告查处方案的，下级执法部门应当按照要求报告，并在上级执法部门同意后执行。

案件督办前已经立案的，下级执法部门不得停止调查处理，但应当将案件查处方案及相关情况报告上级执法部门；上级执法部门发现其中存在问题要求改正或者调整的，下级执法部门应当及时改正或者调整。

第十五条　未经上级执法部门批准，下级执法部门不得将督办的文化市场重大案件转交其下级执法部门或者移送相关部门查处。

第十六条　对督办的文化市场重大案件，下级执法部门应当成立专案组或者指定专人办理，并在收到《文化市场重大案件督办通知书》后60日内依法作出处理决定。

案情特别复杂，无法在规定时间内作出处理决定的，下级执法部门在以书面形式请示上级执法部门同意后，可以适当延长案件查处时间。

第十七条　上级执法部门依法履行下列督办职责：

（一）对督办的文化市场重大案件查处工作进行指导、协调和监督；

（二）对落实督办要求不力或者案件查处进度不符合要求的进行催办；

（三）对督办的文化市场重大案件查处过程中发生的不当行为及时进行纠正；

（四）其他需要承担的督办职责。

第十八条　上级执法部门应当确定专门机构或者人员及时跟踪了解督办案件查处情况，加强对案件查处工作的指导、协调和监督，必要时可以派出专门人员前往案发地督促检查或者直接参与案件查处工作。

第十九条　下级执法部门未按照督办要求组织案件查处工作的，上级执法部门应当及时进行催办。

第二十条　督办的文化市场重大案件情况发生重大变化，确实不需要继续督办的，上级执法部门可以撤销督办，并说明理由。

第二十一条　除涉及国家秘密或者其他不应当公开的情形外，上级执法部门应当及时公布督办案件信息及查处情况。

第二十二条　对违反本办法的规定，有下列情形之一的，予以通报批评；情节严重的，依法追究主要负责人及直接责任人的责任。

（一）未按照规定时限报告的；

（二）故意推诿、拖延、瞒报、谎报的；

（三）案件久拖不决或者拒不落实督办要求的；

（四）违反相关保密规定的；

（五）其他造成严重后果的情形。

第二十三条　对在文化市场重大案件查处或者指导、协调、监督文化市场重大案件查处过程中表现突出的集体或者个人，上级执法部门应当依照相关规定给予表彰奖励。

第二十四条　上级执法部门对督办的文化市场重大案件，依照相关规定补助案件办理经费。

第二十五条　本办法由文化部负责解释。

第二十六条　本办法发布之日起实施，2008 年 8 月 22 日发布的《文化市场重大案件管理办法》同时废止。

附件：（略）

文化市场突发事件应急管理办法（试行）

1. 2012 年 8 月 14 日文化部印发
2. 文市发〔2012〕27 号

第一章　总　　则

第一条　为加强文化市场突发事件应急管理，有效预防和妥善处置文化市场突发事件，最大限度地减少危害和负面影响，根据《突发事件应对法》等有关法律、法规和规章的规定，制定本办法。

第二条　本办法所称文化市场突发事件是指在文化市场经营场所、经营活动、行政管理或者综合行政执法工作中发生的，造成或者可能造成重大社会影响或者严重社会危害，需要采取应急处置措施予以应对的事件。

第三条　文化市场突发事件包括下列情形：

（一）文化市场经营场所、经营活动中发生火灾、爆炸、坍塌、踩踏等安全事故或者重大治安事件的；

（二）文化产品或者服务含有国家法律法规禁止内容，造成严重社会影响的；

（三）文化市场经营、行政管理或者综合行政执法信息通过互联网等途径传播，引起社会公众广泛关注，造成严重负面影响的；

（四）以暴力、恐吓、胁迫等方式阻挠文化市场行政管理和综合行政执法工作，造成人员伤亡的；

（五）因不服从文化市场行政管理或者综合行政执法行为，造成群体性事件的；

（六）其他需要采取应急处置措施予以应对的突发事件。

第四条　文化市场突发事件应急管理应当遵循统一领导、综合协调，分类管理、分级负责，预防为主、以人为本，属地管理、协同配合的原则。

第五条　县级以上文化行政部门和文化市场综合行政执法机构（以下合并简称执法部门）按照法定职责对本行政区域内突发事件的应对工作负责；涉及两个以上行政区域的，由有关行政区域共同的上级执法部门负责，或者由各有关行政区域的上级执法部门共同负责。

法律、行政法规规定由国务院有关部门对突发事件的应对工作负责的，从其规定。

第六条　各级执法部门应当单独或者联合成立文化市场突发事件应急工作领导小组，统一指挥文化市场突发事件应急管理工作。

文化市场突发事件应急工作领导小组应当建立信息、设备、人员、运输及通信等方面的应急工作保障机制。

文化市场突发事件应急工作领导小组组长由各级执法部门负责人担任。

文化市场突发事件应急工作领导小组下设办公室，具体负责日常工作。

第七条　各级执法部门应当根据本办法制定文化市场突发事件应急预案，明确文化市场突发事件应急处置的机构、人员、职责和分工等内容。

第八条　各级执法部门应当加强文化市场日常检查，对突发事件隐患和预警信息进行风险评估和预测，认为可能发生突发事件的，应当采取预防措施或者通报相关部门。

第九条　各级执法部门应当对负有突发事件应急责任的经营管理人员开展必要的应急培训和演练。

第二章　突发事件分级

第十条　根据造成或者可能造成的影响范围和社会危害程度等情况，将文化市场突发事件划分为特大突发事件（Ⅰ级）、重大突发事件（Ⅱ级）、较大突发事件（Ⅲ

级)、一般突发事件(Ⅳ级)四个等级。

第十一条　具有下列情形之一的,属于文化市场特大突发事件(Ⅰ级):

(一)在文化市场经营场所或者经营活动中发生特大安全事故,导致或者可能导致30人以上死亡(含失踪),或者100人以上重伤,或者1000万元以上直接经济损失的;

(二)因不服从文化市场行政管理或者综合行政执法行为而造成群体性事件,一次参与人数达到300人以上,严重影响社会稳定的。

第十二条　具有下列情形之一的,属于文化市场重大突发事件(Ⅱ级):

(一)在文化市场经营场所或者经营活动中发生重大安全事故,导致或者可能导致10人以上死亡(含失踪),或者50人以上重伤,或者500万元以上直接经济损失的;

(二)因不服从文化市场行政管理或者综合行政执法行为而造成群体性事件,一次参与人数在100人以上,严重影响社会稳定的;

(三)以暴力、恐吓、胁迫等方式阻挠文化市场行政管理或者综合行政执法工作,造成3人以上死亡或者10人以上重伤的。

第十三条　具有下列情形之一的,属于较大突发事件(Ⅲ级):

(一)在文化市场经营场所或者经营活动中发生重大安全事故,导致或者可能导致3人以上死亡(含失踪),或者10人以上重伤,或者100万元以上直接经济损失的;

(二)因不服从文化市场行政管理或者综合行政执法行为而造成群体性事件,一次参与人数在50人以上,严重影响社会稳定的;

(三)以暴力、恐吓、胁迫等方式阻挠文化市场行政管理或者综合行政执法工作,造成1人以上死亡或者3人以上重伤的;

(四)文化市场经营、行政管理或者综合行政执法信息通过互联网等途径传播,引起公众广泛关注,在全国范围内造成严重负面影响的。

第十四条　具有下列情形之一的,属于一般突发事件(Ⅳ级):

(一)在文化市场经营场所或者经营活动中发生重大安全事故,导致或者可能导致1人以上死亡(含失踪),或者3人以上重伤,或者50万元以上直接经济损失的;

(二)因不服从文化市场行政管理或者综合行政执法行为而造成群体性事件,一次参与人数在3人以上,严重影响社会稳定的;

(三)以暴力、恐吓、胁迫等方式阻挠文化市场行政管理或者综合行政执法工作,导致1人以上重伤或者3人以上轻伤的;

(四)文化产品或者服务含有国家法律法规禁止内容,造成恶劣社会影响的;

(五)文化市场经营、行政管理或者综合行政执法信息通过互联网等途径传播,引起公众广泛关注,在本辖区内造成严重负面影响的;

(六)其他需要采取应急处置措施予以应对的突发事件。

第三章　信息报告与发布

第十五条　文化市场突发事件信息报告与发布应当做到统一、准确、及时。

第十六条　文化市场突发事件信息一般情况下实行分级报送,确有必要时可以越级上报。

文化市场突发事件发生后,事发地文化市场突发事件应急工作领导小组应当在2小时内向同级人民政府和上级文化市场突发事件应急工作领导小组报告,并通知相关部门协同处理。

事发地文化市场突发事件应急工作领导小组在采取应急处置措施4小时内,应当向同级人民政府和上级文化市场突发事件应急工作领导小组提交书面报告。

第十七条　Ⅰ级突发事件发生后,应当逐级报告至文化部文化市场突发事件应急工作领导小组。

Ⅱ级突发事件发生后,应当逐级报告至省级文化市场突发事件应急工作领导小组。

Ⅲ级、Ⅳ级突发事件发生后,应当报告至地市级文化市场突发事件应急工作领导小组。

第十八条　文化市场突发事件信息报告应当包含突发事件发生的时间、地点、现场情况、伤亡人数、财产损失、发生原因、应对措施等内容。

报告内容涉及国家秘密的,应当依照国家有关保密法律法规办理。

第十九条　各级文化市场突发事件应急工作领导小组应当建立新闻发言人制度,确定一名工作人员,统一发布突发事件信息。

第四章　应急处置

第二十条　文化市场突发事件发生后,事发地文化市场突发事件应急工作领导小组应当立即启动应急预案，采取应急处置措施。

事发地人民政府或者上级文化市场突发事件应急工作领导小组已经开展应急处置工作的，事发地文化市场突发事件应急工作领导小组应当在其领导下，按照职责分工参与应急处置工作。

第二十一条 文化市场突发事件应急处置中，涉及其他部门权限的，事发地文化市场突发事件应急工作领导小组应当通报其他部门，并报告本级人民政府。

文化市场突发事件中的当事人涉嫌违反文化市场管理法规的，应当依法处理。

第二十二条 Ⅰ级突发事件发生后，文化部文化市场突发事件应急工作领导小组应当派出工作组赶赴事发地协调、指导、监督应急处置工作。

Ⅱ级突发事件发生后，省级文化市场突发事件应急工作领导小组应当派出工作组赶赴事发地协调、指导、监督应急处置工作。

Ⅲ级突发事件发生后，地市级文化市场突发事件应急工作领导小组应当派出工作组赶赴事发地协调、指导、监督应急处置工作。

Ⅳ级突发事件发生后，县级文化市场突发事件应急工作领导小组负责人应当赶赴事发地协调、指导、监督应急处置工作。

第二十三条 文化市场突发事件引起的威胁或者危害得到控制或者消除后，事发地文化市场突发事件应急工作领导小组应当采取或者继续实施必要措施，防止发生次生、衍生事件或者重新引发突发事件。

第五章 事后评估与奖惩

第二十四条 文化市场突发事件应急处置工作结束后，事发地文化市场突发事件应急工作领导小组应当对突发事件及应急处置工作进行总结评估，制定改进措施。

第二十五条 对文化市场突发事件应急处置工作表现突出的集体或者个人，应当给予表彰奖励。

第二十六条 在文化市场突发事件应急处置过程中，有下列情形之一的，应当对负有直接责任的负责人或者工作人员依法给予处分；构成犯罪的，依法追究刑事责任：

（一）未按照规定采取预防措施导致发生突发事件，或者未采取必要防范措施导致发生次生、衍生事件的；

（二）迟报、谎报、瞒报、漏报突发事件信息，或者通报、报告、公布虚假突发事件信息，造成严重后果的；

（三）未按照规定及时采取预警措施，导致损害发生的；

（四）未按照规定及时采取应急处置措施或者应急处置措施不当，造成严重后果的；

（五）不服从上级文化市场突发事件应急工作领导小组对突发事件应急处置工作的统一领导、协调、指导和监督的。

第六章 附 则

第二十七条 本办法所称“以上”包括本数。

第二十八条 本办法由文化部负责解释。

第二十九条 本办法自发布之日起实施。

文化市场突发事件应急处置预案（试行）

1. 2012年8月14日文化部印发

2. 文市发〔2012〕27号

1 总 则

1.1 定义

文化市场突发事件是指在文化市场经营场所、经营活动、行政管理或者综合行政执法工作中发生的，造成或者可能造成重大社会影响或者严重社会危害的，需要采取应急处置措施予以应对的事件。

1.2 目的

为加强文化市场突发事件应急管理，有效预防和妥善处置文化市场突发事件，最大限度地减少危害和负面影响，依据《突发事件应对法》、《国家突发公共事件总体应急预案》等法律、法规和规章的规定，制定本预案。

1.3 适用范围

根据文化市场突发事件的不同性质，本预案适用范围可以分为文化市场经营场所中发生的重大安全事故、文化市场经营活动中发生的突发事件、文化市场行政管理和综合行政执法中发生的造成重大社会影响的事件以及文化市场领域内发生的其他有较大影响的突发事件。具体分为以下情况：

1.3.1 文化市场经营场所、经营活动中发生火灾、爆炸、坍塌、踩踏等安全事故或者重大治安事件的；

1.3.2 文化产品或者服务含有国家法律法规禁止内容，造成严重社会影响的；

1.3.3 文化市场经营、行政管理或者综合行政执法信息通过互联网等途径传播，引起社会公众广泛关注，造成严重负面影响的；

1.3.4 以暴力、恐吓、胁迫等方式阻挠文化市场行政管理和综合行政执法工作，造成人员伤亡的；

1.3.5 因不服从文化市场行政管理或者综合行政执法行为，造成群体性事件的；

1.3.6 其他需要采取应急处置措施予以应对的突发事件。

2 工作原则

文化市场突发事件应急管理应当遵循以下原则：

2.1 统一领导、综合协调。在同级人民政府和上级文化市场突发事件应急工作领导小组指挥下，本级文化市场突发事件应急工作领导小组充分发挥职能作用，综合协调各项资源进行应对。

2.2 分类管理、分级负责。文化市场突发事件应急工作领导小组应当根据突发事件不同类别采取分类的管理方式，建立健全分类管理、分级负责的应急管理体制。

2.3 预防为主、以人为本。高度重视突发事件管理工作，常抓不懈，防患于未然。增强忧患意识，坚持预防与应急相结合，常态与非常态相结合，做好应对突发事件的各项准备工作。各级文化行政部门和综合行政执法机构（以下合并简称执法部门）应当把保障公众健康和生命财产安全作为首要任务，最大程度地减少突发事件及其造成的人员伤亡和危害。

2.4 属地管理、协同配合。加强以属地管理为主的突发事件应急处置队伍建设，在同级人民政府领导下，建立和公安、消防和医疗等相关部门联动协调机制，形成一套统一指挥、反应灵敏、功能齐全、协调有序、运转高效的应急管理运转体系。

3 突发事件等级划分

根据突发事件造成的社会危害程度和影响范围等情况，对文化市场突发事件进行等级划分。文化市场突发事件分为特大突发事件（Ⅰ级）、重大突发事件（Ⅱ级）、较大突发事件（Ⅲ级）、一般突发事件（Ⅳ级）四个等级。

3.1 特大突发事件（Ⅰ级）：

3.1.1 在文化市场经营场所或者经营活动中发生特大安全事故，导致或者可能导致30人以上死亡（含失踪），或者100人以上重伤，或者1000万元以上直接经济损失的；

3.1.2 因不服从文化市场行政管理或者综合行政执法行为而造成群体性事件，一次参与人数达到300人以上，严重影响社会稳定的。

3.2 重大突发事件（Ⅱ级）：

3.2.1 在文化市场经营场所或者经营活动中发生重大安全事故，导致或者可能导致10人以上死亡（含失踪），或者50人以上重伤，或者500万元以上直接经济损失的；

3.2.2 因不服从文化市场行政管理或者综合行政执法行为而造成群体性事件，一次参与人数在100人以上，严重影响社会稳定的；

3.2.3 以暴力、恐吓、胁迫等方式阻挠文化市场行政管理或者综合行政执法工作，造成3人以上死亡或者10人以上重伤的。

3.3 较大突发事件（Ⅲ级）：

3.3.1 在文化市场经营场所或者经营活动中发生重大安全事故，导致或者可能导致3人以上死亡（含失踪），或者10人以上重伤，或者100万元以上直接经济损失的；

3.3.2 因不服从文化市场行政管理或者综合行政执法行为而造成群体性事件，一次参与人数在50人以上，严重影响社会稳定的；

3.3.3 以暴力、恐吓、胁迫等方式阻挠文化市场行政管理或者综合行政执法工作，造成1人以上死亡或者3人以上重伤的；

3.3.4 文化市场经营、行政管理或者综合行政执法信息通过互联网等途径传播，引起公众广泛关注，在全国范围内造成严重负面影响的。

3.4 一般突发事件（Ⅳ级）：

3.4.1 在文化市场经营场所或者经营活动中发生重大安全事故，导致或者可能导致1人以上死亡（含失踪），或者3人以上重伤，或者50万元以上直接经济损失的；

3.4.2 因不服从文化市场行政管理或者综合行政执法行为而造成群体性事件，一次参与人数在3人以上，严重影响社会稳定的；

3.4.3 以暴力、恐吓、胁迫等方式阻挠文化市场行政管理或者综合行政执法工作，导致1人以上重伤或者3人以上轻伤的；

3.4.4 文化产品或者服务含有国家法律法规禁止内容，造成恶劣社会影响的；

3.4.5 文化市场经营、行政管理或者综合行政执法信息通过互联网等途径传播，引起公众广泛关注，在本辖区范围内造成严重负面影响的；

3.4.6 其他需要采取应急处置措施予以应对的突发事件。

4 应急指挥机构的建立与职责

4.1 应急指挥机构的建立

各级执法部门单独或者联合成立文化市场突发事件应急工作领导小组，统一指挥文化市场突发事件应急处置工作。

文化市场突发事件应急工作领导小组组长由各级执法部门负责人担任,成员由执法部门的行政管理、综合执法、安全生产等相关处(科、队)室负责人组成。

文化市场突发事件应急工作领导小组下设办公室,负责日常值守、信息采集汇总和综合协调等工作。有条件的区域可成立专家组、后勤保障组等专业工作小组细化分工。

4.2　应急指挥机构职责

(1)文化市场突发事件应急工作领导小组负责指挥、组织、协调本系统有关部门参与应急响应行动,下达应急处置任务;

(2)与同级人民政府及相关部门进行联系与协调,及时向同级人民政府和上级行政主管部门报告、通报有关情况和信息;

(3)对外统一发布信息,研究解决突发事件中的重大问题,主动做好新闻媒体的信息沟通工作。

4.3　应急指挥机构办公室职责

(1)文化市场突发事件发生时,应及时收集情况,向领导小组汇报,并传达领导小组决定;

(2)在应急期间督促应急措施的落实和具体执行,与有关部门进行沟通、协调,确保信息传递的及时准确;组织协调应急工作有序开展,根据具体情况派员赴现场参与应急处置工作;收集相关情况,拟定与突发事件相关的文书,及时报送上级领导和相关部门;

(3)做好应急信息的发布,组织协调各方力量做好应急保障,妥善处理善后事宜;

(4)负责处理应急小组的日常事务,保证预防预警机制的正常运行。

5　预防预警机制

在本级文化市场突发事件应急工作领导小组的指导下,各级执法部门应当加强对文化市场经营场所、经营活动的日常检查,对检查过程中发现的安全隐患,及时通报相关部门。

5.1　预防机制

(1)各级文化市场突发事件应急工作领导小组应当建立必要的预警和快速反应机制,对各类文化市场经营场所、经营活动加强事前的监督检查。演练各种应急预案,磨合、协调运行机制;

(2)各级执法部门应当督促文化市场经营场所制定必要的日常安全保卫工作预案、安全责任制度,强化日常人力、物力、财力储备,提高应急处理能力;

(3)各级执法部门应当督促和指导大型文化市场经营活动的主体在活动举办之前制定相应的安全保卫工作方案和应急预案,报当地政府登记备案;

(4)各级执法部门应当建立健全文化市场突发事件应急培训制度,对负有突发事件应急处置责任的文化市场经营管理人员开展必要的培训;

(5)各级执法部门应当定期对文化市场经营主体开展法律法规、安全生产及应急知识培训,组织必要的应急演练。

5.2　预警系统

文化市场突发事件应急工作领导小组应当注重安全信息的收集与上报,对突发事件隐患和预警信息进行风险评估和预测,认为可能发生突发事件的,应当采取必要的防范措施,同时向同级人民政府和上级文化市场突发事件应急工作领导小组报告,并通报相关部门。

各级执法部门应当督促文化市场经营场所、经营活动主体配备预警通讯和广播设备,对可能发生的突发事件进行预警。

6　应 急 处 理

文化市场突发事件发生后,事发地文化市场突发事件应急工作领导小组应当立即启动应急预案,根据应急预案的相关规定予以处置。突发事件处理结束后,应急预案自动终止。事发地文化市场突发事件应急工作领导小组负责人应当及时赶赴事发现场,采取下列应急处置措施:

(1)迅速了解掌握事件性质、起因、发展程度等基本情况;

(2)通知公安、消防、医疗、国家安全、通信等相关部门;

(3)在2小时内向同级人民政府和上级文化市场突发事件应急工作领导小组上报;

(4)指导执法部门开展应急处置工作。

针对不同类型的突发事件,文化市场突发事件应急工作领导小组应当采取以下应急处置措施:

6.1.1　文化经营场所中发生的突发事件的处置方法

文化市场经营场所如娱乐场所、演出场所、网吧、影剧院等发生火灾、建筑物坍塌,大量有毒、有害气体泄漏,拥挤踩踏等重大安全事故;爆炸、恐怖袭击、恶性斗殴等重大刑事、治安案件发生的,事发地文化市场突发事件应急工作领导小组负责人赶赴现场确认后,第一时间报110、119、120;上级文化市场突发事件应急工作领导小组人员应当立即赶赴事发现场并对应急处置工作给予指导;在文化市场突发事件应急工作领导小组的指挥下,执法部门应当配合公安干警、消防和医务人员开展各项抢救救援工作，把损失降低到最小。

6.1.2　文化市场经营活动中发生的突发事件处置方法

（1）文化产品或者服务含有国家法律法规禁止内容，造成恶劣社会影响的突发事件发生时，事发地文化市场突发事件应急工作领导小组接报确认后，应当立即进行调查取证；需要联合执法的，及时通知公安机关协同处理；涉嫌构成犯罪的，依法将案件移送公安机关处理；

（2）文化市场经营设施、设备遭到破坏，造成恶劣社会影响的突发事件发生时，事发地文化市场突发事件应急工作领导小组接报确认后，第一时间派执法部门人员和相关专业人员赶赴现场，对遭受破坏的设施和设备进行必要的抢修和保护，并进行调查取证，尚不构成犯罪的，由执法部门依据相关法律法规进行处罚；涉嫌构成犯罪的，依法移送公安机关处理。

6.1.3　文化市场行政管理或者综合行政执法中发生的突发事件

（1）因不服从文化市场行政管理或者综合行政执法行为而造成群体性事件，或者以暴力、威胁等方式阻挠文化市场行政管理或者综合行政执法工作，导致人员伤亡或者造成恶劣社会影响的突发事件发生时，文化市场突发事件应急工作领导小组接报确认后，应当第一时间报110和120；同时，在文化市场突发事件应急工作领导小组的指挥下，执法部门应协助医务人员救治伤员，配合公安机关进行案件调查，配合当地有关部门宣传政策和法律法规，控制事态的进一步发展；

（2）文化市场经营、行政管理或者综合行政执法信息通过互联网等途径传播，造成严重负面影响，引起公众广泛关注的突发事件发生时，文化市场突发事件应急工作领导小组接报确认后，应当及时了解新闻来源，联系媒体了解事实，协调配合相关部门，及时在新闻媒体、政府相关网站中发布事情真实情况。

6.1.4　其他突发事件

其他文化市场突发事件发生时，事发地文化市场突发事件应急工作领导小组应当在同级人民政府和上级文化市场突发事件应急工作领导小组的指挥下，根据具体情况采取应急处置措施；需要相关部门协同处理的，应当及时通知并提供相应的配合与协助。

6.2　分级应对

县级执法部门对本行政区域内突发事件的应对工作负责；涉及两个以上行政区域的，由有关行政区域共同的上级执法部门负责，或者由各有关行政区域的上级执法部门共同负责。县级以上文化市场突发事件应急工作领导小组依法负责本辖区突发事件的协调、指导、监督和处置工作。

Ⅰ级突发事件发生后，文化部应急工作领导小组应当派出工作组赶赴事发地协调、指导、监督应急处置工作。

Ⅱ级突发事件发生后，省级应急工作领导小组应当派出工作组赶赴事发地协调、指导、监督应急处置工作。

Ⅲ级突发事件发生后，设区的市级应急工作领导小组应当派出工作组赶赴事发地协调、指导、监督应急处置工作。

Ⅳ级突发事件发生后，县级应急工作领导小组负责人应当赶赴事发地协调、指导、监督应急处置工作。

7　信息上报与公开

7.1　信息报送

7.1.1　基本原则

（1）统一。各级文化市场突发事件应急工作领导小组在报送信息时应当做到内容、形式、人员方面的统一，各级不应对信息截留、过滤。

（2）准确。报送信息应尽可能真实准确。

（3）及时。突发事件发生时，事发地文化市场突发事件应急工作领导小组接报后，应在第一时间采用电话报送方式向同级人民政府和上级文化市场突发事件应急工作领导小组报告。电话报送时间不应超过2小时。

7.1.2　报送内容

（1）事件发生的时间、地点和现场情况；

（2）事件的简要经过、伤亡人数和财产损失情况的估计；

（3）事件原因的初步分析；

（4）事件发生采取的措施、效果及下一步工作方案；

（5）其他需要报告的事项。

7.1.3　报送层级

（1）Ⅰ级突发事件发生后，应当逐级报告至文化部文化市场突发事件应急工作领导小组。

（2）Ⅱ级突发事件发生后，应当逐级报告至省级文化市场突发事件应急工作领导小组。

（3）Ⅲ级、Ⅳ级突发事件发生后，应当报告至地市级文化市场突发事件应急工作领导小组。

7.2　信息发布

7.2.1　发布原则

信息发布应按照有关规定向社会提供客观、准确、及时的信息，不得隐瞒和推迟。

7.2.2　发布主体

各级文化市场突发事件应急工作领导小组应当建立

新闻发言人制度，确定一名工作人员，参与突发事件应急处置工作，统一对外发布突发事件信息。

7.2.3　发布时间

文化市场突发事件发生后，原则上应当在启动应急预案24小时内，经文化市场突发事件应急工作领导小组组长或副组长批准，由信息发布人员对外发布突发事件的相关信息，包括事件的基本情况、事件进展及下一步工作方案等基本信息。

突发事件处理期间，在文化市场突发事件应急工作领导小组授权下，信息发布人员应当及时发布相关信息。

7.2.4　发布内容

由信息发布人员披露突发事件的相关信息，包括基本情况、政府立场、政府所采取的措施及取得的效果，下一步工作方案以及提示公众应注意的事项等。

7.2.5　发布方式

信息发布人员可以通过接受采访、发布新闻稿、召开新闻发布会、情况介绍会、记者招待会以及网络互动、发表声明、谈话等方式及时发布新闻。

8　后期处理

8.1　后续措施

突发事件的威胁和危害得到控制或者消除后，在同级人民政府和上级文化市场突发事件应急工作领导小组的指导下，事发地文化市场突发事件应急工作领导小组应当采取或者继续实施必要措施，防止发生次生、衍生事件或者重新引发突发事件。

8.2　书面报告

突发事件应急处置工作结束后，事发地文化市场突发事件应急工作领导小组应当立即配合同级人民政府组织对突发事件造成的损失进行评估，查明突发事件的发生经过和原因，总结突发事件应急处置工作的经验教训，制定改进措施，并形成书面材料向同级人民政府和上级文化市场突发事件应急工作领导小组报告。

8.3　经验总结

根据突发事件暴露出的有关问题，进一步修改和完善有关防范措施和处置预案，必要时提出修改或补充相关法律法规的意见。

8.4　奖励机制

对协调、指导、监督、参与文化市场突发事件应急处置工作表现突出的，文化市场突发事件应急工作领导小组应当依照相关规定给予表彰奖励。

8.5　责任追究

在文化市场突发事件应急处置过程中，有下列情形之一的，应当对负有直接责任的负责人或者工作人员依法给予处分，构成犯罪的，应当依法追究刑事责任：

（1）未按照规定采取预防措施导致发生突发事件，或者未采取必要防范措施导致发生次生、衍生事件的；

（2）迟报、谎报、瞒报、漏报突发事件信息，或者通报、报告、公布虚假突发事件信息，造成严重后果的；

（3）未按照规定及时采取预警措施，导致损害发生的；

（4）未按照规定及时采取应急处置措施或者应急处置措施不当，造成严重后果的；

（5）不服从上级文化市场突发事件应急工作领导小组对突发事件应急处置工作的统一领导、指挥和协调的。

文化部、中国人民银行、财政部
关于深入推进文化金融合作的意见

1. 2014年3月17日

2. 文产发〔2014〕14号

各省、自治区、直辖市文化厅（局）、财政厅（局），各计划单列市文化局、财政局；中国人民银行上海总部，各分行、营业管理部，省会（首府）城市中心支行，副省级城市中心支行；国家开发银行、各政策性银行、国有商业银行、股份制商业银行、中国邮政储蓄银行：

为贯彻落实党的十八届三中全会“鼓励金融资本、社会资本、文化资源相结合”的要求，巩固扩大中国人民银行、财政部、文化部等部门《关于金融支持文化产业振兴和发展繁荣的指导意见》（银发〔2010〕94号）的实施成果，深入推进文化与金融合作，推动文化产业成为国民经济支柱性产业，特提出以下意见：

一、充分认识深入推进文化金融合作的重要意义

（一）文化金融合作已经成为我国文化产业发展的显著特点和重要成果，成为我国文化产业持续快速健康发展的重要动力。《关于金融支持文化产业振兴和发展繁荣的指导意见》实施以来，各级政府部门发挥政策指引和组织协调优势，推动文化产业与金融业全面对接；金融机构积极开拓文化产业市场，创新文化金融服务，金融支持文化产业取得显著成效，为文化产业发展提供了有力的资金支持；文化企业积极主动运用金融手段实现自身发展，完善了现代企业制度，提升了公司治理水平；各类社会资本积极投入文化产业，形成了多层次、多渠道、多元化的文化产业投融资体系；文化产业的快速发展为金融业的发展提供了新空间，

已经成为金融业业务拓展转型的重要方向。

（二）文化产业在经济社会发展和文化建设中的重要作用日益凸显，与相关产业融合发展的步伐加快，对国民经济的贡献率不断提升。当前经济社会发展的新趋势、人民精神文化生活需求的新变化对文化产业发展提出了新要求，全面深化改革为文化金融合作提供了新机遇。要继续深入落实《关于金融支持文化产业振兴和发展繁荣的指导意见》的各项措施，坚持创新驱动，加强政策协同配合，按照差异化、精细化、科学化原则，继续加大对重点文化产业项目的金融支持，完善对文化产业薄弱领域的金融服务，引导文化企业科学投资经营，优化文化产业投融资结构，缓解金融服务供给与文化发展需求间的矛盾，促进文化产业规模化、集约化、专业化发展。

二、创新文化金融体制机制

（三）创新文化金融服务组织形式。鼓励金融机构建立专门服务文化产业的专营机构、特色支行和文化金融专业服务团队，并在财务资源、人力资源等方面给予适当倾斜，扩大业务授权，科学确定经济资本占用比例，加大信贷从业人员的绩效激励，提高文化金融服务专业化水平。支持发展文化类小额贷款公司，充分发挥小额贷款公司在经营决策和内部管理方面的优势，探索支持小微文化企业发展和文化创意人才创业的金融服务新模式。在加强监管的前提下，支持具备条件的民间资本依法发起设立中小型银行，为文化产业发展提供专业化的金融服务。

（四）建立完善文化金融中介服务体系。支持有条件的地区建设文化金融服务中心，通过政策引导、项目对接、信息服务、业务培训、信用增进、资金支持等方式，服务于文化企业和金融机构，促进文化与金融对接，扶持骨干文化企业和小微文化企业，搭建文化金融中介服务平台。推动文化产业知识产权评估与交易，加强著作权、专利权、商标权等文化类无形资产的评估、登记、托管、流转服务。鼓励法律、会计、审计、资产评估、信用评级等中介机构为文化金融合作提供专业服务。在清理整顿各类交易场所基础上，引导文化产权交易所参与文化金融合作。建立完善多层次、多领域、差别化的融资性担保体系，促进银行业金融机构与融资性担保机构加强规范合作，为文化企业融资提供增信服务。

（五）探索创建文化金融合作试验区。为探索金融资源与文化资源对接的新机制，引导和促进各类资本参与文化金融创新，建立文化金融合作发展的长效机制，文化部、中国人民银行择机选择部分文化产业发展成熟、金融服务基础较好的地区创建文化金融合作试验区，探索建立地方政府、文化、金融等多部门沟通协作机制，通过创新地方政府资金投入方式，引导和促进金融机构创新金融产品和服务模式，搭建文化金融服务平台，完善文化金融发展政策环境，集中优质资源先行先试，探索符合本地区特点的文化金融创新模式。

三、创新符合文化产业发展需求特点的金融产品与服务

（六）加快推动适合文化企业特点的信贷产品和服务方式创新。鼓励银行业金融机构发挥各自比较优势打造适合文化企业特点的金融服务特色产品。在有效控制风险的前提下，逐步扩大融资租赁贷款、应收账款质押融资、产业链融资、股权质押贷款等适合文化企业特点的信贷创新产品的规模，探索开展无形资产抵质押贷款业务，拓宽文化企业贷款抵质押物的范围。全面推动文化金融服务模式创新，支持银行业金融机构根据文化企业的不同发展阶段和金融需求，有效衔接信贷业务与结算业务、国际业务、投行业务，有效整合银行公司业务、零售业务、资产负债业务与中间业务。综合运用统贷平台、集合授信等方式，加大对小微文化企业的融资支持。鼓励银行、保险、投资基金等机构联合采取投资企业股权、债券、资产支持计划等多种形式为文化企业提供综合性金融服务。

（七）完善文化企业信贷管理机制。鼓励银行业金融机构建立和完善针对文化企业或文化项目融资的信用评级制度，充分借鉴外部评级报告，提升对文化企业或文化项目贷款的信用评级效率。完善文化贷款利率定价机制和风险管理机制，针对文化企业或文化项目的资金流特点和风险特征，实施差别化定价，合理确定贷款期限和还贷方式。

（八）加快推进文化企业直接融资。鼓励大中型文化企业采取短期融资券、中期票据、资产支持票据等债务融资工具优化融资结构。支持具备高成长性的中小文化企业通过发行集合债券、区域集优债券、行业集优债券、中小企业私募债等拓宽融资渠道。引导私募股权投资基金、创业投资基金等各类投资机构投资文化产业。支持文化企业通过资本市场上市融资、再融资和并购重组。加强对文化企业上市的辅导培育，探索建立文化企业上市资源储备库，研究分类指导不同类型文化企业与资本市场对接。鼓励文化企业并购重组，实现文化资本跨地区、跨行业、跨所有制整合。支持文化企业通过全国中小企业股份转让系统和区域性股权交易市场实现股权融资。

（九）开发推广适合对外文化贸易特点的金融产品及服务。积极支持文化企业海外并购、境外投资，推进文化贸易投资的外汇管理和结算便利化，完善金融机构为境外文化企业提供融资的规定，探索个人资产抵质押等对外担保的模式，提高文化企业外汇资金使用效率，防范汇率风险。积极发挥文化金融在自由贸易区、丝绸之路经济带、海上丝绸之路等建设中的作用。

（十）加大金融支持文化消费的力度。鼓励金融机构开发演出院线、动漫游戏、艺术品互联网交易等支付结算系统，鼓励第三方支付机构发挥贴近市场、支付便利的优势，提升文化消费便利水平，完善演艺娱乐、文化旅游、艺术品交易等行业的银行卡刷卡消费环境。探索开展艺术品、工艺品资产托管，鼓励发展文化消费信贷。鼓励文化类电子商务平台与互联网金融相结合，促进文化领域的信息消费。

（十一）推进文化产业与相关产业融合发展。认真研究中国特色新型工业化、信息化、城镇化、农业现代化为文化产业发展带来的新机遇，结合文化产业与信息业、建筑业、旅游业、制造业等相关产业融合发展的趋势和融资特点，研究项目融资的行业标准。推动互联网金融业务与文化产业融合发展，鼓励电子商务平台类机构发挥技术、信息、资金优势为文化创业创意人才、小微文化企业提供特色金融服务。

（十二）创新文化资产管理方式。推进符合条件的文化信贷项目资产证券化，释放信贷资源，缓解金融机构资本充足率压力，盘活存量资产，形成文化财富管理。鼓励资产管理机构和金融机构市场化处置改制文化企业资产。提高文化类不良资产的处置效率。

四、加强组织实施与配套保障

（十三）文化部、中国人民银行、财政部建立文化金融合作部际会商机制，共同推动文化产业政策与金融政策、财政政策的制定和实施。地方文化行政部门、人民银行分支机构、财政部门要按照本意见的要求，根据本地区实际，加强对文化金融工作的组织领导，制定和完善本地区文化金融工作的具体措施，面向文化企业和金融机构加强宣传和组织协调，密切政银合作，加强银企对接，抓好贯彻实施。文化行政部门要积极与金融机构开展合作，发挥政府部门的组织协调优势和金融机构的融资、融智优势，在合作形式、内容、规模等方面不断探索实践。金融机构要不断提升文化金融服务专业化水平，加大文化金融服务专营机构的建设、管理和资源配置力度，建立和完善文化金融工作的工作机制，不断开拓创新。文化企业要提高自身经营管理和财务运行水平，积极与金融机构搞好对接，提升文化企业与金融机构的议价能力。

（十四）加强文化金融公共服务。研究开展文化产业融资规模统计，探索制定文化金融服务标准。发挥“文化部文化产业投融资公共服务平台”的功能和作用。编制文化产业重点融资项目目录，完善融资项目的推荐机制，制定文化产业投融资领域负面清单，支持各地建立文化企业融资项目库，发挥重点项目的示范引导作用。加强文化企业信用体系建设，依托人民银行征信系统、文化市场监管与服务平台等，推动部行信用信息基础数据互联互通，弥补市场缺失，促进文化企业与金融机构之间的信息联通。进一步完善文化部与金融机构的部行合作机制，同时推进与保险、债券、证券、投资等机构之间的合作。宣传和推广文化金融合作的政策、经验和成效，普及文化金融知识，加大文化金融人才培训力度，提高文化系统、文化企业利用金融市场和金融工具的能力，营造文化金融发展的良好氛围。探索建设文化金融社会化组织，发挥其桥梁纽带作用。

（十五）加强财政对文化金融合作的支持。中央财政在文化产业发展专项资金中安排专门资金，不断加大对文化金融合作的扶持力度。实施“文化金融扶持计划”，支持文化企业在项目实施中更多运用金融资本，实现财政政策、产业政策与文化企业需求有机衔接。建立财政贴息信息共享机制，推动文化金融合作信贷项目库建设，完善项目准入、退出机制，确保入库项目质量。充分发挥财政政策引导示范和带动作用，完善和落实贷款贴息、保费补贴等政策措施，引导金融资本投向文化产业，逐步建立文化产业贷款风险分担补偿机制，为文化企业融资提供风险屏障。

文化市场综合执法行政处罚裁量权适用办法

1. *2021年2月9日文化和旅游部印发*
2. *文旅综执发〔2021〕11号*

第一条　为进一步规范文化市场综合执法行政处罚裁量权的适用和监督，保障文化和旅游行政部门和文化市场综合执法机构（以下合并简称“执法部门”）合法、合理地行使行政处罚裁量权，保护公民、法人和其他组织的合法权益，根据《中华人民共和国行政处罚法》以及国务院有关规定，制定本办法。

第二条 本办法所称文化市场综合执法行政处罚裁量权（以下简称“行政处罚裁量权”），是指执法部门对文化市场综合执法领域发生的违法行为实施行政处罚时，在法律、法规、规章规定的处罚种类和幅度内，综合考量违法行为的事实、性质、情节和社会危害程度等因素，决定是否给予处罚、给予何种种类和幅度的处罚的权限。

第三条 执法部门行使行政处罚裁量权，适用本办法。法律、法规、规章另有规定的，从其规定。

第四条 行使行政处罚裁量权，应当以事实为依据，与违法行为的事实、性质、情节以及社会危害程度相当，与违法行为发生地的经济社会发展水平相适应。同一行政区域对违法行为相同、相近或者相似的案件，适用的法律依据、处罚种类、处罚幅度应当基本一致。

第五条 行使行政处罚裁量权，应当坚持处罚与教育相结合的原则，纠正违法行为，教育公民、法人或者其他组织自觉守法。

第六条 同一违法行为违反不同法律、法规、规章的，在适用法律、法规、规章时应当遵循上位法优先、特别法优先的原则。

第七条 文化和旅游部可以根据需要，针对特定的行政处罚事项制定裁量基准，规范统一裁量尺度。

第八条 法律、法规、规章对行政处罚事项规定有裁量空间的，省级执法部门应当根据本办法的规定，综合考虑裁量因素，制定本地区行政处罚裁量基准，供本地区执法部门实施行政处罚时参照执行。省级行政处罚裁量基准应当根据行政处罚裁量权依据的变动和执法工作实际，及时修订。

鼓励市县两级执法部门对省级行政处罚裁量基准进一步细化、量化。

各级执法部门应当在裁量基准正式印发后十五日内报上级执法部门和同级司法部门备案。

第九条 制定行政处罚裁量基准，应当参考既往行政处罚案例，对具备裁量基准条件的行政处罚事项的下列内容进行细化和量化：

（一）法律、法规、规章规定可以选择是否给予行政处罚的，应当明确是否处罚的具体适用情形；

（二）法律、法规、规章规定可以选择行政处罚种类的，应当明确适用不同处罚种类的具体适用情形；

（三）法律、法规、规章规定可以选择处罚幅度的，应当明确划分易于操作的裁量阶次，并对每一阶次行政处罚的具体适用情形及幅度等作出规定；

（四）法律、法规、规章规定可以单处或者并处行政处罚的，应当明确规定单处或者并处行政处罚的具体适用情形。

第十条 法律、法规、规章设定的处罚种类和罚款数额，在相应的幅度范围内分为从轻处罚、一般处罚、从重处罚。

除法律、法规、规章另有规定外，罚款处罚的数额按照以下标准确定：

（一）罚款为一定幅度的数额，应当在最高罚款数额与最低罚款数额之间合理划分三个区间，从轻处罚的数额应当介于最低区间范围，一般处罚应当介于中间区间范围，从重处罚应当介于最高区间范围；

（二）罚款为一定金额的倍数，应当在最高罚款倍数与最低罚款倍数之间合理划分三个区间，从轻处罚的倍数应当介于最低区间范围，一般处罚应当介于中间区间范围，从重处罚应当介于最高区间范围。

第十一条 同时具有两个以上从重情节且不具有从轻情节的，应当在违法行为对应的处罚幅度内按照最高档次实施行政处罚。

同时具有多种情节的，应当综合考虑违法行为的性质和主要情节，确定对应的处罚幅度实施行政处罚。

第十二条 有下列情形之一的，应当依法不予行政处罚：

（一）不满十四周岁的未成年人有违法行为的；

（二）精神病人、智力残疾人在不能辨认或者不能控制自己行为时有违法行为的；

（三）违法行为轻微并及时改正，没有造成危害后果的；

（四）当事人有证据足以证明没有主观过错的（法律、行政法规另有规定的，从其规定）；

（五）法律、法规、规章规定的其他情形。

初次违法且危害后果轻微并及时改正的，可以不予行政处罚。

对当事人的违法行为依法不予行政处罚的，执法部门应当对当事人进行教育；有第一款第（一）项规定情形的，应当责令其监护人加以管教；有第一款第（二）项规定情形的，应当责令其监护人严加看管和治疗。

违法行为在二年内未被发现的，不再给予行政处罚，法律另有规定的除外。

第十三条 有下列情形之一的，应当依法从轻或者减轻处罚：

（一）已满十四周岁不满十八周岁的未成年人有违法行为的；

（二）主动消除或者减轻违法行为危害后果的；

（三）受他人胁迫或者诱骗实施违法行为的；

（四）主动供述执法部门尚未掌握的违法行为的；

（五）配合执法部门查处违法行为有立功表现的；

（六）法律、法规、规章规定的其他情形。

尚未完全丧失辨认或者控制自己行为能力的精神病人、智力残疾人有违法行为的，可以从轻或者减轻行政处罚。

第十四条　有下列情形之一的，应当依法从重处罚：

（一）危害国家文化安全和意识形态安全，严重扰乱市场经营秩序的；

（二）在共同实施的违法行为中起主要作用或者教唆、胁迫、诱骗他人实施违法行为的；

（三）经执法部门通过新闻媒体、发布公告等方式禁止或者告诫后，继续实施违法行为的；

（四）经执法部门责令改正违法行为后，继续实施同一违法行为的；

（五）因同种违法行为一年内受到三次及以上行政处罚的；

（六）隐匿、破坏、销毁、篡改有关证据，或者拒不配合、阻碍、以暴力威胁执法人员依法执行职务的；

（七）对证人、举报人或者执法人员打击报复的；

（八）违法行为引起群众强烈反映、引发群体性事件或者造成其他不良社会影响的；

（九）违反未成年人保护相关规定且情节严重的；

（十）扰乱公共秩序、妨害公共安全和社会管理，情节严重、尚未构成犯罪的；

（十一）法律、法规、规章规定的其他情形。

第十五条　违法行为不具有从轻或者减轻、从重情形的，应当给予一般处罚。

第十六条　案件调查终结后，承办案件的执法人员应当在充分考虑当事人的陈述和申辩后，对拟作出行政处罚的种类和幅度提出建议，并说明行使行政处罚裁量权的理由和依据；案件审核人员应当对行使行政处罚裁量权的情况提出审核意见，并逐级报批。

第十七条　从事法制审核工作的执法人员应当对行政处罚裁量权的行使进行合法性、合理性审核。

对情节复杂或者重大违法行为给予行政处罚的，还应当履行集体讨论程序，并在集体讨论笔录中说明理由和依据。

第十八条　行政处罚事先告知书和行政处罚决定书应当具体说明行使行政处罚裁量权的理由和依据。

第十九条　除法律、法规、规章另有规定外，执法部门应当自立案之日起九十日内作出行政处罚决定。

执法部门在作出行政处罚决定前，依法需要公告、鉴定、听证的，所需时间不计算在前款规定的期限内。

第二十条　各级执法部门应当建立文化市场综合执法行政处罚典型案例指导、案卷评查、评议考核等制度，规范本地区行政处罚裁量权的行使。

第二十一条　执法部门应当应用文化市场综合执法信息化管理平台对行政处罚裁量权的行使情况实施监督检查。

第二十二条　执法部门发现本部门行政处罚裁量权行使不当的，应当及时、主动改正。

上级执法部门应当对下级执法部门行使行政处罚裁量权的情况进行指导、监督，发现下级执法部门行政处罚裁量权行使不当的，应当责令其及时改正。

第二十三条　执法人员滥用行政处罚裁量权的，依法追究行政责任；涉嫌违纪、犯罪的，移交纪检监察机关、司法机关依法依规处理。

第二十四条　县级以上执法部门制定的行政处罚裁量权基准，应当及时向社会公开。

第二十五条　本办法由文化和旅游部负责解释。

第二十六条　本办法自2021年7月15日起施行。原文化部2012年12月18日发布的《文化市场行政处罚自由裁量权适用办法（试行）》同时废止。

二、图书

资料补充栏

1. 综合规定

中华人民共和国公共图书馆法

1. 2017年11月4日第十二届全国人民代表大会常务委员会第三十次会议通过

2. 根据2018年10月26日第十三届全国人民代表大会常务委员会第六次会议《关于修改〈中华人民共和国野生动物保护法〉等十五部法律的决定》修正

目　　录

第一章　总　　则

第一条　【立法目的】为了促进公共图书馆事业发展，发挥公共图书馆功能，保障公民基本文化权益，提高公民科学文化素质和社会文明程度，传承人类文明，坚定文化自信，制定本法。

第二条　【定义】本法所称公共图书馆，是指向社会公众免费开放，收集、整理、保存文献信息并提供查询、借阅及相关服务，开展社会教育的公共文化设施。

前款规定的文献信息包括图书报刊、音像制品、缩微制品、数字资源等。

第三条　【任务】公共图书馆是社会主义公共文化服务体系的重要组成部分，应当将推动、引导、服务全民阅读作为重要任务。

公共图书馆应当坚持社会主义先进文化前进方向，坚持以人民为中心，坚持以社会主义核心价值观为引领，传承发展中华优秀传统文化，继承革命文化，发展社会主义先进文化。

第四条　【县级以上人民政府职责】县级以上人民政府应当将公共图书馆事业纳入本级国民经济和社会发展规划，将公共图书馆建设纳入城乡规划和土地利用总体规划，加大对政府设立的公共图书馆的投入，将所需经费列入本级政府预算，并及时、足额拨付。

国家鼓励公民、法人和其他组织自筹资金设立公共图书馆。县级以上人民政府应当积极调动社会力量参与公共图书馆建设，并按照国家有关规定给予政策扶持。

第五条　【主管部门】国务院文化主管部门负责全国公共图书馆的管理工作。国务院其他有关部门在各自职责范围内负责与公共图书馆管理有关的工作。

县级以上地方人民政府文化主管部门负责本行政区域内公共图书馆的管理工作。县级以上地方人民政府其他有关部门在各自职责范围内负责本行政区域内与公共图书馆管理有关的工作。

第六条　【捐赠】国家鼓励公民、法人和其他组织依法向公共图书馆捐赠，并依法给予税收优惠。

境外自然人、法人和其他组织可以依照有关法律、行政法规的规定，通过捐赠方式参与境内公共图书馆建设。

第七条　【扶持】国家扶持革命老区、民族地区、边疆地区和贫困地区公共图书馆事业的发展。

第八条　【推进现代信息传播技术】国家鼓励和支持发挥科技在公共图书馆建设、管理和服务中的作用，推动运用现代信息技术和传播技术，提高公共图书馆的服务效能。

第九条　【国际交流合作】国家鼓励和支持在公共图书馆领域开展国际交流与合作。

第十条　【依法保护、使用文献信息】公共图书馆应当遵守有关知识产权保护的法律、行政法规规定，依法保护和使用文献信息。

馆藏文献信息属于文物、档案或者国家秘密的，公共图书馆应当遵守有关文物保护、档案管理或者保守国家秘密的法律、行政法规规定。

第十一条　【行业规范】公共图书馆行业组织应当依法制定行业规范，加强行业自律，维护会员合法权益，指导、督促会员提高服务质量。

第十二条　【表彰奖励】对在公共图书馆事业发展中作出突出贡献的组织和个人，按照国家有关规定给予表彰和奖励。

第二章　设　　立

第十三条　【公共图书馆服务网络】国家建立覆盖城乡、便捷实用的公共图书馆服务网络。公共图书馆服务网络建设坚持政府主导，鼓励社会参与。

县级以上地方人民政府应当根据本行政区域内人口数量、人口分布、环境和交通条件等因素，因地制宜确定公共图书馆的数量、规模、结构和分布，加强固定馆舍和流动服务设施、自助服务设施建设。

第十四条　【各级公共图书馆室的设立】县级以上人民政府应当设立公共图书馆。

地方人民政府应当充分利用乡镇(街道)和村(社区)的综合服务设施设立图书室,服务城乡居民。

第十五条　【设立条件】设立公共图书馆应当具备下列条件:

(一)章程;

(二)固定的馆址;

(三)与其功能相适应的馆舍面积、阅览座席、文献信息和设施设备;

(四)与其功能、馆藏规模等相适应的工作人员;

(五)必要的办馆资金和稳定的运行经费来源;

(六)安全保障设施、制度及应急预案。

第十六条　【章程】公共图书馆章程应当包括名称、馆址、办馆宗旨、业务范围、管理制度及有关规则、终止程序和剩余财产的处理方案等事项。

第十七条　【登记】公共图书馆的设立、变更、终止应当按照国家有关规定办理登记手续。

第十八条　【信息公布】省、自治区、直辖市人民政府文化主管部门应当在其网站上及时公布本行政区域内公共图书馆的名称、馆址、联系方式、馆藏文献信息概况、主要服务内容和方式等信息。

第十九条　【馆长及工作人员的任职条件】政府设立的公共图书馆馆长应当具备相应的文化水平、专业知识和组织管理能力。

公共图书馆应当根据其功能、馆藏规模、馆舍面积、服务范围及服务人口等因素配备相应的工作人员。公共图书馆工作人员应当具备相应的专业知识与技能,其中专业技术人员可以按照国家有关规定评定专业技术职称。

第二十条　【以捐赠者姓名、名称命名的要求】公共图书馆可以以捐赠者姓名、名称命名文献信息专藏或者专题活动。

公民、法人和其他组织设立的公共图书馆,可以以捐赠者的姓名、名称命名公共图书馆、公共图书馆馆舍或者其他设施。

以捐赠者姓名、名称命名应当遵守有关法律、行政法规的规定,符合国家利益和社会公共利益,遵循公序良俗。

第二十一条　【终止时财产的处理】公共图书馆终止的,应当依照有关法律、行政法规的规定处理其剩余财产。

第二十二条　【国家图书馆职能】国家设立国家图书馆,主要承担国家文献信息战略保存、国家书目和联合目录编制、为国家立法和决策服务、组织全国古籍保护、开展图书馆发展研究和国际交流、为其他图书馆提供业务指导和技术支持等职能。国家图书馆同时具有本法规定的公共图书馆的功能。

第三章　运　　行

第二十三条　【法人治理结构】国家推动公共图书馆建立健全法人治理结构,吸收有关方面代表、专业人士和社会公众参与管理。

第二十四条　【文献信息的收集】公共图书馆应当根据办馆宗旨和服务对象的需求,广泛收集文献信息;政府设立的公共图书馆还应当系统收集地方文献信息,保存和传承地方文化。

文献信息的收集应当遵守有关法律、行政法规的规定。

第二十五条　【以合法方式收集文献信息】公共图书馆可以通过采购、接受交存或者捐赠等合法方式收集文献信息。

第二十六条　【出版单位交存正式出版物】出版单位应当按照国家有关规定向国家图书馆和所在地省级公共图书馆交存正式出版物。

第二十七条　【馆藏文献信息目录】公共图书馆应当按照国家公布的标准、规范对馆藏文献信息进行整理,建立馆藏文献信息目录,并依法通过其网站或者其他方式向社会公开。

第二十八条　【保护措施】公共图书馆应当妥善保存馆藏文献信息,不得随意处置;确需处置的,应当遵守国务院文化主管部门有关处置文献信息的规定。

公共图书馆应当配备防火、防盗等设施,并按照国家有关规定和标准对古籍和其他珍贵、易损文献信息采取专门的保护措施,确保安全。

第二十九条　【设施设备的检查维护】公共图书馆应当定期对其设施设备进行检查维护,确保正常运行。

公共图书馆的设施设备场地不得用于与其服务无关的商业经营活动。

第三十条　【文献信息共享共建】公共图书馆应当加强馆际交流与合作。国家支持公共图书馆开展联合采购、联合编目、联合服务,实现文献信息的共建共享,促进文献信息的有效利用。

第三十一条　【总分馆制】县级人民政府应当因地制宜建立符合当地特点的以县级公共图书馆为总馆,乡镇(街道)综合文化站、村(社区)图书室等为分馆或者基层服务点的总分馆制,完善数字化、网络化服务体系和配送体系,实现通借通还,促进公共图书馆服务向城乡基层延伸。总馆应当加强对分馆和基层服务点的业务指导。

第三十二条　【交流合作】公共图书馆馆藏文献信息属于档案、文物的，公共图书馆可以与档案馆、博物馆、纪念馆等单位相互交换重复件、复制件或者目录，联合举办展览，共同编辑出版有关史料或者进行史料研究。

第四章　服　　务

第三十三条　【提供免费服务】公共图书馆应当按照平等、开放、共享的要求向社会公众提供服务。

公共图书馆应当免费向社会公众提供下列服务：

（一）文献信息查询、借阅；

（二）阅览室、自习室等公共空间设施场地开放；

（三）公益性讲座、阅读推广、培训、展览；

（四）国家规定的其他免费服务项目。

第三十四条　【提供特殊群体服务】政府设立的公共图书馆应当设置少年儿童阅览区域，根据少年儿童的特点配备相应的专业人员，开展面向少年儿童的阅读指导和社会教育活动，并为学校开展有关课外活动提供支持。有条件的地区可以单独设立少年儿童图书馆。

政府设立的公共图书馆应当考虑老年人、残疾人等群体的特点，积极创造条件，提供适合其需要的文献信息、无障碍设施设备和服务等。

第三十五条　【提供文献信息及咨询服务】政府设立的公共图书馆应当根据自身条件，为国家机关制定法律、法规、政策和开展有关问题研究，提供文献信息和相关咨询服务。

第三十六条　【推广全民阅读】公共图书馆应当通过开展阅读指导、读书交流、演讲诵读、图书互换共享等活动，推广全民阅读。

第三十七条　【禁止违法活动】公共图书馆向社会公众提供文献信息，应当遵守有关法律、行政法规的规定，不得向未成年人提供内容不适宜的文献信息。

公共图书馆不得从事或者允许其他组织、个人在馆内从事危害国家安全、损害社会公共利益和其他违反法律法规的活动。

第三十八条　【信息公告与开放时间】公共图书馆应当通过其网站或者其他方式向社会公告本馆的服务内容、开放时间、借阅规则等；因故闭馆或者更改开放时间的，除遇不可抗力外，应当提前公告。

公共图书馆在公休日应当开放，在国家法定节假日应当有开放时间。

第三十九条　【便捷服务】政府设立的公共图书馆应当通过流动服务设施、自助服务设施等为社会公众提供便捷服务。

第四十条　【数字化、网络化服务】国家构建标准统一、互联互通的公共图书馆数字服务网络，支持数字阅读产品开发和数字资源保存技术研究，推动公共图书馆利用数字化、网络化技术向社会公众提供便捷服务。

政府设立的公共图书馆应当加强数字资源建设、配备相应的设施设备，建立线上线下相结合的文献信息共享平台，为社会公众提供优质服务。

第四十一条　【古籍保护宣传】政府设立的公共图书馆应当加强馆内古籍的保护，根据自身条件采用数字化、影印或者缩微技术等推进古籍的整理、出版和研究利用，并通过巡回展览、公益性讲座、善本再造、创意产品开发等方式，加强古籍宣传，传承发展中华优秀传统文化。

第四十二条　【社会监督】公共图书馆应当改善服务条件、提高服务水平，定期公告服务开展情况，听取读者意见，建立投诉渠道，完善反馈机制，接受社会监督。

第四十三条　【保护隐私】公共图书馆应当妥善保护读者的个人信息、借阅信息以及其他可能涉及读者隐私的信息，不得出售或者以其他方式非法向他人提供。

第四十四条　【读者义务】读者应当遵守公共图书馆的相关规定，自觉维护公共图书馆秩序，爱护公共图书馆的文献信息、设施设备，合法利用文献信息；借阅文献信息的，应当按照规定时限归还。

对破坏公共图书馆文献信息、设施设备，或者扰乱公共图书馆秩序的，公共图书馆工作人员有权予以劝阻、制止；经劝阻、制止无效的，公共图书馆可以停止为其提供服务。

第四十五条　【国家扶持措施】国家采取政府购买服务等措施，对公民、法人和其他组织设立的公共图书馆提供服务给予扶持。

第四十六条　【志愿服务】国家鼓励公民参与公共图书馆志愿服务。县级以上人民政府文化主管部门应当对公共图书馆志愿服务给予必要的指导和支持。

第四十七条　【服务规范与考核】国务院文化主管部门和省、自治区、直辖市人民政府文化主管部门应当制定公共图书馆服务规范，对公共图书馆的服务质量和水平进行考核。考核应当吸收社会公众参与。考核结果应当向社会公布，并作为对公共图书馆给予补贴或者奖励等的依据。

第四十八条　【联合服务】国家支持公共图书馆加强与学校图书馆、科研机构图书馆以及其他类型图书馆的交流与合作，开展联合服务。

国家支持学校图书馆、科研机构图书馆以及其他类型图书馆向社会公众开放。

第五章　法 律 责 任

第四十九条　【从事危害国家安全、损害社会公益活动行为的责任】公共图书馆从事或者允许其他组织、个人在馆内从事危害国家安全、损害社会公共利益活动的，由文化主管部门责令改正，没收违法所得；情节严重的，可以责令停业整顿、关闭；对直接负责的主管人员和其他直接责任人员依法追究法律责任。

第五十条　【公共图书馆及工作人员违规处置文献信息的责任】公共图书馆及其工作人员有下列行为之一的，由文化主管部门责令改正，没收违法所得：

（一）违规处置文献信息；

（二）出售或者以其他方式非法向他人提供读者的个人信息、借阅信息以及其他可能涉及读者隐私的信息；

（三）向社会公众提供文献信息违反有关法律、行政法规的规定，或者向未成年人提供内容不适宜的文献信息；

（四）将设施设备场地用于与公共图书馆服务无关的商业经营活动；

（五）其他不履行本法规定的公共图书馆服务要求的行为。

公共图书馆及其工作人员对应当免费提供的服务收费或者变相收费的，由价格主管部门依照前款规定给予处罚。

公共图书馆及其工作人员有前两款规定行为的，对直接负责的主管人员和其他直接责任人员依法追究法律责任。

第五十一条　【出版单位未按规定交存出版物的处罚】出版单位未按照国家有关规定交存正式出版物的，由出版主管部门依照有关出版管理的法律、行政法规规定给予处罚。

第五十二条　【渎职责任】文化主管部门或者其他有关部门及其工作人员在公共图书馆管理工作中滥用职权、玩忽职守、徇私舞弊的，对直接负责的主管人员和其他直接责任人员依法给予处分。

第五十三条　【损害赔偿责任】损坏公共图书馆的文献信息、设施设备或者未按照规定时限归还所借文献信息，造成财产损失或者其他损害的，依法承担民事责任。

第五十四条　【治安管理处罚与刑事责任】违反本法规定，构成违反治安管理行为的，依法给予治安管理处罚；构成犯罪的，依法追究刑事责任。

第六章　附　　则

第五十五条　【施行日期】本法自2018年1月1日起施行。

地图管理条例

1. 2015年11月26日国务院令第664号公布
2. 自2016年1月1日起施行

第一章　总　　则

第一条　为了加强地图管理，维护国家主权、安全和利益，促进地理信息产业健康发展，为经济建设、社会发展和人民生活服务，根据《中华人民共和国测绘法》，制定本条例。

第二条　在中华人民共和国境内从事向社会公开的地图的编制、审核、出版和互联网地图服务以及监督检查活动，应当遵守本条例。

第三条　地图工作应当遵循维护国家主权、保障地理信息安全、方便群众生活的原则。

地图的编制、审核、出版和互联网地图服务应当遵守有关保密法律、法规的规定。

第四条　国务院测绘地理信息行政主管部门负责全国地图工作的统一监督管理。国务院其他有关部门按照国务院规定的职责分工，负责有关的地图工作。

县级以上地方人民政府负责管理测绘地理信息工作的行政部门（以下称测绘地理信息行政主管部门）负责本行政区域地图工作的统一监督管理。县级以上地方人民政府其他有关部门按照本级人民政府规定的职责分工，负责有关的地图工作。

第五条　各级人民政府及其有关部门、新闻媒体应当加强国家版图宣传教育，增强公民的国家版图意识。

国家版图意识教育应当纳入中小学教学内容。

公民、法人和其他组织应当使用正确表示国家版图的地图。

第六条　国家鼓励编制和出版符合标准和规定的各类地图产品，支持地理信息科学技术创新和产业发展，加快地理信息产业结构调整和优化升级，促进地理信息深层次应用。

县级以上人民政府应当建立健全政府部门间地理信息资源共建共享机制。

县级以上人民政府测绘地理信息行政主管部门应当采取有效措施，及时获取、处理、更新基础地理信息数据，通过地理信息公共服务平台向社会提供地理信息公共服务，实现地理信息数据开放共享。

第二章　地图编制

第七条　从事地图编制活动的单位应当依法取得相应的测绘资质证书，并在资质等级许可的范围内开展地图编制工作。

第八条　编制地图，应当执行国家有关地图编制标准，遵守国家有关地图内容表示的规定。

地图上不得表示下列内容：

（一）危害国家统一、主权和领土完整的；

（二）危害国家安全、损害国家荣誉和利益的；

（三）属于国家秘密的；

（四）影响民族团结、侵害民族风俗习惯的；

（五）法律、法规规定不得表示的其他内容。

第九条　编制地图，应当选用最新的地图资料并及时补充或者更新，正确反映各要素的地理位置、形态、名称及相互关系，且内容符合地图使用目的。

编制涉及中华人民共和国国界的世界地图、全国地图，应当完整表示中华人民共和国疆域。

第十条　在地图上绘制中华人民共和国国界、中国历史疆界、世界各国间边界、世界各国间历史疆界，应当遵守下列规定：

（一）中华人民共和国国界，按照中国国界线画法标准样图绘制；

（二）中国历史疆界，依据有关历史资料，按照实际历史疆界绘制；

（三）世界各国间边界，按照世界各国国界线画法参考样图绘制；

（四）世界各国间历史疆界，依据有关历史资料，按照实际历史疆界绘制。

中国国界线画法标准样图、世界各国国界线画法参考样图，由外交部和国务院测绘地理信息行政主管部门拟订，报国务院批准后公布。

第十一条　在地图上绘制我国县级以上行政区域界线或者范围，应当符合行政区域界线标准画法图、国务院批准公布的特别行政区行政区域图和国家其他有关规定。

行政区域界线标准画法图由国务院民政部门和国务院测绘地理信息行政主管部门拟订，报国务院批准后公布。

第十二条　在地图上表示重要地理信息数据，应当使用依法公布的重要地理信息数据。

第十三条　利用涉及国家秘密的测绘成果编制地图的，应当依法使用经国务院测绘地理信息行政主管部门或者省、自治区、直辖市人民政府测绘地理信息行政主管部门进行保密技术处理的测绘成果。

第十四条　县级以上人民政府测绘地理信息行政主管部门应当向社会公布公益性地图，供无偿使用。

县级以上人民政府测绘地理信息行政主管部门应当及时组织收集与地图内容相关的行政区划、地名、交通、水系、植被、公共设施、居民点等的变更情况，用于定期更新公益性地图。有关部门和单位应当及时提供相关更新资料。

第三章　地图审核

第十五条　国家实行地图审核制度。

向社会公开的地图，应当报送有审核权的测绘地理信息行政主管部门审核。但是，景区图、街区图、地铁线路图等内容简单的地图除外。

地图审核不得收取费用。

第十六条　出版地图的，由出版单位送审；展示或者登载不属于出版物的地图的，由展示者或者登载者送审；进口不属于出版物的地图或者附着地图图形的产品的，由进口者送审；进口属于出版物的地图，依照《出版管理条例》的有关规定执行；出口不属于出版物的地图或者附着地图图形的产品的，由出口者送审；生产附着地图图形的产品的，由生产者送审。

送审应当提交以下材料：

（一）地图审核申请表；

（二）需要审核的地图样图或者样品；

（三）地图编制单位的测绘资质证书。

进口不属于出版物的地图和附着地图图形的产品的，仅需提交前款第一项、第二项规定的材料。利用涉及国家秘密的测绘成果编制地图的，还应当提交保密技术处理证明。

第十七条　国务院测绘地理信息行政主管部门负责下列地图的审核：

（一）全国地图以及主要表现地为两个以上省、自治区、直辖市行政区域的地图；

（二）香港特别行政区地图、澳门特别行政区地图以及台湾地区地图；

（三）世界地图以及主要表现地为国外的地图；

（四）历史地图。

第十八条　省、自治区、直辖市人民政府测绘地理信息行政主管部门负责审核主要表现地在本行政区域范围内的地图。其中，主要表现地在设区的市行政区域范围内不涉及国界线的地图，由设区的市级人民政府测绘地理信息行政主管部门负责审核。

第十九条 有审核权的测绘地理信息行政主管部门应当自受理地图审核申请之日起20个工作日内，作出审核决定。

时事宣传地图、时效性要求较高的图书和报刊等插附地图的，应当自受理地图审核申请之日起7个工作日内，作出审核决定。

应急保障等特殊情况需要使用地图的，应当即送即审。

第二十条 涉及专业内容的地图，应当依照国务院测绘地理信息行政主管部门会同有关部门制定的审核依据进行审核。没有明确审核依据的，由有审核权的测绘地理信息行政主管部门征求有关部门的意见，有关部门应当自收到征求意见材料之日起20个工作日内提出意见。征求意见时间不计算在地图审核的期限内。

世界地图、历史地图、时事宣传地图没有明确审核依据的，由国务院测绘地理信息行政主管部门商外交部进行审核。

第二十一条 送审地图符合下列规定的，由有审核权的测绘地理信息行政主管部门核发地图审核批准文件，并注明审图号：

（一）符合国家有关地图编制标准，完整表示中华人民共和国疆域；

（二）国界、边界、历史疆界、行政区域界线或者范围、重要地理信息数据、地名等符合国家有关地图内容表示的规定；

（三）不含有地图上不得表示的内容。

地图审核批准文件和审图号应当在有审核权的测绘地理信息行政主管部门网站或者其他新闻媒体上及时公告。

第二十二条 经审核批准的地图，应当在地图或者附着地图图形的产品的适当位置显著标注审图号。其中，属于出版物的，应当在版权页标注审图号。

第二十三条 全国性中小学教学地图，由国务院教育行政部门会同国务院测绘地理信息行政主管部门、外交部组织审定；地方性中小学教学地图，由省、自治区、直辖市人民政府教育行政部门会同省、自治区、直辖市人民政府测绘地理信息行政主管部门组织审定。

第二十四条 任何单位和个人不得出版、展示、登载、销售、进口、出口不符合国家有关标准和规定的地图，不得携带、寄递不符合国家有关标准和规定的地图进出境。

进口、出口地图的，应当向海关提交地图审核批准文件和审图号。

第二十五条 经审核批准的地图，送审者应当按照有关规定向有审核权的测绘地理信息行政主管部门免费送交样本。

第四章 地图出版

第二十六条 县级以上人民政府出版行政主管部门应当加强对地图出版活动的监督管理，依法对地图出版违法行为进行查处。

第二十七条 出版单位从事地图出版活动的，应当具有国务院出版行政主管部门审核批准的地图出版业务范围，并依照《出版管理条例》的有关规定办理审批手续。

第二十八条 出版单位根据需要，可以在出版物中插附经审核批准的地图。

第二十九条 任何出版单位不得出版未经审定的中小学教学地图。

第三十条 出版单位出版地图，应当按照国家有关规定向国家图书馆、中国版本图书馆和国务院出版行政主管部门免费送交样本。

第三十一条 地图著作权的保护，依照有关著作权法律、法规的规定执行。

第五章 互联网地图服务

第三十二条 国家鼓励和支持互联网地图服务单位开展地理信息开发利用和增值服务。

县级以上人民政府应当加强对互联网地图服务行业的政策扶持和监督管理。

第三十三条 互联网地图服务单位向公众提供地理位置定位、地理信息上传标注和地图数据库开发等服务的，应当依法取得相应的测绘资质证书。

互联网地图服务单位从事互联网地图出版活动的，应当经国务院出版行政主管部门依法审核批准。

第三十四条 互联网地图服务单位应当将存放地图数据的服务器设在中华人民共和国境内，并制定互联网地图数据安全管理制度和保障措施。

县级以上人民政府测绘地理信息行政主管部门应当会同有关部门加强对互联网地图数据安全的监督管理。

第三十五条 互联网地图服务单位收集、使用用户个人信息的，应当明示收集、使用信息的目的、方式和范围，并经用户同意。

互联网地图服务单位需要收集、使用用户个人信息的，应当公开收集、使用规则，不得泄露、篡改、出售或者非法向他人提供用户的个人信息。

互联网地图服务单位应当采取技术措施和其他必要措施,防止用户的个人信息泄露、丢失。

第三十六条 互联网地图服务单位用于提供服务的地图数据库及其他数据库不得存储、记录含有按照国家有关规定在地图上不得表示的内容。互联网地图服务单位发现其网站传输的地图信息含有不得表示的内容的,应当立即停止传输,保存有关记录,并向县级以上人民政府测绘地理信息行政主管部门、出版行政主管部门、网络安全和信息化主管部门等有关部门报告。

第三十七条 任何单位和个人不得通过互联网上传标注含有按照国家有关规定在地图上不得表示的内容。

第三十八条 互联网地图服务单位应当使用经依法审核批准的地图,加强对互联网地图新增内容的核查校对,并按照国家有关规定向国务院测绘地理信息行政主管部门或者省、自治区、直辖市测绘地理信息行政主管部门备案。

第三十九条 互联网地图服务单位对在工作中获取的涉及国家秘密、商业秘密的信息,应当保密。

第四十条 互联网地图服务单位应当加强行业自律,推进行业信用体系建设,提高服务水平。

第四十一条 从事互联网地图服务活动,适用本章的规定;本章没有规定的,适用本条例其他有关规定。

第六章 监督检查

第四十二条 县级以上人民政府及其有关部门应当依法加强对地图编制、出版、展示、登载、生产、销售、进口、出口等活动的监督检查。

第四十三条 县级以上人民政府测绘地理信息行政主管部门、出版行政主管部门和其他有关部门依法进行监督检查时,有权采取下列措施:

(一)进入涉嫌地图违法行为的场所实施现场检查;

(二)查阅、复制有关合同、票据、账簿等资料;

(三)查封、扣押涉嫌违法的地图、附着地图图形的产品以及用于实施地图违法行为的设备、工具、原材料等。

第四十四条 国务院测绘地理信息行政主管部门、国务院出版行政主管部门应当建立健全地图监督管理信息系统,实现信息资源共享,方便公众查询。

第四十五条 县级以上人民政府测绘地理信息行政主管部门应当根据国家有关标准和技术规范,加强地图质量监督管理。

地图编制、出版、展示、登载、生产、销售、进口、出口单位应当建立健全地图质量责任制度,采取有效措施,保证地图质量。

第四十六条 任何单位和个人对地图违法行为有权进行举报。

接到举报的人民政府或者有关部门应当及时依法调查处理,并为举报人保密。

第七章 法律责任

第四十七条 县级以上人民政府及其有关部门违反本条例规定,有下列行为之一的,由主管机关或者监察机关责令改正;情节严重的,对直接负责的主管人员和其他直接责任人员依法给予处分;直接负责的主管人员和其他直接责任人员的行为构成犯罪的,依法追究刑事责任:

(一)不依法作出行政许可决定或者办理批准文件的;

(二)发现违法行为或者接到对违法行为的举报不予查处的;

(三)其他未依照本条例规定履行职责的行为。

第四十八条 违反本条例规定,未取得测绘资质证书或者超越测绘资质等级许可的范围从事地图编制活动或者互联网地图服务活动的,依照《中华人民共和国测绘法》的有关规定进行处罚。

第四十九条 违反本条例规定,应当送审而未送审的,责令改正,给予警告,没收违法地图或者附着地图图形的产品,可以处10万元以下的罚款;有违法所得的,没收违法所得;构成犯罪的,依法追究刑事责任。

第五十条 违反本条例规定,不需要送审的地图不符合国家有关标准和规定的,责令改正,给予警告,没收违法地图或者附着地图图形的产品,可以处10万元以下的罚款;有违法所得的,没收违法所得;情节严重的,可以向社会通报;构成犯罪的,依法追究刑事责任。

第五十一条 违反本条例规定,经审核不符合国家有关标准和规定的地图未按照审核要求修改即向社会公开的,责令改正,给予警告,没收违法地图或者附着地图图形的产品,可以处10万元以下的罚款;有违法所得的,没收违法所得;情节严重的,责令停业整顿,降低资质等级或者吊销测绘资质证书,可以向社会通报;构成犯罪的,依法追究刑事责任。

第五十二条 违反本条例规定,弄虚作假、伪造申请材料骗取地图审核批准文件,或者伪造、冒用地图审核批准文件和审图号的,责令停止违法行为,给予警告,没收违法地图和附着地图图形的产品,并处10万元以上20万元以下的罚款;有违法所得的,没收违法所得;情节严重的，责令停业整顿，降低资质等级或者吊销测绘资质证书；构成犯罪的，依法追究刑事责任。

第五十三条 违反本条例规定，未在地图的适当位置显著标注审图号，或者未按照有关规定送交样本的，责令改正，给予警告；情节严重的，责令停业整顿，降低资质等级或者吊销测绘资质证书。

第五十四条 违反本条例规定，互联网地图服务单位使用未经依法审核批准的地图提供服务，或者未对互联网地图新增内容进行核查校对的，责令改正，给予警告，可以处20万元以下的罚款；有违法所得的，没收违法所得；情节严重的，责令停业整顿，降低资质等级或者吊销测绘资质证书；构成犯罪的，依法追究刑事责任。

第五十五条 违反本条例规定，通过互联网上传标注了含有按照国家有关规定在地图上不得表示的内容的，责令改正，给予警告，可以处10万元以下的罚款；构成犯罪的，依法追究刑事责任。

第五十六条 本条例规定的降低资质等级、吊销测绘资质证书的行政处罚，由颁发资质证书的部门决定；其他行政处罚由县级以上人民政府测绘地理信息行政主管部门决定。

第八章 附 则

第五十七条 军队单位编制的地图的管理以及海图的管理，按照国务院、中央军事委员会的规定执行。

第五十八条 本条例自2016年1月1日起施行。国务院1995年7月10日发布的《中华人民共和国地图编制出版管理条例》同时废止。

法规汇编编辑出版管理规定

1. 1990年7月29日国务院令第63号发布

2. 根据2019年3月2日国务院令第709号《关于修改部分行政法规的决定》修订

第一条 为了加强对法规汇编编辑出版工作的管理，提高法规汇编编辑出版质量，维护社会主义法制的统一和尊严，制定本规定。

第二条 本规定所称法规汇编，是指将依照法定程序发布的法律、行政法规、国务院部门规章（下称部门规章）、地方性法规和地方政府规章，按照一定的顺序或者分类汇编成册的公开出版物。

第三条 除法律、行政法规另有规定外，编辑出版法规汇编（包括法规选编、类编、大全等）应当遵守本规定。

依照本规定第四条编辑出版的法规汇编，是国家出版的法规汇编正式版本。

第四条 编辑法规汇编，遵守下列分工：

（一）法律汇编由全国人民代表大会常务委员会法制工作委员会编辑；

（二）行政法规汇编由司法部编辑；

（三）军事法规汇编由中央军事委员会法制局编辑；

（四）部门规章汇编由国务院各部门依照该部门职责范围编辑；

（五）地方性法规和地方政府规章汇编，由具有地方性法规和地方政府规章制定权的地方各级人民代表大会常务委员会和地方各级人民政府指定的机构编辑。

全国人民代表大会常务委员会法制工作委员会和司法部可以编辑法律、行政法规、部门规章、地方性法规和地方政府规章的综合性法规汇编；中央军事委员会法制局可以编辑有关军事方面的法律、法规、条令汇编；国务院各部门可以依照本部门职责范围编辑专业性的法律、行政法规和部门规章汇编；具有地方性法规和地方政府规章制定权的地方各级人民代表大会常务委员会和地方各级人民政府可以编辑本地区制定的地方性法规和地方政府规章汇编。

第五条 根据工作、学习、教学、研究需要，有关机关、团体、企业事业组织可以自行或者委托精通法律的专业人员编印供内部使用的法规汇集；需要正式出版的，应当经出版行政管理部门核准。

除前款规定外，个人不得编辑法规汇编。

第六条 编辑法规汇编，应当做到：

（一）选材准确。收入法规汇编的法规必须准确无误，如果收入废止或者失效的法规，必须注明；现行法规汇编不得收入废止或者失效的法规。

（二）内容完整。收入法规汇编的法规名称、批准或者发布机关、批准或者发布日期、施行日期、章节条款等内容应当全部编入，不得随意删减或者改动。

（三）编排科学。法规汇编应当按照一定的分类或者顺序排列，有利于各项工作的开展。

第七条 出版法规汇编，国家出版行政管理部门根据出版专业分工规定的原则，依照下列分工予以审核批准：

（一）法律汇编由全国人民代表大会常务委员会法制工作委员会选择的中央一级出版社出版；

（二）行政法规汇编由司法部选择的中央一级出版社出版；

（三）军事法规汇编由中央军事委员会法制局选择的中央一级出版社出版；

（四）部门规章汇编由国务院各部门选择的中央一级出版社出版；

（五）地方性法规和地方政府规章汇编由具有地方性法规和地方政府规章制定权的地方各级人民代表大会常务委员会和地方各级人民政府选择的中央一级出版社或者地方出版社出版。

第八条　国家出版的民族文版和外文版的法律汇编，由全国人民代表大会常务委员会法制工作委员会组织或者协助审定。

国家出版的民族文版和外文版的行政法规汇编，由司法部组织或者协助审定。

第九条　符合第七条规定的出版社应当制定法规汇编的出版选题计划，分别报有权编辑法规汇编的机关和出版行政管理部门备案。

第十条　按照本规定第四条编辑的法规汇编，可以在汇编封面上加印国徽；按照本规定第五条第一款编印的法规汇集，不得在汇集封面上加印国徽。

第十一条　出版法规汇编，必须保证印制质量。质量标准要符合国家有关规定。

第十二条　法规汇编的发行，由新华书店负责，各地新华书店应当认真做好征订工作。

有条件的出版社也可以代办部分征订工作。

第十三条　违反本规定，擅自出版法规汇编的，根据不同情况出版行政管理部门或者工商行政管理部门依照职权划分可以给予当事人下列行政处罚：

（一）警告；

（二）停止出售；

（三）没收或者销毁；

（四）没收非法收入；

（五）罚款；

（六）停业整顿；

（七）撤销出版社登记；

（八）吊销营业执照。

第十四条　当事人对出版行政管理部门或者工商行政管理部门的处罚决定不服的，可以在收到处罚通知书之日起十五日内，向上一级出版行政管理部门或者工商行政管理部门申请复议。对复议决定仍然不服的，可以自收到复议决定通知书之日起十五日内向人民法院提起诉讼。当事人也可以自收到处罚通知书之日起十五日内，直接向人民法院提起诉讼。逾期不申请复议也不提起诉讼又不履行处罚决定的，作出处罚决定的机关可以申请人民法院强制执行。

第十五条　与境外出版机构合作出版法规汇编事宜，参照本规定办理。

第十六条　法规文件信息化处理的开发、应用，参照本规定管理。

第十七条　本规定自发布之日起施行。

地图审核管理规定

1. 2006年6月23日国土资源部令第34号公布

2. 2017年11月28日国土资源部令第77号修订

3. 根据2019年7月24日自然资源部令第5号《关于第一批废止和修改的部门规章的决定》修正

第一条　为了加强地图审核管理，维护国家主权、安全和利益，根据《中华人民共和国测绘法》《地图管理条例》等法律、法规，制定本规定。

第二条　地图审核工作应当遵循维护国家主权、保守国家秘密、高效规范实施、提供优质服务的原则。

第三条　国务院自然资源主管部门负责全国地图审核工作的监督管理。

省、自治区、直辖市人民政府自然资源主管部门以及设区的市级人民政府自然资源主管部门负责本行政区域地图审核工作的监督管理。

第四条　实施地图审核所需经费列入相应自然资源主管部门的年度预算。

第五条　有下列情形之一的，申请人应当依照本规定向有审核权的自然资源主管部门提出地图审核申请：

（一）出版、展示、登载、生产、进口、出口地图或者附着地图图形的产品的；

（二）已审核批准的地图或者附着地图图形的产品，再次出版、展示、登载、生产、进口、出口且地图内容发生变化的；

（三）拟在境外出版、展示、登载的地图或者附着地图图形的产品的。

第六条　下列地图不需要审核：

（一）直接使用自然资源主管部门提供的具有审图号的公益性地图；

（二）景区地图、街区地图、公共交通线路图等内容简单的地图；

（三）法律法规明确应予公开且不涉及国界、边界、历史疆界、行政区域界线或者范围的地图。

第七条　国务院自然资源主管部门负责下列地图的审核：

（一）全国地图；

（二）主要表现地为两个以上省、自治区、直辖市行政区域的地图；

（三）香港特别行政区地图、澳门特别行政区地图以及台湾地区地图；

（四）世界地图以及主要表现地为国外的地图；

（五）历史地图。

第八条 省、自治区、直辖市人民政府自然资源主管部门负责审核主要表现地在本行政区域范围内的地图。其中，主要表现地在设区的市行政区域范围内不涉及国界线的地图，由设区的市级人民政府自然资源主管部门负责审核。

第九条 属于出版物的地图产品或者附着地图图形的产品，应当根据产品中地图主要表现地，依照本规定第七条、第八条的规定，由相应自然资源主管部门审核。

第十条 申请地图审核，应当提交下列材料：

（一）地图审核申请表；

（二）需要审核的地图最终样图或者样品。用于互联网服务等方面的地图产品，还应当提供地图内容审核软硬件条件；

（三）地图编制单位的测绘资质证书。

有下列情形之一的，可以不提供前款第三项规定的测绘资质证书：

（一）进口不属于出版物的地图和附着地图图形的产品；

（二）直接引用古地图；

（三）使用示意性世界地图、中国地图和地方地图；

（四）利用自然资源主管部门具有审图号的公益性地图且未对国界、行政区域界线或者范围、重要地理信息数据等进行编辑调整。

第十一条 利用涉及国家秘密的测绘成果编制的地图，应当提供省级以上自然资源主管部门进行保密技术处理的证明文件。

地图上表达的其他专业内容、信息、数据等，国家对其公开另有规定的，从其规定，并提供有关主管部门可以公开的相关文件。

第十二条 申请人应当如实提交有关材料，反映真实情况，并对申请材料的真实性负责。

第十三条 自然资源主管部门应当将地图审核的依据、程序、期限以及需要提交的全部材料的目录和地图审核申请表等示范文本，在办公场所、门户网站上公示。

申请人要求自然资源主管部门对公示内容予以说明、解释的，有关自然资源主管部门应当说明、解释，提供准确、可靠的信息。

第十四条 国务院自然资源主管部门可以在其法定职责范围内，委托省、自治区、直辖市人民政府自然资源主管部门实施部分地图审核职责。

国务院自然资源主管部门对省级自然资源主管部门实施的受委托地图审核负责监督管理和业务指导培训。

第十五条 有审核权的自然资源主管部门受理的地图审核申请，认为需要其他自然资源主管部门协助审核的，应当商有关自然资源主管部门进行协助审核。负责协助审核的自然资源主管部门应当自收到协助审核材料之日起7个工作日内，完成审核工作。协商不一致的，报请共同的上一级自然资源主管部门决定。

第十六条 中小学教学地图的审核，依照《地图管理条例》第二十三条规定执行。

第十七条 自然资源主管部门对申请人提出的地图审核申请，应当根据下列情况分别作出处理：

（一）申请材料齐全并符合法定形式的，应当决定受理并发放受理通知书；

（二）申请材料不齐全或者不符合法定形式的，应当当场或者在5个工作日内一次告知申请人需要补正的全部内容，逾期不告知的，自收到申请材料之日起即为受理；经补正材料后申请材料仍不齐全或者不符合法定形式的，应当作出不予受理的决定；

（三）申请事项依法不需要进行地图审核的，应当即时告知申请人不予受理；申请事项依法不属于本自然资源主管部门职责范围的，应当即时作出不予受理的决定，并告知申请人向有关自然资源主管部门申请。

第十八条 自然资源主管部门受理地图审核申请后，应当对下列内容进行审查：

（一）地图表示内容中是否含有《地图管理条例》第八条规定的不得表示的内容；

（二）中华人民共和国国界、行政区域界线或者范围以及世界各国间边界、历史疆界在地图上的表示是否符合国家有关规定；

（三）重要地理信息数据、地名等在地图上的表示是否符合国家有关规定；

（四）主要表现地包含中华人民共和国疆域的地图，中华人民共和国疆域是否完整表示；

（五）地图内容表示是否符合地图使用目的和国家地图编制有关标准；

（六）法律、法规规定需要审查的其他内容。

第十九条 中华人民共和国国界、中国历史疆界、世界各国间边界、世界各国间历史疆界依照《地图管理条例》第十条有关规定进行审查。

县级以上行政区域界线或者范围，按照由国务院民政部门和国务院自然资源主管部门拟订并经国务院批准公布的行政区域界线标准画法图进行审查。

特别行政区界线或者范围，按照国务院批准公布的特别行政区行政区域图和国家其他有关规定进行审查。

第二十条 重要地理信息数据、地名以及有关专业内容在地图上的表示，按照自然资源主管部门制定的有关规定进行审查。

下级自然资源主管部门制定的具体审查内容和标准，应当报上一级自然资源主管部门备案并依法及时公开。

第二十一条 地图涉及专业内容且没有明确审核依据的，由有审核权的自然资源主管部门征求有关部门的意见。

第二十二条 有审核权的自然资源主管部门应当健全完善地图内容审查工作机构，配备地图内容审查专业人员。地图内容审查专业人员应当经省级以上自然资源主管部门培训并考核合格，方能从事地图内容审查工作。

第二十三条 自然资源主管部门应当依据地图内容审查工作机构提出的审查意见及相关申请材料，作出批准或者不予批准的书面决定并及时送达申请人。

予以批准的，核发地图审核批准文件和审图号。

不予批准的，核发地图审核不予批准文件并书面说明理由，告知申请人享有依法申请行政复议或者提起行政诉讼的权利。

第二十四条 自然资源主管部门应当自受理地图审核申请之日起20个工作日内作出审核决定。

时事宣传地图、发行频率高于一个月的图书和报刊等插附地图的，应当自受理地图审核申请之日起7个工作日内作出审核决定。

应急保障等特殊情况需要使用地图的，应当即送即审。

涉及专业内容且没有明确审核依据的地图，向有关部门征求意见时，征求意见时间不计算在地图审核的期限内。

第二十五条 自然资源主管部门应当在其门户网站等媒体上及时公布获得审核批准的地图名称、审图号等信息。

第二十六条 审图号由审图机构代号、通过审核的年份、序号等组成。

第二十七条 经审核批准的地图，申请人应当在地图或者附着地图图形的产品的适当位置显著标注审图号。属于出版物的，应当在版权页标注审图号；没有版权页的，应当在适当位置标注审图号。属于互联网地图服务的，应当在地图页面左下角标注审图号。

第二十八条 互联网地图服务审图号有效期为两年。审图号到期，应当重新送审。

审核通过的互联网地图服务，申请人应当每六个月将新增标注内容及核查校对情况向作出审核批准的自然资源主管部门备案。

第二十九条 上级自然资源主管部门应当加强对下级自然资源主管部门实施地图审核行为的监督检查，建立健全监督管理制度，及时纠正违反本规定的行为。

第三十条 自然资源主管部门应当建立和完善地图审核管理和监督系统，提升地图审核效率和监管能力，方便公众申请与查询。

第三十一条 互联网地图服务单位应当配备符合相关要求的地图安全审校人员，并强化内部安全审校核查工作。

第三十二条 最终向社会公开的地图与审核通过的地图内容及表现形式不一致，或者互联网地图服务审图号有效期届满未重新送审的，自然资源主管部门应当责令改正、给予警告，可以处3万元以下的罚款。

第三十三条 自然资源主管部门及其工作人员在地图审核工作中滥用职权、玩忽职守、徇私舞弊的，依法给予处分；涉嫌构成犯罪的，移送有关机关依法追究刑事责任。

第三十四条 本规定自2018年1月1日起施行。

出版社书稿档案管理办法

1992年9月13日新闻出版署、国家档案局发布

第一章 总 则

第一条 为实行出版社书稿档案的科学管理，有效地收集和利用书稿档案，加强出版社建设和出版管理，根据《中华人民共和国档案法》、《中华人民共和国档案法实施办法》、《中华人民共和国著作权法》，特制定本办法。

第二条 书稿档案是图书编辑出版过程的历史记录，是国家档案的组成部分。

第二章　书稿档案管理的职责

第三条　各出版社书稿档案工作，在同级档案行政管理部门统筹规划，组织协调，统一制度下，由其主管领导机关进行业务指导和监督检查。

第四条　各出版社应建立档案工作机构，集中统一管理本社档案。书稿档案由编辑室收集、整理、立卷后，总编室负责归档、管理，并定期移交出版社档案机构。

第三章　书稿档案立卷范围

第五条　每一种图书的书稿档案，应反映编辑出版的全过程。立卷归档的文件、材料范围是：

（一）选题、约稿、组稿、出版情况记录和书稿的有关合同、协议书（包括合作出版）。

（二）各级审稿意见，包括责任编辑初审，编辑室主任复审，总编辑（副总编辑）终审意见和外审、会审意见及责任编辑加工、整理记录。

（三）出版单位有关书稿出版过程中的请示、报告，上级的指示、批复，重要电话、面洽、会议的记录。

（四）著（译、画）作原稿或复制件（原稿退还作者后应有原稿退还签收单）。

（五）封面设计、重要人物的题词手迹等材料。

（六）与作者有关书稿问题的往来信件和退改意见。

（七）图书出版通知单、清样、样书。

（八）发稿后的变动（如书名、作者署名、发行方式的改变，停发、停印、停售及报废等）情况及变动的根据。

（九）稿酬、版税通知单。

（十）获奖、受查处情况的记录。

（十一）有参考价值的读者来信、对图书的重要评论等。

第四章　书稿档案立卷方法

第六条　书稿档案以书名立卷，每出一种书立一卷或数卷，并按卷夹封面所列项目填写。

第七条　书稿档案按出版年度归档，跨年度的书稿档案，应在图书出版年度内归档。

第八条　出版社编辑室，应根据本办法第五条规定，在出书后三个月内将完整的书稿档案移交出版社总编室。

第九条　作品出版以后原稿（手迹）归作者所有，除双方合同约定者外，一般原稿保存二、三年后，退还作者，并办理清退手续。原稿退还签收单应归档。

第十条　卷内材料以左下方对齐，在左侧装订。遇有照（底）片、音像制品，须标明标题和作者（按国家档案局《照片档案管理规范》），可分类集中保管，但要注明编号，以便查找。样书也可分类集中保管。

第十一条　书稿档案的全宗号由上级档案部门确定。

第五章　书稿档案的保管期限

第十二条　凡具有重要历史价值、艺术价值、科学价值的书稿档案，列为“永久”保管。

第十三条　凡比较重要的、具有长期借鉴、利用价值的书稿档案，列为“长期”保管。

第十四条　凡是一般的、在一定时期内有参考利用价值的书稿档案，列为“短期”保管。

第十五条　对列为“长期”、“短期”保管的书稿档案，到期经过鉴定，需要继续保存的，可升为“永久”、“长期”保管；对确无继续保存价值的，可经出版社领导批准后按规定销毁。

第六章　书稿档案的保管及设备

第十六条　出版社应根据保存的书稿档案的数量，设置必需的专用库房，购置必备的箱柜。库房要坚固，并有防盗、防光、防高温、防火、防潮、防尘、防虫、防鼠等设施。

第十七条　案卷上架可按书的出版时间顺序或类别排列。再版的书稿案卷放在本书初版的书稿案卷后面。

第十八条　出版社档案机构应建立《书稿案卷接收登记簿》、《书稿档案借阅登记簿》、《书稿档案销毁清册》。

第十九条　出版社档案机构应建立书稿档案“人名索引卡”、“书名索引卡”、“书稿、校样保管卡”等，作为辅助查找工具。

第七章　附　　则

第二十条　本办法由新闻出版署负责解释。

第二十一条　本办法自发布之日起施行。1981 年 11 月 14 日发布的《出版社书稿档案工作暂行规定》同时废止。

附件：（略）

图书出版管理规定

1. 2008 年 2 月 21 日国家新闻出版总署令第 36 号发布

2. 根据 2015 年 8 月 28 日国家新闻出版广电总局令第 3 号《关于修订部分规章和规范性文件的决定》修订

第一章　总　　则

第一条　为了规范图书出版，加强对图书出版的监督管理，促进图书出版的发展和繁荣，根据国务院《出版管理条例》及相关法律法规，制定本规定。

第二条　在中华人民共和国境内从事图书出版，适用本规定。

本规定所称图书，是指书籍、地图、年画、图片、画册，以及含有文字、图画内容的年历、月历、日历，以及由新闻出版总署认定的其他内容载体形式。

第三条　图书出版必须坚持为人民服务、为社会主义服务的方向，坚持马克思列宁主义、毛泽东思想、邓小平理论和“三个代表”重要思想，坚持科学发展观，坚持正确的舆论导向和出版方向，坚持把社会效益放在首位、社会效益和经济效益相统一的原则，传播和积累有益于提高民族素质、推动经济发展、促进社会和谐与进步的科学技术和文化知识，弘扬民族优秀文化，促进国际文化交流，丰富人民群众的精神文化生活。

第四条　新闻出版总署负责全国图书出版的监督管理工作，建立健全监督管理制度，制定并实施全国图书出版总量、结构、布局的规划。

省、自治区、直辖市新闻出版行政部门负责本行政区域内图书出版的监督管理工作。

第五条　图书出版单位依法从事图书的编辑、出版等活动。

图书出版单位合法的出版活动受法律保护，任何组织和个人不得非法干扰、阻止、破坏。

第六条　新闻出版总署对为发展、繁荣我国图书出版事业作出重要贡献的图书出版单位及个人给予奖励，并评选奖励优秀图书。

第七条　图书出版行业的社会团体按照其章程，在新闻出版行政部门的指导下，实行自律管理。

第二章　图书出版单位的设立

第八条　图书由依法设立的图书出版单位出版。设立图书出版单位须经新闻出版总署批准，取得图书出版许可证。

本规定所称图书出版单位，是指依照国家有关法规设立，经新闻出版总署批准并履行登记注册手续的图书出版法人实体。

第九条　设立图书出版单位，应当具备下列条件：

（一）有图书出版单位的名称、章程；

（二）有符合新闻出版总署认定条件的主办单位、主管单位；

（三）有确定的图书出版业务范围；

（四）有 30 万元以上的注册资本；

（五）有适应图书出版需要的组织机构和符合国家规定资格条件的编辑出版专业人员；

（六）有确定的法定代表人或者主要负责人，该法定代表人或者主要负责人必须是在境内长久居住的具有完全行为能力的中国公民；

（七）有与主办单位在同一省级行政区域的固定工作场所；

（八）法律、行政法规规定的其他条件。

设立图书出版单位，除前款所列条件外，还应当符合国家关于图书出版单位总量、结构、布局的规划。

第十条　中央在京单位设立图书出版单位，由主办单位提出申请，经主管单位审核同意后，由主办单位报新闻出版总署审批。

中国人民解放军和中国人民武装警察部队系统设立图书出版单位，由主办单位提出申请，经中国人民解放军总政治部宣传部新闻出版局审核同意后，报新闻出版总署审批。

其他单位设立图书出版单位，经主管单位审核同意后，由主办单位向所在地省、自治区、直辖市新闻出版行政部门提出申请，省、自治区、直辖市新闻出版行政部门审核同意后，报新闻出版总署审批。

第十一条　申请设立图书出版单位，须提交以下材料：

（一）按要求填写的设立图书出版单位申请表；

（二）主管单位、主办单位的有关资质证明材料；

（三）拟任图书出版单位法定代表人或者主要负责人简历、身份证明文件；

（四）编辑出版人员的出版专业职业资格证书；

（五）注册资本数额、来源及性质证明；

（六）图书出版单位的章程；

（七）工作场所使用证明；

（八）设立图书出版单位的可行性论证报告。

第十二条　新闻出版总署应当自收到设立图书出版单位申请之日起 90 日内，作出批准或者不批准的决定，并直接或者由省、自治区、直辖市新闻出版行政部门书面通知主办单位；不批准的，应当说明理由。

第十三条　申请设立图书出版单位的主办单位应当自收到新闻出版总署批准文件之日起 60 日内办理如下注册登记手续：

（一）持批准文件到所在地省、自治区、直辖市新闻出版行政部门领取图书出版单位登记表，经主管单位审核签章后，报所在地省、自治区、直辖市新闻出版行政部门；

（二）图书出版单位登记表一式五份，图书出版单位、主办单位、主管单位及省、自治区、直辖市新闻出版行政部门各存一份，另一份由省、自治区、直辖市新闻

出版行政部门在收到之日起15日内,报送新闻出版总署备案;

（三）新闻出版总署对图书出版单位登记表审核后,在10日内通过中国标准书号中心分配其出版者号并通知省、自治区、直辖市新闻出版行政部门;

（四）省、自治区、直辖市新闻出版行政部门对图书出版单位登记表审核后,在10日内向主办单位发放图书出版许可证;

（五）图书出版单位持图书出版许可证到工商行政管理部门办理登记手续,依法领取营业执照。

第十四条 图书出版单位的主办单位自收到新闻出版总署批准文件之日起60日内未办理注册登记手续,批准文件自行失效,登记机关不再受理登记,图书出版单位的主办单位须将有关批准文件缴回新闻出版总署。

图书出版单位自登记之日起满180日未从事图书出版的,由原登记的新闻出版行政部门注销登记,收回图书出版许可证,并报新闻出版总署备案。

因不可抗力或者其他正当理由发生前款所列情形的,图书出版单位可以向原登记的新闻出版行政部门申请延期。

第十五条 图书出版单位应当具备法人条件,经核准登记后,取得法人资格,以其全部法人财产独立承担民事责任。

第十六条 图书出版单位变更名称、主办单位或者主管单位、业务范围,合并或者分立,改变资本结构,依照本规定第九条至第十三条的规定办理审批、登记手续。

图书出版单位除前款所列变更事项外的其他事项的变更,应当经其主办单位和主管单位审查同意后,向所在地省、自治区、直辖市新闻出版行政部门申请变更登记,由省、自治区、直辖市新闻出版行政部门报新闻出版总署备案。

第十七条 图书出版单位终止图书出版的,由主办单位提出申请并经主管单位同意后,由主办单位向所在地省、自治区、直辖市新闻出版行政部门办理注销登记,并由省、自治区、直辖市新闻出版行政部门报新闻出版总署备案。

第十八条 组建图书出版集团,参照本规定第十条办理。

第三章 图书的出版

第十九条 任何图书不得含有《出版管理条例》和其他有关法律、法规以及国家规定禁止的内容。

第二十条 图书出版实行编辑责任制度,保障图书内容符合国家法律规定。

第二十一条 出版辞书、地图、中小学教科书等类别的图书,实行资格准入制度,出版单位须按照新闻出版总署批准的业务范围出版。具体办法由新闻出版总署另行规定。

第二十二条 图书出版实行重大选题备案制度。涉及国家安全、社会安定等方面的重大选题,涉及重大革命题材和重大历史题材的选题,应当按照新闻出版总署有关选题备案管理的规定办理备案手续。未经备案的重大选题,不得出版。

第二十三条 图书出版实行年度出版计划备案制度。图书出版单位的年度出版计划,须经省、自治区、直辖市新闻出版行政部门审核后报新闻出版总署备案。

第二十四条 图书出版单位实行选题论证制度、图书稿件三审责任制度、责任编辑制度、责任校对制度、图书重版前审读制度、稿件及图书资料归档制度等管理制度,保障图书出版质量。

第二十五条 图书使用语言文字须符合国家语言文字法律规定。

图书出版质量须符合国家标准、行业标准和新闻出版总署关于图书出版质量的管理规定。

第二十六条 图书使用中国标准书号或者全国统一书号、图书条码以及图书在版编目数据须符合有关标准和规定。

第二十七条 图书出版单位不得向任何单位或者个人出售或者以其他形式转让本单位的名称、中国标准书号或者全国统一书号。

第二十八条 图书出版单位不得以一个中国标准书号或者全国统一书号出版多种图书,不得以中国标准书号或者全国统一书号出版期刊。中国标准书号使用管理办法由新闻出版总署另行规定。

第二十九条 图书出版单位租型出版图书、合作出版图书、出版自费图书须按照新闻出版总署的有关规定执行。

第三十条 图书出版单位与境外出版机构在境内开展合作出版,在合作出版的图书上双方共同署名,须经新闻出版总署批准。

第三十一条 图书出版单位须按照国家有关规定在其出版的图书上载明图书版本记录事项。

第三十二条 图书出版单位应当委托依法设立的出版物印刷单位印刷图书,并按照国家规定使用印刷委托书。

第三十三条 图书出版单位须遵守国家统计规定,依法向新闻出版行政部门报送统计资料。

第三十四条 图书出版单位在图书出版30日内,应当按照国家有关规定向国家图书馆、中国版本图书馆、新闻出版总署免费送交样书。

第四章　监督管理

第三十五条　图书出版的监督管理实行属地原则。

省、自治区、直辖市新闻出版行政部门依法对本行政区域内的图书出版进行监督管理，负责本行政区域内图书出版单位的审核登记、年度核验及其出版图书的审读、质量评估等管理工作。

第三十六条　图书出版管理实行审读制度、质量保障管理制度、出版单位分级管理制度、出版单位年度核验制度和出版从业人员职业资格管理制度。

第三十七条　新闻出版总署负责全国图书审读工作。省、自治区、直辖市新闻出版行政部门负责对本行政区域内出版的图书进行审读，并定期向新闻出版总署提交审读报告。

第三十八条　新闻出版行政部门可以根据新闻出版总署《图书质量管理规定》等规定，对图书质量进行检查，并予以奖惩。

第三十九条　新闻出版总署制定图书出版单位等级评估办法，对图书出版单位进行评估，并实行分级管理。

第四十条　图书出版单位实行年度核验制度，年度核验每两年进行一次。

年度核验按照以下程序进行：

（一）图书出版单位提出年度自查报告，填写由新闻出版总署统一印制的图书出版年度核验表，经图书出版单位的主办单位、主管单位审核盖章后，在规定时间内报所在地省、自治区、直辖市新闻出版行政部门；

（二）省、自治区、直辖市新闻出版行政部门在收到图书出版单位自查报告、图书出版年度核验表等年度核验材料30日内予以审核查验、出具审核意见，报送新闻出版总署；

（三）新闻出版总署在收到省、自治区、直辖市新闻出版行政部门报送的图书出版单位年度核验材料和审核意见60日内作出是否予以通过年度核验的批复；

（四）图书出版单位持新闻出版总署予以通过年度核验的批复文件、图书出版许可证副本等相关材料，到所在地省、自治区、直辖市新闻出版行政部门办理登记手续。

第四十一条　图书出版单位有下列情形之一的，暂缓年度核验：

（一）正在限期停业整顿的；

（二）经审核发现有违法情况应予处罚的；

（三）主管单位、主办单位未认真履行管理责任，导致图书出版管理混乱的；

（四）所报年度核验自查报告内容严重失实的；

（五）存在其他违法嫌疑需要进一步核查的。

暂缓年度核验的期限为6个月。在暂缓年度核验期间，图书出版单位除教科书、在印图书可继续出版外，其他图书出版一律停止。缓验期满，按照本规定重新办理年度核验手续。

第四十二条　图书出版单位有下列情形之一的，不予通过年度核验：

（一）出版导向严重违反管理规定并未及时纠正的；

（二）违法行为被查处后拒不改正或者在整改期满后没有明显效果的；

（三）图书出版质量长期达不到规定标准的；

（四）经营恶化已经资不抵债的；

（五）已经不具备本规定第九条规定条件的；

（六）暂缓登记期满，仍未符合年度核验基本条件的；

（七）不按规定参加年度核验，经催告仍未参加的；

（八）存在其他严重违法行为的。

对不予通过年度核验的图书出版单位，由新闻出版总署撤销图书出版许可证，所在地省、自治区、直辖市新闻出版行政部门注销登记。

第四十三条　年度核验结果，新闻出版总署和省、自治区、直辖市新闻出版行政部门可以向社会公布。

第四十四条　图书出版从业人员，应具备国家规定的出版职业资格条件。

第四十五条　图书出版单位的社长、总编辑须符合国家规定的任职资格和条件。

图书出版单位的社长、总编辑须参加新闻出版行政部门组织的岗位培训，取得岗位培训合格证书后才能上岗。

第五章　法律责任

第四十六条　图书出版单位违反本规定的，新闻出版总署或者省、自治区、直辖市新闻出版行政部门可以采取下列行政措施：

（一）下达警示通知书；

（二）通报批评；

（三）责令公开检讨；

（四）责令改正；

（五）核减中国标准书号数量；

（六）责令停止印制、发行图书；

（七）责令收回图书；

（八）责成主办单位、主管单位监督图书出版单位整改。

警示通知书由新闻出版总署制定统一格式，由新闻出版总署或者省、自治区、直辖市新闻出版行政部门下达给违法的图书出版单位，并抄送违法图书出版单位的主办单位及其主管单位。

本条所列行政措施可以并用。

第四十七条　未经批准，擅自设立图书出版单位，或者擅自从事图书出版业务，假冒、伪造图书出版单位名称出版图书的，依照《出版管理条例》第五十五条处罚。

第四十八条　图书出版单位出版含有《出版管理条例》和其他有关法律、法规以及国家规定禁止内容图书的，由新闻出版总署或者省、自治区、直辖市新闻出版行政部门依照《出版管理条例》第五十六条处罚。

第四十九条　图书出版单位违反本规定第二十七条的，由新闻出版总署或者省、自治区、直辖市新闻出版行政部门依照《出版管理条例》第六十条处罚。

第五十条　图书出版单位有下列行为之一的，由新闻出版总署或者省、自治区、直辖市新闻出版行政部门依照《出版管理条例》第六十一条处罚：

（一）变更名称、主办单位或者其主管单位、业务范围 、合并或分立、改变资本结构，未依法办理审批手续的；

（二）未按规定将其年度出版计划备案的；

（三）未按规定履行重大选题备案的；

（四）未按规定送交样书的。

第五十一条　图书出版单位有下列行为之一的，由新闻出版总署或者省、自治区、直辖市新闻出版行政部门给予警告，并处3万元以下罚款：

（一）未按规定使用中国标准书号或者全国统一书号、图书条码、图书在版编目数据的；

（二）图书出版单位违反本规定第二十八条的；

（三）图书出版单位擅自在境内与境外出版机构开展合作出版，在合作出版的图书上双方共同署名的；

（四）未按规定载明图书版本记录事项的；

（五）图书出版单位委托非依法设立的出版物印刷单位印刷图书的，或者未按照国家规定使用印刷委托书的。

第五十二条　图书出版单位租型出版图书、合作出版图书、出版自费图书，违反新闻出版总署有关规定的，由新闻出版总署或者省、自治区、直辖市新闻出版行政部门给予警告，并处3万元以下罚款。

第五十三条　图书出版单位出版质量不合格的图书，依据新闻出版总署《图书质量管理规定》处罚。

第五十四条　图书出版单位未依法向新闻出版行政部门报送统计资料的，依据新闻出版总署、国家统计局联合颁布的《新闻出版统计管理办法》处罚。

第五十五条　对图书出版单位作出行政处罚，新闻出版行政部门应告知其主办单位和主管单位，可以通过媒体向社会公布。

对图书出版单位作出行政处罚，新闻出版行政部门可以建议其主办单位或者主管单位对直接责任人和主要负责人予以行政处分或者调离岗位。

第六章　附　　则

第五十六条　本规定自2008年5月1日起施行。

自本规定施行起，此前新闻出版行政部门对图书出版的其他规定，凡与本规定不一致的，以本规定为准。

公共图书馆馆藏文献信息处置管理办法

1. *2022年4月13日文化和旅游部印发*
2. *文旅公共发〔2022〕44号*

第一章　总　　则

第一条　为提高公共图书馆科学化、专业化建设水平，提升馆藏文献信息保存质量，充分发挥馆藏文献信息使用价值，有效利用公共图书馆馆舍空间，根据《中华人民共和国公共图书馆法》和《行政事业性国有资产管理条例》《中央行政事业单位国有资产处置管理办法》等有关规定，制定本办法。

第二条　本办法所称馆藏文献信息处置，是指公共图书馆根据工作需要，对纳入正式馆藏的文献信息进行产权转让或注销产权的行为。

本办法适用于中华人民共和国范围内由政府设立的公共图书馆进行馆藏文献信息处置，公民、法人和其他组织自筹资金设立的公共图书馆可以参照执行。

第三条　公共图书馆应当妥善保存馆藏文献信息，不得随意处置；确需处置的，应当遵循合法合规、分级分类、科学规范、协同合作的原则。

第四条　馆藏文献信息属于文物、古籍、档案或者涉及国家秘密的，原则上不进行处置，确需处置的应当遵守有关文物保护、古籍管理、档案管理或者保守国家秘密的法律、行政法规规定。

第五条　国务院文化和旅游主管部门、财政部门负责监督管理全国公共图书馆的馆藏文献信息处置工作，县级以上地方各级人民政府文化和旅游主管部门、财政部门负责监督管理本行政区域内公共图书馆的馆藏文献信息处置工作。

第六条　公共图书馆负责本馆馆藏文献信息处置工作的组织和实施，依据本馆职能、事业发展需要和文献信息利用情况，经集体决策和履行审批程序，依据处置事项批复等相关文件及时处置，开展处置工作应当手续齐全、流程清晰。

区域总分馆体系中承担总馆职能的公共图书馆应当负责协调体系内文献信息处置工作。

第二章　处置范围和基本程序

第七条　属于下列情况之一的馆藏文献信息，可以进行处置：

（一）损坏严重或者存储格式过时的；

（二）复本量过多的；

（三）流通率较低的；

（四）内容过时的；

（五）涉及盘亏以及非正常损失的；

（六）因自然灾害等不可抗力造成毁损、灭失的；

（七）因馆藏发展策略调整而需要进行处置的；

（八）其他原因需要处置的。

对需要长期保存的馆藏文献信息，确需处置的，处置时应当遵循保留品种、剔除复本的原则。

对通过接受捐赠入藏的馆藏文献信息进行处置，应当遵守捐赠有关法律法规和捐赠协议。

公共图书馆处置馆藏文献信息涉及资产评估的，按照国家关于资产评估管理的规定执行。

第八条　公共图书馆应当结合自身功能定位、馆舍条件、读者需求、馆藏类型等因素，采用无偿划转、捐赠、置换、转让、报损或报废等方式处置馆藏文献信息。

公共图书馆应当优先选择无偿划转、捐赠和置换等处置方式。

第九条　公共图书馆应当根据本馆馆藏发展策略制定馆藏文献信息处置工作细则，主要内容包括：

（一）处置的范围、标准、方式、决策程序；

（二）处置的相关部门职责、工作流程；

（三）处置的具体要求、监督检查制度等。

处置工作细则应当按照本馆章程规定的程序审议通过，并报同级文化和旅游主管部门备案。

第十条　公共图书馆应当结合馆藏文献信息的保存利用情况，提出拟处置文献信息目录和处置方式建议。

处置建议应当根据需要征求馆员、读者、专家或有关图书馆的意见。成立理事会的公共图书馆，应当征求理事会意见。

第十一条　公共图书馆馆藏文献信息处置按以下权限予以审批：

（一）一次性处置单位价值或批量价值（账面原值）在规定限额以上（含规定限额）的馆藏文献信息，经本级文化和旅游主管部门审核同意后，报同级财政部门审批。

（二）一次性处置单位价值或批量价值（账面原值）在规定限额以下的馆藏文献信息，报本级文化和旅游主管部门审批。各级文化和旅游主管部门可以根据实际工作需要，授权本行政区域内公共图书馆一定限额的馆藏文献信息处置权限，限额以下的馆藏文献信息由公共图书馆按相关规定处置报本级文化和旅游主管部门备案。各级文化和旅游主管部门应及时将本行政区域内公共图书馆限额以下的馆藏文献信息处置情况，按照同级财政部门规定纳入行政事业性国有资产年度报告或者备案。

国家图书馆资产处置规定限额，按照中央行政事业单位国有资产处置相关规定执行；地方公共图书馆资产处置规定限额，按照地方事业单位国有资产处置相关规定执行。

第十二条　公共图书馆应当及时核销所处置馆藏文献信息的国有资产台账信息，加盖注销专用章，同时进行会计处理，并与馆藏文献信息接收方办理移交手续。

第十三条　公共图书馆应当对每批处置馆藏文献信息建立处置业务档案，并按有关规定妥善保存。

处置业务档案应当完整、真实，包括征求意见情况、申请报批文件、文献信息交接记录等。

第十四条　公共图书馆应当定期或者不定期对馆藏文献信息进行盘点。出现资产盘盈盘亏的，应当按照财务、会计和资产管理制度有关规定处理，做到账实相符和账账相符。

第十五条　公共图书馆可以在区域图书馆总分馆体系、文献信息联合保障体系等协作机制框架内，对馆藏文献信息进行联合处置。

纳入总分馆体系的文献信息处置工作可以由总馆统一组织，结合体系内文献信息的建设要求和保存利用情况，联合分馆提出处置建议，实施处置。

纳入文献信息联合保障体系的文献信息处置工作可以由体系内起主导作用的图书馆统一组织，结合体系内文献信息的保障要求和保存利用情况，联合合作图书馆提出处置建议，分别处置。

第三章 无偿划转和捐赠

第十六条 无偿划转是指在不改变馆藏文献信息国有资产性质的前提下，以无偿转让的方式变更馆藏文献信息占有、使用权的行为。

第十七条 无偿划转应当按以下程序办理：

（一）同级公共图书馆之间无偿划转馆藏文献信息，以及公共图书馆对同级公共文化机构无偿划转馆藏文献信息，由划出方按照本办法第二章规定相应权限履行审批手续。

（二）跨级次无偿划转馆藏文献信息，由国家图书馆无偿划转给地方公共图书馆的，应当附接收方文化和旅游主管部门和同级财政部门同意接收的相关文件，由国家图书馆按本办法第二章规定的相应权限履行审批手续；由地方公共图书馆无偿划转给国家图书馆的，由划出方按照本级财政部门规定的处置权限履行审批手续；地方公共图书馆馆藏文献信息的跨级次无偿划转程序，由省级文化和旅游主管部门、财政部门确定。

第十八条 公共图书馆申请馆藏文献信息无偿划转，应提交以下材料：

（一）无偿划转申请文件及馆内决策文件；

（二）拟无偿划转文献信息清单及相关文献信息价值凭证、购买合同等复印件，如无法提供，应按有关规定作出书面说明；

（三）事业单位国有资产处置申请表；

（四）划出方和划入方签署的意向性协议；

（五）因本馆撤销、合并、分立、改制而移交馆藏文献信息的，需提供撤销、合并、分立、改制的批文；

（六）其他相关材料。

第十九条 捐赠是指公共图书馆依照《中华人民共和国公益事业捐赠法》，自愿无偿将馆藏文献信息赠与合法受赠人的行为。

第二十条 公共图书馆捐赠馆藏文献信息，应提交以下材料：

（一）捐赠申请文件及馆内决策文件；

（二）拟捐赠文献信息价值凭证、购买合同等复印件，如无法提供，应按有关规定作出书面说明；

（三）事业单位国有资产处置申请表；

（四）对外捐赠报告，包括捐赠事由、方式、责任人、拟捐赠文献信息清单、捐赠文献对本馆的影响分析等；

（五）其他相关材料。

第二十一条 捐赠应当依据受赠方出具的本级财政部门或文化和旅游主管部门统一印（监）制的捐赠收据或者捐赠文献交接清单确认。

第二十二条 接受捐赠的公共图书馆应及时办理入账手续，并报本级文化和旅游主管部门备案。

第二十三条 受赠人不得将受赠文献信息用于营利目的。接受捐赠的机构终止运行时，应当依法妥善处理受赠文献信息。

第二十四条 公共图书馆以无偿划转或捐赠方式处置馆藏文献信息，应当优先选择革命老区、民族地区、边疆地区和欠发达地区的图书馆作为无偿划转或捐赠对象。

第四章 置换和转让

第二十五条 置换是指公共图书馆与公共文化机构之间以调剂余缺为目的进行平等互惠的交换。

第二十六条 公共图书馆申请馆藏文献信息置换，应提交以下材料：

（一）置换申请文件及馆内决策文件；

（二）拟置换文献信息价值凭证、购买合同等复印件，如无法提供，应按有关规定作出书面说明；

（三）事业单位国有资产处置申请表；

（四）置换方案，包括拟置换文献信息清单，置换的原因、方式，可行性及风险分析等；

（五）置换双方签署的意向性协议；

（六）其他相关材料。

第二十七条 转让是指变更公共图书馆馆藏文献信息占有、使用权并取得相应收益的行为。

第二十八条 公共图书馆申请转让馆藏文献信息，应提交以下材料：

（一）转让申请文件及馆内决策文件；

（二）拟转让文献信息价值凭证、购买合同等复印件，如无法提供，应按有关规定作出书面说明；

（三）事业单位国有资产处置申请表；

（四）转让方案，包括拟转让文献信息清单，转让的原因、方式，可行性及风险分析等；

（五）转让方和受让方签署的意向性协议；

（六）其他相关材料。

公共图书馆馆藏文献信息转让，应当以公开竞争方式进行，严格控制非公开协议方式，可以通过相应公共资源交易平台进行。

第五章 报损和报废

第二十九条 报损是指对丢失等非正常损失的，以及因自然灾害等不可抗力造成毁损、灭失的馆藏文献信息，按有关规定进行产权注销的处置行为。

第三十条　报废是指按有关规定对已不能继续使用的馆藏文献信息进行产权注销的处置行为。

第三十一条　公共图书馆申请馆藏文献信息报损、报废，应提交以下材料：

（一）报损、报废申请文件及馆内决策文件；

（二）拟报损、报废文献信息清单及相关文献信息价值的有效凭证、购买合同等复印件，如无法提供，应按有关规定作出书面说明；

（三）事业单位国有资产处置申请表；

（四）报损需要提交拟报损文献信息盘亏、毁损以及非正常损失的情况说明；因不可抗力因素（自然灾害、意外事故）造成馆藏文献信息毁损的，需要提供相关部门出具的受灾证明、事故处理报告等；馆藏古籍或者涉及国家秘密的文献信息被盗的，需要提供公安机关出具的结案证明；

（五）报废需要提交馆内有关部门、专家出具的鉴定文件及处理意见；

（六）其他相关材料。

第六章　管理与监督

第三十二条　公共图书馆馆藏文献信息处置收入属于国家所有，应当在扣除相关税金、资产评估费等费用后，按照政府非税收入和国库集中收缴管理有关规定及时上缴国库。

处置收入包括转让资产收入、置换差价收入、报损报废残值变价收入等。

第三十三条　公共图书馆应当对馆藏文献信息处置工作进行自查，在年报中对处置情况予以公开。

第三十四条　公共图书馆开展馆藏文献信息处置工作应当接受本级文化和旅游主管部门和同级财政部门的监督检查。

各级文化和旅游主管部门应当建立公共图书馆馆藏文献信息处置事后检查制度，定期或不定期对所属公共图书馆馆藏文献信息处置情况进行监督检查。

第三十五条　相关主管部门及公共图书馆在馆藏文献信息处置过程中不得有下列行为：

（一）未按照规定经集体决策或者履行审批程序；

（二）擅自违规处置或越权对规定限额以上的文献信息进行处置；

（三）对不符合规定的申报处置材料予以审批；

（四）串通作弊、暗箱操作，压价处置文献信息；

（五）在处置过程中弄虚作假，人为造成文献信息损失的；

（六）隐瞒、截留、挤占、挪用文献信息处置收入；

（七）其他造成文献信息损失的行为。

第三十六条　相关主管部门、公共图书馆及其工作人员违反本办法规定的，应当根据《行政事业性国有资产管理条例》等国家有关规定追究法律责任。

第七章　附　　则

第三十七条　本办法自印发之日起施行。

2. 图书选题管理

中共中央办公厅关于严格执行编辑出版党和国家主要领导同志讲话选编和研究著作有关规定的通知

1998年12月28日

最近,有关部门陆续向中央报来要求编辑出版党和国家主要领导同志的讲话选编,编辑出版研究党和国家主要领导同志思想、生平著作的请示。编辑出版这类选编和研究著作,是一项十分严肃的工作,《中共中央批转中央宣传部、中央文献研究室〈关于毛、周、刘、朱和现任中央常委著作的出版、发表及审核办法的请示报告〉的通知》(中发〔1982〕33号)等有关文件对此曾作过明确规定。这些规定仍然有效,必须继续严格执行。为了确保编辑出版党和国家主要领导同志讲话选编、研究他们思想生平的著作的权威性、严肃性,经中央领导同志同意,现重申并提出如下要求:

一、凡已收入中央文件、中办文件和《中办通报》的现任中央政治局常委同志未公开发表过的讲话,需要公开发表的,须由中央办公厅报中央批准。未经批准,任何部门和单位都不得自行发表。

二、公开或内部出版现任中央政治局常委同志的讲话选编、论述摘编、专题文集以及各种摄影画册、音像制品和电子出版物等,统一由中央文献研究室或中央指定的其他单位负责编辑,经中央办公厅报中央批准,其他任何部门、单位和个人不得进行编辑。经批准出版的现任中央政治局常委同志的讲话选编、论述摘编和专题文集,一律由人民出版社和中央文献出版社按既定的分工范围出版,其他出版社不得出版。

三、研究现任中央政治局常委同志思想、生平的专著、文集,一般不出版;特殊情况需要出版的,由出版社按重大选题备案制度向新闻出版署申报;新闻出版署商有关部门提出意见后报中央批准,并指定有关出版社出版。

四、为了使党中央的精神能够及时、准确、系统地传达到各级党组织和全体党员,经中央批准,《中共中央办公厅通讯》将于1999年1月创刊,系统刊载可供内部阅读的中央文件、中办文件和中央政治局常委同志的讲话。

对台出版交流管理暂行规定

1. 1994年6月6日新闻出版署印发
2. 新出外〔1994〕430号

为了积极、稳妥地开展对台出版交流合作,加强对台出版交流的管理,特制定本规定。

第一条 新闻出版署归口管理对台出版交流工作。

第二条 鼓励两岸开展版权贸易和合作出版业务。大陆出版机构应积极推荐优秀大陆图书供台湾出版机构出版发行。在大陆出版台湾图书,办理对台合作出版业务,应当依照新闻出版署“关于对出版台港澳作品和翻印台港澳图书加强管理的通知”(90)新出图字第1505号文件规定,履行报批手续。

第三条 鼓励大陆图书贸易机构向台湾销售优秀图书。进销台湾版图书应由国家批准的专业书刊进口单位按规定承办,其他机构不得擅自进销台湾版图书。

第四条 在大陆举办海峡两岸图书展览、展销及订货会等(包括内部展览),必须依照国家规定办理,并事先报新闻出版署审批。

第五条 台湾出版从业人员在大陆从事合作出版、图书贸易洽谈和组稿等业务活动由省一级出版行政主管部门审批,并抄告同级台办。

第六条 台湾出版发行机构不得在大陆设立办事处、派驻常驻人员。在大陆的台湾企事业机构亦不得在大陆从事出版发行活动。

第七条 与台湾合资办印刷企业,要注重引进高精技术,对大陆印刷业的发展有促进作用的项目,并事先报经新闻出版署批准后,报有关部门审批。

第八条 进行对台出版交流,应当严格遵守国家颁布的“著作权法”及有关规定。所涉版权事宜,按国家版权局“关于认真执行对台、港、澳版权贸易有关规定的通知”(90)权字第3号文办理。

第九条 在大陆举办或赴台参加海峡两岸出版交流活动,需报新闻出版署审批立项,重要项目,由新闻出版署商国务院台办后批准立项。未经批准,不得参加在台湾举办的国际性活动。

第十条 各省、自治区、直辖市所属出版机构人士赴台进行出版交流活动,由省、自治区、直辖市新闻出版局商当地台办后报新闻出版署审核,由新闻出版署报国务院台办审批;中央单位所属的出版机构人士赴台由各业务主管部委对台工作机构报新闻出版署审核,由新闻出版署报国务院台办审批。

第十一条 本规定适用于图书、报纸、期刊、音像制品的对台交流工作。

第十二条 本规定由新闻出版署负责解释。

第十三条 本规定自发布之日起施行。

中宣部、新闻出版署关于出版“文化大革命”图书问题的若干规定

1988年12月10日发布

近来，一些出版社出版了一些专门研究和介绍“文革”历史、事件、人物的图书；一些出版社正在安排这方面的选题；还有些出版社为了片面追求经济效益，以所谓“文革”期间的“轶事”、“秘闻”、“内幕”之类的名目招徕读者，在社会上已经造成了不好的影响。最近，中央领导同志就有关“文革”图书的出版问题指出：根据中央团结一致向前看，历史问题宜粗不宜细的一贯精神及邓小平同志关于当前要加强党的集中统一领导，发挥政治优势的指示，目前争相出版《文革辞典》极易导致翻腾旧帐，引起争论，实无必要。对中央宣传部发过的《通知》置之不理，造成既成事实，迫使中央批准的做法，不能接受。并重申中央过去的规定，指出出版此类书可能引起的反效应，因此，相当时期内根本不考虑出《文革辞典》的申请。

为此，对出版“文化大革命”图书规定如下：

一、有关“文化大革命”的辞典等工具书，今后相当时期内，各出版社均不得安排。已安排了的（包括在印制过程中的），凡未经过中宣部和新闻出版署专门批准的，一律撤销，并将有关情况报告中宣部和新闻出版署。

二、凡属专门研究“文化大革命”的著作及专门叙述“文化大革命”历史的著作，一般不要安排，确有价值的选题，地方出版社要专题报当地省（自治区、直辖市）委宣传部，中央级出版社专题报上级主管部（委），经严格审查同意后，写出书面审查意见，报新闻出版署并中宣部审批。

三、有关“文化大革命”的回忆录、传记、纪实文学作品等，前一段时间已出版了不少，原则上不要再安排。那种捕风捉影、肆意虚构、夸大史实，以林彪、“四人帮”的所谓“野史”、“秘闻”为主要内容的作品，不得再出版。确有一定价值、严肃认真的回忆录，地方出版社专题报当地省（自治区、直辖市）委宣传部，中央级出版社专题报上级主管部（委），经审查同意后，写出书面审查意见，报新闻出版署并中宣部审批同意后方可组织出版。这些回忆录必须事实准确，不得违背中央《关于建国以来党的若干历史问题的决议》精神，不得随意使用中央未正式公开的历史材料，不得随意涉及党和国家领导人个人品德问题。

四、上述准予出版的有关“文化大革命”的图书，目前限由各地人民出版社及有关的中央级社会科学出版社安排出版，其他出版社均不得安排。这些书一律不得以协作出书和代印代发的方式出版。

五、上述图书的发行全部交新华书店，不得交由个体、集体书摊（店）批发。

六、翻译国外的有关“文化大革命”的图书，一律按上述规定执行。

七、凡未经中宣部和新闻出版署批准的目前正在安排、印制有关“文化大革命”图书的出版社，接到本通知后，一律暂停印发这类图书，同时将选题和图书安排情况报中宣部和新闻出版署，听候处理。

八、本规定自文到之日起执行。凡违反上述规定的，将视情节轻重，给予包括没收利润、罚款、追究领导责任等处罚。处罚由各省、自治区、直辖市新闻出版局决定，必要时由新闻出版署决定。

九、过去规定凡有与本规定不符者，按本规定执行。

新闻出版署关于出版党代会、党中央全会和全国人代会文件及学习辅导材料的暂行规定

1991年4月2日发布

有关党的代表大会、党的中央全会和全国人民代表大会文件及其学习辅导材料的出版，关系重大。经请求中宣部同意，为了保证出版质量，特重申过去的有关规定，并补充规定如下：

一、党的代表大会、党的中央全会和全国人民代表大会文件只能由人民出版社出版。各地方人民出版社如需安排出版，可向人民出版社租型。

二、有关党的代表大会、党的中央全会和全国人民代表大会文件的学习辅导材料，按照专业分工的原则，限由人民出版社、中央党校出版社、红旗出版社、中国工人出版社、中国青年出版社、解放军出版社、人民教育出版社、新华出版社、法律出版社和各省、自治区、直辖市人民出版社安排出版；民族文版限由民族出版社出版；外

文版限由外文出版社出版。

三、上述出版社安排出版有关党的代表大会、党的中央全会和全国人民代表大会文件的学习辅导材料，书稿须报经上级主管部门审批，并报新闻出版署备案。涉及重大问题、内容难以把握的，应报告请示中央政策研究室或国务院研究室。

四、上述会议文件的学习辅导材料，只能在会议文件正式发表之后出版发行。凡在会议文件正式公布之前征订出版会议文件学习辅导材料的，严禁泄漏未发表的会议文件内容。

五、按照历来规定，为保证党和国家重要文件出版工作的严肃性，上述公开出版发行的学习辅导材料不得收进会议文件或以摘录形式变相收进会议文件。

六、公开出版发行党的代表大会、党的中央全会和全国人民代表大会文件的学习辅导材料是一项十分严肃的工作，出版社必须慎重对待，要认真审稿，确保图书质量。出版社宣传作者情况不得乱打旗号、盗用名义，违反者将视具体情况，严肃处理。

七、上述公开出版的各种会议文件及有关的学习辅导材料，均限由新华书店发行，不得以协作出版和以代印代发方式出版。

新闻出版署关于不得擅用中央和国家机关名义编书和推销图书的通知

1. 1991年8月21日

2. 新出办字〔1991〕1055号

近来，一些出版单位和中央、国家机关个别工作人员，擅用中央和国家领导机关的名义编书、推销发行图书。这种行为，有损中央和国家领导机关的声誉和形象，在社会上和干部群众中造成了不良影响。为杜绝此类事情的发生，现将有关规定通知如下：

一、由中央和国家机关组织编写的图书，如使用中央和国家机关的署名，应出具有关部委一级领导机关的证明信，出版单位方能受理。这类图书，如作征订广告，必须由出版单位提供部委一级领导机关的证明信。

二、中央和国家机关工作人员，以个人身份、集体身份写书或编书，不得冠以机关称谓。如果确有必要冠以机关称谓，必须出具有关部委一级领导机关的证明信，出版单位方能受理。这类图书的广告宣传，必须由出版单位提供有关部委一级领导机关的证明信。

三、属于个人和集体编写的图书，不得使用或变相使用中央和国家机关的名义署名，也不得以此进行广告宣传和组织发行。

四、各有关出版单位、发行单位，自即日起按上述规定执行。如有违反，将视情节轻重予以警告、通报批评、没收所得利润、罚款、停业整顿等处分。

五、对擅用地方党政机关名义编书和推销图书的问题，适用上述规定。

新闻出版署关于部分古旧小说出版的管理规定

1993年5月20日发布

各省、自治区、直辖市及计划单列市新闻出版局：

为深化出版改革，简政放权，我署于1992年8月下发了《关于调整部分选题管理规定的通知》（新出图〔1992〕1109号），决定对部分选题管理规定进行必要的调整。其中“决定下放古旧小说专题审批权，凡我署核定的出书范围中有文学图书的出版社可按一般选题管理程序安排出版”。并提出“古旧小说中确有文学价值、可供学术研究工作参考，但有较多性描写内容、不适合青少年阅读的，仍需专题报我署审批”的要求。为便于出版社的主管部门及有关的出版社掌握仍需专题报批的古旧小说书目，经与部分专家研究，现将此类图书开列如下：

《一片情》、《浓情秘史》、《艳史》（又名《隋炀帝艳史》、《风流天子传》）、《素娥篇》、《天下第一绝妙奇书》、《绣屏缘》、《梦红楼梦》、《禅真后史》、《野叟曝言》、《风月鉴》、《如意君传》（又名《阃娱情传》）、《玉娇丽》（又名《玉娇李》）、《浪史》（又名《巧姻缘》、《浪史奇观》、《梅梦缘》）、《绣榻野史》、《闲情别传》、《玉妃媚史》、《昭阳趣史》、《宜春香质》、《弁而钗》、《肉蒲团》（又名《觉名禅》、《耶蒲团》、《野叟奇语》、《钟情录》、《循环报》、《巧姻缘》、《巧奇缘》）、《僧尼孽海》、《灯草和尚》（又名《灯花梦》、《和尚缘》、《奇僧传》）、《株林野史》、《载花船》、《钟情艳史》、《巫山艳史》（又名《意中情》）、《恋情人》（又名《迎风趣史》）、《醉春风》（又名《自作孽》）、《梧桐影》、《龙阳逸史》、《十二笑》、《春灯迷史》、《闹花丛》、《桃花艳史》、《妖狐艳史》、《双姻缘》（又名《双缘快史》）、《两肉缘》、《绣戈袍全传》（又名《真倭袍》、《果报录》）、《碧玉楼》、《奇缘记》、《欢喜浪史》、《杏花天》、《桃花影》（又名《牡丹奇缘》)、《金瓶梅词话》(《新刻绣像批评金瓶梅》、《皋鹤堂批评第一奇书金瓶梅》及《金瓶梅》的其它版本)、《春灯闹奇迹》、《巫梦缘》、《催晓梦》、《春情野史》、《欢喜缘》、《痴婆子传》。

中国古代小说源远流长,许多刻本、抄本流散于民间。除以上所列书目外,可能还有此类古旧小说。现对出版此类图书作如下规定:

一、书目所列图书均属有淫秽、色情内容或夹杂淫秽色情内容的图书。出版此类图书,包括其删节本、缩写本、改编本,必须事先专题报我署审批。

二、其它未列入上述书目的有较多性描写内容的,不适合青少年阅读的古小说,也需专题报我署审批。对此,出版社的上级主管部门应认真负责审核把关。

三、经正式批准出版此类图书的,如需要重印或再版,必须事先专题报我署审批。

四、凡违反以上规定的,一律予以行政处罚。

本通知下发前未经我署批准,已安排出版此类图书的出版社,一律将在制、在发的图书停下来,并将书名、内容、印数、发行方式等情况,以书面的形式报告我署,我署审定后再作处理。

各地出版行政管理部门、出版社的上级主管部门要切实负起责任,认真执行上述规定,有何情况和问题及时报告我署。

国家测绘局、新闻出版署、国家教育委员会、外交部关于加强教学地图编制出版管理工作的通知

1994年11月28日

地图出版物不同于其他出版物,它具有很强的技术性、政治性。教学地图是经国家教育委员会审定通过的教材,是学校课堂教育教材的重要组成部分,是对学生进行爱国主义教育、国情教育最直观的教材。同时,教学地图内容的表示、国界线画法、行政区域、国家首都、首府名称的标注等,都反映了国家的政治观点和外交立场。因此,编制出版教学地图,除应严格按照国家教委规定的教学大纲和相应的教材编制外,还应严格执行国家对公开地图编制出版管理的各项规定。

近年来,有些部门和出版单位,只考虑本部门和本单位的经济利益,不考虑对社会可能造成的影响,在不具备教学地图编制出版权限的情况下,擅自编制出版教学地图,致使一些教学地图编制出版质量达不到国家规定的要求,甚至出现严重错误,给国家带来不应有的影响,亦给学生形成错误的概念,影响了教学地图的严肃性。

为保证和维护教学地图的严肃性、权威性,加强教学地图编制出版管理和教学地图市场管理,现对教学地图编制出版工作作以下规定:

一、依据国务院关于地图编制出版管理的行政法规,教学地图其中含地理和历史地图册、地理和历史填充图册、地理和历史教学挂图中的地图部分等,由专门的地图出版社按照新闻出版署批准的地图出版范围编制出版。与乡土教材配套的地图和地图册可以由经国家测绘局批准具有教学地图编制资格、经新闻出版署批准具有教学地图出版范围的出版单位编制出版。未经批准的任何出版社和出版单位,不得编制出版教学地图。

二、为保证教学地图的政治要求和技术质量,凡出版教学地图、地理和历史教科书必须依据国家有关地图审批的规定,将教学地图或地理、历史教科书中地图样图或复制图先报送外交部、国家测绘局审查,再报国家教委中小学教材审定委员会审定(含地图的教科书);乡土教材中的地图和与乡土教材配套的地图、地图册必须将样图或复制图报省、自治区、直辖市测绘局(处)审批,再报省级中小学教材审查委员会审查(含地图的教科书)。未经审查批准的教学地图、乡土教材和与乡土教材配套的地图、地图册,一律不得出版发行。

三、为了保证教学地图的印刷和装订质量,各编制出版单位印刷教学地图所选定的地图印刷厂,应是书刊印刷定点企业,并经考查认定其技术条件(设备和人员等)能满足地图印刷的要求。教学地图印刷照光样张须经编制出版单位审核。

本通知自发布之日起执行。

新闻出版署关于出版反映党和国家主要领导人工作和生活情况的摄影画册的规定

1995年3月2日发布

中央和国家机关各部委,各人民团体,解放军总政治部,各省、自治区、直辖市党委宣传部、新闻出版局:

自1990年以来,中央宣传部和新闻出版署就出版

党和国家领导人著作以及反映他们工作和生活情况的图书，先后颁发了一系列文件规定，其中对出版反映党和国家主要领导人工作和生活情况的摄影画册，也提出了原则要求。从总体看，执行情况比较好，但也存在一些问题。有的画册不按规定报批选题，内容编写不够严肃，照片选择不够得当，没有注册资料来源，装帧印制质量较低。读者对此有意见，社会影响不好。为了切实加强对这类图书的管理，保证质量，经中央办公厅和中央宣传部审核同意，现就出版反映党和国家主要领导人工作和生活情况的摄影画册问题，重申和补充规定如下：

一、重申严格执行《关于对描写党和国家主要领导人的出版物加强管理的规定》（中宣发文〔1990〕5 号、〔90〕新出图字 551 号）、《关于发表和出版有关党和国家主要领导人工作和生活情况作品的补充规定》（中宣发文〔1993〕5 号）。

二、反映党和国家主要领导人工作和生活情况的摄影画册包括：摄影类的影集、活页图片集、挂历、年历画、年画、装饰画、图片等。

三、反映党和国家主要领导人工作和生活情况的摄影画册限由人民出版社、人民美术出版社、中央文献出版社、中央党史出版社、人民美术出版社、长城出版社、上海人民美术出版社、浙江人民美术出版社根据各自的分工安排出版，其他出版社一律不得安排出版。

上述出版社在安排出版这类图书时（其所收照片不论是已经公开发表或未公开发表过的），必须严格执行送审制度。上述中央部委出版社，须将选题和稿件报主管部门审核并提出意见，报送新闻出版署审批；上述地方出版社，须将选题和稿件报省、自治区、直辖市新闻出版局审核并提出意见，再经省、自治区、直辖市党委宣传部同意后，报新闻出版署审批。新闻出版署在审批过程中，必要时可视情况分别转请中央文献研究室、中央党史研究室和军事科学院等部门协助审核。这类图书所采用的摄影照片一律须注明作者和来源。

凡出版反映健在的党和国家主要领导人工作和生活情况的摄影画册，还必须征得本人同意。

四、严禁用党和国家主要领导人的照片作广告或变相作广告。

五、对违反本规定的，将按照中宣发文〔1990〕5 号、〔90〕新出图字 551 号文件第九条规定严肃查处。

新闻出版署关于不得擅自出版政府白皮书的通知

1998 年 9 月 10 日

各省、自治区、直辖市新闻出版局，在京有关出版单位主管部门：

最近一个时期，图书市场上出现了一些所谓的“白皮书”，如经济白皮书《1997—1998 中国经济形势与展望》，1998 中国白皮书《中国面临的紧要问题》，虎年白皮书《跨世纪公民生活读本》等等。这些图书在书名中冠以“白皮书”字样，而其内容并不是政府白皮书，也没有经政府有关部门批准。白皮书是代表政府观点的重要文件，出版有关白皮书的图书是一项十分严肃的工作，为加强对这类图书的管理，特通知如下：

一、未经国家有关部门批准，任何出版单位不得擅自出版政府白皮书，也不得擅自以“白皮书”作为图书书名。

二、对未经国家有关部门批准已出版的、书名中有“白皮书”字样的图书，其出版单位的主管部门要对其加以清理，并停止发行。

三、对冠名“白皮书”的已出版图书，经审核内容无问题的，再版时要更改书名。

新闻出版署关于加强和改进重大选题备案工作的通知

1. 1999 年 3 月 9 日
2. 新出图〔1999〕198 号

各省、自治区、直辖市新闻出版局，新疆生产建设兵团新闻出版局，中央、国务院各部委、各民主党派、群众团体出版社主管部门，解放军总政治部宣传部，在京出版社：

根据《出版管理条例》和《图书、期刊、音像制品、电子出版物重大选题备案办法》的规定，涉及国家安全、社会稳定等方面内容，以及可能对国家政治、经济、文化、军事等产生较大影响的图书，属于重大选题范畴，出版前必须履行备案手续。这是出版工作为全党全国工作大局服务的需要，也是加强宏观管理，促进出版事业繁荣发展的重大举措。一个时期以来，绝大多数出版单位执行重大选题备案规定的情况是好的，但也有少数出版单位法规意识淡漠，未经备案，擅自出版有关党和国家主要领导人的著作和描写其工作生活情况的图书，擅自出版内容涉及有关中国共产党党史、中华人民共和国国史、中国人民解放军军史以及外交、民族、宗教等方面的图书。有些图书由于内容存在问题，在社会上产生了不良影响。

今年是我们党和国家历史上具有特殊意义的一年，在图书出版工作中，做好重大选题的备案工作尤为重要。为进一步加强和改进此项工作，现就有关事项通知如下：

一、严格执行已有的各项管理规定。1997 年，我署根据国务院颁布的《出版管理条例》制定下发了《图书、期刊、音像制品、电子出版物重大选题备案办法》（新出图〔1997〕860 号），对重大选题的范围、备案程序和出版要求等作了明确规定，必须认真贯彻，严格执行。

最近、中央办公厅、国务院办公厅分别下发了《关于严格执行编辑出版党和国家主要领导同志讲话选编和研究著作有关规定的通知》（中办发〔1998〕32 号）和《关于进一步加强对有关出版物管理的通知》（国办发电〔1998〕252 号），对重大选题备案范围、申报程序等，提出了新的要求，并作了重要补充规定，各省、自治区、直辖市新闻出版局和在京出版单位的主管部门，应及时组织所属出版单位认真学习，并在工作中认真贯彻执行。

二、实行重大选题月报制度。为加强对重大选题出版的宏观管理，自 1999 年 4 月起，对这类选题的运作情况实行月报制度。各省、自治区、直辖市新闻出版局、在京出版单位的主管部门，每月 10 日须列表（表格附后）将下一个月拟安排的有关需要备案的选题，报送我署图书出版管理司，并同时抄送中宣部出版局。各省、自治区、直辖市新闻出版局月报内容上报前，须经省委宣传部同意。

月报内容包括：书名、作者、出版单位、规模（字数）属于重大选题备案制度的哪一款、内容简介（150 字）、书稿中需要请有关部门审核的问题及备注说明。月报不能代替正常备案手续，月报中未列入的选题，我署图书出版管理司在重大选题备案过程中将不予受理。

三、实行重大选题备案工作专人负责制度。各省、自治区、直辖市新闻出版局、各有关出版社领导班子中要指定专人负责重大选题备案工作，对本地区、本社安排的重大选题的备案及出版发行情况负责审核把关。为便于联系，各省、自治区、直辖市新闻出版局、在京出版社要将负责这项工作的人员名单，于 1999 年 3 月底前报我署图书出版管理司。我署图书出版管理司和中宣部出版局也将有专人负责此项工作。

四、分级把关，守土有责。做好重大选题备案工作，需要出版单位和管理部门共同努力。各出版社要进一步建立健全自我约束机制。要严格遵守出版法规和宣传纪律，按照专业分工范围出书，自觉履行备案手续。对涉及重大选题内容的图书，从选题安排到书稿内容审核，要严格把关，对政治倾向不好、思想观点存在明显错误、内容平庸或重复的选题和书稿，要坚决予以撤销。要严格按照《图书质量保障体系》有关对图书稿件的三审制度、样书检查制度、出书后的评审制度、图书售前的送审制度、图书广告的审核制度、重版前的审读制度、图书内容随机抽样审读制度等方面的规定，加强对重大选题出版全过程的监管，力争把隐患消除在图书出版或上市之前。

各省、自治区、直辖市出版管理部门和在京出版单位主管部门要进一步加强宏观管理，严格规范重大选题备案工作的运作程序，加大执法力度。对涉及重大选题范畴的图书，不仅要帮助出版单位按规定程序做好审核工作，对书稿内容严格把关，而且要加强总量调控，减少重复出版，提高这类图书的整体质量。

在重大选题备案工作中，各省、自治区、直辖市出版管理部门要及时征求当地党委宣传部的意见。对有关部门在审核书稿过程中提出的修改意见，各省自治区、直辖市出版管理部门和在京出版单位主管部门，要督促出版单位认真落实，修改后的书稿要按备案程序复核。

五、加强对重大选题图书的印刷管理。凡印制属重大选题范畴的图书，印刷厂必须要求出版社出示新闻出版署对选题的批复文。办理异地印刷手续时，出版社所在地的新闻出版局及承印厂所在地的新闻出版局，必须要求出版社出示新闻出版署的批复文。未履行重大选题备案手续的，出版管理部门不得办理异地印制手续，印刷厂不得安排印制。

六、加大执法力度。近期，各省、自治区、直辖市新闻出版局、在京出版单位主管部门，要对所属出版社 1998 年以来重大选题备案情况进行一次认真清理，并根据不同情况，分别提出整改措施。清理情况于 1999 年 4 月底前上报我署图书出版管理司。自本通知发出后，对违规出版的图书，无论内容有无问题，一律先停止出版发行，由我署图书出版管理司向出版单位和其主管部门发出“违规出版通知单”。待查实出版过程问题和审读书稿内容后，进行相应的行政处罚。对连续三次收到“违规出版通知单”或问题严重的出版社，要给予整顿或停业整顿，直至撤销出版资格的处分。今后，对重大选题备案制度的执行情况，将作为出版单位年检的重要考核内容。

七、加强信息交流。为使出版社能够及时、准确了解出版政策，掌握出版动态，我署图书出版管理司将利用《总编辑通讯》向出版社通报有关情况，沟通有关信息。

八、期刊、音像制品和电子出版物重大选题的备案工作参照本通知精神执行。

新闻出版署关于重大选题备案工作补充规定的通知

1. 2001年3月19日
2. 新出图〔2001〕291号

各省、自治区、直辖市新闻出版局，新疆生产建设兵团新闻出版局，中央国家机关各部委、各民主党派、群众团体出版社主管部门，解放军总政治部宣传部，在京出版社：

根据《出版管理条例》（国务院第210号令）第十九条的规定，我署于1997年10月10日制定了《图书、期刊、音像制品、电子出版物重大选题备案办法》（新出图〔1997〕860号）。随后，我署又于1999年3月9日发出《关于加强和改进重大选题备案工作的通知》（新出图〔1999〕198号），对重大选题备案工作提出了新要求，并重申了有关规定。实行重大选题备案工作以来，多数出版单位能够遵守图书重大选题备案制度。但是也出现了一些值得注意的问题，如：有的未履行备案制度，擅自出版属重大选题的图书；有的一边报送备案，一边出版；有的不按规定提前上报《重大选题月报表》；有的出版单位的主管部门对所属出版社上报的重大选题不认真审核，书稿审读意见不具体。为进一步做好图书重大选题备案工作，现重申和补充规定如下：

一、涉及《图书、期刊、音像制品、电子出版物重大选题备案办法》（新出图〔1997〕860号）第三条规定的十五个方面的内容，属重大选题的范围，出版社出版上述内容的图书，必须履行备案手续。

二、各出版单位要严格遵守《出版管理条例》，按照专业分工范围出书，自觉履行备案手续。各省、自治区、直辖市出版管理部门和在京出版单位的主管部门要对所属（辖）出版单位上报的属重大选题范围的选题切实负起责任，要对书稿内容进行审核，写出具体的审核意见，要依照有关规定严格把关。凡思想倾向不好、内容平庸、题材重复和超专业分工范围安排的选题一律撤销。

三、严格执行重大选题月报制度。各省、自治区、直辖市出版管理部门和在京出版单位的主管部门，每月10日前将内容填报完整的“图书重大选题月报表”，报送我署图书出版管理司，同时抄送中宣部出版局。月报不代替正常的备案手续。

四、各出版单位拟安排属于重大选题范围的图书选题，首先向其主管部门申报；再由主管部门向我署提出书面备案申请，同时需报送下列材料：

1. 该选题的书稿。报送的书稿必须是打印稿，要求齐、清、定（书稿上不得有手写改动的文字）。书稿中的引文要注明出处。如有照片，必须是原件，不得是复印件。

2. 书稿作者（译者或主编）的情况介绍。

3. 出版社对该书稿的三审意见，并根据“备案办法”的条款，提出拟请审核的问题（要标明页码）。

4. 出版单位主管部门或省委宣传部门对书稿的具体审核意见。

上述材料（书稿除外）一式二份，随备案申请报告报送我署。以上材料（包括需提前1个月报送的《图书重大选题月报表》）报送不全或不符合上述要求者，我署图书出版管理司将不予受理。

五、对违规出版属重大选题范围的图书，一经发现，无论内容有无问题，一律先停止发行，并由我署图书出版管理司向出版单位及其主管部门发出“违规出版通知单”。待查实问题和审读书稿内容后，进行相应的行政处罚。连续三次收到“违规出版通知单”或问题严重的出版单位，要给予整顿或停业整顿，直至撤销出版资格的处分。

新闻出版总署关于出版我国加入WTO法律文件的通知

1. 2001年12月17日
2. 新出图〔2001〕1646号

各省、自治区、直辖市新闻出版局，解放军总政宣传部新闻出版局，全国各出版社：

为使广大读者准确了解有关我国加入WTO的法律文件，维护法律文件的权威性和严肃性，现就出版有关我国加入 WTO 法律文件事项通知如下：

一、本通知所说的法律文件是指我国加入 WTO 的法律文件。

二、出版上述法律文件，必须以外经贸部组织编译的为准，必须取得外经贸部的授权。

三、出版我国加入 WTO 法律文件中的工作组报告书、议定书，要以《国务院公告》发布的为准。

四、各出版单位不得擅自编译、出版（包括汇编、辑录）有关我国加入 WTO 的法律文件。违反者将由出版行政管理部门依据《出版管理条例》（1997 年 1 月 2 日国务院令第 210 号）第六条、第四十五条予以惩处。

3. 图书书号管理

新闻出版署关于禁止中国标准书号"一号多用"的规定

1994年11月14日发布

各省、自治区、直辖市新闻出版局、总政宣传部、全国各出版社：

近几年来，少数出版社未按照中国标准书号使用的有关规定使用书号，出现了一个书号多次使用，即"一号多用"的问题。特别是今年下半年新闻出版署对各出版社的书号总量进行核定后，有些出版社为了多出书，"一号多用"问题更为突出。"一号多用"主要有二种表现：一是多种图书使用同一个书号，即"一号多书"；二是多卷本的丛套书（含上、中、下册图书）在每分卷册分别定价的情况下，全套书使用一个书号。

"一号多用"不仅违反了书号使用的规定，而且还给图书的出版管理、销售和馆藏造成了混乱。为了加强图书出版的管理，现重申并补充有关中国标准书号的使用规定：

一、对每一种不同形式的图书应分别使用一个ISBN编号。以下情况应单独使用书号：

1. 同一种图书的不同装帧形式（精装、平装等）；
2. 同一种图书的不相同版本（修订版、年度版）；
3. 相同内容的不同开本图书；
4. 相同内容的不同文字类别的图书。

二、多卷本的丛套书（含上、中、下册图书）的ISBN编号应根据定价，即：丛套书的每分卷册分别定价，可分册销售，每分卷册应分别给予ISBN编号，分别统计品种；若丛套书的各分卷册不分别定价，全套书只有一个总定价，不能分册销售，可作为一个品种分配一个ISBN编号。

三、重印或再版没有ISBN编号的库存图书，必须补编ISBN编号。

本《规定》下发之后继续"一号多用"的，一律按违反出版管理规定，给予没收所得利润、罚款、并视情节轻重核减该出版社年度书号总量的处罚。

各出版社的上级主管部门应加强对出版社书号使用的管理，要按上述规定对所辖出版社书号的使用进行认真检查，如有"一号多用"的图书应立即采取措施补编新的ISBN编号，并于1994年12月10日前将情况上报新闻出版署图书管理司。

4. 图书质量管理

图书质量保障体系

1997年6月26日新闻出版署令第8号发布施行

第一章　总　　则

第一条　依据国务院颁布的《出版管理条例》，建立和实施严格、有效、可操作的图书质量保障体系，是实现图书出版从扩大规模数量为主向提高质量效益为主的转变，提高图书出版整体水平，繁荣社会主义出版事业的重要措施。

第二条　建立和实施图书质量保障体系的指导思想：以马克思列宁主义、毛泽东思想和邓小平建设有中国特色社会主义理论为指导，坚持党的基本路线和基本方针，以建立适应社会主义市场经济体制，符合社会主义精神文明建设要求，体现出版工作自身规律的出版体制为目的，坚持为人民服务、为社会主义服务的方向，坚持百花齐放、百家争鸣的方针，坚持精神文明重在建设，繁荣出版重在质量的思想，把能否提高图书质量当作衡量出版工作是否健康发展、检验出版改革成功与否的重要标志。提高认识，强化管理，使出版事业朝着健康、有序、优质、高效的方向发展。

第三条　实施图书质量保障体系的基本原则：图书质量保障体系是一项系统工程，要有严密的组织，需要各出版社、出版社的主管部门、各级出版行政部门以及社会各界的共同参与，形成网络；要有科学、严格、有效的机制，根据图书生产、销售和管理的规律，分部门、分阶段、分层次组织实施，分清任务，明确责任，提高管理和运行水平；要有称职的队伍，各单位要制定计划，对各级、各类的出版从业人员，特别是从事编辑工作和出版行政管理工作人员，进行考核和培训，提高思想、政策、职业道德、专业技术水平。

第四条　加强图书出版法制建设。加强图书出版的法制建设，是图书质量保障体系正常、有效实施的根本保证。国务院颁布的《出版管理条例》是出版行业的重要法规，也是图书质量保障体系依法实施的保证。各级出版行政部门要依据《出版管理条例》，做到依法管理，对违反《出版管理条例》和《图书质量保障体系》的行为，要依据相应的法规和规定，坚决予以查处，以维护社会主义出版法规和规定的权威性和严肃性。各省、自治区、直辖市新闻出版局、出版社主管部门和出版社在认真执行《出版管理条例》和《图书质量保障体系》的同时，还可根据这些法规和规定，制定本地区、本部门和出版社内部的管理规定、制度，提高图书出版管理水平。

第二章　编辑出版责任机制

第一节　前期保障机制

第五条　坚持按专业分工出书制度。按专业分工出书对于发挥出版社的专业人才、资源优势和特点，为本行业、本部门、本地区服务，提高图书质量，形成出版特色，具有重要作用。各出版社必须严格按照新闻出版署核定的出书范围和有关规定执行。

第六条　加强选题策划工作。

（一）图书质量的提高，首先取决于选题的优化，优化的第一步要搞好选题的策划工作。

（二）策划是出版工作的重要环节，出版社的全体编辑人员应认真履行编辑职责，积极参与选题的策划工作。

（三）出版社编辑人员在策划选题时，要注意广泛收集、积累、研究与本社出书范围有关的信息，注意加强与有关学术、科研、教学、创作等部门和专家、学者的联系，倾听他们的意见，提高策划水平。

第七条　坚持选题论证制度。选题质量的优劣，直接影响图书质量，也影响出版社的整体出版水平。出版社要对选题进行多方面的考察，既要从微观上论证选题的可行性，又要从宏观上考虑各类选题的合理结构，为此要注意以下三点：

（一）选题论证应当坚持以马克思列宁主义、毛泽东思想、邓小平同志建设有中国特色社会主义理论为指导，坚持党的基本路线，贯彻“为人民服务、为社会主义服务、为全党全国工作大局服务”和“百花齐放、百家争鸣”的方针，始终以社会效益为最高准则，在此前提下，注意经济效益，力争做到“两个效益”的最佳结合。使选题论证结果符合质量第一的原则，符合控制总量、优化结构、提高质量、增进效益的总体要求。

（二）要加强调研工作，充分运用各方面的信息资源和群体的知识资源，进行深入的调查研究，研究有关的学术、学科发展状况，了解读者的需求，掌握图书市场的供求情况，使选题的确定建立在准确、可靠、科学的基础上。

（三）坚持民主和集中相结合的论证方法。召开选题论证会议，论证时，人人平等，各抒己见，重科学分析，有理有据，力争取得一致意见。在意见不一致的情况下，由社长或总编辑决定。

第二节　中期保障机制

第八条　坚持稿件三审责任制度。审稿是编辑工作的中心环节，是一种从出版专业角度，对书稿进行科学分析判断的理性活动。因此，在选题获得批准后，要做好编前准备工作，加强与作者的联系。稿件交来后，要切实做好初审、复审和终审工作，三个环节缺一不可。三审环节中，任何两个环节的审稿工作不能同时由一人担任。在三审过程中，始终要注意政治性和政策性问题，同时切实检查稿件的科学性、艺术性和知识性问题。

（一）初审，应由具有编辑职称或具备一定条件的助理编辑人员担任（一般为责任编辑），在审读全部稿件的基础上，主要负责从专业的角度对稿件的社会价值和文化学术价值进行审查，把好政治关、知识关、文字关。要写出初审报告，并对稿件提出取舍意见和修改建议。

（二）复审，应由具有正、副编审职称的编辑室主任一级的人员担任。复审应审读全部稿件，并对稿件质量及初审报告提出复审意见，作出总的评价，并解决初审中提出的问题。

（三）终审，应由具有正、副编审职称的社长、总编辑（副社长、副总编辑）或由社长、总编辑指定的具有正、副编审职称的人员担任（非社长、总编辑终审的书稿意见，要经过社长、总编辑审核），根据初、复审意见，主要负责对稿件的内容，包括思想政治倾向、学术质量、社会效果、是否符合党和国家的政策规定等方面做出评价。如果选题涉及国家安全、社会安定等方面内容，属于应当由主管部门转报国务院出版行政部门备案的重大选题、或初审和复审意见不一致的，终审者应通读稿件，在此基础上，对稿件能否采用作出决定。

第九条　坚持责任编辑制度。图书的责任编辑由出版社指定，一般由初审者担任。除负责初审工作外，还要负责稿件的编辑加工整理和付印样的通读工作，使稿件的内容更完善，体例更严谨，材料更准确，语言文字更通达，逻辑更严密，消除一般技术性差错，防止出现原则性错误；并负责对编辑、设计、排版、校对、印刷等出版环节的质量进行监督。为保证图书质量，也可根据稿件情况，适当增加责任编辑人数。

第十条　坚持责任设计编辑制度和设计方案三级审核制度。图书的整体设计，包括图书外部装帧设计和内文版式设计。设计质量是图书整体质量的重要组成部分。提高图书的整体设计质量，是提高图书质量的重要方面。出版社每出一种书，都要指定一名具有相应专业职称的编辑为责任设计编辑，主要负责提出图书的整体设计方案、具体设计或对委托他人设计的方案和设计的成品质量进行把关。图书的整体设计也要严格执行责任设计编辑、编辑室主任、社长或总编辑（副社长或副总编辑）三级审核制度。

第十一条　坚持责任校对制度和“三校一读”制度。

专业校对是出版流程中不可缺少的环节，直接影响图书的质量。出版社应配备足够的具有专业技术职称的专职校对人员，负责专业校对工作。出版社每出一种书，都要指定一名具有专业技术职称的专职校对人员为责任校对，负责校样的文字技术整理工作，监督检查各校次的质量，并负责付印样的通读工作。一般图书的专业校对应不低于三个校次，重点图书、工具书等，应相应增加校次。终校必须由本社有中级以上专业技术职称的专职校对人员担任。聘请的社外校对人员，必须具有相应的专业技术职称和丰富的校对经验。对采用现代排版技术的图书，还要通读付印软片或软片样。

第十二条　坚持印刷质量标准和《委托书》制度。出版社印制图书必须到有“书报刊印刷许可证”的印装厂印制。印装厂承接图书印制业务时，必须查验出版社开具的全国统一的由新闻出版署监制的《委托书》，否则，不得承印。印制时必须严格按照国家技术监督部门和出版行政部门制定的有关书刊印刷标准和书刊印刷产品质量监督管理规定执行。

第十三条　坚持图书书名页使用标准。图书书名页是图书正文之前载有完整书名信息的书页，包括主书名页和附书名页。主书名页应载有完整的书名、著作责任说明、版权说明、图书在版编目数据、版本记录等内容；附书名页应载有多卷书、丛书、翻译书等有关书名信息。图书书名页是图书不可缺少的部分，具有重要信息价值。出版社出版的图书必须严格按照国家的有关标准执行。

第十四条　坚持中国标准书号和图书条码使用标准。中国标准书号是目前国际通用的一种科学合理的图书编码系统。条码技术是国际上通行的一种主要的信息标识技术，图书使用条码技术，有利于图书信息在销售中的广泛、快捷地传播、使用。出版社必须严格按照国家标准和有关规定，正确使用中国标准书号和条码技术。

第三节　后期保障机制

第十五条　坚持图书成批装订前的样书检查制度。印装厂在每种书封面和内文印刷完毕、未成批装订前，必须先装订10本样书,送出版社查验。出版社负责联系印制的业务人员、责任编辑、责任校对及主管社领导,应从总体上对装订样书的质量进行审核,如发现问题,立即通知印装厂,封存待装订的印成品并进行处理;如无问题,要正式具文通知印装厂开始装订。出版社应在接到样书后3日内通知印装厂。印装厂在未接到出版社的通知前,不得擅自将待装订的印成品装订出厂。

第十六条　坚持出书后的评审制度。出版社要成立图书质量评审委员会。评审委员会由具有高级职称的在职或离职的编辑以及社会上的专家学者组成,定期对本社新出版的图书的质量进行认真的审读、评议。出版社根据评议结果,奖优罚劣,并对质量有问题的图书,根据有关规定,进行相应处理。

第十七条　坚持图书征订广告审核制度。出版社法人代表应对本版图书的广告质量负全部责任。出版、发行单位为推销图书印制的征订单和广告,必须事先报出版社审核,经出版社法人指定的部门负责人和责任编辑审核同意并出具书面意见后,才可印制、散发。

第十八条　坚持图书样本缴送制度。出版社每新出一种图书,应在出书后一个月内,按规定分别向新闻出版署、中宣部出版局、中国版本图书馆、北京图书馆缴送样书一册(套)备查。

第十九条　坚持图书重版前审读制度。图书重版有利于扩大图书的社会效益和经济效益,因此,更需要对图书内容质量严格把关。出版社出版的新书首次重版前,必须组织具有高级职称的编辑人员(含具有高级职称的离退休者)对图书内容和质量重新进行审读,写出书面审读意见,由社长或总编辑核定。

第二十条　坚持稿件及图书质量资料归档制度。出版社应将稿件连同图书出版合同、稿件审读意见、稿费通知单、印刷委托书、排印单、样书等一起归档。同时,还必须把图书出版过程中每一环节的质量情况以及读者和学术界对图书质量的意见,书评和各种奖励或处罚情况,采用表格形式记录在案并归档,便于对图书质量整体情况进行分析研究,提高图书出版质量的管理水平。

第二十一条　坚持出版社与作者和读者联系制度。出版社要保持同作者和读者长期、紧密的联系,依靠作者,并在可能的条件下为作者的创作、研究提供必要条件;同时,倾听作者和读者对图书质量的意见,及时改进工作。

第三章　出版管理宏观调控机制

第一节　预 报 机 制

第二十二条　坚持年度选题计划审批和备案制度。各省、自治区、直辖市新闻出版局和出版社的主管部门负有对所辖、所属出版社选题计划的审批责任,必须按有关法规、规定严格把关;同时要送交本省(自治区、直辖市)党委宣传部门备案。经省(自治区、直辖市)新闻出版局和出版社主管部门批准的各出版社的选题计划,必须报新闻出版署备案。新闻出版署可对导向、总量、结构和趋势等问题提出指导性意见,对不符合国家法规、规定的选题进行调整或通知撤销。

第二十三条　坚持重大选题备案制度。对涉及政治、军事、安全、外交、宗教、民族等敏感问题的重大选题和其他需宏观调控的重大选题,必须按照国务院《出版管理条例》和国务院出版行政部门的有关规定履行备案手续。凡列入备案范围内的重大选题,出版社在出版之前,必须报新闻出版署备案,未申报备案或报来后未得到备案答复的,一律不得出版。重大选题备案的一般程序是:先由出版社写出申请报告和对稿件的审读意见(写明没有把握要请示的问题),连同稿件一并报主管部门;主管部门经审读稿件后如认为有出版价值,再正式向新闻出版署申报备案,申报时,应当填写备案登记表并提交下列材料:

(一)备案的报告;

(二)稿件;

(三)出版社的上级主管部门的具体审读意见。

上述备案材料不齐备时,新闻出版署负责备案的部门不予受理。新闻出版署受理备案之后,按照有关规定予以答复。

第二十四条　坚持对全国发排新书目的审核制度。《全国发排新书半月报》是国家出版行政部门及时了解出版信息,掌握出版动态的重要资料。各出版社要按时、认真报送发排新书目,以便于国家出版行政部门审核研究,对倾向性问题,及时发现,及时解决。

第二节　引 导 机 制

第二十五条　坚持出版通气会制度。由中宣部和新闻出版署主持的出版通气会,定期召开,由有关部委、省委宣传部、省(自治区、直辖市)新闻出版局负责同志参加,主要贯彻中央和国务院的新精神,通报出版工作的新情况、新问题,及时对全国的出版工作提出指导意见。

第二十六条　坚持出版法规强化培训制度。针对出版工作中发生的值得注意的新问题,中宣部、新闻出版署召集有关出版社及其党政主管部门的负责人,举办强化培训班,学习出版法规,分析研究问题,制定整改措施。

第二十七条　坚持舆论引导制度。出版行政部门应充分发挥各种新闻传播媒体的宣传引导作用,围绕提高图书质量,通报政策、沟通信息、交流经验、评荐好书、批评坏书。

第二十八条 坚持制定和实施中长期出版规划制度,加强对制定年度选题计划的指导。制订规划的目的是抓导向、抓质量,促进图书出版整体质量的提高,推动出版事业长期、稳定地发展。新闻出版署主要做好国家五年重点图书出版规划、重要门类的选题出版规划以及国家重点出版工程的制定工作。各省、自治区、直辖市新闻出版局和出版社的主管部门也要根据地区、部门的特点和需要,制订好地方和部门出版规划。规划务求精当、突出重点、体现导向。搞好年度选题计划对于提高图书质量十分关键。新闻出版署一般于本年度末对下一年度制定选题计划的指导思想和重点内容提出原则意见。各省、自治区、直辖市新闻出版局和出版社主管部门可结合本地区、本部门实际提出具体实施意见。

第二十九条 坚持出版基金保障制度。在社会主义市场经济条件下,各省、自治区、直辖市新闻出版局和出版社的主管部门以及各出版社要创造条件,面向社会,多渠道筹集资金,建立多层次、多形式的出版基金,发挥经济政策的引导和调控作用,扶持优秀图书的出版。同时要制定科学、可行的基金管理和使用办法。

第三节 约束机制

第三十条 坚持出版社年检登记制度。出版社年检实行"一年一自检,两年一统检",即每年出版社结合总结工作,自我检查;每两年由新闻出版署组织全国出版社统一检查。统一年检是在学习和总结的基础上,先由出版社进行自查,提出改进工作的措施,写出总结报告,经主管部门审核并提出意见后,报新闻出版署核验批准。经新闻出版署批准合格者,可以办理换证登记手续。不合格者,给予暂缓登记处分,停止其出版业务。暂缓登记期自发文之日起六个月。六个月内,经整改仍达不到年检登记基本条件者,取消其出版社登记资格及出版者前缀号。

第三十一条 坚持书号使用总量宏观调控制度。合理控制书号使用总量,有利于优化选题、调整结构、提高质量,保证重点图书、学术著作的出版,也有利于出版资源的合理配置。各省、自治区、直辖市新闻出版局、出版社主管部门和出版社必须严格执行新闻出版署制定的有关对书号使用总量进行宏观调控的规定。

第三十二条 坚持图书跨省印制审批制度。凡跨省印制的图书,由出版社持印制《委托书》到所在地省、自治区、直辖市新闻出版局办理出省印制手续,再到承印厂所在省(自治区、直辖市)新闻出版局办理进省印制手续。《委托书》必须由两省(自治区、直辖市)新闻出版局分别审核批准,否则承印厂不得承接。

第三十三条 坚持图书售前送审制度。加强对批发、零售样书的售前审核,是有效控制图书负面影响的重要手段之一。图书市场管理部门要严格按照有关规定加强对批发、零售样书的售前审核,不论是批发市场还是零售市场(摊点),凡进场(摊点)销售的图书必须报经当地图书市场管理部门审核,未经报审批准,不得批发、零售;擅自批发、进货销售者,应根据有关规定,给予行政处罚。同时,图书市场管理部门,要严格依法办事,提高工作效率。

第四节 监督机制

第三十四条 坚持随机抽样审读制度。各级出版行政部门要有重点、有目的、有针对性地组织有经验、有水平的审读人员,对所辖地区出版社出版的和市场上销售的图书内容进行随机抽样审读,对优秀图书要向读者大力推荐;对有问题的图书要及时处理并向上报告;对倾向性问题要及时向上汇报,向下打招呼。

第三十五条 坚持图书出版定期综合分析制度。各省、自治区、直辖市新闻出版局要对本地区各出版社出版的图书进行跟踪了解,每半年对已出版的图书做一次综合性分析(包括重点书审读情况,出书结构、特点、趋势、问题等),写出书面报告,报新闻出版署。

第三十六条 坚持图书编校、印装质量检查制度。编校、印装质量是图书整体质量的重要组成部分,对图书的社会效益和经济效益产生重要影响。坚持经常性地对图书编校、印装质量进行检查,有利于提高图书的整体质量。各出版社和主管部门要根据国家制定的图书质量管理规定,每年至少分别进行两次图书编校、印装质量检查。新闻出版署也将每年不定期对部分图书进行抽样检查。对不合格的图书或不合格图书的比例超过规定标准的出版社,按有关规定进行处罚。

第三十七条 坚持图书市场的动态监测制度。巩固和完善图书市场动态监测网络,有利于图书市场朝着健康、有序的方向发展,各地图书市场管理部门要密切配合,做到信息准确,反应灵敏,措施有力。

第五节 奖惩机制

第三十八条 坚持优秀图书奖励制度。奖励优秀图书,有利于调动广大出版工作者的积极性,有利于向广大读者推荐优秀图书,从而促进图书质量的提高。各级出版行政部门和出版社，应严格执行中央和国务院有关图书评奖的规定，并认真做好优秀图书评奖工作。特别是中央宣传部精神文明建设“五个一工程”的“一本好书奖”和新闻出版署主办的国家级政府奖“国家图书奖”及中国出版工作者协会组织的“中国图书奖”的评选工作。同时，各省、自治区、直辖市新闻出版局和有关部门也可根据有关规定开展地区和部门内的优秀图书评奖活动，并使之制度化。

第三十九条　坚持优秀编辑出版人员表彰制度。编辑队伍是提高图书质量的主力军。新闻出版署、人事部每五年评选一次“出版系统先进集体、先进工作者(劳动模范)”；中国出版工作者协会每两年评选一次“百佳出版工作者”、每两年评选一次“韬奋奖”。各级出版行政部门要分层次、分门类定期做好编辑出版人员的表彰工作，充分调动编辑出版人员的积极性，鼓励他们不断提高自身的思想和业务水平。

第四十条　坚持优秀和良好出版社表彰制度。在全国出版社年检的基础上，评选出优秀出版社和良好出版社，予以表彰，对鼓励出版社坚持正确出版方向，提高图书质量，办出特色具有重要意义。每次全国统一年检结束后，评选出良好出版社，然后在良好出版社中，评选出优秀出版社。对受到表彰后出现问题的出版社，一经查实，立即取消其荣誉称号。

第四十一条　坚持对违规出版社和责任人的处罚制度。本着依法管理，有法必依，违法必究的原则，对出版违反国家法律、法规和出版行政管理规定的图书的出版社和责任人要严肃处理。各级出版行政部门要切实负起责任，除对违规图书根据定性作出处理外，对出版社则根据所犯错误的性质，依据有关法规和规定作出行政处罚，处罚包括：批评、警告、没收利润、罚款、停止某一编辑室业务、停止某一类图书出版权、全社停业整顿、吊销社号；对因渎职导致出版坏书、出版社被停业整顿或被吊销社号的，出版社有关责任人必须调离出版业务岗位，有关领导者不得再担任出版社领导职务。对构成犯罪的，要依法追究刑事责任。

第六节　责任机制

第四十二条　坚持分级管理责任制度。各级出版行政部门，肩负着党和政府赋予的重要管理职责，应尽职尽责，做好管理工作。一旦出现问题，涉及哪一级，就追究哪一级部门的领导责任。坚决杜绝那种日常管理不负责任，出了问题推卸责任的现象。

第四十三条　坚持主管、主办单位负责制。主管、主办单位对所属出版社负有直接领导责任，必须切实承担起管理的职责。要指定部门，并配备合格的管理人员，既要指导、监督所属出版社自觉按照党和国家的方针、政策，多出好书，同时也要为出版社出好书提供必要的条件。

第四十四条　坚持出版社业务人员持证上岗制度。出版行政部门应根据国家制定的有关出版从业人员(包括出版社负责人、编辑、校对等)资格认定标准和业绩考核办法，定期、分层次、分类别对出版社的业务人员进行资格认定和业绩考核，考核前先培训，合格者，持证上岗；不合格者，要下岗再培训，经再培训考核仍不合格者，调离业务岗位。

第四章　社会监督机制

第四十五条　坚持出版行业协会监督制度。出版行业协会是出版行政部门的有力补充。中国出版工作者协会、中国编辑学会、中国书刊业发行协会、中国印刷技术协会以及其他专业协会和各地相应的团体，都应根据各自的特点建立和完善行规行约，从保护会员合法权益和履行应尽义务的角度，在图书质量保障方面，做好自我约束和调研、咨询、协调、监督工作，形成网络。

第四十六条　坚持社会团体监督制度。各种群众团体、学术组织集中了社会各方面的人才，代表着社会上广大群众的利益，反映各阶层群众的呼声。出版行政部门、出版社主管部门和出版社要紧紧依靠他们，同他们建立固定的联系渠道，主动征求、随时听取他们对提高图书质量的意见、建议，不断改进工作。

第四十七条　坚持读者投诉反馈制度。广大读者既是对图书质量进行社会监督的主要力量，也是出版行政部门搞好宏观调控的社会基础。出版行政部门要充分重视和发挥读者的监督作用，认真对待读者对图书质量问题的投诉，本着实事求是、真诚负责的态度，对质量不合格的图书，要按有关规定坚决处理。出版社有义务解决读者投诉提出的问题并予以回复，使读者满意。

第四十八条　坚持社会舆论监督制度。出版行政部门和出版社对社会各界人士通过各种媒介对图书质量发表的意见要予以高度重视，充分发挥社会舆论的监督作用，对维护良好的出版秩序，依法进行出版行政管理具有重要意义。特别是在社会主义市场经济条件下，有利于抵制部门和地方保护主义对图书质量保障体系的干扰，防止出版行政部门在行使管理职权时，有法不依、滥用职权，甚至执法犯法。

第五章　附　　则

第四十九条　本《体系》由新闻出版署制定并负责解释。

各省、自治区、直辖市新闻出版局、出版社的主管部门和出版社可根据本《体系》的有关原则，制定本地区、本部门和本社的具体实施细则，并报新闻出版署备案。

第五十条　本《体系》自发布之日起生效。

图书质量管理规定

1. 2004年12月24日新闻出版总署令第26号发布
2. 自2005年3月1日起施行

第一条　为建立健全图书质量管理机制，规范图书出版秩序，促进图书出版业的繁荣和发展，保护消费者的合法权益，根据《中华人民共和国产品质量法》和国务院《出版管理条例》，制定本规定。

第二条　本规定适用于依法设立的图书出版单位出版的图书的质量管理。

出版时间超过十年且无再版或者重印的图书，不适用本规定。

第三条　图书质量包括内容、编校、设计、印制四项，分为合格、不合格两个等级。内容、编校、设计、印制四项均合格的图书，其质量属合格。内容、编校、设计、印制四项中有一项不合格的图书，其质量属不合格。

第四条　符合《出版管理条例》第二十六、二十七条规定的图书，其内容质量属合格。

不符合《出版管理条例》第二十六、二十七条规定的图书，其内容质量属不合格。

第五条　差错率不超过万分之一的图书，其编校质量属合格。

差错率超过万分之一的图书，其编校质量属不合格。

图书编校质量差错的判定以国家正式颁布的法律法规、国家标准和相关行业制定的行业标准为依据。图书编校质量差错率的计算按照本规定附件《图书编校质量差错率计算方法》执行。

第六条　图书的整体设计和封面（包括封一、封二、封三、封底、勒口、护封、封套、书脊）、扉页、插图等设计均符合国家有关技术标准和规定，其设计质量属合格。

图书的整体设计和封面（包括封一、封二、封三、封底、勒口、护封、封套、书脊）、扉页、插图等设计中有一项不符合国家有关技术标准和规定的，其设计质量属不合格。

第七条　符合中华人民共和国出版行业标准《印刷产品质量评价和分等导则》（CY/T 2—1999）规定的图书，其印制质量属合格。

不符合中华人民共和国出版行业标准《印刷产品质量评价和分等导则》（CY/T 2—1999）规定的图书，其印制质量属不合格。

第八条　新闻出版总署负责全国图书质量管理工作，依照本规定实施图书质量检查，并向社会及时公布检查结果。

第九条　各省、自治区、直辖市新闻出版行政部门负责本行政区域内的图书质量管理工作，依照本规定实施图书质量检查，并向社会及时公布检查结果。

第十条　图书出版单位的主办单位和主管机关应当履行其主办、主管职能，尽其责任，协助新闻出版行政部门实施图书质量管理，对不合格图书提出处理意见。

第十一条　图书出版单位应当设立图书质量管理机构，制定图书质量管理制度，保证图书质量合格。

第十二条　新闻出版行政部门对图书质量实施的检查包括：图书的正文、封面（包括封一、封二、封三、封底、勒口、护封、封套、书脊）、扉页、版权页、前言（或序）、后记（或跋）、目录、插图及其文字说明等。正文部分的抽查必须内容（或页码）连续且不少于10万字，全书字数不足10万字的必须检查全书。

第十三条　新闻出版行政部门实施图书质量检查，须将审读记录和检查结果书面通知出版单位。出版单位如有异议，可以在接到通知后15日内提出申辩意见，请求复检。对复检结论仍有异议的，可以向上一级新闻出版行政部门请求裁定。

第十四条　对在图书质量检查中被认定为成绩突出的出版单位和个人，新闻出版行政部门给予表扬或者奖励。

第十五条　对图书内容违反《出版管理条例》第二十六、二十七条规定的，根据《出版管理条例》第五十六条实施处罚。

第十六条　对出版编校质量不合格图书的出版单位，由省级以上新闻出版行政部门予以警告，可以根据情节并处3万元以下罚款。

第十七条　经检查属编校质量不合格的图书，差错率在万分之一以上万分之五以下的，出版单位必须自检查结果公布之日起30天内全部收回，改正重印后可以继续发行；差错率在万分之五以上的，出版单位必须自检查结果公布之日起30天内全部收回。

出版单位违反本规定继续发行编校质量不合格图书的，由省级以上新闻出版行政部门按照《中华人民共和国产品质量法》第五十条的规定处理。

第十八条　对于印制质量不合格的图书，出版单位必须及时予以收回、调换。

出版单位违反本规定继续发行印制质量不合格图书的，由省级以上新闻出版行政部门按照《中华人民共和国产品质量法》第五十条的规定处理。

第十九条　一年内造成三种以上图书不合格或者连续两年造成图书不合格的直接责任者，由省、自治区、直辖市新闻出版行政部门注销其出版专业技术人员职业资格，三年之内不得从事出版编辑工作。

第二十条　本规定自2005年3月1日起实施。新闻出版署于1997年3月3日公布的《图书质量管理规定》同时停止执行。

附件：

图书编校质量差错率计算方法

一、图书编校差错率

图书编校差错率，是指一本图书的编校差错数占全书总字数的比率，用万分比表示。实际鉴定时，可以依据抽查结果对全书进行认定。如检查的总字数为10万，检查后发现两个差错，则其差错率为0.2/10000。

二、图书总字数的计算方法

图书总字数的计算方法，一律以该书的版面字数为准，即：总字数＝每行字数×每面行数×总面数。

1. 除环衬等空白面不计字数外，凡连续编排页码的正文、目录、辅文等，不论是否排字，均按一面满版计算字数。分栏排版的图书，各栏之间的空白也计算版面字数。

2. 书眉（或中缝）和单排的页码、边码作为行数或每行字数计入正文，一并计算字数。

3. 索引、附录等字号有变化时，分别按实际版面计算字数。

4. 用小号字排版的脚注文字超过5行不足10行的，该面按正文满版字数加15%计算；超过10行的，该面按注文满版计算字数。对小号字排版的夹注文字，可采用折合行数的方法，比照脚注文字进行计算。

5. 封一、封二、封三、封底、护封、封套、扉页，除空白面不计以外，每面按正文满版字数的50%计算；版权页、书脊、有文字的勒口，各按正文的一面满版计算。

6. 正文中的插图、表格，按正文的版面字数计算；插图占一面的，按正文满版字数的20%计算字数。

7. 以图片为主的图书，有文字说明的版面，按满版字数的50%计算；没有文字说明的版面，按满版字数的20%计算。

8. 乐谱类图书、地图类图书，按满版字数全额计算。

9. 外文图书、少数民族文字图书，拼音图书的拼音部分，以对应字号的中文满版字数加30%计算。

三、图书编校差错的计算方法

1. 文字差错的计算标准

（1）封底、勒口、版权页、正文、目录、出版说明（或凡例）、前言（或序）、后记（或跋）、注释、索引、图表、附录、参考文献等中的一般性错字、别字、多字、漏字、倒字，每处计1个差错。前后颠倒字，可以用一个校对符号改正的，每处计1个差错。书眉（或中缝）中的差错，每处计1个差错；同样性质的差错重复出现，全书按一面差错基数加1倍计算。阿拉伯数字、罗马数字差错，无论几位数，都计1个差错。

（2）同一错字重复出现，每面计1个差错，全书最多计4个差错。每处多、漏2～5个字，计2个差错，5个字以上计4个差错。

（3）封一、扉页上的文字差错，每处计2个差错；相关文字不一致，有一项计1个差错。

（4）知识性、逻辑性、语法性差错，每处计2个差错。

（5）外文、少数民族文字、国际音标，以一个单词为单位，无论其中几处有错，计1个差错。汉语拼音不符合《汉语拼音方案》和《汉语拼音正词法基本规则》（GB/T 16159—1996）规定的，以一个对应的汉字或词组为单位，计1个差错。

（6）字母大小写和正斜体、黑白体误用，不同文种字母混用的（如把英文字母N错为俄文字母И），字母与其他符号混用的（如把汉字的〇错为英文字母O），每处计0.5个差错；同一差错在全书超过3处，计1.5个差错。

（7）简化字、繁体字混用，每处计0.5个差错；同一差错在全书超过3处，计1.5个差错。

（8）工具书的科技条目、科技类教材、学习辅导书和其他科技图书，使用计量单位不符合国家标准《量和单位》（GB 3100－3102—1993）的中文名称的、使用科技术语不符合全国科学技术名词审定委员会公布的规范词的，每处计1个差错；同一差错多次出现，每面只计1个差错，同一错误全书最多计3个差错。

（9）阿拉伯数字与汉语数字用法不符合《出版物上数字用法的规定》（GB/T 15835—1995）的，每处计

0.1个差错。全书最多计1个差错。

2. 标点符号和其他符号差错的计算标准

（1）标点符号的一般错用、漏用、多用，每处计0.1个差错。

（2）小数点误为中圆点，或中圆点误为小数点的，以及冒号误为比号，或比号误为冒号的，每处计0.1个差错。专名线、着重点的错位、多、漏，每处计0.1个差错。

（3）破折号误为一字线、半字线，每处计0.1个差错。标点符号误在行首、行末的，每处计0.1个差错。

（4）外文复合词、外文单词按音节转行，漏排连接号的，每处计0.1个差错；同样差错在每面超过3个，计0.3个差错，全书最多计1个差错。

（5）法定计量单位符号、科学技术各学科中的科学符号、乐谱符号等差错，每处计0.5个差错；同样差错同一面内不重复计算，全书最多计1.5个差错。

（6）图序、表序、公式序等标注差错，每处计0.1个差错；全书超过3处，计1个差错。

3. 格式差错的计算标准

（1）影响文意、不合版式要求的另页、另面、另段、另行、接排、空行，需要空行、空格而未空的，每处计0.1个差错。

（2）字体错、字号错或字体、字号同时错，每处计0.1个差错；同一面内不重复计算，全书最多计1个差错。

（3）同一面上几个同级标题的位置、转行格式不统一且影响理解的，计0.1个差错；需要空格而未空格的，每处计0.1个差错。

（4）阿拉伯数字、外文缩写词转行的，外文单词未按音节转行的，每处计0.1个差错。

（5）图、表的位置错，每处计1个差错。图、表的内容与说明文字不符，每处计2个差错。

（6）书眉单双页位置互错，每处计0.1个差错，全书最多计1个差错。

（7）正文注码与注文注码不符，每处计0.1个差错。

邮电部、新闻出版署关于邮票目录出版问题的通知

1992年1月21日

邮票是寄递邮件的邮资凭证之一，是国家授权邮电部发行的具有法定效力的有价证券。邮票的设计、印制、发行均受到《中华人民共和国邮政法》及其《实施细则》的保护。邮票目录是由邮票图案和有关邮票设计、印制、发行等资料组成的工具书，因此邮票目录中的邮票图案及有关资料，必须由邮电部统一公布。

近几年来，有的出版社未经邮政主管部门批准擅自印制出版邮票目录，且质量粗劣，错误颇多；有的图案甚至用了原大原色。这不仅影响了我国邮票的声誉，而且在广大读者中造成不良的影响。

为了维护我国邮票的严肃性、权威性，特作如下规定：

凡系统介绍中华人民共和国发行的邮票图案及邮电部公布的邮票设计、印制、发行的有关资料的邮票目录（指包括中华人民共和国发行的全部邮票，一个年度的全部邮票或全部普通邮票、全部纪念邮票、全部特种邮票的图案及邮电部公布的邮票设计、印制、发行的有关资料）必须经邮电部审核批准，同时报新闻出版署备案后，由人民邮电出版社出版，并向国内外发行。其他任何单位和个人均不得编印、出版。

请各省、自治区、直辖市邮电管理局和新闻出版局加强监督检查，根据有关规定对违反本通知要求的予以查处。

本通知自发布之日起执行。

新闻出版署关于加强图书审读工作的通知

1994年6月16日

各省、自治区、直辖市新闻出版局，中央各出版社：

近年来，我国图书出版事业发展迅速，目前出版社已达540余家，年出书量达9万多种，出版了一大批为广大读者欢迎的图书，在一定程度上满足了读者和社会的需要。但同时也出现了不少问题，有的出版社甚至出版了社会影响不好的图书。这些图书有的违反党和国家的有关方针、政策，内容有严重问题，有的质量低劣，差错很多。出现这些问题的原因，一个重要的方面是图书审读工作离目前的出版管理工作的要求还有一定的距离。图书的审读工作在出版管理工作中起着十分重要的作用。通过审读，可以了解图书出版的情况、特点和存在的问题，从宏观上积极引导图书出版。通过审读，发现好的典型，予以扶持和表彰；发现问题及时采取措施，避免发展蔓延，形成热点。通过审读，

还可以加强对各方面图书出版情况的了解，便于相互沟通出版信息。尤其是在当前实现出版工作阶段性转移的情况下，加强图书审读工作对保证图书出版优质高效有重要意义。为此，特拟定《关于加强图书审读工作的通知》，对加强图书审读工作提出要求。

一、审读工作的含义和内容。本通知所称图书审读是指政府出版管理部门对出版物的社会效果进行的检查，是对出版物是否符合四项基本原则、党的方针政策，是否符合国家的法律、法规及有关的规章制度，是否符合当今社会道德规范的要求，是否有利于社会主义精神文明和物质文明建设等做出的有一定权威性的评价。这种审读不同于一般出版社编辑人员对书稿编辑加工的审读，它是从宏观的角度，侧重于检查其政治的和政策性的内容可能对社会产生的后果和影响。

由于图书出版管理工作的特点决定了不仅要对已出版图书进行事后的检查，还需要对图书出版选题计划进行审核，从宏观的角度了解、分析即将出版的图书的总量、结构、特点和趋势等。因此，这里所说的图书的审读包括了两个内容：

1. 图书出版选题计划的审核。

图书出版选题计划的审核一般情况下是指年度图书出版选题计划的审核和专题报批的图书出版选题计划的审核。按照有关规定，专题报批的图书出版选题计划除审核选题计划外，还同时审读书稿。

2. 已出版图书的审读。

专项审读，即有针对性的，对可能出现问题或据有关方面反映有问题的图书，组织专门的审读人员进行审读。

日常审读，即对出版的图书进行例行审读，意在发现问题，了解趋势，掌握出版动向。

二、年度图书出版选题计划报告的要求。根据新闻出版署的有关规定，年度图书出版选题计划由出版社于头一年12月上报出版管理部门。各地省一级新闻出版局在汇总当地各出版社选题计划并加审批后，上报新闻出版署。省级新闻出版局在上报年度图书出版选题计划时，应有一份对本地各出版社选题计划的比较全面、综合性的分析报告。包括：总体情况的概要介绍，总量和结构的分析，趋势和存在的问题，与上一年度选题计划和出书情况的比较，需改进并拟采取的措施等。

三、专题报批的图书出版选题计划报告的要求。这类选题应及时上报及时处理。省一级新闻出版局在上报新闻出版署时要有一份详尽的审读报告和明确的处理意见。审读报告包括：所上报选题计划、书稿的情况概要，特点，及存在的问题，处理意见等。

四、图书出版的日常审读报告的要求。各地省级新闻出版局对本地各出版社已发排、即将出版的图书的情况随时进行了解，包括书名、作者等内容，并将其汇总，每半个月一次上报新闻出版署图书管理司和新闻出版署信息中心（即《全国发排新书半月报》）。并在此基础上，每季度对已出版图书（包括图书市场上的外版图书）做一次综合性分析（包括情况、结构、特点、趋势、问题等），上报新闻出版署图书管理司。

第一次综合性分析报告（1994年上半年图书出版情况），请于7月10日前上报新闻出版署图书管理司。第二次10月10日前上报，以此类推，每季度一次。

五、各地选题计划和已出版图书的审读报告上报新闻出版署后，将予汇总，并通过《新闻出版简报》、《总编通讯》等媒介向有关的领导部门汇报，同时向各级出版管理部门、出版社通报，及时交流情况加以引导。

六、各省、自治区、直辖市新闻出版局和中央级出版社的主管部门应高度重视图书的审读工作，充分认识图书审读在出版管理工作中的重要意义，并把这项工作切实纳入日常的图书出版管理轨道；各省级新闻出版局至少要有一位分管图书出版的副局长主抓这项工作；要配备适当的人员组成专门的审读班子（原则上由图书处牵头，条件允许的，可设立专门的审读机构）；为保证图书审读工作的顺利进行，各地新闻出版局要采取必要的措施，切实解决图书审读工作的经费。

七、在北京的中央各部委、群众团体、民主党派等主管的出版社，统一由其主管部门设专人负责、组织实施图书的审读工作，按时报送"发排新书半月报告"、"每季度综合性分析报告"。

八、提高图书质量的关键是出版社的工作。为此必须加强出版社的"三审制"。各出版社必须严格坚持并认真执行图书编辑出版的"三审制"和"终审终校"制度，同时建立并完善必要的审读和有关管理制度，社长和总编辑对图书的质量要切实负起责任。

九、为保证图书审读工作的顺利进行，并不断提高其质量，各级出版管理部门要定期召开图书审读工作会议，以便交流情况，总结经验，改进工作。

十、本《通知》自下达之日起执行。

新闻出版署关于实施《图书和杂志开本及其幅面尺寸》国家标准的通知

2000 年 1 月 3 日

各省、自治区、直辖市新闻出版局、各有关单位：

由全国印刷标准化技术委员会组织修订的《图书和杂志开本及其幅面尺寸》国家标准，经国家质量技术监督局批准发布，其编号和名称为：GB/T 788－1999 图书和杂志开本及其幅面尺寸（代替 GB/T 788－1987）。

该标准自 2000 年 5 月 1 日起实施，所有出版、印刷、发行单位须遵照执行。

5. 图书市场管理

新闻出版署关于归口管理参加国际书展及展销会的通知

1. 1998年12月11日
2. 新闻出版署〔1998〕1432号

《国务院办公厅关于印发国家新闻出版署（国家版权局）职能配置内设机构和人员编制规定的通知》（国办发〔1998〕91号）中，明确规定新闻出版署"负责新闻出版和著作权对外交流与合作的有关工作；管理、协调书报刊和电子出版物的进出口贸易"；"管理、协调书报刊和电子出版物出国（境）、来华（进境）展览、展销和进出口贸易。"为了认真履行规定中的职能，根据确定的管理权限，经商外交部，今后凡组织举办以下展览、展销等活动，须经举办单位上级主管部门同意后，报我署审批。

（一）出国、出境参加国际书报刊、电子出版物展览及展销会；

（二）出国、出境举办华文书报刊、电子出版物展览及展销会；

（三）来华、进境举办书报刊、电子出版物展览、展销会、出版贸易洽谈会等。

本通知自1999年1月1日开始执行，请有关部门和单位积极采取有效措施，保证本通知的贯彻落实。

三、报纸、期刊

资料补充栏

1. 综合规定

报纸出版管理规定

1. 2005年9月30日新闻出版总署令第32号发布
2. 自2005年12月1日起施行

第一章 总 则

第一条 为促进我国报业的发展与繁荣,规范报纸出版活动,加强报纸出版管理,根据国务院《出版管理条例》及相关法律法规,制定本规定。

第二条 在中华人民共和国境内从事报纸出版活动,适用本规定。

报纸由依法设立的报纸出版单位出版。报纸出版单位出版报纸,必须经新闻出版总署批准,持有国内统一连续出版物号,领取《报纸出版许可证》。

本规定所称报纸,是指有固定名称、刊期、开版,以新闻与时事评论为主要内容,每周至少出版一期的散页连续出版物。

本规定所称报纸出版单位,是指依照国家有关规定设立,经新闻出版总署批准并履行登记注册手续的报社。法人出版报纸不设立报社的,其设立的报纸编辑部视为报纸出版单位。

第三条 报纸出版必须坚持马克思列宁主义、毛泽东思想、邓小平理论和"三个代表"重要思想,坚持正确的舆论导向和出版方向,坚持把社会效益放在首位、社会效益和经济效益相统一和贴近实际、贴近群众、贴近生活的原则,为建设中国特色社会主义营造良好氛围,丰富广大人民群众的精神文化生活。

第四条 新闻出版总署负责全国报纸出版活动的监督管理工作,制定并实施全国报纸出版的总量、结构、布局的规划,建立健全报纸出版质量综合评估制度、报纸年度核验制度以及报纸出版退出机制等监督管理制度。

地方各级新闻出版行政部门负责本行政区域内的报纸出版活动的监督管理工作。

第五条 报纸出版单位负责报纸的编辑、出版等报纸出版活动。

报纸出版单位合法的出版活动受法律保护。任何组织和个人不得非法干扰、阻止、破坏报纸的出版。

第六条 新闻出版总署对为我国报业繁荣和发展做出突出贡献的报纸出版单位及个人实施奖励。

第七条 报纸出版行业的社会团体按照其章程,在新闻出版行政部门的指导下,实行自律管理。

第二章 报纸创办与报纸出版单位设立

第八条 创办报纸、设立报纸出版单位,应当具备下列条件:

(一)有确定的、不与已有报纸重复的名称;

(二)有报纸出版单位的名称、章程;

(三)有符合新闻出版总署认定条件的主管、主办单位;

(四)有确定的报纸出版业务范围;

(五)有30万元以上的注册资本;

(六)有适应业务范围需要的组织机构和符合国家规定资格条件的新闻采编专业人员;

(七)有与主办单位在同一行政区域的固定的工作场所;

(八)有符合规定的法定代表人或者主要负责人,该法定代表人或者主要负责人必须是在境内长久居住的中国公民;

(九)法律、行政法规规定的其他条件。

除前款所列条件外,还须符合国家对报纸及报纸出版单位总量、结构、布局的规划。

第九条 中央在京单位创办报纸并设立报纸出版单位,经主管单位同意后,由主办单位报新闻出版总署审批。

中国人民解放军和中国人民武装警察部队系统创办报纸并设立报纸出版单位,由中国人民解放军总政治部宣传部新闻出版局审核同意后报新闻出版总署审批。

其他单位创办报纸并设立报纸出版单位,经主管单位同意后,由主办单位向所在地省、自治区、直辖市新闻出版行政部门提出申请,省、自治区、直辖市新闻出版行政部门审核同意后,报新闻出版总署审批。

第十条 两个以上主办单位合办报纸,须确定一个主要主办单位,并由主要主办单位提出申请。

报纸的主要主办单位应为其主管单位的隶属单位。报纸出版单位和主要主办单位须在同一行政区域。

第十一条 创办报纸、设立报纸出版单位,由报纸出版单位的主办单位提出申请,并提交以下材料:

(一)按要求填写的《报纸出版申请表》;

(二)主办单位、主管单位的有关资质证明材料;

(三)拟任报纸出版单位法定代表人或者主要负责人的简历、身份证明文件及国家有关部门颁发的职业资格证书;

（四）新闻采编人员的职业资格证书；

（五）报纸出版单位办报资金来源及数额的相关证明文件；

（六）报纸出版单位的章程；

（七）工作场所使用证明；

（八）报纸出版可行性论证报告。

第十二条　新闻出版总署自收到创办报纸、设立报纸出版单位申请之日起90日内，作出批准或者不批准的决定，并直接或者由省、自治区、直辖市新闻出版行政部门书面通知主办单位；不批准的，应当说明理由。

第十三条　报纸主办单位应当自收到新闻出版总署批准决定之日起60日内办理注册登记手续：

（一）持批准文件到所在地省、自治区、直辖市新闻出版行政部门领取并填写《报纸出版登记表》，经主管单位审核签章后，报所在地省、自治区、直辖市新闻出版行政部门；

（二）《报纸出版登记表》一式五份，由报纸出版单位、主办单位、主管单位及省、自治区、直辖市新闻出版行政部门各存一份，另一份由省、自治区、直辖市新闻出版行政部门在15日内报送新闻出版总署备案；

（三）省、自治区、直辖市新闻出版行政部门对《报纸出版登记表》审核无误后，在10日内向主办单位发放《报纸出版许可证》，并编入国内统一连续出版物号；

（四）报纸出版单位持《报纸出版许可证》到工商行政管理部门办理登记手续，依法领取营业执照。

第十四条　报纸主办单位自收到新闻出版总署的批准文件之日起60日内未办理注册登记手续，批准文件自行失效，登记机关不再受理登记，报纸主办单位须把有关批准文件缴回新闻出版总署。

报纸出版单位自登记之日起满90日未出版报纸的，由新闻出版总署撤销《报纸出版许可证》，并由原登记的新闻出版行政部门注销登记。

因不可抗力或者其他正当理由发生前款所列情形的，报纸出版单位的主办单位可以向原登记的新闻出版行政部门申请延期。

第十五条　报社应当具备法人条件，经核准登记后，取得法人资格，以其全部法人财产独立承担民事责任。

报纸编辑部不具有法人资格，其民事责任由其主办单位承担。

第十六条　报纸出版单位变更名称、合并或者分立，改变资本结构，出版新的报纸，依照本规定第九条至第十三条的规定办理审批、登记手续。

第十七条　报纸变更名称、主办单位、主管单位、刊期、业务范围，依照本规定第九条至第十三条的规定办理审批、登记手续。

报纸变更刊期，新闻出版总署可以委托省、自治区、直辖市新闻出版行政部门审批。

本规定所称业务范围包括办报宗旨、文种。

第十八条　报纸变更开版，经主办单位审核同意后，由报纸出版单位报所在地省、自治区、直辖市新闻出版行政部门批准。

第十九条　报纸出版单位变更单位地址、法定代表人或者主要负责人、报纸承印单位，经其主办单位审核同意后，由报纸出版单位在15日内向所在地省、自治区、直辖市新闻出版行政部门备案。

第二十条　报纸休刊连续超过10日的，报纸出版单位须向所在地省、自治区、直辖市新闻出版行政部门办理休刊备案手续，说明休刊理由和休刊期限。

报纸休刊时间不得超过180日。报纸休刊超过180日仍不能正常出版的，由新闻出版总署撤销《报纸出版许可证》，并由所在地省、自治区、直辖市新闻出版行政部门注销登记。

第二十一条　报纸出版单位终止出版活动的，经主管单位同意后，由主办单位向所在地省、自治区、直辖市新闻出版行政部门办理注销登记，并由省、自治区、直辖市新闻出版行政部门报新闻出版总署备案。

第二十二条　报纸注销登记，以同一名称设立的报纸出版单位须与报纸同时注销，并到原登记的工商行政管理部门办理注销登记。

注销登记的报纸和报纸出版单位不得再以该名称从事出版、经营活动。

第二十三条　中央报纸出版单位组建报业集团，由新闻出版总署批准；地方报纸出版单位组建报业集团，向所在地省、自治区、直辖市新闻出版行政部门提出申请，经审核同意后，报新闻出版总署批准。

第三章　报纸的出版

第二十四条　报纸出版实行编辑责任制度，保障报纸刊载内容符合国家法律、法规的规定。

第二十五条　报纸不得刊载《出版管理条例》和其他有关法律、法规以及国家规定的禁止内容。

第二十六条　报纸开展新闻报道必须坚持真实、全面、客观、公正的原则，不得刊载虚假、失实报道。

报纸刊载虚假、失实报道，致使公民、法人或者其他组织的合法权益受到侵害的，其出版单位应当公开更正，消除影响，并依法承担相应民事责任。

报纸刊载虚假、失实报道，致使公民、法人或者其他组织的合法权益受到侵害的，当事人有权要求更正或者答辩，报纸应当予以发表；拒绝发表的，当事人可以向人民法院提出诉讼。

报纸因刊载虚假、失实报道而发表的更正或者答辩应自虚假、失实报道发现或者当事人要求之日起，在其最近出版的一期报纸的相同版位上发表。

报纸刊载虚假或者失实报道，损害公共利益的，新闻出版总署或者省、自治区、直辖市新闻出版行政部门可以责令该报纸出版单位更正。

第二十七条 报纸发表或者摘转涉及国家重大政策、民族宗教、外交、军事、保密等内容，应严格遵守有关规定。

报纸转载、摘编互联网上的内容，必须按照有关规定对其内容进行核实，并在刊发的明显位置标明下载文件网址、下载日期等。

第二十八条 报纸发表新闻报道，必须刊载作者的真实姓名。

第二十九条 报纸出版质量须符合国家标准和行业标准。报纸使用语言文字须符合国家有关规定。

第三十条 报纸出版须与《报纸出版许可证》的登记项目相符，变更登记项目须按本规定办理审批或者备案手续。

第三十一条 报纸出版时须在每期固定位置标示以下版本记录：

（一）报纸名称；

（二）报纸出版单位、主办单位、主管单位名称；

（三）国内统一连续出版物号；

（四）总编辑（社长）姓名；

（五）出版日期、总期号、版数、版序；

（六）报纸出版单位地址、电话、邮政编码；

（七）报纸定价（号外须注明“免费赠阅”字样）；

（八）印刷单位名称、地址；

（九）广告经营许可证号；

（十）国家规定的涉及公共利益或者行业标准的其他标识。

第三十二条 一个国内统一连续出版物号只能对应出版一种报纸，不得用同一国内统一连续出版物号出版不同版本的报纸。

出版报纸地方版、少数民族文字版、外文版等不同版本（文种）的报纸，须按创办新报纸办理审批手续。

第三十三条 同一种报纸不得以不同开版出版。

报纸所有版页须作为一个整体出版发行，各版页不得单独发行。

第三十四条 报纸专版、专刊的内容应与报纸的宗旨、业务范围相一致，专版、专刊的刊头字样不得明显于报纸名称。

第三十五条 报纸在正常刊期之外可出版增期。出版增期应按变更刊期办理审批手续。

增期的内容应与报纸的业务范围相一致；增期的开版、文种、发行范围、印数应与主报一致，并随主报发行。

第三十六条 报纸出版单位因重大事件可出版号外；出版号外须在报头注明“号外”字样，号外连续出版不得超过 3 天。

报纸出版单位须在号外出版后 15 日内向所在地省、自治区、直辖市新闻出版行政部门备案，并提交所有号外样报。

第三十七条 报纸出版单位不得出卖、出租、转让本单位名称及所出版报纸的刊号、名称、版面，不得转借、转让、出租和出卖《报纸出版许可证》。

第三十八条 报纸刊登广告须在报纸明显位置注明“广告”字样，不得以新闻形式刊登广告。

报纸出版单位发布广告应依据法律、行政法规查验有关证明文件，核实广告内容，不得刊登有害的、虚假的等违法广告。

报纸的广告经营者限于在合法授权范围内开展广告经营、代理业务，不得参与报纸的采访、编辑等出版活动。

第三十九条 报纸出版单位不得在报纸上刊登任何形式的有偿新闻。

报纸出版单位及其工作人员不得利用新闻报道牟取不正当利益，不得索取、接受采访报道对象及其利害关系人的财物或者其他利益。

第四十条 报纸采编业务和经营业务必须严格分开。

新闻采编业务部门及其工作人员不得从事报纸发行、广告等经营活动；经营部门及其工作人员不得介入新闻采编业务。

第四十一条 报纸出版单位的新闻采编人员从事新闻采访活动，必须持有新闻出版总署统一核发的新闻记者证，并遵守新闻出版总署《新闻记者证管理办法》的有关规定。

第四十二条 报纸出版单位根据新闻采访工作的需要，可以依照新闻出版总署《报社记者站管理办法》设立记者站，开展新闻业务活动。

第四十三条 报纸出版单位不得以不正当竞争行为或者

方式开展经营活动，不得利用权力摊派发行报纸。

第四十四条　报纸出版单位须遵守国家统计法规，依法向新闻出版行政部门报送统计资料。

报纸出版单位应配合国家认定的出版物发行数据调查机构进行报纸发行量数据调查，提供真实的报纸发行数据。

第四十五条　报纸出版单位须按照国家有关规定向国家图书馆、中国版本图书馆和新闻出版总署以及所在地省、自治区、直辖市新闻出版行政部门缴送报纸样本。

第四章　监督管理

第四十六条　报纸出版活动的监督管理实行属地原则。

省、自治区、直辖市新闻出版行政部门依法负责本行政区域报纸和报纸出版单位的登记、年度核验、质量评估、行政处罚等工作，对本行政区域的报纸出版活动进行监督管理。

其他地方新闻出版行政部门依法对本行政区域内报纸出版单位及其报纸出版活动进行监督管理。

第四十七条　报纸出版管理实施报纸出版事后审读制度、报纸出版质量评估制度、报纸出版年度核验制度和报纸出版从业人员资格管理制度。

报纸出版单位应当按照新闻出版总署的规定，将从事报纸出版活动的情况向新闻出版行政部门提出书面报告。

第四十八条　新闻出版总署负责全国报纸审读工作。地方各级新闻出版行政部门负责对本行政区域内出版的报纸进行审读。下级新闻出版行政部门要定期向上一级新闻出版行政部门提交审读报告。

主管单位须对其主管的报纸进行审读，定期向所在地新闻出版行政部门报送审读报告。

报纸出版单位应建立报纸阅评制度，定期写出阅评报告。新闻出版行政部门根据管理工作需要，可以随时调阅、检查报纸出版单位的阅评报告。

第四十九条　新闻出版总署制定报纸出版质量综合评估标准体系，对报纸出版质量进行全面评估。

经报纸出版质量综合评估，报纸出版质量未达到规定标准或者不能维持正常出版活动的，由新闻出版总署撤销《报纸出版许可证》，所在地省、自治区、直辖市新闻出版行政部门注销登记。

第五十条　省、自治区、直辖市新闻出版行政部门负责对本行政区域的报纸出版单位实施年度核验。年度核验内容包括报纸出版单位及其所出版报纸登记项目、出版质量、遵纪守法情况、新闻记者证和记者站管理等。

第五十一条　年度核验按照以下程序进行：

（一）报纸出版单位提出年度自检报告，填写由新闻出版总署统一印制的《报纸出版年度核验表》，经报纸主办单位、主管单位审核盖章后，连同核验之日前连续出版的30期样报，在规定时间内报所在地省、自治区、直辖市新闻出版行政部门；

（二）省、自治区、直辖市新闻出版行政部门对报纸出版单位自检报告、《报纸出版年度核验表》等送检材料审核查验；

（三）经核验符合规定标准的，省、自治区、直辖市新闻出版行政部门在其《报纸出版许可证》上加盖年度核验章；《报纸出版许可证》上加盖年度核验章即为通过年度核验，报纸出版单位可以继续从事报纸出版活动；

（四）省、自治区、直辖市新闻出版行政部门自完成报纸出版年度核验工作后的30日内，向新闻出版总署提交报纸年度核验工作报告。

第五十二条　有下列情形之一的，暂缓年度核验：

（一）正在限期停刊整顿的；

（二）经审核发现有违法情况应予处罚的；

（三）主管单位、主办单位未履行管理责任，导致报纸出版管理混乱的；

（四）存在其他违法嫌疑需要进一步核查的。

暂缓年度核验的期限由省、自治区、直辖市新闻出版行政部门确定，报新闻出版总署备案。缓验期满，按照本规定第五十条、第五十一条重新办理年度核验。

第五十三条　有下列情形之一的，不予通过年度核验：

（一）违法行为被查处后拒不改正或者没有明显整改效果的；

（二）报纸出版质量长期达不到规定标准的；

（三）经营恶化已经资不抵债的；

（四）已经不具备本规定第八条规定条件的。

不予通过年度核验的，由新闻出版总署撤销《报纸出版许可证》，所在地省、自治区、直辖市新闻出版行政部门注销登记。

未通过年度核验的，报纸出版单位自第二年起停止出版该报纸。

第五十四条　《报纸出版许可证》加盖年度核验章后方可继续使用。有关部门在办理报纸出版、印刷、发行等手续时，对未加盖年度核验章的《报纸出版许可证》不予采用。

不按规定参加年度核验的报纸出版单位，经催告仍未参加年度核验的，由新闻出版总署撤销《报纸出版许可证》，所在地省、自治区、直辖市新闻出版行政部门注销登记。

第五十五条　年度核验结果，核验机关可以向社会公布。

第五十六条　报纸出版从业人员，应具备国家规定的新闻出版职业资格条件。

第五十七条　报纸出版单位的社长、总编辑须符合国家规定的任职资格和条件。

报纸出版单位的社长、总编辑须参加新闻出版行政部门组织的岗位培训。

报纸出版单位的新任社长、总编辑须经过岗位培训合格后才能上岗。

第五章　法律责任

第五十八条　报纸出版单位违反本规定的，新闻出版行政部门视其情节轻重，可采取下列行政措施：

（一）下达警示通知书；

（二）通报批评；

（三）责令公开检讨；

（四）责令改正；

（五）责令停止印制、发行报纸；

（六）责令收回报纸；

（七）责成主办单位、主管单位监督报纸出版单位整改。

警示通知书由新闻出版总署制定统一格式，由新闻出版总署或者省、自治区、直辖市新闻出版行政部门下达给违法的报纸出版单位，并抄送违法报纸出版单位的主办单位及其主管单位。

本条所列行政措施可以并用。

第五十九条　未经批准，擅自设立报纸出版单位，或者擅自从事报纸出版业务，假冒报纸出版单位名称或者伪造、假冒报纸名称出版报纸的，依照《出版管理条例》第五十五条处罚。

第六十条　出版含有《出版管理条例》和其他有关法律、法规以及国家规定禁载内容报纸的，依照《出版管理条例》第五十六条处罚。

第六十一条　报纸出版单位违反本规定第三十七条的，依照《出版管理条例》第六十条处罚。

报纸出版单位允许或者默认广告经营者参与报纸的采访、编辑等出版活动，按前款处罚。

第六十二条　报纸出版单位有下列行为之一的，依照《出版管理条例》第六十一条处罚：

（一）报纸出版单位变更名称、合并或者分立，改变资本结构，出版新的报纸，未依照本规定办理审批手续的；

（二）报纸变更名称、主办单位、主管单位、刊期、业务范围、开版，未依照本规定办理审批手续的；

（三）报纸出版单位未依照本规定缴送报纸样本的。

第六十三条　报纸出版单位有下列行为之一的，由新闻出版总署或者省、自治区、直辖市新闻出版行政部门给予警告，并处3万元以下罚款：

（一）报纸出版单位变更单位地址、法定代表人或者主要负责人、承印单位，未按照本规定第十九条报送备案的；

（二）报纸休刊，未按照本规定第二十条报送备案的；

（三）刊载损害公共利益的虚假或者失实报道，拒不执行新闻出版行政部门更正命令的；

（四）在其报纸上发表新闻报道未登载作者真实姓名的；

（五）违反本规定第二十七条发表或者摘转有关文章的；

（六）未按照本规定第三十一条刊登报纸版本记录的；

（七）违反本规定第三十二条，“一号多版”的；

（八）违反本规定第三十三条，出版不同开版的报纸或者部分版页单独发行的；

（九）违反本规定关于出版报纸专版、专刊、增期、号外的规定的；

（十）报纸刊登广告未在明显位置注明“广告”字样，或者以新闻形式刊登广告的；

（十一）刊登有偿新闻或者违反本规定第三十九条其他规定的；

（十二）违反本规定第四十三条，以不正当竞争行为开展经营活动或者利用权力摊派发行的。

第六十四条　报纸出版单位新闻采编人员违反新闻记者证的有关规定，依照新闻出版总署《新闻记者证管理办法》的规定处罚。

第六十五条　报纸出版单位违反报社记者站的有关规定，依照新闻出版总署《报社记者站管理办法》的规定处罚。

第六十六条　对报纸出版单位做出行政处罚，应告知其主办单位和主管单位，可以通过媒体向社会公布。

对报纸出版单位做出行政处罚，新闻出版行政部门可以建议其主办单位或者主管单位对直接责任人和主要负责人予以行政处分或者调离岗位。

第六章　附　　则

第六十七条　以非新闻性内容为主或者出版周期超过一

周，持有国内统一连续出版物号的其他散页连续出版物，也适用本规定。

第六十八条　本规定施行后，新闻出版署《报纸管理暂行规定》同时废止，此前新闻出版行政部门对报纸出版活动的其他规定，凡与本规定不一致的，以本规定为准。

第六十九条　本规定自2005年12月1日起施行。

期刊出版管理规定

1. 2005年9月30日新闻出版总署令第31号公布

2. 根据2017年12月11日国家新闻出版广电总局令第13号《关于废止、修改和宣布失效部分规章、规范性文件的决定》修正

第一章　总　　则

第一条　为了促进我国期刊业的繁荣和发展，规范期刊出版活动，加强期刊出版管理，根据国务院《出版管理条例》及相关法律法规，制定本规定。

第二条　在中华人民共和国境内从事期刊出版活动，适用本规定。

期刊由依法设立的期刊出版单位出版。期刊出版单位出版期刊，必须经新闻出版总署批准，持有国内统一连续出版物号，领取《期刊出版许可证》。

本规定所称期刊又称杂志，是指有固定名称，用卷、期或者年、季、月顺序编号，按照一定周期出版的成册连续出版物。

本规定所称期刊出版单位，是指依照国家有关规定设立，经新闻出版总署批准并履行登记注册手续的期刊社。法人出版期刊不设立期刊社的，其设立的期刊编辑部视为期刊出版单位。

第三条　期刊出版必须坚持马克思列宁主义、毛泽东思想、邓小平理论和“三个代表”重要思想，坚持正确的舆论导向和出版方向，坚持把社会效益放在首位、社会效益和经济效益相统一的原则，传播和积累有益于提高民族素质、经济发展和社会进步的科学技术和文化知识，弘扬中华民族优秀文化，促进国际文化交流，丰富人民群众的精神文化生活。

第四条　期刊发行分公开发行和内部发行。

内部发行的期刊只能在境内按指定范围发行，不得在社会上公开发行、陈列。

第五条　新闻出版总署负责全国期刊出版活动的监督管理工作，制定并实施全国期刊出版的总量、结构、布局的规划，建立健全期刊出版质量评估制度、期刊年度核验制度以及期刊出版退出机制等监督管理制度。

地方各级新闻出版行政部门负责本行政区域内的期刊出版活动的监督管理工作。

第六条　期刊出版单位负责期刊的编辑、出版等期刊出版活动。

期刊出版单位合法的出版活动受法律保护。任何组织和个人不得非法干扰、阻止、破坏期刊的出版。

第七条　新闻出版总署对为我国期刊业繁荣和发展做出突出贡献的期刊出版单位及个人实施奖励。

第八条　期刊出版行业的社会团体按照其章程，在新闻出版行政部门的指导下，实行自律管理。

第二章　期刊创办和期刊出版单位设立

第九条　创办期刊、设立期刊出版单位，应当具备下列条件：

（一）有确定的、不与已有期刊重复的名称；

（二）有期刊出版单位的名称、章程；

（三）有符合新闻出版总署认定条件的主管、主办单位；

（四）有确定的期刊出版业务范围；

（五）有30万元以上的注册资本；

（六）有适应期刊出版活动需要的组织机构和符合国家规定资格条件的编辑专业人员；

（七）有与主办单位在同一行政区域的固定的工作场所；

（八）有确定的法定代表人或者主要负责人，该法定代表人或者主要负责人必须是在境内长久居住的中国公民；

（九）法律、行政法规规定的其他条件。

除前款所列条件外，还须符合国家对期刊及期刊出版单位总量、结构、布局的总体规划。

第十条　中央在京单位创办期刊并设立期刊出版单位，经主管单位审核同意后，由主办单位报新闻出版总署审批。

中国人民解放军和中国人民武装警察部队系统创办期刊并设立期刊出版单位，由中国人民解放军总政治部宣传部新闻出版局审核同意后报新闻出版总署审批。

其他单位创办期刊并设立期刊出版单位，经主管单位审核同意后，由主办单位向所在地省、自治区、直辖市新闻出版行政部门提出申请，省、自治区、直辖市新闻出版行政部门审核同意后，报新闻出版总署审批。

第十一条 两个以上主办单位合办期刊,须确定一个主要主办单位,并由主要主办单位提出申请。

期刊的主要主办单位应为其主管单位的隶属单位。期刊出版单位和主要主办单位须在同一行政区域。

第十二条 创办期刊、设立期刊出版单位,由期刊出版单位的主办单位提出申请,并提交以下材料:

(一)按要求填写的《期刊出版申请表》;

(二)主管单位、主办单位的有关资质证明材料;

(三)拟任出版单位法定代表人或主要负责人简历、身份证明文件及国家有关部门颁发的职业资格证书;

(四)编辑出版人员的职业资格证书;

(五)办刊资金来源、数额及相关的证明文件;

(六)期刊出版单位的章程;

(七)工作场所使用证明;

(八)期刊出版可行性论证报告。

第十三条 新闻出版总署应当自收到创办期刊、设立期刊出版单位的申请之日起90日内,作出批准或者不批准的决定,并直接或者由省、自治区、直辖市新闻出版行政部门书面通知主办单位;不批准的,应当说明理由。

第十四条 期刊主办单位应当自收到新闻出版总署批准决定之日起60日内办理注册登记手续:

(一)持批准文件到所在地省、自治区、直辖市新闻出版行政部门领取《期刊出版登记表》,填写一式五份,经期刊主管单位审核签章后,报所在地省、自治区、直辖市新闻出版行政部门,省、自治区、直辖市新闻出版行政部门应在15日内,将《期刊出版登记表》报送新闻出版总署备案;

(二)公开发行的期刊,可以向ISSN中国国家中心申领国际标准连续出版物号,并向新闻出版总署条码中心申领条型码;

(三)省、自治区、直辖市新闻出版行政部门对《期刊出版登记表》审核无误后,在10日内向主办单位发放《期刊出版许可证》;

(四)期刊出版单位持《期刊出版许可证》到工商行政管理部门办理登记手续,依法领取营业执照。

《期刊出版登记表》由期刊出版单位、主办单位、主管单位及所在地省、自治区、直辖市新闻出版行政部门各留存一份。

第十五条 期刊主办单位自收到新闻出版总署的批准文件之日起60日内未办理注册登记手续,批准文件自行失效,登记机关不再受理登记,期刊主办单位须把有关批准文件缴回新闻出版总署。

期刊出版单位自登记之日起满90日未出版期刊的,由新闻出版总署撤销《期刊出版许可证》,并由原登记的新闻出版行政部门注销登记。

因不可抗力或者其他正当理由发生前款所列情形的,期刊出版单位可以向原登记的新闻出版行政部门申请延期。

第十六条 期刊社应当具备法人条件,经核准登记后,取得法人资格,以其全部法人财产独立承担民事责任。

期刊编辑部不具有法人资格,其民事责任由其主办单位承担。

第十七条 期刊出版单位变更名称、合并或者分立、改变资本结构,出版新的期刊,依照本规定第十条至第十四条的规定办理审批、登记手续。

第十八条 期刊变更名称、主办单位或主管单位、业务范围、刊期的,依照本规定第十条至第十四条的规定办理审批、登记手续。

期刊变更登记地,经主管、主办单位同意后,由期刊出版单位到新登记地省、自治区、直辖市新闻出版行政部门办理登记手续。

期刊变更刊期,新闻出版总署可以委托省、自治区、直辖市新闻出版行政部门审批。

本规定所称期刊业务范围包括办刊宗旨、文种。

第十九条 期刊出版单位变更期刊开本、法定代表人或者主要负责人、在同一登记地内变更地址,经其主办单位审核同意后,由期刊出版单位在15日内向所在地省、自治区、直辖市新闻出版行政部门备案。

第二十条 期刊休刊,期刊出版单位须向所在地省、自治区、直辖市新闻出版行政部门备案并说明休刊理由和期限。

期刊休刊时间不得超过一年。休刊超过一年的,由新闻出版总署撤销《期刊出版许可证》,所在地省、自治区、直辖市新闻出版行政部门注销登记。

第二十一条 期刊出版单位终止期刊出版活动的,经主管单位同意后,由其主办单位向所在地省、自治区、直辖市新闻出版行政部门办理注销登记,并由省、自治区、直辖市新闻出版行政部门报新闻出版总署备案。

第二十二条 期刊注销登记,以同一名称设立的期刊出版单位须与期刊同时注销,并到原登记的工商行政管理部门办理注销登记。

注销登记的期刊和期刊出版单位不得再以该名称从事出版、经营活动。

第二十三条　中央期刊出版单位组建期刊集团，由新闻出版总署批准；地方期刊出版单位组建期刊集团，向所在地省、自治区、直辖市新闻出版行政部门提出申请，经审核同意后，报新闻出版总署批准。

第三章　期刊的出版

第二十四条　期刊出版实行编辑责任制度，保障期刊刊载内容符合国家法律、法规的规定。

第二十五条　期刊不得刊载《出版管理条例》和其他有关法律、法规以及国家规定的禁止内容。

第二十六条　期刊刊载的内容不真实、不公正，致使公民、法人或者其他组织的合法权益受到侵害的，期刊出版单位应当公开更正，消除影响，并依法承担其他民事责任。

期刊刊载的内容不真实、不公正，致使公民、法人或者其他组织的合法权益受到侵害的，当事人有权要求期刊出版单位更正或者答辩，期刊出版单位应当在其最近出版的一期期刊上予以发表；拒绝发表的，当事人可以向人民法院提出诉讼。

期刊刊载的内容不真实、不公正，损害公共利益的，新闻出版总署或者省、自治区、直辖市新闻出版行政部门可以责令该期刊出版单位更正。

第二十七条　期刊刊载涉及国家安全、社会安定等重大选题的内容，须按照重大选题备案管理规定办理备案手续。

第二十八条　公开发行的期刊不得转载、摘编内部发行出版物的内容。

期刊转载、摘编互联网上的内容，必须按照有关规定对其内容进行核实，并在刊发的明显位置标明下载文件网址、下载日期等。

第二十九条　期刊出版单位与境外出版机构开展合作出版项目，须经新闻出版总署批准，具体办法另行规定。

第三十条　期刊出版质量须符合国家标准和行业标准。期刊使用语言文字须符合国家有关规定。

第三十一条　期刊须在封底或版权页上刊载以下版本记录：期刊名称、主管单位、主办单位、出版单位、印刷单位、发行单位、出版日期、总编辑（主编）姓名、发行范围、定价、国内统一连续出版物号、广告经营许可证号等。

领取国际标准连续出版物号的期刊须同时刊印国际标准连续出版物号。

第三十二条　期刊须在封面的明显位置刊载期刊名称和年、月、期、卷等顺序编号，不得以总期号代替年、月、期号。

期刊封面其他文字标识不得明显于刊名。

期刊的外文刊名须是中文刊名的直译。外文期刊封面上必须同时刊印中文刊名；少数民族文种期刊封面上必须同时刊印汉语刊名。

第三十三条　一个国内统一连续出版物号只能对应出版一种期刊，不得用同一国内统一连续出版物号出版不同版本的期刊。

出版不同版本的期刊，须按创办新期刊办理审批手续。

第三十四条　期刊可以在正常刊期之外出版增刊。每种期刊每年可以出版两期增刊。

期刊出版单位出版增刊，应当经其主管单位审核同意后，由主办单位报所在地省、自治区、直辖市新闻出版行政部门备案。备案文件应当说明拟出增刊的出版理由、出版时间、文章编目、期数、页码、印数、印刷单位等；所在地省、自治区、直辖市新闻出版行政部门备案后，发给备案证明文件，配发增刊备案号。

增刊内容必须符合正刊的业务范围，开本和发行范围必须与正刊一致；增刊除刊印本规定第三十一条所列版本纪录外，还须刊印增刊备案号，并在封面刊印正刊名称和注明“增刊”。

第三十五条　期刊合订本须按原期刊出版顺序装订，不得对期刊内容另行编排，并在其封面明显位置标明期刊名称及“合订本”字样。

期刊因内容违法被新闻出版行政部门给予行政处罚的，该期期刊的相关篇目不得收入合订本。

被注销登记的期刊，不得制作合订本。

第三十六条　期刊出版单位不得出卖、出租、转让本单位名称及所出版期刊的刊号、名称、版面，不得转借、转让、出租和出卖《期刊出版许可证》。

第三十七条　期刊出版单位利用其期刊开展广告业务，必须遵守广告法律规定，发布广告须依法查验有关证明文件，核实广告内容，不得刊登有害的、虚假的等违法广告。

期刊的广告经营者限于在合法授权范围内开展广告经营、代理业务，不得参与期刊的采访、编辑等出版活动。

第三十八条　期刊采编业务与经营业务必须严格分开。

禁止以采编报道相威胁，以要求被报道对象做广告、提供赞助、加入理事会等损害被报道对象利益的行为牟取不正当利益。

期刊不得刊登任何形式的有偿新闻。

第三十九条 期刊出版单位的新闻采编人员从事新闻采访活动，必须持有新闻出版总署统一核发的新闻记者证，并遵守新闻出版总署《新闻记者证管理办法》的有关规定。

第四十条 具有新闻采编业务的期刊出版单位在登记地以外的地区设立记者站，参照新闻出版总署《报社记者站管理办法》审批、管理。其他期刊出版单位一律不得设立记者站。

期刊出版单位是否具有新闻采编业务由新闻出版总署认定。

第四十一条 期刊出版单位不得以不正当竞争行为或者方式开展经营活动，不得利用权力摊派发行期刊。

第四十二条 期刊出版单位须遵守国家统计法规，依法向新闻出版行政部门报送统计资料。

期刊出版单位应配合国家认定的出版物发行数据调查机构进行期刊发行数据调查，提供真实的期刊发行数据。

第四十三条 期刊出版单位须在每期期刊出版30日内，分别向新闻出版总署、中国版本图书馆、国家图书馆以及所在地省、自治区、直辖市新闻出版行政部门缴送样刊3本。

第四章 监督管理

第四十四条 期刊出版活动的监督管理实行属地原则。

省、自治区、直辖市新闻出版行政部门依法负责对本行政区域期刊和期刊出版单位的登记、年度核验、质量评估、行政处罚等工作，对本行政区域的期刊出版活动进行监督管理。

其他地方新闻出版行政部门依法对本行政区域内期刊出版单位及其期刊出版活动进行监督管理。

第四十五条 期刊出版管理实施期刊出版事后审读制度、期刊出版质量评估制度、期刊年度核验制度和期刊出版从业人员资格管理制度。

期刊出版单位应当按照新闻出版总署的规定，将从事期刊出版活动的情况向新闻出版行政部门提出书面报告。

第四十六条 新闻出版总署负责全国期刊审读工作。地方各级新闻出版行政部门负责对本行政区域内出版的期刊进行审读。下级新闻出版行政部门要定期向上一级新闻出版行政部门提交审读报告。

主管单位须对其主管的期刊进行审读，定期向所在地新闻出版行政部门报送审读报告。

期刊出版单位应建立期刊阅评制度，定期写出阅评报告。新闻出版行政部门根据管理工作的需要，可以随时调阅、检查期刊出版单位的阅评报告。

第四十七条 新闻出版总署制定期刊出版质量综合评估标准体系，对期刊出版质量进行全面评估。

经期刊出版质量综合评估，期刊出版质量未达到规定标准或者不能维持正常出版活动的，由新闻出版总署撤销《期刊出版许可证》，所在地省、自治区、直辖市新闻出版行政部门注销登记。

第四十八条 省、自治区、直辖市新闻出版行政部门负责对本行政区域的期刊实施年度核验。年度核验内容包括期刊出版单位及其所出版期刊登记项目、出版质量、遵纪守法情况等。

第四十九条 年度核验按照以下程序进行：

（一）期刊出版单位提出年度自检报告，填写由新闻出版总署统一印制的《期刊登记项目年度核验表》，经期刊主办单位、主管单位审核盖章后，连同本年度出版的样刊报省、自治区、直辖市新闻出版行政部门；

（二）省、自治区、直辖市新闻出版行政部门对期刊出版单位自检报告、《期刊登记项目年度核验表》及样刊进行审核查验；

（三）经核验符合规定标准的，省、自治区、直辖市新闻出版行政部门在《期刊出版许可证》上加盖年度核验章；《期刊出版许可证》上加盖年度核验章即为通过年度核验，期刊出版单位可以继续从事期刊出版活动；

（四）省、自治区、直辖市新闻出版行政部门在完成期刊年度核验工作30日内向新闻出版总署提交期刊年度核验工作报告。

第五十条 有下列情形之一的，暂缓年度核验：

（一）正在限期停业整顿的；

（二）经审核发现有违法情况应予处罚的；

（三）主管单位、主办单位未履行管理责任，导致期刊出版管理混乱的；

（四）存在其他违法嫌疑需要进一步核查的。

暂缓年度核验的期限由省、自治区、直辖市新闻出版行政部门确定，报新闻出版总署备案。缓验期满，按本规定第四十八条、第四十九条重新办理年度核验。

第五十一条 期刊有下列情形之一的，不予通过年度核验：

（一）违法行为被查处后拒不改正或者没有明显整改效果的；

（二）期刊出版质量长期达不到规定标准的；

（三）经营恶化已经资不抵债的；

（四）已经不具备本规定第九条规定条件的。

不予通过年度核验的，由新闻出版总署撤销《期刊出版许可证》，所在地省、自治区、直辖市新闻出版行政部门注销登记。

未通过年度核验的，期刊出版单位自第二年起停止出版该期刊。

第五十二条 《期刊出版许可证》加盖年度核验章后方可继续使用。有关部门在办理期刊出版、印刷、发行等手续时，对未加盖年度核验章的《期刊出版许可证》不予采用。

不按规定参加年度核验的期刊出版单位，经催告仍未参加年度核验的，由新闻出版总署撤销《期刊出版许可证》，所在地省、自治区、直辖市新闻出版行政部门注销登记。

第五十三条 年度核验结果，核验机关可以向社会公布。

第五十四条 期刊出版从业人员，应具备国家规定的新闻出版职业资格条件。

第五十五条 期刊出版单位的社长、总编辑须符合国家规定的任职资格和条件。

期刊出版单位的社长、总编辑须参加新闻出版行政部门组织的岗位培训。

期刊出版单位的新任社长、总编辑须经过岗位培训合格后才能上岗。

第五章 法律责任

第五十六条 期刊出版单位违反本规定的，新闻出版行政部门视其情节轻重，可以采取下列行政措施：

（一）下达警示通知书；

（二）通报批评；

（三）责令公开检讨；

（四）责令改正；

（五）责令停止印制、发行期刊；

（六）责令收回期刊；

（七）责成主办单位、主管单位监督期刊出版单位整改。

警示通知书由新闻出版总署制定统一格式，由新闻出版总署或者省、自治区、直辖市新闻出版行政部门下达给违法的期刊出版单位，并抄送违法期刊出版单位的主办单位及其主管单位。

本条所列行政措施可以并用。

第五十七条 未经批准，擅自设立期刊出版单位，或者擅自从事期刊出版业务，假冒期刊出版单位名称或者伪造、假冒期刊名称出版期刊的，依照《出版管理条例》第六十一条处罚。

期刊出版单位未履行备案手续擅自出版增刊、擅自与境外出版机构开展合作出版项目的，按前款处罚。

第五十八条 出版含有《出版管理条例》和其他有关法律、法规以及国家规定禁载内容期刊的，依照《出版管理条例》第六十二条处罚。

第五十九条 期刊出版单位违反本规定第三十六条的，依照《出版管理条例》第六十六条处罚。

期刊出版单位允许或者默认广告经营者参与期刊采访、编辑等出版活动的，按前款处罚。

第六十条 期刊出版单位有下列行为之一的，依照《出版管理条例》第六十七条处罚：

（一）期刊变更名称、主办单位或主管单位、业务范围、刊期，未依照本规定办理审批手续的；

（二）期刊出版单位变更名称、合并或分立、改变资本结构、出版新的期刊，未依照本规定办理审批手续的；

（三）期刊出版单位未将涉及国家安全、社会安定等方面的重大选题备案的；

（四）期刊出版单位未依照本规定缴送样刊的。

第六十一条 期刊出版单位违反本规定第四条第二款的，依照新闻出版总署《出版物市场管理规定》第四十八条处罚。

第六十二条 期刊出版单位有下列行为之一的，由新闻出版总署或者省、自治区、直辖市新闻出版行政部门给予警告，并处3万元以下罚款：

（一）期刊出版单位变更期刊开本、法定代表人或者主要负责人、在同一登记地内变更地址，未按本规定第十九条报送备案的；

（二）期刊休刊未按本规定第二十条报送备案的；

（三）刊载损害公共利益的虚假或者失实报道，拒不执行新闻出版行政部门更正命令的；

（四）公开发行的期刊转载、摘编内部发行出版物内容的；

（五）期刊转载、摘编互联网上的内容，违反本规定第二十八条第二款的；

（六）未按照本规定第三十一条刊载期刊版本记录的；

（七）违反本规定第三十二条关于期刊封面标识的规定的；

（八）违反本规定第三十三条，“一号多刊”的；

（九）出版增刊违反本规定第三十四条第三款的；

（十）违反本规定第三十五条制作期刊合订本的；

（十一）刊登有偿新闻或者违反本规定第三十八

条其他规定的；

（十二）违反本规定第四十一条，以不正当竞争行为开展经营活动或者利用权力摊派发行的。

第六十三条 期刊出版单位新闻采编人员违反新闻记者证的有关规定，依照新闻出版总署《新闻记者证管理办法》的规定处罚。

第六十四条 期刊出版单位违反记者站的有关规定，依照新闻出版总署《报社记者站管理办法》的规定处罚。

第六十五条 对期刊出版单位做出行政处罚，新闻出版行政部门应告知其主办单位和主管单位，可以通过媒体向社会公布。

对期刊出版单位做出行政处罚，新闻出版行政部门可以建议其主办单位或者主管单位对直接责任人和主要负责人予以行政处分或者调离岗位。

第六章 附 则

第六十六条 本规定施行后，新闻出版署《期刊管理暂行规定》和《〈期刊管理暂行规定〉行政处罚实施办法》同时废止，此前新闻出版行政部门对期刊出版活动的其他规定，凡与本规定不一致的，以本规定为准。

第六十七条 本规定自二〇〇五年十二月一日起施行。

报刊刊载虚假失实报道处理办法

1999年7月8日新闻出版署发布执行

为了保证报刊新闻报道内容的真实、准确、公正，维护公民、法人或者其他组织的合法权益，维护报刊的出版秩序，根据《出版管理条例》相关条款，对报刊刊载虚假、失实报道和纪实作品的处理作如下规定：

一、报纸、期刊必须遵守新闻出版法规，刊载新闻报道和纪实作品必须真实、准确、公正。报刊不得刊载虚假、失实的报道和纪实作品。

二、报纸、期刊刊载虚假、失实报道和纪实作品，有关出版单位应当在其出版的报纸、期刊上进行公开更正，消除影响；致使公民、法人或其他组织的合法权益受到侵害的，有关出版单位应当依法承担民事责任。

三、报纸、期刊刊载虚假、失实报道和纪实作品，致使公民、法人或者其他组织的合法权益受到侵害的，当事人有权要求更正或者答辩，有关出版单位应当在其出版的报纸、期刊上予以发表；拒绝发表的，当事人可以向人民法院提起诉讼。

四、报纸、期刊因刊载虚假、失实报道和纪实作品而发表的更正或答辩，必须符合以下要求：

（一）凡公开更正的，应自虚假、失实报道和纪实作品发现之日起，在其最近出版的一期报纸、期刊的同等版位上发表；

（二）凡按当事人要求进行更正或发表答辩的，应自当事人提出要求之日起，在其最近出版的一期报纸、期刊的同等版位上，予以发表。

五、报纸、期刊转载虚假、失实报道和纪实作品，其更正和答辩，按照本办法第四条的规定办理。

六、报纸、期刊刊载虚假、失实报道和纪实作品，造成不良社会影响的，新闻出版署或者所在地省、自治区、直辖市新闻出版局可视情节轻重，对其采取下列行政措施：

（一）下达违规通知单；

（二）通报批评；

（三）责令限期更正或检讨。

七、报纸、期刊刊载虚假、失实报道和纪实作品致使国家和社会公共利益受到损害、造成严重社会影响的，新闻出版署或者所在地省、自治区、直辖市新闻出版局可视情节轻重，给予警告或10000元以下罚款的行政处罚。

八、报纸、期刊刊载虚假、失实报道和纪实作品被采取行政措施或受到行政处罚的，新闻出版署、所在地省、自治区、直辖市新闻出版局还可同时建议其主管部门、主办单位对违规报刊进行整顿，对有关责任人给予相应的行政处分。

九、本办法自发布之日起实施。

2. 报刊选题管理

中央宣传部、广播电影电视部、新闻出版署、中华全国新闻工作者协会关于禁止有偿新闻的若干规定

1997年1月15日

各省、自治区、直辖市党委宣传部、广播电视厅(局)、新闻出版局、记协、中央各主要新闻单位：

《中共中央关于加强社会主义精神文明建设若干重要问题的决议》明确指出："建立健全规章制度，加强队伍的教育和管理。严格禁止有偿新闻、买卖书号、无理索取高额报酬。"为贯彻落实《决议》精神，加强新闻队伍职业道德建设，禁止有偿新闻，维护新闻工作的信誉和新闻队伍的良好形象，树立敬业奉献、清正廉洁的行业新风，根据中宣部、新闻出版署颁布的有关规定，结合新的形势，重申并制定如下规定：

一、新闻单位采集、编辑、发表新闻，不得以任何形式收取费用。新闻工作者不得以任何名义向采访报道对象索要钱物，不得接受采访报道对象以任何名义提供的钱物、有价证券、信用卡等。

二、新闻工作者不得以任何名义向采访报道对象借用、试用车辆、住房、家用电器、通讯工具等物品。

三、新闻工作者参加新闻发布会和企业开业、产品上市以及其他庆典活动，不得索取和接受各种形式的礼金。

四、新闻单位在职记者、编辑不得在其他企事业单位兼职以获取报酬；未经本单位领导批准，不得受聘担任其他新闻单位的兼职记者、特约记者或特约撰稿人。

五、新闻工作者个人不得擅自组团进行采访报道活动。

六、新闻工作者在采访活动中不得提出工作以外个人生活方面的特殊要求，严禁讲排场、比阔气、挥霍公款。

七、新闻工作者不得利用职务之便要求他人为自己办私事，严禁采取"公开曝光"、"编发内参"等方式要挟他人以达到个人目的。

八、新闻报道与广告必须严格区别，新闻报道不得收取任何费用，不得以新闻报道形式为企业或产品做广告。凡收取费用的专版、专刊、专页、专栏、节目等，均属广告，必须有广告标识，与其他非广告信息相区别。

九、新闻报道与赞助必须严格区分，不得利用采访和发表新闻报道拉赞助。新闻单位必须把各种形式的赞助费，或因举办"征文"、"竞赛"、"专题节目"等得到的"协办经费"，纳入本单位财务统一管理，合理使用，定期审计。在得到赞助或协办的栏目、节目中，只可刊播赞助或协办单位的名称，不得以文字、语言、图像等形式宣传赞助或协办单位的形象和产品。

十、新闻报道与经营活动必须严格分开。新闻单位应由专职人员从事广告等经营业务，不得向编采部门下达经营创收任务。记者、编辑不得从事广告和其他经营活动。

各新闻单位要根据上述规定，结合本单位实际，制定实施细则，认真贯彻执行。

要建立健全内部监督制度，发挥纪检、监察部门作用，确保规定落到实处。要接受社会监督，中华全国新闻工作者协会和各新闻单位要分别向社会公布举报电话，确定专人负责，认真受理。对违反上述规定的个人，由新闻单位和主管部门没收其违规收入，并视情节轻重，给予批评教育、通报批评、党纪政纪处分，直至开除，触犯法律的移送司法机关处理。对严重违反规定的单位，由广播电影电视部和新闻出版署给予行政处罚。要选择典型案例公开报道，推动禁止有偿新闻的工作深入持久地进行，务求取得实效。

3. 刊号、刊名管理

新闻出版署关于严格禁止买卖书号、刊号、版号等问题的若干规定

1997 年 1 月 29 日发布

为了认真贯彻党的十四届六中全会精神，加强出版管理，树立行业新风，进一步繁荣出版事业，根据国务院颁布的《出版管理条例》和中宣部、新闻出版署的有关规定，现重申并补充关于禁止买卖书号、刊号、版号的若干规定如下：

一、严格出版单位买卖书号、刊号、版号。凡是以管理费、书号费、刊号费、版号费或其他名义收取费用，出让国家出版行政部门赋予的权力，给外单位或个人提供书号、刊号、版号和办理有关手续，放弃编辑、校对、印刷、复制、发行等任何一个环节的职责，使其以出版单位的名义牟利，均按买卖书号、刊号、版号查处。

二、严格任何单位和个人以任何名义直接或间接地购买书号、刊号、版号，并参与出版、印刷、复制、发行等活动。凡购买书号、刊号、版号从事的出版活动均属非法出版活动，坚决予以取缔。

三、出版工作者在组稿和编辑过程中，不得以任何名义，向供稿单位或个人索取和收受各种费用（如审稿费、编辑费、校对费等），不得索取和收受礼品、礼金或有价证券等。

四、出版工作者不得在出版、印刷、复制、发行等经营活动中索取和收受回扣或提成。

五、严禁出版工作者参与各种非法出版活动。出版工作者不得为不法书商提供证明材料和办理有关手续，以掩盖买卖书号、刊号、版号的非法行为。

六、出版工作者不得利用职务之便在他人作品上署名，以谋取个人名利；不得利用职务之便以他人名义支取稿费、编审费、校对费等费用。

七、出版单位要严格财务管理，严格审计制度，不得在出版、印刷、复制和发行活动中以任何名义搞任何形式的“体外循环”或虚假的“体内循环”。

八、出版单位必须建立、健全严格的书号、刊号、版号的管理制度，指定专人负责书号、刊号、版号的管理。不得将书号、刊号、版号和经济创收指标等承包到编辑部或个人，不得在异地设立编辑机构。

九、出版单位或个人不得以出版个人或企事业单位名录或约稿收费等名义，向供稿单位或个人以任何名义索取任何费用。

十、出版单位印刷、复制出版物必须到有印制许可证的印制厂印制；出版单位不得向没有一级批发权的任何发生单位转让或变相转让总发行权，也不得向非发行单位批发出版物。出版单位的一切印制业务和发行业务，必须严格遵守新闻出版署关于实行印刷委托书、复制委托书、书刊发行委托书的有关规定。

十一、出版单位的年度出版计划及涉及国家安全、社会安定等方面的重大选题，应严格按国家出版行政部门的具体规定，办理备案等手续。出版单位对书稿的初审、复审和终审工作要切实到位、严格把关，对编、排、校、印等环节进行全程监督。

十二、对违反上述规定的单位和个人，由国家出版行政部门，根据国务院颁布的《出版管理条例》和其它有关规定，视其情节轻重，给予行政处罚，触犯法律的，移交司法机关处理。

各出版单位必须严格执行上述规定，要根据本单位的实际情况，制定相应的实施细则或实施办法。各省、自治区、直辖市出版行政部门要向社会公布举报电话，以监督执行本规定。

本规定自发布之日起实行。

4. 报刊质量管理

报纸质量管理标准(试行)

1995年3月20日新闻出版署发布

第一条 为促进我国报纸事业的繁荣和健康发展,进一步完善报纸的行政管理,保证报纸质量,特制定本质量管理标准。

第二条 本质量管理标准适用于编入国内统一刊号的正式报纸。

第三条 报纸出版必须以邓小平同志建设有中国特色的社会主义理论为指导,坚持为社会主义服务、为人民服务的基本方针,坚持四项基本原则和正确的舆论导向,坚持为全党全国工作大局服务的思想,正确宣传中国共产党和国家的方针政策,为社会主义精神文明建设和物质文明建设服务。报纸的各项内容必须符合本报的办报宗旨和专业分工范围;在本报的专业分工范围内开展和从事新闻报道及有关信息的传播活动。

第四条 报纸的出版,必须遵守国家宪法、法律和法规。报社必须严格按照《报纸管理暂行规定》等法规进行报纸的出版及其他有关活动。

第五条 报纸所载内容必须真实、准确;稿件选用要求具有指导性、新闻性、时效性和可读性;版面内容要求信息量大、并能综合运用新闻手段;版面设计要求中心突出、图文并茂、有自己的风格;标题制作要求题文相符、表达准确、文字精炼、生动形象;栏目设置要求特色鲜明;文字校对要求严格、准确,无明显差错。

第六条 报纸的印刷制作要求清晰,无缺笔断划和模糊不清的现象。

第七条 报纸刊登广告必须遵守《中华人民共和国广告法》及其他有关法律、法规。广告内容必须真实、可信,语言文字必须文明、规范,不得违反社会公德和国家利益。

第八条 报纸作为大众传播媒介,要求有一定的社会发行量。各类报纸在出版一定时间后,其发行量应达到与本报专业分工和读者对象范围相适应的水平。

第九条 报纸是一种面向社会和广大读者的传媒,必须在读者中建立起良好的形象和必要的社会信誉。

第十条 新闻出版行政管理部门可依据本质量管理标准对报纸质量进行检查、评定,并根据查评结果,对不符合质量标准的报纸进行整顿提高,对发现违规行为者可依据《报纸管理暂行规定》,给予警告、罚款、停期、停业整顿、撤销登记等处罚。

第十一条 本质量管理标准由新闻出版署组织实施。

第十二条 本质量管理标准由新闻出版署负责解释。

第十三条 本质量管理标准自公布之日起施行。

附:

《报纸质量管理标准》实施细则(试行)

一、为具体实施《报纸质量管理标准》(试行),对报纸质量管理使用抽查出版质量和限定最低发行量的评定方法,以确定报纸质量是否合格。

二、报纸出版质量的评定采取打分制(满分100分)。

1. 办报方针、宗旨、舆论导向即《报纸质量管理标准》(下称《标准》)第三条的质量评定标准(30分)。

报社必须以邓小平同志建设有中国特色的社会主义理论为指导,坚持为社会主义服务、为人民服务的基本方针,坚持四项基本原则和正确的舆论导向,坚持为全党全国工作大局服务的思想。正确宣传中国共产党和国家的方针政策。报纸的新闻报道和所刊载的其他内容,不得背离办报宗旨和超越本报的专业分工范围,不得刊载国家规定的禁载内容。

报纸未达到以上要求时,按程度不同,酌情减去30分以下分数,质量问题严重的,可以全部减去30分,或按《报纸管理暂行规定》处理。

2. 报纸依法出版情况的质量评定标准(20分)。

报纸的各项出版活动必须遵守国家宪法、法律和有关规定,严格执行《报纸管理暂行规定》等报纸管理方面的行政法规及有关规章制度。报纸的出版、印刷、发行、登记项目的变更、经营及各项有关活动,都必须符合行政管理方面的审批登记程序。

对执行新闻出版管理法规和遵守其他法律、法规方面不能达到质量标准要求的,按程度不同,酌情减去20分以下分数,一般性违规一次减5分,严重违法、违规的,可以全部减去20分,或按《报纸管理暂行规定》处理。

3. 报纸版面的综合质量评定标准(30分)。

(1)报纸所载内容必须真实、准确,对一般的失实内容,一次减去5分;对重要新闻报道和其他重要内容的失实,可全部减去30分。

(2)报纸稿件的选用要求具有指导性、新闻性、时效性、可读性、格调高雅、文章生动。达不到标准的,酌情减去5分以下质量分数。

(3)报纸版面容量标准,要求信息量大,内容丰富,充分利用各种新闻体裁和新闻手段。消息、图片、文章条数,对开报纸要求每版平均不应少于7篇(专、副刊除外),一版不应少于10篇;四开报纸要求每版平均不应少于5篇(专、副刊除外),一版不应少于7篇。同时要求每期报纸一般都应有消息、评论、通讯、图片,达不到标准的,酌情减去5分以下质量分数。

(4)报纸文章标题要求题文相符,表达准确,文字精练,生动形象。达不到标准的,酌情减去5分以下质量分数。

(5)报纸栏目设置要求合理、特色鲜明、丰富多彩,符合办报宗旨和专业分工范围。达不到标准的,酌情减去5分以下质量分数。

(6)报纸文字校对要求严格准确,无明显差错。每期报纸文字差错率不得高于万分之三,达不到标准的,酌情减去5分以下质量分数。

(7)报纸印刷质量要求字体清晰、墨色均匀、套色准确、无缺笔断划、模糊不清的现象。达不到标准的,酌情减去5分以下质量分数。

4. 报纸广告的质量评定标准(10分)。

报社经营广告业务,必须遵守《中华人民共和国广告法》及其他有关法律法规。报纸刊登任何形式的广告,均应用明显的广告形式刊出或在报纸明显位置注明"广告"字样,严禁刊登"有偿新闻",以新闻形式刊登广告,收取费用。报纸刊登广告内容必须真实、可信,语言文字必须文明、规范,不得刊登虚假广告,不得违反社会公德或损害国家利益。报纸广告设计应美观、健康。达不到标准的,酌情减去10分以下质量分数。

5. 报纸的社会信誉质量评定标准(10分)。

作为一种社会传播媒体,报纸应在读者中建立良好的整体形象和必要的社会信誉。报社必须满足读者和客户的正当要求,应具有良好的遵纪守法表现及记录。

对报纸的社会形象和信誉的综合质量标准,结合新闻出版行政管理部门的报纸审读、日常管理和社会综合反映(读者来信、社会调查)等手段给予评定。

对不符合社会信誉综合标准的,酌情减去10分以下质量分数。

三、报纸发行的质量评定。

报纸作为一种大众传播媒介,其发行量应达到与本报专业分工和读者对象范围相适应的水平。报纸的期发行量作为重要的质量标准,不规定打分标准,只规定最低发行量。并且采取最低期发量"质量一票否决"的方式。

各级各类报纸在出版两年后,其最低期发行量标准应达到:

(1)省级党委机关报10万份;地(市)级党委机关报3万份;县(市)级党委机关报1万份。

(2)中央、国务院各部委的机关报、专业报3万份。

(3)省级及省级以下专业、行业报2万份。

(4)晚报5万份。

(5)社会群体对象报纸:中央报纸5万份;地方报纸3万份。

(6)各类企业报纸1万份。

(7)各种生活服务类报纸5万份。

(8)各类文摘报纸5万份。

"发行量"指报纸的实际征订、零售数量,不包括赠送、交换的报纸数量。对未达到最低发行量的报纸,均判定为质量不合格报纸,应限期观察,或劝其停办。

解放军系统、外宣类报纸,少数民族地区、少数民族文字的报纸,以及一些特殊专业的报纸,执行此项标准时,可适当放宽。

四、报纸质量管理标准的评定,与新闻出版行政管理部门对报纸的年检工作结合进行。对存在质量问题的报纸,新闻出版行政管理部门可不予通过年检;对质量标准达不到60分的,即视为不合格的报纸,该报已经不具备办报条件,应予以停办并撤销登记。

五、报纸质量管理标准的评定,中央单位的报纸由新闻出版署和报纸所在地省级新闻出版局共同依据报纸的全年期数按比例抽检评定;地方单位的报纸,由报纸所在地省级新闻出版局依据报纸的全年期数按比例抽检评定。

六、本细则由新闻出版署负责解释。

七、本细则自公布之日起施行。

社会科学期刊质量管理标准(试行)

1995年6月13日新闻出版署发布

第一章 总 则

第一条 为促进我国期刊事业的健康、繁荣发展,进一步完善期刊的行政管理体系,保证社会科学期刊的质量,特制定本质量管理标准。

第二条 本质量管理标准适用于编入国内统一刊号的社会科学类正式期刊。

第三条 社会科学期刊出版必须以马克思列宁主义、毛泽东思想和建设有中国特色社会主义理论和党的基本路线为指导，坚持为人民服务、为社会主义服务的方向，贯彻"双百"方针，弘扬社会主义时代主旋律，以科学的理论武装人，以正确的舆论引导人，以高尚的精神塑造人，以优秀的作品鼓舞人，正确宣传中国共产党和国家的方针政策。

第四条 社会科学期刊所载内容必须遵守宪法和法律，不得违反宪法确定的基本原则，必须按照《期刊管理暂行规定》等法规进行期刊的出版及其他有关活动。

第五条 社会科学期刊在出版过程中，内容必须符合本刊的办刊宗旨和专业分工范围，在本刊专业分工范围内进行出版活动。

第二章 业务标准

第六条 社会科学期刊所载内容必须真实、准确、及时，稿件选用应积极传播和积累一切有益于经济发展和社会进步的科学技术和文化知识，丰富人民的精神生活，有益于弘扬民族文化，促进国际文化交流。

（一）学术理论类期刊：能反映国内学术水平，论点明确、论据充分，并具有创新性、探索性和较高学术价值。

（二）工作指导类期刊：选题应面向本行业、本系统，信息传递及时，提出的观点针对性强，有很强的指导性。

（三）时事政治类期刊：必须正确宣传中国共产党和我国政府的方针、政策，报道内容要真实、准确、及时，注重宣传实效，融思想性、知识性、可读性于一体。

（四）文学艺术类期刊：应积极弘扬主旋律，做到题材多样化，反映时代精神，继承、弘扬民族优秀文化，汲取、借鉴世界优秀文化，格调健康，品位高雅，有较高的艺术水平，能多方面地满足人民的审美需要。

（五）综合文化生活类期刊：内容应健康向上，思想性强，知识面广，具有较强的科学性和可读性，作品题材新颖，富有独创性，报道真实、准确，正确引导人民的人生观及道德观。

（六）教学辅导类期刊：所用文章应科学精炼，正确无误，适合刊物读者对象，具有针对性、教育性、实用性，有助于学习、掌握科学文化知识，开拓视野，培养创造能力。

（七）信息文摘类期刊：选登的信息应真实，时效性强，信息量大，有利于社会的发展，有利于传播和积累科学文化知识。

第七条 社会科学期刊的编辑加工，应遵守国家颁布的有关标准及出版、印刷等有关规定；版式设计疏密得当，图文协调，主题突出，转接页少；封面、插图、图片设计新颖、大方、健康，具有艺术美感，与办刊宗旨和刊物内容相一致；版本记录项目齐全；文字没有繁简混用情况。

第八条 社会科学期刊印成品应字体清晰，墨迹浓淡适宜、不浸不透，图幅清洁，线条规范，无倒转，照片层次分明，反差适度；装帧整齐、坚固、美观，无夹、缺、损、折、联、白页等；按期出版，无拖期现象。

第三章 质量管理

第九条 新闻出版行政管理部门可依据本质量管理标准对社会科学期刊进行检查、评定和分级，并根据查评结果，对不符合质量标准的社会科学期刊，限期改正，情节严重的给予撤销登记的处罚。

第十条 各地新闻出版行政管理部门可根据本标准，结合本地实际情况，制定具体实施办法，给予撤销登记处罚的应按《期刊管理暂行规定》第三十七条规定的程序进行核准。

第四章 附则

第十一条 本质量标准由新闻出版署组织施行。

第十二条 本质量标准由新闻出版署负责解释。

第十三条 本质量标准自发布之日起施行。

新闻出版署关于规范涉外版权合作期刊封面标识的通知

1. 2000年4月10日

2. 新出报刊〔2000〕430号

各省、自治区、直辖市新闻出版局，总政宣传部新闻出版局，中央国家机关期刊管理部门：

1999年，新闻出版署相继颁发了《关于严格期刊刊号管理问题的通知》（新出报刊〔1999〕1114号）、《关于规范期刊刊名标识的通知》（新出报刊〔1999〕1115号）、《关于进一步加强期刊刊期变更审批管理的通知》（新出期刊〔1999〕1189号）等规范性文件，对加强期刊出版管理特别是规范期刊标识发挥了积极作用。但是，在涉外版权合作期刊的封面标识问题上，目前还存在混乱现象。为进一步规范涉外版权合作期刊的封面标识，现通知如下：

一、本通知所称的涉外版权合作，是指经新闻出版管理部门审核批准的正式期刊，在不改变期刊名称、国刊宗旨和主办单位的情况下，通过与境外出版单位或其他机构签订合同，由境外出版单位或其他机构定期向我提供其享有版权的作品的合作行为。涉外版权合作期刊，不是我方与境外出版单位或其他机构共同合作办刊。

二、期刊社与境外出版单位或其他机构进行版权合作必须经新闻出版署批准，并且应严格贯彻执行新出报刊〔1999〕1145 号关于"未经新闻出版署批准，不得以中文或外文将与其进行版权贸易的境外出版单位或其他机构的名称在期刊封面上刊出"的规定。

三、经新闻出版署批准的与境外出版单位或其他机构版权合作的期刊，可以"本刊与××（国家）××杂志或出版机构进行版权合作"字样在期刊封面上刊出。其中"××杂志或出版机构"可用英文或其他外文，但字号必须明显小于中文期刊名称。

四、未经新闻出版署批准已与境外出版单位或其他机构进行版权合作的期刊，应按新办期刊程序向新闻出版署重新办理申请手续，同时提供原审批机关的批件和与境外出版单位或其他机构签订的版权合同（复印件）。

五、未经新闻出版署批准，又不能提供原审批机关批件，视为擅自与境外出版单位或其他机构进行版权合作，应立即停止。如继续违规出版，将根据情节给予警告、罚款的行政处罚。

各地、各部门接到本通知后，请立即传达到各有关期刊社（编辑部）。

新闻出版署关于严格执行期刊"三审制"和"三校一读"制度保证出版质量的通知

1. *2001 年 2 月 22 日*
2. *新出报刊〔2001〕142 号*

各省、自治区、直辖市新闻出版局，中央国家机关期刊管理部门，解放军总政治部宣传部新闻出版局：

近年来，由于一些期刊社内部管理制度不严，人员业务素质不高，直接影响了期刊出版质量。特别是近一时期，有的期刊社不认真执行出版工作的"三审制度"和校对制度，致使刊物错字、漏字的情况时有发生，甚至出现严重政治性差错。为了尽快纠正目前期刊审稿和编校工作中的不良倾向，严格执行期刊管理质量标准，保证期刊出版质量，现就加强期刊编校工作和严格执行稿件审核制度等方面的有关事项通知如下：

一、各类期刊的出版必须坚持质量第一的指导思想，强化"严格管理、重在质量"的办刊意识，努力保证期刊的出版质量达到国家规定的标准和要求。

二、期刊出版单位应建立健全编辑机构和内部管理制度，进一步完善和规范稿件的编发审核制度，严格执行稿件"三审制度"，切实做好稿件的初审、复审和终审工作。对稿件编排的各个技术环节，都要规范操作，杜绝事故隐患。

三、期刊出版单位必须严格执行责任校对制度和"三校一读"制度，对全部稿件都要有专职校对人员负责进行校对。校对人员需对校对质量负责。期刊稿件的校对应不低于三个校次，重要的文章或内容应增加校次。每期刊物的终对校工作必须由本刊社（编辑部）具有中级以上职称的校对人员担任。已经采用现代排版技术的期刊出版单位，必须由专职校对人员通读复印软片或软片样。

四、期刊出版应坚持责任编辑制度。责任编辑需进行稿件的初审、编辑和付印样的通读等工作。责编人员对稿件的内容、体例、语言、文字进行编辑加工，防止和消除各种技术性差错或原则性错误，并负责对版式设计、排版、校对、印刷等各个出版环节进行监督，以保证期刊出版质量。

五、期刊出版必须认真执行总编辑（主编）终审制度。每期刊物的付印样或胶片必须由总编辑（主编）进行终审核签字。

六、期刊必须到有"出版物印刷许可证"的企业制做软片或印刷，不得在非出版物印制许可单位印制。

七、各期刊出版单位接本通知后，应按照通知的规定和要求，进行认真对照查对不符合或未达到规定要求的，应立即采取必要措施予以纠正和完善。

八、对违反本通知规定并造成严重后果的期刊出版单位，由新闻出版行政管理部门按照有关规定给予相应的行政处罚，其主管部门和主办单位应对有关责任人给予相应的行政处分。

报纸期刊质量管理规定

2020 年 5 月 28 日国家新闻出版署国新出发〔2020〕10 号印发

第一条 为加强报纸、期刊质量管理，规范报纸、期刊出版秩序,促进报纸、期刊质量提升,根据《中华人民共和国产品质量法》《出版管理条例》《报纸出版管理规定》《期刊出版管理规定》等法律法规,制定本规定。

第二条 本规定适用于经国家新闻出版主管部门批准,持有国内统一连续出版物号,领取报纸出版许可证和期刊出版许可证的报纸、期刊。

第三条 报纸、期刊质量包括内容质量、编校质量、出版形式质量、印制质量四项,分为合格和不合格两个等级。四项均合格的,其质量为合格;四项中有一项不合格的,其质量为不合格。

第四条 报纸、期刊内容符合《出版管理条例》第二十五条、第二十六条规定,并符合国家新闻出版主管部门批准的业务范围的,其内容质量为合格;不符合的,其内容质量为不合格。

第五条 报纸、期刊编校差错判定以相关法律法规、国家标准、行业标准及规范为依据。

报纸编校差错率不超过万分之三的,其编校质量为合格;差错率超过万分之三的,其编校质量为不合格。差错率的计算按照本规定附件《报纸编校差错率计算方法》执行。

期刊编校差错率不超过万分之二的,其编校质量为合格;差错率超过万分之二的,其编校质量为不合格。差错率的计算按照本规定附件《期刊编校差错率计算方法》执行。

第六条 报纸、期刊出版形式差错判定以相关法规规章、国家标准、行业标准及规范为依据。

报纸出版形式差错数不超过三个的,其出版形式质量为合格;差错数超过三个的,其出版形式质量为不合格。差错数的计算按照本规定附件《报纸出版形式差错数计算方法》执行。

期刊出版形式差错数不超过五个的,其出版形式质量为合格;差错数超过五个的,其出版形式质量为不合格。差错数的计算按照本规定附件《期刊出版形式差错数计算方法》执行。

第七条 报纸印制质量包括单份印制质量和批印制质量,期刊印制质量包括单册印制质量和批印制质量。报纸、期刊印制符合国家和行业现行标准及规定的,其印制质量为合格;不符合的,其印制质量为不合格。

第八条 国家新闻出版主管部门负责全国报纸、期刊质量管理工作,各省级新闻出版主管部门负责本行政区域内的报纸、期刊质量管理工作。各级新闻出版主管部门应当切实履行监管职责,实施报纸、期刊质量检查,并及时向社会公布检查结果。

第九条 报纸、期刊主管主办单位应当督促出版单位建立健全质量管理制度并监督落实,将报纸、期刊质量纳入出版单位社会效益评价考核,对质量不合格的报纸、期刊提出处理意见和整改措施。报纸、期刊出版单位应当落实“三审三校”等管理制度,加强业务培训,保证出版质量。

第十条 报纸、期刊质量检查采取抽样方式进行。报纸内容质量、编校质量、出版形式质量抽样检查的对象为报纸各版面及中缝、插页等所有内容。期刊内容质量、编校质量、出版形式质量抽样检查的对象为期刊正文、封一(含书脊)、封二、封三、封四、版权页、目次页、广告页、插页等所有内容。报纸、期刊印制质量检测样本抽取依据相关标准进行。

第十一条 新闻出版主管部门实施报纸、期刊质量检查,须将检查结果为不合格的报纸、期刊的具体情况书面通知出版单位或主办单位。出版单位、主办单位如有异议,须在接到通知后 15 日内提出复检申请;对复检结果仍有异议,须在接到通知后 7 日内向上一级新闻出版主管部门请求复核。

第十二条 报纸、期刊内容质量、编校质量、出版形式质量不合格的,由省级以上新闻出版主管部门依据《出版管理条例》《报纸出版管理规定》《期刊出版管理规定》等相关规定,责令改正,给予警告;情节严重的,责令限期停业整顿,或由原发证机关吊销出版许可证。

报纸、期刊出现严重质量问题的,出版单位应当采取收回、销毁等措施,消除负面影响。

第十三条 报纸、期刊印制质量不合格,出版单位应当及时收回、调换。出版单位违反本规定继续发行印制质量不合格报纸、期刊的,按照《中华人民共和国产品质量法》《出版管理条例》等相关规定处理。

第十四条 省级以上新闻出版主管部门对报纸、期刊质量管理工作中成绩突出的单位和个人予以表扬或者奖励。

第十五条 本规定自印发之日起施行。

附件:1. 报纸编校差错率计算方法(略)
2. 期刊编校差错率计算方法(略)
3. 报纸出版形式差错数计算方法(略)
4. 期刊出版形式差错数计算方法(略)

四、印　刷

资料补充栏

印刷业管理条例

1. 2001年8月2日国务院令第315号公布
2. 根据2016年2月6日国务院令第666号《关于修改部分行政法规的决定》第一次修订
3. 根据2017年3月1日国务院令第676号《关于修改和废止部分行政法规的决定》第二次修订
4. 根据2020年11月29日国务院令第732号《关于修改和废止部分行政法规的决定》第三次修订

第一章　总　　则

第一条　为了加强印刷业管理,维护印刷业经营者的合法权益和社会公共利益,促进社会主义精神文明和物质文明建设,制定本条例。

第二条　本条例适用于出版物、包装装潢印刷品和其他印刷品的印刷经营活动。

本条例所称出版物,包括报纸、期刊、书籍、地图、年画、图片、挂历、画册及音像制品、电子出版物的装帧封面等。

本条例所称包装装潢印刷品,包括商标标识、广告宣传品及作为产品包装装潢的纸、金属、塑料等的印刷品。

本条例所称其他印刷品,包括文件、资料、图表、票证、证件、名片等。

本条例所称印刷经营活动,包括经营性的排版、制版、印刷、装订、复印、影印、打印等活动。

第三条　印刷业经营者必须遵守有关法律、法规和规章,讲求社会效益。

禁止印刷含有反动、淫秽、迷信内容和国家明令禁止印刷的其他内容的出版物、包装装潢印刷品和其他印刷品。

第四条　国务院出版行政部门主管全国的印刷业监督管理工作。县级以上地方各级人民政府负责出版管理的行政部门(以下简称出版行政部门)负责本行政区域内的印刷业监督管理工作。

县级以上各级人民政府公安部门、工商行政管理部门及其他有关部门在各自的职责范围内,负责有关的印刷业监督管理工作。

第五条　印刷业经营者应当建立、健全承印验证制度、承印登记制度、印刷品保管制度、印刷品交付制度、印刷活动残次品销毁制度等。具体办法由国务院出版行政部门制定。

印刷业经营者在印刷经营活动中发现违法犯罪行为,应当及时向公安部门或者出版行政部门报告。

第六条　印刷行业的社会团体按照其章程,在出版行政部门的指导下,实行自律管理。

第七条　印刷企业应当定期向出版行政部门报送年度报告。出版行政部门应当依法及时将年度报告中的有关内容向社会公示。

第二章　印刷企业的设立

第八条　国家实行印刷经营许可制度。未依照本条例规定取得印刷经营许可证的,任何单位和个人不得从事印刷经营活动。

第九条　企业从事印刷经营活动,应当具备下列条件:

(一)有企业的名称、章程;

(二)有确定的业务范围;

(三)有适应业务范围需要的生产经营场所和必要的资金、设备等生产经营条件;

(四)有适应业务范围需要的组织机构和人员;

(五)有关法律、行政法规规定的其他条件。

审批从事印刷经营活动申请,除依照前款规定外,还应当符合国家有关印刷企业总量、结构和布局的规划。

第十条　企业申请从事出版物印刷经营活动,应当持营业执照向所在地省、自治区、直辖市人民政府出版行政部门提出申请,经审核批准的,发给印刷经营许可证。

企业申请从事包装装潢印刷品和其他印刷品印刷经营活动,应当持营业执照向所在地设区的市级人民政府出版行政部门提出申请,经审核批准的,发给印刷经营许可证。

个人不得从事出版物、包装装潢印刷品印刷经营活动;个人从事其他印刷品印刷经营活动的,依照本条第二款的规定办理审批手续。

第十一条　出版行政部门应当自收到依据本条例第十条提出的申请之日起60日内作出批准或者不批准的决定。批准申请的,应当发给印刷经营许可证;不批准申请的,应当通知申请人并说明理由。

印刷经营许可证应当注明印刷企业所从事的印刷经营活动的种类。

印刷经营许可证不得出售、出租、出借或者以其他形式转让。

第十二条　印刷业经营者申请兼营或者变更从事出版物、包装装潢印刷品或者其他印刷品印刷经营活动,或者兼并其他印刷业经营者,或者因合并、分立而设立新的印刷业经营者,应当依照本条例第九条的规定办理手续。

印刷业经营者变更名称、法定代表人或者负责人、住所或者经营场所等主要登记事项,或者终止印刷经营活动，应当报原批准设立的出版行政部门备案。

第十三条　出版行政部门应当按照国家社会信用信息平台建设的总体要求，与公安部门、工商行政管理部门或者其他有关部门实现对印刷企业信息的互联共享。

第十四条　国家允许外国投资者与中国投资者共同投资设立从事出版物印刷经营活动的企业，允许设立从事包装装潢印刷品和其他印刷品印刷经营活动的外商投资企业。

第十五条　单位内部设立印刷厂（所），必须向所在地县级以上地方人民政府出版行政部门办理登记手续；单位内部设立的印刷厂（所）印刷涉及国家秘密的印件的，还应当向保密工作部门办理登记手续。

单位内部设立的印刷厂（所）不得从事印刷经营活动；从事印刷经营活动的，必须依照本章的规定办理手续。

第三章　出版物的印刷

第十六条　国家鼓励从事出版物印刷经营活动的企业及时印刷体现国内外新的优秀文化成果的出版物，重视印刷传统文化精品和有价值的学术著作。

第十七条　从事出版物印刷经营活动的企业不得印刷国家明令禁止出版的出版物和非出版单位出版的出版物。

第十八条　印刷出版物的，委托印刷单位和印刷企业应当按照国家有关规定签订印刷合同。

第十九条　印刷企业接受出版单位委托印刷图书、期刊的，必须验证并收存出版单位盖章的印刷委托书，并在印刷前报出版单位所在地省、自治区、直辖市人民政府出版行政部门备案；印刷企业接受所在地省、自治区、直辖市以外的出版单位的委托印刷图书、期刊的，印刷委托书还必须事先报印刷企业所在地省、自治区、直辖市人民政府出版行政部门备案。印刷委托书由国务院出版行政部门规定统一格式，由省、自治区、直辖市人民政府出版行政部门统一印制。

印刷企业接受出版单位委托印刷报纸的，必须验证报纸出版许可证；接受出版单位的委托印刷报纸、期刊的增版、增刊的，还必须验证主管的出版行政部门批准出版增版、增刊的文件。

第二十条　印刷企业接受委托印刷内部资料性出版物的，必须验证县级以上地方人民政府出版行政部门核发的准印证。

印刷企业接受委托印刷宗教内容的内部资料性出版物的，必须验证省、自治区、直辖市人民政府宗教事务管理部门的批准文件和省、自治区、直辖市人民政府出版行政部门核发的准印证。

出版行政部门应当自收到印刷内部资料性出版物或者印刷宗教内容的内部资料性出版物的申请之日起30日内作出是否核发准印证的决定，并通知申请人；逾期不作出决定的，视为同意印刷。

第二十一条　印刷企业接受委托印刷境外的出版物的，必须持有关著作权的合法证明文件，经省、自治区、直辖市人民政府出版行政部门批准；印刷的境外出版物必须全部运输出境，不得在境内发行、散发。

第二十二条　委托印刷单位必须按照国家有关规定在委托印刷的出版物上刊载出版单位的名称、地址，书号、刊号或者版号，出版日期或者刊期，接受委托印刷出版物的企业的真实名称和地址，以及其他有关事项。

印刷企业应当自完成出版物的印刷之日起2年内，留存一份接受委托印刷的出版物样本备查。

第二十三条　印刷企业不得盗印出版物，不得销售、擅自加印或者接受第三人委托加印受委托印刷的出版物，不得将接受委托印刷的出版物纸型及印刷底片等出售、出租、出借或者以其他形式转让给其他单位或者个人。

第二十四条　印刷企业不得征订、销售出版物，不得假冒或者盗用他人名义印刷、销售出版物。

第四章　包装装潢印刷品的印刷

第二十五条　从事包装装潢印刷品印刷的企业不得印刷假冒、伪造的注册商标标识，不得印刷容易对消费者产生误导的广告宣传品和作为产品包装装潢的印刷品。

第二十六条　印刷企业接受委托印刷注册商标标识的，应当验证商标注册人所在地县级工商行政管理部门签章的《商标注册证》复印件，并核查委托人提供的注册商标图样；接受注册商标被许可使用人委托，印刷注册商标标识的，印刷企业还应当验证注册商标使用许可合同。印刷企业应当保存其验证、核查的工商行政管理部门签章的《商标注册证》复印件、注册商标图样、注册商标使用许可合同复印件2年，以备查验。

国家对注册商标标识的印刷另有规定的，印刷企业还应当遵守其规定。

第二十七条　印刷企业接受委托印刷广告宣传品、作为产品包装装潢的印刷品的，应当验证委托印刷单位的营业执照或者个人的居民身份证；接受广告经营者的委托印刷广告宣传品的，还应当验证广告经营资格证明。

第二十八条　印刷企业接受委托印刷包装装潢印刷品的，应当将印刷品的成品、半成品、废品和印板、纸型、底片、原稿等全部交付委托印刷单位或者个人，不得擅自留存。

第二十九条　印刷企业接受委托印刷境外包装装潢印刷

品的,必须事先向所在地省、自治区、直辖市人民政府出版行政部门备案;印刷的包装装潢印刷品必须全部运输出境,不得在境内销售。

第五章　其他印刷品的印刷

第三十条　印刷标有密级的文件、资料、图表等,按照国家有关法律、法规或者规章的规定办理。

第三十一条　印刷布告、通告、重大活动工作证、通行证、在社会上流通使用的票证的,委托印刷单位必须向印刷企业出具主管部门的证明。印刷企业必须验证主管部门的证明,并保存主管部门的证明副本2年,以备查验;并且不得再委托他人印刷上述印刷品。

印刷机关、团体、部队、企业事业单位内部使用的有价票证或者无价票证,或者印刷有单位名称的介绍信、工作证、会员证、出入证、学位证书、学历证书或者其他学业证书等专用证件的,委托印刷单位必须出具委托印刷证明。印刷企业必须验证委托印刷证明。

印刷企业对前两款印件不得保留样本、样张;确因业务参考需要保留样本、样张的,应当征得委托印刷单位同意,在所保留印件上加盖"样本"、"样张"戳记,并妥善保管,不得丢失。

第三十二条　印刷企业接受委托印刷宗教用品的,必须验证省、自治区、直辖市人民政府宗教事务管理部门的批准文件和省、自治区、直辖市人民政府出版行政部门核发的准印证;省、自治区、直辖市人民政府出版行政部门应当自收到印刷宗教用品的申请之日起10日内作出是否核发准印证的决定,并通知申请人;逾期不作出决定的,视为同意印刷。

第三十三条　从事其他印刷品印刷经营活动的个人不得印刷标有密级的文件、资料、图表等,不得印刷布告、通告、重大活动工作证、通行证、在社会上流通使用的票证,不得印刷机关、团体、部队、企业事业单位内部使用的有价或者无价票证,不得印刷有单位名称的介绍信、工作证、会员证、出入证、学位证书、学历证书或者其他学业证书等专用证件,不得印刷宗教用品。

第三十四条　接受委托印刷境外其他印刷品的,必须事先向所在地省、自治区、直辖市人民政府出版行政部门备案;印刷的其他印刷品必须全部运输出境,不得在境内销售。

第三十五条　印刷企业和从事其他印刷品印刷经营活动的个人不得盗印他人的其他印刷品,不得销售、擅自加印或者接受第三人委托加印委托印刷的其他印刷品,不得将委托印刷的其他印刷品的纸型及印刷底片等出售、出租、出借或者以其他形式转让给其他单位或者个人。

第六章　罚　　则

第三十六条　违反本条例规定,擅自设立从事出版物印刷经营活动的企业或者擅自从事印刷经营活动的,由出版行政部门、工商行政管理部门依据法定职权予以取缔,没收印刷品和违法所得以及进行违法活动的专用工具、设备,违法经营额1万元以上的,并处违法经营额5倍以上10倍以下的罚款;违法经营额不足1万元的,并处1万元以上5万元以下的罚款;构成犯罪的,依法追究刑事责任。

单位内部设立的印刷厂(所)未依照本条例第二章的规定办理手续,从事印刷经营活动的,依照前款的规定处罚。

第三十七条　印刷业经营者违反本条例规定,有下列行为之一的,由县级以上地方人民政府出版行政部门责令停止违法行为,责令停业整顿,没收印刷品和违法所得,违法经营额1万元以上的,并处违法经营额5倍以上10倍以下的罚款;违法经营额不足1万元的,并处1万元以上5万元以下的罚款;情节严重的,由原发证机关吊销许可证;构成犯罪的,依法追究刑事责任:

(一)未取得出版行政部门的许可,擅自兼营或者变更从事出版物、包装装潢印刷品或者其他印刷品印刷经营活动,或者擅自兼并其他印刷业经营者的;

(二)因合并、分立而设立新的印刷业经营者,未依照本条例的规定办理手续的;

(三)出售、出租、出借或者以其他形式转让印刷经营许可证的。

第三十八条　印刷业经营者印刷明知或者应知含有本条例第三条规定禁止印刷内容的出版物、包装装潢印刷品或者其他印刷品的,或者印刷国家明令禁止出版的出版物或者非出版单位出版的出版物的,由县级以上地方人民政府出版行政部门、公安部门依据法定职权责令停业整顿,没收印刷品和违法所得,违法经营额1万元以上的,并处违法经营额5倍以上10倍以下的罚款;违法经营额不足1万元的,并处1万元以上5万元以下的罚款;情节严重的,由原发证机关吊销许可证;构成犯罪的,依法追究刑事责任。

第三十九条　印刷业经营者有下列行为之一的,由县级以上地方人民政府出版行政部门、公安部门依据法定职权责令改正,给予警告;情节严重的,责令停业整顿或者由原发证机关吊销许可证:

(一)没有建立承印验证制度、承印登记制度、印刷品保管制度、印刷品交付制度、印刷活动残次品销毁制度等的;

（二）在印刷经营活动中发现违法犯罪行为没有及时向公安部门或者出版行政部门报告的；

（三）变更名称、法定代表人或者负责人、住所或者经营场所等主要登记事项，或者终止印刷经营活动，不向原批准设立的出版行政部门备案的；

（四）未依照本条例的规定留存备查的材料的。

单位内部设立印刷厂（所）违反本条例的规定，没有向所在地县级以上地方人民政府出版行政部门、保密工作部门办理登记手续的，由县级以上地方人民政府出版行政部门、保密工作部门依据法定职权责令改正，给予警告；情节严重的，责令停业整顿。

第四十条　从事出版物印刷经营活动的企业有下列行为之一的，由县级以上地方人民政府出版行政部门给予警告，没收违法所得，违法经营额1万元以上的，并处违法经营额5倍以上10倍以下的罚款；违法经营额不足1万元的，并处1万元以上5万元以下的罚款；情节严重的，责令停业整顿或者由原发证机关吊销许可证；构成犯罪的，依法追究刑事责任：

（一）接受他人委托印刷出版物，未依照本条例的规定验证印刷委托书、有关证明或者准印证，或者未将印刷委托书报出版行政部门备案的；

（二）假冒或者盗用他人名义，印刷出版物的；

（三）盗印他人出版物的；

（四）非法加印或者销售受委托印刷的出版物的；

（五）征订、销售出版物的；

（六）擅自将出版单位委托印刷的出版物纸型及印刷底片等出售、出租、出借或者以其他形式转让的；

（七）未经批准，接受委托印刷境外出版物的，或者未将印刷的境外出版物全部运输出境的。

第四十一条　从事包装装潢印刷品印刷经营活动的企业有下列行为之一的，由县级以上地方人民政府出版行政部门给予警告，没收违法所得，违法经营额1万元以上的，并处违法经营额5倍以上10倍以下的罚款；违法经营额不足1万元的，并处1万元以上5万元以下的罚款；情节严重的，责令停业整顿或者由原发证机关吊销许可证；构成犯罪的，依法追究刑事责任：

（一）接受委托印刷注册商标标识，未依照本条例的规定验证、核查工商行政管理部门签章的《商标注册证》复印件、注册商标图样或者注册商标使用许可合同复印件的；

（二）接受委托印刷广告宣传品、作为产品包装装潢的印刷品，未依照本条例的规定验证委托印刷单位的营业执照或者个人的居民身份证的，或者接受广告经营者的委托印刷广告宣传品，未验证广告经营资格证明的；

（三）盗印他人包装装潢印刷品的；

（四）接受委托印刷境外包装装潢印刷品未依照本条例的规定向出版行政部门备案的，或者未将印刷的境外包装装潢印刷品全部运输出境的。

印刷企业接受委托印刷注册商标标识、广告宣传品，违反国家有关注册商标、广告印刷管理规定的，由工商行政管理部门给予警告，没收印刷品和违法所得，违法经营额1万元以上的，并处违法经营额5倍以上10倍以下的罚款；违法经营额不足1万元的，并处1万元以上5万元以下的罚款。

第四十二条　从事其他印刷品印刷经营活动的企业和个人有下列行为之一的，由县级以上地方人民政府出版行政部门给予警告，没收印刷品和违法所得，违法经营额1万元以上的，并处违法经营额5倍以上10倍以下的罚款；违法经营额不足1万元的，并处1万元以上5万元以下的罚款；情节严重的，责令停业整顿或者由原发证机关吊销许可证；构成犯罪的，依法追究刑事责任：

（一）接受委托印刷其他印刷品，未依照本条例的规定验证有关证明的；

（二）擅自将接受委托印刷的其他印刷品再委托他人印刷的；

（三）将委托印刷的其他印刷品的纸型及印刷底片出售、出租、出借或者以其他形式转让的；

（四）伪造、变造学位证书、学历证书等国家机关公文、证件或者企业事业单位、人民团体公文、证件的，或者盗印他人的其他印刷品的；

（五）非法加印或者销售委托印刷的其他印刷品的；

（六）接受委托印刷境外其他印刷品未依照本条例的规定向出版行政部门备案的，或者未将印刷的境外其他印刷品全部运输出境的；

（七）从事其他印刷品印刷经营活动的个人超范围经营的。

第四十三条　有下列行为之一的，由出版行政部门给予警告，没收印刷品和违法所得，违法经营额1万元以上的，并处违法经营额5倍以上10倍以下的罚款；违法经营额不足1万元的，并处1万元以上5万元以下的罚款；情节严重的，责令停业整顿或者吊销印刷经营许可证；构成犯罪的，依法追究刑事责任：

（一）印刷布告、通告、重大活动工作证、通行证、在社会上流通使用的票证，印刷企业没有验证主管部门的证明的，或者再委托他人印刷上述印刷品的；

（二）印刷业经营者伪造、变造学位证书、学历证书等国家机关公文、证件或者企业事业单位、人民团体公文、证件的。

印刷布告、通告、重大活动工作证、通行证、在社会上流通使用的票证，委托印刷单位没有取得主管部门证明的，由县级以上人民政府出版行政部门处以500元以上5000元以下的罚款。

第四十四条 印刷业经营者违反本条例规定，有下列行为之一的，由县级以上地方人民政府出版行政部门责令改正，给予警告；情节严重的，责令停业整顿或者由原发证机关吊销许可证：

（一）从事包装装潢印刷品印刷经营活动的企业擅自留存委托印刷的包装装潢印刷品的成品、半成品、废品和印板、纸型、印刷底片、原稿等的；

（二）从事其他印刷品印刷经营活动的企业和个人擅自保留其他印刷品的样本、样张的，或者在所保留的样本、样张上未加盖"样本"、"样张"戳记的。

第四十五条 印刷企业被处以吊销许可证行政处罚的，其法定代表人或者负责人自许可证被吊销之日起10年内不得担任印刷企业的法定代表人或者负责人。

从事其他印刷品印刷经营活动的个人被处以吊销许可证行政处罚的，自许可证被吊销之日起10年内不得从事印刷经营活动。

第四十六条 依照本条例的规定实施罚款的行政处罚，应当依照有关法律、行政法规的规定，实行罚款决定与罚款收缴分离；收缴的罚款必须全部上缴国库。

第四十七条 出版行政部门、工商行政管理部门或者其他有关部门违反本条例规定，擅自批准不符合法定条件的申请人取得许可证、批准文件，或者不履行监督职责，或者发现违法行为不予查处，造成严重后果的，对负责的主管人员和其他直接责任人员给予降级或者撤职的处分；构成犯罪的，依法追究刑事责任。

第七章 附 则

第四十八条 本条例施行前已经依法设立的印刷企业，应当自本条例施行之日起180日内，到出版行政部门换领《印刷经营许可证》。

依据本条例发放许可证，除按照法定标准收取成本费外，不得收取其他任何费用。

第四十九条 本条例自公布之日起施行。1997年3月8日国务院发布的《印刷业管理条例》同时废止。

印刷业经营者资格条件暂行规定

1. 2001年11月9日新闻出版总署令第15号发布
2. 根据2015年8月28日国家新闻出版广电总局令第3号《关于修订部分规章和规范性文件的决定》第一次修正
3. 根据2017年12月11日国家新闻出版广电总局令第13号《关于废止、修改和宣布失效部分规章、规范性文件的决定》第二次修正

第一条 为了进一步规范印刷业经营者的设立和审批，促进印刷业经营者提高经营素质和技术水平，根据《印刷业管理条例》的规定和国务院有关整顿和规范印刷市场秩序的精神，制定本规定。

第二条 本规定所称印刷业经营者，包括从事出版物、包装装潢印刷品印刷经营活动的企业，从事其他印刷品印刷经营活动的企业、单位或者个人，以及专项排版、制版、装订企业或者单位。

第三条 印刷业经营者资格的审批，除应符合本规定外，还应当符合国家有关印刷业总量、结构、布局规划和法律、法规规定的其他条件。

第四条 经营出版物印刷业务的企业，应当具备以下条件：

（一）有企业的名称、章程；

（二）有确定的业务范围；

（三）有适应业务需要的固定生产经营场所；

（四）有能够维持正常生产经营的资金；

（五）有必要的出版物印刷设备，具备2台以上最近十年生产的且未列入《淘汰落后生产能力、工艺和产品的目录》的自动对开胶印印刷设备；

（六）有适应业务范围需要的组织机构和人员，法定代表人及主要生产、经营负责人必须取得省级新闻出版行政部门颁发的《印刷法规培训合格证书》；

（七）有健全的承印验证、登记、保管、交付、销毁等经营管理、财务管理制度和质量保证体系。

第五条 经营包装装潢印刷品印刷业务的企业，应当具备以下条件：

（一）有企业的名称、章程；

（二）有确定的业务范围；

（三）有适应业务需要的固定生产经营场所；

（四）有能够维持正常生产经营的资金；

（五）有必要的包装装潢印刷设备，具备2台以上最近十年生产的且未列入《淘汰落后生产能力、工艺和产品的目录》的胶印、凹印、柔印、丝印等及后序加工设备；

（六）有适应业务范围需要的组织机构和人员，企业法定代表人及主要生产、经营负责人必须取得地市级以上人民政府负责出版管理的行政部门（以下简称出版行政部门）颁发的《印刷法规培训合格证书》；

（七）有健全的承印验证、登记、保管、交付、销毁等经营管理、财务管理制度和质量保证体系。

第六条 经营其他印刷品印刷业务的企业、单位，应当具备以下条件：

（一）有企业或单位的名称、章程；

（二）有确定的业务范围；

（三）有适应业务需要的固定生产经营场所，且不在有居住用途的场所内；

（四）有适应业务需要的生产设备和资金；

（五）有适应业务需要的组织机构和人员，企业法定代表人或单位负责人必须取得县级以上出版行政部门颁发的《印刷法规培训合格证书》；

（六）有健全的承印验证、登记、保管、交付、销毁等经营管理、财务管理制度和质量保证体系。

第七条 经营专项排版、制版、装订业务的企业、单位，应当具备以下条件：

（一）有企业或单位的名称、章程；

（二）有确定的业务范围；

（三）有适应业务需要的固定生产经营场所；

（四）有能够维持正常生产经营的资金；

（五）有必要的排版、制版、装订设备，具备2台以上最近十年生产的且未列入《淘汰落后生产能力、工艺和产品的目录》的印前或印后加工设备；

（六）有适应业务范围需要的组织机构和人员，企业法定代表人及主要生产、经营负责人和单位负责人必须取得地市级以上出版行政部门颁发的《印刷法规培训合格证书》；

（七）有健全的承印验证、登记、保管、交付、销毁等经营管理、财务管理制度和质量保证体系。

第八条 个人从事其他印刷品印刷经营活动的，应当符合本规定第六条的规定。

第九条 印刷业经营者从事其他种类印刷经营活动的，应当同时具备设立该印刷企业或者单位的资格条件。

第十条 出版行政部门必须按照本规定审批印刷业经营者资格，不符合本规定条件的不得批准设立。

第十一条 对印刷业经营者的年度核验，除适用本规定规定的条件外，还要求印刷业经营者无违反印刷管理规定的记录。

第十二条 本规定施行前已设立的印刷业经营者于2002年3月1日前未达到本规定规定条件的，暂不予换发《印刷经营许可证》。

第十三条 本规定自发布之日起施行。

国家新闻出版广电总局（国家版权局）办公厅关于可录类光盘盘面印刷文字图案法规适用有关问题答复意见的函

1. 2017年6月16日

2. 新广办函〔2017〕70号

山东省版权局：

你局《山东省版权局关于可录光盘盘面印刷文字图案法规适用问题的请示》（鲁版字〔2017〕12号）收悉。经研究，答复如下：

一、光盘盘面印刷不属于音像制品和电子出版物装帧封面，不适用《印刷业管理条例》。根据《复制管理办法》，光盘包括只读类光盘和可录类光盘。光盘盘面印刷是光盘复制生产环节之一，属于复制经营活动。

二、如果光盘复制生产企业生产的空白光盘没有存储内容，仅在空白光盘盘面上印刷简单的产品名称、规格、型号等文字图案，其生产的空白光盘不属于音像制品或音像制品非卖品，适用《复制管理办法》。

三、如果光盘复制生产企业接受委托在空白光盘盘面上印刷了特定文字图案，而这些文字图案具有明显的音像制品或音像制品非卖品属性，能够表明其用途为制成音像制品或音像制品非卖品，那么此类光盘的盘面印刷行为视为复制音像制品或音像制品非卖品的一个生产环节，此类光盘属于音像制品或音像制品非卖品的在制品。光盘复制生产企业接受委托生产此类光盘应当遵守《音像制品管理条例》《复制管理办法》关于复制音像制品和音像制品非卖品的管理规定，应当依法办理委托复制手续。未办理委托复制手续，或未留存有关备查材料的，可依据《音像制品管理条例》第四十二条第（四）项或第四十四条第（五）项追究责任。

四、根据《著作权法》第十条，《著作权法》中的“复制”概念指以印刷、复制、拓印、录音、录像、翻录、翻拍等方式将作品制作一份或多份的行为。如果在光盘盘面上印刷的文字图案构成作品，则其在盘面印刷的行为构成《著作权法》的复制行为，适用《著作权法》。

请你局依据查办案件的事实和证据，准确定性，正确适用法律，依法办理有关案件。

五、影视音像与电子出版物

资料补充栏

1. 电　影

中华人民共和国电影产业促进法

1. 2016年11月7日第十二届全国人民代表大会常务委员会第二十四次会议通过
2. 2016年11月7日中华人民共和国主席令第54号公布
3. 自2017年3月1日起施行

目　　录

第一章　总　　则

第一条　**【立法目的】**为了促进电影产业健康繁荣发展，弘扬社会主义核心价值观，规范电影市场秩序，丰富人民群众精神文化生活，制定本法。

第二条　**【适用范围】**在中华人民共和国境内从事电影创作、摄制、发行、放映等活动（以下统称电影活动），适用本法。

本法所称电影，是指运用视听技术和艺术手段摄制、以胶片或者数字载体记录、由表达一定内容的有声或者无声的连续画面组成、符合国家规定的技术标准、用于电影院等固定放映场所或者流动放映设备公开放映的作品。

通过互联网、电信网、广播电视网等信息网络传播电影的，还应当遵守互联网、电信网、广播电视网等信息网络管理的法律、行政法规的规定。

第三条　**【活动原则】**从事电影活动，应当坚持为人民服务、为社会主义服务，坚持社会效益优先，实现社会效益与经济效益相统一。

第四条　**【国家鼓励创作】**国家坚持以人民为中心的创作导向，坚持百花齐放、百家争鸣的方针，尊重和保障电影创作自由，倡导电影创作贴近实际、贴近生活、贴近群众，鼓励创作思想性、艺术性、观赏性相统一的优秀电影。

第五条　**【电影产业纳入发展规划】**国务院应当将电影产业发展纳入国民经济和社会发展规划。县级以上地方人民政府根据当地实际情况将电影产业发展纳入本级国民经济和社会发展规划。

国家制定电影及其相关产业政策，引导形成统一开放、公平竞争的电影市场，促进电影市场繁荣发展。

第六条　**【国家构建电影技术创新体系】**国家鼓励电影科技的研发、应用，制定并完善电影技术标准，构建以企业为主体、市场为导向、产学研相结合的电影技术创新体系。

第七条　**【电影知识产权受法律保护】**与电影有关的知识产权受法律保护，任何组织和个人不得侵犯。

县级以上人民政府负责知识产权执法的部门应当采取措施，保护与电影有关的知识产权，依法查处侵犯与电影有关的知识产权的行为。

从事电影活动的公民、法人和其他组织应当增强知识产权意识，提高运用、保护和管理知识产权的能力。

国家鼓励公民、法人和其他组织依法开发电影形象产品等衍生产品。

第八条　**【主管单位及职责范围】**国务院电影主管部门负责全国的电影工作；县级以上地方人民政府电影主管部门负责本行政区域内的电影工作。

县级以上人民政府其他有关部门在各自职责范围内，负责有关的电影工作。

第九条　**【行业组织及从业人员应当自律】**电影行业组织依法制定行业自律规范，开展业务交流，加强职业道德教育，维护其成员的合法权益。

演员、导演等电影从业人员应当坚持德艺双馨，遵守法律法规，尊重社会公德，恪守职业道德，加强自律，树立良好社会形象。

第十条　**【国家鼓励电影评论】**国家支持建立电影评价体系，鼓励开展电影评论。

对优秀电影以及为促进电影产业发展作出突出贡献的组织、个人，按照国家有关规定给予表彰和奖励。

第十一条　**【国家鼓励国际合作交流】**国家鼓励开展平等、互利的电影国际合作与交流，支持参加境外电影节（展）。

第二章　电影创作、摄制

第十二条　**【国家鼓励创新交流】**国家鼓励电影剧本创作和题材、体裁、形式、手段等创新，鼓励电影学术研讨和业务交流。

县级以上人民政府电影主管部门根据电影创作的需要，为电影创作人员深入基层、深入群众、体验生活等提供必要的便利和帮助。

第十三条 【**剧本梗概的备案、审查与公告**】拟摄制电影的法人、其他组织应当将电影剧本梗概向国务院电影主管部门或者省、自治区、直辖市人民政府电影主管部门备案；其中，涉及重大题材或者国家安全、外交、民族、宗教、军事等方面题材的，应当按照国家有关规定将电影剧本报送审查。

电影剧本梗概或者电影剧本符合本法第十六条规定的，由国务院电影主管部门将拟摄制电影的基本情况予以公告，并由国务院电影主管部门或者省、自治区、直辖市人民政府电影主管部门出具备案证明文件或者颁发批准文件。具体办法由国务院电影主管部门制定。

第十四条 【**与境外组织合作摄制**】法人、其他组织经国务院电影主管部门批准，可以与境外组织合作摄制电影；但是，不得与从事损害我国国家尊严、荣誉和利益，危害社会稳定，伤害民族感情等活动的境外组织合作，也不得聘用有上述行为的个人参加电影摄制。

合作摄制电影符合创作、出资、收益分配等方面比例要求的，该电影视同境内法人、其他组织摄制的电影。

境外组织不得在境内独立从事电影摄制活动；境外个人不得在境内从事电影摄制活动。

第十五条 【**电影摄制中环境、文物、风景名胜区的保护**】县级以上人民政府电影主管部门应当协调公安、文物保护、风景名胜区管理等部门，为法人、其他组织依照本法从事电影摄制活动提供必要的便利和帮助。

从事电影摄制活动的，应当遵守有关环境保护、文物保护、风景名胜区管理和安全生产等方面的法律、法规，并在摄制过程中采取必要的保护、防护措施。

第十六条 【**电影中的禁止内容**】电影不得含有下列内容：

（一）违反宪法确定的基本原则，煽动抗拒或者破坏宪法、法律、行政法规实施；

（二）危害国家统一、主权和领土完整，泄露国家秘密，危害国家安全，损害国家尊严、荣誉和利益，宣扬恐怖主义、极端主义；

（三）诋毁民族优秀文化传统，煽动民族仇恨、民族歧视，侵害民族风俗习惯，歪曲民族历史或者民族历史人物，伤害民族感情，破坏民族团结；

（四）煽动破坏国家宗教政策，宣扬邪教、迷信；

（五）危害社会公德，扰乱社会秩序，破坏社会稳定，宣扬淫秽、赌博、吸毒，渲染暴力、恐怖，教唆犯罪或者传授犯罪方法；

（六）侵害未成年人合法权益或者损害未成年人身心健康；

（七）侮辱、诽谤他人或者散布他人隐私，侵害他人合法权益；

（八）法律、行政法规禁止的其他内容。

第十七条 【**电影审查**】法人、其他组织应当将其摄制完成的电影送国务院电影主管部门或者省、自治区、直辖市人民政府电影主管部门审查。

国务院电影主管部门或者省、自治区、直辖市人民政府电影主管部门应当自受理申请之日起三十日内作出审查决定。对符合本法规定的，准予公映，颁发电影公映许可证，并予以公布；对不符合本法规定的，不准予公映，书面通知申请人并说明理由。

国务院电影主管部门应当根据本法制定完善电影审查的具体标准和程序，并向社会公布。制定完善电影审查的具体标准应当向社会公开征求意见，并组织专家进行论证。

第十八条 【**专家评审意见**】进行电影审查应当组织不少于五名专家进行评审，由专家提出评审意见。法人、其他组织对专家评审意见有异议的，国务院电影主管部门或者省、自治区、直辖市人民政府电影主管部门可以另行组织专家再次评审。专家的评审意见应当作为作出审查决定的重要依据。

前款规定的评审专家包括专家库中的专家和根据电影题材特别聘请的专家。专家遴选和评审的具体办法由国务院电影主管部门制定。

第十九条 【**电影内容变更**】取得电影公映许可证的电影需要变更内容的，应当依照本法规定重新报送审查。

第二十条 【**电影公映许可证的标识及提示**】摄制电影的法人、其他组织应当将取得的电影公映许可证标识置于电影的片头处；电影放映可能引起未成年人等观众身体或者心理不适的，应当予以提示。

未取得电影公映许可证的电影，不得发行、放映，不得通过互联网、电信网、广播电视网等信息网络进行传播，不得制作为音像制品；但是，国家另有规定的，从其规定。

第二十一条 【**电影节（展）的参加**】摄制完成的电影取得电影公映许可证，方可参加电影节（展）。拟参加境外电影节（展）的，送展法人、其他组织应当在该境外电影节（展）举办前，将相关材料报国务院电影主管部门或者省、自治区、直辖市人民政府电影主管部门备案。

第二十二条　【境外电影业务的承接】公民、法人和其他组织可以承接境外电影的洗印、加工、后期制作等业务，并报省、自治区、直辖市人民政府电影主管部门备案，但是不得承接含有损害我国国家尊严、荣誉和利益，危害社会稳定，伤害民族感情等内容的境外电影的相关业务。

第二十三条　【电影档案的管理】国家设立的电影档案机构依法接收、收集、整理、保管并向社会开放电影档案。

国家设立的电影档案机构应当配置必要的设备，采用先进技术，提高电影档案管理现代化水平。

摄制电影的法人、其他组织依照《中华人民共和国档案法》的规定，做好电影档案保管工作，并向国家设立的电影档案机构移交、捐赠、寄存电影档案。

第三章　电影发行、放映

第二十四条　【从事电影发行、放映的条件】企业具有与所从事的电影发行活动相适应的人员、资金条件的，经国务院电影主管部门或者所在地省、自治区、直辖市人民政府电影主管部门批准，可以从事电影发行活动。

企业、个体工商户具有与所从事的电影放映活动相适应的人员、场所、技术和设备等条件的，经所在地县级人民政府电影主管部门批准，可以从事电影院等固定放映场所电影放映活动。

第二十五条　【电影发行、放映的审批】依照本法规定负责电影发行、放映活动审批的电影主管部门，应当自受理申请之日起三十日内，作出批准或者不批准的决定。对符合条件的，予以批准，颁发电影发行经营许可证或者电影放映经营许可证，并予以公布；对不符合条件的，不予批准，书面通知申请人并说明理由。

第二十六条　【从事电影流动放映的备案】企业、个人从事电影流动放映活动，应当将企业名称或者经营者姓名、地址、联系方式、放映设备等向经营区域所在地县级人民政府电影主管部门备案。

第二十七条　【农村电影公益放映】国家加大对农村电影放映的扶持力度，由政府出资建立完善农村电影公益放映服务网络，积极引导社会资金投资农村电影放映，不断改善农村地区观看电影条件，统筹保障农村地区群众观看电影需求。

县级以上人民政府应当将农村电影公益放映纳入农村公共文化服务体系建设，按照国家有关规定对农村电影公益放映活动给予补贴。

从事农村电影公益放映活动的，不得以虚报、冒领等手段骗取农村电影公益放映补贴资金。

第二十八条　【国家支持利于未成年人的电影及为特殊人群观影提供便利】国务院教育、电影主管部门可以共同推荐有利于未成年人健康成长的电影，并采取措施支持接受义务教育的学生免费观看，由所在学校组织安排。

国家鼓励电影院以及从事电影流动放映活动的企业、个人采取票价优惠、建设不同条件的放映厅、设立社区放映点等多种措施，为未成年人、老年人、残疾人、城镇低收入居民以及进城务工人员等观看电影提供便利；电影院以及从事电影流动放映活动的企业、个人所在地人民政府可以对其发放奖励性补贴。

第二十九条　【电影放映的场次和时段】电影院应当合理安排由境内法人、其他组织所摄制电影的放映场次和时段，并且放映的时长不得低于年放映电影时长总和的三分之二。

电影院以及从事电影流动放映活动的企业、个人应当保障电影放映质量。

第三十条　【电影院设备及售票系统符合国家标准】电影院的设施、设备以及用于流动放映的设备应当符合电影放映技术的国家标准。

电影院应当按照国家有关规定安装计算机售票系统。

第三十一条　【正在放映的电影禁止录像】未经权利人许可，任何人不得对正在放映的电影进行录音录像。发现进行录音录像的，电影院工作人员有权予以制止，并要求其删除；对拒不听从的，有权要求其离场。

第三十二条　【电影广告播放的规定】国家鼓励电影院在向观众明示的电影开始放映时间之前放映公益广告。

电影院在向观众明示的电影开始放映时间之后至电影放映结束前，不得放映广告。

第三十三条　【观众安全健康保障】电影院应当遵守治安、消防、公共场所卫生等法律、行政法规，维护放映场所的公共秩序和环境卫生，保障观众的安全与健康。

任何人不得携带爆炸性、易燃性、放射性、毒害性、腐蚀性物品进入电影院等放映场所，不得非法携带枪支、弹药、管制器具进入电影院等放映场所；发现非法携带上述物品的，有关工作人员应当拒绝其进入，并向有关部门报告。

第三十四条　【电影发行企业、电影院等应提供真实统计数据】电影发行企业、电影院等应当如实统计电影销售收入，提供真实准确的统计数据，不得采取制造虚假交易、虚报瞒报销售收入等不正当手段，欺骗、误导观众,扰乱电影市场秩序。

第三十五条 【在境内举办涉外电影节(展),须经批准】 在境内举办涉外电影节(展),须经国务院电影主管部门或者省、自治区、直辖市人民政府电影主管部门批准。

第四章 电影产业支持、保障

第三十六条 【国家鼓励创作、摄制的电影】国家支持下列电影的创作、摄制:

(一)传播中华优秀文化、弘扬社会主义核心价值观的重大题材电影;

(二)促进未成年人健康成长的电影;

(三)展现艺术创新成果、促进艺术进步的电影;

(四)推动科学教育事业发展和科学技术普及的电影;

(五)其他符合国家支持政策的电影。

第三十七条 【国家统筹安排资金对电影产业支持】国家引导相关文化产业专项资金、基金加大对电影产业的投入力度,根据不同阶段和时期电影产业的发展情况,结合财力状况和经济社会发展需要,综合考虑、统筹安排财政资金对电影产业的支持,并加强对相关资金、基金使用情况的审计。

第三十八条 【电影业税收优惠政策】国家实施必要的税收优惠政策,促进电影产业发展,具体办法由国务院财税主管部门依照税收法律、行政法规的规定制定。

第三十九条 【电影院建设和改造】县级以上地方人民政府应当依据人民群众需求和电影市场发展需要,将电影院建设和改造纳入国民经济和社会发展规划、土地利用总体规划和城乡规划等。

县级以上地方人民政府应当按照国家有关规定,有效保障电影院用地需求,积极盘活现有电影院用地资源,支持电影院建设和改造。

第四十条 【国家鼓励金融机构、保险机构、融资担保机构提供融资、保险、担保】国家鼓励金融机构为从事电影活动以及改善电影基础设施提供融资服务,依法开展与电影有关的知识产权质押融资业务,并通过信贷等方式支持电影产业发展。

国家鼓励保险机构依法开发适应电影产业发展需要的保险产品。

国家鼓励融资担保机构依法向电影产业提供融资担保,通过再担保、联合担保以及担保与保险相结合等方式分散风险。

对国务院电影主管部门依照本法规定公告的电影的摄制,按照国家有关规定合理确定贷款期限和利率。

第四十一条 【国家鼓励电影跨境投资】国家鼓励法人、其他组织通过到境外合作摄制电影等方式进行跨境投资,依法保障其对外贸易、跨境融资和投资等合理用汇需求。

第四十二条 【国家鼓励电影人才培养】国家实施电影人才扶持计划。

国家支持有条件的高等学校、中等职业学校和其他教育机构、培训机构等开设与电影相关的专业和课程,采取多种方式培养适应电影产业发展需要的人才。

国家鼓励从事电影活动的法人和其他组织参与学校相关人才培养。

第四十三条 【国家扶持农村地区、边疆地区、贫困地区和民族地区电影活动】国家采取措施,扶持农村地区、边疆地区、贫困地区和民族地区开展电影活动。

国家鼓励、支持少数民族题材电影创作,加强电影的少数民族语言文字译制工作,统筹保障民族地区群众观看电影需求。

第四十四条 【国家支持优秀电影的外语翻译制作与境外推广】国家对优秀电影的外语翻译制作予以支持,并综合利用外交、文化、教育等对外交流资源开展电影的境外推广活动。

国家鼓励公民、法人和其他组织从事电影的境外推广。

第四十五条 【国家鼓励对电影产业的捐赠、资助】国家鼓励社会力量以捐赠、资助等方式支持电影产业发展,并依法给予优惠。

第四十六条 【电影主管部门应加强日常监督管理】县级以上人民政府电影主管部门应当加强对电影活动的日常监督管理,受理对违反本法规定的行为的投诉、举报,并及时核实、处理、答复;将从事电影活动的单位和个人因违反本法规定受到行政处罚的情形记入信用档案,并向社会公布。

第五章 法律责任

第四十七条 【违法擅自从事电影摄制、发行、放映活动的法律责任】违反本法规定擅自从事电影摄制、发行、放映活动的,由县级以上人民政府电影主管部门予以取缔,没收电影片和违法所得以及从事违法活动的专用工具、设备;违法所得五万元以上的,并处违法所得五倍以上十倍以下的罚款;没有违法所得或者违法所得不足五万元的,可以并处二十五万元以下的罚款。

第四十八条 【非法取得许可证、批准或证明文件的法律责任】有下列情形之一的,由原发证机关吊销有关许可证、撤销有关批准或者证明文件;县级以上人民政府电影主管部门没收违法所得；违法所得五万元以上的，并处违法所得五倍以上十倍以下的罚款；没有违法所得或者违法所得不足五万元的，可以并处二十五万元以下的罚款：

（一）伪造、变造、出租、出借、买卖本法规定的许可证、批准或者证明文件，或者以其他形式非法转让本法规定的许可证、批准或者证明文件的；

（二）以欺骗、贿赂等不正当手段取得本法规定的许可证、批准或者证明文件的。

第四十九条　【未合法取得电影公映许可证而使用电影的法律责任】有下列情形之一的，由原发证机关吊销许可证；县级以上人民政府电影主管部门没收电影片和违法所得；违法所得五万元以上的，并处违法所得十倍以上二十倍以下的罚款；没有违法所得或者违法所得不足五万元的，可以并处五十万元以下的罚款：

（一）发行、放映未取得电影公映许可证的电影的；

（二）取得电影公映许可证后变更电影内容，未依照规定重新取得电影公映许可证擅自发行、放映、送展的；

（三）提供未取得电影公映许可证的电影参加电影节（展）的。

第五十条　【承接含有违法内容的境外电影业务的法律责任】承接含有损害我国国家尊严、荣誉和利益，危害社会稳定，伤害民族感情等内容的境外电影的洗印、加工、后期制作等业务的，由县级以上人民政府电影主管部门责令停止违法活动，没收电影片和违法所得；违法所得五万元以上的，并处违法所得三倍以上五倍以下的罚款；没有违法所得或者违法所得不足五万元的，可以并处十五万元以下的罚款。情节严重的，由电影主管部门通报工商行政管理部门，由工商行政管理部门吊销营业执照。

第五十一条　【制造虚假交易、虚报瞒报销售收入以及电影中插播广告的法律责任】电影发行企业、电影院等有制造虚假交易、虚报瞒报销售收入等行为，扰乱电影市场秩序的，由县级以上人民政府电影主管部门责令改正，没收违法所得，处五万元以上五十万元以下的罚款；违法所得五十万元以上的，处违法所得一倍以上五倍以下的罚款。情节严重的，责令停业整顿；情节特别严重的，由原发证机关吊销许可证。

电影院在向观众明示的电影开始放映时间之后至电影放映结束前放映广告的，由县级人民政府电影主管部门给予警告，责令改正；情节严重的，处一万元以上五万元以下的罚款。

第五十二条　【未经许可擅自在境内举办涉外电影节（展）的法律责任】法人或者其他组织未经许可擅自在境内举办涉外电影节（展）的，由国务院电影主管部门或者省、自治区、直辖市人民政府电影主管部门责令停止违法活动，没收参展的电影片和违法所得；违法所得五万元以上的，并处违法所得五倍以上十倍以下的罚款；没有违法所得或者违法所得不足五万元的，可以并处二十五万元以下的罚款；情节严重的，自受到处罚之日起五年内不得举办涉外电影节（展）。

个人擅自在境内举办涉外电影节（展），或者擅自提供未取得电影公映许可证的电影参加电影节（展）的，由国务院电影主管部门或者省、自治区、直辖市人民政府电影主管部门责令停止违法活动，没收参展的电影片和违法所得；违法所得五万元以上的，并处违法所得五倍以上十倍以下的罚款；没有违法所得或者违法所得不足五万元的，可以并处二十五万元以下的罚款；情节严重的，自受到处罚之日起五年内不得从事相关电影活动。

第五十三条　【违法被吊销许可证，五年内禁止从事该业务】法人、其他组织或者个体工商户因违反本法规定被吊销许可证的，自吊销许可证之日起五年内不得从事该项业务活动；其法定代表人或者主要负责人自吊销许可证之日起五年内不得担任从事电影活动的法人、其他组织的法定代表人或者主要负责人。

第五十四条　【电影公映许可证及补贴、知识产权、档案等方面违法的法律责任】有下列情形之一的，依照有关法律、行政法规及国家有关规定予以处罚：

（一）违反国家有关规定，擅自将未取得电影公映许可证的电影制作为音像制品的；

（二）违反国家有关规定，擅自通过互联网、电信网、广播电视网等信息网络传播未取得电影公映许可证的电影的；

（三）以虚报、冒领等手段骗取农村电影公益放映补贴资金的；

（四）侵犯与电影有关的知识产权的；

（五）未依法接收、收集、整理、保管、移交电影档案的。

电影院有前款第四项规定行为，情节严重的，由原发证机关吊销许可证。

第五十五条　【电影主管部门或其他部门工作人员违法的法律责任】县级以上人民政府电影主管部门或者其他有关部门的工作人员有下列情形之一，尚不构成犯罪的，依法给予处分：

（一）利用职务上的便利收受他人财物或者其他好处的；

（二）违反本法规定进行审批活动的；

（三）不履行监督职责的；

（四）发现违法行为不予查处的；

（五）贪污、挪用、截留、克扣农村电影公益放映补贴资金或者相关专项资金、基金的；

（六）其他违反本法规定滥用职权、玩忽职守、徇私舞弊的情形。

第五十六条 **【造成人身、财产损害及屡次违法的法律责任】**违反本法规定，造成人身、财产损害的，依法承担民事责任；构成犯罪的，依法追究刑事责任。

因违反本法规定二年内受到二次以上行政处罚，又有依照本法规定应当处罚的违法行为的，从重处罚。

第五十七条 **【行政处罚权的行使】**县级以上人民政府电影主管部门及其工作人员应当严格依照本法规定的处罚种类和幅度，根据违法行为的性质和具体情节行使行政处罚权，具体办法由国务院电影主管部门制定。

县级以上人民政府电影主管部门对有证据证明违反本法规定的行为进行查处时，可以依法查封与违法行为有关的场所、设施或者查封、扣押用于违法行为的财物。

第五十八条 **【当事人对行政行为不服可以依法申请行政复议或提起行政诉讼】**当事人对县级以上人民政府电影主管部门以及其他有关部门依照本法作出的行政行为不服的，可以依法申请行政复议或者提起行政诉讼。其中，对国务院电影主管部门作出的不准予电影公映的决定不服的，应当先依法申请行政复议，对行政复议决定不服的可以提起行政诉讼。

第六章 附 则

第五十九条 **【境外资本设立企业，依国家规定】**境外资本在中华人民共和国境内设立从事电影活动的企业的，按照国家有关规定执行。

第六十条 **【施行日期】**本法自2017年3月1日起施行。

电影管理条例①

1. 2001年12月25日国务院令第342号公布
2. 自2002年2月1日起施行

第一章 总 则

第一条 为了加强对电影行业的管理，发展和繁荣电影事业，满足人民群众文化生活需要，促进社会主义物质文明和精神文明建设，制定本条例。

第二条 本条例适用于中华人民共和国境内的故事片、纪录片、科教片、美术片、专题片等电影片的制片、进口、出口、发行和放映等活动。

第三条 从事电影片的制片、进口、出口、发行和放映等活动，应当遵守宪法和有关法律、法规，坚持为人民服务、为社会主义服务的方向。

第四条 国务院广播电影电视行政部门主管全国电影工作。

县级以上地方人民政府管理电影的行政部门（以下简称电影行政部门），依照本条例的规定负责本行政区域内的电影管理工作。

第五条 国家对电影摄制、进口、出口、发行、放映和电影片公映实行许可制度。未经许可，任何单位和个人不得从事电影片的摄制、进口、发行、放映活动，不得进口、出口、发行、放映未取得许可证的电影片。

依照本条例发放的许可证和批准文件，不得出租、出借、出售或者以其他任何形式转让。

第六条 全国性电影行业的社会团体按照其章程，在国务院广播电影电视行政部门指导下，实行自律管理。

第七条 国家对为电影事业发展做出显著贡献的单位和个人，给予奖励。

第二章 电影制片

第八条 设立电影制片单位，应当具备下列条件：

（一）有电影制片单位的名称、章程；

（二）有符合国务院广播电影电视行政部门认定的主办单位及其主管机关；

（三）有确定的业务范围；

（四）有适应业务范围需要的组织机构和专业人员；

（五）有适应业务范围需要的资金、场所和设备；

（六）法律、行政法规规定的其他条件。

审批设立电影制片单位，除依照前款所列条件外，

---

① 该条例中关于"电影制片单位以外的单位独立从事电影摄制业务"等行政审批项目已被《国务院关于第六批取消和调整行政审批项目的决定》（2012年9月23日发布）、《国务院关于取消和下放50项行政审批项目等事项的决定》（2013年7月13日发布）、《国务院关于取消和调整一批行政审批项目等事项的决定》（2014年7月22日发布）、《国务院关于取消和调整一批行政审批项目等事项的决定》（2015年2月24日发布）、《国务院关于第二批取消152项中央指定地方实施行政审批事项的决定》（2016年2月3日发布）取消、调整、下放或后置。

还应当符合国务院广播电影电视行政部门制定的电影制片单位总量、布局和结构的规划。

第九条 申请设立电影制片单位，由所在地省、自治区、直辖市人民政府电影行政部门审核同意后，报国务院广播电影电视行政部门审批。

申请书应当载明下列内容：

（一）电影制片单位的名称、地址和经济性质；

（二）电影制片单位的主办单位的名称、地址、性质及其主管机关；

（三）电影制片单位的法定代表人的姓名、住址、资格证明文件；

（四）电影制片单位的资金来源和数额。

第十条 国务院广播电影电视行政部门应当自收到设立电影制片单位的申请书之日起90日内，作出批准或者不批准的决定，并通知申请人。批准的，由国务院广播电影电视行政部门发给《摄制电影许可证》，申请人持《摄制电影许可证》到国务院工商行政管理部门办理登记手续，依法领取营业执照；不批准的，应当说明理由。

第十一条 电影制片单位以其全部法人财产，依法享有民事权利，承担民事责任。

第十二条 电影制片单位变更、终止，应当报国务院广播电影电视行政部门批准，并依法到原登记的工商行政管理部门办理变更登记或者注销登记。

第十三条 电影制片单位可以从事下列活动：

（一）摄制电影片；

（二）按照国家有关规定制作本单位摄制的电影片的复制品；

（三）按照国家有关规定在全国范围发行本单位摄制并被许可公映的电影片及其复制品；

（四）按照国家有关规定出口本单位摄制并被许可公映的电影片及其复制品。

第十四条 电影制片单位应当建立、健全管理制度，保证电影片的质量。

第十五条 电影制片单位对其摄制的电影片，依法享有著作权。

第十六条 电影制片单位以外的单位独立从事电影摄制业务，须报经国务院广播电影电视行政部门批准，并持批准文件到工商行政管理部门办理相应的登记手续。

电影制片单位以外的单位经批准后摄制电影片，应当事先到国务院广播电影电视行政部门领取一次性《摄制电影片许可证（单片）》，并参照电影制片单位享有权利、承担义务。具体办法由国务院广播电影电视行政部门制定。

第十七条 国家鼓励企业、事业单位和其他社会组织以及个人以资助、投资的形式参与摄制电影片。具体办法由国务院广播电影电视行政部门制定。

第十八条 电影制片单位经国务院广播电影电视行政部门批准，可以与境外电影制片者合作摄制电影片；其他单位和个人不得与境外电影制片者合作摄制电影片。

电影制片单位和持有《摄制电影片许可证（单片）》的单位经国务院广播电影电视行政部门批准，可以到境外从事电影片摄制活动。

境外组织或者个人不得在中华人民共和国境内独立从事电影片摄制活动。

第十九条 中外合作摄制电影片，应当由中方合作者事先向国务院广播电影电视行政部门提出立项申请。国务院广播电影电视行政部门征求有关部门的意见后，经审查符合规定的，发给申请人一次性《中外合作摄制电影片许可证》。申请人取得《中外合作摄制电影片许可证》后，应当按照国务院广播电影电视行政部门的规定签订中外合作摄制电影片合同。

第二十条 中外合作摄制电影片需要进口设备、器材、胶片、道具的，中方合作者应当持国务院广播电影电视行政部门的批准文件到海关办理进口或者临时进口手续。

第二十一条 境外电影制片者同中方合作者合作或者以其他形式在中华人民共和国境内摄制电影片，应当遵守中华人民共和国的法律、法规，尊重中华民族的风俗、习惯。

第二十二条 电影底片、样片的冲洗及后期制作，应当在中华人民共和国境内完成。有特殊技术要求确需在境外完成的，应当单项申请，报经国务院广播电影电视行政部门批准后，按照批准文件载明的要求执行。

第二十三条 电影洗印单位不得洗印加工未取得《摄制电影许可证》或者《摄制电影片许可证（单片）》的单位摄制的电影底片、样片，不得洗印加工未取得《电影片公映许可证》的电影片拷贝。

电影洗印单位接受委托洗印加工境外的电影底片、样片和电影片拷贝的，应当事先经国务院广播电影电视行政部门批准，并持批准文件依法向海关办理有关进口手续。洗印加工的电影底片、样片和电影片拷贝必须全部运输出境。

第三章 电影审查

第二十四条 国家实行电影审查制度。

未经国务院广播电影电视行政部门的电影审查机

构(以下简称电影审查机构)审查通过的电影片,不得发行、放映、进口、出口。

供科学研究、教学参考的专题片进口和中国电影资料馆进口电影资料片,依照本条例第三十二条的规定办理。

第二十五条 电影片禁止载有下列内容:

(一)反对宪法确定的基本原则的;

(二)危害国家统一、主权和领土完整的;

(三)泄露国家秘密、危害国家安全或者损害国家荣誉和利益的;

(四)煽动民族仇恨、民族歧视,破坏民族团结,或者侵害民族风俗、习惯的;

(五)宣扬邪教、迷信的;

(六)扰乱社会秩序,破坏社会稳定的;

(七)宣扬淫秽、赌博、暴力或者教唆犯罪的;

(八)侮辱或者诽谤他人,侵害他人合法权益的;

(九)危害社会公德或者民族优秀文化传统的;

(十)有法律、行政法规和国家规定禁止的其他内容的。

电影技术质量应当符合国家标准。

第二十六条 电影制片单位应当依照本条例第二十五条的规定,负责电影剧本投拍和电影片出厂前的审查。

电影制片单位依照前款规定对其准备投拍的电影剧本审查后,应当报电影审查机构备案;电影审查机构可以对报备案的电影剧本进行审查,发现有本条例第二十五条禁止内容的,应当及时通知电影制片单位不得投拍。具体办法由国务院广播电影电视行政部门制定。

第二十七条 电影制片单位应当在电影片摄制完成后,报请电影审查机构审查;电影进口经营单位应当在办理电影片临时进口手续后,报请电影审查机构审查。

电影审查收费标准由国务院价格主管部门会同国务院广播电影电视行政部门规定。

第二十八条 电影审查机构应当自收到报送审查的电影片之日起30日内,将审查决定书面通知送审单位。审查合格的,由国务院广播电影电视行政部门发给《电影片公映许可证》。

电影制片单位或者电影进口经营单位应当将《电影片公映许可证》证号印制在该电影片拷贝第一本片头处。

审查不合格,经修改报送重审的,审查期限依照本条 第一款的规定重新计算。

第二十九条 电影制片单位和电影进口经营单位对电影片审查决定不服的,可以自收到审查决定之日起30日内向国务院广播电影电视行政部门的电影复审机构申请复审;复审合格的,由国务院广播电影电视行政部门发给《电影片公映许可证》。

第四章 电影进口出口

第三十条 电影进口业务由国务院广播电影电视行政部门指定电影进口经营单位经营;未经指定,任何单位或者个人不得经营电影进口业务。

第三十一条 进口供公映的电影片,进口前应当报送电影审查机构审查。

报送电影审查机构审查的电影片,由指定的电影进口经营单位持国务院广播电影电视行政部门的临时进口批准文件到海关办理电影片临时进口手续;临时进口的电影片经电影审查机构审查合格并发给《电影片公映许可证》和进口批准文件后,由电影进口经营单位持进口批准文件到海关办理进口手续。

第三十二条 进口供科学研究、教学参考的专题片,进口单位应当报经国务院有关行政主管部门审查批准,持批准文件到海关办理进口手续,并于进口之日起30日内向国务院广播电影电视行政部门备案。但是,不得以科学研究、教学的名义进口故事片。

中国电影资料馆进口电影资料片,可以直接到海关办理进口手续。中国电影资料馆应当将其进口的电影资料片按季度向国务院广播电影电视行政部门备案。

除本条 规定外,任何单位或者个人不得进口未经国务院广播电影电视行政部门审查合格的电影片。

第三十三条 电影进口经营单位应当在取得电影作品著作权人使用许可后,在许可的范围内使用电影作品;未取得使用许可的,任何单位和个人不得使用进口电影作品。

第三十四条 电影制片单位出口本单位制作的电影片的,应当持《电影片公映许可证》到海关办理电影片出口手续。

中外合作摄制电影片出口的,中方合作者应当持《电影片公映许可证》到海关办理出口手续。中外合作摄制电影片素材出口的,中方合作者应当持国务院广播电影电视行政部门的批准文件到海关办理出口手续。

中方协助摄制电影片或者电影片素材出境的,中方协助者应当持国务院广播电影电视行政部门的批准文件到海关办理出境手续。

第三十五条 举办中外电影展、国际电影节,提供电影片参加境外电影展、电影节等,应当报国务院广播电影电视行政部门批准。

参加前款规定的电影展、电影节的电影片，须报国务院广播电影电视行政部门审查批准。参加境外电影展、电影节的电影片经批准后，参展者应当持国务院广播电影电视行政部门的批准文件到海关办理电影片临时出口手续。参加在中国境内举办的中外电影展、国际电影节的境外电影片经批准后，举办者应当持国务院广播电影电视行政部门的批准文件到海关办理临时进口手续。

第五章 电影发行和放映

第三十六条 设立电影发行单位、电影放映单位，应当具备下列条件：

（一）有电影发行单位、电影放映单位的名称、章程；

（二）有确定的业务范围；

（三）有适应业务范围需要的组织机构和专业人员；

（四）有适应业务范围需要的资金、场所和设备；

（五）法律、行政法规规定的其他条件。

第三十七条 设立电影发行单位，应当向所在地省、自治区、直辖市人民政府电影行政部门提出申请；设立跨省、自治区、直辖市的电影发行单位，应当向国务院广播电影电视行政部门提出申请。所在地省、自治区、直辖市人民政府电影行政部门或者国务院广播电影电视行政部门应当自收到申请书之日起60日内作出批准或者不批准的决定，并通知申请人。批准的，发给《电影发行经营许可证》，申请人应当持《电影发行经营许可证》到工商行政管理部门登记，依法领取营业执照；不批准的，应当说明理由。

第三十八条 设立电影放映单位，应当向所在地县或者设区的市人民政府电影行政部门提出申请。所在地县或者设区的市人民政府电影行政部门应当自收到申请书之日起60日内作出批准或者不批准的决定，并通知申请人。批准的，发给《电影放映经营许可证》，申请人持《电影放映经营许可证》到所在地工商行政管理部门登记，依法领取营业执照；不批准的，应当说明理由。

第三十九条 电影发行单位、电影放映单位变更业务范围，或者兼并其他电影发行单位、电影放映单位，或者因合并、分立而设立新的电影发行单位、电影放映单位的，应当依照本条例第三十七条或者第三十八条的规定办理审批手续，并到工商行政管理部门办理相应的登记手续。

电影发行单位、电影放映单位变更名称、地址、法定代表人或者主要负责人，或者终止电影发行、放映经营活动的，应当到原登记的工商行政管理部门办理变更登记或者注销登记，并向原审批的电影行政部门备案。

第四十条 申请从事农村16毫米电影片发行、放映业务的单位或者个人，可以直接到所在地工商行政管理部门办理登记手续，并向所在地县级人民政府电影行政部门备案；备案后，可以在全国农村从事16毫米电影片发行、放映业务。

第四十一条 国家允许企业、事业单位和其他社会组织以及个人投资建设、改造电影院。

国家允许以中外合资或者中外合作的方式建设、改造电影院。具体办法由国务院广播电影电视行政部门会同国务院文化行政部门、国务院对外经济贸易主管部门按照有关规定制定。

第四十二条 电影片依法取得国务院广播电影电视行政部门发给的《电影片公映许可证》后，方可发行、放映。

已经取得《电影片公映许可证》的电影片，国务院广播电影电视行政部门在特殊情况下可以作出停止发行、放映或者经修改后方可发行、放映的决定；对决定经修改后方可发行、放映的电影片，著作权人拒绝修改的，由国务院广播电影电视行政部门决定停止发行、放映。

国务院广播电影电视行政部门作出的停止发行、放映的决定，电影发行单位、电影放映单位应当执行。

第四十三条 利用电影片制作音像制品的，应当遵守国家有关音像制品管理的规定。

任何单位和个人不得利用电影资料片从事或者变相从事经营性的发行、放映活动。

第四十四条 放映电影片，应当符合国家规定的国产电影片与进口电影片放映的时间比例。

放映单位年放映国产电影片的时间不得低于年放映电影片时间总和的三分之二。

第四十五条 电影放映单位应当维护电影院的公共秩序和环境卫生，保证观众的安全与健康。

第六章 电影事业的保障

第四十六条 国家建立和完善适应社会主义市场经济体制的电影管理体制，发展电影事业。

第四十七条 国家保障电影创作自由，重视和培养电影专业人才，重视和加强电影理论研究，繁荣电影创作，提高电影质量。

第四十八条 国家建立电影事业发展专项资金，并采取其他优惠措施，支持电影事业的发展。

电影事业发展专项资金缴纳单位应当按照国家有关规定履行缴纳义务。

第四十九条 电影事业发展专项资金扶持、资助下列项目：

（一）国家倡导并确认的重点电影片的摄制和优秀电影剧本的征集；

（二）重点制片基地的技术改造；

（三）电影院的改造和放映设施的技术改造；

（四）少数民族地区、边远贫困地区和农村地区的电影事业的发展；

（五）需要资助的其他项目。

第五十条 国家鼓励、扶持科学教育片、纪录片、美术片及儿童电影片的制片、发行和放映。

第五十一条 国家对少数民族地区、边远贫困地区和农村地区发行、放映电影实行优惠政策。

国家对从事农村16毫米电影片发行、放映业务的单位和个人予以扶持。具体办法由国务院广播电影电视行政部门、国务院文化行政部门会同国务院财政部门规定。

第五十二条 县级以上地方人民政府制定的本行政区域建设规划，应当包括电影院和放映设施的建设规划。

改建、拆除电影院和放映设施，应当报经所在地县级以上地方人民政府电影行政部门审查批准，县级以上地方人民政府电影行政部门应当依据国家有关规定作出批准或者不批准的决定。

第五十三条 县级以上地方人民政府电影行政部门和其他有关行政部门，对干扰、阻止和破坏电影片的制片、发行、放映的行为，应当及时采取措施予以制止，并依法查处。

大众传播媒体不得宣扬非法电影。

第七章 罚 则

第五十四条 国务院广播电影电视行政部门和县级以上地方人民政府电影行政部门或者其他有关部门及其工作人员，利用职务上的便利收受他人财物或者其他好处，批准不符合法定设立条件的电影片的制片、发行和放映单位，或者不履行监督职责，或者发现违法行为不予查处，造成严重后果的，对负有责任的主管人员和其他直接责任人员依照刑法关于受贿罪、滥用职权罪、玩忽职守罪或者其他罪的规定，依法追究刑事责任；尚不够刑事处罚的，给予降级或者撤职的行政处分。

第五十五条 违反本条例规定，擅自设立电影片的制片、发行、放映单位，或者擅自从事电影制片、进口、发行、放映活动的，由工商行政管理部门予以取缔；依照刑法关于非法经营罪的规定，依法追究刑事责任；尚不够刑事处罚的，没收违法经营的电影片和违法所得以及进行违法经营活动的专用工具、设备；违法所得5万元以上的，并处违法所得5倍以上10倍以下的罚款；没有违法所得或者违法所得不足5万元的，并处20万元以上50万元以下的罚款。

第五十六条 摄制含有本条例第二十五条禁止内容的电影片，或者洗印加工、进口、发行、放映明知或者应知含有本条例第二十五条禁止内容的电影片的，依照刑法有关规定，依法追究刑事责任；尚不够刑事处罚的，由电影行政部门责令停业整顿，没收违法经营的电影片和违法所得；违法所得5万元以上的，并处违法所得5倍以上10倍以下的罚款；没有违法所得或者违法所得不足5万元的，并处20万元以上50万元以下的罚款；情节严重的，并由原发证机关吊销许可证。

第五十七条 走私电影片，依照刑法关于走私罪的规定，依法追究刑事责任；尚不够刑事处罚的，由海关依法给予行政处罚。

第五十八条 出口、发行、放映未取得《电影片公映许可证》的电影片的，由电影行政部门责令停止违法行为，没收违法经营的电影片和违法所得；违法所得5万元以上的，并处违法所得10倍以上15倍以下的罚款；没有违法所得或者违法所得不足5万元的，并处20万元以上50万元以下的罚款；情节严重的，并责令停业整顿或者由原发证机关吊销许可证。

第五十九条 有下列行为之一的，由电影行政部门责令停止违法行为，没收违法经营的电影片和违法所得；违法所得5万元以上的，并处违法所得5倍以上10倍以下的罚款；没有违法所得或者违法所得不足5万元的，并处10万元以上30万元以下的罚款；情节严重的，并责令停业整顿或者由原发证机关吊销许可证：

（一）未经批准，擅自与境外组织或者个人合作摄制电影，或者擅自到境外从事电影摄制活动的；

（二）擅自到境外进行电影底片、样片的冲洗或者后期制作，或者未按照批准文件载明的要求执行的；

（三）洗印加工未取得《摄制电影许可证》、《摄制电影片许可证（单片）》的单位摄制的电影底片、样片，或者洗印加工未取得《电影片公映许可证》的电影片拷贝的；

（四）未经批准，接受委托洗印加工境外电影底片、样片或者电影片拷贝，或者未将洗印加工的境外电影底片、样片或者电影片拷贝全部运输出境的；

（五）利用电影资料片从事或者变相从事经营性的发行、放映活动的；

（六）未按照规定的时间比例放映电影片，或者不执行国务院广播电影电视行政部门停止发行、放映决定的。

第六十条 境外组织、个人在中华人民共和国境内独立从事电影片摄制活动的，由国务院广播电影电视行政部门责令停止违法活动，没收违法摄制的电影片和进行违法活动的专用工具、设备，并处30万元以上50万元以下的罚款。

第六十一条 未经批准，擅自举办中外电影展、国际电影节，或者擅自提供电影片参加境外电影展、电影节的，由国务院广播电影电视行政部门责令停止违法活动，没收违法参展的电影片和违法所得；违法所得2万元以上的，并处违法所得5倍以上10倍以下的罚款；没有违法所得或者违法所得不足2万元的，并处2万元以上10万元以下的罚款。

第六十二条 未经批准，擅自改建、拆除电影院或者放映设施的，由县级以上地方人民政府电影行政部门责令限期恢复电影院或者放映设施的原状，给予警告，对负有责任的主管人员和其他直接责任人员依法给予纪律处分。

第六十三条 单位违反本条例，被处以吊销许可证行政处罚的，应当按照国家有关规定到工商行政管理部门办理变更登记或者注销登记；逾期未办理的，由工商行政管理部门吊销营业执照。

第六十四条 单位违反本条例，被处以吊销许可证行政处罚的，其法定代表人或者主要负责人自吊销许可证之日起5年内不得担任电影片的制片、进口、出口、发行和放映单位的法定代表人或者主要负责人。

个人违反本条例，未经批准擅自从事电影片的制片、进口、发行业务，或者擅自举办中外电影展、国际电影节或者擅自提供电影片参加境外电影展、电影节的，5年内不得从事相关电影业务。

第六十五条 未按照国家有关规定履行电影事业发展专项资金缴纳义务的，由省级以上人民政府电影行政部门责令限期补交，并自欠缴之日起按日加收所欠缴金额万分之五的滞纳金。

第六十六条 依照本条例的规定实施罚款的行政处罚，应当依照有关法律、行政法规的规定，实行罚款决定与罚款收缴分离；收缴的罚款应当全部上缴国库。

第八章　附　　则

第六十七条 国家实行《摄制电影许可证》和《电影发行经营许可证》、《电影放映经营许可证》年检制度。年检办法由国务院广播电影电视行政部门制定。

第六十八条 本条例自2002年2月1日起施行。1996年6月19日国务院发布的《电影管理条例》同时废止。

外商投资电影院暂行规定

1. 2003年11月25日国家广播电影电视总局、商务部、文化部令第21号发布

2. 根据2015年8月28日国家新闻出版广电总局令第3号《关于修订部分规章和规范性文件的决定》修订

第一条 为适应改革开放的需要，吸收境外资金、引进先进技术和设备，促进我国电影业的繁荣发展，根据《中华人民共和国中外合资经营企业法》、《中华人民共和国中外合作经营企业法》、《电影管理条例》等有关法律、法规，制定本规定。

第二条 本规定适用于外国的公司、企业和其他经济组织或个人（以下简称合营外方）按照平等互利的原则，经中国政府批准，同中国境内的公司、企业（以下简称合营中方）设立中外合资、合作企业，新建、改造电影院，从事电影放映业务。

第三条 外商不得设立独资电影院，不得组建电影院线公司。

第四条 外商投资电影院应当符合以下条件：

（一）符合当地文化设施的布局与规划；

（二）有固定的营业（放映）场所；

（三）中外合资电影院，合营中方在注册资本中的投资比例不得低于51%；对全国试点城市：北京、上海、广州、成都、西安、武汉、南京市中外合资电影院，合营外方在注册资本中的投资比例最高不得超过75%；

（四）合资、合作期限不超过30年；

（五）符合中国有关法律、法规及有关规定。

第五条 合营中方若以国有资产（现金投资除外）参与投资，应按国有资产管理的有关规定履行相关手续。

第六条 设立外商投资电影院依下列程序报批：

（一）合营中方须向所在地省级商务行政部门提出申请，提交以下材料：

1. 设立外商投资电影院项目申请书；

2. 合营中方的法人资格证明材料、影院土地使用权的有关材料；

3. 合营外方的资格证明材料；

4. 工商行政部门出具的外商投资电影院名称预核准通知书；

5. 可行性研究报告、合同、章程；

6. 法律、法规和审批机构要求提供的其他材料。

（二）所在地省级商务行政部门在征得省级电影行政部门同意后，依照国家有关外商投资的法律、法规进行审批，报商务部、国家广播电影电视总局、文化部备案。对批准设立的外商投资企业颁发《外商投资企业批准证书》。

（三）获批准设立的外商投资电影院，应自收到《外商投资企业批准证书》之日起一个月内，持《外商投资企业批准证书》到省级工商行政部门办理注册登记手续。

（四）外商投资电影院完成建设、改造任务后，经有关部门验收合格，持《外商投资企业批准证书》、《营业执照》向省级电影行政部门申领《电影放映经营许可证》，方可从事电影放映业务。

第七条　已设立的外商投资电影院变更股权及投资额时，应按本规定第六条的程序办理。

第八条　外商投资电影院必须遵守国家有关法律、法规，依照《电影管理条例》从事经营活动，接受中国政府有关部门的监督和管理，放映的影片必须持有国家广播电影电视总局颁发的《电影片公映许可证》，不准放映走私、盗版电影，不得从事营业性的录像、VCD、DVD的放映。

第九条　外商投资电影院附属从事其他娱乐服务业务要符合国家有关规定。

第十条　香港特别行政区、澳门特别行政区和台湾地区的投资者在内地设立从事电影放映业务的企业参照本规定办理。

第十一条　本规定及其附件自2004年1月1日起施行。本规定及附件施行之日，2000年10月25日国家广播电影电视总局、对外贸易经济合作部和文化部发布的《外商投资电影院暂行规定》同时废止。

附件：

为了促进香港、澳门与内地建立更紧密经贸关系，鼓励香港、澳门服务提供者在内地设立从事电影放映业务的企业，根据国务院批准的《内地与香港关于建立更紧密经贸关系的安排》和《内地与澳门关于建立更紧密经贸关系的安排》，现对《外商投资电影院暂行规定》中有关香港和澳门服务提供者投资电影院问题作出如下特别规定：

一、自2004年1月1日起，允许香港、澳门服务提供者在内地以合资、合作的形式建设、改造及经营电影院。允许香港、澳门服务提供者拥有多数股权，但不得超过75%。

二、香港、澳门服务提供者在内地投资电影院的其他规定，仍按《外商投资电影院暂行规定》执行。

《外商投资电影院暂行规定》的补充规定

1. 2005年4月8日国家广播电影电视总局令第49号发布
2. 自2005年5月8日起施行

《外商投资电影院暂行规定》的补充规定为了促进香港、澳门与内地建立更紧密经贸关系，鼓励香港、澳门服务提供者在内地设立从事电影放映业务的企业，根据国务院批准的《〈内地与香港关于建立更紧密经贸关系的安排〉补充协议》及《〈内地与澳门关于建立更紧密经贸关系的安排〉补充协议》，现就《外商投资电影院暂行规定》（国家广播电影电视总局、商务部、文化部令第21号）及附件中的有关香港和澳门服务提供者投资电影院问题作出如下补充规定：

一、自年2005年1月1日起，允许香港、澳门服务提供者在内地以合资、合作或独资的形式建设、改造及经营电影院。

二、本规定中的香港服务提供者和澳门服务提供者应分别符合《内地与香港关于建立更紧密经贸关系的安排》及《内地与澳门关于建立更紧密经贸关系的安排》中关于“服务提供者”定义及相关规定的要求。

三、香港、澳门服务提供者在内地投资电影院的其他规定，仍按照《外商投资电影院暂行规定》执行。

四、本规定自2005年5月8日起施行。

《外商投资电影院暂行规定》补充规定二

1. 2006年1月18日国家广播电影电视总局令第51号发布
2. 自2006年2月20日起施行

为了促进香港、澳门与内地建立更紧密经贸关系，鼓励香港、澳门服务提供者在内地设立的独资公司，在多个地点新建或改建多间电影院，经营电影放映业务，根据国务院批准的《〈内地与香港关于建立更紧密经贸关系的安排〉补充协议二》和《〈内地与澳门关于建立更紧密经贸关系的安排〉补充协议二》，现对《外商投资电影院暂行规定》（国家广播电影电视总局、商务部、文化部令第21号）做如下补充规定：

一、自2006年1月1日起，允许香港、澳门服务提供者在内地设立的独资公司，在多个地点新建或改建多间电影院，经营电影放映业务。

二、本规定中的香港服务提供者和澳门服务提供者应分别符合《内地与香港关于建立更紧密经贸关系的安排》和《内地与澳门关于建立更紧密经贸关系的安排》中关于"服务提供者"定义及相关规定的要求。

三、香港、澳门服务提供者在内地投资电影院的其他规定，仍按照《外商投资电影院暂行规定》及《〈外商投资电影院暂行规定〉的补充规定》（国家广播电影电视总局、商务部、文化部令第49号）执行。

四、本补充规定自2006年2月20日起施行。

电影艺术档案管理规定

1. 2010年6月29日国家广播电影电视总局、国家档案局令第64号发布

2. 自2010年8月1日起施行

第一章 总 则

第一条 为了加强电影艺术档案的收集和管理，有效地保护和利用电影艺术档案，更好地为电影创作、生产、教学、研究和普及服务，根据《中华人民共和国档案法》、《中华人民共和国档案法实施办法》和《电影管理条例》，制定本规定。

第二条 本规定适用于中国境内的电影摄制单位和电影艺术档案机构，以及与电影艺术档案相关的组织和个人。

第三条 本规定所称电影艺术档案，是指在电影创作、生产、发行、放映过程中形成的文字、图片、标准拷贝、数字母版、影片素材等具有保存价值的资料。

第四条 电影艺术档案是国家档案的重要组成部分，依法接受档案行政管理部门的统筹规划、组织协调和监督指导，实行统一管理。

国务院广播影视行政部门负责全国电影艺术档案工作。

省、自治区、直辖市人民政府广播影视行政部门负责本行政区域内的电影艺术档案工作，并应当督促本行政区域内的电影摄制单位，按照本规定履行电影艺术档案移交义务。

第五条 国家鼓励和支持有关电影艺术档案保管、复制、修复方面的科学研究和实践活动。

第六条 电影艺术档案从业人员的专业技术职称或者职务，按照国家档案系列专业技术人员的有关规定评定与聘任。

第七条 有下列事迹之一的组织或者个人，由国务院广播影视行政部门给予奖励：

（一）为发展电影艺术档案事业作出重要贡献的；

（二）收集、整理、保管、修复电影艺术档案有显著成绩的；

（三）提供电影艺术档案获得显著效益的；

（四）将重要或者珍贵电影艺术档案捐赠给国家的。

第二章 档案构成

第八条 电影艺术档案由影片类和文字、图片类组成。

第九条 影片类档案包括：

国产影片、与我国香港特别行政区、澳门特别行政区、台湾地区及外国合作摄制的影片的全新原底标准拷贝或者数字母版，画原底、画翻正、画翻底，片头、片尾、唱词等各类字幕原底，片头、片尾、衬景原底，十格小底片，光号卡，国际乐效，混录声底、混录光学声底等。

第十条 文字、图片类档案包括：

（一）文学剧本、分镜头剧本、译制片台本；

（二）完成台本（含字幕表）；

（三）对国外发行的国产影片各语种和国内民族语言的翻译本；

（四）导演阐述；

（五）影片审查决定书；

（六）有关部门对影片的审查意见和决定；

（七）影片海报、宣传画、工作照、剧照、说明书、特刊；

（八）国产影片在国内外获奖的证件复印件及有关照片；

（九）剧本内容的有关依据和历史考证材料，以及取材或者改编前的原作；

（十）主创人员的创作设想和音乐总谱、歌词；

（十一）场景气氛图，服装、化妆、道具设计图，演员定妆照；

（十二）有关摄制决定；

（十三）分场分景表；

（十四）摄制工作日志；

（十五）摄制工作总结；

（十六）主创人员艺术创作总结；

（十七）其他在电影创作、生产、发行、放映过程中形成的具有保存价值的资料。

第十一条 本规定第九条、第十条的内容为故事影片艺术档案构成。其他片种可视工艺和工作程序不同参照执行。

第三章 归档和管理

第十二条 国家设立中国电影资料馆等电影艺术档案机构，负责依法收集、整理、保管和利用电影艺术档案等工作。

第十三条 电影艺术档案机构依法搜集电影创作、生产、发行、放映过程中形成的具有保存价值的电影艺术档案，接收有关组织或者个人通过移交、捐赠等方式提供的电影艺术档案，积极收集散失的国产影片艺术档案。

依据本规定移交电影艺术档案，电影艺术档案机构可以对有关单位予以适度补贴。

第十四条 电影艺术档案机构应当具有适宜长久保存、合理利用电影艺术档案的场所、设备、条件和专业人员，并建立科学的管理制度，逐步实现保存与管理的科学化、标准化。

用于保存电影艺术档案的库房温度、湿度等应当符合国家规定的标准，并应当加强防火、防盗、防虫、防霉、防光、防尘、防水（潮）、防有害气体等安全保卫工作。

第十五条 电影摄制单位应当设立专门部门或者指定专人负责电影艺术档案管理工作，切实履行电影艺术档案移交、保管义务。

第十六条 电影艺术档案机构和电影摄制单位应当有计划地做好电影艺术档案编目和研究工作。

第十七条 电影艺术档案机构应当逐步将电影艺术档案转换成数字化形式，加强档案的数字化修护和保护工作。

第十八条 电影艺术档案机构和电影摄制单位应当定期检查档案保存状况，对破损或者变质的电影艺术档案应当及时修补、复制或者进行其他技术处理。

第十九条 电影艺术档案机构应当确保易燃片基的安全，及时发现并消除隐患；对易燃片基进行单独的妥善保管，并有计划地转换复制成安全片基。

第四章 移交、捐赠和寄存

第二十条 电影摄制单位应当在影片取得电影公映许可证后三个月内向中国电影资料馆移交下列电影艺术档案，并永久保存，国务院广播影视行政部门另有规定的除外：

（一）影片类档案中的标准拷贝或者数字母版；

（二）本规定第十条第（一）项至第（六）项规定的文字、图片类档案。

电影摄制单位应当在影片取得电影公映许可证后一年内向中国电影资料馆移交其他影片类档案；经依法审查未取得电影公映许可证的影片，电影摄制单位如不再重新报请审查，应当在接到审查决定后一年内向中国电影资料馆移交电影艺术档案。

其他电影艺术档案，电影摄制单位可以参照本条第一款、第二款的规定向中国电影资料馆移交。

第二十一条 电影摄制单位应当依据本规定履行电影艺术档案移交义务，不得拒绝归档；电影艺术档案机构应当依据本规定履行电影艺术档案管理义务，为移交人提供服务。

第二十二条 电影摄制单位注销或者合并时，应当将其保存的电影艺术档案移交中国电影资料馆或者新组建的电影摄制单位妥善保管。

第二十三条 电影摄制组应当负责电影艺术档案的形成、积累，指定专人负责电影艺术资料的收集工作，并在影片摄制完成后将属于电影艺术档案归档范围的资料及时移交电影摄制单位档案部门归档。

第二十四条 国家鼓励任何组织、个人向电影艺术档案机构捐赠、寄存其拥有的电影艺术档案。电影艺术档案机构可以按照电影艺术档案的保存价值，作出是否接受捐赠、寄存的决定。

第二十五条 电影艺术档案机构应当依据捐赠协议、寄存协议，对捐赠、寄存的电影艺术档案，予以妥善保管，并依法维护捐赠人、寄存人的合法权益。

电影艺术档案机构可以向寄存人适当收取费用。

第二十六条 电影艺术档案机构应当与电影艺术档案的捐赠人、寄存人，就档案利用事宜在捐赠、寄存协议中进行约定。

第二十七条 向电影艺术档案机构捐赠、寄存电影艺术档案的组织、个人，对其档案有优先使用权。

第二十八条 国家鼓励通过捐赠等方式设立电影艺术档案保护社会基金，专门用于电影艺术档案保护，任何组织、个人不得侵占、挪用。

第五章 档案利用

第二十九条 国家鼓励任何组织、个人积极开展对电影艺术档案的利用。电影艺术档案机构保存的电影艺术档案，应当向社会公众开放。

电影艺术档案机构应当定期向社会公布电影艺术档案目录，简化利用手续、减少利用限制，为电影艺术档案公益性利用创造条件,提供便利。

电影艺术档案机构在档案利用工作中,应当按照分类向社会提供使用;并应当依据国家有关法律、法规的规定,维护电影艺术档案有关著作权人的合法权益。

利用电影艺术档案机构的电影艺术档案,应当按照有关规定办理手续,缴纳费用。

第三十条 对涉及国防、外交、国家安全等国家重大利益,以及可能对未成年人身心健康造成不良影响的电影艺术档案的利用,应当遵守国家有关法律、法规的规定。未经有关部门批准,任何组织、个人不得擅自利用上述电影艺术档案。

第三十一条 未经有关部门批准,下列电影艺术档案不得携带出境:

(一)构成限制出境的文物的;

(二)涉及国家秘密的;

(三)法律、法规规定限制出境的其他电影艺术档案。

第六章 法律责任

第三十二条 违反本规定,电影艺术档案机构在保管、利用属于国家所有的电影艺术档案过程中,有下列情形之一的,由省、自治区、直辖市以上人民政府广播影视行政部门责令改正,给予警告,对单位可以并处3万元以下的罚款,对个人可以并处5千元以下的罚款;情节严重的,对直接负责的主管人员和其他直接责任人员依法给予处分:

(一)电影艺术档案发生超额损伤的;

(二)损毁、丢失和擅自销毁电影艺术档案的;

(三)利用电影艺术档案谋取非法利益的;

(四)未经批准利用电影艺术档案的。

第三十三条 违反本规定,逾期未移交电影艺术档案的,由省、自治区、直辖市以上人民政府广播影视行政部门责令改正;情节严重的,对直接负责的主管人员和其他直接负责人员依法给予处分。

第七章 附 则

第三十四条 本规定自2010年8月1日起施行。1994年6月20日广播电影电视部、国家档案局发布的《电影艺术档案管理规定》同时废止。

电影企业经营资格准入暂行规定

1. 2004年10月10日国家广播电影电视总局、商务部令第43号发布

2. 根据2015年8月28日国家新闻出版广电总局令第3号《关于修订部分规章和规范性文件的决定》修订

第一章 总 则

第一条 为了充分调动社会力量,加快发展电影产业,培育市场主体,规范市场准入,增强电影业的整体实力和竞争力,促进社会主义电影业繁荣,满足广大人民群众的精神文化生活需求,根据《中华人民共和国中外合资经营企业法》、《中华人民共和国中外合作经营企业法》、《电影管理条例》,制定本规定。

第二条 本规定适用于境内公司、企业和其他经济组织经营电影制作、发行、放映、进出口业务及境外公司、企业和其他经济组织参与经营电影制作、放映业务的资格准入管理。

第三条 国家对电影制作、发行、放映、进出口经营资格实行许可制度。

第四条 国家广播电影电视总局(以下简称广电总局)为全国电影制片、发行、放映、进出口经营资格准入的行业行政管理部门。

第二章 电影制作

第五条 国家允许境内公司、企业和其他经济组织(不包括外商投资企业)设立电影制片公司。申请设立电影制片公司,由境内公司、企业和其他经济组织向广电总局提出申请。

(一)已取得《摄制电影许可证》的境内公司、企业和其他经济组织(不包括外商投资企业)联合设立电影制片公司的,需提交申请书、合同、章程、工商行政管理部门颁发的各方营业执照复印件、公司名称预核准通知书。

(二)未取得《摄制电影许可证》的境内公司、企业和其他经济组织(不包括外商投资企业),首次拍摄电影片时须设立影视文化公司,由影视文化公司申请领取《摄制电影片许可证(单片)》。取得《摄制电影片许可证(单片)》的申报条件及程序如下:

1. 地(市)级以上工商行政管理部门注册的各类影视文化单位,均有资格申领《摄制电影片许可证(单片)》;

2. 提交申请书、工商行政管理部门颁发的营业执

照复印件、制作影片的资金来源证明、拟摄制影片的文学剧本(故事梗概)一式三份;

3. 广电总局在20个工作日内对申报的摄制资格及电影文学剧本(故事梗概)进行审查。审查合格的,发给《摄制电影片许可证(单片)》。申报单位持广电总局出具的批准文件到所在地工商行政管理部门办理相关手续;不批准的,书面回复理由;

4. 取得《摄制电影片许可证(单片)》的单位,享有影片一次性出品权。出品人可独立出品,也可与其他制片单位(含影视文化单位)联合出品;

5.《摄制电影片许可证(单片)》实行一片一报制度。

(三)已取得《摄制电影片许可证(单片)》的境内公司、企业和其他经济组织(不包括外商投资企业)单独或联合设立电影制片公司的申报条件及程序如下:

1. 已经以《摄制电影片许可证(单片)》的形式投资拍摄了两部以上电影片;

2. 提交申请书、工商行政管理部门颁发的营业执照(联合设立电影制片公司的,还要提供合同、章程、工商行政管理部门颁发的各方营业执照复印件)、公司名称预核准通知书;

3. 投资摄制两部电影片的《摄制电影片许可证(单片)》、《电影片公映许可证》等相关材料。

(四)符合(一)、(三)项的,广电总局在20个工作日内颁发《摄制电影许可证》。申报单位持广电总局出具的批准文件到所在地工商行政管理部门办理相关手续,并报广电总局备案;不批准的,书面回复理由。

第六条　允许境内公司、企业和其他经济组织(以下简称中方)与境外公司、企业和其他经济组织(以下简称外方)合资、合作设立电影制片公司(以下简称合营公司)。申请设立合营公司,由中方向广电总局提出申请。申报条件及程序如下:

(一)中方已取得《摄制电影许可证》的或已取得两个《摄制电影片许可证(单片)》的;

(二)外资在注册资本中的比例不得超过49%;

(三)符合(一)、(二)项的,由中方向广电总局提交项目申请书、可行性研究报告、合同、章程、合营各方注册登记证明(或身份证明)、公司名称预核准通知书等。广电总局依法予以审核。经审核合格的,出具核准文件并颁发《摄制电影许可证》;

(四)符合(一)、(二)、(三)项的,由中方持广电总局出具的核准文件及本条(四)中所列文件,报商务部审批。商务部依法做出批准或不批准的决定。经批准的,颁发《外商投资企业批准证书》;不予批准的,书面回复理由;

(五)申报单位持广电总局、商务部的批准文件,到所在地工商行政管理部门办理相关手续。

第七条　按照本规定第五条、第六条,取得《摄制电影许可证》的电影制片公司,依照《电影管理条例》享有与国有电影制片单位同等的权利和义务。

第八条　允许境内公司、企业和其他经济组织(不包括外商投资企业)设立电影技术公司,改造电影制片、放映基础设施和技术设备。申报条件及程序如下:

(一)提交申请书、工商行政管理部门颁发的营业执照(联合设立电影技术公司的还要提供合同、章程、各方营业执照复印件)、公司名称预核准通知书;

(二)符合(一)项的,申报单位持广电总局出具的批准文件到所在地工商行政管理部门办理相关手续,并报广电总局备案;不批准的,书面回复理由。

第九条　允许境内公司、企业和其他经济组织(以下简称中方)与境外公司、企业和其他经济组织(以下简称外方)合资、合作设立电影技术公司,改造电影制片、放映基础设施和技术设备。申报条件及程序如下:

(一)外资在注册资本中的比例不得超过49%,经国家批准的省市可以控股;

(二)符合(一)项的,由中方向广电总局提交项目申请书、可行性研究报告、合同、章程、合营各方注册登记证明(或身份证明)、公司名称预核准通知书等。广电总局依法予以审核。经审核合格的,出具核准文件;

(三)符合(一)、(二)项的,由中方持广电总局出具的核准文件及本条(二)中所列文件,报商务部审批。商务部依法做出批准或不批准的决定。经批准的,颁发《外商投资企业批准证书》;不予批准的,书面回复理由;

(四)申报单位持广电总局、商务部的批准文件,到所在地工商行政管理部门办理相关手续。

第三章　电影发行、放映

第十条　鼓励境内公司、企业和其他经济组织(不包括外商投资企业)设立专营国产影片发行公司。申报条件及程序如下:

(一)受电影出品单位委托代理发行过两部电影片或受电视剧出品单位委托发行过两部电视剧;

(二)提交申请书、工商行政管理部门颁发的营业执照复印件、公司名称预核准通知书、已代理发行影视片的委托证明等材料;

(三)符合(一)、(二)项并向广电总局申请设立专营国产影片发行公司的,由广电总局在20个工作日内颁发全国专营国产影片的《电影发行经营许可证》；向当地省级电影行政管理部门申请设立专营国产影片发行公司的，由当地省级电影行政管理部门在20个工作日内颁发本省（区、市）专营国产影片的《电影发行经营许可证》。申报单位持电影行政管理部门出具的批准文件到所在地工商行政管理部门办理相关手续。不批准的，书面回复理由。

第十一条 广电总局依照关于发行放映国产影片的年度考核的有关规定，对取得《电影发行经营许可证》的公司进行年度考核。

第十二条 允许电影院线公司以紧密型或松散型进行整合。鼓励以跨省院线为基础，按条条管理的原则重新整合。不允许按行政区域整体兼并院线。院线整合报广电总局审批。

鼓励境内公司、企业和其他经济组织（不包括外商投资企业）投资现有院线公司或单独组建院线公司。

（一）以参股形式投资现有院线公司的，参股单位须在三年内投资不少于3000万元人民币，用于本院线中电影院的新建、改造；以控股形式投资现有院线公司的，控股单位须在三年内投资不少于4000万元人民币，用于本院线中电影院的新建、改造；单独组建省内或全国电影院线公司的，组建单位须在三年内投资不少于5000万元人民币用于本院线中电影院的新建、改造；

（二）组建省（区、市）内院线公司的，由所在地省、自治区、直辖市人民政府电影行政管理部门在20个工作日内审批，并报广电总局备案；组建跨省院线公司的，由广电总局在20个工作日内审批。申报单位持电影行政管理部门出具的批准文件到所在地工商行政管理部门办理相关手续。不批准的，书面回复理由。

第十三条 鼓励境内公司、企业和其他经济组织（不包括外商投资企业）组建少年儿童电影发行放映院线。

（一）凡在省（区、市）内与20家以上中小学校、少年宫、儿童活动中心、影剧院、礼堂等签订电影供片协议的，可向当地省级电影行政管理部门申请，设立一条省（区、市）内少年儿童电影发行放映院线；

（二）凡在不同省（区、市）与30家以上中小学校、少年宫、儿童活动中心、影剧院、礼堂等签订电影供片协议的，可向广电总局提出申请，设立一条跨省（区、市）的少年儿童电影发行放映院线；

（三）组建省（区、市）内院线公司的，由所在地省、自治区、直辖市人民政府电影行政管理部门在20个工作日内审批，并报广电总局备案；组建跨省院线公司的，由广电总局在20个工作日内审批。申报单位持电影行政管理部门出具的批准文件到所在地工商行政管理部门办理相关手续。不批准的，书面回复理由。

第十四条 鼓励境内公司、企业和其他经济组织及个人依照《电影管理条例》在全国农村以多种方式经营电影发行、放映业务，在城市社区、学校经营电影放映业务。

第十五条 鼓励境内公司、企业和其他经济组织及个人投资建设、改造电影院。经营电影放映业务，须报县级以上地方电影行政管理部门批准，到所在地工商行政管理部门办理相关手续。

外商投资电影院依照《外商投资电影院暂行规定》管理。

第四章 电影进出口

第十六条 电影进口经营业务由广电总局批准的电影进口经营企业专营。进口影片全国发行业务由广电总局批准的具有进口影片全国发行权的发行公司发行。

第十七条 鼓励影片摄制单位多渠道出口取得《电影片公映许可证》的国产影片。

第五章 附 则

第十八条 广电总局颁发的《摄制电影许可证》、《电影发行经营许可证》实行隔年检验制度。地方电影行政管理部门按照管理权限，对颁发的《电影发行经营许可证》、《电影放映经营许可证》实行年检制度。

第十九条 本办法未作规定的，依照《电影管理条例》及有关规定执行。

第二十条 本规定由广电总局、商务部负责解释。

第二十一条 本规定自2004年11月10起施行。广电总局《电影制片、发行、放映经营资格准入暂行规定》（广电总局令第20号）、《关于取得〈摄制电影许可证（单片）〉资格认证制度的实施细则（试行）》（广发办字〔2001〕1483号）同时废止。

《电影企业经营资格准入暂行规定》的补充规定

1. *2005年3月7日国家广播电影电视总局、商务部令第50号发布*
2. *根据2015年8月28日国家新闻出版广电总局令第3号《关于修订部分规章和规范性文件的决定》修订*

为了促进香港、澳门与内地建立更紧密经贸关系，鼓励香港、澳门服务提供者在内地设立发行国产电影片的企业，根据国务院批准的《〈内地与香港关于建立更紧密经贸关系的安排〉补充协议》及《〈内地与澳门关于建立更紧密经贸关系的安排〉补充协议》，现对《电影企业经营资格准入暂行规定》（国家广播电影电视总局、商务部令第43号）作出如下补充规定：

一、自2005年1月1日起，允许香港、澳门服务提供者经内地主管部门批准后，在内地试点设立独资公司发行国产电影片。

二、本规定中的香港服务提供者和澳门服务提供者应分别符合《内地与香港关于建立更紧密经贸关系的安排》及《内地与澳门关于建立更紧密经贸关系的安排》中关于“服务提供者”定义及相关规定的要求。

三、本规定自2005年5月8日起施行。

中外合作摄制电影片管理规定

1. 2004年7月6日国家广播电影电视总局令第31号发布

2. 根据2016年5月4日国家新闻出版广电总局令第8号《关于修改部分规章的决定》第一次修正

3. 根据2017年12月11日国家新闻出版广电总局令第13号《关于废止、修改和宣布失效部分规章、规范性文件的决定》第二次修正

第一条　为繁荣电影创作生产，维护中外合作摄制电影片的制片者及相关人员的合法权益，促进中外电影交流，根据《电影管理条例》，制定本规定。

第二条　本规定所称中外合作摄制电影片，是指依法取得《摄制电影许可证》或《摄制电影片许可证（单片）》的境内电影制片者（以下简称中方）与境外电影制片者（以下简称外方）在中国境内外联合摄制、协作摄制、委托摄制电影片。

第三条　本规定适用于中外电影制片者在中国境内外合作摄制的故事片、美术片、科教片、纪录片、专题片等电影片（含胶片电影、数字电影、电视电影等）。

第四条　国务院广播影视行政部门负责中外合作摄制电影的管理工作。

第五条　中外合作摄制电影片包括下列形式：

（一）联合摄制，即由中外双方共同投资（含资金、劳务或实物）、共同摄制、共同分享利益及共同承担风险的摄制形式；

（二）协作摄制，即外方出资，在中国境内拍摄，中方有偿提供设备、器材、场地、劳务等予以协助的摄制形式；

（三）委托摄制，即外方委托中方在中国境内代为摄制的摄制形式。

第六条　中外合作摄制电影片应当遵循以下原则：

（一）符合中国宪法、法律、法规及有关规定；

（二）尊重中国各民族的风俗、宗教、信仰和生活习惯；

（三）有利于弘扬中华民族的优秀文化传统；

（四）有利于中国的经济建设、文化建设、思想道德建设和社会安定；

（五）有利于中外电影交流；

（六）不得损害第三国的利益。

第七条　国家对中外合作摄制电影片实行许可制度。

境内任何单位或个人未取得《中外合作摄制电影片许可证》或批准文件，不得与境外单位或个人合作摄制电影片。未经批准，境外单位或个人不得在中国境内独立摄制电影片。

第八条　申请中外合作摄制电影片，除应当符合有关法律法规要求外，还应当具备下列条件：

（一）中方制片单位原则上需参与出品过两部或者以上获得电影公映许可证的国产电影；

（二）中外合作双方均不在因违反《中华人民共和国电影产业促进法》、《电影管理条例》而被禁止摄制电影的处罚期内。

第九条　申请中外合作摄制电影片应当向国务院广播影视行政部门提供下列材料：

（一）中方制片单位的摄制立项申请；

（二）中方制片单位参与出品的国产电影的电影公映许可证复印件（两部或者以上）；

（三）电影文学剧本（规范汉字）一式三份；

（四）外方的资信证明和合拍影片情况；

（五）中外双方合作意向书或协议书，主要内容应明确：合作各方投资比例、中外主创人员比例、是否参加国内外电影节（展）等；

（六）主创人员简介。

第十条　中外合作摄制电影片立项申报审批程序：

（一）中方制片单位向国务院广播影视行政部门提出申请；

（二）国务院广播影视行政部门按照《行政许可法》的规定期限受理申请单位提出的书面申请；

（三）决定受理的，国务院广播影视行政部门应当在二十个工作日内作出批准或不批准立项的决定。电影剧本须经专家评审的，应书面告知申请单位，其评审时间应在二十个工作日内完成；

（四）符合联合摄制条件的，发给一次性《中外合作摄制电影片许可证》；符合协作摄制、委托摄制条件的，发给批准文件。不批准的，应当书面说明理由。

第十一条 取得《中外合作摄制电影片许可证》或批准文件后，中外双方应根据批准立项的内容签订合同。

第十二条 《中外合作摄制电影片许可证》有效期为两年。

第十三条 联合摄制中需聘用境外主创人员的，应当报国务院广播影视行政部门批准，且外方主要演员比例不得超过主要演员总数的三分之二。

第十四条 联合摄制的电影片，应当制作普通话语言版本，其字幕须使用规范汉字。根据影片发行的需要，允许以普通话版本为标准，制作相应国家、地区、少数民族的语言文字版本。

第十五条 中外合作摄制完成的电影片，经当地省级广播影视行政部门提出初审意见后，报国务院广播影视行政部门电影审查委员会审查；中央和国家机关所属电影制片单位和持有《摄制电影片许可证（单片）》的单位申请立项并摄制完成的电影片，直接报国务院广播影视行政部门电影审查委员会审查。

第十六条 联合摄制的电影片，经审查合格，取得国务院广播影视行政部门颁发的《电影片公映许可证》后，方可在中国境内外发行公映。

协作摄制、委托摄制的电影片，经审查合格的，可持国务院广播影视行政部门的批准文件办理出境手续。

第十七条 中外双方如需更改已经取得《电影片公映许可证》的电影片，应当报国务院广播影视行政部门审批。

第十八条 联合摄制的电影片，需参加中外电影节（展）的，应按照举办、参加中外电影节（展）的有关规定报国务院广播影视行政部门备案。

第十九条 外方应通过中方在中国内地聘用电影创作及劳务人员，并依据中国法律、法规与应聘者签订合同。

第二十条 对违反本规定的行为，依据《电影管理条例》的有关规定处罚。

第二十一条 本规定适用于香港、澳门特别行政区及台湾地区的电影制片者在境内合作摄制电影。

第二十二条 本规定自2004年8月10日起施行。广电总局《中外合作摄制电影片管理规定》（广电总局令第19号）同时废止。

电影剧本（梗概）备案、电影片管理规定

1. 2006年5月22日国家广播电影电视总局令第52号发布

2. 根据2017年12月11日国家新闻出版广电总局令第13号《关于废止、修改和宣布失效部分规章、规范性文件的决定》修正

第一章 总 则

第一条 为规范和改进电影剧本（梗概）备案和电影片管理制度，提高电影质量，繁荣电影创作，满足广大群众的精神文化需求，推进电影业健康发展，根据《电影管理条例》，制定本规定。

第二条 国家实行电影剧本（梗概）备案和电影片审查制度。未经备案的电影剧本（梗概）不得拍摄，未经审查通过的电影片不得发行、放映、进口、出口。

第三条 本规定适用于在中华人民共和国境内公映的各类故事片、纪录片、科教片、动画片、专题片（含以上各类型的中外合拍片）等的电影剧本（梗概）备案、电影片审查和进口片审查。

第四条 国家广播电影电视总局（以下简称广电总局）负责电影剧本（梗概）备案和电影片审查的管理工作。

广电总局电影审查委员会和电影复审委员会负责电影片的审查。

省级广播影视行政部门（以下简称省级广电部门），经申请可以受广电总局委托，成立电影审查机构，负责本行政区域内持有《摄制电影许可证》的制片单位摄制的部分电影片的审查工作（以下简称属地审查）。

第二章 电影剧本（梗概）备案

第五条 拟摄制电影的法人、其他组织（以下简称制片单位）应当在电影拍摄前，按照有关规定向相关电影主管部门申请办理电影剧本（梗概）的备案手续。

联合摄制电影片的，应当由其中的一个单位提前办理备案手续。

第六条 办理电影剧本（梗概）备案手续，应当提供下列材料：

（一）拟拍摄影片的备案报告；

（二）不少于一千字的电影剧情梗概一份。凡影片主要人物和情节涉及外交、民族、宗教、军事、公安、司法、历史名人和文化名人等方面内容的（以下简称特殊题材影片），需提供电影文学剧本一式三份，并要

征求省级或中央、国家机关相关主管部门的意见；

（三）电影剧本（梗概）版权的协议（授权）书。

第七条　电影剧本（梗概）备案的程序：

（一）制片单位向广电总局或实行属地审查的省级广电部门提出备案；

（二）广电总局或实行属地审查的省级广电部门按照《行政许可法》规定的期限，发给《电影剧本（梗概）备案回执单》（式样附后）。

如在二十个工作日内没有提出意见的，制片单位可按备案的电影剧本（梗概）进行拍摄；

如对备案的电影剧本（梗概）有修改意见或不同意拍摄的，应在二十个工作日内书面通知制片单位；

如电影剧本需另请相关主管部门和专家评审的，需延长二十个工作日，并书面告知制片单位。

第八条　实行属地审查的省级广电部门，应将电影剧本（梗概）备案情况抄报广电总局；广电总局将定期在相关媒体公布电影剧本（梗概）备案情况。

第九条　拍摄重大革命和重大历史题材影片，需报送剧本立项审查，按照广电总局关于重大革命和重大历史题材电影剧本立项及完成片的管理规定办理。

第十条　拍摄重大文献纪录影片，需报送剧本立项审查，按照广电总局关于重大文献纪录影片的管理规定办理。

第十一条　中外合作摄制影片，需报送剧本立项审查，按照广电总局关于中外合作摄制电影片的管理规定办理。

第三章　电影片审查

第十二条　国家提倡创作思想性、艺术性、观赏性统一，贴近实际、贴近生活、贴近群众，有利于保护未成年人健康成长的优秀电影。大力发展先进文化，支持健康有益文化，努力改造落后文化，坚决抵制腐朽文化。

第十三条　电影片禁止载有下列内容：

（一）违反宪法确定的基本原则的；

（二）危害国家统一、主权和领土完整的；

（三）泄露国家秘密，危害国家安全，损害国家荣誉和利益的；

（四）煽动民族仇恨、民族歧视，破坏民族团结，侵害民族风俗、习惯的；

（五）违背国家宗教政策，宣扬邪教、迷信的；

（六）扰乱社会秩序，破坏社会稳定的；

（七）宣扬淫秽、赌博、暴力、教唆犯罪的；

（八）侮辱或者诽谤他人，侵害他人合法权益的；

（九）危害社会公德，诋毁民族优秀文化的；

（十）有国家法律、法规禁止的其他内容的。

第十四条　电影片有下列情形，应删剪修改：

（一）曲解中华文明和中国历史，严重违背历史史实；曲解他国历史，不尊重他国文明和风俗习惯；贬损革命领袖、英雄人物、重要历史人物形象；篡改中外名著及名著中重要人物形象的；

（二）恶意贬损人民军队、武装警察、公安和司法形象的；

（三）夹杂淫秽色情和庸俗低级内容，展现淫乱、强奸、卖淫、嫖娼、性行为、性变态等情节及男女性器官等其他隐秘部位；夹杂肮脏低俗的台词、歌曲、背景音乐及声音效果等；

（四）夹杂凶杀、暴力、恐怖内容，颠倒真假、善恶、美丑的价值取向，混淆正义与非正义的基本性质；刻意表现违法犯罪嚣张气焰，具体展示犯罪行为细节，暴露特殊侦查手段；有强烈刺激性的凶杀、血腥、暴力、吸毒、赌博等情节；有虐待俘虏、刑讯逼供罪犯或犯罪嫌疑人等情节；有过度惊吓恐怖的画面、台词、背景音乐及声音效果；

（五）宣扬消极、颓废的人生观、世界观和价值观，刻意渲染、夸大民族愚昧落后或社会阴暗面的；

（六）鼓吹宗教极端主义，挑起各宗教、教派之间，信教与不信教群众之间的矛盾和冲突，伤害群众感情的；

（七）宣扬破坏生态环境，虐待动物，捕杀、食用国家保护类动物的；

（八）过分表现酗酒、吸烟及其他陋习的；

（九）违背相关法律、法规精神的。

第十五条　电影片的署名、字幕等语言文字，应按《中华人民共和国著作权法》、《中华人民共和国国家通用语言文字法》等有关规定执行。

第十六条　电影片技术质量按照国家有关电影技术标准审查。

第十七条　摄制完成的电影片应当报相应的电影审查机构审查。送审电影片应当提供下列材料：

（一）混录双片

1. 混录双片一套（如用贝塔录像带代替混录双片送审，需另报广电总局批准），数字电影送高清数字节目带一套；

2. 国产电影片送审报告单一式四份；

3. 影片主创人员名单；

4. 影片英文译名报告（一般提前申报）；

5. 原著改编意见书；

6. 联合摄制合同书；

7. 完成台本一套；

8.《电影剧本（梗概）备案回执单》。

（二）标准拷贝

1. 标准拷贝两套（广电总局和中国电影资料馆各一套）；

2. 影片1/2录像带三套（中外合拍片四套）、贝塔录像带、贝塔宣传带、终混八轨带各一套；

3. 送审标准拷贝技术鉴定书；

4. 被定为民族语译制影片的音乐效果素材；

5. 完成台本三套（民族语译制影片为四套）；

6. 相关剧照。

数字电影的技术审查标准及需提交的材料，按照广电总局有关规定执行。

第十八条 电影片的审查程序：

（一）制片单位应向广电总局电影审查委员会提出审查申请；

（二）广电总局电影审查委员会自收到混录双片及相关材料之日起二十个工作日内作出审查决定。审查合格的，发给《影片审查决定书》和《电影片公映许可证》片头。审查不合格或需要修改的，应在《影片审查决定书》中作出说明，并通知制片单位；

（三）广电总局电影审查委员会自收到标准拷贝（数字节目带）及相关材料之日起十个工作日内作出审查决定。审查合格的，发给《电影片公映许可证》；审查不合格或需要修改的，应通知制片单位；

（四）影片审查不合格需经修改后再次送审的，审查期限重新计算；

（五）制片单位对电影片审查决定不服的，可以自收到《影片审查决定书》之日起三十个工作日内向广电总局电影复审委员会提出复审申请。广电总局电影复审委员会应在二十个工作日内作出复审决定。复审合格的，发给《电影片公映许可证》；不合格的，书面通知制片单位；

（六）实行属地审查的省级广电部门，应依照本规定进行电影片审查，审查合格的，颁发《影片审查决定书》和《送审标准拷贝技术鉴定书》；审查不合格或需要修改的，按本规定第十八条（二）、（三）、（四）款项中相关规定办理。

制片单位持《影片审查决定书》、《送审标准拷贝技术鉴定书》及本规定第十七条规定的相关材料，到广电总局领取《电影片公映许可证》。

第十九条 实行属地审查的省级广电部门认为必要时，可以将送审影片提交广电总局电影审查委员会审查。

制片单位对省级广电部门的审查决定有异议的，可以向广电总局电影审查委员会申请重审。

第二十条 联合摄制的电影片，由办理备案手续的制片单位按照本规定送相应的电影审查机构审查。

第二十一条 重大革命和重大历史题材影片、重大文献纪录影片、特殊题材影片、中外合作摄制影片，由省级广电部门初审同意后，报广电总局电影审查机构审查。

第二十二条 中央和国家机关所属的电影制片单位和所有持有《摄制电影片许可证（单片）》的单位摄制的影片，直接报广电总局电影审查委员会审查。

第二十三条 进口电影片的审查，按照《电影管理条例》第四章关于电影进口和本规定第三章关于电影片审查的相关条款办理。

第四章 附 则

第二十四条 对违反本规定的行为，依据《电影管理条例》和其他有关法律、法规进行处理。

第二十五条 本规定自2006年6月22日起施行。1997年1月16日广播电影电视部发布的《电影审查规定》（广播电影电视部令第22号）、2004年7月6日广电总局发布的《电影剧本（梗概）立项、电影片审查暂行规定》（广电总局令第30号）同时废止。

附件：《电影剧本（梗概）备案回执单》（略）

聘用境外主创人员参与摄制国产影片管理规定

1. 2001年12月13日国家广播电影电视总局发布
2. 自2002年1月1日起施行

为加强对电影制片业的管理，规范聘用境外主创人员参与拍摄国产影片的活动，确保影片的质量，依据《电影管理条例》和有关电影法规，制订本规定。

一、本规定所指的国产影片，包括国产故事片（含儿童片）、纪录片、科教片、美术片、专题片及各类中外合拍影片（不含协作摄制、委托摄制的影片）。

二、本规定所称境外主创人员，是指境外（含香港、澳门特别行政区，台湾省）从事电影创作的导演、编剧、摄影、主要演员。

三、国产故事片原则上不得聘用境外导演，其他主创人员一般也应是我国境内公民。因题材、技术、角色等特殊需要聘用境外主创人员的，制片单位须报国务院广播电影电视行政部门批准后方可聘用；但主要演员中聘用境外的主角和主要配角均不得超过主要演员总数的三分之一。

四、中外合作摄制的故事片，其主创人员一般也应以我国境内公民为主。因题材、技术、角色等特殊需要聘用境外主创人员的，境内制片单位须报国务院广播电影电视行政部门批准后方可聘用；但主要演员中聘用境外的主角和主要配角一般均不得超过主要演员总数的二分之一。

五、纪录片、科教片、美术片、专题片，因特殊需要聘用境外主创人员的，参照本规定第三、四条规定执行。

六、制片单位必须严格执行本规定，违反本规定聘用境外主创人员或未按国务院广播电影电视行政部门的批准的要求擅自聘用人员的，国务院广播电影电视行政部门将依据有关电影法规进行处理。

七、本规定自 2002 年 1 月 1 日起施行。1996 年广播电影电视部电影事业管理局发布的《关于国产故事片、合拍片主创人员构成的规定》同时废止。

国家广播电影电视总局关于组建广播影视节目交易中心的实施细则（试行）

1. 2001 年 12 月 29 日

2. 广发办字〔2001〕1520 号

根据《中共中央办公厅、国务院办公厅关于转发〈中央宣传部、国家广电总局、新闻出版总署关于深化新闻出版广播影视业改革的若干意见〉的通知》（中办发〔2001〕17 号），现就组建广播影视节目交易中心制定以下实施细则。

一、组建广播影视节目交易中心，构建科学、高效、繁荣的广播影视节目市场，目的是对我国广播影视节目资源进行整合，促进广播影视节目流通，加强对广播影视节目交易的规范管理，有利于坚持正确舆论导向，有利于推进先进文化的广泛传播，有利于让更多代表中华民族先进文化、弘扬中华民族精神的优秀作品走向世界。

二、在北京建立全国性广播影视节目交易中心，由中国广播影视集团控股管理，吸纳电影集团、省（区、市）广电集团参加。同时在上海、广东、辽宁、陕西、四川等省市建立区域性广播影视节目交易中心。建立广播影视节目交易中心须报国家广电总局批准，并按国家有关规定办理登记注册手续。

三、广播影视节目交易中心的宗旨是：（1）建立固定的广播影视节目交易场所和交易网络，为广播影视节目制作、发行、交易提供综合服务；（2）优选节目，建成全国或区域性广播影视节目检索目库，提供丰富、优化的节目资源信息；（3）搭建广播影视节目版权交易平台，进行版权国际贸易，推进中国广播影视节目外销；（4）承办各种相关商务活动或会务活动，成为广播影视节目交易的综合服务中心。

四、广播影视节目交易中心的经营范围是：（1）通过提供影片（35 毫米、16 毫米影片）、CD、VCD、DVD、CD－ROM、电视播出、卫星播发、互联网传输等多种载体权益的综合性交易平台，开展规范化的服务，促进中央和地方媒体之间的节目交易交流，促进共同发展、共同繁荣。（2）代理发行获得《电影片公映许可证》的国产影片。（3）设立常年固定交易场所，建立网络系统交易平台。

全国性广播影视节目交易中心除上述经营范围外，还负责统一引进、代理发行进口电视剧和电视动画片、重要国际比赛电视节目版权等国外精品广播影视节目。

五、按照公开、公正、公平的原则，广播影视节目交易中心在法律政策的保障下，依据题材规划、拍摄管理、播出审查，进行广播影视节目的电子化版权登记，制定透明、合理的收费价格，建立传播健康精神文化产品，促进资源优化配置，竞争、有序的市场环境，为交易者提供节目存储、广告宣传、经纪代理、传输复制等有偿交易服务，推动交易中心的不断发展和完善。

六、广播影视节目交易中心实行企业化管理，按照《公司法》和现代企业制度的要求，健全法人治理结构，制定管理章程。

七、依照市场经济规律，广播影视节目交易中心实行有偿和无偿两种运营模式。免费提供政策信息，其他服务遵循等价有偿的原则。对场内节目交易行为，按照进出口额、成交额的一定比例登记收费；对提供的节目宣传、信息咨询服务按进场次数、占用资源量等收取服务费用。

八、建立体现广播影视节目交易特点，适应法制建设要求的规章制度。凡进入广播影视节目交易中心交易的节目，必须进行版权登记，通过对版权交易的管理，实现对交易合法性、主体资格合法性的监管。

九、充分运用卫星数据广播、宽带网点对点传输技术、影像节目自动编目、检索技术、视音频点播技术等高新技术，推进节目交易方式的现代化升级。

十、广播影视节目交易中心的组建工作从2001年底开始，边筹建边运行。在2002年6月底前首先完成全国性广播影视节目交易中心的组建工作，并开始试运营；2002年12月底前完成区域性广播影视节目交易中心的组建工作，进入正常交易和发展阶段。

特种电影管理暂行办法

2002年11月4日国家广播电影电视总局发布

第一条 为了规范对特种电影的管理，促进特种电影的健康发展，满足人民群众文化需要，根据《电影管理条例》制定本办法。

第二条 本办法所称特种电影，是指以非常规电影制作手段，采用非常规电影放映系统及观赏形式的电影作品（如环幕、巨幕、球幕、动感及立体电影等）。

第三条 凡在中华人民共和国境内从事特种电影的摄制、制作、进口、出口、发行、放映等活动，适用《电影管理条例》和本办法。

第四条 国家广播电影电视总局主管全国特种电影工作，负责制定特种电影的发展规划、技术标准。

第五条 国产特种电影应当由取得国家广播电影电视总局电影局颁发的《摄制电影许可证》或《摄制电影片许可证（单片）》的单位摄制；与境外电影制片者合作摄制，经与中国电影合作制片公司履行相关手续后，由取得国家广播电影电视总局电影局颁发的《中外合作摄制电影片许可证》的单位摄制。

第六条 国产特种电影审查根据《电影管理条例》和《电影审查规定》，其剧本和完成片分别报国家广播电影电视总局电影局和电影审查委员会审查。

第七条 特种电影进口，按照《电影管理条例》相关规定办理。未经国家广播电影电视总局电影局批准，任何单位和个人不得经营特种电影进口业务。凡具备相关条件经营特种电影进口业务的，需经国家广播电影电视总局电影局审批。

第八条 进口的特种电影审查程序，仍然按照国家广播电影电视总局电影局《关于委托中国电影科研所代审特种电影影片的通知》（电字〔97〕第522号）要求办理。

第九条 特种电影审查通过，取得国家广播电影电视总局电影局颁发的《电影片公映许可证》后，方可发行、放映、进口、出口。进口特种电影发行，必须经国家广播电影电视总局电影局审批，取得国家广播电影电视总局电影局颁发的《电影发行经营许可证》。

第十条 任何电影洗印单位不得洗印，加工未取得《摄影电影许可证》或《摄制电影片许可证》（单片）及《中外合作摄制电影片许可证》的特种电影片和未取得《电影片公映许可证》的特种电影拷贝。

第十一条 设立特种电影放映场所，应接受当地电影主管部门的指导，符合国家法规和当地电影院宏观布局，特种电影放映场所设立后，按《电影管理条例》取得《电影放映经营许可证》，并向国家广播电影电视总局电影局备案。

第十二条 特种电影放映场所必须安装、使用计算机售票系统和统一售票软件，实行计算机售票管理。

第十三条 特种电影放映必须按规定上缴国家电影专项资金。

第十四条 违反本办法的行为，将依照《电影管理条例》及相关法律、法规给予处罚。

第十五条 本办法自发布之日起实施。

国家广播电影电视总局关于调整重大革命和历史题材电影、电视剧立项及完成片审查办法的通知

2003年7月28日

为切实加强对重大革命和历史题材电影、电视剧的创作、播映的管理，确保此类影视剧导向正确、效果良好，国家广电总局经研究并报中央批准，决定对这类影视剧的立项审批和完成片审查办法进行调整。

一、国家广电总局成立重大革命和历史题材影视创作领导小组（以下简称领导小组），负责我国重大革命和历史题材影视剧创作的组织指导、剧本立项把关和完成片审查。领导小组在中宣部的指导下，由国家广电总局具体开展工作。领导小组下设电影组和电视剧组，电影组办公室设在国家广电总局电影局，电视剧组办公室设在国家广电总局总编室。

二、凡以反映我党我国我军历史上重大事件，描写担任党和国家重要职务的党政军领导人及其亲属生平业绩，以历史正剧形式表现中国历史发展进程中重要历史事件、历史人物为主要内容的电影、电视剧，均属于重大革命和历史题材影视剧。从本《通知》下发之日起，此类题材的电影一律报国家广电总局电影局，此类题材的电视剧报国家广电总局总编室，分别由电影组办公室或电视剧组办公室报领导小组审查。

三、重大革命和历史题材电影、电视剧的立项申报办法

（一）描写党政军历史上重大事件和重要领导人及其亲属生平业绩的重大革命历史题材电影、电视剧，剧本要经省级广电部门和党委宣传部门初审通过后，报领导小组审批。申报时需提交：省级广电部门和党委宣传部门审查通过的意见，并加盖公章；中央电视台、省级电视台、国有电影制作机构或各大军区和大兵种影视制作机构的申请立项报告；根据实际需要提供剧本若干份；主要参考资料清单。

（二）重大历史题材电视剧，剧本经省级广电部门初审通过后，报领导小组审批。申报时需提交：省级广电部门审查通过的意见，并加盖公章；持证电视剧制作机构的申请立项报告；根据实际需要提供剧本若干份；主要参考资料清单。

（三）重大历史题材电影剧本由制片单位直接报领导小组电影组。申报时需提交：申请立项报告；剧本10份；民营和非国有专业电影单位还需提交资信证明和营业执照副本。

（四）重大革命和历史题材电影、电视剧剧本经领导小组审查通过后，由国家广电总局行文批复申报单位。经批准投拍的电视剧列入全国电视剧题材规划批复剧目表。

（五）经批准立项的重大革命和历史题材电影、电视剧，自剧本批准投拍之日起，一年内既未开拍又未报告的，视为自动取消立项；两年内既未完成也未报告的，视为自动取消。

四、重大革命和历史题材电影、电视剧完成片报审办法

（一）此类题材电视剧制作完成后，经省级广电部门认真初审并报领导小组审查。报审时须提交：国家广电总局同意投拍的批复；描写我党我国我军历史上重大事件和重要领导人及其亲属生平业绩的电视剧，需提交中央电视台、省级电视台、国有电影制作机构或各大军区和大兵种影视制作机构的《电视剧制作许可证》复印件，重大历史题材电视剧需提交其制作机构的《电视剧制作许可证》复印件；符合审查要求的样带2套；片头片尾完整字幕。

（二）电影制作完成后，经省级党委宣传部和广电部门认真初审并报领导小组审查。报审时须提交：报电影局立项备案的报告影印件；领导小组对该影片的投拍批复；符合审查要求的混录双片。

（三）重大革命和历史题材电视剧经领导小组审查通过后，由国家广电总局核发《电视剧发行许可证》。

（四）重大革命和历史题材电影混录双片经领导小组审查通过，由国家广电总局电影局书面通知送审单位，并负责对该片标准拷贝的技术审查。审查通过后，制片单位须按《电影管理条例》规定向电影局提交标准拷贝2套及有关宣传材料，由国家广电总局核发《电影片公映许可证》。

五、凡属军队系统制作机构单独摄制的此类题材电影、电视剧，须经摄制单位所属军队各大单位政治部初审同意后，再按上述程序报批。

国产电影片字幕管理规定

2003年10月27日国家广播电影电视总局发布

为适应电影产业化的实际需要，依法保护电影创作、生产者的合法权益，特制定《国产电影片字幕管理规定》，请遵照执行。

第一条 为加强对国产影片字幕的管理，保护电影生产、创作者的合法权益，根据《著作权法》、《国家通用语言文字法》、《电影管理条例》及相关法规，制定本规定。

第二条 本规定适用于国产（含合拍）故事片、纪录片、科教片、美术片、专题片等电影片（含电视电影、数字、特种电影）。

第三条 影片片头字幕

（一）影片片头字幕包括：第一幅，“电影片公映许可证”；第二幅，电影出品单位厂标（标识）；以后各画幅为：片名（中、英文同画幅，英文片名需经批准）、出品人、主创人员及直接与影片有关的人员。各电影制片单位可根据影片创作的实际情况确定第三幅（含第三幅）以后的影片字幕。

（二）获得《摄制电影许可证》和《摄制电影许可证（单片）》的单位，可独立或联合署名为出品单位、其法人署名为出品人。

（三）影片片头净字幕长度一般不超过28米、约1分钟。

第四条 影片片尾字幕

（一）凡与电影创作生产有直接关系的人员、单位，均可列入影片片尾字幕，项目和名称由电影制片单位自行决定。

（二）中外合作的影片，应在片尾倒数第三个画幅打上“中国电影合作制片公司监制”的字幕。

（三）片尾倒数第二个画幅应为“拷贝加工洗印单位”，如立体声影片，需在此之后加注立体声标识。最后一个画幅为摄制单位或联合摄制单位。

（四）电影制片单位以外的单位，其投资额度达到该影片总成本三分之一（合拍影片占国内投资额度三分之一）的，可署名为联合摄制单位。

第五条　影片中如采用戏曲唱腔、地方方言、少数民族和外国语言时，应加注中文字幕。

第六条　影片片头、片中、片尾字幕，必须严格使用规范汉字，且符合国家相关法律、法规。

第七条　影片的全片字幕，由电影制片（出品）单位承担相应的法律责任。

第八条　本规定自发布之日起执行。国家广电总局电影局发布的《国产电影片字幕管理暂行规定》同时废止。

数字电影发行放映管理办法（试行）

2005年7月19日国家广播电影电视总局发布

为了贯彻落实国家广电总局颁布的《关于加快电影产业发展的若干意见》（广发影字〔2004〕41号）和《电影数字化发展纲要》（广发影字〔2004〕257号），充分调动社会力量，充分利用数字技术，促进国产影片的发行放映，扩大电影的社会效益和经济效益，加快电影产业化、数字化进程，推进并规范管理数字电影发行放映工作，制定本管理办法。

一、数字电影发行放映是指运用数字技术拍摄或者通过胶片转数字方式制作的数字电影产品，利用卫星、光缆、影片数据输入盘、硬盘等传输方式，在数字电影院（厅）或电影放映场所从事的电影发行放映业务。现阶段，数字电影发行放映以影片数据输入盘、硬盘传输方式为主，卫星、光缆传输方式待试验成熟后再推广。

二、数字电影发行放映所使用的技术设施、设备，必须符合国家广电总局颁布的《电影数字放映暂行技术要求》（广发技字〔2004〕1036号）或《数字电影流动放映系统暂行技术要求》（广发技字〔2005〕532号）。城市数字电影院（厅）原则上应为专业数字电影院（厅），目前既有胶片放映机又有数字放映机一厅双机放映的应逐步向数字单机放映过渡。符合《数字电影流动放映系统暂行技术要求》的数字放映设备，只能在县城以下（含县城）的专业放映场所或者县城以上流动放映场所、非专业放映场所使用，不得在县城以上城市专业电影院（厅）使用。

三、拥有《电影放映经营许可证》的放映单位，新增数字电影放映业务，应向所在地的县或者设区的市电影行政部门备案。凡在城乡新建专业数字电影院（厅），或者在县以上（含县城）新从事社区、厂矿和学校等非专业数字电影放映业务，需向所在地的县或者设区的市电影行政管理部门提出申请，申请人持《电影放映经营许可证》到所在地工商行政管理部门登记，依法领取营业执照。在县以下（不含县城）从事农村、厂矿、社区和学校等范围数字电影放映业务，可以直接到所在地工商行政管理部门办理登记手续，并向所在地县级电影行政管理部门备案，备案后可以在县以下（不含县城）的农村、厂矿、社区和学校等范围从事数字电影放映业务。

四、允许境内外企业和其他经济组织以多种形式投资数字电影院（厅）。境内企业和其他经济组织投资数字电影院（厅），按照《电影企业经营资格准入暂行规定》（国家广电总局第43号令）执行；境外企业投资数字电影院（厅）按照《外商投资电影院暂行规定》（国家广电总局第21号令）执行。

五、鼓励境内企业和其他经济组织（不含外资）组建数字电影院线公司。放映设备符合《电影数字放映暂行技术要求》，10家以上以资本为纽带的数字电影院（所有厅）或者50个以资本为纽带的数字电影厅，可组建一条数字电影院线；15家以上以资本为纽带的数字电影院（所有厅）或者75个以资本为纽带的数字电影厅，可组建一条跨省数字电影院线；放映设备符合《数字电影流动放映系统暂行技术要求》，20家以上以资本为纽带的学校、农村、社区等非专业数字电影放映场所，可组建一条数字电影院线；30家以上不同省（市、区）以资本为纽带的学校、农村、社区非专业数字电影放映场所，可组建一条跨省数字电影院线。

六、申请成立省（自治区、直辖市）内数字电影院线公司的，由所在地的省、自治区、直辖市电影行政管理部门在20个工作日内审批，并报广电总局备案；组建跨省数字电影院线公司的，由广电总局在20个工作日内审批。申报单位持电影行政管理部门出具的批准文件到所在地工商行政管理部门办理相关手续。

七、凡在数字电影放映场所发行放映的数字影片，必须确保正确的导向，影片均须获得国家广电总局颁发的《电影片（数字）公映许可证》。各类数字电影放映场所一律不得发行放映未获得《电影片（数字）公映许可证》的数字影片。试点地区建立卫星地面接收站，经国家广电总局同意后，按有关规定向当地省级广电行政管理部门申办审批手续。

八、各数字院线公司和数字电影放映单位，要认真放映好国产影片，并提供优质服务，国产影片的放映时间和影片数量不得低于年度总放映时间和影片数量的三分之二。依照《关于鼓励影院放映国产数字影片的通知》（电专字〔2004〕3 号）文件，对于年度放映国产数字影片达到要求的城市影院，给予当年按比例先征后返国家电影专项资金的优惠政策。在农村、社区和学校等非专业放映场所放映国产数字电影的收入，免征国家电影专项发展资金。

九、进口数字电影要符合《电影管理条例》有关进口影片的管理规定。数字电影进口经营业务由广电总局批准的电影进口单位专营。进口数字影片全国发行业务由广电总局批准的具有进口影片全国发行权的发行公司发行。

十、各级电影行政管理部门要把推进电影放映数字化作为电影产业发展的重要机遇和重要措施，加大对数字电影发行放映工作的推动和管理力度，尤其要积极做好农村数字电影放映的试点和推广工作。各类数字电影院线、数字影院（厅）及农村、社区和学校等非专业场所的发行放映统计数据要按照全国电影统计规定执行。

十一、本管理办法将在试行过程中，逐步修改完善。

国家广播电影电视总局关于《数字电影发行放映管理办法（试行）》的补充规定

2008 年 5 月 13 日发布

各省、自治区、直辖市广播影视局、文化厅（局），新疆生产建设兵团广播电视局，电影数字节目管理中心，中影新农村数字电影发行有限公司：

为深入贯彻落实全国文化体制改革工作会议精神，深化行政审批制度改革，加快推进农村电影院线制、股份制改革，大力培育农村电影经营主体，大力实施农村电影放映工程，继续鼓励组建以市（地）为龙头，各县（市）参股，广泛吸纳社会资本参股，并以乡、村放映点为基础的农村数字电影院线公司。经研究，现对组建农村数字电影院线公司的审批办法做如下补充规定：

一、申请组建农村数字电影院线公司，应符合《农村数字电影发行放映实施细则》（广发〔2007〕52 号）和《农村数字电影放映工作指南》的相关规定。

二、公司注册名称须冠以“农村”、“数字电影”、“院线”字样，以有利于享受国家扶持农村数字电影的优惠政策。

三、申请成立农村数字电影院线公司，经营范围在市（地）辖区的，由本市（地）级电影行政管理部门在不超过 20 个工作日内审批，并报省级电影行政管理部门和国家广电总局电影局备案；经营范围在省（自治区、直辖市）辖区的，由本省（自治区、直辖市）电影行政管理部门在不超过 20 个工作日内审批，并报国家广电总局电影局备案；经营范围跨省区的，由国家广电总局电影局在不超过 20 个工作日内审批。

四、申报单位须持电影行政管理部门出具的批准文件，到相应的工商行政管理部门办理注册手续。

五、凡已经由省（自治区、直辖市）电影管理部门批准成立的农村数字电影院线公司，如跨区域经营，需按此补充规定重新申报。

六、本规定解释权为国家广电总局电影局。

七、本规定自发布之日起实行。

2. 电视剧

中外合作制作电视剧管理规定

1. 2004年9月21日国家广播电影电视总局令第41号发布
2. 自2004年10月21日起施行

第一条 为促进中外文化交流，繁荣电视剧创作，加强中外合作制作电视剧管理，保护制作者的合法权益，制定本规定。

第二条 本规定适用于境内广播电视节目制作机构（以下称中方）与外国法人及自然人（以下称外方）合作制作电视剧（含电视动画片）的活动。

第三条 国家广播电影电视总局（以下称广电总局）负责全国中外合作制作电视剧（含电视动画片）的管理工作，对境外合作方、数量和中外联合制作电视剧（含电视动画片）题材实施调控。

省级广播电视行政部门负责本行政区域内中外合作制作电视剧（含电视动画片）的具体管理工作。

第四条 国家对中外合作制作电视剧（含电视动画片）实行许可制度。

未经批准，不得从事中外合作制作电视剧（含电视动画片）活动；未经审查通过的中外合作制作电视剧（含电视动画片）完成片，不得发行和播出。

第五条 中外合作制作电视剧可以采取下列形式：

（一）联合制作，系指中方与外方共同投资、共派主创人员、共同分享利益及共同承担风险的电视剧（含电视动画片）制作方式；

（二）协作制作，系指由外方出资并提供主创人员，在境内拍摄全部或部分外景，中方提供劳务或设备、器材、场地予以协助的电视剧制作方式；

（三）委托制作，系指外方出资，委托中方在境内制作的电视剧制作方式。

第六条 申请中外联合制作电视剧立项，应符合下列条件：

（一）中方机构须持有《电视剧制作许可证（甲种）》；

（二）中方机构应对联合制作的电视剧向广电总局同时申报合拍电视剧题材规划；

（三）双方共同投资，包括以货币直接投资，或以劳务、实物、广告时间等折价作为投资；

（四）前期创意、剧本写作等主要创作要素由双方共同确定；

（五）共派创作人员、技术人员参与全程摄制。电视剧主创人员（编剧、制片人、导演、主要演员）中，中方人员不得少于三分之一；

（六）电视剧的国内外版权归中方及外方共同所有。

第七条 申请中外联合制作电视剧立项，应提交下列书面材料：

（一）申请书；

（二）《电视剧制作许可证（甲种）》复印件；

（三）省级广播电视行政部门的初审意见（直接从广电总局申领《电视剧制作许可证（甲种）》的中方制作机构除外）；

（四）每集不少于5000字的分集梗概或完整的剧本；

（五）境内外主创人员（编剧、制片人、导演、主要演员）名单及履历；

（六）制作计划、境内拍摄景点及详细拍摄日程；

（七）合作协议意向书；

（八）外方法人注册登记证明（外方为自然人的，应提交履历）、资信证明。审批机关可以要求外方提交经过公证的境外第三者担保书。

第八条 申请中外联合制作电视动画片立项，应符合下列条件：

（一）中方机构须持有《广播电视节目制作经营许可证》；

（二）中方机构应对联合制作的电视动画片向广电总局同时申报合拍电视动画片题材规划；

（三）双方共同投资，包括以货币直接投资，或以劳务、实物、广告时间等折价作为投资；

（四）前期创意、剧本写作等主要创作要素由双方共同确定；

（五）电视动画片的国内外版权归中方及外方共同所有。

第九条 申请中外联合制作电视动画片立项，应提交以下材料：

（一）申请书；

（二）《广播电视节目制作经营许可证》复印件；

（三）省级广播电视行政部门的初审意见（直接从广电总局申领《电视剧制作许可证（甲种）》的中方制作机构除外）；

（四）每集不少于500字的分集梗概或完整的

剧本；

（五）合作协议意向书；

（六）外方法人注册登记证明（外方为自然人的，应提交履历）、资信证明。审批机关可以要求外方提交经过公证的境外第三者担保书。

第十条　申请中外协作制作、委托制作电视剧（含电视动画片），应提交下列文件：

（一）申请书；

（二）每集不少于1500字的分集梗概或完整的剧本；

（三）主创人员（编剧、制片人、导演、主要演员）名单；

（四）境内拍摄景点及拍摄计划；

（五）合作协议意向书；

（六）审批机关可以要求外方提供的相关资信证明。

第十一条　直接从广电总局申领《电视剧制作许可证（甲种）》的中方制作机构申请与外方合作制作电视剧（含电视动画片），向广电总局申报。

其他中方制作机构申请与外方合作制作电视剧（含电视动画片），经所在地省级广播电视行政部门同意，报广电总局审批。

第十二条　广电总局在正式受理中外合作制作电视剧（含电视动画片）申请后，应当在法定期限内作出是否准予拍摄的决定。其中中外联合制作电视剧（含电视动画片）的审查时间为五十日（含专家评审时间三十日）；中外协作制作、委托制作的电视剧（含电视动画片）的审查时间为二十日。符合条件的，由广电总局作出准予拍摄的批复；不符合条件的，应当书面通知申请人并说明理由。

送审单位对不准予拍摄的决定不服的，可以在收到决定之日起六十日内，向广电总局提出复审申请。广电总局应当在五十日内作出复审决定，其中组织专家评审的时间为三十日，并将决定书面通知送审机构。

第十三条　中外联合制作电视剧（含电视动画片）完成后，应当按照本规定第十一条规定的程序报省级以上广播电视行政部门审查。

第十四条　申报中外联合制作电视剧（含电视动画片）完成片审查，应提交以下材料：

（一）省级广播电视行政部门的初审意见（直接从广电总局申领《电视剧制作许可证（甲种）》的中方制作机构除外）；

（二）广电总局准予拍摄的批复和合拍电视剧（电视动画片）题材规划的复印件；

（三）图像、声音、时码等符合审查要求的大1/2完整录像带一套；

（四）每集不少于300字的剧情梗概；

（五）与样带字幕相同的片头片尾字幕。

第十五条　广电总局在正式受理中外联合制作的电视剧（含电视动画片）完成片审查申请后，应当在五十日内作出是否准予行政许可的决定，其中组织专家评审的时间为三十日。符合条件的，由广电总局颁发《电视剧（电视动画片）发行许可证》；不符合条件的，应当书面通知申请人并说明理由。

送审单位对不准予行政许可的决定不服的，可以在收到决定之日起六十日内，向广电总局提出复审申请。广电总局应当依前款规定的审查期限作出复审决定，并将行政许可决定书面通知送审机构。复审合格的，由广电总局核发《电视剧（电视动画片）发行许可证》。

第十六条　已经取得广电总局准予拍摄批复的剧本和已经取得《电视剧（电视动画片）发行许可证》的完成片，不得随意进行实质性的改动。确需对剧名、主要人物、主要情节和剧集长度等进行改动的，应当按照本规定重新报批。

第十七条　国家鼓励中外合作制作体现中华民族优良传统和人类文明进步内容的电视剧，鼓励中外合作制作旨在塑造中国动画品牌形象的电视动画片。

中外合作制作的电视剧（含电视动画片）中不得含有下列内容：

（一）反对宪法确定的基本原则的；

（二）危害国家统一、主权和领土完整的；

（三）泄露国家秘密、危害国家安全或者损害国家荣誉和利益的；

（四）煽动民族仇恨、民族歧视，破坏民族团结，或者侵害民族风俗、习惯的；

（五）宣扬邪教、迷信的；

（六）扰乱社会秩序，破坏社会稳定的；

（七）宣扬淫秽、赌博、暴力或者教唆犯罪的；

（八）侮辱或者诽谤他人，侵害他人合法权益的；

（九）危害社会公德或者民族优秀文化传统的；

（十）有法律、行政法规和国家规定禁止的其他内容的。

第十八条　凡以中国特色为表现主题的中外联合制作的电视动画片，可视同国产电视动画片播出。

第十九条　中外联合制作电视剧（含电视动画片）应制

作普通话语言版本。根据发行需要，经合作方同意，可以制作相应国家、地区、少数民族的语言文字版本。

第二十条 违反本规定的，依据《广播电视管理条例》的规定予以处罚。构成犯罪的，依法追究刑事责任。

第二十一条 与香港特别行政区、澳门特别行政区、台湾地区的法人与自然人合作制作电视剧（含电视动画片），参照本规定执行。

第二十二条 本规定自2004年10月21日起施行，广播电影电视部《中外合作制作电视剧（录像片）管理规定》（广播电影电视部令第15号）同时废止。

境外电视节目引进、播出管理规定

1. 2004年9月23日国家广播电影电视总局令第42号发布
2. 自2004年10月23日起施行

第一条 为规范引进、播出境外电视节目的管理，促进中外广播电视交流，满足人民群众精神文化生活的需要，根据《广播电视管理条例》，制定本规定。

第二条 本规定适用于境外电视节目的引进、播出活动。境外电视节目是指供电视台播出的境外电影、电视剧（电视动画片）（以下称境外影视剧）及教育、科学、文化等其他各类电视节目（以下称其他境外电视节目）。

不引进时事性新闻节目。

第三条 国家广播电影电视总局（以下称广电总局）负责境外影视剧引进和以卫星传送方式引进境外其他电视节目的审批工作。

省级广播电视行政部门受广电总局委托，负责本辖区内境外影视剧引进的初审工作和其他境外电视节目引进的审批和播出监管工作。

地（市）级广播电视行政部门负责本辖区内播出境外电视节目的监管工作。

第四条 未经广电总局和受其委托的广播电视行政部门审批的境外电视节目，不得引进、播出。

第五条 引进境外影视剧和以卫星传送方式引进其他境外电视节目，由广电总局指定的单位申报。

第六条 广电总局对引进境外影视剧的总量、题材和产地等进行调控和规划。

第七条 引进境外影视剧和以卫星传送方式引进其他境外电视节目，应符合广电总局的总体规划和本规定第十五条的要求。

第八条 引进境外影视剧和以卫星传送方式引进其他境外电视节目，由引进单位向省级广播电视行政部门提出申请。

第九条 申请引进境外影视剧，应提交下列材料：

（一）《引进境外影视剧申请表》（申请表由广电总局统一制定，省级广播电视行政部门凭样本印制使用）；

（二）引进合同（中外文）；

（三）版权证明（中外文）；

（四）具备完整的图像、声音、时码的大1/2录像带一套；

（五）每集不少于300字的剧情梗概；

（六）与样带字幕一致的片头、片尾中外文字幕。

第十条 申请以卫星传送方式引进其他境外电视节目，应提交下列材料：

（一）《引进其他境外电视节目申请表》（申请表由广电总局统一制定，省级广播电视行政部门凭样本印制使用）；

（二）引进合同（中外文）；

（三）版权证明。

第十一条 引进境外影视剧和以卫星传送方式引进其他境外电视节目的，省级广播电视行政部门正式受理申请后，应在行政许可法规定的期限内作出详细、明确的初审意见，报广电总局审查批准。

广电总局正式受理申请后，在行政许可法规定的期限内作出同意或不同意引进的行政许可决定。其中，引进境外影视剧的审查需要另行组织专家评审，评审时间为三十日。同意引进的，发给《电视剧（电视动画片）发行许可证》或同意以卫星传送方式引进其他境外电视节目的批复；不同意引进的，应当书面通知引进单位并说明理由。

第十二条 同意以卫星传送方式引进其他境外电视节目的，引进单位凭广电总局批复办理《接收卫星传送的电视节目许可证》等相关手续。

第十三条 地（市）级电视台、省级电视台申请引进其他境外电视节目，报省级广播电视行政部门审查批准；题材涉及重大、敏感内容的，由省级广播电视行政部门报广电总局审批。

第十四条 引进其他境外电视节目，应提交下列申请材料：

（一）《引进其他境外电视节目申请表》（申请表由广电总局统一制定，地（市）级以上广播电视行政部门凭样本印制使用）；

（二）引进单位对节目内容的审查意见；

（三）引进合同（中外文）；

（四）版权证明。

省级广播电视行政部门正式受理申请后，应在行政许可法规定的期限内作出行政许可决定。同意引进的，发给相关的批准文件；不同意引进的，应当书面通知送审单位并说明理由。

第十五条 引进境外电视节目应严格把握导向和格调，确保内容健康、制作精良。

境外电视节目中不得载有以下内容：

（一）反对中国宪法确定的基本原则的；

（二）危害中国国家统一、主权和领土完整的；

（三）泄露中国国家秘密、危害中国国家安全或者损害中国荣誉和利益的；

（四）煽动中国民族仇恨、民族歧视，破坏中国民族团结，或者侵害中国民族风俗、习惯的；

（五）宣扬邪教、迷信的；

（六）扰乱中国社会秩序，破坏中国社会稳定的；

（七）宣扬淫秽、赌博、暴力或者教唆犯罪的；

（八）侮辱或者诽谤他人，侵害他人合法权益的；

（九）危害中国社会公德或者中国民族优秀文化传统的；

（十）其他违反中国法律、法规、规章规定的内容。

第十六条 省级广播电视行政部门应于每季度第一周将上季度本辖区引进其他境外电视节目的情况报广电总局备案。

第十七条 经批准引进的其他境外电视节目，应当重新包装、编辑，不得直接作为栏目在固定时段播出。节目中不得出现境外频道台标或相关文字的画面，不得出现宣传境外媒体频道的广告等类似内容。

第十八条 电视台播出境外影视剧，应在片头标明发行许可证编号。各电视频道每天播出的境外影视剧，不得超过该频道当天影视剧总播出时间的百分之二十五；每天播出的其他境外电视节目，不得超过该频道当天总播出时间的百分之十五。

未经广电总局批准，不得在黄金时段（19：00—22：00）播出境外影视剧。

第十九条 违反本规定的，依据《广播电视管理条例》予以处罚。构成犯罪的，依法追究刑事责任。

第二十条 本规定自2004年10月23日起施行。广播电影电视部《关于引进、播出境外电视节目的管理规定》（广播电影电视部令第10号）同时废止。

电视剧内容管理规定

1. 2010年5月14日国家广播电影电视总局令第63号发布

2. 根据2016年5月4日国家新闻出版广电总局令第8号《关于修改部分规章的决定》修正

第一章 总 则

第一条 为了规范电视剧内容管理工作，繁荣电视剧创作，促进电视剧产业的健康发展，根据《广播电视管理条例》，制定本规定。

第二条 从事电视剧内容的制作、发行、播出活动，适用本规定。

第三条 本规定所称电视剧是指：

（一）用于境内电视台播出或者境内外发行的电视剧（含电视动画片），包括国产电视剧（以下简称国产剧）和与境外机构联合制作的电视剧（以下简称合拍剧）；

（二）用于境内电视台播出的境外引进电视剧（含电视动画片、电影故事片，以下简称引进剧）。

第四条 电视剧内容的制作、播出应当坚持为人民服务、为社会主义服务的方向和百花齐放、百家争鸣的方针，坚持贴近实际、贴近生活、贴近群众，坚持社会效益第一、社会效益与经济效益相结合的原则，确保正确的文艺导向。

第五条 电视剧不得载有下列内容：

（一）违反宪法确定的基本原则，煽动抗拒或者破坏宪法、法律、行政法规和规章实施的；

（二）危害国家统一、主权和领土完整的；

（三）泄露国家秘密，危害国家安全，损害国家荣誉和利益的；

（四）煽动民族仇恨、民族歧视，侵害民族风俗习惯，伤害民族感情，破坏民族团结的；

（五）违背国家宗教政策，宣扬宗教极端主义和邪教、迷信，歧视、侮辱宗教信仰的；

（六）扰乱社会秩序，破坏社会稳定的；

（七）宣扬淫秽、赌博、暴力、恐怖、吸毒，教唆犯罪或者传授犯罪方法的；

（八）侮辱、诽谤他人的；

（九）危害社会公德或者民族优秀文化传统的；

（十）侵害未成年人合法权益或者有害未成年人身心健康的；

（十一）法律、行政法规和规章禁止的其他内容。

国务院广播影视行政部门依据前款规定，制定电视剧内容管理的具体标准。

第六条 国务院广播影视行政部门负责全国的电视剧内容管理和监督工作。

省、自治区、直辖市人民政府广播影视行政部门负责本行政区域内的电视剧内容管理和监督工作。

第七条 国务院广播影视行政部门和省、自治区、直辖市人民政府广播影视行政部门应当积极建立和完善电视剧审批管理的电子办公系统，推行电子政务。

第二章 备案和公示

第八条 国产剧、合拍剧的拍摄制作实行备案公示制度。

第九条 国务院广播影视行政部门负责全国拍摄制作电视剧的公示。省、自治区、直辖市人民政府广播影视行政部门负责受理本行政区域内制作机构拍摄制作电视剧的备案，经审核报请国务院广播影视行政部门公示。

按照有关规定向国务院广播影视行政部门直接备案的制作机构（以下简称直接备案制作机构），在将其拍摄制作的电视剧备案前，应当经其上级业务主管部门同意。

第十条 符合下列条件之一的制作机构，可以申请电视剧拍摄制作备案公示：

（一）持有《电视剧制作许可证（甲种）》；

（二）持有《广播电视节目制作经营许可证》；

（三）设区的市级以上电视台（含广播电视台、广播影视集团）；

（四）持有《摄制电影许可证》；

（五）其他具备申领《电视剧制作许可证（乙种）》资质的制作机构。

第十一条 省、自治区、直辖市人民政府广播影视行政部门、直接备案制作机构向国务院广播影视行政部门申请电视剧拍摄制作备案公示，应当提交下列材料：

（一）《电视剧拍摄制作备案公示表》或者《重大革命和重大历史题材电视剧立项申报表》，并加盖对应的公章；

（二）如实准确表述剧目主题思想、主要人物、时代背景、故事情节等内容的不少于1500字的简介；

（三）重大题材或者涉及政治、军事、外交、国家安全、统战、民族、宗教、司法、公安等敏感内容的（以下简称特殊题材），应当出具省、自治区、直辖市以上人民政府有关主管部门或者有关方面的书面意见。

第十二条 国务院广播影视行政部门对申请备案公示的材料进行审核，在规定受理日期后二十日内，通过国务院广播影视行政部门政府网站予以公示。公示内容包括：剧名、制作机构、集数和内容提要等。

电视剧公示打印文本可以作为办理相关手续的证明。

第十三条 国务院广播影视行政部门对申请备案公示的电视剧内容违反本规定的，不予公示。

第十四条 制作机构应当按照公示的内容拍摄制作电视剧。

制作机构变更已公示电视剧主要人物、主要情节的，应当依照本规定重新履行备案公示手续；变更剧名、集数、制作机构的，应当经省、自治区、直辖市人民政府广播影视行政部门或者其上级业务主管部门同意后，向国务院广播影视行政部门申请办理相关变更手续。

第三章 审查和许可

第十五条 国产剧、合拍剧、引进剧实行内容审查和发行许可制度。未取得发行许可的电视剧，不得发行、播出和评奖。

第十六条 国务院广播影视行政部门设立电视剧审查委员会和电视剧复审委员会。

省、自治区、直辖市人民政府广播影视行政部门设立电视剧审查机构。

第十七条 履行电视剧审查职责的广播影视行政部门，应当建立健全审查制度，规范审查程序，落实审查责任；聘请有较高学术水平、良好职业道德的专家对申请审查的电视剧履行审查职责。

第十八条 审查人员应当按照有关规定履行职责，客观公正地提出审查意见。审查人员与送审方存在近亲属等关系、可能影响公正审查，或者参与送审剧目创作的，应当申请回避。

第十九条 国务院广播影视行政部门电视剧审查委员会的职责是：

（一）审查直接备案制作机构制作的电视剧；

（二）审查合拍剧剧本（或者分集梗概）和完成片；

（三）审查引进剧；

（四）审查由省、自治区、直辖市人民政府广播影视行政部门电视剧审查机构提请国务院广播影视行政部门审查的电视剧；

（五）审查引起社会争议的，或者因公共利益需要国务院广播影视行政部门审查的电视剧。

第二十条 国务院广播影视行政部门电视剧复审委员会，负责对送审机构不服有关电视剧审查委员会或者电视剧审查机构的审查结论而提起复审申请的电视剧进行审查。

第二十一条 省、自治区、直辖市人民政府广播影视行政部门电视剧审查机构的职责是：

(一)审查本行政区域内制作机构制作的国产剧；

(二)初审本行政区域内制作机构与境外机构制作的合拍剧剧本(或者分集梗概)和完成片；

(三)初审本行政区域内电视台等机构送审的引进剧。

第二十二条 送审国产剧，应当向省、自治区、直辖市以上人民政府广播影视行政部门提出申请，并提交以下材料：

(一)国务院广播影视行政部门统一印制的《国产电视剧报审表》；

(二)制作机构资质的有效证明；①

(三)剧目公示打印文本；

(四)每集不少于500字的剧情梗概；

(五)图像、声音、字幕、时码等符合审查要求的完整样片一套；

(六)完整的片头、片尾和歌曲的字幕表；

(七)国务院广播影视行政部门同意聘用境外人员参与国产剧创作的批准文件的复印件；

(八)特殊题材需提交主管部门和有关方面的书面审看意见。

第二十三条 送审合拍剧、引进剧，依照国务院广播影视行政部门有关规定执行。

第二十四条 省、自治区、直辖市以上人民政府广播影视行政部门在收到完备的报审材料后，应当在五十日内作出许可或者不予许可的决定；其中审查时间为三十日。许可的，发给电视剧发行许可证；不予许可的，应当通知申请人并书面说明理由。

经审查需要修改的，送审机构应当在修改后，依照本规定重新送审。

电视剧发行许可证由国务院广播影视行政部门统一印制。

第二十五条 送审机构对不予许可的决定不服的，可以自收到该决定之日起六十日内向国务院广播影视行政部门提出复审申请。国务院广播影视行政部门应当在收到复审申请五十日内作出复审决定；其中复审时间为三十日。复审合格的，发给电视剧发行许可证；不合格的，应当通知送审机构并书面说明理由。

第二十六条 已经向广播影视行政部门申请审查，但尚未取得电视剧发行许可证的，送审机构不得向其他广播影视行政部门转移送审。

第二十七条 已经取得电视剧发行许可证的电视剧，国务院广播影视行政部门根据公共利益的需要，可以作出责令修改、停止播出或者不得发行、评奖的决定。

第二十八条 已经取得电视剧发行许可证的电视剧，应当按照审查通过的内容发行和播出。

变更剧名、主要人物、主要情节和剧集长度等事项的，原送审机构应当依照本规定向原发证机关重新送审。

第二十九条 国务院广播影视行政部门应当定期将全国电视剧发行许可证颁发情况向社会公告。

第四章 播出管理

第三十条 电视台在播出电视剧前，应当核验依法取得的电视剧发行许可证。

第三十一条 电视台对其播出电视剧的内容，应当依照本规定内容审核标准，进行播前审查和重播重审；发现问题应当及时经所在地省、自治区、直辖市人民政府广播影视行政部门报请国务院广播影视行政部门处理。

第三十二条 国务院广播影视行政部门可以对全国电视台播出电视剧的总量、范围、比例、时机、时段等进行宏观调控。

第三十三条 电视剧播出时，应当在每集的片首标明相应的电视剧发行许可证编号，在每集的片尾标明相应的电视剧制作许可证编号。

第三十四条 电视台播出电视剧时，应当依法完整播出，不得侵害相关著作权人的合法权益。

第五章 法律责任

第三十五条 违反本规定，擅自制作、发行、播出电视剧或者变更主要事项未重新报审的，依照《广播电视管理条例》第四十八条的规定予以处罚。

第三十六条 违反本规定，制作、发行、播出的电视剧含有本规定第五条禁止内容的，依照《广播电视管理条例》第四十九条的规定予以处罚。

第三十七条 违反本规定第二十六条的，省、自治区、直辖市以上人民政府广播影视行政部门对转移申请不予受理；以欺骗等不正当手段取得发行许可证的，由原发证机关撤销电视剧发行许可证；原发证机关有过错的，

① 根据2018年10月31日国家广播电视总局令第2号《关于取消部分规章和规范性文件设定的证明事项材料的决定》，本项改由总局和省局通过内部政务系统数据信息共享核查替代。

对直接负责的主管人员和其他直接责任人员，依法给予处分。

第三十八条　广播影视行政部门工作人员违反本规定，滥用职权、玩忽职守、徇私舞弊或者未依照本规定履行职责的，依法给予处分。

第三十九条　审查人员违反本规定第十八条的，由省、自治区、直辖市以上人民政府广播影视行政部门给予警告；情节严重的，不得再聘请其担任审查人员。

第六章　附　　则

第四十条　重大革命和重大历史题材电视剧的管理，以及合拍剧、引进剧审批和播出管理，分别依照国家有关规定执行。

第四十一条　本规定自2010年7月1日起施行。2004年9月20日国家广播电影电视总局发布的《电视剧审查管理规定》（总局令第40号）、2006年11月14日国家广播电影电视总局发布的《〈电视剧审查管理规定〉补充规定》（总局令第53号）同时废止。

国家广播电影电视总局关于“红色经典”改编电视剧审查管理的通知

2004年5月25日

各省、自治区、直辖市广播影视局（厅），中央电视台，中国教育电视台、解放军总政宣传部艺术局、中直有关制作单位：

为切实加强对“红色经典”改编电视剧的审查管理，根据目前各有关机构对于“红色经典”改编、播出电视剧的实际情况，经研究决定，全国所有电视剧制作机构制作的以“红色经典”（即曾在全国引起较大反响的革命历史题材文学名著）改编的电视剧，经省级审查机构初审后均报送国家广电总局电视剧审查委员会终审，并由国家广电总局电视剧审查委员会出具审查意见，颁发《电视剧发行许可证》。

各省级广播影视管理部门要增强政治意识，大局意识和责任意识，切实负起责任，认真检查所辖制作机构创作生产“红色经典”电视剧的情况，发现不妥，提早处理解决，避免给各方面造成不必要的损失。从收到本《通知》起，凡未经国家广电总局审查并取得总局颁发的《电视剧发行许可证》的“红色经典”电视剧，一律不得播出。对于违规机构，一经查实，要予以严肃处理，并追究领导责任。

有线电视基本收视维护费管理暂行办法

1. 2004年12月2日国家发展改革委员会、国家广播电影电视总局发布
2. 发改价格〔2004〕2787号
3. 自2005年1月1日起执行

第一条　为规范有线电视网络经营者的价格行为，维护有线电视用户和有线电视网络经营者的合法权益，根据《中华人民共和国价格法》、《广播电视管理条例》等国家有关规定，制定本办法。

第二条　本办法适用于有线电视网络经营者和有线电视用户的价格行为。

有线电视网络经营者是指依据《广播电视管理条例》，由国家或省级广播电视行政部门批准从事广播电视传送业务且拥有有线电视分配网和有线电视用户资源的有线电视网络传输公司或单位。

第三条　有线电视基本收视维护费实行政府定价，收费标准由价格主管部门制定。

第四条　有线电视基本收视维护费是有线电视网络经营者通过电缆、光缆等方式，向有线电视用户提供经国家广播电视行政部门批准的基本收视频道传送服务，按价格主管部门制定的收费标准向用户收取的费用。

第五条　有线电视网络经营者对用户遵循入网自愿、退网自由的原则。

第六条　有线电视网络经营者应按照国家广播电视行政部门制定的有线电视服务标准和规范向有线电视用户提供服务。

第七条　制定或调整有线电视基本收视维护费收费标准，可由有线电视网络经营者向价格主管部门提出书面申请。

第八条　建议制定或调整有线电视基本收视维护费收费标准应提供以下材料：

（一）制定或调整收费标准的理由、水平（幅度）和调整后的收费增减额；

（二）制定或调整收费标准对有线电视用户的影响；

（三）制定或调整收费标准的相关数据资料，包括财务决算报表和近三年来服务成本的变化情况；

（四）其他相关材料。

申请人提供的材料应当真实有效。

第九条　制定或调整有线电视基本收视维护费收费标准应遵循以下原则：

（一）公平、公正、公开、效率的原则；

（二）服务成本与社会承受能力相结合的原则；

（三）促进有线电视网络可持续发展的原则。

第十条　有线电视基本收视维护费依据有线电视网络运营的合理成本加合理利润和税金制定；对于尚未实行企业化的有线电视网络经营者，按照补偿有线电视网络合理支出和税金的原则制定。

第十一条　有线电视网络经营者采用新技术，应充分考虑技术的可行性，并与当地的经济发展水平和社会承受能力相适应。

有线电视网络经营者采用新技术和提高服务质量导致经营成本或支出发生明显变化的，可以申请调整有线电视基本收视维护费的收费标准。因采用新技术和提高服务质量需要调整有线电视基本收视维护费收费标准，有线电视网络经营者应采取妥善过渡措施保护有线电视用户的权益。

第十二条　制定或调整有线电视基本收视维护费收费标准应执行《政府价格决策听证办法》和《政府制定价格行为规则（试行）》有关规定。

第十三条　对低收入用户可酌情减免有线电视基本收视维护费。具体减免范围和办法由地方价格主管部门会同广播电视行政部门制定。

第十四条　有线电视用户应按时缴费。对于不缴费或不按时缴费的用户，有线电视网络经管者可以停止或暂停服务。

第十五条　有线电视网络经营者应当在有线电视基本收视维护费新的收费标准执行十个工作日前，通过新闻媒体等多种形式将有线电视基本收视维护费调整的理由和收费标准告知有线电视用户，并做好宣传服务工作。

第十六条　有线电视网络经营者收取有线电视基本收视维护费应使用税务发票或其他合法的收费凭证。

第十七条　有线电视网络经营者应建立、健全成本核算制度，接受价格主管部门的成本调查。

第十八条　有线电视网络经营者违反规定擅自制定或调整基本收视维护费标准的、价格主管部门依据《价格法》、《价格违法行为行政处罚规定》等有关规定，实施行政处罚。

第十九条　本办法由国家发展和改革委员会负责解释。

第二十条　本办法自2005年1月1日起执行。

3. 音像制品

音像制品管理条例

1. 2001年12月25日国务院令第341号公布
2. 根据2011年3月19日国务院令第595号《关于修改〈音像制品管理条例〉的决定》第一次修订
3. 根据2013年12月7日国务院令第645号《关于修改部分行政法规的决定》第二次修订
4. 根据2016年2月6日国务院令第666号《关于修改部分行政法规的决定》第三次修订
5. 根据2020年11月29日国务院令第732号《关于修改和废止部分行政法规的决定》第四次修订

第一章 总 则

第一条 为了加强音像制品的管理,促进音像业的健康发展和繁荣,丰富人民群众的文化生活,促进社会主义物质文明和精神文明建设,制定本条例。

第二条 本条例适用于录有内容的录音带、录像带、唱片、激光唱盘和激光视盘等音像制品的出版、制作、复制、进口、批发、零售、出租等活动。

音像制品用于广播电视播放的,适用广播电视法律、行政法规。

第三条 出版、制作、复制、进口、批发、零售、出租音像制品,应当遵守宪法和有关法律、法规,坚持为人民服务和为社会主义服务的方向,传播有益于经济发展和社会进步的思想、道德、科学技术和文化知识。

音像制品禁止载有下列内容:

(一)反对宪法确定的基本原则的;

(二)危害国家统一、主权和领土完整的;

(三)泄露国家秘密、危害国家安全或者损害国家荣誉和利益的;

(四)煽动民族仇恨、民族歧视,破坏民族团结,或者侵害民族风俗、习惯的;

(五)宣扬邪教、迷信的;

(六)扰乱社会秩序,破坏社会稳定的;

(七)宣扬淫秽、赌博、暴力或者教唆犯罪的;

(八)侮辱或者诽谤他人,侵害他人合法权益的;

(九)危害社会公德或者民族优秀文化传统的;

(十)有法律、行政法规和国家规定禁止的其他内容的。

第四条 国务院出版行政主管部门负责全国音像制品的出版、制作、复制、进口、批发、零售和出租的监督管理工作;国务院其他有关行政部门按照国务院规定的职责分工,负责有关的音像制品经营活动的监督管理工作。

县级以上地方人民政府负责出版管理的行政主管部门(以下简称出版行政主管部门)负责本行政区域内音像制品的出版、制作、复制、进口、批发、零售和出租的监督管理工作;县级以上地方人民政府其他有关行政部门在各自的职责范围内负责有关的音像制品经营活动的监督管理工作。

第五条 国家对出版、制作、复制、进口、批发、零售音像制品,实行许可制度;未经许可,任何单位和个人不得从事音像制品的出版、制作、复制、进口、批发、零售等活动。

依照本条例发放的许可证和批准文件,不得出租、出借、出售或者以其他任何形式转让。

第六条 国务院出版行政主管部门负责制定音像业的发展规划,确定全国音像出版单位、音像复制单位的总量、布局和结构。

第七条 音像制品经营活动的监督管理部门及其工作人员不得从事或者变相从事音像制品经营活动,并不得参与或者变相参与音像制品经营单位的经营活动。

第二章 出 版

第八条 设立音像出版单位,应当具备下列条件:

(一)有音像出版单位的名称、章程;

(二)有符合国务院出版行政主管部门认定的主办单位及其主管机关;

(三)有确定的业务范围;

(四)有适应业务范围需要的组织机构和符合国家规定的资格条件的音像出版专业人员;

(五)有适应业务范围需要的资金、设备和工作场所;

(六)法律、行政法规规定的其他条件。

审批设立音像出版单位,除依照前款所列条件外,还应当符合音像出版单位总量、布局和结构的规划。

第九条 申请设立音像出版单位,由所在地省、自治区、直辖市人民政府出版行政主管部门审核同意后,报国务院出版行政主管部门审批。国务院出版行政主管部门应当自受理申请之日起60日内作出批准或者不批准的决定,并通知申请人。批准的,发给《音像制品出版许可证》,由申请人持《音像制品出版许可证》到工商行政管理部门登记,依法领取营业执照;不批准的,应当说明理由。

申请书应当载明下列内容：

(一)音像出版单位的名称、地址；

(二)音像出版单位的主办单位及其主管机关的名称、地址；

(三)音像出版单位的法定代表人或者主要负责人的姓名、住址、资格证明文件；

(四)音像出版单位的资金来源和数额。

第十条 音像出版单位变更名称、主办单位或者其主管机关、业务范围，或者兼并其他音像出版单位，或者因合并、分立而设立新的音像出版单位的，应当依照本条例第九条的规定办理审批手续，并到原登记的工商行政管理部门办理相应的登记手续。

音像出版单位变更地址、法定代表人或者主要负责人，或者终止出版经营活动的，应当到原登记的工商行政管理部门办理变更登记或者注销登记，并向国务院出版行政主管部门备案。

第十一条 音像出版单位的年度出版计划和涉及国家安全、社会安定等方面的重大选题，应当经所在地省、自治区、直辖市人民政府出版行政主管部门审核后报国务院出版行政主管部门备案；重大选题音像制品未在出版前报备案的，不得出版。

第十二条 音像出版单位应当在其出版的音像制品及其包装的明显位置，标明出版单位的名称、地址和音像制品的版号、出版时间、著作权人等事项；出版进口的音像制品，还应当标明进口批准文号。

音像出版单位应当按照国家有关规定向国家图书馆、中国版本图书馆和国务院出版行政主管部门免费送交样本。

第十三条 音像出版单位不得向任何单位或者个人出租、出借、出售或者以其他任何形式转让本单位的名称，不得向任何单位或者个人出售或者以其他形式转让本单位的版号。

第十四条 任何单位和个人不得以购买、租用、借用、擅自使用音像出版单位的名称或者购买、伪造版号等形式从事音像制品出版活动。

图书出版社、报社、期刊社、电子出版物出版社，不得出版非配合本版出版物的音像制品；但是，可以按照国务院出版行政主管部门的规定，出版配合本版出版物的音像制品，并参照音像出版单位享有权利、承担义务。

第十五条 音像出版单位可以与香港特别行政区、澳门特别行政区、台湾地区或者外国的组织、个人合作制作音像制品。具体办法由国务院出版行政主管部门制定。

第十六条 音像出版单位实行编辑责任制度，保证音像制品的内容符合本条例的规定。

第十七条 音像出版单位以外的单位设立的独立从事音像制品制作业务的单位(以下简称音像制作单位)申请从事音像制品制作业务，由所在地省、自治区、直辖市人民政府出版行政主管部门审批。省、自治区、直辖市人民政府出版行政主管部门应当自受理申请之日起60日内作出批准或者不批准的决定，并通知申请人。批准的，发给《音像制品制作许可证》；不批准的，应当说明理由。广播、电视节目制作经营单位的设立，依照有关法律、行政法规的规定办理。

申请书应当载明下列内容：

(一)音像制作单位的名称、地址；

(二)音像制作单位的法定代表人或者主要负责人的姓名、住址、资格证明文件；

(三)音像制作单位的资金来源和数额。

审批从事音像制品制作业务申请，除依照前款所列条件外，还应当兼顾音像制作单位总量、布局和结构。

第十八条 音像制作单位变更名称、业务范围，或者兼并其他音像制作单位，或者因合并、分立而设立新的音像制作单位的，应当依照本条例第十七条的规定办理审批手续。

音像制作单位变更地址、法定代表人或者主要负责人，或者终止制作经营活动的，应当向所在地省、自治区、直辖市人民政府出版行政主管部门备案。

第十九条 音像出版单位不得委托未取得《音像制品制作许可证》的单位制作音像制品。

音像制作单位接受委托制作音像制品的，应当按照国家有关规定，与委托的出版单位订立制作委托合同；验证委托的出版单位的《音像制品出版许可证》或者本版出版物的证明及由委托的出版单位盖章的音像制品制作委托书。

音像制作单位不得出版、复制、批发、零售音像制品。

第三章 复 制

第二十条 申请从事音像制品复制业务应当具备下列条件：

(一)有音像复制单位的名称、章程；

(二)有确定的业务范围；

(三)有适应业务范围需要的组织机构和人员；

(四)有适应业务范围需要的资金、设备和复制场所；

（五）法律、行政法规规定的其他条件。

审批从事音像制品复制业务申请，除依照前款所列条件外，还应当符合音像复制单位总量、布局和结构的规划。

第二十一条 申请从事音像制品复制业务，由所在地省、自治区、直辖市人民政府出版行政主管部门审批。省、自治区、直辖市人民政府出版行政主管部门应当自受理申请之日起20日内作出批准或者不批准的决定，并通知申请人。批准的，发给《复制经营许可证》；不批准的，应当说明理由。

申请书应当载明下列内容：

（一）音像复制单位的名称、地址；

（二）音像复制单位的法定代表人或者主要负责人的姓名、住址；

（三）音像复制单位的资金来源和数额。

第二十二条 音像复制单位变更业务范围，或者兼并其他音像复制单位，或者因合并、分立而设立新的音像复制单位的，应当依照本条例第二十一条的规定办理审批手续。

音像复制单位变更名称、地址、法定代表人或者主要负责人，或者终止复制经营活动的，应当向所在地省、自治区、直辖市人民政府出版行政主管部门备案。

第二十三条 音像复制单位接受委托复制音像制品的，应当按照国家有关规定，与委托的出版单位订立复制委托合同；验证委托的出版单位的《音像制品出版许可证》、营业执照副本、盖章的音像制品复制委托书以及出版单位取得的授权书；接受委托复制的音像制品属于非卖品的，应当验证委托单位的身份证明和委托单位出具的音像制品非卖品复制委托书。

音像复制单位应当自完成音像制品复制之日起2年内，保存委托合同和所复制的音像制品的样本以及验证的有关证明文件的副本，以备查验。

第二十四条 音像复制单位不得接受非音像出版单位或者个人的委托复制经营性的音像制品；不得自行复制音像制品；不得批发、零售音像制品。

第二十五条 从事光盘复制的音像复制单位复制光盘，必须使用蚀刻有国务院出版行政主管部门核发的激光数码储存片来源识别码的注塑模具。

第二十六条 音像复制单位接受委托复制境外音像制品的，应当经省、自治区、直辖市人民政府出版行政主管部门批准，并持著作权人的授权书依法到著作权行政管理部门登记；复制的音像制品应当全部运输出境，不得在境内发行。

第四章 进　　口

第二十七条 音像制品成品进口业务由国务院出版行政主管部门批准的音像制品成品进口经营单位经营；未经批准，任何单位或者个人不得经营音像制品成品进口业务。

第二十八条 进口用于出版的音像制品，以及进口用于批发、零售、出租等的音像制品成品，应当报国务院出版行政主管部门进行内容审查。

国务院出版行政主管部门应当自收到音像制品内容审查申请书之日起30日内作出批准或者不批准的决定，并通知申请人。批准的，发给批准文件；不批准的，应当说明理由。

进口用于出版的音像制品的单位、音像制品成品进口经营单位应当持国务院出版行政主管部门的批准文件到海关办理进口手续。

第二十九条 进口用于出版的音像制品，其著作权事项应当向国务院著作权行政管理部门登记。

第三十条 进口供研究、教学参考的音像制品，应当委托音像制品成品进口经营单位依照本条例第二十八条的规定办理。

进口用于展览、展示的音像制品，经国务院出版行政主管部门批准后，到海关办理临时进口手续。

依照本条规定进口的音像制品，不得进行经营性复制、批发、零售、出租和放映。

第五章 批发、零售和出租

第三十一条 申请从事音像制品批发、零售业务，应当具备下列条件：

（一）有音像制品批发、零售单位的名称、章程；

（二）有确定的业务范围；

（三）有适应业务范围需要的组织机构和人员；

（四）有适应业务范围需要的资金和场所；

（五）法律、行政法规规定的其他条件。

第三十二条 申请从事音像制品批发业务，应当报所在地省、自治区、直辖市人民政府出版行政主管部门审批。申请从事音像制品零售业务，应当报县级地方人民政府出版行政主管部门审批。出版行政主管部门应当自受理申请书之日起30日内作出批准或者不批准的决定，并通知申请人。批准的，应当发给《出版物经营许可证》；不批准的，应当说明理由。

《出版物经营许可证》应当注明音像制品经营活动的种类。

第三十三条 音像制品批发、零售单位变更名称、业务范围，或者兼并其他音像制品批发、零售单位，或者因合并、分立而设立新的音像制品批发、零售单位的，应当依照本条例第三十二条的规定办理审批手续。

音像制品批发、零售单位变更地址、法定代表人或者主要负责人或者终止经营活动，从事音像制品零售经营活动的个体工商户变更业务范围、地址或者终止经营活动的，应当向原批准的出版行政主管部门备案。

第三十四条　音像出版单位可以按照国家有关规定，批发、零售本单位出版的音像制品。从事非本单位出版的音像制品的批发、零售业务的，应当依照本条例第三十二条的规定办理审批手续。

第三十五条　国家允许设立从事音像制品发行业务的外商投资企业。

第三十六条　音像制品批发单位和从事音像制品零售、出租等业务的单位或者个体工商户，不得经营非音像出版单位出版的音像制品或者非音像复制单位复制的音像制品，不得经营未经国务院出版行政主管部门批准进口的音像制品，不得经营侵犯他人著作权的音像制品。

第六章　罚　　则

第三十七条　出版行政主管部门或者其他有关行政部门及其工作人员，利用职务上的便利收受他人财物或者其他好处，批准不符合法定条件的申请人取得许可证、批准文件，或者不履行监督职责，或者发现违法行为不予查处，造成严重后果的，对负有责任的主管人员和其他直接责任人员依法给予降级直至开除的处分；构成犯罪的，依照刑法关于受贿罪、滥用职权罪、玩忽职守罪或者其他罪的规定，依法追究刑事责任。

第三十八条　音像制品经营活动的监督管理部门的工作人员从事或者变相从事音像制品经营活动的，参与或者变相参与音像制品经营单位的经营活动的，依法给予撤职或者开除的处分。

音像制品经营活动的监督管理部门有前款所列行为的，对负有责任的主管人员和其他直接责任人员依照前款规定处罚。

第三十九条　未经批准，擅自设立音像制品出版、进口单位，擅自从事音像制品出版、制作、复制业务或者进口、批发、零售经营活动的，由出版行政主管部门、工商行政管理部门依照法定职权予以取缔；依照刑法关于非法经营罪的规定，依法追究刑事责任；尚不够刑事处罚的，没收违法经营的音像制品和违法所得以及进行违法活动的专用工具、设备；违法经营额1万元以上的，并处违法经营额5倍以上10倍以下的罚款；违法经营额不足1万元的，可以处5万元以下的罚款。

第四十条　出版含有本条例第三条第二款禁止内容的音像制品，或者制作、复制、批发、零售、出租、放映明知或者应知含有本条例第三条第二款禁止内容的音像制品的，依照刑法有关规定，依法追究刑事责任；尚不够刑事处罚的，由出版行政主管部门、公安部门依据各自职权责令停业整顿，没收违法经营的音像制品和违法所得；违法经营额1万元以上的，并处违法经营额5倍以上10倍以下的罚款；违法经营额不足1万元的，可以处5万元以下的罚款；情节严重的，并由原发证机关吊销许可证。

第四十一条　走私音像制品的，依照刑法关于走私罪的规定，依法追究刑事责任；尚不够刑事处罚的，由海关依法给予行政处罚。

第四十二条　有下列行为之一的，由出版行政主管部门责令停止违法行为，给予警告，没收违法经营的音像制品和违法所得；违法经营额1万元以上的，并处违法经营额5倍以上10倍以下的罚款；违法经营额不足1万元的，可以处5万元以下的罚款；情节严重的，并责令停业整顿或者由原发证机关吊销许可证：

（一）音像出版单位向其他单位、个人出租、出借、出售或者以其他任何形式转让本单位的名称，出售或者以其他形式转让本单位的版号的；

（二）音像出版单位委托未取得《音像制品制作许可证》的单位制作音像制品，或者委托未取得《复制经营许可证》的单位复制音像制品的；

（三）音像出版单位出版未经国务院出版行政主管部门批准擅自进口的音像制品的；

（四）音像制作单位、音像复制单位未依照本条例的规定验证音像出版单位的委托书、有关证明的；

（五）音像复制单位擅自复制他人的音像制品，或者接受非音像出版单位、个人的委托复制经营性的音像制品，或者自行复制音像制品的。

第四十三条　音像出版单位违反国家有关规定与香港特别行政区、澳门特别行政区、台湾地区或者外国的组织、个人合作制作音像制品，音像复制单位违反国家有关规定接受委托复制境外音像制品，未经省、自治区、直辖市人民政府出版行政主管部门审核同意，或者未将复制的境外音像制品全部运输出境的，由省、自治区、直辖市人民政府出版行政主管部门责令改正，没收违法经营的音像制品和违法所得；违法经营额1万元以上的，并处违法经营额5倍以上10倍以下的罚款；

违法经营额不足1万元的，可以处5万元以下的罚款；情节严重的，并由原发证机关吊销许可证。

第四十四条 有下列行为之一的，由出版行政主管部门责令改正，给予警告；情节严重的，并责令停业整顿或者由原发证机关吊销许可证：

（一）音像出版单位未将其年度出版计划和涉及国家安全、社会安定等方面的重大选题报国务院出版行政主管部门备案的；

（二）音像制品出版、制作、复制、批发、零售单位变更名称、地址、法定代表人或者主要负责人、业务范围等，未依照本条例规定办理审批、备案手续的；

（三）音像出版单位未在其出版的音像制品及其包装的明显位置标明本条例规定的内容的；

（四）音像出版单位未依照本条例的规定送交样本的；

（五）音像复制单位未依照本条例的规定留存备查的材料的；

（六）从事光盘复制的音像复制单位复制光盘，使用未蚀刻国务院出版行政主管部门核发的激光数码储存片来源识别码的注塑模具的。

第四十五条 有下列行为之一的，由出版行政主管部门责令停止违法行为，给予警告，没收违法经营的音像制品和违法所得；违法经营额1万元以上的，并处违法经营额5倍以上10倍以下的罚款；违法经营额不足1万元的，可以处5万元以下的罚款；情节严重的，并责令停业整顿或者由原发证机关吊销许可证：

（一）批发、零售、出租、放映非音像出版单位出版的音像制品或者非音像复制单位复制的音像制品的；

（二）批发、零售、出租或者放映未经国务院出版行政主管部门批准进口的音像制品的；

（三）批发、零售、出租、放映供研究、教学参考或者用于展览、展示的进口音像制品的。

第四十六条 单位违反本条例的规定，被处以吊销许可证行政处罚的，其法定代表人或者主要负责人自许可证被吊销之日起10年内不得担任音像制品出版、制作、复制、进口、批发、零售单位的法定代表人或者主要负责人。

从事音像制品零售业务的个体工商户违反本条例的规定，被处以吊销许可证行政处罚的，自许可证被吊销之日起10年内不得从事音像制品零售业务。

第四十七条 依照本条例的规定实施罚款的行政处罚，应当依照有关法律、行政法规的规定，实行罚款决定与罚款收缴分离；收缴的罚款必须全部上缴国库。

第七章　附　　则

第四十八条 除本条例第三十五条外，电子出版物的出版、制作、复制、进口、批发、零售等活动适用本条例。

第四十九条 依照本条例发放许可证，除按照法定标准收取成本费外，不得收取其他任何费用。

第五十条 本条例自2002年2月1日起施行。1994年8月25日国务院发布的《音像制品管理条例》同时废止。

音像制品进口管理办法

2011年4月6日新闻出版总署、海关总署令第53号公布施行

第一章　总　　则

第一条 为了加强对音像制品进口的管理，促进国际文化交流与合作，丰富人民群众的文化生活，根据《音像制品管理条例》及国家有关规定，制定本办法。

第二条 本办法所称音像制品，是指录有内容的录音带、录像带、唱片、激光唱盘、激光视盘等。

第三条 凡从外国进口音像制品成品和进口用于出版及其他用途的音像制品，适用本办法。

前款所称出版，包括利用信息网络出版。

音像制品用于广播电视播放的，适用广播电视法律、行政法规。

第四条 新闻出版总署负责全国音像制品进口的监督管理和内容审查等工作。

县级以上地方人民政府新闻出版行政部门依照本办法负责本行政区域内的进口音像制品的监督管理工作。

各级海关在其职责范围内负责音像制品进口的监督管理工作。

第五条 音像制品进口经营活动应当遵守宪法和有关法律、法规，坚持为人民服务和为社会主义服务的方向，传播有益于经济发展和社会进步的思想、道德、科学技术和文化知识。

第六条 国家禁止进口有下列内容的音像制品：

（一）反对宪法确定的基本原则的；

（二）危害国家统一、主权和领土完整的；

（三）泄漏国家秘密、危害国家安全或者损害国家荣誉和利益的；

（四）煽动民族仇恨、民族歧视，破坏民族团结，或者侵害民族风俗、习惯的；

（五）宣扬邪教、迷信的；

（六）扰乱社会秩序，破坏社会稳定的；

（七）宣扬淫秽、赌博、暴力或者教唆犯罪的；

（八）侮辱或者诽谤他人，侵害他人合法权益的；

（九）危害社会公德或者民族优秀文化传统的；

（十）有法律、行政法规和国家规定禁止的其他内容的。

第七条 国家对设立音像制品成品进口单位实行许可制度。

第二章 进口单位

第八条 音像制品成品进口业务由新闻出版总署批准的音像制品成品进口单位经营；未经批准，任何单位或者个人不得从事音像制品成品进口业务。

第九条 设立音像制品成品进口经营单位，应当具备以下条件：

（一）有音像制品进口经营单位的名称、章程；

（二）有符合新闻出版总署认定条件的主办单位及其主管机关；

（三）有确定的业务范围；

（四）具有进口音像制品内容初审能力；

（五）有与音像制品进口业务相适应的资金；

（六）有固定的经营场所；

（七）法律、行政法规和国家规定的其他条件。

第十条 设立音像制品成品进口经营单位，应当向新闻出版总署提出申请，经审查批准，取得新闻出版总署核发的音像制品进口经营许可证件后，持证到工商行政管理部门依法领取营业执照。

设立音像制品进口经营单位，还应当依照对外贸易法律、行政法规的规定办理相应手续。

第十一条 图书馆、音像资料馆、科研机构、学校等单位进口供研究、教学参考的音像制品成品，应当委托新闻出版总署批准的音像制品成品进口经营单位办理进口审批手续。

第十二条 音像出版单位可以在批准的出版业务范围内从事进口音像制品的出版业务。

第三章 进口审查

第十三条 国家对进口音像制品实行许可管理制度，应在进口前报新闻出版总署进行内容审查，审查批准取得许可文件后方可进口。

第十四条 新闻出版总署设立音像制品内容审查委员会，负责审查进口音像制品的内容。委员会下设办公室，负责进口音像制品内容审查的日常工作。

第十五条 进口音像制品成品，由音像制品成品进口经营单位向新闻出版总署提出申请并报送以下文件和材料：

（一）进口录音或录像制品报审表；

（二）进口协议草案或订单；

（三）节目样片、中外文歌词；

（四）内容审查所需的其他材料。

第十六条 进口用于出版的音像制品，应当向新闻出版总署提出申请并报送以下文件和材料：

（一）进口录音或录像制品报审表；

（二）版权贸易协议中外文文本草案，原始版权证明书，版权授权书和国家版权局的登记文件；

（三）节目样片；

（四）中外文曲目、歌词或对白；

（五）内容审查所需的其他材料。

第十七条 进口用于展览、展示的音像制品，由展览、展示活动主办单位提出申请，并将音像制品目录和样片报新闻出版总署进行内容审查。海关按暂时进口货物管理。

第十八条 进口单位不得擅自更改报送新闻出版总署进行内容审查样片原有的名称和内容。

第十九条 新闻出版总署自受理进口音像制品申请之日起30日内作出批准或者不批准的决定。批准的，发给进口音像制品批准单；不批准的，应当说明理由。

进口音像制品批准单内容不得更改，如需修改，应重新办理。进口音像制品批准单一次报关使用有效，不得累计使用。其中，属于音像制品成品的，批准单当年有效；属于用于出版的音像制品的，批准单有效期限为1年。

第四章 进口管理

第二十条 未经审查批准进口的音像制品，任何单位和个人不得出版、复制、批发、零售、出租和营业性放映。

第二十一条 任何单位和个人不得将供研究、教学参考或者用于展览、展示的进口音像制品进行经营性复制、批发、零售、出租和营业性放映。

用于展览、展示的进口音像制品确需在境内销售、赠送的，在销售、赠送前，必须依照本办法按成品进口重新办理批准手续。

第二十二条 进口单位与外方签订的音像制品进口协议或者合同应当符合中国法律、法规的规定。

第二十三条 出版进口音像制品，应当符合新闻出版总署批准文件要求，不得擅自变更节目名称和增删节目内容，要使用经批准的中文节目名称；外语节目应当在音像制品及封面包装上标明中外文名称；出版进口音像制品必须在音像制品及其包装的明显位置标明国家版权局的登记文号和新闻出版总署进口批准文号；利用信息网络出版进口音像制品必须在相关节目页面标明以上信息。

第二十四条 在经批准进口出版的音像制品版权授权期限内，音像制品进口经营单位不得进口该音像制品成品。

第二十五条 出版进口音像制品使用的语言文字应当符合国家公布的语言文字规范。

第二十六条 进口单位持新闻出版总署进口音像制品批准单向海关办理音像制品的进口报关手续。

第二十七条 个人携带和邮寄音像制品进出境，应以自用、合理数量为限，并按照海关有关规定办理。

第二十八条 随机器设备同时进口以及进口后随机器设备复出口的记录操作系统、设备说明、专用软件等内容的音像制品，不适用本办法，海关验核进口单位提供的合同、发票等有效单证验放。

第五章 罚 则

第二十九条 未经批准，擅自从事音像制品成品进口经营活动的，依照《音像制品管理条例》第三十九条的有关规定给予处罚。

第三十条 有下列行为之一的，由县级以上新闻出版行政部门责令停止违法行为，给予警告，没收违法音像制品和违法所得；违法经营额1万元以上的，并处违法经营额5倍以上10倍以下的罚款；违法经营额不足1万元的，并处5万元以下罚款；情节严重的，并责令停业整顿或者由原发证机关吊销许可证：

出版未经新闻出版总署批准擅自进口的音像制品；

批发、零售、出租或者放映未经新闻出版总署批准进口的音像制品的；

批发、零售、出租、放映供研究、教学参考或者用于展览、展示的进口音像制品的。

第三十一条 违反本办法，出版进口音像制品未标明本办法规定内容的，由省级以上新闻出版行政部门责令改正，给予警告，情节严重的，并责令停业整顿或者由原发证机关吊销许可证。

第三十二条 违反本办法，有下列行为之一的，由省级以上新闻出版行政部门责令改正，给予警告，可并处3万元以下的罚款：

（一）出版进口音像制品使用语言文字不符合国家公布的语言文字规范的；

（二）出版进口音像制品，违反本办法擅自变更节目名称、增删节目内容的。

擅自增删经审查批准进口的音像制品内容导致其含有本办法第六条规定的禁止内容的，按照《音像制品管理条例》有关条款进行处罚。

第三十三条 违反海关法及有关管理规定的，由海关依法处理。

第六章 附 则

第三十四条 从中国香港特别行政区、澳门特别行政区和台湾地区进口音像制品，参照本办法执行。

第三十五条 电子出版物的进口参照本办法执行。

第三十六条 本办法由新闻出版总署负责解释。涉及海关业务的，由海关总署负责解释。

第三十七条 本办法自公布之日起施行，2002年6月1日文化部、海关总署发布的《音像制品进口管理办法》同时废止。

复制管理办法

1. 2009年4月21日新闻出版总署令第42号发布

2. 根据2015年8月28日国家新闻出版广电总局令第3号《关于修订部分规章和规范性文件的决定》修订

第一章 总 则

第一条 为了加强管理，促进我国复制业健康发展，根据《出版管理条例》和《音像制品管理条例》的有关规定，制定本办法。

第二条 本办法适用于光盘、磁带磁盘以及新闻出版总署认定的其他存储介质形态（以下简称其他介质）的复制经营活动。

本办法所称光盘包括只读类光盘和可录类光盘。其中，只读类光盘是指存储有内容的光盘；可录类光盘是指空白光盘。

本办法所称复制经营活动，包括经营性的光盘复制生产和存储有内容的磁带磁盘复制等活动。

本办法所称复制单位是指从事光盘、磁带磁盘和其他介质复制经营活动的单位。

第三条 任何单位和个人禁止复制含有以下内容的复制品：

（一）反对宪法确定的基本原则的；

（二）危害国家统一、主权和领土完整的；

（三）泄露国家秘密、危害国家安全或者损害国家荣誉和利益的；

（四）煽动民族仇恨、民族歧视，破坏民族团结，或者侵害民族风俗、习惯的；

（五）宣扬邪教、迷信的；

（六）扰乱社会秩序，破坏社会稳定的；

（七）宣扬淫秽、赌博、暴力或者教唆犯罪的；

（八）侮辱或者诽谤他人，侵害他人合法权益的；

（九）危害社会公德或者民族优秀文化传统的；

（十）有法律、行政法规和国家规定禁止的其他内容的。

第四条 新闻出版总署主管全国光盘、磁带磁盘以及其他介质复制经营活动的监督管理工作，负责只读类光盘设立的审批。

县级以上地方新闻出版行政部门负责本行政区域内光盘、磁带磁盘以及其他介质复制经营活动的监督管理工作。其中，省级新闻出版行政部门负责可录类光盘生产单位和磁带磁盘复制单位设立的审批。

第五条 新闻出版行政部门根据已经取得的违法嫌疑证据或者举报，对涉嫌违法从事复制经营活动的行为进行查处时，可以检查与违法活动有关的物品；对有证据证明是与违法活动有关的物品，可以查封或者扣押。

第六条 复制单位应当建立质量保障体系，健全各项管理制度。

第七条 复制行业的社会团体按照其章程，在新闻出版行政部门的指导下，实行自律管理。

第二章 复制单位的设立

第八条 国家对复制经营活动实行许可制度；未经许可，任何单位和个人不得从事复制经营活动。

设立复制单位须由新闻出版行政部门审批，核发复制经营许可证，并经工商行政部门登记注册后方可进行生产。设立外商投资复制单位，除由新闻出版行政部门批准外，还须报商务部审批并颁发外商投资企业批准证书。

第九条 设立复制单位应当具备下列条件：

（一）有复制单位的名称、章程；

（二）有确定的业务范围；

（三）有适应业务范围需要的生产经营场所和必要的资金、设备等生产经营条件；

（四）有适应业务范围需要的组织机构和人员；

（五）有关法律、行政法规规定的其他条件。

审批设立复制单位，除依照前款规定外，还应当符合国家有关复制单位总量、结构和布局的规划。

第十条 设立复制单位，应当向所在地省级新闻出版行政部门提出申请，并提交下列申请文件：

（一）按要求填写的申请表；

（二）企业章程；

（三）可行性研究报告；

（四）法定代表人或者主要负责人的身份证明和履历证明；

（五）注册资本数额、来源及性质证明；

（六）经营场所和必备的生产条件证明；

（七）新设立企业的，须提交工商部门核发的企业名称预先核准通知书。

第十一条 申请设立只读类光盘复制单位的，由所在地省级新闻出版行政部门审核同意后，报新闻出版总署审批，并提交省级新闻出版行政部门的初审文件和本办法第十条规定的申请文件。新闻出版总署应自受理之日起60日内作出批准或不批准的决定，并由省级新闻出版行政部门通知申请人；不批准的，应当说明理由。

申请设立可录类光盘生产单位和磁带磁盘复制单位的，省级新闻出版行政部门应自受理之日起20日内作出批准或不批准的决定，并通知申请人；不批准的，应当说明理由。

第十二条 国家允许设立外商投资可录类光盘生产单位，允许设立中外合资经营、中外合作经营只读类光盘和磁带磁盘复制单位，但中方必须控股或占主导地位。国家禁止设立外商独资只读类光盘和磁带磁盘复制单位。

第十三条 经新闻出版行政部门批准设立的复制单位，其复制生产设备安装调试完毕，经所在地省级新闻出版行政部门验收合格并发给复制经营许可证后，方可投产。

复制单位应当在60日内持新闻出版行政部门有关批准文件或复制经营许可证到所在地工商行政部门办理登记手续。

第十四条 复制单位申请兼营或者变更业务范围，或者兼并其他复制单位，或者因合并、分立而设立新的复制单位，应当依照本办法第九条至第十一条的规定办理审批登记手续。

复制单位变更名称、地址、法定代表人或者主要负责人或者终止复制经营活动的，应当到原登记的工商行政部门办理变更登记或者注销登记。由省级新闻出版行政部门批准设立的复制单位，应在工商机关登记后30日内直接向省级新闻出版行政部门备案；由新闻出版总署批准设立的复制单位，应在工商机关登记后

20日内向省级新闻出版行政部门提交备案申请，省级新闻出版行政部门在接到申请之日起20日内向新闻出版总署备案；备案机关进行备案后变更或者注销复制经营许可证。

第三章 复制生产设备管理

第十五条 国家对光盘复制生产设备实行审批管理。

本办法所称的光盘复制生产设备是指从事光盘母盘刻录生产和子盘复制生产的设备。包括下列主要部分：用于光盘生产的金属母盘生产设备、精密注塑机、真空金属溅镀机、粘合机、保护胶涂覆机、染料层旋涂机、专用模具、盘面印刷机和光盘质量在线检测仪、离线检测仪等。

增加、进口、购买、变更光盘复制生产设备，须由新闻出版行政部门审批。其中增加、进口、购买、变更只读类光盘复制生产设备，由新闻出版总署审批；增加、进口、购买、变更可录类光盘生产设备，由所在地省级新闻出版行政部门审批，报新闻出版总署备案。

第十六条 光盘复制生产设备进口管理流程依据新闻出版总署、商务部、海关总署有关规定执行。

禁止进口旧（二手）光盘复制生产设备，禁止旧（二手）光盘复制生产设备进入出口加工区、保税区等海关监管特殊区域。

第十七条 被查处关闭光盘复制单位和被查缴的光盘复制生产设备的处理，由所在地省级新闻出版行政部门在本辖区内定向审批。需要跨省处理的，所在地省级新闻出版行政部门可报新闻出版总署在省际之间调剂，由同意接收或收购的光盘复制单位所在地省级新闻出版行政部门审批。接收或收购上述光盘复制生产设备的单位，必须是现有的合法光盘复制单位在许可经营的范围内接收或收购对应的生产设备，超出原许可经营范围的，应按本办法第十四条的规定办理审批手续。

被查处关闭光盘复制单位的光盘复制生产设备的价格，由买卖双方协商解决；被查缴的光盘复制生产设备的价格，由有关部门评估定价。省级新闻出版行政部门应在审批后20日内向新闻出版总署备案。

申请单位向所在地省级新闻出版行政部门提出申请，经批准后，凭新闻出版行政部门的批准文件按上述程序办理有关设备的交接手续。

第十八条 进口用于国产设备制造或者其他科研用途的光盘复制生产设备的，依照本办法第十五条、第十六条的规定办理相关手续。

第十九条 国家对国产光盘复制生产设备的生产和销售实行备案管理。国产光盘复制生产设备生产和销售后，应分别在30日内向所在地省级新闻出版行政部门备案。备案内容包括生产和销售国产光盘复制生产设备的时间、设备名称、设备编号、设备数量和销售对象等。

第二十条 从事只读类光盘复制，必须使用蚀刻有新闻出版总署核发的光盘来源识别码（SID码）的注塑模具。

光盘复制单位蚀刻SID码，应当向所在地省级新闻出版行政部门提出申请，由所在地省级新闻出版部门报新闻出版总署核发SID码；复制单位应于收到核发文件之日起20日内到指定刻码单位进行蚀刻，并在刻码后按有关规定向光盘生产源鉴定机构报送样盘。

刻码单位应将蚀刻SID码的情况通报新闻出版总署，光盘生产源鉴定机构应将样盘报送情况通报新闻出版总署。

第二十一条 复制生产设备的技术、质量指标应当符合国家或者行业标准。

第四章 复制经营活动管理

第二十二条 复制单位必须严格按所批准的经营范围进行复制经营，不得超范围复制经营。

第二十三条 国家对复制经营活动实行复制委托书制度。

复制单位接受委托复制音像制品或者电子出版物的，应当验证委托的出版单位盖章的复制委托书及其他法定文书。

接受委托复制属于非卖品或计算机软件的，应当验证经省级新闻出版行政部门核发并由委托单位盖章的复制委托书。

第二十四条 复制单位接受委托复制境外产品的，应当事先将该样品及有关证明文件报经所在地省级新闻出版行政部门审核同意；复制的产品除样品外应当全部出境。

加工贸易项下只读类光盘的进出口管理，依照国家有关规定执行。

第二十五条 复制单位不得接受非音像出版单位、电子出版物出版单位或者个人的委托复制经营性的音像制品、电子出版物；不得擅自复制音像制品、电子出版物、计算机软件、音像非卖品、电子出版物非卖品等。

第二十六条 复制单位应该建立和保存完整清晰的复制业务档案，包括委托方按本办法有关规定所提交的复制委托书和其他法定文书以及复制样品、生产单据、发货记录等。保存期为2年，以备查验。

第二十七条 复制单位对委托加工的产品除样品外必须全部交付委托单位，不得擅自加制，不得将委托单位提供的母盘、母带、样品等以任何方式转让或出售、复制给任何单位和个人。

第二十八条 复制单位所复制的产品质量应符合国家或者行业标准。

第二十九条 复制单位必须依照国家有关统计法规和规定按时填报有关统计报表，并由省级新闻出版行政部门审核汇总后上报新闻出版总署。

第三十条 复制单位在复制生产过程中，如发现所复制的产品涉及本办法第三条内容或与委托证明文件所规定的内容不符，或复制的产品被新闻出版行政部门明令查禁、停止复制的，应立即停止复制，及时报告新闻出版行政部门，并按要求上缴或封存，不得拖延或隐匿。

第三十一条 复制单位的法定代表人或者主要负责人应当接受所在地省级新闻出版行政部门组织的岗位培训。

第三十二条 复制单位实行年度核验制度，年度核验每两年逢单数年进行一次。新闻出版总署负责指导年度核验，省级新闻出版行政部门负责对本行政区域内的复制单位实施年度核验。核验内容包括复制单位的登记项目、设立条件、经营状况、资产变化、技术设备、产品质量、人员培训、遵纪守法情况等。

第三十三条 复制单位进行年度核验，应提交以下材料：

（一）复制单位年度核验登记表；

（二）复制单位按照年度核验要求提交的自检报告；

（三）复制经营许可证、营业执照等有关企业证明文件的复印件。

第三十四条 复制单位年度核验程序：

（一）复制单位应于核验年度 1 月 15 日前向所在地省级新闻出版行政部门提交年度核验材料；

（二）各省级新闻出版行政部门对本行政区域内复制单位情况进行全面审核，并于该年度 2 月底前完成年度核验工作。对符合要求的单位予以通过年度核验；对不符合要求的单位暂缓年度核验；

（三）各省级新闻出版行政部门应于该年度 3 月底前将年度核验情况报送新闻出版总署备案。

第三十五条 复制单位有下列情形之一的，暂缓年度核验：

（一）不具备本办法第九条规定条件的；

（二）因违反规定正在限期停业整顿的；

（三）发现有违法行为应予处罚的；

（四）经营恶化不能正常开展复制经营活动的；

（五）存在其他违法嫌疑活动需要进一步核查的。

暂缓年度核验的期限由省级新闻出版行政部门确定，最长不得超过 3 个月。期间，省级新闻出版行政部门应当督促、指导暂缓年度核验的复制单位进行整改。暂缓年度核验期满，达到要求的复制单位予以通过年度核验；仍未达到要求的复制单位，所在地省级新闻出版行政部门提出注销登记意见，由原发证机关撤销复制经营许可证。

第三十六条 不按规定参加年度核验的复制单位，经书面催告仍未参加年度核验的，所在地省级新闻出版行政部门提出注销登记意见，由原发证机关撤销复制经营许可证。

第三十七条 对非法干扰、阻止和破坏复制经营活动的，县级以上新闻出版行政部门及其他有关部门，应当及时采取措施，予以制止。

第五章 法律责任

第三十八条 未经批准，擅自设立复制单位或擅自从事复制业务的，由新闻出版行政部门、工商行政部门依照法定职权予以取缔；触犯刑律的，依照刑法有关规定，依法追究刑事责任；尚不够刑事处罚的，没收违法经营的复制产品和违法所得以及进行违法活动的专用工具、设备；违法经营额 1 万元以上的，并处违法经营额 5 倍以上 10 倍以下的罚款；违法经营额不足 1 万元的，并处 5 万元以下的罚款。

第三十九条 复制明知或者应知含有本办法第三条所列内容产品或其他非法出版物的，依照刑法有关规定，依法追究刑事责任；尚不够刑事处罚的，由新闻出版行政部门责令限期停业整顿，没收违法所得，违法经营额 1 万元以上的，并处违法经营额 5 倍以上 10 倍以下的罚款；违法经营额不足 1 万元的，可以并处 5 万元以下罚款；情节严重的，由批准设立的新闻出版行政部门吊销其复制经营许可证。如果当事人对所复制产品的来源作出说明、指认，经查证属实的，没收出版物、违法所得，可以减轻或者免除其他行政处罚。

第四十条 有下列行为之一的，由新闻出版行政部门责令停止违法行为，给予警告，没收违法经营的产品和违法所得；违法经营额 1 万元以上的，并处违法经营额 5 倍以上 10 倍以下的罚款；违法经营额不足 1 万元的，并处 1 万元以上 5 万元以下罚款；情节严重的，并责令停业整顿或者由新闻出版总署吊销其复制经营许可证：

（一）复制单位未依照本办法的规定验证复制委托书及其他法定文书的；

（二）复制单位擅自复制他人的只读类光盘和磁带磁盘的；

（三）复制单位接受非音像出版单位、电子出版物单位或者个人委托复制经营性的音像制品、电子出版物或者自行复制音像制品、电子出版物的；

（四）复制单位未履行法定手续复制境外产品的，或者复制的境外产品没有全部运输出境的。

第四十一条　有下列行为之一的，由新闻出版行政部门责令改正，给予警告；情节严重的，并责令停业整顿或者由新闻出版总署吊销其复制经营许可证：

（一）复制单位变更名称、地址、法定代表人或者主要负责人、业务范围等，未依照本办法规定办理审批、备案手续的；

（二）复制单位未依照本办法的规定留存备查的材料的；

（三）光盘复制单位使用未蚀刻或者未按本办法规定蚀刻 SID 码的注塑模具复制只读类光盘的。

第四十二条　有下列行为之一的，由新闻出版行政部门责令停止违法行为，给予警告，并处 3 万元以下的罚款：

（一）光盘复制单位违反本办法第十五条的规定，未经审批，擅自增加、进口、购买、变更光盘复制生产设备的；

（二）国产光盘复制生产设备的生产商未按本办法第十九条的要求报送备案的；

（三）光盘复制单位未按本办法第二十条规定报送样盘的；

（四）复制生产设备或复制产品不符合国家或行业标准的；

（五）复制单位的有关人员未按本办法第三十一条参加岗位培训的；

（六）违反本办法的其他行为。

第四十三条　复制单位违反本办法被处以吊销许可证行政处罚的，其法定代表人或者主要负责人自许可证被吊销之日起 10 年内不得担任复制单位法定代表人或者主要负责人。

第六章　附　　则

第四十四条　本办法自 2009 年 8 月 1 日起施行。1996 年 2 月 1 日新闻出版署发布的《音像制品复制管理办法》同时废止。其他有关复制管理规定，凡与本办法相抵触的，以本办法为准。

音像制品出版管理规定

1. 2004 年 6 月 17 日新闻出版总署令第 22 号公布

2. 根据 2015 年 8 月 28 日国家新闻出版广电总局令第 3 号《关于修订部分规章和规范性文件的决定》修订

3. 根据 2017 年 12 月 11 日国家新闻出版广电总局令第 13 号《关于废止、修改和宣布失效部分规章、规范性文件的决定》修正

第一章　总　　则

第一条　为了加强音像制品出版的管理，促进我国音像出版事业的健康发展与繁荣，根据《出版管理条例》、《音像制品管理条例》，制定本规定。

第二条　在中华人民共和国境内从事音像制品出版活动，适用本规定。

本规定所称音像制品是指录有内容的录音带（AT）、录像带（VT）、激光唱盘（CD）、数码激光视盘（VCD）及高密度光盘（DVD）等。

第三条　任何组织和个人不得出版含有《音像制品管理条例》第三条第二款禁止内容的音像制品。

第四条　新闻出版总署负责全国音像制品出版的监督管理工作。县级以上地方人民政府负责出版管理的行政部门（以下简称出版行政部门）负责本行政区域内音像制品出版的监督管理工作。

音像出版单位的主管机关、主办单位应当按照出版法律、法规和规章，对音像出版单位的出版活动履行管理职责。

第五条　国家对出版音像制品，实行许可制度；未经许可，任何单位和个人不得从事音像制品的出版活动。

音像制品出版的许可证件和批准文件，不得出租、出借、出售或者以其他任何形式转让。

第六条　音像出版行业的社会团体按照其章程，在出版行政部门的指导下，实行自律管理。

第二章　出版单位的设立

第七条　设立音像出版单位，应当具备下列条件：

（一）有音像出版单位的名称、章程；

（二）有符合新闻出版总署认定的主办单位及其主管机关；

（三）有确定的业务范围；

（四）有适应业务范围需要的组织机构和取得国家出版专业技术人员资格的编辑人员，其人数不得少于 10 人，其中从事音像出版业务 2 年以上并具有中级以上出版专业技术人员职业资格的不得少于 5 人；

（五）有 30 万元以上的注册资本；

（六）有适应业务范围需要的设备和工作场所；

（七）法律、行政法规规定的其他条件。

审批设立音像出版单位，除依照前款所列条件外，还应当符合国家关于音像出版单位总量、布局和结构的规划。

第八条 申请设立音像出版单位，由主办单位向所在地省、自治区、直辖市人民政府出版行政部门提出申请；省、自治区、直辖市人民政府出版行政部门自受理申请之日起 20 日内提出审核意见，连同申请材料报新闻出版总署审批。

第九条 设立音像出版单位的申请书应当载明下列事项：

（一）音像出版单位的名称、地址；

（二）音像出版单位的主办单位及其主管机关的名称、地址；

（三）音像出版单位的法定代表人或者主要负责人及音像出版专业人员的姓名、住址、资格证明文件；

（四）音像出版单位的注册资本数额、来源及性质证明；

（五）音像出版单位工作场所使用证明文件。

申请书应当附具出版单位的章程和设立出版单位的主办单位及主管机关的有关证明材料。

第十条 新闻出版总署应当自收到申请书之日起 60 日内作出批准或者不批准的决定，并由省、自治区、直辖市人民政府出版行政部门书面通知主办单位；不批准的，应当说明理由。

第十一条 音像出版单位的主办单位应当自收到批准决定之日起 60 日内，向所在地省、自治区、直辖市人民政府出版行政部门登记，领取《音像制品出版许可证》（以下简称出版许可证）。音像出版单位经登记后，持出版许可证到工商行政管理部门登记，依法领取营业执照。

音像出版单位自登记之日起满 180 日未从事出版活动的，由原登记的出版行政部门注销登记，并报新闻出版总署备案。因不可抗力或者其他正当理由发生前款所列情形的，向出版行政部门申请延期。

第十二条 音像出版单位变更名称、主办单位或者主管机关、业务范围，或者兼并其他音像出版单位，或者因合并、分立而设立新的音像出版单位的，应当依照本规定第七条至第十条的规定办理审批手续，并到原登记的工商行政管理部门办理相应的登记手续。

第十三条 音像出版单位变更地址、法定代表人或者主要负责人，或者终止音像出版经营活动的，应当到原登记的工商行政管理部门办理变更登记或者注销登记，并在 30 日内向新闻出版总署备案。

第十四条 音像出版单位的法定代表人或者主要负责人应当具有中级以上出版专业技术人员职业资格，具有从事音像出版业务 3 年以上的经历，并应通过新闻出版总署或省、自治区、直辖市人民政府出版行政部门组织的岗位培训，获得《岗位培训合格证书》。

第十五条 音像出版单位中从事编辑、出版、校对等专业技术工作的人员，必须通过国家出版专业技术人员职业资格考试，取得规定级别的出版专业职业资格，持相应的《中华人民共和国出版专业技术人员职业资格证书》上岗。

第三章 出版活动的管理

第十六条 音像出版单位不得超出出版许可证确定的业务范围从事音像制品的出版活动。

第十七条 音像出版单位应当按照国家标准及其他有关规定标识、使用《中国标准音像制品编码》（以下简称版号）。版号由新闻出版总署负责管理和调控，由省、自治区、直辖市人民政府出版行政部门发放。

第十八条 音像出版单位实行编辑责任制度，保障音像制品刊载的内容合法。

第十九条 音像出版单位实行年度出版计划备案制度，出版计划的内容应包括选题名称、制作单位、主创人员、类别、载体、内容提要、节目长度、计划出版时间。出版计划报送的程序为：

（一）本年度上一年的 12 月 20 日以前报送本年度出版计划；本年度 3 月 1 日—20 日、9 月 1 日—20 日报送本年度出版调整计划。

（二）出版计划及出版调整计划，须经所在地省、自治区、直辖市人民政府出版行政部门审核。

（三）省、自治区、直辖市人民政府出版行政部门应当自受理出版计划报送申请之日起 20 日内，向音像出版单位回复审核意见，并报新闻出版总署备案。

第二十条 音像出版单位出版涉及国家安全、社会安定等方面的重大选题，应当依照重大选题备案的有关规定报新闻出版总署备案。未经备案的重大选题，不得出版。

第二十一条 图书出版社、报社、期刊社、电子出版物出版社，出版配合本版出版物的音像制品，须向所在地省、自治区、直辖市人民政府出版行政部门提交申请书和样本。

第二十二条 出版配合本版出版物的音像制品申请书，须写明本版出版物的名称、制作单位；左创人员、主要内容、出版时间、节目长度；复制数量和载体形式等内容。

第二十三条 出版单位所在地省、自治区、直辖市人民政府出版行政部门，应当自受理申请之日起20日内对其申请书和样本进行审核。审核同意的，配发版号，发放复制委托书，并报新闻出版总署备案；审核不同意的，应当说明理由。

第二十四条 经批准出版的配合本版出版物音像制品，其名称须与本版出版物一致，并须与本版出版物统一配套销售，不得单独定价销售。

第二十五条 音像出版单位及经批准出版配合本版出版物音像制品的其他出版单位，应在其出版的音像制品及其包装的明显位置，标明出版单位的名称、地址和音像制品的版号；出版时间、责任编辑、著作权人和条形码。出版进口的音像制品，还应当标明进口批准文号。

第二十六条 音像出版单位不得向任何单位或者个人出租、出借、出售或者以其他任何形式转让本单位的名称，不得向任何单位或者个人出售或者以其他形式出售或转让本单位版号。

第二十七条 任何单位和个人不得以购买、租用、借用、擅自使用音像出版单位的名称或者以购买、伪造版号等形式从事音像制品出版活动。

第二十八条 音像出版单位不得委托未取得《音像制品制作许可证》的单位制作音像制品。

第二十九条 音像出版单位、经批准出版配合本版出版物音像制品的出版单位，应自音像制品出版之日起30日内，分别向国家图书馆、中国版本图书馆和新闻出版总署免费送交样本。

第四章 非卖品的管理

第三十条 用于无偿赠送、发放及业务交流的音像制品属于音像非卖品，不得定价，不得销售或变相销售，不得收取任何费用。

第三十一条 复制单位接受委托复制音像制品非卖品的，应当验证委托单位或者个人的身份证明和其出具的音像制品非卖品复制委托书，并要求委托方提供非卖品使用目的、名称、制作单位、主要内容、发送对象、复制数量、节目长度和载体形式等信息。

第三十二条 委托复制音像制品非卖品的单位或者个人须在音像制品非卖品包装和盘（带）显著位置标注‘音像非卖品’字样。

第五章 委托复制的管理

第三十三条 委托复制音像制品，须使用复制委托书。

音像出版单位及其他委托复制单位，必须遵守国家关于复制委托书的管理规定。

复制委托书由新闻出版总署统一印制。

第三十四条 复制委托书由音像出版单位及其他委托复制单位向所在地省、自治区、直辖市人民政府出版行政部门领取。

第三十五条 出版单位及其他委托复制单位应当按照规定开具或填写复制委托书，并将复制委托书直接交送复制单位。

出版单位及其他委托复制单位须保证复制委托书内容真实、准确、完整。

出版单位及其他委托复制单位不得以任何形式向任何单位或者个人出售或者转让复制委托书。

第三十六条 音像出版单位及其他委托复制单位，须确定专人管理复制委托书并建立使用记录。复制委托书使用记录的内容包括开具时间、音像制品及具体节目名称、相对应的版号、管理人员签名。

复制委托书使用记录保存期为两年。

第三十七条 音像出版单位及其他委托复制单位，自音像制品完成复制之日起30日内，向所在地省、自治区、直辖市人民政府出版行政部门上交由本单位及复制单位签章的复制委托书第二联及音像制品样品。

第三十八条 申请出版配合本版出版物音像制品或音像非卖品的单位，自获得批准之日起90日内未能出版的，须向所在地省、自治区、直辖市人民政府出版行政部门交回复制委托书。

第三十九条 音像出版单位出版的音像制品、其他出版单位出版的配合本版出版物音像制品、音像非卖品须委托依法设立的复制单位复制。

第六章 审核登记

第四十条 音像出版单位实行审核登记制度，审核登记每两年进行一次。

第四十一条 申请审核登记的音像出版单位应提交以下材料：

（一）《音像出版单位审核登记表》；

（二）音像制品出版业务情况报告，应当包括：执行出版管理的法律、法规和规章的情况，出版经营情况，人员、场所、设施情况；

（三）两年内出版的音像制品登记表；

（四）出版许可证的复印件。

第四十二条 音像出版单位应于审核登记年度1月15日前向所在地省、自治区、直辖市人民政府出版行政部门申请年度审核登记并提交相应材料。各省、自治区、直辖市人民政府出版行政部门对本行政区域内申请登记的音像出版单位进行审核,并于同年2月底前完成审核登记工作。

第四十三条 对符合下列条件的音像出版单位,省、自治区、直辖市人民政府出版行政部门予以登记:

(一)符合本规定第七条的规定;

(二)两年内无违反出版管理法律、法规和规章的情形;

(三)两年内出版音像制品不少于10种。

第四十四条 对不符合前条所列条件之一的音像出版单位,省、自治区、直辖市人民政府出版行政部门予以暂缓登记。

暂缓登记的期限为3个月。省、自治区、直辖市人民政府出版行政部门应当责令暂缓登记的出版单位在此期限内进行整顿,达到本规定第七条的规定条件。

在暂缓登记的期限届满前,省、自治区、直辖市人民政府出版行政部门应对暂缓登记的出版单位进行审查,对于达到本规定第七条的规定条件的,予以登记。对于未达到本规定第七条的规定条件的,提出注销登记意见报新闻出版总署批准。对注销登记的出版单位,由所在地省、自治区、直辖市人民政府出版行政部门缴回其出版许可证。

第四十五条 各省、自治区、直辖市人民政府出版行政部门应于同年3月20日前将审核登记情况及有关材料复印件汇总后报新闻出版总署备案。

第七章 罚　　则

第四十六条 未经批准,擅自设立音像制品出版单位,擅自从事音像制品出版业务的,依照《音像制品管理条例》第三十九条处罚。

第四十七条 出版含有《音像制品管理条例》第三条第二款禁止内容的音像制品,依照《音像制品管理条例》第四十条处罚。

第四十八条 出版音像制品的单位有下列行为之一的,依照《音像制品管理条例》第四十二条处罚:

(一)向其他单位、个人出租、出借、出售或者以其他任何形式转让本单位的名称、音像制品出版的许可证件或者批准文件,出售或者以其他任何形式转让本单位的版号或者复制委托书的;

(二)委托未取得《音像制品制作许可证》的单位制作音像制品,或者委托非依法设立的复制单位复制音像制品的。

第四十九条 出版音像制品的单位有下列行为之一的,依照《音像制品管理条例》第四十四条处罚:

(一)未按规定将年度出版计划和涉及国家安全、社会安定等方面的重大选题报新闻出版总署备案的;

(二)变更名称、主办单位或者主管机关、地址、法定代表人或者主要负责人、业务范围等,未依照本规定第十二条、第十三条办理审批、备案手续的;

(三)未在其出版的音像制品及其包装的明显位置标明本规定所规定的项目的;

(四)未依照规定期限送交音像制品样本的。

第五十条 有下列行为之一的,由出版行政部门责令停止违法行为,给予警告,并处3万元以下的罚款:

(一)其他出版单位配合本版出版物出版音像制品,其名称与本版出版物不一致或者单独定价销售的;

(二)音像出版单位及其他委托复制单位,未按照本规定第三十六条规定的内容、期限留存备查材料的;

(三)委托复制非卖品的单位销售或变相销售非卖品或者以非卖品收取费用的;

(四)委托复制非卖品的单位未在非卖品包装和盘带显著位置注明非卖品编号的。

第八章 附　　则

第五十一条 音像制品的出版许可证由新闻出版总署统一印制。

第五十二条 本规定有关行政许可的期限以工作日计算,不含法定节假日。

第五十三条 本办法自2004年8月1日起施行,新闻出版署1996年2月1日发布的《音像制品出版管理办法》同时废止。

音像制品条码实施细则

1. 2000年9月1日新闻出版署发布

2. 新出音〔2000〕1137号

3. 自2001年1月1日起施行

第一条 为加强对音像出版的标准化管理,规范音像制品的经营活动,实施音像制品条码制度,特制定本实施细则。

第二条　音像制品条码由13位数字组成，共分4段，第一段为出版物前缀（共3位），第2段为出版者前缀（共6位），第3段为出版物序号（共3位），第4段为校验码（共1位）。

第三条　音像出版单位的出版者前缀由新闻出版署分配，并向出版单位颁发《出版者前缀证书》。

第四条　出版物序号自实行条码之日开始计算，不分年度，按出版单位的音像制品出版顺序依次累加。出版物序号使用完后，需重新申请出版者前缀。

第五条　音像出版单位申请版号时，须提交《音像制品条码（版号）使用目录》（附件一[略]）一式两份；申请出版者前缀时须填报《申请出版者前缀数据单》（附件二[略]）。

第六条　音像制品条码与中国标准音像制品编码（版号）是相互对应的，对于同一品种、不同载体的音像制品，将使用不同版号和条码，以保证条码的唯一性。

第七条　条码软片由新闻出版署条码中心统一制作，其他单位不得从事此项业务。条码软片制作费用按国家规定的标准，每个条码收取人民币48元。

第八条　各音像出版单位在接到新闻出版署分配的版号额度后，持批文和《音像制品条码申请单》（附件三[略]）到新闻出版署条码中心申办条码。新闻出版署条码中心收到条码申请单后，应在三个工作日内完成条码软片的制作。

第九条　条码须印制在彩封、封套背面的显著位置。条码软片的尺寸为38×13mm。印制单位应当按规定印制条码，不得随意缩小。

第十条　音像制品条码自2001年1月1日起正式实施。自实施之日起，所有的音像制品均须使用音像制品条码。对不按规定使用条码者将按照《音像制品管理条例》、《出版物条码管理办法》等有关规定进行处罚。

第十一条　在实施条码的过程中，有关技术问题，可向新闻出版署条码中心咨询。

本细则由新闻出版署负责解释。

文化部关于加强音像制品内容审查工作的通知

2000年9月20日

为了进一步加强和规范音像制品的内容审查工作，根据《音像制品管理条例》、《音像制品内容审查办法》和《音像制品进口管理办法》的有关规定，现将有关问题通知如下：

一、中国音像出版发行单位出版发行下列音像制品（外语教学节目除外）应当报文化部进行内容审查：

（一）外国、香港和澳门特别行政区、台湾地区的公司、企业（以下称境外单位）出版发行的音像制品；

（二）境外单位或个人拥有版权的音像制品；

（三）境外单位签约、代理的境内单位或个人在签约、代理期内制作发行的音像制品；

（四）境内单位与境外单位合作制作的音像制品。

二、境外单位签约、代理境内单位或个人的音像制品在境内制作发行的，应当符合国家有关规定。有关各方应将签约、代理的事项、时间等情况于签约后30日内报文化部文化市场司备案。不符合国家规定的，不予受理。

三、凡属本通知第一条规定的外语教学节目，由出版单位按照国家有关规定对其内容进行审查。出版单位应于每年1月将上一年出版发行的上述外语教学节目的名称、数量、载体等情况报送文化部文化市场司备案。

文化部关于加强进口音像制品申报审查工作的通知

2000年12月30日

为了完善和规范音像制品的进口管理工作，加强对音像市场的宏观调控和正确引导，现就有关事项通知如下：

一、进口音像制品原则上应使用原节目名称的中文直译名称，需要改变原名称的，应当正确地概括或反映原节目的内容。不得使用夸大其词、耸人听闻、格调低下等容易误导消费者或生编硬造、文理不通的名称。对不适当的名称，审查机关有权要求申报单位更改重报。出版发行时必须使用经批准的名称和名称原文，违者将依照《音像制品进口管理办法》有关规定予以查处。

二、购买境外著作权人的作品重新录制的节目，应当报文化部进行内容审查，经批准后方可出版发行。在其音像制品的彩封和节目中，不得使用原节目表演者、制作者的名义或肖像，违者将依据国家有关规定追究法律责任。

三、申报进口通俗音乐节目，除原有关规定的材料外，还应当报送五线谱乐谱、演唱者、词曲作者及出口公司的简介等资料，属电影、电视剧中使用的音乐节目，应提供相关电影、电视剧的有关资料。

申报进口出品时间未满2年的电影、电视剧等录像节目的，应报送台词脚本及出品公司简介资料。

四、同一个公版节目每年只审批出版一次。

五、为保障审查工作的有序进行，各进口单位申报节目，每次不得超过5部(集)。

六、录像节目样片一律提供VCD或DVD。

七、音像制品内容专家审查委员会办公室受理申报节目后，根据节目情况和专家专业特长，组织两位以上专家单独审查，各专家的审查意见分别送审查办汇总评估后，由审查办提出审核意见。文化部根据专家审查意见并在宏观调控基础上进行审批，必要时应对专家审查意见分歧较大或有特殊情况的节目组织重审，以确保内容审查工作严格、科学和公正地进行。

本通知自印发之日起执行。

文化部关于加强和改进音像制品进口管理的通知

2004年5月25日

《音像制品管理条例》(国务院令第341号)和《音像制品进口管理办法》(文化部、海关总署令第23号)实施以来，音像制品进口秩序明显好转。但是在著作权授权使用、版权贸易合同、进口音像制品出版发行等方面出现一些新的问题，有的还相当严重，损害了著作权人、音像进口单位和消费者的合法权益，扰乱了音像制品进口秩序。为了加强和改进音像制品进口管理，现将有关事项通知如下：

一、我国与其他国家，以及内地与我国香港、澳门、台湾的有关单位合(协)作拍摄的电影、电视剧，其音像制品进口应当按照《音像制品进口管理办法》的有关规定办理进口手续后，方可在内地出版发行。任何单位或个人不得以合作制作等方式变相进口音像制品。

二、禁止版权贸易之间、版权贸易与制成品之间平行进口；禁止非授权独家使用的音像制品进口。

三、进口音像制品要按照我国《著作权法》规定的授权使用方式引进。进口音像制品授权单位不得将同一音像制品在同一授权期内以不同载体(如录像带、VCD、DVD等)或不同录制格式授予不同单位分别进口。

四、根据我国音像市场情况并参照国际惯例，进口音像制品的授权使用期应在三年以上(含三年)。已经出版发行的进口音像制品在授权期满后，需要再次进口的，按照《音像制品管理条例》和《音像制品进口管理办法》的有关规定，重新办理进口手续。

为避免同一音像制品经不同单位多次进口后，在市场上同时销售，形成平行进口，音像出版单位在申报非原进口单位引进已在国内出版发行的音像制品时，需要提交该音像制品原进口单位与授权单位之间的合同，明确载明清理授权过期音像制品的办法。

五、随唱片、音乐专辑等附赠的MTV、演唱会等视频节目，在授权期内，不得以版权贸易或制成品方式引进出版、发行；已经引进出版的MTV、演唱会等视频节目，在授权期内不得作为唱片、音乐专辑等的赠品出版发行。

六、新歌加精选类录音制品进口，其精选部分歌曲不得含有音像进口单位引进发行期内的歌曲。

七、音像制品进口合同(协议)必须符合我国《合同法》、《著作权法》等法律、法规的有关规定。合同(协议)中不得有显失公正的条款。

八、音像出版单位要根据《音像制品管理条例》和《音像制品进口管理办法》的有关规定，严格按照音像制品内容审查标准，对拟进口的音像制品实行内容审查。音像出版单位在对进口音像制品内容进行初审时，应当认真行使总编辑终审权，对拟进口的音像制品提出可以进口(含经删节后可以进口)或不能进口的意见。

九、音像出版单位必须按照批准的内容和节目名称出版进口音像制品，不得擅自增删内容，更改名称。进口音像制品在授权期内再次出版发行时，也不得更改名称或同时使用其他名称，误导、欺骗消费者。

十、进口音像制品的封面、包装、内插页和宣传材料等属于音像制品内容的组成部分。音像出版单位要严格把住音像制品终审权，不得含有《音像制品管理条例》和《音像制品进口管理办法》等禁止的内容。

十一、音像出版单位不得与不具备音像制品批发经营资格的单位签订有关发行(经销)进口音像制品的协议。

国产音像制品出口专项资金管理办法(试行)

2005年4月5日文化部办公厅印发

第一章　总　　则

第一条　为规范国产音像制品出口专项资金(以下简称专项资金)的管理，提高资金使用效益，保证国产音像制品出口工作的顺利实施，根据国家有关财务规章制度，结合工作实际，制定本办法。

第二条 专项资金由中央财政文化事业费拨款，其总预算和年度预算由财政部根据国产音像制品“走出去”工程的总体规划和年度工作计划以及国家财力核定。

第三条 专项资金坚持统一管理、合理安排、专款专用、厉行节约的原则。

第四条 专项资金的管理和使用严格执行国家有关法律法规和财务制度，并接受财政、审计等相关部门的监督检查。

第二章 管理机构与职责

第五条 文化部成立国产音像制品出口工作委员会，并在文化市场司设立国产音像制品出口工作委员会办公室。

第六条 国产音像制品出口工作委员会负责下列事项：

（一）审议专项资金总预、决算和年度预、决算；

（二）审定国产音像制品出口专项资金管理的有关规章制度；

（三）审批专项资金管理与使用中的重大事项。

第七条 国产音像制品出口工作委员会办公室负责下列事项：

（一）拟订国产音像制品出口专项资金财务管理的各项规章制度；

（二）编制国产音像制品出口专项资金总预、决算和年度预、决算；

（三）编制专项资金预算的调整计划；

（四）审核国产音像制品出口项目，提出资助标准；

（五）监督检查项目经费的使用情况，协助开展绩效考评工作；

（六）其他日常管理工作。

第三章 专项资金的使用范围

第八条 专项资金分为音像制品译制经费、宣传推广经费、出口奖励经费、公告系统经费及其他费用等。

第九条 音像制品译制经费指国产音像制品翻译制作的费用，包括翻译费、配音费、制作费等。

第十条 宣传推广经费指向海外宣传推广国产音像制品的费用，包括调研费、宣传费、展演费、专项推广费、销售网络建设费等。

第十一条 出口奖励费指对国产音像制品出口业绩突出的单位或个人给予物质或精神奖励的费用。

第十二条 公告系统费指用于建立和维护国产音像节目涉外版权登记公告系统的费用。

第十三条 其他费用包括项目评审费、工作补助费、日常办公经费等费用。

第四章 专项资金的审批和管理

第十四条 专项资金总预算和年度预算由国产音像制品出口工作委员会办公室按照财政部有关专项资金管理的要求编制，经国产音像制品出口工作委员会审议及文化部审定后报财政部审批。

第十五条 专项资金的总预算和年度预算一经批准，一般不做调整。确需调整的，应按照规定的程序报批。

第十六条 专项资金由国产音像制品出口工作委员会办公室在财政部批准的年度预算内，严格按照规定的使用范围和标准审批。

第十七条 专项资金支出中需实行政府采购的，按照国家有关政府采购规定执行。

第十八条 年度专项资金的结余，结转下年度使用，继续用于国产音像制品“走出去”工程。

第十九条 国产音像制品出口工作委员会办公室每年第一季度向委员会、文化部和财政部报送上年度专项资金管理与使用情况。

第二十条 国产音像制品出口项目完成后，有关单位应及时做好账目清理和审核工作，任何单位和个人不得擅自对结余资金进行分配和使用。

第二十一条 在实施国产音像制品“走出去”工程过程中，使用专项资金所形成的国有资产，按照国家有关规定办理。

第五章 项目申报与管理

第二十二条 国家鼓励和支持国产音像制品“走出去”工作，并对符合资助条件的项目给予适当补助或奖励。

第二十三条 项目经费实行单位申报、政府审核、市场运作的管理机制。

第二十四条 申请人应当具备下列条件：

（一）我国境内注册登记的具有独立法人资格的企事业单位；

（二）具备实施所申报项目的相关经验和能力；

（三）是项目的真正组织者和实施者，担负项目的实质性工作；

（四）有健全的财务管理机构和严格的财务管理制度。

第二十五条 可申报专项资金资助项目：

（一）出口国产音像节目的译制；

（二）参加推动国产音像制品出口的国际重要展会；

（三）音像制品的海外专项推广；

（四）建设国产音像制品海外销售网络；

（五）有利于推动国产音像制品出口的其他项目。

第二十六条 申请人应当向国产音像制品出口工作委员会办公室提出申请，填报《国产音像制品出口专项资金项目申报表》（见附件），并提供下列材料：

（一）法人资格证明文件及相关材料；

（二）项目可行性报告和实施方案；

（三）拟译制出口的音像制品的版权证明文件；

（四）其他相关材料。

第二十七条 国产音像制品出口工作委员会办公室应当组织对申报材料进行评审，择优立项，并向申请人发出是否立项的书面通知。批准立项的，告知补贴经费的金额和拨付方式。

第二十八条 各项目申请人应严格按照批准的项目实施方案开展工作。确需调整项目计划的，应报国产音像制品出口工作委员会办公室批准。

第二十九条 项目申请人应当定期向国产音像制品出口工作委员会办公室报告项目实施进展情况。项目完成后，应当提交书面总结报告。

第三十条 国家对具有良好国产音像制品出口业绩和信誉的单位或个人进行奖励。

第六章 监督检查

第三十一条 专项资金的使用和管理情况依法接受监督检查。

第三十二条 国产音像制品出口工作委员会办公室要建立健全专项资金使用的监督约束机制，规范和加强对项目经费的使用和管理。

第三十三条 专项资金的使用实行责任追究制度，对于弄虚作假、截留、挪用、挤占专项资金等违反财政纪律的行为，按照国家有关规定对责任人给予行政和经济处罚，并视情节轻重，采取通报批评、停止拨款、取消资格、追回已拨经费等措施，触犯刑律的，依法追究有关人员的责任。

第七章 附 则

第三十四条 本办法由文化部负责解释。

第三十五条 本办法自发布之日起施行。

附件：（略）

最高人民法院、最高人民检察院关于办理侵犯著作权刑事案件中涉及录音录像制品有关问题的批复

1. 2005年9月26日最高人民法院审判委员会第1365次会议、2005年9月23日最高人民检察院第十届检察委员会第39次会议通过

2. 2005年10月13日公布

3. 法释〔2005〕12号

4. 自2005年10月18日起施行

各省、自治区、直辖市高级人民法院、人民检察院，解放军军事法院、军事检察院，新疆维吾尔自治区高级人民法院生产建设兵团分院、新疆生产建设兵团人民检察院：

《最高人民法院、最高人民检察院关于办理侵犯知识产权刑事案件具体应用法律若干问题的解释》发布以后，部分高级人民法院、省级人民检察院就关于办理侵犯著作权刑事案件中涉及录音录像制品的有关问题提出请示。经研究，批复如下：

以营利为目的，未经录音录像制作者许可，复制发行其制作的录音录像制品的行为，复制品的数量标准分别适用《最高人民法院、最高人民检察院关于办理侵犯知识产权刑事案件具体应用法律若干问题的解释》第五条第一款第（二）项、第二款第（二）项的规定。

未经录音录像制作者许可，通过信息网络传播其制作的录音录像制品的行为，应当视为刑法第二百一十七条第（三）项规定的“复制发行”。

此复。

4. 电子出版物

电子出版物出版管理规定

1. 2008年2月21日新闻出版总署令第34号发布
2. 根据2015年8月28日国家新闻出版广电总局令第3号《关于修订部分规章和规范性文件的决定》修订

第一章　总　　则

第一条　为了加强对电子出版物出版活动的管理,促进电子出版事业的健康发展与繁荣,根据国务院《出版管理条例》、《国务院对确需保留的行政审批项目设定行政许可的决定》和有关法律、行政法规,制定本规定。

第二条　在中华人民共和国境内从事电子出版物的制作、出版、进口活动,适用本规定。

本规定所称电子出版物,是指以数字代码方式,将有知识性、思想性内容的信息编辑加工后存储在固定物理形态的磁、光、电等介质上,通过电子阅读、显示、播放设备读取使用的大众传播媒体,包括只读光盘(CD—ROM、DVD—ROM等)、一次写入光盘(CD—R、DVD—R等)、可擦写光盘(CD—RW、DVD—RW等)、软磁盘、硬磁盘、集成电路卡等,以及新闻出版总署认定的其他媒体形态。

第三条　电子出版物不得含有《出版管理条例》第二十六条、第二十七条禁止的内容。

第四条　新闻出版总署负责全国电子出版物出版活动的监督管理工作。

县级以上地方新闻出版行政部门负责本行政区域内电子出版物出版活动的监督管理工作。

第五条　国家对电子出版物出版活动实行许可制度;未经许可,任何单位和个人不得从事电子出版物的出版活动。

第二章　出版单位设立

第六条　设立电子出版物出版单位,应当具备下列条件:

(一)有电子出版物出版单位的名称、章程;

(二)有符合新闻出版总署认定条件的主管、主办单位;

(三)有确定的电子出版物出版业务范围;

(四)有适应业务范围需要的设备和工作场所;

(五)有适应业务范围需要的组织机构,有2人以上具有中级以上出版专业职业资格;

(六)法律、行政法规规定的其他条件。

除依照前款所列条件外,还应当符合国家关于电子出版物出版单位总量、结构、布局的规划。

第七条　设立电子出版物出版单位,经其主管单位同意后,由主办单位向所在地省、自治区、直辖市新闻出版行政部门提出申请;经省、自治区、直辖市新闻出版行政部门审核同意后,报新闻出版总署审批。

第八条　申请设立电子出版物出版单位,应当提交下列材料:

(一)按要求填写的申请表,应当载明出版单位的名称、地址、资本结构、资金来源及数额,出版单位的主管、主办单位的名称和地址等内容;

(二)主办单位、主管单位的有关资质证明材料;

(三)出版单位章程;

(四)法定代表人或者主要负责人及本规定第六条要求的有关人员的资格证明和身份证明;

(五)可行性论证报告;

(六)注册资本数额、来源及性质证明;

(七)工作场所使用证明。

第九条　新闻出版总署自受理设立电子出版物出版单位的申请之日起90日内,作出批准或者不批准的决定,直接或者由省、自治区、直辖市新闻出版行政部门书面通知主办单位;不批准的,应当说明理由。

第十条　设立电子出版物出版单位的主办单位应当自收到批准决定之日起60日内,向所在地省、自治区、直辖市新闻出版行政部门登记,领取新闻出版总署颁发的《电子出版物出版许可证》。

电子出版物出版单位持《电子出版物出版许可证》向所在地工商行政管理部门登记,依法领取营业执照。

第十一条　电子出版物出版单位自登记之日起满180日未从事出版活动的,由省、自治区、直辖市新闻出版行政部门注销登记,收回《电子出版物出版许可证》,并报新闻出版总署备案。

因不可抗力或者其他正当理由发生前款所列情形的,电子出版物出版单位可以向省、自治区、直辖市新闻出版行政部门申请延期。

第十二条　电子出版物出版单位变更名称、主办单位或者主管单位、业务范围、资本结构,合并或者分立,须依照本规定第七条、第八条的规定重新办理审批手续,并到原登记的工商行政管理部门办理相应的登记手续。

电子出版物出版单位变更地址、法定代表人或者主要负责人的，应当经其主管、主办单位同意，向所在地省、自治区、直辖市新闻出版行政部门申请变更登记后，到原登记的工商行政管理部门办理变更登记。

省、自治区、直辖市新闻出版行政部门须将有关变更登记事项报新闻出版总署备案。

第十三条 电子出版物出版单位终止出版活动的，应当向所在地省、自治区、直辖市新闻出版行政部门办理注销登记手续，并到原登记的工商行政管理部门办理注销登记。

省、自治区、直辖市新闻出版行政部门应将有关注销登记报新闻出版总署备案。

第十四条 申请出版连续型电子出版物，经主管单位同意后，由主办单位向所在地省、自治区、直辖市新闻出版行政部门提出申请；经省、自治区、直辖市新闻出版行政部门审核同意后，报新闻出版总署审批。

本规定所称连续型电子出版物，是指有固定名称，用卷、期、册或者年、月顺序编号，按照一定周期出版的电子出版物。

第十五条 申请出版连续型电子出版物，应当提交下列材料：

（一）申请书，应当载明连续型电子出版物的名称、刊期、媒体形态、业务范围、读者对象、栏目设置、文种等；

（二）主管单位的审核意见。

申请出版配报纸、期刊的连续型电子出版物，还须报送报纸、期刊样本。

第十六条 经批准出版的连续型电子出版物，新增或者改变连续型电子出版物的名称、刊期与出版范围的，须按照本规定第十四条、第十五条办理审批手续。

第十七条 出版行政部门对从事电子出版物制作的单位实行备案制管理。电子出版物制作单位应当于单位设立登记以及有关变更登记之日起 30 日内，将单位名称、地址、法定代表人或者主要负责人的姓名及营业执照复印件、法定代表人或主要负责人身份证明报所在地省、自治区、直辖市新闻出版行政部门备案。

本规定所称电子出版物制作，是指通过创作、加工、设计等方式，提供用于出版、复制、发行的电子出版物节目源的经营活动。

第三章 出版管理

第十八条 电子出版物出版单位实行编辑责任制度，保障电子出版物的内容符合有关法规、规章规定。

第十九条 电子出版物出版单位应于每年 12 月 1 日前将下一年度的出版计划报所在地省、自治区、直辖市新闻出版行政部门，省、自治区、直辖市新闻出版行政部门审核同意后报新闻出版总署备案。

第二十条 电子出版物出版实行重大选题备案制度。涉及国家安全、社会安定等方面重大选题，涉及重大革命题材和重大历史题材的选题，应当按照新闻出版总署有关选题备案的规定办理备案手续；未经备案的重大选题，不得出版。

第二十一条 出版电子出版物，必须按规定使用中国标准书号。同一内容，不同载体形态、格式的电子出版物，应当分别使用不同的中国标准书号。

出版连续型电子出版物，必须按规定使用国内统一连续出版物号，不得使用中国标准书号出版连续型电子出版物。

第二十二条 电子出版物出版单位不得以任何形式向任何单位或者个人转让、出租、出售本单位的名称、电子出版物中国标准书号、国内统一连续出版物号。

第二十三条 电子出版物应当符合国家的技术、质量标准和规范要求。

出版电子出版物，须在电子出版物载体的印刷标识面或其装帧的显著位置载明电子出版物制作、出版单位的名称，中国标准书号或国内统一连续出版物号及条码，著作权人名称以及出版日期等其他有关事项。

第二十四条 电子出版物出版单位申请出版境外著作权人授权的电子出版物，须向所在地省、自治区、直辖市新闻出版行政部门提出申请；所在地省、自治区、直辖市新闻出版行政部门审核同意后，报新闻出版总署审批。

第二十五条 申请出版境外著作权人授权的电子出版物，应当提交下列材料：

（一）申请书，应当载明电子出版物名称、内容简介、授权方名称、授权方基本情况介绍等；

（二）申请单位的审读报告；

（三）样品及必要的内容资料；

（四）申请单位所在地省、自治区、直辖市著作权行政管理部门的著作权合同登记证明文件。

出版境外著作权人授权的电子游戏出版物还须提交游戏主要人物和主要场景图片资料、代理机构营业执照、发行合同及发行机构批发许可证、游戏文字脚本全文等材料。

第二十六条 新闻出版总署自受理出版境外著作权人授权电子出版物申请之日起，20 日内作出批准或者不批准的决定；不批准的，应当说明理由。

审批出版境外著作权人授权电子出版物，应当组织专家评审，并应当符合国家总量、结构、布局规划。

第二十七条 境外著作权人授权的电子出版物，须在电子出版物载体的印刷标识面或其装帧的显著位置载明引进出版批准文号和著作权授权合同登记证号。

第二十八条 已经批准出版的境外著作权人授权的电子出版物，若出版升级版本，须按照本规定第二十五条提交申请材料，报所在地省、自治区、直辖市新闻出版行政部门审批。

第二十九条 出版境外著作权人授权的电子游戏测试盘及境外互联网游戏作品客户端程序光盘，须按照本规定第二十五条提交申请材料，报所在地省、自治区、直辖市新闻出版行政部门审批。

第三十条 电子出版物出版单位与境外机构合作出版电子出版物，须经主管单位同意后，将选题报所在地省、自治区、直辖市新闻出版行政部门审核；省、自治区、直辖市新闻出版行政部门审核同意后，报新闻出版总署审批。

新闻出版总署自受理合作出版电子出版物选题申请之日起20日内，作出批准或者不批准的决定；不批准的，应当说明理由。

第三十一条 电子出版物出版单位申请与境外机构合作出版电子出版物，应当提交下列材料：

（一）申请书，应当载明合作出版的电子出版物的名称、载体形态、内容简介、合作双方名称、基本情况、合作方式等，并附拟合作出版的电子出版物的有关文字内容、图片等材料；

（二）合作意向书；

（三）主管单位的审核意见。

第三十二条 电子出版物出版单位与境外机构合作出版电子出版物，应在该电子出版物出版30日内将样盘报送新闻出版总署备案。

第三十三条 出版单位配合本版出版物出版电子出版物，向所在地省、自治区、直辖市新闻出版行政部门提出申请，省、自治区、直辖市新闻出版行政部门审核同意的，发放电子出版物中国标准书号和复制委托书，并报新闻出版总署备案。

第三十四条 出版单位申请配合本版出版物出版电子出版物，应提交申请书及本版出版物、拟出版电子出版物样品。

申请书应当载明配合本版出版物出版的电子出版物的名称、制作单位、主要内容、出版时间、复制数量和载体形式等内容。

第三十五条 电子出版物发行前，出版单位应当向国家图书馆、中国版本图书馆和新闻出版总署免费送交样品。

第三十六条 电子出版物出版单位的从业人员，应当具备国家规定的出版专业职业资格条件。

电子出版物出版单位的社长、总编辑须符合国家规定的任职资格和条件。

电子出版物出版单位的社长、总编辑须参加新闻出版行政部门组织的岗位培训，取得岗位培训合格证书后才能上岗。

第三十七条 电子出版物出版单位须遵守国家统计规定，依法向新闻出版行政部门报送统计资料。

第四章 进口管理

第三十八条 进口电子出版物成品，须由新闻出版总署批准的电子出版物进口经营单位提出申请；所在地省、自治区、直辖市新闻出版行政部门审核同意后，报新闻出版总署审批。

第三十九条 申请进口电子出版物，应当提交下列材料：

（一）申请书，应当载明进口电子出版物的名称、内容简介、出版者名称、地址、进口数量等；

（二）主管单位审核意见；

（三）申请单位关于进口电子出版物的审读报告；

（四）进口电子出版物的样品及必要的内容资料。

第四十条 新闻出版总署自受理进口电子出版物申请之日起20日内，作出批准或者不批准的决定；不批准的，应当说明理由。

审批进口电子出版物，应当组织专家评审，并应当符合国家总量、结构、布局规划。

第四十一条 进口电子出版物的外包装上应贴有标识，载明批准进口文号及用中文注明的出版者名称、地址、著作权人名称、出版日期等有关事项。

第五章 非卖品管理

第四十二条 委托复制电子出版物非卖品，须向委托方或受托方所在地省、自治区、直辖市新闻出版行政部门提出申请，申请书应写明电子出版物非卖品的使用目的、名称、内容、发送对象、复制数量、载体形式等，并附样品。

电子出版物非卖品内容限于公益宣传、企事业单位业务宣传、交流、商品介绍等，不得定价，不得销售、变相销售或与其他商品搭配销售。

第四十三条 省、自治区、直辖市新闻出版行政部门应当自受理委托复制电子出版物非卖品申请之日起20日内,作出批准或者不批准的决定,批准的,发给电子出版物复制委托书;不批准的,应当说明理由。

第四十四条 电子出版物非卖品载体的印刷标识面及其装帧的显著位置应当注明电子出版物非卖品统一编号,编号分为四段:第一段为方括号内的各省、自治区、直辖市简称,第二段为“电子出版物非卖品”字样,第三段为圆括号内的年度,第四段为顺序编号。

第六章 委托复制管理

第四十五条 电子出版物、电子出版物非卖品应当委托经新闻出版总署批准设立的复制单位复制。

第四十六条 委托复制电子出版物和电子出版物非卖品,必须使用复制委托书,并遵守国家关于复制委托书的管理规定。

复制委托书由新闻出版总署统一印制。

第四十七条 委托复制电子出版物、电子出版物非卖品的单位,应当保证开具的复制委托书内容真实、准确、完整,并须将开具的复制委托书直接交送复制单位。

委托复制电子出版物、电子出版物非卖品的单位不得以任何形式向任何单位或者个人转让、出售本单位的复制委托书。

第四十八条 委托复制电子出版物的单位,自电子出版物完成复制之日起 30 日内,须向所在地省、自治区、直辖市新闻出版行政部门上交本单位及复制单位签章的复制委托书第二联及样品。

委托复制电子出版物的单位须将电子出版物复制委托书第四联保存 2 年备查。

第四十九条 委托复制电子出版物、电子出版物非卖品的单位,经批准获得电子出版物复制委托书之日起 90 日内未使用的,须向发放该委托书的省、自治区、直辖市新闻出版行政部门交回复制委托书。

第七章 年度核验

第五十条 电子出版物出版单位实行年度核验制度,年度核验每两年进行一次。省、自治区、直辖市新闻出版行政部门负责对本行政区域内的电子出版物出版单位实施年度核验。核验内容包括电子出版物出版单位的登记项目、设立条件、出版经营情况、遵纪守法情况、内部管理情况等。

第五十一条 电子出版物出版单位进行年度核验,应提交以下材料:

(一)电子出版物出版单位年度核验登记表;

(二)电子出版物出版单位两年的总结报告,应当包括执行出版法规的情况、出版业绩、资产变化等内容;

(三)两年出版的电子出版物出版目录;

(四)《电子出版物出版许可证》的复印件。

第五十二条 电子出版物出版单位年度核验程序为:

(一)电子出版物出版单位应于核验年度的 1 月 15 日前向所在地省、自治区、直辖市新闻出版行政部门提交年度核验材料;

(二)各省、自治区、直辖市新闻出版行政部门对本行政区域内电子出版物出版单位的设立条件、开展业务及执行法规等情况进行全面审核,并于该年度的 2 月底前完成年度核验工作;对符合年度核验要求的单位予以登记,并换发《电子出版物出版许可证》;

(三)各省、自治区、直辖市新闻出版行政部门应于核验年度的 3 月 20 日前将年度核验情况及有关书面材料报新闻出版总署备案。

第五十三条 电子出版物出版单位有下列情形之一的,暂缓年度核验:

(一)不具备本规定第六条规定条件的;

(二)因违反出版管理法规,正在限期停业整顿的;

(三)经审核发现有违法行为应予处罚的;

(四)曾违反出版管理法规受到行政处罚,未认真整改,仍存在违法问题的;

(五)长期不能正常开展电子出版物出版活动的。

暂缓年度核验的期限由省、自治区、直辖市新闻出版行政部门确定,最长不得超过 3 个月。暂缓期间,省、自治区、直辖市新闻出版行政部门应当督促、指导电子出版物出版单位进行整改。暂缓年度核验期满,对达到年度核验要求的电子出版物出版单位予以登记;仍未达到年度核验要求的电子出版物出版单位,由所在地省、自治区、直辖市新闻出版行政部门提出注销登记意见,新闻出版总署撤销《电子出版物出版许可证》,所在地省、自治区、直辖市新闻出版行政部门办理注销登记。

第五十四条 不按规定参加年度核验的电子出版物出版单位,经书面催告仍未参加年度核验的,由所在地省、自治区、直辖市新闻出版行政部门提出注销登记意见,新闻出版总署撤销《电子出版物出版许可证》,所在地省、自治区、直辖市新闻出版行政部门办理注销登记。

第五十五条 出版连续型电子出版物的单位按照本章规定参加年度核验。

第八章 法律责任

第五十六条 电子出版物出版单位违反本规定的,新闻出版总署或者省、自治区、直辖市新闻出版行政部门可以采取下列行政措施:

（一）下达警示通知书；

（二）通报批评；

（三）责令公开检讨；

（四）责令改正；

（五）责令停止复制、发行电子出版物；

（六）责令收回电子出版物；

（七）责成主办单位、主管单位监督电子出版物出版单位整改。

警示通知书由新闻出版总署制定统一格式，由新闻出版总署或者省、自治区、直辖市新闻出版行政部门下达给违法的电子出版物出版单位，并抄送违法电子出版物出版单位的主办单位及其主管单位。

本条所列行政措施可以并用。

第五十七条 未经批准，擅自设立电子出版物出版单位，擅自从事电子出版物出版业务，伪造、假冒电子出版物出版单位或者连续型电子出版物名称、电子出版物专用中国标准书号出版电子出版物的，按照《出版管理条例》第五十五条处罚。

图书、报纸、期刊、音像等出版单位未经批准，配合本版出版物出版电子出版物的，属于擅自从事电子出版物出版业务，按照前款处罚。

第五十八条 从事电子出版物制作、出版业务，有下列行为之一的，按照《出版管理条例》第五十六条处罚：

（一）制作、出版含有《出版管理条例》第二十六条、第二十七条禁止内容的电子出版物的；

（二）明知或者应知他人出版含有《出版管理条例》第二十六条、第二十七条禁止内容的电子出版物而向其出售、出租或者以其他形式转让本出版单位的名称、电子出版物专用中国标准书号、国内统一连续出版物号、条码及电子出版物复制委托书的。

第五十九条 电子出版物出版单位出租、出借、出售或者以其他任何形式转让本单位的名称、电子出版物专用中国标准书号、国内统一连续出版物号的，按照《出版管理条例》第六十条处罚。

第六十条 有下列行为之一的，按照《出版管理条例》第六十一条处罚：

（一）电子出版物出版单位变更名称、主办单位或者主管单位、业务范围、资本结构，合并或者分立，电子出版物出版单位变更地址、法定代表人或者主要负责人，未依照本规定的要求办理审批、变更登记手续的；

（二）经批准出版的连续型电子出版物，新增或者改变连续型电子出版物的名称、刊期与出版范围，未办理审批手续的；

（三）电子出版物出版单位未按规定履行年度出版计划和重大选题备案的；

（四）出版单位未按照有关规定送交电子出版物样品的；

（五）电子出版物进口经营单位违反本规定第三十八条未经批准进口电子出版物的。

第六十一条 电子出版物出版单位未依法向新闻出版行政部门报送统计资料的，依据新闻出版总署、国家统计局联合颁布的《新闻出版统计管理办法》处罚。

第六十二条 有下列行为之一的，由新闻出版行政部门责令改正，给予警告，可并处三万元以下罚款：

（一）电子出版物制作单位违反本规定第十七条，未办理备案手续的；

（二）电子出版物出版单位违反本规定第二十一条，未按规定使用中国标准书号或者国内统一连续出版物号的；

（三）电子出版物出版单位出版的电子出版物不符合国家的技术、质量标准和规范要求的，或者未按本规定第二十三条载明有关事项的；

（四）电子出版物出版单位出版境外著作权人授权的电子出版物，违反本规定第二十四条、第二十七条、第二十八条、第二十九条有关规定的；

（五）电子出版物出版单位与境外机构合作出版电子出版物，未按本规定第三十条办理选题审批手续的，未按本规定第三十二条将样盘报送备案的；

（六）电子出版物进口经营单位违反本规定第四十一条的；

（七）委托复制电子出版物非卖品违反本规定第四十二条的有关规定，或者未按第四十四条标明电子出版物非卖品统一编号的；

（八）电子出版物出版单位及其他委托复制单位违反本规定第四十五条至第四十九条的规定，委托未经批准设立的复制单位复制，或者未遵守有关复制委托书的管理制度的。

第九章 附 则

第六十三条 本规定自2008年4月15日起施行，新闻出版署1997年12月30日颁布的《电子出版物管理规定》同时废止，此前新闻出版行政部门对电子出版物制作、出版、进口活动的其他规定，凡与本规定不一致的，以本规定为准。

六、广播、电视、广告

资料补充栏

1. 综合规定

广播电视设施保护条例

2000年11月5日国务院令第295号公布施行

第一章　总　　则

第一条　为了维护广播电视设施的安全，确保广播电视信号顺利优质地播放和接收，制定本条例。

第二条　在中华人民共和国境内依法设立的广播电视台、站（包括有线广播电视台、站，下同）和广播电视传输网的下列设施的保护，适用本条例：

（一）广播电视信号发射设施，包括天线、馈线、塔桅（杆）、地网、卫星发射天线及其附属设备等；

（二）广播电视信号专用传输设施，包括电缆线路、光缆线路（以下统称传输线路）、塔桅（杆）、微波等空中专用传输通路、微波站、卫星地面接收设施、转播设备及其附属设备等；

（三）广播电视信号监测设施，包括监测接收天线、馈线、塔桅（杆）、测向场强室及其附属设备等。

传输广播电视信号所利用的公用通信等网络设施的保护和管理，依照有关法律、行政法规的规定执行。

第三条　县级以上人民政府应当将广播电视设施的规划和保护纳入城乡建设总体规划，并加强广播电视设施保护的宣传教育工作。

县级以上人民政府负责广播电视行政管理工作的部门或者机构（以下统称广播电视行政管理部门）负责所管辖的广播电视设施的保护工作，并采取措施，确保广播电视设施的安全。

第四条　任何单位和个人均有保护广播电视设施的义务。

禁止任何单位和个人侵占、哄抢、私分、截留、破坏广播电视设施。

任何单位和个人对危害广播电视设施的行为，均有权制止并向有关部门报告。

第二章　保护措施

第五条　广播电视设施管理单位负责广播电视设施的维护和保养，保证其正常运行。

广播电视设施管理单位应当在广播电视设施周围设立保护标志，标明保护要求。

第六条　禁止危及广播电视信号发射设施的安全和损害其使用效能的下列行为：

（一）拆除或者损坏天线、馈线、地网以及天线场地的围墙、围网及其附属设备、标志物；

（二）在中波天线周围250米范围内建筑施工，或者以天线外250米为计算起点兴建高度超过仰角3度的高大建筑；

（三）在短波天线前方500米范围内种植成林树木、堆放金属物品、穿越架空电力线路、建筑施工，或者以天线外500米为计算起点兴建高度超过仰角3度的高大建筑；

（四）在功率300千瓦以上的定向天线前方1000米范围内建筑施工，或者以天线外1000米为计算起点兴建高度超过仰角3度的高大建筑；

（五）在馈线两侧各3米范围内建筑施工，或者在馈线两侧各5米范围内种植树木、种植高秆作物；

（六）在天线、塔桅（杆）周围5米或者可能危及拉锚安全的范围内挖沙、取土、钻探、打桩、倾倒腐蚀性物品。

第七条　禁止危及广播电视信号专用传输设施的安全和损害其使用效能的下列行为：

（一）在标志埋设地下传输线路两侧各5米和水下传输线路两侧各50米范围内进行铺设易燃易爆液（气）体主管道、抛锚、拖锚、挖沙等施工作业；

（二）移动、损坏传输线路、终端杆、塔桅（杆）及其附属设备、标志物；

（三）在标志埋设地下传输线路的地面周围1米范围内种植根茎可能缠绕传输线路的植物、倾倒腐蚀性物品；

（四）树木的顶端与架空传输线路的间距小于2米；

（五）在传输线路塔桅（杆）、拉线周围1米范围内挖沙、取土，或者在其周围5米范围内倾倒腐蚀性物品、堆放易燃易爆物品；

（六）在传输线路塔桅（杆）、拉线上拴系牲畜、悬挂物品、攀附农作物。

第八条　禁止危及广播电视信号监测设施的安全和损害其使用效能的下列行为：

（一）移动、损坏监测接收天线、塔桅（杆）及其附属设备、标志物；

（二）在监测台、站周围违反国家标准架设架空电力线路，兴建电气化铁路、公路等产生电磁辐射的设施或者设置金属构件；

（三）在监测台、站测向场强室周围150米范围内种植树木、高秆作物、进行对土地平坦有影响的挖掘、施工；

（四）在监测天线周围1000米范围内建筑施工，

或者以天线外1000米为计算起点修建高度超过仰角3度的建筑物、构筑物或者堆放超高的物品。

第九条　禁止危及广播电视设施安全和损害其使用效能的下列行为：

（一）在广播电视设施周围500米范围内进行爆破作业；

（二）在天线、馈线、传输线路及其塔桅（杆）、拉线周围500米范围内进行烧荒；

（三）在卫星天线前方50米范围内建筑施工，或者以天线前方50米为计算起点修建高度超过仰角5度的建筑物、构筑物或者堆放超高的物品；

（四）在发射、监测台、站周围1500米范围内兴建有严重粉尘污染、严重腐蚀性化学气体溢出或者产生放射性物质的设施；

（五）在发射、监测台、站周围500米范围内兴建油库、加油站、液化气站、煤气站等易燃易爆设施。

第十条　新建、扩建广播电视设施，应当遵守城乡建设总体规划，按照国家有关规定选址，避开各种干扰源。

第十一条　广播电视信号发射设施的建设，应当符合国家有关电磁波防护和卫生标准；在已有发射设施的场强区内，兴建机关、工厂、学校、商店、居民住宅等设施的，除应当遵守本条例有关规定外，还应当符合国家有关电磁波防护和卫生标准。

第十二条　在标志埋设广播电视传输线路两侧2米范围内堆放笨重物品、种植树木及平整土地的，应当事先征得广播电视设施管理单位的同意，并采取有效防范措施后，方可进行。

第十三条　在天线、馈线周围500米范围外进行烧荒等活动，可能危及广播电视设施安全的，应当事先通知广播电视设施管理单位，并采取有效防范措施后，方可进行。

第十四条　在天线、馈线周围种植树木或者农作物的，应当确保巡视、维修车辆的通行；巡视、维修车辆通行，对树木或者农作物造成损失的，由广播电视设施管理单位按照国家有关规定给予补偿。

对高度超越架空传输线路保护间距要求的树木，广播电视设施管理单位有权剪除其超越部分。

第十五条　在广播电视传输线路上接挂收听、收视设备，调整、安装有线广播电视的光分配器、分支放大器等设备，或者在有线广播电视设备上插接分支分配器、其他线路的，应当经广播电视设施管理单位同意，并由专业人员安装。

第十六条　在天线场地敷设电力、通讯线路或者在架空传输线路上附挂电力、通讯线路的，应当事先征得广播电视设施管理单位同意，并在专业人员的指导下进行施工。

第十七条　广播电视设施管理单位的专用供电、供水、通信等，有关部门或者单位应当予以保障。

广播电视设施管理单位应当按照有关广播电视行政管理部门的要求，对重要的广播电视设施配备备用电源、水源等设施。

第十八条　进行工程建设，应当尽量避开广播电视设施；重大工程项目确实无法避开而需要搬迁广播电视设施的，城市规划行政主管部门在审批前，应当征得有关广播电视行政管理部门同意。

迁建工作应当坚持先建设后拆除的原则。迁建所需费用由造成广播电视设施迁建的单位承担。迁建新址的技术参数应当按照国家有关规定报批。

第十九条　确需在已有广播电视信号空中专用传输通路内兴建建设工程的，城市规划行政主管部门在审批前，应当征得有关广播电视行政管理部门同意。

因建设工程阻挡空中专用传输通路，需要建立广播电视空中信号中继站的，建设单位应当承担所需费用并给予相应的经济补偿。

第三章　罚　　则

第二十条　违反本条例规定，在广播电视设施保护范围内进行建筑施工、兴建设施或者爆破作业、烧荒等活动的，由县级以上人民政府广播电视行政管理部门或者其授权的广播电视设施管理单位责令改正，限期拆除违章建筑、设施，对个人处1000元以上1万元以下的罚款，对单位处2万元以上10万元以下的罚款；对其直接负责的主管人员及其他直接责任人员依法给予行政处分；违反治安管理规定的，由公安机关依法给予治安管理处罚；构成犯罪的，依法追究刑事责任。

第二十一条　违反本条例规定，损坏广播电视设施的，由县级以上人民政府广播电视行政管理部门或者其授权的广播电视设施管理单位责令改正，对个人处1000元以上1万元以下的罚款，对单位处2万元以上10万元以下的罚款；对其直接负责的主管人员及其他直接责任人员依法给予行政处分；违反治安管理规定的，由公安机关依法给予治安管理处罚；构成犯罪的，依法追究刑事责任。

第二十二条　违反本条例规定，在广播电视设施保护范围内有下列行为之一的，由县级以上人民政府广播电视行政管理部门或者其授权的广播电视设施管理单位责令改正，给予警告，对个人可处以2000元以下的罚款，对单位可处以2万元以下的罚款：

（一）种植树木、农作物的；

（二）堆放金属物品、易燃易爆物品或者设置金属构件、倾倒腐蚀性物品的；

（三）钻探、打桩、抛锚、拖锚、挖沙、取土的；

（四）拴系牲畜、悬挂物品、攀附农作物的。

第二十三条 违反本条例规定，未经同意，擅自实施下列行为之一的，由县级以上人民政府广播电视行政管理部门或者其授权的广播电视设施管理单位责令改正，对个人可处以2000元以下的罚款，对单位可处以1万元以下的罚款：

（一）在广播电视传输线路保护范围内堆放笨重物品、种植树木、平整土地的；

（二）在天线、馈线保护范围外进行烧荒等的；

（三）在广播电视传输线路上接挂、调整、安装、插接收听、收视设备的；

（四）在天线场地敷设或者在架空传输线路上附挂电力、通信线路的。

第二十四条 违反本条例规定，未经城市规划主管部门批准和广播电视行政管理部门同意，擅自进行建设工程的，由城市规划主管部门依照有关法律、法规的规定给予处罚。

第二十五条 广播电视行政管理部门、城市规划主管部门、公安机关的工作人员违反本条例规定，滥用职权、玩忽职守、徇私舞弊，造成广播电视设施严重损害或者严重影响其使用效能，构成犯罪的，依法追究刑事责任；尚不构成犯罪的，依法给予行政处分。

第二十六条 损坏广播电视设施无法恢复原状的，当事人应当依法承担赔偿责任。

第四章 附 则

第二十七条 本条例自公布之日起施行。1987年4月24日国务院发布的《广播电视设施保护条例》同时废止。

广播电视管理条例

1. 1997年8月11日国务院令第228号发布
2. 根据2013年12月7日国务院令第645号《关于修改部分行政法规的决定》第一次修订
3. 根据2017年3月1日国务院令第676号《关于修改和废止部分行政法规的决定》第二次修订
4. 根据2020年11月29日国务院令第732号《关于修改和废止部分行政法规的决定》第三次修订

第一章 总 则

第一条 为了加强广播电视管理，发展广播电视事业，促进社会主义精神文明和物质文明建设，制定本条例。

第二条 本条例适用于在中华人民共和国境内设立广播电台、电视台和采编、制作、播放、传输广播电视节目等活动。

第三条 广播电视事业应当坚持为人民服务、为社会主义服务的方向，坚持正确的舆论导向。

第四条 国家发展广播电视事业。县级以上人民政府应当将广播电视事业纳入国民经济和社会发展规划，并根据需要和财力逐步增加投入，提高广播电视覆盖率。

国家支持农村广播电视事业的发展。

国家扶持民族自治地方和边远贫困地区发展广播电视事业。

第五条 国务院广播电视行政部门负责全国的广播电视管理工作。

县级以上地方人民政府负责广播电视行政管理工作的部门或者机构（以下统称广播电视行政部门）负责本行政区域内的广播电视管理工作。

第六条 全国性广播电视行业的社会团体按照其章程，实行自律管理，并在国务院广播电视行政部门的指导下开展活动。

第七条 国家对为广播电视事业发展做出显著贡献的单位和个人，给予奖励。

第二章 广播电台和电视台

第八条 国务院广播电视行政部门负责制定全国广播电台、电视台的设立规划，确定广播电台、电视台的总量、布局和结构。

本条例所称广播电台、电视台是指采编、制作并通过有线或者无线的方式播放广播电视节目的机构。

第九条 设立广播电台、电视台，应当具备下列条件：

（一）有符合国家规定的广播电视专业人员；

（二）有符合国家规定的广播电视技术设备；

（三）有必要的基本建设资金和稳定的资金保障；

（四）有必要的场所。

审批设立广播电台、电视台，除依照前款所列条件外，还应当符合国家的广播电视建设规划和技术发展规划。

第十条 广播电台、电视台由县、不设区的市以上人民政府广播电视行政部门设立，其中教育电视台可以由设区的市、自治州以上人民政府教育行政部门设立。其他任何单位和个人不得设立广播电台、电视台。

国家禁止设立外商投资的广播电台、电视台。

第十一条 中央的广播电台、电视台由国务院广播电视行政部门设立。地方设立广播电台、电视台的，由县、不设区的市以上地方人民政府广播电视行政部门提出申请,本级人民政府审查同意后,逐级上报,经国务院广播电视行政部门审查批准后,方可筹建。

中央的教育电视台由国务院教育行政部门设立,报国务院广播电视行政部门审查批准。地方设立教育电视台的,由设区的市、自治州以上地方人民政府教育行政部门提出申请,征得同级广播电视行政部门同意并经本级人民政府审查同意后,逐级上报,经国务院教育行政部门审核,由国务院广播电视行政部门审查批准后,方可筹建。

第十二条 经批准筹建的广播电台、电视台,应当按照国家规定的建设程序和广播电视技术标准进行工程建设。

建成的广播电台、电视台,经国务院广播电视行政部门审查符合条件的,发给广播电台、电视台许可证。广播电台、电视台应当按照许可证载明的台名、台标、节目设置范围和节目套数等事项制作、播放节目。

第十三条 设区的市、自治州以上人民政府广播电视行政部门设立的广播电台、电视台或者设区的市、自治州以上人民政府教育行政部门设立的电视台变更台名、节目设置范围或者节目套数,省级以上人民政府广播电视行政部门设立的广播电台、电视台或者省级以上人民政府教育行政部门设立的电视台变更台标的,应当经国务院广播电视行政部门批准。县、不设区的市人民政府广播电视行政部门设立的广播电台、电视台变更台名、节目设置范围或者节目套数的,应当经省级人民政府广播电视行政部门批准。

广播电台、电视台不得出租、转让播出时段。

第十四条 广播电台、电视台终止,应当按照原审批程序申报,其许可证由国务院广播电视行政部门收回。

广播电台、电视台因特殊情况需要暂时停止播出的,应当经省级以上人民政府广播电视行政部门同意;未经批准,连续停止播出超过30日的,视为终止,应当依照前款规定办理有关手续。

第十五条 乡、镇设立广播电视站的,由所在地县级以上人民政府广播电视行政部门负责审核,并按照国务院广播电视行政部门的有关规定审批。

机关、部队、团体、企业事业单位设立有线广播电视站的,按照国务院有关规定审批。

第十六条 任何单位和个人不得冲击广播电台、电视台,不得损坏广播电台、电视台的设施,不得危害其安全播出。

第三章 广播电视传输覆盖网

第十七条 国务院广播电视行政部门应当对全国广播电视传输覆盖网按照国家的统一标准实行统一规划,并实行分级建设和开发。县级以上地方人民政府广播电视行政部门应当按照国家有关规定,组建和管理本行政区域内的广播电视传输覆盖网。

组建广播电视传输覆盖网,包括充分利用国家现有的公用通信等各种网络资源,应当确保广播电视节目传输质量和畅通。

本条例所称广播电视传输覆盖网,由广播电视发射台、转播台(包括差转台、收转台,下同)、广播电视卫星、卫星上行站、卫星收转站、微波站、监测台(站)及有线广播电视传输覆盖网等构成。

第十八条 国务院广播电视行政部门负责指配广播电视专用频段的频率,并核发频率专用指配证明。

第十九条 设立广播电视发射台、转播台、微波站、卫星上行站,应当按照国家有关规定,持国务院广播电视行政部门核发的频率专用指配证明,向国家的或者省、自治区、直辖市的无线电管理机构办理审批手续,领取无线电台执照。

第二十条 广播电视发射台、转播台应当按照国务院广播电视行政部门的有关规定发射、转播广播电视节目。

广播电视发射台、转播台经核准使用的频率、频段不得出租、转让,已经批准的各项技术参数不得擅自变更。

第二十一条 广播电视发射台、转播台不得擅自播放自办节目和插播广告。

第二十二条 广播电视传输覆盖网的工程选址、设计、施工、安装,应当按照国家有关规定办理,并由依法取得相应资格证书的单位承担。

广播电视传输覆盖网的工程建设和使用的广播电视技术设备,应当符合国家标准、行业标准。工程竣工后,由广播电视行政部门组织验收,验收合格的,方可投入使用。

第二十三条 区域性有线广播电视传输覆盖网,由县级以上地方人民政府广播电视行政部门设立和管理。

区域性有线广播电视传输覆盖网的规划、建设方案,由县级人民政府或者设区的市、自治州人民政府的广播电视行政部门报省、自治区、直辖市人民政府广播电视行政部门批准后实施,或者由省、自治区、直辖市人民政府广播电视行政部门报国务院广播电视行政部门批准后实施。

同一行政区域只能设立一个区域性有线广播电视传输覆盖网。有线电视站应当按照规划与区域性有线电视传输覆盖网联网。

第二十四条 未经批准,任何单位和个人不得擅自利用有线广播电视传输覆盖网播放节目。

第二十五条 传输广播电视节目的卫星空间段资源的管理和使用，应当符合国家有关规定。

广播电台、电视台利用卫星方式传输广播电视节目，应当符合国家规定的条件，并经国务院广播电视行政部门审核批准。

第二十六条 安装和使用卫星广播电视地面接收设施，应当按照国家有关规定向省、自治区、直辖市人民政府广播电视行政部门申领许可证。进口境外卫星广播电视节目解码器、解压器及其他卫星广播电视地面接收设施，应当经国务院广播电视行政部门审查同意。

第二十七条 禁止任何单位和个人侵占、哄抢或者以其他方式破坏广播电视传输覆盖网的设施。

第二十八条 任何单位和个人不得侵占、干扰广播电视专用频率，不得擅自截传、干扰、解扰广播电视信号。

第二十九条 县级以上人民政府广播电视行政部门应当采取卫星传送、无线转播、有线广播、有线电视等多种方式，提高农村广播电视覆盖率。

第四章 广播电视节目

第三十条 广播电台、电视台应当按照国务院广播电视行政部门批准的节目设置范围开办节目。

第三十一条 广播电视节目由广播电台、电视台和省级以上人民政府广播电视行政部门批准设立的广播电视节目制作经营单位制作。广播电台、电视台不得播放未取得广播电视节目制作经营许可的单位制作的广播电视节目。

第三十二条 广播电台、电视台应当提高广播电视节目质量，增加国产优秀节目数量，禁止制作、播放载有下列内容的节目：

（一）危害国家的统一、主权和领土完整的；

（二）危害国家的安全、荣誉和利益的；

（三）煽动民族分裂，破坏民族团结的；

（四）泄露国家秘密的；

（五）诽谤、侮辱他人的；

（六）宣扬淫秽、迷信或者渲染暴力的；

（七）法律、行政法规规定禁止的其他内容。

第三十三条 广播电台、电视台对其播放的广播电视节目内容，应当依照本条例第三十二条的规定进行播前审查，重播重审。

第三十四条 广播电视新闻应当真实、公正。

第三十五条 设立电视剧制作单位，应当经国务院广播电视行政部门批准，取得电视剧制作许可证后，方可制作电视剧。

电视剧的制作和播出管理办法，由国务院广播电视行政部门规定。

第三十六条 广播电台、电视台应当使用规范的语言文字。

广播电台、电视台应当推广全国通用的普通话。

第三十七条 地方广播电台、电视台或者广播电视站，应当按照国务院广播电视行政部门的有关规定转播广播电视节目。

乡、镇设立的广播电视站不得自办电视节目。

第三十八条 广播电台、电视台应当按照节目预告播放广播电视节目；确需更换、调整原预告节目的，应当提前向公众告示。

第三十九条 用于广播电台、电视台播放的境外电影、电视剧，必须经国务院广播电视行政部门审查批准。用于广播电台、电视台播放的境外其他广播电视节目，必须经国务院广播电视行政部门或者其授权的机构审查批准。

向境外提供的广播电视节目，应当按照国家有关规定向省级以上人民政府广播电视行政部门备案。

第四十条 广播电台、电视台播放境外广播电视节目的时间与广播电视节目总播放时间的比例，由国务院广播电视行政部门规定。

第四十一条 广播电台、电视台以卫星等传输方式进口、转播境外广播电视节目，必须经国务院广播电视行政部门批准。

第四十二条 广播电台、电视台播放广告，不得超过国务院广播电视行政部门规定的时间。

广播电台、电视台应当播放公益性广告。

第四十三条 国务院广播电视行政部门在特殊情况下，可以作出停止播出、更换特定节目或者指定转播特定节目的决定。

第四十四条 教育电视台应当按照国家有关规定播放各类教育教学节目，不得播放与教学内容无关的电影、电视片。

第四十五条 举办国际性广播电视节目交流、交易活动，应当经国务院广播电视行政部门批准，并由指定的单位承办。举办国内区域性广播电视节目交流、交易活动，应当经举办地的省、自治区、直辖市人民政府广播电视行政部门批准，并由指定的单位承办。

第四十六条 对享有著作权的广播电视节目的播放和使用，依照《中华人民共和国著作权法》的规定办理。

第五章 罚 则

第四十七条 违反本条例规定，擅自设立广播电台、电视台、教育电视台、有线广播电视传输覆盖网、广播电视站的，由县级以上人民政府广播电视行政部门予以取缔，没收其从事违法活动的设备，并处投资总额 1 倍以上 2 倍以下的罚款。

擅自设立广播电视发射台、转播台、微波站、卫星上行站的，由县级以上人民政府广播电视行政部门予以取缔，没收其从事违法活动的设备，并处投资总额 1 倍以上 2 倍以下的罚款；或者由无线电管理机构依照国家无线电管理的有关规定予以处罚。

第四十八条 违反本条例规定，擅自设立广播电视节目制作经营单位或者擅自制作电视剧及其他广播电视节目的，由县级以上人民政府广播电视行政部门予以取缔，没收其从事违法活动的专用工具、设备和节目载体，并处 1 万元以上 5 万元以下的罚款。

第四十九条 违反本条例规定，制作、播放、向境外提供含有本条例第三十二条规定禁止内容的节目的，由县级以上人民政府广播电视行政部门责令停止制作、播放、向境外提供，收缴其节目载体，并处 1 万元以上 5 万元以下的罚款；情节严重的，由原批准机关吊销许可证；违反治安管理规定的，由公安机关依法给予治安管理处罚；构成犯罪的，依法追究刑事责任。

第五十条 违反本条例规定，有下列行为之一的，由县级以上人民政府广播电视行政部门责令停止违法活动，给予警告，没收违法所得，可以并处 2 万元以下的罚款；情节严重的，由原批准机关吊销许可证：

（一）未经批准，擅自变更台名、台标、节目设置范围或者节目套数的；

（二）出租、转让播出时段的；

（三）转播、播放广播电视节目违反规定的；

（四）播放境外广播电视节目或者广告的时间超出规定的；

（五）播放未取得广播电视节目制作经营许可的单位制作的广播电视节目或者未取得电视剧制作许可的单位制作的电视剧的；

（六）播放未经批准的境外电影、电视剧和其他广播电视节目的；

（七）教育电视台播放本条例第四十四条规定禁止播放的节目的；

（八）未经批准，擅自举办广播电视节目交流、交易活动的。

第五十一条 违反本条例规定，有下列行为之一的，由县级以上人民政府广播电视行政部门责令停止违法活动，给予警告，没收违法所得和从事违法活动的专用工具、设备，可以并处 2 万元以下的罚款；情节严重的，由原批准机关吊销许可证：

（一）出租、转让频率、频段，擅自变更广播电视发射台、转播台技术参数的；

（二）广播电视发射台、转播台擅自播放自办节目、插播广告的；

（三）未经批准，擅自利用卫星方式传输广播电视节目的；

（四）未经批准，擅自以卫星等传输方式进口、转播境外广播电视节目的；

（五）未经批准，擅自利用有线广播电视传输覆盖网播放节目的；

（六）未经批准，擅自进行广播电视传输覆盖网的工程选址、设计、施工、安装的；

（七）侵占、干扰广播电视专用频率，擅自截传、干扰、解扰广播电视信号的。

第五十二条 违反本条例规定，危害广播电台、电视台安全播出的，破坏广播电视设施的，由县级以上人民政府广播电视行政部门责令停止违法活动；情节严重的，处 2 万元以上 5 万元以下的罚款；造成损害的，侵害人应当依法赔偿损失；构成犯罪的，依法追究刑事责任。

第五十三条 广播电视行政部门及其工作人员在广播电视管理工作中滥用职权、玩忽职守、徇私舞弊，构成犯罪的，依法追究刑事责任；尚不构成犯罪的，依法给予行政处分。

第六章 附 则

第五十四条 本条例施行前已经设立的广播电台、电视台、教育电视台、广播电视发射台、转播台、广播电视节目制作经营单位，自本条例施行之日起 6 个月内，应当依照本条例的规定重新办理审核手续；不符合本条例规定的，予以撤销；已有的县级教育电视台可以与县级电视台合并，开办教育节目频道。

第五十五条 本条例自 1997 年 9 月 1 日起施行。

广播电视编辑记者、播音员主持人资格管理暂行规定

1. 2004 年 6 月 18 日国家广播电影电视总局令第 26 号发布

2. 根据 2020 年 12 月 1 日国家广播电视总局令第 7 号《关于第一批废止和修改的部门规章的决定》修正

第一章 总 则

第一条 为规范广播电视编辑记者、播音员主持人执业资格管理，提高从业人员素质，加强广播电视队伍建

设，制定本规定。

第二条　本规定适用于广播电视编辑记者、播音员主持人资格考试、执业注册、证书发放与管理等活动。

第三条　国家对广播电视编辑记者、播音员主持人实行资格认定制度。

在依法设立的广播电视节目制作、广播电视播出机构（以下简称制作、播出机构）连续从事广播电视采访编辑、播音主持工作满一年的人员，应当依照本规定通过考试和注册取得执业资格并持有执业证书。

第四条　国务院广播电视总局负责全国广播电视编辑记者、播音员主持人资格认定的管理和监督。

省级广播电视行政部门负责实施本行政区域内广播电视编辑记者、播音员主持人资格考试、执业注册、证书发放与监督管理。

第二章　资格考试

第五条　广播电视编辑记者资格考试与播音员主持人资格考试（以下简称资格考试）分别举行，实行全国统一大纲、统一命题、统一组织、统一标准的制度。

资格考试原则上每年上半年举行一次。报名、考试的时间由国务院广播电视行政部门确定，在受理报名前三个月向社会公告。

第六条　国务院广播电视行政部门负责确定考试科目、组织编写考试大纲、建立考试试题库、组织命题等工作；负责组织资格考试、确定考试合格标准，监督、检查、指导省级广播电视行政部门实施本行政区域内的考务工作。

第七条　资格考试试卷从资格考试试题库中随机抽取生成。

第八条　符合下列条件的人员，可以报名参加资格考试：

（一）遵守宪法、法律、广播电视相关法规、规章；

（二）坚持四项基本原则，拥护中国共产党的基本理论、基本路线和方针政策；

（三）具有完全民事行为能力；

（四）具有大学专科及以上学历（含应届毕业生）。

第九条　有下列情形之一的，不能报名参加考试，已经办理报名手续的，报名无效：

（一）因故意犯罪受过刑事处罚的；

（二）受过党纪政纪开除处分的。

第十条　报名参加考试的人员，到报名点办理报名手续。经审查合格后，领取准考证。凭准考证、身份证，在指定的时间、地点参加考试。

第十一条　国务院广播电视行政部门自考试结束之日起六十个工作日内公布考试成绩和合格标准。

参加考试的人员可以通过国务院广播电视行政部门政府网站或指定的其他方式查询考试成绩。

第十二条　考试合格的，由省级广播电视行政部门颁发《广播电视编辑记者资格考试合格证》或《广播电视播音员主持人资格考试合格证》。

第十三条　考试中有违反考场纪律、扰乱考场秩序等行为的，视情节轻重，给予取消相关科目成绩、本次考试成绩、下一年度考试资格的处理。

第十四条　任何行政机关或行业组织不得组织强制性的资格考试考前培训，不得指定教材或者其他助考材料。

第三章　执业注册

第十五条　从事广播电视采访编辑、播音主持工作，应当取得相关执业资格。

未取得相关执业资格的人员，应当在持有相关执业证书的人员指导下从事实习等辅助性工作。

第十六条　具备下列条件的人员，可以申请相关执业资格注册：

（一）已取得《广播电视编辑记者资格考试合格证》或《广播电视播音员主持人资格考试合格证》；

（二）在制作、播出机构相应岗位实习满一年；

（三）身体状况能胜任所申请执业的工作岗位要求；

（四）无本规定第九条所列情形；

（五）以普通话为基本用语的播音员主持人，取得与岗位要求一致的普通话水平测试等级证书。

第十七条　执业资格注册，按以下程序办理：

（一）由申请人所在的制作、播出机构统一向省级广播电视行政部门（以下称注册机关）提交以下材料：

1. 申请人填写的《注册申请表》、相关资格考试合格证和学历证书复印件；

2. 申请人所在的制作、播出机构同意聘用申请人从事广播电视编辑记者或播音主持工作的书面意见。

（二）符合条件的，由注册机关在法定期限内办理注册手续，发放《中华人民共和国广播电视编辑记者证》或《中华人民共和国播音员主持人证》。

第十八条　《中华人民共和国广播电视编辑记者证》和《中华人民共和国播音员主持人证》由国务院广播电视行政部门统一印制，由注册机关统一注册，有效期为二年。注册机关应将注册情况在一个月内报国务院广播电视行政部门备案。

《中华人民共和国广播电视编辑记者证》和《中华人民共和国播音员主持人证》是广播电视编辑记者、播音员主持人的执业凭证，在全国范围内有效。

第十九条　注册有效期届满需要延续的，申请人应当在有效期届满三十日前提出延续申请，填写《延续注册申请表》，由所在的制作、播出机构向注册机关办理延续注册手续。

第二十条　注册有效期内，持证人变更工作单位并继续从事广播电视采访编辑、播音主持工作的，应当在变更工作单位后一个月内填写《变更注册申请表》，并提交执业证书，由变更后所在的制作、播出机构向所在地注册机关办理变更注册手续。

因工作变更或退休不再执业的，由原所在的制作、播出机构收回执业证书，并交原注册机关统一销毁。

第二十一条　国务院广播电视行政部门和注册机关应当向社会公布注册人员名单等信息。

第二十二条　持证人应妥善保管执业证书，不得出借、出租、转让、涂改和损毁。

第二十三条　有下列情形之一的，注册机关不予办理注册手续；制作、播出机构应将责任人调离广播电视采访编辑或播音主持岗位：

（一）出现本规定第九条所列情形的；

（二）因本人过错造成重大宣传事故的；

（三）违反职业纪律、违背职业道德，造成恶劣影响的；

（四）品行不端、声誉较差的。

出现本条第（一）、（二）、（三）项情形的，申请人在三年内不得再次提出注册申请。

第二十四条　以欺骗、贿赂等不正当手段取得的执业证书无效，注册机关应予以撤销。申请人在三年内不得再次提出注册申请。

第二十五条　当事人对注册机关的有关决定持有异议的，可以自接到决定之日起六十日内向国务院广播电视行政部门申请复议。

第四章　权利与义务

第二十六条　广播电视编辑记者、播音员主持人在执业活动中享有以下权利：

（一）以所在的制作、播出机构的名义从事广播电视节目采访编辑或播音主持工作，制作、播出机构应当提供完成工作所必需的物质条件；

（二）人身安全、人格尊严依法不受侵犯；

（三）参加继续教育和业务培训；

（四）指导实习人员从事采访编辑、播音主持工作；

（五）依法享有的其他权利。

第二十七条　广播电视编辑记者、播音员主持人在执业活动中应当履行以下义务：

（一）遵守法律、法规、规章；

（二）尊重公民、法人和其他组织的合法权益；

（三）坚持正确的舆论导向；

（四）恪守职业道德，坚持客观、真实、公正的原则；

（五）严守工作纪律，服从所在机构的管理，认真履行岗位职责；

（六）努力钻研业务，更新知识，不断提高政策理论水平和专业素养；

（七）树立良好的公众形象和健康向上的精神风貌；

（八）依法应当履行的其他义务。

第五章　附　　则

第二十八条　本规定实施前，在广播电视播出机构工作并取得编辑记者、播音员主持人从业资格的人员，符合国务院广播电视行政部门规定条件的，经本人申请，可以通过审核取得本规定要求的执业资格，获得执业证书。具体办法由国务院广播电视行政部门另行规定。

第二十九条　聘请境外人员从事广播电视采访编辑、播音主持工作的，依照国家有关规定执行。

第三十条　本规定自 2004 年 8 月 1 日起施行，广电总局《播音员主持人持证上岗规定》（广电总局令第 10 号）同时废止。

广播电视站审批管理暂行规定

1. 2004 年 7 月 6 日国家广播电影电视总局令第 32 号发布

2. 根据 2020 年 12 月 1 日国家广播电视总局令第 7 号《关于第一批废止和修改的部门规章的决定》修正

第一条　为规范广播电视站的管理，依据《广播电视管理条例》，制定本规定。

第二条　省级广播电视行政部门根据国家广播电视发展规划和当地广播电视发展的实际情况，制定本辖区内广播电视站的规划和布局，负责本辖区内广播电视站的审批和日常管理工作。

第三条　市辖区、乡镇以及企事业单位、大专院校可申请设立广播电视站。

每个申请单位只能设立一个广播电视站，并只能在广播电视行政部门核定的区域范围内播出广播电视节目。

第四条　设立广播电视站，应当具备下列条件：

（一）符合国家和本辖区广播电视事业和产业建设发展规划；

（二）有符合国家规定的广播电视专业人员；

（三）有符合国家规定的广播电视技术设备；

（四）有必要的基本建设资金和稳定的资金保障；

（五）有必要的场所；

（六）省级广播电视行政部门规定的其他条件。

第五条 申请设立广播电视站，须由申请单位向当地县级以上广播电视行政部门提出申请，逐级审核同意后，报省级广播电视行政部门审批。

申请设立广播电视站，应提交以下材料：

（一）申请书；

（二）广播电视节目转播技术方案、覆盖范围以及自办广播业务或电视业务的主要内容；

（三）人员、资金、场地、设备的相关材料；

（四）省级广播电视行政部门要求提交的其它文件。

第六条 县级以上各级广播电视行政部门应按照《行政许可法》规定的期限，履行受理、审核职责。申请人符合法定条件的，由省级广播电视行政部门作出准予行政许可书面决定；依法作出不予行政许可决定的，应当书面通知申请人并说明理由。

第七条 广播电视站应按规定转播好中央、省级和当地的广播电视节目。条件具备的，应与当地区域性有线广播电视传输覆盖网联网。

广播电视站不得称广播电台、电视台，不得接收、传送境外电视节目，不得在转播节目中插播自办节目和广告，不得将广播电视站出租、转让、承包给其他单位或个人。

第八条 广播电视站可自办广播节目，通过有线方式传输。

市辖区、大专院校和国有或国有控股特大型企业设立的广播电视站确有需要，可在公共频道中插播少量自办的本单位新闻、专题以及广告等电视节目，通过有线方式传输。

乡镇设立的广播电视站不得自办电视节目。

第九条 市辖区、乡镇广播电视站原则上应当由当地广播电视行政部门实施垂直统一管理。

第十条 省级广播电视行政部门须将广播电视站的审批、管理情况，于每年的6月份和12月份以书面形式报国务院广播电视行政部门备案。

第十一条 省级广播电视行政部门可以根据当地实际，依照本规定制定本辖区内广播电视站的审批管理办法。

第十二条 违反本规定有关条款的，由县级以上广播电视行政部门按照《广播电视管理条例》进行处罚。

第十三条 本办法自2004年8月10日起施行。

2. 广播电台、电视台的设立与经营

广播电台电视台审批管理办法

1. 2004年8月18日国家广播电影电视总局令第37号发布
2. 根据2017年12月11日国家新闻出版广电总局令第13号《关于废止、修改和宣布失效部分规章、规范性文件的决定》修正

第一条 为规范广播电台、电视台管理，保障广播电视事业和产业的健康发展，根据《广播电视管理条例》，制定本办法。

第二条 本办法所称广播电台、电视台是指采编、制作并通过有线、无线、卫星或其他方式向社会公众播放广播电视节目的广播电视播出机构（含广播电视台、教育电视台、广播影视集团、总台、具备独立法人资格的广播电台、电视台分台等）。

第三条 国家广播电影电视总局（以下简称广电总局）负责制定全国广播电台、电视台的设立规划，确定广播电台、电视台的总量、布局和结构，负责全国广播电台、电视台的设立审批和监督管理工作。县级以上地方广播电视行政部门负责本行政区域内广播电台、电视台的管理工作。

第四条 国家禁止设立外资经营、中外合资经营和中外合作经营的广播电台、电视台。

第五条 广播电台、电视台原则上由县、不设区的市以上广播电视行政部门或经批准的广播影视集团（总台）设立，其中教育电视台可以由设区的市、自治州以上教育行政部门设立。

第六条 广播电台、电视台的设立、合并应当具备下列条件：

（一）符合国家广播电视事业和产业发展规划以及相关的国家、行业标准；

（二）有符合国家规定的广播电视专业人员、技术设备和必要的场所；

（三）有必要的基本建设资金和稳定的资金保障；

（四）有明确的频道定位和确定的传输覆盖范围；

（五）传输覆盖方式和技术参数符合国家广播电视传输覆盖网规划。

第七条 中央级广播电台、电视台的设立、合并和相关事项变更，直接报广电总局审批。地方级广播电台、电视台的设立和变更，由本级广播电视行政部门向上级广播电视行政部门提出申请，逐级审核后，报广电总局审批。

教育电视台的设立、合并和相关事项的变更，由设区的市、自治州以上教育行政部门征得同级广播电视行政部门同意后，向上级教育行政部门提出申请，逐级审核后，经国务院教育行政部门审核同意，报广电总局审批。

第八条 申请设立、合并广播电台、电视台的，须提交以下申请材料：

（一）申请书；

（二）可行性报告。报告应载明以下内容：

1. 人力资源；
2. 资金保障及来源；
3. 场地、设备；
4. 节目频道设置规划（含频道定位、栏目设置）；
5. 传输覆盖范围、方式和技术参数；
6. 运营规划。

（三）拟使用的台名、台标、呼号，并附台标设计彩色样稿、创意简述和电子文稿；

（四）本级人民政府同意设立、合并的批准文件；

（五）筹备计划。

第九条 广播电台、电视台申请调整节目套数和节目设置范围的，须提交以下申请材料：

（一）申请书；

（二）可行性报告。报告应载明以下内容：

1. 调整节目套数和节目设置范围的理由；
2. 人力资源；
3. 资金保障及来源；
4. 场地、设备；
5. 节目频道设置规划（含频道定位、栏目设置）；
6. 传输覆盖范围、方式和技术参数；
7. 运营规划。

（三）筹备计划。

第十条 广播电台、电视台的台名、呼号等原则上应与国务院确定的行政区划名称一致。

台标可以由图案、汉字、数字和字母组合而成，并与其他广播电台、电视台或其他机构已使用的标识有明显区别，播出时在屏幕左上角标出。广播电台、电视台所属节目频道的标识应以台标为主体，与频道名称或简称、序号等组合而成。

第十一条 广播电台、电视台申请变更台名、呼号，省级以上人民政府广播电视行政部门设立的广播电台、电视台或者省级以上人民政府教育行政部门设立的教育

电视台申请变更台标的,须提交以下申请材料:

（一）申请书;

（二）拟变更的台名、台标、呼号及其设计彩色样稿、创意简述和电子文稿。因行政区划变更的,须提交国务院关于变更行政区划的批准文件复印件。

因其他原因变更台名、呼号的,申请书中应充分说明变更的理由。

第十二条 广播电台、电视台申请变更传输覆盖范围、方式、技术参数的,须向本级广播电视行政部门提交以下申请材料:

（一）申请书;

（二）对技术参数的使用建议、必要的设计文件或技术评估报告。

申请书中应说明变更传输覆盖范围、方式、技术参数的理由及对广播电视传输覆盖网的影响。

第十三条 副省级城市以上广播电视行政部门或经批准的广播影视集团（总台）设立的广播电台、电视台可以按照国家广播电视事业、产业建设和技术发展规划,利用卫星方式传输本台广播电视节目。

利用卫星方式传输本台广播电视节目的,应向本级广播电视行政部门提出申请,由本级广播电视行政部门报经同级人民政府同意后,逐级上报,由广电总局审批。

第十四条 申请利用卫星方式传输本台广播电视节目的,须提交以下申请材料:

（一）申请书;

（二）可行性报告。报告应载明以下内容:

1. 以卫星方式传输广播电视节目的理由;

2. 人力资源;

3. 资金保障及来源;

4. 场地和设备;

5. 节目频道设置规划（含频道定位、栏目设置）;

6. 运营规划。

（三）节目审查和管理制度;

（四）安全传输与播出方案、技术方案;

（五）本级人民政府批准文件;

（六）筹备计划。

第十五条 副省级城市以上广播电视行政部门或经批准的广播影视集团（总台）设立的广播电台、电视台在合法存续期间,可以向本级广播电视行政部门申请在本行政区域范围内设立分台,经逐级审核后,由广电总局审查批准。

广播电台、电视台设立分台的,须提交以下申请材料:

（一）申请书;

（二）可行性报告。报告应载明以下内容:

1. 人力资源;

2. 资金来源;

3. 场地、设备;

4. 节目频道设置规划（含频道定位、栏目设置）;

5. 传输覆盖范围、方式和技术参数。

（三）台名、台标、呼号,并附台标设计彩色样稿、创意简述和电子文稿。

第十六条 广播电台、电视台设立的分台,应于开播前向所在地的广播电视行政部门备案,并接受所在地广播电视行政部门的属地管理。

第十七条 申请人提交的所有申请材料均一式五份。负责受理的广播电视行政部门应按照行政许可法规定的期限和权限,履行受理、审核职责。广电总局对申请材料做最终审查,申请人的申请符合法定标准的,作出准予行政许可的书面决定;依法作出不予行政许可决定的,应当书面通知申请人并说明理由。

第十八条 广电总局对经批准设立的广播电台、电视台颁发《广播电视播出机构许可证》,并同时对批准开办的每套广播电视节目颁发《广播电视频道许可证》。

许可证有效期为三年,自颁发之日起计算。期满后如需继续开办,须于有效期届满180日前按本办法第六条、第七条、第八条规定提出申请,经逐级审核同意后换发许可证。

《广播电视播出机构许可证》和《广播电视频道许可证》由广电总局统一印制、换发。

第十九条 广播电台、电视台终止的,应充分说明理由,并按原设立审批程序逐级上报广电总局审批,其《广播电视播出机构许可证》及《广播电视频道许可证》由广电总局收回。

第二十条 广播电台、电视台应当按照批准的设立主体、台名、呼号、台标、节目设置范围、节目套数、传输覆盖范围、方式、技术参数等制作、播放节目。

第二十一条 广播电台、电视台因特殊情况需要暂时停止播出的,应当经省级以上广播电视

行政部门同意;未经批准,连续停止播出超过30日的或自广电总局批准之日起超过180日尚未开播的,视为终止。

第二十二条 广播电台、电视台频道可区分为公益性频道和经营性频道两类。允许两类频道按照各自不同的特点和目标要求,从机构设置上适当分开,采用相应的

组织管理方式和生产经营方式。具体管理办法另行制定。

第二十三条　广播电台、电视台可以跨地区合办经批准设立的广播电视频道或栏目。

第二十四条　合办广播电视频道及栏目，应由该频道或栏目所属广播电台、电视台向本级广播电视行政部门提出申请，经逐级审核后，由广电总局审查批准。

合办广播电视频道或栏目的，应提交以下申请材料：

（一）申请书；

（二）可行性报告。报告应载明以下内容：

1. 合办广播电视频道或栏目的理由；

2. 人力资源；

3. 资金保障及来源；

4. 场地、设备；

5. 节目资源及设置规划；

6. 传输覆盖范围、方式和技术参数；

7. 运营规划。

（三）合作合同。

第二十五条　县级广播电视台原则上不自办电视频道，其制作的当地新闻和经济类、科技类、法制类、农业类、重大活动类专题、有地方特色的文艺节目以及广告等，在本省、自治区、直辖市行政区域内公共频道预留时段中插播。

第二十六条　广播电视付费频道的审批管理按照广电总局有关规定执行。

第二十七条　广播电台、电视台申报的技术方案、安全传输与播出方案、传输覆盖范围、方式、技术参数应符合广电总局有关规定。

第二十八条　违反本办法的，依照《广播电视管理条例》进行处罚。

第二十九条　本办法自2004年9月20日起施行。广播电影电视部《广播电台、电视台设立审批管理办法》（广播电影电视部第19号令）同时废止。

境外机构设立驻华广播电视办事机构管理规定

1. 2004年6月18日国家广播电影电视总局令第28号发布

2. 根据2020年12月1日国家广播电视总局令第7号《关于第一批废止和修改的部门规章的决定》修正

第一条　为规范境外机构设立驻华广播电视办事机构的管理，促进中外广播电视交流活动，制定本规定。

第二条　本规定适用于外国及香港特别行政区、澳门特别行政区和台湾地区的机构（以下简称境外机构）在华设立广播电视办事机构的活动。

第三条　境外机构不得在中国境内设立广播电视代理机构或编辑部。

第四条　国家对境外机构设立驻华广播电视办事机构（以下简称驻华办事机构）实行许可制度。

未经国家广播电视总局许可，不得擅自设立驻华办事机构。

第五条　境外机构申请设立驻华办事机构，应当具备下列条件：

（一）申请机构在所在国（地）为合法存续的机构；

（二）申请机构对中国友好，具有良好信誉；

（三）业务范围符合中国法律、行政法规、规章的规定和申请设立的目的。

第六条　申请设立驻华办事机构，需向国务院广播电视行政部门提交以下书面材料：

（一）申请机构法定代表人签署的申请书，内容包括：该机构简况、设立驻华办事机构的目的、驻华办事机构的名称、派驻人员（首席代表、代表）、业务范围、驻在期限、办公地址等；

（二）申请机构在所在国（地）合法存续的证明；

（三）银行出具的资信证明；

（四）由申请机构法定代表人签署的委任驻华办事机构首席代表和代表的授权书、首席代表和代表的简历及身份证件复印件。

第七条　驻华办事机构的首席代表或代表，应当是符合下列条件之一的人员：

（一）持合法普通护照的外国公民（不含外国在中国的留学生）；

（二）在境外已经获得长期居住资格的中国内地公民；

（三）持有效身份证件的香港、澳门、台湾人员。

聘请除本条第一款第二项规定外的中国公民任首席代表或代表的，应当委托当地外事服务单位或中国政府指定的其他单位，根据中国有关法律法规办理申报手续。

第八条　驻华办事机构名称应以申请机构国别（地区）+申请机构名称+在华所驻城市名+办事处的方式确定。

第九条　国务院广播电视行政部门对提出的申请进行审查时，需要征求相关部门意见的，应征求意见并依照行政许可法规定的期限作出批准或不予批准的决定。不予批准的,应当说明理由。

批准同意的,由办事机构的首席代表向国务院广播电视行政部门领取批准文件,持批准文件等材料到工商、公安等部门办理登记注册等相关手续后,方可开展业务活动。

第十条 驻华办事机构批准文件的有效期为三年。期满如需延期,应在有效期届满三十日前向国务院广播电视行政部门提出延期申请。

第十一条 境外机构申请驻华办事机构延期,应当提交以下材料:

(一)由境外机构法定代表人签署的延期申请书;

(二)该驻华办事机构在前一个驻在期内的业务活动情况;

(三)银行出具的资信证明;

(四)境外机构在所在国(地)合法存续的证明。

第十二条 境外机构要求变更驻华办事机构的名称,更换或增加首席代表或代表,变更办事机构业务范围、驻在期限或办公地址,需由境外机构法定代表人签署申请书(变更办公地址的申请书可由办事机构首席代表签署)报国务院广播电视行政部门批准。

第十三条 驻华办事机构的延期、变更申请获得批准后,持批准文件到工商、公安等行政部门办理延期、变更手续。

第十四条 驻华办事机构期限届满、提前终止业务活动或境外机构申请撤销驻华办事机构的,应报原审批机关备案并办理其他注销手续。

第十五条 所有申报材料,应以中文书写。如用其他文字书写,应当附中文译本。

中文译本与原文理解不一致的,以中文译本为准。

审批机关在必要时有权要求境外机构就其全部或部分申报材料提交经所在国(地区)公证的证明,并经中华人民共和国驻该国使领馆、中央政府驻香港、驻澳门机构认证。

第十六条 境外机构对其驻华办事机构在中国境内的一切业务活动,承担法律责任。

驻华办事机构及成员必须遵守中国的法律、法规、规章等规定,按批准的业务范围开展活动。

第十七条 驻华办事机构应按要求每年向国务院广播电视行政部门书面报告业务活动情况。

对设在京外的驻华办事机构,当地省级广播电视行政部门应对其开展业务的活动进行监督管理。

第十八条 驻华办事机构违反中国法律、法规等规定的,有关部门依法给予警告、责令暂停业务、撤销办事机构等处罚。

第十九条 本规定自2004年8月1日起施行。

3. 广播电视节目

广播影视节(展)及节目交流活动管理规定

1. 2004年9月7日国家广播电影电视总局令第38号发布
2. 根据2016年5月4日国家新闻出版广电总局令第8号《关于修改部分规章的决定》修正

第一条　为规范广播影视节(展)及节目交流活动,促进中外广播影视交流,根据《广播电视管理条例》和《电影管理条例》,制定本规定。

第二条　举办国际性广播影视节(展)、节目交流活动和设评奖的全国性广播影视节(展),须经国务院广播影视行政部门批准。

第三条　国家鼓励国产电影片、电视剧(含影视动画片)和其他广播影视节目参加境内外广播影视节(展)、节目交流活动。

在境内外广播影视节(展)参赛及展播展映的国产电影片、电视剧(含影视动画片),须取得《电影片公映许可证》或《电视剧(电视动画片)发行许可证》;其他广播电视节目,应符合《广播电视管理条例》有关节目内容的要求。

第四条　在境内外举办国际性广播影视节(展)、中外政府间广播影视节(展)和设评奖的全国性广播影视节(展),由国务院广播影视行政部门举办或与国家相关政府部门、地方政府等联合举办。

全国性广播影视社会团体、行业组织经国务院广播影视行政部门批准可以举办设评奖的全国性广播影视节(展)。

第五条　国家鼓励各相关单位依法与境外国家(地区)开展对等交流互办电影展映等活动。

在京的中央单位及其直属机构在境内举办上述活动须报国务院广播影视行政部门批准。其他单位在境内举办上述活动,如涉及多个国家(地区),该活动须报国务院广播影视行政部门批准;如只涉及单一国家(地区),须报省级广播影视行政部门批准,其拟展映的境外影片须经省级广播影视行政部门审查,批准时应同时抄报国务院广播影视行政部门。

第六条　国际性广播影视科研、学术交流活动可由全国性广播影视社会团体、行业组织或广播影视科研、教学、研究机构举办,须报国务院广播影视行政部门批准。拟展映的境外影片须报国务院广播影视行政部门审查批准。

第七条　在综合性文化活动中举办涉外电影展映活动的,举办单位须持文化行政部门对该综合性文化活动的批准文件,按照本规定的有关规定,报国务院广播影视行政部门或者相关省级广播影视行政部门审查批准。

第八条　国家鼓励我国驻外使、领馆举办非商业性的中国电影展映活动。驻外使、领馆如代表中国选送影片参加在所在国举办的电影节,应商国务院广播影视行政部门同意。

第九条　赴境外举办中国广播影视节(展),可由广播影视行政部门、社会团体、行业组织、企事业单位等举办,须符合国家外交和对我国港、澳、台工作的有关方针、政策,事先报国务院广播影视行政部门备案。

第十条　申请举办国际性广播影视节(展)、节目交流活动和设评奖的全国性广播影视节(展),应当具备下列条件:

(一)符合国务院广播影视行政部门的整体布局和规划要求;

(二)如设评奖,应符合国家有关文艺评奖的规定;

(三)成立举办活动的专门工作机构和制定切实可行的办节(展)方案;

(四)举办综合性国际电影节(展)和设评奖的全国性电影节(展)的,还应具备专业标准的放映设备、设施;

(五)节(展)活动符合国家有关外交方针、政策。

第十一条　申请举办国际性广播影视节(展)、节目交流活动和设评奖的全国性电影节(展),申请单位应当提交下列材料:

(一)申请报告及举办方案,举办方案应包括节(展)名称、活动内容、性质、规模、时间、地点以及活动组织机构等内容;

(二)如设评奖项目,还应提供拟设奖项名称、数额、参评条件和评选办法;

(三)在境内举办的,须提交拟邀请的境外机构、主要人员及拟参展的境外广播影视节目情况;赴境外举办的,须提交与境外合作方签署的合作文件或境外合作方的邀请函。

第十二条　广播影视节(展)的举办单位、参展单位应遴选内容健康,思想性、艺术性、观赏性较高的影视片

（剧）和其他广播影视节目参加节（展）。

入境参赛的境外电影片，须报国务院广播影视行政部门审查批准。入境展映的境外影片，由国务院广播影视行政部门或其委托的省级广播影视行政部门审查批准。赴境外参展的电影片报国务院广播影视行政部门备案。

入境参赛、展播的境外广播电视节目，须经省级以上广播电视行政部门审查批准。赴境外参展的广播电视节目，送展单位应根据《广播电视管理条例》有关节目内容要求进行审查后，事先报省级以上广播电视行政部门备案。

第十三条 拟入境参赛、展映的境外电影片，申请审查时应提交电影片简介和录像带（或 DVD 光盘），并需有中文（或英文）字幕或其他形式的中、英文翻译。

第十四条 赴境外参展的国产电影片由出品单位报国务院广播影视行政部门备案，合拍电影片由各方出品单位共同报送备案。备案应在节（展）举办二十天前报送，并提交下列材料：

（一）《电影片公映许可证》复印件；

（二）拟参加电影节（展）的名称、时间、地点；

（三）该电影节（展）主办单位的邀请函及中文译文；

（四）电影片出品单位联系人、联系电话、传真、电子邮件及通信地址；

（五）如需国务院广播影视行政部门向海关出具电影片拷贝临时出入关函，须在申请中提出并注明出入海关的名称及时间。

第十五条 广播影视行政部门应当按照行政许可法的有关要求，自受理申请之日起二十个工作日内提出审查意见或作出审查决定。

对入境参赛、展映的电影片和入境参赛、展播的境外广播电视节目需组织专家评审的，专家评审时间不计算在审批时间内，但应将所需时间书面告知申请人。

第十六条 参加国际性广播电视节（展）、节目交流活动的广播电视节目出入境，须按照海关规定办理相关手续。

获准在境内参赛、参展的境外影片入出境，由节（展）等有关活动的举办单位持国务院广播影视行政部门或者相关省级广播影视行政部门批准文件到海关办理拷贝临时入出境手续；赴境外参加电影节（展）并已备案的影片出入境，由参展单位持国务院广播影视行政部门相关文件到海关办理拷贝临时出入境手续。

第十七条 举办单位应在广播影视节（展）结束后三十日内，将举办节（展）情况报国务院广播影视行政部门备案。

第十八条 在境内举办我国香港特别行政区、澳门特别行政区和台湾地区广播影视节（展）、节目交流活动，参照本规定执行。

第十九条 违反本规定的，依照《广播电视管理条例》、《电影管理条例》进行处罚。

第二十条 本规定自 2004 年 10 月 10 日起施行。《举办、参加中外电影节、展管理规定》（广发影字［1998］94 号）同时废止。

广播电视视频点播业务管理办法

1. 2004 年 7 月 6 日国家广播电影电视总局令第 35 号公布

2. 根据 2021 年 10 月 8 日国家广播电视总局令第 9 号《关于第三批修改的部门规章的决定》修订

第一章 总 则

第一条 为了促进广播电视视频点播业务健康发展，加强监督管理，促进社会主义精神文明建设，制定本办法。

第二条 本办法所称广播电视视频点播（以下简称视频点播），是指通过广播电视技术系统以实时点播、准视频点播（轮播）、下载播放等点播形式供用户自主选择收看广播电视节目的业务活动。

第三条 国家广播电视总局（以下简称广电总局）负责全国视频点播业务的管理，制定全国视频点播业务总体规划，确定视频点播开办机构的总量、布局。

县级以上地方人民政府广播电视行政部门负责本辖区内视频点播业务的管理。

第四条 国家对视频点播业务实行许可制度。未经许可，任何机构和个人均不得开办视频点播业务。

禁止外商投资的机构申请开办视频点播业务，但符合本办法第八条第一款的除外。

第二章 业务许可

第五条 开办视频点播业务应当取得《广播电视视频点播业务许可证》。

第六条 《广播电视视频点播业务许可证》分为甲、乙两种。

持有《广播电视视频点播业务许可证（甲种）》的机构，可在许可证载明的行政区域内从事视频点播业务。

持有《广播电视视频点播业务许可证（乙种）》的

机构,可在许可证载明的宾馆饭店内从事视频点播业务。

第七条　下列机构可以申请《广播电视视频点播业务许可证(甲种)》:

(一)经批准设立的地(市)级以上广播电台、电视台;

(二)经批准设立的广播影视集团(总台);

(三)有线广播电视网络运营服务机构。

第八条　下列机构可以申请《广播电视视频点播业务许可证(乙种)》:

(一)三星级以上或者相当于三星级以上的宾馆饭店;

(二)具有同时为10家以上三星级或者相当于三星级以上的宾馆饭店提供视频点播业务能力的机构。

第九条　申请《广播电视视频点播业务许可证》应当具备下列条件:

(一)符合国家视频点播业务总体规划;

(二)有符合本办法规定的节目资源;

(三)具备与视频点播业务开办规模相适应的场所、技术、人员等条件;

(四)所使用的系统和设备符合国家和行业技术标准;

(五)有健全的节目内容审查制度、播出管理制度;

(六)有确定的传播范围;

(七)具备与开办视频点播业务相适应的信誉和服务能力;

(八)有与广播电视行政部门监控系统实现联网的方案;

(九)其他法律、行政法规规定的条件。

第十条　申请《广播电视视频点播业务许可证》的,应当提交下列材料:

(一)申请报告,内容应当包括:申请许可证类别(甲种、乙种)、传播方式(实时点播、准视频点播、下载播放)、播放范围等;

(二)《广播电视视频点播业务许可证》申请表;

(三)从事广播电视视频点播业务的节目开办方案、技术方案、运营方案、管理制度;

(四)向政府监管部门提供监控信号的监控方案;

(五)主管人员简要情况介绍和设备、场所的证明资料。由宾馆饭店以外的机构申请《广播电视视频点播业务许可证(乙种)》的,还应当提交公司章程以及宾馆饭店同意在其宾馆饭店从事视频点播业务的书面文件。

第十一条　申请《广播电视视频点播业务许可证(甲种)》的,应当向广电总局提出申请,并提交符合第十条规定的申报材料。

广电总局对申报材料进行审核,审核合格的,组织有关专家进行论证,论证期限为二十个工作日。广电总局根据论证结论做出决定,符合条件的,颁发《广播电视视频点播业务许可证(甲种)》;不符合条件的,书面通知申办机构并说明理由。

第十二条　申请《广播电视视频点播业务许可证(乙种)》,应当向当地县级以上人民政府广播电视行政部门提出申请,并提交符合第十条规定的申报材料。经逐级审核后,报省级人民政府广播电视行政部门审批。

省级人民政府广播电视行政部门对申报材料进行审核,审核合格的,申办机构可以安装视频点播设备。设备安装完毕,省级人民政府广播电视行政部门组织验收,根据验收结论作出决定,符合条件的,颁发《广播电视视频点播业务许可证(乙种)》,并在九十日内报广电总局备案;不符合条件的,书面通知申办机构并说明理由。

第十三条　负责受理的广播电视行政部门应当按照行政许可法规定的期限和权限,履行受理、审核职责。其中,《广播电视视频点播业务许可证(乙种)》的审批时限为十五个工作日。

第十四条　《广播电视视频点播业务许可证》有效期为三年,自颁发之日起计算。有效期届满,需继续经营视频点播业务的,应当于期满前六个月按本办法规定的审批程序办理续办手续。

第十五条　开办机构应当在领取《广播电视视频点播业务许可证》之后九十日内开播。如因特殊理由不能如期开播,应当经发证机关同意,否则按终止业务处理。

第十六条　持有《广播电视视频点播业务许可证》的机构需终止业务的,应当提前六十日向原发证机关申报,其《广播电视视频点播业务许可证》由原发证机关予以公告注销。

第十七条　《广播电视视频点播业务许可证》包含开办主体、开办范围、节目类别、传送方式等项目。

开办机构应当按照许可证载明的事项从事视频点播业务。

第十八条　开办机构变更许可证登记项目、股东及持股比例的,应当提前六十日报原发证机关批准。

第十九条　开办机构的营业场所、法定代表人、节目总编等重要事项发生变更,应当在三十日内书面告知原发证机关。

第二十条 宾馆饭店不得允许未获得《广播电视视频点播业务许可证》的机构在其宾馆饭店内从事视频点播业务。

宾馆饭店同意其他机构作为开办主体在本宾馆饭店内从事视频点播业务的，应当对其经营活动进行必要的监督。如发现有违反本办法规定行为的，应当予以制止并立即报告当地人民政府广播电视行政部门。

第三章 节目管理

第二十一条 视频点播节目不得载有下列内容：

（一）反对宪法确定的基本原则的；

（二）危害国家统一、主权和领土完整的；

（三）泄露国家秘密、危害国家安全或者损害国家荣誉和利益的；

（四）煽动民族仇恨、民族歧视，破坏民族团结，或者侵害民族风俗、习惯的；

（五）宣扬邪教、迷信的；

（六）扰乱社会秩序，破坏社会稳定的；

（七）宣扬淫秽、赌博、暴力或者教唆犯罪的；

（八）侮辱或者诽谤他人，侵害他人合法权益的；

（九）危害社会公德或者民族优秀文化传统的；

（十）有法律、行政法规和国家规定禁止的其他内容的。

第二十二条 用于视频点播业务的节目，应当符合《著作权法》的规定。

第二十三条 用于视频点播业务的节目，应当以国产节目为主。

第二十四条 引进用于视频点播的境外影视剧，应当按有关规定报广电总局审查。

第二十五条 用于视频点播的节目限于下列五类：

（一）取得《电视剧发行许可证》、《电影片公映许可证》的影视剧；

（二）依法设立的广播电视播出机构制作、播出的节目；

（三）依法设立的广播电视节目制作经营机构制作的节目；

（四）经省级以上人民政府广播电视行政部门审查批准的境外广播电视节目；

（五）从合法途径取得的天气预报、股票行情等信息类节目。

第二十六条 用于视频点播的新闻类或者信息类节目应当真实、公正。

第二十七条 开办机构应当配备节目审查员，健全节目审查制度，实行节目总编负责制，对其播放的节目内容进行审查。节目总编应当具备必要的业务素质和相关的从业经验。

第二十八条 持有《广播电视视频点播业务许可证（甲种）》开办机构的播出前端应当与广电总局视频点播业务监控系统实现联网；持有《广播电视视频点播业务许可证（乙种）》开办机构的播出前端应当与所在地人民政府广播电视行政部门视频点播业务监控系统实现联网。

第四章 罚则

第二十九条 违反本办法规定，未经批准，擅自开办视频点播业务的，由县级以上人民政府广播电视行政部门予以取缔，可以并处一万元以上三万元以下的罚款；构成犯罪的，依法追究刑事责任。

第三十条 违反本办法规定，有下列行为之一的，由县级以上人民政府广播电视行政部门责令停止违法活动、给予警告、限期整改，可以并处三万元以下的罚款：

（一）未按《广播电视视频点播业务许可证》载明的事项从事视频点播业务的；

（二）未经批准，擅自变更许可证事项、股东及持股比例或者需终止开办视频点播业务的；

（三）播放不符合本办法规定的广播电视节目的；

（四）未按本办法第二十一条、第二十四条、第二十五条规定播放视频点播节目的；

（五）违反本办法第十八条，第十九条规定，有重要事项发生变更未在规定期限内通知原发证机关的；

（六）违反本办法第二十八条规定，播出前端未按规定与广播电视行政部门监控系统进行联网的。

第三十一条 违反本办法规定，节目总编或者节目审查员未履行应尽职责，出现三次以上违规内容的，广电总局可以对相关责任人予以警告。

第三十二条 违反本办法第二十条规定，宾馆饭店允许未获得《广播电视视频点播业务许可证》的机构在其宾馆饭店内经营视频点播业务的，由县级以上人民政府广播电视行政部门予以警告，可以并处三万元以下罚款。

第五章 附则

第三十三条 本办法施行前经广播电视行政部门批准开办视频点播业务的机构，应当自本办法实施之日起六个月内，按照本办法规定申换许可证。

第三十四条 本办法自2004年8月10日起施行。广电总局《有线电视视频点播管理暂行办法》（广电总局令第4号)和《宾馆饭店视频点播管理暂行办法》(广电总局令第6号)同时废止。

广播电视节目制作经营管理规定①

1. 2004年7月19日国家广播电影电视总局令第34号发布
2. 根据2015年8月28日国家新闻出版广电总局令第3号《关于修订部分规章和规范性文件的决定》修订
3. 根据2020年12月1日国家广播电视总局令第7号《关于第一批废止和修改的部门规章的决定》修正

第一章 总 则

第一条 为坚持广播电视节目正确导向,促进广播电视节目制作产业繁荣发展,服务社会主义物质文明和精神文明建设,根据国家有关法律、法规,制定本规定。

第二条 本规定适用于设立广播电视节目制作经营机构或从事专题、专栏、综艺、动画片、广播剧、电视剧等广播电视节目的制作和节目版权的交易、代理交易等活动的行为。

专门从事广播电视广告节目制作的机构,其设立及经营活动根据《广告法》等有关法律、法规管理。

第三条 国家广播电视总局(以下简称广电总局)负责制定全国广播电视节目制作产业的发展规划、布局和结构,管理、指导、监督全国广播电视节目制作经营活动。

县级以上地方广播电视行政部门负责本行政区域内广播电视节目制作经营活动的管理工作。

第四条 国家对设立广播电视节目制作经营机构或从事广播电视节目制作经营活动实行许可制度。

设立广播电视节目制作经营机构或从事广播电视节目制作经营活动应当取得《广播电视节目制作经营许可证》。

第五条 国家鼓励境内社会组织、企事业机构(不含在境内设立的外商独资企业或中外合资、合作企业)设立广播电视节目制作经营机构或从事广播电视节目制作经营活动。

第二章 节目制作经营业务许可

第六条 申请《广播电视节目制作经营许可证》应当符合国家有关广播电视节目制作产业发展规划、布局和结构,并具备下列条件:

(一)具有独立法人资格,有符合国家法律、法规规定的机构名称、组织机构和章程;

(二)有适应业务范围需要的广播电视及相关专业人员和工作场所;

(三)在申请之日前三年,其法定代表人无违法违规记录或机构无被吊销过《广播电视节目制作经营许可证》的记录;

(四)法律、行政法规规定的其他条件。

第七条 申请《广播电视节目制作经营许可证》,申请机构应当向审批机关同时提交以下材料:

(一)申请报告;

(二)广播电视节目制作经营机构章程;

(三)《广播电视节目制作经营许可证》申领表;

(四)主要人员材料:

1. 法定代表人身份证明(复印件)及简历;

2. 主要管理人员(不少于三名)的广播电视及相关专业简历、业绩或曾参加相关专业培训证明等材料。

(五)办公场地证明;

(六)企事业单位执照或工商行政部门的企业名称核准件。

第八条 在京的中央单位及其直属机构申请《广播电视节目制作经营许可证》,报广电总局审批;其他机构申请《广播电视节目制作经营许可证》,向所在地广播电视行政部门提出申请,经逐级审核后,报省级广播电视行政部门审批。

审批机关应自收到齐备的申请材料之日起的十五日内,作出许可或者不予许可的决定。对符合条件的,予以许可,颁发《广播电视节目制作经营许可证》;对不符合条件的,不予许可,书面通知申请机构并说明理由。

省级广播电视行政部门应当在作出许可或者不予许可决定之日起的一周内,将审批情况报广电总局备案。

《广播电视节目制作经营许可证》由广电总局统一印制。有效期为两年。

第九条 经批准取得《广播电视节目制作经营许可证》的企业,凭许可证到工商行政管理部门办理注册登记或业务增项手续。

第十条 已经取得《广播电视节目制作经营许可证》的机构需在其他省、自治区、直辖市设立具有独立法人资格的广播电视节目制作经营分支机构的,须按本规定第七条的规定,向分支机构所在地的省级广播电视行

① 2018年10月31日国家广播电视总局令第2号《关于取消部分规章和规范性文件设定的证明事项材料的决定》,对本规定的第十五条第三项、第六项,第十八条第三项作出修改。

政部门另行申领《广播电视节目制作经营许可证》，并向原审批机关备案；设立非独立法人资格分支机构的，无须另行申领《广播电视节目制作经营许可证》。

第十一条　依法设立的广播电台、电视台制作经营广播电视节目无需另行申领《广播电视节目制作经营许可证》。

第三章　电视剧制作许可

第十二条　电视剧由持有《广播电视节目制作经营许可证》的机构、地市级（含）以上电视台（含广播电视台、广播影视集团）和持有《摄制电影许可证》的电影制片机构制作，但须事先另行取得电视剧制作许可。

第十三条　电视剧制作许可证分为《电视剧制作许可证（乙种）》和《电视剧制作许可证（甲种）》两种，由广电总局统一印制。

《电视剧制作许可证（乙种）》仅限于该证所标明的剧目使用，有效期限不超过一年。特殊情况下经发证机关批准后，可适当延期。

《电视剧制作许可证（甲种）》有效期限为两年，有效期届满前，对持证机构制作的所有电视剧均有效。

第十四条　《电视剧制作许可证（乙种）》由省级以上广播电视行政部门核发。其中，在京的中央单位及其直属机构直接向广电总局提出申请，其他机构向所在地广播电视行政部门提出申请，经逐级审核后，报省级广播电视行政部门审批。

第十五条　申领《电视剧制作许可证（乙种）》，申请机构须提交以下申请材料：

（一）申请报告；

（二）《电视剧制作许可证（乙种）申领登记表》；

（三）广电总局题材规划立项批准文件复印件；

（四）编剧授权书；

（五）申请机构与制片人、导演、摄像、主要演员等主创人员和合作机构（投资机构）等签订的合同或合作意向书复印件。其中，如聘请境外主创人员参与制作的，还需提供广电总局的批准文件复印件；

（六）《广播电视节目制作经营许可证》（复印件）或电视台、电影制片机构的相应资质证明；

（七）持证机构制作资金落实相关材料。

第十六条　省级广播电视行政部门应在核发《电视剧制作许可证（乙种）》后的一周内将核发情况报广电总局备案。

第十七条　电视剧制作机构在连续两年内制作完成六部以上单本剧或三部以上连续剧(3 集以上/部)的，可按程序向广电总局申请《电视剧制作许可证（甲种）》资格。

第十八条　申领《电视剧制作许可证（甲种）》，申请机构须提交以下申请材料：

（一）申请报告；

（二）《电视剧制作许可证（甲种）》申请表；

（三）最近两年申领的《电视剧制作许可证（乙种）》（复印件）；

（四）最近两年持《电视剧制作许可证（乙种）》制作完成的电视剧目录及相应的《电视剧发行许可证》（复印件）。

第十九条　《电视剧制作许可证（甲种）》有效期届满后，持证机构申请延期的，如符合本规定第十七条规定且无违规纪录的，准予延期；不符合上述条件的，不予延期。

第二十条　境内广播电视播出机构和广播电视节目制作经营机构与境外机构合作制作广播电视节目，按有关规定向广电总局申报。

第四章　管　　理

第二十一条　取得《广播电视节目制作经营许可证》的机构应严格按照许可证核准的制作经营范围开展业务活动。

广播电视时政新闻及同类专题、专栏等节目只能由广播电视播出机构制作，其他已取得《广播电视节目制作经营许可证》的机构不得制作时政新闻及同类专题、专栏等广播电视节目。

第二十二条　广播电视节目制作经营活动必须遵守国家法律、法规和有关政策规定。禁止制作经营载有下列内容的节目：

（一）反对宪法确定的基本原则的；

（二）危害国家统一、主权和领土完整的；

（三）泄露国家秘密、危害国家安全或者损害国家荣誉和利益的；

（四）煽动民族仇恨、民族歧视，破坏民族团结，或者侵害民族风俗、习惯的；

（五）宣扬邪教、迷信的；

（六）扰乱社会秩序，破坏社会稳定的；

（七）宣扬淫秽、赌博、暴力或者教唆犯罪的；

（八）侮辱或者诽谤他人，侵害他人合法权益的；

（九）危害社会公德或者民族优秀文化传统的；

（十）有法律、行政法规和国家规定禁止的其他内容的。

第二十三条　制作重大革命和历史题材电视剧、理论文献电视专题片等广播电视节目，须按照广电总局的有关规定执行。

第二十四条 发行、播放电视剧、动画片等广播电视节目,应取得相应的发行

第二十五条 广播电视播出机构不得播放未取得《广播电视节目制作经营许可证》的机构制作的和未取得发行许可的电视剧、动画片。

第二十六条 禁止以任何方式涂改、租借、转让、出售和伪造《广播电视节目制作经营许可证》和《电视剧制作许可》。

第二十七条 《广播电视节目制作经营许可证》和《电视剧制作许可证(甲种)》载明的制作机构名称、法定代表人、地址和章程、《电视剧制作许可证(乙种)》载明的制作机构名称、剧名、集数等发生变更,持证机构应报原发证机关履行变更审批手续;终止广播电视节目制作经营活动的,应在一周内到原发证机关办理注销手续。

第二十八条 《广播电视节目制作经营许可证》和《电视剧制作许可证》的核发情况由广电总局向社会公告。

第五章 罚 则

第二十九条 违反本规定的,依照《广播电视管理条例》进行处罚。构成犯罪的,依法追究刑事责任。

第六章 附 则

第三十条 本规定自 2004 年 8 月 20 日起施行。广播电影电视部《影视制作经营机构管理暂行规定》(广播电影电视部令第 16 号)、《电视剧制作许可证管理规定》(广播电影电视部令第 17 号)和广电总局《关于实行广播电视节目制作、发行行业准入制度的实施细则(试行)》(广发办字〔2001〕1476 号)同时废止。

4. 广　告

中华人民共和国广告法

1. 1994年10月27日第八届全国人民代表大会常务委员会第十次会议通过
2. 2015年4月24日第十二届全国人民代表大会常务委员会第十四次会议修订
3. 根据2018年10月26日第十三届全国人民代表大会常务委员会第六次会议《关于修改〈中华人民共和国野生动物保护法〉等十五部法律的决定》第一次修正
4. 根据2021年4月29日第十三届全国人民代表大会常务委员会第二十八次会议《关于修改〈中华人民共和国道路交通安全法〉等八部法律的决定》第二次修正

目　　录

第一章　总　　则

第一条　【立法目的】为了规范广告活动，保护消费者的合法权益，促进广告业的健康发展，维护社会经济秩序，制定本法。

第二条　【调整范围及定义】在中华人民共和国境内，商品经营者或者服务提供者通过一定媒介和形式直接或者间接地介绍自己所推销的商品或者服务的商业广告活动，适用本法。

本法所称广告主，是指为推销商品或者服务，自行或者委托他人设计、制作、发布广告的自然人、法人或者其他组织。

本法所称广告经营者，是指接受委托提供广告设计、制作、代理服务的自然人、法人或者其他组织。

本法所称广告发布者，是指为广告主或者广告主委托的广告经营者发布广告的自然人、法人或者其他组织。

本法所称广告代言人，是指广告主以外的，在广告中以自己的名义或者形象对商品、服务作推荐、证明的自然人、法人或者其他组织。

第三条　【内容和形式要求】广告应当真实、合法，以健康的表现形式表达广告内容，符合社会主义精神文明建设和弘扬中华民族优秀传统文化的要求。

第四条　【真实性原则】广告不得含有虚假或者引人误解的内容，不得欺骗、误导消费者。

广告主应当对广告内容的真实性负责。

第五条　【基本行为规范】广告主、广告经营者、广告发布者从事广告活动，应当遵守法律、法规，诚实信用，公平竞争。

第六条　【监督管理体制】国务院市场监督管理部门主管全国的广告监督管理工作，国务院有关部门在各自的职责范围内负责广告管理相关工作。

县级以上地方市场监督管理部门主管本行政区域的广告监督管理工作，县级以上地方人民政府有关部门在各自的职责范围内负责广告管理相关工作。

第七条　【行业组织】广告行业组织依照法律、法规和章程的规定，制定行业规范，加强行业自律，促进行业发展，引导会员依法从事广告活动，推动广告行业诚信建设。

第二章　广告内容准则

第八条　【广告表述】广告中对商品的性能、功能、产地、用途、质量、成分、价格、生产者、有效期限、允诺等或者对服务的内容、提供者、形式、质量、价格、允诺等有表示的，应当准确、清楚、明白。

广告中表明推销的商品或者服务附带赠送的，应当明示所附带赠送商品或者服务的品种、规格、数量、期限和方式。

法律、行政法规规定广告中应当明示的内容，应当显著、清晰表示。

第九条　【一般禁止情形】广告不得有下列情形：

（一）使用或者变相使用中华人民共和国的国旗、国歌、国徽，军旗、军歌、军徽；

（二）使用或者变相使用国家机关、国家机关工作人员的名义或者形象；

（三）使用“国家级”、“最高级”、“最佳”等用语；

（四）损害国家的尊严或者利益，泄露国家秘密；

（五）妨碍社会安定，损害社会公共利益；

（六）危害人身、财产安全，泄露个人隐私；

（七）妨碍社会公共秩序或者违背社会良好风尚；

（八）含有淫秽、色情、赌博、迷信、恐怖、暴力的内容；

（九）含有民族、种族、宗教、性别歧视的内容；

（十）妨碍环境、自然资源或者文化遗产保护；

（十一）法律、行政法规规定禁止的其他情形。

第十条 【保护未成年人和残疾人】广告不得损害未成年人和残疾人的身心健康。

第十一条 【涉及行政许可和引证内容的广告】广告内容涉及的事项需要取得行政许可的，应当与许可的内容相符合。

广告使用数据、统计资料、调查结果、文摘、引用语等引证内容的，应当真实、准确，并表明出处。引证内容有适用范围和有效期限的，应当明确表示。

第十二条 【涉及专利的广告】广告中涉及专利产品或者专利方法的，应当标明专利号和专利种类。

未取得专利权的，不得在广告中谎称取得专利权。

禁止使用未授予专利权的专利申请和已经终止、撤销、无效的专利作广告。

第十三条 【广告不得含有贬低内容】广告不得贬低其他生产经营者的商品或者服务。

第十四条 【广告可识别性以及发布要求】广告应当具有可识别性，能够使消费者辨明其为广告。

大众传播媒介不得以新闻报道形式变相发布广告。通过大众传播媒介发布的广告应当显著标明“广告”，与其他非广告信息相区别，不得使消费者产生误解。

广播电台、电视台发布广告，应当遵守国务院有关部门关于时长、方式的规定，并应当对广告时长作出明显提示。

第十五条 【处方药、易制毒化学品、戒毒等广告】麻醉药品、精神药品、医疗用毒性药品、放射性药品等特殊药品，药品类易制毒化学品，以及戒毒治疗的药品、医疗器械和治疗方法，不得作广告。

前款规定以外的处方药，只能在国务院卫生行政部门和国务院药品监督管理部门共同指定的医学、药学专业刊物上作广告。

第十六条 【医疗、药品、医疗器械广告】医疗、药品、医疗器械广告不得含有下列内容：

（一）表示功效、安全性的断言或者保证；

（二）说明治愈率或者有效率；

（三）与其他药品、医疗器械的功效和安全性或者其他医疗机构比较；

（四）利用广告代言人作推荐、证明；

（五）法律、行政法规规定禁止的其他内容。

药品广告的内容不得与国务院药品监督管理部门批准的说明书不一致，并应当显著标明禁忌、不良反应。处方药广告应当显著标明“本广告仅供医学药学专业人士阅读”，非处方药广告应当显著标明“请按药品说明书或者在药师指导下购买和使用”。

推荐给个人自用的医疗器械的广告，应当显著标明“请仔细阅读产品说明书或者在医务人员的指导下购买和使用”。医疗器械产品注册证明文件中有禁忌内容、注意事项的，广告中应当显著标明“禁忌内容或者注意事项详见说明书”。

第十七条 【禁止使用医药用语】除医疗、药品、医疗器械广告外，禁止其他任何广告涉及疾病治疗功能，并不得使用医疗用语或者易使推销的商品与药品、医疗器械相混淆的用语。

第十八条 【保健食品广告】保健食品广告不得含有下列内容：

（一）表示功效、安全性的断言或者保证；

（二）涉及疾病预防、治疗功能；

（三）声称或者暗示广告商品为保障健康所必需；

（四）与药品、其他保健食品进行比较；

（五）利用广告代言人作推荐、证明；

（六）法律、行政法规规定禁止的其他内容。

保健食品广告应当显著标明“本品不能代替药物”。

第十九条 【禁止变相发布广告】广播电台、电视台、报刊音像出版单位、互联网信息服务提供者不得以介绍健康、养生知识等形式变相发布医疗、药品、医疗器械、保健食品广告。

第二十条 【母乳代用品广告】禁止在大众传播媒介或者公共场所发布声称全部或者部分替代母乳的婴儿乳制品、饮料和其他食品广告。

第二十一条 【农药、兽药、饲料和饲料添加剂广告】农药、兽药、饲料和饲料添加剂广告不得含有下列内容：

（一）表示功效、安全性的断言或者保证；

（二）利用科研单位、学术机构、技术推广机构、行业协会或者专业人士、用户的名义或者形象作推荐、证明；

（三）说明有效率；

（四）违反安全使用规程的文字、语言或者画面；

（五）法律、行政法规规定禁止的其他内容。

第二十二条 【烟草广告】禁止在大众传播媒介或者公共场所、公共交通工具、户外发布烟草广告。禁止向未成年人发送任何形式的烟草广告。

禁止利用其他商品或者服务的广告、公益广告，宣传烟草制品名称、商标、包装、装潢以及类似内容。

烟草制品生产者或者销售者发布的迁址、更名、招聘等启事中，不得含有烟草制品名称、商标、包装、装潢以及类似内容。

第二十三条 【酒类广告】酒类广告不得含有下列内容：

（一）诱导、怂恿饮酒或者宣传无节制饮酒；

（二）出现饮酒的动作；

（三）表现驾驶车、船、飞机等活动；

（四）明示或者暗示饮酒有消除紧张和焦虑、增加体力等功效。

第二十四条 【教育、培训广告】教育、培训广告不得含有下列内容：

（一）对升学、通过考试、获得学位学历或者合格证书，或者对教育、培训的效果作出明示或者暗示的保证性承诺；

（二）明示或者暗示有相关考试机构或者其工作人员、考试命题人员参与教育、培训；

（三）利用科研单位、学术机构、教育机构、行业协会、专业人士、受益者的名义或者形象作推荐、证明。

第二十五条 【有投资回报预期的商品或者服务广告】招商等有投资回报预期的商品或者服务广告，应当对可能存在的风险以及风险责任承担有合理提示或者警示，并不得含有下列内容：

（一）对未来效果、收益或者与其相关的情况作出保证性承诺，明示或者暗示保本、无风险或者保收益等，国家另有规定的除外；

（二）利用学术机构、行业协会、专业人士、受益者的名义或者形象作推荐、证明。

第二十六条 【房地产广告】房地产广告，房源信息应当真实，面积应当表明为建筑面积或者套内建筑面积，并不得含有下列内容：

（一）升值或者投资回报的承诺；

（二）以项目到达某一具体参照物的所需时间表示项目位置；

（三）违反国家有关价格管理的规定；

（四）对规划或者建设中的交通、商业、文化教育设施以及其他市政条件作误导宣传。

第二十七条 【种养殖广告】农作物种子、林木种子、草种子、种畜禽、水产苗种和种养殖广告关于品种名称、生产性能、生长量或者产量、品质、抗性、特殊使用价值、经济价值、适宜种植或者养殖的范围和条件等方面的表述应当真实、清楚、明白，并不得含有下列内容：

（一）作科学上无法验证的断言；

（二）表示功效的断言或者保证；

（三）对经济效益进行分析、预测或者作保证性承诺；

（四）利用科研单位、学术机构、技术推广机构、行业协会或者专业人士、用户的名义或者形象作推荐、证明。

第二十八条 【虚假广告】广告以虚假或者引人误解的内容欺骗、误导消费者的，构成虚假广告。

广告有下列情形之一的，为虚假广告：

（一）商品或者服务不存在的；

（二）商品的性能、功能、产地、用途、质量、规格、成分、价格、生产者、有效期限、销售状况、曾获荣誉等信息，或者服务的内容、提供者、形式、质量、价格、销售状况、曾获荣誉等信息，以及与商品或者服务有关的允诺等信息与实际情况不符，对购买行为有实质性影响的；

（三）使用虚构、伪造或者无法验证的科研成果、统计资料、调查结果、文摘、引用语等信息作证明材料的；

（四）虚构使用商品或者接受服务的效果的；

（五）以虚假或者引人误解的内容欺骗、误导消费者的其他情形。

第三章 广告行为规范

第二十九条 【从事广告发布业务的条件】广播电台、电视台、报刊出版单位从事广告发布业务的，应当设有专门从事广告业务的机构，配备必要的人员，具有与发布广告相适应的场所、设备。

第三十条 【广告合同】广告主、广告经营者、广告发布者之间在广告活动中应当依法订立书面合同。

第三十一条 【禁止不正当竞争】广告主、广告经营者、广告发布者不得在广告活动中进行任何形式的不正当竞争。

第三十二条 【受委托方的合法经营资格】广告主委托设计、制作、发布广告，应当委托具有合法经营资格的广告经营者、广告发布者。

第三十三条 【广告涉及他人人身权利时的义务】广告主或者广告经营者在广告中使用他人名义或者形象的，应当事先取得其书面同意；使用无民事行为能力人、限制民事行为能力人的名义或者形象的，应当事先取得其监护人的书面同意。

第三十四条 【广告业务管理制度和查验、核对义务】广告经营者、广告发布者应当按照国家有关规定，建立、健全广告业务的承接登记、审核、档案管理制度。

广告经营者、广告发布者依据法律、行政法规查验有关证明文件，核对广告内容。对内容不符或者证明文件不全的广告，广告经营者不得提供设计、制作、代理服务，广告发布者不得发布。

第三十五条 【广告收费标准和办法】广告经营者、广告发布者应当公布其收费标准和收费办法。

第三十六条 【媒介传播效果资料真实】广告发布者向广告主、广告经营者提供的覆盖率、收视率、点击率、发行量等资料应当真实。

第三十七条 【不得提供广告服务的情形】法律、行政法规规定禁止生产、销售的产品或者提供的服务，以及禁止发布广告的商品或者服务，任何单位或者个人不得设计、制作、代理、发布广告。

第三十八条 【广告代言人的义务】广告代言人在广告中对商品、服务作推荐、证明，应当依据事实，符合本法和有关法律、行政法规规定，并不得为其未使用过的商品或者未接受过的服务作推荐、证明。

不得利用不满十周岁的未成年人作为广告代言人。

对在虚假广告中作推荐、证明受到行政处罚未满三年的自然人、法人或者其他组织，不得利用其作为广告代言人。

第三十九条 【广告不得侵扰中小学生、幼儿】不得在中小学校、幼儿园内开展广告活动，不得利用中小学生和幼儿的教材、教辅材料、练习册、文具、教具、校服、校车等发布或者变相发布广告，但公益广告除外。

第四十条 【针对未成年人的广告】在针对未成年人的大众传播媒介上不得发布医疗、药品、保健食品、医疗器械、化妆品、酒类、美容广告，以及不利于未成年人身心健康的网络游戏广告。

针对不满十四周岁的未成年人的商品或者服务的广告不得含有下列内容：

（一）劝诱其要求家长购买广告商品或者服务；

（二）可能引发其模仿不安全行为。

第四十一条 【户外广告的监管】县级以上地方人民政府应当组织有关部门加强对利用户外场所、空间、设施等发布户外广告的监督管理，制定户外广告设置规划和安全要求。

户外广告的管理办法，由地方性法规、地方政府规章规定。

第四十二条 【禁止设置户外广告的情形】有下列情形之一的，不得设置户外广告：

（一）利用交通安全设施、交通标志的；

（二）影响市政公共设施、交通安全设施、交通标志、消防设施、消防安全标志使用的；

（三）妨碍生产或者人民生活，损害市容市貌的；

（四）在国家机关、文物保护单位、风景名胜区等的建筑控制地带，或者县级以上地方人民政府禁止设置户外广告的区域设置的。

第四十三条 【垃圾广告】任何单位或者个人未经当事人同意或者请求，不得向其住宅、交通工具等发送广告，也不得以电子信息方式向其发送广告。

以电子信息方式发送广告的，应当明示发送者的真实身份和联系方式，并向接收者提供拒绝继续接收的方式。

第四十四条 【互联网广告】利用互联网从事广告活动，适用本法的各项规定。

利用互联网发布、发送广告，不得影响用户正常使用网络。在互联网页面以弹出等形式发布的广告，应当显著标明关闭标志，确保一键关闭。

第四十五条 【“第三方平台”义务】公共场所的管理者或者电信业务经营者、互联网信息服务提供者对其明知或者应知的利用其场所或者信息传输、发布平台发送、发布违法广告的，应当予以制止。

第四章 监督管理

第四十六条 【特殊商品和服务广告发布前审查】发布医疗、药品、医疗器械、农药、兽药和保健食品广告，以及法律、行政法规规定应当进行审查的其他广告，应当在发布前由有关部门（以下称广告审查机关）对广告内容进行审查；未经审查，不得发布。

第四十七条 【广告发布前审查程序】广告主申请广告审查，应当依照法律、行政法规向广告审查机关提交有关证明文件。

广告审查机关应当依照法律、行政法规规定作出审查决定，并应当将审查批准文件抄送同级市场监督管理部门。广告审查机关应当及时向社会公布批准的广告。

第四十八条 【广告审查批准文件不得伪造、变造或者转让】任何单位或者个人不得伪造、变造或者转让广告审查批准文件。

第四十九条 【市场监督管理部门职权和义务】市场监督管理部门履行广告监督管理职责，可以行使下列职权：

（一）对涉嫌从事违法广告活动的场所实施现场检查；

（二）询问涉嫌违法当事人或者其法定代表人、主要负责人和其他有关人员，对有关单位或者个人进行调查；

（三）要求涉嫌违法当事人限期提供有关证明文件；

（四）查阅、复制与涉嫌违法广告有关的合同、票据、账簿、广告作品和其他有关资料；

（五）查封、扣押与涉嫌违法广告直接相关的广告物品、经营工具、设备等财物；

（六）责令暂停发布可能造成严重后果的涉嫌违法广告；

（七）法律、行政法规规定的其他职权。

市场监督管理部门应当建立健全广告监测制度，完善监测措施，及时发现和依法查处违法广告行为。

第五十条 【授权制定利用大众传播媒介发布广告的行为规范】国务院市场监督管理部门会同国务院有关部门，制定大众传播媒介广告发布行为规范。

第五十一条 【配合监管义务】市场监督管理部门依照本法规定行使职权，当事人应当协助、配合，不得拒绝、阻挠。

第五十二条 【保密义务】市场监督管理部门和有关部门及其工作人员对其在广告监督管理活动中知悉的商业秘密负有保密义务。

第五十三条 【投诉和举报】任何单位或者个人有权向市场监督管理部门和有关部门投诉、举报违反本法的行为。市场监督管理部门和有关部门应当向社会公开受理投诉、举报的电话、信箱或者电子邮件地址，接到投诉、举报的部门应当自收到投诉之日起七个工作日内，予以处理并告知投诉、举报人。

市场监督管理部门和有关部门不依法履行职责的，任何单位或者个人有权向其上级机关或者监察机关举报。接到举报的机关应当依法作出处理，并将处理结果及时告知举报人。

有关部门应当为投诉、举报人保密。

第五十四条 【社会监督】消费者协会和其他消费者组织对违反本法规定，发布虚假广告侵害消费者合法权益，以及其他损害社会公共利益的行为，依法进行社会监督。

第五章 法律责任

第五十五条 【虚假广告行政、刑事责任】违反本法规定，发布虚假广告的，由市场监督管理部门责令停止发布广告，责令广告主在相应范围内消除影响，处广告费用三倍以上五倍以下的罚款，广告费用无法计算或者明显偏低的，处二十万元以上一百万元以下的罚款；两年内有三次以上违法行为或者有其他严重情节的，处广告费用五倍以上十倍以下的罚款，广告费用无法计算或者明显偏低的，处一百万元以上二百万元以下的罚款，可以吊销营业执照，并由广告审查机关撤销广告审查批准文件、一年内不受理其广告审查申请。

医疗机构有前款规定违法行为，情节严重的，除由市场监督管理部门依照本法处罚外，卫生行政部门可以吊销诊疗科目或者吊销医疗机构执业许可证。

广告经营者、广告发布者明知或者应知广告虚假仍设计、制作、代理、发布的，由市场监督管理部门没收广告费用，并处广告费用三倍以上五倍以下的罚款，广告费用无法计算或者明显偏低的，处二十万元以上一百万元以下的罚款；两年内有三次以上违法行为或者有其他严重情节的，处广告费用五倍以上十倍以下的罚款，广告费用无法计算或者明显偏低的，处一百万元以上二百万元以下的罚款，并可以由有关部门暂停广告发布业务、吊销营业执照。

广告主、广告经营者、广告发布者有本条第一款、第三款规定行为，构成犯罪的，依法追究刑事责任。

第五十六条 【虚假广告民事责任】违反本法规定，发布虚假广告，欺骗、误导消费者，使购买商品或者接受服务的消费者的合法权益受到损害的，由广告主依法承担民事责任。广告经营者、广告发布者不能提供广告主的真实名称、地址和有效联系方式的，消费者可以要求广告经营者、广告发布者先行赔偿。

关系消费者生命健康的商品或者服务的虚假广告，造成消费者损害的，其广告经营者、广告发布者、广告代言人应当与广告主承担连带责任。

前款规定以外的商品或者服务的虚假广告，造成消费者损害的，其广告经营者、广告发布者、广告代言人，明知或者应知广告虚假仍设计、制作、代理、发布或者作推荐、证明的，应当与广告主承担连带责任。

第五十七条 【发布违反基本准则或者本法禁止发布的广告的责任】有下列行为之一的，由市场监督管理部门责令停止发布广告，对广告主处二十万元以上一百万元以下的罚款，情节严重的，并可以吊销营业执照，由广告审查机关撤销广告审查批准文件、一年内不受理其广告审查申请；对广告经营者、广告发布者，由市场监督管理部门没收广告费用，处二十万元以上一百万元以下的罚款，情节严重的，并可以吊销营业执照：

（一）发布有本法第九条、第十条规定的禁止情形的广告的；

（二）违反本法第十五条规定发布处方药广告、药品类易制毒化学品广告、戒毒治疗的医疗器械和治疗方法广告的；

（三）违反本法第二十条规定，发布声称全部或者部分替代母乳的婴儿乳制品、饮料和其他食品广告的；

（四）违反本法第二十二条规定发布烟草广告的；

（五）违反本法第三十七条规定，利用广告推销禁止生产、销售的产品或者提供的服务，或者禁止发布广告的商品或者服务的；

（六）违反本法第四十条第一款规定，在针对未成年人的大众传播媒介上发布医疗、药品、保健食品、医疗器械、化妆品、酒类、美容广告，以及不利于未成年人身心健康的网络游戏广告的。

第五十八条　【发布违反特殊准则、违法使用广告代言人或者未经依法审查的广告的责任】有下列行为之一的，由市场监督管理部门责令停止发布广告，责令广告主在相应范围内消除影响，处广告费用一倍以上三倍以下的罚款，广告费用无法计算或者明显偏低的，处十万元以上二十万元以下的罚款；情节严重的，处广告费用三倍以上五倍以下的罚款，广告费用无法计算或者明显偏低的，处二十万元以上一百万元以下的罚款，可以吊销营业执照，并由广告审查机关撤销广告审查批准文件、一年内不受理其广告审查申请：

（一）违反本法第十六条规定发布医疗、药品、医疗器械广告的；

（二）违反本法第十七条规定，在广告中涉及疾病治疗功能，以及使用医疗用语或者易使推销的商品与药品、医疗器械相混淆的用语的；

（三）违反本法第十八条规定发布保健食品广告的；

（四）违反本法第二十一条规定发布农药、兽药、饲料和饲料添加剂广告的；

（五）违反本法第二十三条规定发布酒类广告的；

（六）违反本法第二十四条规定发布教育、培训广告的；

（七）违反本法第二十五条规定发布招商等有投资回报预期的商品或者服务广告的；

（八）违反本法第二十六条规定发布房地产广告的；

（九）违反本法第二十七条规定发布农作物种子、林木种子、草种子、种畜禽、水产苗种和种养殖广告的；

（十）违反本法第三十八条第二款规定，利用不满十周岁的未成年人作为广告代言人的；

（十一）违反本法第三十八条第三款规定，利用自然人、法人或者其他组织作为广告代言人的；

（十二）违反本法第三十九条规定，在中小学校、幼儿园内或者利用与中小学生、幼儿有关的物品发布广告的；

（十三）违反本法第四十条第二款规定，发布针对不满十四周岁的未成年人的商品或者服务的广告的；

（十四）违反本法第四十六条规定，未经审查发布广告的。

医疗机构有前款规定违法行为，情节严重的，除由市场监督管理部门依照本法处罚外，卫生行政部门可以吊销诊疗科目或者吊销医疗机构执业许可证。

广告经营者、广告发布者明知或者应知有本条第一款规定违法行为仍设计、制作、代理、发布的，由市场监督管理部门没收广告费用，并处广告费用一倍以上三倍以下的罚款，广告费用无法计算或者明显偏低的，处十万元以上二十万元以下的罚款；情节严重的，处广告费用三倍以上五倍以下的罚款，广告费用无法计算或者明显偏低的，处二十万元以上一百万元以下的罚款，并可以由有关部门暂停广告发布业务、吊销营业执照。

第五十九条　【发布违反一般准则或者贬低他人商品或服务的广告的责任】有下列行为之一的，由市场监督管理部门责令停止发布广告，对广告主处十万元以下的罚款：

（一）广告内容违反本法第八条规定的；

（二）广告引证内容违反本法第十一条规定的；

（三）涉及专利的广告违反本法第十二条规定的；

（四）违反本法第十三条规定，广告贬低其他生产经营者的商品或者服务的。

广告经营者、广告发布者明知或者应知有前款规定违法行为仍设计、制作、代理、发布的，由市场监督管理部门处十万元以下的罚款。

广告违反本法第十四条规定，不具有可识别性的，或者违反本法第十九条规定，变相发布医疗、药品、医疗器械、保健食品广告的，由市场监督管理部门责令改正，对广告发布者处十万元以下的罚款。

第六十条　【广告经营者、广告发布者未依法进行广告业务管理的责任】违反本法第三十四条规定，广告经营者、广告发布者未按照国家有关规定建立、健全广告业务管理制度的，或者未对广告内容进行核对的，由市场监督管理部门责令改正，可以处五万元以下的罚款。

违反本法第三十五条规定，广告经营者、广告发布者未公布其收费标准和收费办法的，由价格主管部门责令改正，可以处五万元以下的罚款。

第六十一条　【广告代言人的责任】广告代言人有下列

情形之一的，由市场监督管理部门没收违法所得，并处违法所得一倍以上二倍以下的罚款：

（一）违反本法第十六条第一款第四项规定，在医疗、药品、医疗器械广告中作推荐、证明的；

（二）违反本法第十八条第一款第五项规定，在保健食品广告中作推荐、证明的；

（三）违反本法第三十八条第一款规定，为其未使用过的商品或者未接受过的服务作推荐、证明的；

（四）明知或者应知广告虚假仍在广告中对商品、服务作推荐、证明的。

第六十二条　【未经同意或者请求向他人发送广告、违法利用互联网发布广告的责任】违反本法第四十三条规定发送广告的，由有关部门责令停止违法行为，对广告主处五千元以上三万元以下的罚款。

违反本法第四十四条第二款规定，利用互联网发布广告，未显著标明关闭标志，确保一键关闭的，由市场监督管理部门责令改正，对广告主处五千元以上三万元以下的罚款。

第六十三条　【公共场所的管理者和电信业务经营者、互联网信息服务提供者未依法制止违法广告活动的责任】违反本法第四十五条规定，公共场所的管理者和电信业务经营者、互联网信息服务提供者，明知或者应知广告活动违法不予制止的，由市场监督管理部门没收违法所得，违法所得五万元以上的，并处违法所得一倍以上三倍以下的罚款，违法所得不足五万元的，并处一万元以上五万元以下的罚款；情节严重的，由有关部门依法停止相关业务。

第六十四条　【隐瞒真实情况或者提供虚假材料申请广告审查的责任】违反本法规定，隐瞒真实情况或者提供虚假材料申请广告审查的，广告审查机关不予受理或者不予批准，予以警告，一年内不受理该申请人的广告审查申请；以欺骗、贿赂等不正当手段取得广告审查批准的，广告审查机关予以撤销，处十万元以上二十万元以下的罚款，三年内不受理该申请人的广告审查申请。

第六十五条　【伪造、变造或者转让广告审查批准文件的责任】违反本法规定，伪造、变造或者转让广告审查批准文件的，由市场监督管理部门没收违法所得，并处一万元以上十万元以下的罚款。

第六十六条　【信用档案制度】有本法规定的违法行为的，由市场监督管理部门记入信用档案，并依照有关法律、行政法规规定予以公示。

第六十七条　【广播电台、电视台、报刊音像出版单位及其主管部门的责任】广播电台、电视台、报刊音像出版单位发布违法广告，或者以新闻报道形式变相发布广告，或者以介绍健康、养生知识等形式变相发布医疗、药品、医疗器械、保健食品广告，市场监督管理部门依照本法给予处罚的，应当通报新闻出版、广播电视主管部门以及其他有关部门。新闻出版、广播电视主管部门以及其他有关部门应当依法对负有责任的主管人员和直接责任人员给予处分；情节严重的，并可以暂停媒体的广告发布业务。

新闻出版、广播电视主管部门以及其他有关部门未依照前款规定对广播电台、电视台、报刊音像出版单位进行处理的，对负有责任的主管人员和直接责任人员，依法给予处分。

第六十八条　【民事责任】广告主、广告经营者、广告发布者违反本法规定，有下列侵权行为之一的，依法承担民事责任：

（一）在广告中损害未成年人或者残疾人的身心健康的；

（二）假冒他人专利的；

（三）贬低其他生产经营者的商品、服务的；

（四）在广告中未经同意使用他人名义或者形象的；

（五）其他侵犯他人合法民事权益的。

第六十九条　【对公司、企业广告违法行为负有个人责任的法定代表人的责任】因发布虚假广告，或者有其他本法规定的违法行为，被吊销营业执照的公司、企业的法定代表人，对违法行为负有个人责任的，自该公司、企业被吊销营业执照之日起三年内不得担任公司、企业的董事、监事、高级管理人员。

第七十条　【拒绝、阻挠市场监督部门监督检查等违反治安管理行为的责任】违反本法规定，拒绝、阻挠市场监督管理部门监督检查，或者有其他构成违反治安管理行为的，依法给予治安管理处罚；构成犯罪的，依法追究刑事责任。

第七十一条　【广告审查机关的责任】广告审查机关对违法的广告内容作出审查批准决定的，对负有责任的主管人员和直接责任人员，由任免机关或者监察机关依法给予处分；构成犯罪的，依法追究刑事责任。

第七十二条　【广告管理部门及其工作人员的责任】市场监督管理部门对在履行广告监测职责中发现的违法广告行为或者对经投诉、举报的违法广告行为，不依法予以查处的，对负有责任的主管人员和直接责任人员，依法给予处分。

市场监督管理部门和负责广告管理相关工作的有关部门的工作人员玩忽职守、滥用职权、徇私舞弊的,依法给予处分。

有前两款行为,构成犯罪的,依法追究刑事责任。

第六章 附 则

第七十三条 【**公益广告**】国家鼓励、支持开展公益广告宣传活动,传播社会主义核心价值观,倡导文明风尚。

大众传播媒介有义务发布公益广告。广播电台、电视台、报刊出版单位应当按照规定的版面、时段、时长发布公益广告。公益广告的管理办法,由国务院市场监督管理部门会同有关部门制定。

第七十四条 【**施行日期**】本法自2015年9月1日起施行。

广告管理条例①

1. 1987年10月26日国务院发布
2. 国发〔1987〕94号
3. 自1987年12月1日起施行

第一条 为了加强广告管理,推动广告事业的发展,有效地利用广告媒介为社会主义建设服务,制定本条例。

第二条 凡通过报刊、广播、电视、电影、路牌、橱窗、印刷品、霓虹灯等媒介或者形式,在中华人民共和国境内刊播、设置、张贴广告,均属本条例管理范围。

第三条 广告内容必须真实、健康、清晰、明白,不得以任何形式欺骗用户和消费者。

第四条 在广告经营活动中,禁止垄断和不正当竞争行为。

第五条 广告的管理机关是国家工商行政管理机关和地方各级工商行政管理机关。

第六条 经营广告业务的单位和个体工商户(以下简称广告经营者),应当按照本条例和有关法规的规定,向工商行政管理机关申请,分别情况办理审批登记手续:

(一)专营广告业务的企业,发给《企业法人营业执照》;

(二)兼营广告业务的事业单位,发给《广告经营许可证》;

(三)具备经营广告业务能力的个体工商户,发给《营业执照》;

(四)兼营广告业务的企业,应当办理经营范围变更登记。

第七条 广告客户申请刊播、设置、张贴的广告,其内容应当在广告客户的经营范围或者国家许可的范围内。

第八条 广告有下列内容之一的,不得刊播、设置、张贴:

(一)违反我国法律、法规的;

(二)损害我国民族尊严的;

(三)有中国国旗、国徽、国歌标志、国歌音响的;

(四)有反动、淫秽、迷信、荒诞内容的;

(五)弄虚作假的;

(六)贬低同类产品的。

第九条 新闻单位刊播广告,应当有明确的标志。新闻单位不得以新闻报道形式刊播广告,收取费用;新闻记者不得借采访名义招揽广告。

第十条 禁止利用广播、电视、报刊为卷烟做广告。

获得国家级、部级、省级各类奖的优质名酒,经工商行政管理机关批准,可以做广告。

第十一条 申请刊播、设置、张贴下列广告,应当提交有关证明:

(一)标明质量标准的商品广告,应当提交省辖市以上标准化管理部门或者经计量认证合格的质量检验机构的证明;

(二)标明获奖的商品广告,应当提交本届、本年度或者数届、数年度连续获奖的证书,并在广告中注明获奖级别和颁奖部门;

(三)标明优质产品称号的商品广告,应当提交专利证书;

(四)标明专利权的商品广告,应当提交专利证书;

(五)标明注册商标的商品广告,应当提交商标注册证;

(六)实施生产许可证的产品广告,应当提交生产许可证;

(七)文化、教育、卫生广告,应当提交上级行政主管部门的证明;

(八)其他各类广告,需要提交证明的,应当提交政府有关部门或者其授权单位的证明。

第十二条 广告经营者承办或者代理广告业务,应当查验证明,审查广告内容。对违反本条例规定的广告,不得刊播、设置、张贴。

第十三条 户外广告的设置、张贴,由当地人民政府组织工商行政管理、城建、环保、公安等有关部门制订规划,

---

① 该条例中关于"建设类书报刊经营广告业务审核"等行政审批项目已先后被《国务院关于取消第一批行政审批项目的决定》(2002年11月1日发布,2002年11月1日实施)、《国务院关于第四批取消和调整行政审批项目的决定》(2007年10月9日发布,2007年10月9日实施)取消。

工商行政管理机关负责监督实施。

在政府机关和文物保护单位周围的建筑控制地带以及当地人民政府禁止设置、张贴广告的区域,不得设置、张贴广告。

第十四条　广告收费标准,由广告经营者制订,报当地工商行政管理机关和物价管理机关备案。

第十五条　广告业务代理费标准,由国家工商行政管理机关会同国家物价管理机关制定。

户外广告场地费、建筑物占用费的收费标准,由当地工商行政管理机关会同物价、城建部门协商制订,报当地人民政府批准。

第十六条　广告经营者必须按照国家规定设置广告会计账簿,依法纳税,并接受财政、审计、工商行政管理部门的监督检查。

第十七条　广告经营者承办或者代理广告业务,应当与客户或者被代理人签订书面合同,明确各方的责任。

第十八条　广告客户或者广告经营者违反本条例规定,由工商行政管理机关根据其情节轻重,分别给予下列处罚:

(一)停止发布广告;

(二)责令公开更正;

(三)通报批评;

(四)没收非法所得;

(五)罚款;

(六)停业整顿;

(七)吊销营业执照或者广告经营许可证。

违反本条例规定,情节严重,构成犯罪的,由司法机关依法追究刑事责任。

第十九条　广告客户和广告经营者对工商行政管理机关处罚决定不服的,可以在收到处罚通知之日起十五日内,向上一级工商行政管理机关申请复议。对复议决定仍不服的,可以在收到复议决定之日起三十日内,向人民法院起诉。

第二十条　广告客户和广告经营者违反本条例规定,使用户和消费者蒙受损失,或者有其他侵权行为的,应当承担赔偿责任。

损害赔偿,受害人可以请求县以上工商行政管理机关处理。当事人对工商行政管理机关处理不服的,可以向人民法院起诉。受害人也可以直接向人民法院起诉。

第二十一条　本条例由国家工商行政管理局负责解释;施行细则由国家工商行政管理局制定。

第二十二条　本条例自1987年12月1日起施行。1982年2月6日国务院发布的《广告管理暂行条例》同时废止。

广播电视广告播出管理办法

1. 2009年9月8日国家广播电影电视总局令第61号发布
2. 根据2011年11月25日国家广播电影电视总局令第66号《〈广播电视广告播出管理办法〉的补充规定》修订
3. 根据2020年12月1日国家广播电视总局令第7号《关于第一批废止和修改的部门规章的决定》修正

第一章　总　　则

第一条　为了规范广播电视广告播出秩序,促进广播电视广告业健康发展,保障公民合法权益,依据《中华人民共和国广告法》、《广播电视管理条例》等法律、行政法规,制定本办法。

第二条　广播电台、电视台(含广播电视台)等广播电视播出机构(以下简称“播出机构”)的广告播出活动,以及广播电视传输机构的相关活动,适用本办法。

第三条　本办法所称广播电视广告包括公益广告和商业广告(含资讯服务、广播购物和电视购物短片广告等)。

第四条　广播电视广告播出活动应当坚持以人为本,遵循合法、真实、公平、诚实信用的原则。

第五条　广播电视行政部门对广播电视广告播出活动实行属地管理、分级负责。

国务院广播电视行政部门负责全国广播电视广告播出活动的监督管理工作。

县级以上地方人民政府广播电视行政部门负责本行政区域内广播电视广告播出活动的监督管理工作。

第六条　广播电视行政部门鼓励广播电视公益广告制作和播出,对成绩显著的组织、个人予以表彰。

第二章　广 告 内 容

第七条　广播电视广告是广播电视节目的重要组成部分,应当坚持正确导向,树立良好文化品位,与广播电视节目相和谐。

第八条　广播电视广告禁止含有下列内容:

(一)反对宪法确定的基本原则的;

(二)危害国家统一、主权和领土完整,危害国家安全,或者损害国家荣誉和利益的;

(三)煽动民族仇恨、民族歧视,侵害民族风俗习惯,伤害民族感情,破坏民族团结,违反宗教政策的;

(四)扰乱社会秩序,破坏社会稳定的;

（五）宣扬邪教、淫秽、赌博、暴力、迷信，危害社会公德或者民族优秀文化传统的；

（六）侮辱、歧视或者诽谤他人，侵害他人合法权益的；

（七）诱使未成年人产生不良行为或者不良价值观，危害其身心健康的；

（八）使用绝对化语言，欺骗、误导公众，故意使用错别字或者篡改成语的；

（九）商业广告中使用、变相使用中华人民共和国国旗、国徽、国歌，使用、变相使用国家领导人、领袖人物的名义、形象、声音、名言、字体或者国家机关和国家机关工作人员的名义、形象的；

（十）药品、医疗器械、医疗和健康资讯类广告中含有宣传治愈率、有效率，或者以医生、专家、患者、公众人物等形象做疗效证明的；

（十一）法律、行政法规和国家有关规定禁止的其他内容。

第九条　禁止播出下列广播电视广告：

（一）以新闻报道形式发布的广告；

（二）烟草制品广告；

（三）处方药品广告；

（四）治疗恶性肿瘤、肝病、性病或者提高性功能的药品、食品、医疗器械、医疗广告；

（五）姓名解析、运程分析、缘份测试、交友聊天等声讯服务广告；

（六）出现“母乳代用品”用语的乳制品广告；

（七）法律、行政法规和国家有关规定禁止播出的其他广告。

第十条　时政新闻类节（栏）目不得以企业或者产品名称等冠名。有关人物专访、企业专题报道等节目中不得含有地址和联系方式等内容。

第十一条　投资咨询、金融理财和连锁加盟等具有投资性质的广告，应当含有“投资有风险”等警示内容。

第十二条　除福利彩票、体育彩票等依法批准的广告外，不得播出其他具有博彩性质的广告。

第三章　广告播出

第十三条　广播电视广告播出应当合理编排。其中，商业广告应当控制总量、均衡配置。

第十四条　广播电视广告播出不得影响广播电视节目的完整性。除在节目自然段的间歇外，不得随意插播广告。

第十五条　播出机构每套节目每小时商业广告播出时长不得超过12分钟。其中，广播电台在11:00至13:00之间、电视台在19:00至21:00之间，商业广告播出总时长不得超过18分钟。

在执行转播、直播任务等特殊情况下，商业广告可以顺延播出。

第十六条　播出机构每套节目每日公益广告播出时长不得少于商业广告时长的3%。其中，广播电台在11:00至13:00之间、电视台在19:00至21:00之间，公益广告播出数量不得少于4条（次）。

第十七条　播出电视剧时，不得在每集（以四十五分钟计）中间以任何形式插播广告。

播出电影时，插播广告参照前款规定执行。

第十八条　除电影、电视剧剧场或者节（栏）目冠名标识外，禁止播出任何形式的挂角广告。

第十九条　电影、电视剧剧场或者节（栏）目冠名标识不得含有下列情形：

（一）单独出现企业、产品名称，或者剧场、节（栏）目名称难以辨认的；

（二）标识尺寸大于台标，或者企业、产品名称的字体尺寸大于剧场、节（栏）目名称的；

（三）翻滚变化，每次显示时长超过5分钟，或者每段冠名标识显示间隔少于10分钟的；

（四）出现经营服务范围、项目、功能、联系方式、形象代言人等文字、图像的。

第二十条　电影、电视剧剧场或者节（栏）目不得以治疗皮肤病、癫痫、痔疮、脚气、妇科、生殖泌尿系统等疾病的药品或者医疗机构作冠名。

第二十一条　转播、传输广播电视节目时，必须保证被转播、传输节目的完整性。不得替换、遮盖所转播、传输节目中的广告；不得以游动字幕、叠加字幕、挂角广告等任何形式插播自行组织的广告。

第二十二条　经批准在境内落地的境外电视频道中播出的广告，其内容应当符合中国法律、法规和本办法的规定。

第二十三条　播出商业广告应当尊重公众生活习惯。在6:30至7:30、11:30至12:30以及18:30至20:00的公众用餐时间，不得播出治疗皮肤病、痔疮、脚气、妇科、生殖泌尿系统等疾病的药品、医疗器械、医疗和妇女卫生用品广告。

第二十四条　播出机构应当严格控制酒类商业广告，不得在以未成年人为主要传播对象的频率、频道、节（栏）目中播出。广播电台每套节目每小时播出的烈性酒类商业广告，不得超过2条；电视台每套节目每日播出的烈性酒类商业广告不得超过12条，其中19:00

至21:00之间不得超过2条。

第二十五条　在中小学生假期和未成年人相对集中的收听、收视时段，或者以未成年人为主要传播对象的频率、频道、节（栏）目中，不得播出不适宜未成年人收听、收视的商业广告。

第二十六条　播出电视商业广告时不得隐匿台标和频道标识。

第二十七条　广告主、广告经营者不得通过广告投放等方式干预、影响广播电视节目的正常播出。

第四章　监督管理

第二十八条　县级以上人民政府广播电视行政部门应当加强对本行政区域内广播电视广告播出活动的监督管理，建立、完善监督管理制度和技术手段。

第二十九条　县级以上人民政府广播电视行政部门应当建立公众举报机制，公布举报电话，及时调查、处理并公布结果。

第三十条　县级以上地方人民政府广播电视行政部门在对广播电视广告违法行为作出处理决定后5个工作日内，应当将处理情况报上一级人民政府广播电视行政部门备案。

第三十一条　因公共利益需要等特殊情况，省、自治区、直辖市以上人民政府广播电视行政部门可以要求播出机构在指定时段播出特定的公益广告，或者作出暂停播出商业广告的决定。

第三十二条　播出机构从事广告经营活动应当取得合法资质，非广告经营部门不得从事广播电视广告经营活动，记者不得借采访名义承揽广告业务。

第三十三条　播出机构应当建立广告经营、审查、播出管理制度，负责对所播出的广告进行审查。

第三十四条　播出机构应当加强对广告业务承接登记、审核等档案资料的保存和管理。

第三十五条　药品、医疗器械、医疗、食品、化妆品、农药、兽药、金融理财等须经有关行政部门审批的商业广告，播出机构在播出前应当严格审验其依法批准的文件、材料。不得播出未经审批、材料不全或者与审批通过的内容不一致的商业广告。

第三十六条　制作和播出药品、医疗器械、医疗和健康资讯类广告需要聘请医学专家作为嘉宾的，播出机构应当核验嘉宾的医师执业证书、工作证、职称证明等相关证明文件，并在广告中据实提示，不得聘请无有关专业资质的人员担当嘉宾。

第三十七条　因广告主、广告经营者提供虚假证明文件导致播出的广告违反本办法规定的，广播电视行政部门可以对有关播出机构减轻或者免除处罚。

第三十八条　国务院广播电视行政部门推动建立播出机构行业自律组织。该组织可以按照章程的规定，采取向社会公告、推荐和撤销“广播电视广告播出行业自律示范单位”等措施，加强行业自律。

第五章　法律责任

第三十九条　违反本办法第八条、第九条的规定，由县级以上人民政府广播电视行政部门责令停止违法行为或者责令改正，给予警告，可以并处三万元以下罚款；情节严重的，由原发证机关吊销《广播电视频道许可证》、《广播电视播出机构许可证》。

第四十条　违反本办法第十五条、第十六条、第十七条的规定，以及违反本办法第二十二条规定插播广告的，由县级以上人民政府广播电视行政部门依据《广播电视管理条例》第五十条、第五十一条的有关规定给予处罚。

第四十一条　违反本办法第十条、第十二条、第十九条、第二十条、第二十一条、第二十四条至第二十八条、第三十四条、第三十六条、第三十七条的规定，或者违反本办法第二十二条规定替换、遮盖广告的，由县级以上人民政府广播电视行政部门责令停止违法行为或者责令改正，给予警告，可以并处二万元以下罚款。

第四十二条　违反本办法规定的播出机构，由县级以上人民政府广播电视行政部门依据国家有关规定予以处理。

第四十三条　广播电视行政部门工作人员滥用职权、玩忽职守、徇私舞弊或者未依照本办法规定履行职责的，对负有责任的主管人员和直接责任人员依法给予处分。

第六章　附　　则

第四十四条　本办法自2010年1月1日起施行。2003年9月15日国家广播电影电视总局发布的《广播电视广告播放管理暂行办法》同时废止。

公益广告促进和管理暂行办法

1. 2016年1月15日国家工商行政管理总局、国家互联网信息办公室、工业和信息化部、住房城乡建设部、交通运输部、国家新闻出版广电总局令第84号公布

2. 自2016年3月1日起施行

第一条　为促进公益广告事业发展，规范公益广告管理，发挥公益广告在社会主义经济建设、政治建设、文化建设、社会建设、生态文明建设中的积极作用，根据《中华人民共和国广告法》和有关规定，制定本办法。

第二条　本办法所称公益广告，是指传播社会主义核心价值观，倡导良好道德风尚，促进公民文明素质和社会文明程度提高，维护国家和社会公共利益的非营利性广告。

政务信息、服务信息等各类公共信息以及专题宣传片等不属于本办法所称的公益广告。

第三条　国家鼓励、支持开展公益广告活动，鼓励、支持、引导单位和个人以提供资金、技术、劳动力、智力成果、媒介资源等方式参与公益广告宣传。

各类广告发布媒介均有义务刊播公益广告。

第四条　公益广告活动在中央和各级精神文明建设指导委员会指导协调下开展。

工商行政管理部门履行广告监管和指导广告业发展职责，负责公益广告工作的规划和有关管理工作。

新闻出版广电部门负责新闻出版和广播电视媒体公益广告制作、刊播活动的指导和管理。

通信主管部门负责电信业务经营者公益广告制作、刊播活动的指导和管理。

网信部门负责互联网企业公益广告制作、刊播活动的指导和管理。

铁路、公路、水路、民航等交通运输管理部门负责公共交通运载工具及相关场站公益广告刊播活动的指导和管理。

住房城乡建设部门负责城市户外广告设施设置、建筑工地围挡、风景名胜区公益广告刊播活动的指导和管理。

精神文明建设指导委员会其他成员单位应当积极做好公益广告有关工作，涉及本部门职责的，应当予以支持，并做好相关管理工作。

第五条　公益广告应当保证质量，内容符合下列规定：

（一）价值导向正确，符合国家法律法规和社会主义道德规范要求；

（二）体现国家和社会公共利益；

（三）语言文字使用规范；

（四）艺术表现形式得当，文化品位良好。

第六条　公益广告内容应当与商业广告内容相区别，商业广告中涉及社会责任内容的，不属于公益广告。

第七条　企业出资设计、制作、发布或者冠名的公益广告，可以标注企业名称和商标标识，但应当符合以下要求：

（一）不得标注商品或者服务的名称以及其他与宣传、推销商品或者服务有关的内容，包括单位地址、网址、电话号码、其他联系方式等；

（二）平面作品标注企业名称和商标标识的面积不得超过广告面积的1/5；

（三）音频、视频作品显示企业名称和商标标识的时间不得超过5秒或者总时长的1/5，使用标版形式标注企业名称和商标标识的时间不得超过3秒或者总时长的1/5；

（四）公益广告画面中出现的企业名称或者商标标识不得使社会公众在视觉程度上降低对公益广告内容的感受和认知；

（五）不得以公益广告名义变相设计、制作、发布商业广告。

违反前款规定的，视为商业广告。

第八条　公益广告稿源包括公益广告通稿、公益广告作品库稿件以及自行设计制作稿件。

各类广告发布媒介均有义务刊播精神文明建设指导委员会审定的公益广告通稿作品。

公益广告主管部门建立公益广告作品库，稿件供社会无偿选择使用。

单位和个人自行设计制作发布公益广告，公益广告主管部门应当无偿提供指导服务。

第九条　广播电台、电视台按照新闻出版广电部门规定的条（次），在每套节目每日播出公益广告。其中，广播电台在6:00至8:00之间、11:00至13:00之间，电视台在19:00至21:00之间，播出数量不得少于主管部门规定的条（次）。

中央主要报纸平均每日出版16版（含）以上的，平均每月刊登公益广告总量不少于8个整版；平均每日出版少于16版多于8版的，平均每月刊登公益广告总量不少于6个整版；平均每日出版8版（含）以下的，平均每月刊登公益广告总量不少于4个整版。省（自治区、直辖市）和省会、副省级城市党报平均每日出版12版（含）以上的，平均每月刊登公益广告总量不少于6个整版；平均每日出版12版（不含）以下的，平均每月刊登公益广告总量不少于4个整版。其他各级党报、晚报、都市报和行业报，平均每月刊登公益广告总量不少于2个整版。

中央主要时政类期刊以及各省（自治区、直辖市）和省会、副省级城市时政类期刊平均每期至少刊登公益广告1个页面；其他大众生活、文摘类期刊，平均每两期至少刊登公益广告1个页面。

政府网站、新闻网站、经营性网站等应当每天在网站、客户端以及核心产品的显著位置宣传展示公益广告。其中,刊播时间应当在6:00至24:00之间,数量不少于主管部门规定的条(次)。鼓励网站结合自身特点原创公益广告,充分运用新技术新手段进行文字、图片、视频、游戏、动漫等多样化展示,论坛、博客、微博客、即时通讯工具等多渠道传播,网页、平板电脑、手机等多终端覆盖,长期宣传展示公益广告。

电信业务经营者要运用手机媒体及相关经营业务经常性刊播公益广告。

第十条　有关部门和单位应当运用各类社会媒介刊播公益广告。

机场、车站、码头、影剧院、商场、宾馆、商业街区、城市社区、广场、公园、风景名胜区等公共场所的广告设施或者其他适当位置,公交车、地铁、长途客车、火车、飞机等公共交通工具的广告刊播介质或者其他适当位置,适当地段的建筑工地围挡、景观灯杆等构筑物,均有义务刊播公益广告通稿作品或者经主管部门审定的其他公益广告。此类场所公益广告的设置发布应当整齐、安全,与环境相协调,美化周边环境。

工商行政管理、住房城乡建设等部门鼓励、支持有关单位和个人在商品包装或者装潢、企业名称、商标标识、建筑设计、家具设计、服装设计等日常生活事物中,合理融入社会主流价值,传播中华文化,弘扬中国精神。

第十一条　国家支持和鼓励在生产、生活领域增加公益广告设施和发布渠道,扩大社会影响。

住房城乡建设部门编制户外广告设施设置规划,应当规划一定比例公益广告空间设施。发布广告设施招标计划时,应当将发布一定数量公益广告作为前提条件。

第十二条　公益广告主管部门应当制定并公布年度公益广告活动规划。

公益广告发布者应当于每季度第一个月5日前,将上一季度发布公益广告的情况报当地工商行政管理部门备案。广播、电视、报纸、期刊以及电信业务经营者、互联网企业等还应当将发布公益广告的情况分别报当地新闻出版广电、通信主管部门、网信部门备案。

工商行政管理部门对广告媒介单位发布公益广告情况进行监测和检查,定期公布公益广告发布情况。

第十三条　发布公益广告情况纳入文明城市、文明单位、文明网站创建工作测评。

广告行业组织应当将会员单位发布公益广告情况纳入行业自律考评。

第十四条　公益广告设计制作者依法享有公益广告著作权,任何单位和个人应依法使用公益广告作品,未经著作权人同意,不得擅自使用或者更改使用。

第十五条　公益广告活动违反本办法规定,有关法律、法规、规章有规定的,由有关部门依法予以处罚;有关法律、法规、规章没有规定的,由有关部门予以批评、劝诫,责令改正。

第十六条　本办法自2016年3月1日起施行。

七、互联网和网络游戏

资料补充栏

1. 互联网

中华人民共和国网络安全法

1. 2016年11月7日第十二届全国人民代表大会常务委员会第二十四次会议通过
2. 2016年11月7日中华人民共和国主席令第53号公布
3. 自2017年6月1日起施行

目　录

第一章　总　　则

第一条　【立法目的】为了保障网络安全，维护网络空间主权和国家安全、社会公共利益，保护公民、法人和其他组织的合法权益，促进经济社会信息化健康发展，制定本法。

第二条　【适用范围】在中华人民共和国境内建设、运营、维护和使用网络，以及网络安全的监督管理，适用本法。

第三条　【方针体系】国家坚持网络安全与信息化发展并重，遵循积极利用、科学发展、依法管理、确保安全的方针，推进网络基础设施建设和互联互通，鼓励网络技术创新和应用，支持培养网络安全人才，建立健全网络安全保障体系，提高网络安全保护能力。

第四条　【国家制定战略】国家制定并不断完善网络安全战略，明确保障网络安全的基本要求和主要目标，提出重点领域的网络安全政策、工作任务和措施。

第五条　【国家采取措施维护安全和秩序】国家采取措施，监测、防御、处置来源于中华人民共和国境内外的网络安全风险和威胁，保护关键信息基础设施免受攻击、侵入、干扰和破坏，依法惩治网络违法犯罪活动，维护网络空间安全和秩序。

第六条　【国家倡导形成网络良好环境】国家倡导诚实守信、健康文明的网络行为，推动传播社会主义核心价值观，采取措施提高全社会的网络安全意识和水平，形成全社会共同参与促进网络安全的良好环境。

第七条　【国家建立网络治理体系】国家积极开展网络空间治理、网络技术研发和标准制定、打击网络违法犯罪等方面的国际交流与合作，推动构建和平、安全、开放、合作的网络空间，建立多边、民主、透明的网络治理体系。

第八条　【主管部门】国家网信部门负责统筹协调网络安全工作和相关监督管理工作。国务院电信主管部门、公安部门和其他有关机关依照本法和有关法律、行政法规的规定，在各自职责范围内负责网络安全保护和监督管理工作。

县级以上地方人民政府有关部门的网络安全保护和监督管理职责，按照国家有关规定确定。

第九条　【网络运营者须履行安全保护义务】网络运营者开展经营和服务活动，必须遵守法律、行政法规，尊重社会公德，遵守商业道德，诚实信用，履行网络安全保护义务，接受政府和社会的监督，承担社会责任。

第十条　【维护网络数据完整性、保密性、可用性】建设、运营网络或者通过网络提供服务，应当依照法律、行政法规的规定和国家标准的强制性要求，采取技术措施和其他必要措施，保障网络安全、稳定运行，有效应对网络安全事件，防范网络违法犯罪活动，维护网络数据的完整性、保密性和可用性。

第十一条　【网络行业组织依章程促进发展】网络相关行业组织按照章程，加强行业自律，制定网络安全行为规范，指导会员加强网络安全保护，提高网络安全保护水平，促进行业健康发展。

第十二条　【依法使用网络】国家保护公民、法人和其他组织依法使用网络的权利，促进网络接入普及，提升网络服务水平，为社会提供安全、便利的网络服务，保障网络信息依法有序自由流动。

任何个人和组织使用网络应当遵守宪法法律，遵守公共秩序，尊重社会公德，不得危害网络安全，不得利用网络从事危害国家安全、荣誉和利益，煽动颠覆国家政权、推翻社会主义制度，煽动分裂国家、破坏国家统一，宣扬恐怖主义、极端主义，宣扬民族仇恨、民族歧视，传播暴力、淫秽色情信息，编造、传播虚假信息扰乱经济秩序和社会秩序，以及侵害他人名誉、隐私、知识产权和其他合法权益等活动。

**第十三条　【国家为未成年人提供安全健康的网络环

境】国家支持研究开发有利于未成年人健康成长的网络产品和服务，依法惩治利用网络从事危害未成年人身心健康的活动，为未成年人提供安全、健康的网络环境。

第十四条　【对危害网络安全的举报】任何个人和组织有权对危害网络安全的行为向网信、电信、公安等部门举报。收到举报的部门应当及时依法作出处理；不属于本部门职责的，应当及时移送有权处理的部门。

有关部门应当对举报人的相关信息予以保密，保护举报人的合法权益。

第二章　网络安全支持与促进

第十五条　【网络安全国家标准、行业标准】国家建立和完善网络安全标准体系。国务院标准化行政主管部门和国务院其他有关部门根据各自的职责，组织制定并适时修订有关网络安全管理以及网络产品、服务和运行安全的国家标准、行业标准。

国家支持企业、研究机构、高等学校、网络相关行业组织参与网络安全国家标准、行业标准的制定。

第十六条　【统筹规划、加大投入】国务院和省、自治区、直辖市人民政府应当统筹规划，加大投入，扶持重点网络安全技术产业和项目，支持网络安全技术的研究开发和应用，推广安全可信的网络产品和服务，保护网络技术知识产权，支持企业、研究机构和高等学校等参与国家网络安全技术创新项目。

第十七条　【推进体系建设，鼓励安全服务】国家推进网络安全社会化服务体系建设，鼓励有关企业、机构开展网络安全认证、检测和风险评估等安全服务。

第十八条　【鼓励开发数据保护利用技术，支持创新网络安全管理方式】国家鼓励开发网络数据安全保护和利用技术，促进公共数据资源开放，推动技术创新和经济社会发展。

国家支持创新网络安全管理方式，运用网络新技术，提升网络安全保护水平。

第十九条　【网络安全宣传教育】各级人民政府及其有关部门应当组织开展经常性的网络安全宣传教育，并指导、督促有关单位做好网络安全宣传教育工作。

大众传播媒介应当有针对性地面向社会进行网络安全宣传教育。

第二十条　【网络安全人才培养】国家支持企业和高等学校、职业学校等教育培训机构开展网络安全相关教育与培训，采取多种方式培养网络安全人才，促进网络安全人才交流。

第三章　网络运行安全

第一节　一般规定

第二十一条　【网络安全等级保护制度】国家实行网络安全等级保护制度。网络运营者应当按照网络安全等级保护制度的要求，履行下列安全保护义务，保障网络免受干扰、破坏或者未经授权的访问，防止网络数据泄露或者被窃取、篡改：

（一）制定内部安全管理制度和操作规程，确定网络安全负责人，落实网络安全保护责任；

（二）采取防范计算机病毒和网络攻击、网络侵入等危害网络安全行为的技术措施；

（三）采取监测、记录网络运行状态、网络安全事件的技术措施，并按照规定留存相关的网络日志不少于六个月；

（四）采取数据分类、重要数据备份和加密等措施；

（五）法律、行政法规规定的其他义务。

第二十二条　【网络产品服务应当符合国家标准强制性要求】网络产品、服务应当符合相关国家标准的强制性要求。网络产品、服务的提供者不得设置恶意程序；发现其网络产品、服务存在安全缺陷、漏洞等风险时，应当立即采取补救措施，按照规定及时告知用户并向有关主管部门报告。

网络产品、服务的提供者应当为其产品、服务持续提供安全维护；在规定或者当事人约定的期限内，不得终止提供安全维护。

网络产品、服务具有收集用户信息功能的，其提供者应当向用户明示并取得同意；涉及用户个人信息的，还应当遵守本法和有关法律、行政法规关于个人信息保护的规定。

第二十三条　【网络关键设备和网络安全专用产品的认证、检测】网络关键设备和网络安全专用产品应当按照相关国家标准的强制性要求，由具备资格的机构安全认证合格或者安全检测符合要求后，方可销售或者提供。国家网信部门会同国务院有关部门制定、公布网络关键设备和网络安全专用产品目录，并推动安全认证和安全检测结果互认，避免重复认证、检测。

第二十四条　【网络运营者应当要求用户提供真实身份信息】网络运营者为用户办理网络接入、域名注册服务，办理固定电话、移动电话等入网手续，或者为用户提供信息发布、即时通讯等服务，在与用户签订协议或者确认提供服务时，应当要求用户提供真实身份信息。用户不提供真实身份信息的，网络运营者不得为其提供相关服务。

国家实施网络可信身份战略,支持研究开发安全、方便的电子身份认证技术,推动不同电子身份认证之间的互认。

第二十五条 【网络安全事件应急预案】网络运营者应当制定网络安全事件应急预案,及时处置系统漏洞、计算机病毒、网络攻击、网络侵入等安全风险;在发生危害网络安全的事件时,立即启动应急预案,采取相应的补救措施,并按照规定向有关主管部门报告。

第二十六条 【开展网络安全活动向社会发布安全信息,应遵守国家规定】开展网络安全认证、检测、风险评估等活动,向社会发布系统漏洞、计算机病毒、网络攻击、网络侵入等网络安全信息,应当遵守国家有关规定。

第二十七条 【禁止危害网络安全的活动】任何个人和组织不得从事非法侵入他人网络、干扰他人网络正常功能、窃取网络数据等危害网络安全的活动;不得提供专门用于从事侵入网络、干扰网络正常功能及防护措施、窃取网络数据等危害网络安全活动的程序、工具;明知他人从事危害网络安全的活动的,不得为其提供技术支持、广告推广、支付结算等帮助。

第二十八条 【提供技术支持和协助义务】网络运营者应当为公安机关、国家安全机关依法维护国家安全和侦查犯罪的活动提供技术支持和协助。

第二十九条 【国家支持网络运营者合作】国家支持网络运营者之间在网络安全信息收集、分析、通报和应急处置等方面进行合作,提高网络运营者的安全保障能力。

有关行业组织建立健全本行业的网络安全保护规范和协作机制,加强对网络安全风险的分析评估,定期向会员进行风险警示,支持、协助会员应对网络安全风险。

第三十条 【信息专用】网信部门和有关部门在履行网络安全保护职责中获取的信息,只能用于维护网络安全的需要,不得用于其他用途。

第二节 关键信息基础设施的运行安全

第三十一条 【关键信息基础设施重点保护】国家对公共通信和信息服务、能源、交通、水利、金融、公共服务、电子政务等重要行业和领域,以及其他一旦遭到破坏、丧失功能或者数据泄露,可能严重危害国家安全、国计民生、公共利益的关键信息基础设施,在网络安全等级保护制度的基础上,实行重点保护。关键信息基础设施的具体范围和安全保护办法由国务院制定。

国家鼓励关键信息基础设施以外的网络运营者自愿参与关键信息基础设施保护体系。

第三十二条 【编制关键信息基础设施安全规划】按照国务院规定的职责分工,负责关键信息基础设施安全保护工作的部门分别编制并组织实施本行业、本领域的关键信息基础设施安全规划,指导和监督关键信息基础设施运行安全保护工作。

第三十三条 【关键信息基础设施应确保业务持续、稳定,保证与技术措施同步】建设关键信息基础设施应当确保其具有支持业务稳定、持续运行的性能,并保证安全技术措施同步规划、同步建设、同步使用。

第三十四条 【运营者的安全保护义务】除本法第二十一条的规定外,关键信息基础设施的运营者还应当履行下列安全保护义务:

(一)设置专门安全管理机构和安全管理负责人,并对该负责人和关键岗位的人员进行安全背景审查;

(二)定期对从业人员进行网络安全教育、技术培训和技能考核;

(三)对重要系统和数据库进行容灾备份;

(四)制定网络安全事件应急预案,并定期进行演练;

(五)法律、行政法规规定的其他义务。

第三十五条 【国家安全审查】关键信息基础设施的运营者采购网络产品和服务,可能影响国家安全的,应当通过国家网信部门会同国务院有关部门组织的国家安全审查。

第三十六条 【安全保密协议的签订】关键信息基础设施的运营者采购网络产品和服务,应当按照规定与提供者签订安全保密协议,明确安全和保密义务与责任。

第三十七条 【收集和产生的个人信息和重要数据应当在境内存储】关键信息基础设施的运营者在中华人民共和国境内运营中收集和产生的个人信息和重要数据应当在境内存储。因业务需要,确需向境外提供的,应当按照国家网信部门会同国务院有关部门制定的办法进行安全评估;法律、行政法规另有规定的,依照其规定。

第三十八条 【网络安全及风险的检测评估】关键信息基础设施的运营者应当自行或者委托网络安全服务机构对其网络的安全性和可能存在的风险每年至少进行一次检测评估,并将检测评估情况和改进措施报送相关负责关键信息基础设施安全保护工作的部门。

第三十九条　【关键信息基础设施的安全保护措施】国家网信部门应当统筹协调有关部门对关键信息基础设施的安全保护采取下列措施：

（一）对关键信息基础设施的安全风险进行抽查检测，提出改进措施，必要时可以委托网络安全服务机构对网络存在的安全风险进行检测评估；

（二）定期组织关键信息基础设施的运营者进行网络安全应急演练，提高应对网络安全事件的水平和协同配合能力；

（三）促进有关部门、关键信息基础设施的运营者以及有关研究机构、网络安全服务机构等之间的网络安全信息共享；

（四）对网络安全事件的应急处置与网络功能的恢复等，提供技术支持和协助。

第四章　网络信息安全

第四十条　【用户信息保护制度】网络运营者应当对其收集的用户信息严格保密，并建立健全用户信息保护制度。

第四十一条　【网络运营者对个人信息的收集、使用】网络运营者收集、使用个人信息，应当遵循合法、正当、必要的原则，公开收集、使用规则，明示收集、使用信息的目的、方式和范围，并经被收集者同意。

网络运营者不得收集与其提供的服务无关的个人信息，不得违反法律、行政法规的规定和双方的约定收集、使用个人信息，并应当依照法律、行政法规的规定和与用户的约定，处理其保存的个人信息。

第四十二条　【网络运营者应确保其收集的个人信息安全】网络运营者不得泄露、篡改、毁损其收集的个人信息；未经被收集者同意，不得向他人提供个人信息。但是，经过处理无法识别特定个人且不能复原的除外。

网络运营者应当采取技术措施和其他必要措施，确保其收集的个人信息安全，防止信息泄露、毁损、丢失。在发生或者可能发生个人信息泄露、毁损、丢失的情况时，应当立即采取补救措施，按照规定及时告知用户并向有关主管部门报告。

第四十三条　【个人有权要求对其信息予以删除或更正】个人发现网络运营者违反法律、行政法规的规定或者双方的约定收集、使用其个人信息的，有权要求网络运营者删除其个人信息；发现网络运营者收集、存储的其个人信息有错误的，有权要求网络运营者予以更正。网络运营者应当采取措施予以删除或者更正。

第四十四条　【不得非法获取、向他人提供个人信息】任何个人和组织不得窃取或者以其他非法方式获取个人信息，不得非法出售或者非法向他人提供个人信息。

第四十五条　【保密义务】依法负有网络安全监督管理职责的部门及其工作人员，必须对在履行职责中知悉的个人信息、隐私和商业秘密严格保密，不得泄露、出售或者非法向他人提供。

第四十六条　【不得利用网络实施违法犯罪活动】任何个人和组织应当对其使用网络的行为负责，不得设立用于实施诈骗，传授犯罪方法，制作或者销售违禁物品、管制物品等违法犯罪活动的网站、通讯群组，不得利用网络发布涉及实施诈骗，制作或者销售违禁物品、管制物品以及其他违法犯罪活动的信息。

第四十七条　【网络运营者应当加强对用户发布的信息管理】网络运营者应当加强对其用户发布的信息的管理，发现法律、行政法规禁止发布或者传输的信息的，应当立即停止传输该信息，采取消除等处置措施，防止信息扩散，保存有关记录，并向有关主管部门报告。

第四十八条　【电子信息、应用软件不得设置恶意程序，不得含有禁止信息】任何个人和组织发送的电子信息、提供的应用软件，不得设置恶意程序，不得含有法律、行政法规禁止发布或者传输的信息。

电子信息发送服务提供者和应用软件下载服务提供者，应当履行安全管理义务，知道其用户有前款规定行为的，应当停止提供服务，采取消除等处置措施，保存有关记录，并向有关主管部门报告。

第四十九条　【网络信息安全投诉、举报制度】网络运营者应当建立网络信息安全投诉、举报制度，公布投诉、举报方式等信息，及时受理并处理有关网络信息安全的投诉和举报。

网络运营者对网信部门和有关部门依法实施的监督检查，应当予以配合。

第五十条　【国家网信部门和有关部门对违法信息停止传播】国家网信部门和有关部门依法履行网络信息安全监督管理职责，发现法律、行政法规禁止发布或者传输的信息的，应当要求网络运营者停止传输，采取消除等处置措施，保存有关记录；对来源于中华人民共和国境外的上述信息，应当通知有关机构采取技术措施和其他必要措施阻断传播。

第五章　监测预警与应急处置

第五十一条　【网络安全监测预警和信息通报制度】国家建立网络安全监测预警和信息通报制度。国家网信部门应当统筹协调有关部门加强网络安全信息收集、分析和通报工作，按照规定统一发布网络安全监测预警信息。

第五十二条 【网络安全监测预警及信息通报】负责关键信息基础设施安全保护工作的部门，应当建立健全本行业、本领域的网络安全监测预警和信息通报制度，并按照规定报送网络安全监测预警信息。

第五十三条 【网络安全风险评估及应急预案】国家网信部门协调有关部门建立健全网络安全风险评估和应急工作机制，制定网络安全事件应急预案，并定期组织演练。

负责关键信息基础设施安全保护工作的部门应当制定本行业、本领域的网络安全事件应急预案，并定期组织演练。

网络安全事件应急预案应当按照事件发生后的危害程度、影响范围等因素对网络安全事件进行分级，并规定相应的应急处置措施。

第五十四条 【应对网络安全风险采取措施】网络安全事件发生的风险增大时，省级以上人民政府有关部门应当按照规定的权限和程序，并根据网络安全风险的特点和可能造成的危害，采取下列措施：

（一）要求有关部门、机构和人员及时收集、报告有关信息，加强对网络安全风险的监测；

（二）组织有关部门、机构和专业人员，对网络安全风险信息进行分析评估，预测事件发生的可能性、影响范围和危害程度；

（三）向社会发布网络安全风险预警，发布避免、减轻危害的措施。

第五十五条 【网络安全事件的应对】发生网络安全事件，应当立即启动网络安全事件应急预案，对网络安全事件进行调查和评估，要求网络运营者采取技术措施和其他必要措施，消除安全隐患，防止危害扩大，并及时向社会发布与公众有关的警示信息。

第五十六条 【有关部门对网络运营者代表人或负责人约谈】省级以上人民政府有关部门在履行网络安全监督管理职责中，发现网络存在较大安全风险或者发生安全事件的，可以按照规定的权限和程序对该网络的运营者的法定代表人或者主要负责人进行约谈。网络运营者应当按照要求采取措施，进行整改，消除隐患。

第五十七条 【处置法律依据】因网络安全事件，发生突发事件或者生产安全事故的，应当依照《中华人民共和国突发事件应对法》、《中华人民共和国安全生产法》等有关法律、行政法规的规定处置。

第五十八条 【特定区域的限制网络通信】因维护国家安全和社会公共秩序，处置重大突发社会安全事件的需要，经国务院决定或者批准，可以在特定区域对网络通信采取限制等临时措施。

第六章 法律责任

第五十九条 【不履行安全保护义务的法律责任】网络运营者不履行本法第二十一条、第二十五条规定的网络安全保护义务的，由有关主管部门责令改正，给予警告；拒不改正或者导致危害网络安全等后果的，处一万元以上十万元以下罚款，对直接负责的主管人员处五千元以上五万元以下罚款。

关键信息基础设施的运营者不履行本法第三十三条、第三十四条、第三十六条、第三十八条规定的网络安全保护义务的，由有关主管部门责令改正，给予警告；拒不改正或者导致危害网络安全等后果的，处十万元以上一百万元以下罚款，对直接负责的主管人员处一万元以上十万元以下罚款。

第六十条 【设置恶意程序对安全缺陷、漏洞未及时补救的法律责任】违反本法第二十二条第一款、第二款和第四十八条第一款规定，有下列行为之一的，由有关主管部门责令改正，给予警告；拒不改正或者导致危害网络安全等后果的，处五万元以上五十万元以下罚款，对直接负责的主管人员处一万元以上十万元以下罚款：

（一）设置恶意程序的；

（二）对其产品、服务存在的安全缺陷、漏洞等风险未立即采取补救措施，或者未按照规定及时告知用户并向有关主管部门报告的；

（三）擅自终止为其产品、服务提供安全维护的。

第六十一条 【违反真实身份信息制度的法律责任】网络运营者违反本法第二十四条第一款规定，未要求用户提供真实身份信息，或者对不提供真实身份信息的用户提供相关服务的，由有关主管部门责令改正；拒不改正或者情节严重的，处五万元以上五十万元以下罚款，并可以由有关主管部门责令暂停相关业务、停业整顿、关闭网站、吊销相关业务许可证或者吊销营业执照，对直接负责的主管人员和其他直接责任人员处一万元以上十万元以下罚款。

第六十二条 【违法开展网络安全活动、发布安全信息的法律责任】违反本法第二十六条规定，开展网络安全认证、检测、风险评估等活动，或者向社会发布系统漏洞、计算机病毒、网络攻击、网络侵入等网络安全信息的，由有关主管部门责令改正，给予警告；拒不改正或者情节严重的，处一万元以上十万元以下罚款，并可以由有关主管部门责令暂停相关业务、停业整顿、关闭网站、吊销相关业务许可证或者吊销营业执照，对直接负责的主管人员和其他直接责任人员处五千元以上五万元以下罚款。

第六十三条　【从事或者辅助危害网络安全活动的法律责任】违反本法第二十七条规定，从事危害网络安全的活动，或者提供专门用于从事危害网络安全活动的程序、工具，或者为他人从事危害网络安全的活动提供技术支持、广告推广、支付结算等帮助，尚不构成犯罪的，由公安机关没收违法所得，处五日以下拘留，可以并处五万元以上五十万元以下罚款；情节较重的，处五日以上十五日以下拘留，可以并处十万元以上一百万元以下罚款。

单位有前款行为的，由公安机关没收违法所得，处十万元以上一百万元以下罚款，并对直接负责的主管人员和其他直接责任人员依照前款规定处罚。

违反本法第二十七条规定，受到治安管理处罚的人员，五年内不得从事网络安全管理和网络运营关键岗位的工作；受到刑事处罚的人员，终身不得从事网络安全管理和网络运营关键岗位的工作。

第六十四条　【侵害个人信息的法律责任】网络运营者、网络产品或者服务的提供者违反本法第二十二条第三款、第四十一条至第四十三条规定，侵害个人信息依法得到保护的权利的，由有关主管部门责令改正，可以根据情节单处或者并处警告、没收违法所得、处违法所得一倍以上十倍以下罚款，没有违法所得的，处一百万元以下罚款，对直接负责的主管人员和其他直接责任人员处一万元以上十万元以下罚款；情节严重的，并可以责令暂停相关业务、停业整顿、关闭网站、吊销相关业务许可证或者吊销营业执照。

违反本法第四十四条规定，窃取或者以其他非法方式获取、非法出售或者非法向他人提供个人信息，尚不构成犯罪的，由公安机关没收违法所得，并处违法所得一倍以上十倍以下罚款，没有违法所得的，处一百万元以下罚款。

第六十五条　【使用未经或未通过安全审查的网络产品或服务的法律责任】关键信息基础设施的运营者违反本法第三十五条规定，使用未经安全审查或者安全审查未通过的网络产品或者服务的，由有关主管部门责令停止使用，处采购金额一倍以上十倍以下罚款；对直接负责的主管人员和其他直接责任人员处一万元以上十万元以下罚款。

第六十六条　【在境外存储或向境外提供网络数据的法律责任】关键信息基础设施的运营者违反本法第三十七条规定，在境外存储网络数据，或者向境外提供网络数据的，由有关主管部门责令改正，给予警告，没收违法所得，处五万元以上五十万元以下罚款，并可以责令暂停相关业务、停业整顿、关闭网站、吊销相关业务许可证或者吊销营业执照；对直接负责的主管人员和其他直接责任人员处一万元以上十万元以下罚款。

第六十七条　【设立用于实施违法犯罪活动的网站、通讯群组或发布犯罪活动信息的法律责任】违反本法第四十六条规定，设立用于实施违法犯罪活动的网站、通讯群组，或者利用网络发布涉及实施违法犯罪活动的信息，尚不构成犯罪的，由公安机关处五日以下拘留，可以并处一万元以上十万元以下罚款；情节较重的，处五日以上十五日以下拘留，可以并处五万元以上五十万元以下罚款。关闭用于实施违法犯罪活动的网站、通讯群组。

单位有前款行为的，由公安机关处十万元以上五十万元以下罚款，并对直接负责的主管人员和其他直接责任人员依照前款规定处罚。

第六十八条　【对法律法规禁止发布或传输的信息未采取处置措施的法律责任】网络运营者违反本法第四十七条规定，对法律、行政法规禁止发布或者传输的信息未停止传输、采取消除等处置措施、保存有关记录的，由有关主管部门责令改正，给予警告，没收违法所得；拒不改正或者情节严重的，处十万元以上五十万元以下罚款，并可以责令暂停相关业务、停业整顿、关闭网站、吊销相关业务许可证或者吊销营业执照，对直接负责的主管人员和其他直接责任人员处一万元以上十万元以下罚款。

电子信息发送服务提供者、应用软件下载服务提供者，不履行本法第四十八条第二款规定的安全管理义务的，依照前款规定处罚。

第六十九条　【不按要求传输信息、消除禁止信息、拒绝阻碍监督检查、拒不提供支持协助的法律责任】网络运营者违反本法规定，有下列行为之一的，由有关主管部门责令改正；拒不改正或者情节严重的，处五万元以上五十万元以下罚款，对直接负责的主管人员和其他直接责任人员，处一万元以上十万元以下罚款：

（一）不按照有关部门的要求对法律、行政法规禁止发布或者传输的信息，采取停止传输、消除等处置措施的；

（二）拒绝、阻碍有关部门依法实施的监督检查的；

（三）拒不向公安机关、国家安全机关提供技术支持和协助的。

第七十条 【**发布或传输禁止信息的法律责任**】发布或者传输本法第十二条第二款和其他法律、行政法规禁止发布或者传输的信息的,依照有关法律、行政法规的规定处罚。

第七十一条 【**违法行为记入信用档案**】有本法规定的违法行为的,依照有关法律、行政法规的规定记入信用档案,并予以公示。

第七十二条 【**国家机关政务网络运营者不履行安全保护义务的法律责任**】国家机关政务网络的运营者不履行本法规定的网络安全保护义务的,由其上级机关或者有关机关责令改正;对直接负责的主管人员和其他直接责任人员依法给予处分。

第七十三条 【**网信部门和有关部门违反信息使用用途的法律责任**】网信部门和有关部门违反本法第三十条规定,将在履行网络安全保护职责中获取的信息用于其他用途的,对直接负责的主管人员和其他直接责任人员依法给予处分。

网信部门和有关部门的工作人员玩忽职守、滥用职权、徇私舞弊,尚不构成犯罪的,依法给予处分。

第七十四条 【**给他人造成损害的法律责任**】违反本法规定,给他人造成损害的,依法承担民事责任。

违反本法规定,构成违反治安管理行为的,依法给予治安管理处罚;构成犯罪的,依法追究刑事责任。

第七十五条 【**境外机构、组织、个人危害关键信息基础设施活动的法律责任**】境外的机构、组织、个人从事攻击、侵入、干扰、破坏等危害中华人民共和国的关键信息基础设施的活动,造成严重后果的,依法追究法律责任;国务院公安部门和有关部门并可以决定对该机构、组织、个人采取冻结财产或者其他必要的制裁措施。

第七章 附 则

第七十六条 【**用语定义**】本法下列用语的含义:

(一)网络,是指由计算机或者其他信息终端及相关设备组成的按照一定的规则和程序对信息进行收集、存储、传输、交换、处理的系统。

(二)网络安全,是指通过采取必要措施,防范对网络的攻击、侵入、干扰、破坏和非法使用以及意外事故,使网络处于稳定可靠运行的状态,以及保障网络数据的完整性、保密性、可用性的能力。

(三)网络运营者,是指网络的所有者、管理者和网络服务提供者。

(四)网络数据,是指通过网络收集、存储、传输、处理和产生的各种电子数据。

(五)个人信息,是指以电子或者其他方式记录的能够单独或者与其他信息结合识别自然人个人身份的各种信息,包括但不限于自然人的姓名、出生日期、身份证件号码、个人生物识别信息、住址、电话号码等。

第七十七条 【**涉密规定**】存储、处理涉及国家秘密信息的网络的运行安全保护,除应当遵守本法外,还应当遵守保密法律、行政法规的规定。

第七十八条 【**例外规定**】军事网络的安全保护,由中央军事委员会另行规定。

第七十九条 【**施行日期**】本法自 2017 年 6 月 1 日起施行。

关键信息基础设施安全保护条例

1. 2021 年 7 月 30 日国务院令第 745 号公布

2. 自 2021 年 9 月 1 日起施行

第一章 总 则

第一条 为了保障关键信息基础设施安全,维护网络安全,根据《中华人民共和国网络安全法》,制定本条例。

第二条 本条例所称关键信息基础设施,是指公共通信和信息服务、能源、交通、水利、金融、公共服务、电子政务、国防科技工业等重要行业和领域的,以及其他一旦遭到破坏、丧失功能或者数据泄露,可能严重危害国家安全、国计民生、公共利益的重要网络设施、信息系统等。

第三条 在国家网信部门统筹协调下,国务院公安部门负责指导监督关键信息基础设施安全保护工作。国务院电信主管部门和其他有关部门依照本条例和有关法律、行政法规的规定,在各自职责范围内负责关键信息基础设施安全保护和监督管理工作。

省级人民政府有关部门依据各自职责对关键信息基础设施实施安全保护和监督管理。

第四条 关键信息基础设施安全保护坚持综合协调、分工负责、依法保护,强化和落实关键信息基础设施运营者(以下简称运营者)主体责任,充分发挥政府及社会各方面的作用,共同保护关键信息基础设施安全。

第五条 国家对关键信息基础设施实行重点保护,采取措施,监测、防御、处置来源于中华人民共和国境内外的网络安全风险和威胁,保护关键信息基础设施免受攻击、侵入、干扰和破坏,依法惩治危害关键信息基础设施安全的违法犯罪活动。

任何个人和组织不得实施非法侵入、干扰、破坏关键信息基础设施的活动,不得危害关键信息基础设施安全。

第六条 运营者依照本条例和有关法律、行政法规的规定以及国家标准的强制性要求，在网络安全等级保护的基础上，采取技术保护措施和其他必要措施，应对网络安全事件，防范网络攻击和违法犯罪活动，保障关键信息基础设施安全稳定运行，维护数据的完整性、保密性和可用性。

第七条 对在关键信息基础设施安全保护工作中取得显著成绩或者作出突出贡献的单位和个人，按照国家有关规定给予表彰。

第二章 关键信息基础设施认定

第八条 本条例第二条涉及的重要行业和领域的主管部门、监督管理部门是负责关键信息基础设施安全保护工作的部门(以下简称保护工作部门)。

第九条 保护工作部门结合本行业、本领域实际，制定关键信息基础设施认定规则，并报国务院公安部门备案。

制定认定规则应当主要考虑下列因素：

(一)网络设施、信息系统等对于本行业、本领域关键核心业务的重要程度；

(二)网络设施、信息系统等一旦遭到破坏、丧失功能或者数据泄露可能带来的危害程度；

(三)对其他行业和领域的关联性影响。

第十条 保护工作部门根据认定规则负责组织认定本行业、本领域的关键信息基础设施，及时将认定结果通知运营者，并通报国务院公安部门。

第十一条 关键信息基础设施发生较大变化，可能影响其认定结果的，运营者应当及时将相关情况报告保护工作部门。保护工作部门自收到报告之日起3个月内完成重新认定，将认定结果通知运营者，并通报国务院公安部门。

第三章 运营者责任义务

第十二条 安全保护措施应当与关键信息基础设施同步规划、同步建设、同步使用。

第十三条 运营者应当建立健全网络安全保护制度和责任制，保障人力、财力、物力投入。运营者的主要负责人对关键信息基础设施安全保护负总责，领导关键信息基础设施安全保护和重大网络安全事件处置工作，组织研究解决重大网络安全问题。

第十四条 运营者应当设置专门安全管理机构，并对专门安全管理机构负责人和关键岗位人员进行安全背景审查。审查时，公安机关、国家安全机关应当予以协助。

第十五条 专门安全管理机构具体负责本单位的关键信息基础设施安全保护工作，履行下列职责：

(一)建立健全网络安全管理、评价考核制度，拟订关键信息基础设施安全保护计划；

(二)组织推动网络安全防护能力建设，开展网络安全监测、检测和风险评估；

(三)按照国家及行业网络安全事件应急预案，制定本单位应急预案，定期开展应急演练，处置网络安全事件；

(四)认定网络安全关键岗位，组织开展网络安全工作考核，提出奖励和惩处建议；

(五)组织网络安全教育、培训；

(六)履行个人信息和数据安全保护责任，建立健全个人信息和数据安全保护制度；

(七)对关键信息基础设施设计、建设、运行、维护等服务实施安全管理；

(八)按照规定报告网络安全事件和重要事项。

第十六条 运营者应当保障专门安全管理机构的运行经费、配备相应的人员，开展与网络安全和信息化有关的决策应当有专门安全管理机构人员参与。

第十七条 运营者应当自行或者委托网络安全服务机构对关键信息基础设施每年至少进行一次网络安全检测和风险评估，对发现的安全问题及时整改，并按照保护工作部门要求报送情况。

第十八条 关键信息基础设施发生重大网络安全事件或者发现重大网络安全威胁时，运营者应当按照有关规定向保护工作部门、公安机关报告。

发生关键信息基础设施整体中断运行或者主要功能故障、国家基础信息以及其他重要数据泄露、较大规模个人信息泄露、造成较大经济损失、违法信息较大范围传播等特别重大网络安全事件或者发现特别重大网络安全威胁时，保护工作部门应当在收到报告后，及时向国家网信部门、国务院公安部门报告。

第十九条 运营者应当优先采购安全可信的网络产品和服务；采购网络产品和服务可能影响国家安全的，应当按照国家网络安全规定通过安全审查。

第二十条 运营者采购网络产品和服务，应当按照国家有关规定与网络产品和服务提供者签订安全保密协议，明确提供者的技术支持和安全保密义务与责任，并对义务与责任履行情况进行监督。

第二十一条 运营者发生合并、分立、解散等情况，应当及时报告保护工作部门，并按照保护工作部门的要求对关键信息基础设施进行处置，确保安全。

第四章 保障和促进

第二十二条 保护工作部门应当制定本行业、本领域关键信息基础设施安全规划，明确保护目标、基本要求、工作任务、具体措施。

第二十三条 国家网信部门统筹协调有关部门建立网络安全信息共享机制，及时汇总、研判、共享、发布网络安全威胁、漏洞、事件等信息，促进有关部门、保护工作部门、运营者以及网络安全服务机构等之间的网络安全信息共享。

第二十四条 保护工作部门应当建立健全本行业、本领域的关键信息基础设施网络安全监测预警制度，及时掌握本行业、本领域关键信息基础设施运行状况、安全态势，预警通报网络安全威胁和隐患，指导做好安全防范工作。

第二十五条 保护工作部门应当按照国家网络安全事件应急预案的要求，建立健全本行业、本领域的网络安全事件应急预案，定期组织应急演练；指导运营者做好网络安全事件应对处置，并根据需要组织提供技术支持与协助。

第二十六条 保护工作部门应当定期组织开展本行业、本领域关键信息基础设施网络安全检查检测，指导监督运营者及时整改安全隐患、完善安全措施。

第二十七条 国家网信部门统筹协调国务院公安部门、保护工作部门对关键信息基础设施进行网络安全检查检测，提出改进措施。

有关部门在开展关键信息基础设施网络安全检查时，应当加强协同配合、信息沟通，避免不必要的检查和交叉重复检查。检查工作不得收取费用，不得要求被检查单位购买指定品牌或者指定生产、销售单位的产品和服务。

第二十八条 运营者对保护工作部门开展的关键信息基础设施网络安全检查检测工作，以及公安、国家安全、保密行政管理、密码管理等有关部门依法开展的关键信息基础设施网络安全检查工作应当予以配合。

第二十九条 在关键信息基础设施安全保护工作中，国家网信部门和国务院电信主管部门、国务院公安部门等应当根据保护工作部门的需要，及时提供技术支持和协助。

第三十条 网信部门、公安机关、保护工作部门等有关部门，网络安全服务机构及其工作人员对于在关键信息基础设施安全保护工作中获取的信息，只能用于维护网络安全，并严格按照有关法律、行政法规的要求确保信息安全，不得泄露、出售或者非法向他人提供。

第三十一条 未经国家网信部门、国务院公安部门批准或者保护工作部门、运营者授权，任何个人和组织不得对关键信息基础设施实施漏洞探测、渗透性测试等可能影响或者危害关键信息基础设施安全的活动。对基础电信网络实施漏洞探测、渗透性测试等活动，应当事先向国务院电信主管部门报告。

第三十二条 国家采取措施，优先保障能源、电信等关键信息基础设施安全运行。

能源、电信行业应当采取措施，为其他行业和领域的关键信息基础设施安全运行提供重点保障。

第三十三条 公安机关、国家安全机关依据各自职责依法加强关键信息基础设施安全保卫，防范打击针对和利用关键信息基础设施实施的违法犯罪活动。

第三十四条 国家制定和完善关键信息基础设施安全标准，指导、规范关键信息基础设施安全保护工作。

第三十五条 国家采取措施，鼓励网络安全专门人才从事关键信息基础设施安全保护工作；将运营者安全管理人员、安全技术人员培训纳入国家继续教育体系。

第三十六条 国家支持关键信息基础设施安全防护技术创新和产业发展，组织力量实施关键信息基础设施安全技术攻关。

第三十七条 国家加强网络安全服务机构建设和管理，制定管理要求并加强监督指导，不断提升服务机构能力水平，充分发挥其在关键信息基础设施安全保护中的作用。

第三十八条 国家加强网络安全军民融合，军地协同保护关键信息基础设施安全。

第五章 法律责任

第三十九条 运营者有下列情形之一的，由有关主管部门依据职责责令改正，给予警告；拒不改正或者导致危害网络安全等后果的，处10万元以上100万元以下罚款，对直接负责的主管人员处1万元以上10万元以下罚款：

（一）在关键信息基础设施发生较大变化，可能影响其认定结果时未及时将相关情况报告保护工作部门的；

（二）安全保护措施未与关键信息基础设施同步规划、同步建设、同步使用的；

（三）未建立健全网络安全保护制度和责任制的；

（四）未设置专门安全管理机构的；

（五）未对专门安全管理机构负责人和关键岗位人员进行安全背景审查的；

（六）开展与网络安全和信息化有关的决策没有

专门安全管理机构人员参与的；

（七）专门安全管理机构未履行本条例第十五条规定的职责的；

（八）未对关键信息基础设施每年至少进行一次网络安全检测和风险评估，未对发现的安全问题及时整改，或者未按照保护工作部门要求报送情况的；

（九）采购网络产品和服务，未按照国家有关规定与网络产品和服务提供者签订安全保密协议的；

（十）发生合并、分立、解散等情况，未及时报告保护工作部门，或者未按照保护工作部门的要求对关键信息基础设施进行处置的。

第四十条 运营者在关键信息基础设施发生重大网络安全事件或者发现重大网络安全威胁时，未按照有关规定向保护工作部门、公安机关报告的，由保护工作部门、公安机关依据职责责令改正，给予警告；拒不改正或者导致危害网络安全等后果的，处10万元以上100万元以下罚款，对直接负责的主管人员处1万元以上10万元以下罚款。

第四十一条 运营者采购可能影响国家安全的网络产品和服务，未按照国家网络安全规定进行安全审查的，由国家网信部门等有关主管部门依据职责责令改正，处采购金额1倍以上10倍以下罚款，对直接负责的主管人员和其他直接责任人员处1万元以上10万元以下罚款。

第四十二条 运营者对保护工作部门开展的关键信息基础设施网络安全检查检测工作，以及公安、国家安全、保密行政管理、密码管理等有关部门依法开展的关键信息基础设施网络安全检查工作不予配合的，由有关主管部门责令改正；拒不改正的，处5万元以上50万元以下罚款，对直接负责的主管人员和其他直接责任人员处1万元以上10万元以下罚款；情节严重的，依法追究相应法律责任。

第四十三条 实施非法侵入、干扰、破坏关键信息基础设施，危害其安全的活动尚不构成犯罪的，依照《中华人民共和国网络安全法》有关规定，由公安机关没收违法所得，处5日以下拘留，可以并处5万元以上50万元以下罚款；情节较重的，处5日以上15日以下拘留，可以并处10万元以上100万元以下罚款。

单位有前款行为的，由公安机关没收违法所得，处10万元以上100万元以下罚款，并对直接负责的主管人员和其他直接责任人员依照前款规定处罚。

违反本条例第五条第二款和第三十一条规定，受到治安管理处罚的人员，5年内不得从事网络安全管理和网络运营关键岗位的工作；受到刑事处罚的人员，终身不得从事网络安全管理和网络运营关键岗位的工作。

第四十四条 网信部门、公安机关、保护工作部门和其他有关部门及其工作人员未履行关键信息基础设施安全保护和监督管理职责或者玩忽职守、滥用职权、徇私舞弊的，依法对直接负责的主管人员和其他直接责任人员给予处分。

第四十五条 公安机关、保护工作部门和其他有关部门在开展关键信息基础设施网络安全检查工作中收取费用，或者要求被检查单位购买指定品牌或者指定生产、销售单位的产品和服务的，由其上级机关责令改正，退还收取的费用；情节严重的，依法对直接负责的主管人员和其他直接责任人员给予处分。

第四十六条 网信部门、公安机关、保护工作部门等有关部门、网络安全服务机构及其工作人员将在关键信息基础设施安全保护工作中获取的信息用于其他用途，或者泄露、出售、非法向他人提供的，依法对直接负责的主管人员和其他直接责任人员给予处分。

第四十七条 关键信息基础设施发生重大和特别重大网络安全事件，经调查确定为责任事故的，除应当查明运营者责任并依法予以追究外，还应查明相关网络安全服务机构及有关部门的责任，对有失职、渎职及其他违法行为的，依法追究责任。

第四十八条 电子政务关键信息基础设施的运营者不履行本条例规定的网络安全保护义务的，依照《中华人民共和国网络安全法》有关规定予以处理。

第四十九条 违反本条例规定，给他人造成损害的，依法承担民事责任。

违反本条例规定，构成违反治安管理行为的，依法给予治安管理处罚；构成犯罪的，依法追究刑事责任。

第六章 附 则

第五十条 存储、处理涉及国家秘密信息的关键信息基础设施的安全保护，还应当遵守保密法律、行政法规的规定。

关键信息基础设施中的密码使用和管理，还应当遵守相关法律、行政法规的规定。

第五十一条 本条例自2021年9月1日起施行。

全国人民代表大会常务委员会关于维护互联网安全的决定

1. 2000年12月28日第九届全国人民代表大会常务委员会第十九次会议通过

2. 根据2009年8月27日第十一届全国人民代表大会常务委员会第十次会议《关于修改部分法律的决定》修正

我国的互联网,在国家大力倡导和积极推动下,在经济建设和各项事业中得到日益广泛的应用,使人们的生产、工作、学习和生活方式已经开始并将继续发生深刻的变化,对于加快我国国民经济、科学技术的发展和社会服务信息化进程具有重要作用。同时,如何保障互联网的运行安全和信息安全问题已经引起全社会的普遍关注。为了兴利除弊,促进我国互联网的健康发展,维护国家安全和社会公共利益,保护个人、法人和其他组织的合法权益,特作如下决定:

一、为了保障互联网的运行安全,对有下列行为之一,构成犯罪的,依照刑法有关规定追究刑事责任:

(一)侵入国家事务、国防建设、尖端科学技术领域的计算机信息系统;

(二)故意制作、传播计算机病毒等破坏性程序,攻击计算机系统及通信网络,致使计算机系统及通信网络遭受损害;

(三)违反国家规定,擅自中断计算机网络或者通信服务,造成计算机网络或者通信系统不能正常运行。

二、为了维护国家安全和社会稳定,对有下列行为之一,构成犯罪的,依照刑法有关规定追究刑事责任:

(一)利用互联网造谣、诽谤或者发表、传播其他有害信息,煽动颠覆国家政权、推翻社会主义制度,或者煽动分裂国家、破坏国家统一;

(二)通过互联网窃取、泄露国家秘密、情报或者军事秘密;

(三)利用互联网煽动民族仇恨、民族歧视,破坏民族团结;

(四)利用互联网组织邪教组织、联络邪教组织成员,破坏国家法律、行政法规实施。

三、为了维护社会主义市场经济秩序和社会管理秩序,对有下列行为之一,构成犯罪的,依照刑法有关规定追究刑事责任:

(一)利用互联网销售伪劣产品或者对商品、服务作虚假宣传;

(二)利用互联网损害他人商业信誉和商品声誉;

(三)利用互联网侵犯他人知识产权;

(四)利用互联网编造并传播影响证券、期货交易或者其他扰乱金融秩序的虚假信息;

(五)在互联网上建立淫秽网站、网页,提供淫秽站点链接服务,或者传播淫秽书刊、影片、音像、图片。

四、为了保护个人、法人和其他组织的人身、财产等合法权利,对有下列行为之一,构成犯罪的,依照刑法有关规定追究刑事责任:

(一)利用互联网侮辱他人或者捏造事实诽谤他人;

(二)非法截获、篡改、删除他人电子邮件或者其他数据资料,侵犯公民通信自由和通信秘密;

(三)利用互联网进行盗窃、诈骗、敲诈勒索。

五、利用互联网实施本决定第一条、第二条、第三条、第四条所列行为以外的其他行为,构成犯罪的,依照刑法有关规定追究刑事责任。

六、利用互联网实施违法行为,违反社会治安管理,尚不构成犯罪的,由公安机关依照《治安管理处罚法》予以处罚;违反其他法律、行政法规,尚不构成犯罪的,由有关行政管理部门依法给予行政处罚;对直接负责的主管人员和其他直接责任人员,依法给予行政处分或者纪律处分。

利用互联网侵犯他人合法权益,构成民事侵权的,依法承担民事责任。

七、各级人民政府及有关部门要采取积极措施,在促进互联网的应用和网络技术的普及过程中,重视和支持对网络安全技术的研究和开发,增强网络的安全防护能力。有关主管部门要加强对互联网的运行安全和信息安全的宣传教育,依法实施有效的监督管理,防范和制止利用互联网进行的各种违法活动,为互联网的健康发展创造良好的社会环境。从事互联网业务的单位要依法开展活动,发现互联网上出现违法犯罪行为和有害信息时,要采取措施,停止传输有害信息,并及时向有关机关报告。任何单位和个人在利用互联网时,都要遵纪守法,抵制各种违法犯罪行为和有害信息。人民法院、人民检察院、公安机关、国家安全机关要各司其职,密切配合,依法严厉打击利用互联网实施的各种犯罪活动。要动员全社会的力量,依靠全社会的共同努力,保障互联网的运行安全与信息安全,促进社会主义精神文明和物质文明建设。

信息网络传播权保护条例

1. 2006年5月18日国务院令第468号公布
2. 根据2013年1月30日国务院令第634号《关于修改〈信息网络传播权保护条例〉的决定》修订

第一条　为保护著作权人、表演者、录音录像制作者（以下统称权利人）的信息网络传播权，鼓励有益于社会主义精神文明、物质文明建设的作品的创作和传播，根据《中华人民共和国著作权法》（以下简称著作权法），制定本条例。

第二条　权利人享有的信息网络传播权受著作权法和本条例保护。除法律、行政法规另有规定的外，任何组织或者个人将他人的作品、表演、录音录像制品通过信息网络向公众提供，应当取得权利人许可，并支付报酬。

第三条　依法禁止提供的作品、表演、录音录像制品，不受本条例保护。

权利人行使信息网络传播权，不得违反宪法和法律、行政法规，不得损害公共利益。

第四条　为了保护信息网络传播权，权利人可以采取技术措施。

任何组织或者个人不得故意避开或者破坏技术措施，不得故意制造、进口或者向公众提供主要用于避开或者破坏技术措施的装置或者部件，不得故意为他人避开或者破坏技术措施提供技术服务。但是，法律、行政法规规定可以避开的除外。

第五条　未经权利人许可，任何组织或者个人不得进行下列行为：

（一）故意删除或者改变通过信息网络向公众提供的作品、表演、录音录像制品的权利管理电子信息，但由于技术上的原因无法避免删除或者改变的除外；

（二）通过信息网络向公众提供明知或者应知未经权利人许可被删除或者改变权利管理电子信息的作品、表演、录音录像制品。

第六条　通过信息网络提供他人作品，属于下列情形的，可以不经著作权人许可，不向其支付报酬：

（一）为介绍、评论某一作品或者说明某一问题，在向公众提供的作品中适当引用已经发表的作品；

（二）为报道时事新闻，在向公众提供的作品中不可避免地再现或者引用已经发表的作品；

（三）为学校课堂教学或者科学研究，向少数教学、科研人员提供少量已经发表的作品；

（四）国家机关为执行公务，在合理范围内向公众提供已经发表的作品；

（五）将中国公民、法人或者其他组织已经发表的、以汉语言文字创作的作品翻译成的少数民族语言文字作品，向中国境内少数民族提供；

（六）不以营利为目的，以盲人能够感知的独特方式向盲人提供已经发表的文字作品；

（七）向公众提供在信息网络上已经发表的关于政治、经济问题的时事性文章；

（八）向公众提供在公众集会上发表的讲话。

第七条　图书馆、档案馆、纪念馆、博物馆、美术馆等可以不经著作权人许可，通过信息网络向本馆馆舍内服务对象提供本馆收藏的合法出版的数字作品和依法为陈列或者保存版本的需要以数字化形式复制的作品，不向其支付报酬，但不得直接或者间接获得经济利益。当事人另有约定的除外。

前款规定的为陈列或者保存版本需要以数字化形式复制的作品，应当是已经损毁或者濒临损毁、丢失或者失窃，或者其存储格式已经过时，并且在市场上无法购买或者只能以明显高于标定的价格购买的作品。

第八条　为通过信息网络实施九年制义务教育或者国家教育规划，可以不经著作权人许可，使用其已经发表作品的片断或者短小的文字作品、音乐作品或者单幅的美术作品、摄影作品制作课件，由制作课件或者依法取得课件的远程教育机构通过信息网络向注册学生提供，但应当向著作权人支付报酬。

第九条　为扶助贫困，通过信息网络向农村地区的公众免费提供中国公民、法人或者其他组织已经发表的种植养殖、防病治病、防灾减灾等与扶助贫困有关的作品和适应基本文化需求的作品，网络服务提供者应当在提供前公告拟提供的作品及其作者、拟支付报酬的标准。自公告之日起30日内，著作权人不同意提供的，网络服务提供者不得提供其作品；自公告之日起满30日，著作权人没有异议的，网络服务提供者可以提供其作品，并按照公告的标准向著作权人支付报酬。网络服务提供者提供著作权人的作品后，著作权人不同意提供的，网络服务提供者应当立即删除著作权人的作品，并按照公告的标准向著作权人支付提供作品期间的报酬。

依照前款规定提供作品的，不得直接或者间接获得经济利益。

第十条　依照本条例规定不经著作权人许可、通过信息网络向公众提供其作品的，还应当遵守下列规定：

（一）除本条例第六条第一项至第六项、第七条规定的情形外，不得提供作者事先声明不许提供的作品；

（二）指明作品的名称和作者的姓名（名称）；

（三）依照本条例规定支付报酬；

（四）采取技术措施，防止本条例第七条、第八条、第九条规定的服务对象以外的其他人获得著作权人的作品，并防止本条例第七条规定的服务对象的复制行为对著作权人利益造成实质性损害；

（五）不得侵犯著作权人依法享有的其他权利。

第十一条 通过信息网络提供他人表演、录音录像制品的，应当遵守本条例第六条至第十条的规定。

第十二条 属于下列情形的，可以避开技术措施，但不得向他人提供避开技术措施的技术、装置或者部件，不得侵犯权利人依法享有的其他权利：

（一）为学校课堂教学或者科学研究，通过信息网络向少数教学、科研人员提供已经发表的作品、表演、录音录像制品，而该作品、表演、录音录像制品只能通过信息网络获取；

（二）不以营利为目的，通过信息网络以盲人能够感知的独特方式向盲人提供已经发表的文字作品，而该作品只能通过信息网络获取；

（三）国家机关依照行政、司法程序执行公务；

（四）在信息网络上对计算机及其系统或者网络的安全性能进行测试。

第十三条 著作权行政管理部门为了查处侵犯信息网络传播权的行为，可以要求网络服务提供者提供涉嫌侵权的服务对象的姓名（名称）、联系方式、网络地址等资料。

第十四条 对提供信息存储空间或者提供搜索、链接服务的网络服务提供者，权利人认为其服务所涉及的作品、表演、录音录像制品，侵犯自己的信息网络传播权或者被删除、改变了自己的权利管理电子信息的，可以向该网络服务提供者提交书面通知，要求网络服务提供者删除该作品、表演、录音录像制品，或者断开与该作品、表演、录音录像制品的链接。通知书应当包含下列内容：

（一）权利人的姓名（名称）、联系方式和地址；

（二）要求删除或者断开链接的侵权作品、表演、录音录像制品的名称和网络地址；

（三）构成侵权的初步证明材料。

权利人应当对通知书的真实性负责。

第十五条 网络服务提供者接到权利人的通知书后，应当立即删除涉嫌侵权的作品、表演、录音录像制品，或者断开与涉嫌侵权的作品、表演、录音录像制品的链接，并同时将通知书转送提供作品、表演、录音录像制品的服务对象；服务对象网络地址不明、无法转送的，应当将通知书的内容同时在信息网络上公告。

第十六条 服务对象接到网络服务提供者转送的通知书后，认为其提供的作品、表演、录音录像制品未侵犯他人权利的，可以向网络服务提供者提交书面说明，要求恢复被删除的作品、表演、录音录像制品，或者恢复与被断开的作品、表演、录音录像制品的链接。书面说明应当包含下列内容：

（一）服务对象的姓名（名称）、联系方式和地址；

（二）要求恢复的作品、表演、录音录像制品的名称和网络地址；

（三）不构成侵权的初步证明材料。

服务对象应当对书面说明的真实性负责。

第十七条 网络服务提供者接到服务对象的书面说明后，应当立即恢复被删除的作品、表演、录音录像制品，或者可以恢复与被断开的作品、表演、录音录像制品的链接，同时将服务对象的书面说明转送权利人。权利人不得再通知网络服务提供者删除该作品、表演、录音录像制品，或者断开与该作品、表演、录音录像制品的链接。

第十八条 违反本条例规定，有下列侵权行为之一的，根据情况承担停止侵害、消除影响、赔礼道歉、赔偿损失等民事责任；同时损害公共利益的，可以由著作权行政管理部门责令停止侵权行为，没收违法所得，非法经营额5万元以上的，可处非法经营额1倍以上5倍以下的罚款；没有非法经营额或者非法经营额5万元以下的，根据情节轻重，可处25万元以下的罚款；情节严重的，著作权行政管理部门可以没收主要用于提供网络服务的计算机等设备；构成犯罪的，依法追究刑事责任：

（一）通过信息网络擅自向公众提供他人的作品、表演、录音录像制品的；

（二）故意避开或者破坏技术措施的；

（三）故意删除或者改变通过信息网络向公众提供的作品、表演、录音录像制品的权利管理电子信息，或者通过信息网络向公众提供明知或者应知未经权利人许可而被删除或者改变权利管理电子信息的作品、表演、录音录像制品的；

（四）为扶助贫困通过信息网络向农村地区提供作品、表演、录音录像制品超过规定范围，或者未按照公告的标准支付报酬，或者在权利人不同意提供其作品、表演、录音录像制品后未立即删除的；

（五）通过信息网络提供他人的作品、表演、录音录像制品，未指明作品、表演、录音录像制品的名称或者作者、表演者、录音录像制作者的姓名（名称），或者未支付报酬，或者未依照本条例规定采取技术措施防止服务对象以外的其他人获得他人的作品、表演、录音录像制品，或者未防止服务对象的复制行为对权利人利益造成实质性损害的。

第十九条 违反本条例规定，有下列行为之一的，由著作权行政管理部门予以警告，没收违法所得，没收主要用于避开、破坏技术措施的装置或者部件；情节严重的，可以没收主要用于提供网络服务的计算机等设备；非法经营额5万元以上的，可处非法经营额1倍以上5倍以下的罚款；没有非法经营额或者非法经营额5万元以下的，根据情节轻重，可处25万元以下的罚款；构成犯罪的，依法追究刑事责任：

（一）故意制造、进口或者向他人提供主要用于避开、破坏技术措施的装置或者部件，或者故意为他人避开或者破坏技术措施提供技术服务的；

（二）通过信息网络提供他人的作品、表演、录音录像制品，获得经济利益的；

（三）为扶助贫困通过信息网络向农村地区提供作品、表演、录音录像制品，未在提供前公告作品、表演、录音录像制品的名称和作者、表演者、录音录像制作者的姓名（名称）以及报酬标准的。

第二十条 网络服务提供者根据服务对象的指令提供网络自动接入服务，或者对服务对象提供的作品、表演、录音录像制品提供自动传输服务，并具备下列条件的，不承担赔偿责任：

（一）未选择并且未改变所传输的作品、表演、录音录像制品；

（二）向指定的服务对象提供该作品、表演、录音录像制品，并防止指定的服务对象以外的其他人获得。

第二十一条 网络服务提供者为提高网络传输效率，自动存储从其他网络服务提供者获得的作品、表演、录音录像制品，根据技术安排自动向服务对象提供，并具备下列条件的，不承担赔偿责任：

（一）未改变自动存储的作品、表演、录音录像制品；

（二）不影响提供作品、表演、录音录像制品的原网络服务提供者掌握服务对象获取该作品、表演、录音录像制品的情况；

（三）在原网络服务提供者修改、删除或者屏蔽该作品、表演、录音录像制品时，根据技术安排自动予以修改、删除或者屏蔽。

第二十二条 网络服务提供者为服务对象提供信息存储空间，供服务对象通过信息网络向公众提供作品、表演、录音录像制品，并具备下列条件的，不承担赔偿责任：

（一）明确标示该信息存储空间是为服务对象所提供，并公开网络服务提供者的名称、联系人、网络地址；

（二）未改变服务对象所提供的作品、表演、录音录像制品；

（三）不知道也没有合理的理由应当知道服务对象提供的作品、表演、录音录像制品侵权；

（四）未从服务对象提供作品、表演、录音录像制品中直接获得经济利益；

（五）在接到权利人的通知书后，根据本条例规定删除权利人认为侵权的作品、表演、录音录像制品。

第二十三条 网络服务提供者为服务对象提供搜索或者链接服务，在接到权利人的通知书后，根据本条例规定断开与侵权的作品、表演、录音录像制品的链接的，不承担赔偿责任；但是，明知或者应知所链接的作品、表演、录音录像制品侵权的，应当承担共同侵权责任。

第二十四条 因权利人的通知导致网络服务提供者错误删除作品、表演、录音录像制品，或者错误断开与作品、表演、录音录像制品的链接，给服务对象造成损失的，权利人应当承担赔偿责任。

第二十五条 网络服务提供者无正当理由拒绝提供或者拖延提供涉嫌侵权的服务对象的姓名（名称）、联系方式、网络地址等资料的，由著作权行政管理部门予以警告；情节严重的，没收主要用于提供网络服务的计算机等设备。

第二十六条 本条例下列用语的含义：

信息网络传播权，是指以有线或者无线方式向公众提供作品、表演或者录音录像制品，使公众可以在其个人选定的时间和地点获得作品、表演或者录音录像制品的权利。

技术措施，是指用于防止、限制未经权利人许可浏览、欣赏作品、表演、录音录像制品的或者通过信息网络向公众提供作品、表演、录音录像制品的有效技术、装置或者部件。

权利管理电子信息，是指说明作品及其作者、表演及其表演者、录音录像制品及其制作者的信息，作品、表演、录音录像制品权利人的信息和使用条件的信息，以及表示上述信息的数字或者代码。

第二十七条　本条例自2006年7月1日起施行。

互联网信息服务管理办法

1. 2000年9月25日国务院令第292号公布

2. 根据2011年1月8日国务院令第588号《关于废止和修改部分行政法规的决定》修订

第一条　为了规范互联网信息服务活动,促进互联网信息服务健康有序发展,制定本办法。

第二条　在中华人民共和国境内从事互联网信息服务活动,必须遵守本办法。本办法所称互联网信息服务,是指通过互联网向上网用户提供信息的服务活动。

第三条　互联网信息服务分为经营性和非经营性两类。经营性互联网信息服务,是指通过互联网向上网用户有偿提供信息或者网页制作等服务活动。非经营性互联网信息服务,是指通过互联网向上网用户无偿提供具有公开性、共享性信息的服务活动。

第四条　国家对经营性互联网信息服务实行许可制度;对非经营性互联网信息服务实行备案制度。未取得许可或者未履行备案手续的,不得从事互联网信息服务。

第五条　从事新闻、出版、教育、医疗保健、药品和医疗器械等互联网信息服务,依照法律、行政法规以及国家有关规定须经有关主管部门审核同意的,在申请经营许可或者履行备案手续前,应当依法经有关主管部门审核同意。

第六条　从事经营性互联网信息服务,除应当符合《中华人民共和国电信条例》规定的要求外,还应当具备下列条件:

(一)有业务发展计划及相关技术方案;

(二)有健全的网络与信息安全保障措施,包括网站安全保障措施、信息安全保密管理制度、用户信息安全管理制度;

(三)服务项目属于本办法第五条规定范围的,已取得有关主管部门同意的文件。

第七条　从事经营性互联网信息服务,应当向省、自治区、直辖市电信管理机构或者国务院信息产业主管部门申请办理互联网信息服务增值电信业务经营许可证(以下简称经营许可证)。

省、自治区、直辖市电信管理机构或者国务院信息产业主管部门应当自收到申请之日起60日内审查完毕,作出批准或者不予批准的决定。予以批准的,颁发经营许可证;不予批准的,应当书面通知申请人并说明理由。

申请人取得经营许可证后,应当持经营许可证向企业登记机关办理登记手续。

第八条　从事非经营性互联网信息服务,应当向省、自治区、直辖市电信管理机构或者国务院信息产业主管部门办理备案手续。办理备案时,应当提交下列材料:

(一)主办单位和网站负责人的基本情况;

(二)网站网址和服务项目;

(三)服务项目属于本办法第五条规定范围的,已取得有关主管部门的同意文件。

省、自治区、直辖市电信管理机构对备案材料齐全的,应当予以备案并编号。

第九条　从事互联网信息服务,拟开办电子公告服务的,应当在申请经营性互联网信息服务许可或者办理非经营性互联网信息服务备案时,按照国家有关规定提出专项申请或者专项备案。

第十条　省、自治区、直辖市电信管理机构和国务院信息产业主管部门应当公布取得经营许可证或者已履行备案手续的互联网信息服务提供者名单。

第十一条　互联网信息服务提供者应当按照经许可或者备案的项目提供服务,不得超出经许可或者备案的项目提供服务。

非经营性互联网信息服务提供者不得从事有偿服务。

互联网信息服务提供者变更服务项目、网站网址等事项的,应当提前30日向原审核、发证或者备案机关办理变更手续。

第十二条　互联网信息服务提供者应当在其网站主页的显著位置标明其经营许可证编号或者备案编号。

第十三条　互联网信息服务提供者应当向上网用户提供良好的服务,并保证所提供的信息内容合法。

第十四条　从事新闻、出版以及电子公告等服务项目的互联网信息服务提供者,应当记录提供的信息内容及其发布时间、互联网地址或者域名;互联网接入服务提供者应当记录上网用户的上网时间、用户帐号、互联网地址或者域名、主叫电话号码等信息。

互联网信息服务提供者和互联网接入服务提供者的记录备份应当保存60日,并在国家有关机关依法查询时,予以提供。

第十五条　互联网信息服务提供者不得制作、复制、发布、传播含有下列内容的信息:

(一)反对宪法所确定的基本原则的;

（二）危害国家安全，泄露国家秘密，颠覆国家政权，破坏国家统一的；

（三）损害国家荣誉和利益的；

（四）煽动民族仇恨、民族歧视，破坏民族团结的；

（五）破坏国家宗教政策，宣扬邪教和封建迷信的；

（六）散布谣言，扰乱社会秩序，破坏社会稳定的；

（七）散布淫秽、色情、赌博、暴力、凶杀、恐怖或者教唆犯罪的；

（八）侮辱或者诽谤他人，侵害他人合法权益的；

（九）含有法律、行政法规禁止的其他内容的。

第十六条　互联网信息服务提供者发现其网站传输的信息明显属于本办法第十五条所列内容之一的，应当立即停止传输，保存有关记录，并向国家有关机关报告。

第十七条　经营性互联网信息服务提供者申请在境内境外上市或者同外商合资、合作，应当事先经国务院信息产业主管部门审查同意；其中，外商投资的比例应当符合有关法律、行政法规的规定。

第十八条　国务院信息产业主管部门和省、自治区、直辖市电信管理机构，依法对互联网信息服务实施监督管理。

新闻、出版、教育、卫生、药品监督管理、工商行政管理和公安、国家安全等有关主管部门，在各自职责范围内依法对互联网信息内容实施监督管理。

第十九条　违反本办法的规定，未取得经营许可证，擅自从事经营性互联网信息服务，或者超出许可的项目提供服务的，由省、自治区、直辖市电信管理机构责令限期改正，有违法所得的，没收违法所得，处违法所得3倍以上5倍以下的罚款；没有违法所得或者违法所得不足5万元的，处10万元以上100万元以下的罚款；情节严重的，责令关闭网站。

违反本办法的规定，未履行备案手续，擅自从事非经营性互联网信息服务，或者超出备案的项目提供服务的，由省、自治区、直辖市电信管理机构责令限期改正；拒不改正的，责令关闭网站。

第二十条　制作、复制、发布、传播本办法第十五条所列内容之一的信息，构成犯罪的，依法追究刑事责任；尚不构成犯罪的，由公安机关、国家安全机关依照《中华人民共和国治安管理处罚法》、《计算机信息网络国际联网安全保护管理办法》等有关法律、行政法规的规定予以处罚；对经营性互联网信息服务提供者，并由发证机关责令停业整顿直至吊销经营许可证，通知企业登记机关；对非经营性互联网信息服务提供者，并由备案机关责令暂时关闭网站直至关闭网站。

第二十一条　未履行本办法第十四条规定的义务的，由省、自治区、直辖市电信管理机构责令改正；情节严重的，责令停业整顿或者暂时关闭网站。

第二十二条　违反本办法的规定，未在其网站主页上标明其经营许可证编号或者备案编号的，由省、自治区、直辖市电信管理机构责令改正，处5000元以上5万元以下的罚款。

第二十三条　违反本办法第十六条规定的义务的，由省、自治区、直辖市电信管理机构责令改正；情节严重的，对经营性互联网信息服务提供者，并由发证机关吊销经营许可证，对非经营性互联网信息服务提供者，并由备案机关责令关闭网站。

第二十四条　互联网信息服务提供者在其业务活动中，违反其他法律、法规的，由新闻、出版、教育、卫生、药品监督管理和工商行政管理等有关主管部门依照有关法律、法规的规定处罚。

第二十五条　电信管理机构和其他有关主管部门及其工作人员，玩忽职守、滥用职权、徇私舞弊，疏于对互联网信息服务的监督管理，造成严重后果，构成犯罪的，依法追究刑事责任；尚不构成犯罪的，对直接负责的主管人员和其他直接责任人员依法给予降级、撤职直至开除的行政处分。

第二十六条　在本办法公布前从事互联网信息服务的，应当自本办法公布之日起60日内依照本办法的有关规定补办有关手续。

第二十七条　本办法自公布之日起施行。

互联网著作权行政保护办法

1. 2005年4月30日国家版权局、信息产业部令第5号发布
2. 自2005年5月30日起施行

第一条　为了加强互联网信息服务活动中信息网络传播权的行政保护，规范行政执法行为，根据《中华人民共和国著作权法》及有关法律、行政法规，制定本办法。

第二条　本办法适用于互联网信息服务活动中根据互联网内容提供者的指令，通过互联网自动提供作品、录音录像制品等内容的上载、存储、链接或搜索等功能，且对存储或传输的内容不进行任何编辑、修改或选择的行为。

互联网信息服务活动中直接提供互联网内容的行为，适用著作权法。

本办法所称"互联网内容提供者"是指在互联网上发布相关内容的上网用户。

第三条　各级著作权行政管理部门依照法律、行政法规和本办法对互联网信息服务活动中的信息网络传播权实施行政保护。国务院信息产业主管部门和各省、自治区、直辖市电信管理机构依法配合相关工作。

第四条　著作权行政管理部门对侵犯互联网信息服务活动中的信息网络传播权的行为实施行政处罚，适用《著作权行政处罚实施办法》。

侵犯互联网信息服务活动中的信息网络传播权的行为由侵权行为实施地的著作权行政管理部门管辖。侵权行为实施地包括提供本办法第二条所列的互联网信息服务活动的服务器等设备所在地。

第五条　著作权人发现互联网传播的内容侵犯其著作权，向互联网信息服务提供者或者其委托的其他机构（以下统称"互联网信息服务提供者"）发出通知后，互联网信息服务提供者应当立即采取措施移除相关内容，并保留著作权人的通知6个月。

第六条　互联网信息服务提供者收到著作权人的通知后，应当记录提供的信息内容及其发布的时间、互联网地址或者域名。互联网接入服务提供者应当记录互联网内容提供者的接入时间、用户帐号、互联网地址或者域名、主叫电话号码等信息。

前款所称记录应当保存60日，并在著作权行政管理部门查询时予以提供。

第七条　互联网信息服务提供者根据著作权人的通知移除相关内容的，互联网内容提供者可以向互联网信息服务提供者和著作权人一并发出说明被移除内容不侵犯著作权的反通知。反通知发出后，互联网信息服务提供者即可恢复被移除的内容，且对该恢复行为不承担行政法律责任。

第八条　著作权人的通知应当包含以下内容：

（一）涉嫌侵权内容所侵犯的著作权权属证明；

（二）明确的身份证明、住址、联系方式；

（三）涉嫌侵权内容在信息网络上的位置；

（四）侵犯著作权的相关证据；

（五）通知内容的真实性声明。

第九条　互联网内容提供者的反通知应当包含以下内容：

（一）明确的身份证明、住址、联系方式；

（二）被移除内容的合法性证明；

（三）被移除内容在互联网上的位置；

（四）反通知内容的真实性声明。

第十条　著作权人的通知和互联网内容提供者的反通知应当采取书面形式。

著作权人的通知和互联网内容提供者的反通知不具备本办法第八条、第九条所规定内容的，视为未发出。

第十一条　互联网信息服务提供者明知互联网内容提供者通过互联网实施侵犯他人著作权的行为，或者虽不明知，但接到著作权人通知后未采取措施移除相关内容，同时损害社会公共利益的，著作权行政管理部门可以根据《中华人民共和国著作权法》第四十七条的规定责令停止侵权行为，并给予下列行政处罚：

（一）没收违法所得；

（二）处以非法经营额3倍以下的罚款；非法经营额难以计算的，可以处10万元以下的罚款。

第十二条　没有证据表明互联网信息服务提供者明知侵权事实存在的，或者互联网信息服务提供者接到著作权人通知后，采取措施移除相关内容的，不承担行政法律责任。

第十三条　著作权行政管理部门在查处侵犯互联网信息服务活动中的信息网络传播权案件时，可以按照《著作权行政处罚实施办法》第十二条规定要求著作权人提交必备材料，以及向互联网信息服务提供者发出的通知和该互联网信息服务提供者未采取措施移除相关内容的证明。

第十四条　互联网信息服务提供者有本办法第十一条规定的情形，且经著作权行政管理部门依法认定专门从事盗版活动，或有其他严重情节的，国务院信息产业主管部门或者省、自治区、直辖市电信管理机构依据相关法律、行政法规的规定处理；互联网接入服务提供者应当依据国务院信息产业主管部门或者省、自治区、直辖市电信管理机构的通知，配合实施相应的处理措施。

第十五条　互联网信息服务提供者未履行本办法第六条规定的义务，由国务院信息产业主管部门或者省、自治区、直辖市电信管理机构予以警告，可以并处3万元以下罚款。

第十六条　著作权行政管理部门在查处侵犯互联网信息服务活动中的信息网络传播权案件过程中，发现互联网信息服务提供者的行为涉嫌构成犯罪的，应当依照国务院《行政执法机关移送涉嫌犯罪案件的规定》将案件移送司法部门，依法追究刑事责任。

第十七条　表演者、录音录像制作者等与著作权有关的权利人通过互联网向公众传播其表演或者录音录像制品的权利的行政保护适用本办法。

第十八条　本办法由国家版权局和信息产业部负责解释。

第十九条　本办法自2005年5月30日起施行。

互联网视听节目服务管理规定

1. 2007年12月20日国家广播电影电视总局、信息产业部令第56号发布

2. 根据2015年8月28日国家新闻出版广电总局令第3号《关于修订部分规章和规范性文件的决定》修订

第一条　为维护国家利益和公共利益，保护公众和互联网视听节目服务单位的合法权益，规范互联网视听节目服务秩序，促进健康有序发展，根据国家有关规定，制定本规定。

第二条　在中华人民共和国境内向公众提供互联网(含移动互联网，以下简称互联网)视听节目服务活动，适用本规定。

本规定所称互联网视听节目服务，是指制作、编辑、集成并通过互联网向公众提供视音频节目，以及为他人提供上载传播视听节目服务的活动。

第三条　国务院广播电影电视主管部门作为互联网视听节目服务的行业主管部门，负责对互联网视听节目服务实施监督管理，统筹互联网视听节目服务的产业发展、行业管理、内容建设和安全监管。国务院信息产业主管部门作为互联网行业主管部门，依据电信行业管理职责对互联网视听节目服务实施相应的监督管理。

地方人民政府广播电影电视主管部门和地方电信管理机构依据各自职责对本行政区域内的互联网视听节目服务单位及接入服务实施相应的监督管理。

第四条　互联网视听节目服务单位及其相关网络运营单位，是重要的网络文化建设力量，承担建设中国特色网络文化和维护网络文化信息安全的责任，应自觉遵守宪法、法律和行政法规，接受互联网视听节目服务行业主管部门和互联网行业主管部门的管理。

第五条　互联网视听节目服务单位组成的全国性社会团体，负责制定行业自律规范，倡导文明上网、文明办网，营造文明健康的网络环境，传播健康有益视听节目，抵制腐朽落后思想文化传播，并在国务院广播电影电视主管部门指导下开展活动。

第六条　发展互联网视听节目服务要有益于传播社会主义先进文化，推动社会全面进步和人的全面发展、促进社会和谐。从事互联网视听节目服务，应当坚持为人民服务、为社会主义服务，坚持正确导向，把社会效益放在首位，建设社会主义核心价值体系，遵守社会主义道德规范，大力弘扬体现时代发展和社会进步的思想文化，大力弘扬民族优秀文化传统，提供更多更好的互联网视听节目服务，满足人民群众日益增长的需求，不断丰富人民群众的精神文化生活，充分发挥文化滋润心灵、陶冶情操、愉悦身心的作用，为青少年成长创造良好的网上空间，形成共建共享的精神家园。

第七条　从事互联网视听节目服务，应当依照本规定取得广播电影电视主管部门颁发的《信息网络传播视听节目许可证》(以下简称《许可证》)或履行备案手续。

未按照本规定取得广播电影电视主管部门颁发的《许可证》或履行备案手续，任何单位和个人不得从事互联网视听节目服务。

互联网视听节目服务业务指导目录由国务院广播电影电视主管部门商国务院信息产业主管部门制定。

第八条　申请从事互联网视听节目服务的，应当同时具备以下条件：

(一)具备法人资格，为国有独资或国有控股单位，且在申请之日前三年内无违法违规记录；

(二)有健全的节目安全传播管理制度和安全保护技术措施；

(三)有与其业务相适应并符合国家规定的视听节目资源；

(四)有与其业务相适应的技术能力、网络资源；

(五)有与其业务相适应的专业人员，且主要出资者和经营者在申请之日前三年内无违法违规记录；

(六)技术方案符合国家标准、行业标准和技术规范；

(七)符合国务院广播电影电视主管部门确定的互联网视听节目服务总体规划、布局和业务指导目录；

(八)符合法律、行政法规和国家有关规定的条件。

第九条　从事广播电台、电视台形态服务和时政类视听新闻服务的，除符合本规定第八条规定外，还应当持有广播电视播出机构许可证或互联网新闻信息服务许可证。其中，以自办频道方式播放视听节目的，由地(市)级以上广播电台、电视台、中央新闻单位提出申请。

从事主持、访谈、报道类视听服务的，除符合本规定第八条规定外，还应当持有广播电视节目制作经营许可证和互联网新闻信息服务许可证；从事自办网络剧(片)类服务的，还应当持有广播电视节目制作经营许可证。

未经批准,任何组织和个人不得在互联网上使用广播电视专有名称开展业务。

第十条 申请《许可证》,应当通过省、自治区、直辖市人民政府广播电影电视主管部门向国务院广播电影电视主管部门提出申请,中央直属单位可以直接向国务院广播电影电视主管部门提出申请。

省、自治区、直辖市人民政府广播电影电视主管部门应当提供便捷的服务,自收到申请之日起20日内提出初审意见,报国务院广播电影电视主管部门审批;国务院广播电影电视主管部门应当自收到申请或者初审意见之日起40日内作出许可或者不予许可的决定,其中专家评审时间为20日。予以许可的,向申请人颁发《许可证》,并向社会公告;不予许可的,应当书面通知申请人并说明理由。《许可证》应当载明互联网视听节目服务的播出标识、名称、服务类别等事项。

《许可证》有效期为3年。有效期届满,需继续从事互联网视听节目服务的,应于有效期届满前30日内,持符合本办法第八条规定条件的相关材料,向原发证机关申请办理续办手续。

地(市)级以上广播电台、电视台从事互联网视听节目转播类服务的,到省级以上广播电影电视主管部门履行备案手续。中央新闻单位从事互联网视听节目转播类服务的,到国务院广播电影电视主管部门履行备案手续。备案单位应在节目开播30日前,提交网址、网站名、拟转播的广播电视频道、栏目名称等有关备案材料,广播电影电视主管部门应将备案情况向社会公告。

第十一条 取得《许可证》的单位,应当依据《互联网信息服务管理办法》,向省(自治区、直辖市)电信管理机构或国务院信息产业主管部门(以下简称电信主管部门)申请办理电信业务经营许可或者履行相关备案手续,并依法到工商行政管理部门办理注册登记或变更登记手续。电信主管部门应根据广播电影电视主管部门许可,严格互联网视听节目服务单位的域名和IP地址管理。

第十二条 互联网视听节目服务单位变更股东、股权结构,有重大资产变动或有上市等重大融资行为的,以及业务项目超出《许可证》载明范围的,应按本规定办理审批手续。互联网视听节目服务单位的办公场所、法定代表人以及互联网信息服务单位的网址、网站名依法变更的,应当在变更后15日内向省级以上广播电影电视主管部门和电信主管部门备案,变更事项涉及工商登记的,应当依法到工商行政管理部门办理变更登记手续。

第十三条 互联网视听节目服务单位应当在取得《许可证》90日内提供互联网视听节目服务。未按期提供服务的,其《许可证》由原发证机关予以注销。如因特殊原因,应经发证机关同意。申请终止服务的,应提前60日向原发证机关申报,其《许可证》由原发证机关予以注销。连续停止业务超过60日的,由原发证机关按终止业务处理,其《许可证》由原发证机关予以注销。

第十四条 互联网视听节目服务单位应当按照《许可证》载明或备案的事项开展互联网视听节目服务,并在播出界面显著位置标注国务院广播电影电视主管部门批准的播出标识、名称、《许可证》或备案编号。

任何单位不得向未持有《许可证》或备案的单位提供与互联网视听节目服务有关的代收费及信号传输、服务器托管等金融和技术服务。

第十五条 鼓励国有战略投资者投资互联网视听节目服务企业;鼓励互联网视听节目服务单位积极开发适应新一代互联网和移动通信特点的新业务,为移动多媒体、多媒体网站生产积极健康的视听节目,努力提高互联网视听节目的供给能力;鼓励影视生产基地、电视节目制作单位多生产适合在网上传播的影视剧(片)、娱乐节目,积极发展民族网络影视产业;鼓励互联网视听节目服务单位传播公益性视听节目。

互联网视听节目服务单位应当遵守著作权法律、行政法规的规定,采取版权保护措施,保护著作权人的合法权益。

第十六条 互联网视听节目服务单位提供的、网络运营单位接入的视听节目应当符合法律、行政法规、部门规章的规定。已播出的视听节目应至少完整保留60日。视听节目不得含有以下内容:

(一)反对宪法确定的基本原则的;

(二)危害国家统一、主权和领土完整的;

(三)泄露国家秘密、危害国家安全或者损害国家荣誉和利益的;

(四)煽动民族仇恨、民族歧视,破坏民族团结,或者侵害民族风俗、习惯的;

(五)宣扬邪教、迷信的;

(六)扰乱社会秩序,破坏社会稳定的;

(七)诱导未成年人违法犯罪和渲染暴力、色情、赌博、恐怖活动的;

(八)侮辱或者诽谤他人,侵害公民个人隐私等他人合法权益的;

（九）危害社会公德，损害民族优秀文化传统的；

（十）有关法律、行政法规和国家规定禁止的其他内容。

第十七条　用于互联网视听节目服务的电影电视剧类节目和其他节目，应当符合国家有关广播电影电视节目的管理规定。互联网视听节目服务单位播出时政类视听新闻节目，应当是地（市）级以上广播电台、电视台制作、播出的节目和中央新闻单位网站登载的时政类视听新闻节目。

未持有《许可证》的单位不得为个人提供上载传播视听节目服务。互联网视听节目服务单位不得允许个人上载时政类视听新闻节目，在提供播客、视频分享等上载传播视听节目服务时，应当提示上载者不得上载违反本规定的视听节目。任何单位和个人不得转播、链接、聚合、集成非法的广播电视频道、视听节目网站的节目。

第十八条　广播电影电视主管部门发现互联网视听节目服务单位传播违反本规定的视听节目，应当采取必要措施予以制止。互联网视听节目服务单位对含有违反本规定内容的视听节目，应当立即删除，并保存有关记录，履行报告义务，落实有关主管部门的管理要求。

互联网视听节目服务单位主要出资者和经营者应对播出和上载的视听节目内容负责。

第十九条　互联网视听节目服务单位应当选择依法取得互联网接入服务电信业务经营许可证或广播电视节目传送业务经营许可证的网络运营单位提供服务；应当依法维护用户权利，履行对用户的承诺，对用户信息保密，不得进行虚假宣传或误导用户、做出对用户不公平不合理的规定、损害用户的合法权益；提供有偿服务时，应当以显著方式公布所提供服务的视听节目种类、范围、资费标准和时限，并告知用户中止或者取消互联网视听节目服务的条件和方式。

第二十条　网络运营单位提供互联网视听节目信号传输服务时，应当保障视听节目服务单位的合法权益，保证传输安全，不得擅自插播、截留视听节目信号；在提供服务前应当查验视听节目服务单位的《许可证》或备案证明材料，按照《许可证》载明事项或备案范围提供接入服务。

第二十一条　广播电影电视和电信主管部门应建立公众监督举报制度。公众有权举报视听节目服务单位的违法违规行为，有关主管部门应当及时处理，不得推诿。广播电影电视、电信等监督管理部门发现违反本规定的行为，不属于本部门职责的，应当移交有权处理的部门处理。

电信主管部门应当依照国家有关规定向广播电影电视主管部门提供必要的技术系统接口和网站数据查询资料。

第二十二条　广播电影电视主管部门依法对互联网视听节目服务单位进行实地检查，有关单位和个人应当予以配合。广播电影电视主管部门工作人员依法进行实地检查时应当主动出示有关证件。

第二十三条　违反本规定有下列行为之一的，由县级以上广播电影电视主管部门予以警告、责令改正，可并处3万元以下罚款；同时，可对其主要出资者和经营者予以警告，可并处2万元以下罚款：

（一）擅自在互联网上使用广播电视专有名称开展业务的；

（二）变更股东、股权结构，或上市融资，或重大资产变动时，未办理审批手续的；

（三）未建立健全节目运营规范，未采取版权保护措施，或对传播有害内容未履行提示、删除、报告义务的；

（四）未在播出界面显著位置标注播出标识、名称、《许可证》和备案编号的；

（五）未履行保留节目记录、向主管部门如实提供查询义务的；

（六）向未持有《许可证》或备案的单位提供代收费及信号传输、服务器托管等与互联网视听节目服务有关的服务的；

（七）未履行查验义务，或向互联网视听节目服务单位提供其《许可证》或备案载明事项范围以外的接入服务的；

（八）进行虚假宣传或者误导用户的；

（九）未经用户同意，擅自泄露用户信息秘密的；

（十）互联网视听服务单位在同一年度内三次出现违规行为的；

（十一）拒绝、阻挠、拖延广播电影电视主管部门依法进行监督检查或者在监督检查过程中弄虚作假的；

（十二）以虚假证明、文件等手段骗取《许可证》的。

有本条第十二项行为的，发证机关应撤销其许可证。

第二十四条　擅自从事互联网视听节目服务的，由县级以上广播电影电视主管部门予以警告、责令改正，可并处3万元以下罚款;情节严重的,根据《广播电视管理条例》第四十七条的规定予以处罚。

传播的视听节目内容违反本规定的,由县级以上广播电影电视主管部门予以警告、责令改正,可并处3万元以下罚款;情节严重的,根据《广播电视管理条例》第四十九条的规定予以处罚。

未按照许可证载明或备案的事项从事互联网视听节目服务的或违规播出时政类视听新闻节目的,由县级以上广播电影电视主管部门予以警告、责令改正,可并处3万元以下罚款;情节严重的,根据《广播电视管理条例》第五十条之规定予以处罚。

转播、链接、聚合、集成非法的广播电视频道和视听节目网站内容的,擅自插播、截留视听节目信号的,由县级以上广播电影电视主管部门予以警告、责令改正,可并处3万元以下罚款;情节严重的,根据《广播电视管理条例》第五十一条之规定予以处罚。

第二十五条 对违反本规定的互联网视听节目服务单位,电信主管部门应根据广播电影电视主管部门的书面意见,按照电信管理和互联网管理的法律、行政法规的规定,关闭其网站,吊销其相应许可证或撤销备案,责令为其提供信号接入服务的网络运营单位停止接入;拒不执行停止接入服务决定,违反《电信条例》第五十七条规定的,由电信主管部门依据《电信条例》第七十八条的规定吊销其许可证。

违反治安管理规定的,由公安机关依法予以处罚;构成犯罪的,由司法机关依法追究刑事责任。

第二十六条 广播电影电视、电信等主管部门不履行规定的职责,或滥用职权的,要依法给予有关责任人处分,构成犯罪的,由司法机关依法追究刑事责任。

第二十七条 互联网视听节目服务单位出现重大违法违规行为的,除按有关规定予以处罚外,其主要出资者和经营者自互联网视听节目服务单位受到处罚之日起5年内不得投资和从事互联网视听节目服务。

第二十八条 通过互联网提供视音频即时通讯服务,由国务院信息产业主管部门按照国家有关规定进行监督管理。

利用局域网络及利用互联网架设虚拟专网向公众提供网络视听节目服务,须向行业主管部门提出申请,由国务院信息产业主管部门前置审批,国务院广播电影电视主管部门审核批准,按照国家有关规定进行监督管理。

第二十九条 本规定自2008年1月31日起施行。此前发布的规定与本规定不一致之处,依本规定执行。

互联网文化管理暂行规定

1. 2011年2月17日文化部令第51号发布
2. 根据2017年12月15日文化部令第57号《关于废止和修改部分部门规章的决定》修正

第一条 为了加强对互联网文化的管理,保障互联网文化单位的合法权益,促进我国互联网文化健康、有序地发展,根据《中华人民共和国网络安全法》、《全国人民代表大会常务委员会关于维护互联网安全的决定》和《互联网信息服务管理办法》等国家法律法规有关规定,制定本规定。

第二条 本规定所称互联网文化产品是指通过互联网生产、传播和流通的文化产品,主要包括:

(一)专门为互联网而生产的网络音乐娱乐、网络游戏、网络演出剧(节)目、网络表演、网络艺术品、网络动漫等互联网文化产品;

(二)将音乐娱乐、游戏、演出剧(节)目、表演、艺术品、动漫等文化产品以一定的技术手段制作、复制到互联网上传播的互联网文化产品。

第三条 本规定所称互联网文化活动是指提供互联网文化产品及其服务的活动,主要包括:

(一)互联网文化产品的制作、复制、进口、发行、播放等活动;

(二)将文化产品登载在互联网上,或者通过互联网、移动通信网等信息网络发送到计算机、固定电话机、移动电话机、电视机、游戏机等用户端以及网吧等互联网上网服务营业场所,供用户浏览、欣赏、使用或者下载的在线传播行为;

(三)互联网文化产品的展览、比赛等活动。

互联网文化活动分为经营性和非经营性两类。经营性互联网文化活动是指以营利为目的,通过向上网用户收费或者以电子商务、广告、赞助等方式获取利益,提供互联网文化产品及其服务的活动。非经营性互联网文化活动是指不以营利为目的的向上网用户提供互联网文化产品及其服务的活动。

第四条 本规定所称互联网文化单位,是指经文化行政部门和电信管理机构批准或者备案,从事互联网文化活动的互联网信息服务提供者。

在中华人民共和国境内从事互联网文化活动,适用本规定。

第五条 从事互联网文化活动应当遵守宪法和有关法

律、法规，坚持为人民服务、为社会主义服务的方向，弘扬民族优秀文化，传播有益于提高公众文化素质、推动经济发展、促进社会进步的思想道德、科学技术和文化知识，丰富人民的精神生活。

第六条 文化部负责制定互联网文化发展与管理的方针、政策和规划，监督管理全国互联网文化活动。

省、自治区、直辖市人民政府文化行政部门对申请从事经营性互联网文化活动的单位进行审批，对从事非经营性互联网文化活动的单位进行备案。

县级以上人民政府文化行政部门负责本行政区域内互联网文化活动的监督管理工作。县级以上人民政府文化行政部门或者文化市场综合执法机构对从事互联网文化活动违反国家有关法规的行为实施处罚。

第七条 申请从事经营性互联网文化活动，应当符合《互联网信息服务管理办法》的有关规定，并具备以下条件：

（一）有单位的名称、住所、组织机构和章程；

（二）有确定的互联网文化活动范围；

（三）有适应互联网文化活动需要的专业人员、设备、工作场所以及相应的经营管理技术措施；

（四）有确定的域名；

（五）符合法律、行政法规和国家有关规定的条件。

第八条 申请从事经营性互联网文化活动，应当向所在地省、自治区、直辖市人民政府文化行政部门提出申请，由省、自治区、直辖市人民政府文化行政部门审核批准。

第九条 申请从事经营性互联网文化活动，应当提交下列文件：

（一）申请表；

（二）营业执照和章程；

（三）法定代表人或者主要负责人的身份证明文件；

（四）业务范围说明；

（五）专业人员、工作场所以及相应经营管理技术措施的说明材料；

（六）域名登记证明；

（七）依法需要提交的其他文件。

对申请从事经营性互联网文化活动的，省、自治区、直辖市人民政府文化行政部门应当自受理申请之日起20日内做出批准或者不批准的决定。批准的，核发《网络文化经营许可证》，并向社会公告；不批准的，应当书面通知申请人并说明理由。

《网络文化经营许可证》有效期为3年。有效期届满，需继续从事经营的，应当于有效期届满30日前申请续办。

第十条 非经营性互联网文化单位，应当自设立之日起60日内向所在地省、自治区、直辖市人民政府文化行政部门备案，并提交下列文件：

（一）备案表；

（二）章程；

（三）法定代表人或者主要负责人的身份证明文件；

（四）域名登记证明；

（五）依法需要提交的其他文件。

第十一条 申请从事经营性互联网文化活动经批准后，应当持《网络文化经营许可证》，按照《互联网信息服务管理办法》的有关规定，到所在地电信管理机构或者国务院信息产业主管部门办理相关手续。

第十二条 互联网文化单位应当在其网站主页的显著位置标明文化行政部门颁发的《网络文化经营许可证》编号或者备案编号，标明国务院信息产业主管部门或者省、自治区、直辖市电信管理机构颁发的经营许可证编号或者备案编号。

第十三条 经营性互联网文化单位变更单位名称、域名、法定代表人或者主要负责人、注册地址、经营地址、股权结构以及许可经营范围的，应当自变更之日起20日内到所在地省、自治区、直辖市人民政府文化行政部门办理变更或者备案手续。

非经营性互联网文化单位变更名称、地址、域名、法定代表人或者主要负责人、业务范围的，应当自变更之日起60日内到所在地省、自治区、直辖市人民政府文化行政部门办理备案手续。

第十四条 经营性互联网文化单位终止互联网文化活动的，应当自终止之日起30日内到所在地省、自治区、直辖市人民政府文化行政部门办理注销手续。

经营性互联网文化单位自取得《网络文化经营许可证》并依法办理企业登记之日起满180日未开展互联网文化活动的，由原审核的省、自治区、直辖市人民政府文化行政部门注销《网络文化经营许可证》，同时通知相关省、自治区、直辖市电信管理机构。

非经营性互联网文化单位停止互联网文化活动的，由原备案的省、自治区、直辖市人民政府文化行政部门注销备案，同时通知相关省、自治区、直辖市电信管理机构。

第十五条 经营进口互联网文化产品的活动应当由取得文化行政部门核发的《网络文化经营许可证》的经营性互联网文化单位实施,进口互联网文化产品应当报文化部进行内容审查。

文化部应当自受理内容审查申请之日起20日内(不包括专家评审所需时间)做出批准或者不批准的决定。批准的,发给批准文件;不批准的,应当说明理由。

经批准的进口互联网文化产品应当在其显著位置标明文化部的批准文号,不得擅自变更产品名称或者增删产品内容。自批准之日起一年内未在国内经营的,进口单位应当报文化部备案并说明原因;决定终止进口的,文化部撤销其批准文号。

经营性互联网文化单位经营的国产互联网文化产品应当自正式经营起30日内报省级以上文化行政部门备案,并在其显著位置标明文化部备案编号,具体办法另行规定。

第十六条 互联网文化单位不得提供载有以下内容的文化产品:

(一)反对宪法确定的基本原则的;

(二)危害国家统一、主权和领土完整的;

(三)泄露国家秘密、危害国家安全或者损害国家荣誉和利益的;

(四)煽动民族仇恨、民族歧视,破坏民族团结,或者侵害民族风俗、习惯的;

(五)宣扬邪教、迷信的;

(六)散布谣言,扰乱社会秩序,破坏社会稳定的;

(七)宣扬淫秽、赌博、暴力或者教唆犯罪的;

(八)侮辱或者诽谤他人,侵害他人合法权益的;

(九)危害社会公德或者民族优秀文化传统的;

(十)有法律、行政法规和国家规定禁止的其他内容的。

第十七条 互联网文化单位提供的文化产品,使公民、法人或者其他组织的合法利益受到侵害的,互联网文化单位应当依法承担民事责任。

第十八条 互联网文化单位应当建立自审制度,明确专门部门,配备专业人员负责互联网文化产品内容和活动的自查与管理,保障互联网文化产品内容和活动的合法性。

第十九条 互联网文化单位发现所提供的互联网文化产品含有本规定第十六条所列内容之一的,应当立即停止提供,保存有关记录,向所在地省、自治区、直辖市人民政府文化行政部门报告并抄报文化部。

第二十条 互联网文化单位应当记录备份所提供的文化产品内容及其时间、互联网地址或者域名;记录备份应当保存60日,并在国家有关部门依法查询时予以提供。

第二十一条 未经批准,擅自从事经营性互联网文化活动的,由县级以上人民政府文化行政部门或者文化市场综合执法机构责令停止经营性互联网文化活动,予以警告,并处30000元以下罚款;拒不停止经营活动的,依法列入文化市场黑名单,予以信用惩戒。

第二十二条 非经营性互联网文化单位违反本规定第十条,逾期未办理备案手续的,由县级以上人民政府文化行政部门或者文化市场综合执法机构责令限期改正;拒不改正的,责令停止互联网文化活动,并处1000元以下罚款。

第二十三条 经营性互联网文化单位违反本规定第十二条的,由县级以上人民政府文化行政部门或者文化市场综合执法机构责令限期改正,并可根据情节轻重处10000元以下罚款。

非经营性互联网文化单位违反本规定第十二条的,由县级以上人民政府文化行政部门或者文化市场综合执法机构责令限期改正;拒不改正的,责令停止互联网文化活动,并处500元以下罚款。

第二十四条 经营性互联网文化单位违反本规定第十三条的,由县级以上人民政府文化行政部门或者文化市场综合执法机构责令改正,没收违法所得,并处10000元以上30000元以下罚款;情节严重的,责令停业整顿直至吊销《网络文化经营许可证》;构成犯罪的,依法追究刑事责任。

非经营性互联网文化单位违反本规定第十三条的,由县级以上人民政府文化行政部门或者文化市场综合执法机构责令限期改正;拒不改正的,责令停止互联网文化活动,并处1000元以下罚款。

第二十五条 经营性互联网文化单位违反本规定第十五条,经营进口互联网文化产品未在其显著位置标明文化部批准文号、经营国产互联网文化产品未在其显著位置标明文化部备案编号的,由县级以上人民政府文化行政部门或者文化市场综合执法机构责令改正,并可根据情节轻重处10000元以下罚款。

第二十六条 经营性互联网文化单位违反本规定第十五条,擅自变更进口互联网文化产品的名称或者增删内容的,由县级以上人民政府文化行政部门或者文化市场综合执法机构责令停止提供,没收违法所得,并处10000元以上30000元以下罚款;情节严重的,责令停业整顿直至吊销《网络文化经营许可证》；构成犯罪的，依法追究刑事责任。

第二十七条 经营性互联网文化单位违反本规定第十五条，经营国产互联网文化产品逾期未报文化行政部门备案的，由县级以上人民政府文化行政部门或者文化市场综合执法机构责令改正，并可根据情节轻重处20000元以下罚款。

第二十八条 经营性互联网文化单位提供含有本规定第十六条禁止内容的互联网文化产品，或者提供未经文化部批准进口的互联网文化产品的，由县级以上人民政府文化行政部门或者文化市场综合执法机构责令停止提供，没收违法所得，并处10000元以上30000元以下罚款；情节严重的，责令停业整顿直至吊销《网络文化经营许可证》；构成犯罪的，依法追究刑事责任。

非经营性互联网文化单位，提供含有本规定第十六条禁止内容的互联网文化产品，或者提供未经文化部批准进口的互联网文化产品的，由县级以上人民政府文化行政部门或者文化市场综合执法机构责令停止提供，处1000元以下罚款；构成犯罪的，依法追究刑事责任。

第二十九条 经营性互联网文化单位违反本规定第十八条的，由县级以上人民政府文化行政部门或者文化市场综合执法机构责令改正，并可根据情节轻重处20000元以下罚款。

第三十条 经营性互联网文化单位违反本规定第十九条的，由县级以上人民政府文化行政部门或者文化市场综合执法机构予以警告，责令限期改正，并处10000元以下罚款。

第三十一条 违反本规定第二十条的，由省、自治区、直辖市电信管理机构责令改正；情节严重的，由省、自治区、直辖市电信管理机构责令停业整顿或者责令暂时关闭网站。

第三十二条 本规定所称文化市场综合执法机构是指依照国家有关法律、法规和规章的规定，相对集中地行使文化领域行政处罚权以及相关监督检查权、行政强制权的行政执法机构。

第三十三条 文化行政部门或者文化市场综合执法机构查处违法经营活动，依照实施违法经营行为的企业注册地或者企业实际经营地进行管辖；企业注册地和实际经营地无法确定的，由从事违法经营活动网站的信息服务许可地或者备案地进行管辖；没有许可或者备案的，由该网站服务器所在地管辖；网站服务器设置在境外的，由违法行为发生地进行管辖。

第三十四条 本规定自2011年4月1日起施行。2003年5月10日发布、2004年7月1日修订的《互联网文化管理暂行规定》同时废止。

网络出版服务管理规定

1. 2016年2月4日国家新闻出版广电总局、工业和信息化部令第5号公布
2. 自2016年3月10日起施行

第一章 总 则

第一条 为了规范网络出版服务秩序，促进网络出版服务业健康有序发展，根据《出版管理条例》、《互联网信息服务管理办法》及相关法律法规，制定本规定。

第二条 在中华人民共和国境内从事网络出版服务，适用本规定。

本规定所称网络出版服务，是指通过信息网络向公众提供网络出版物。

本规定所称网络出版物，是指通过信息网络向公众提供的，具有编辑、制作、加工等出版特征的数字化作品，范围主要包括：

（一）文学、艺术、科学等领域内具有知识性、思想性的文字、图片、地图、游戏、动漫、音视频读物等原创数字化作品；

（二）与已出版的图书、报纸、期刊、音像制品、电子出版物等内容相一致的数字化作品；

（三）将上述作品通过选择、编排、汇集等方式形成的网络文献数据库等数字化作品；

（四）国家新闻出版广电总局认定的其他类型的数字化作品。

网络出版服务的具体业务分类另行制定。

第三条 从事网络出版服务，应当遵守宪法和有关法律、法规，坚持为人民服务、为社会主义服务的方向，坚持社会主义先进文化的前进方向，弘扬社会主义核心价值观，传播和积累一切有益于提高民族素质、推动经济发展、促进社会进步的思想道德、科学技术和文化知识，满足人民群众日益增长的精神文化需要。

第四条 国家新闻出版广电总局作为网络出版服务的行业主管部门，负责全国网络出版服务的前置审批和监督管理工作。工业和信息化部作为互联网行业主管部门，依据职责对全国网络出版服务实施相应的监督管理。

地方人民政府各级出版行政主管部门和各省级电

信主管部门依据各自职责对本行政区域内网络出版服务及接入服务实施相应的监督管理工作并做好配合工作。

第五条 出版行政主管部门根据已经取得的违法嫌疑证据或者举报，对涉嫌违法从事网络出版服务的行为进行查处时，可以检查与涉嫌违法行为有关的物品和经营场所；对有证据证明是与违法行为有关的物品，可以查封或者扣押。

第六条 国家鼓励图书、音像、电子、报纸、期刊出版单位从事网络出版服务，加快与新媒体的融合发展。

国家鼓励组建网络出版服务行业协会，按照章程，在出版行政主管部门的指导下制定行业自律规范，倡导网络文明，传播健康有益内容，抵制不良有害内容。

第二章 网络出版服务许可

第七条 从事网络出版服务，必须依法经过出版行政主管部门批准，取得《网络出版服务许可证》。

第八条 图书、音像、电子、报纸、期刊出版单位从事网络出版服务，应当具备以下条件：

（一）有确定的从事网络出版业务的网站域名、智能终端应用程序等出版平台；

（二）有确定的网络出版服务范围；

（三）有从事网络出版服务所需的必要的技术设备，相关服务器和存储设备必须存放在中华人民共和国境内。

第九条 其他单位从事网络出版服务，除第八条所列条件外，还应当具备以下条件：

（一）有确定的、不与其他出版单位相重复的，从事网络出版服务主体的名称及章程；

（二）有符合国家规定的法定代表人和主要负责人，法定代表人必须是在境内长久居住的具有完全行为能力的中国公民，法定代表人和主要负责人至少1人应当具有中级以上出版专业技术人员职业资格；

（三）除法定代表人和主要负责人外，有适应网络出版服务范围需要的8名以上具有国家新闻出版广电总局认可的出版及相关专业技术职业资格的专职编辑出版人员，其中具有中级以上职业资格的人员不得少于3名；

（四）有从事网络出版服务所需的内容审校制度；

（五）有固定的工作场所；

（六）法律、行政法规和国家新闻出版广电总局规定的其他条件。

第十条 中外合资经营、中外合作经营和外资经营的单位不得从事网络出版服务。

网络出版服务单位与境内中外合资经营、中外合作经营、外资经营企业或境外组织及个人进行网络出版服务业务的项目合作，应当事前报国家新闻出版广电总局审批。

第十一条 申请从事网络出版服务，应当向所在地省、自治区、直辖市出版行政主管部门提出申请，经审核同意后，报国家新闻出版广电总局审批。国家新闻出版广电总局应当自受理申请之日起60日内，作出批准或者不予批准的决定。不批准的，应当说明理由。

第十二条 从事网络出版服务的申报材料，应该包括下列内容：

（一）《网络出版服务许可证申请表》；

（二）单位章程及资本来源性质证明；

（三）网络出版服务可行性分析报告，包括资金使用、产品规划、技术条件、设备配备、机构设置、人员配备、市场分析、风险评估、版权保护措施等；

（四）法定代表人和主要负责人的简历、住址、身份证明文件；

（五）编辑出版等相关专业技术人员的国家认可的职业资格证明和主要从业经历及培训证明；

（六）工作场所使用证明；

（七）网站域名注册证明、相关服务器存放在中华人民共和国境内的承诺。

本规定第八条所列单位从事网络出版服务的，仅提交前款（一）、（六）、（七）项规定的材料。

第十三条 设立网络出版服务单位的申请者应自收到批准决定之日起30日内办理注册登记手续：

（一）持批准文件到所在地省、自治区、直辖市出版行政主管部门领取并填写《网络出版服务许可登记表》；

（二）省、自治区、直辖市出版行政主管部门对《网络出版服务许可登记表》审核无误后，在10日内向申请者发放《网络出版服务许可证》；

（三）《网络出版服务许可登记表》一式三份，由申请者和省、自治区、直辖市出版行政主管部门各存一份，另一份由省、自治区、直辖市出版行政主管部门在15日内报送国家新闻出版广电总局备案。

第十四条 《网络出版服务许可证》有效期为5年。有效期届满，需继续从事网络出版服务活动的，应于有效期届满60日前按本规定第十一条的程序提出申请。出版行政主管部门应当在该许可有效期届满前作出是否准予延续的决定。批准的，换发《网络出版服务许可证》。

第十五条　网络出版服务经批准后，申请者应持批准文件、《网络出版服务许可证》到所在地省、自治区、直辖市电信主管部门办理相关手续。

第十六条　网络出版服务单位变更《网络出版服务许可证》许可登记事项、资本结构，合并或者分立，设立分支机构的，应依据本规定第十一条办理审批手续，并应持批准文件到所在地省、自治区、直辖市电信主管部门办理相关手续。

第十七条　网络出版服务单位中止网络出版服务的，应当向所在地省、自治区、直辖市出版行政主管部门备案，并说明理由和期限；网络出版服务单位中止网络出版服务不得超过180日。

网络出版服务单位终止网络出版服务的，应当自终止网络出版服务之日起30日内，向所在地省、自治区、直辖市出版行政主管部门办理注销手续后到省、自治区、直辖市电信主管部门办理相关手续。省、自治区、直辖市出版行政主管部门将相关信息报国家新闻出版广电总局备案。

第十八条　网络出版服务单位自登记之日起满180日未开展网络出版服务的，由原登记的出版行政主管部门注销登记，并报国家新闻出版广电总局备案。同时，通报相关省、自治区、直辖市电信主管部门。

因不可抗力或者其他正当理由发生上述所列情形的，网络出版服务单位可以向原登记的出版行政主管部门申请延期。

第十九条　网络出版服务单位应当在其网站首页上标明出版行政主管部门核发的《网络出版服务许可证》编号。

互联网相关服务提供者在为网络出版服务单位提供人工干预搜索排名、广告、推广等服务时，应当查验服务对象的《网络出版服务许可证》及业务范围。

第二十条　网络出版服务单位应当按照批准的业务范围从事网络出版服务，不得超出批准的业务范围从事网络出版服务。

第二十一条　网络出版服务单位不得转借、出租、出卖《网络出版服务许可证》或以任何形式转让网络出版服务许可。

网络出版服务单位允许其他网络信息服务提供者以其名义提供网络出版服务，属于前款所称禁止行为。

第二十二条　网络出版服务单位实行特殊管理股制度，具体办法由国家新闻出版广电总局另行制定。

第三章　网络出版服务管理

第二十三条　网络出版服务单位实行编辑责任制度，保障网络出版物内容合法。

网络出版服务单位实行出版物内容审核责任制度、责任编辑制度、责任校对制度等管理制度，保障网络出版物出版质量。

在网络上出版其他出版单位已在境内合法出版的作品且不改变原出版物内容的，须在网络出版物的相应页面显著标明原出版单位名称以及书号、刊号、网络出版物号或者网址信息。

第二十四条　网络出版物不得含有以下内容：

（一）反对宪法确定的基本原则的；

（二）危害国家统一、主权和领土完整的；

（三）泄露国家秘密、危害国家安全或者损害国家荣誉和利益的；

（四）煽动民族仇恨、民族歧视，破坏民族团结，或者侵害民族风俗、习惯的；

（五）宣扬邪教、迷信的；

（六）散布谣言，扰乱社会秩序，破坏社会稳定的；

（七）宣扬淫秽、色情、赌博、暴力或者教唆犯罪的；

（八）侮辱或者诽谤他人，侵害他人合法权益的；

（九）危害社会公德或者民族优秀文化传统的；

（十）有法律、行政法规和国家规定禁止的其他内容的。

第二十五条　为保护未成年人合法权益，网络出版物不得含有诱发未成年人模仿违反社会公德和违法犯罪行为的内容，不得含有恐怖、残酷等妨害未成年人身心健康的内容，不得含有披露未成年人个人隐私的内容。

第二十六条　网络出版服务单位出版涉及国家安全、社会安定等方面重大选题的内容，应当按照国家新闻出版广电总局有关重大选题备案管理的规定办理备案手续。未经备案的重大选题内容，不得出版。

第二十七条　网络游戏上网出版前，必须向所在地省、自治区、直辖市出版行政主管部门提出申请，经审核同意后，报国家新闻出版广电总局审批。

第二十八条　网络出版物的内容不真实或不公正，致使公民、法人或者其他组织合法权益受到侵害的，相关网络出版服务单位应当停止侵权，公开更正，消除影响，并依法承担其他民事责任。

第二十九条　国家对网络出版物实行标识管理，具体办法由国家新闻出版广电总局另行制定。

第三十条　网络出版物必须符合国家的有关规定和标准要求，保证出版物质量。

网络出版物使用语言文字，必须符合国家法律规定和有关标准规范。

第三十一条 网络出版服务单位应当按照国家有关规定或技术标准,配备应用必要的设备和系统,建立健全各项管理制度,保障信息安全、内容合法,并为出版行政主管部门依法履行监督管理职责提供技术支持。

第三十二条 网络出版服务单位在网络上提供境外出版物,应当取得著作权合法授权。其中,出版境外著作权人授权的网络游戏,须按本规定第二十七条办理审批手续。

第三十三条 网络出版服务单位发现其出版的网络出版物含有本规定第二十四条、第二十五条所列内容的,应当立即删除,保存有关记录,并向所在地县级以上出版行政主管部门报告。

第三十四条 网络出版服务单位应记录所出版作品的内容及其时间、网址或者域名,记录应当保存60日,并在国家有关部门依法查询时,予以提供。

第三十五条 网络出版服务单位须遵守国家统计规定,依法向出版行政主管部门报送统计资料。

第四章 监督管理

第三十六条 网络出版服务的监督管理实行属地管理原则。

各地出版行政主管部门应当加强对本行政区域内的网络出版服务单位及其出版活动的日常监督管理,履行下列职责:

(一)对网络出版服务单位进行行业监管,对网络出版服务单位违反本规定的情况进行查处并报告上级出版行政主管部门;

(二)对网络出版服务进行监管,对违反本规定的行为进行查处并报告上级出版行政主管部门;

(三)对网络出版物内容和质量进行监管,定期组织内容审读和质量检查,并将结果向上级出版行政主管部门报告;

(四)对网络出版从业人员进行管理,定期组织岗位、业务培训和考核;

(五)配合上级出版行政主管部门、协调相关部门、指导下级出版行政主管部门开展工作。

第三十七条 出版行政主管部门应当加强监管队伍和机构建设,采取必要的技术手段对网络出版服务进行管理。出版行政主管部门依法履行监督检查等执法职责时,网络出版服务单位应当予以配合,不得拒绝、阻挠。

各省、自治区、直辖市出版行政主管部门应当定期将本行政区域内的网络出版服务监督管理情况向国家新闻出版广电总局提交书面报告。

第三十八条 网络出版服务单位实行年度核验制度,年度核验每年进行一次。省、自治区、直辖市出版行政主管部门负责对本行政区域内的网络出版服务单位实施年度核验并将有关情况报国家新闻出版广电总局备案。年度核验内容包括网络出版服务单位的设立条件、登记项目、出版经营情况、出版质量、遵守法律规范、内部管理情况等。

第三十九条 年度核验按照以下程序进行:

(一)网络出版服务单位提交年度自检报告,内容包括:本年度政策法律执行情况,奖惩情况,网站出版、管理、运营绩效情况,网络出版物目录,对年度核验期内的违法违规行为的整改情况,编辑出版人员培训管理情况等;并填写由国家新闻出版广电总局统一印制的《网络出版服务年度核验登记表》,与年度自检报告一并报所在地省、自治区、直辖市出版行政主管部门;

(二)省、自治区、直辖市出版行政主管部门对本行政区域内的网络出版服务单位的设立条件、登记项目、开展业务及执行法规等情况进行全面审核,并在收到网络出版服务单位的年度自检报告和《网络出版服务年度核验登记表》等年度核验材料的45日内完成全面审核查验工作。对符合年度核验要求的网络出版服务单位予以登记,并在其《网络出版服务许可证》上加盖年度核验章;

(三)省、自治区、直辖市出版行政主管部门应于完成全面审核查验工作的15日内将年度核验情况及有关书面材料报国家新闻出版广电总局备案。

第四十条 有下列情形之一的,暂缓年度核验:

(一)正在停业整顿的;

(二)违反出版法规规章,应予处罚的;

(三)未按要求执行出版行政主管部门相关管理规定的;

(四)内部管理混乱,无正当理由未开展实质性网络出版服务活动的;

(五)存在侵犯著作权等其他违法嫌疑需要进一步核查的。

暂缓年度核验的期限由省、自治区、直辖市出版行政主管部门确定,报国家新闻出版广电总局备案,最长不得超过180日。暂缓年度核验期间,须停止网络出版服务。

暂缓核验期满,按本规定重新办理年度核验手续。

第四十一条 已经不具备本规定第八条、第九条规定条件的,责令限期改正;逾期仍未改正的,不予通过年度核验,由国家新闻出版广电总局撤销《网络出版服务许可证》，所在地省、自治区、直辖市出版行政主管部门注销登记，并通知当地电信主管部门依法处理。

第四十二条 省、自治区、直辖市出版行政主管部门可根据实际情况，对本行政区域内的年度核验事项进行调整，相关情况报国家新闻出版广电总局备案。

第四十三条 省、自治区、直辖市出版行政主管部门可以向社会公布年度核验结果。

第四十四条 从事网络出版服务的编辑出版等相关专业技术人员及其负责人应当符合国家关于编辑出版等相关专业技术人员职业资格管理的有关规定。

网络出版服务单位的法定代表人或主要负责人应按照有关规定参加出版行政主管部门组织的岗位培训，并取得国家新闻出版广电总局统一印制的《岗位培训合格证书》。未按规定参加岗位培训或培训后未取得《岗位培训合格证书》的，不得继续担任法定代表人或主要负责人。

第五章　保障与奖励

第四十五条 国家制定有关政策，保障、促进网络出版服务业的发展与繁荣。鼓励宣传科学真理、传播先进文化、倡导科学精神、塑造美好心灵、弘扬社会正气等有助于形成先进网络文化的网络出版服务，推动健康文化、优秀文化产品的数字化、网络化传播。

网络出版服务单位依法从事网络出版服务，任何组织和个人不得干扰、阻止和破坏。

第四十六条 国家支持、鼓励下列优秀的、重点的网络出版物的出版：

（一）对阐述、传播宪法确定的基本原则有重大作用的；

（二）对弘扬社会主义核心价值观，进行爱国主义、集体主义、社会主义和民族团结教育以及弘扬社会公德、职业道德、家庭美德、个人品德有重要意义的；

（三）对弘扬民族优秀文化，促进国际文化交流有重大作用的；

（四）具有自主知识产权和优秀文化内涵的；

（五）对推进文化创新，及时反映国内外新的科学文化成果有重大贡献的；

（六）对促进公共文化服务有重大作用的；

（七）专门以未成年人为对象、内容健康的或者其他有利于未成年人健康成长的；

（八）其他具有重要思想价值、科学价值或者文化艺术价值的。

第四十七条 对为发展、繁荣网络出版服务业作出重要贡献的单位和个人，按照国家有关规定给予奖励。

第四十八条 国家保护网络出版物著作权人的合法权益。网络出版服务单位应当遵守《中华人民共和国著作权法》、《信息网络传播权保护条例》、《计算机软件保护条例》等著作权法律法规。

第四十九条 对非法干扰、阻止和破坏网络出版物出版的行为，出版行政主管部门及其他有关部门，应当及时采取措施，予以制止。

第六章　法律责任

第五十条 网络出版服务单位违反本规定的，出版行政主管部门可以采取下列行政措施：

（一）下达警示通知书；

（二）通报批评、责令改正；

（三）责令公开检讨；

（四）责令删除违法内容。

警示通知书由国家新闻出版广电总局制定统一格式，由出版行政主管部门下达给相关网络出版服务单位。

本条所列的行政措施可以并用。

第五十一条 未经批准，擅自从事网络出版服务，或者擅自上网出版网络游戏（含境外著作权人授权的网络游戏），根据《出版管理条例》第六十一条、《互联网信息服务管理办法》第十九条的规定，由出版行政主管部门、工商行政管理部门依照法定职权予以取缔，并由所在地省级电信主管部门依据有关部门的通知，按照《互联网信息服务管理办法》第十九条的规定给予责令关闭网站等处罚；已经触犯刑法的，依法追究刑事责任；尚不够刑事处罚的，删除全部相关网络出版物，没收违法所得和从事违法出版活动的主要设备、专用工具，违法经营额1万元以上的，并处违法经营额5倍以上10倍以下的罚款；违法经营额不足1万元的，可以处5万元以下的罚款；侵犯他人合法权益的，依法承担民事责任。

第五十二条 出版、传播含有本规定第二十四条、第二十五条禁止内容的网络出版物的，根据《出版管理条例》第六十二条、《互联网信息服务管理办法》第二十条的规定，由出版行政主管部门责令删除相关内容并限期改正，没收违法所得，违法经营额1万元以上的，并处违法经营额5倍以上10倍以下罚款；违法经营额不足1万元的，可以处5万元以下罚款；情节严重的，责令限期停业整顿或者由国家新闻出版广电总局吊销《网络出版服务许可证》，由电信主管部门依据出版行政主管部门的通知吊销其电信业务经营许可或者责令关闭网站；构成犯罪的，依法追究刑事责任。

为从事本条第一款行为的网络出版服务单位提供人工干预搜索排名、广告、推广等相关服务的，由出版行政主管部门责令其停止提供相关服务。

第五十三条 违反本规定第二十一条的，根据《出版管理条例》第六十六条的规定，由出版行政主管部门责令停止违法行为，给予警告，没收违法所得，违法经营额1万元以上的，并处违法经营额5倍以上10倍以下的罚款；违法经营额不足1万元的，可以处5万元以下的罚款；情节严重的，责令限期停业整顿或者由国家新闻出版广电总局吊销《网络出版服务许可证》。

第五十四条 有下列行为之一的，根据《出版管理条例》第六十七条的规定，由出版行政主管部门责令改正，给予警告；情节严重的，责令限期停业整顿或者由国家新闻出版广电总局吊销《网络出版服务许可证》：

（一）网络出版服务单位变更《网络出版服务许可证》登记事项、资本结构，超出批准的服务范围从事网络出版服务，合并或者分立，设立分支机构，未依据本规定办理审批手续的；

（二）网络出版服务单位未按规定出版涉及重大选题出版物的；

（三）网络出版服务单位擅自中止网络出版服务超过180日的；

（四）网络出版物质量不符合有关规定和标准的。

第五十五条 违反本规定第三十四条的，根据《互联网信息服务管理办法》第二十一条的规定，由省级电信主管部门责令改正；情节严重的，责令停业整顿或者暂时关闭网站。

第五十六条 网络出版服务单位未依法向出版行政主管部门报送统计资料的，依据《新闻出版统计管理办法》处罚。

第五十七条 网络出版服务单位违反本规定第二章规定，以欺骗或者贿赂等不正当手段取得许可的，由国家新闻出版广电总局撤销其相应许可。

第五十八条 有下列行为之一的，由出版行政主管部门责令改正，予以警告，并处3万元以下罚款：

（一）违反本规定第十条，擅自与境内外中外合资经营、中外合作经营和外资经营的企业进行涉及网络出版服务业务的合作的；

（二）违反本规定第十九条，未标明有关许可信息或者未核验有关网站的《网络出版服务许可证》的；

（三）违反本规定第二十三条，未按规定实行编辑责任制度等管理制度的；

（四）违反本规定第三十一条，未按规定或标准配备应用有关系统、设备或未健全有关管理制度的；

（五）未按本规定要求参加年度核验的；

（六）违反本规定第四十四条，网络出版服务单位的法定代表人或主要负责人未取得《岗位培训合格证书》的；

（七）违反出版行政主管部门关于网络出版其他管理规定的。

第五十九条 网络出版服务单位违反本规定被处以吊销许可证行政处罚的，其法定代表人或者主要负责人自许可证被吊销之日起10年内不得担任网络出版服务单位的法定代表人或者主要负责人。

从事网络出版服务的编辑出版等相关专业技术人员及其负责人违反本规定，情节严重的，由原发证机关吊销其资格证书。

第七章 附 则

第六十条 本规定所称出版物内容审核责任制度、责任编辑制度、责任校对制度等管理制度，参照《图书质量保障体系》的有关规定执行。

第六十一条 本规定自2016年3月10日起施行。原国家新闻出版总署、信息产业部2002年6月27日颁布的《互联网出版管理暂行规定》同时废止。

国家新闻出版署关于进一步加强网络文学出版管理的通知

2020年6月5日国新出发〔2020〕11号印发

各省、自治区、直辖市新闻出版局，各网络文学出版单位：

网络文学是繁荣发展社会主义文艺的重要力量，拥有庞大读者群，特别是在青少年中具有广泛影响。近年来，网络文学行业蓬勃发展，涌现出一批优秀作者和思想性艺术性可读性相统一的原创作品，在促进文学创作生产、满足人民群众精神文化需求方面发挥了积极作用。同时，也存在一些值得注意的倾向和问题。一些作品导向偏差、格调不高，甚至以淫秽色情、血腥暴力等内容刺激感官、吸引眼球；有的企业社会责任感缺失、把关机制不健全、主体责任落实不到位，片面追求经济效益。根据《出版管理条例》《网络出版服务管理规定》等法规规章要求，为进一步加强网络文学出版管理，规范网络文学行业秩序，引导网络文学出版单位始终坚持正确出版导向、坚持把社会效益放在首位、坚持高质量发展、努力以精品奉献人民,推动网络文学繁荣健康发展,现就有关事项通知如下。

一、建立健全内容审核机制。网络文学出版单位须设立总编辑,建立健全编辑委员会,强化内容把关职责,总编辑对涉及内容导向问题的事项具有否决权,对发布作品的内容质量负总责。加强选题策划,控制总量、优化结构、提高质量,支持优质创新内容,抵制模式化、同质化倾向。严格导向管理,完善质量内控机制,严格执行选题论证制度、内容审校制度,做到内容把关责任明确、编校流程可核查可追溯,确保内容导向正确、格调健康向上。严格落实平台主体责任,坚持先审后发的原则,在作品发布前,对登载内容进行严格审核;对尚未创作完成、持续更新的作品进行跟踪审读,未经审核不得上线发布。加强对作品排行榜、互动评论等作品相关发布信息的动态管理,正确引导用户阅读。

二、严格规范登载发布行为。实行网络文学创作者实名注册制度,按照"后台实名、前台自愿"的原则,网络文学出版单位必须要求创作者提供真实身份信息,不得为未使用真实身份信息注册的创作者提供相关服务,并对收集的信息严格保密,确保创作者信息安全。网络文学出版单位应在平台上明示登载规则和服务约定,对创作者登载发布行为提出明确要求,既保障合理权益,又实施有效约束。登载发布原创作品,须在作品封面或内容首页显著位置标明书名、作者、责任编辑及版权说明等相关信息。互联网公众账号服务商、应用商店等首发网络文学作品的,按照上述要求进行管理;从事分发业务的,须加强审核力量建设,对分发产品及内容进行跟踪把关,对出现的问题承担相应责任。提供公众账号和应用商店服务的互联网平台按照上述要求加强监测管理,承担相应主体责任。

三、定期开展社会效益评价考核。网络文学出版单位应按要求开展社会效益评价考核,形成社会效益自评报告,报送属地出版主管部门审核认定。网络文学出版单位发布或推介作品出现严重错误的,社会效益评价考核结果为不合格。对连续两年考核结果为优秀的网络文学出版单位,出版主管部门在评奖推优和资助扶持等方面予以倾斜;对考核结果为不合格的,进行通报批评,约谈主要负责人,责令整改并且在整改到位前不得参加各类评优评奖;对存在违法违规行为的,依法依规进行处罚。

四、加强评奖推选活动管理。各类社会组织、媒体单位、学校和研究机构等举办全国性网络文学评奖,须向国家新闻出版署申请,经同意后举办;各类企业不得以任何名目举办全国性网络文学评奖。开展地方性网络文学评奖的,须经当地出版主管部门同意。

五、进一步规范市场秩序。加强网络文学市场管理,严肃处理违法违规行为。对内容导向出现严重偏差的,综合运用行政监管、经济惩罚、刑事处罚等多种措施进行处置。坚决清理低俗庸俗媚俗内容,坚决遏制跟风模仿等不良倾向,坚决打击侵权盗版行为。加强对网络文学导流行为的监督管理,出现传播错误内容、误导用户阅读行为的,相关网络平台应及时采取限制功能、暂停更新、关闭账号等措施。网络文学出版单位应在平台显著位置设置读者投诉入口,主动接受社会监督。探索建立完善信用档案制度,将违法违规企业或从业人员纳入失信档案,根据情节轻重采取限入、禁入等措施。

六、加强网络文学出版队伍建设。深入开展马克思主义新闻出版观教育,提高网络文学从业人员内容导向把关能力,增强责任感使命感。加强队伍教育培训,网络文学出版单位从事内容审核的编辑人员应按时参加出版专业技术人员继续教育,每年累计不少于 72 小时,取得出版主管部门颁发的继续教育合格证书;网络文学出版单位法定代表人、总编辑或主要负责人应在规定时间内参加出版主管部门组织的岗位培训,取得国家新闻出版署统一印制的岗位培训合格证书。引导广大网络文学从业人员对读者负责、对社会负责,加强品德修养,恪守公序良俗,弘扬新风正气,打造精品力作,维护网络文学行业良好声誉和网络文学出版工作者良好形象。

七、切实履行属地管理职责。各级出版主管部门要严格落实意识形态工作责任制,落实属地管理责任,加强对属地网络文学业务的管理,摸清底数、建立台账、完善制度。对出现问题的作品、企业和相关舆情,应积极妥善处理并及时报告。加强对所属网络文学出版单位重大事项和重点出版物的指导把关,及时研判处置重要问题,确保各项管理责任落到实处。定期监督检查网络文学出版单位编辑责任制度落实情况,把检查结果作为出版单位资源配置、年检评估、项目评审和评优表彰的重要依据。建立和充实网络文学阅评队伍,加大抽查排查力度,及时发现和处理苗头性倾向性问题。充分运用技术手段,加强监测监看,提升分析研判水平,提高科学管理效能。

本通知所称网络文学出版单位含提供网络文学服务的平台;所称全国性网络文学评奖是指在全国范围内对网络文学领域的人物、作品进行的评奖活动,冠以"中国""中华""全国"等名称的网络文学评奖活动,以及在境内举办的冠以“国际”“全球”“华语地区”等名称的网络文学评奖活动。

本通知自印发之日起施行。

互联网新闻信息服务管理规定

1. 2017年5月2日国家互联网信息办公室令第1号公布
2. 自2017年6月1日起施行

第一章 总 则

第一条 为加强互联网信息内容管理,促进互联网新闻信息服务健康有序发展,根据《中华人民共和国网络安全法》《互联网信息服务管理办法》《国务院关于授权国家互联网信息办公室负责互联网信息内容管理工作的通知》,制定本规定。

第二条 在中华人民共和国境内提供互联网新闻信息服务,适用本规定。

本规定所称新闻信息,包括有关政治、经济、军事、外交等社会公共事务的报道、评论,以及有关社会突发事件的报道、评论。

第三条 提供互联网新闻信息服务,应当遵守宪法、法律和行政法规,坚持为人民服务、为社会主义服务的方向,坚持正确舆论导向,发挥舆论监督作用,促进形成积极健康、向上向善的网络文化,维护国家利益和公共利益。

第四条 国家互联网信息办公室负责全国互联网新闻信息服务的监督管理执法工作。地方互联网信息办公室依据职责负责本行政区域内互联网新闻信息服务的监督管理执法工作。

第二章 许 可

第五条 通过互联网站、应用程序、论坛、博客、微博客、公众账号、即时通信工具、网络直播等形式向社会公众提供互联网新闻信息服务,应当取得互联网新闻信息服务许可,禁止未经许可或超越许可范围开展互联网新闻信息服务活动。

前款所称互联网新闻信息服务,包括互联网新闻信息采编发布服务、转载服务、传播平台服务。

第六条 申请互联网新闻信息服务许可,应当具备下列条件:

(一)在中华人民共和国境内依法设立的法人;

(二)主要负责人、总编辑是中国公民;

(三)有与服务相适应的专职新闻编辑人员、内容审核人员和技术保障人员;

(四)有健全的互联网新闻信息服务管理制度;

(五)有健全的信息安全管理制度和安全可控的技术保障措施;

(六)有与服务相适应的场所、设施和资金。

申请互联网新闻信息采编发布服务许可的,应当是新闻单位(含其控股的单位)或新闻宣传部门主管的单位。

符合条件的互联网新闻信息服务提供者实行特殊管理股制度,具体实施办法由国家互联网信息办公室另行制定。

提供互联网新闻信息服务,还应当依法向电信主管部门办理互联网信息服务许可或备案手续。

第七条 任何组织不得设立中外合资经营、中外合作经营和外资经营的互联网新闻信息服务单位。

互联网新闻信息服务单位与境内外中外合资经营、中外合作经营和外资经营的企业进行涉及互联网新闻信息服务业务的合作,应当报经国家互联网信息办公室进行安全评估。

第八条 互联网新闻信息服务提供者的采编业务和经营业务应当分开,非公有资本不得介入互联网新闻信息采编业务。

第九条 申请互联网新闻信息服务许可,申请主体为中央新闻单位(含其控股的单位)或中央新闻宣传部门主管的单位的,由国家互联网信息办公室受理和决定;申请主体为地方新闻单位(含其控股的单位)或地方新闻宣传部门主管的单位的,由省、自治区、直辖市互联网信息办公室受理和决定;申请主体为其他单位的,经所在地省、自治区、直辖市互联网信息办公室受理和初审后,由国家互联网信息办公室决定。

国家或省、自治区、直辖市互联网信息办公室决定批准的,核发《互联网新闻信息服务许可证》。《互联网新闻信息服务许可证》有效期为三年。有效期届满,需继续从事互联网新闻信息服务活动的,应当于有效期届满三十日前申请续办。

省、自治区、直辖市互联网信息办公室应当定期向国家互联网信息办公室报告许可受理和决定情况。

第十条 申请互联网新闻信息服务许可,应当提交下列材料:

(一)主要负责人、总编辑为中国公民的证明;

(二)专职新闻编辑人员、内容审核人员和技术保障人员的资质情况;

(三)互联网新闻信息服务管理制度;

(四)信息安全管理制度和技术保障措施;

（五）互联网新闻信息服务安全评估报告；

（六）法人资格、场所、资金和股权结构等证明；

（七）法律法规规定的其他材料。

第三章 运 行

第十一条 互联网新闻信息服务提供者应当设立总编辑，总编辑对互联网新闻信息内容负总责。总编辑人选应当具有相关从业经验，符合相关条件，并报国家或省、自治区、直辖市互联网信息办公室备案。

互联网新闻信息服务相关从业人员应当依法取得相应资质，接受专业培训、考核。互联网新闻信息服务相关从业人员从事新闻采编活动，应当具备新闻采编人员职业资格，持有国家新闻出版广电总局统一颁发的新闻记者证。

第十二条 互联网新闻信息服务提供者应当健全信息发布审核、公共信息巡查、应急处置等信息安全管理制度，具有安全可控的技术保障措施。

第十三条 互联网新闻信息服务提供者为用户提供互联网新闻信息传播平台服务，应当按照《中华人民共和国网络安全法》的规定，要求用户提供真实身份信息。用户不提供真实身份信息的，互联网新闻信息服务提供者不得为其提供相关服务。

互联网新闻信息服务提供者对用户身份信息和日志信息负有保密的义务，不得泄露、篡改、毁损，不得出售或非法向他人提供。

互联网新闻信息服务提供者及其从业人员不得通过采编、发布、转载、删除新闻信息，干预新闻信息呈现或搜索结果等手段谋取不正当利益。

第十四条 互联网新闻信息服务提供者提供互联网新闻信息传播平台服务，应当与在其平台上注册的用户签订协议，明确双方权利义务。

对用户开设公众账号的，互联网新闻信息服务提供者应当审核其账号信息、服务资质、服务范围等信息，并向所在地省、自治区、直辖市互联网信息办公室分类备案。

第十五条 互联网新闻信息服务提供者转载新闻信息，应当转载中央新闻单位或省、自治区、直辖市直属新闻单位等国家规定范围内的单位发布的新闻信息，注明新闻信息来源、原作者、原标题、编辑真实姓名等，不得歪曲、篡改标题原意和新闻信息内容，并保证新闻信息来源可追溯。

互联网新闻信息服务提供者转载新闻信息，应当遵守著作权相关法律法规的规定，保护著作权人的合法权益。

第十六条 互联网新闻信息服务提供者和用户不得制作、复制、发布、传播法律、行政法规禁止的信息内容。

互联网新闻信息服务提供者提供服务过程中发现含有违反本规定第三条或前款规定内容的，应当依法立即停止传输该信息、采取消除等处置措施，保存有关记录，并向有关主管部门报告。

第十七条 互联网新闻信息服务提供者变更主要负责人、总编辑、主管单位、股权结构等影响许可条件的重大事项，应当向原许可机关办理变更手续。

互联网新闻信息服务提供者应用新技术、调整增设具有新闻舆论属性或社会动员能力的应用功能，应当报国家或省、自治区、直辖市互联网信息办公室进行互联网新闻信息服务安全评估。

第十八条 互联网新闻信息服务提供者应当在明显位置明示互联网新闻信息服务许可证编号。

互联网新闻信息服务提供者应当自觉接受社会监督，建立社会投诉举报渠道，设置便捷的投诉举报入口，及时处理公众投诉举报。

第四章 监督检查

第十九条 国家和地方互联网信息办公室应当建立日常检查和定期检查相结合的监督管理制度，依法对互联网新闻信息服务活动实施监督检查，有关单位、个人应当予以配合。

国家和地方互联网信息办公室应当健全执法人员资格管理制度。执法人员开展执法活动，应当依法出示执法证件。

第二十条 任何组织和个人发现互联网新闻信息服务提供者有违反本规定行为的，可以向国家和地方互联网信息办公室举报。

国家和地方互联网信息办公室应当向社会公开举报受理方式，收到举报后，应当依法予以处置。互联网新闻信息服务提供者应当予以配合。

第二十一条 国家和地方互联网信息办公室应当建立互联网新闻信息服务网络信用档案，建立失信黑名单制度和约谈制度。

国家互联网信息办公室会同国务院电信、公安、新闻出版广电等部门建立信息共享机制，加强工作沟通和协作配合，依法开展联合执法等专项监督检查活动。

第五章 法律责任

第二十二条 违反本规定第五条规定，未经许可或超越许可范围开展互联网新闻信息服务活动的，由国家和省、自治区、直辖市互联网信息办公室依据职责责令停止相关服务活动，处一万元以上三万元以下罚款。

第二十三条 互联网新闻信息服务提供者运行过程中不再符合许可条件的，由原许可机关责令限期改正；逾期仍不符合许可条件的，暂停新闻信息更新；《互联网新闻信息服务许可证》有效期届满仍不符合许可条件的，不予换发许可证。

第二十四条 互联网新闻信息服务提供者违反本规定第七条第二款、第八条、第十一条、第十二条、第十三条第三款、第十四条、第十五条第一款、第十七条、第十八条规定的，由国家和地方互联网信息办公室依据职责给予警告，责令限期改正；情节严重或拒不改正的，暂停新闻信息更新，处五千元以上三万元以下罚款；构成犯罪的，依法追究刑事责任。

第二十五条 互联网新闻信息服务提供者违反本规定第三条、第十六条第一款、第十九条第一款、第二十条第二款规定的，由国家和地方互联网信息办公室依据职责给予警告，责令限期改正；情节严重或拒不改正的，暂停新闻信息更新，处二万元以上三万元以下罚款；构成犯罪的，依法追究刑事责任。

第二十六条 互联网新闻信息服务提供者违反本规定第十三条第一款、第十六条第二款规定的，由国家和地方互联网信息办公室根据《中华人民共和国网络安全法》的规定予以处理。

第六章 附 则

第二十七条 本规定所称新闻单位，是指依法设立的报刊社、广播电台、电视台、通讯社和新闻电影制片厂。

第二十八条 违反本规定，同时违反互联网信息服务管理规定的，由国家和地方互联网信息办公室根据本规定处理后，转由电信主管部门依法处置。

国家对互联网视听节目服务、网络出版服务等另有规定的，应当同时符合其规定。

第二十九条 本规定自 2017 年 6 月 1 日起施行。本规定施行之前颁布的有关规定与本规定不一致的，按照本规定执行。

儿童个人信息网络保护规定

1. 2019 年 8 月 22 日国家互联网信息办公室令第 4 号公布
2. 自 2019 年 10 月 1 日起施行

第一条 为了保护儿童个人信息安全，促进儿童健康成长，根据《中华人民共和国网络安全法》《中华人民共和国未成年人保护法》等法律法规，制定本规定。

第二条 本规定所称儿童，是指不满十四周岁的未成年人。

第三条 在中华人民共和国境内通过网络从事收集、存储、使用、转移、披露儿童个人信息等活动，适用本规定。

第四条 任何组织和个人不得制作、发布、传播侵害儿童个人信息安全的信息。

第五条 儿童监护人应当正确履行监护职责，教育引导儿童增强个人信息保护意识和能力，保护儿童个人信息安全。

第六条 鼓励互联网行业组织指导推动网络运营者制定儿童个人信息保护的行业规范、行为准则等，加强行业自律，履行社会责任。

第七条 网络运营者收集、存储、使用、转移、披露儿童个人信息的，应当遵循正当必要、知情同意、目的明确、安全保障、依法利用的原则。

第八条 网络运营者应当设置专门的儿童个人信息保护规则和用户协议，并指定专人负责儿童个人信息保护。

第九条 网络运营者收集、使用、转移、披露儿童个人信息的，应当以显著、清晰的方式告知儿童监护人，并应当征得儿童监护人的同意。

第十条 网络运营者征得同意时，应当同时提供拒绝选项，并明确告知以下事项：

（一）收集、存储、使用、转移、披露儿童个人信息的目的、方式和范围；

（二）儿童个人信息存储的地点、期限和到期后的处理方式；

（三）儿童个人信息的安全保障措施；

（四）拒绝的后果；

（五）投诉、举报的渠道和方式；

（六）更正、删除儿童个人信息的途径和方法；

（七）其他应当告知的事项。

前款规定的告知事项发生实质性变化的，应当再次征得儿童监护人的同意。

第十一条 网络运营者不得收集与其提供的服务无关的儿童个人信息，不得违反法律、行政法规的规定和双方的约定收集儿童个人信息。

第十二条 网络运营者存储儿童个人信息，不得超过实现其收集、使用目的所必需的期限。

第十三条 网络运营者应当采取加密等措施存储儿童个人信息，确保信息安全。

第十四条 网络运营者使用儿童个人信息，不得违反法律、行政法规的规定和双方约定的目的、范围。因业务需要，确需超出约定的目的、范围使用的，应当再次征得儿童监护人的同意。

第十五条 网络运营者对其工作人员应当以最小授权为原则，严格设定信息访问权限，控制儿童个人信息知悉范围。工作人员访问儿童个人信息的，应当经过儿童个人信息保护负责人或者其授权的管理人员审批，记录访问情况，并采取技术措施，避免违法复制、下载儿童个人信息。

第十六条 网络运营者委托第三方处理儿童个人信息的，应当对受委托方及委托行为等进行安全评估，签署委托协议，明确双方责任、处理事项、处理期限、处理性质和目的等，委托行为不得超出授权范围。

前款规定的受委托方，应当履行以下义务：

（一）按照法律、行政法规的规定和网络运营者的要求处理儿童个人信息；

（二）协助网络运营者回应儿童监护人提出的申请；

（三）采取措施保障信息安全，并在发生儿童个人信息泄露安全事件时，及时向网络运营者反馈；

（四）委托关系解除时及时删除儿童个人信息；

（五）不得转委托；

（六）其他依法应当履行的儿童个人信息保护义务。

第十七条 网络运营者向第三方转移儿童个人信息的，应当自行或者委托第三方机构进行安全评估。

第十八条 网络运营者不得披露儿童个人信息，但法律、行政法规规定应当披露或者根据与儿童监护人的约定可以披露的除外。

第十九条 儿童或者其监护人发现网络运营者收集、存储、使用、披露的儿童个人信息有错误的，有权要求网络运营者予以更正。网络运营者应当及时采取措施予以更正。

第二十条 儿童或者其监护人要求网络运营者删除其收集、存储、使用、披露的儿童个人信息的，网络运营者应当及时采取措施予以删除，包括但不限于以下情形：

（一）网络运营者违反法律、行政法规的规定或者双方的约定收集、存储、使用、转移、披露儿童个人信息的；

（二）超出目的范围或者必要期限收集、存储、使用、转移、披露儿童个人信息的；

（三）儿童监护人撤回同意的；

（四）儿童或者其监护人通过注销等方式终止使用产品或者服务的。

第二十一条 网络运营者发现儿童个人信息发生或者可能发生泄露、毁损、丢失的，应当立即启动应急预案，采取补救措施；造成或者可能造成严重后果的，应当立即向有关主管部门报告，并将事件相关情况以邮件、信函、电话、推送通知等方式告知受影响的儿童及其监护人，难以逐一告知的，应当采取合理、有效的方式发布相关警示信息。

第二十二条 网络运营者应当对网信部门和其他有关部门依法开展的监督检查予以配合。

第二十三条 网络运营者停止运营产品或者服务的，应当立即停止收集儿童个人信息的活动，删除其持有的儿童个人信息，并将停止运营的通知及时告知儿童监护人。

第二十四条 任何组织和个人发现有违反本规定行为的，可以向网信部门和其他有关部门举报。

网信部门和其他有关部门收到相关举报的，应当依据职责及时进行处理。

第二十五条 网络运营者落实儿童个人信息安全管理责任不到位，存在较大安全风险或者发生安全事件的，由网信部门依据职责进行约谈，网络运营者应当及时采取措施进行整改，消除隐患。

第二十六条 违反本规定的，由网信部门和其他有关部门依据职责，根据《中华人民共和国网络安全法》《互联网信息服务管理办法》等相关法律法规规定处理；构成犯罪的，依法追究刑事责任。

第二十七条 违反本规定被追究法律责任的，依照有关法律、行政法规的规定记入信用档案，并予以公示。

第二十八条 通过计算机信息系统自动留存处理信息且无法识别所留存处理的信息属于儿童个人信息的，依照其他有关规定执行。

第二十九条 本规定自2019年10月1日起施行。

互联网站从事登载新闻业务管理暂行规定

2000年11月7日国务院新闻办公室、信息产业部发布

第一条 为了促进我国互联网新闻传播事业的发展，规范互联网站登载新闻的业务，维护互联网新闻的真实性、准确性、合法性，制定本规定。

第二条 本规定适用于在中华人民共和国境内从事登载新闻业务的互联网站。本规定所称登载新闻，是指通过互联网发布和转载新闻。

第三条 互联网站从事登载新闻业务，必须遵守宪法和法律、法规。国家保护互联网站从事登载新闻业务的合法权益。

第四条 国务院新闻办公室负责全国互联网站从事登载新闻业务的管理工作。省、自治区、直辖市人民政府新闻办公室依照本规定负责本行政区域内互联网站从事登载新闻业务的管理工作。

第五条 中央新闻单位、中央国家机关各部门新闻单位以及省、自治区、直辖市和省、自治区人民政府所在地的市直属新闻单位依法建立的互联网站（以下简称新闻网站），经批准可以从事登载新闻业务。其他新闻单位不单独建立新闻网站，经批准可以在中央新闻单位或者省、自治区、直辖市直属新闻单位建立的新闻网站建立新闻网页从事登载新闻业务。

第六条 新闻单位建立新闻网站（页）从事登载新闻业务，应当依照下列规定报国务院新闻办公室或者省、自治区、直辖市人民政府新闻办公室审核批准：

（一）中央新闻单位建立新闻网站从事登载新闻业务，报国务院新闻办公室审核批准。

（二）中央国家机关各部门新闻单位建立新闻网站从事登载新闻业务，经主管部门审核同意，报国务院新闻办公室批准。

（三）省、自治区、直辖市和省、自治区人民政府所在地的市直属新闻单位建立新闻网站从事登载新闻业务，经所在地省、自治区、直辖市人民政府新闻办公室审核同意，报国务院新闻办公室批准。

（四）省、自治区、直辖市以下新闻单位在中央新闻单位或者省、自治区、直辖市直属新闻单位的新闻网站建立新闻网页从事登载新闻业务，报所在地省、自治区、直辖市人民政府新闻办公室审核批准，并报国务院新闻办公室备案。

第七条 非新闻单位依法建立的综合性互联网站（以下简称综合性非新闻单位网站），具备本规定第九条所列条件的，经批准可以从事登载中央新闻单位、中央国家机关各部门新闻单位以及省、自治区、直辖市直属新闻单位发布的新闻的业务，但不得登载自行采写的新闻和其他来源的新闻。非新闻单位依法建立的其他互联网站，不得从事登载新闻业务。

第八条 综合性非新闻单位网站依照本规定第七条从事登载新闻业务，应当经主办单位所在地省、自治区、直辖市人民政府新闻办公室审核同意，报国务院新闻办公室批准。

第九条 综合性非新闻单位网站从事登载新闻业务，应当具备下列条件：

（一）有符合法律、法规规定的从事登载新闻业务的宗旨及规章制度；

（二）有必要的新闻编辑机构、资金、设备及场所；

（三）有具有相关新闻工作经验和中级以上新闻专业技术职务资格的专职新闻编辑负责人，并有相应数量的具有中级以上新闻专业技术职务资格的专职新闻编辑人员；

（四）有符合本规定第十一条规定的新闻信息来源。

第十条 互联网站申请从事登载新闻业务，应当填写并提交国务院新闻办公室统一制发的《互联网站从事登载新闻业务申请表》。

第十一条 综合性非新闻单位网站从事登载中央新闻单位、中央国家机关各部门新闻单位以及省、自治区、直辖市直属新闻单位发布的新闻的业务，应当同上述有关新闻单位签订协议，并将协议副本报主办单位所在地省、自治区、直辖市人民政府新闻办公室备案。

第十二条 综合性非新闻单位网站登载中央新闻单位、中央国家机关各部门新闻单位以及省、自治区、直辖市直属新闻单位发布的新闻，应当注明新闻来源和日期。

第十三条 互联网站登载的新闻不得含有下列内容：

（一）违反宪法所确定的基本原则；

（二）危害国家安全，泄露国家秘密，煽动颠覆国家政权，破坏国家统一；

（三）损害国家的荣誉和利益；

（四）煽动民族仇恨、民族歧视，破坏民族团结；

（五）破坏国家宗教政策，宣扬邪教，宣扬封建迷信；

（六）散布谣言，编造和传播假新闻，扰乱社会秩序，破坏社会稳定；

（七）散布淫秽、色情、赌博、暴力、恐怖或者教唆犯罪；

（八）侮辱或者诽谤他人，侵害他人合法权益；

（九）法律、法规禁止的其他内容。

第十四条 互联网站链接境外新闻网站，登载境外新闻媒体和互联网站发布的新闻，必须另行报国务院新闻办公室批准。

第十五条 违反本规定，有下列情形之一的，由国务院新闻办公室或者省、自治区、直辖市人民政府新闻办公室给予警告，责令限期改正；已取得从事登载新闻业务资格的，情节严重的，撤消其从事登载新闻业务的资格：

（一）未取得从事登载新闻业务资格，擅自登载新闻的；

（二）综合性非新闻单位网站登载自行采写的新闻或者登载不符合本规定第七条规定来源的新闻的，或者未注明新闻来源的；

（三）综合性非新闻单位网站未与中央新闻单位、中央国家机关各部门新闻单位以及省、自治区、直辖市直属新闻单位签订协议擅自登载其发布的新闻，或者签订的协议未履行备案手续的；

（四）未经批准，擅自链接境外新闻网站，登载境外新闻媒体和互联网站发布的新闻的。

第十六条 互联网站登载的新闻含有本规定第十三条所列内容之一，构成犯罪的，依法追究刑事责任；尚不构成犯罪的，由公安机关或者国家安全机关依照有关法律、行政法规的规定给予行政处罚。

第十七条 互联网站登载新闻含有本规定第十三条所列内容之一或者有本规定第十五条所列情形之一的，国务院信息产业主管部门或者省、自治区、直辖市电信管理机构依照有关法律、行政法规的规定，可以责令关闭网站。并吊销其电信业务经营许可证。

第十八条 在本规定施行前已经从事登载新闻业务的互联网站，应当自本规定施行之日起60日内依照本规定办理相应的手续。

第十九条 本规定自发布之日起施行。

文化部关于加强互联网上网服务营业场所连锁经营管理的通知

1. 2003年4月22日
2. 文市发〔2003〕15号

各省、自治区、直辖市文化厅（局），新疆生产建设兵团文化局：

为深入贯彻《互联网上网服务营业场所管理条例》，整顿和规范网络文化市场，根据《国务院办公厅转发国务院体改办国家经贸委关于促进连锁经营发展若干意见的通知》（国办发〔2002〕49号）精神，现就互联网上网服务营业场所连锁经营管理有关问题通知如下：

一、促进和规范互联网上网服务营业场所连锁经营，是加强对网吧等互联网上网服务营业场所管理，规范互联网上网服务经营活动的重要措施。各地文化行政部门一方面要继续坚持从严审批、从严管理、从严控制总量、从严打击违法经营的原则，合理布局、优化结构，加强对网吧等互联网上网服务营业场所的宏观调控和行政执法力度，探索长效管理机制，落实经营管理技术措施；另一方面要加强对现有网吧的正面引导和改造提高，通过促进和规范互联网上网服务营业场所连锁经营，力争让规模化、连锁化、主题化、品牌化的网吧等互联网上网服务营业场所逐步占据市场主流，在社会上树立起网吧等互联网上网服务营业场所文明、健康的良好形象。

二、本通知所称的互联网上网服务营业场所连锁经营，是指若干互联网上网服务营业场所在连锁经营企业总部的统一管理下，严格按照连锁经营的组织规范，统一经营方针、统一服务规范、统一形象标识、统一营业场所风格，并且统一上网首页和统一计算机远程管理的经营组织形式，主要包括直营连锁和特许（或称加盟）连锁两种组织形式。连锁经营企业对直营连锁门店的控股比例不得低于51%。不符合上述要求的，不得以连锁名义从事经营活动。

三、文化部负责全国性和跨省（自治区、直辖市）连锁经营的互联网上网服务营业场所连锁经营企业的审批；省、自治区、直辖市文化行政部门负责审批在本行政辖区内从事连锁经营的互联网上网服务营业场所连锁经营企业的审批，并报文化部备案。各省、自治区、直辖市文化行政部门要对互联网上网服务营业场所连锁经营企业及其连锁门店的数量和布局进行合理规划，既要防止独家垄断，又要避免恶性竞争。每个省（自治区、直辖市）审批设立的互联网上网服务营业场所连锁经营企业不超过3家，全国性互联网上网服务营业场所连锁经营企业原则上不超过10家。要在严格控制总量的前提下优先审批互联网上网服务营业场所连锁经营企业的直营连锁门店，从严审批新设立的特许连锁门店，鼓励和支持互联网上网服务营业场所连锁经营企业在商业自愿的原则下收购、兼并、联合、重组、参股、控股现有的互联网上网服务营业场所经营单位。今后要在城市和有条件的农村地区停止审批非连锁经营的互联网上网服务营业场所。

四、申请设立互联网上网服务营业场所连锁经营企业应当符合《互联网上网服务营业场所管理条例》和国家有关规定，并具备下列条件：

（一）有企业的名称、住所、组织机构和章程；

（二）在一个省（自治区、直辖市）内从事连锁经营的，注册资本（金）或出资不得少于1000万元；从事全国性和跨省（自治区直辖市）连锁经营的，注册资本（金）或出资不得少于5000万元；

（三）有与其连锁经营活动相适应并取得从业资格的经营管理人员、专业技术人员；

（四）在一个省（自治区、直辖市）内从事连锁经营的，应当有不少于10家直营连锁门店；从事全国性和跨省（自治区、直辖市）连锁经营的，应当在不少于两个省（自治区、直辖市）内拥有不少于20家直营连锁门店；

（五）直营连锁门店不得少于连锁门店总量的10%；从事特许经营活动应当依法签订特许经营合同；

（六）具有与其连锁经营活动相适应并符合连锁经营规范的经营管理体系和向连锁门店提供长期经营指导的能力；

（七）拥有统一的上网首页和对连锁门店统一实施的计算机远程管理系统；

（八）法律法规和文化部规定的其他条件。

五、申请设立互联网上网服务营业场所连锁经营的企业应当提供以下文件：

（一）名称预先核准通知书或营业执照和章程；

（二）法定代表人或主要负责人的身份证明等有关证明材料，主要经营管理人员、专业技术人员的从业资格等有关证明材料；

（三）资金信用证明和符合本通知第四条规定数量的营业场所产权证明或者租赁意向书；

（四）符合连锁经营规范的筹建方案；

（五）符合国家法律法规规定的连锁经营管理制度及特许连锁门店的加盟章程；

（六）作为统一上网首页的合作网站合作意向书或者自建网站的筹建方案；

（七）统一计算机远程管理系统的筹建方案；

（八）需要提交的其他文件。

六、文化部或省、自治区、直辖市文化行政部门收到互联网上网服务营业场所连锁经营企业设立申请后，经审查符合条件的，发给同意筹建的批准文件。申请人完成筹建后，应当持符合本通知第四条规定数量的连锁门店《网络文化经营许可证》复印件、直营连锁门店的直营证明材料和特许连锁门店的特许经营协议书（合同）等证明材料向文化行政部门申请最终审核。文化行政部门经实地检查并审核合格的，发给《网络文化经营许可证》；经审查不符合条件的，应当向申请人说明理由。

七、互联网上网服务营业场所连锁经营企业设立连锁门店应当取得当地县（区）级以上文化行政部门的书面同意，并按照《互联网上网服务营业场所管理条例》的有关规定单独办理《网络文化经营许可证》。已经依法办理《网络文化经营许可证》的连锁门店应当办理变更登记手续。各省（自治区、直辖市）文化行政部门应当支持全国性或跨省（自治区、直辖市）连锁经营企业于一年以内在本行政区内设立不少于10家连锁门店。

八、互联网上网服务营业场所连锁经营企业及其连锁门店应当自觉接受当地文化行政部门的日常监督管理。凡连锁门店受到停业整顿以上行政处罚的，当地文化行政部门应当将处罚决定逐级上报至连锁经营企业发证部门备案。一年以内累计受到两次以上停业整顿以上行政处罚的特许连锁门店，连锁经营企业应当终止与该门店的特许经营关系；一年以内3%以上连锁门店受到停业整顿以上行政处罚的，发证部门应当责令连锁经营企业进行整改；一年以内3%以上连锁门店被吊销《网络文化经营许可证》的，取消连锁经营企业的连锁经营资格。

九、文化行政部门要对网吧等互联网上网服务营业场所、连锁经营企业及其分支机构实行年审制度。要加强对互联网上网服务营业场所连锁经营企业的指导，积极引导连锁经营企业提高经营管理水平，按照连锁经营标准化、专业化的要求，逐步建立起完善的经营管理体系和服务标准，坚决杜绝假连锁现象。积极引导连锁经营企业加强互联网文化建设，不断拓展增值服务项目，开发主题鲜明、特色突出的互联网文化内容和增值服务功能，为上网消费者提供丰富多彩、健康有益的衍生文化产品和增值服务项目。要充分发挥连锁经营企业在行业协会中的骨干作用和示范作用，努力促进行业自律。

文化部关于加强网络表演管理工作的通知

1. *2016年7月1日*
2. *文市发〔2016〕12号*

各省、自治区、直辖市文化厅（局），新疆生产建设兵团文化广播电视局，西藏自治区、北京市、天津市、上海市、重庆市文化市场行政（综合）执法总队：

网络表演是网络文化的重要组成部分。近年来，我国网络表演市场快速发展，在促进网络文化行业创新，扩大和引导文化消费等方面发挥了积极作用。但是，部分网络表演经营单位责任缺失、管理混乱，一些表演者以低俗、色情等违法违规内容吸引关注，社会影响恶劣，严重危害行业健康发展。为切实加强网络表演管理，规范网络文化市场秩序，必须对网络表演市场实行经常抽查，及时公开，坚决依法查处违法违规行为。根据《互联网文化管理暂行规定》，现就有关事项通知如下：

一、督促网络表演经营单位和表演者落实责任

网络表演经营单位要对本单位提供的网络表演承担主体责任，对所提供的产品、服务和经营行为负责，确保内容合法、经营有序、来源可查、责任可究。网络表演经营单位要健全内容管理制度，配足内容审核人员，严格监督表演者表演行为，加强对用户互动环节的管理。要严密技术监控措施，畅通投诉举报渠道，完善突发事件应急处置机制，确保能够第一时间发现并处置违法违规内容。一经发现含有违法违规内容的网络表演，要及时关闭表演频道，停止网络传播，保存有关记录，并立即向所在地省级文化行政部门或文化市场综合执法机构报告。

表演者对其开展的网络表演承担直接责任。表演者应当依法依规从事网络表演活动，不得开展含有低俗、色情、暴力等国家法律法规禁止内容的网络表演。表演者应当自觉提高职业素养，加强道德自律，自觉开展内容健康向上的网络表演。

各级文化行政部门和文化市场综合执法机构要加强对辖区内网络表演经营单位的管理和培训，依法强化网络表演经营单位直接发现、第一时间处置违法违规内容等主体责任，对逾期不予处理或处理不到位的，要严肃追责，依法查处。

二、加强内容管理，依法查处违法违规网络表演活动

内容管理是网络表演管理工作的重点。各级文化行政部门和文化市场综合执法机构要加强对辖区内网络表演经营单位的日常监管，重点查处提供禁止内容等违法违规网络表演活动，包括：提供含有《互联网文化管理暂行规定》第十六条规定的禁止内容，或利用人体缺陷或者以展示人体变异等方式招徕用户，或以恐怖、残忍、摧残表演者身心健康等方式以及以虐待动物等方式进行的网络表演活动；使用违法违规文化产品开展的网络表演活动；对网络表演活动进行格调低俗的广告宣传和市场推广行为等。

对提供上述违法违规网络表演的网络表演经营单位，文化行政部门和文化市场综合执法机构要依据《互联网文化管理暂行规定》坚决予以查处，没收违法所得，并处罚款；情节严重的，责令停业整顿直至吊销《网络文化经营许可证》；构成犯罪的，依法追究刑事责任。地方文化行政部门和文化市场综合执法机构要按照“谁处罚，谁列入”的原则，根据情形，将违法违规网络表演经营单位列入黑名单或警示名单。

对提供违法违规网络表演的表演者，地方文化行政部门和文化市场综合执法机构要责令所在网络表演经营单位关停表演者频道，并及时将违法违规表演者的信息和证据材料报送文化部。文化部根据情形，将违法违规表演者列入黑名单或警示名单。列入黑名单的表演者，禁止其在全国范围内从事网络表演及其他营业性演出活动，具体时限视违法违规情节轻重确定。

文化行政部门负责将黑名单通报同级有关部门，并建议实施联合惩戒，强化对违法违规网络表演经营单位和表演者“一处违法，处处受限”的信用监管。各级行业协会要在本行业协会范围内，对列入黑名单的网络表演经营单位和表演者予以通报并抵制。

三、对网络表演市场全面实施“双随机一公开”

各地文化行政部门和文化市场综合执法机构要立即对本行政区域内的网络表演经营单位开展一次调查摸底，全面掌握网络表演经营单位情况。在此基础上，充分利用网络文化市场执法协作机制，对网络表演市场全面实施“双随机一公开”，定期开展随机抽查，及时向社会公布查处结果，公布网络表演市场黑名单和警示名单。

各地文化行政部门和文化市场综合执法机构要抓紧制定网络表演随机抽查工作实施方案和随机抽查事项清单，以现场检查、网络巡查为主要抽查方式，以网络表演内容为抽查重点。对投诉举报较多的网络表演经营单位，要加大随机抽查频次，重点监管。要利用全国文化市场技术监管与服务平台，记录随机抽取的检查对象、执法检查人员、检查事项、检查结果等，做到全程留痕，实现过程可溯源、责任可追溯。

本通知所称的网络表演是指将现场进行的文艺表演、网络游戏等文化产品技法展示或解说等，通过信息网络实时传播或者以音视频形式上载传播，供用户在线浏览、观看、使用或者下载的产品和服务。

特此通知。

网络音视频信息服务管理规定

1. 2019年11月18日国家互联网信息办公室、文化和旅游部、国家广播电视总局印发

2. 国信办通字〔2019〕3号

第一条　为促进网络音视频信息服务健康有序发展，保

护公民、法人和其他组织的合法权益，维护国家安全和公共利益，根据《中华人民共和国网络安全法》《互联网信息服务管理办法》《互联网新闻信息服务管理规定》《互联网文化管理暂行规定》《互联网视听节目服务管理规定》，制定本规定。

第二条 在中华人民共和国境内从事网络音视频信息服务，应当遵守本规定。

本规定所称网络音视频信息服务，是指通过互联网站、应用程序等网络平台，向社会公众提供音视频信息制作、发布、传播的服务。

网络音视频信息服务提供者，是指向社会公众提供网络音视频信息服务的组织或者个人。网络音视频信息服务使用者，是指使用网络音视频信息服务的组织或者个人。

第三条 各级网信、文化和旅游、广播电视等部门依据各自职责开展网络音视频信息服务的监督管理工作。

第四条 网络音视频信息服务提供者和使用者应当遵守宪法、法律和行政法规，坚持正确政治方向、舆论导向和价值取向，弘扬社会主义核心价值观，促进形成积极健康、向上向善的网络文化。

第五条 国家鼓励和指导互联网行业组织加强行业自律，建立健全网络音视频信息服务行业标准和行业准则，推动网络音视频信息服务行业信用体系建设，督促网络音视频信息服务提供者依法提供服务、接受社会监督，提高网络音视频信息服务从业人员职业素养，促进行业健康有序发展。

第六条 网络音视频信息服务提供者应当依法取得法律、行政法规规定的相关资质。

第七条 网络音视频信息服务提供者应当落实信息内容安全管理主体责任，配备与服务规模相适应的专业人员，建立健全用户注册、信息发布审核、信息安全管理、应急处置、从业人员教育培训、未成年人保护、知识产权保护等制度，具有与新技术新应用发展相适应的安全可控的技术保障和防范措施，有效应对网络安全事件，防范网络违法犯罪活动，维护网络数据的完整性、安全性和可用性。

第八条 网络音视频信息服务提供者应当依照《中华人民共和国网络安全法》的规定，对用户进行基于组织机构代码、身份证件号码、移动电话号码等方式的真实身份信息认证。用户不提供真实身份信息的，网络音视频信息服务提供者不得为其提供信息发布服务。

第九条 任何组织和个人不得利用网络音视频信息服务以及相关信息技术从事危害国家安全、破坏社会稳定、扰乱社会秩序、侵犯他人合法权益等法律法规禁止的活动，不得制作、发布、传播煽动颠覆国家政权、危害政治安全和社会稳定、网络谣言、淫秽色情，以及侵害他人名誉权、肖像权、隐私权、知识产权和其他合法权益等法律法规禁止的信息内容。

第十条 网络音视频信息服务提供者基于深度学习、虚拟现实等新技术新应用上线具有媒体属性或者社会动员功能的音视频信息服务，或者调整增设相关功能的，应当按照国家有关规定开展安全评估。

第十一条 网络音视频信息服务提供者和网络音视频信息服务使用者利用基于深度学习、虚拟现实等的新技术新应用制作、发布、传播非真实音视频信息的，应当以显著方式予以标识。

网络音视频信息服务提供者和网络音视频信息服务使用者不得利用基于深度学习、虚拟现实等的新技术新应用制作、发布、传播虚假新闻信息。转载音视频新闻信息的，应当依法转载国家规定范围内的单位发布的音视频新闻信息。

第十二条 网络音视频信息服务提供者应当加强对网络音视频信息服务使用者发布的音视频信息的管理，部署应用违法违规音视频以及非真实音视频鉴别技术，发现音视频信息服务使用者制作、发布、传播法律法规禁止的信息内容的，应当依法依约停止传输该信息，采取消除等处置措施，防止信息扩散，保存有关记录，并向网信、文化和旅游、广播电视等部门报告。

网络音视频信息服务提供者发现不符合本规定第十一条第一款要求的信息内容的，应当立即停止传输该信息，以显著方式标识后方可继续传输该信息。

第十三条 网络音视频信息服务提供者应当建立健全辟谣机制，发现网络音视频信息服务使用者利用基于深度学习、虚拟现实等的虚假图像、音视频生成技术制作、发布、传播谣言的，应当及时采取相应的辟谣措施，并将相关信息报网信、文化和旅游、广播电视等部门备案。

第十四条 网络音视频信息服务提供者应当在与网络音视频信息服务使用者签订的服务协议中，明确双方权利、义务，要求网络音视频信息服务使用者遵守本规定及相关法律法规。对违反本规定、相关法律法规及服务协议的网络音视频信息服务使用者依法依约采取警示整改、限制功能、暂停更新、关闭账号等处置措施，保存有关记录，并向网信、文化和旅游、广播电视等部门报告。

第十五条 网络音视频信息服务提供者应当自觉接受社

会监督，设置便捷的投诉举报入口，公布投诉、举报方式等信息，及时受理并处理公众投诉举报。

第十六条　为网络音视频信息服务提供技术支持的主体应当遵守相关法律法规规定和国家标准规范，采取技术措施和其他必要措施，保障网络安全、稳定运行。

第十七条　各级网信、文化和旅游、广播电视等部门应当建立日常监督检查和定期检查相结合的监督管理制度，指导督促网络音视频信息服务提供者依据法律法规和服务协议规范网络音视频信息服务行为。

网络音视频信息服务提供者应当遵守相关法律法规规定，依法留存网络日志，配合网信、文化和旅游、广播电视等部门开展监督管理执法工作，并提供必要的技术、数据支持和协助。

第十八条　网络音视频信息服务提供者和网络音视频信息服务使用者违反本规定的，由网信、文化和旅游、广播电视等部门依照《中华人民共和国网络安全法》《互联网信息服务管理办法》《互联网新闻信息服务管理规定》《互联网文化管理暂行规定》《互联网视听节目服务管理规定》等相关法律法规规定处理；构成违反治安管理行为的，依法给予治安管理处罚；构成犯罪的，依法追究刑事责任。

第十九条　本规定自2020年1月1日起施行。

网络表演经纪机构管理办法

1. 2021年8月30日文化和旅游部印发
2. 文旅市场发〔2021〕91号

第一条　为规范网络表演经纪机构的经营行为，加强网络表演内容管理，促进网络表演行业健康有序发展，根据《营业性演出管理条例》《营业性演出管理条例实施细则》《互联网文化管理暂行规定》等有关规定，制定本办法。

第二条　本办法所称网络表演经纪机构，是指依法从事下列活动的经营单位：

（一）网络表演的组织、制作、营销等经营活动；

（二）网络表演者的签约、推广、代理等经纪活动。

第三条　网络表演经纪机构应当遵守宪法和有关法律、法规，坚持为人民服务、为社会主义服务的方向，以社会主义核心价值观为引领，不断丰富人民群众的文化生活。

第四条　网络表演经纪机构从事演出经纪活动，应当依法取得营业性演出许可证。

网络表演经纪机构申请办理营业性演出许可证，应当依照《营业性演出管理条例》第六条、第十条、第十一条，以及《营业性演出管理条例实施细则》第八条、第十条、第十三条、第十五条关于营业性演出许可证的申请条件、申请材料和外商投资等有关规定执行。

第五条　网络表演经营单位应当依法对本单位开展的网络表演经营活动承担主体责任，核验平台内网络表演经纪机构资质。

第六条　网络表演经纪机构为网络表演者提供网络表演经纪服务，应当通过面谈、视频通话等有效方式对网络表演者进行身份核实。网络表演经纪机构不得在明知网络表演者提供的身份信息与其真实身份不一致的情况下，为其提供网络表演经纪服务。

网络表演经纪机构为网络表演者提供网络表演经纪服务，应当签订协议，约定双方权利义务，维护网络表演者的合法权益。

第七条　网络表演经纪机构不得为未满十六周岁的未成年人提供网络表演经纪服务；为十六周岁以上的未成年人提供网络表演经纪服务的，应当对其身份信息进行认证，并经其监护人书面同意。在征询监护人意见时，应当向监护人解释有关网络表演者权利、义务、责任和违约条款并留存相关交流记录。

网络表演经纪机构提供网络表演经纪服务，不得损害未成年人身心健康，不得侵犯未成年人权益。

第八条　网络表演经纪机构应当加强对签约网络表演者的管理，定期开展政策法规和职业道德培训，讲解网络表演相关法律法规，明确禁止内容和行为，增强网络表演者守法意识，引导网络表演者形成良好的职业道德。

第九条　网络表演经纪机构不得组织、制作、营销含有《营业性演出管理条例》第二十五条、《网络表演经营活动管理办法》第六条禁止内容的网络表演。

第十条　网络表演经纪机构发现签约网络表演者所提供的网络表演含有违法违规内容，应当立即要求网络表演者停止网络表演活动，并及时通知相关网络表演经营单位。

第十一条　网络表演经纪机构不得以虚假消费、带头打赏等方式诱导用户在网络表演直播平台消费，不得以打赏排名、虚假宣传等方式进行炒作。

网络表演经纪机构应当加强对签约网络表演者的约束，要求其不得以语言刺激、不合理特殊对待、承诺返利、线下接触或交往，或者赠送包含违法内容的图片或视频等方式诱导用户在网络表演直播平台消费。

第十二条　网络表演经纪机构应当对签约网络表演者的

违法违规处理结果、投诉举报处置情况等信息进行记录、保存，并根据不同情形，采取限制服务、停止合作、提请行业协会进行联合抵制等措施。

网络表演者借用、冒用他人身份证件签约的，网络表演经纪机构可提请行业协会进行联合抵制；情节严重的，由相关部门依法追究其法律责任。

第十三条 网络表演经纪机构应当配合文化和旅游行政部门进行监督检查，提供真实、准确、完整的网络表演经纪活动信息数据。

第十四条 网络表演经纪机构应当配备满足业务需要的网络表演经纪人员。网络表演经纪人员与所签约网络表演者人数比例原则上不低于1:100。

网络表演经纪人员从事演出经纪活动，应当依法取得相应的资格证书。

第十五条 网络表演行业组织应当加强行业自律，制定行业标准和经营规范，开展行业培训，强化诚信教育，对列入失信名单的会员可采取公开谴责、取消会员资格、进行联合抵制等措施。

第十六条 网络表演经纪机构违反本办法第四条有关规定，由文化和旅游主管部门依照《营业性演出管理条例》第四十三条予以查处。

第十七条 网络表演经纪机构从事网络表演经纪活动以外的经纪活动，依照相关规定管理。

第十八条 本办法自发布之日起施行。

网络主播行为规范

1. 2022.6.22国家广播电视总局、文化和旅游部印发
2. 广电发〔2022〕36号

网络主播在传播科学文化知识、丰富精神文化生活、促进经济社会发展等方面，肩负重要职责、发挥重要作用。为进一步加强网络主播职业道德建设，规范从业行为，强化社会责任，树立良好形象，共同营造积极向上、健康有序、和谐清朗的网络空间，制定本行为规范。

第一条 通过互联网提供网络表演、视听节目服务的主播人员，包括在网络平台直播、与用户进行实时交流互动、以上传音视频节目形式发声出镜的人员，应当遵照本行为规范。利用人工智能技术合成的虚拟主播及内容，参照本行为规范。

第二条 网络主播应当自觉遵守中华人民共和国宪法和法律法规规范，维护国家利益、公共利益和他人合法权益，自觉履行社会责任，自觉接受行业主管部门监管和社会监督。

第三条 网络主播应当遵守网络实名制注册账号的有关规定，配合平台提供真实有效的身份信息进行实名注册并规范使用账号名称。

第四条 网络主播应当坚持正确政治方向、舆论导向和价值取向，树立正确的世界观、人生观、价值观，积极践行社会主义核心价值观，崇尚社会公德、恪守职业道德、修养个人品德。

第五条 网络主播应当坚持以人民为中心的创作导向，传播的网络表演、视听节目内容应当反映时代新气象、讴歌人民新创造，弘扬中华优秀传统文化，传播正能量，展现真善美，满足人民群众美好生活新需要。

第六条 网络主播应当坚持健康的格调品位，自觉摈弃低俗、庸俗、媚俗等低级趣味，自觉反对流量至上、畸形审美、"饭圈"乱象、拜金主义等不良现象，自觉抵制违反法律法规、有损网络文明、有悖网络道德、有害网络和谐的行为。

第七条 网络主播应当引导用户文明互动、理性表达、合理消费，共建文明健康的网络表演、网络视听生态环境。

第八条 网络主播应当保持良好声屏形象，表演、服饰、妆容、语言、行为、肢体动作及画面展示等要文明得体，符合大众审美情趣和欣赏习惯。

第九条 网络主播应当尊重公民和法人的名誉权、荣誉权，尊重个人隐私权、肖像权，尊重和保护未成年人、老年人、残疾人的合法权益。

第十条 网络主播应当遵守知识产权相关法律法规，自觉尊重他人知识产权。

第十一条 网络主播应当如实申报收入，依法履行纳税义务。

第十二条 网络主播应当按照规范写法和标准含义使用国家通用语言文字，增强语言文化素养，自觉遏阻庸俗暴戾网络语言传播，共建健康文明的网络语言环境。

第十三条 网络主播应当自觉加强学习，掌握从事主播工作所必需的知识和技能。

对于需要较高专业水平（如医疗卫生、财经金融、法律、教育）的直播内容，主播应取得相应执业资质，并向直播平台进行执业资质报备，直播平台应对主播进行资质审核及备案。

第十四条 网络主播在提供网络表演及视听节目服务过程中不得出现下列行为：

1. 发布违反宪法所确定的基本原则及违反国家法

律法规的内容；

2. 发布颠覆国家政权，危害国家统一、主权和领土完整，危害国家安全，泄露国家秘密，损害国家尊严、荣誉和利益的内容；

3. 发布削弱、歪曲、否定中国共产党的领导、社会主义制度和改革开放的内容；

4. 发布诋毁民族优秀文化传统，煽动民族仇恨、民族歧视，歪曲民族历史或者民族历史人物，伤害民族感情、破坏民族团结，或者侵害民族风俗、习惯的内容；

5. 违反国家宗教政策，在非宗教场所开展宗教活动，宣扬宗教极端主义、邪教等内容；

6. 恶搞、诋毁、歪曲或者以不当方式展现中华优秀传统文化、革命文化、社会主义先进文化；

7. 恶搞、歪曲、丑化、亵渎、否定英雄烈士和模范人物的事迹和精神；

8. 使用换脸等深度伪造技术对党和国家领导人、英雄烈士、党史、历史等进行伪造、篡改；

9. 损害人民军队、警察、法官等特定职业、群体的公众形象；

10. 宣扬基于种族、国籍、地域、性别、职业、身心缺陷等理由的歧视；

11. 宣扬淫秽、赌博、吸毒，渲染暴力、血腥、恐怖、传销、诈骗，教唆犯罪或者传授犯罪方法，暴露侦查手段，展示枪支、管制刀具；

12. 编造、故意传播虚假恐怖信息、虚假险情、疫情、灾情、警情，扰乱社会治安和公共秩序，破坏社会稳定；

13. 展现过度的惊悚恐怖、生理痛苦、精神歇斯底里，造成强烈感官、精神刺激并可致人身心不适的画面、台词、音乐及音效等；

14. 侮辱、诽谤他人或者散布他人隐私，侵害他人合法权益；

15. 未经授权使用他人拥有著作权的作品；

16. 对社会热点和敏感问题进行炒作或者蓄意制造舆论"热点"；

17. 炒作绯闻、丑闻、劣迹，传播格调低下的内容，宣扬违背社会主义核心价值观、违反公序良俗的内容；

18. 服饰妆容、语言行为、直播间布景等展现带有性暗示、性挑逗的内容；

19. 介绍或者展示自杀、自残、暴力血腥、高危动作和其他易引发未成年人模仿的危险行为，表现吸烟、酗酒等诱导未成年人不良嗜好的内容；

20. 利用未成年人或未成年人角色进行非广告类的商业宣传、表演或作为噱头获取商业或不正当利益，指引错误价值观、人生观和道德观的内容；

21. 宣扬封建迷信文化习俗和思想、违反科学常识等内容；

22. 破坏生态环境，展示虐待动物，捕杀、食用国家保护类动物等内容；

23. 铺张浪费粮食，展示假吃、催吐、暴饮暴食等，或其他易造成不良饮食消费、食物浪费示范的内容；

24. 引导用户低俗互动，组织煽动粉丝互撕谩骂、拉踩引战、造谣攻击，实施网络暴力；

25. 营销假冒伪劣、侵犯知识产权或不符合保障人身、财产安全要求的商品，虚构或者篡改交易、关注度、浏览量、点赞量等数据流量造假；

26. 夸张宣传误导消费者，通过虚假承诺诱骗消费者，使用绝对化用语，未经许可直播销售专营、专卖物品等违反广告相关法律法规的；

27. 通过"弹幕"、直播间名称、公告、语音等传播虚假、骚扰广告；

28. 通过有组织炒作、雇佣水军刷礼物、宣传"刷礼物抽奖"等手段，暗示、诱惑、鼓励用户大额"打赏"，引诱未成年用户"打赏"或以虚假身份信息"打赏"；

29. 在涉及国家安全、公共安全，影响社会正常生产、生活秩序，影响他人正常生活、侵犯他人隐私等场所和其他法律法规禁止的场所拍摄或播出；

30. 展示或炒作大量奢侈品、珠宝、纸币等资产，展示无节制奢靡生活，贬低低收入群体的炫富行为；

31. 法律法规禁止的以及其他对网络表演、网络视听生态造成不良影响的行为。

第十五条　各级文化和旅游行政部门、广播电视行政部门要坚持以习近平新时代中国特色社会主义思想为指导，加强对网络表演、网络视听平台和经纪机构以及网络主播的监督管理，切实压紧压实主管主办责任和主体责任。发现网络主播违规行为，及时责成相关网络表演、网络视听平台予以处理。网络表演、网络视听平台和经纪机构规范网络主播情况及网络主播规范从业情况，纳入文化和旅游行政部门、广播电视行政部门许可管理、日常管理、安全检查、节目上线管理考察范围。

第十六条　各级文化和旅游行政部门、广播电视行政部门、文化市场综合执法机构要进一步加强对网络表演、网络视听平台和经纪机构的执法巡查，依法查处提供违法违规内容的网络表演和网络视听平台，并督促平台和经纪机构及时处置违法违规内容及相关网络主播。

第十七条 网络表演、网络视听平台和经纪机构要严格履行法定职责义务,落实主体责任。根据本行为规范,加强对网络主播的教育培训、日常管理和规范引导。建立健全网络主播入驻、培训、日常管理、业务评分档案和"红黄牌"管理等内部制度规范。对向上向善、模范遵守行为规范的网络主播进行正向激励;对出现违规行为的网络主播,要强化警示和约束;对问题性质严重、多次出现问题且屡教不改的网络主播,应当封禁账号,将相关网络主播纳入"黑名单"或"警示名单",不允许以更换账号或更换平台等形式再度开播。对构成犯罪的网络主播,依法追究刑事责任。对违法失德艺人不得提供公开进行文艺表演、发声出镜机会,防止转移阵地复出。网络表演、网络视听经纪机构要加强对网络主播的管理和约束,依法合规提供经纪服务,维护网络主播合法权益。

第十八条 各有关行业协会要加强引导,根据本行为规范,建立健全网络主播信用评价体系,进一步完善行业规范和自律公约,探索建立平台与主播约束关系机制,积极开展道德评议,强化培训引导服务,维护良好网络生态,促进行业规范发展。对违法违规、失德失范、造成恶劣社会影响的网络主播要定期公布,引导各平台联合抵制、严肃惩戒。

最高人民法院、最高人民检察院关于办理利用互联网、移动通讯终端、声讯台制作、复制、出版、贩卖、传播淫秽电子信息刑事案件具体应用法律若干问题的解释

1. 2004年9月1日最高人民法院审判委员会第1323次会议、2004年9月2日最高人民检察院第十届检察委员会第26次会议通过
2. 2004年9月3日公布
3. 法释〔2004〕11号
4. 自2004年9月6日起施行

为依法惩治利用互联网、移动通讯终端制作、复制、出版、贩卖、传播淫秽电子信息、通过声讯台传播淫秽语音信息等犯罪活动,维护公共网络、通讯的正常秩序,保障公众的合法权益,根据《中华人民共和国刑法》、《全国人民代表大会常务委员会关于维护互联网安全的决定》的规定,现对办理该类刑事案件具体应用法律的若干问题解释如下:

第一条 以牟利为目的,利用互联网、移动通讯终端制作、复制、出版、贩卖、传播淫秽电子信息,具有下列情形之一的,依照刑法第三百六十三条第一款的规定,以制作、复制、出版、贩卖、传播淫秽物品牟利罪定罪处罚:

(一)制作、复制、出版、贩卖、传播淫秽电影、表演、动画等视频文件二十个以上的;

(二)制作、复制、出版、贩卖、传播淫秽音频文件一百个以上的;

(三)制作、复制、出版、贩卖、传播淫秽电子刊物、图片、文章、短信息等二百件以上的;

(四)制作、复制、出版、贩卖、传播的淫秽电子信息,实际被点击数达到一万次以上的;

(五)以会员制方式出版、贩卖、传播淫秽电子信息,注册会员达二百人以上的;

(六)利用淫秽电子信息收取广告费、会员注册费或者其他费用,违法所得一万元以上的;

(七)数量或者数额虽未达到第(一)项至第(六)项规定标准,但分别达到其中两项以上标准一半以上的;

(八)造成严重后果的。

利用聊天室、论坛、即时通信软件、电子邮件等方式,实施第一款规定行为的,依照刑法第三百六十三条第一款的规定,以制作、复制、出版、贩卖、传播淫秽物品牟利罪定罪处罚。

第二条 实施第一条规定的行为,数量或者数额达到第一条第一款第(一)项至第(六)项规定标准五倍以上的,应当认定为刑法第三百六十三条第一款规定的"情节严重";达到规定标准二十五倍以上的,应当认定为"情节特别严重"。

第三条 不以牟利为目的,利用互联网或者移动通讯终端传播淫秽电子信息,具有下列情形之一的,依照刑法第三百六十四条第一款的规定,以传播淫秽物品罪定罪处罚:

(一)数量达到第一条第一款第(一)项至第(五)项规定标准二倍以上的;

(二)数量分别达到第一条第一款第(一)项至第(五)项两项以上标准的;

(三)造成严重后果的。

利用聊天室、论坛、即时通信软件、电子邮件等方式,实施第一款规定行为的,依照刑法第三百六十四条第一款的规定,以传播淫秽物品罪定罪处罚。

第四条 明知是淫秽电子信息而在自己所有、管理或者

使用的网站或者网页上提供直接链接的，其数量标准根据所链接的淫秽电子信息的种类计算。

第五条 以牟利为目的，通过声讯台传播淫秽语音信息，具有下列情形之一的，依照刑法第三百六十三条第一款的规定，对直接负责的主管人员和其他直接责任人员以传播淫秽物品牟利罪定罪处罚：

（一）向一百人次以上传播的；

（二）违法所得一万元以上的；

（三）造成严重后果的。

实施前款规定行为，数量或者数额达到前款第（一）项至第（二）项规定标准五倍以上的，应当认定为刑法第三百六十三条第一款规定的“情节严重”；达到规定标准二十五倍以上的，应当认定为“情节特别严重”。

第六条 实施本解释前五条规定的犯罪，具有下列情形之一的，依照刑法第三百六十三条第一款、第三百六十四条第一款的规定从重处罚：

（一）制作、复制、出版、贩卖、传播具体描绘不满十八周岁未成年人性行为的淫秽电子信息的；

（二）明知是具体描绘不满十八周岁的未成年人性行为的淫秽电子信息而在自己所有、管理或者使用的网站或者网页上提供直接链接的；

（三）向不满十八周岁的未成年人贩卖、传播淫秽电子信息和语音信息的；

（四）通过使用破坏性程序、恶意代码修改用户计算机设置等方法，强制用户访问、下载淫秽电子信息的。

第七条 明知他人实施制作、复制、出版、贩卖、传播淫秽电子信息犯罪，为其提供互联网接入、服务器托管、网络存储空间、通讯传输通道、费用结算等帮助的，对直接负责的主管人员和其他直接责任人员，以共同犯罪论处。

第八条 利用互联网、移动通讯终端、声讯台贩卖、传播淫秽书刊、影片、录像带、录音带等以实物为载体的淫秽物品的，依照《最高人民法院关于审理非法出版物刑事案件具体应用法律若干问题的解释》的有关规定定罪处罚。

第九条 刑法第三百六十七条第一款规定的“其他淫秽物品”，包括具体描绘性行为或者露骨宣扬色情的诲淫性的视频文件、音频文件、电子刊物、图片、文章、短信息等互联网、移动通讯终端电子信息和声讯台语音信息。

有关人体生理、医学知识的电子信息和声讯台语音信息不是淫秽物品。包含色情内容的有艺术价值的电子文学、艺术作品不视为淫秽物品。

最高人民法院、最高人民检察院关于办理利用互联网、移动通讯终端、声讯台制作、复制、出版、贩卖、传播淫秽电子信息刑事案件具体应用法律若干问题的解释（二）

1. 2010年1月18日最高人民法院审判委员会第1483次会议、2010年1月14日最高人民检察院第十一届检察委员会第28次会议通过
2. 2010年2月2日公布
3. 法释〔2010〕3号
4. 自2010年2月4日起施行

为依法惩治利用互联网、移动通讯终端制作、复制、出版、贩卖、传播淫秽电子信息，通过声讯台传播淫秽语音信息等犯罪活动，维护社会秩序，保障公民权益，根据《中华人民共和国刑法》、《全国人民代表大会常务委员会关于维护互联网安全的决定》的规定，现对办理该类刑事案件具体应用法律的若干问题解释如下：

第一条 以牟利为目的，利用互联网、移动通讯终端制作、复制、出版、贩卖、传播淫秽电子信息的，依照《最高人民法院、最高人民检察院关于办理利用互联网、移动通讯终端、声讯台制作、复制、出版、贩卖、传播淫秽电子信息刑事案件具体应用法律若干问题的解释》第一条、第二条的规定定罪处罚。

以牟利为目的，利用互联网、移动通讯终端制作、复制、出版、贩卖、传播内容含有不满十四周岁未成年人的淫秽电子信息，具有下列情形之一的，依照刑法第三百六十三条第一款的规定，以制作、复制、出版、贩卖、传播淫秽物品牟利罪定罪处罚：

（一）制作、复制、出版、贩卖、传播淫秽电影、表演、动画等视频文件十个以上的；

（二）制作、复制、出版、贩卖、传播淫秽音频文件五十个以上的；

（三）制作、复制、出版、贩卖、传播淫秽电子刊物、图片、文章等一百件以上的；

（四）制作、复制、出版、贩卖、传播的淫秽电子信息，实际被点击数达到五千次以上的；

（五）以会员制方式出版、贩卖、传播淫秽电子信息，注册会员达一百人以上的；

（六）利用淫秽电子信息收取广告费、会员注册费或者其他费用，违法所得五千元以上的；

（七）数量或者数额虽未达到第（一）项至第（六）项规定标准，但分别达到其中两项以上标准一半以上的；

（八）造成严重后果的。

实施第二款规定的行为，数量或者数额达到第二款第（一）项至第（七）项规定标准五倍以上的，应当认定为刑法第三百六十三条第一款规定的“情节严重”；达到规定标准二十五倍以上的，应当认定为“情节特别严重”。

第二条 利用互联网、移动通讯终端传播淫秽电子信息的，依照《最高人民法院、最高人民检察院关于办理利用互联网、移动通讯终端、声讯台制作、复制、出版、贩卖、传播淫秽电子信息刑事案件具体应用法律若干问题的解释》第三条的规定定罪处罚。

利用互联网、移动通讯终端传播内容含有不满十四周岁未成年人的淫秽电子信息，具有下列情形之一的，依照刑法第三百六十四条第一款的规定，以传播淫秽物品罪定罪处罚：

（一）数量达到第一条第二款第（一）项至第（五）项规定标准二倍以上的；

（二）数量分别达到第一条第二款第（一）项至第（五）项两项以上标准的；

（三）造成严重后果的。

第三条 利用互联网建立主要用于传播淫秽电子信息的群组，成员达三十人以上或者造成严重后果的，对建立者、管理者和主要传播者，依照刑法第三百六十四条第一款的规定，以传播淫秽物品罪定罪处罚。

第四条 以牟利为目的，网站建立者、直接负责的管理者明知他人制作、复制、出版、贩卖、传播的是淫秽电子信息，允许或者放任他人在自己所有、管理的网站或者网页上发布，具有下列情形之一的，依照刑法第三百六十三条第一款的规定，以传播淫秽物品牟利罪定罪处罚：

（一）数量或者数额达到第一条第二款第（一）项至第（六）项规定标准五倍以上的；

（二）数量或者数额分别达到第一条第二款第（一）项至第（六）项两项以上标准二倍以上的；

（三）造成严重后果的。

实施前款规定的行为，数量或者数额达到第一条第二款第（一）项至第（七）项规定标准二十五倍以上的，应当认定为刑法第三百六十三条第一款规定的“情节严重”；达到规定标准一百倍以上的，应当认定为“情节特别严重”。

第五条 网站建立者、直接负责的管理者明知他人制作、复制、出版、贩卖、传播的是淫秽电子信息，允许或者放任他人在自己所有、管理的网站或者网页上发布，具有下列情形之一的，依照刑法第三百六十四条第一款的规定，以传播淫秽物品罪定罪处罚：

（一）数量达到第一条第二款第（一）项至第（五）项规定标准十倍以上的；

（二）数量分别达到第一条第二款第（一）项至第（五）项两项以上标准五倍以上的；

（三）造成严重后果的。

第六条 电信业务经营者、互联网信息服务提供者明知是淫秽网站，为其提供互联网接入、服务器托管、网络存储空间、通讯传输通道、代收费等服务，并收取服务费，具有下列情形之一的，对直接负责的主管人员和其他直接责任人员，依照刑法第三百六十三条第一款的规定，以传播淫秽物品牟利罪定罪处罚：

（一）为五个以上淫秽网站提供上述服务的；

（二）为淫秽网站提供互联网接入、服务器托管、网络存储空间、通讯传输通道等服务，收取服务费数额在二万元以上的；

（三）为淫秽网站提供代收费服务，收取服务费数额在五万元以上的；

（四）造成严重后果的。

实施前款规定的行为，数量或者数额达到前款第（一）项至第（三）项规定标准五倍以上的，应当认定为刑法第三百六十三条第一款规定的“情节严重”；达到规定标准二十五倍以上的，应当认定为“情节特别严重”。

第七条 明知是淫秽网站，以牟利为目的，通过投放广告等方式向其直接或者间接提供资金，或者提供费用结算服务，具有下列情形之一的，对直接负责的主管人员和其他直接责任人员，依照刑法第三百六十三条第一款的规定，以制作、复制、出版、贩卖、传播淫秽物品牟利罪的共同犯罪处罚：

（一）向十个以上淫秽网站投放广告或者以其他方式提供资金的；

（二）向淫秽网站投放广告二十条以上的；

（三）向十个以上淫秽网站提供费用结算服务的；

（四）以投放广告或者其他方式向淫秽网站提供资金数额在五万元以上的；

（五）为淫秽网站提供费用结算服务，收取服务费数额在二万元以上的；

（六）造成严重后果的。

实施前款规定的行为，数量或者数额达到前款第（一）项至第（五）项规定标准五倍以上的，应当认定为刑法第三百六十三条第一款规定的“情节严重”；达到规定标准二十五倍以上的，应当认定为“情节特别严重”。

第八条　实施第四条至第七条规定的行为，具有下列情形之一的，应当认定行为人“明知”，但是有证据证明确实不知道的除外：

（一）行政主管机关书面告知后仍然实施上述行为的；

（二）接到举报后不履行法定管理职责的；

（三）为淫秽网站提供互联网接入、服务器托管、网络存储空间、通讯传输通道、代收费、费用结算等服务，收取服务费明显高于市场价格的；

（四）向淫秽网站投放广告，广告点击率明显异常的；

（五）其他能够认定行为人明知的情形。

第九条　一年内多次实施制作、复制、出版、贩卖、传播淫秽电子信息行为未经处理，数量或者数额累计计算构成犯罪的，应当依法定罪处罚。

第十条　单位实施制作、复制、出版、贩卖、传播淫秽电子信息犯罪的，依照《中华人民共和国刑法》、《最高人民法院、最高人民检察院关于办理利用互联网、移动通讯终端、声讯台制作、复制、出版、贩卖、传播淫秽电子信息刑事案件具体应用法律若干问题的解释》和本解释规定的相应个人犯罪的定罪量刑标准，对直接负责的主管人员和其他直接责任人员定罪处罚，并对单位判处罚金。

第十一条　对于以牟利为目的，实施制作、复制、出版、贩卖、传播淫秽电子信息犯罪的，人民法院应当综合考虑犯罪的违法所得、社会危害性等情节，依法判处罚金或者没收财产。罚金数额一般在违法所得的一倍以上五倍以下。

第十二条　《最高人民法院、最高人民检察院关于办理利用互联网、移动通讯终端、声讯台制作、复制、出版、贩卖、传播淫秽电子信息刑事案件具体应用法律若干问题的解释》和本解释所称网站，是指可以通过互联网域名、IP 地址等方式访问的内容提供站点。

以制作、复制、出版、贩卖、传播淫秽电子信息为目的建立或者建立后主要从事制作、复制、出版、贩卖、传播淫秽电子信息活动的网站，为淫秽网站。

第十三条　以前发布的司法解释与本解释不一致的，以本解释为准。

最高人民法院、最高人民检察院关于办理利用信息网络实施诽谤等刑事案件适用法律若干问题的解释

1. 2013 年 9 月 5 日最高人民法院审判委员会第 1589 次会议、2013 年 9 月 2 日最高人民检察院第十二届检察委员会第 9 次会议通过

2. 2013 年 9 月 6 日公布

3. 法释〔2013〕21 号

4. 自 2013 年 9 月 10 日起施行

为保护公民、法人和其他组织的合法权益，维护社会秩序，根据《中华人民共和国刑法》《全国人民代表大会常务委员会关于维护互联网安全的决定》等规定，对办理利用信息网络实施诽谤、寻衅滋事、敲诈勒索、非法经营等刑事案件适用法律的若干问题解释如下：

第一条　具有下列情形之一的，应当认定为刑法第二百四十六条第一款规定的“捏造事实诽谤他人”：

（一）捏造损害他人名誉的事实，在信息网络上散布，或者组织、指使人员在信息网络上散布的；

（二）将信息网络上涉及他人的原始信息内容篡改为损害他人名誉的事实，在信息网络上散布，或者组织、指使人员在信息网络上散布的。

明知是捏造的损害他人名誉的事实，在信息网络上散布，情节恶劣的，以“捏造事实诽谤他人”论。

第二条　利用信息网络诽谤他人，具有下列情形之一的，应当认定为刑法第二百四十六条第一款规定的“情节严重”：

（一）同一诽谤信息实际被点击、浏览次数达到五千次以上，或者被转发次数达到五百次以上的；

（二）造成被害人或者其近亲属精神失常、自残、自杀等严重后果的；

（三）二年内曾因诽谤受过行政处罚，又诽谤他人的；

（四）其他情节严重的情形。

第三条　利用信息网络诽谤他人，具有下列情形之一的，应当认定为刑法第二百四十六条第二款规定的“严重危害社会秩序和国家利益”：

（一）引发群体性事件的；

（二）引发公共秩序混乱的；

（三）引发民族、宗教冲突的；

（四）诽谤多人，造成恶劣社会影响的；

（五）损害国家形象，严重危害国家利益的；

（六）造成恶劣国际影响的；

（七）其他严重危害社会秩序和国家利益的情形。

第四条 一年内多次实施利用信息网络诽谤他人行为未经处理，诽谤信息实际被点击、浏览、转发次数累计计算构成犯罪的，应当依法定罪处罚。

第五条 利用信息网络辱骂、恐吓他人，情节恶劣，破坏社会秩序的，依照刑法第二百九十三条第一款第（二）项的规定，以寻衅滋事罪定罪处罚。

编造虚假信息，或者明知是编造的虚假信息，在信息网络上散布，或者组织、指使人员在信息网络上散布，起哄闹事，造成公共秩序严重混乱的，依照刑法第二百九十三条第一款第（四）项的规定，以寻衅滋事罪定罪处罚。

第六条 以在信息网络上发布、删除等方式处理网络信息为由，威胁、要挟他人，索取公私财物，数额较大，或者多次实施上述行为的，依照刑法第二百七十四条的规定，以敲诈勒索罪定罪处罚。

第七条 违反国家规定，以营利为目的，通过信息网络有偿提供删除信息服务，或者明知是虚假信息，通过信息网络有偿提供发布信息等服务，扰乱市场秩序，具有下列情形之一的，属于非法经营行为"情节严重"，依照刑法第二百二十五条第（四）项的规定，以非法经营罪定罪处罚：

（一）个人非法经营数额在五万元以上，或者违法所得数额在二万元以上的；

（二）单位非法经营数额在十五万元以上，或者违法所得数额在五万元以上的。

实施前款规定的行为，数额达到前款规定的数额五倍以上的，应当认定为刑法第二百二十五条规定的"情节特别严重"。

第八条 明知他人利用信息网络实施诽谤、寻衅滋事、敲诈勒索、非法经营等犯罪，为其提供资金、场所、技术支持等帮助的，以共同犯罪论处。

第九条 利用信息网络实施诽谤、寻衅滋事、敲诈勒索、非法经营犯罪，同时又构成刑法第二百二十一条规定的损害商业信誉、商品声誉罪，第二百七十八条规定的煽动暴力抗拒法律实施罪，第二百九十一条之一规定的编造、故意传播虚假恐怖信息罪等犯罪的，依照处罚较重的规定定罪处罚。

第十条 本解释所称信息网络，包括以计算机、电视机、固定电话机、移动电话机等电子设备为终端的计算机互联网、广播电视网、固定通信网、移动通信网等信息网络，以及向公众开放的局域网络。

最高人民法院关于审理侵害信息网络传播权民事纠纷案件适用法律若干问题的规定

1. 2012年11月26日最高人民法院审判委员会第1561次会议通过、2012年12月17日公布、自2013年1月1日起施行（法释〔2012〕20号）

2. 根据2020年12月23日最高人民法院审判委员会第1823次会议通过、2020年12月29日公布、自2021年1月1日起施行的《最高人民法院关于修改〈最高人民法院关于审理侵犯专利权纠纷案件应用法律若干问题的解释（二）〉等十八件知识产权类司法解释的决定》（法释〔2020〕19号）修正

为正确审理侵害信息网络传播权民事纠纷案件，依法保护信息网络传播权，促进信息网络产业健康发展，维护公共利益，根据《中华人民共和国民法典》《中华人民共和国著作权法》《中华人民共和国民事诉讼法》等有关法律规定，结合审判实际，制定本规定。

第一条 人民法院审理侵害信息网络传播权民事纠纷案件，在依法行使裁量权时，应当兼顾权利人、网络服务提供者和社会公众的利益。

第二条 本规定所称信息网络，包括以计算机、电视机、固定电话机、移动电话机等电子设备为终端的计算机互联网、广播电视网、固定通信网、移动通信网等信息网络，以及向公众开放的局域网络。

第三条 网络用户、网络服务提供者未经许可，通过信息网络提供权利人享有信息网络传播权的作品、表演、录音录像制品，除法律、行政法规另有规定外，人民法院应当认定其构成侵害信息网络传播权行为。

通过上传到网络服务器、设置共享文件或者利用文件分享软件等方式，将作品、表演、录音录像制品置于信息网络中，使公众能够在个人选定的时间和地点以下载、浏览或者其他方式获得的，人民法院应当认定其实施了前款规定的提供行为。

第四条 有证据证明网络服务提供者与他人以分工合作等方式共同提供作品、表演、录音录像制品，构成共同侵权行为的，人民法院应当判令其承担连带责任。网络服务提供者能够证明其仅提供自动接入、自动传输、信息存储空间、搜索、链接、文件分享技术等网络服务，主张其不构成共同侵权行为的，人民法院应予支持。

第五条 网络服务提供者以提供网页快照、缩略图等方式实质替代其他网络服务提供者向公众提供相关作品的，人民法院应当认定其构成提供行为。

前款规定的提供行为不影响相关作品的正常使用，且未不合理损害权利人对该作品的合法权益，网络服务提供者主张其未侵害信息网络传播权的，人民法院应予支持。

第六条 原告有初步证据证明网络服务提供者提供了相关作品、表演、录音录像制品，但网络服务提供者能够证明其仅提供网络服务，且无过错的，人民法院不应认定为构成侵权。

第七条 网络服务提供者在提供网络服务时教唆或者帮助网络用户实施侵害信息网络传播权行为的，人民法院应当判令其承担侵权责任。

网络服务提供者以言语、推介技术支持、奖励积分等方式诱导、鼓励网络用户实施侵害信息网络传播权行为的，人民法院应当认定其构成教唆侵权行为。

网络服务提供者明知或者应知网络用户利用网络服务侵害信息网络传播权，未采取删除、屏蔽、断开链接等必要措施，或者提供技术支持等帮助行为的，人民法院应当认定其构成帮助侵权行为。

第八条 人民法院应当根据网络服务提供者的过错，确定其是否承担教唆、帮助侵权责任。网络服务提供者的过错包括对于网络用户侵害信息网络传播权行为的明知或者应知。

网络服务提供者未对网络用户侵害信息网络传播权的行为主动进行审查的，人民法院不应据此认定其具有过错。

网络服务提供者能够证明已采取合理、有效的技术措施，仍难以发现网络用户侵害信息网络传播权行为的，人民法院应当认定其不具有过错。

第九条 人民法院应当根据网络用户侵害信息网络传播权的具体事实是否明显，综合考虑以下因素，认定网络服务提供者是否构成应知：

（一）基于网络服务提供者提供服务的性质、方式及其引发侵权的可能性大小，应当具备的管理信息的能力；

（二）传播的作品、表演、录音录像制品的类型、知名度及侵权信息的明显程度；

（三）网络服务提供者是否主动对作品、表演、录音录像制品进行了选择、编辑、修改、推荐等；

（四）网络服务提供者是否积极采取了预防侵权的合理措施；

（五）网络服务提供者是否设置便捷程序接收侵权通知并及时对侵权通知作出合理的反应；

（六）网络服务提供者是否针对同一网络用户的重复侵权行为采取了相应的合理措施；

（七）其他相关因素。

第十条 网络服务提供者在提供网络服务时，对热播影视作品等以设置榜单、目录、索引、描述性段落、内容简介等方式进行推荐，且公众可以在其网页上直接以下载、浏览或者其他方式获得的，人民法院可以认定其应知网络用户侵害信息网络传播权。

第十一条 网络服务提供者从网络用户提供的作品、表演、录音录像制品中直接获得经济利益的，人民法院应当认定其对该网络用户侵害信息网络传播权的行为负有较高的注意义务。

网络服务提供者针对特定作品、表演、录音录像制品投放广告获取收益，或者获取与其传播的作品、表演、录音录像制品存在其他特定联系的经济利益，应当认定为前款规定的直接获得经济利益。网络服务提供者因提供网络服务而收取一般性广告费、服务费等，不属于本款规定的情形。

第十二条 有下列情形之一的，人民法院可以根据案件具体情况，认定提供信息存储空间服务的网络服务提供者应知网络用户侵害信息网络传播权：

（一）将热播影视作品等置于首页或者其他主要页面等能够为网络服务提供者明显感知的位置的；

（二）对热播影视作品等的主题、内容主动进行选择、编辑、整理、推荐，或者为其设立专门的排行榜的；

（三）其他可以明显感知相关作品、表演、录音录像制品为未经许可提供，仍未采取合理措施的情形。

第十三条 网络服务提供者接到权利人以书信、传真、电子邮件等方式提交的通知及构成侵权的初步证据，未及时根据初步证据和服务类型采取必要措施的，人民法院应当认定其明知相关侵害信息网络传播权行为。

第十四条 人民法院认定网络服务提供者转送通知、采取必要措施是否及时，应当根据权利人提交通知的形式，通知的准确程度，采取措施的难易程度，网络服务的性质，所涉作品、表演、录音录像制品的类型、知名度、数量等因素综合判断。

第十五条 侵害信息网络传播权民事纠纷案件由侵权行为地或者被告住所地人民法院管辖。侵权行为地包括实施被诉侵权行为的网络服务器、计算机终端等设备所在地。侵权行为地和被告住所地均难以确定或者在境外的,原告发现侵权内容的计算机终端等设备所在地可以视为侵权行为地。

第十六条 本规定施行之日起,《最高人民法院关于审理涉及计算机网络著作权纠纷案件适用法律若干问题的解释》(法释〔2006〕11 号)同时废止。

本规定施行之后尚未终审的侵害信息网络传播权民事纠纷案件,适用本规定。本规定施行前已经终审,当事人申请再审或者按照审判监督程序决定再审的,不适用本规定。

2. 互联网上网服务

互联网上网服务营业场所管理条例

1. 2002年9月29日国务院令第363号公布
2. 根据2011年1月8日国务院令第588号《关于废止和修改部分行政法规的决定》第一次修订
3. 根据2016年2月6日国务院令第666号《关于修改部分行政法规的决定》第二次修订
4. 根据2019年3月24日国务院令第710号《关于修改部分行政法规的决定》第三次修订
5. 根据2022年3月29日《国务院关于修改和废止部分行政法规的决定》第四次修订

第一章 总 则

第一条 为了加强对互联网上网服务营业场所的管理,规范经营者的经营行为,维护公众和经营者的合法权益,保障互联网上网服务经营活动健康发展,促进社会主义精神文明建设,制定本条例。

第二条 本条例所称互联网上网服务营业场所,是指通过计算机等装置向公众提供互联网上网服务的网吧、电脑休闲室等营业性场所。

学校、图书馆等单位内部附设的为特定对象获取资料、信息提供上网服务的场所,应当遵守有关法律、法规,不适用本条例。

第三条 互联网上网服务营业场所经营单位应当遵守有关法律、法规的规定,加强行业自律,自觉接受政府有关部门依法实施的监督管理,为上网消费者提供良好的服务。

互联网上网服务营业场所的上网消费者,应当遵守有关法律、法规的规定,遵守社会公德,开展文明、健康的上网活动。

第四条 县级以上人民政府文化行政部门负责互联网上网服务营业场所经营单位的设立审批,并负责对依法设立的互联网上网服务营业场所经营单位经营活动的监督管理;公安机关负责对互联网上网服务营业场所经营单位的信息网络安全、治安及消防安全的监督管理;工商行政管理部门负责对互联网上网服务营业场所经营单位登记注册和营业执照的管理,并依法查处无照经营活动;电信管理等其他有关部门在各自职责范围内,依照本条例和有关法律、行政法规的规定,对互联网上网服务营业场所经营单位分别实施有关监督管理。

第五条 文化行政部门、公安机关、工商行政管理部门和其他有关部门及其工作人员不得从事或者变相从事互联网上网服务经营活动,也不得参与或者变相参与互联网上网服务营业场所经营单位的经营活动。

第六条 国家鼓励公民、法人和其他组织对互联网上网服务营业场所经营单位的经营活动进行监督,并对有突出贡献的给予奖励。

第二章 设 立

第七条 国家对互联网上网服务营业场所经营单位的经营活动实行许可制度。未经许可,任何组织和个人不得从事互联网上网服务经营活动。

第八条 互联网上网服务营业场所经营单位从事互联网上网服务经营活动,应当具备下列条件:

(一)有企业的名称、住所、组织机构和章程;

(二)有与其经营活动相适应的资金;

(三)有与其经营活动相适应并符合国家规定的消防安全条件的营业场所;

(四)有健全、完善的信息网络安全管理制度和安全技术措施;

(五)有固定的网络地址和与其经营活动相适应的计算机等装置及附属设备;

(六)有与其经营活动相适应并取得从业资格的安全管理人员、经营管理人员、专业技术人员;

(七)法律、行政法规和国务院有关部门规定的其他条件。

互联网上网服务营业场所的最低营业面积、计算机等装置及附属设备数量、单机面积的标准,由国务院文化行政部门规定。

审批从事互联网上网服务经营活动,除依照本条第一款、第二款规定的条件外,还应当符合国务院文化行政部门和省、自治区、直辖市人民政府文化行政部门规定的互联网上网服务营业场所经营单位的总量和布局要求。

第九条 中学、小学校园周围200米范围内和居民住宅楼(院)内不得设立互联网上网服务营业场所。

第十条 互联网上网服务营业场所经营单位申请从事互联网上网服务经营活动,应当向县级以上地方人民政府文化行政部门提出申请,并提交下列文件:

(一)企业营业执照和章程;

(二)法定代表人或者主要负责人的身份证明材料;

(三)资金信用证明;

（四）营业场所产权证明或者租赁意向书；

（五）依法需要提交的其他文件。

第十一条 文化行政部门应当自收到申请之日起20个工作日内作出决定；经审查，符合条件的，发给同意筹建的批准文件。

申请人完成筹建后，应当向同级公安机关承诺符合信息网络安全审核条件，并经公安机关确认当场签署承诺书。申请人还应当依照有关消防管理法律法规的规定办理审批手续。

申请人执信息网络安全承诺书并取得消防安全批准文件后，向文化行政部门申请最终审核。文化行政部门应当自收到申请之日起15个工作日内依据本条例第八条的规定作出决定；经实地检查并审核合格的，发给《网络文化经营许可证》。

对申请人的申请，有关部门经审查不符合条件的，或者经审核不合格的，应当分别向申请人书面说明理由。

文化行政部门发放《网络文化经营许可证》的情况或互联网上网服务营业场所经营单位拟开展经营活动的情况，应当向同级公安机关通报或报备。

第十二条 互联网上网服务营业场所经营单位不得涂改、出租、出借或者以其他方式转让《网络文化经营许可证》。

第十三条 互联网上网服务营业场所经营单位变更营业场所地址或者对营业场所进行改建、扩建，变更计算机数量或者其他重要事项的，应当经原审核机关同意。

互联网上网服务营业场所经营单位变更名称、住所、法定代表人或者主要负责人、注册资本、网络地址或者终止经营活动的，应当依法到工商行政管理部门办理变更登记或者注销登记，并到文化行政部门、公安机关办理有关手续或者备案。

第三章 经　营

第十四条 互联网上网服务营业场所经营单位和上网消费者不得利用互联网上网服务营业场所制作、下载、复制、查阅、发布、传播或者以其他方式使用含有下列内容的信息：

（一）反对宪法确定的基本原则的；

（二）危害国家统一、主权和领土完整的；

（三）泄露国家秘密，危害国家安全或者损害国家荣誉和利益的；

（四）煽动民族仇恨、民族歧视，破坏民族团结，或者侵害民族风俗、习惯的；

（五）破坏国家宗教政策，宣扬邪教、迷信的；

（六）散布谣言，扰乱社会秩序，破坏社会稳定的；

（七）宣传淫秽、赌博、暴力或者教唆犯罪的；

（八）侮辱或者诽谤他人，侵害他人合法权益的；

（九）危害社会公德或者民族优秀文化传统的；

（十）含有法律、行政法规禁止的其他内容的。

第十五条 互联网上网服务营业场所经营单位和上网消费者不得进行下列危害信息网络安全的活动：

（一）故意制作或者传播计算机病毒以及其他破坏性程序的；

（二）非法侵入计算机信息系统或者破坏计算机信息系统功能、数据和应用程序的；

（三）进行法律、行政法规禁止的其他活动的。

第十六条 互联网上网服务营业场所经营单位应当通过依法取得经营许可证的互联网接入服务提供者接入互联网，不得采取其他方式接入互联网。

互联网上网服务营业场所经营单位提供上网消费者使用的计算机必须通过局域网的方式接入互联网，不得直接接入互联网。

第十七条 互联网上网服务营业场所经营单位不得经营非网络游戏。

第十八条 互联网上网服务营业场所经营单位和上网消费者不得利用网络游戏或者其他方式进行赌博或者变相赌博活动。

第十九条 互联网上网服务营业场所经营单位应当实施经营管理技术措施，建立场内巡查制度，发现上网消费者有本条例第十四条、第十五条、第十八条所列行为或者有其他违法行为的，应当立即予以制止并向文化行政部门、公安机关举报。

第二十条 互联网上网服务营业场所经营单位应当在营业场所的显著位置悬挂《网络文化经营许可证》和营业执照。

第二十一条 互联网上网服务营业场所经营单位不得接纳未成年人进入营业场所。

互联网上网服务营业场所经营单位应当在营业场所入口处的显著位置悬挂未成年人禁入标志。

第二十二条 互联网上网服务营业场所每日营业时间限于8时至24时。

第二十三条 互联网上网服务营业场所经营单位应当对上网消费者的身份证等有效证件进行核对、登记，并记录有关上网信息。登记内容和记录备份保存时间不得少于60日，并在文化行政部门、公安机关依法查询时予以提供。登记内容和记录备份在保存期内不得修改或者删除。

第二十四条 互联网上网服务营业场所经营单位应当依法履行信息网络安全、治安和消防安全职责，并遵守下列规定：

（一）禁止明火照明和吸烟并悬挂禁止吸烟标志；

（二）禁止带入和存放易燃、易爆物品；

（三）不得安装固定的封闭门窗栅栏；

（四）营业期间禁止封堵或者锁闭门窗、安全疏散通道和安全出口；

（五）不得擅自停止实施安全技术措施。

第四章 罚 则

第二十五条 文化行政部门、公安机关、工商行政管理部门或者其他有关部门及其工作人员，利用职务上的便利收受他人财物或者其他好处，违法批准不符合法定设立条件的互联网上网服务营业场所经营单位，或者不依法履行监督职责，或者发现违法行为不予依法查处，触犯刑律的，对直接负责的主管人员和其他直接责任人员依照刑法关于受贿罪、滥用职权罪、玩忽职守罪或者其他罪的规定，依法追究刑事责任；尚不够刑事处罚的，依法给予降级、撤职或者开除的行政处分。

第二十六条 文化行政部门、公安机关、工商行政管理部门或者其他有关部门的工作人员，从事或者变相从事互联网上网服务经营活动的，参与或者变相参与互联网上网服务营业场所经营单位的经营活动的，依法给予降级、撤职或者开除的行政处分。

文化行政部门、公安机关、工商行政管理部门或者其他有关部门有前款所列行为的，对直接负责的主管人员和其他直接责任人员依照前款规定依法给予行政处分。

第二十七条 违反本条例的规定，擅自从事互联网上网服务经营活动的，由文化行政部门或者由文化行政部门会同公安机关依法予以取缔，查封其从事违法经营活动的场所，扣押从事违法经营活动的专用工具、设备；触犯刑律的，依照刑法关于非法经营罪的规定，依法追究刑事责任；尚不够刑事处罚的，由文化行政部门没收违法所得及其从事违法经营活动的专用工具、设备；违法经营额1万元以上的，并处违法经营额5倍以上10倍以下的罚款；违法经营额不足1万元的，并处1万元以上5万元以下的罚款。

第二十八条 文化行政部门应当建立互联网上网服务营业场所经营单位的经营活动信用监管制度，建立健全信用约束机制，并及时公布行政处罚信息。

第二十九条 互联网上网服务营业场所经营单位违反本条例的规定，涂改、出租、出借或者以其他方式转让《网络文化经营许可证》，触犯刑律的，依照刑法关于伪造、变造、买卖国家机关公文、证件、印章罪的规定，依法追究刑事责任；尚不够刑事处罚的，由文化行政部门吊销《网络文化经营许可证》，没收违法所得；违法经营额5000元以上的，并处违法经营额2倍以上5倍以下的罚款；违法经营额不足5000元的，并处5000元以上1万元以下的罚款。

第三十条 互联网上网服务营业场所经营单位违反本条例的规定，利用营业场所制作、下载、复制、查阅、发布、传播或者以其他方式使用含有本条例第十四条规定禁止含有的内容的信息，触犯刑律的，依法追究刑事责任；尚不够刑事处罚的，由公安机关给予警告，没收违法所得；违法经营额1万元以上的，并处违法经营额2倍以上5倍以下的罚款；违法经营额不足1万元的，并处1万元以上2万元以下的罚款；情节严重的，责令停业整顿，直至由文化行政部门吊销《网络文化经营许可证》。

上网消费者有前款违法行为，触犯刑律的，依法追究刑事责任；尚不够刑事处罚的，由公安机关依照治安管理处罚法的规定给予处罚。

第三十一条 互联网上网服务营业场所经营单位违反本条例的规定，有下列行为之一的，由文化行政部门给予警告，可以并处15000元以下的罚款；情节严重的，责令停业整顿，直至吊销《网络文化经营许可证》：

（一）在规定的营业时间以外营业的；

（二）接纳未成年人进入营业场所的；

（三）经营非网络游戏的；

（四）擅自停止实施经营管理技术措施的；

（五）未悬挂《网络文化经营许可证》或者未成年人禁入标志的。

第三十二条 公安机关应当自互联网上网服务营业场所经营单位正式开展经营活动20个工作日内，对其依法履行信息网络安全职责情况进行实地检查。检查发现互联网上网服务营业场所经营单位未履行承诺的信息网络安全责任的，由公安机关给予警告，可以并处15000元以下罚款；情节严重的，责令停业整顿，直至由文化行政部门吊销《网络文化经营许可证》。

第三十三条 互联网上网服务营业场所经营单位违反本条例的规定，有下列行为之一的，由文化行政部门、公安机关依据各自职权给予警告，可以并处15000元以下的罚款；情节严重的，责令停业整顿，直至由文化行政部门吊销《网络文化经营许可证》：

（一）向上网消费者提供的计算机未通过局域网

的方式接入互联网的;

（二）未建立场内巡查制度,或者发现上网消费者的违法行为未予制止并向文化行政部门、公安机关举报的;

（三）未按规定核对、登记上网消费者的有效身份证件或者记录有关上网信息的;

（四）未按规定时间保存登记内容、记录备份,或者在保存期内修改、删除登记内容、记录备份的;

（五）变更名称、住所、法定代表人或者主要负责人、注册资本、网络地址或者终止经营活动,未向文化行政部门、公安机关办理有关手续或者备案的。

第三十四条 互联网上网服务营业场所经营单位违反本条例的规定,有下列行为之一的,由公安机关给予警告,可以并处15000元以下的罚款;情节严重的,责令停业整顿,直至由文化行政部门吊销《网络文化经营许可证》:

（一）利用明火照明或者发现吸烟不予制止,或者未悬挂禁止吸烟标志的;

（二）允许带入或者存放易燃、易爆物品的;

（三）在营业场所安装固定的封闭门窗栅栏的;

（四）营业期间封堵或者锁闭门窗、安全疏散通道或者安全出口的;

（五）擅自停止实施安全技术措施的。

第三十五条 违反国家有关信息网络安全、治安管理、消防管理、工商行政管理、电信管理等规定,触犯刑律的,依法追究刑事责任;尚不够刑事处罚的,由公安机关、工商行政管理部门、电信管理机构依法给予处罚;情节严重的,由原发证机关吊销许可证件。

第三十六条 互联网上网服务营业场所经营单位违反本条例的规定,被吊销《网络文化经营许可证》的,自被吊销《网络文化经营许可证》之日起5年内,其法定代表人或者主要负责人不得担任互联网上网服务营业场所经营单位的法定代表人或者主要负责人。

擅自设立的互联网上网服务营业场所经营单位被依法取缔的,自被取缔之日起5年内,其主要负责人不得担任互联网上网服务营业场所经营单位的法定代表人或者主要负责人。

第三十七条 依照本条例的规定实施罚款的行政处罚,应当依照有关法律、行政法规的规定,实行罚款决定与罚款收缴分离;收缴的罚款和违法所得必须全部上缴国库。

第五章　附　　则

第三十八条 本条例自2002年11月15日起施行。2001年4月3日信息产业部、公安部、文化部、国家工商行政管理局发布的《互联网上网服务营业场所管理办法》同时废止。

公安部关于对网吧安全管理系统是否属于安全技术措施等问题的答复

1. 2005年1月20日
2. 公信安〔2005〕66号

江苏省公安厅公共信息网络安全监察处:

你处《关于"网吧安全管理系统"是否属于安全技术措施的请示》(苏公网〔2005〕6号)收悉。经研究,现答复如下:

一、网吧安全管理软件属于《互联网上网服务营业场所管理条例》(以下简称《条例》)第八条第四款和第二十四条第五款所指的安全技术措施。网吧安全管理软件应具有实名登记功能。

二、对正在筹建的、拒不安装安全管理软件的网吧,公安机关不得向其发放安全审核批准文件;对拒不安装安全管理软件的经营中的网吧,应当依据《条例》第三十二条第五款予以处罚。

公安部关于对网吧进行有关行政处罚是否适用简易程序的批复

1. 2005年2月24日
2. 公信安〔2005〕168号

安徽省公安厅公共信息网络安全监察处:

你处《关于对网吧进行有关行政处罚是否适用简易程序的请示》(公信安〔2005〕13号)收悉,经我局研究,答复如下:

根据《行政处罚法》第三十三条"违法事实确凿并有法定依据,对公民处以五十元以下,对法人或者其他组织处以一千元以下罚款或者警告的行政处罚的,可以当场作出行政处罚决定"的规定,公安机关依照《互联网上网服务营业场所管理条例》第三十一条、第三十二条规定,对网吧等互联网上网服务营业场所经营单位处以警告或者警告并处1000元以下罚款的,可以适用简易程序,当场做出行政处罚决定。

文化部关于加大对网吧接纳未成年人违法行为处罚力度的通知

1. 2010年3月19日
2. 文市函〔2010〕458号

各省、自治区、直辖市文化厅(局),新疆生产建设兵团文化局,北京市、天津市、上海市、重庆市文化市场行政执法总队:

近年来,各级文化行政部门和文化综合执法机构会同有关部门深入开展网吧规范和整治工作,使网吧经营秩序得到明显改善。但是,部分地区网吧仍然存在接纳未成年人等违法经营行为,严重危害未成年人身心健康,造成恶劣社会影响。为切实加强网吧监管,保护未成年人健康成长,根据《互联网上网服务营业场所管理条例》有关规定,文化部决定加大对网吧接纳未成年人违法行为的行政处罚力度,现就有关事项通知如下:

一、对一次接纳3名以上(含3名)未成年人以及在规定的营业时间以外接纳未成年人,或由于接纳未成年人引发重大恶性案件的网吧,依法吊销《网络文化经营许可证》。

二、对一次接纳2名以下未成年人的网吧,依法责令停业整顿30日;一年内2次接纳2名以下未成年人的网吧,依法吊销《网络文化经营许可证》。

三、对连续3次(含3次)未按规定核对登记上网消费者有效身份证件的网吧,依法责令停业整顿30日。

特此通知。

文化和旅游部关于进一步优化营商环境推动互联网上网服务行业规范发展的通知

1. 2020年12月4日印发
2. 文旅市场发〔2020〕86号

各省、自治区、直辖市文化和旅游厅(局),新疆生产建设兵团文化体育广电和旅游局:

近年来,各地不断推进互联网上网服务行业(以下简称"上网服务行业")转型升级,互联网上网服务营业场所(以下简称"上网服务场所")经营秩序普遍好转。但也存在新业态缺乏监管、部分场所仍违规接纳未成年人等问题。为深入贯彻党的十九大和十九届二中、三中、四中、五中全会精神,深化"放管服"改革,推动上网服务行业转型升级和规范发展,现就有关事项通知如下:

一、优化营商环境

(一)落实准入政策。根据《外商投资准入特别管理措施(负面清单)(2020年版)》等规定,外国以及我国香港特别行政区、澳门特别行政区、台湾地区的投资者可以在全国范围内投资设立上网服务场所经营单位。上述经营单位申请从事互联网上网服务经营活动,应当向营业场所所在地省级文化和旅游行政部门提出申请,其设立条件和申办程序按照《互联网上网服务营业场所管理条例》等有关规定执行。

(二)落实"证照分离"改革要求。进一步改进审批方式,全面应用全国文化市场技术监管与服务平台开展从事上网服务经营活动审批工作;取消上网服务场所总量限制和布局要求,取消申请人资金信用证明材料。进一步压缩审批时间,在自由贸易试验区以及我国港、澳地区投资者在全国范围内申请从事互联网上网服务经营活动,筹建阶段审批时限由20个工作日压减至不超过13个工作日,最终审核阶段审批时限由15个工作日压减至不超过10个工作日。

(三)扩大长效机制试点。省级文化和旅游行政部门可以根据原文化部等部门《关于加强执法监督完善管理政策促进互联网上网服务行业健康有序发展的通知》(文市发〔2014〕41号)要求,在总结试点经验、巩固试点成效的基础上,动态调整试点范围及政策,并及时报文化和旅游部备案。试点地区可探索取消筹建环节。申请从事互联网上网服务经营活动前,申请人可自愿向营业场所所在地文化和旅游行政部门申请行政指导。该行政指导仅提供建议、提醒等服务,不计入审批时限。

二、规范新业态发展

(一)加强综合性上网服务场所管理。以提供互联网上网服务为主营业务或主要招揽手段的综合性上网服务场所,应当依照《互联网上网服务营业场所管理条例》申请取得《网络文化经营许可证》,实施经营管理技术措施和未成年人保护措施。其中,单独设置上网服务区域的,应当进行物理隔离,配置独立的消费者登记系统并禁止未成年人进入该区域。支持有关全国性行业协会制定相关技术标准和运营规范,推进上网服务场所经营服务标准化、规范化。

(二)加强自助式上网服务场所管理。落实"放管服"改革要求,坚持包容审慎原则,对在商场、机场等空间内的无独立围护结构场地设置上网服务设备供消费者自助上网的分布式经营场所(以下称“迷你网咖”),实施投入运营前向场所所在地县级文化和旅游行政部门备案管理。迷你网咖经营单位应当使用“互联网上网服务”项目登记营业执照经营范围;从事上网服务经营活动应当符合《互联网上网服务营业场所管理条例》第八条及国家有关消防安全、城市管理、网络安全等相关规定;应当在设备显著位置标识备案编号、“未成年人禁止使用”字样以及12318举报电话等信息,并采取智能识别等技术措施,落实实名认证及不得为未成年人提供上网服务等要求。文化和旅游部将开发系统供在线备案和查询。发现未备案的,文化和旅游行政部门应提醒其备案;存在违规经营问题的,由文化市场综合执法机构责令停止经营活动,并按照《互联网上网服务营业场所管理条例》的有关规定予以查处。

三、推进行业转型升级

(一)提升上网服务场所服务能力。支持上网服务场所开发商务培训、拓展训练、电子竞技、旅游推广、快递寄存、线下体验等新服务,为周边社区及企事业单位提供“众创空间”、电子商务等项目,上网服务场所兼营其他服务项目的,应当依法依规办理相关手续。实施上网服务行业从业人员技能提升行动,开展职业技能培训,按规定落实培训补贴。

(二)完善参与公共文化服务长效机制。鼓励上网服务场所引入电子图书馆、网络课堂、群众文艺、社区教育、非遗传习等公共文化服务。鼓励各地依据国家关于政府向社会力量购买公共文化服务的有关规定,探索制定相关实施细则,对为公众提供免费或低收费等公益性公共文化服务的上网服务场所给予适当的补助或奖励。

(三)推进上网服务场所服务等级评定国家标准落地实施。省级文化和旅游行政部门应当加强对上网服务场所贯彻落实《互联网上网服务营业场所服务等级评定》(GB/T 36746-2018)及其实施细则的指导,支持服务等级评定机构依法依规开展相关工作。各地要将上网服务场所等级评定结果与分级分类执法监管、政府购买公共文化服务、电子商务合作以及开展电子竞技培训和比赛等相结合,进一步推动上网服务场所改善经营环境,提升服务水平,增强行业发展活力与后劲。

四、加强事中事后监管

(一)依法查处无证经营行为。各地文化和旅游行政部门、文化市场综合执法机构要积极发动社会力量开展全面排查。发现擅自从事互联网上网服务经营活动的,应当依法处置;其中,对具备设立条件的,指导其依法办理相关审批手续;对缺乏基本设立条件尤其是安全状况恶劣的,责令其立即停止经营活动并会同公安、应急管理等部门坚决予以取缔,查封其从事违法经营活动的场所,扣押用于违法经营活动的专用工具、设备,将相关情况通报电信管理机构,确保停止接入互联网服务等措施的落实,依法将其列入文化市场黑名单。加强“云电脑”“云机房”监管力度,落实经营管理技术措施,确保网络内容安全。

(二)依法查处违规接纳未成年人行为。各地文化和旅游行政部门、文化市场综合执法机构要坚持日常巡查和网络巡查相结合,持续开展“双随机、一公开”监管。要以校园周边、城乡结合部、农村乡镇为重点,严厉查处锁闭门窗接纳未成年人、多次接纳未成年人、为未成年人规避实名认证提供协助等行为。广泛发动群众、行业协会及“五老”义务监督员等,加强对接纳未成年人行为的监督。

(三)完善经营管理技术措施接入。各地文化和旅游行政部门、文化市场综合执法机构要加快推进上网服务场所经营管理技术措施接入工作,支持本地区技术监管措施建设,持续扩大接入地区范围和重点上网服务场所接入数量。充分发挥经营管理技术措施作用,进一步加强对上网服务场所的监督管理。

(四)建立市场主体退出机制。上网服务场所经营单位终止经营活动的,应当到市场监管部门办理注销登记,并到文化和旅游行政部门办理有关手续。各地文化和旅游行政部门、文化市场综合执法机构对检查中发现的经营单位已被吊销营业执照、上网服务场所改做他用、人员设备已清空或失去场所使用权等确已不再继续经营的,应当在全国文化市场技术监管与服务平台进行标注清理,并联系相关企业法定代表人或主要负责人办理相关手续。无法取得联系或当事人拒不办理的,应当根据《互联网上网服务营业场所管理条例》第三十二条有关规定,依法向社会公告后,吊销其《网络文化经营许可证》,并通报公安、市场监管、电信等部门和消防救援机构。

五、做好组织实施

(一)加强协同监管。各级文化和旅游行政部门、文化市场综合执法机构要加强与宣传、公安、市场监管、电信等部门和消防救援机构的沟通协调,做好分析研判,发现问题及时稳妥处置。加强对违法违规上网服务场所的约谈力度，对连锁经营门店的违法违规行为要约谈通报连锁企业，督促其强化内部考核，建立惩戒机制。

（二）加强信用监管。要落实《全国文化市场黑名单管理办法》有关规定，坚持“应列入、尽列入”的原则，依法将严重违法失信主体列入黑名单，实施信用约束，让违法违规经营者“一处失信，处处受限”。对上网服务场所实施分级分类管理，进一步提高监管效能。

（三）推进协会建设。支持相关行业协会建立完善上网服务场所从业人员分级分类培训制度，提高上网服务行业的职业化水平；推进行业标准化建设，加强行业自律和正面引导；完善行业数据监测工作，为企业经营活动和政府决策提供数据分析与支撑。

特此通知。

3. 网络游戏

文化部、商务部关于加强网络游戏虚拟货币管理工作的通知

1. 2009年6月4日
2. 文市发〔2009〕20号

各省、自治区、直辖市文化厅(局)、商务厅(局),新疆生产建设兵团文化局、商务局,北京市、天津市、上海市、重庆市、宁夏回族自治区文化市场行政执法总队:

近年来,随着网络游戏的迅速发展,网络游戏虚拟货币广泛应用于网络游戏经营服务之中。网络游戏虚拟货币在促进网络游戏产业发展的同时,也带来了新的经济和社会问题。主要体现在:一是用户权益缺乏保障;二是市场行为缺乏监管;三是网络游戏虚拟货币在使用中引发的纠纷不断。

为规范网络游戏市场经营秩序,根据《互联网文化管理暂行规定》、《关于进一步加强网吧及网络游戏管理工作的通知》(文市发〔2007〕10号)和《关于规范网络游戏经营秩序查禁利用网络游戏赌博的通知》(公通字〔2007〕3号)等文件精神,经商中国人民银行等部门同意,现就加强网络游戏虚拟货币管理工作通知如下。

一、严格市场准入,加强主体管理

(一)本通知所称的网络游戏虚拟货币,是指由网络游戏运营企业发行,游戏用户使用法定货币按一定比例直接或间接购买,存在于游戏程序之外,以电磁记录方式存储于网络游戏运营企业提供的服务器内,并以特定数字单位表现的一种虚拟兑换工具。网络游戏虚拟货币用于兑换发行企业所提供的指定范围、指定时间内的网络游戏服务,表现为网络游戏的预付充值卡、预付金额或点数等形式,但不包括游戏活动中获得的游戏道具。

(二)文化行政部门要严格市场准入,加强对网络游戏虚拟货币发行主体和网络游戏虚拟货币交易服务提供主体的管理。从事"网络游戏虚拟货币发行服务"和"网络游戏虚拟货币交易服务"业务的,依据《国务院对确需保留的行政审批项目设定行政许可的决定》(国务院第412号令)和《互联网文化管理暂行规定》管理。凡提供上述两项服务的企业,须符合设立经营性互联网文化单位的有关条件,向企业所在地省级文化行政部门提出申请,省级文化行政部门初审后报文化部审批。"网络游戏虚拟货币发行企业"是指发行并提供虚拟货币使用服务的网络游戏运营企业。"网络游戏虚拟货币交易服务企业"是指为用户间交易网络游戏虚拟货币提供平台化服务的企业。同一企业不得同时经营以上两项业务。

(三)企业申请从事"网络游戏虚拟货币发行服务"业务的,除依法提交相关材料外,须在业务发展报告中提交虚拟货币表现形式、发行范围、单位购买价格、终止服务时的退还方式、用户购买方式(含现金、银行卡、网上支付等购买方式)、用户权益保障措施、技术安全保障措施等内容。

(四)从事"网络游戏虚拟货币交易服务"业务须符合商务主管部门关于电子商务(平台)服务的有关规定。此类企业在提出申请时,除依法提交的材料外,须在业务发展报告中提交服务(平台)模式、用户购买方式(含现金、银行卡、网上支付等购买方式)、用户权益保障措施、用户账号与实名银行账户绑定情况、技术安全保障措施等内容。

(五)已经从事网络游戏虚拟货币发行或交易服务的企业,应在本通知印发之日起3个月内,向文化行政部门申请相关经营业务。逾期未申请的,由文化行政部门按照《互联网文化管理暂行规定》予以查处。文化行政部门批准文件抄送商务部和中国人民银行。

二、规范发行和交易行为,防范市场风险

(六)网络游戏运营企业应当依据自身的经营状况和产品营运情况,适量发行网络游戏虚拟货币。严禁以预付资金占用为目的的恶意发行行为。网络游戏运营企业发行虚拟货币总量等情况,须按季度报送企业所在地省级文化行政部门。

(七)除利用法定货币购买之外,网络游戏运营企业不得采用其它任何方式向用户提供网络游戏虚拟货币。在发行网络游戏虚拟货币时,网络游戏运营企业必须保存用户的充值记录。该记录保存期自用户充值之日起不少于180天。

(八)网络游戏虚拟货币的使用范围仅限于兑换发行企业自身所提供的虚拟服务,不得用以支付、购买实物产品或兑换其它企业的任何产品和服务。

(九)网络游戏运营企业应采取必要的措施和申诉处理程序措施保障用户的合法权益,并在企业向用户提供服务的网站上显著位置进行说明。

(十)用户在网络游戏虚拟货币的使用过程中出

现纠纷的，应出示与所注册的身份信息相一致的个人有效身份证件。网络游戏运营企业在核实用户身份后，应提供虚拟货币充值和转移记录，按照申诉处理程序处理。用户合法权益受到侵害时，网络游戏运营企业应积极协助进行取证和协调解决。

（十一）网络游戏运营企业计划终止其产品和服务提供的，须提前60天予以公告。终止服务时，对于用户已经购买但尚未使用的虚拟货币，网络游戏运营企业必须以法定货币方式或用户接受的其它方式退还用户。

网络游戏因停止服务接入、技术故障等网络游戏运营企业自身原因连续中断服务30天的，视为终止。

（十二）网络游戏运营企业不得变更网络游戏虚拟货币的单位购买价格，在新增虚拟货币发行种类时，需根据本通知第三条所列材料内容报文化行政部门备案。

（十三）网络游戏运营企业不支持网络游戏虚拟货币交易的，应采取技术措施禁止网络游戏虚拟货币在用户账户之间的转移功能。

（十四）网络游戏虚拟货币交易服务企业在提供网络游戏虚拟货币相关交易服务时，须规定出售方用户使用有效身份证件进行实名注册，并要求其绑定与实名注册信息一致的境内银行帐户。网络游戏虚拟货币交易服务企业必须保留用户间的相关交易记录和账务记录，保留期自交易行为发生之日起不少于180天。

（十五）网络游戏虚拟货币交易服务企业要建立违法交易责任追究制度和技术措施，严格甄别交易信息的真伪，禁止违法交易。在明知网络游戏虚拟货币为非法获取或接到举报并核实的，应及时删除虚假交易信息和终止提供交易服务。

（十六）网络游戏虚拟货币交易服务企业不得为未成年人提供交易服务。

（十七）网络游戏虚拟货币发行企业和交易服务企业应积极采取措施保护个人信息安全，在相关部门依法调查时，必须积极配合，并提供相关记录。

（十八）网络游戏运营企业提供用户间虚拟货币转移服务的，应采取技术措施保留转移记录，相关记录保存时间不少于180天。

三、加强市场监管，严厉打击利用虚拟货币从事赌博等违法犯罪行为

（十九）各地要按照公安部、文化部等部门《关于规范网络游戏经营秩序查禁利用网络游戏赌博的通知》（公通字〔2007〕3号）的要求，配合公安机关从严整治带有赌博色彩的网络游戏，严厉打击利用网络游戏虚拟货币从事赌博的违法犯罪行为。

（二十）网络游戏运营企业不得在用户直接投入现金或虚拟货币的前提下，采取抽签、押宝、随机抽取等偶然方式分配游戏道具或虚拟货币。

（二十一）网络游戏虚拟货币发行和交易服务企业应积极配合管理部门，采取技术手段打击“盗号”、“私服”、“外挂”等。

（二十二）对经文化部认定的网络游戏“私服”、“外挂”网站上提供网上支付服务的，由文化部通报中国人民银行。

四、加大执法力度，净化市场环境

（二十三）对未经许可，擅自从事网络游戏虚拟货币发行和交易服务的企业，由省级以上文化行政部门依据《互联网文化管理暂行规定》予以查处。

（二十四）对违反本通知要求的网络游戏虚拟货币发行和交易服务企业，由文化行政部门、商务主管部门通知其限期整改。逾期未整改的，由有关部门依法予以查处。

（二十五）建立网络游戏虚拟货币管理工作协调机制，加大对“盗号”、“私服”、“外挂”、非法获利、洗钱等违法行为的打击力度。各部门应定期沟通，协调配合，及时通报有关情况，在各自职责范围内做好网络游戏虚拟货币的管理工作。

（二十六）网络游戏运营企业所发行的网络游戏虚拟货币不得与游戏内道具名称重合。网络游戏内道具的管理规定由国务院文化行政部门会同有关部门另行制订。

特此通知。

新闻出版总署关于加强对进口网络游戏审批管理的通知

1. *2009年7月1日*
2. *新出厅字〔2009〕266号*

各省、自治区、直辖市新闻出版局，新疆生产建设兵团新闻出版局，解放军总政治部宣传部新闻出版局，各游戏出版运营企业：

在党中央和国务院的正确领导下，网络游戏出版服务业经过多年的规范引导，取得了快速发展，总体情况是好的。但是,近一个时期,也存在着一些不容忽视的问题:一些非法企业通过互联网大肆传播色情暴力等不良游戏作品;有的企业未经审批擅自出版运营进口网络游戏;有的境外机构打着技术输入的幌子,在相关展览、会议中大量推广、演示未经审批的境外游戏作品,造成不良社会影响;有的部门未经国务院授权,自设网络游戏前置审批和进口网络游戏审查,造成重复审批,干扰了正常的管理程序。为了进一步规范网络游戏出版服务的前置审批和对境外著作权人授权的网络游戏作品的审批和监督管理工作,规范与进口网络游戏相关的会展交易活动,现通知如下:

一、根据《国务院办公厅关于印发国家新闻出版总署(国家版权局)主要职责内设机构和人员编制规定的通知》(国办发〔2008〕90号)(以下简称"三定方案")的规定,新闻出版总署负责"对游戏出版物的网上出版发行进行前置审批"。任何企业在中国境内从事网络游戏出版运营服务,必须经新闻出版总署进行前置审批,取得具有网络游戏出版服务范围的互联网出版服务许可证。未经审批许可,擅自从事网络游戏出版运营服务的,一经发现,立即依法取缔。

二、根据国务院"三定方案"规定,新闻出版总署"负责对出版境外著作权人授权的互联网游戏作品进行审批"。任何境外著作权人授权的进口网络游戏作品,未经新闻出版总署审查批准,一律不得在境内提供出版运营服务。违者将依法予以取缔,停止运营。

三、新闻出版总署是惟一经国务院授权负责境外著作权人授权的进口网络游戏的审批部门,如发现有其他部门越权进行前置审查审批,违法行政,有关企业可依法向国务院监督部门举报或提起诉讼。

四、在境内举办各种游戏的会展交易节庆活动中,凡涉及境外游戏作品的展示、演示、交易、推广等内容的,必须按进口网络游戏审批规定,事先报新闻出版总署审查批准。违者将依法予以取缔,并追究主办、承办单位和相关企业的责任。

五、有关报纸、杂志及网络媒体,不得为上述违法行为和活动进行报道和宣传,同时要发挥舆论监督作用。

六、各地新闻出版行政部门要加强管理和监督,要根据本《通知》要求,对本地区相关企业和活动进行一次集中清理。对违反国家相关法律法规的行为,要坚决查处纠正。确保网络游戏出版服务业健康有序发展。

游戏游艺设备管理办法

1. 2019年11月6日文化和旅游部印发

2. 文旅市场发〔2019〕129号

第一章　总　　则

第一条　为加强游戏游艺设备管理,规范娱乐市场秩序,促进行业健康发展,满足人民群众日益增长的美好生活需要,根据《娱乐场所管理条例》《娱乐场所管理办法》《国务院关于推广中国(上海)自由贸易试验区可复制改革试点经验的通知》等相关规定,制定本办法。

第二条　本办法所称游戏游艺设备,是指提供游戏游艺内容或者服务的专用电子、机械操作设备。

第三条　游戏游艺设备机型机种分为电子游戏设备(机)和游艺娱乐设备。

电子游戏设备(机)是指通过音视频系统和内容集成方式,主要为娱乐场所或者其他经营场所提供游戏内容服务,且游戏内容、形式等方面不适宜未成年人独立或者长时间使用的专用设备,如格斗类游戏游艺设备等。游艺娱乐设备是指除电子游戏设备(机)以外的其他游戏游艺设备。

除国家法定节假日外,娱乐场所以及其他经营场所设置的电子游戏设备(机)不得向未成年人提供。

第四条　鼓励企业充分挖掘中华优秀传统文化价值内涵,积极弘扬社会主义核心价值观,研发生产拥有自主知识产权、体现民族精神、内容健康向上,具有运动体验、技能训练、益智教育、亲子互动等功能的游戏游艺设备。

第五条　禁止面向国内市场生产、进口、销售、经营有下列情形之一的游戏游艺设备:

(一)含有《娱乐场所管理条例》第十三条规定的禁止内容的;

(二)存在安全隐患的;

(三)法律法规规定的其他禁止情形。

第六条　游戏游艺设备不得含有下列宣扬赌博内容:

(一)具有或者变相具有押分、退分、退币、退钢珠等功能的;

(二)捕鱼机等以设置倍率形式以小博大的;

(三)老虎机、转盘机、跑马机等由系统自动决定游戏结果的;

(四)含有其他宣扬赌博内容的。

第七条　面向国内市场生产、进口、销售、经营的游戏游艺设备的外观标识、游戏内容、操作说明等应当使用国家通用语言文字。

第八条　文化和旅游部负责制定全国游戏游艺设备管理政策并监督实施。省级文化和旅游行政部门负责对本辖区内生产或者进口的游戏游艺设备进行内容审核和机型机种分类。地方县级以上文化和旅游行政部门、文化市场综合执法机构负责对本辖区游戏游艺设备的监督管理。

第九条　省级以上文化和旅游行政部门应当结合实际，组建游戏游艺设备审核专家团队，为游戏游艺设备内容审核、机型机种分类等提供咨询、鉴定等服务。组织专家团队提供咨询、鉴定等服务，可以支付报酬。

第二章　内 容 审 核

第十条　面向国内市场生产的游戏游艺设备，生产企业应当向所在地省级文化和旅游行政部门提出内容审核申请，并提交以下材料：

（一）游戏游艺设备内容审核申请表；

（二）企业营业执照复印件；

（三）游戏游艺设备内置音视频文件（包括全部背景音乐、歌曲及其名称列表和歌词的电子文本），涉及外文的还应当提供中外文对照文本；

（四）游戏游艺设备内容简介、操作说明文本（含返奖方式等）、后台管理操作说明文本以及展现完整游戏过程的操作演示视频；

（五）能够反映游戏游艺设备整体外观的图片和说明（正面、左右侧面、控制台、投币口、后台控制界面等至少各1张图片并做相应说明，图片为“JPG”格式，分辨率不低于1280×720像素）；

（六）游戏游艺设备及其内容的有关知识产权文件（包括但不限于计算机软件著作权登记证书、专利证书复印件）或者拥有相关知识产权的声明。

第十一条　面向国内市场销售进口游戏游艺设备前，进口单位应当向其所在地省级文化和旅游行政部门提出内容审核申请，提交本办法第十条规定的申请材料和进口该游戏游艺设备的独占性授权经营协议。

第十二条　省级文化和旅游行政部门收到申请时，发现申请材料不齐全或者不符合法定形式的，应当当场或者在五个工作日内一次性告知申请人需要补正的全部内容；申请材料齐全、符合法定形式的，应当当场受理，并自受理申请之日起二十个工作日内（不含专家审核、上级部门复核、异议处理、公示等时间）作出决定。

第十三条　省级文化和旅游行政部门应当自受理申请之日起五个工作日内，提出内容审核以及机型机种分类的初步意见。难以确定的，可以要求申请人提供设备进行实物审查。确有必要时，也可以咨询专家意见或者提交文化和旅游部复核。

第十四条　省级文化和旅游行政部门应当将通过初步审核的游戏游艺设备的基本信息、异议受理方式等，在其政府门户网站上向社会公示七日。基本信息包括生产企业或者进口单位的名称、统一社会信用代码、住所，游戏游艺设备的名称、型号、操作说明、外观图片、机型机种、生产地或者进口地、知识产权文件或者声明等。

任何单位或者个人对公示的游戏游艺设备有异议的，应当在公示期内向省级文化和旅游行政部门书面提交异议申请及相关证明材料。省级文化和旅游行政部门应当予以调查核实，并自收到异议申请之日起十五个工作日内作出答复。

第十五条　公示期满无异议或者经核实异议不属实的，省级文化和旅游行政部门应当及时向申请人出具游戏游艺设备内容核准单，发放“游戏游艺设备电子标识”；审核不予通过的，应当书面通知申请人并说明理由。

取得游戏游艺设备内容核准单后，游戏游艺设备生产企业、进口单位可以面向国内市场销售该游戏游艺设备。以销售、商业宣传为目的在公共场所展览展示的游戏游艺设备，应当取得游戏游艺设备内容核准单。

“游戏游艺设备电子标识”由全国文化市场技术监管与服务平台自动生成，内容包含游戏游艺设备基本信息以及审核机关名称、批准文号、批准时间和监督电话等信息。“游戏游艺设备电子标识”的标准由文化和旅游部统一制定。

第十六条　省级文化和旅游行政部门应当自出具内容核准单之日起三个工作日内，将游戏游艺设备基本信息及批准文号等在政府门户网站上向社会公布。

第十七条　游戏游艺设备内容或者机型机种等发生实质性变更，有下列情形之一的，应当重新向原审核机关提出内容审核申请：

（一）因升级或者改版等导致内容发生明显变化的；

（二）增加游戏项目的；

（三）改变主要功能键的；

（四）外观明显改变的；

（五）发生其他实质性变更的。

第十八条　面向娱乐场所或者其他经营场所销售游戏游艺设备前，生产企业或者进口单位应当在游戏游艺设备显著位置张贴“游戏游艺设备电子标识”,并依照省级文化和旅游行政部门确定的机型机种类别,标注“游艺娱乐设备”或者“电子游戏设备(机)(除国家法定节假日外,不得向未成年人提供)”字样。

第三章 监督管理

第十九条 文化和旅游部指导中国文化娱乐行业协会制定游戏游艺设备内容自审规范。

游戏游艺设备生产企业和进口单位应当建立游戏游艺设备内容自审管理制度,配备专职内容审核人员,加强游戏游艺设备内容自审工作。

第二十条 在其他经营场所设置游戏游艺设备从事经营活动的,应当在游戏游艺设备显著位置标明经营者的真实名称、有效联系方式等信息,并在经营前向场所所在地县级文化和旅游行政部门备案。备案时应当一并提交游戏游艺设备的基本信息、数量、设置地址以及具体联系人员、联系方式等信息。备案事项发生变更的,应当重新备案。

在本办法施行前已设置游戏游艺设备的,应当自本办法施行之日起六十日内完成备案。

第二十一条 娱乐场所或者其他经营场所应当遵守有关安全生产的法律法规和国家标准或者行业标准。

利用游戏游艺设备进行有奖经营活动的,经营者应当向消费者提供来源合法、内容健康、安全无害的奖品,不得以假充真、以次充好,不得虚标价格。奖品目录等相关信息应当报所在地县级文化和旅游行政部门备案。

第二十二条 游戏游艺设备以概率性方式提供实物奖励的,经营者应当在游戏游艺设备正面显著位置明示概率范围。

第二十三条 娱乐场所以及其他经营场所应当经营依法取得“游戏游艺设备电子标识”的游戏游艺设备,不得利用含有《娱乐场所管理条例》第十三条规定的禁止内容或者未经文化和旅游行政部门内容审核、擅自实质性变更内容的游戏游艺设备从事经营活动。

第二十四条 有下列情形之一的,省级文化和旅游行政部门应当依法撤销游戏游艺设备内容核准单,并按照有关规定将相关游戏游艺设备的生产企业或者进口单位及其主要负责人员列入文化市场黑名单或者重点关注名单,实施信用联合惩戒。

(一)隐瞒游戏游艺设备真实情况的;

(二)提供虚假材料的;

(三)伪造证明文件的;

(四)法律法规规定的其他情形。

第二十五条 文化和旅游行政部门工作人员在游戏游艺设备内容审核过程中滥用职权、玩忽职守、徇私舞弊的,应当依法依规追究责任。

文化和旅游部在事中事后监管过程中发现省级文化和旅游行政部门审核通过的游戏游艺设备存在内容等问题的,应当依法责令其撤销内容核准单。

第四章 法律责任

第二十六条 违反本办法第三条第三款规定,其他经营场所设置的电子游戏设备(机)在国家法定节假日外向未成年人提供的,县级以上文化和旅游行政部门或者文化市场综合执法机构应当参照《娱乐场所管理条例》第四十八条第(四)项规定对游戏游艺设备经营者予以处罚。

第二十七条 违反本办法第二十条、第二十二条规定的,县级以上文化和旅游行政部门或者文化市场综合执法机构应当责令改正,拒不改正的,应当将其经营者纳入重点监管对象;情节严重的,可以列入重点关注名单或者文化市场黑名单。

第二十八条 违反本办法第二十一条规定,其他经营场所未将奖品目录报所在地县级文化和旅游行政部门备案的,县级以上文化和旅游行政部门应当参照《娱乐场所管理办法》第三十条规定对游戏游艺设备经营者予以处罚。

第二十九条 违反本办法第二十三条规定,其他经营场所利用含有《娱乐场所管理条例》第十三条规定的禁止内容的游戏游艺设备从事经营活动的,县级以上文化和旅游行政部门或者文化市场综合执法机构应当参照《娱乐场所管理条例》第四十八条第(二)项规定对游戏游艺设备经营者予以处罚;其他经营场所利用未经文化和旅游行政部门内容审核或者擅自实质性变更内容的游戏游艺设备从事经营活动的,县级以上文化和旅游行政部门或者文化市场综合执法机构应当参照《娱乐场所管理办法》第三十条规定对游戏游艺设备经营者予以处罚。

第五章 附则

第三十条 大型游乐设施设备及主要为家庭使用的游戏游艺设备管理按照相关法规规定执行。

第三十一条 本办法所称其他经营场所是指在无独立围护结构的场地内设置游戏游艺设备供消费者自娱自乐的分布式经营场所。

省级文化和旅游行政部门可以结合实际,制定适应儿童游艺娱乐场所、虚拟现实游艺娱乐场所、专营

“抓娃娃机”等礼品类游艺娱乐场所发展的使用面积和消费者人均占有使用面积的最低标准。

第三十二条　省级文化和旅游行政部门应当指导县级以上地方文化和旅游行政部门，对在本办法施行前或者施行过渡期内在娱乐场所或者其他经营场所设置的、尚未张贴“游戏游艺设备电子标识”的游戏游艺设备实施分类标识管理。张贴的标识应当包括游戏游艺设备名称、机型机种、监督电话等信息。

在本办法施行前或者施行过渡期内，经省级文化和旅游行政部门审核通过、未发放“游戏游艺设备电子标识”且尚未面向国内销售的，应当结合实际向生产企业或者进口单位补发“游戏游艺设备电子标识”。

第三十三条　施行过渡期后，各地应当通过全国文化市场技术监管与服务平台开展游戏游艺设备内容审核、“游戏游艺设备电子标识”发放以及其他经营场所经营游戏游艺设备备案等工作。

第三十四条　本办法自2020年1月1日起施行，《文化部关于允许内外资企业从事游戏游艺设备生产和销售的通知》（文市函〔2015〕576号）同时废止。本办法所称施行过渡期为本办法施行之日起至2020年6月30日。本办法施行后，文化和旅游部不再统一公布游戏游艺设备信息。

附表：1. 游戏游艺设备内容审核申请表（样表）（略）

2. 游戏游艺设备内容核准单（样表）（略）

八、演出与娱乐场所

资料补充栏

1. 综合规定

营业性演出管理条例

1. 2005年7月7日国务院令第439号公布
2. 根据2008年7月22日国务院令第528号《关于修改〈营业性演出管理条例〉的决定》第一次修订
3. 根据2013年7月18日国务院令第638号《关于废止和修改部分行政法规的决定》第二次修订
4. 根据2016年2月6日国务院令第666号《关于修改部分行政法规的决定》第三次修订
5. 根据2020年11月29日国务院令第732号《关于修改和废止部分行政法规的决定》第四次修订

第一章　总　　则

第一条　为了加强对营业性演出的管理，促进文化产业的发展，繁荣社会主义文艺事业，满足人民群众文化生活的需要，促进社会主义精神文明建设，制定本条例。

第二条　本条例所称营业性演出，是指以营利为目的为公众举办的现场文艺表演活动。

第三条　营业性演出必须坚持为人民服务、为社会主义服务的方向，把社会效益放在首位、实现社会效益和经济效益的统一，丰富人民群众的文化生活。

第四条　国家鼓励文艺表演团体、演员创作和演出思想性艺术性统一、体现民族优秀文化传统、受人民群众欢迎的优秀节目，鼓励到农村、工矿企业演出和为少年儿童提供免费或者优惠的演出。

第五条　国务院文化主管部门主管全国营业性演出的监督管理工作。国务院公安部门、工商行政管理部门在各自职责范围内，主管营业性演出的监督管理工作。

县级以上地方人民政府文化主管部门负责本行政区域内营业性演出的监督管理工作。县级以上地方人民政府公安部门、工商行政管理部门在各自职责范围内，负责本行政区域内营业性演出的监督管理工作。

第二章　营业性演出经营主体的设立

第六条　文艺表演团体申请从事营业性演出活动，应当有与其业务相适应的专职演员和器材设备，并向县级人民政府文化主管部门提出申请；演出经纪机构申请从事营业性演出经营活动，应当有3名以上专职演出经纪人员和与其业务相适应的资金，并向省、自治区、直辖市人民政府文化主管部门提出申请。文化主管部门应当自受理申请之日起20日内作出决定。批准的，颁发营业性演出许可证；不批准的，应当书面通知申请人并说明理由。

第七条　设立演出场所经营单位，应当依法到工商行政管理部门办理注册登记，领取营业执照，并依照有关消防、卫生管理等法律、行政法规的规定办理审批手续。

演出场所经营单位应当自领取营业执照之日起20日内向所在地县级人民政府文化主管部门备案。

第八条　文艺表演团体变更名称、住所、法定代表人或者主要负责人、营业性演出经营项目，应当向原发证机关申请换发营业性演出许可证，并依法到工商行政管理部门办理变更登记。

演出场所经营单位变更名称、住所、法定代表人或者主要负责人，应当依法到工商行政管理部门办理变更登记，并向原备案机关重新备案。

第九条　以从事营业性演出为职业的个体演员（以下简称个体演员）和以从事营业性演出的居间、代理活动为职业的个体演出经纪人（以下简称个体演出经纪人），应当依法到工商行政管理部门办理注册登记，领取营业执照。

个体演员、个体演出经纪人应当自领取营业执照之日起20日内向所在地县级人民政府文化主管部门备案。

第十条　外国投资者可以依法在中国境内设立演出经纪机构、演出场所经营单位；不得设立文艺表演团体。

外商投资的演出经纪机构申请从事营业性演出经营活动、外商投资的演出场所经营单位申请从事演出场所经营活动，应当向国务院文化主管部门提出申请。国务院文化主管部门应当自收到申请之日起20日内作出决定。批准的，颁发营业性演出许可证；不批准的，应当书面通知申请人并说明理由。

第十一条　香港特别行政区、澳门特别行政区的投资者可以在内地投资设立演出经纪机构、演出场所经营单位以及由内地方控股的文艺表演团体；香港特别行政区、澳门特别行政区的演出经纪机构可以在内地设立分支机构。

台湾地区的投资者可以在大陆投资设立演出经纪机构、演出场所经营单位，不得设立文艺表演团体。

依照本条规定设立的演出经纪机构、文艺表演团体申请从事营业性演出经营活动，依照本条规定设立的演出场所经营单位申请从事演出场所经营活动，应当向省、自治区、直辖市人民政府文化主管部门提出申请。省、自治区、直辖市人民政府文化主管部门应当自收到申请之日起20日内作出决定。批准的，颁发营业性演出许可证；不批准的，应当书面通知申请人并说明理由。

依照本条规定设立演出经纪机构、演出场所经营单位的，还应当遵守我国其他法律、法规的规定。

第三章　营业性演出规范

第十二条　文艺表演团体、个体演员可以自行举办营业性演出，也可以参加营业性组台演出。

营业性组台演出应当由演出经纪机构举办；但是，演出场所经营单位可以在本单位经营的场所内举办营业性组台演出。

演出经纪机构可以从事营业性演出的居间、代理、行纪活动；个体演出经纪人只能从事营业性演出的居间、代理活动。

第十三条　举办营业性演出，应当向演出所在地县级人民政府文化主管部门提出申请。县级人民政府文化主管部门应当自受理申请之日起3日内作出决定。对符合本条例第二十五条规定的，发给批准文件；对不符合本条例第二十五条规定的，不予批准，书面通知申请人并说明理由。

第十四条　除演出经纪机构外，其他任何单位或者个人不得举办外国的或者香港特别行政区、澳门特别行政区、台湾地区的文艺表演团体、个人参加的营业性演出。但是，文艺表演团体自行举办营业性演出，可以邀请外国的或者香港特别行政区、澳门特别行政区、台湾地区的文艺表演团体、个人参加。

举办外国的或者香港特别行政区、澳门特别行政区、台湾地区的文艺表演团体、个人参加的营业性演出，应当符合下列条件：

（一）有与其举办的营业性演出相适应的资金；

（二）有2年以上举办营业性演出的经历；

（三）举办营业性演出前2年内无违反本条例规定的记录。

第十五条　举办外国的文艺表演团体、个人参加的营业性演出，演出举办单位应当向演出所在地省、自治区、直辖市人民政府文化主管部门提出申请。

举办香港特别行政区、澳门特别行政区的文艺表演团体、个人参加的营业性演出，演出举办单位应当向演出所在地省、自治区、直辖市人民政府文化主管部门提出申请；举办台湾地区的文艺表演团体、个人参加的营业性演出，演出举办单位应当向国务院文化主管部门会同国务院有关部门规定的审批机关提出申请。

国务院文化主管部门或者省、自治区、直辖市人民政府文化主管部门应当自受理申请之日起20日内作出决定。对符合本条例第二十五条规定的，发给批准文件；对不符合本条例第二十五条规定的，不予批准，书面通知申请人并说明理由。

第十六条　申请举办营业性演出，提交的申请材料应当包括下列内容：

（一）演出名称、演出举办单位和参加演出的文艺表演团体、演员；

（二）演出时间、地点、场次；

（三）节目及其视听资料。

申请举办营业性组台演出，还应当提交文艺表演团体、演员同意参加演出的书面函件。

营业性演出需要变更申请材料所列事项的，应当分别依照本条例第十三条、第十五条规定重新报批。

第十七条　演出场所经营单位提供演出场地，应当核验演出举办单位取得的批准文件；不得为未经批准的营业性演出提供演出场地。

第十八条　演出场所经营单位应当确保演出场所的建筑、设施符合国家安全标准和消防安全规范，定期检查消防安全设施状况，并及时维护、更新。

演出场所经营单位应当制定安全保卫工作方案和灭火、应急疏散预案。

演出举办单位在演出场所进行营业性演出，应当核验演出场所经营单位的消防安全设施检查记录、安全保卫工作方案和灭火、应急疏散预案，并与演出场所经营单位就演出活动中突发安全事件的防范、处理等事项签订安全责任协议。

第十九条　在公共场所举办营业性演出，演出举办单位应当依照有关安全、消防的法律、行政法规和国家有关规定办理审批手续，并制定安全保卫工作方案和灭火、应急疏散预案。演出场所应当配备应急广播、照明设施，在安全出入口设置明显标识，保证安全出入口畅通；需要临时搭建舞台、看台的，演出举办单位应当按照国家有关安全标准搭建舞台、看台，确保安全。

第二十条　审批临时搭建舞台、看台的营业性演出时，文化主管部门应当核验演出举办单位的下列文件：

（一）依法验收后取得的演出场所合格证明；

（二）安全保卫工作方案和灭火、应急疏散预案；

（三）依法取得的安全、消防批准文件。

第二十一条 演出场所容纳的观众数量应当报公安部门核准；观众区域与缓冲区域应当由公安部门划定，缓冲区域应当有明显标识。

演出举办单位应当按照公安部门核准的观众数量、划定的观众区域印制和出售门票。

验票时，发现进入演出场所的观众达到核准数量仍有观众等待入场的，应当立即终止验票并同时向演出所在地县级人民政府公安部门报告；发现观众持有观众区域以外的门票或者假票的，应当拒绝其入场并同时向演出所在地县级人民政府公安部门报告。

第二十二条 任何人不得携带传染病病原体和爆炸性、易燃性、放射性、腐蚀性等危险物质或者非法携带枪支、弹药、管制器具进入营业性演出现场。

演出场所经营单位应当根据公安部门的要求，配备安全检查设施，并对进入营业性演出现场的观众进行必要的安全检查；观众不接受安全检查或者有前款禁止行为的，演出场所经营单位有权拒绝其进入。

第二十三条 演出举办单位应当组织人员落实营业性演出时的安全、消防措施，维护营业性演出现场秩序。

演出举办单位和演出场所经营单位发现营业性演出现场秩序混乱，应当立即采取措施并同时向演出所在地县级人民政府公安部门报告。

第二十四条 演出举办单位不得以政府或者政府部门的名义举办营业性演出。

营业性演出不得冠以“中国”、“中华”、“全国”、“国际”等字样。

营业性演出广告内容必须真实、合法，不得误导、欺骗公众。

第二十五条 营业性演出不得有下列情形：

（一）反对宪法确定的基本原则的；

（二）危害国家统一、主权和领土完整，危害国家安全，或者损害国家荣誉和利益的；

（三）煽动民族仇恨、民族歧视，侵害民族风俗习惯，伤害民族感情，破坏民族团结，违反宗教政策的；

（四）扰乱社会秩序，破坏社会稳定的；

（五）危害社会公德或者民族优秀文化传统的；

（六）宣扬淫秽、色情、邪教、迷信或者渲染暴力的；

（七）侮辱或者诽谤他人，侵害他人合法权益的；

（八）表演方式恐怖、残忍，摧残演员身心健康的；

（九）利用人体缺陷或者以展示人体变异等方式招徕观众的；

（十）法律、行政法规禁止的其他情形。

第二十六条 演出场所经营单位、演出举办单位发现营业性演出有本条例第二十五条禁止情形的，应当立即采取措施予以制止并同时向演出所在地县级人民政府文化主管部门、公安部门报告。

第二十七条 参加营业性演出的文艺表演团体、主要演员或者主要节目内容等发生变更的，演出举办单位应当及时告知观众并说明理由。观众有权退票。

演出过程中，除因不可抗力不能演出的外，演出举办单位不得中止或者停止演出，演员不得退出演出。

第二十八条 演员不得以假唱欺骗观众，演出举办单位不得组织演员假唱。任何单位或者个人不得为假唱提供条件。

演出举办单位应当派专人对演出进行监督，防止假唱行为的发生。

第二十九条 营业性演出经营主体应当对其营业性演出的经营收入依法纳税。

演出举办单位在支付演员、职员的演出报酬时应当依法履行税款代扣代缴义务。

第三十条 募捐义演的演出收入，除必要的成本开支外，必须全部交付受捐单位；演出举办单位、参加演出的文艺表演团体和演员、职员，不得获取经济利益。

第三十一条 任何单位或者个人不得伪造、变造、出租、出借或者买卖营业性演出许可证、批准文件或者营业执照，不得伪造、变造营业性演出门票或者倒卖伪造、变造的营业性演出门票。

第四章 监督管理

第三十二条 除文化主管部门依照国家有关规定对体现民族特色和国家水准的演出给予补助外，各级人民政府和政府部门不得资助、赞助或者变相资助、赞助营业性演出，不得用公款购买营业性演出门票用于个人消费。

第三十三条 文化主管部门应当加强对营业性演出的监督管理。

演出所在地县级人民政府文化主管部门对外国的或者香港特别行政区、澳门特别行政区、台湾地区的文艺表演团体、个人参加的营业性演出和临时搭建舞台、看台的营业性演出，应当进行实地检查；对其他营业性演出，应当进行实地抽样检查。

第三十四条 县级以上地方人民政府文化主管部门应当充分发挥文化执法机构的作用，并可以聘请社会义务监督员对营业性演出进行监督。

任何单位或者个人可以采取电话、手机短信等方式举报违反本条例规定的行为。县级以上地方人民政府文化主管部门应当向社会公布举报电话，并保证随时有人接听。

县级以上地方人民政府文化主管部门接到社会义务监督员的报告或者公众的举报，应当作出记录，立即赶赴现场进行调查、处理，并自处理完毕之日起7日内公布结果。

县级以上地方人民政府文化主管部门对作出突出贡献的社会义务监督员应当给予表彰；公众举报经调查核实的，应当对举报人给予奖励。

第三十五条 文化主管部门应当建立营业性演出经营主体的经营活动信用监管制度，建立健全信用约束机制，并及时公布行政处罚信息。

第三十六条 公安部门对其依照有关法律、行政法规和国家有关规定批准的营业性演出，应当在演出举办前对营业性演出现场的安全状况进行实地检查；发现安全隐患的，在消除安全隐患后方可允许进行营业性演出。

公安部门可以对进入营业性演出现场的观众进行必要的安全检查；发现观众有本条例第二十二条第一款禁止行为的，在消除安全隐患后方可允许其进入。

公安部门可以组织警力协助演出举办单位维持营业性演出现场秩序。

第三十七条 公安部门接到观众达到核准数量仍有观众等待入场或者演出秩序混乱的报告后，应当立即组织采取措施消除安全隐患。

第三十八条 承担现场管理检查任务的公安部门和文化主管部门的工作人员进入营业性演出现场，应当出示值勤证件。

第三十九条 文化主管部门依法对营业性演出进行监督检查时，应当将监督检查的情况和处理结果予以记录，由监督检查人员签字后归档。公众有权查阅监督检查记录。

第四十条 文化主管部门、公安部门和其他有关部门及其工作人员不得向演出举办单位、演出场所经营单位索取演出门票。

第四十一条 国务院文化主管部门和省、自治区、直辖市人民政府文化主管部门，对在农村、工矿企业进行演出以及为少年儿童提供免费或者优惠演出表现突出的文艺表演团体、演员，应当给予表彰，并采取多种形式予以宣传。

国务院文化主管部门对适合在农村、工矿企业演出的节目，可以在依法取得著作权人许可后，提供给文艺表演团体、演员在农村、工矿企业演出时使用。

文化主管部门实施文艺评奖，应当适当考虑参评对象在农村、工矿企业的演出场次。

县级以上地方人民政府应当对在农村、工矿企业演出的文艺表演团体、演员给予支持。

第四十二条 演出行业协会应当依照章程的规定，制定行业自律规范，指导、监督会员的经营活动，促进公平竞争。

第五章 法律责任

第四十三条 有下列行为之一的，由县级人民政府文化主管部门予以取缔，没收演出器材和违法所得，并处违法所得8倍以上10倍以下的罚款；没有违法所得或者违法所得不足1万元的，并处5万元以上10万元以下的罚款；构成犯罪的，依法追究刑事责任：

（一）违反本条例第六条、第十条、第十一条规定，擅自从事营业性演出经营活动的；

（二）违反本条例第十二条、第十四条规定，超范围从事营业性演出经营活动的；

（三）违反本条例第八条第一款规定，变更营业性演出经营项目未向原发证机关申请换发营业性演出许可证的。

违反本条例第七条、第九条规定，擅自设立演出场所经营单位或者擅自从事营业性演出经营活动的，由工商行政管理部门依法予以取缔、处罚；构成犯罪的，依法追究刑事责任。

第四十四条 违反本条例第十三条、第十五条规定，未经批准举办营业性演出的，由县级人民政府文化主管部门责令停止演出，没收违法所得，并处违法所得8倍以上10倍以下的罚款；没有违法所得或者违法所得不足1万元的，并处5万元以上10万元以下的罚款；情节严重的，由原发证机关吊销营业性演出许可证。

违反本条例第十六条第三款规定，变更演出举办单位、参加演出的文艺表演团体、演员或者节目未重新报批的，依照前款规定处罚；变更演出的名称、时间、地点、场次未重新报批的，由县级人民政府文化主管部门责令改正，给予警告，可以并处3万元以下的罚款。

演出场所经营单位为未经批准的营业性演出提供场地的，由县级人民政府文化主管部门责令改正，没收违法所得，并处违法所得3倍以上5倍以下的罚款；没有违法所得或者违法所得不足1万元的，并处3万元以上5万元以下的罚款。

第四十五条 违反本条例第三十一条规定，伪造、变造、出租、出借、买卖营业性演出许可证、批准文件，或者以非法手段取得营业性演出许可证、批准文件的，由县级人民政府文化主管部门没收违法所得，并处违法所得8倍以上10倍以下的罚款；没有违法所得或者违法所得不足1万元的，并处5万元以上10万元以下的罚款；对原取得的营业性演出许可证、批准文件，予以吊销、撤销；构成犯罪的，依法追究刑事责任。

第四十六条 营业性演出有本条例第二十五条禁止情形的，由县级人民政府文化主管部门责令停止演出，没收违法所得，并处违法所得8倍以上10倍以下的罚款；没有违法所得或者违法所得不足1万元的，并处5万元以上10万元以下的罚款；情节严重的，由原发证机关吊销营业性演出许可证；违反治安管理规定的，由公安部门依法予以处罚；构成犯罪的，依法追究刑事责任。

演出场所经营单位、演出举办单位发现营业性演出有本条例第二十五条禁止情形未采取措施予以制止的，由县级人民政府文化主管部门、公安部门依据法定职权给予警告，并处5万元以上10万元以下的罚款；未依照本条例第二十六条规定报告的，由县级人民政府文化主管部门、公安部门依据法定职权给予警告，并处5000元以上1万元以下的罚款。

第四十七条 有下列行为之一的，对演出举办单位、文艺表演团体、演员，由国务院文化主管部门或者省、自治区、直辖市人民政府文化主管部门向社会公布；演出举办单位、文艺表演团体在2年内再次被公布的，由原发证机关吊销营业性演出许可证；个体演员在2年内再次被公布的，由工商行政管理部门吊销营业执照：

（一）非因不可抗力中止、停止或者退出演出的；

（二）文艺表演团体、主要演员或者主要节目内容等发生变更未及时告知观众的；

（三）以假唱欺骗观众的；

（四）为演员假唱提供条件的。

有前款第（一）项、第（二）项和第（三）项所列行为之一的，观众有权在退场后依照有关消费者权益保护的法律规定要求演出举办单位赔偿损失；演出举办单位可以依法向负有责任的文艺表演团体、演员追偿。

有本条第一款第（一）项、第（二）项和第（三）项所列行为之一的，由县级人民政府文化主管部门处5万元以上10万元以下的罚款；有本条第一款第（四）项所列行为的，由县级人民政府文化主管部门处5000元以上1万元以下的罚款。

第四十八条 以政府或者政府部门的名义举办营业性演出，或者营业性演出冠以“中国”、“中华”、“全国”、“国际”等字样的，由县级人民政府文化主管部门责令改正，没收违法所得，并处违法所得3倍以上5倍以下的罚款；没有违法所得或者违法所得不足1万元的，并处3万元以上5万元以下的罚款；拒不改正或者造成严重后果的，由原发证机关吊销营业性演出许可证。

营业性演出广告的内容误导、欺骗公众或者含有其他违法内容的，由工商行政管理部门责令停止发布，并依法予以处罚。

第四十九条 演出举办单位或者其法定代表人、主要负责人及其他直接责任人员在募捐义演中获取经济利益的，由县级以上人民政府文化主管部门依据各自职权责令其退回并交付受捐单位；构成犯罪的，依法追究刑事责任；尚不构成犯罪的，由县级以上人民政府文化主管部门依据各自职权处违法所得3倍以上5倍以下的罚款，并由国务院文化主管部门或者省、自治区、直辖市人民政府文化主管部门向社会公布违法行为人的名称或者姓名，直至由原发证机关吊销演出举办单位的营业性演出许可证。

文艺表演团体或者演员、职员在募捐义演中获取经济利益的，由县级以上人民政府文化主管部门依据各自职权责令其退回并交付受捐单位。

第五十条 违反本条例第八条第一款规定，变更名称、住所、法定代表人或者主要负责人未向原发证机关申请换发营业性演出许可证的，由县级人民政府文化主管部门责令改正，给予警告，并处1万元以上3万元以下的罚款。

违反本条例第七条第二款、第八条第二款、第九条第二款规定，未办理备案手续的，由县级人民政府文化主管部门责令改正，给予警告，并处5000元以上1万元以下的罚款。

第五十一条 有下列行为之一的，由公安部门或者公安消防机构依据法定职权依法予以处罚；构成犯罪的，依法追究刑事责任：

（一）违反本条例安全、消防管理规定的；

（二）伪造、变造营业性演出门票或者倒卖伪造、变造的营业性演出门票的。

演出举办单位印制、出售超过核准观众数量的或者观众区域以外的营业性演出门票的，由县级以上人民政府公安部门依据各自职权责令改正，没收违法所得，并处违法所得3倍以上5倍以下的罚款；没有违法所得或者违法所得不足1万元的，并处3万元以上5万元以下的罚款；造成严重后果的，由原发证机关吊销营业性演出许可证；构成犯罪的，依法追究刑事责任。

第五十二条 演出场所经营单位、个体演出经纪人、个体演员违反本条例规定，情节严重的，由县级以上人民政府文化主管部门依据各自职权责令其停止营业性演出经营活动，并通知工商行政管理部门，由工商行政管理部门依法吊销营业执照。其中，演出场所经营单位有其他经营业务的，由工商行政管理部门责令其办理变更登记，逾期不办理的，吊销营业执照。

第五十三条 因违反本条例规定被文化主管部门吊销营业性演出许可证，或者被工商行政管理部门吊销营业执照或者责令变更登记的，自受到行政处罚之日起，当事人为单位的，其法定代表人、主要负责人5年内不得担任文艺表演团体、演出经纪机构或者演出场所经营单位的法定代表人、主要负责人；当事人为个人的，个体演员1年内不得从事营业性演出，个体演出经纪人5年内不得从事营业性演出的居间、代理活动。

因营业性演出有本条例第二十五条禁止情形被文化主管部门吊销营业性演出许可证，或者被工商行政管理部门吊销营业执照或者责令变更登记的，不得再次从事营业性演出或者营业性演出的居间、代理、行纪活动。

因违反本条例规定2年内2次受到行政处罚又有应受本条例处罚的违法行为的，应当从重处罚。

第五十四条 各级人民政府或者政府部门非法资助、赞助，或者非法变相资助、赞助营业性演出，或者用公款购买营业性演出门票用于个人消费的，依照有关财政违法行为处罚处分的行政法规的规定责令改正。对单位给予警告或者通报批评。对直接负责的主管人员和其他直接责任人员给予记大过处分；情节较重的，给予降级或者撤职处分；情节严重的，给予开除处分。

第五十五条 文化主管部门、公安部门、工商行政管理部门的工作人员滥用职权、玩忽职守、徇私舞弊或者未依照本条例规定履行职责的，依法给予行政处分；构成犯罪的，依法追究刑事责任。

第六章 附　　则

第五十六条 民间游散艺人的营业性演出，省、自治区、直辖市人民政府可以参照本条例的规定制定具体管理办法。

第五十七条 本条例自2005年9月1日起施行。1997年8月11日国务院发布的《营业性演出管理条例》同时废止。

无证无照经营查处办法

1. 2017年8月6日国务院令第684号公布
2. 自2017年10月1日起施行

第一条 为了维护社会主义市场经济秩序，促进公平竞争，保护经营者和消费者的合法权益，制定本办法。

第二条 任何单位或者个人不得违反法律、法规、国务院决定的规定，从事无证无照经营。

第三条 下列经营活动，不属于无证无照经营：

（一）在县级以上地方人民政府指定的场所和时间，销售农副产品、日常生活用品，或者个人利用自己的技能从事依法无须取得许可的便民劳务活动；

（二）依照法律、行政法规、国务院决定的规定，从事无须取得许可或者办理注册登记的经营活动。

第四条 县级以上地方人民政府负责组织、协调本行政区域的无证无照经营查处工作，建立有关部门分工负责、协调配合的无证无照经营查处工作机制。

第五条 经营者未依法取得许可从事经营活动的，由法律、法规、国务院决定规定的部门予以查处；法律、法规、国务院决定没有规定或者规定不明确的，由省、自治区、直辖市人民政府确定的部门予以查处。

第六条 经营者未依法取得营业执照从事经营活动的，由履行工商行政管理职责的部门（以下称工商行政管理部门）予以查处。

第七条 经营者未依法取得许可且未依法取得营业执照从事经营活动的，依照本办法第五条的规定予以查处。

第八条 工商行政管理部门以及法律、法规、国务院决定规定的部门和省、自治区、直辖市人民政府确定的部门（以下统称查处部门）应当依法履行职责，密切协同配合，利用信息网络平台加强信息共享；发现不属于本部门查处职责的无证无照经营，应当及时通报有关部门。

第九条 任何单位或者个人有权向查处部门举报无证无照经营。

查处部门应当向社会公开受理举报的电话、信箱或者电子邮件地址，并安排人员受理举报，依法予以处理。对实名举报的，查处部门应当告知处理结果，并为举报人保密。

第十条 查处部门依法查处无证无照经营，应当坚持查处与引导相结合、处罚与教育相结合的原则，对具备办理证照的法定条件、经营者有继续经营意愿的，应当督促、引导其依法办理相应证照。

第十一条 县级以上人民政府工商行政管理部门对涉嫌无照经营进行查处，可以行使下列职权：

（一）责令停止相关经营活动；

（二）向与涉嫌无照经营有关的单位和个人调查了解有关情况；

（三）进入涉嫌从事无照经营的场所实施现场检查；

（四）查阅、复制与涉嫌无照经营有关的合同、票据、账簿以及其他有关资料。

对涉嫌从事无照经营的场所，可以予以查封；对涉嫌用于无照经营的工具、设备、原材料、产品（商品）等物品，可以予以查封、扣押。

对涉嫌无证经营进行查处，依照相关法律、法规的规定采取措施。

第十二条 从事无证经营的，由查处部门依照相关法律、法规的规定予以处罚。

第十三条 从事无照经营的，由工商行政管理部门依照相关法律、行政法规的规定予以处罚。法律、行政法规对无照经营的处罚没有明确规定的，由工商行政管理部门责令停止违法行为，没收违法所得，并处1万元以下的罚款。

第十四条 明知属于无照经营而为经营者提供经营场所，或者提供运输、保管、仓储等条件的，由工商行政管理部门责令停止违法行为，没收违法所得，可以处5000元以下的罚款。

第十五条 任何单位或者个人从事无证无照经营的，由查处部门记入信用记录，并依照相关法律、法规的规定予以公示。

第十六条 妨害查处部门查处无证无照经营，构成违反治安管理行为的，由公安机关依照《中华人民共和国治安管理处罚法》的规定予以处罚。

第十七条 查处部门及其工作人员滥用职权、玩忽职守、徇私舞弊的，对负有责任的领导人员和直接责任人员依法给予处分。

第十八条 违反本办法规定，构成犯罪的，依法追究刑事责任。

第十九条 本办法自2017年10月1日起施行。2003年1月6日国务院公布的《无照经营查处取缔办法》同时废止。

演出市场个人所得税征收管理暂行办法

1. 1995年11月18日国家税务总局公布
2. 国税发〔1995〕171号
3. 根据2016年5月29日国家税务总局令第40号《关于公布全文废止和部分条款废止的税务部门规章目录的决定》第一次修正
4. 根据2018年6月15日国家税务总局令第44号《关于修改部分税务部门规章的决定》第二次修正

第一条 为加强演出市场个人所得税的征收管理，根据《中华人民共和国个人所得税法》及其实施条例和《国务院办公厅转发文化部关于加强演出市场管理报告的通知》（国办发〔1991〕112号）的有关规定，制定本办法。

第二条 凡参加演出（包括舞台演出、录音、录像、拍摄影视等，下同）而取得报酬的演职员，是个人所得税的纳税义务人；所取得的所得，为个人所得税的应纳税项目。

第三条 向演职员支付报酬的单位或个人，是个人所得税的扣缴义务人。扣缴义务人必须在支付演职员报酬的同时，按税收法律、行政法规及税务机关依照法律、行政法规作出的规定扣缴或预扣个人所得税。

预扣办法由各省、自治区、直辖市税务局根据有利控管的原则自行确定。

第四条 演出经纪机构领取《演出经营许可证》、《临时营业演出许可证》或变更以上证件内容的，必须在领证后或变更登记后的三十日内到机构所在地主管税务机关办理税务登记或变更税务登记。文化行政部门向演出经纪机构或个人发放《演出经营许可证》和《临时营业演出许可证》时，应将演出经纪机构的名称、住所、法人代表等情况抄送当地主管税务机关备案。

第五条 演出活动主办单位应在每次演出前两日内，将文化行政部门的演出活动批准件和演出合同、演出计划（时间、地点、场次）、报酬分配方案等有关材料报送演出所在地主管税务机关。演出合同和演出计划的内容如有变化，应按规定程序重新向文化行政部门申报审批并向主管税务机关报送新的有关材料。

第六条 演职员参加非任职单位组织的演出取得的报酬为劳务报酬所得，按次缴纳个人所得税。演职员参加任职单位组织的演出取得的报酬为工资、薪金所得，按月缴纳个人所得税。

上述报酬包括现金、实物和有价证券。

第七条　参加组台（团）演出的演职员取得的报酬，由主办单位或承办单位通过银行转账支付给演职员所在单位或发放演职员演出许可证的文化行政部门或其授权单位的，经演出所在地主管税务机关确认后，由演职员所在单位或者发放演职员许可证的文化行政部门或其授权单位，按实际支付给演职员个人的报酬代扣个人所得税，并在原单位所在地缴入金库。

第八条　组台（团）演出，不按第七条所述方式支付演职员报酬，或者虽按上述方式支付但未经演出所在地主管税务机关确认的，由向演职员支付报酬的演出经纪机构或者主办、承办单位扣缴个人所得税，税款在演出所在地缴纳。申报的演职员报酬明显偏低又无正当理由的，主管税务机关可以在查账核实的基础上，依据演出报酬总额、演职员分工、演员演出通常收费额等情况核定演职员的应纳税所得，扣缴义务人据此扣缴税款。

第九条　税务机关有根据认为从事演出的纳税义务人有逃避纳税义务行为的，可以在规定的纳税期之前，责令其限期缴纳应纳税款；在限期内发现纳税义务人有明显的转移、隐匿演出收入迹象的，税务机关可以责成纳税义务人提供纳税担保。如果纳税义务人不能提供纳税担保，经县以上（含县级）税务局（分局）局长批准，税务机关可以采取税收保全措施。

第十条　参与录音、录像、拍摄影视和在歌厅、舞厅、卡拉OK厅、夜总会、娱乐城等娱乐场所演出的演职员取得的报酬，由向演职员支付报酬的单位或业主扣缴个人所得税。

第十一条　演职员取得的报酬为不含税收入的，扣缴义务人支付的税款应按以下公式计算：

（一）应纳税所得额＝

$$\frac{\text{不含税收入}-\text{费用减除标准}-\text{速算}}{1-\text{税率}}$$

（二）应纳税额＝应纳税所得额×适用税率－速算扣除数

第十二条　扣缴义务人扣缴的税款，应在次月七日内缴入国库，同时向主管税务机关报送扣缴个人所得税报告表、支付报酬明细表以及税务机关要求报送的其他资料。

第十三条　有下列情形的，演职员应在取得报酬的次月七日内自行到演出所在地或者单位所在地主管税务机关申报纳税：

（一）在两处或者两处以上取得工资、薪金性质所得的，应将各处取得的工资、薪金性质的所得合并计算纳税；

（二）分笔取得属于一次报酬的；

（三）扣缴义务人没有依法扣缴税款的；

（四）主管税务机关要求其申报纳税的。

第十四条　为了强化征收管理，主管税务机关可以根据当地实际情况，自行确定对在歌厅、舞厅、卡拉OK厅、夜总会、娱乐城等娱乐场所演出的演职员的个人所得税征收管理方式。

第十五条　组台（团）演出，应当建立健全财务会计制度，正确反映演出收支和向演职员支付报酬情况，并接受主管税务机关的监督检查。没有建立财务会计制度，或者未提供完整、准确的纳税资料，主管税务机关可以核定其应纳税所得额，据以征税。

第十六条　扣缴义务人和纳税义务人违反本办法有关规定，主管税务机关可以依照《中华人民共和国税收征收管理法》及其他有关法律和行政法规的有关规定给以处罚。

第十七条　演职员偷税情节恶劣，或者被第三次查出偷税的，除税务机关对其依法惩处外，文化行政部门可据情节轻重停止其演出活动半年至一年。

第十八条　各省、自治区、直辖市税务局和文化行政部门可依据本办法规定的原则，制定具体实施细则。

第十九条　本办法由国家税务总局、文化和旅游部共同负责解释。

第二十条　本办法自文到之日起施行。以前规定凡与本办法不符的，按本办法执行。

营业性演出管理条例实施细则

1. 2009年8月28日文化部令第47号公布

2. 根据2017年12月15日文化部令第27号《关于废止和修改部分部门规章的决定》第一次修订

3. 根据2022年5月13日文化和旅游部令第9号《关于修改〈营业性演出管理条例实施细则〉的决定》第二次修订

第一章　总　　则

第一条　根据《营业性演出管理条例》（以下简称《条例》），制定本实施细则。

第二条　《条例》所称营业性演出是指以营利为目的、通过下列方式为公众举办的现场文艺表演活动：

（一）售票或者接受赞助的；

（二）支付演出单位或者个人报酬的；

（三）以演出为媒介进行广告宣传或者产品促销的；

（四）以其他营利方式组织演出的。

第三条 国家依法维护营业性演出经营主体、演职员和观众的合法权益，禁止营业性演出中的不正当竞争行为。

第二章 营业性演出经营主体

第四条 文艺表演团体是指具备《条例》第六条规定条件，从事文艺表演活动的经营单位。

第五条 演出经纪机构是指具备《条例》第六条规定条件，从事下列活动的经营单位：

（一）演出组织、制作、营销等经营活动；

（二）演出居间、代理、行纪等经纪活动；

（三）演员签约、推广、代理等经纪活动。

第六条 演出场所经营单位是指具备《条例》第七条规定条件，为演出活动提供专业演出场地及服务的经营单位。

第七条 依法登记的文艺表演团体申请从事营业性演出活动，应当向文化和旅游主管部门提交下列文件：

（一）申请书；

（二）营业执照和从事的艺术类型；

（三）法定代表人或者主要负责人的有效身份证件；

（四）演员的艺术表演能力证明；

（五）与业务相适应的演出器材设备书面声明。

前款第四项所称演员的艺术表演能力证明，可以是下列文件之一：

（一）中专以上学校文艺表演类专业毕业证书；

（二）职称证书；

（三）其他有效证明。

第八条 依法登记的演出经纪机构申请从事营业性演出经营活动，应当向文化和旅游主管部门提交下列文件：

（一）申请书；

（二）营业执照；

（三）法定代表人或者主要负责人的有效身份证件；

（四）演出经纪人员资格证。

法人或者其他组织申请增设演出经纪机构经营业务的，应当提交前款第一项、第四项规定的文件。

第九条 依法登记的演出场所经营单位，应当自领取营业执照之日起20日内，持营业执照和有关消防、卫生批准文件，向所在地县级人民政府文化和旅游主管部门备案，县级人民政府文化和旅游主管部门应当出具备案证明。备案证明式样由国务院文化和旅游主管部门设计，省级人民政府文化和旅游主管部门印制。

个体演员可以持个人有效身份证件和本实施细则第七条第二款规定的艺术表演能力证明，个体演出经纪人可以持个人有效身份证件和演出经纪人员资格证，向户籍所在地或者常驻地县级人民政府文化和旅游主管部门申请备案，文化和旅游主管部门应当出具备案证明。备案证明式样由国务院文化和旅游主管部门设计，省级人民政府文化和旅游主管部门印制。

第十条 香港特别行政区、澳门特别行政区投资者在内地依法登记的演出经纪机构，台湾地区投资者在大陆依法登记的演出经纪机构，外国投资者在中国境内依法登记的演出经纪机构，申请从事营业性演出经营活动，适用本实施细则第八条规定。

第十一条 香港特别行政区、澳门特别行政区投资者在内地依法登记的演出场所经营单位，台湾地区投资者在大陆依法登记的演出场所经营单位，外国投资者在中国境内依法登记的演出场所经营单位，申请从事演出场所经营活动，应当提交下列文件：

（一）申请书；

（二）营业执照；

（三）法定代表人或主要负责人有效身份证件；

（四）依照《条例》第七条应当提交的其他材料。

第十二条 香港特别行政区、澳门特别行政区的演出经纪机构经批准可以在内地设立分支机构，分支机构不具有企业法人资格。

香港特别行政区、澳门特别行政区演出经纪机构在内地的分支机构可以依法从事营业性演出的居间、代理活动，但不得从事其他演出经营活动。香港特别行政区、澳门特别行政区的演出经纪机构对其分支机构的经营活动承担民事责任。

香港特别行政区、澳门特别行政区的演出经纪机构在内地设立分支机构，必须在内地指定负责该分支机构的负责人，并向该分支机构拨付与其所从事的经营活动相适应的资金。

第十三条 香港特别行政区、澳门特别行政区投资者在内地依法投资设立的由内地方控股的文艺表演团体申请从事营业性演出活动，除提交本实施细则第七条规定的材料外，还应当提交投资信息报告回执等材料。

第三章 演出管理

第十四条 申请举办营业性演出，应当在演出日期3日前将申请材料提交负责审批的文化和旅游主管部门。

申请举办营业性涉外或者涉港澳台演出，应当在演出日期20日前将申请材料提交负责审批的文化和旅游主管部门。

第十五条　申请举办营业性演出，应当持营业性演出许可证或者备案证明，向文化和旅游主管部门提交符合《条例》第十六条规定的文件。

申请举办临时搭建舞台、看台的营业性演出，还应当提交符合《条例》第二十条第二、三项规定的文件。

对经批准的临时搭建舞台、看台的演出活动，演出举办单位还应当在演出前向演出所在地县级人民政府文化和旅游主管部门提交符合《条例》第二十条第一项规定的文件，不符合规定条件的，演出活动不得举行。

《条例》第二十条所称临时搭建舞台、看台的营业性演出是指符合《大型群众性活动安全管理条例》规定的营业性演出活动。

《条例》第二十条第一项所称演出场所合格证明，是指由演出举办单位组织有关承建单位进行竣工验收，并作出的验收合格证明材料。

申请举办需要未成年人参加的营业性演出，应当符合国家有关规定。

第十六条　申请举办营业性涉外或者涉港澳台演出，除提交本实施细则第十五条规定的文件外，还应当提交下列文件：

（一）演员有效身份证件复印件；

（二）2年以上举办营业性演出经历的证明文件；

（三）近2年内无违反《条例》规定的书面声明。

文化和旅游主管部门审核涉外或者涉港澳台营业性演出项目，必要时可以依法组织专家进行论证。

第十七条　经省级人民政府文化和旅游主管部门批准的营业性涉外演出，在批准的时间内增加演出地的，举办单位或者与其合作的具有涉外演出资格的演出经纪机构，应当在演出日期10日前，持省级人民政府文化和旅游主管部门批准文件和本实施细则第十五条规定的文件，到增加地省级人民政府文化和旅游主管部门备案，省级人民政府文化和旅游主管部门应当出具备案证明。

第十八条　经批准到艺术院校从事教学、研究工作的外国或者港澳台艺术人员从事营业性演出的，应当委托演出经纪机构承办。

第十九条　歌舞娱乐场所、旅游景区、主题公园、游乐园、宾馆、饭店、酒吧、餐饮场所等非演出场所经营单位需要在本场所内举办营业性演出的，应当委托演出经纪机构承办。

在上述场所举办驻场涉外演出，应当报演出所在地省级人民政府文化和旅游主管部门审批。

第二十条　申请举办含有内地演员和香港特别行政区、澳门特别行政区、台湾地区演员以及外国演员共同参加的营业性演出，可以报演出所在地省级人民政府文化和旅游主管部门审批，具体办法由省级人民政府文化和旅游主管部门制定。

国家另有规定的，从其规定。

第二十一条　在演播厅外从事电视文艺节目的现场录制，符合本实施细则第二条规定条件的，应当依照《条例》和本实施细则的规定办理审批手续。

第二十二条　举办募捐义演，应当依照《条例》和本实施细则的规定办理审批手续。

参加募捐义演的演职人员不得获取演出报酬；演出举办单位或者演员应当将扣除成本后的演出收入捐赠给社会公益事业，不得从中获取利润。

演出收入是指门票收入、捐赠款物、赞助收入等与演出活动相关的全部收入。演出成本是指演职员食、宿、交通费用和舞台灯光音响、服装道具、场地、宣传等费用。

募捐义演结束后10日内，演出举办单位或者演员应当将演出收支结算报审批机关备案。

举办其他符合本实施细则第二条所述方式的公益性演出，参照本条规定执行。

第二十三条　营业性演出经营主体举办营业性演出，应当履行下列义务：

（一）办理演出申报手续；

（二）安排演出节目内容；

（三）安排演出场地并负责演出现场管理；

（四）确定演出票价并负责演出活动的收支结算；

（五）依法缴纳或者代扣代缴有关税费；

（六）接受文化和旅游主管部门的监督管理；

（七）其他依法需要承担的义务。

第二十四条　举办营业性涉外或者涉港澳台演出，举办单位应当负责统一办理外国或者港澳台文艺表演团体、个人的入出境手续，巡回演出的还要负责其全程联络和节目安排。

第二十五条　营业性演出活动经批准后方可出售门票。

第二十六条　营业性演出不得以假唱、假演奏等手段欺骗观众。

前款所称假唱、假演奏是指演员在演出过程中，使用事先录制好的歌曲、乐曲代替现场演唱、演奏的行为。

演出举办单位应当派专人对演唱、演奏行为进行监督,并作出记录备查。记录内容包括演员、乐队、曲目的名称和演唱、演奏过程的基本情况,并由演出举办单位负责人和监督人员签字确认。

第二十七条 举办营业性演出,应当根据舞台设计要求,优先选用境内演出器材。

第二十八条 举办营业性演出,举办单位或者个人可以为演出活动投保安全生产责任保险。

第二十九条 鼓励演出经营主体协作经营,建立演出院线,共享演出资源。

第三十条 各级人民政府文化和旅游主管部门应当将营业性演出的审批事项向社会公布。

第三十一条 文化和旅游主管部门对体现民族特色和国家水准的演出,应当依照有关规定给予补助和支持。

县级以上人民政府有关部门可以依照《条例》的有关规定和财务管理制度,鼓励和支持体现民族特色和国家水准的演出。

第三十二条 文化和旅游主管部门或者文化市场综合执法机构检查营业性演出现场,应当出示行政执法证,演出举办单位应当配合。

第三十三条 文化和旅游主管部门可以采用技术手段,加强对营业性演出活动的监管。

第三十四条 各级人民政府文化和旅游主管部门应当建立演出经营主体基本信息登记和公布制度、演出信息报送制度、演出市场巡查责任制度,加强对演出市场的管理和监督。

第三十五条 国家对演出经纪人员实行职业资格认定制度。国务院文化和旅游主管部门对全国演出经纪人员的资格认定、从业活动实施监督管理。各级人民政府文化和旅游主管部门对本行政区域内演出经纪人员的从业活动实施监督管理。

演出经纪机构举办营业性演出活动,应当安排专职演出经纪人员负责。

第三十六条 演出行业协会应当依据章程开展业务活动,加强行业自律,维护其成员的合法权益。

第四章 演出证管理

第三十七条 文艺表演团体和演出经纪机构的营业性演出许可证包括 1 份正本和 2 份副本,有效期为 2 年。

营业性演出许可证由国务院文化和旅游主管部门设计,省级人民政府文化和旅游主管部门印制,发证机关填写、盖章。

第三十八条 文化和旅游主管部门吊销文艺表演团体或者演出经纪机构的营业性演出许可证,应当通知市场监督管理部门变更其经营范围或者吊销营业执照。

文艺表演团体和演出经纪机构的营业性演出许可证,除文化和旅游主管部门可以依法暂扣或者吊销外,其他任何单位和个人不得收缴、扣押。

第三十九条 吊销、注销文艺表演团体营业性演出许可证的,应当报省级人民政府文化和旅游主管部门备案。吊销、注销演出经纪机构营业性演出许可证的,应当报国务院文化和旅游主管部门备案。

第四十条 文化和旅游主管部门对文艺表演团体和演出经纪机构实施行政处罚的,应当将处罚决定记录在营业性演出许可证副本上并加盖处罚机关公章,同时将处罚决定通知发证机关。

第五章 罚 则

第四十一条 违反本实施细则第十五条的规定,未在演出前向演出所在地县级人民政府文化和旅游主管部门提交《条例》第二十条规定的演出场所合格证明而举办临时搭建舞台、看台营业性演出的,由县级人民政府文化和旅游主管部门依照《条例》第四十四条第一款的规定给予处罚。

第四十二条 举办营业性涉外或者涉港澳台演出,隐瞒近 2 年内违反《条例》规定的记录,提交虚假书面声明的,由负责审批的文化和旅游主管部门处以 3 万元以下罚款。

第四十三条 违反本实施细则第十七条规定,经省级人民政府文化和旅游主管部门批准的涉外演出在批准的时间内增加演出地,未到演出所在地省级人民政府文化和旅游主管部门备案的,由县级人民政府文化和旅游主管部门责令改正,给予警告,可以并处 3 万元以下罚款。

第四十四条 违反本实施细则第十八条规定,经批准到艺术院校从事教学、研究工作的外国或者港澳台艺术人员擅自从事营业性演出的,由县级人民政府文化和旅游主管部门依照《条例》第四十三条规定给予处罚。

第四十五条 违反本实施细则第十九条规定,非演出场所经营单位擅自举办演出的,由县级人民政府文化和旅游主管部门依照《条例》第四十三条规定给予处罚。

第四十六条 非演出场所经营单位为未经批准的营业性演出提供场地的,由县级人民政府文化和旅游主管部门移送有关部门处理。

第四十七条 违反本实施细则第二十一条规定,在演播厅外从事符合本实施细则第二条规定条件的电视文艺节目的现场录制,未办理审批手续的,由县级人民政府文化和旅游主管部门依照《条例》第四十三条规定给予处罚。

第四十八条 违反本实施细则第二十二条规定，擅自举办募捐义演或者其他公益性演出的，由县级以上人民政府文化和旅游主管部门依照《条例》第四十三条规定给予处罚。

第四十九条 违反本实施细则第二十三条、第二十四条规定，在演出经营活动中，不履行应尽义务，倒卖、转让演出活动经营权的，由县级人民政府文化和旅游主管部门依照《条例》第四十五条规定给予处罚。

第五十条 违反本实施细则第二十五条规定，未经批准，擅自出售演出门票的，由县级人民政府文化和旅游主管部门责令停止违法活动，并处3万元以下罚款。

第五十一条 违反本实施细则第二十六条规定，演出举办单位没有现场演唱、演奏记录的，由县级人民政府文化和旅游主管部门处以3000元以下罚款。

以假演奏等手段欺骗观众的，由县级人民政府文化和旅游主管部门依照《条例》第四十七条的规定给予处罚。

第五十二条 县级以上人民政府文化和旅游主管部门或者文化市场综合执法机构检查营业性演出现场，演出举办单位拒不接受检查的，由县级以上人民政府文化和旅游主管部门或者文化市场综合执法机构处以3万元以下罚款。

第五十三条 上级人民政府文化和旅游主管部门在必要时，可以依照《条例》和本实施细则的规定，调查、处理由下级人民政府文化和旅游主管部门调查、处理的案件。

下级人民政府文化和旅游主管部门认为案件重大、复杂的，可以请求移送上级人民政府文化和旅游主管部门调查、处理。

第六章 附 则

第五十四条 本实施细则由国务院文化和旅游主管部门负责解释。

第五十五条 本实施细则自2009年10月1日起施行，2005年8月30日发布的《营业性演出管理条例实施细则》同时废止。

演出市场个人收入调节税征收管理办法

1. 1992年11月21日国家税务局、文化部发布

2. 国税发〔1992〕54号

第一条 为加强演出市场个人收入调节税的征收管理，根据《中华人民共和国个人收入调节税暂行条例》和《国务院办公厅转发文化部关于加强演出市场管理报告的通知》（国办发〔1991〕12号）的有关规定，制定本办法。

第二条 凡领取了《演出经营许可证》的演出经纪机构，须在领证后的三十日内到所在地税务机关办理税务登记。每次组织营业性演出前，须将演出计划（时间、地点、场次）和演职员名单、单位、报酬标准等有关材料，分别报送演职员单位所在地和演出所在地税务机关。如上述有关材料内容发生变化，应及时向两地税务机关报告。

第三条 参加营业性组台（团）演出、文化娱乐场所（指歌厅、舞厅、音乐茶座、餐座等）营业演出、拍摄影视、录制音像制品（以下简称营业性演出）而取得收入的演职员，是个人收入调节税的纳税义务人；所取得的收入，为个人收入调节税的应税项目。在取得收入之后，不论是否已经扣缴个人收入调节税，均应向单位所在地或户籍所在地税务机关自行办理纳税申报手续。

第四条 演职员所在单位、发放演职员《临时营业演出许可证》的各级政府文化行政管理部门或其授权单位，以及支付演职员报酬的其他单位，为个人收入调节税的扣缴义务人，必须按税法规定履行代扣代缴个人收入调节税的义务。

第五条 每次营业性演出，主办单位或承办单位应通过银行将演职员的演出报酬汇给演职员所在单位。演职员没有工作单位的，汇给发放其演出许可证的政府文化行政管理部门或其授权单位。

演职员所在单位和发放演出许可证的政府文化行政管理部门或其授权单位，以及支付演职员报酬的其他单位，在向演职员支付报酬时，必须代扣代缴个人收入调节税。

第六条 所有主办或承办非营业性演出的单位，凡支付演职员报酬的，也须在支付演职员报酬的同时，代扣代缴个人收入调节税。

第七条 扣缴演职员个人收入调节税时，应先减除演职员所在单位、政府文化行政管理部门或其授权单位按规定提取的分成收入、管理费。

第八条 税务机关应发给扣缴义务人个人收入调节税代扣代缴证书，证书中应明确代扣代缴税款适用的税种、税目、税率、缴款期限和缴库方式等。税务机关应加强对代扣代缴单位的税法宣传和纳税辅导、监督检查其财务收支、发票使用及扣缴情况；税务机关必须建立个人收入调节税征收台帐，并按规定付给代扣代缴单位手续费。

第九条 演出经纪机构如不按规定将演出的有关材料报送税务机关及不按规定将演职员的演出报酬通过银行分别支付给演职员所在单位、政府文化行政管理部门或其授权单位，由此造成偷税、漏税的，应由演出经纪机构承担责任。税务机关可依照《中华人民共和国税收征收管理法》的有关规定予以处罚。

第十条 扣缴义务人未按规定代扣或少扣税款的，税务机关应限期追缴；追缴不回的，由扣缴义务人在限期届满时负责补缴所欠税款。

纳税人不按规定申报纳税，扣缴义务人不履行代扣代缴税款义务，或不向税务机关报送有关纳税材料、拒绝税务机关监督检查的，税务机关除责令其限期纠正外，可酌情处以五千元以下的罚款。

第十一条 各有关部门和单位应加强协作配合，共同搞好演出市场个人收入调节税的征收管理。

第十二条 本办法由国家税务局、文化部共同负责解释。

第十三条 本办法自文到之日起施行。以前的规定凡与本办法不符者，按本办法执行。

文化部关于规范营业性演出票务市场经营秩序的通知

1. 2017 年 7 月 6 日
2. 文市发〔2017〕15 号

各省、自治区、直辖市文化厅(局)，新疆生产建设兵团文化广播电视局，西藏自治区、北京市、天津市、上海市、重庆市文化市场(综合)行政执法总队：

近年来，随着演出市场进一步繁荣，互联网技术加快普及应用，演出票务经营模式更加多样、渠道手段更加便捷，有效促进了演出市场消费和行业发展。同时也要看到，囤票捂票炒票、虚假宣传、交易不透明等违法违规演出票务经营行为仍时有发生，严重损害了消费者权益，扰乱了演出市场正常秩序。为规范营业性演出票务市场，促进行业健康有序发展，现就有关事项通知如下。

一、严格资质管理，强化演出经营单位主体责任

(一)从事营业性演出票务经营活动的单位，应当依照《营业性演出管理条例》及其实施细则关于演出经纪机构的有关规定，按照《文化部关于加强演出市场有关问题管理的通知》(文市发〔2011〕56 号)有关要求，向文化行政部门申请取得营业性演出许可证。利用信息网络从事营业性演出票务经营活动的互联网平台企业属于演出票务经营单位，应当按上述规定办理营业性演出许可证。文化行政部门向演出票务经营单位颁发营业性演出许可证时，应当在经营范围中载明“演出票务”。

(二)演出举办单位除自行经营演出票务外，应当委托具有资质的演出票务经营单位经营本单位营业性演出门票。演出票务经营单位经营营业性演出门票，应当取得演出举办单位授权。取得授权的演出票务经营单位，可以委托其他具有演出票务经营资质的机构代售演出门票。未经委托或授权，演出票务经营单位不得经营营业性演出门票。举办大型演唱会的，应当按照公安部门的要求，在提交大型群众性活动申请时，向公安部门一并提交演出票务销售方案。文化行政部门应当联合公安部门督促演出举办单位按照票务销售方案进行售票。

(三)为营业性演出票务经营活动提供宣传推广、信息发布等服务的互联网平台企业，应当核验在其平台上从事营业性演出票务经营活动的票务经营单位资质及相关营业性演出的批准文件，不得为未取得营业性演出许可证的经营主体提供服务，不得为未取得营业性演出批准文件的营业性演出票务经营提供服务，不得为机构和个人倒卖门票、买卖演出工作票或者赠票提供服务。

二、规范经营活动，保障消费者合法权益

(四)演出票务经营单位预售或者销售演出门票前，应当核验演出举办单位的营业性演出批准文件，不得预售或销售未取得营业性演出批准文件的演出门票。演出举办单位、演出票务经营单位应当按规定明码标价，不得在标价之外加价销售，不得捂票囤票炒票，不得对演出内容和票务销售情况进行虚假宣传。

(五)演出举办单位、演出票务经营单位面向市场公开销售的营业性演出门票数量，不得低于公安部门核准观众数量的 70%。经公安部门批准，全场可售门票数量确需调整的，应当及时明示相应区域并予以说明。

(六)演出举办单位、演出票务经营单位在销售演出门票时，应当明示演出最低时长、文艺表演团体或者主要演员信息，涉及举办演唱会的，还应当明示主要演员或团体及相应最低曲目数量；应当公布全场可售门票总张数、不同座位区域票价，实时公示已售、待售区域，保障消费者知情权和监督权，促进公平交易。演出举办单位或演出票务经营单位应当留存演出门票销售记录(包括销售时间、购买账号等信息)及相关合同6个月备查。

三、加强重点演出监管,维护市场正常经营秩序

(七)文化行政部门要将社会关注度高、票务供需紧张的营业性演出作为重点监管对象,提前进行研判,对有炒票等潜在问题的,及时采取相应措施,防止问题发生。发现在票务经营中有违规苗头或可能造成不良影响的,应当及时约谈演出举办单位和演出票务经营单位,督促整改;对拒不整改的,要及时依法处置,并视情将演出举办单位或演出票务经营单位列入文化市场警示名单或黑名单予以信用警示或惩戒。

(八)鼓励各地探索对重点营业性演出门票销售实行实名制管理。支持有条件的地区建设演出票务管理平台,与演出票务经营单位的票务系统进行对接,实施实时在线监管。支持行业协会发出行业倡议,共同抵制高票价、豪华消费等行为。加强舆论正面引导,对虚抬票价、恶意炒作的行为予以揭露。

四、加大执法处罚,严厉打击违法违规经营活动

(九)各级文化市场综合执法机构要加强对违法违规演出票务经营活动的执法力度。对擅自从事营业性演出票务代理、预售、销售业务的,依照《营业性演出管理条例》第四十三条的规定给予处罚;对预售、销售未经批准的营业性演出门票,或者未经演出举办单位授权,擅自预售、销售营业性演出门票的,依照《营业性演出管理条例实施细则》第五十五条的规定给予处罚;对不明示信息、不落实平台责任的,应当依照《营业性演出管理条例实施细则》第二十八条第(四)项、第(七)项、第五十四条的规定给予处罚。

(十)各级文化市场综合执法机构要加强与相关部门的执法协作,有条件的地方可建立由文化部门牵头,公安、物价、工商等部门参加的演出票务执法协作机制。对有捂票囤票、炒作票价、虚假宣传、倒票等违规行为的演出举办单位或演出票务经营单位,文化市场综合执法机构应当及时将有关信息抄告当地公安、工商等部门,配合有关部门依法处置。

地方文化行政部门可以根据本通知精神,结合地方实际制定营业性演出票务市场管理的具体办法。

特此通知。

文化和旅游部办公厅关于进一步规范涉外营业性演出审批工作的通知

1. 2019年3月7日
2. 办市场发〔2019〕39号

各省、自治区、直辖市文化和旅游厅(局),新疆生产建设兵团文化体育新闻出版广电局(文物局):

涉外营业性演出审批工作事关国家文化安全和意识形态安全,政策性和专业性强,敏感度高。近期,部分省(区、市)将涉外营业性演出审批权限下放到基层文化和旅游行政部门或者调整到其他综合审批部门,出现审批把关不严、尺度不一等问题,有的地方甚至发生境外演出团体和个人违规入境演出。为进一步规范涉外营业性演出审批工作,现将有关事项通知如下:

一、各省(区、市)(包括新疆生产建设兵团,下同)文化和旅游行政部门要按照《文化部关于落实“先照后证”改进文化市场行政审批工作的通知》(文市函〔2015〕627号)要求,不得再下放涉外营业性演出等审批权限,降低审批层级。确有特殊原因需要下放的,须事先请示文化和旅游部同意。

二、已将涉外营业性演出审批权限下放的省份,要建立审批信息报备制度,受权审批部门收到涉外营业性演出许可申请后,应将初步审批意见报至省级文化和旅游行政部门,经省级文化和旅游行政部门同意后,受权审批部门方可出具批准文件。

三、各省(区、市)文化和旅游行政部门要严格落实《文化部办公厅关于印发〈外国人入境完成短期营业性演出活动的办理程序和工作指引〉的通知》(办市发〔2015〕1号)要求,统一使用审批文书格式,并做好审批文书归档,以随时备查。

四、涉外营业性演出审批工作应当在“全国文化市场技术监管与服务平台”上开展。目前仍在其他政务平台上办理的,要在2019年6月底前完成与“全国文化市场技术监管与服务平台”信息对接。文化和旅游部正在抓紧推进涉外营业性演出审批信息与外交部“来华签证邀请函管理信息系统”对接工作。届时,持营业性演出批准文书向驻外使馆、领馆或者外交部委托的其他驻外机构申请来华签证须通过“来华签证邀请函管理信息系统”进行核验,未能通过核验的,将不予签

发签证。

特此通知。

关于规范卡拉 OK 领域版权市场秩序的通知

1. 2021 年 4 月 2 日国家版权局、文化和旅游部印发
2. 国版发〔2021〕1 号

各省、自治区、直辖市版权局、文化和旅游厅(局),各相关单位:

为贯彻落实党中央、国务院关于加强知识产权保护的决策部署,进一步完善著作权集体管理制度、优化工作机制,维护权利人合法权益、便于使用者合法使用,促进卡拉 OK 行业健康有序发展,根据《中华人民共和国著作权法》《著作权集体管理条例》等规定,结合我国著作权集体管理工作实际,现就规范卡拉 OK 领域版权市场秩序有关事项通知如下。

一、坚持通过著作权集体管理解决卡拉 OK 领域版权问题。卡拉 OK 领域版权问题具有权利人众多和使用者众多的特点,“点对点”的版权许可方式无法满足权利人和使用者的实际需要,著作权集体管理是合理高效解决卡拉 OK 领域版权问题的有效途径。要统筹兼顾权利人和使用者利益,坚持通过著作权集体管理解决卡拉 OK 领域版权问题,完善体制机制、创新方式、提升效能。

二、坚持卡拉 OK 领域“二合一”版权许可机制。根据《著作权集体管理条例》第二十六条规定,在自愿基础上推动卡拉 OK 领域继续实施“二合一”版权许可机制。中国音乐著作权协会(以下简称音著协)管理的音乐作品表演权和中国音像著作权集体管理协会(以下简称音集协)管理的音乐电视作品放映权,统一由音集协向卡拉 OK 经营者发放许可、收取使用费,使用费在音集协和音著协之间经协商分配。音集协和音著协应当加强合作,在许可内容、许可方式、许可效率、费用分配等方面完善工作机制,为权利人和使用者提供更高水平服务。

三、坚持“先许可后使用”原则。卡拉 OK 经营者应当按照“先许可后使用”原则,与音集协签订许可使用合同后合法使用作品,许可使用合同以音集协官方网站公布的文本为准。未经许可,不得使用相关作品。版权使用费以国家版权局公告的使用费标准为基准,合理兼顾权利人的合法权益与卡拉 OK 经营者的实际需要。鼓励卡拉 OK 经营者通过相关行业协会或代表与音集协开展集体协商,就许可范围、许可期限、许可费用、支付方式等内容达成统一协议。

四、坚持协商合作优先机制。卡拉 OK 领域各相关方应当加强合作,通过联席会议、定期磋商等方式及时通报信息、交流经验,化解风险、解决纠纷。对于卡拉 OK 领域与版权有关的法律适用、许可机制和商业模式等普遍性或复杂性问题,优先以协商沟通方式解决,积极寻求非诉纠纷解决途径。对于无法协调一致或者其他重大事宜,应当及时向主管部门报告。

五、坚持著作权集体管理信息公开透明。音集协和音著协应当建立权利信息查询系统,供权利人和使用者查询其管理的权利种类、作品和录音录像制品的名称、权利人姓名或名称等信息;应当依法通过财务报告、工作报告和其他业务资料及时向有关主体通报作品许可使用情况和版权使用费相关情况,向社会公开年度报告、联系方式,接受权利人、使用者和社会各界监督。音集协应当在官方网站公布许可使用合同文本、许可流程和规范、从事许可的工作人员等信息。

六、坚持著作权集体管理组织非营利性原则。音集协和音著协应当进一步强化非营利性法人定位,不得委托、支持、纵容商业机构介入卡拉 OK 领域著作权集体管理事务。其他任何组织和个人不得介入卡拉 OK 领域著作权集体管理活动,破坏“二合一”版权许可机制,扰乱版权市场秩序。未经批准擅自从事著作权集体管理活动的,由主管部门依法查处;构成犯罪的,依法追究刑事责任。

七、坚持依法监管著作权集体管理组织。国家版权局依法监管音集协和音著协在卡拉 OK 领域的著作权集体管理活动,检查相关业务工作,核查相关财务资料。对音集协和音著协违反法律法规和有关政策的,依法依规采取诫勉谈话、责令限期改正、责令罢免或者解聘有关主管人员、提出暂缓年检建议和吊销许可证等措施。

八、坚持依法加强卡拉 OK 行业管理。文化和旅游行政部门加强对卡拉 OK 领域的行业监管和内容监管,支持和引导相关行业协会与音集协、音著协落实卡拉 OK 领域“二合一”版权许可机制,配合相关部门建立健全科学合理的卡拉 OK 领域版权保护机制,切实维护权利人和使用者的合法权益,促进行业规范发展。

歌舞娱乐场所卡拉OK音乐内容管理暂行规定

1. 2021年7月26日文化和旅游部印发
2. 文旅市场发〔2021〕79号

第一章 总 则

第一条 为了加强歌舞娱乐场所卡拉OK音乐内容管理,弘扬社会主义核心价值观,维护国家文化安全和意识形态安全,根据《国家安全法》《娱乐场所管理条例》等法律法规,制定本规定。

第二条 本规定所称歌舞娱乐场所卡拉OK音乐内容是指歌舞娱乐场所歌曲点播系统播放的曲目、屏幕画面等。

第三条 鼓励歌曲点播系统内容提供商向歌舞娱乐场所提供健康向上的卡拉OK音乐。鼓励在歌舞娱乐场所歌曲点播系统中设立优秀歌曲专区,弘扬主旋律,传播正能量。

第四条 文化和旅游行政部门负责歌舞娱乐场所卡拉OK音乐内容监督管理。全国及地方文化娱乐行业协会负责制定歌舞娱乐场所卡拉OK音乐内容自律规范及监督实施工作。歌曲点播系统内容提供商、歌舞娱乐场所负责歌舞娱乐场所卡拉OK音乐内容自审等工作。

第五条 文化和旅游部负责建立全国卡拉OK音乐内容审核专家小组,建立全国卡拉OK音乐违规曲目清单制度。

第二章 内 容 自 审

第六条 歌舞娱乐场所播放的卡拉OK音乐不得含有《娱乐场所管理条例》第十三条禁止内容:

(一)违反宪法确定的基本原则的;

(二)危害国家统一、主权或者领土完整的;

(三)危害国家安全,或者损害国家荣誉、利益的;

(四)煽动民族仇恨、民族歧视,伤害民族感情或者侵害民族风俗、习惯,破坏民族团结的;

(五)违反国家宗教政策,宣扬邪教、迷信的;

(六)宣扬淫秽、赌博、暴力以及与毒品有关的违法犯罪活动,或者教唆犯罪的;

(七)违背社会公德或者民族优秀文化传统的;

(八)侮辱、诽谤他人,侵害他人合法权益的;

(九)法律、行政法规禁止的其他内容。

第七条 歌舞娱乐场所应当使用来源合法的卡拉OK音乐,不得使用含有法律法规禁止内容的卡拉OK音乐。

第八条 歌曲点播系统内容提供商不得向歌舞娱乐场所提供含有法律法规禁止内容的卡拉OK音乐。

支持歌曲点播系统内容提供商建立卡拉OK音乐内容自审机制,合理配备专业人员,对卡拉OK音乐的曲目、屏幕画面等内容进行自审,确保卡拉OK音乐来源合法、内容合法。

第九条 全国文化娱乐行业协会负责制定全国卡拉OK音乐内容自审规范,为行业开展内容自审工作提供专家咨询、培训等服务。

第三章 清 单 管 理

第十条 地方文化和旅游行政部门发现歌舞娱乐场所播放的卡拉OK音乐含有《娱乐场所管理条例》第十三条禁止内容的,应当将详细情况上报文化和旅游部。

第十一条 歌曲点播系统内容提供商在自审过程中发现卡拉OK音乐涉嫌含有法律法规禁止内容的,应当通过全国文化娱乐行业协会将详细情况上报文化和旅游部。

第十二条 地方文化和旅游行政部门及全国文化娱乐行业协会上报的卡拉OK音乐,经全国卡拉OK音乐内容审核专家小组审核确认含有法律法规禁止内容的,由文化和旅游部列入全国卡拉OK音乐违规曲目清单。

第十三条 地方文化和旅游行政部门对歌舞娱乐场所播放的卡拉OK音乐是否含有法律法规禁止内容难以确定的,可以报请文化和旅游部予以审核。

第十四条 文化和旅游部可以组织全国卡拉OK音乐内容审核专家小组对卡拉OK音乐进行认定,并支付相关劳务费用。

第十五条 歌曲点播系统内容提供商不得提供含有列入全国卡拉OK音乐违规曲目清单的音乐产品。歌舞娱乐场所不得使用列入全国卡拉OK音乐违规曲目清单的音乐产品。

第十六条 全国文化娱乐行业协会应当引导行业加强内容自律,提醒歌曲点播系统内容提供商、歌舞娱乐场所及时删除含有法律法规禁止内容的音乐产品,并协助行业主管部门依法依规处置。

第十七条 文化市场综合执法队伍参照全国卡拉OK音乐违规曲目清单,加强对歌舞娱乐场所检查抽查,发现含有法律法规禁止内容的,应当依法处置。

第十八条 文化和旅游行政部门发现歌曲点播系统内容提供商向歌舞娱乐场所提供的卡拉OK音乐含有法律

法规禁止内容的,可以通过约谈等行政指导方式予以警示、制止;发现向歌舞娱乐场所提供已被列入全国卡拉 OK 违规曲目清单的卡拉 OK 音乐的,可以向社会公布该歌曲点播系统内容提供商的名称、违规曲目等信息,予以通报。

第四章 附 则

第十九条 迷你歌咏亭卡拉 OK 音乐内容管理参照歌舞娱乐场所内容管理。

第二十条 本规定由文化和旅游部负责解释,并自 2021 年 10 月 1 日起施行。

文化和旅游部办公厅关于简化跨地区巡演审批程序的通知

1. 2021 年 9 月 29 日
2. 办市场发〔2021〕181 号

各省、自治区、直辖市文化和旅游厅(局),新疆生产建设兵团文化体育广电和旅游局:

为纵深推进“放管服”改革,进一步优化营商环境,激发市场主体活力,促进演出市场繁荣发展,现就简化跨地区巡演审批程序有关事项通知如下。

一、跨地区巡演适用范围

本通知所称跨地区巡演,是指在文化和旅游行政部门许可范围内的演出举办单位、参演文艺表演团体、演员、演出内容不变的前提下,在一年内跨县(市、区)举办两场及以上的营业性演出活动。

二、简化审批程序

(一)演出举办单位应当通过全国文化市场技术监管与服务平台提交跨地区巡演申请,由平台将相关信息同步推送给相应文化和旅游行政部门。首演地文化和旅游行政部门应当在规定审批时限内作出决定。同意的,出具批准文件,由平台将相关审批结果推送给巡演地相应文化和旅游行政部门,巡演地文化和旅游行政部门不再重复进行内容审核。演出举办单位应在巡演地举办演出活动前,向巡演地文化和旅游行政部门提供场地、安全、消防等证明材料,文化和旅游行政部门在 3 个工作日内完成审核。通过的,出具备案证明并及时公示。无法提供的,终止备案程序。

(二)演出活动经文化和旅游行政部门批准后,需要增加演出地的,演出举办单位应当通过全国文化市场技术监管与服务平台提交增加演出地备案申请,演出增加地文化和旅游行政部门应当自受理之日起 3 个工作日内完成审核,通过的,出具备案证明并及时公示。

三、压实工作责任

(一)厘清工作职责。对跨地区巡演实行首演地内容审核负责制,首演地文化和旅游行政部门要切实提高政治站位,认真履行工作职责,做好演出内容审核把关。对演出内容把握不准的,可以提请上级文化和旅游行政部门予以指导。对在巡演过程中发生突发情况的,演出举办单位应当积极配合文化和旅游行政部门做好应对处置。演出地文化市场综合执法机构要切实加强现场巡查,对擅自变更演出内容或参演文艺表演团体及演员的,依据《营业性演出管理条例》等予以处罚。

(二)加强业务沟通。各级文化和旅游行政部门要加强业务沟通,对行政审批事项已整体划出文化和旅游系统的,文化和旅游行政部门应当将相关审批政策及时通报相关部门。

(三)鼓励基层创新。支持各地文化和旅游行政部门在确保国家文化安全和意识形态安全的前提下,结合当地实际,探索营业性演出审批告知承诺、容缺受理等创新机制,进一步方便群众办事,优化营商环境。

特此通知。

2. 演出人员和团体

文化部关于进一步加强营业性演出管理和演员艺德教育的通知

1. 1999年5月7日
2. 文市发〔1999〕19号

各省、自治区、直辖市文化厅(局),中直各演出单位:

据反映,近期一些扮演革命领袖人物和重要历史人物的演员,在参与福利彩票促销的演出活动中,表现庸俗,言词不严肃,引起了群众的不满,在社会上造成了不良影响。为了进一步加强营业性演出管理,切实加强演员的艺德教育,现将有关事项通知如下:

一、凡以文艺演出为其他经营活动服务,如进行广告宣传、福利彩票促销等,均属于营业性演出,应当严格按照《营业性演出管理条例》及其《实施细则》的规定,报经当地县级以上地方人民政府文化行政部门批准。

二、对占用公园、广场、街道、体育场(馆)或者临时搭建的场所举办上述营业性演出活动的,要按照《条例》第三十二条的规定,报经当地县级以上地方人民政府文化行政部门批准。

三、邀请文艺表演团体在职演员参加上述演出活动,必须经过其所在单位的同意,并签订合同。个体演员参加上述活动,应当持有《演员个人营业性演出许可证》。演出组织者不能提供相应证明文件的,文化行政部门不予批准。

四、各级文化行政部门和演员所在单位要加强对演员的管理和艺德教育,切实提高演员的艺德修养。

文化部办公厅关于坚决取缔非法演出团体严厉打击色情淫秽表演活动的紧急通知

1. 2003年5月20日
2. 办市发〔2003〕20号

各省、自治区、直辖市文化厅〔局〕,新疆生产建设兵团文化局:

在当前举国上下同心协力抗击非典型性肺炎的时期,一些大中城市的城乡结合部以及农村集镇,有极少数非法演出团体置大局于不顾,四处流动演出,甚至明目张胆地从事色情、淫秽表演,扰乱了演出市场秩序,败坏了社会风气,严重干扰了非典型性肺炎的防治工作。为维护演出市场秩序,切断非典型性肺炎在演出市场的传播途径,切实保障人民群众的身心健康和生命安全,现就有关事项通知如下:

一、要从学习和实践“三个代表”重要思想的高度,进一步加强演出市场的管理。特别是在当前抗击非典型性肺炎的特殊时期,各级文化行政部门一定要把加强演出市场管理与非典型性肺炎的防治工作有机结合起来,积极完善各项工作制度,坚决落实管理责任,在保障演出市场健康发展的同时,切实有效地阻断非典型性肺炎在各类演出场所的传播途径,为我国改革开放和现代化建设创造良好的文化环境。

二、要进一步加大执法力度,严厉打击和取缔色情、淫秽表演等各类非法演出活动。严禁任何单位或个人在各类演出场所及公园、广场、街道、宾馆、饭店、商场等公共场所组织或从事含有色情、淫秽等违法内容的表演活动,对各类非法演出活动,要坚决依法予以取缔,并追究有关人员的责任,违反治安管理规定或构成犯罪的,移交公安司法部门处理。

三、县级以上文化行政部门要严格按照《营业性演出管理条例》及其实施细则的有关规定,切实加强对各类演出团体及演员个人《营业性演出许可证》的发放工作,坚决杜绝借发证乱收费或只发证不管理的不正之风。对持有演出证的演出团体和演员个人从事色情、淫秽表演或参与其他违法演出活动的,要追究发证机关及其主要负责人的责任。

自本通知下发之日起,县级以上文化行政部门在发放各类演出证(含2003年年检换证)时,必须在演出证上注明发证机关的联系电话及经办人的姓名。从2004年起,各级文化行政部门在对各类演出活动进行审核时,凡演出证没有注明发证机关联系电话及经办人姓名的,一律视为无证经营。

四、各级文化行政部门要切实加强对各类流动性演出活动的管理,特别是对外来演出团体,要严格审核其演出节目内容、演出证及相关手续。对于演出证照不全或演出节目内容违反国家规定的,不予核准演出。

五、为进一步加强非典型性肺炎的防控工作,目前发现疫情的地区,要暂停审批在影剧院、体育场馆等公众聚集场所举办的各类演出活动,停止审批跨区域的流动性演出活动。对擅自举办的演出活动,要坚决予以取缔,对擅自接纳演出活动的场所,一律停业整顿,并追究有关责任人的责任。要加强对演出市场的巡查力度，对因措施不力或失职、失察，造成非典型性肺炎防治工作中出现重大责任事故的，要追究有关管理部门主要负责人及直接责任人员的责任。

六、要建立健全演出市场监督举报制度，建立和完善文化行政部门和社会各界共同组成的演出市场监督体系，加强对各类演出活动的日常监督管理。各级文化行政部门要向社会公布文化市场监督举报电话，对群众举报的色情、淫秽表演等非法表演活动，必须在最短时间采取最果断的措施坚决予以制止和取缔。

七、各级文化行政部门的稽查管理人员，在公众聚集的演出场所巡查或者查处各类非法演出活动时，应当按照当地卫生防疫部门的要求，认真做好自身的卫生防护工作，防止非典型性肺炎可能造成的感染，切实保障文化市场稽查管理人员的身体健康。

文化部关于促进民营文艺表演团体发展的若干意见（节录）

1. 2009年6月2日

2. 文市函〔2009〕15号

一、统一思想，提高认识

（一）民营文艺表演团体是我国社会主义文化事业的重要组成部分，是繁荣城乡基层文化市场的生力军。民营文艺表演团体来自于民间、成长于民间、服务于民间，对发展社会主义先进文化、满足人民群众精神文化需求具有重要意义。

（二）民营文艺表演团体是传承和弘扬民族民间优秀传统文化的重要载体，是构建城乡协调发展的演出市场，促进城乡社会和谐的重要力量。民营文艺表演团体的发展，对推动我国非物质文化遗产传统戏剧、曲艺保护和发展起到了积极作用，走出了一条以非物质生产方式转移城乡富余劳动力的新途径。

（三）国务院“三定”方案要求文化部对从事演艺活动的民办机构实施监管。各级文化行政部门要以科学发展观为指导，解放思想，深化改革，着力破除演出市场经营主体的所有制壁垒，调整城乡演出市场不平衡的二元结构，建立民营文艺表演团体和国有文艺院团良性互动机制，进一步促进民营文艺表演团体繁荣发展。

二、加大扶持力度，促进民营文艺表演团体发展

（四）各级文化行政部门要积极争取设立民营文艺表演团体专项扶持资金，努力协调金融机构为民营文艺表演团体提供贷款，运用扶持资金为民营文艺表演团体提供贷款贴息服务，对优秀民营文艺表演团体实行以奖代补，大力扶持其繁荣发展。

（五）政府采购的送戏下乡项目，各级文化行政部门要选择民营文艺表演团体承担一定的演出任务。政府主办的各类重大节庆文化活动，要鼓励民营文艺表演团体参加，并对优秀剧节目和演职员予以表彰和奖励。符合国家规定条件的民营文艺表演团体，纳入重点院团予以重点扶持。通过组织民营文艺表演团体汇演调演等活动为民营文艺表演团体沟通交流搭建平台。

（六）为民营文艺表演团体提供排练场地、演出场地和演出器材等方面的支持。建立县乡文化馆（站）、社区文化中心与民营文艺表演团体联系制度，鼓励文化馆（站、中心）免费或低价为民营文艺表演团体提供排练和演出场地。鼓励采用政府出资、社会赞助等方式以行政村为单位维修改建或新建固定舞台、戏台。

（七）积极推荐有特色高水准的民营文艺表演团体参加对外演出和国际文化交流活动，开拓国外演出市场。对参加政府组织和政府鼓励的对外文化交流项目的民营文艺表演团体，可给予一定的资金补助。鼓励民营文艺表演团体依法邀请国外文艺表演团体或个人开展合作演出和业务交流。

（八）支持民营文艺表演团体加强队伍建设和人才培养。各级文化行政部门要组织国有文艺院团和艺术院校为民营文艺表演团体开展业务辅导，并鼓励其参加民营文艺表演团体演出活动，组织民营文艺表演团体演职员到国有文艺院团和艺术院校进行学习培训。鼓励艺术院校毕业生到民营文艺表演团体就业。民营文艺表演团体演职员的专业技术职称评定与国有文艺院团同等待遇。

（九）表彰奖励优秀民营文艺表演团体。中宣部、文化部等部门每2年表彰一批服务农民、服务基层的优秀民营文艺表演团体。各地文化行政部门可根据实际情况，定期或不定期对优秀民营文艺表演团体进行表彰。开展民营文艺表演团体“创星评优”活动，建立民营文艺表演团体差异化激励管理制度。

三、深化管理，加强服务，为民营文艺表演团体营造良好市场环境

（十）鼓励社会资本投资兴办民营文艺表演团体，扶持各类人才和民间艺人自筹资金组建民营文艺表演团体。从事京剧、昆曲、地方戏曲等民族民间艺术表演项目和歌剧、舞剧、话剧等艺术表演项目的民营文艺表演团体，可以作为民办非企业单位向文化行政部门申领营业性演出许可证。允许民营文艺表演团体以合资、合作、并购等形式，参与国有文艺院团转企改制。支持国有文艺院团演职人员离职自主创办民营文艺表演团体。

（十一）进一步深化行政审批制度改革，鼓励地方试点推进取消文艺表演团体国内营业性演出行政许可。从事列入非物质文化遗产目录艺术表演形式的文艺表演团体和中宣部、文化部等部门表彰的服务农民、服务基层优秀民营文艺表演团体，举办非涉外营业性演出活动时，不再报演出地县级文化行政部门审批，改为事前告知性备案。具体办法由试点地区省级文化行政管理部门制定。

（十二）加强对民间演出经纪人的培训和管理。各级文化行政部门可以根据本地实际，出台有关民间演出经纪人管理的制度规定，要定期组织民间演出经纪人开展法规培训和业务指导，提高经纪人业务素质和守法意识。对扰乱正常市场秩序的民间演出经纪人，要依法查处，切实维护民营文艺表演团体和消费者的合法权益。

（十三）组织新闻单位加强对民营文艺表演团体的宣传报道，总结推广先进典型和经验，宣传民营文艺表演团体的优秀剧（节）目、优秀演员，提升行业形象。组织文艺评论家关注民营文艺表演团体的作品，在媒体上进行宣传评介，选择优秀剧（节）目在电台、电视台播放。

（十四）演出行业协会要努力为民营文艺表演团体做好服务，搭建民营文艺表演团体与文化行政部门沟通的桥梁。建立全国民营文艺表演团体基本信息数据库和演出信息数据库，为民营文艺表演团体提供服务。建立民营文艺表演团体演职员合理流动的社会化管理机制，提高演职员诚信意识，加强城乡基层演出市场诚信体系建设。

演出经纪人员管理办法

1. 2021年12月13日文化和旅游部印发

2. 文旅市场发〔2021〕129号

第一章　总　　则

第一条　为加强演出经纪人员队伍建设和管理，明确演出经纪人员的权利和义务，规范演出经纪行为，促进演出市场繁荣健康有序发展，根据《营业性演出管理条例》《营业性演出管理条例实施细则》和国家职业资格有关规定，制定本办法。

第二条　本办法所称演出经纪人员，包括个体演出经纪人和演出经纪机构中的专职演出经纪人员。

第三条　本办法所称演出经纪活动，包括演出组织、制作、营销，演出居间、代理、行纪，演员签约、推广、代理等活动。

第四条　国家对演出经纪人员实行职业资格认定制度。在中华人民共和国境内从事演出经纪活动的人员，应当通过演出经纪人员资格认定考试，取得演出经纪人员资格证，持证上岗。

第五条　文化和旅游部对演出经纪人员的资格认定、执业活动实施监督管理。

县级以上地方文化和旅游行政部门对本行政区域内演出经纪人员的执业活动实施监督管理。

第六条　演出经纪机构应当加强对演出经纪人员的管理和培训，提升其综合素质和专业能力。

第七条　演出经纪人员应当严格遵守法律法规，自觉践行社会主义核心价值观，不断提高思想品德修养和职业能力水平，自觉维护演出行业形象。

第八条　演出行业组织应当依法维护演出经纪人员合法权益，制定自律规范，加强行业自律。

第二章　资格认定

第九条　演出经纪人员资格认定考试全国统一实施，每年举行一次。

文化和旅游部组织拟定考试大纲、考试科目、考试试题，组织实施考试，并确定考试合格标准。县级以上地方文化和旅游行政部门负责保障本辖区考试工作的有序实施。

第十条　符合以下条件的人员，可以报名参加演出经纪人员资格认定考试：

（一）具有中华人民共和国国籍；

（二）拥护中华人民共和国宪法，具有良好的政治素质、业务水平和道德品行；

（三）具有高级中学、中等专业学校以上学历；

（四）年满18周岁，具有完全民事行为能力的自然人。

第十一条　有下列情形之一的，不得参加演出经纪人员资格认定考试：

（一）因违反考试纪律、扰乱考试秩序等原因被取消考试资格未满2年的；

（二）因违反《营业性演出管理条例》及其实施细则等规定，被认定为文化市场严重失信主体的。

第十二条　文化和旅游部于演出经纪人员资格认定考试结束后20个工作日内公布合格分数线。

第十三条　演出经纪人员资格证由文化和旅游部核发，全国统一样式，统一编号。

第十四条　文化和旅游部建立演出经纪人员资格证管理库。通过演出经纪人员资格认定考试的人员，应当自合格分数线公布之日起30日内通过全国文化市场技术监管与服务平台领取演出经纪人员资格证。如个人信息发生变更，应当自变更后3个月内通过平台进行信息更新。

第三章　执业规范

第十五条　演出经纪人员应当根据《营业性演出管理条例》《营业性演出管理条例实施细则》以及相关法律法规的规定提供服务。

第十六条　演出经纪人员不得有下列行为：

（一）在两家以上演出经纪机构从业；

（二）出租、出借演出经纪人员资格证；

（三）为含有《营业性演出管理条例》第二十五条禁止内容的演出提供服务；

（四）隐瞒、伪造与演出经纪业务有关的重要事项；

（五）对演出活动进行虚假宣传；

（六）为演员假唱、假演奏提供条件；

（七）其他扰乱演出市场秩序的行为。

第十七条　演出经纪人员应当在演出经纪活动中依法维护演员合法权益，提醒和督促演员严守法律法规，恪守职业道德，树立良好社会形象。

第十八条　演出经纪人员应当定期完成相应的继续教育，继续教育的内容和规定由文化和旅游部另行制定。

第四章　监督管理

第十九条　演出经纪人员在从业活动中有违反本办法第十六条有关规定的，由县级以上文化和旅游行政部门责令改正；情节严重的，依法认定为文化市场失信主体，实施联合惩戒。

第二十条　文化和旅游部应当结合演出经纪活动特点，制定演出经纪人员分级、分类管理细则，促进行业规范发展。

第二十一条　县级以上文化和旅游行政部门应当加强演出经纪人员队伍建设，开展教育培训，加强信用监管。

第五章　附　　则

第二十二条　香港特别行政区、澳门特别行政区永久性居民中的中国公民和台湾地区居民参加演出经纪人员资格认定考试，适用本办法。

第二十三条　本办法由文化和旅游部负责解释。

第二十四条　本办法自2022年3月1日起施行，《文化部关于印发〈演出经纪人员管理办法〉的通知》（文市发〔2012〕48号）同时废止。

关于营造更好发展环境支持民营文艺表演团体改革发展的实施意见（节录）

1. 2021年6月24日文化和旅游部、民政部、财政部、人力资源社会保障部、税务总局、市场监管总局印发

2. 文旅政法发〔2021〕66号

八、改善民营文艺表演团体演出排练条件。支持各地新建民营演艺中心和剧院（场）等排练演出场所，并纳入当地国土空间规划和经济社会发展规划。各地要结合实际利用闲置空间、老旧厂房等设立剧目排练中心和剧院运营服务平台，为民营文艺表演团体排练演出提供便捷服务。鼓励有条件的地方探索国有剧院（场）多元主体合作运行管理模式，在不改变土地使用性质前提下，允许符合条件的民营文艺表演团体依法参与基础设施建设及运营管理、提供专业化服务。鼓励有条件的行政村结合村级综合性文化服务中心改建或新建舞台、戏台，为民营文艺表演团体下乡演出提供便利。鼓励群艺馆、文化馆（站）、社区综合性文化服务中心等，通过资源共享、项目合作等方式，积极为民营文艺表演团体提供排练和演出场地。

十、加大民营文艺表演团体政策支持力度。按照公共文化领域中央与地方财政事权和支出责任划分改革要求，通过现有渠道，支持民营文艺表演团体开展剧（节）目创作、人才培养等。鼓励有条件的地方制定扶持民营文艺表演团体发展的政策措施。支持涉及濒危剧种的民营文艺表演团体开展保护传承工作。引导民营文艺表演团体积极参与政府购买服务竞争。优化补贴方式，落实好发放消费券等惠企利民政策，支持民营文艺表演团体开展文化惠民演出。落实好小微企业普惠性税收减免等各项减税降费政策，减轻民营文艺表演团体负担。鼓励社会资本通过政府部门或公益性社会组织向民营文艺表演团体提供捐赠，符合条件的捐赠支出可按税法有关规定享受税前扣除。鼓励政府出资产业投资基金及私募股权基金等加大对民营文艺表演团体的投资力度。引导保险等金融机构探索开发演艺责任险等有针对性的金融产品。积极引导民营演艺企业上市融资。

十一、加强对民营文艺表演团体的管理。推动民营文艺表演团体落实主体责任，引导演职人员讲品位、重艺德，自觉抵制低俗庸俗媚俗之风。引导和支持民营文艺表演团体建立剧（节）目内容自审制度。落实演出场所经营单位主体责任，按照法律法规及相关规定核验营业性演出活动批准文件，做好演出活动现场巡查。落实属地管理责任，结合实际建立专家咨询制度，加强对辖区内民营文艺表演团体的业务指导以及演出活动的内容审核。建立民营文艺表演团体评估制度，定期对民营文艺表演团体进行评估并进行通报，实施分级分类监管，引导民营文艺表演团体在创作演出过程中进一步将思想性与艺术性相结合，努力实现“叫好”与“叫座”、社会反响与市场认可相统一。将民营文艺表演团体纳入“互联网＋监管”范围，深入推进部门联合“双随机、一公开”监管。各级文化和旅游部门要加强对重点演出市场监管，针对违法违规经营活动加强整治，依照《营业性演出管理条例》相关规定依法查处未经许可擅自开展的营业性演出活动。加强信用监管，进一步完善民营文艺表演团体和从业人员信用记录，用好文化市场严重失信名单制度，依法依规实施联合惩戒，规范演出市场秩序。要加强知识产权保护，维护民营文艺表演团体合法权益。

十二、建立健全党建工作机制。着力提升民营文艺表演团体党的组织和工作覆盖质量，推动有正式党员人数3人以上的民营文艺表演团体成立党组织，正式党员不足3人的民营文艺表演团体按照地域相邻、行业相近、规模适当、便于管理的原则成立联合党支部。积极探索创新党建工作方式，围绕宣传贯彻党的路线方针政策、团结凝聚职工群众、维护各方合法权益、建设先进企业文化等开展工作，充分发挥党组织的战斗堡垒作用和党员的先锋模范作用。推动国有、民营文艺表演团体党组织开展共建，加强对民营文艺表演团体代表性从业人员的联系。推动有条件的院团建立工会组织、职工代表大会制度，强化内部监督，增强民营文艺表演团体凝聚力。

演出行业演艺人员
从业自律管理办法（试行）

2021年2月5日中国演出行业协会发布

第一章　总　　则

第一条　为不断提高演出行业演艺人员（以下简称“演艺人员”）职业素质，规范演艺人员从业行为，加强演艺人员从业自律管理，树立演艺人员良好职业形象，促进演出行业健康发展，中国演出行业协会根据《营业性演出管理条例》《营业性演出管理条例实施细则》等有关法规规定，制定本办法。

第二条　本办法所称演艺人员是指在中国境内从事音乐、戏剧、舞蹈、曲艺、杂技以及其他形式的现场文艺演出活动的表演者。

第三条　演艺人员应当自觉遵守本办法第二章所规定的从业规范相关条款（以下简称“从业规范”）。

从业规范由中国演出行业协会根据国家有关法律、法规，结合演艺人员为维护行业和个人形象应当遵从的社会公德、职业道德、家庭美德、个人品德等职业要求制定，并在行业范围内监督实施。

第四条　本办法所称从业范围包括但不限于：

（一）演出场所经营单位、文艺表演团体、演出经纪机构等中国演出行业协会会员策划、组织、参与的各类演出活动，以及与之相关的宣传、推介、营销、赞助、表彰、奖励等活动；

（二）网络表演经营单位等中国演出行业协会会员所属平台、媒体等策划、组织、开展的直播、录播活动，以及与之相关的宣传、推介、营销、赞助、表彰、奖励等活动；

（三）其他与中国演出行业协会密切相关的行业组织、社会机构组织开展的各类活动。

第五条　演艺人员违反从业规范，由中国演出行业协会根据本办法，在其从业范围内实施自律惩戒措施。

第六条　对演艺人员违反从业规范实施自律惩戒措施，应当遵循客观公正、公开透明、公平审慎的原则，坚持教育与惩戒相结合，违规情节与惩戒措施相适应，以事实为依据，依法依规开展工作。

第二章　从 业 规 范

第七条　演艺人员应当具备从事文艺表演工作所必需的文化修养、专业知识与职业技能，并遵守以下要求：

（一）热爱祖国，拥护党的路线方针政策，自觉遵守国家法律法规，遵守文化、演出行业有关规定，自觉接受政府相关管理部门监管和社会监督；

（二）坚持文艺为人民服务、为社会主义服务的方向，自觉践行社会主义核心价值观，弘扬主旋律，壮大正能量，做有信仰、有情怀、有担当的新时代文艺工作者；

（三）热爱文艺事业，恪守艺术品格，维护中华文化立场，弘扬中华美学精神，坚守文艺审美理想，严肃认真对待创作表演，努力提升艺术质量，拒绝用是非不辩、低级庸俗、粗制滥造的作品或宣传误导观众；

（四）遵守社会公德，言语文明，礼貌待人，立正守身，以身作则，注重陶冶品德，加强道德修养，珍视和维护个人职业声誉，积极树立正面形象；

（五）坚守契约精神，依法依约履行经纪合同、代言合同、演出合同等各类合同；

（六）尊重合作团队与合作对象，尊重编剧、导演、舞美、服化道等各部门的艺术创作，尊重全体演职人员的共同劳动，积极配合合作团队合理的工作需求；

（七）遵守与著作权相关的法律法规，树立和强化著作权保护意识，维护著作权人合法权益；

（八）积极参与社会公益活动，助力公益事业发展，自觉践行社会责任；

（九）配合社会各界共同引导未成年人树立正确的价值观念，自觉抵制扰乱社会秩序、恶意攻击他人等不文明行为；

（十）依法依规应当遵守的其他要求。

第八条 演艺人员不得出现以下行为：

（一）违反宪法确定的基本原则，危害国家统一、主权和领土完整，危害国家安全，或者损害国家荣誉和利益；

（二）煽动民族仇恨、民族歧视，侵害民族风俗习惯，伤害民族感情，破坏民族团结；

（三）违反国家宗教政策，宣扬邪教、迷信；

（四）组织、参与、宣扬涉及淫秽、色情、赌博、毒品、暴力、恐怖或者黑恶势力等非法活动；

（五）因酒驾、无证驾驶、肇事逃逸、恶意滋事等扰乱公共秩序，造成恶劣社会影响；

（六）危害社会公德或者损害民族优秀文化传统；

（七）在营业性演出中以假唱、假演奏等手段欺骗观众，或者以违背伦理道德、违反公序良俗的方式进行演出吸引观众；

（八）表演方式恐怖、残忍，利用人体缺陷、或者以展示人体变异等方式招徕观众；

（九）以欺骗、隐瞒等方式恶意违反或不履行合同，非因不可抗力原因取消演出、不履行合同，或者擅自变更已经审核批准的演出内容；

（十）发表违反法律法规、违背社会公序良俗、歪曲历史事实、侮辱、诽谤英雄烈士等不当言论，或者发布不实信息，煽动他人扰乱公共秩序，影响社会稳定；

（十一）以侮辱、诽谤等方式损害他人名誉等合法权益；

（十二）违反广告代言相关法律法规，或以虚假宣传、引人误解的方式欺骗、误导消费者；

（十三）通过违反保密协议、伪造变造材料等不正当手段谋取利益，或者利用职业之便谋取不正当利益；

（十四）其他违背伦理道德或者社会公序良俗造成严重不良社会影响的情形；

（十五）法律、行政法规明文禁止的其他情形。

第九条 演出场所经营单位、文艺表演团体、演出经纪机构或者演出经纪人员应当积极引导所属演艺人员遵守从业规范，依法依规从业。

第三章 办事机构

第十条 中国演出行业协会设立道德建设委员会，具体承担演艺人员道德建设和从业自律等相关工作。

道德建设委员会为非法人分支机构，在中国演出行业协会领导下开展工作。

第十一条 道德建设委员会委员由下列人员构成：

（一）演出场所经营单位、文艺表演团体、演出经纪机构等的管理人员代表；

（二）演艺人员代表；

（三）网络表演（直播）经营单位管理人员代表；

（四）共青团中央、全国妇女联合会、中国关心下一代工作委员会等群团组织代表或者其推荐的专家代表；

（五）新闻媒体代表；

（六）从事演艺行业法律事务的律师代表；

（七）其他相关行业的代表。

根据工作需要，道德建设委员会可以聘请相关领域专家担任顾问。

第十二条 道德建设委员会委员由中国演出行业协会驻会机构提名或者相关组织推荐，征询本人意见后，形成委员候选人名单，经常务理事会表决决定，由中国演出行业协会聘任。

第十三条 道德建设委员会委员应当履行以下义务：

（一）遵守道德建设委员会章程；

（二）履行委员职责，完成分配或指定的工作；

（三）遵纪守法，公正廉洁，不得徇私舞弊、玩忽职守、索贿受贿等；

（四）严守工作纪律，不得泄露或擅自披露履行职责过程中了解的信息；

（五）遵守其他相关规定。

第十四条 道德建设委员会设立秘书处作为日常办事机构。秘书处设在中国演出行业协会驻会机构内，负责材料收集、会议组织及联络协调等相关工作。

第四章　办事程序

第十五条　对违反从业规范的演艺人员，中国演出行业协会根据道德建设委员会评议结果，监督引导会员单位在行业范围内实施以下自律惩戒措施：

（一）进行批评教育；

（二）取消参与行业各类相关评比、表彰、奖励、资助等资格；

（三）根据演艺人员违反从业规范情节轻重及危害程度，分别实施1年、3年、5年和永久等不同程度的行业联合抵制；

（四）协同其他行业组织实施跨行业联合惩戒。

以上措施可以单独实施，也可以合并实施。

第十六条　中国演出行业协会各会员单位或者个人不得邀请、组织处于联合抵制期内的演艺人员参与演出行业各类活动，也不得为其提供其他宣传、推介等便利。

第十七条　道德建设委员会发现演艺人员涉嫌违反从业规范的，应当从行政管理部门、行业组织、成员单位及其他第三方渠道收集信息，并对演艺人员及其所属单位提供的申辩材料进行评估后，提出具体处理意见，经中国演出行业协会审议通过后报送文化和旅游部，并以书面通知向相关单位及个人通报。

第十八条　受到联合抵制的演艺人员需要继续从事演出活动的，本人或者其所属单位应当在联合抵制期限届满前3个月内向道德建设委员会提出申请，经道德建设委员会综合评议后，给予是否同意复出的意见。

对符合复出条件的演艺人员，由中国演出行业协会向会员单位和个人通报，取消联合抵制措施，并监督引导其参与行业培训、职业教育、公益项目等活动，改善社会形象。

第十九条　道德建设委员会委员有下列情形之一的，应当自行回避，当事人有权用口头或者书面方式申请回避：

（一）系被调查演艺人员近亲属；

（二）与被调查演艺人员存在利害关系；

（三）其他可能影响公正履行职责的情形。

第二十条　道德建设委员会委员违反本办法第六条、第十三条、第十九条规定的，由中国演出行业协会取消其委员资格。

第五章　附　　则

第二十一条　道德建设委员会依据本办法制定工作章程，并报中国演出行业协会备案。

第二十二条　本办法由中国演出行业协会负责解释，自2021年3月1日起试行。

国家广播电视总局办公厅关于进一步加强文艺节目及其人员管理的通知

1．2021年9月2日

2．广电办发〔2021〕267号

各省、自治区、直辖市广播电视局，新疆生产建设兵团文化体育广电和旅游局，中央广播电视总台办公厅、电影频道节目中心、中国教育电视台：

近年来，广播电视和网络视听文艺节目坚持讲品位讲格调讲责任、抵制低俗庸俗媚俗，不断推出优秀作品，满足人民群众精神文化需要。为进一步加强管理，从严整治艺人违法失德、“饭圈”乱象等问题，旗帜鲜明树立爱党爱国、崇德尚艺的行业风气，现就有关事项通知如下：

一、坚决抵制违法失德人员。广播电视机构和网络视听平台在节目演员和嘉宾选用上要严格把关，坚持把政治素养、道德品行、艺术水准、社会评价作为选用标准。政治立场不正确、与党和国家离心离德的人员坚决不用；违反法律法规、冲击社会公平正义底线的人员坚决不用；违背公序良俗、言行失德失范的人员坚决不用。

二、坚决反对唯流量论。广播电视机构和网络视听平台不得播出偶像养成类节目，不得播出明星子女参加的综艺娱乐及真人秀节目。选秀类节目要严格控制投票环节设置，不得设置场外投票、打榜、助力等环节和通道，严禁引导、鼓励粉丝以购物、充会员等物质化手段变相花钱投票，坚决抵制不良“饭圈”文化。

三、坚决抵制泛娱乐化。坚定文化自信，大力弘扬中华优秀传统文化、革命文化、社会主义先进文化。树立节目正确审美导向，严格把握演员和嘉宾选用、表演风格、服饰妆容等，坚决杜绝“娘炮”等畸形审美。坚决抵制炒作炫富享乐、绯闻隐私、负面热点、低俗“网红”、无底线审丑等泛娱乐化倾向。

四、坚决抵制高价片酬。严格执行演员和嘉宾片酬规定，严格片酬管理告知承诺制度。倡导鼓励演员和嘉宾担当社会责任，参与公益性节目。严肃惩戒片酬违规、“阴阳合同”、偷逃税行为。

五、切实加强从业人员管理。严格执行主持人持证上岗，规范主持人参加社会活动和网络信息发布。加强从业人员政治素质培养，深入开展马克思主义新闻观、文艺观教育,始终坚定人民立场、坚守人民情怀。完善职业道德规范,加强职业道德建设,自觉抵制名利诱惑,不得利用职业身份和个人知名度谋取不当利益,自觉接受社会监督,做社会公德的示范者、正能量的建设者。

六、开展专业权威文艺评论。坚持正确政治方向、舆论导向、价值取向,弘扬真善美、批驳假恶丑,充分发挥价值引导、精神引领、审美启迪作用。把社会效益、社会价值放在首位,把思想精深、艺术精湛、制作精良统一起来,严肃客观评价节目。科学看待收视率、点击率等量化指标,加大"中国视听大数据"推广应用力度。

七、充分发挥行业组织作用。广播电视、网络视听行业协会等社会组织要进一步完善行业规范和自律公约,积极开展道德评议。加强思想政治、职业道德等教育培训,建立常态化培训机制,优化教学内容,强化案例教学,以案说法、以案示法。对行业不良现象、反面典型旗帜鲜明发声批评,坚决反对圈子文化和行业陋习,正本清源,维护行业良好风气。

八、切实履行管理职责。广播电视行政部门要提高政治站位,认真落实意识形态工作责任制,进一步压紧压实属地管理责任、主管主办责任和主体责任,把好文艺节目导向关、内容关、人员关、片酬关、宣传关。要重视倾听人民群众呼声,积极回应人民群众关切,对违法失德、造星炒星、泛娱乐化、"流量至上"等坚决说"不",让主旋律和正能量充盈广播电视和网络视听空间。

特此通知。

关于加强演艺人员经纪机构自律管理的公告

2021年9月2日中国演出行业协会发布

为进一步落实主管部门对协会加强行业自律的工作要求,维护行业健康发展,中国演出行业协会特此面向涉及演艺人员经纪业务的从业单位发布以下公告:

一、从事演员签约、代理、推广和网络表演等业务的演出经纪机构,应承担其签约演艺人员管理责任,通过培训教育和引导,提高其法律意识和是非辨别能力,提高其文化素养、业务素养、道德素养。

二、演艺人员经纪机构应积极开展自查自律工作,对缺乏道德自律意识、法律观念淡薄,且不服从教育和管理的签约演艺人员,应及时终止为其提供经纪服务并向行业协会报备,对演艺人员出现的违法失德行为不得包庇、纵容。

三、演艺人员经纪机构应加强自身专职经纪人员职业道德和业务能力建设,完善监督管理制度,建立职业化、专业化经纪团队。

中国演出行业协会将在主管部门指导下制定演艺人员经纪机构自律规范,对规范运营的机构持续给予支持和服务,而对因严重失职造成恶劣影响的经纪机构将依据自律规范实施行业惩戒。

文化和旅游部关于规范演出经纪行为加强演员管理促进演出市场健康有序发展的通知

1. 2021年9月29日

2. 文旅市场发〔2021〕101号

各省、自治区、直辖市文化和旅游厅(局),新疆生产建设兵团文化体育广电和旅游局:

演出经纪机构是演出市场重要主体,对优化演出资源配置、丰富演出产品供给、促进演出市场繁荣发展发挥了重要作用。但也要看到,一段时间以来文娱领域出现的艺人违法失德、"饭圈"乱象等问题,败坏行业形象,损害社会风气,对演出市场造成较大冲击,扰乱了市场秩序,人民群众反映强烈。为进一步规范演出经纪行为,切实加强演员管理,促进演出市场健康有序发展,现就有关事项通知如下。

一、严格演出资质管理

(一)从事演员签约、推广、代理等演出经纪活动的演员经纪公司、工作室,应当严格按照《营业性演出管理条例》及其实施细则关于设立演出经纪机构的规定,向文化和旅游行政部门申请取得营业性演出许可证。

(二)严格执行演出经纪人员资格认定制度,从事演员签约、推广、代理等演出经纪活动的从业人员,应当通过演出经纪人员资格认定考试,取得演出经纪人员资格证书,持证上岗。

(三)未经批准擅自从事演员签约、推广、代理等业务的经营单位,由文化和旅游行政部门依照《营业性演出管理条例》第四十三条的规定予以处罚。

(四)演出经纪人员在从业活动中为含有《营业性演出管理条例》第二十五条禁止内容的演出提供经纪服务,或者纵容所经纪演员违法失德行为并造成恶劣社会影响的,由文化和旅游行政部门撤销其资格证书并予以公告。

二、规范演员从业行为

（五）演员应当自觉践行社会主义核心价值观，主动承担起举旗帜、聚民心、育新人、兴文化、展形象的使命任务，讲品位、讲格调、讲责任，不断提高思想品德修养、职业道德素养和人文艺术涵养，争做德艺双馨的文艺工作者。

（六）演员经纪公司、工作室应当维护演员合法权益，承担演员管理责任，将政治素养、道德品行作为演员选用和培养的重要标准，定期组织教育培训，增强演员守法意识和道德修养。建立演员自律自查工作制度，查找演员从业行为存在的问题及风险点，督促演员及时改正。

（七）演员经纪从业人员应当加强对演员的教育、提醒，积极引导演员时刻敬畏法律红线，严守道德底线，提升职业操守，积极营造崇德尚艺、见贤思齐的良好风气。

（八）从事未成年人签约、推广、代理等演出经纪活动的演员经纪公司、工作室，应当按照《中华人民共和国未成年人保护法》《中华人民共和国教育法》《中华人民共和国义务教育法》《中华人民共和国劳动法》有关规定，依法保障其接受并完成规定年限的义务教育的权利。严禁以招募"演艺练习生"等名义，向未成年人灌输所谓"出名要趁早"等错误观念，误导未成年人价值观，侵害未成年人合法权益。

三、加强演出活动监管

（九）各级文化和旅游行政部门应当依照《营业性演出管理条例》等法规规定，切实加强演出活动的内容管理，坚决抵制违背社会主义核心价值观、危害社会公德或者民族优秀文化传统、违反公序良俗、畸形审美等行为，树立正确审美导向。

（十）演出经纪机构举办营业性演出活动，应当安排专职演出经纪人员承担演出活动的协调联络等工作，配合文化和旅游行政部门做好行业监管，履行依法纳税以及代扣代缴有关税费义务。举办涉外营业性演出活动，还应配合外事、公安等部门落实外籍人员日常管理工作。

（十一）演出活动不得使用造成恶劣社会影响的违法失德演员；不得使用含有《营业性演出管理条例》第二十五条禁止内容的图形、画面、音视频和文字等进行演出宣传、售票和演出场地布置等活动；不得组织演员假唱，不得为假唱提供条件。有未成年人参与的演出，应当经过未成年人父母或者其他监护人同意。

（十二）演员擅自变更演出内容或所表演内容、表演行为违反《营业性演出管理条例》第二十五条规定的，由文化和旅游行政部门依照《营业性演出管理条例》第四十四条、第四十六条规定，对演出举办单位以及该演员所签约演出经纪机构予以处罚。使用含有《营业性演出管理条例》第二十五条禁止内容的图形、画面、音视频和文字等进行演出宣传、售票和演出场地布置等活动的，由文化和旅游行政部门依照《营业性演出管理条例》第四十六条的规定，对演出举办单位予以处罚。以假唱欺骗观众或者为演员假唱提供条件的，由文化和旅游行政部门依照《营业性演出管理条例》第四十七条规定，对演出举办单位和演员予以处罚。

四、做好粉丝正面引导

（十三）演员经纪公司、工作室应当加强对粉丝应援行为的正面引导，做好对授权粉丝团、后援会网络账号的内容监督。对扰乱网络公共秩序和社会秩序的粉丝群体，应当督促演员主动发声，积极引导。

（十四）演出举办单位应当做好演出现场管理，维护演出现场秩序，不得设置场外应援、礼物应援、打榜投票等诱导粉丝消费的营销活动。不得组织未成年人参与应援集会等活动，不得组织未成年人进行正常观看演出之外的应援消费。

五、共建良好演出生态

（十五）对体现民族特色和国家水准的优质演出产品和服务，各地文化和旅游行政部门应当按照《营业性演出管理条例实施细则》有关规定，给予补助和支持，培育更多思想精深、艺术精湛、制作精良的精品剧（节）目。

（十六）各级文化和旅游行政部门应当加强信用监管，依法依规将符合条件的营业性演出市场主体及从业人员列入文化市场失信名单，实施信用惩戒。

（十七）文化市场综合执法机构应当加强对演员经纪公司、工作室的执法检查，做好营业性演出的日常巡查，对违法违规行为依法予以查处。

（十八）行业协会应当完善演出经纪机构及从业人员自律规范，建立风险监测研判机制和管控机制，对违法失德演员进行评议，对造成恶劣社会影响的演员经纪公司、工作室及演员实施自律惩戒和行业抵制。

（十九）各级文化和旅游行政部门、行业协会应当建立常态化培训机制，全面加强对从业人员思想政治、法律法规、职业道德等方面的教育培训，提高从业人员综合素质，构建积极向上、繁荣有序的演出生态。

特此通知。

3. 娱乐场所

娱乐场所管理条例

1. 2006年1月29日国务院令第458号公布
2. 根据2016年2月6日国务院令第666号《关于修改部分行政法规的决定》第一次修订
3. 根据2020年11月29日国务院令第732号《关于修改和废止部分行政法规的决定》第二次修订

第一章 总 则

第一条 为了加强对娱乐场所的管理,保障娱乐场所的健康发展,制定本条例。

第二条 本条例所称娱乐场所,是指以营利为目的,并向公众开放、消费者自娱自乐的歌舞、游艺等场所。

第三条 县级以上人民政府文化主管部门负责对娱乐场所日常经营活动的监督管理;县级以上公安部门负责对娱乐场所消防、治安状况的监督管理。

第四条 国家机关及其工作人员不得开办娱乐场所,不得参与或者变相参与娱乐场所的经营活动。

与文化主管部门、公安部门的工作人员有夫妻关系、直系血亲关系、三代以内旁系血亲关系以及近姻亲关系的亲属,不得开办娱乐场所,不得参与或者变相参与娱乐场所的经营活动。

第二章 设 立

第五条 有下列情形之一的人员,不得开办娱乐场所或者在娱乐场所内从业:

(一)曾犯有组织、强迫、引诱、容留、介绍卖淫罪,制作、贩卖、传播淫秽物品罪,走私、贩卖、运输、制造毒品罪,强奸罪,强制猥亵、侮辱妇女罪,赌博罪,洗钱罪,组织、领导、参加黑社会性质组织罪的;

(二)因犯罪曾被剥夺政治权利的;

(三)因吸食、注射毒品曾被强制戒毒的;

(四)因卖淫、嫖娼曾被处以行政拘留的。

第六条 外国投资者可以依法在中国境内设立娱乐场所。

第七条 娱乐场所不得设在下列地点:

(一)居民楼、博物馆、图书馆和被核定为文物保护单位的建筑物内;

(二)居民住宅区和学校、医院、机关周围;

(三)车站、机场等人群密集的场所;

(四)建筑物地下一层以下;

(五)与危险化学品仓库毗连的区域。

娱乐场所的边界噪声,应当符合国家规定的环境噪声标准。

第八条 娱乐场所的使用面积,不得低于国务院文化主管部门规定的最低标准;设立含有电子游戏机的游艺娱乐场所,应当符合国务院文化主管部门关于总量和布局的要求。

第九条 娱乐场所申请从事娱乐场所经营活动,应当向所在地县级人民政府文化主管部门提出申请;外商投资的娱乐场所申请从事娱乐场所经营活动,应当向所在地省、自治区、直辖市人民政府文化主管部门提出申请。

娱乐场所申请从事娱乐场所经营活动,应当提交投资人员、拟任的法定代表人和其他负责人没有本条例第五条规定情形的书面声明。申请人应当对书面声明内容的真实性负责。

受理申请的文化主管部门应当就书面声明向公安部门或者其他有关单位核查,公安部门或者其他有关单位应当予以配合;经核查属实的,文化主管部门应当依据本条例第七条、第八条的规定进行实地检查,作出决定。予以批准的,颁发娱乐经营许可证,并根据国务院文化主管部门的规定核定娱乐场所容纳的消费者数量;不予批准的,应当书面通知申请人并说明理由。

有关法律、行政法规规定需要办理消防、卫生、环境保护等审批手续的,从其规定。

第十条 文化主管部门审批娱乐场所应当举行听证。有关听证的程序,依照《中华人民共和国行政许可法》的规定执行。

第十一条 娱乐场所依法取得营业执照和相关批准文件、许可证后,应当在15日内向所在地县级公安部门备案。

第十二条 娱乐场所改建、扩建营业场所或者变更场地、主要设施设备、投资人员,或者变更娱乐经营许可证载明的事项的,应当向原发证机关申请重新核发娱乐经营许可证,并向公安部门备案;需要办理变更登记的,应当依法向工商行政管理部门办理变更登记。

第三章 经 营

第十三条 国家倡导弘扬民族优秀文化,禁止娱乐场所内的娱乐活动含有下列内容:

(一)违反宪法确定的基本原则的;

(二)危害国家统一、主权或者领土完整的;

(三)危害国家安全,或者损害国家荣誉、利益的;

(四)煽动民族仇恨、民族歧视,伤害民族感情或者侵害民族风俗、习惯，破坏民族团结的；

（五）违反国家宗教政策，宣扬邪教、迷信的；

（六）宣扬淫秽、赌博、暴力以及与毒品有关的违法犯罪活动，或者教唆犯罪的；

（七）违背社会公德或者民族优秀文化传统的；

（八）侮辱、诽谤他人，侵害他人合法权益的；

（九）法律、行政法规禁止的其他内容。

第十四条 娱乐场所及其从业人员不得实施下列行为，不得为进入娱乐场所的人员实施下列行为提供条件：

（一）贩卖、提供毒品，或者组织、强迫、教唆、引诱、欺骗、容留他人吸食、注射毒品；

（二）组织、强迫、引诱、容留、介绍他人卖淫、嫖娼；

（三）制作、贩卖、传播淫秽物品；

（四）提供或者从事以营利为目的的陪侍；

（五）赌博；

（六）从事邪教、迷信活动；

（七）其他违法犯罪行为。

娱乐场所的从业人员不得吸食、注射毒品，不得卖淫、嫖娼；娱乐场所及其从业人员不得为进入娱乐场所的人员实施上述行为提供条件。

第十五条 歌舞娱乐场所应当按照国务院公安部门的规定在营业场所的出入口、主要通道安装闭路电视监控设备，并应当保证闭路电视监控设备在营业期间正常运行，不得中断。

歌舞娱乐场所应当将闭路电视监控录像资料留存30日备查，不得删改或者挪作他用。

第十六条 歌舞娱乐场所的包厢、包间内不得设置隔断，并应当安装展现室内整体环境的透明门窗。包厢、包间的门不得有内锁装置。

第十七条 营业期间，歌舞娱乐场所内亮度不得低于国家规定的标准。

第十八条 娱乐场所使用的音像制品或者电子游戏应当是依法出版、生产或者进口的产品。

歌舞娱乐场所播放的曲目和屏幕画面以及游艺娱乐场所的电子游戏机内的游戏项目，不得含有本条例第十三条禁止的内容；歌舞娱乐场所使用的歌曲点播系统不得与境外的曲库联接。

第十九条 游艺娱乐场所不得设置具有赌博功能的电子游戏机机型、机种、电路板等游戏设施设备，不得以现金或者有价证券作为奖品，不得回购奖品。

第二十条 娱乐场所的法定代表人或者主要负责人应当对娱乐场所的消防安全和其他安全负责。

娱乐场所应当确保其建筑、设施符合国家安全标准和消防技术规范，定期检查消防设施状况，并及时维护、更新。

娱乐场所应当制定安全工作方案和应急疏散预案。

第二十一条 营业期间，娱乐场所应当保证疏散通道和安全出口畅通，不得封堵、锁闭疏散通道和安全出口，不得在疏散通道和安全出口设置栅栏等影响疏散的障碍物。

娱乐场所应当在疏散通道和安全出口设置明显指示标志，不得遮挡、覆盖指示标志。

第二十二条 任何人不得非法携带枪支、弹药、管制器具或者携带爆炸性、易燃性、毒害性、放射性、腐蚀性等危险物品和传染病病原体进入娱乐场所。

迪斯科舞厅应当配备安全检查设备，对进入营业场所的人员进行安全检查。

第二十三条 歌舞娱乐场所不得接纳未成年人。除国家法定节假日外，游艺娱乐场所设置的电子游戏机不得向未成年人提供。

第二十四条 娱乐场所不得招用未成年人；招用外国人的，应当按照国家有关规定为其办理外国人就业许可证。

第二十五条 娱乐场所应当与从业人员签订文明服务责任书，并建立从业人员名簿；从业人员名簿应当包括从业人员的真实姓名、居民身份证复印件、外国人就业许可证复印件等内容。

娱乐场所应当建立营业日志，记载营业期间从业人员的工作职责、工作时间、工作地点；营业日志不得删改，并应当留存60日备查。

第二十六条 娱乐场所应当与保安服务企业签订保安服务合同，配备专业保安人员；不得聘用其他人员从事保安工作。

第二十七条 营业期间，娱乐场所的从业人员应当统一着工作服，佩带工作标志并携带居民身份证或者外国人就业许可证。

从业人员应当遵守职业道德和卫生规范，诚实守信，礼貌待人，不得侵害消费者的人身和财产权利。

第二十八条 每日凌晨2时至上午8时，娱乐场所不得营业。

第二十九条 娱乐场所提供娱乐服务项目和出售商品，应当明码标价，并向消费者出示价目表；不得强迫、欺骗消费者接受服务、购买商品。

第三十条 娱乐场所应当在营业场所的大厅、包厢、包间内的显著位置悬挂含有禁毒、禁赌、禁止卖淫嫖娼等内容的警示标志、未成年人禁入或者限入标志。标志应当注明公安部门、文化主管部门的举报电话。

第三十一条 娱乐场所应当建立巡查制度,发现娱乐场所内有违法犯罪活动的,应当立即向所在地县级公安部门、县级人民政府文化主管部门报告。

第四章 监督管理

第三十二条 文化主管部门、公安部门和其他有关部门的工作人员依法履行监督检查职责时,有权进入娱乐场所。娱乐场所应当予以配合,不得拒绝、阻挠。

文化主管部门、公安部门和其他有关部门的工作人员依法履行监督检查职责时,需要查阅闭路电视监控录像资料、从业人员名簿、营业日志等资料的,娱乐场所应当及时提供。

第三十三条 文化主管部门、公安部门和其他有关部门应当记录监督检查的情况和处理结果。监督检查记录由监督检查人员签字归档。公众有权查阅监督检查记录。

第三十四条 文化主管部门、公安部门和其他有关部门应当建立娱乐场所违法行为警示记录系统;对列入警示记录的娱乐场所,应当及时向社会公布,并加大监督检查力度。

第三十五条 文化主管部门应当建立娱乐场所的经营活动信用监管制度,建立健全信用约束机制,并及时公布行政处罚信息。

第三十六条 文化主管部门、公安部门和其他有关部门应当建立相互间的信息通报制度,及时通报监督检查情况和处理结果。

第三十七条 任何单位或者个人发现娱乐场所内有违反本条例行为的,有权向文化主管部门、公安部门等有关部门举报。

文化主管部门、公安部门等有关部门接到举报,应当记录,并及时依法调查、处理;对不属于本部门职责范围的,应当及时移送有关部门。

第三十八条 上级人民政府文化主管部门、公安部门在必要时,可以依照本条例的规定调查、处理由下级人民政府文化主管部门、公安部门调查、处理的案件。

下级人民政府文化主管部门、公安部门认为案件重大、复杂的,可以请求移送上级人民政府文化主管部门、公安部门调查、处理。

第三十九条 文化主管部门、公安部门和其他有关部门及其工作人员违反本条例规定的,任何单位或者个人可以向依法有权处理的本级或者上一级机关举报。接到举报的机关应当依法及时调查、处理。

第四十条 娱乐场所行业协会应当依照章程的规定,制定行业自律规范,加强对会员经营活动的指导、监督。

第五章 法律责任

第四十一条 违反本条例规定,擅自从事娱乐场所经营活动的,由文化主管部门依法予以取缔;公安部门在查处治安、刑事案件时,发现擅自从事娱乐场所经营活动的,应当依法予以取缔。

第四十二条 违反本条例规定,以欺骗等不正当手段取得娱乐经营许可证的,由原发证机关撤销娱乐经营许可证。

第四十三条 娱乐场所实施本条例第十四条禁止行为的,由县级公安部门没收违法所得和非法财物,责令停业整顿3个月至6个月;情节严重的,由原发证机关吊销娱乐经营许可证,对直接负责的主管人员和其他直接责任人员处1万元以上2万元以下的罚款。

第四十四条 娱乐场所违反本条例规定,有下列情形之一的,由县级公安部门责令改正,给予警告;情节严重的,责令停业整顿1个月至3个月:

(一)照明设施、包厢、包间的设置以及门窗的使用不符合本条例规定的;

(二)未按照本条例规定安装闭路电视监控设备或者中断使用的;

(三)未按照本条例规定留存监控录像资料或者删改监控录像资料的;

(四)未按照本条例规定配备安全检查设备或者未对进入营业场所的人员进行安全检查的;

(五)未按照本条例规定配备保安人员的。

第四十五条 娱乐场所违反本条例规定,有下列情形之一的,由县级公安部门没收违法所得和非法财物,并处违法所得2倍以上5倍以下的罚款;没有违法所得或者违法所得不足1万元的,并处2万元以上5万元以下的罚款;情节严重的,责令停业整顿1个月至3个月:

(一)设置具有赌博功能的电子游戏机机型、机种、电路板等游戏设施设备的;

(二)以现金、有价证券作为奖品,或者回购奖品的。

第四十六条 娱乐场所指使、纵容从业人员侵害消费者人身权利的,应当依法承担民事责任,并由县级公安部门责令停业整顿1个月至3个月;造成严重后果的,由原发证机关吊销娱乐经营许可证。

第四十七条 娱乐场所取得营业执照后，未按照本条例规定向公安部门备案的，由县级公安部门责令改正，给予警告。

第四十八条 违反本条例规定，有下列情形之一的，由县级人民政府文化主管部门没收违法所得和非法财物，并处违法所得1倍以上3倍以下的罚款；没有违法所得或者违法所得不足1万元的，并处1万元以上3万元以下的罚款；情节严重的，责令停业整顿1个月至6个月：

（一）歌舞娱乐场所的歌曲点播系统与境外的曲库联接的；

（二）歌舞娱乐场所播放的曲目、屏幕画面或者游艺娱乐场所电子游戏机内的游戏项目含有本条例第十三条禁止内容的；

（三）歌舞娱乐场所接纳未成年人的；

（四）游艺娱乐场所设置的电子游戏机在国家法定节假日外向未成年人提供的；

（五）娱乐场所容纳的消费者超过核定人数的。

第四十九条 娱乐场所违反本条例规定，有下列情形之一的，由县级人民政府文化主管部门责令改正，给予警告；情节严重的，责令停业整顿1个月至3个月：

（一）变更有关事项，未按照本条例规定申请重新核发娱乐经营许可证的；

（二）在本条例规定的禁止营业时间内营业的；

（三）从业人员在营业期间未统一着装并佩带工作标志的。

第五十条 娱乐场所未按照本条例规定建立从业人员名簿、营业日志，或者发现违法犯罪行为未按照本条例规定报告的，由县级人民政府文化主管部门、县级公安部门依据法定职权责令改正，给予警告；情节严重的，责令停业整顿1个月至3个月。

第五十一条 娱乐场所未按照本条例规定悬挂警示标志、未成年人禁入或者限入标志的，由县级人民政府文化主管部门、县级公安部门依据法定职权责令改正，给予警告。

第五十二条 娱乐场所招用未成年人的，由劳动保障行政部门责令改正，并按照每招用一名未成年人每月处5000元罚款的标准给予处罚。

第五十三条 因擅自从事娱乐场所经营活动被依法取缔的，其投资人员和负责人终身不得投资开办娱乐场所或者担任娱乐场所的法定代表人、负责人。

娱乐场所因违反本条例规定，被吊销或者撤销娱乐经营许可证的，自被吊销或者撤销之日起，其法定代表人、负责人5年内不得担任娱乐场所的法定代表人、负责人。

娱乐场所因违反本条例规定，2年内被处以3次警告或者罚款又有违反本条例的行为应受行政处罚的，由县级人民政府文化主管部门、县级公安部门依据法定职权责令停业整顿3个月至6个月；2年内被2次责令停业整顿又有违反本条例的行为应受行政处罚的，由原发证机关吊销娱乐经营许可证。

第五十四条 娱乐场所违反有关治安管理或者消防管理法律、行政法规规定的，由公安部门依法予以处罚；构成犯罪的，依法追究刑事责任。

娱乐场所违反有关卫生、环境保护、价格、劳动等法律、行政法规规定的，由有关部门依法予以处罚；构成犯罪的，依法追究刑事责任。

娱乐场所及其从业人员与消费者发生争议的，应当依照消费者权益保护的法律规定解决；造成消费者人身、财产损害的，由娱乐场所依法予以赔偿。

第五十五条 国家机关及其工作人员开办娱乐场所，参与或者变相参与娱乐场所经营活动的，对直接负责的主管人员和其他直接责任人员依法给予撤职或者开除的行政处分。

文化主管部门、公安部门的工作人员明知其亲属开办娱乐场所或者发现其亲属参与、变相参与娱乐场所的经营活动，不予制止或者制止不力的，依法给予行政处分；情节严重的，依法给予撤职或者开除的行政处分。

第五十六条 文化主管部门、公安部门、工商行政管理部门和其他有关部门的工作人员有下列行为之一的，对直接负责的主管人员和其他直接责任人员依法给予行政处分；构成犯罪的，依法追究刑事责任：

（一）向不符合法定设立条件的单位颁发许可证、批准文件、营业执照的；

（二）不履行监督管理职责，或者发现擅自从事娱乐场所经营活动不依法取缔，或者发现违法行为不依法查处的；

（三）接到对违法行为的举报、通报后不依法查处的；

（四）利用职务之便，索取、收受他人财物或者谋取其他利益的；

（五）利用职务之便，参与、包庇违法行为，或者向有关单位、个人通风报信的；

（六）有其他滥用职权、玩忽职守、徇私舞弊行为的。

第六章　附　　则

第五十七条　本条例所称从业人员，包括娱乐场所的管理人员、服务人员、保安人员和在娱乐场所工作的其他人员。

第五十八条　本条例自2006年3月1日起施行。1999年3月26日国务院发布的《娱乐场所管理条例》同时废止。

公共娱乐场所消防安全管理规定

1999年5月25日公安部令第39号发布施行

第一条　为了预防火灾，保障公共安全，依据《中华人民共和国消防法》制定本规定。

第二条　本规定所称公共娱乐场所，是指向公众开放的下列室内场所：

（一）影剧院、录像厅、礼堂等演出、放映场所；

（二）舞厅、卡拉OK厅等歌舞娱乐场所；

（三）具有娱乐功能的夜总会、音乐茶座和餐饮场所；

（四）游艺、游乐场所；

（五）保龄球馆、旱冰场、桑拿浴室等营业性健身、休闲场所。

第三条　公共娱乐场所应当在法定代表人或者主要负责人中确定一名本单位的消防安全责任人。在消防安全责任人确定或者变更时，应当向当地公安消防机构备案。

消防安全责任人应当依照《消防法》第十四条和第十六条规定履行消防安全职责，负责检查和落实本单位防火措施、灭火预案的制定和演练以及建筑消防设施、消防通道、电源和火源管理等。

公共娱乐场所的房产所有者在与其他单位、个人发生租赁、承包等关系后，公共娱乐场所的消防安全由经营者负责。

第四条　新建、改建、扩建公共娱乐场所或者变更公共娱乐场所内部装修的，其消防设计应当符合国家有关建筑消防技术标准的规定。

第五条　新建、改建、扩建公共娱乐场所或者变更公共娱乐场所内部装修的，建设或者经营单位应当依法将消防设计图纸报送当地公安消防机构审核，经审核同意方可施工；工程竣工时，必须经公安消防机构进行消防验收；未经验收或者经验收不合格的，不得投入使用。

第六条　公众聚集的娱乐场所在使用或者开业前，必须具备消防安全条件，依法向当地公安消防机构申报检查，经消防安全检查合格后，发给《消防安全检查意见书》，方可使用或者开业。

第七条　公共娱乐场所宜设置在耐火等级不低于二级的建筑物内；已经核准设置在三级耐火等级建筑内的公共娱乐场所，应当符合特定的防火安全要求。

公共娱乐场所不得设置在文物古建筑和博物馆、图书馆建筑内，不得毗连重要仓库或者危险物品仓库；不得在居民住宅楼内改建公共娱乐场所。

公共娱乐场所与其他建筑相毗连或者附设在其他建筑物内时，应当按照独立的防火分区设置；商住楼内的公共娱乐场所与居民住宅的安全出口应当分开设置。

第八条　公共娱乐场所的内部装修设计和施工，应当符合《建筑内部装修设计防火规范》和有关建筑内部装饰装修防火管理的规定。

第九条　公共娱乐场所的安全出口数目、疏散宽度和距离，应当符合国家有关建筑设计防火规范的规定。

安全出口处不得设置门槛、台阶，疏散门应向外开启，不得采用卷帘门、转门、吊门和侧拉门，门口不得设置门帘、屏风等影响疏散的遮挡物。

公共娱乐场所在营业时必须确保安全出口和疏散通道畅通无阻，严禁将安全出口上锁、阻塞。

第十条　安全出口、疏散通道和楼梯口应当设置符合标准的灯光疏散指示标志。指示标志应当设在门的顶部、疏散通道和转角处距地面一米以下的墙面上。设在走道上的指示标志的间距不得大于二十米。

第十一条　公共娱乐场所内应当设置火灾事故应急照明灯，照明供电时间不得少于二十分钟。

第十二条　公共娱乐场所必须加强电气防火安全管理，及时消除火灾隐患。不得超负荷用电，不得擅自拉接临时电线。

第十三条　在地下建筑内设置公共娱乐场所，除符合本规定其他条款的要求外，还应当符合下列规定：

（一）只允许设在地下一层；

（二）通往地面的安全出口不应少于二个，安全出口、楼梯和走道的宽度应当符合有关建筑设计防火规范的规定；

（三）应当设置机械防烟排烟设施；

（四）应当设置火灾自动报警系统和自动喷水灭火系统；

（五）严禁使用液化石油气。

第十四条 公共娱乐场所内严禁带入和存放易燃易爆物品。

第十五条 严禁在公共娱乐场所营业时进行设备检修、电气焊、油漆粉刷等施工、维修作业。

第十六条 演出、放映场所的观众厅内禁止吸烟和明火照明。

第十七条 公共娱乐场所在营业时,不得超过额定人数。

第十八条 卡拉OK厅及其包房内,应当设置声音或者视像警报,保证在火灾发生初期,将各卡拉OK房间的画面、音响消除,播送火灾警报,引导人们安全疏散。

第十九条 公共娱乐场所应当制定防火安全管理制度,制定紧急安全疏散方案。在营业时间和营业结束后,应当指定专人进行安全巡视检查。

第二十条 公共娱乐场所应当建立全员防火安全责任制度,全体员工都应当熟知必要的消防安全知识,会报火警,会使用灭火器材,会组织人员疏散。新职工上岗前必须进行消防安全培训。

第二十一条 公共娱乐场所应当按照《建筑灭火器配置设计规范》配置灭火器材,设置报警电话,保证消防设施、设备完好有效。

第二十二条 对违反本规定的行为,依照《中华人民共和国消防法》和地方性消防法规、规章予以处罚;构成犯罪的,依法追究刑事责任。

第二十三条 本规定自发布之日起施行。一九九五年一月二十六日公安部发布的《公共娱乐场所消防安全管理规定》同时废止。

娱乐场所管理办法

1. *2013年2月4日文化部令第55号发布*
2. *根据2017年12月15日文化部令第57号令《关于废止和修改部分部门规章的决定》第一次修订*
3. *根据2022年5月13日文化和旅游部第10号令《关于修改〈娱乐场所管理办法〉的决定》第二次修订*

第一条 为了加强娱乐场所经营活动管理,维护娱乐场所健康发展,满足人民群众文化娱乐消费需求,根据《娱乐场所管理条例》(以下简称《条例》),制定本办法。

第二条 《条例》所称娱乐场所,是指以营利为目的,向公众开放、消费者自娱自乐的歌舞、游艺等场所。歌舞娱乐场所是指提供伴奏音乐、歌曲点播服务或者提供舞蹈音乐、跳舞场地服务的经营场所;游艺娱乐场所是指通过游戏游艺设备提供游戏游艺服务的经营场所。

其他场所兼营以上娱乐服务的,适用本办法。

第三条 国家鼓励娱乐场所传播民族优秀文化艺术,提供面向大众的、健康有益的文化娱乐内容和服务;鼓励娱乐场所实行连锁化、品牌化经营。

第四条 县级以上人民政府文化和旅游主管部门负责所在地娱乐场所经营活动的监管,负责娱乐场所提供的文化产品的内容监管,负责指导所在地娱乐场所行业协会工作。

第五条 娱乐场所行业协会应当依照国家有关法规和协会章程的规定,制定行业规范,加强行业自律,维护行业合法权益。

第六条 娱乐场所不得设立在下列地点:

(一)房屋用途中含有住宅的建筑内;

(二)博物馆、图书馆和被核定为文物保护单位的建筑物内;

(三)居民住宅区;

(四)《中华人民共和国未成年人保护法》规定的学校、幼儿园周围;

(五)依照《医疗机构管理条例》及实施细则规定取得《医疗机构执业许可证》的医院周围;

(六)各级中国共产党委员会及其所属各工作部门、各级人民代表大会机关、各级人民政府及其所属各工作部门、各级政治协商会议机关、各级人民法院、检察院机关、各级民主党派机关周围;

(七)车站、机场等人群密集的场所;

(八)建筑物地下一层以下(不含地下一层);

(九)与危险化学品仓库毗连的区域,与危险化学品仓库的距离必须符合《危险化学品安全管理条例》的有关规定。

娱乐场所与学校、幼儿园、医院、机关距离及其测量方法由省级人民政府文化和旅游主管部门规定。

第七条 依法登记的娱乐场所申请从事娱乐场所经营活动,应当符合以下条件:

(一)有与其经营活动相适应的设施设备,提供的文化产品内容应当符合文化产品生产、出版、进口的规定;

(二)符合国家治安管理、消防安全、噪声污染防治等相关规定;

(三)法律、法规和规章规定的其他条件。

第八条 省级人民政府文化和旅游主管部门可以结合本地区实际,制定本行政区域内娱乐场所使用面积和消费者人均占有使用面积的最低标准。

第九条 依法登记的娱乐场所申请从事娱乐场所经营活动，应当向所在地县级人民政府文化和旅游主管部门提出申请；依法登记的外商投资娱乐场所申请从事娱乐场所经营活动，应当向所在地省级人民政府文化和旅游主管部门提出申请，省级人民政府文化和旅游主管部门可以委托所在地县级以上文化和旅游主管部门进行实地检查。

第十条 依法登记的娱乐场所申请从事娱乐场所经营活动前，可以向负责审批的文化和旅游主管部门提交咨询申请，文化和旅游主管部门应当提供行政指导。

第十一条 依法登记的娱乐场所申请从事娱乐场所经营活动，应当提交以下文件：

（一）申请书；

（二）营业执照；

（三）投资人、法定代表人、主要负责人的有效身份证件以及无《条例》第四条、第五条、第五十三条规定情况的书面声明；

（四）房产权属证书，租赁场地经营的，还应当提交租赁合同或者租赁意向书；

（五）经营场所地理位置图和场所内部结构平面图。

有关法律、行政法规规定需要办理消防、卫生、环境保护等审批手续的，从其规定。

第十二条 文化和旅游主管部门受理申请后，应当对设立场所的位置、周边环境、面积等进行实地检查。符合条件的，应当在设立场所、文化和旅游主管部门办公场所显著位置向社会公示 10 日，并依法组织听证。

第十三条 文化和旅游主管部门应当对歌舞娱乐场所使用的歌曲点播系统和游艺娱乐场所使用的游戏游艺设备进行内容核查。

第十四条 文化和旅游主管部门应当根据听证和文化产品内容核查结果作出行政许可决定。予以批准的，核发娱乐经营许可证；不予批准的，应当书面告知申请人并说明理由。

第十五条 娱乐场所改建、扩建营业场所或者变更场地的，变更投资人员以及娱乐经营许可证载明事项的，应当向原发证机关申请重新核发娱乐经营许可证。

第十六条 歌舞娱乐场所新增、变更歌曲点播系统，游艺娱乐场所新增、变更游戏游艺设备的，应当符合本办法第七条第（一）项规定。

第十七条 娱乐经营许可证有效期 2 年。娱乐经营许可证有效期届满 30 日前，娱乐场所经营者应当持许可证、营业执照副本以及营业情况报告到原发证机关申请换发许可证。原发证机关应当在有效期届满前做出是否准予延续的决定，逾期未做决定的，视为准予延续。

第十八条 娱乐经营许可证有效期届满未延续的，由原发证机关向社会公告注销娱乐经营许可证，并函告公安机关、市场监督管理部门。

第十九条 娱乐场所法定代表人或者主要负责人是维护本场所经营秩序的第一责任人，是本场所安全生产的第一责任人。

第二十条 歌舞娱乐场所经营应当符合以下规定：

（一）播放、表演的节目不得含有《条例》第十三条禁止内容；

（二）不得将场所使用的歌曲点播系统连接至境外曲库。

第二十一条 游艺娱乐场所经营应当符合以下规定：

（一）不得设置未经文化和旅游主管部门内容核查的游戏游艺设备；

（二）进行有奖经营活动的，奖品目录应当报所在地县级文化和旅游主管部门备案；

（三）除国家法定节假日外，设置的电子游戏机不得向未成年人提供。

第二十二条 娱乐场所不得为未经文化和旅游主管部门批准的营业性演出活动提供场地。

娱乐场所招用外国人从事演出活动的，应当符合《营业性演出管理条例》及《营业性演出管理条例实施细则》的规定。

第二十三条 娱乐场所应当建立文化产品内容自审和巡查制度，确定专人负责管理在场所内提供的文化产品和服务。巡查情况应当记入营业日志。

消费者利用娱乐场所从事违法违规活动的，娱乐场所应当制止，制止无效的应当及时报告文化和旅游主管部门或者公安机关。

第二十四条 娱乐场所应当在显著位置悬挂娱乐经营许可证、未成年人禁入或者限入标志，标志应当注明举报电话。

第二十五条 娱乐场所应当配合文化和旅游主管部门的日常检查和技术监管措施。

第二十六条 文化和旅游主管部门应当建立娱乐场所信用管理档案，记录被文化和旅游主管部门、公安机关、市场监督管理部门、消防救援机构、负有噪声污染防治监督管理职责的部门实施处罚的情况以及娱乐场所法定代表人、主要负责人、投资人等信息。

第二十七条 文化和旅游主管部门应当定期组织文化和

旅游主管部门工作人员、娱乐场所第一责任人和内容管理专职人员进行政策法规培训。

第二十八条 违反《条例》规定，擅自从事娱乐场所经营活动的，由县级以上人民政府文化和旅游主管部门依照《条例》第四十一条采取责令关闭等方式予以取缔，有违法所得的，依照《中华人民共和国行政处罚法》第二十八条予以没收；符合严重失信主体情形的，依照有关规定予以认定并实施相应信用管理措施。

第二十九条 歌舞娱乐场所违反本办法第二十条规定的，由县级以上人民政府文化和旅游主管部门依照《条例》第四十八条予以处罚。

第三十条 游艺娱乐场所违反本办法第二十一条第(一)项、第(二)项规定的，由县级以上人民政府文化和旅游主管部门责令改正，并处5000元以上1万元以下的罚款；违反本办法第二十一条第(三)项规定的，由县级以上人民政府文化和旅游主管部门依照《条例》第四十八条予以处罚。

第三十一条 娱乐场所违反本办法第二十二条第一款规定的，由县级以上人民政府文化和旅游主管部门责令改正，并处5000元以上1万元以下罚款。

第三十二条 娱乐场所违反本办法第二十三条规定对违法违规行为未及时采取措施制止并依法报告的，由县级以上人民政府文化和旅游主管部门依照《条例》第五十条予以处罚。

第三十三条 娱乐场所违反本办法第二十四条规定的，由县级以上人民政府文化和旅游主管部门责令改正，予以警告。

第三十四条 娱乐场所违反本办法第二十五条规定的，由县级以上人民政府文化和旅游主管部门予以警告，并处5000元以上1万元以下罚款。

第三十五条 本办法自2013年3月11日起施行。

公安派出所实行公共娱乐服务场所治安管理责任制暂行规定

1. 1998年11月3日公安部发布
2. 公通字〔1998〕73号

一、为加强公共娱乐服务场所(以下简称“场所”)的治安管理工作，根据《人民警察法》，结合公安派出所工作改革，制定本规定。

二、本规定所称的场所是指各类为公众提供休闲、娱乐、健身服务的场所。

三、公安派出所负责辖区内场所的治安管理工作，县、市公安局和城市公安分局治安部门归口业务指导、监督和检查。

四、公安派出所对辖区内场所的开业提出治安审核意见，报上级公安机关治安部门审批。

五、公安派出所要把全面掌握辖区场所的基本治安情况作为工作的一项重要内容，建立治安管理工作责任制，明确派出所长、责任区民警的职责、任务和工作纪律。派出所负责人和责任区民警对辖区内场所的治安工作负直接管理责任。

六、公安派出所对发生在场所的卖淫嫖娼、赌博、吸贩毒品等违法犯罪活动要及时发现和打击，并报告上级公安机关；对治安秩序混乱和存在治安隐患的场所，要及时提出警告和整改意见，并监督整改；对拒不改正的，依照《治安管理处罚条例》和有关法律法规的规定予以查处；超出派出所法定权限或查处难度大的，应及时报告上级公安机关，由上级公安机关查处。

七、上级公安机关接到公安派出所请求查处场所治安问题的报告后，要立即组织人员查处，并将查处结果及时通知派出所。对不采取查处措施或弄虚作假、隐瞒案情，包庇、纵容违法犯罪活动的，依据《人民警察法》的有关规定，给予直接负责的主管人员和其他直接责任人员行政处分；构成犯罪的，依法追究刑事责任。

八、上级公安机关治安部门要采取对场所明查暗访等方式强化对派出所工作的监督检查，并根据派出所的工作情况，提出奖惩意见。

九、公安派出所因管理不力，致使辖区内场所存在的卖淫嫖娼、赌博、制贩传播淫秽物品、吸贩毒品等严重危害社会治安秩序的问题，不能及时得到解决的，按下列规定追究派出所负责人和责任区民警的责任。

(一)对群众举报不予核查或对场所内存在的治安问题隐瞒不报或场所因治安问题被上级公安机关直接查处的，派出所负责人、责任区民警离岗培训。培训结束后，原则上不得回原岗位工作。

(二)辖区内场所一年内被上级公安机关直接查处两次以上的，撤销该辖区公安派出所负责人的职务。

(三)公安派出所无正当理由拒不执行上级公安机关查处场所治安问题决定或命令的；或弄虚作假、隐瞒案情、包庇纵容违法犯罪活动的，上级公安机关要依照《公安机关实施停止执行职务和禁闭措施的规定》，停止派出所负责人和责任区民警执行职务；造成严重后果、影响恶劣的，予以禁闭；情节严重，构成犯罪的，依法追究其刑事责任。

（四）公安派出所民警参与或变相参与场所经营、充当后台和"保护伞"或借工作之便敲诈勒索、索贿受贿或违法实施处罚、收取费用的，视情节轻重给予停止执行职务、禁闭，直至给予撤职、开除等行政处分；构成犯罪的，依法追究刑事责任。

十、本规定自发布之日起实行。各省、自治区、直辖市公安厅、局可根据本规定制定具体实施办法。

九、文物、艺术品与文化场馆

资料补充栏

1. 文 物

中华人民共和国文物保护法

1. 1982年11月19日第五届全国人民代表大会常务委员会第二十五次会议通过
2. 根据1991年6月29日第七届全国人民代表大会常务委员会第二十次会议《关于修改〈中华人民共和国文物保护法〉第三十条、第三十一条的决定》第一次修正
3. 2002年10月28日第九届全国人民代表大会常务委员会第三十次会议修订
4. 根据2007年12月29日第十届全国人民代表大会常务委员会第三十一次会议《关于修改〈中华人民共和国文物保护法〉的决定》第二次修正
5. 根据2013年6月29日第十二届全国人民代表大会常务委员会第三次会议《关于修改〈中华人民共和国文物保护法〉等十二部法律的决定》第三次修正
6. 根据2015年4月24日第十二届全国人民代表大会常务委员会第十四次会议《关于修改〈中华人民共和国文物保护法〉的决定》第四次修正
7. 根据2017年11月4日第十二届全国人民代表大会常务委员会第三十次会议《关于修改〈中华人民共和国会计法〉等十一部法律的决定》第五次修正

目 录

第一章 总 则

第一条 【立法目的】为了加强对文物的保护，继承中华民族优秀的历史文化遗产，促进科学研究工作，进行爱国主义和革命传统教育，建设社会主义精神文明和物质文明，根据宪法，制定本法。

第二条 【适用范围】在中华人民共和国境内，下列文物受国家保护：

（一）具有历史、艺术、科学价值的古文化遗址、古墓葬、古建筑、石窟寺和石刻、壁画；

（二）与重大历史事件、革命运动或者著名人物有关的以及具有重要纪念意义、教育意义或者史料价值的近代现代重要史迹、实物、代表性建筑；

（三）历史上各时代珍贵的艺术品、工艺美术品；

（四）历史上各时代重要的文献资料以及具有历史、艺术、科学价值的手稿和图书资料等；

（五）反映历史上各时代、各民族社会制度、社会生产、社会生活的代表性实物。

文物认定的标准和办法由国务院文物行政部门制定，并报国务院批准。

具有科学价值的古脊椎动物化石和古人类化石同文物一样受国家保护。

第三条 【文物的分类】古文化遗址、古墓葬、古建筑、石窟寺、石刻、壁画、近代现代重要史迹和代表性建筑等不可移动文物，根据它们的历史、艺术、科学价值，可以分别确定为全国重点文物保护单位，省级文物保护单位，市、县级文物保护单位。

历史上各时代重要实物、艺术品、文献、手稿、图书资料、代表性实物等可移动文物，分为珍贵文物和一般文物；珍贵文物分为一级文物、二级文物、三级文物。

第四条 【文物工作的方针】文物工作贯彻保护为主、抢救第一、合理利用、加强管理的方针。

第五条 【国有文物】中华人民共和国境内地下、内水和领海中遗存的一切文物，属于国家所有。

古文化遗址、古墓葬、石窟寺属于国家所有。国家指定保护的纪念建筑物、古建筑、石刻、壁画、近代现代代表性建筑等不可移动文物，除国家另有规定的以外，属于国家所有。

国有不可移动文物的所有权不因其所依附的土地所有权或者使用权的改变而改变。

下列可移动文物，属于国家所有：

（一）中国境内出土的文物，国家另有规定的除外；

（二）国有文物收藏单位以及其他国家机关、部队和国有企业、事业组织等收藏、保管的文物；

（三）国家征集、购买的文物；

（四）公民、法人和其他组织捐赠给国家的文物；

（五）法律规定属于国家所有的其他文物。

属于国家所有的可移动文物的所有权不因其保管、收藏单位的终止或者变更而改变。

国有文物所有权受法律保护，不容侵犯。

第六条 【法律保护非国有文物的所有权】属于集体所

有和私人所有的纪念建筑物、古建筑和祖传文物以及依法取得的其他文物，其所有权受法律保护。文物的所有者必须遵守国家有关文物保护的法律、法规的规定。

第七条　【保护文物的义务】一切机关、组织和个人都有依法保护文物的义务。

第八条　【文物保护工作的主管部门】国务院文物行政部门主管全国文物保护工作。

地方各级人民政府负责本行政区域内的文物保护工作。县级以上地方人民政府承担文物保护工作的部门对本行政区域内的文物保护实施监督管理。

县级以上人民政府有关行政部门在各自的职责范围内，负责有关的文物保护工作。

第九条　【国家机关的义务】各级人民政府应当重视文物保护，正确处理经济建设、社会发展与文物保护的关系，确保文物安全。

基本建设、旅游发展必须遵守文物保护工作的方针，其活动不得对文物造成损害。

公安机关、工商行政管理部门、海关、城乡建设规划部门和其他有关国家机关，应当依法认真履行所承担的保护文物的职责，维护文物管理秩序。

第十条　【财政支持】国家发展文物保护事业。县级以上人民政府应当将文物保护事业纳入本级国民经济和社会发展规划，所需经费列入本级财政预算。

国家用于文物保护的财政拨款随着财政收入增长而增加。

国有博物馆、纪念馆、文物保护单位等的事业性收入，专门用于文物保护，任何单位或者个人不得侵占、挪用。

国家鼓励通过捐赠等方式设立文物保护社会基金，专门用于文物保护，任何单位或者个人不得侵占、挪用。

第十一条　【文物保护的观念培养和技术支持】文物是不可再生的文化资源。国家加强文物保护的宣传教育，增强全民文物保护的意识，鼓励文物保护的科学研究，提高文物保护的科学技术水平。

第十二条　【国家奖励】有下列事迹的单位或者个人，由国家给予精神鼓励或者物质奖励：

（一）认真执行文物保护法律、法规，保护文物成绩显著的；

（二）为保护文物与违法犯罪行为作坚决斗争的；

（三）将个人收藏的重要文物捐献给国家或者为文物保护事业作出捐赠的；

（四）发现文物及时上报或者上交，使文物得到保护的；

（五）在考古发掘工作中作出重大贡献的；

（六）在文物保护科学技术方面有重要发明创造或者其他重要贡献的；

（七）在文物面临破坏危险时，抢救文物有功的；

（八）长期从事文物工作，作出显著成绩的。

第二章　不可移动文物

第十三条　【不可移动文物的分类工作】国务院文物行政部门在省级、市、县级文物保护单位中，选择具有重大历史、艺术、科学价值的确定为全国重点文物保护单位，或者直接确定为全国重点文物保护单位，报国务院核定公布。

省级文物保护单位，由省、自治区、直辖市人民政府核定公布，并报国务院备案。

市级和县级文物保护单位，分别由设区的市、自治州和县级人民政府核定公布，并报省、自治区、直辖市人民政府备案。

尚未核定公布为文物保护单位的不可移动文物，由县级人民政府文物行政部门予以登记并公布。

第十四条　【历史文化名城、街区、村镇】保存文物特别丰富并且具有重大历史价值或者革命纪念意义的城市，由国务院核定公布为历史文化名城。

保存文物特别丰富并且具有重大历史价值或者革命纪念意义的城镇、街道、村庄，由省、自治区、直辖市人民政府核定公布为历史文化街区、村镇，并报国务院备案。

历史文化名城和历史文化街区、村镇所在地的县级以上地方人民政府应当组织编制专门的历史文化名城和历史文化街区、村镇保护规划，并纳入城市总体规划。

历史文化名城和历史文化街区、村镇的保护办法，由国务院制定。

第十五条　【不可移动文物保护范围的确定】各级文物保护单位，分别由省、自治区、直辖市人民政府和市、县级人民政府划定必要的保护范围，作出标志说明，建立记录档案，并区别情况分别设置专门机构或者专人负责管理。全国重点文物保护单位的保护范围和记录档案，由省、自治区、直辖市人民政府文物行政部门报国务院文物行政部门备案。

县级以上地方人民政府文物行政部门应当根据不同文物的保护需要，制定文物保护单位和未核定为文物保护单位的不可移动文物的具体保护措施，并公告施行。

第十六条 【城乡建设规划与文物保护】各级人民政府制定城乡建设规划，应当根据文物保护的需要，事先由城乡建设规划部门会同文物行政部门商定对本行政区域内各级文物保护单位的保护措施，并纳入规划。

第十七条 【建设工程与文物保护范围】文物保护单位的保护范围内不得进行其他建设工程或者爆破、钻探、挖掘等作业。但是，因特殊情况需要在文物保护单位的保护范围内进行其他建设工程或者爆破、钻探、挖掘等作业的，必须保证文物保护单位的安全，并经核定公布该文物保护单位的人民政府批准，在批准前应当征得上一级人民政府文物行政部门同意；在全国重点文物保护单位的保护范围内进行其他建设工程或者爆破、钻探、挖掘等作业的，必须经省、自治区、直辖市人民政府批准，在批准前应当征得国务院文物行政部门同意。

第十八条 【建设控制地带】根据保护文物的实际需要，经省、自治区、直辖市人民政府批准，可以在文物保护单位的周围划出一定的建设控制地带，并予以公布。

在文物保护单位的建设控制地带内进行建设工程，不得破坏文物保护单位的历史风貌；工程设计方案应当根据文物保护单位的级别，经相应的文物行政部门同意后，报城乡建设规划部门批准。

第十九条 【文物保护与环保】在文物保护单位的保护范围和建设控制地带内，不得建设污染文物保护单位及其环境的设施，不得进行可能影响文物保护单位安全及其环境的活动。对已有的污染文物保护单位及其环境的设施，应当限期治理。

第二十条 【建设工程选址与文物保护】建设工程选址，应当尽可能避开不可移动文物；因特殊情况不能避开的，对文物保护单位应当尽可能实施原址保护。

实施原址保护的，建设单位应当事先确定保护措施，根据文物保护单位的级别报相应的文物行政部门批准；未经批准的，不得开工建设。

无法实施原址保护，必须迁移异地保护或者拆除的，应当报省、自治区、直辖市人民政府批准；迁移或者拆除省级文物保护单位的，批准前须征得国务院文物行政部门同意。全国重点文物保护单位不得拆除；需要迁移的，须由省、自治区、直辖市人民政府报国务院批准。

依照前款规定拆除的国有不可移动文物中具有收藏价值的壁画、雕塑、建筑构件等，由文物行政部门指定的文物收藏单位收藏。

本条规定的原址保护、迁移、拆除所需费用，由建设单位列入建设工程预算。

第二十一条 【不可移动文物的修缮与保养】国有不可移动文物由使用人负责修缮、保养；非国有不可移动文物由所有人负责修缮、保养。非国有不可移动文物有损毁危险，所有人不具备修缮能力的，当地人民政府应当给予帮助；所有人具备修缮能力而拒不依法履行修缮义务的，县级以上人民政府可以给予抢救修缮，所需费用由所有人负担。

对文物保护单位进行修缮，应当根据文物保护单位的级别报相应的文物行政部门批准；对未核定为文物保护单位的不可移动文物进行修缮，应当报登记的县级人民政府文物行政部门批准。

文物保护单位的修缮、迁移、重建，由取得文物保护工程资质证书的单位承担。

对不可移动文物进行修缮、保养、迁移，必须遵守不改变文物原状的原则。

第二十二条 【遗址保护】不可移动文物已经全部毁坏的，应当实施遗址保护，不得在原址重建。但是，因特殊情况需要在原址重建的，由省、自治区、直辖市人民政府文物行政部门报省、自治区、直辖市人民政府批准；全国重点文物保护单位需要在原址重建的，由省、自治区、直辖市人民政府报国务院批准。

第二十三条 【文物作其他用途时的管理】核定为文物保护单位的属于国家所有的纪念建筑物或者古建筑，除可以建立博物馆、保管所或者辟为参观游览场所外，作其他用途的，市、县级文物保护单位应当经核定公布该文物保护单位的人民政府文物行政部门征得上一级文物行政部门同意后，报核定公布该文物保护单位的人民政府批准；省级文物保护单位应当经核定公布该文物保护单位的省级人民政府的文物行政部门审核同意后，报该省级人民政府批准；全国重点文物保护单位作其他用途的，应当由省、自治区、直辖市人民政府报国务院批准。国有未核定为文物保护单位的不可移动文物作其他用途的，应当报告县级人民政府文物行政部门。

第二十四条 【国有文物的转让、抵押与经营限制】国有不可移动文物不得转让、抵押。建立博物馆、保管所或者辟为参观游览场所的国有文物保护单位，不得作为企业资产经营。

第二十五条 【非国有文物的转让与抵押限制】非国有不可移动文物不得转让、抵押给外国人。

非国有不可移动文物转让、抵押或者改变用途的，应当根据其级别报相应的文物行政部门备案。

第二十六条　【不可移动文物的使用限制】使用不可移动文物，必须遵守不改变文物原状的原则，负责保护建筑物及其附属文物的安全，不得损毁、改建、添建或者拆除不可移动文物。

对危害文物保护单位安全、破坏文物保护单位历史风貌的建筑物、构筑物，当地人民政府应当及时调查处理，必要时，对该建筑物、构筑物予以拆迁。

第三章　考古发掘

第二十七条　【考古发掘报批制】一切考古发掘工作，必须履行报批手续；从事考古发掘的单位，应当经国务院文物行政部门批准。

地下埋藏的文物，任何单位或者个人都不得私自发掘。

第二十八条　【考古发掘计划】从事考古发掘的单位，为了科学研究进行考古发掘，应当提出发掘计划，报国务院文物行政部门批准；对全国重点文物保护单位的考古发掘计划，应当经国务院文物行政部门审核后报国务院批准。国务院文物行政部门在批准或者审核前，应当征求社会科学研究机构及其他科研机构和有关专家的意见。

第二十九条　【大型基建的事前考古勘查】进行大型基本建设工程，建设单位应当事先报请省、自治区、直辖市人民政府文物行政部门组织从事考古发掘的单位在工程范围内有可能埋藏文物的地方进行考古调查、勘探。

考古调查、勘探中发现文物的，由省、自治区、直辖市人民政府文物行政部门根据文物保护的要求会同建设单位共同商定保护措施；遇有重要发现的，由省、自治区、直辖市人民政府文物行政部门及时报国务院文物行政部门处理。

第三十条　【建设工程的事前考古发掘】需要配合建设工程进行的考古发掘工作，应当由省、自治区、直辖市文物行政部门在勘探工作的基础上提出发掘计划，报国务院文物行政部门批准。国务院文物行政部门在批准前，应当征求社会科学研究机构及其他科研机构和有关专家的意见。

确因建设工期紧迫或者有自然破坏危险，对古文化遗址、古墓葬急需进行抢救发掘的，由省、自治区、直辖市人民政府文物行政部门组织发掘，并同时补办审批手续。

第三十一条　【事前考古工作的费用问题】凡因进行基本建设和生产建设需要的考古调查、勘探、发掘，所需费用由建设单位列入建设工程预算。

第三十二条　【文物现场的保护】在进行建设工程或者在农业生产中，任何单位或者个人发现文物，应当保护现场，立即报告当地文物行政部门，文物行政部门接到报告后，如无特殊情况，应当在二十四小时内赶赴现场，并在七日内提出处理意见。文物行政部门可以报请当地人民政府通知公安机关协助保护现场；发现重要文物的，应当立即上报国务院文物行政部门，国务院文物行政部门应当在接到报告后十五日内提出处理意见。

依照前款规定发现的文物属于国家所有，任何单位或者个人不得哄抢、私分、藏匿。

第三十三条　【对外方进行的考古工作的管理】非经国务院文物行政部门报国务院特别许可，任何外国人或者外国团体不得在中华人民共和国境内进行考古调查、勘探、发掘。

第三十四条　【考古发掘文物的管理】考古调查、勘探、发掘的结果，应当报告国务院文物行政部门和省、自治区、直辖市人民政府文物行政部门。

考古发掘的文物，应当登记造册，妥善保管，按照国家有关规定移交给由省、自治区、直辖市人民政府文物行政部门或者国务院文物行政部门指定的国有博物馆、图书馆或者其他国有收藏文物的单位收藏。经省、自治区、直辖市人民政府文物行政部门批准，从事考古发掘的单位可以保留少量出土文物作为科研标本。

考古发掘的文物，任何单位或者个人不得侵占。

第三十五条　【出土文物的调用】根据保证文物安全、进行科学研究和充分发挥文物作用的需要，省、自治区、直辖市人民政府文物行政部门经本级人民政府批准，可以调用本行政区域内的出土文物；国务院文物行政部门经国务院批准，可以调用全国的重要出土文物。

第四章　馆藏文物

第三十六条　【馆藏文物档案】博物馆、图书馆和其他文物收藏单位对收藏的文物，必须区分文物等级，设置藏品档案，建立严格的管理制度，并报主管的文物行政部门备案。

县级以上地方人民政府文物行政部门应当分别建立本行政区域内的馆藏文物档案；国务院文物行政部门应当建立国家一级文物藏品档案和其主管的国有文物收藏单位馆藏文物档案。

第三十七条　【馆藏文物的获取途径】文物收藏单位可以通过下列方式取得文物：

（一）购买；

（二）接受捐赠；

（三）依法交换；

（四）法律、行政法规规定的其他方式。

国有文物收藏单位还可以通过文物行政部门指定保管或者调拨方式取得文物。

第三十八条 【文物收藏单位的保护义务】文物收藏单位应当根据馆藏文物的保护需要，按照国家有关规定建立、健全管理制度，并报主管的文物行政部门备案。未经批准，任何单位或者个人不得调取馆藏文物。

文物收藏单位的法定代表人对馆藏文物的安全负责。国有文物收藏单位的法定代表人离任时，应当按照馆藏文物档案办理馆藏文物移交手续。

第三十九条 【馆藏文物的调拨】国务院文物行政部门可以调拨全国的国有馆藏文物。省、自治区、直辖市人民政府文物行政部门可以调拨本行政区域内其主管的国有文物收藏单位馆藏文物；调拨国有馆藏一级文物，应当报国务院文物行政部门备案。

国有文物收藏单位可以申请调拨国有馆藏文物。

第四十条 【文物展览】文物收藏单位应当充分发挥馆藏文物的作用，通过举办展览、科学研究等活动，加强对中华民族优秀的历史文化和革命传统的宣传教育。

国有文物收藏单位之间因举办展览、科学研究等需借用馆藏文物的，应当报主管的文物行政部门备案；借用馆藏一级文物的，应当同时报国务院文物行政部门备案。

非国有文物收藏单位和其他单位举办展览需借用国有馆藏文物的，应当报主管的文物行政部门批准；借用国有馆藏一级文物，应当经国务院文物行政部门批准。

文物收藏单位之间借用文物的最长期限不得超过三年。

第四十一条 【文物交换】已经建立馆藏文物档案的国有文物收藏单位，经省、自治区、直辖市人民政府文物行政部门批准，并报国务院文物行政部门备案，其馆藏文物可以在国有文物收藏单位之间交换。

第四十二条 【对未建档案的收藏单位的活动限制】未建立馆藏文物档案的国有文物收藏单位，不得依照本法第四十条、第四十一条的规定处置其馆藏文物。

第四十三条 【调拨、交换、借用文物的补偿费用】依法调拨、交换、借用国有馆藏文物，取得文物的文物收藏单位可以对提供文物的文物收藏单位给予合理补偿，具体管理办法由国务院文物行政部门制定。

国有文物收藏单位调拨、交换、出借文物所得的补偿费用，必须用于改善文物的收藏条件和收集新的文物，不得挪作他用；任何单位或者个人不得侵占。

调拨、交换、借用的文物必须严格保管，不得丢失、损毁。

第四十四条 【处置文物的限制性规定】禁止国有文物收藏单位将馆藏文物赠与、出租或者出售给其他单位、个人。

第四十五条 【文物处置办法的制定】国有文物收藏单位不再收藏的文物的处置办法，由国务院另行制定。

第四十六条 【使用馆藏文物的注意义务】修复馆藏文物，不得改变馆藏文物的原状；复制、拍摄、拓印馆藏文物，不得对馆藏文物造成损害。具体管理办法由国务院制定。

不可移动文物的单体文物的修复、复制、拍摄、拓印，适用前款规定。

第四十七条 【配备文物保护设施的义务】博物馆、图书馆和其他收藏文物的单位应当按照国家有关规定配备防火、防盗、防自然损坏的设施，确保馆藏文物的安全。

第四十八条 【文物毁损的处理办法】馆藏一级文物损毁的，应当报国务院文物行政部门核查处理。其他馆藏文物损毁的，应当报省、自治区、直辖市人民政府文物行政部门核查处理；省、自治区、直辖市人民政府文物行政部门应当将核查处理结果报国务院文物行政部门备案。

馆藏文物被盗、被抢或者丢失的，文物收藏单位应当立即向公安机关报案，并同时向主管的文物行政部门报告。

第四十九条 【工作人员的行为限制】文物行政部门和国有文物收藏单位的工作人员不得借用国有文物，不得非法侵占国有文物。

第五章 民间收藏文物

第五十条 【民间收藏文物的获取途径】文物收藏单位以外的公民、法人和其他组织可以收藏通过下列方式取得的文物：

（一）依法继承或者接受赠与；

（二）从文物商店购买；

（三）从经营文物拍卖的拍卖企业购买；

（四）公民个人合法所有的文物相互交换或者依法转让；

（五）国家规定的其他合法方式。

文物收藏单位以外的公民、法人和其他组织收藏的前款文物可以依法流通。

第五十一条 【民间买卖文物的限制性规定】公民、法人和其他组织不得买卖下列文物：

（一）国有文物，但是国家允许的除外；

（二）非国有馆藏珍贵文物；

（三）国有不可移动文物中的壁画、雕塑、建筑构件等，但是依法拆除的国有不可移动文物中的壁画、雕塑、建筑构件等不属于本法第二十条第四款规定的应由文物收藏单位收藏的除外；

（四）来源不符合本法第五十条规定的文物。

第五十二条 【文物捐献】国家鼓励文物收藏单位以外的公民、法人和其他组织将其收藏的文物捐赠给国有文物收藏单位或者出借给文物收藏单位展览和研究。

国有文物收藏单位应当尊重并按照捐赠人的意愿，对捐赠的文物妥善收藏、保管和展示。

国家禁止出境的文物，不得转让、出租、质押给外国人。

第五十三条 【文物商店】文物商店应当由省、自治区、直辖市人民政府文物行政部门批准设立，依法进行管理。

文物商店不得从事文物拍卖经营活动，不得设立经营文物拍卖的拍卖企业。

第五十四条 【文物拍卖企业】依法设立的拍卖企业经营文物拍卖的，应当取得省、自治区、直辖市人民政府文物行政部门颁发的文物拍卖许可证。

经营文物拍卖的拍卖企业不得从事文物购销经营活动，不得设立文物商店。

第五十五条 【文物拍卖的限制性规定】文物行政部门的工作人员不得举办或者参与举办文物商店或者经营文物拍卖的拍卖企业。

文物收藏单位不得举办或者参与举办文物商店或者经营文物拍卖的拍卖企业。

禁止设立中外合资、中外合作和外商独资的文物商店或者经营文物拍卖的拍卖企业。

除经批准的文物商店、经营文物拍卖的拍卖企业外，其他单位或者个人不得从事文物的商业经营活动。

第五十六条 【拍卖与销售的限制与审核制度】文物商店不得销售、拍卖企业不得拍卖本法第五十一条规定的文物。

拍卖企业拍卖的文物，在拍卖前应当经省、自治区、直辖市人民政府文物行政部门审核，并报国务院文物行政部门备案。

第五十七条 【拍卖与销售的记录工作】省、自治区、直辖市人民政府文物行政部门应当建立文物购销、拍卖信息与信用管理系统。文物商店购买、销售文物，拍卖企业拍卖文物，应当按照国家有关规定作出记录，并于销售、拍卖文物后三十日内报省、自治区、直辖市人民政府文物行政部门备案。

拍卖文物时，委托人、买受人要求对其身份保密的，文物行政部门应当为其保密；但是，法律、行政法规另有规定的除外。

第五十八条 【优先购买制度】文物行政部门在审核拟拍卖的文物时，可以指定国有文物收藏单位优先购买其中的珍贵文物。购买价格由文物收藏单位的代表与文物的委托人协商确定。

第五十九条 【文物的拣选】银行、冶炼厂、造纸厂以及废旧物资回收单位，应当与当地文物行政部门共同负责拣选掺杂在金银器和废旧物资中的文物。拣选文物除供银行研究所必需的历史货币可以由人民银行留用外，应当移交当地文物行政部门。移交拣选文物，应当给予合理补偿。

第六章 文物出境进境

第六十条 【文物出境的限制】国有文物、非国有文物中的珍贵文物和国家规定禁止出境的其他文物，不得出境；但是依照本法规定出境展览或者因特殊需要经国务院批准出境的除外。

第六十一条 【文物出境审核制】文物出境，应当经国务院文物行政部门指定的文物进出境审核机构审核。经审核允许出境的文物，由国务院文物行政部门发给文物出境许可证，从国务院文物行政部门指定的口岸出境。

任何单位或者个人运送、邮寄、携带文物出境，应当向海关申报；海关凭文物出境许可证放行。

第六十二条 【文物出境展览】文物出境展览，应当报国务院文物行政部门批准；一级文物超过国务院规定数量的，应当报国务院批准。

一级文物中的孤品和易损品，禁止出境展览。

出境展览的文物出境，由文物进出境审核机构审核、登记。海关凭国务院文物行政部门或者国务院的批准文件放行。出境展览的文物复进境，由原文物进出境审核机构审核查验。

第六十三条 【文物临时进境】文物临时进境，应当向海关申报，并报文物进出境审核机构审核、登记。

临时进境的文物复出境，必须经原审核、登记的文物进出境审核机构审核查验；经审核查验无误的，由国务院文物行政部门发给文物出境许可证，海关凭文物出境许可证放行。

第七章 法律责任

第六十四条 【文物犯罪行为】违反本法规定,有下列行为之一,构成犯罪的,依法追究刑事责任:

(一)盗掘古文化遗址、古墓葬的;

(二)故意或者过失损毁国家保护的珍贵文物的;

(三)擅自将国有馆藏文物出售或者私自送给非国有单位或者个人的;

(四)将国家禁止出境的珍贵文物私自出售或者送给外国人的;

(五)以牟利为目的倒卖国家禁止经营的文物的;

(六)走私文物的;

(七)盗窃、哄抢、私分或者非法侵占国有文物的;

(八)应当追究刑事责任的其他妨害文物管理行为。

第六十五条 【民事责任与行政处罚】违反本法规定,造成文物灭失、损毁的,依法承担民事责任。

违反本法规定,构成违反治安管理行为的,由公安机关依法给予治安管理处罚。

违反本法规定,构成走私行为,尚不构成犯罪的,由海关依照有关法律、行政法规的规定给予处罚。

第六十六条 【建设行为违法】有下列行为之一,尚不构成犯罪的,由县级以上人民政府文物主管部门责令改正,造成严重后果的,处五万元以上五十万元以下的罚款;情节严重的,由原发证机关吊销资质证书:

(一)擅自在文物保护单位的保护范围内进行建设工程或者爆破、钻探、挖掘等作业的;

(二)在文物保护单位的建设控制地带内进行建设工程,其工程设计方案未经文物行政部门同意、报城乡建设规划部门批准,对文物保护单位的历史风貌造成破坏的;

(三)擅自迁移、拆除不可移动文物的;

(四)擅自修缮不可移动文物,明显改变文物原状的;

(五)擅自在原址重建已全部毁坏的不可移动文物,造成文物破坏的;

(六)施工单位未取得文物保护工程资质证书,擅自从事文物修缮、迁移、重建的。

刻划、涂污或者损坏文物尚不严重的,或者损毁依照本法第十五条第一款规定设立的文物保护单位标志的,由公安机关或者文物所在单位给予警告,可以并处罚款。

第六十七条 【污染文物环境】在文物保护单位的保护范围内或者建设控制地带内建设污染文物保护单位及其环境的设施的,或者对已有的污染文物保护单位及其环境的设施未在规定的期限内完成治理的,由环境保护行政部门依照有关法律、法规的规定给予处罚。

第六十八条 【文物转让、抵押与使用违法】有下列行为之一的,由县级以上人民政府文物主管部门责令改正,没收违法所得,违法所得一万元以上的,并处违法所得二倍以上五倍以下的罚款;违法所得不足一万元的,并处五千元以上二万元以下的罚款:

(一)转让或者抵押国有不可移动文物,或者将国有不可移动文物作为企业资产经营的;

(二)将非国有不可移动文物转让或者抵押给外国人的;

(三)擅自改变国有文物保护单位的用途的。

第六十九条 【历史文化名城、街区和村镇称号的撤销】历史文化名城的布局、环境、历史风貌等遭到严重破坏的,由国务院撤销其历史文化名城称号;历史文化城镇、街道、村庄的布局、环境、历史风貌等遭到严重破坏的,由省、自治区、直辖市人民政府撤销其历史文化街区、村镇称号;对负有责任的主管人员和其他直接责任人员依法给予行政处分。

第七十条 【文物收藏单位违法】有下列行为之一,尚不构成犯罪的,由县级以上人民政府文物主管部门责令改正,可以并处二万元以下的罚款,有违法所得的,没收违法所得:

(一)文物收藏单位未按照国家有关规定配备防火、防盗、防自然损坏的设施的;

(二)国有文物收藏单位法定代表人离任时未按照馆藏文物档案移交馆藏文物,或者所移交的馆藏文物与馆藏文物档案不符的;

(三)将国有馆藏文物赠与、出租或者出售给其他单位、个人的;

(四)违反本法第四十条、第四十一条、第四十五条规定处置国有馆藏文物的;

(五)违反本法第四十三条规定挪用或者侵占依法调拨、交换、出借文物所得补偿费用的。

第七十一条 【文物买卖和经营违法】买卖国家禁止买卖的文物或者将禁止出境的文物转让、出租、质押给外国人,尚不构成犯罪的,由县级以上人民政府文物主管部门责令改正,没收违法所得,违法经营额一万元以上的,并处违法经营额二倍以上五倍以下的罚款;违法经营额不足一万元的,并处五千元以上二万元以下的罚款。

文物商店、拍卖企业有前款规定的违法行为的,由县级以上人民政府文物主管部门没收违法所得、非法经营的文物，违法经营额五万元以上的，并处违法经营额一倍以上三倍以下的罚款；违法经营额不足五万元的，并处五千元以上五万元以下的罚款；情节严重的，由原发证机关吊销许可证书。

第七十二条 **【擅自从事文物商业经营活动】**未经许可，擅自设立文物商店、经营文物拍卖的拍卖企业，或者擅自从事文物的商业经营活动，尚不构成犯罪的，由工商行政管理部门依法予以制止，没收违法所得、非法经营的文物，违法经营额五万元以上的，并处违法经营额二倍以上五倍以下的罚款；违法经营额不足五万元的，并处二万元以上十万元以下的罚款。

第七十三条 **【文物机构经营活动违法】**有下列情形之一的，由工商行政管理部门没收违法所得、非法经营的文物，违法经营额五万元以上的，并处违法经营额一倍以上三倍以下的罚款；违法经营额不足五万元的，并处五千元以上五万元以下的罚款；情节严重的，由原发证机关吊销许可证书：

（一）文物商店从事文物拍卖经营活动的；

（二）经营文物拍卖的拍卖企业从事文物购销经营活动的；

（三）拍卖企业拍卖的文物，未经审核的；

（四）文物收藏单位从事文物的商业经营活动的。

第七十四条 **【文物隐匿行为】**有下列行为之一，尚不构成犯罪的，由县级以上人民政府文物主管部门会同公安机关追缴文物；情节严重的，处五千元以上五万元以下的罚款：

（一）发现文物隐匿不报或者拒不上交的；

（二）未按照规定移交拣选文物的。

第七十五条 **【责令改正的行为】**有下列行为之一的，由县级以上人民政府文物主管部门责令改正：

（一）改变国有未核定为文物保护单位的不可移动文物的用途，未依照本法规定报告的；

（二）转让、抵押非国有不可移动文物或者改变其用途，未依照本法规定备案的；

（三）国有不可移动文物的使用人拒不依法履行修缮义务的；

（四）考古发掘单位未经批准擅自进行考古发掘，或者不如实报告考古发掘结果的；

（五）文物收藏单位未按照国家有关规定建立馆藏文物档案、管理制度，或者未将馆藏文物档案、管理制度备案的；

（六）违反本法第三十八条规定，未经批准擅自调取馆藏文物的；

（七）馆藏文物损毁未报文物行政部门核查处理，或者馆藏文物被盗、被抢或者丢失，文物收藏单位未及时向公安机关或者文物行政部门报告的；

（八）文物商店销售文物或者拍卖企业拍卖文物，未按照国家有关规定作出记录或者未将所作记录报文物行政部门备案的。

第七十六条 **【各文物机构工作人员的渎职行为】**文物行政部门、文物收藏单位、文物商店、经营文物拍卖的拍卖企业的工作人员，有下列行为之一的，依法给予行政处分，情节严重的，依法开除公职或者吊销其从业资格；构成犯罪的，依法追究刑事责任：

（一）文物行政部门的工作人员违反本法规定，滥用审批权限、不履行职责或者发现违法行为不予查处，造成严重后果的；

（二）文物行政部门和国有文物收藏单位的工作人员借用或者非法侵占国有文物的；

（三）文物行政部门的工作人员举办或者参与举办文物商店或者经营文物拍卖的拍卖企业的；

（四）因不负责任造成文物保护单位、珍贵文物损毁或者流失的；

（五）贪污、挪用文物保护经费的。

前款被开除公职或者被吊销从业资格的人员，自被开除公职或者被吊销从业资格之日起十年内不得担任文物管理人员或者从事文物经营活动。

第七十七条 **【国家工作人员的文物违法行为】**有本法第六十六条、第六十八条、第七十条、第七十一条、第七十四条、第七十五条规定所列行为之一的，负有责任的主管人员和其他直接责任人员是国家工作人员的，依法给予行政处分。

第七十八条 **【非文物机构工作人员的渎职行为】**公安机关、工商行政管理部门、海关、城乡建设规划部门和其他国家机关，违反本法规定滥用职权、玩忽职守、徇私舞弊，造成国家保护的珍贵文物损毁或者流失的，对负有责任的主管人员和其他直接责任人员依法给予行政处分；构成犯罪的，依法追究刑事责任。

第七十九条 **【没收文物的处理】**人民法院、人民检察院、公安机关、海关和工商行政管理部门依法没收的文物应当登记造册，妥善保管，结案后无偿移交文物行政部门，由文物行政部门指定的国有文物收藏单位收藏。

第八章 附 则

第八十条 **【施行日期】**本法自公布之日起施行。

全国人民代表大会常务委员会关于《中华人民共和国刑法》有关文物的规定适用于具有科学价值的古脊椎动物化石、古人类化石的解释

2005年12月29日第十届全国人民代表大会常务委员会第十九次会议通过

全国人民代表大会常务委员会根据司法实践中遇到的情况，讨论了关于走私、盗窃、损毁、倒卖或者非法转让具有科学价值的古脊椎动物化石、古人类化石的行为适用刑法有关规定的问题，解释如下：

刑法有关文物的规定，适用于具有科学价值的古脊椎动物化石、古人类化石。

现予公告。

中华人民共和国文物保护法实施条例

1. 2003年5月18日国务院令第377号公布
2. 根据2013年12月7日国务院令第645号《关于修改部分行政法规的决定》第一次修订
3. 根据2016年2月6日国务院令第666号《关于修改部分行政法规的决定》第二次修订
4. 根据2017年3月1日国务院令第676号《关于修改和废止部分行政法规的决定》第三次修订
5. 根据2017年10月7日国务院令第687号《关于修改部分行政法规的决定》第四次修订

第一章　总　　则

第一条　根据《中华人民共和国文物保护法》(以下简称文物保护法)，制定本实施条例。

第二条　国家重点文物保护专项补助经费和地方文物保护专项经费，由县级以上人民政府文物行政主管部门、投资主管部门、财政部门按照国家有关规定共同实施管理。任何单位或者个人不得侵占、挪用。

第三条　国有的博物馆、纪念馆、文物保护单位等的事业性收入，应当用于下列用途：

(一)文物的保管、陈列、修复、征集；

(二)国有的博物馆、纪念馆、文物保护单位的修缮和建设；

(三)文物的安全防范；

(四)考古调查、勘探、发掘；

(五)文物保护的科学研究、宣传教育。

第四条　文物行政主管部门和教育、科技、新闻出版、广播电视行政主管部门，应当做好文物保护的宣传教育工作。

第五条　国务院文物行政主管部门和省、自治区、直辖市人民政府文物行政主管部门，应当制定文物保护的科学技术研究规划，采取有效措施，促进文物保护科技成果的推广和应用，提高文物保护的科学技术水平。

第六条　有文物保护法第十二条所列事迹之一的单位或者个人，由人民政府及其文物行政主管部门、有关部门给予精神鼓励或者物质奖励。

第二章　不可移动文物

第七条　历史文化名城，由国务院建设行政主管部门会同国务院文物行政主管部门报国务院核定公布。

历史文化街区、村镇，由省、自治区、直辖市人民政府城乡规划行政主管部门会同文物行政主管部门报本级人民政府核定公布。

县级以上地方人民政府组织编制的历史文化名城和历史文化街区、村镇的保护规划，应当符合文物保护的要求。

第八条　全国重点文物保护单位和省级文物保护单位自核定公布之日起1年内，由省、自治区、直辖市人民政府划定必要的保护范围，作出标志说明，建立记录档案，设置专门机构或者指定专人负责管理。

设区的市、自治州级和县级文物保护单位自核定公布之日起1年内，由核定公布该文物保护单位的人民政府划定保护范围，作出标志说明，建立记录档案，设置专门机构或者指定专人负责管理。

第九条　文物保护单位的保护范围，是指对文物保护单位本体及周围一定范围实施重点保护的区域。

文物保护单位的保护范围，应当根据文物保护单位的类别、规模、内容以及周围环境的历史和现实情况合理划定，并在文物保护单位本体之外保持一定的安全距离，确保文物保护单位的真实性和完整性。

第十条　文物保护单位的标志说明，应当包括文物保护单位的级别、名称、公布机关、公布日期、立标机关、立标日期等内容。民族自治地区的文物保护单位的标志说明，应当同时用规范汉字和当地通用的少数民族文字书写。

第十一条　文物保护单位的记录档案，应当包括文物保护单位本体记录等科学技术资料和有关文献记载、行政管理等内容。

文物保护单位的记录档案，应当充分利用文字、音

像制品、图画、拓片、摹本、电子文本等形式,有效表现其所载内容。

第十二条 古文化遗址、古墓葬、石窟寺和属于国家所有的纪念建筑物、古建筑,被核定公布为文物保护单位的,由县级以上地方人民政府设置专门机构或者指定机构负责管理。其他文物保护单位,由县级以上地方人民政府设置专门机构或者指定机构、专人负责管理;指定专人负责管理的,可以采取聘请文物保护员的形式。

文物保护单位有使用单位的,使用单位应当设立群众性文物保护组织;没有使用单位的,文物保护单位所在地的村民委员会或者居民委员会可以设立群众性文物保护组织。文物行政主管部门应当对群众性文物保护组织的活动给予指导和支持。

负责管理文物保护单位的机构,应当建立健全规章制度,采取安全防范措施;其安全保卫人员,可以依法配备防卫器械。

第十三条 文物保护单位的建设控制地带,是指在文物保护单位的保护范围外,为保护文物保护单位的安全、环境、历史风貌对建设项目加以限制的区域。

文物保护单位的建设控制地带,应当根据文物保护单位的类别、规模、内容以及周围环境的历史和现实情况合理划定。

第十四条 全国重点文物保护单位的建设控制地带,经省、自治区、直辖市人民政府批准,由省、自治区、直辖市人民政府的文物行政主管部门会同城乡规划行政主管部门划定并公布。

省级、设区的市、自治州级和县级文物保护单位的建设控制地带,经省、自治区、直辖市人民政府批准,由核定公布该文物保护单位的人民政府的文物行政主管部门会同城乡规划行政主管部门划定并公布。

第十五条 承担文物保护单位的修缮、迁移、重建工程的单位,应当同时取得文物行政主管部门发给的相应等级的文物保护工程资质证书和建设行政主管部门发给的相应等级的资质证书。其中,不涉及建筑活动的文物保护单位的修缮、迁移、重建,应当由取得文物行政主管部门发给的相应等级的文物保护工程资质证书的单位承担。

第十六条 申领文物保护工程资质证书,应当具备下列条件:

(一)有取得文物博物专业技术职务的人员;

(二)有从事文物保护工程所需的技术设备;

(三)法律、行政法规规定的其他条件。

第十七条 申领文物保护工程资质证书,应当向省、自治区、直辖市人民政府文物行政主管部门或者国务院文物行政主管部门提出申请。省、自治区、直辖市人民政府文物行政主管部门或者国务院文物行政主管部门应当自收到申请之日起30个工作日内作出批准或者不批准的决定。决定批准的,发给相应等级的文物保护工程资质证书;决定不批准的,应当书面通知当事人并说明理由。文物保护工程资质等级的分级标准和审批办法,由国务院文物行政主管部门制定。

第十八条 文物行政主管部门在审批文物保护单位的修缮计划和工程设计方案前,应当征求上一级人民政府文物行政主管部门的意见。

第十九条 危害全国重点文物保护单位安全或者破坏其历史风貌的建筑物、构筑物,由省、自治区、直辖市人民政府负责调查处理。

危害省级、设区的市、自治州级、县级文物保护单位安全或者破坏其历史风貌的建筑物、构筑物,由核定公布该文物保护单位的人民政府负责调查处理。

危害尚未核定公布为文物保护单位的不可移动文物安全的建筑物、构筑物,由县级人民政府负责调查处理。

第三章 考古发掘

第二十条 申请从事考古发掘的单位,取得考古发掘资质证书,应当具备下列条件:

(一)有4名以上接受过考古专业训练且主持过考古发掘项目的人员;

(二)有取得文物博物专业技术职务的人员;

(三)有从事文物安全保卫的专业人员;

(四)有从事考古发掘所需的技术设备;

(五)有保障文物安全的设施和场所;

(六)法律、行政法规规定的其他条件。

第二十一条 申领考古发掘资质证书,应当向国务院文物行政主管部门提出申请。国务院文物行政主管部门应当自收到申请之日起30个工作日内作出批准或者不批准的决定。决定批准的,发给考古发掘资质证书;决定不批准的,应当书面通知当事人并说明理由。

第二十二条 考古发掘项目实行项目负责人负责制度。

第二十三条 配合建设工程进行的考古调查、勘探、发掘,由省、自治区、直辖市人民政府文物行政主管部门组织实施。跨省、自治区、直辖市的建设工程范围内的考古调查、勘探、发掘,由建设工程所在地的有关省、自治区、直辖市人民政府文物行政主管部门联合组织实施;其中,特别重要的建设工程范围内的考古调查、勘探、发掘，由国务院文物行政主管部门组织实施。

建设单位对配合建设工程进行的考古调查、勘探、发掘，应当予以协助，不得妨碍考古调查、勘探、发掘。

第二十四条 国务院文物行政主管部门应当自收到文物保护法第三十条第一款规定的发掘计划之日起30个工作日内作出批准或者不批准决定。决定批准的，发给批准文件；决定不批准的，应当书面通知当事人并说明理由。

文物保护法第三十条第二款规定的抢救性发掘，省、自治区、直辖市人民政府文物行政主管部门应当自开工之日起10个工作日内向国务院文物行政主管部门补办审批手续。

第二十五条 考古调查、勘探、发掘所需经费的范围和标准，按照国家有关规定执行。

第二十六条 从事考古发掘的单位应当在考古发掘完成之日起30个工作日内向省、自治区、直辖市人民政府文物行政主管部门和国务院文物行政主管部门提交结项报告，并于提交结项报告之日起3年内向省、自治区、直辖市人民政府文物行政主管部门和国务院文物行政主管部门提交考古发掘报告。

第二十七条 从事考古发掘的单位提交考古发掘报告后，经省、自治区、直辖市人民政府文物行政主管部门批准，可以保留少量出土文物作为科研标本，并应当于提交发掘报告之日起6个月内将其他出土文物移交给由省、自治区、直辖市人民政府文物行政主管部门指定的国有的博物馆、图书馆或者其他国有文物收藏单位收藏。

第四章 馆藏文物

第二十八条 文物收藏单位应当建立馆藏文物的接收、鉴定、登记、编目和档案制度，库房管理制度，出入库、注销和统计制度，保养、修复和复制制度。

第二十九条 县级人民政府文物行政主管部门应当将本行政区域内的馆藏文物档案，按照行政隶属关系报设区的市、自治州级人民政府文物行政主管部门或者省、自治区、直辖市人民政府文物行政主管部门备案；设区的市、自治州级人民政府文物行政主管部门应当将本行政区域内的馆藏文物档案，报省、自治区、直辖市人民政府文物行政主管部门备案；省、自治区、直辖市人民政府文物行政主管部门应当将本行政区域内的一级文物藏品档案，报国务院文物行政主管部门备案。

第三十条 文物收藏单位之间借用馆藏文物，借用人应当对借用的馆藏文物采取必要的保护措施，确保文物的安全。

借用的馆藏文物的灭失、损坏风险，除当事人另有约定外，由借用该馆藏文物的文物收藏单位承担。

第三十一条 国有文物收藏单位未依照文物保护法第三十六条的规定建立馆藏文物档案并将馆藏文物档案报主管的文物行政主管部门备案的，不得交换、借用馆藏文物。

第三十二条 修复、复制、拓印馆藏二级文物和馆藏三级文物的，应当报省、自治区、直辖市人民政府文物行政主管部门批准；修复、复制、拓印馆藏一级文物的，应当报国务院文物行政主管部门批准。

第三十三条 从事馆藏文物修复、复制、拓印的单位，应当具备下列条件：

（一）有取得中级以上文物博物专业技术职务的人员；

（二）有从事馆藏文物修复、复制、拓印所需的场所和技术设备；

（三）法律、行政法规规定的其他条件。

第三十四条 从事馆藏文物修复、复制、拓印，应当向省、自治区、直辖市人民政府文物行政主管部门提出申请。省、自治区、直辖市人民政府文物行政主管部门应当自收到申请之日起30个工作日内作出批准或者不批准的决定。决定批准的，发给相应等级的资质证书；决定不批准的，应当书面通知当事人并说明理由。

第三十五条 为制作出版物、音像制品等拍摄馆藏文物的，应当征得文物收藏单位同意，并签署拍摄协议，明确文物保护措施和责任。文物收藏单位应当自拍摄工作完成后10个工作日内，将拍摄情况向文物行政主管部门报告。

第三十六条 馆藏文物被盗、被抢或者丢失的，文物收藏单位应当立即向公安机关报案，并同时向主管的文物行政主管部门报告；主管的文物行政主管部门应当在接到文物收藏单位的报告后24小时内，将有关情况报告国务院文物行政主管部门。

第三十七条 国家机关和国有的企业、事业组织等收藏、保管国有文物的，应当履行下列义务：

（一）建立文物藏品档案制度，并将文物藏品档案报所在地省、自治区、直辖市人民政府文物行政主管部门备案；

（二）建立、健全文物藏品的保养、修复等管理制度，确保文物安全；

（三）文物藏品被盗、被抢或者丢失的，应当立即向公安机关报案，并同时向所在地省、自治区、直辖市人民政府文物行政主管部门报告。

第五章 民间收藏文物

第三十八条 文物收藏单位以外的公民、法人和其他组织,可以依法收藏文物,其依法收藏的文物的所有权受法律保护。

公民、法人和其他组织依法收藏文物的,可以要求文物行政主管部门对其收藏的文物提供鉴定、修复、保管等方面的咨询。

第三十九条 设立文物商店,应当具备下列条件:

(一)有200万元人民币以上的注册资本;

(二)有5名以上取得中级以上文物博物专业技术职务的人员;

(三)有保管文物的场所、设施和技术条件;

(四)法律、行政法规规定的其他条件。

第四十条 设立文物商店,应当向省、自治区、直辖市人民政府文物行政主管部门提出申请。省、自治区、直辖市人民政府文物行政主管部门应当自收到申请之日起30个工作日内作出批准或者不批准的决定。决定批准的,发给批准文件;决定不批准的,应当书面通知当事人并说明理由。

第四十一条 依法设立的拍卖企业,从事文物拍卖经营活动的,应当有5名以上取得高级文物博物专业技术职务的文物拍卖专业人员,并取得省、自治区、直辖市人民政府文物行政主管部门发给的文物拍卖许可证。

第四十二条 依法设立的拍卖企业申领文物拍卖许可证,应当向省、自治区、直辖市人民政府文物行政主管部门提出申请。省、自治区、直辖市人民政府文物行政主管部门应当自收到申请之日起30个工作日内作出批准或者不批准的决定。决定批准的,发给文物拍卖许可证;决定不批准的,应当书面通知当事人并说明理由。

第四十三条 文物商店购买、销售文物,经营文物拍卖的拍卖企业拍卖文物,应当记录文物的名称、图录、来源、文物的出卖人、委托人和买受人的姓名或者名称、住所、有效身份证件号码或者有效证照号码以及成交价格,并报省、自治区、直辖市人民政府文物行政主管部门备案。接受备案的文物行政主管部门应当依法为其保密,并将该记录保存75年。

文物行政主管部门应当加强对文物商店和经营文物拍卖的拍卖企业的监督检查。

第六章 文物出境进境

第四十四条 国务院文物行政主管部门指定的文物进出境审核机构,应当有5名以上取得中级以上文物博物专业技术职务的文物进出境责任鉴定人员。

第四十五条 运送、邮寄、携带文物出境,应当在文物出境前依法报文物进出境审核机构审核。文物进出境审核机构应当自收到申请之日起15个工作日内作出是否允许出境的决定。

文物进出境审核机构审核文物,应当有3名以上文物博物专业技术人员参加;其中,应当有2名以上文物进出境责任鉴定人员。

文物出境审核意见,由文物进出境责任鉴定人员共同签署;对经审核,文物进出境责任鉴定人员一致同意允许出境的文物,文物进出境审核机构方可作出允许出境的决定。

文物出境审核标准,由国务院文物行政主管部门制定。

第四十六条 文物进出境审核机构应当对所审核进出境文物的名称、质地、尺寸、级别,当事人的姓名或者名称、住所、有效身份证件号码或者有效证照号码,以及进出境口岸、文物去向和审核日期等内容进行登记。

第四十七条 经审核允许出境的文物,由国务院文物行政主管部门发给文物出境许可证,并由文物进出境审核机构标明文物出境标识。经审核允许出境的文物,应当从国务院文物行政主管部门指定的口岸出境。海关查验文物出境标识后,凭文物出境许可证放行。

经审核不允许出境的文物,由文物进出境审核机构发还当事人。

第四十八条 文物出境展览的承办单位,应当在举办展览前6个月向国务院文物行政主管部门提出申请。国务院文物行政主管部门应当自收到申请之日起30个工作日内作出批准或者不批准的决定。决定批准的,发给批准文件;决定不批准的,应当书面通知当事人并说明理由。

一级文物展品超过120件(套)的,或者一级文物展品超过展品总数的20%的,应当报国务院批准。

第四十九条 一级文物中的孤品和易损品,禁止出境展览。禁止出境展览文物的目录,由国务院文物行政主管部门定期公布。

未曾在国内正式展出的文物,不得出境展览。

第五十条 文物出境展览的期限不得超过1年。因特殊需要,经原审批机关批准可以延期;但是,延期最长不得超过1年。

第五十一条 文物出境展览期间,出现可能危及展览文物安全情形的,原审批机关可以决定中止或者撤销展览。

第五十二条　临时进境的文物，经海关将文物加封后，交由当事人报文物进出境审核机构审核、登记。文物进出境审核机构查验海关封志完好无损后，对每件临时进境文物标明文物临时进境标识，并登记拍照。

临时进境文物复出境时，应当由原审核、登记的文物进出境审核机构核对入境登记拍照记录，查验文物临时进境标识无误后标明文物出境标识，并由国务院文物行政主管部门发给文物出境许可证。

未履行本条第一款规定的手续临时进境的文物复出境的，依照本章关于文物出境的规定办理。

第五十三条　任何单位或者个人不得擅自剥除、更换、挪用或者损毁文物出境标识、文物临时进境标识。

第七章　法律责任

第五十四条　公安机关、工商行政管理、文物、海关、城乡规划、建设等有关部门及其工作人员，违反本条例规定，滥用审批权限、不履行职责或者发现违法行为不予查处的，对负有责任的主管人员和其他直接责任人员依法给予行政处分；构成犯罪的，依法追究刑事责任。

第五十五条　违反本条例规定，未取得相应等级的文物保护工程资质证书，擅自承担文物保护单位的修缮、迁移、重建工程的，由文物行政主管部门责令限期改正；逾期不改正，或者造成严重后果的，处5万元以上50万元以下的罚款；构成犯罪的，依法追究刑事责任。

违反本条例规定，未取得建设行政主管部门发给的相应等级的资质证书，擅自承担含有建筑活动的文物保护单位的修缮、迁移、重建工程的，由建设行政主管部门依照有关法律、行政法规的规定予以处罚。

第五十六条　违反本条例规定，未取得资质证书，擅自从事馆藏文物的修复、复制、拓印活动的，由文物行政主管部门责令停止违法活动；没收违法所得和从事违法活动的专用工具、设备；造成严重后果的，并处1万元以上10万元以下的罚款；构成犯罪的，依法追究刑事责任。

第五十七条　文物保护法第六十六条第二款规定的罚款，数额为200元以下。

第五十八条　违反本条例规定，未经批准擅自修复、复制、拓印馆藏珍贵文物的，由文物行政主管部门给予警告；造成严重后果的，处2000元以上2万元以下的罚款；对负有责任的主管人员和其他直接责任人员依法给予行政处分。

文物收藏单位违反本条例规定，未在规定期限内将文物拍摄情况向文物行政主管部门报告的，由文物行政主管部门责令限期改正；逾期不改正的，对负有责任的主管人员和其他直接责任人员依法给予行政处分。

第五十九条　考古发掘单位违反本条例规定，未在规定期限内提交结项报告或者考古发掘报告的，由省、自治区、直辖市人民政府文物行政主管部门或者国务院文物行政主管部门责令限期改正；逾期不改正的，对负有责任的主管人员和其他直接责任人员依法给予行政处分。

第六十条　考古发掘单位违反本条例规定，未在规定期限内移交文物的，由省、自治区、直辖市人民政府文物行政主管部门或者国务院文物行政主管部门责令限期改正；逾期不改正，或者造成严重后果的，对负有责任的主管人员和其他直接责任人员依法给予行政处分。

第六十一条　违反本条例规定，文物出境展览超过展览期限的，由国务院文物行政主管部门责令限期改正；对负有责任的主管人员和其他直接责任人员依法给予行政处分。

第六十二条　依照文物保护法第六十六条、第七十三条的规定，单位被处以吊销许可证行政处罚的，应当依法到工商行政管理部门办理变更登记或者注销登记；逾期未办理的，由工商行政管理部门吊销营业执照。

第六十三条　违反本条例规定，改变国有的博物馆、纪念馆、文物保护单位等的事业性收入的用途的，对负有责任的主管人员和其他直接责任人员依法给予行政处分；构成犯罪的，依法追究刑事责任。

第八章　附　　则

第六十四条　本条例自2003年7月1日起施行。

古生物化石保护条例

1. *2010年9月5日国务院令第580号公布*
2. *根据2019年3月2日国务院令第709号《关于修改部分行政法规的决定》修订*

第一章　总　　则

第一条　为了加强对古生物化石的保护，促进古生物化石的科学研究和合理利用，制定本条例。

第二条　在中华人民共和国领域和中华人民共和国管辖的其他海域从事古生物化石发掘、收藏等活动以及古生物化石进出境，应当遵守本条例。

本条例所称古生物化石，是指地质历史时期形成并赋存于地层中的动物和植物的实体化石及其遗迹化石。

古猿、古人类化石以及与人类活动有关的第四纪古脊椎动物化石的保护依照国家文物保护的有关规定执行。

第三条 中华人民共和国领域和中华人民共和国管辖的其他海域遗存的古生物化石属于国家所有。

国有的博物馆、科学研究单位、高等院校和其他收藏单位收藏的古生物化石，以及单位和个人捐赠给国家的古生物化石属于国家所有，不因其收藏单位的终止或者变更而改变其所有权。

第四条 国家对古生物化石实行分类管理、重点保护、科研优先、合理利用的原则。

第五条 国务院自然资源主管部门主管全国古生物化石保护工作。县级以上地方人民政府自然资源主管部门主管本行政区域古生物化石保护工作。

县级以上人民政府公安、市场监督管理等部门按照各自的职责负责古生物化石保护的有关工作。

第六条 国务院自然资源主管部门负责组织成立国家古生物化石专家委员会。国家古生物化石专家委员会由国务院有关部门和中国古生物学会推荐的专家组成，承担重点保护古生物化石名录的拟定、国家级古生物化石自然保护区建立的咨询、古生物化石发掘申请的评审、重点保护古生物化石进出境的鉴定等工作，具体办法由国务院自然资源主管部门制定。

第七条 按照在生物进化以及生物分类上的重要程度，将古生物化石划分为重点保护古生物化石和一般保护古生物化石。

具有重要科学研究价值或者数量稀少的下列古生物化石，应当列为重点保护古生物化石：

(一)已经命名的古生物化石种属的模式标本；

(二)保存完整或者较完整的古脊椎动物实体化石；

(三)大型的或者集中分布的高等植物化石、无脊椎动物化石和古脊椎动物的足迹等遗迹化石；

(四)国务院自然资源主管部门确定的其他需要重点保护的古生物化石。

重点保护古生物化石名录由国家古生物化石专家委员会拟定，由国务院自然资源主管部门批准并公布。

第八条 重点保护古生物化石集中的区域，应当建立国家级古生物化石自然保护区；一般保护古生物化石集中的区域，同时该区域已经发现重点保护古生物化石的，应当建立地方级古生物化石自然保护区。建立古生物化石自然保护区的程序，依照《中华人民共和国自然保护区条例》的规定执行。

建立国家级古生物化石自然保护区，应当征求国家古生物化石专家委员会的意见。

第九条 县级以上人民政府应当加强对古生物化石保护工作的领导，将古生物化石保护工作所需经费列入本级财政预算。

县级以上人民政府应当组织有关部门开展古生物化石保护知识的宣传教育，增强公众保护古生物化石的意识，并按照国家有关规定对在古生物化石保护工作中做出突出成绩的单位和个人给予奖励。

第二章 古生物化石发掘

第十条 因科学研究、教学、科学普及或者对古生物化石进行抢救性保护等需要，方可发掘古生物化石。发掘古生物化石的，应当符合本条例第十一条第二款规定的条件，并依照本条例的规定取得批准。

本条例所称发掘，是指有一定工作面，使用机械或者其他动力工具挖掘古生物化石的活动。

第十一条 在国家级古生物化石自然保护区内发掘古生物化石，或者在其他区域发掘重点保护古生物化石的，应当向国务院自然资源主管部门提出申请并取得批准；在国家级古生物化石自然保护区外发掘一般保护古生物化石的，应当向古生物化石所在地省、自治区、直辖市人民政府自然资源主管部门提出申请并取得批准。

申请发掘古生物化石的单位应当符合下列条件，并在提出申请时提交其符合下列条件的证明材料以及发掘项目概况、发掘方案、发掘标本保存方案和发掘区自然生态条件恢复方案：

(一)有3名以上拥有古生物专业或者相关专业技术职称，并有3年以上古生物化石发掘经历的技术人员(其中至少有1名技术人员具有古生物专业高级职称并作为发掘活动的领队)；

(二)有符合古生物化石发掘需要的设施、设备；

(三)有与古生物化石保护相适应的处理技术和工艺；

(四)有符合古生物化石保管需要的设施、设备和场所。

第十二条 国务院自然资源主管部门应当自受理申请之日起3个工作日内将申请材料送国家古生物化石专家委员会。国家古生物化石专家委员会应当自收到申请材料之日起10个工作日内出具书面评审意见。评审意见应当作为是否批准古生物化石发掘的重要依据。

国务院自然资源主管部门应当自受理申请之日起30个工作日内完成审查，对申请单位符合本条例第十一条第二款规定条件，同时古生物化石发掘方案、发掘标本保存方案和发掘区自然生态条件恢复方案切实可行的，予以批准；对不符合条件的，书面通知申请单位并说明理由。

国务院自然资源主管部门批准古生物化石发掘申请前，应当征求古生物化石所在地省、自治区、直辖市人民政府自然资源主管部门的意见；批准发掘申请后，应当将批准发掘古生物化石的情况通报古生物化石所在地省、自治区、直辖市人民政府自然资源主管部门。

第十三条 省、自治区、直辖市人民政府自然资源主管部门受理古生物化石发掘申请的，应当依照本条例第十二条第二款规定的期限和要求进行审查、批准，并听取古生物专家的意见。

第十四条 发掘古生物化石的单位，应当按照批准的发掘方案进行发掘；确需改变发掘方案的，应当报原批准发掘的自然资源主管部门批准。

第十五条 发掘古生物化石的单位，应当自发掘或者科学研究、教学等活动结束之日起30日内，对发掘的古生物化石登记造册，作出相应的描述与标注，并移交给批准发掘的自然资源主管部门指定的符合条件的收藏单位收藏。

第十六条 进行区域地质调查或者科学研究机构、高等院校等因科学研究、教学需要零星采集古生物化石标本的，不需要申请批准，但是，应当在采集活动开始前将采集时间、采集地点、采集数量等情况书面告知古生物化石所在地的省、自治区、直辖市人民政府自然资源主管部门。采集的古生物化石的收藏应当遵守本条例的规定。

本条例所称零星采集，是指使用手持非机械工具在地表挖掘极少量古生物化石，同时不对地表和其他资源造成影响的活动。

第十七条 外国人、外国组织因中外合作进行科学研究需要，方可在中华人民共和国领域和中华人民共和国管辖的其他海域发掘古生物化石。发掘古生物化石的，应当经国务院自然资源主管部门批准，采取与符合本条例第十一条第二款规定条件的中方单位合作的方式进行，并遵守本条例有关古生物化石发掘、收藏、进出境的规定。

第十八条 单位和个人在生产、建设等活动中发现古生物化石的，应当保护好现场，并立即报告所在地县级以上地方人民政府自然资源主管部门。

县级以上地方人民政府自然资源主管部门接到报告后，应当在24小时内赶赴现场，并在7日内提出处理意见。确有必要的，可以报请当地人民政府通知公安机关协助保护现场。发现重点保护古生物化石的，应当逐级上报至国务院自然资源主管部门，由国务院自然资源主管部门提出处理意见。

生产、建设等活动中发现的古生物化石需要进行抢救性发掘的，由提出处理意见的自然资源主管部门组织符合本条例第十一条第二款规定条件的单位发掘。

第十九条 县级以上人民政府自然资源主管部门应当加强对古生物化石发掘活动的监督检查，发现未经依法批准擅自发掘古生物化石，或者不按照批准的发掘方案发掘古生物化石的，应当依法予以处理。

第三章 古生物化石收藏

第二十条 古生物化石的收藏单位，应当符合下列条件：

（一）有固定的馆址、专用展室、相应面积的藏品保管场所；

（二）有相应数量的拥有相关研究成果的古生物专业或者相关专业的技术人员；

（三）有防止古生物化石自然损毁的技术、工艺和设备；

（四）有完备的防火、防盗等设施、设备和完善的安全保卫等管理制度；

（五）有维持正常运转所需的经费。

县级以上人民政府自然资源主管部门应当加强对古生物化石收藏单位的管理和监督检查。

第二十一条 国务院自然资源主管部门负责建立全国的重点保护古生物化石档案和数据库。县级以上地方人民政府自然资源主管部门负责建立本行政区域的重点保护古生物化石档案和数据库。

收藏单位应当建立本单位收藏的古生物化石档案，并如实对收藏的古生物化石作出描述与标注。

第二十二条 国家鼓励单位和个人将其收藏的重点保护古生物化石捐赠给符合条件的收藏单位收藏。

除收藏单位之间转让、交换、赠与其收藏的重点保护古生物化石外，其他任何单位和个人不得买卖重点保护古生物化石。买卖一般保护古生物化石的，应当在县级以上地方人民政府指定的场所进行。具体办法由省、自治区、直辖市人民政府制定。

第二十三条 国有收藏单位不得将其收藏的重点保护古生物化石转让、交换、赠与给非国有收藏单位或者个人。

任何单位和个人不得将其收藏的重点保护古生物化石转让、交换、赠与、质押给外国人或者外国组织。

第二十四条　收藏单位之间转让、交换、赠与其收藏的重点保护古生物化石的，应当在事后向国务院自然资源主管部门备案。具体办法由国务院自然资源主管部门制定。

第二十五条　公安、市场监督管理、海关等部门应当对依法没收的古生物化石登记造册、妥善保管，并在结案后30个工作日内移交给同级自然资源主管部门。接受移交的自然资源主管部门应当出具接收凭证，并将接收的古生物化石交符合条件的收藏单位收藏。

国有收藏单位不再收藏的一般保护古生物化石，应当按照国务院自然资源主管部门的规定处理。

第四章　古生物化石进出境

第二十六条　未命名的古生物化石不得出境。

重点保护古生物化石符合下列条件之一，经国务院自然资源主管部门批准，方可出境：

（一）因科学研究需要与国外有关研究机构进行合作的；

（二）因科学、文化交流需要在境外进行展览的。

一般保护古生物化石经所在地省、自治区、直辖市人民政府自然资源主管部门批准，方可出境。

第二十七条　申请古生物化石出境的，应当向国务院自然资源主管部门或者省、自治区、直辖市人民政府自然资源主管部门提出出境申请，并提交出境古生物化石的清单和照片。出境申请应当包括申请人的基本情况和古生物化石的出境地点、出境目的、出境时间等内容。

申请重点保护古生物化石出境的，申请人还应当提供外方合作单位的基本情况和合作科学研究合同或者展览合同，以及古生物化石的应急保护预案、保护措施、保险证明等材料。

第二十八条　申请重点保护古生物化石出境的，国务院自然资源主管部门应当自受理申请之日起3个工作日内将申请材料送国家古生物化石专家委员会。国家古生物化石专家委员会应当自收到申请材料之日起10个工作日内对申请出境的重点保护古生物化石进行鉴定，确认古生物化石的种属、数量和完好程度，并出具书面鉴定意见。鉴定意见应当作为是否批准重点保护古生物化石出境的重要依据。

国务院自然资源主管部门应当自受理申请之日起20个工作日内完成审查，符合规定条件的，作出批准出境的决定；不符合规定条件的，书面通知申请人并说明理由。

第二十九条　申请一般保护古生物化石出境的，省、自治区、直辖市人民政府自然资源主管部门应当自受理申请之日起20个工作日内完成审查，同意出境的，作出批准出境的决定；不同意出境的，书面通知申请人并说明理由。

第三十条　古生物化石出境批准文件的有效期为90日；超过有效期出境的，应当重新提出出境申请。

重点古生物化石在境外停留的期限一般不超过6个月；因特殊情况确需延长境外停留时间的，应当在境外停留期限届满60日前向国务院自然资源主管部门申请延期。延长期限最长不超过6个月。

第三十一条　经批准出境的重点保护古生物化石出境后进境的，申请人应当自办结进境海关手续之日起5日内向国务院自然资源主管部门申请进境核查。

国务院自然资源主管部门应当自受理申请之日起3个工作日内将申请材料送国家古生物化石专家委员会。国家古生物化石专家委员会应当自收到申请材料之日起5个工作日内对出境后进境的重点保护古生物化石进行鉴定，并出具书面鉴定意见。鉴定意见应当作为重点保护古生物化石进境核查结论的重要依据。

国务院自然资源主管部门应当自受理申请之日起15个工作日内完成核查，作出核查结论；对确认为非原出境重点保护古生物化石的，责令申请人追回原出境重点保护古生物化石。

第三十二条　境外古生物化石临时进境的，应当交由海关加封，由境内有关单位或者个人自办结进境海关手续之日起5日内向国务院自然资源主管部门申请核查、登记。国务院自然资源主管部门核查海关封志完好无损的，逐件进行拍照、登记。

临时进境的古生物化石进境后出境的，由境内有关单位或者个人向国务院自然资源主管部门申请核查。国务院自然资源主管部门应当依照本条例第三十一条第二款规定的程序，自受理申请之日起15个工作日内完成核查，对确认为原临时进境的古生物化石的，批准出境。

境内单位或者个人从境外取得的古生物化石进境的，应当向海关申报，按照海关管理的有关规定办理进境手续。

第三十三条　运送、邮寄、携带古生物化石出境的，应当如实向海关申报，并向海关提交国务院自然资源主管部门或者省、自治区、直辖市人民政府自然资源主管部门的出境批准文件。

对有理由怀疑属于古生物化石的物品出境的，海关可以要求有关单位或者个人向国务院自然资源主管部门或者出境口岸所在地的省、自治区、直辖市人民政府自然资源主管部门申请办理是否属于古生物化石的证明文件。

第三十四条　国家对违法出境的古生物化石有权进行追索。

国务院自然资源主管部门代表国家具体负责追索工作。国务院外交、公安、海关等部门应当配合国务院自然资源主管部门做好违法出境古生物化石的追索工作。

第五章　法律责任

第三十五条　县级以上人民政府自然资源主管部门及其工作人员有下列行为之一的，对直接负责的主管人员和其他直接责任人员依法给予处分；直接负责的主管人员和其他直接责任人员构成犯罪的，依法追究刑事责任：

（一）未依照本条例规定批准古生物化石发掘的；

（二）未依照本条例规定批准古生物化石出境的；

（三）发现违反本条例规定的行为不予查处，或者接到举报不依法处理的；

（四）其他不依法履行监督管理职责的行为。

第三十六条　单位或者个人有下列行为之一的，由县级以上人民政府自然资源主管部门责令停止发掘，限期改正，没收发掘的古生物化石，并处20万元以上50万元以下的罚款；构成违反治安管理行为的，由公安机关依法给予治安管理处罚；构成犯罪的，依法追究刑事责任：

（一）未经批准发掘古生物化石的；

（二）未按照批准的发掘方案发掘古生物化石的。

有前款第（二）项行为，情节严重的，由批准古生物化石发掘的自然资源主管部门撤销批准发掘的决定。

第三十七条　古生物化石发掘单位未按照规定移交发掘的古生物化石的，由批准古生物化石发掘的自然资源主管部门责令限期改正；逾期不改正，或者造成古生物化石损毁的，处10万元以上50万元以下的罚款；直接负责的主管人员和其他直接责任人员构成犯罪的，依法追究刑事责任。

第三十八条　古生物化石收藏单位不符合收藏条件收藏古生物化石的，由县级以上人民政府自然资源主管部门责令限期改正；逾期不改正的，处5万元以上10万元以下的罚款；已严重影响其收藏的重点保护古生物化石安全的，由国务院自然资源主管部门指定符合条件的收藏单位代为收藏，代为收藏的费用由原收藏单位承担。

第三十九条　古生物化石收藏单位未按照规定建立本单位收藏的古生物化石档案的，由县级以上人民政府自然资源主管部门责令限期改正；逾期不改正的，没收有关古生物化石，并处2万元的罚款。

第四十条　单位或者个人违反规定买卖重点保护古生物化石的，由市场监督管理部门责令限期改正，没收违法所得，并处5万元以上20万元以下的罚款；构成违反治安管理行为的，由公安机关依法给予治安管理处罚；构成犯罪的，依法追究刑事责任。

第四十一条　国有收藏单位将其收藏的重点保护古生物化石违法转让、交换、赠与给非国有收藏单位或者个人的，由县级以上人民政府自然资源主管部门对国有收藏单位处20万元以上50万元以下的罚款，对直接负责的主管人员和其他直接责任人员依法给予处分；构成犯罪的，依法追究刑事责任。

第四十二条　单位或者个人将其收藏的重点保护古生物化石转让、交换、赠与、质押给外国人或者外国组织的，由县级以上人民政府自然资源主管部门责令限期追回，对个人处2万元以上10万元以下的罚款，对单位处10万元以上50万元以下的罚款；有违法所得的，没收违法所得；构成犯罪的，依法追究刑事责任。

第四十三条　单位或者个人未取得批准运送、邮寄、携带古生物化石出境的，由海关依照有关法律、行政法规的规定予以处理；构成犯罪的，依法追究刑事责任。

第四十四条　县级以上人民政府自然资源主管部门、其他有关部门的工作人员，或者国有的博物馆、科学研究单位、高等院校、其他收藏单位以及发掘单位的工作人员，利用职务上的便利，将国有古生物化石非法占为己有的，依法给予处分，由县级以上人民政府自然资源主管部门追回非法占有的古生物化石；有违法所得的，没收违法所得；构成犯罪的，依法追究刑事责任。

第六章　附　　则

第四十五条　本条例自2011年1月1日起施行。

文物藏品定级标准

2001年4月9日文化部令第19号发布施行

根据《中华人民共和国文物保护法》和《中华人民共和国文物保护法实施细则》的有关规定，特制定本标准。

文物藏品分为珍贵文物和一般文物。珍贵文物分为一、二、三级。具有特别重要历史、艺术、科学价值的代表性文物为一级文物；具有重要历史、艺术、科学价值的为二级文物；具有比较重要历史、艺术、科学价值的为三级文物。具有一定历史、艺术、科学价值的为一般文物。

一、一级文物定级标准

（一）反映中国各个历史时期的生产关系及其经济制度、政治制度，以及有关社会历史发展的特别重要的代表性文物；

（二）反映历代生产力的发展、生产技术的进步和科学发明创造的特别重要的代表性文物；

（三）反映各民族社会历史发展和促进民族团结、维护祖国统一的特别重要的代表性文物；

（四）反映历代劳动人民反抗剥削、压迫和著名起义领袖的特别重要的代表性文物；

（五）反映历代中外关系和在政治、经济、军事、科技、教育、文化、艺术、宗教、卫生、体育等方面相互交流的特别重要的代表性文物；

（六）反映中华民族抗御外侮，反抗侵略的历史事件和重要历史人物的特别重要的代表性文物；

（七）反映历代著名的思想家、政治家、军事家、科学家、发明家、教育家、文学家、艺术家等特别重要的代表性文物，著名工匠的特别重要的代表性作品；

（八）反映各民族生活习俗、文化艺术、工艺美术、宗教信仰的具有特别重要价值的代表性文物；

（九）中国古旧图书中具有特别重要价值的代表性的善本；

（十）反映有关国际共产主义运动中的重大事件和杰出领袖人物的革命实践活动，以及为中国革命做出重大贡献的国际主义战士的特别重要的代表性文物；

（十一）与中国近代（1840—1949）历史上的重大事件、重要人物、著名烈士、著名英雄模范有关的特别重要的代表性文物；

（十二）与中华人民共和国成立以来的重大历史事件、重大建设成就、重要领袖人物、著名烈士、著名英雄模范有关的特别重要的代表性文物；

（十三）与中国共产党和近代其他各党派、团体的重大事件，重要人物、爱国侨胞及其他社会知名人士有关的特别重要的代表性文物；

（十四）其他具有特别重要历史、艺术、科学价值的代表性文物。

二、二级文物定级标准

（一）反映中国各个历史时期的生产力和生产关系及其经济制度、政治制度，以及有关社会历史发展的具有重要价值的文物；

（二）反映一个地区、一个民族或某一个时代的具有重要价值的文物；

（三）反映某一历史人物、历史事件或对研究某一历史问题有重要价值的文物；

（四）反映某种考古学文化类型和文化特征，能说明某一历史问题的成组文物；

（五）历史、艺术、科学价值一般，但材质贵重的文物；

（六）反映各地区、各民族的重要民俗文物；

（七）历代著名艺术家或著名工匠的重要作品；

（八）古旧图书中具有重要价值的善本；

（九）反映中国近代（1840—1949）历史上的重大事件、重要人物、著名烈士、著名英雄模范的具有重要价值的文物；

（十）反映中华人民共和国成立以来的重大历史事件、重大建设成就、重要领袖人物、著名烈士、著名英雄模范的具有重要价值的文物；

（十一）反映中国共产党和近代其他各党派、团体的重大事件，重要人物、爱国侨胞及其他社会知名人士的具有重要价值的文物；

（十二）其他具有重要历史、艺术、科学价值的文物。

三、三级文物定级标准

（一）反映中国各个历史时期的生产力和生产关系及其经济制度、政治制度，以及有关社会历史发展的比较重要的文物；

（二）反映一个地区、一个民族或某一时代的具有比较重要价值的文物；

（三）反映某一历史事件或人物，对研究某一历史问题有比较重要价值的文物；

（四）反映某种考古学文化类型和文化特征的具有比较重要价值的文物；

（五）具有比较重要价值的民族、民俗文物；

（六）某一历史时期艺术水平和工艺水平较高，但有损伤的作品；

（七）古旧图书中具有比较重要价值的善本；

（八）反映中国近代（1840—1949）历史上的重大事件、重要人物、著名烈士、著名英雄模范的具有比较重要价值的文物；

（九）反映中华人民共和国成立以来的重大历史事件、重大建设成就、重要领袖人物、著名烈士、著名英雄模范的具有比较重要价值的文物；

（十）反映中国共产党和近代其他各党派、团体的重大事件，重要人物、爱国侨胞及其他社会知名人士的具有比较重要价值的文物；

（十一）其他具有比较重要的历史、艺术、科学价值的文物。

四、一般文物定级标准

（一）反映中国各个历史时期的生产力和生产关系及其经济制度、政治制度，以及有关社会历史发展的具有一定价值的文物；

（二）具有一定价值的民族、民俗文物；

（三）反映某一历史事件、历史人物，具有一定价值的文物；

（四）具有一定价值的古旧图书、资料等；

（五）具有一定价值的历代生产、生活用具等；

（六）具有一定价值的历代艺术品、工艺品等；

（七）其他具有一定历史、艺术、科学价值的文物。

五、博物馆、文物单位等有关文物收藏机构，均可用本标准对其文物藏品鉴选和定级。社会上其他散存的文物，需要定级时，可照此执行。

六、本标准由国家文物局负责解释。

附：

一级文物定级标准举例

一、玉、石器时代确切，质地优良，在艺术上和工艺上有特色和有特别重要价值的；有确切出土地点，有刻文、铭记、款识或其他重要特征，可作为断代标准的；有明显地方特点，能代表考古学一种文化类型、一个地区或作坊杰出成就的；能反映某一时代风格和艺术水平的有关民族关系和中外关系的代表作。

二、陶器代表考古学某一文化类型，其造型和纹饰具有特别重要价值的；有确切出土地点可作为断代标准的；三彩作品中造型优美、色彩艳丽、具有特别重要价值的；紫砂器中，器形完美，出于古代与近代名家之手的代表性作品。

三、瓷器时代确切，在艺术上或工艺上有特别重要价值的；在纪年或确切出土地点可作为断代标准的；造型、纹饰、釉色等能反映时代风格和浓郁民族色彩的；有文献记载的名瓷、历代官窑及民窑的代表作。

四、铜器造型、纹饰精美，能代表某个时期工艺铸造技术水平的；有确切出土地点可作为断代标准的；铭文反映重大历史事件、重要历史人物的或书法艺术水平高的；在工艺发展史上具有特别重要价值的。

五、铁器在中国冶铸、锻造史上，占有特别重要地位的钢铁制品；有明确出土地点和特别重要价值的铁质文物；有铭文或错金银、镶嵌等精湛工艺的古代器具；历代名人所用，或与重大历史事件有直接联系的铁制历史遗物。

六、金银器工艺水平高超，造型或纹饰十分精美，具有特别重要价值的；年代、地点确切或有名款，可作断代标准的金银制品。

七、漆器代表某一历史时期典型工艺品种和特点的；造型、纹饰、雕工工艺水平高超的；著名工匠的代表作。

八、雕塑造型优美、时代确切，或有题记款识，具有鲜明时代特点和艺术风格的金属、玉、石、木、泥和陶瓷、髹漆、牙骨等各种质地的、具有特别重要价值的雕塑作品。

九、石刻砖瓦时代较早，有代表性的石刻；刻有年款或物主铭记可作为断代标准的造像碑；能直接反映社会生产、生活，神态生动、造型优美的石雕；技法精巧、内容丰富的画像石；有重大史料价值或艺术价值的碑碣墓志；文字或纹饰精美，历史、艺术价值特别重要的砖瓦。

十、书法绘画元代以前比较完整的书画；唐以前首尾齐全有年款的写本；宋以前经卷中有作者或纪年且书法水平较高的；宋、元时代有名款或虽无名款而艺术水平较高的；具有特别重要价值的历代名人手迹；明清以来特别重要艺术流派或著名书画家的精品。

十一、古砚时代确切，质地良好、遗存稀少的；造型与纹饰具有鲜明时代特征，工艺水平很高的端、歙等四大名砚；有确切出土地点，或流传有绪，制作精美，保存完好，可作断代标准的；历代重要历史人物使用过的或题铭价值很高的；历代著名工匠的代表作。

十二、甲骨所记内容具有特别重要的史料价值，龟甲、兽骨比较完整的；所刻文字精美或具有特点，能起断代作用的。

十三、玺印符牌具有特别重要价值的官私玺、印、封泥和符牌；明、清篆刻中主要流派或主要代表人物的代表作。

十四、钱币在中国钱币发展史上占有特别重要地位、具有特别重要价值的历代钱币、钱范和钞版。

十五、牙骨角器时代确切，在雕刻艺术史上具有特别重要价值的；反映民族工艺特点和工艺发展史的；各个时期著名工匠或艺术家代表作，以及历史久远的象牙制品。

十六、竹木雕时代确切，具有特别重要价值，在竹木雕工艺史上有独特风格，可作为断代标准的；制作精巧、工艺水平极高的；著名工匠或艺术家的代表作。

十七、家具元代以前（含元代）的木质家具及精巧冥器；明清家具中以黄花梨、紫檀、鸡翅木、铁梨、乌木等珍贵木材制作、造型优美、保存完好、工艺精良的；明清时期制作精良的髹饰家具；明清及近现代名人使用的或具有重大历史价值的家具。

十八、珐琅时代确切，具有鲜明特点，造型、纹饰、釉色、工艺水平很高的珐琅制品。

十九、织绣时代、产地准确的；能代表一个历史时期工艺水平的具有特别重要价值的不同织绣品种的典型实物；色彩艳丽，纹饰精美，具有典型时代特征的；著名织绣工艺家的代表作。

二十、古籍善本元以前的碑帖、写本、印本；明清两代著名学者、藏书家撰写或整理校订的、在某一学科领域有重要价值的稿本、抄本；在图书内容、版刻水平、纸张、印刷、装帧等方面有特色的明清印本（包括刻本、活字本、有精美版画的印本、彩色套印本）、抄本；有明清时期著名学者、藏书家批校题跋、且批校题跋内容具有重要学术资料价值的印本、抄本。

二十一、碑帖拓本元代以前的碑帖拓本；明代整张拓片和罕见的拓本；初拓精本；原物重要且已佚失，拓本流传极少的清代或近代拓本；明清时期精拓套帖；清代及清代以前有历代名家重要题跋的拓本。

二十二、武器在武器发展史上，能代表一个历史阶段军械水平的；在重要战役或重要事件中使用的；历代著名人物使用的、具有特别重要价值的武器。

二十三、邮品反映清代、民国、解放区邮政历史的、存量稀少的；中华人民共和国建国以来具有特别重要价值的邮票和邮品。

二十四、文件、宣传品反映重大历史事件，内容重要，具有特别重要意义的正式文件或文件原稿；传单、标语、宣传画、号外、捷报；证章、奖章、纪念章等。

二十五、档案文书从某一侧面反映社会生产关系、经济制度、政治制度和土地、人口、疆域变迁以及重大历史事件、重要历史人物事迹的历代诏谕、文告、题本、奏折、诰命、舆图、人丁黄册、田亩钱粮簿册、红白契约、文据、书札等官方档案和民间文书中，具有特别重要价值的。

二十六、名人遗物已故中国共产党著名领袖人物、各民主党派著名领导人、著名爱国侨领、著名社会活动家的具有特别重要价值的手稿、信札、题词、题字等以及具有特别重要意义的用品。

注：二、三级文物定级标准举例可依据一级文物定级标准举例类推。

文物行政处罚程序暂行规定

2005年1月24日文化部令第33号发布施行

第一章　总　　则

第一条　为规范文物行政部门的行政处罚行为，保护公民、法人和其他组织的合法权益，根据《中华人民共和国行政处罚法》、《中华人民共和国文物保护法》及其他有关法律、行政法规的规定，制定本规定。

第二条　国务院文物行政部门以及县级以上地方各级文物行政部门，对违反文物保护法律、法规的行为实施行政处罚的，适用本规定。法律、法规另有规定的，从其规定。

第三条　文物行政部门实施行政处罚应当遵循以下原则：

（一）以法律、法规、规章为依据；

（二）遵循法定程序；

（三）公正、公平地行使法律赋予的行政职权；

（四）坚持处罚与教育相结合。

第四条　上级文物行政部门对下级文物行政部门实施的文物行政处罚行为进行监督。上级文物行政部门对下级文物行政部门违法作出的行政处罚决定，可责令其限期改正。逾期不改正的，上级文物行政部门有权依法对违法作出的行政处罚决定予以变更或者撤销。

第二章　管　　辖

第五条　文物行政处罚由违法行为发生地的县级以上地方文物行政部门管辖。法律、法规另有规定的除外。

第六条　国务院文物行政部门督查并指导地方文物行政部门处理全国范围有重大影响的行政处罚案件。

省级文物行政部门可依据有关规定和本地区实际情况，规定辖区内的级别管辖。

第七条　上级文物行政部门必要时可依法直接管辖下级文物行政部门管辖的行政处罚案件；下级文物行政部门对其管辖的行政处罚案件，认为需要由上级文物行政部门管辖时，可以报请上级文物行政部门决定。

第八条　两个以上地方文物行政部门对同一违法行为均有管辖权时，应当由先立案的文物行政部门管辖。

地方文物行政部门因管辖权发生争议的，由争议双方协商解决；协商不成的，报请共同的上一级文物行政部门指定管辖，其共同的上一级文物行政部门也可以直接指定管辖。

第九条　地方文物行政部门发现案件不属于本单位管辖或者主管的，应当将相关材料移送有管辖权的文物行政部门或者相关的行政部门处理，同时报上一级文物行政部门备案。受移送的文物行政部门应当将案件处理结果及时函告移送案件的文物行政部门。

受移送的文物行政部门如果认为移送不当，应当报请共同的上一级文物行政部门指定管辖，不得再次移送。

第三章　立　案

第十条　文物行政部门对下列途径发现的违法案件应当及时处理：

（一）在检查中发现的；

（二）公民、法人及其他组织举报的；

（三）上级交办的，下级报请处理的，或者有关部门移送的。

第十一条　文物行政部门适用一般程序处理违法行为的，应当立案。

第十二条　文物行政部门发现违法行为具有下列情形的，应当在5日内立案：

（一）有明确的违法嫌疑人；

（二）有客观的违法事实；

（三）属于文物行政处罚的范围；

（四）属于本部门管辖。

决定立案的，应当填写立案审批表，报本部门主管负责人批准，并确定两名以上文物行政执法人员为案件承办人。

第十三条　文物行政执法人员在执法检查过程中，发现违法行为正在实施，情况紧急的，可以采取下列措施：

（一）对违法行为予以制止或者纠正；

（二）对涉案文物依法先行登记保存；

（三）收集、调取其他有关证据。

文物行政执法人员应当及时将有关情况和材料报告所属文物行政部门，并办理立案手续。

第十四条　有下列情形之一的文物行政执法人员，不能被确定为案件承办人：

（一）是案件当事人或者当事人近亲属的；

（二）与案件有直接利害关系的；

（三）与案件当事人有其他关系，可能影响案件公正处理的。

案件承办人具有上述情形之一的，应当自行申请回避。当事人认为案件承办人符合上述情形之一时，可以向文物行政部门申请回避。案件承办人的回避由本部门主管负责人决定。

第四章　调查取证

第十五条　案件立案后，案件承办人应当及时收集、调取证据。

第十六条　案件承办人调查案件，不得少于两人。案件承办人在调查取证时，应当出示执法证件。

对涉及国家机密、商业秘密和个人隐私的，案件承办人应当保守秘密。

第十七条　案件承办人可以对当事人及证明人进行询问。询问应当单独进行。询问前应当告知其如实陈述事实、提供证据。

询问应当制作笔录，并交被询问人核对；对没有阅读能力的，应当向其宣读。笔录如有差错、遗漏，应当允许其更正或者补充。经核对无误后，由被询问人逐页在笔录上签名或者盖章。案件承办人也应当在笔录上签名。被询问人拒绝签名或者盖章的，案件承办人应当在笔录上注明。

第十八条　案件承办人进行现场检查时，当事人应当在场。案件承办人应当制作现场检查笔录，当事人应当签名并注明对该笔录真实性的意见；当事人拒绝到场或者签名的，应当由案件承办人在现场笔录中注明。

第十九条　案件承办人可以要求当事人及证明人提供相关证明材料，并由材料提供人在有关材料上签名或者盖章。材料提供人拒绝签名或者盖章的，案件承办人应当在材料上注明。

第二十条　案件承办人调取的证据应当是原件、原物。调取原件、原物确有困难的，可由提交证据复制品的单位或者个人在复制品上盖章或者签名，并注明“与原件（物）相同”字样或者文字说明。

第二十一条　在证据可能灭失，或者以后难以取得的情况下，案件承办人应当填写先行登记保存证据审批表，报本部门主管负责人批准。先行登记保存证据时，案件承办人应当向当事人出具先行登记保存证据通知书。

第二十二条　文物行政部门实施先行登记保存证据时，应当有当事人在场。当事人拒绝到场的，案件承办人可以邀请有关人员参加。

对先行登记保存的证据应当开列物品清单，由案件承办人、当事人或者其他有关人员签名或者盖章。

当事人拒绝签名、盖章或者接收物品清单的，应当由案件承办人在清单上签名并注明情况。

第二十三条　对于先行登记保存的证据，应当在7日内作出处理决定：

（一）需要进行技术检验或者鉴定的，送交检验或者鉴定；

（二）依法不需要没收的物品，退还当事人；

（三）依法应当移交有关部门处理的，移交有关部门。

法律另有规定的，从其规定。

第二十四条　文物行政部门在处理案件过程中，需要委托其他文物行政部门调查的，应当出具文物执法调查委托书。受委托的文物行政部门应当积极完成调查工作。

第二十五条　对案件处理过程中需要解决的专业性问题，文物行政部门应当委托专门机构或者聘请专业人员提出意见。

文物的鉴定，应当以办理案件的文物行政部门所在地省级文物鉴定机构的鉴定意见为准。国家文物鉴定机构可以根据办理案件的文物行政部门的申请，对省级文物鉴定机构的鉴定意见进行复核。

第五章　处罚决定

第一节　简易程序

第二十六条　对于违法事实清楚、证据确凿，依法应当作出下列行政处罚的，可以当场作出行政处罚决定：

（一）警告；

（二）对公民处以50元以下罚款；

（三）对法人或者其他组织处以1000元以下罚款。

第二十七条　文物行政执法人员当场作出行政处罚决定的，应当向当事人出示执法证件，并填写加盖文物行政部门公章的当场处罚决定书。

当场处罚决定书应当载明当事人的违法行为，行政处罚依据（适用的法律、法规、规章名称及具体条款），具体处罚的内容、时间、地点，不服行政处罚决定申请行政复议或者提起行政诉讼的途径，以及文物行政部门名称等内容。

当场处罚决定书由文物行政执法人员填写并签名后，当场交付当事人。

第二十八条　文物行政执法人员当场作出的行政处罚决定，应当报所属文物行政部门备案。

第二节　一般程序

第二十九条　违法行为经立案并调查终结后，案件承办人应当制作调查终结报告，报文物行政部门负责人审查。

第三十条　办理案件的文物行政部门负责人对调查结果进行审查，根据不同情况分别作出如下决定：

（一）确有应当受行政处罚的违法行为的，根据情节轻重及具体情况，作出行政处罚决定；

（二）违法行为轻微，依法可以不予行政处罚的，不予行政处罚；

（三）违法事实不能成立的，不得给予行政处罚；

（四）违法行为已构成犯罪的，移送司法机关。

对情节复杂或者重大违法行为给予较重的行政处罚，文物行政部门的负责人应当集体讨论决定。

第三十一条　文物行政部门拟作出行政处罚决定的，应当由本部门负责人签发行政处罚告知书。行政处罚告知书应当载明拟作出行政处罚决定的事实、理由和依据，并告知当事人依法享有的陈述权、申辩权和其他权利。

第三十二条　当事人要求陈述、申辩的，应当在收到行政处罚告知书后3日内，向文物行政部门提出陈述、申辩意见以及相应的事实、理由。当事人在此期间未行使陈述权、申辩权的，视为放弃权利。当事人放弃权利的，由文物行政部门负责人签发行政处罚决定书，并送达当事人。

第三十三条　案件承办人应当充分听取当事人的陈述、申辩意见，对当事人提出的事实、理由进行复核，并向文物行政部门负责人提交复核报告。

案件承办人不得因当事人的申辩加重对当事人的处罚。

第三十四条　文物行政部门负责人根据复核情况作出最终决定，并签发行政处罚决定书。行政处罚决定书应当载明下列事项：

（一）当事人的姓名或者名称、地址；

（二）违反法律、法规或者规章的事实和证据；

（三）行政处罚的种类和依据；

（四）行政处罚的履行方式和期限；

（五）不服行政处罚决定，申请行政复议或者提起行政诉讼的途径和期限；

（六）作出行政处罚决定的文物行政部门名称和作出决定的日期。

行政处罚决定书应当加盖作出行政处罚决定的文物行政部门的印章。

第三节　听证程序

第三十五条　文物行政部门作出责令停产停业、吊销许可证或者执照、较大数额罚款等行政处罚决定之前，应当告知当事人有要求举行听证的权利；当事人要求听证的，文物行政部门应当组织听证。

地方文物行政部门对较大数额罚款的界定，依照当地省级人大常委会或者人民政府的具体规定执行。

第三十六条 文物行政部门对于符合听证程序条件的案件，应当在作出行政处罚决定前，向当事人送达听证通知。

第三十七条 当事人在收到听证通知后3日内提出听证要求的，文物行政部门应当在当事人提出听证要求之日起3日内确定听证人员的组成、听证时间、地点和方式，并在举行听证7日前通知当事人。

第三十八条 除涉及国家秘密、商业秘密或者个人隐私外，听证应当公开举行。

第三十九条 文物行政部门主管负责人应当指定本部门非本案承办人员担任听证主持人和书记员。

当事人认为听证主持人和书记员与本案有利害关系的，有权申请回避。听证主持人和书记员的回避由文物行政部门主管负责人决定。

第四十条 当事人收到听证通知后，应当按时参加听证，也可以委托1至2人代理听证。委托他人代理听证的，应当向听证主持人提交由当事人签名或者盖章的委托书。

当事人无正当理由不按时参加听证的，视为放弃听证要求。

第四十一条 举行听证时，案件承办人应当提出当事人违法的事实、证据和行政处罚建议；当事人可以进行申辩和质证。

第四十二条 举行听证应当制作听证笔录。听证笔录应当载明下列事项：

（一）案由；

（二）听证参加人姓名或者名称、地址；

（三）听证主持人、书记员姓名；

（四）举行听证的时间、地点；

（五）案件承办人提出的事实、证据和行政处罚建议；

（六）当事人陈述、申辩和质证的内容；

（七）听证参加人签名或者盖章。

听证结束后，听证笔录应当交当事人和案件承办人审核无误后签名或者盖章。当事人拒绝签名或者盖章的，应当在听证笔录上注明。

第四十三条 听证结束后，文物行政部门依照本规定第三十条的规定，作出决定。

第六章 送达和执行

第四十四条 行政处罚决定书应当当场交付当事人；当事人不在场的，文物行政部门应当依照民事诉讼法的有关规定在7日内送达当事人。

第四十五条 行政处罚决定书送达后，当事人应当在规定期限内对处罚决定予以履行。

当事人确有经济困难，需要延期或者分期缴纳罚款的，经当事人提出书面申请，报文物行政部门负责人批准。

第四十六条 作出罚款和没收违法所得决定的文物行政部门应当与收缴罚没款的机构分离。除按规定当场收缴的罚款外，文物行政执法人员不得自行收缴罚没款。

第四十七条 当场作出行政处罚决定，有下列情形之一的，文物行政执法人员可以当场收缴罚款：

（一）依法给予20元以下罚款的；

（二）不当场收缴事后难以执行的。

第四十八条 在边远、水上、交通不便地区，文物行政执法人员依照本规定作出罚款决定后，当事人向指定的银行缴纳罚款确有困难，经当事人提出，文物行政执法人员可以当场收缴罚款。

第四十九条 文物行政执法人员当场收缴罚款的，应当向当事人出具省级财政部门统一制发的罚款收据。

文物行政执法人员当场收缴的罚款，应当自收缴罚款之日起2日内交至文物行政部门；文物行政部门应当在2日内将罚款缴付指定的银行。

第五十条 当事人逾期不履行行政处罚决定的，文物行政部门应当申请人民法院强制执行。

第五十一条 行政处罚决定履行或者执行后，案件承办人应当填写结案报告，报文物行政部门负责人批准。

第七章 附 则

第五十二条 行政处罚决定执行完毕后，文物行政部门应当及时将案件材料立卷归档。

第五十三条 本规定自发布之日起施行。

古人类化石和古脊椎动物化石保护管理办法

2006年8月7日文化部令第38号公布施行

第一条 为加强对古人类化石和古脊椎动物化石的保护和管理，根据《中华人民共和国文物保护法》制定本办法。

第二条 本办法所称古人类化石和古脊椎动物化石，指古猿化石、古人类化石及其与人类活动有关的第四纪古脊椎动物化石。

第三条 国务院文物行政部门主管全国古人类化石和古脊椎动物化石的保护和管理工作。

县级以上地方人民政府文物行政部门对本行政区域内的古人类化石和古脊椎动物化石的保护实施监督管理。

第四条 古人类化石和古脊椎动物化石分为珍贵化石和一般化石;珍贵化石分为三级。古人类化石、与人类有祖裔关系的古猿化石、代表性的与人类有旁系关系的古猿化石、代表性的与人类起源演化有关的第四纪古脊椎动物化石为一级化石;其他与人类有旁系关系的古猿化石、系统地位暂不能确定的古猿化石、其他重要的与人类起源演化有关的第四纪古脊椎动物化石为二级化石;其他有科学价值的与人类起源演化有关的第四纪古脊椎动物化石为三级化石。

一、二、三级化石和一般化石的保护和管理,按照国家有关一、二、三级文物和一般文物保护管理的规定实施。

第五条 古人类化石和古脊椎动物化石地点以及遗迹地点,纳入不可移动文物的保护和管理体系,并根据其价值,报请核定公布为各级文物保护单位。

第六条 古人类化石和古脊椎动物化石的考古调查、勘探和发掘工作,按照国家有关文物考古调查、勘探和发掘的管理规定实施管理。

地下埋藏的古人类化石和古脊椎动物化石,任何单位或者个人不得私自发掘。

古人类化石和古脊椎动物化石的考古发掘项目,其领队及主要工作人员应当具有古生物学及其他相关学科的研究背景。

第七条 建设工程涉及地下可能埋藏古人类化石和古脊椎动物化石的调查、勘探和发掘工作的程序和要求,按照国家有关建设工程涉及地下可能埋藏文物的调查、勘探和发掘工作的规定执行。

第八条 在进行建设工程或者在农业生产中,任何单位或者个人发现古人类化石和古脊椎动物化石,应当保护现场,立即报告当地文物行政部门。文物行政部门应当按照《中华人民共和国文物保护法》第三十二条第一款规定的要求和程序进行处理。

第九条 除出境展览或者因特殊需要经国务院批准出境外,古人类化石和古脊椎动物化石不得出境。

古人类化石和古脊椎动物化石出境展览,按照国家有关文物出境展览的管理规定实施管理。

古人类化石和古脊椎动物化石临时进境,按照国家有关文物临时进境的管理规定实施管理。

第十条 对保护古人类化石和古脊椎动物化石作出突出贡献的单位或个人,由国家给予精神鼓励或者物质奖励。

第十一条 违反本办法规定的,依照有关规定追究法律责任。

第十二条 本办法自公布之日起施行。

文物进出境审核管理办法

2007 年 7 月 13 日文化部令第 42 号公布施行

第一条 为加强对文物进出境审核的管理,根据《中华人民共和国文物保护法》和《中华人民共和国文物保护法实施条例》,制定本办法。

第二条 国家文物局负责文物进出境审核管理工作,指定文物进出境审核机构承担文物进出境审核工作。

文物进出境审核机构是文物行政执法机构,依法独立行使职权,向国家文物局汇报工作,接受国家文物局业务指导。

第三条 文物进出境审核机构由国家文物局和省级人民政府联合组建。省级人民政府应当保障文物进出境审核机构的编制、办公场所及工作经费。国家文物局应当对文物进出境审核机构的业务经费予以补助。

第四条 文物进出境审核机构应当具备以下条件:

(一)有 7 名以上专职文物鉴定人员,其中文物进出境责任鉴定员不少于 5 名;

(二)有固定的办公场所和必要的技术设备;

(三)工作经费全额纳入财政预算。

第五条 国家文物局根据文物进出境审核工作的需要,指定具备条件的文物进出境审核机构承担文物进出境审核工作,使用文物出境标识和文物临时进境标识,对允许出境的文物发放文物出境许可证。

第六条 文物进出境审核机构的工作人员实行持证上岗制度,不得在文物商店或者拍卖企业任职、兼职。文物进出境审核机构的主要负责人应当取得国家文物局颁发的资格证书。

文物进出境责任鉴定员应当取得大学本科以上学历和文物博物专业中级以上职称,并经国家文物局考核合格。

第七条 文物进出境审核机构的日常管理工作由所在地省级文物主管部门负责。省级文物主管部门应当制定相关管理制度，并报国家文物局备案。

文物进出境审核机构应当采取措施，保证审核工作高效公正。

第八条　下列文物出境，应当经过审核：

（一）1949 年（含）以前的各类艺术品、工艺美术品；

（二）1949 年（含）以前的手稿、文献资料和图书资料；

（三）1949 年（含）以前的与各民族社会制度、社会生产、社会生活有关的实物；

（四）1949 年以后的与重大事件或著名人物有关的代表性实物；

（五）1949 年以后的反映各民族生产活动、生活习俗、文化艺术和宗教信仰的代表性实物；

（六）国家文物局公布限制出境的已故现代著名书画家、工艺美术家作品；

（七）古猿化石、古人类化石，以及与人类活动有关的第四纪古脊椎动物化石。

文物出境审核标准，由国家文物局定期修订并公布。

第九条　运送、邮寄、携带文物出境，应当在文物出境前填写文物出境申请表，报文物进出境审核机构审核。

文物进出境审核机构应当自收到文物出境申请之日起 15 个工作日内作出是否允许出境的审核意见。

第十条　文物进出境审核机构审核文物，应当有 3 名以上专职文物鉴定人员参加，其中文物进出境责任鉴定员不得少于 2 名。

文物出境许可证，由参加审核的文物进出境责任鉴定员共同签署。文物进出境责任鉴定员一致同意允许出境的文物，文物进出境审核机构方可加盖文物出境审核专用章。

第十一条　经审核允许出境的文物，由文物进出境审核机构标明文物出境标识，发放文物出境许可证。海关查验文物出境标识后，凭文物出境许可证放行。

文物出境许可证一式三联，第一联由文物进出境审核机构留存，第二联由文物出境地海关留存，第三联由文物出境携运人留存。

经审核不允许出境的文物，由文物进出境审核机构登记并发还。

根据出境地海关或携运人的要求，文物进出境审核机构可以为经审核属于文物复仿制品的申报物品出具文物复仿制品证明。

第十二条　因修复、展览、销售、鉴定等原因临时进境的文物，经海关加封后，报文物进出境审核机构审核、登记。文物进出境审核机构查验海关封志完好无损后，对每件临时进境文物进行审核，标明文物临时进境标识并登记。

临时进境文物复出境时，应向原审核、登记的文物进出境审核机构申报。文物进出境审核机构应对照进境记录审核查验，确认文物临时进境标识无误后，标明文物出境标识，发给文物出境许可证。

第十三条　临时进境文物在境内滞留时间，除经海关和文物进出境审核机构批准外，不得超过 6 个月。

临时进境文物滞留境内逾期复出境，依照文物出境审核标准和程序进行审核。

第十四条　因展览、科研等原因临时出境的文物，出境前应向文物进出境审核机构申报。文物进出境审核机构应当按国家文物局的批准文件办理审核登记手续。

临时出境文物复进境时，由原审核登记的文物进出境审核机构审核查验。

第十五条　文物进出境审核机构在审核文物过程中，发现涉嫌非法持有文物或文物流失问题的，应立即向公安机关和国家文物局报告。

第十六条　文物出境标识、文物临时进境标识和文物出境许可证，由文物进出境审核机构指定专人保管。使用上述物品，由文物进出境审核机构负责人签字确认。

第十七条　违反本办法规定，造成文物流失的，依据有关规定追究责任人的责任。

第十八条　文物出境标识、文物临时进境标识、文物出境许可证、文物复仿制品证明和文物出境申请表，由国家文物局统一制作。

第十九条　尚未组建文物进出境审核机构的省、自治区、直辖市，应当根据本办法的规定组建文物进出境审核机构；组建前的文物进出境审核工作由国家文物局指定文物进出境审核机构承担。

第二十条　本办法自公布之日起施行，1989 年文化部发布的《文物出境鉴定管理办法》同日废止。

文物认定管理暂行办法

1. 2009 年 8 月 10 日文化部令第 46 号发布
2. 自 2009 年 10 月 1 日起施行

第一条　为规范文物认定管理工作，根据《中华人民共和国文物保护法》制定本办法。

本办法所称文物认定，是指文物行政部门将具有历史、艺术、科学价值的文化资源确认为文物的行政行为。

第二条　《中华人民共和国文物保护法》第二条第一款所列各项，应当认定为文物。

乡土建筑、工业遗产、农业遗产、商业老字号、文化线路、文化景观等特殊类型文物，按照本办法认定。

第三条　认定文物，由县级以上地方文物行政部门负责。认定文物发生争议的，由省级文物行政部门作出裁定。

省级文物行政部门应当根据国务院文物行政部门的要求，认定特定的文化资源为文物。

第四条　国务院文物行政部门应当定期发布指导意见，明确文物认定工作的范围和重点。

第五条　各级文物行政部门应当定期组织开展文物普查，并由县级以上地方文物行政部门对普查中发现的文物予以认定。

各级文物行政部门应当完善制度，鼓励公民、法人和其他组织在文物普查工作中发挥作用。

第六条　所有权人或持有人书面要求认定文物的，应当向县级以上地方文物行政部门提供其姓名或者名称、住所、有效身份证件号码或者有效证照号码，以及认定对象的来源说明。县级以上地方文物行政部门应当作出决定并予以答复。

县级以上地方文物行政部门应当告知文物所有权人或持有人依法承担的文物保护责任。

县级以上地方文物行政部门应当整理并保存上述工作的文件和资料。

第七条　公民、法人和其他组织书面要求认定不可移动文物的，应当向县级以上地方文物行政部门提供其姓名或者名称、住所、有效身份证件号码或者有效证照号码。县级以上地方文物行政部门应当通过听证会等形式听取公众意见并作出决定予以答复。

第八条　县级以上地方文物行政部门认定文物，应当开展调查研究，收集相关资料，充分听取专家意见，召集专门会议研究并作出书面决定。

县级以上地方文物行政部门可以委托或设置专门机构开展认定文物的具体工作。

第九条　不可移动文物的认定，自县级以上地方文物行政部门公告之日起生效。

可移动文物的认定，自县级以上地方文物行政部门作出决定之日起生效。列入文物收藏单位藏品档案的文物，自主管的文物行政部门备案之日起生效。

第十条　各级文物行政部门应当根据《中华人民共和国文物保护法》第三条的规定，组织开展经常性的文物定级工作。

第十一条　文物收藏单位收藏文物的定级，由主管的文物行政部门备案确认。

文物行政部门应当建立民间收藏文物定级的工作机制，组织开展民间收藏文物的定级工作。定级的民间收藏文物，由主管的地方文物行政部门备案。

第十二条　公民、法人和其他组织，以及所有权人书面要求对不可移动文物进行定级的，应当向有关文物行政部门提供其姓名或者名称、住所、有效身份证件号码或者有效证照号码。有关文物行政部门应当通过听证会等形式听取公众意见并予以答复。

第十三条　对文物认定和定级决定不服的，可以依法申请行政复议。

第十四条　国家实行文物登录制度，由县级以上文物行政部门委托或设置专门机构开展相关工作。

文物登录，应当对各类文物分别制定登录指标体系。登录指标体系应当满足文物保护、研究和公众教育等需要。

根据私有文物所有权人的要求，文物登录管理机构应当对其身份予以保密。

第十五条　违反本办法规定，造成文物破坏的，对负有责任的主管人员和其他直接责任人员依法给予处分；构成犯罪的，依法追究刑事责任。

第十六条　古猿化石、古人类化石、与人类活动有关的第四纪古脊椎动物化石，以及上述化石地点和遗迹地点的认定和定级工作，按照本办法的规定执行。

历史文化名城、街区及村镇的认定和定级工作，按照有关法律法规的规定执行。

第十七条　本办法自2009年10月1日起施行。

近现代一级文物藏品定级标准（试行）

2003年5月13日国家文物局发布

第一条　为加强对近现代文物的保护和管理，深入开展爱国主义和革命传统教育，促进社会主义政治文明、精神文明和物质文明建设，根据《中华人民共和国文物保护法》、《文物藏品定级标准》等，制定本标准。

第二条　近现代文物藏品是指博物馆、纪念馆和其他文物收藏单位收藏的1840年以来的文物，按照历史、艺术、科学价值区分为珍贵文物和一般文物，珍贵文物分为一级文物、二级文物、三级文物。

本标准适用于综合类博物馆、近现代历史类博物馆、纪念馆、名人故居陈列馆(室)的近现代一级文物藏品。其他文物收藏单位、其他级别的近现代文物藏品可比照本标准确定等级。

第三条 一级文物必须是经过科学考证,确为原件、源流具有确凿依据且数量仅有或稀有的珍贵文物,并应具有以下一项或几项条件:

(一)对反映全国性重大历史事件、人物具有直接见证意义或重要佐证意义的;

(二)对反映地方性重大历史具有直接见证意义或重要佐证意义的;

(三)某一领域中的重大发明、发现,具有开创性、代表性或里程碑意义的;

(四)文物反映的物主明确并拥有很高知名度,且能反映物主主要业绩的;

(五)有确切、生动的形成经过和流传经过的;

(六)载有时代特征或特殊意义的铭文、注记或图案标志的。

第四条 近现代文物种类繁多,依其形式,用途和意义,可分为文献,手稿,书刊传单,勋章徽章证件,旗帜,印信图章,武器装备(含各种军用物品),反映社会发展的文物,反映祖国大陆与港、澳、台关系的文物,反映对外关系的文物,音像制品,名人遗物,艺术品、工艺美术品,货币、邮票等实用艺术类物品,实用器材,杂项等十六类。各类一级文物的定级壁画、蜡染、服饰、头饰、刺绣、地毯等民间艺术品、工艺品。

一、映近代以来中国人民反抗剥削压迫的重大事件和重要人物的文物。

二、反映近代以来中国人民抵御外侮、反抗侵略的重大事件和重要人物的文物。

三、反映近代以来中外关系、友好往来和政治、经济、军事、科技、文化、艺术、卫生、体育、宗教等方面相互交流的文物。

1. 中国参与创建联合国和参与联合国活动,以及参与其他国际组织、各种国际会议的有关文物。

2. 中国与世界各国建立外交关系的有关文物。

3. 中国对外交往、与其他国家合作交流的有关文物。

4. 中国参与各类国际竞赛、评比活动并获奖的有关文物。

5. 中国政府、政党及其领导人与外国政府、政党及其领导人友好交往,中国民间团体、知名人士与国际友好团体、友好人士交往的有关文物。标准,按不同种类分别确定。

第五条 文献:各种重要会议之决议、决定、宣言,各种机关(党派、政府、军队、团体及其他机构)的文书、布告、电报、报告、指示、通知、总结等原始正式文件,凡数量稀少并具有下列情况之一的,确定为一级文物:

(一)1840年以来全国性党、政、军机构(包括太平天国、同盟会、中华民国临时政府、各民主党派等)成力后第一次印发的文告、宣言;

(二)1949年以前有影响的地方性党、政、军机关(包括各省、市军政府、都督府、苏维埃政府等)成立后第一次印发的文书、文告;

(三)1949年以前全国和省级以上群众团体(工会、农会、青年团等)第一次代表大会印发的重要文件;

(四)具有重大历史意义的会议的重要决议、决定、宣言等;

(五)国家首次颁布并有重要意义的法律、法规等;

(六)反映重大事件且有特殊形成经过和流传经过的文件;

(七)虽非第一次,但有重要内容,并盖有发文机关印信关防和发文者印章的,有张贴和使用痕迹的布告、文件;

(八)确知元件已无存,最早的翻印件并有特殊情节,现存数量为仅有或极其稀少的重要文献;

(九)其他具有重要历史意义或特殊意义的文献。

第六条 手稿:全国性领袖人物、著名军政人物、著名烈士、著名英雄模范人物、著名作家及各界公认的著名人物等亲笔起草的文件、电报、作品、信涵、题词等的原件,凡具有下列情况之一的,确定为一级文物:

(一)著名人物为重要会议、重要事件起草的文件、电报、文告原稿;

(二)著名人物为报刊所写的有广泛影响的新闻、社论、评论原稿;

(三)著名人物作有重要批语或重要修改并保留手迹的文稿;

(四)著名人物的日记、笔记或其他记录,有重要史料价值的;

(五)著名人物为重要会议、重要活动、著名英烈人物所写的有重要内容和广泛影响的题词;

(六)著名人物为具有重要历史地位的机构、书刊等提写的名称中有特殊意义的;

(七)著名人物所写具有重要 内容或对重大事件

有佐证价值的信涵；

（八）著名作家的代表性著作的手稿；

（九）其他具有重要历史意义或特殊意义的手稿。

第七条 书刊、传单：书刊包括书籍、报纸、期刊、号外、时事材料、文件汇编等印刷品；传单包括重大事件和历史大规模群众性运动中散发、张贴的传单、标语、漫画，重要战役的捷报，也包括交战双方向敌方散发的宣传品。数量稀少并有下列情况之一的，确定为一级文物：

（一）在全国或某一地区产生过重大影响，年代较早，存世已很稀少的书刊；

（二）具有重要历史意义的原始版本或最早版本、存世稀少的出版物；

（三）领袖或著名人物阅读过并写有重要眉批、评语和心得的书刊；

（四）反映重大历史事件，具有典型性，现存稀少或流传经过有特殊情节的书刊、传单；

（五）因战乱或其他原因，有些报刊已残缺，现存部分极珍贵，对重大史实有佐证作用的；

（六）其他具有重要历史意义或特殊意义的书刊、传单。

第八条 勋章、徽章、证件：各类奖章、勋章、奖状（立功喜报）、纪念章、机关（学校、团体）证章、证件、证书、代表证，以及其他标志符号等，有下列情况之一的，确定为一级文物：

（一）勋章（奖章）等级和受勋人身份很高，留存数量稀少的；

（二）中央级机关颁发给著名英雄模范、先进人物的勋章、奖章、奖状、证书、喜报（1949 年以前颁发机关可放宽至大战略区、大行政区）；

（三）在奥运会和世界性运动会上所得的金质奖章及证书，以及打破世界记录和全国记录的奖章及证书；

（四）反映重大历史事件，有特殊情节的勋章、奖章、奖状、纪念章、证章；

（五）著名人物出席重要会议的代表证，编号、发证机关及印章齐全者；

（六）物主不详，但铭文、编号齐全，或设计图案独特新颖，由权威机关制发，对重大事件有佐证作用的纪念章、证章，数量稀少的；

（七）具有重大影响的著名学校、著名人物的毕业证书和学位证书；

（八）其他具有重要历史意义或特殊 的勋章、徽章、证件。

第九条 旗帜：国旗、军旗、奖旗、舰旗、队旗、锦旗、贺幛等各种标志性、识别性旗帜，有下列情况之一的，确定为一级文物：

（一）立法机关通过的国旗、军旗设计图案及样品；

（二）在重大场合首次使用的国旗、军旗；

（三）在特殊场合使用过的国旗、军旗及其他旗帜（地球卫星第一次带上太空的国旗，第一次插上珠穆朗玛峰的国旗等）；

（四）著名英模单位在作战时或执行任务时使用的旗帜（红旗、国旗、军旗、队旗等）；

（五）高级领导机关授予著名英模单位的奖旗、锦旗；

（六）著名学校、军舰使用过的第一面校旗、舰旗等；

（七）其他具有重要历史意义或特殊意义的旗帜、贺幛、挽幛。

第十条 印信图章：国家机关、军队、政党、群众团体等使用过的关防、公章、各种印信，著名人物个人使用过的印章等，有下列情况之一的，确定为一级文物：

（一）中央国家机关（如太平天国、中华民国、北洋军阀政府、中华苏维埃共和国中央执行委员会、中华人民共和国中央人民政府、中央军委等）使用过的玺印、关防、印章；

（二）各省、市、自治区人民政府首次使用的印章；

（三）1949 年以前各地军、政高级领导机关使用过的印章、关防；

（四）著名历史人物使用过的有代表性的个人印章；

（五）其他有特殊意义或流传经过的印信图章。

第十一条 武器装备：各种兵器、弹药和军用车辆、机械、器具、地图、通讯器材、防护器材、观测器材、医疗器材及其他军用物品，有下列情况之一的，确定为一级文物：

（一）高级将领、重大武装起义中的领袖人物或代表人物在重要军事行动中使用过的兵器、望远镜及其他物品；

（二）著名战斗英雄或英雄单位使用过的有特殊标志、特殊功勋或被授予称号的有关兵器、机械、器具、装备及其他物品；

（三）在军事史上具有重大意义的兵器、装备、舰船、航空航天器材及其他物品；

（四）在著名战争、战役、战斗中缴获敌人的有重要意义的兵器、装备及其他物品；

（五）1949 年以前各根据地兵工厂制造的有代表性的兵器及相关物品；

（六）有铭文、有特殊流传经过和特殊意义的兵器、装备及其他物品；

（七）有重要历史佐证意义，可揭露敌方侵略罪行的武器和其他军用物品；

（八）其他具有重要历史意义或特殊意义的武器装备及军用物品。

第十二条　反映社会发展的文物：反映近现代中国社会、经济、文化、科技、民族、宗教信仰及生态等各方面发展变化的重要遗存和见证物，下列具有典型性、代表性的、确定为一级文物：

（一）映中国近现代这会性质、社会制度变化的重要文物（如签定的不平等条约、设立租界的界碑、反映帝国主义对华经济文化侵蚀，太平天国、洋务运动、推翻帝制、建立民国，中华人民共和国成立，土地制度、土地改革、农业合作化、公私合营、人民公社、“革委会”、家庭联产承包责任制等社会变革的重要文物）；

（二）映中国经济发展的重要文物（如反映生产力发展各阶段的代表性生产工具、近代老字号企业、经济特区、国有企业、民营企业、股份制企业、基础设施建设、资源、生态、人民生活水平等的重要文物）；

（三）映中国科技发展水平的文物（包括有重要意义的各种仪器、科学实验、重大成果、发明专利等）；

（四）反映中国教育、卫生、文化、体育等事业发展的重要文物；

（五）映中国民族关系、民族自治区建设等方面的重要文物；

（六）反映中国国防建设（军队、民兵、武警、国防设施、国防科技等）的重要文物；

（七）其他具有重要历史意义或特殊意义的反映社会发展的文物。

第十三条　反映祖国大陆与港、澳、台关系的文物，下列具有重大意义的，确定为一级文物：

（一）反映收回台湾主权和促进台湾回归祖国的重要文物；

（二）反映中国与英国、葡萄牙谈判及收回香港、澳门主权的重要文物；

（三）反映祖国大陆与港、澳、台地区经济、文化往来等方面的重要文物。

第十四条　反映对外关系的文物：中外友好往来及政治、经济、军事、科技、文化、艺术、卫生、体育、宗教等方面相互交流的文物，下列具有重大意义的，确定为一级文物：

（一）中国代表参与联合国创建和参与联合国工作的重要文物；

（二）中国代表参与各种国际组织、国际会议活动的重要文物；

（三）反映中国与外国签定条约、发表联合声明，以及中国发布宣言、文告、照会等的重要文物；

（四）反映中国与临国划定边界的重要文物（如界碑）；

（五）外国国家元首、政治首脑、各方面要员赠送中国领导人的有重大意义的礼品；

（六）中国与外国的城市间结为友好城市的代表性、标志性文物；

（七）与外国友好团体、民间组织交往中有典型意义的文物；

（八）其他具有重要历史意义或特殊意义的反映对外关系的文物。

第十五条　音像制品：照片（含底片）、录音带、录音唱片、记录片、录象带、光盘等，形成时间较早、存世稀少、能反映重要人物的重要活动、对重大历史事件有佐证意义的原版作品，或流传经过中有特殊情节的原版作品，确定为一级文物。

第十六条　名人遗物：领袖人物、著名烈士、著名英模及社会各界名人的遗存物，凡不能归入以上十类文物的，除名人日常生活的一般用品外，可酌情选取最能体现名人成长过程和生平业绩的，定为一级文物。

第十七条　艺术品、工艺美术品：从两个互相区别又互有联系的角度确定一级文物。一是从近代历史的角度出发，对享有盛誉的作者创作的表现近现代重大历史题材、堪称代表作的作品，或者有极特殊的情节、特殊意义的作品，确定为一级文物；二是从艺术水平和艺术发展史的角度出发，对极少数确已受到公认的、艺术价值极高、具有时代意义的作品，确定为一级文物。

第十八条　货币、邮票等实用艺术类物品：从两个互相区别有互有联系的角度确定一级文物。一是从近现代历史的角度出发，对表现近现代重大历史题材的，或者有极特殊情节、特殊意义的实用艺术类物品，确定为一级文物；二是从艺术水平和艺术发展史 的角度出发，对极少数具有时代独创性、首创性和唯一性的，确已受到公认、价值极为突出的实用艺术类物品，确定为一级文物。

第十九条　金器、银器、铜器、玉器、漆器等实用器物：材质、工艺极其珍惜或经济价值特别昂贵的，确定为一级文物。

第二十条 杂项:不能归入以上十五类文物的,列为杂项。其中确定有重大历史意义或其他特殊意义的,确定为一级文物。

第二十一条 一级文物集品的确定。集品是指那些由若干部件构成的不可分割的组合式文物藏品,如成套的报纸、期刊,多卷本文集,著名人物的多本日记,名人书信、手稿合订本,成套的军装(含军帽、军上衣、军裤、帽徽、肩章、领章、胸章、臂章、腰带、佩剑)等。凡部件齐全的,作为一个完整集品,按各类一级文物的定级标准定为一级文物(一个编号下含若干分号);凡部件不全的,作为残缺的集品,对其中确符合一级文物定级标准的,将现有部件尚不完整的集品定为一级文物,待发现尚缺的部件后再作补充,直到补充完整。

2. 文化遗产

中华人民共和国非物质文化遗产法

1. 2011年2月25日第十一届全国人民代表大会常务委员会第十九次会议通过
2. 2011年2月25日中华人民共和国主席令第42号公布
3. 自2011年6月1日起施行

目　录

第一章　总　　则

第一条　【立法目的】为了继承和弘扬中华民族优秀传统文化，促进社会主义精神文明建设，加强非物质文化遗产保护、保存工作，制定本法。

第二条　【非物质文化遗产定义及范围】本法所称非物质文化遗产，是指各族人民世代相传并视为其文化遗产组成部分的各种传统文化表现形式，以及与传统文化表现形式相关的实物和场所。包括：

（一）传统口头文学以及作为其载体的语言；

（二）传统美术、书法、音乐、舞蹈、戏剧、曲艺和杂技；

（三）传统技艺、医药和历法；

（四）传统礼仪、节庆等民俗；

（五）传统体育和游艺；

（六）其他非物质文化遗产。

属于非物质文化遗产组成部分的实物和场所，凡属文物的，适用《中华人民共和国文物保护法》的有关规定。

第三条　【非物质文化遗产保护原则与措施】国家对非物质文化遗产采取认定、记录、建档等措施予以保存，对体现中华民族优秀传统文化，具有历史、文学、艺术、科学价值的非物质文化遗产采取传承、传播等措施予以保护。

第四条　【保护非物质文化遗产的原则】保护非物质文化遗产，应当注重其真实性、整体性和传承性，有利于增强中华民族的文化认同，有利于维护国家统一和民族团结，有利于促进社会和谐和可持续发展。

第五条　【使用非物质文化遗产的原则】使用非物质文化遗产，应当尊重其形式和内涵。

禁止以歪曲、贬损等方式使用非物质文化遗产。

第六条　【政府的责任】县级以上人民政府应当将非物质文化遗产保护、保存工作纳入本级国民经济和社会发展规划，并将保护、保存经费列入本级财政预算。

国家扶持民族地区、边远地区、贫困地区的非物质文化遗产保护、保存工作。

第七条　【工作主管部门】国务院文化主管部门负责全国非物质文化遗产的保护、保存工作；县级以上地方人民政府文化主管部门负责本行政区域内非物质文化遗产的保护、保存工作。

县级以上人民政府其他有关部门在各自职责范围内，负责有关非物质文化遗产的保护、保存工作。

第八条　【人民政府宣传非物质文化遗产的责任】县级以上人民政府应当加强对非物质文化遗产保护工作的宣传，提高全社会保护非物质文化遗产的意识。

第九条　【全民参与原则】国家鼓励和支持公民、法人和其他组织参与非物质文化遗产保护工作。

第十条　【非物质文化遗产保护工作中的表彰和奖励】对在非物质文化遗产保护工作中做出显著贡献的组织和个人，按照国家有关规定予以表彰、奖励。

第二章　非物质文化遗产的调查

第十一条　【政府组织非物质文化遗产调查】县级以上人民政府根据非物质文化遗产保护、保存工作需要，组织非物质文化遗产调查。非物质文化遗产调查由文化主管部门负责进行。

县级以上人民政府其他有关部门可以对其工作领域内的非物质文化遗产进行调查。

第十二条　【调查方法和要求】文化主管部门和其他有关部门进行非物质文化遗产调查，应当对非物质文化遗产予以认定、记录、建档，建立健全调查信息共享机制。

文化主管部门和其他有关部门进行非物质文化遗产调查，应当收集属于非物质文化遗产组成部分的代表性实物，整理调查工作中取得的资料，并妥善保存，防止损毁、流失。其他有关部门取得的实物图片、资料复制件，应当汇交给同级文化主管部门。

第十三条　【公开非物质文化遗产档案和信息】文化主管部门应当全面了解非物质文化遗产有关情况，建立非物质文化遗产档案及相关数据库。除依法应当保密的外，非物质文化遗产档案及相关数据信息应当公开，便于公众查阅。

第十四条　【公民、法人和其他组织进行调查的要求】公民、法人和其他组织可以依法进行非物质文化遗产调查。

第十五条　【境外组织和个人在我国境内进行调查的要求】境外组织或者个人在中华人民共和国境内进行非物质文化遗产调查，应当报经省、自治区、直辖市人民政府文化主管部门批准；调查在两个以上省、自治区、直辖市行政区域进行的，应当报经国务院文化主管部门批准；调查结束后，应当向批准调查的文化主管部门提交调查报告和调查中取得的实物图片、资料复制件。

境外组织在中华人民共和国境内进行非物质文化遗产调查，应当与境内非物质文化遗产学术研究机构合作进行。

第十六条　【调查活动中的禁止性规范】进行非物质文化遗产调查，应当征得调查对象的同意，尊重其风俗习惯，不得损害其合法权益。

第十七条　【濒临消失的非物质文化遗产的保护、保存】对通过调查或者其他途径发现的濒临消失的非物质文化遗产项目，县级人民政府文化主管部门应当立即予以记录并收集有关实物，或者采取其他抢救性保存措施；对需要传承的，应当采取有效措施支持传承。

第三章　非物质文化遗产代表性项目名录

第十八条　【建立代表性项目名录制度】国务院建立国家级非物质文化遗产代表性项目名录，将体现中华民族优秀传统文化，具有重大历史、文学、艺术、科学价值的非物质文化遗产项目列入名录予以保护。

省、自治区、直辖市人民政府建立地方非物质文化遗产代表性项目名录，将本行政区域内体现中华民族优秀传统文化，具有历史、文学、艺术、科学价值的非物质文化遗产项目列入名录予以保护。

第十九条　【推荐国家级非物质文化遗产代表性项目名录的要求】省、自治区、直辖市人民政府可以从本省、自治区、直辖市非物质文化遗产代表性项目名录中向国务院文化主管部门推荐列入国家级非物质文化遗产代表性项目名录的项目。推荐时应当提交下列材料：

（一）项目介绍，包括项目的名称、历史、现状和价值；

（二）传承情况介绍，包括传承范围、传承谱系、传承人的技艺水平、传承活动的社会影响；

（三）保护要求，包括保护应当达到的目标和应当采取的措施、步骤、管理制度；

（四）有助于说明项目的视听资料等材料。

第二十条　【建议列入国家级非物质文化遗产代表性名录的要求】公民、法人和其他组织认为某项非物质文化遗产体现中华民族优秀传统文化，具有重大历史、文学、艺术、科学价值的，可以向省、自治区、直辖市人民政府或者国务院文化主管部门提出列入国家级非物质文化遗产代表性项目名录的建议。

第二十一条　【可以同时列入国家级非物质文化遗产代表性项目名录的要求】相同的非物质文化遗产项目，其形式和内涵在两个以上地区均保持完整的，可以同时列入国家级非物质文化遗产代表性项目名录。

第二十二条　【非物质文化遗产评审程序及评审原则】国务院文化主管部门应当组织专家评审小组和专家评审委员会，对推荐或者建议列入国家级非物质文化遗产代表性项目名录的非物质文化遗产项目进行初评和审议。

初评意见应当经专家评审小组成员过半数通过。专家评审委员会对初评意见进行审议，提出审议意见。

评审工作应当遵循公开、公平、公正的原则。

第二十三条　【公示程序】国务院文化主管部门应当将拟列入国家级非物质文化遗产代表性项目名录的项目予以公示，征求公众意见。公示时间不得少于二十日。

第二十四条　【批准、公布程序】国务院文化主管部门根据专家评审委员会的审议意见和公示结果，拟订国家级非物质文化遗产代表性项目名录，报国务院批准、公布。

第二十五条　【非物质文化遗产保护规划】国务院文化主管部门应当组织制定保护规划，对国家级非物质文化遗产代表性项目予以保护。

省、自治区、直辖市人民政府文化主管部门应当组织制定保护规划，对本级人民政府批准公布的地方非物质文化遗产代表性项目予以保护。

制定非物质文化遗产代表性项目保护规划，应当对濒临消失的非物质文化遗产代表性项目予以重点保护。

第二十六条　【专项保护规划】对非物质文化遗产代表性项目集中、特色鲜明、形式和内涵保持完整的特定区域，当地文化主管部门可以制定专项保护规划，报经本级人民政府批准后，实行区域性整体保护。确定对非物质文化遗产实行区域性整体保护，应当尊重当地居民的意愿，并保护属于非物质文化遗产组成部分的实物和场所，避免遭受破坏。

实行区域性整体保护涉及非物质文化遗产集中地村镇或者街区空间规划的，应当由当地城乡规划主管部门依据相关法规制定专项保护规划。

第二十七条 【专项保护规划的监督和检查】国务院文化主管部门和省、自治区、直辖市人民政府文化主管部门应当对非物质文化遗产代表性项目保护规划的实施情况进行监督检查；发现保护规划未能有效实施的，应当及时纠正、处理。

第四章 非物质文化遗产的传承与传播

第二十八条 【建立非物质文化遗产的传承、传播制度】国家鼓励和支持开展非物质文化遗产代表性项目的传承、传播。

第二十九条 【代表性传承人的条件及评审程序】国务院文化主管部门和省、自治区、直辖市人民政府文化主管部门对本级人民政府批准公布的非物质文化遗产代表性项目，可以认定代表性传承人。

非物质文化遗产代表性项目的代表性传承人应当符合下列条件：

（一）熟练掌握其传承的非物质文化遗产；

（二）在特定领域内具有代表性，并在一定区域内具有较大影响；

（三）积极开展传承活动。

认定非物质文化遗产代表性项目的代表性传承人，应当参照执行本法有关非物质文化遗产代表性项目评审的规定，并将所认定的代表性传承人名单予以公布。

第三十条 【政府的责任】县级以上人民政府文化主管部门根据需要，采取下列措施，支持非物质文化遗产代表性项目的代表性传承人开展传承、传播活动：

（一）提供必要的传承场所；

（二）提供必要的经费资助其开展授徒、传艺、交流等活动；

（三）支持其参与社会公益性活动；

（四）支持其开展传承、传播活动的其他措施。

第三十一条 【代表性传承人的义务及退出机制】非物质文化遗产代表性项目的代表性传承人应当履行下列义务：

（一）开展传承活动，培养后继人才；

（二）妥善保存相关的实物、资料；

（三）配合文化主管部门和其他有关部门进行非物质文化遗产调查；

（四）参与非物质文化遗产公益性宣传。

非物质文化遗产代表性项目的代表性传承人无正当理由不履行前款规定义务的，文化主管部门可以取消其代表性传承人资格，重新认定该项目的代表性传承人；丧失传承能力的，文化主管部门可以重新认定该项目的代表性传承人。

第三十二条 【宣传、展示非物质文化遗产代表性项目】县级以上人民政府应当结合实际情况，采取有效措施，组织文化主管部门和其他有关部门宣传、展示非物质文化遗产代表性项目。

第三十三条 【非物质文化遗产的研究、整理及出版活动】国家鼓励开展与非物质文化遗产有关的科学技术研究和非物质文化遗产保护、保存方法研究，鼓励开展非物质文化遗产的记录和非物质文化遗产代表性项目的整理、出版等活动。

第三十四条 【非物质文化遗产的宣传、教育】学校应当按照国务院教育主管部门的规定，开展相关的非物质文化遗产教育。

新闻媒体应当开展非物质文化遗产代表性项目的宣传，普及非物质文化遗产知识。

第三十五条 【公共文化机构等的责任】图书馆、文化馆、博物馆、科技馆等公共文化机构和非物质文化遗产学术研究机构、保护机构以及利用财政性资金举办的文艺表演团体、演出场所经营单位等，应当根据各自业务范围，开展非物质文化遗产的整理、研究、学术交流和非物质文化遗产代表性项目的宣传、展示。

第三十六条 【展示场所和传承场所】国家鼓励和支持公民、法人和其他组织依法设立非物质文化遗产展示场所和传承场所，展示和传承非物质文化遗产代表性项目。

第三十七条 【非物质文化遗产生产性保护】国家鼓励和支持发挥非物质文化遗产资源的特殊优势，在有效保护的基础上，合理利用非物质文化遗产代表性项目开发具有地方、民族特色和市场潜力的文化产品和文化服务。

开发利用非物质文化遗产代表性项目的，应当支持代表性传承人开展传承活动，保护属于该项目组成部分的实物和场所。

县级以上地方人民政府应当对合理利用非物质文化遗产代表性项目的单位予以扶持。单位合理利用非物质文化遗产代表性项目的，依法享受国家规定的税收优惠。

第五章 法律责任

第三十八条 【对玩忽职守、滥用职权、徇私舞弊行为的法律责任】文化主管部门和其他有关部门的工作人员在非物质文化遗产保护、保存工作中玩忽职守、滥用职权、徇私舞弊的，依法给予处分。

第三十九条 【对侵犯调查对象风俗习惯行为的法律责任】文化主管部门和其他有关部门的工作人员进行非物质文化遗产调查时侵犯调查对象风俗习惯，造成严重后果的，依法给予处分。

第四十条 【破坏非物质文化遗产的法律责任】违反本法规定，破坏属于非物质文化遗产组成部分的实物和场所的，依法承担民事责任；构成违反治安管理行为的，依法给予治安管理处罚。

第四十一条 【境外组织和个人违反本法规定的法律责任】境外组织违反本法第十五条规定的，由文化主管部门责令改正，给予警告，没收违法所得及调查中取得的实物、资料；情节严重的，并处十万元以上五十万元以下的罚款。

境外个人违反本法第十五条第一款规定的，由文化主管部门责令改正，给予警告，没收违法所得及调查中取得的实物、资料；情节严重的，并处一万元以上五万元以下的罚款。

第四十二条 【刑事责任】违反本法规定，构成犯罪的，依法追究刑事责任。

第六章 附则

第四十三条 【建立地方名录的特别规定】建立地方非物质文化遗产代表性项目名录的办法，由省、自治区、直辖市参照本法有关规定制定。

第四十四条 【使用非物质文化遗产涉及的知识产权问题的法律适用及传统医药、传统工艺美术保护的特别规定】使用非物质文化遗产涉及知识产权的，适用有关法律、行政法规的规定。

对传统医药、传统工艺美术等的保护，其他法律、行政法规另有规定的，依照其规定。

第四十五条 【施行日期】本法自 2011 年 6 月 1 日起施行。

长城保护条例

1. 2006 年 10 月 11 日国务院令第 476 号公布
2. 自 2006 年 12 月 1 日起施行

第一条 为了加强对长城的保护，规范长城的利用行为，根据《中华人民共和国文物保护法》（以下简称文物保护法），制定本条例。

第二条 本条例所称长城，包括长城的墙体、城堡、关隘、烽火台、敌楼等。

受本条例保护的长城段落，由国务院文物主管部门认定并公布。

第三条 长城保护应当贯彻文物工作方针，坚持科学规划、原状保护的原则。

第四条 国家对长城实行整体保护、分段管理。

国务院文物主管部门负责长城整体保护工作，协调、解决长城保护中的重大问题，监督、检查长城所在地各地方的长城保护工作。

长城所在地县级以上地方人民政府及其文物主管部门依照文物保护法、本条例和其他有关行政法规的规定，负责本行政区域内的长城保护工作。

第五条 长城所在地县级以上地方人民政府应当将长城保护经费纳入本级财政预算。

国家鼓励公民、法人和其他组织通过捐赠等方式设立长城保护基金，专门用于长城保护。长城保护基金的募集、使用和管理，依照国家有关法律、行政法规的规定执行。

第六条 国家对长城保护实行专家咨询制度。制定长城保护总体规划、审批与长城有关的建设工程、决定与长城保护有关的其他重大事项，应当听取专家意见。

第七条 公民、法人和其他组织都有依法保护长城的义务。

国家鼓励公民、法人和其他组织参与长城保护。

第八条 国务院文物主管部门、长城所在地县级以上地方人民政府及其文物主管部门应当对在长城保护中作出突出贡献的组织或者个人给予奖励。

第九条 长城所在地省、自治区、直辖市人民政府应当对本行政区域内的长城进行调查；对认为属于长城的段落，应当报国务院文物主管部门认定，并自认定之日起 1 年内依法核定公布为省级文物保护单位。

本条例施行前已经认定为长城但尚未核定公布为全国重点文物保护单位或者省级文物保护单位的段落，应当自本条例施行之日起 1 年内依法核定公布为全国重点文物保护单位或者省级文物保护单位。

第十条 国家实行长城保护总体规划制度。

国务院文物主管部门会同国务院有关部门，根据文物保护法的规定和长城保护的实际需要，制定长城保护总体规划，报国务院批准后组织实施。长城保护总体规划应当明确长城的保护标准和保护重点，分类确定保护措施，并确定禁止在保护范围内进行工程建设的长城段落。

长城所在地县级以上地方人民政府制定本行政区域的国民经济和社会发展计划、土地利用总体规划和城乡规划，应当落实长城保护总体规划规定的保护措施。

第十一条 长城所在地省、自治区、直辖市人民政府应当按照长城保护总体规划的要求，划定本行政区域内长城的保护范围和建设控制地带，并予以公布。

省、自治区、直辖市人民政府文物主管部门应当将公布的保护范围和建设控制地带报国务院文物主管部门备案。

第十二条 任何单位或者个人不得在长城保护总体规划禁止工程建设的保护范围内进行工程建设。在建设控制地带或者长城保护总体规划未禁止工程建设的保护范围内进行工程建设，应当遵守文物保护法第十七条、第十八条的规定。

进行工程建设应当绕过长城。无法绕过的，应当采取挖掘地下通道的方式通过长城；无法挖掘地下通道的，应当采取架设桥梁的方式通过长城。任何单位或者个人进行工程建设，不得拆除、穿越、迁移长城。

第十三条 长城所在地省、自治区、直辖市人民政府应当在长城沿线的交通路口和其他需要提示公众的地段设立长城保护标志。设立长城保护标志不得对长城造成损坏。

长城保护标志应当载明长城段落的名称、修筑年代、保护范围、建设控制地带和保护机构。

第十四条 长城所在地省、自治区、直辖市人民政府应当建立本行政区域内的长城档案，其文物主管部门应当将长城档案报国务院文物主管部门备案。

国务院文物主管部门应当建立全国的长城档案。

第十五条 长城所在地省、自治区、直辖市人民政府应当为本行政区域内的长城段落确定保护机构；长城段落有利用单位的，该利用单位可以确定为保护机构。

保护机构应当对其所负责保护的长城段落进行日常维护和监测，并建立日志；发现安全隐患，应当立即采取控制措施，并及时向县级人民政府文物主管部门报告。

第十六条 地处偏远、没有利用单位的长城段落，所在地县级人民政府或者其文物主管部门可以聘请长城保护员对长城进行巡查、看护，并对长城保护员给予适当补助。

第十七条 长城段落为行政区域边界的，其毗邻的县级以上地方人民政府应当定期召开由相关部门参加的联席会议，研究解决长城保护中的重大问题。

第十八条 禁止在长城上从事下列活动：

（一）取土、取砖（石）或者种植作物；

（二）刻划、涂污；

（三）架设、安装与长城保护无关的设施、设备；

（四）驾驶交通工具，或者利用交通工具等跨越长城；

（五）展示可能损坏长城的器具；

（六）有组织地在未辟为参观游览区的长城段落举行活动；

（七）文物保护法禁止的其他活动。

第十九条 将长城段落辟为参观游览区，应当坚持科学规划、原状保护的原则，并应当具备下列条件：

（一）该长城段落的安全状况适宜公众参观游览；

（二）该长城段落有明确的保护机构，已依法划定保护范围、建设控制地带，并已建立保护标志、档案；

（三）符合长城保护总体规划的要求。

第二十条 将长城段落辟为参观游览区，应当自辟为参观游览区之日起5日内向所在地省、自治区、直辖市人民政府文物主管部门备案；长城段落属于全国重点文物保护单位的，应当自辟为参观游览区之日起5日内向国务院文物主管部门备案。备案材料应当包括参观游览区的旅游容量指标。

所在地省、自治区、直辖市人民政府文物主管部门和国务院文物主管部门，应当自收到备案材料之日起20日内按照职权划分核定参观游览区的旅游容量指标。

第二十一条 在参观游览区内举行活动，其人数不得超过核定的旅游容量指标。

在参观游览区内设置服务项目，应当符合长城保护总体规划的要求。

第二十二条 任何单位或者个人发现长城遭受损坏向保护机构或者所在地县级人民政府文物主管部门报告的，接到报告的保护机构或者县级人民政府文物主管部门应当立即采取控制措施，并向县级人民政府和上一级人民政府文物主管部门报告。

第二十三条 对长城进行修缮，应当依照文物保护法的规定办理审批手续，由依法取得文物保护工程资质证书的单位承担。长城的修缮，应当遵守不改变原状的原则。

长城段落已经损毁的，应当实施遗址保护，不得在原址重建。

长城段落因人为原因造成损坏的，其修缮费用由造成损坏的单位或者个人承担。

第二十四条　违反本条例规定，造成长城损毁，构成犯罪的，依法追究刑事责任；尚不构成犯罪，违反有关治安管理的法律规定的，由公安机关依法给予治安处罚。

第二十五条　违反本条例规定，有下列情形之一的，依照文物保护法第六十六条的规定责令改正，造成严重后果的，处5万元以上50万元以下的罚款；情节严重的，由原发证机关吊销资质证书：

（一）在禁止工程建设的长城段落的保护范围内进行工程建设的；

（二）在长城的保护范围或者建设控制地带内进行工程建设，未依法报批的；

（三）未采取本条例规定的方式进行工程建设，或者因工程建设拆除、穿越、迁移长城的。

第二十六条　将不符合本条例规定条件的长城段落辟为参观游览区的，由省级以上人民政府文物主管部门按照职权划分依法取缔，没收违法所得；造成长城损坏的，处5万元以上50万元以下的罚款。

将长城段落辟为参观游览区未按照本条例规定备案的，由省级以上人民政府文物主管部门按照职权划分责令限期改正，逾期不改正的，依照前款规定处罚。

在参观游览区内设置的服务项目不符合长城保护总体规划要求的，由县级人民政府文物主管部门责令改正，没收违法所得。

第二十七条　违反本条例规定，有下列情形之一的，由县级人民政府文物主管部门责令改正，造成严重后果的，对个人处1万元以上5万元以下的罚款，对单位处5万元以上50万元以下的罚款：

（一）在长城上架设、安装与长城保护无关的设施、设备的；

（二）在长城上驾驶交通工具，或者利用交通工具等跨越长城的；

（三）在长城上展示可能损坏长城的器具的；

（四）在参观游览区接待游客超过旅游容量指标的。

第二十八条　违反本条例规定，有下列情形之一的，由县级人民政府文物主管部门责令改正，给予警告；情节严重的，对个人并处1000元以上5000元以下的罚款，对单位并处1万元以上5万元以下的罚款：

（一）在长城上取土、取砖（石）或者种植作物的；

（二）有组织地在未辟为参观游览区的长城段落举行活动的。

第二十九条　行政机关有下列情形之一的，由上级行政机关责令改正，通报批评；对负有责任的主管人员和其他直接责任人员，依照文物保护法第七十六条的规定给予行政处分；情节严重的，依法开除公职：

（一）未依照本条例的规定，确定保护机构、划定保护范围或者建设控制地带、设立保护标志或者建立档案的；

（二）发现不符合条件的长城段落辟为参观游览区未依法查处的；

（三）有其他滥用职权、玩忽职守行为，造成长城损坏的。

第三十条　保护机构有下列情形之一的，由长城所在地省、自治区、直辖市人民政府文物主管部门责令改正，对负有责任的主管人员和其他直接责任人员依法给予行政处分；情节严重的，依法开除公职：

（一）未对长城进行日常维护、监测或者未建立日志的；

（二）发现长城存在安全隐患，未采取控制措施或者未及时报告的。

第三十一条　本条例自2006年12月1日起施行。

历史文化名城名镇名村保护条例

1. 2008年4月22日国务院令第524号公布

2. 根据2017年10月7日国务院令第687号《关于修改部分行政法规的决定》修订

第一章　总　　则

第一条　为了加强历史文化名城、名镇、名村的保护与管理，继承中华民族优秀历史文化遗产，制定本条例。

第二条　历史文化名城、名镇、名村的申报、批准、规划、保护，适用本条例。

第三条　历史文化名城、名镇、名村的保护应当遵循科学规划、严格保护的原则，保持和延续其传统格局和历史风貌，维护历史文化遗产的真实性和完整性，继承和弘扬中华民族优秀传统文化，正确处理经济社会发展和历史文化遗产保护的关系。

第四条　国家对历史文化名城、名镇、名村的保护给予必要的资金支持。

历史文化名城、名镇、名村所在地的县级以上地方人民政府，根据本地实际情况安排保护资金，列入本级财政预算。

国家鼓励企业、事业单位、社会团体和个人参与历史文化名城、名镇、名村的保护。

第五条　国务院建设主管部门会同国务院文物主管部门负责全国历史文化名城、名镇、名村的保护和监督管理工作。

地方各级人民政府负责本行政区域历史文化名城、名镇、名村的保护和监督管理工作。

第六条　县级以上人民政府及其有关部门对在历史文化名城、名镇、名村保护工作中做出突出贡献的单位和个人，按照国家有关规定给予表彰和奖励。

第二章　申报与批准

第七条　具备下列条件的城市、镇、村庄，可以申报历史文化名城、名镇、名村：

（一）保存文物特别丰富；

（二）历史建筑集中成片；

（三）保留着传统格局和历史风貌；

（四）历史上曾经作为政治、经济、文化、交通中心或者军事要地，或者发生过重要历史事件，或者其传统产业、历史上建设的重大工程对本地区的发展产生过重要影响，或者能够集中反映本地区建筑的文化特色、民族特色。

申报历史文化名城的，在所申报的历史文化名城保护范围内还应当有2个以上的历史文化街区。

第八条　申报历史文化名城、名镇、名村，应当提交所申报的历史文化名城、名镇、名村的下列材料：

（一）历史沿革、地方特色和历史文化价值的说明；

（二）传统格局和历史风貌的现状；

（三）保护范围；

（四）不可移动文物、历史建筑、历史文化街区的清单；

（五）保护工作情况、保护目标和保护要求。

第九条　申报历史文化名城，由省、自治区、直辖市人民政府提出申请，经国务院建设主管部门会同国务院文物主管部门组织有关部门、专家进行论证，提出审查意见，报国务院批准公布。

申报历史文化名镇、名村，由所在地县级人民政府提出申请，经省、自治区、直辖市人民政府确定的保护主管部门会同同级文物主管部门组织有关部门、专家进行论证，提出审查意见，报省、自治区、直辖市人民政府批准公布。

第十条　对符合本条例第七条规定的条件而没有申报历史文化名城的城市，国务院建设主管部门会同国务院文物主管部门可以向该城市所在地的省、自治区人民政府提出申报建议；仍不申报的，可以直接向国务院提出确定该城市为历史文化名城的建议。

对符合本条例第七条规定的条件而没有申报历史文化名镇、名村的镇、村庄，省、自治区、直辖市人民政府确定的保护主管部门会同同级文物主管部门可以向该镇、村庄所在地的县级人民政府提出申报建议；仍不申报的，可以直接向省、自治区、直辖市人民政府提出确定该镇、村庄为历史文化名镇、名村的建议。

第十一条　国务院建设主管部门会同国务院文物主管部门可以在已批准公布的历史文化名镇、名村中，严格按照国家有关评价标准，选择具有重大历史、艺术、科学价值的历史文化名镇、名村，经专家论证，确定为中国历史文化名镇、名村。

第十二条　已批准公布的历史文化名城、名镇、名村，因保护不力使其历史文化价值受到严重影响的，批准机关应当将其列入濒危名单，予以公布，并责成所在地城市、县人民政府限期采取补救措施，防止情况继续恶化，并完善保护制度，加强保护工作。

第三章　保护规划

第十三条　历史文化名城批准公布后，历史文化名城人民政府应当组织编制历史文化名城保护规划。

历史文化名镇、名村批准公布后，所在地县级人民政府应当组织编制历史文化名镇、名村保护规划。

保护规划应当自历史文化名城、名镇、名村批准公布之日起1年内编制完成。

第十四条　保护规划应当包括下列内容：

（一）保护原则、保护内容和保护范围；

（二）保护措施、开发强度和建设控制要求；

（三）传统格局和历史风貌保护要求；

（四）历史文化街区、名镇、名村的核心保护范围和建设控制地带；

（五）保护规划分期实施方案。

第十五条　历史文化名城、名镇保护规划的规划期限应当与城市、镇总体规划的规划期限相一致；历史文化名村保护规划的规划期限应当与村庄规划的规划期限相一致。

第十六条　保护规划报送审批前，保护规划的组织编制机关应当广泛征求有关部门、专家和公众的意见；必要时，可以举行听证。

保护规划报送审批文件中应当附具意见采纳情况及理由；经听证的，还应当附具听证笔录。

第十七条　保护规划由省、自治区、直辖市人民政府审批。

保护规划的组织编制机关应当将经依法批准的历史文化名城保护规划和中国历史文化名镇、名村保护规划，报国务院建设主管部门和国务院文物主管部门备案。

第十八条　保护规划的组织编制机关应当及时公布经依法批准的保护规划。

第十九条　经依法批准的保护规划，不得擅自修改；确需修改的，保护规划的组织编制机关应当向原审批机关提出专题报告，经同意后，方可编制修改方案。修改后的保护规划，应当按照原审批程序报送审批。

第二十条　国务院建设主管部门会同国务院文物主管部门应当加强对保护规划实施情况的监督检查。

县级以上地方人民政府应当加强对本行政区域保护规划实施情况的监督检查，并对历史文化名城、名镇、名村保护状况进行评估；对发现的问题，应当及时纠正、处理。

第四章　保护措施

第二十一条　历史文化名城、名镇、名村应当整体保护，保持传统格局、历史风貌和空间尺度，不得改变与其相互依存的自然景观和环境。

第二十二条　历史文化名城、名镇、名村所在地县级以上地方人民政府应当根据当地经济社会发展水平，按照保护规划，控制历史文化名城、名镇、名村的人口数量，改善历史文化名城、名镇、名村的基础设施、公共服务设施和居住环境。

第二十三条　在历史文化名城、名镇、名村保护范围内从事建设活动，应当符合保护规划的要求，不得损害历史文化遗产的真实性和完整性，不得对其传统格局和历史风貌构成破坏性影响。

第二十四条　在历史文化名城、名镇、名村保护范围内禁止进行下列活动：

（一）开山、采石、开矿等破坏传统格局和历史风貌的活动；

（二）占用保护规划确定保留的园林绿地、河湖水系、道路等；

（三）修建生产、储存爆炸性、易燃性、放射性、毒害性、腐蚀性物品的工厂、仓库等；

（四）在历史建筑上刻划、涂污。

第二十五条　在历史文化名城、名镇、名村保护范围内进行下列活动，应当保护其传统格局、历史风貌和历史建筑；制订保护方案，并依照有关法律、法规的规定办理相关手续：

（一）改变园林绿地、河湖水系等自然状态的活动；

（二）在核心保护范围内进行影视摄制、举办大型群众性活动；

（三）其他影响传统格局、历史风貌或者历史建筑的活动。

第二十六条　历史文化街区、名镇、名村建设控制地带内的新建建筑物、构筑物，应当符合保护规划确定的建设控制要求。

第二十七条　对历史文化街区、名镇、名村核心保护范围内的建筑物、构筑物，应当区分不同情况，采取相应措施，实行分类保护。

历史文化街区、名镇、名村核心保护范围内的历史建筑，应当保持原有的高度、体量、外观形象及色彩等。

第二十八条　在历史文化街区、名镇、名村核心保护范围内，不得进行新建、扩建活动。但是，新建、扩建必要的基础设施和公共服务设施除外。

在历史文化街区、名镇、名村核心保护范围内，新建、扩建必要的基础设施和公共服务设施的，城市、县人民政府城乡规划主管部门核发建设工程规划许可证、乡村建设规划许可证前，应当征求同级文物主管部门的意见。

在历史文化街区、名镇、名村核心保护范围内，拆除历史建筑以外的建筑物、构筑物或者其他设施的，应当经城市、县人民政府城乡规划主管部门会同同级文物主管部门批准。

第二十九条　审批本条例第二十八条规定的建设活动，审批机关应当组织专家论证，并将审批事项予以公示，征求公众意见，告知利害关系人有要求举行听证的权利。公示时间不得少于20日。

利害关系人要求听证的，应当在公示期间提出，审批机关应当在公示期满后及时举行听证。

第三十条　城市、县人民政府应当在历史文化街区、名镇、名村核心保护范围的主要出入口设置标志牌。

任何单位和个人不得擅自设置、移动、涂改或者损毁标志牌。

第三十一条　历史文化街区、名镇、名村核心保护范围内的消防设施、消防通道，应当按照有关的消防技术标准和规范设置。确因历史文化街区、名镇、名村的保护需要，无法按照标准和规范设置的，由城市、县人民政府公安机关消防机构会同同级城乡规划主管部门制订相应的防火安全保障方案。

第三十二条　城市、县人民政府应当对历史建筑设置保护标志，建立历史建筑档案。

历史建筑档案应当包括下列内容：

（一）建筑艺术特征、历史特征、建设年代及稀有程度；

（二）建筑的有关技术资料；

（三）建筑的使用现状和权属变化情况；

（四）建筑的修缮、装饰装修过程中形成的文字、图纸、图片、影像等资料；

（五）建筑的测绘信息记录和相关资料。

第三十三条 历史建筑的所有权人应当按照保护规划的要求，负责历史建筑的维护和修缮。

县级以上地方人民政府可以从保护资金中对历史建筑的维护和修缮给予补助。

历史建筑有损毁危险，所有权人不具备维护和修缮能力的，当地人民政府应当采取措施进行保护。

任何单位或者个人不得损坏或者擅自迁移、拆除历史建筑。

第三十四条 建设工程选址，应当尽可能避开历史建筑；因特殊情况不能避开的，应当尽可能实施原址保护。

对历史建筑实施原址保护的，建设单位应当事先确定保护措施，报城市、县人民政府城乡规划主管部门会同同级文物主管部门批准。

因公共利益需要进行建设活动，对历史建筑无法实施原址保护、必须迁移异地保护或者拆除的，应当由城市、县人民政府城乡规划主管部门会同同级文物主管部门，报省、自治区、直辖市人民政府确定的保护主管部门会同同级文物主管部门批准。

本条规定的历史建筑原址保护、迁移、拆除所需费用，由建设单位列入建设工程预算。

第三十五条 对历史建筑进行外部修缮装饰、添加设施以及改变历史建筑的结构或者使用性质的，应当经城市、县人民政府城乡规划主管部门会同同级文物主管部门批准，并依照有关法律、法规的规定办理相关手续。

第三十六条 在历史文化名城、名镇、名村保护范围内涉及文物保护的，应当执行文物保护法律、法规的规定。

第五章 法 律 责 任

第三十七条 违反本条例规定，国务院建设主管部门、国务院文物主管部门和县级以上地方人民政府及其有关主管部门的工作人员，不履行监督管理职责，发现违法行为不予查处或者有其他滥用职权、玩忽职守、徇私舞弊行为，构成犯罪的，依法追究刑事责任；尚不构成犯罪的，依法给予处分。

第三十八条 违反本条例规定，地方人民政府有下列行为之一的，由上级人民政府责令改正，对直接负责的主管人员和其他直接责任人员，依法给予处分：

（一）未组织编制保护规划的；

（二）未按照法定程序组织编制保护规划的；

（三）擅自修改保护规划的；

（四）未将批准的保护规划予以公布的。

第三十九条 违反本条例规定，省、自治区、直辖市人民政府确定的保护主管部门或者城市、县人民政府城乡规划主管部门，未按照保护规划的要求或者未按照法定程序履行本条例第二十八条、第三十四条、第三十五条规定的审批职责的，由本级人民政府或者上级人民政府有关部门责令改正，通报批评；对直接负责的主管人员和其他直接责任人员，依法给予处分。

第四十条 违反本条例规定，城市、县人民政府因保护不力，导致已批准公布的历史文化名城、名镇、名村被列入濒危名单的，由上级人民政府通报批评；对直接负责的主管人员和其他直接责任人员，依法给予处分。

第四十一条 违反本条例规定，在历史文化名城、名镇、名村保护范围内有下列行为之一的，由城市、县人民政府城乡规划主管部门责令停止违法行为、限期恢复原状或者采取其他补救措施；有违法所得的，没收违法所得；逾期不恢复原状或者不采取其他补救措施的，城乡规划主管部门可以指定有能力的单位代为恢复原状或者采取其他补救措施，所需费用由违法者承担；造成严重后果的，对单位并处50万元以上100万元以下的罚款，对个人并处5万元以上10万元以下的罚款；造成损失的，依法承担赔偿责任：

（一）开山、采石、开矿等破坏传统格局和历史风貌的；

（二）占用保护规划确定保留的园林绿地、河湖水系、道路等的；

（三）修建生产、储存爆炸性、易燃性、放射性、毒害性、腐蚀性物品的工厂、仓库等的。

第四十二条 违反本条例规定，在历史建筑上刻划、涂污的，由城市、县人民政府城乡规划主管部门责令恢复原状或者采取其他补救措施，处50元的罚款。

第四十三条 违反本条例规定，未经城乡规划主管部门会同同级文物主管部门批准，有下列行为之一的，由城市、县人民政府城乡规划主管部门责令停止违法行为、限期恢复原状或者采取其他补救措施；有违法所得的，没收违法所得；逾期不恢复原状或者不采取其他补救措施的，城乡规划主管部门可以指定有能力的单位代为恢复原状或者采取其他补救措施，所需费用由违法者承担；造成严重后果的，对单位并处 5 万元以上 10 万元以下的罚款，对个人并处 1 万元以上 5 万元以下的罚款；造成损失的，依法承担赔偿责任：

（一）拆除历史建筑以外的建筑物、构筑物或者其他设施的；

（二）对历史建筑进行外部修缮装饰、添加设施以及改变历史建筑的结构或者使用性质的。

有关单位或者个人进行本条例第二十五条规定的活动，或者经批准进行本条第一款规定的活动，但是在活动过程中对传统格局、历史风貌或者历史建筑构成破坏性影响的，依照本条第一款规定予以处罚。

第四十四条　违反本条例规定，损坏或者擅自迁移、拆除历史建筑的，由城市、县人民政府城乡规划主管部门责令停止违法行为、限期恢复原状或者采取其他补救措施；有违法所得的，没收违法所得；逾期不恢复原状或者不采取其他补救措施的，城乡规划主管部门可以指定有能力的单位代为恢复原状或者采取其他补救措施，所需费用由违法者承担；造成严重后果的，对单位并处 20 万元以上 50 万元以下的罚款，对个人并处 10 万元以上 20 万元以下的罚款；造成损失的，依法承担赔偿责任。

第四十五条　违反本条例规定，擅自设置、移动、涂改或者损毁历史文化街区、名镇、名村标志牌的，由城市、县人民政府城乡规划主管部门责令限期改正；逾期不改正的，对单位处 1 万元以上 5 万元以下的罚款，对个人处 1000 元以上 1 万元以下的罚款。

第四十六条　违反本条例规定，对历史文化名城、名镇、名村中的文物造成损毁的，依照文物保护法律、法规的规定给予处罚；构成犯罪的，依法追究刑事责任。

第六章　附　　则

第四十七条　本条例下列用语的含义：

（一）历史建筑，是指经城市、县人民政府确定公布的具有一定保护价值，能够反映历史风貌和地方特色，未公布为文物保护单位，也未登记为不可移动文物的建筑物、构筑物。

（二）历史文化街区，是指经省、自治区、直辖市人民政府核定公布的保存文物特别丰富、历史建筑集中成片、能够较完整和真实地体现传统格局和历史风貌，并具有一定规模的区域。

历史文化街区保护的具体实施办法，由国务院建设主管部门会同国务院文物主管部门制定。

第四十八条　本条例自 2008 年 7 月 1 日起施行。

国家级非物质文化遗产保护与管理暂行办法

1. 2006 年 11 月 2 日文化部令第 39 号发布

2. 自 2006 年 12 月 1 日起施行

第一条　为有效保护和传承国家级非物质文化遗产，加强保护工作的管理，特制定本办法。

第二条　本办法所称“国家级非物质文化遗产”是指列入国务院批准公布的国家级非物质文化遗产名录中的所有非物质文化遗产项目。

第三条　国家级非物质文化遗产的保护，实行“保护为主、抢救第一、合理利用、传承发展”的方针，坚持真实性和整体性的保护原则。

第四条　国务院文化行政部门负责组织、协调和监督全国范围内国家级非物质文化遗产的保护工作。

省级人民政府文化行政部门负责组织、协调和监督本行政区域内国家级非物质文化遗产的保护工作。

国家级非物质文化遗产项目所在地人民政府文化行政部门，负责组织、监督该项目的具体保护工作。

第五条　国务院文化行政部门组织制定国家级非物质文化遗产保护整体规划，并定期对规划的实施情况进行检查。

省级人民政府文化行政部门组织制定本行政区域内国家级非物质文化遗产项目的保护规划，经国务院文化行政部门批准后组织实施，并于每年十一月底前向国务院文化行政部门提交保护规划本年度实施情况和下一年度保护工作计划。

第六条　国家级非物质文化遗产项目应当确定保护单位，具体承担该项目的保护与传承工作。保护单位的推荐名单由该项目的申报地区或者单位提出，经省级人民政府文化行政部门组织专家审议后，报国务院文化行政部门认定。

第七条　国家级非物质文化遗产项目保护单位应具备以下基本条件：

（一）有该项目代表性传承人或者相对完整的资料；

（二）有实施该项目保护计划的能力；

（三）有开展传承、展示活动的场所和条件。

第八条　国家级非物质文化遗产项目保护单位应当履行以下职责：

（一）全面收集该项目的实物、资料，并登记、整理、建档；

（二）为该项目的传承及相关活动提供必要条件；

（三）有效保护该项目相关的文化场所；

（四）积极开展该项目的展示活动；

（五）向负责该项目具体保护工作的当地人民政府文化行政部门报告项目保护实施情况，并接受监督。

第九条　国务院文化行政部门统一制作国家级非物质文化遗产项目标牌，由省级人民政府文化行政部门交该项目保护单位悬挂和保存。

第十条　国务院文化行政部门对国家级非物质文化遗产项目保护给予必要的经费资助。

县级以上人民政府文化行政部门应当积极争取当地政府的财政支持，对在本行政区域内的国家级非物质文化遗产项目的保护给予资助。

第十一条　国家级非物质文化遗产项目保护单位根据自愿原则，提出该项目代表性传承人的推荐名单，经省级人民政府文化行政部门组织专家评议后，报国务院文化行政部门批准。

第十二条　国家级非物质文化遗产项目代表性传承人应当符合以下条件：

（一）完整掌握该项目或者其特殊技能；

（二）具有该项目公认的代表性、权威性与影响力；

（三）积极开展传承活动，培养后继人才。

第十三条　国家级非物质文化遗产项目代表性传承人应当履行传承义务；丧失传承能力、无法履行传承义务的，应当按照程序另行认定该项目代表性传承人；怠于履行传承义务的，取消其代表性传承人的资格。

第十四条　国务院文化行政部门组织建立国家级非物质文化遗产数据库。有条件的地方，应建立国家级非物质文化遗产博物馆或者展示场所。

第十五条　国务院文化行政部门组织制定国家级非物质文化遗产实物资料等级标准和出入境标准。其中经文物部门认定为文物的，适用文物保护法律法规的有关规定。

第十六条　国家级非物质文化遗产项目保护单位和相关实物资料的保护机构应当建立健全规章制度，妥善保管实物资料，防止损毁和流失。

第十七条　县级以上人民政府文化行政部门应当鼓励、支持通过节日活动、展览、培训、教育、大众传媒等手段，宣传、普及国家级非物质文化遗产知识，促进其传承和社会共享。

第十八条　省级人民政府文化行政部门应当对国家级非物质文化遗产项目所依存的文化场所划定保护范围，制作标识说明，进行整体性保护，并报国务院文化行政部门备案。

第十九条　省级人民政府文化行政部门可以选择本行政区域内的国家级非物质文化遗产项目，为申报联合国教科文组织“人类非物质文化遗产代表作”，向国务院文化行政部门提出申请。

第二十条　国家级非物质文化遗产项目的名称和保护单位不得擅自变更；未经国务院文化行政部门批准，不得对国家级非物质文化遗产项目标牌进行复制或者转让。

国家级非物质文化遗产项目域名和商标的注册与保护，依据相关法律法规执行。

第二十一条　利用国家级非物质文化遗产项目进行艺术创作、产品开发、旅游活动等，应当尊重其原真形式和文化内涵，防止歪曲与滥用。

第二十二条　国家级非物质文化遗产项目含有国家秘密的，应当按照国家保密法律法规的规定确定密级，予以保护；含有商业秘密的，按照国家有关法律法规执行。

第二十三条　各级人民政府文化行政部门应当鼓励和支持企事业单位、社会团体和个人捐赠国家级非物质文化遗产实物资料或者捐赠资金和实物，用于国家级非物质文化遗产保护。

第二十四条　国务院文化行政部门对在国家级非物质文化遗产保护工作中有突出贡献的单位和个人，给予表彰奖励。

第二十五条　国务院文化行政部门定期组织对国家级非物质文化遗产项目保护情况的检查。

国家级非物质文化遗产项目保护单位有下列行为之一的，由县级以上人民政府文化行政部门责令改正，并视情节轻重予以警告、严重警告，直至解除其保护单位资格：

（一）擅自复制或者转让标牌的；

（二）侵占国家级非物质文化遗产珍贵实物资料的；

（三）怠于履行保护职责的。

第二十六条　有下列行为之一的，对负有责任的主管人员和其他直接责任人员依法给予行政处分；构成犯罪的，依法追究刑事责任：

（一）擅自变更国家级非物质文化遗产项目名称或者保护单位的；

（二）玩忽职守，致使国家级非物质文化遗产所依存的文化场所及其环境造成破坏的；

（三）贪污、挪用国家级非物质文化遗产项目保护经费的。

第二十七条　本办法由国务院文化行政部门负责解释。

第二十八条　本办法自2006年12月1日起施行。

世界文化遗产保护管理办法

2006年11月14日文化部令第41号发布施行

第一条　为了加强对世界文化遗产的保护和管理，履行对《保护世界文化与自然遗产公约》的责任和义务，传承人类文明，依据《中华人民共和国文物保护法》制定本办法。

第二条　本办法所称世界文化遗产，是指列入联合国教科文组织《世界遗产名录》的世界文化遗产和文化与自然混合遗产中的文化遗产部分。

第三条　世界文化遗产工作贯彻保护为主、抢救第一、合理利用、加强管理的方针，确保世界文化遗产的真实性和完整性。

第四条　国家文物局主管全国世界文化遗产工作，协调、解决世界文化遗产保护和管理中的重大问题，监督、检查世界文化遗产所在地的世界文化遗产工作。

县级以上地方人民政府及其文物主管部门依照本办法的规定，制定管理制度，落实工作措施，负责本行政区域内的世界文化遗产工作。

第五条　县级以上地方人民政府应当将世界文化遗产保护和管理所需的经费纳入本级财政预算。

公民、法人和其他组织可以通过捐赠等方式设立世界文化遗产保护基金，专门用于世界文化遗产保护。世界文化遗产保护基金的募集、使用和管理，依照国家有关法律、行政法规和部门规章的规定执行。

第六条　国家对世界文化遗产保护的重大事项实行专家咨询制度，由国家文物局建立专家咨询机制开展相关工作。

世界文化遗产保护专家咨询工作制度由国家文物局制定并公布。

第七条　公民、法人和其他组织都有依法保护世界文化遗产的义务。

国家鼓励公民、法人和其他组织参与世界文化遗产保护。

国家文物局、县级以上地方人民政府及其文物主管部门应当对在世界文化遗产保护中作出突出贡献的组织或者个人给予奖励。

省级文物主管部门应当建立世界文化遗产保护志愿者工作制度，开展志愿者的组织、指导和培训工作。

第八条　世界文化遗产保护规划由省级人民政府组织编制。承担世界文化遗产保护规划编制任务的机构，应当取得国家文物局颁发的资格证书。世界文化遗产保护规划应当明确世界文化遗产保护的标准和重点，分类确定保护措施，符合联合国教科文组织有关世界文化遗产的保护要求。

尚未编制保护规划，或者保护规划内容不符合本办法要求的世界文化遗产，应当自本办法施行之日起1年内编制、修改保护规划。

世界文化遗产保护规划由省级文物主管部门报国家文物局审定。经国家文物局审定的世界文化遗产保护规划，由省级人民政府公布并组织实施。世界文化遗产保护规划的要求，应当纳入县级以上地方人民政府的国民经济和社会发展规划、土地利用总体规划和城乡规划。

第九条　世界文化遗产中的不可移动文物，应当根据其历史、艺术和科学价值依法核定公布为文物保护单位。尚未核定公布为文物保护单位的不可移动文物，由县级文物主管部门予以登记并公布。

世界文化遗产中的不可移动文物，按照《中华人民共和国文物保护法》和《中华人民共和国文物保护法实施条例》的有关规定实施保护和管理。

第十条　世界文化遗产中的文物保护单位，应当根据世界文化遗产保护的需要依法划定保护范围和建设控制地带并予以公布。保护范围和建设控制地带的划定，应当符合世界文化遗产核心区和缓冲区的保护要求。

第十一条　省级人民政府应当为世界文化遗产作出标志说明。标志说明的设立不得对世界文化遗产造成损害。

世界文化遗产标志说明应当包括世界文化遗产的名称、核心区、缓冲区和保护机构等内容，并包含联合国教科文组织公布的世界遗产标志图案。

第十二条　省级人民政府应当为世界文化遗产建立保护记录档案，并由其文物主管部门报国家文物局备案。

国家文物局应当建立全国的世界文化遗产保护记录档案库，并利用高新技术建立世界文化遗产管理动态信息系统和预警系统。

第十三条　省级人民政府应当为世界文化遗产确定保护机构。保护机构应当对世界文化遗产进行日常维护和监测，并建立日志。发现世界文化遗产存在安全隐患的，保护机构应当采取控制措施，并及时向县级以上地方人民政府和省级文物主管部门报告。

世界文化遗产保护机构的工作人员实行持证上岗制度，主要负责人应当取得国家文物局颁发的资格证书。

第十四条 世界文化遗产辟为参观游览区，应当充分发挥文化遗产的宣传教育作用，并制定完善的参观游览服务管理办法。

世界文化遗产保护机构应当将参观游览服务管理办法报省级文物主管部门备案。省级文物主管部门应当对世界文化遗产的参观游览服务管理工作进行监督检查。

第十五条 在参观游览区内设置服务项目，应当符合世界文化遗产保护规划的管理要求，并与世界文化遗产的历史和文化属性相协调。

服务项目由世界文化遗产保护机构负责具体实施。实施服务项目，应当遵循公开、公平、公正和公共利益优先的原则，并维护当地居民的权益。

第十六条 各级文物主管部门和世界文化遗产保护机构应当组织开展文化旅游的调查和研究工作，发掘并展示世界文化遗产的历史和文化价值，保护并利用世界文化遗产工作中积累的知识产权。

第十七条 发生或可能发生危及世界文化遗产安全的突发事件时，保护机构应当立即采取必要的控制措施，并同时向县级以上地方人民政府和省级文物主管部门报告。省级文物主管部门应当在接到报告2小时内，向省级人民政府和国家文物局报告。

省级文物主管部门接到有关报告后，应当区别情况决定处理办法并负责实施。国家文物局应当督导并检查突发事件的及时处理，提出防范类似事件发生的具体要求，并向各世界文化遗产所在地省级人民政府通报突发事件的发生及处理情况。

第十八条 国家对世界文化遗产保护实行监测巡视制度，由国家文物局建立监测巡视机制开展相关工作。

世界文化遗产保护监测巡视工作制度由国家文物局制定并公布。

第十九条 因保护和管理不善，致使真实性和完整性受到损害的世界文化遗产，由国家文物局列入《中国世界文化遗产警示名单》予以公布。

列入《中国世界文化遗产警示名单》的世界文化遗产所在地省级人民政府，应当对保护和管理工作中存在的问题提出整改措施，限期改进保护管理工作。

第二十条 违反本办法规定，造成世界文化遗产损害的，依据有关规定追究责任人的责任。

第二十一条 列入《中国世界文化遗产预备名单》的文化遗产，参照本办法的规定实施保护和管理。

第二十二条 本办法自公布之日起施行。

国家级文化生态保护区管理办法

1. 2018年12月10日文化和旅游部令第1号发布
2. 自2019年3月1日起施行

第一章 总 则

第一条 为加强非物质文化遗产区域性整体保护，维护和培育文化生态，传承弘扬中华优秀传统文化，坚定文化自信，满足人民日益增长的美好生活需要，根据《中华人民共和国非物质文化遗产法》等法律法规，制定本办法。

第二条 本办法所称的“国家级文化生态保护区”，是指以保护非物质文化遗产为核心，对历史文化积淀丰厚、存续状态良好，具有重要价值和鲜明特色的文化形态进行整体性保护，并经文化和旅游部同意设立的特定区域。

第三条 国家级文化生态保护区建设要以习近平新时代中国特色社会主义思想为指导，充分尊重人民群众的主体地位，贯彻新发展理念，弘扬社会主义核心价值观，推动中华优秀传统文化创造性转化、创新性发展。

第四条 国家级文化生态保护区建设应坚持保护优先、整体保护、见人见物见生活的理念，既保护非物质文化遗产，也保护孕育发展非物质文化遗产的人文环境和自然环境，实现“遗产丰富、氛围浓厚、特色鲜明、民众受益”的目标。

第二章 申报与设立

第五条 国家级文化生态保护区依托相关行政区域设立，区域范围为县、地市或若干县域。

第六条 申报和设立国家级文化生态保护区应本着少而精的原则，坚持公开、公平、公正，履行申报、审核、论证、批准等程序。

第七条 具备下列条件的，可以申报国家级文化生态保护区：

（一）传统文化历史积淀丰厚，具有鲜明地域或民族特色，文化生态保持良好；

（二）非物质文化遗产资源丰富，是当地生产生活的重要组成部分；

（三）非物质文化遗产传承有序，传承实践富有活力、氛围浓厚，当地民众广泛参与，认同感强；

（四）与非物质文化遗产密切相关的实物、场所保存利用良好，其周边的自然生态环境能为非物质文化遗产提供良性的发展空间；

（五）所在地人民政府重视文化生态保护，对非物质文化遗产项目集中、自然生态环境基本良好、传统文化生态保持较为完整的乡镇、村落、街区等重点区域以及开展非物质文化遗产传承所依存的重要场所开列清单，并已经制定实施保护办法和措施；

（六）有文化生态保护区建设管理机构和工作人员；

（七）在省（区、市）内已实行文化生态区域性整体保护两年以上，成效明显。

第八条　申报地区人民政府向省级人民政府文化主管部门提出申报国家级文化生态保护区的申请；省级人民政府文化主管部门组织开展审核论证，经省级人民政府同意后，向文化和旅游部提出设立国家级文化生态保护区的申请。

第九条　申报国家级文化生态保护区，应当提交下列材料：

（一）省级人民政府文化主管部门设立国家级文化生态保护区的申请和省级人民政府同意申请的相关文件；

（二）文化生态保护区规划纲要；

（三）省级人民政府文化主管部门组织的专家评审论证意见；

（四）本省（区、市）内实行文化生态区域性整体保护的相关文件；

（五）其他有关材料。

第十条　文化生态保护区规划纲要由省级人民政府文化主管部门、相关地区人民政府负责编制。编制工作应广泛听取非物质文化遗产传承人和当地民众意见，吸收非物质文化遗产保护、地方文化研究、规划等方面的专家学者参与。

第十一条　文化生态保护区规划纲要应包括下列内容：

（一）对文化形态形成的地理环境、历史沿革、现状、鲜明特色、文化内涵与价值的描述和分析；

（二）保护区域范围及重点区域，区域内县级以上非物质文化遗产代表性项目、文物保护单位、相关实物和重要场所清单等；

（三）建设目标、工作原则、保护内容、保护方式等；

（四）保障措施及保障机制；

（五）其他有关资料。

第十二条　文化和旅游部组织对申报材料进行审核。对申报材料齐全且符合要求的申请地区，文化和旅游部根据年度工作计划组织考察组进行实地考察。

考察组应当吸收非物质文化遗产保护、地方文化研究、规划等方面的专家学者参加。

第十三条　文化和旅游部根据实地考察情况，对文化生态保护区规划纲要组织专家论证。根据论证意见，文化和旅游部将符合条件的申请地区设立为国家级文化生态保护实验区。

第十四条　国家级文化生态保护实验区设立后一年内，所在地区人民政府应当在文化生态保护区规划纲要的基础上，细化形成国家级文化生态保护区总体规划，经省级人民政府文化主管部门审核，报省级人民政府审议通过后发布实施，并报文化和旅游部备案。

第十五条　国家级文化生态保护区总体规划应纳入本省（区、市）国民经济与社会发展总体规划，要与相关的生态保护、环境治理、土地利用、旅游发展、文化产业等专门性规划和国家公园、国家文化公园、自然保护区等专项规划相衔接。

第十六条　国家级文化生态保护区总体规划实施三年后，由省级人民政府文化主管部门向文化和旅游部提出验收申请；文化和旅游部根据申请组织开展国家级文化生态保护实验区建设成果验收。验收合格的，正式公布为国家级文化生态保护区并授牌。

第三章　建设与管理

第十七条　国家级文化生态保护区建设管理机构负责统筹、指导、协调、推进国家级文化生态保护区的建设工作。

第十八条　国家级文化生态保护区建设管理机构承担以下主要职责：

（一）贯彻落实国家有关文化建设、非物质文化遗产保护的法律、法规和方针、政策；

（二）制定实施国家级文化生态保护区的各项建设管理制度，创新工作机制和保护方式、措施；

（三）负责实施国家级文化生态保护区总体规划；

（四）组织或委托有关机构开展文化生态保护理论和实践研究；

（五）开展文化生态保护的宣传教育和培训；

（六）评估、报告和公布国家级文化生态保护区建设情况和成效。

第十九条　国家级文化生态保护区建设管理机构应当根据非物质文化遗产各个项目、文化遗产与人文和自然环境之间的关联性，依照确定的保护区域范围、重点区域和重要场所保护清单，制定落实保护办法和行动计划。

第二十条 国家级文化生态保护区建设管理机构应当尊重当地居民的意愿，保护当地居民权益，建立严格的管理制度，保持重点区域和重要场所的历史风貌。

第二十一条 国家级文化生态保护区建设管理机构应当进一步加强非物质文化遗产调查工作，建立完善非物质文化遗产档案和数据库，妥善保存非物质文化遗产珍贵实物资料，实施非物质文化遗产记录工程，促进记录成果广泛利用和社会共享。

第二十二条 国家级文化生态保护区建设管理机构应当依托相关研究机构和高等院校，组织或委托开展与当地非物质文化遗产保护传承和文化生态整体性保护理论和实践研究。

第二十三条 国家级文化生态保护区建设管理机构应当开展非物质文化遗产代表性项目存续状况评测和保护绩效评估，制定落实分类保护政策措施，优先保护急需保护的非物质文化遗产代表性项目，不断提高非物质文化遗产代表性项目的传承实践能力，弘扬当代价值，促进发展振兴。

第二十四条 国家级文化生态保护区建设管理机构应当制定相关制度，为各级非物质文化遗产代表性传承人开展传习活动创造条件、提供支持，资助传承人开展授徒传艺、教学、交流等活动。组织实施非物质文化遗产传承人群研修研习培训，帮助非物质文化遗产传承人群提高传承能力，增强传承后劲。

对传承工作有突出贡献的非物质文化遗产代表性传承人予以表彰、奖励，采取助学、奖学等方式支持从业者学习非物质文化遗产相关技艺。

第二十五条 在国家级文化生态保护区内，应当建设综合性非物质文化遗产展示场所，根据当地实际建设非物质文化遗产专题馆，根据传习需要设立各级非物质文化遗产代表性项目传习所或传习点。鼓励将具有地域、民族特色的传统文化元素或符号运用在当地城乡规划和设施建设中。

第二十六条 国家级文化生态保护区建设管理机构应当整合多方资源，推动将非物质文化遗产保护知识纳入当地国民教育体系，编写非物质文化遗产传承普及辅导读本，在保护区内的中小学开设非物质文化遗产乡土课程，在职业学校和高等院校设立非物质文化遗产相关专业或开设选修课，推进非物质文化遗产进校园、进课堂、进教材。

第二十七条 国家级文化生态保护区建设管理机构应当每年定期组织举办有影响力的非物质文化遗产展示展演活动，利用传统节日、文化和自然遗产日等重要节点开展非物质文化遗产宣传传播活动。鼓励和支持当地民众按照当地习俗依法依规举办传统文化活动。

第二十八条 国家级文化生态保护区建设管理机构应当挖掘区域内传统工艺项目资源，培养一批能工巧匠，培育一批知名品牌，推动传统工艺振兴；组织开展区域内建档立卡贫困人口参加传统工艺相关技能培训，带动就业，精准助力区域内贫困群众脱贫增收。

第二十九条 国家级文化生态保护区建设管理机构应当依托区域内独具特色的文化生态资源，开展文化观光游、文化体验游、文化休闲游等多种形式的旅游活动。

第三十条 国家级文化生态保护区建设管理机构应当深入挖掘、阐释非物质文化遗产蕴含的优秀思想观念、人文精神、道德规范，培育文明乡风、良好家风、淳朴民风，提升乡村文明水平，助力乡村振兴。

第三十一条 国家级文化生态保护区建设管理机构应当加强工作机构和队伍建设，配备一定数量的专职工作人员；定期组织开展文化生态保护培训，提高工作人员的业务水平和工作能力；委托相关高等院校或机构，培养一批文化生态保护专业人才；建立一支文化生态保护志愿者队伍，鼓励和引导社会力量参与文化生态保护工作。

第三十二条 国家级文化生态保护区建设经费应当纳入省市级当地公共财政经常性支出预算，并作为重要评估指标。文化和旅游部通过中央财政对国家级文化生态保护区建设予以补贴。鼓励社会资金参与国家级文化生态保护区建设工作。

第三十三条 国家级文化生态保护区建设管理机构应当依据总体规划，每年对总体规划实施情况和建设工作成效开展自评，将年度重点工作清单和自评报告广泛征求区域内民众的意见，并报送文化和旅游部备案。

第三十四条 文化和旅游部不定期对国家级文化生态保护区建设情况进行检查；每五年对国家级文化生态保护区开展一次总体规划实施情况和建设成效评估，评估报告向社会公布。

第三十五条 对建设成绩突出的国家级文化生态保护区，文化和旅游部予以通报表扬，并给予重点支持。因保护不力使文化生态遭到破坏的，文化和旅游部将严肃处理，并予以摘牌。

第四章 附 则

第三十六条 文化和旅游部已公布的国家级文化生态保

护实验区建设管理工作依据本办法执行。

第三十七条 本办法由文化和旅游部负责解释。

第三十八条 本办法自2019年3月1日起施行。

国家级非物质文化遗产代表性传承人认定与管理办法

1. 2019年11月29日文化和旅游部令第3号发布
2. 自2020年3月1日起施行

第一条 为传承弘扬中华优秀传统文化,有效保护和传承非物质文化遗产,鼓励和支持国家级非物质文化遗产代表性传承人开展传承活动,根据《中华人民共和国非物质文化遗产法》等有关法律法规,制定本办法。

第二条 本办法所称国家级非物质文化遗产代表性传承人,是指承担国家级非物质文化遗产代表性项目传承责任,在特定领域内具有代表性,并在一定区域内具有较大影响,经文化和旅游部认定的传承人。

第三条 国家级非物质文化遗产代表性传承人的认定与管理应当以习近平新时代中国特色社会主义思想为指导,坚持以人民为中心,弘扬社会主义核心价值观,保护传承非物质文化遗产,推动中华优秀传统文化创造性转化、创新性发展。

第四条 国家级非物质文化遗产代表性传承人的认定与管理应当立足于完善非物质文化遗产传承体系,增强非物质文化遗产的存续力,尊重传承人的主体地位和权利,注重社区和群体的认同感。

第五条 国家级非物质文化遗产代表性传承人应当锤炼忠诚、执着、朴实的品格,增强使命和担当意识,提高传承实践能力,在开展传承、传播等活动时遵守宪法和法律法规,遵守社会公德,坚持正确的历史观、国家观、民族观、文化观,铸牢中华民族共同体意识,不得以歪曲、贬损等方式使用非物质文化遗产。

第六条 文化和旅游部一般每五年开展一批国家级非物质文化遗产代表性传承人认定工作。

第七条 认定国家级非物质文化遗产代表性传承人,应当坚持公开、公平、公正的原则,严格履行申报、审核、评审、公示、审定、公布等程序。

第八条 符合下列条件的中国公民可以申请或者被推荐为国家级非物质文化遗产代表性传承人:

(一)长期从事该项非物质文化遗产传承实践,熟练掌握其传承的国家级非物质文化遗产代表性项目知识和核心技艺;

(二)在特定领域内具有代表性,并在一定区域内具有较大影响;

(三)在该项非物质文化遗产的传承中具有重要作用,积极开展传承活动,培养后继人才;

(四)爱国敬业,遵纪守法,德艺双馨。

从事非物质文化遗产资料收集、整理和研究的人员不得认定为国家级非物质文化遗产代表性传承人。

第九条 公民提出国家级非物质文化遗产代表性传承人申请的,应当向国家级非物质文化遗产代表性项目所在地文化和旅游主管部门如实提交下列材料:

(一)申请人姓名、民族、从业时间、被认定为地方非物质文化遗产代表性传承人时间等基本情况;

(二)申请人的传承谱系或师承脉络、学习与实践经历;

(三)申请人所掌握的非物质文化遗产知识和核心技艺、成就及相关的证明材料;

(四)申请人授徒传艺、参与社会公益性活动等情况;

(五)申请人持有该项目的相关实物、资料的情况;

(六)申请人志愿从事非物质文化遗产传承活动,履行代表性传承人相关义务的声明;

(七)其他有助于说明申请人具有代表性和影响力的材料。

中央各部门直属单位可以通过其主管单位直接向文化和旅游部推荐国家级非物质文化遗产代表性传承人,推荐材料应当包括前款各项内容。

第十条 文化和旅游主管部门收到申请材料或者推荐材料后,应当组织专家进行审核并逐级上报。

省级文化和旅游主管部门收到上述材料后,应当组织审核,提出推荐人选和审核意见,连同申报材料和审核意见一并报送文化和旅游部。

第十一条 文化和旅游部应当对收到的申请材料或者推荐材料进行复核。符合要求的,进入评审程序;不符合要求的,退回材料并说明理由。

第十二条 文化和旅游部应当组织专家评审组和评审委员会,对推荐认定为国家级非物质文化遗产代表性传承人的人选进行初评和审议。根据需要,可以安排现场答辩环节。

评审委员会对初评人选进行审议,提出国家级非物质文化遗产代表性传承人推荐人选。

第十三条 文化和旅游部对评审委员会提出的国家级非

物质文化遗产代表性传承人推荐人选向社会公示，公示期为20日。

第十四条　公民、法人或者其他组织对国家级非物质文化遗产代表性传承人推荐人选有异议的，可以在公示期间以书面形式实名向文化和旅游部提出。

第十五条　文化和旅游部根据评审委员会的审议意见和公示结果，审定国家级非物质文化遗产代表性传承人名单，并予以公布。

第十六条　文化和旅游部应当建立国家级非物质文化遗产代表性传承人档案，并及时更新相关信息。

档案内容主要包括传承人基本信息、参加学习培训、开展传承活动、参与社会公益性活动情况等。

第十七条　文化和旅游主管部门根据需要采取下列措施，支持国家级非物质文化遗产代表性传承人开展传承、传播等活动：

（一）提供必要的传承场所；

（二）提供必要的经费资助其开展授徒、传艺、交流等活动；

（三）指导、支持其开展非物质文化遗产记录、整理、建档、研究、出版、展览展示展演等活动；

（四）支持其参加学习、培训；

（五）支持其参与社会公益性活动；

（六）支持其开展传承、传播等活动的其他措施。

对无经济收入来源、生活确有困难的国家级非物质文化遗产代表性传承人，所在地文化和旅游主管部门应当协调有关部门积极创造条件，并鼓励社会组织和个人提供资助，保障其基本生活需求。

第十八条　国家级非物质文化遗产代表性传承人承担下列义务：

（一）开展传承活动，培养后继人才；

（二）妥善保存相关实物、资料；

（三）配合文化和旅游主管部门及其他有关部门进行非物质文化遗产调查；

（四）参与非物质文化遗产公益性宣传等活动。

第十九条　省级文化和旅游主管部门应当根据实际情况，列明国家级非物质文化遗产代表性传承人义务，明确传习计划和具体目标任务，报文化和旅游部备案。

国家级非物质文化遗产代表性传承人应当每年向省级文化和旅游主管部门提交传承情况报告。

第二十条　省级文化和旅游主管部门根据传习计划应当于每年6月30日前对上一年度国家级非物质文化遗产代表性传承人义务履行和传习补助经费使用情况进行评估，在广泛征求意见的基础上形成评估报告，报文化和旅游部备案。

评估结果作为享有国家级非物质文化遗产代表性传承人资格、给予传习补助的主要依据。

第二十一条　文化和旅游部按照有关规定，会同有关部门对做出突出贡献的国家级非物质文化遗产代表性传承人予以表彰和奖励。

第二十二条　有下列情形之一的，经省级文化和旅游主管部门核实后，文化和旅游部取消国家级非物质文化遗产代表性传承人资格，并予以公布：

（一）丧失中华人民共和国国籍的；

（二）采取弄虚作假等不正当手段取得资格的；

（三）无正当理由不履行义务，累计两次评估不合格的；

（四）违反法律法规或者违背社会公德，造成重大不良社会影响的；

（五）自愿放弃或者其他应当取消国家级非物质文化遗产代表性传承人资格的情形。

第二十三条　国家级非物质文化遗产代表性传承人去世的，省级文化和旅游主管部门可以采取适当方式表示哀悼，组织开展传承人传承事迹等宣传报道，并及时将相关情况报文化和旅游部。

第二十四条　省、自治区、直辖市文化和旅游主管部门可以参照本办法，制定本行政区域内非物质文化遗产代表性传承人的认定与管理办法。

中央各部门直属单位国家级非物质文化遗产代表性传承人的管理参照本办法相关规定执行。

第二十五条　本办法由文化和旅游部负责解释。

第二十六条　本办法自2020年3月1日起施行。原文化部2008年5月14日发布的《国家级非物质文化遗产项目代表性传承人认定与管理暂行办法》同时废止。

国家非物质文化遗产保护资金管理办法

1. *2022年1月10日财政部、文化和旅游部印发*
2. *财教〔2021〕314号*

第一章　总　　则

第一条　为了规范和加强国家非物质文化遗产保护资金（以下简称保护资金）的管理与使用，提高资金使用效益，根据《中华人民共和国预算法》及其实施条例、《中华人民共和国非物质文化遗产法》等法律法规和国家预算管理有关规定，结合我国非物质文化遗产保护工作实际，制定本办法。

第二条　保护资金由中央财政设立，用于支持国家非物质文化遗产管理和保护工作。保护资金的年度预算根据国家非物质文化遗产保护工作总体规划、年度工作计划以及国家财力情况核定。保护资金实施期限根据公共文化领域中央与地方财政事权和支出责任划分改革方案、非物质文化遗产保护政策等确定。

各级财政应按照公共文化领域中央与地方财政事权和支出责任划分改革方案，落实支出责任，保障本行政区域非物质文化遗产保护传承经费。

第三条　保护资金管理和使用坚持“统筹安排、突出重点、中央补助、分级负责、加强监督、注重绩效”的原则。

第四条　保护资金由财政部、文化和旅游部按职责共同管理。文化和旅游部负责测算基础数据，对数据的真实性、准确性、及时性负责，负责审核申报文件和提出保护资金分配建议方案，监督指导保护资金的使用和绩效管理。财政部根据预算管理相关规定，会同文化和旅游部研究确定中央部门、各省（自治区、直辖市、计划单列市，以下统称省）保护资金预算、绩效目标，对保护资金使用情况进行监督，指导开展全过程绩效管理。

省级财政、文化和旅游主管部门负责明确省级及省以下各级财政、文化和旅游主管部门在数据审核、预算安排、资金使用、绩效管理等方面的责任，切实加强保护资金管理，提高资金使用效益。省级及省以下各级文化和旅游主管部门负责审核申报资料，对申报资料的真实性、完整性、合规性负责。

文化和旅游部、财政部共同建立非物质文化遗产保护资金项目库。保护资金项目库分为项目申报库、项目储备库、项目执行库，分别对应项目申报、项目审核、项目执行环节。

第五条　保护资金的管理和使用严格执行国家有关法律法规、财务规章制度和本办法的规定，并接受财政部门的监督以及审计、文化和旅游等部门的监督检查。

第二章　保护资金支出范围

第六条　保护资金分为中央本级项目资金和中央对地方补助资金，按照开支范围分为组织管理费和保护补助费。

中央本级项目资金包括文化和旅游部本级组织管理费和中央部门国家非物质文化遗产保护补助费，中央对地方补助资金为各省国家非物质文化遗产保护补助费。

第七条　组织管理费是指组织开展非物质文化遗产保护工作和管理工作所发生的支出，具体包括：调查研究、规划编制、宣传出版、咨询评审、交流培训、数据库建设等。

第八条　保护补助费是指补助国家级非物质文化遗产代表性项目（以下简称代表性项目）、国家级非物质文化遗产代表性传承人（以下简称代表性传承人）、国家级文化生态保护区等开展保护传承活动发生的支出。具体包括：

（一）代表性项目保护补助费，用于补助代表性项目相关的调查立档、研究出版、保护计划编制、开展传承和实践活动、展示展演和宣传普及、必要传承实践用具购置等支出。

（二）代表性传承人补助费，用于补助代表性传承人开展授徒、传艺、交流等传承活动的支出。

（三）国家级文化生态保护区建设补助费，用于补助国家级文化生态保护区相关的规划编制、研究出版、数字化保护、传承体验设施租借或修缮、普及教育、宣传推广等支出。

（四）中国非物质文化遗产传承人研修培训计划（以下简称研培计划）补助费，用于补助开展研培计划所发生的研修、培训等支出。

（五）代表性传承人记录补助费，用于补助对代表性传承人实施系统记录的支出。

（六）财政部、文化和旅游部确定的其他支出。

中央部门国家非物质文化遗产保护补助费包括代表性项目保护补助费、代表性传承人补助费。

第九条　保护资金不得用于与非物质文化遗产保护传承无关的支出，不得用于支付各种罚款、捐款、赞助、投资等支出，不得用于偿还债务和基础设施建设，不得用于个人专著的出版，不得用于编制内在职人员工资性支出和离退休人员离退休费支出，不得用于国家规定禁止列支的其他支出。

第三章　中央本级项目资金分配与管理

第十条　中央本级项目资金按规定纳入中央有关部门预算管理，执行中央部门预算管理制度。

第十一条　有关中央部门根据年度中央部门预算编制通知、代表性项目保护需求、工作任务量，提出项目预算申请和绩效目标，于每年 7 月 30 日前报文化和旅游部。同时，有关中央部门应按照预算编制规定，申请将项目纳入中央部门预算项目库。未列入中央部门预算项目库的项目，不得安排预算。

第十二条　文化和旅游部根据非物质文化遗产保护年度

工作计划、项目申报、以前年度结转结余、项目绩效等情况，提出下一年度中央本级项目资金安排建议方案。其中，文化和旅游部本级组织管理费、有关中央部门和港澳地区代表性传承人补助费，随文化和旅游部部门预算申请一并报送财政部；有关中央部门项目由文化和旅游部审核提出项目预算建议数，汇总报送财政部。同时，文化和旅游部负责将相关项目信息按要求录入保护资金项目库。

第十三条 财政部根据文化和旅游部申请，综合考虑中央本级当年财力、预算管理要求，按照部门预算管理规定批复下达项目预算、绩效目标。

第十四条 中央部门要严格按照批复的预算组织执行，切实强化预算约束，加强财务支出管理，做好绩效目标管理和运行监控。

第四章 中央对地方补助资金分配与管理

第十五条 中央对地方补助资金分为重点项目补助和一般项目补助。其中，重点项目补助用于国家级文化生态保护区建设，入选联合国教科文组织非物质文化遗产名录名册项目的履约保护，文化和旅游部、财政部共同确定实施方案的项目；一般项目补助用于其他代表性项目，代表性传承人，代表性传承人记录，研培计划等。

第十六条 重点项目补助实行项目法分配。项目补助金额根据各省申报情况、非物质文化遗产保护需求、工作任务量、项目预算执行和绩效情况等核定。

第十七条 一般项目补助实行因素法分配。分配因素包括代表性项目数量、代表性项目年度保护任务数、代表性传承人数量、代表性传承人记录数、研培计划任务数。其中，代表性项目数量根据国务院公布的名单确定；代表性项目年度保护任务数根据文化和旅游部对代表性项目年度预算评审情况确定；代表性传承人数量根据文化和旅游部公布的名单确定；代表性传承人记录数、研培计划任务数根据文化和旅游部年度工作任务确定。已列入重点项目的联合国教科文组织非物质文化遗产名录名册项目，不作为因素计算依据。

分配公式如下：某省补助资金 = 代表性传承人数量 × 测算标准 + 代表性传承人记录数 × 测算标准 +（该省代表性项目数量/各省代表性项目总数 × 45% + 该省代表性项目保护任务数/各省代表性项目保护任务总数 × 45% + 该省研培计划任务数/各省研培计划任务总数 × 10%）× 各省代表性项目和研培计划补助数 × 绩效评价调节系数。

绩效评价调节系数如下：

序号	绩效评价结果	绩效评价调节系数
1	≥90 分	1.2
2	≥85 分且 <90 分	1.1
3	≥80 分且 <85 分	1
4	≥70 分且 <80 分	0.9
5	<70 分	0.8

第十八条 代表性传承人传承活动测算标准为每人每年 2 万元，地方可根据文化和旅游部确定的代表性传承人传承活动评估结果和财力情况，适当增加或减少中央补助。其中，对传承活动评估结果优秀的传承人，增加中央补助不超过测算标准的 25%；对传承活动评估结果不合格的传承人，不得安排传承活动中央补助。

代表性传承人记录项目测算标准为每个 40 万元，地方可根据实际工作开展和财力情况，统筹安排代表性传承人记录项目补助资金。原则上，同一代表性传承人记录项目 5 年内只安排一次。

中央财政给予补助的代表性传承人传承活动和记录项目数量，根据年度预算安排情况统筹确定。

第十九条 项目申报单位应当具备实施该项目保护计划的能力，以及开展传承展示活动的场所和条件。

项目申报单位应当保证申报材料真实、准确、完整，所申报项目应当具备实施条件，有明确的保护工作计划和合理的实施周期、分年度预算，短期内无法启动的项目不得申报。

第二十条 地方文化和旅游主管部门应当提前研究下一年度资金使用需求，谋划好相关项目，优化夯实项目储备。省级文化和旅游主管部门要结合属地实际，指导基层文化和旅游主管部门和项目实施单位编制区域绩效目标和项目绩效目标，绩效目标设置要具有科学性、合规性、前瞻性和可操作性，各项指标要符合实际，量化清晰，与任务数相对应，与资金量相匹配。

省级文化和旅游主管部门负责组织开展项目审核，并将项目内容、预算申请数、绩效目标、以前年度预算执行情况等信息列入项目申报库。对较为复杂的项目，可委托第三方机构或专家组进行预算评审。

第二十一条 省级财政、文化和旅游主管部门结合非物质文化遗产保护需求、工作任务量、项目预算执行和绩效管理等情况，提出下一年度项目预算申请和绩效目标，并区分轻重缓急对项目申报库进行排序，于每年 8 月 31 日前将申报文件报送财政部、文化和旅游部，抄送财政部当地监管局。

第二十二条 文化和旅游部负责组织对项目申报库进行项目评审，评审通过后列入项目储备库，未列入项目储备库的项目不得安排补助资金。项目评审可采取委托第三方或组织专家组的方式开展。项目评审中，要对各省申报文件、非物质文化遗产保护需求、工作任务量、项目预算执行和绩效情况等进行全面审核，确定项目预算控制数、年度支出计划、绩效目标和项目排序。

第二十三条 文化和旅游部根据国家非物质文化遗产保护工作总体规划、年度工作计划、项目评审、一般项目补助分配因素测算等情况，提出预算建议方案、整体绩效目标和区域绩效目标，报财政部审核。其中，分地区一般项目补助数不得高于项目储备库中该地区一般项目预算控制数，超出部分调减用于重点项目。

第二十四条 财政部根据文化和旅游部建议方案，综合考虑中央本级当年财力、预算管理要求，审核确定中央对地方补助资金分配方案、整体绩效目标和区域绩效目标。

财政部于每年全国人民代表大会批准中央预算后三十日内，下达中央对地方补助资金预算；每年 10 月 31 日前，提前下达下一年度预计数，并抄送财政部各地监管局。文化和旅游部根据资金下达情况，同步更新保护资金项目库信息。

第二十五条 省级财政、文化和旅游主管部门根据一般项目补助年度预算规模、项目排序、项目评审等情况，审核确定一般项目补助预算分配方案、绩效目标。省级财政部门在收到中央对地方补助资金预算后三十日内，按照预算级次合理分配、及时下达资金预算，抄送文化和旅游部、省级文化和旅游主管部门、财政部当地监管局。

第二十六条 省级文化和旅游主管部门根据资金下达情况，将项目从项目储备库转入项目执行库，同步更新项目预算控制数、年度支出计划和绩效目标，并于每年 3 月底之前，将上一年度项目预算执行、绩效目标完成情况录入项目执行库。

第五章 绩效管理与监督

第二十七条 各级财政、文化和旅游主管部门应当按照全面实施预算绩效管理的要求，建立健全预算绩效管理机制，对照绩效目标做好绩效监控、绩效评价，强化评价结果运用，做好绩效信息公开，提高保护资金配置效率和使用效益。

省级文化和旅游主管部门会同省级财政部门组织开展绩效自评，于每年 3 月底前将上一年度绩效自评报告报文化和旅游部汇总。自评报告内容主要包括项目总体绩效目标、各项绩效指标完成情况、预算执行情况、绩效自评表。对未完成绩效目标或偏离绩效目标较大的项目要分析原因，研究提出改进措施。绩效自评表应内容完整、权重合理、数据真实、结果客观。

财政部、文化和旅游部根据需要组织对保护资金开展重点绩效评价，将评价结果作为预算安排、完善政策和改进管理的依据。

第二十八条 省级文化和旅游主管部门组织开展项目验收，于每年 6 月底之前将上一年度实施完毕的项目验收结果报文化和旅游部备案，并更新项目执行库项目信息。

第二十九条 项目实施单位应当严格按照批准的保护资金支出范围和项目内容安排使用保护资金。如有特殊情况，需要调整一般项目保护资金支出范围和项目内容的，应当按预算管理规定报省级财政、文化和旅游主管部门批准。不足两年的结转资金可在下年继续使用，或由同级财政部门按规定统筹用于项目储备库其他项目；连续两年未用完的项目结转资金，应按照规定确认为结余资金，由项目实施单位同级财政部门按规定收回统筹使用。

在确保完成当年保护任务基础上，省级财政部门、文化和旅游主管部门可在项目储备库项目范围内统筹安排一般项目补助。同一项目分年度补助数不得超过该项目预算控制数。

第三十条 保护资金按照财政国库管理制度有关规定执行。属于政府采购管理范围的，应当按照国家政府采购法律规定制度执行。鼓励采取政府购买服务等方式，支持相关单位和组织参与非物质文化遗产保护。

第三十一条 项目相关培训支出应严格按照培训费管理有关规定执行。项目实施单位使用保护资金形成的资产属于国有资产的，应当按照国家国有资产管理有关规定管理。使用保护资金开展的活动，形成的项目成果（含专著、论文、研究报告、总结、数据资料、鉴定证书及成果报道等），均应注明“国家非物质文化遗产保护资金补助项目”。

第三十二条 各级财政、文化和旅游主管部门及其工作人员在保护资金分配、审核过程中存在违反本办法规定，以及其他滥用职权、玩忽职守、徇私舞弊等违法违规行为的，依法追究相应责任。

第三十三条 申报使用保护资金的部门、单位及个人在资金申报、使用过程中存在违法违规行为的，依照《中华人民共和国预算法》及其实施条例、《财政违法行为处罚处分条例》等国家有关规定追究相应责任。

第三十四条 本办法由财政部、文化和旅游部负责解释。省级财政、文化和旅游主管部门可根据本办法，结合各地实际，制定具体管理办法，并抄送财政部当地监管局。

第三十五条 本办法自2022年1月1日起施行。《财政部 文化部关于印发〈国家非物质文化遗产保护专项资金管理办法〉的通知》（财教〔2012〕45号）、《财政部 文化部关于〈国家非物质文化遗产保护专项资金管理办法〉的补充通知》（财文〔2016〕29号）、《财政部 文化和旅游部关于〈国家非物质文化遗产保护专项资金管理办法〉的补充通知》（财文〔2018〕135号）同时废止。

3. 文化艺术品

传统工艺美术保护条例

1. 1997年5月20日国务院令第217号公布
2. 根据2013年7月18日国务院令第638号《关于废止和修改部分行政法规的决定》修订

第一条 为了保护传统工艺美术，促进传统工艺美术事业的繁荣与发展，制定本条例。

第二条 本条例所称传统工艺美术，是指百年以上，历史悠久，技艺精湛，世代相传，有完整的工艺流程，采用天然原材料制作，具有鲜明的民族风格和地方特色，在国内外享有声誉的手工艺品种和技艺。

第三条 国家对传统工艺美术品种和技艺实行保护、发展、提高的方针。地方各级人民政府应当加强对传统工艺美术保护工作的领导，采取有效措施，扶持和促进本地区传统工艺美术事业的繁荣和发展。

第四条 国务院负责传统工艺美术保护工作的部门负责全国传统工艺美术保护工作。

第五条 国家对传统工艺美术品种和技艺实行认定制度。符合本条例第二条规定条件的工艺美术品种和技艺，依照本条例的规定认定为传统工艺美术品种和技艺。

第六条 传统工艺美术品种和技艺，由国务院负责传统工艺美术保护工作的部门聘请专家组成评审委员会进行评审；国务院负责传统工艺美术保护工作的部门根据评审委员会的评审结论，予以认定和公布。

第七条 制作传统工艺美术产品的企业和个人，可以向当地县级人民政府负责传统工艺美术保护工作的部门提出要求保护的品种和技艺的申请，由省、自治区、直辖市人民政府负责传统工艺美术保护工作的部门推荐。

第八条 申请认定传统工艺美术品种和技艺的企业和个人，应当按照国务院负责传统工艺美术保护工作的部门的规定，提交完整、详实的资料。

第九条 国家对认定的传统工艺美术技艺采取下列保护措施：

（一）搜集、整理、建立档案；

（二）征集、收藏优秀代表作品；

（三）对其工艺技术秘密确定密级，依法实施保密；

（四）资助研究，培养人才。

第十条 传统工艺美术品种中的卓越作品，经国务院负责传统工艺美术保护工作的部门聘请专家组成评审委员会进行评审后，由国务院负责传统工艺美术保护工作的部门命名为中国工艺美术珍品（以下简称珍品）。

第十一条 国家对珍品采取下列保护措施：

（一）国家征集、收购的珍品由中国工艺美术馆或者省、自治区、直辖市工艺美术馆、博物馆珍藏。

（二）珍品禁止出口。珍品出国展览必须经国务院负责传统工艺美术保护工作的部门会同国务院有关部门批准。

第十二条 符合下列条件并长期从事传统工艺美术制作的人员，由相关行业协会组织评审，可以授予中国工艺美术大师称号：

（一）成就卓越，在国内外享有声誉的；

（二）技艺精湛，自成流派的。

第十三条 县级以上人民政府有关部门对制作传统工艺美术品种特需的天然原料、材料，应当统筹规划、妥善安排。

第十四条 对制作传统工艺美术品种特需的宝石、玉石等珍稀矿种，国家依法加强保护，严禁乱采滥挖。

第十五条 国家鼓励地方各级人民政府根据本地区实际情况，采取必要措施，发掘和抢救传统工艺美术技艺，征集传统工艺美术精品，培养传统工艺美术技艺人才，资助传统工艺美术科学研究。

第十六条 对于制作经济效益不高、艺术价值很高并且面临失传的工艺美术品种的企业，各级人民政府应当采取必要措施，给予扶持和帮助。

第十七条 制作传统工艺美术产品的企业应当建立、健全传统工艺美术技艺的保护或者保密制度，切实加强对传统工艺美术技艺的管理。

从事传统工艺美术产品制作的人员，应当遵守国家有关法律、法规的规定，不得泄露在制作传统工艺美术产品过程中知悉的技术秘密和其他商业秘密。

第十八条 国家对在继承、保护、发展传统工艺美术事业中作出突出贡献的单位和个人，给予奖励。

第十九条 违反本条例规定，有下列行为之一的，由有关部门依照有关法律、行政法规的规定，给予行政处分或者行政处罚；构成犯罪的，依法追究刑事责任：

（一）窃取或者泄露传统工艺美术技艺秘密的；

（二）非法开采用于制作传统工艺美术品的珍稀矿产资源或者盗卖用于制作传统工艺美术品的珍稀的矿产品的；

（三）私运珍品出境的。

制作、出售假冒中国工艺美术大师署名的传统工艺美术作品的，应当依法承担民事责任；有关部门可以依照有关法律、行政法规的规定给予行政处罚。

第二十条 本条例自发布之日起施行。

艺术品经营管理办法

2016年1月18日文化部令第56号发布

第一章 总 则

第一条 为了加强对艺术品经营活动的管理，规范经营行为，繁荣艺术品市场，保护创作者、经营者、消费者的合法权益，制定本办法。

第二条 本办法所称艺术品，是指绘画作品、书法篆刻作品、雕塑雕刻作品、艺术摄影作品、装置艺术作品、工艺美术作品等及上述作品的有限复制品。本办法所称艺术品不包括文物。

本办法规范的艺术品经营活动包括：

（一）收购、销售、租赁；

（二）经纪；

（三）进出口经营；

（四）鉴定、评估、商业性展览等服务；

（五）以艺术品为标的物的投资经营活动及服务。

利用信息网络从事艺术品经营活动的适用本办法。

第三条 文化部负责制定艺术品经营管理政策，监督管理全国艺术品经营活动，建立艺术品市场信用监管体系。

省、自治区、直辖市人民政府文化行政部门负责艺术品进出口经营活动审批，建立专家委员会，为文化行政部门开展的内容审查、市场监管相关工作提供专业意见。

县级以上人民政府文化行政部门负责本行政区域内艺术品经营活动的日常监督管理工作，县级以上人民政府文化行政部门或者依法授权的文化市场综合执法机构对从事艺术品经营活动违反国家有关规定的行为实施处罚。

第四条 加强艺术品市场社会组织建设。鼓励和引导行业协会等社会组织制定行业标准，指导、监督会员依法开展经营活动，依照章程，加强行业自律，推动诚信建设，促进行业公平竞争。

第二章 经营规范

第五条 设立从事艺术品经营活动的经营单位，应当到其住所地县级以上人民政府工商行政管理部门申领营业执照，并在领取营业执照之日起15日内，到其住所地县级以上人民政府文化行政部门备案。

其他经营单位增设艺术品经营业务的，应当按前款办理备案手续。

第六条 禁止经营含有以下内容的艺术品：

（一）反对宪法确定的基本原则的；

（二）危害国家统一、主权和领土完整的；

（三）泄露国家秘密、危害国家安全或者损害国家荣誉和利益的；

（四）煽动民族仇恨、民族歧视，破坏民族团结，或者侵害民族风俗、习惯的；

（五）破坏国家宗教政策，宣扬邪教、迷信的；

（六）宣扬恐怖活动，散布谣言，扰乱社会秩序，破坏社会稳定的；

（七）宣扬淫秽、色情、赌博、暴力或者教唆犯罪的；

（八）侮辱或者诽谤他人，侵害他人合法权益的；

（九）违背社会公德或者民族优秀文化传统的；

（十）蓄意篡改历史、严重歪曲历史的；

（十一）有法律、法规和国家规定禁止的其他内容的。

第七条 禁止经营以下艺术品：

（一）走私、盗窃等来源不合法的艺术品；

（二）伪造、变造或者冒充他人名义的艺术品；

（三）除有合法手续、准许经营的以外，法律、法规禁止交易的动物、植物、矿物、金属、化石等为材质的艺术品；

（四）国家规定禁止交易的其他艺术品。

第八条 艺术品经营单位不得有以下经营行为：

（一）向消费者隐瞒艺术品来源，或者在艺术品说明中隐瞒重要事项，误导消费者的；

（二）伪造、变造艺术品来源证明、艺术品鉴定评估文件以及其他交易凭证的；

（三）以非法集资为目的或者以非法传销为手段进行经营的；

（四）未经批准，将艺术品权益拆分为均等份额公开发行，以集中竞价、做市商等集中交易方式进行交易的；

（五）法律、法规和国家规定禁止的其他经营行为。

第九条　艺术品经营单位应当遵守以下规定：

（一）对所经营的艺术品应当标明作者、年代、尺寸、材料、保存状况和销售价格等信息；

（二）保留交易有关的原始凭证、销售合同、台账、账簿等销售记录，法律、法规要求有明确期限的，按照法律、法规规定执行；法律、法规没有明确规定的，保存期不得少于5年。

第十条　艺术品经营单位应买受人要求，应当对买受人购买的艺术品进行尽职调查，提供以下证明材料之一：

（一）艺术品创作者本人认可或者出具的原创证明文件；

（二）第三方鉴定评估机构出具的证明文件；

（三）其他能够证明或者追溯艺术品来源的证明文件。

第十一条　艺术品经营单位从事艺术品鉴定、评估等服务，应当遵守以下规定：

（一）与委托人签订书面协议，约定鉴定、评估的事项，鉴定、评估的结论适用范围以及被委托人应当承担的责任；

（二）明示艺术品鉴定、评估程序或者需要告知、提示委托人的事项；

（三）书面出具鉴定、评估结论，鉴定、评估结论应当包括对委托艺术品的全面客观说明，鉴定、评估的程序，做出鉴定、评估结论的证据，鉴定、评估结论的责任说明，并对鉴定、评估结论的真实性负责；

（四）保留书面鉴定、评估结论副本及鉴定、评估人签字等档案不得少于5年。

第十二条　文化产权交易所和以艺术品为标的物的投资经营单位，非公开发行艺术品权益或者采取艺术品集中竞价交易的，应当执行国家有关规定。

第三章　艺术品进出口经营活动

第十三条　艺术品进出口经营活动包括：

（一）从境外进口或者向境外出口艺术品的经营活动；

（二）以销售、商业宣传为目的在境内公共展览场所举办的，有境外艺术品创作者或者境外艺术品参加的各类展示活动。

第十四条　从境外进口或者向境外出口艺术品的，应当在艺术品进出口前，向艺术品进出口口岸所在地省、自治区、直辖市人民政府文化行政部门提出申请并报送以下材料：

（一）营业执照、对外贸易经营者备案登记表；

（二）进出口艺术品的来源、目的地；

（三）艺术品图录；

（四）审批部门要求的其他材料。

文化行政部门应当自受理申请之日起5日内作出批准或者不批准的决定。批准的，发给批准文件，申请单位持批准文件到海关办理手续；不批准的，书面通知申请人并说明理由。

第十五条　以销售、商业宣传为目的在境内公共展览场所举办有境外艺术品创作者或者境外艺术品参加的展示活动，应当由举办单位于展览日45日前，向展览举办地省、自治区、直辖市人民政府文化行政部门提出申请，并报送以下材料：

（一）主办或者承办单位的营业执照、对外贸易经营者备案登记表；

（二）参展的境外艺术品创作者或者境外参展单位的名录；

（三）艺术品图录；

（四）审批部门要求的其他材料。

文化行政部门应当自受理申请之日起15日内作出批准或者不批准的决定。批准的，发给批准文件，申请单位持批准文件到海关办理手续；不批准的，书面通知申请人并说明理由。

第十六条　艺术品进出口口岸所在地省、自治区、直辖市人民政府文化行政部门在艺术品进出口经营活动审批过程中，对申报的艺术品内容有疑义的，可提交专家委员会进行复核。复核时间不超过15日，复核时间不计入审批时限。

第十七条　同一批已经文化行政部门内容审核的艺术品复出口或者复进口，进出口单位可持原批准文件到进口或者出口口岸海关办理相关手续，文化行政部门不再重复审批。

第十八条　任何单位或者个人不得销售或者利用其他商业形式传播未经文化行政部门批准进口的艺术品。

个人携带、邮寄艺术品进出境，不适用本办法。个人携带、邮寄艺术品超过海关认定的自用、合理数量，海关要求办理进出口手续的，应当参照本办法第十四条办理。

以研究、教学参考、馆藏、公益性展览等非经营性用途为目的的艺术品进出境，应当参照本办法第十四条或者第十五条办理进出口手续。

第四章　法律责任

第十九条　违反本办法第五条规定的，由县级以上人民政府文化行政部门或者依法授权的文化市场综合执法机构责令改正，并可根据情节轻重处10000元以下罚款。

第二十条 违反本办法第六条、第七条规定的,由县级以上人民政府文化行政部门或者依法授权的文化市场综合执法机构没收非法艺术品及违法所得,违法经营额不足10000元的,并处10000元以上20000元以下罚款;违法经营额10000元以上的,并处违法经营额2倍以上3倍以下罚款。

第二十一条 违反本办法第八条规定的,由县级以上人民政府文化行政部门或者依法授权的文化市场综合执法机构责令改正,没收违法所得,违法经营额不足10000元的,并处10000元以上20000元以下罚款;违法经营额10000元以上的,并处违法经营额2倍以上3倍以下罚款。

第二十二条 违反本办法第九条、第十一条规定的,由县级以上人民政府文化行政部门或者依法授权的文化市场综合执法机构责令改正,并可根据情节轻重处30000元以下罚款。

第二十三条 违反本办法第十四条、第十五条规定,擅自开展艺术品进出口经营活动,及违反第十八条第一款规定的,由县级以上人民政府文化行政部门或者依法授权的文化市场综合执法机构责令改正,违法经营额不足10000元的,并处10000元以上20000元以下罚款;违法经营额10000元以上的,并处违法经营额2倍以上3倍以下罚款。

第五章 附 则

第二十四条 本办法规定的行政许可、备案、专家委员会复核的期限以工作日计算,不含法定节假日。

第二十五条 本办法由文化部负责解释。

第二十六条 本办法自2016年3月15日起施行。2004年7月1日公布的《美术品经营管理办法》同时废止。

艺术档案管理办法

1. 2001年12月31日文化部、国家档案局令第21号发布
2. 自2002年2月1日起施行

第一章 总 则

第一条 为加强对艺术档案的科学管理,充分发挥艺术档案在文化事业和社会主义现代化建设中的作用,依据《中华人民共和国档案法》(以下简称《档案法》)及其实施办法的规定,结合艺术档案的特点,制定本办法。

第二条 艺术档案是指文化艺术单位和艺术工作者在艺术创作、艺术演出、艺术教育、艺术研究、文化交流、社会文化等工作和活动中形成的,对国家和社会有保存价值的各种文字、图表、声像、实物等不同形式的历史记录,是宝贵的文化遗产。

艺术档案工作是文化工作的重要组成部分,也是国家档案工作的组成部分。

第三条 在国家档案行政管理部门的统筹规划、组织协调、统一制度和监督指导下,文化部负责对全国文化系统艺术档案工作的指导和管理。

第四条 各级文化行政管理部门应把艺术档案工作列入本部门整体发展规划,在业务上接受同级档案行政管理部门的监督与指导。

第五条 文化艺术单位应当对本单位的艺术档案实行集中统一管理,保证必要的经费,确保艺术档案的完整、安全和有效利用。

文化艺术单位应把艺术档案工作作为工作总结、业务考核内容之一。

第六条 各级文化行政管理部门应当依据《档案法》的有关规定对在艺术档案工作中做出显著成绩的单位和个人,给予表彰和奖励。

对于违反《档案法》和本办法相关条款的行为,应依据《档案法》的有关规定给予处罚。

第二章 机构与人员

第七条 文化艺术单位应建立健全艺术档案管理机构,设置艺术档案工作岗位,配备熟悉业务的专职艺术档案工作人员。

第八条 省、自治区、直辖市文化行政管理部门可报请地方人民政府批准设立集中保管艺术档案的专门机构,负责征集、接收和保管本地区的艺术档案和有关的艺术档案资料。

第九条 艺术档案工作人员负责管理本单位的艺术档案,对艺术档案的形成、积累和归档实施监督与指导。

第十条 艺术档案工作人员应熟悉自己所保管的艺术档案,编制各种检索工具,编辑、整理、研究档案材料,以便于查找和利用。

从事艺术档案工作的人员,上岗前应接受岗位培训。

第三章 归 档 范 围

第十一条 艺术档案材料的归档范围包括:文学创作,艺术表演,美术、摄影,社会文化,艺术研究,艺术教育,文化交流,个人艺术等活动中形成的具有保存价值的各种艺术材料。

第十二条　在国家主办的各类艺术活动中所形成的具有保存价值的艺术材料（包括文字、声像、照片、实物等载体形式），均属归档范围（艺术档案归档范围详见附件）。

业务人员在职务活动中形成的具有保存价值的艺术材料，也属归档范围。

第十三条　在文化艺术活动中形成的属国家所有的各种载体的艺术材料和实物，任何个人不得据为己有。

第十四条　在文化艺术单位举办业务活动时，主办和承办单位应向本单位艺术档案管理部门提供信息，并在活动结束后将所形成的属国家所有的全部艺术档案材料立卷归档，不得散失。

第十五条　凡是为艺术创作、研究、教学和文化艺术活动参考而收集的图书、报刊、音像带、照片、剧本和有关文章材料等，均作为资料保存。

第四章　收集与整理

第十六条　收集艺术档案材料时，应保证艺术档案材料的完整。

整理艺术档案材料时，应遵循艺术材料的形成规律，保持艺术材料之间的有机联系，便于保管和利用。

第十七条　艺术档案材料系统整理过程中，应根据不同内容和载体分别进行立卷。

第十八条　文化艺术单位应加强对名老艺人、艺术家档案材料和散失在社会上珍贵的艺术档案材料的搜集、征集和管理工作。

第十九条　艺术档案分类由大类、属类组成。大类应设业务类、个人业务类、综合类。具体属类应按照归档范围设置。

第二十条　艺术档案材料应按内容、种类组卷。戏剧材料应按剧目分类组卷；音乐歌舞演出材料应按节目分类组卷；艺术科研材料应按科研专题分类组卷；艺术教育材料应按各专业课程分类组卷；社会文化、文化交流材料应按业务活动进行组卷。

对未完成艺术生产程序的艺术材料，整理时应单独存放，待完成后组卷归档。

第二十一条　对录音带、录像带、照片、唱片、光盘等非纸质载体的艺术档案材料进行归档时，应将每一单项（盒或盘）作为一个保管单位，单独编排档号，并采取按年度结合内容的方法分类整理和编号。其中与文字材料有直接联系的应编写互见号或互见卡。

第二十二条　反映和记录本单位的艺术活动并对以后艺术创作、艺术研究有重要参考借鉴作用的艺术档案材料，应永久保存。在本单位组织或参与的重大的艺术活动中形成的，并具有一定艺术参考价值的艺术档案材料，应长期保存。

第五章　管理与利用

第二十三条　文化艺术单位应建立、健全艺术档案工作的管理制度，把艺术档案的收集和归档工作列入有关业务部门和人员的职责范围。

第二十四条　艺术档案管理部门应配备足够的档案用房和档案柜架、装具，备有防火、防盗、防渍、防有害生物等安全设施，并定期检查档案的保管状况。

第二十五条　文化艺术单位被撤销合并的，应将原单位的艺术档案整理登记后，妥善移交给主管机关或接收单位，不得散失。

第二十六条　集体所有的和个人所有的对国家和社会具有保存价值的艺术档案受国家法律保护，档案所有者应当妥善保管。

第二十七条　国家所有的艺术档案，需要向国内外组织或个人赠送、交换、出售其复制件时，须报请上级主管部门批准。

第二十八条　艺术档案管理部门应充分运用先进技术手段，积极开发艺术档案信息资源，配合业务部门参与艺术生产和文化交流活动。

第六章　附　　则

第二十九条　各级文化行政管理部门可根据本办法，制定实施办法或细则。

第三十条　本办法由文化部、国家档案局负责解释。

第三十一条　本办法自 2002 年 2 月 1 日起施行，文化部、国家档案局 1983 年 11 月 9 日发布的《艺术档案工作暂行办法》同时废止。

附件：

艺术档案归档范围

一、综合活动材料

1. 各种艺术节形成的材料；
2. 调演、汇演、巡演形成的材料；
3. 各种艺术比赛评奖形成的材料；
4. 专场文艺演出形成的材料；
5. 各种艺术展览形成的材料；
6. 各种艺术活动获奖形成的材料；
7. 各种艺术学术会议形成的材料；
8. 各种艺术活动计划、方案、总结形成的材料；

9. 各种艺术活动的统计报表材料；

10. 各种国内外文化艺术交流活动形成的材料；

11. 文艺集成形成的材料；

12. 革命文化艺术史料形成的材料；

13. 各种综合性的艺术调查研究形成的材料；

14. 各种文化艺术刊物创刊以来形成的材料及刊物出版的重要原稿；

15. 各种艺术评论、报导、剪报材料；

16. 艺术挖掘、抢救材料；

17. 艺术院团的大事记、组织沿革史、简介材料。

二、文学创作材料

1. 文学创作活动形成的材料；

2. 文学本(手稿与印刷本)；

3. 创作素材材料；

4. 采风材料。

三、艺术表演材料

1. 剧本、导演本、演出本、改编本、移植本、外国剧作译稿；

2. 导演、舞蹈编导材料；

3. 场记、舞台调度材料；

4. 舞谱材料；

5. 歌曲材料；

6. 旋律曲谱、钢琴谱、合唱谱、总谱、分谱材料；

7. 剧照、造型照、活动照、空景照、气氛照等；

8. 角色自传材料；

9. 舞台美术布景设计及制作材料；

10. 灯光设计材料；

11. 音响设计材料；

12. 服装设计材料；

13. 化妆设计材料；

14. 道具及制作材料；

15. 剧节目审查意见材料；

16. 演出日志、说明书材料；

17. 剧节目宣传材料：广告、海报；

18. 观众来信。

四、美术、摄影材料

1. 绘画(中国画、油画、版画、水彩画、素描、速写、壁画、宣传画、年画、挂历、漫画、连环画等)创作形成的草稿、定稿、作品照片等材料；

2. 雕塑形成的画稿、三维画稿、定稿等材料；

3. 工艺美术活动形成的材料；

4. 民间美术活动形成的材料；

5. 书法篆刻活动形成的材料；

6. 美术展览活动形成的材料；

7. 摄影艺术活动形成的材料。

五、社会文化材料

1. 群众文学(小说、诗歌、散文、民间文学等)创作活动形成的材料；

2. 群众艺术活动(各种演出)形成的材料；

3. 组织群众艺术业务培训和辅导形成的材料；

4. 群众文化艺术理论研究形成的材料；

5. 民族民间艺术调查研究形成的材料；

6. 传统民族民间艺术挖掘、抢救、整理、创作形成的材料；

7. 民间剪纸艺术形成的材料；

8. 少数民族文化艺术形成的材料；

9. 少儿文化艺术材料。

六、艺术研究

1. 文学艺术论著研究材料；

2. 美术研究形成的课题材料；

3. 艺术史研究形成的课题材料；

4. 艺术品种研究形成的课题材料；

5. 艺术专题研究材料；

6. 艺术作品研究形成的材料(成果、获奖和报批材料)；

7. 乐器研究材料。

七、艺术教育材料

1. 艺术教育教材、教案、教学大纲等；

2. 教职人员在艺术教育实践、创作研究中形成的材料；

3. 师生艺术采风收集、整理的材料；

4. 学生艺术实习、毕业演出形成的材料；

5. 学生艺术实习作品材料；

6. 学生艺术学科优异成绩材料。

城市雕塑建设管理办法

1993 年 9 月 14 日文化部、建设部发布

第一章　总　　则

第一条　为了加强城市雕塑的建设和管理，促进社会主义精神文明和物质文明建设，根据《中华人民共和国城市规划法》及其它有关规定，制定本办法。

第二条　本办法所称城市雕塑，是指在城市规划区范围内的道路、广场、绿地、居住区、风景名胜区、公共建筑物及其他活动场地建设的室外雕塑。

第三条　城市雕塑建设必须贯彻党的基本路线，坚持为社会主义服务、为人民服务的方向，执行“百花齐放”、“百家争鸣”的方针。

第四条　城市雕塑建设应当坚持质量第一，积极稳步发展。做到正确的思想内容、健康的审美趣味和完美的艺术形式相结合，与城市环境统一、协调。

第五条　文化部和建设部主管全国的城市雕塑工作。各省、自治区、直辖市文化厅（局）和建设厅（局、委）主管本地区城市雕塑工作。

文化主管部门负责城市雕塑的文艺方针、艺术质量的指导和监督；建设主管部门负责城市雕塑的规划、建设和管理。

第六条　国家设城市雕塑建设指导委员会（简称城雕委），协助主管部门具体管理和协调全国城市雕塑工作。城雕委下设办公室和艺术委员会。

各省、自治区、直辖市有关部门根据当地实际情况和需要设置相应的城市雕塑管理机构。

第二章　城市雕塑的立项和设计

第七条　国家级重要地段、重大题材和重要政治、历史人物雕塑的立项，经省级城雕管理机构初审后报国家城雕委审核，由建设部批准；省级重要地段、重大题材和重要政治、历史人物雕塑的立项，报省级城雕管理机构审核，由省级建设厅（局、委）批准，并报国家城雕委备案；一般城雕项目的立项，报当地城雕管理机构审核，由建设主管部门批准。

第八条　为确保城市雕塑的艺术质量，城市雕塑的创作设计必须由持有《城市雕塑创作设计资格证书》的雕塑家承担。

《城市雕塑创作设计资格证书》由国家城雕委审批颁发。未持有证书者不得承担城市雕塑创作设计。

第九条　国家级重要地段、重大题材和重要政治、历史人物雕塑的设计，经省级城雕管理机构初审后报国家城雕委审核，由文化部批准；省级重要地段、重大题材和重要政治、历史人物雕塑的设计，报省级城雕管理机构审核，由省级文化厅（局）批准；一般城市雕塑的设计，报当地城市雕塑管理机构审核，由文化主管部门批准。

第三章　城市雕塑的规划、建设和管理

第十条　城市雕塑建设必须符合城市规划要求，纳入城市的总体规划和详细规划，有计划地分步实施。

第十一条　任何部门和单位进行城市雕塑建设，均由建设单位向城市雕塑管理机构申请立项。申请立项材料应包括雕塑题材、建设规模、经费预算、经费来源以及当地城市规划主管部门的选址意见，并按本办法第七条规定分级报批。

第十二条　城市雕塑立项批准后，由建设单位委托有相应资格的单位或个人承担设计任务，设计成果按本办法第九条规定分级报批。

第十三条　城市雕塑设计批准后，由当地城市规划主管部门确定具体建设用地范围，定点放线并核发“建设工程规划许可证”，方可动工兴建。

第十四条　承担雕塑创作设计的雕塑家必须监督制作和施工的全过程，保证按设计施工和工程质量。

第十五条　未取得“建设工程规划许可证”或不按“建设工程规划许可证”的要求进行城市雕塑建设，属于违法建设，城市规划主管部门按照《城市规划法》的有关规定处理。

第四章　附　　则

第十六条　遵照《中华人民共和国著作权法》的有关规定，保障创作设计城市雕塑的雕塑家和有关设计者的知识产权。

第十七条　城市雕塑建成后，由建设单位维护和管理，必须保持雕塑的完好和整洁。

第十八条　公民有爱护城市雕塑的义务，故意涂污或损毁城市雕塑者，由公安机关依据《中华人民共和国治安管理处罚条例》予以处罚。

第十九条　地、县级城市雕塑的建设和管理，由省、自治区、直辖市文化主管部门和建设主管部门依据本办法制定相应的管理细则。

第二十条　本办法由文化部和建设部负责解释。

第二十一条　本办法自发布之日起施行。

文化艺术品出国和来华展览管理细则

1. 1993年10月12日文化部印发
2. 文外发〔1993〕49号

一、为加强对文化艺术品出国（含出境，下同）和来华（含港、澳地区来内地，下同）展览事宜的归口管理，促进文化艺术事业的繁荣与发展，根据《文化部关于全国对外文化交流工作归口管理办法》（以下简称《归口管理办法》），特制订本管理细则。

二、文化部归口管理的文化艺术品出国和来华展览的范围包括：

（一）根据我国与外国政府间文化合作协定、文化交流执行计划和项目计划规定互办的文化艺术品

展览；

（二）我国与外国政府间，内地与港、澳以及民间组织间根据友好协商出国或来华举办的计划外的文化艺术品展览，其中包括无偿展览、有偿展览和兼有部分展品销售的展览（以下简称“展销”）。

三、所有出国和来华的文化艺术品展览项目，都要根据《归口管理办法》第三项“审批权限的划分”第（一）至第（五）的规定报批。

四、各省、自治区、直辖市文化厅、局是分级负责归口管理的一级部门。

五、由于有偿展览和展销具有以文补文性质，文化部所辖对外展览机构和经文化部认定的各省、自治区、直辖市文化厅、局所辖以民间名义对外的展览机构，可以作为出国或来华有偿展览和展销的承办单位。承办单位负责经办业经批准的项目派出或接待具体事宜，受主办单位委托对外进行联系和商签合同等事宜。

六、中央和国家机关各部委、各大军事单位、各全国性人民团体可以主办或承办本部门业经批准的第二条第（一）类的展览项目和第（二）类中的无偿展览项目。

七、主办单位举办第二条第（一）类的展览项目和第（二）类中的无偿展览项目的报批内容应包括：展览名称、展览内容及展品数量、展品价值、送展单位、展品作者及其简历、展出时间、地点、随展人员及接待办法等；举办有偿展览和展销项目的报批内容，除以上各点外还应包括：展品价格、保险金额、酬金数额、运输办法、售款分成比例、付款方式、违约索赔等。与外方签订的意向书亦随报批件上报。

八、出展和来展的文化艺术品由主办单位负责审查。出展的项目需保证艺术质量，弘扬我国优秀的民族传统文化，体现我国社会主义文化艺术的水平。对来展的项目，要根据国务院办公厅转发的文化部《关于加强引进外国艺术表演和艺术展览管理的意见》（国办发〔1992〕37号）的精神审查和处理。

九、出国举办有偿展览和展销实行自负盈亏。其资金筹措、收入分配和管理原则如下：

（一）办展费用，包括征集展品、包装、运输、保险、租用展厅、随展人员费用等，均由承办单位负责商外方和国内有关单位提出费用承担方案，按规定程序报批。

（二）我随展人员的服装补助费和在国外期间的个人零用费，按国家规定的临时出国人员待遇标准执行。若外方支付给随展人员的费用高于我国规定的标准，其超出标准的部分作为办展的国外收入。

（三）办展的外汇净收入（包括酬金、零用费、录像酬金、展品出售所得等），纳入承办单位的预算外收入管理使用。

十、外国来华举办有偿展览和展销时，我方承办单位所获收入，应冲销接待、场租、广告、运输、保险等项费用。其净收入，纳入承办单位的预算外收入管理使用。

十一、举办第九、十条所述展览的外汇收入应由承办部门向中国银行结汇，按有关规定办理外汇留成手续。留成额度需按外汇管理有关规定进行管理使用。

十二、文物品出展和来展的管理细则，由文物主管部门根据《归口管理办法》并参照本管理细则另行制订。

十三、本管理细则自颁布之日起施行，1990年8月发布的文化部《文化艺术品出国（境）和来华展览管理办法》（文外发〔1990〕99号）同时废止。

十四、本细则由文化部负责解释。

国家艺术基金章程（试行）

1. 2014年4月30日文化部发布
2. 自2014年5月1日起施行

为繁荣发展艺术事业，经国务院批准，设立国家艺术基金（英文名称为China National Arts Fund，英文缩写为CNAF）。为规范国家艺术基金的管理，特制定本章程。

第一章 总 则

第一条 国家艺术基金是由国家设立，旨在繁荣艺术创作、打造和推广原创精品力作、培养艺术创作人才、推进国家艺术事业健康发展的公益性基金。

第二条 国家艺术基金的资金，主要来自中央财政拨款，同时依法接受国内外自然人、法人或者其他组织的捐赠。

第三条 国家艺术基金坚持文艺“为人民服务、为社会主义服务”的方向和“百花齐放、百家争鸣”的方针，尊重艺术规律，鼓励探索与创新，倡导诚信与包容，坚持“面向社会、公开透明、统筹兼顾、突出重点”的工作原则。

第二章 机构、职责与管理

第四条 国家艺术基金理事会（以下简称“理事会”）是国家艺术基金的决策机构，受文化部、财政部领导和监督。

国家艺术基金管理中心（以下简称“管理中心”）具体负责基金管理和组织实施。

国家艺术基金专家委员会（以下简称“专家委员会”）承担咨询、评审、监督等相关职责。

国家艺术基金的决策管理机制是理事会议、秘书长会议和主任办公会。

理事会成员、管理中心工作人员和专家委员会委员，应恪守职业道德，遵章守法，尽职尽责，爱岗敬业，自觉维护国家艺术基金的声誉。

第五条 理事会理事由有关部门负责人、艺术家、专家学者和知名人士等组成。理事会设理事长一人，副理事长若干人，由现任和曾任文化部、财政部领导担任；设秘书长一人，由副理事长兼任。理事会理事由理事长或相关机构推荐，文化部、财政部审定。

第六条 理事长、副理事长、理事，每届任期五年，连任不超过两届，届中可根据基金工作需要按规定增补理事会成员。

第七条 理事会每年至少召开两次理事会议。如遇需要理事会决定的议题，经理事长同意，可临时召开理事会议。理事会议应有三分之二以上的理事出席才能召开。理事如不能参加理事会议，应提前向理事长请假并经理事长同意。在对议案进行表决时，须经出席理事会议的三分之二以上的理事同意，才能形成理事会决议。决议违反国家法律、法规和基金章程规定的，在表决中投赞成票的理事承担相应责任，不赞成的不承担责任。

第八条 理事会的主要职责：

（一）制定和修改《国家艺术基金章程》；

（二）审定国家艺术基金管理规章制度；

（三）审定国家艺术基金中长期规划和年度计划；

（四）审定国家艺术基金资助项目年度申报指南；

（五）审定国家艺术基金的专家评审结果；

（六）审查国家艺术基金年度资助项目的实施情况和经费使用情况；

（七）审核国内外自然人、法人或其他组织的捐赠事宜；

（八）审核国家艺术基金年度预决算，按规定程序报批；

（九）研究国家艺术基金管理工作中违纪违规行为的处理意见；

（十）指导监督管理中心的工作；

（十一）研究国家艺术基金的其他重大事项。

第九条 秘书长会议由秘书长或秘书长指定的一名理事主持，管理中心主任、相关理事、专家等人员参加。

第十条 秘书长会议的主要职责：

（一）落实理事会重要决议；

（二）研究处理理事会日常事务；

（三）研究处理管理中心的重要请示；

（四）研究处理拟提交理事会议的重要议程、事项；

（五）研究处理国家艺术基金管理的其他重要事项。

第十一条 管理中心为文化部事业单位，负责国家艺术基金的组织实施。管理中心主任、副主任按干部管理权限与程序选拔、考察、任命。

第十二条 管理中心的日常决策机制为主任办公会议，由主任、副主任和相关人员参加。

第十三条 管理中心的主要职责：

（一）草拟国家艺术基金各项重大规章制度，报理事会审定。负责制定管理中心内部各项管理制度；

（二）筹组、管理专家库；

（三）在征求相关部门意见后，提出国家艺术基金年度项目申报指南，报理事会审定；

（四）组织国家艺术基金年度资助项目申报、评审等工作；

（五）提出国家艺术基金年度资助项目及其资助资金额度，报理事会审定；

（六）草拟国家艺术基金向社会公示的事项，报理事会审定；

（七）提出国家艺术基金年度预算、决算以及财务报告，报理事会审定；

（八）负责国家艺术基金年度预算执行和管理工作；

（九）负责处理赞助、捐赠相关事宜；

（十）提出其他需要提请理事会审定的事项。

第十四条 按照代表性与多样性相结合、动态调整和专家自愿等原则，遴选具有较高专业水平、良好职业道德的艺术专家、项目管理专家、财务管理专家、监督评估专家，组建国家艺术基金专家库。

第十五条 专家委员会的产生方式及各项职能：

管理中心根据基金年度工作的实际需要，在开展咨询、评审、监督工作前，从国家艺术基金专家库中随机抽取或遴选相关专家，由理事会聘任，一年一聘，承担咨询、评审、监督等相关职能，提出咨询意见、评审结果和监督报告等。

第十六条 专家委员会的咨询职能：

（一）为国家艺术基金发展规划和年度项目申报指南制定工作，提供咨询意见；

（二）为国家艺术基金年度资助项目及其资助资金额度的评审工作，提供咨询意见；

（三）为编制国家艺术基金年度预算、草拟国家艺术基金决算和财务报告等工作，提供咨询意见；

（四）为其他涉及国家艺术基金专业业务方面的事项提供咨询意见。

第十七条　专家委员会的评审职能：

（一）评审国家艺术基金资助项目；

（二）评审国家艺术基金拟表彰奖励的优秀作品、杰出人才；

（三）评审国家艺术基金的招标项目和委托项目；

（四）评审国家艺术基金的资格、资质类项目；

（五）评审国家艺术基金开展的、其他适合使用评审方式的项目。

第十八条　专家委员会的监督职能：

（一）对国家艺术基金重大制度制定、重大决策等工作进行监督和评估；

（二）对国家艺术基金年度项目申报指南制定、项目申报、项目评审、项目审批、社会公示等各环节工作进行监督和评估；

（三）对国家艺术基金预算申报、审批、经费使用等情况进行监督；

（四）对国家艺术基金其他需要监督的事项进行监督。

第三章　资助范围与方式

第十九条　国家艺术基金资助范围包括艺术的创作生产、传播交流推广、征集收藏、人才培养等方面。项目资助立足示范性、导向性，努力体现国家艺术水准。

第二十条　国家艺术基金资助项目分为一般项目和特别项目。

第二十一条　国家艺术基金的资助方式分为三类：项目资助，即根据项目申报类别及评审情况予以相应资助；优秀奖励，即对优秀作品、杰出人才进行表彰与奖励；匹配资助，即为引导和鼓励社会力量支持艺术发展，对获得其他社会资助的项目进行有限陪同资助。

第四章　项目资助与管理

第二十二条　根据国民经济和社会发展规划、国家艺术发展规划及现实需求，制定国家艺术基金发展规划和项目指南，组织有关专家进行科学论证，明确优先发展领域和资助范围，并向社会发布。

第二十三条　申报单位及个人依据申报指南载明的条件与要求确定申报项目并填报项目申报表，按申报指南规定的时间和程序进行申报。

第二十四条　管理中心应当自基金项目资助申请截止之日起30日内，完成对申报项目的审查。符合基金章程和年度项目指南规定的，予以受理；不符合的，通知申报主体不予受理。

第二十五条　国家艺术基金遵循依托专家、严守程序、择优支持、公正合理的评审原则，制定评审标准和管理办法，组织对受理申报项目的评审，具体办法另行制定。

第二十六条　国家艺术基金资助项目是根据本章程和项目评审办法，以及专家提出的评审意见，决定予以资助的项目。拟予以资助的，予以公示，公示期满，应及时通知申报主体。

第二十七条　申报主体对不予资助决定有异议的，可自公示之日起15日内，向管理中心提出书面意见。对评审专家的艺术或学术判断有不同意见，不得作为提出异议的理由。

管理中心对申报主体提出的书面意见，应自收到之日起60日内完成审查。

第二十八条　管理中心应在资助项目公示期结束后与获得立项资助的申报主体（“项目承担主体”）签订《国家艺术基金项目资助协议书》，并及时划拨经费，项目承担主体应当按照国家艺术基金资助项目经费使用的相关规定和项目计划书的要求使用基金资助经费，不得以任何方式侵占、挪用基金资助经费。基金资助经费使用与管理的具体办法另行制定。

第二十九条　管理中心加强资助项目管理与监督，重点审查获资助项目的工作计划、经费预算和完成情况，检查年度进展报告，核准结项或组织验收，组织绩效评估，管理资助成果，推动成果共享等。

第三十条　各地文化行政主管部门、企事业单位、社会团体和机构等经管理中心遴选和认定，可作为受委托单位负责申报资助项目的审核、汇总、上报，协助管理中心进行资助项目的质量监管、年度检查和结项验收，并承担管理中心委托的其他工作。

第三十一条　项目承担主体负责资助项目的具体实施，按规定使用和管理资助经费，并承担相关责任。

第三十二条　国家艺术基金的管理，实行年度报告制度，公布资助情况，宣传资助成果。国家艺术基金依照相关法律和政策，制定和建立资助成果的管理办法。

第五章　财务与资产管理

第三十三条　国家艺术基金执行国家财政和财务制度，建立健全财务管理办法，完善财务内部控制制度，推进财务管理信息化建设，保障资金安全、合理、有效使用。

第三十四条 国家艺术基金年度预算编制按照量入为出、收支平衡的原则，严格执行预算编制程序。年度预算经财政部批准后执行，如有重大调整，按程序报批。

第三十五条 国家艺术基金年度决算报告编制，按程序报批。

第三十六条 国家艺术基金对资助项目经费预算执行情况进行监督。

第三十七条 国家艺术基金按照捐赠协议管理和使用接受捐赠的资产。

第三十八条 建立健全国家艺术基金国有资产管理制度，防止国有资产流失。

第六章 合作与交流

第三十九条 国家艺术基金本着繁荣艺术、服务社会的理念，加强与各类艺术机构、团体的合作，形成多样化的服务机制与平台。

第四十条 国家艺术基金根据国家发展和外交与文化艺术政策，科学制定国际(地区)艺术合作与艺术交流计划，促进艺术合作。

第四十一条 国家艺术基金通过资助艺术创作、学术研究、人员交流等多种形式，支持我国艺术家参与国际合作交流。

第四十二条 国家艺术基金积极开发利用海外艺术资源，吸引海外艺术家参与国内艺术发展和艺术创作。

第七章 监督与处罚

第四十三条 国家艺术基金接受国家财政、审计、纪检监察、文化等行政主管部门的监督检查，并接受社会监督。

第四十四条 国家艺术基金资助项目的评审结果须进行社会公示。

第四十五条 项目承担主体违反本章程及国家艺术基金其他有关管理规定者，管理中心给予通报，并追究责任人相关责任。

第四十六条 有下列情形之一者，报理事会批准后追回已拨经费，并取消项目承担主体和相关人员三年以上申请和参与新资助项目的资格：

(一)违反国家法律、法规及有关规定；

(二)项目内容有违公序良俗；

(三)资助项目存在严重质量问题；

(四)有弄虚作假行为；

(五)与批准的资助项目内容严重不符；

(六)擅自延期仍不能完成；

(七)严重违反财务会计制度规定；

(八)项目申报、评审、验收工作中有行贿行为；

(九)其他违法和严重违规事项。

第八章 附 则

第四十七条 本章程相关实施办法，另行制定。

第四十八条 理事会对本章程拥有解释权和修订权。

第四十九条 本章程经理事会会议讨论通过并报文化部、财政部备案，自2014年5月1日起施行。

4. 文化场馆

博物馆条例

1. 2015年2月9日国务院令第659号公布
2. 自2015年3月20日起施行

第一章 总 则

第一条 为了促进博物馆事业发展,发挥博物馆功能,满足公民精神文化需求,提高公民思想道德和科学文化素质,制定本条例。

第二条 本条例所称博物馆,是指以教育、研究和欣赏为目的,收藏、保护并向公众展示人类活动和自然环境的见证物,经登记管理机关依法登记的非营利组织。

博物馆包括国有博物馆和非国有博物馆。利用或者主要利用国有资产设立的博物馆为国有博物馆;利用或者主要利用非国有资产设立的博物馆为非国有博物馆。

国家在博物馆的设立条件、提供社会服务、规范管理、专业技术职称评定、财税扶持政策等方面,公平对待国有和非国有博物馆。

第三条 博物馆开展社会服务应当坚持为人民服务、为社会主义服务的方向和贴近实际、贴近生活、贴近群众的原则,丰富人民群众精神文化生活。

第四条 国家制定博物馆事业发展规划,完善博物馆体系。

国家鼓励企业、事业单位、社会团体和公民等社会力量依法设立博物馆。

第五条 国有博物馆的正常运行经费列入本级财政预算;非国有博物馆的举办者应当保障博物馆的正常运行经费。

国家鼓励设立公益性基金为博物馆提供经费,鼓励博物馆多渠道筹措资金促进自身发展。

第六条 博物馆依法享受税收优惠。

依法设立博物馆或者向博物馆提供捐赠的,按照国家有关规定享受税收优惠。

第七条 国家文物主管部门负责全国博物馆监督管理工作。国务院其他有关部门在各自职责范围内负责有关的博物馆管理工作。

县级以上地方人民政府文物主管部门负责本行政区域的博物馆监督管理工作。县级以上地方人民政府其他有关部门在各自职责范围内负责本行政区域内有关的博物馆管理工作。

第八条 博物馆行业组织应当依法制定行业自律规范,维护会员的合法权益,指导、监督会员的业务活动,促进博物馆事业健康发展。

第九条 对为博物馆事业作出突出贡献的组织或者个人,按照国家有关规定给予表彰、奖励。

第二章 博物馆的设立、变更与终止

第十条 设立博物馆,应当具备下列条件:

(一)固定的馆址以及符合国家规定的展室、藏品保管场所;

(二)相应数量的藏品以及必要的研究资料,并能够形成陈列展览体系;

(三)与其规模和功能相适应的专业技术人员;

(四)必要的办馆资金和稳定的运行经费来源;

(五)确保观众人身安全的设施、制度及应急预案。

博物馆馆舍建设应当坚持新建馆舍和改造现有建筑相结合,鼓励利用名人故居、工业遗产等作为博物馆馆舍。新建、改建馆舍应当提高藏品展陈和保管面积占总面积的比重。

第十一条 设立博物馆,应当制定章程。博物馆章程应当包括下列事项:

(一)博物馆名称、馆址;

(二)办馆宗旨及业务范围;

(三)组织管理制度,包括理事会或者其他形式决策机构的产生办法、人员构成、任期、议事规则等;

(四)藏品展示、保护、管理、处置的规则;

(五)资产管理和使用规则;

(六)章程修改程序;

(七)终止程序和终止后资产的处理;

(八)其他需要由章程规定的事项。

第十二条 国有博物馆的设立、变更、终止依照有关事业单位登记管理法律、行政法规的规定办理,并应当向馆址所在地省、自治区、直辖市人民政府文物主管部门备案。

第十三条 藏品属于古生物化石的博物馆,其设立、变更、终止应当遵守有关古生物化石保护法律、行政法规的规定,并向馆址所在地省、自治区、直辖市人民政府文物主管部门备案。

第十四条 设立藏品不属于古生物化石的非国有博物馆的,应当向馆址所在地省、自治区、直辖市人民政府文物主管部门备案,并提交下列材料:

（一）博物馆章程草案；

（二）馆舍所有权或者使用权证明，展室和藏品保管场所的环境条件符合藏品展示、保护、管理需要的论证材料；

（三）藏品目录、藏品概述及藏品合法来源说明；

（四）出资证明或者验资报告；

（五）专业技术人员和管理人员的基本情况；

（六）陈列展览方案。

第十五条 设立藏品不属于古生物化石的非国有博物馆的，应当到有关登记管理机关依法办理法人登记手续。

前款规定的非国有博物馆变更、终止的，应当到有关登记管理机关依法办理变更登记、注销登记，并向馆址所在地省、自治区、直辖市人民政府文物主管部门备案。

第十六条 省、自治区、直辖市人民政府文物主管部门应当及时公布本行政区域内已备案的博物馆名称、地址、联系方式、主要藏品等信息。

第三章 博物馆管理

第十七条 博物馆应当完善法人治理结构，建立健全有关组织管理制度。

第十八条 博物馆专业技术人员按照国家有关规定评定专业技术职称。

第十九条 博物馆依法管理和使用的资产，任何组织或者个人不得侵占。

博物馆不得从事文物等藏品的商业经营活动。博物馆从事其他商业经营活动，不得违反办馆宗旨，不得损害观众利益。博物馆从事其他商业经营活动的具体办法由国家文物主管部门制定。

第二十条 博物馆接受捐赠的，应当遵守有关法律、行政法规的规定。

博物馆可以依法以举办者或者捐赠者的姓名、名称命名博物馆的馆舍或者其他设施；非国有博物馆还可以依法以举办者或者捐赠者的姓名、名称作为博物馆馆名。

第二十一条 博物馆可以通过购买、接受捐赠、依法交换等法律、行政法规规定的方式取得藏品，不得取得来源不明或者来源不合法的藏品。

第二十二条 博物馆应当建立藏品账目及档案。藏品属于文物的，应当区分文物等级，单独设置文物档案，建立严格的管理制度，并报文物主管部门备案。

未依照前款规定建账、建档的藏品，不得交换或者出借。

第二十三条 博物馆法定代表人对藏品安全负责。

博物馆法定代表人、藏品管理人员离任前，应当办结藏品移交手续。

第二十四条 博物馆应当加强对藏品的安全管理，定期对保障藏品安全的设备、设施进行检查、维护，保证其正常运行。对珍贵藏品和易损藏品应当设立专库或者专用设备保存，并由专人负责保管。

第二十五条 博物馆藏品属于国有文物、非国有文物中的珍贵文物和国家规定禁止出境的其他文物的，不得出境，不得转让、出租、质押给外国人。

国有博物馆藏品属于文物的，不得赠与、出租或者出售给其他单位和个人。

第二十六条 博物馆终止的，应当依照有关非营利组织法律、行政法规的规定处理藏品；藏品属于国家禁止买卖的文物的，应当依照有关文物保护法律、行政法规的规定处理。

第二十七条 博物馆藏品属于文物或者古生物化石的，其取得、保护、管理、展示、处置、进出境等还应当分别遵守有关文物保护、古生物化石保护的法律、行政法规的规定。

第四章 博物馆社会服务

第二十八条 博物馆应当自取得登记证书之日起6个月内向公众开放。

第二十九条 博物馆应当向公众公告具体开放时间。在国家法定节假日和学校寒暑假期间，博物馆应当开放。

第三十条 博物馆举办陈列展览，应当遵守下列规定：

（一）主题和内容应当符合宪法所确定的基本原则和维护国家安全与民族团结、弘扬爱国主义、倡导科学精神、普及科学知识、传播优秀文化、培养良好风尚、促进社会和谐、推动社会文明进步的要求；

（二）与办馆宗旨相适应，突出藏品特色；

（三）运用适当的技术、材料、工艺和表现手法，达到形式与内容的和谐统一；

（四）展品以原件为主，使用复制品、仿制品应当明示；

（五）采用多种形式提供科学、准确、生动的文字说明和讲解服务；

（六）法律、行政法规的其他有关规定。

陈列展览的主题和内容不适宜未成年人的，博物馆不得接纳未成年人。

第三十一条 博物馆举办陈列展览的，应当在陈列展览开始之日10个工作日前，将陈列展览主题、展品说明、讲解词等向陈列展览举办地的文物主管部门或者其他有关部门备案。

各级人民政府文物主管部门和博物馆行业组织应当加强对博物馆陈列展览的指导和监督。

第三十二条 博物馆应当配备适当的专业人员，根据不同年龄段的未成年人接受能力进行讲解；学校寒暑假期间，具备条件的博物馆应当增设适合学生特点的陈列展览项目。

第三十三条 国家鼓励博物馆向公众免费开放。县级以上人民政府应当对向公众免费开放的博物馆给予必要的经费支持。

博物馆未实行免费开放的，其门票、收费的项目和标准按照国家有关规定执行，并在收费地点的醒目位置予以公布。

博物馆未实行免费开放的，应当对未成年人、成年学生、教师、老年人、残疾人和军人等实行免费或者其他优惠。博物馆实行优惠的项目和标准应当向公众公告。

第三十四条 博物馆应当根据自身特点、条件，运用现代信息技术，开展形式多样、生动活泼的社会教育和服务活动，参与社区文化建设和对外文化交流与合作。

国家鼓励博物馆挖掘藏品内涵，与文化创意、旅游等产业相结合，开发衍生产品，增强博物馆发展能力。

第三十五条 国务院教育行政部门应当会同国家文物主管部门，制定利用博物馆资源开展教育教学、社会实践活动的政策措施。

地方各级人民政府教育行政部门应当鼓励学校结合课程设置和教学计划，组织学生到博物馆开展学习实践活动。

博物馆应当对学校开展各类相关教育教学活动提供支持和帮助。

第三十六条 博物馆应当发挥藏品优势，开展相关专业领域的理论及应用研究，提高业务水平，促进专业人才的成长。

博物馆应当为高等学校、科研机构和专家学者等开展科学研究工作提供支持和帮助。

第三十七条 公众应当爱护博物馆展品、设施及环境，不得损坏博物馆的展品、设施。

第三十八条 博物馆行业组织可以根据博物馆的教育、服务及藏品保护、研究和展示水平，对博物馆进行评估。具体办法由国家文物主管部门会同其他有关部门制定。

第五章 法律责任

第三十九条 博物馆取得来源不明或者来源不合法的藏品，或者陈列展览的主题、内容造成恶劣影响的，由省、自治区、直辖市人民政府文物主管部门或者有关登记管理机关按照职责分工，责令改正，有违法所得的，没收违法所得，并处违法所得2倍以上5倍以下罚款；没有违法所得的，处5000元以上2万元以下罚款；情节严重的，由登记管理机关撤销登记。

第四十条 博物馆从事文物藏品的商业经营活动的，由工商行政管理部门依照有关文物保护法律、行政法规的规定处罚。

博物馆从事非文物藏品的商业经营活动，或者从事其他商业经营活动违反办馆宗旨、损害观众利益的，由省、自治区、直辖市人民政府文物主管部门或者有关登记管理机关按照职责分工，责令改正，有违法所得的，没收违法所得，并处违法所得2倍以上5倍以下罚款；没有违法所得的，处5000元以上2万元以下罚款；情节严重的，由登记管理机关撤销登记。

第四十一条 博物馆自取得登记证书之日起6个月内未向公众开放，或者未依照本条例的规定实行免费或者其他优惠的，由省、自治区、直辖市人民政府文物主管部门责令改正；拒不改正的，由登记管理机关撤销登记。

第四十二条 博物馆违反有关价格法律、行政法规规定的，由馆址所在地县级以上地方人民政府价格主管部门依法给予处罚。

第四十三条 县级以上人民政府文物主管部门或者其他有关部门及其工作人员玩忽职守、滥用职权、徇私舞弊或者利用职务上的便利索取或者收受他人财物的，由本级人民政府或者上级机关责令改正，通报批评；对直接负责的主管人员和其他直接责任人员依法给予处分。

第四十四条 违反本条例规定，构成犯罪的，依法追究刑事责任。

第六章 附 则

第四十五条 本条例所称博物馆不包括以普及科学技术为目的的科普场馆。

第四十六条 中国人民解放军所属博物馆依照军队有关规定进行管理。

第四十七条 本条例自2015年3月20日起施行。

美术馆工作暂行条例

1. 1986年11月10日文化部发布

2. 自1986年12月1日起施行

第一章 总 则

第一条 为发展和繁荣我国美术事业，加强国家各级美术馆的建设和管理，制定本条例。

第二条　美术馆是造型艺术的博物馆，是具有收藏美术精品、向群众进行审美教育、组织学术研究、开展国际文化交流等多职能的国家美术事业机构。

第三条　美术馆在各级政府文化部门的领导下，要坚持为人民服务，为社会主义服务的方向，贯彻“百花齐放，百家争鸣”、“推陈出新”的方针，努力为建设社会主义精神文明作出贡献。

第四条　各馆之间，美术馆与其他各类博物馆，美术家协会，美术创作、研究、出版机构、美术院校等兄弟单位之间，在平等地位上，密切团结协作，共同发展我国的美术事业。

第五条　美术馆是永久性的文化机构。美术馆及其藏品受法律保护。任何单位、团体、个人不得以任何名义侵占、毁坏或处置。

第二章　工作任务

第六条　收藏

藏品是美术馆业务建设的基础。美术馆代表国家征集古今中外美术作品，以及与美术有关的实物、资料等。

各美术馆根据自己的办馆宗旨决定收藏范围和收藏重点。提倡各馆办出自己的特色。

美术馆通过收购、专题征集、接受捐赠和调拨等方式征集藏品。各馆之间经上级部门批准，可以调剂有无，交换藏品。

各馆应制定收藏条例，应由本馆有关专家和相当水平的业务干部、研究人员（或聘请馆外专家参加）组成收藏委员会（或艺术委员会），按民主集中制的原则从事作品的收藏。要确保藏品艺术质量和鉴定准确。

第七条　保管

美术馆必须设立专用库房，建立藏品档案和保管制度，要有可靠的安全保卫措施，并尽快创造现代化的科学保管条件，掌握先进的修复技术，确保藏品完好地流传后世。

第八条　研究

研究工作是美术馆业务建设的重要内容，也是开展收藏、陈列等各项业务活动的前提。各馆均应设研究部门，在各业务部门配备专业研究人员，给予研究经费，开展馆内外的学术研究活动。要围绕美术馆的性质和任务，开展美术馆学的研究，美术史论、美术思潮的研究，审美教育的研究，藏品及其作者和收藏对象的研究，展览、陈列艺术的研究和保管、陈列有关的科技研究等。

编辑、出版馆藏作品选集和图录，出版馆刊、年鉴或有关刊物。

除设有专职创作机构的美术馆外，其他各美术馆的研究人员和有能力从事研究、创作的业务干部，应享有创作研究经费和创作研究假。要支持本馆职工的业余美术创作和研究活动，以不断提高职工的业务水平。

应在研究部门内设立艺术档案室，系统收集、科学管理有关美术家、各美术流派，特别是成绩卓著的老一辈美术家的资料。除文字资料外，要特别注意各种形象资料的收集。

根据各馆条件逐步设立美术图书馆（室），条件成熟时向美术家开放。

第九条　陈列、展览

藏品陈列是美术馆面向社会的主要方式，有无长期陈列也是区别美术馆和展览馆的标志之一。各馆应在收藏和研究的基础上，逐步办好系统的长期陈列。

各馆之间可以举办藏品交换陈列。短期展览要保证艺术质量，注意社会效益。美术馆对所有短期展览的展品要录摄资料，作为美术馆档案保藏。

第十条　美术馆是对外艺术交流的重要场所。为了适应我国对外开放形势的发展，美术馆应该在外事政策允许的范围内，积极开展对外交流活动。要特别注意学习国外美术馆建设的经验，加快我国美术馆的现代化进程。

第十一条　社会服务

美术馆是向社会开放的审美教育课堂，要努力作好群众工作，改善服务态度，提高服务质量。对在校学生集体参观给予优待，并主动通过适当方式给予审美引导，培养青少年观众对美术的兴趣、爱好。

要逐步建立与扩大为美术家服务的项目。

第三章　组织、管理

第十二条　根据第二章美术馆的工作任务，设置相应的业务机构，配备称职的业务干部。

提高美术馆人员的政治水平、政策水平、业务素质，切实注意培养美术馆专业人才。

第十三条　实行馆长负责制，并充分发扬民主，实行决策的民主化和科学化。

各职能部门在馆长领导下主动地开展工作，要根据改革的精神，建立各职能机构的岗位责任制，制定必要的规章制度、奖惩条例。对于认真贯彻本条例，有开拓精神，成绩显著者应予奖励；对于违背本条例，经教育不改者应予批评或其他处分；对于贪污、盗窃藏品，或玩忽职守，造成珍贵藏品或贵重设施损毁或其他重大损失的，要根据情节轻重给予行政纪律处分，或依法追究刑事责任。

第十四条 经费

美术馆是国家文化事业单位，其经费主要由国家拨款，也可接受社会捐助。在贯彻执行国家规定的美术馆性质、方针、任务的前提下，加强经营管理，可以开展与美术有关的有偿服务项目，其收入和分配按国家有关的规定办理。

第四章 长远规划

第十五条 根据社会主义精神文明建设的需要，应进一步重视美术馆事业的发展。美术馆的总体建设规模与各项业务建设要有战略目标和长远规划，并分期落实。基建规划（包括土地使用范围）要考虑到未来的发展，留有余地。

第五章 附 则

第十六条 本条例适用于国家和地方各级美术馆（或艺术博物馆）。自 1986 年 12 月 1 日起试行。在适当时候进行修定。其解释权属颁布单位。

博物馆管理办法

1. 2005 年 12 月 22 日文化部令第 35 号发布
2. 自 2006 年 1 月 1 日起施行

第一章 总 则

第一条 为贯彻落实科学发展观，规范博物馆管理工作，促进博物馆事业发展，根据《中华人民共和国文物保护法》、《中华人民共和国文物保护法实施条例》、《公共文化体育设施条例》、《事业单位登记管理暂行条例》和《民办非企业单位登记管理暂行条例》等相关法律法规，制定本办法。

第二条 本办法所称博物馆，是指收藏、保护、研究、展示人类活动和自然环境的见证物，经过文物行政部门审核、相关行政部门批准许可取得法人资格，向公众开放的非营利性社会服务机构。

利用或主要利用国有文物、标本、资料等资产设立的博物馆为国有博物馆。

利用或主要利用非国有文物、标本、资料等资产设立的博物馆为非国有博物馆。

第三条 国家扶持和发展博物馆事业，鼓励个人、法人和其他组织设立博物馆。

县级以上人民政府应当将博物馆事业纳入本级国民经济和社会发展规划，事业经费列入本级财政预算。

博物馆的数量、种类、规模以及布局，应当根据本地区国民经济和社会发展水平、文物等资源条件和公众精神文化需求，统筹兼顾，优化配置。鼓励优先设立填补博物馆门类空白和体现行业特性、区域特点的专题性博物馆。

第四条 国家鼓励博物馆发展相关文化产业，多渠道筹措资金，促进自身发展。

博物馆依法享受税收减免优惠，享有通过依法征集、购买、交换、接受捐赠和调拨等方式取得藏品的权利。

第五条 博物馆应当发挥社会教育功能，传播有益于社会进步的思想道德、科学技术和文化知识。

在博物馆参观或开展其他活动，应当爱护博物馆设施、展品和周边环境，遵守公共秩序。

第六条 国务院文物行政部门主管全国博物馆工作。

县级以上地方文物行政部门对本行政区域内的博物馆实施监督和管理。

第七条 县级以上文物行政部门应当促进博物馆行业组织建设，指导行业组织活动，逐步对博物馆实行分级、分类管理。

第八条 县级以上文物行政部门对发展博物馆事业做出突出贡献的机构、团体或个人，应当给予表彰或奖励。

第二章 博物馆设立、年检与终止

第九条 申请设立博物馆，应当具备下列条件：

（一）具有固定的馆址，设置专用的展厅（室）、库房和文物保护技术场所，展厅（室）面积与展览规模相适应，展览环境适宜对公众开放；

（二）具有必要的办馆资金和保障博物馆运行的经费；

（三）具有与办馆宗旨相符合、一定数量和成系统的藏品及必要的研究资料；

（四）具有与办馆宗旨相符合的专业技术和管理人员；

（五）具有符合国家规定的安全和消防设施；

（六）能够独立承担民事责任。

第十条 省级文物行政部门负责本行政区域内博物馆设立的审核工作。

博物馆名称一般不得冠以“中国”、“中华”、“国家”等字样（简称“中国”等字样）；特殊情况确需冠以“中国”等字样的，应由中央机构编制委员会办公室会同国务院文物行政部门审核同意。

非国有博物馆的名称不得冠以“中国”等字样。

第十一条　申请设立博物馆，应当由馆址所在地市（县）级文物行政部门初审后，向省级文物行政部门提交下列材料：

（一）博物馆设立申请书；

（二）馆舍所有权或使用权证明；

（三）资金来源证明或验资报告；

（四）藏品目录及合法来源说明；

（五）陈列展览大纲；

（六）拟任法定代表人的基本情况及身份证明；

（七）专业技术和管理人员的证明材料。

申请设立非国有博物馆的，应同时提交博物馆章程草案。章程草案应当包括下列主要事项：

（一）办馆宗旨及藏品收藏标准；

（二）博物馆理事会、董事会或其他形式决策机构的产生办法、人员构成、任期、议事规则等；

（三）出资人不要求取得经济回报的约定；

（四）博物馆终止时的藏品处置方式；

（五）章程修改程序。

第十二条　省级文物行政部门应当自收到博物馆设立申请材料之日起30个工作日内出具审核意见。审核同意的，应报国务院文物行政部门备案。审核不同意的，应当书面说明理由。

经审核同意设立博物馆的，申请人应持审核意见及其他申报材料，向相关行政部门申请取得博物馆法人资格。

博物馆应当自取得法人资格之日起6个月内向社会开放。

本办法实施前已批准设立的博物馆，应当在本办法实施之日起6个月内，向省级文物行政部门提交本办法第十一条第一款规定的除（一）项之外的全部材料；非国有博物馆应同时提交博物馆章程。

第十三条　博物馆的建筑设计应当符合国家和行业颁布的有关标准和规范。博物馆建筑应当划分为陈列展览区、藏品库房区、文物保护技术区、公众服务区和办公区等，相对自成系统。

第十四条　国有博物馆建设工程的设计方案，应当报请所在地省级文物行政部门组织论证。

第十五条　博物馆应当于每年3月31日前向所在地市（县）级文物行政部门报送上一年度的工作报告，接受年度检查。工作报告内容应当包括有关法律和其他规定的执行情况，藏品、展览、人员和机构的变动情况以及社会教育、安全、财务管理等情况。

市（县）级文物行政部门应当于每年4月30日前，将上一年度本行政区域内博物馆年度检查的初步意见报送省级文物行政部门。省级文物行政部门应当于每年5月31日前，将上一年度本行政区域内博物馆的年度检查情况进行审核，并汇总报国务院文物行政部门备案。

第十六条　博物馆的名称、馆址、藏品、基本陈列以及非国有博物馆的章程等重要事项发生变更前，应当报省级文物行政部门审核。

博物馆法定代表人发生变更的，应当自变更之日起10日内报省级文物行政部门备案。

第十七条　博物馆终止前，应当向省级文物行政部门提出终止申请及藏品处置方案，接受主管文物行政部门指导，完成博物馆资产清算工作。

省级文物行政部门应当自收到博物馆终止申请和藏品处置方案之日起30个工作日内出具审核意见。藏品处置方案等符合法定要求的，准予终止；藏品处置方案等不符合法定要求的，责令其改正后准予终止。相关行政部门根据省级文物行政部门的审核意见，给予办理博物馆法人资格注销登记手续。

第十八条　国有博物馆终止的，其藏品由所在地省级文物行政部门指定的国有博物馆接收。

非国有博物馆终止的，其藏品属于法律规定可以依法流通的，允许其以法律规定的方式流通；依法不能流通的藏品，应当转让给其他博物馆；接受捐赠的藏品，应当交由其他博物馆收藏，并告知捐赠人。

第三章　藏品管理

第十九条　博物馆藏品的收藏、保护、研究、展示等，应当依法建立、健全相关规章制度，并报所在地市（县）级文物行政部门备案。

博物馆应具有保障藏品安全的设备和设施。馆藏一级文物和其他易损易坏的珍贵文物，应设立专库或专柜并由专人负责保管。

第二十条　博物馆应建立藏品总帐、分类帐及每件藏品的档案，并依法办理备案手续。

博物馆通过依法征集、购买、交换、接受捐赠和调拨等方式取得的藏品，应在30日内登记入藏品总帐。

第二十一条　依法调拨、交换、借用国有博物馆藏品，取得藏品的博物馆可以对提供藏品的博物馆给予实物、技术、培训或资金方面的合理补偿。补偿数额的确定，应当考虑藏品保管、修复、研究、展示等过程中原收藏博物馆发生的实际费用。调拨、交换、借用国有博物馆藏品的申请文件，应当包括合理补偿的方案。

第二十二条　博物馆不够本馆收藏标准，或因腐蚀损毁等原因无法修复并无继续保存价值的藏品，经本馆或受委托的专家委员会评估认定后，可以向省级文物行政部门申请退出馆藏。

退出馆藏申请材料的内容，应当包括拟不再收藏的藏品名称、数量和退出馆藏的原因，并附有关藏品档案复制件。

第二十三条 国有博物馆所在地省级文物行政部门应当在收到退出馆藏申请材料的 30 个工作日内，组织专家委员会复审。专家委员会复审未通过的，终止该藏品的退出馆藏程序。

专家委员会复审通过的，省级文物行政部门应当将有关材料在国务院文物行政部门和有关省级文物行政部门的官方网站上公示 30 个工作日。期间如有其他国有文物收藏单位愿意接收有关藏品，则以调拨、交换等方式处理；期间如没有其他国有文物收藏单位愿意接收有关藏品，则由省级文物行政部门统一处置。处置方案报国务院文物行政部门批准后实施，处置所得资金应当用于博物馆事业发展。

国有博物馆应当建立退出馆藏物品专项档案，并报省级文物行政部门备案。专项档案应当保存 75 年以上。

第二十四条 非国有博物馆申请藏品退出馆藏，申请材料应附理事会、董事会或其他形式决策机构的书面意见。博物馆所在地省级文物行政部门应当在收到申请材料的 30 个工作日内作出是否允许退出馆藏的决定，并报国务院文物行政部门备案。

第二十五条 博物馆应当以本馆藏品为基础，开展有关专业学科及应用技术的研究，提高业务活动的学术含量，促进专业人才的成长。在确保藏品安全的前提下，博物馆应当为馆外人员研究本馆藏品提供便利。

第四章 展示与服务

第二十六条 博物馆举办陈列展览，应当遵循以下原则：

（一）与本馆性质和任务相适应，突出馆藏品特色、行业特性和区域特点，具有较高的学术和文化含量；

（二）合理运用现代技术、材料、工艺和表现手法，达到形式与内容的和谐统一；

（三）展品应以原件为主，复原陈列应当保持历史原貌，使用复制品、仿制品和辅助展品应予明示；

（四）展厅内具有符合标准的安全技术防范设备和防止展品遭受自然损害的展出设施；

（五）为公众提供文字说明和讲解服务；

（六）陈列展览的对外宣传活动及时、准确，形式新颖。

第二十七条 博物馆应当根据办馆宗旨，结合本馆特点开展形式多样、生动活泼的社会教育和服务活动，积极参与社区文化建设。

鼓励博物馆利用电影、电视、音像制品、出版物和互联网等途径传播藏品知识、陈列展览及研究成果。

第二十八条 博物馆对公众开放，应当遵守以下规定：

（一）公告服务项目和开放时间；变更服务项目和开放时间的，应当提前 7 日公告；

（二）开放时间应当与公众的工作、学习及休闲时间相协调；法定节假日和学校寒暑假期间，应当适当延长开放时间；

（三）无正当理由，国有博物馆全年开放时间不少于 10 个月，非国有博物馆全年开放时间不少于 8 个月。

第二十九条 博物馆应当逐步建立减免费开放制度，并向社会公告。

国有博物馆对未成年人集体参观实行免费制度，对老年人、残疾人、现役军人等特殊社会群体参观实行减免费制度。

第三十条 鼓励博物馆研发相关文化产品，传播科学文化知识，开展专业培训、科技成果转让等形式的有偿服务活动。

第五章 附 则

第三十一条 博物馆违反本办法规定，情节严重的，由所在地省级文物行政部门撤销审核同意意见，由相关行政部门撤销博物馆法人资格。

博物馆违反其他法律、法规规定的，依照有关法律、法规的规定处罚。

第三十二条 本办法自 2006 年 1 月 1 日起施行。

乡镇综合文化站管理办法

1. 2009 年 9 月 8 日文化部令第 48 号发布

2. 自 2009 年 10 月 1 日起施行

第一章 总 则

第一条 为了促进乡镇综合文化站的建设，加强对乡镇综合文化站的管理，充分发挥乡镇综合文化站的作用，根据《公共文化体育设施条例》和国家有关规定，制定本办法。

第二条 本办法中的乡镇综合文化站（以下简称“文化站”），是指由县级或乡镇人民政府设立的公益性文化机构,其基本职能是社会服务、指导基层和协助管理农村文化市场。

第三条 乡镇人民政府负责文化站日常工作的管理,县级文化行政部门负责对文化站进行监督和检查,县文化馆、图书馆等相关文化单位负责对文化站开展对口业务指导和辅导。

第二章 规划和建设

第四条 文化部会同有关部门组织制定全国文化站建设规划和标准,并对其实施情况进行监督检查。

第五条 文化站建设应纳入当地国民经济和社会发展计划,与当地经济社会发展水平相适应,建设规模应符合国家有关规定;应纳入当地城乡建设规划,优先安排用地指标,无偿划拨建设用地。

各级人民政府应对少数民族地区、边远贫困地区的文化站建设予以重点扶持。

第六条 文化站应位于交通便利、人口集中、便于群众参与活动的区域,一般不设在乡镇人民政府办公场所内。

文化站的选址、设计、功能安排等应征得县级文化行政部门的同意。

第七条 文化站基本功能空间应包括:多功能活动厅、书刊阅览室、培训教室、文化信息资源共享工程基层点和管理用房,以及室外活动场地、宣传栏等配套设施。

第八条 文化站应配置开展公共文化服务必需的设备、器材和图书等文化资源,并有计划地予以更新、充实。

文化站设施和设备必须按照国家有关规定办理资产登记及相关手续,依法管理,确保国有资产安全、完整和有效使用。

第九条 因乡镇建设规划需拆除文化站或者改变其功能、用途的,应依照国家有关法律、法规的规定择地重建。乡镇人民政府在作出决定前,应广泛听取群众的意见,并征得县级文化行政部门同意,报县级人民政府批准。

第三章 职能和服务

第十条 文化站的主要职能是,开展书报刊借阅、时政法制科普教育、文艺演出活动、数字文化信息服务、公共文化资源配送和流动服务、体育健身和青少年校外活动等。

第十一条 文化站通过以下方式履行职能,开展服务:

(一)举办各类展览、讲座,普及科学文化知识,传递经济信息,为群众求知致富,促进当地经济建设服务。

(二)根据当地群众的需求和设施、场地条件,组织开展丰富多彩的、群众喜闻乐见的文体活动和广播、电影放映活动;指导村文化室(文化大院、俱乐部等)和农民自办文化组织建设,辅导和培训群众文艺骨干。

(三)协助县级文化馆、图书馆等文化单位配送公共文化资源,开展流动文化服务,保证公共文化资源进村入户。

(四)在县级图书馆的指导下,开办图书室,开展群众读书读报活动,为当地群众提供图书报刊借阅服务。

(五)建成全国文化信息资源共享工程基层服务点,开展数字文化信息服务。

(六)在县级文化行政部门的指导下,搜集、整理非物质文化遗产,开展非物质文化遗产的普查、展示、宣传活动,指导传承人开展传习活动。

(七)协助县级文化行政部门开展文物的宣传保护工作。

(八)受县级文化行政部门的委托,协助做好农村文化市场管理及监督工作。发现重大问题或事故,依法采取应急措施并及时上报。

第十二条 文化站应完善内部管理制度,建立、健全服务规范,并根据其功能、特点向公众开放,保障其设施用于开展文明、健康的文化体育活动。文化站应在醒目位置标明服务内容、开放时间和注意事项。

第四章 人员和经费

第十三条 文化站应配备专职人员进行管理,编制数额应根据所承担的职能和任务及所服务的乡镇人口规模等因素确定。

第十四条 文化站站长应具有大专以上学历或具备相当于大专以上文化程度,热爱文化事业,善于组织群众开展文化活动,具备开展文化站工作的业务能力和管理水平。文化站站长由乡镇人民政府任命或聘任,事先应征求县级文化行政部门的意见。

第十五条 文化站实行职业资格制度,文化站从业人员须通过文化行政部门或委托的有关部门组织的相应考试、考核,取得职业资格或岗位培训证书。

文化站从业人员可根据本人的学历条件、任职年限、工作业绩和业务水平等申报相应的专业技术资格。

第十六条 文化站实行聘用制和岗位目标管理责任制。在岗人员退休或被调离、辞退后,应及时配备相应人员,确保文化站正常工作不受影响。

第十七条 文化行政部门负责对文化站从业人员进行定期培训。各级文化培训机构、群艺馆、文化馆、图书馆、艺术学校、艺术院团等具体承担人员培训任务。

第十八条　文化站的建设、维修、日常运转和业务活动所需经费，应列入县乡人民政府基本建设投资计划和财政预算，不得随意核减或挪用。中央、省、市级财政可对文化站设施建设和内容建设予以经费补助。

第十九条　鼓励企业、社会团体、个人捐赠或资助文化站。依法向文化站捐赠财产的，捐赠人可按照有关法律规定享受优惠。

第五章　检查和考核

第二十条　文化行政部门负责定期对文化站设施建设、经费投入、工作开展情况等进行检查、考评。文化站建设情况应纳入创建全国和地区性文化先进单位的考核指标体系。

第二十一条　对在农村文化建设中做出突出贡献的文化站和文化站从业人员，由县级以上人民政府或有关部门给予奖励。

第六章　附　　则

第二十二条　本办法由文化部负责解释。

第二十三条　本办法自2009年10月1日起施行。

博物馆藏品管理办法

1986年8月19日文化部发布

第一章　总　　则

第一条　博物馆藏品是国家宝贵的科学、文化财富，是博物馆业务活动的物质基础。为了准确鉴别藏品的历史、艺术和科学价值，加强藏品的保护管理，确保藏品的安全，充分发挥藏品的作用，根据《中华人民共和国文物保护法》有关条款，制定本办法。

第二条　博物馆应根据本馆的性质和任务搜集藏品。藏品必须具有历史的或艺术的或科学的价值。藏品必须区分等级，一般分为一、二、三级。其中，一级藏品必须重点保管。

第三条　博物馆对藏品负有科学管理、科学保护、整理研究、公开展出和提供使用（对社会主要是提供藏品资料、研究成果）的责任。保管工作必须做到：制度健全、帐目清楚、鉴定确切、编目详明、保管妥善、查用方便。

第四条　藏品保管是博物馆一项经常性的重要业务工作，应由馆长分工负责领导。必须设立专门保管部门或配备专职保管人员。保管人员必须实行岗位责任制，并保持相对稳定。

第五条　保管工作人员必须认真学习马列主义，刻苦钻研业务，忠于职守，廉洁奉公。对于接触有毒药品、尘埃的保管工作人员，应比照当地有关工种享受相应的劳动保护福利待遇。

第六条　为保证藏品安全、进行科学研究或充分发挥藏品的作用，文化部文物局可以调拨或借用全国文物系统所属各博物馆的藏品；省、自治区、直辖市文物行政管理部门可以调拨或借用本行政区域内文物系统所属各博物馆的藏品，其中一级藏品的调拨、交换，须经文化部文物局批准。

第二章　藏品的接收、鉴定、登帐、编目和建档

第七条　征集文物、标本时，必须注意搜集原始资料，认真做好科学记录，及时办理入馆手续，逐件填写入馆凭证或清册，组织有关人员认真进行鉴定，确定真伪、年代、是否入藏并分类、定名、定级。鉴定记录应包括鉴定意见及重要分歧意见。凡符合入藏标准的，应连同有关原始资料一并入藏。各种凭证每年装订成册，集中保存。

第八条　登帐

（一）藏品总登记帐是国家科学、文化财产帐，设专人负责管理，永久保存。登记时要严格按照文化部文物局规定的格式，逐件、逐项用不褪色墨水填写，字迹力求工整清晰。如有订正，用红墨水划双线，由经办人在订正处盖章。未登入藏品总登记帐的大量重复品、参考品和作为展品使用的复制品、代用品、模型等，应另行建帐，妥善保管。

管理藏品总登记帐的人员不得兼管藏品库房。

（二）藏品定名

自然标本按照国际通用的有关动物、植物、矿物和岩石的命名法规定名；历史文物定名一般应有三个组成部分，即：年代、款识或作者；特征、纹饰或颜色；器形或用途。

（三）藏品计件

单件藏品编一个号，按一件计算。成套藏品按不同情况分别处理：组成部分可以独立存在的，按个体编号计件；组成部分不能独立存在的，按整体编一个号（其组成部分可列分号），也按一件计算，在备注栏内注明其组成部分的实际数量，以便查对或统计。

（四）藏品计量单位

按照国家计量总局公布的统一法定计量单位办理。

（五）藏品时代

按其所属的天文时代、地质时代、考古文化期、历史朝代或历史时期而定。中华人民共和国成立以前的文物，有具体纪年的写具体纪年，并加注公元纪年；具体纪年不明的写历史朝代或历史时期。中华人民共和国成立后的文物，一律写公元纪年。

（六）藏品现状

写明完残情况及重要附件等。

（七）藏品来源

写直接来自的单位、地区或个人，并注明“发掘”、“采集”、“收购”、“拨交”、“交换”、“拣选”、“捐赠”、“旧藏”等。自然标本应写明时代和产地；出土文物应写明出土时间、地点和发掘单位；近、现代历史文物应写明与使用者和保存者的关系。

（八）藏品总登记帐、藏品分类帐上的登记号，应用小字清晰地写在藏品的适当部位（不妨碍观瞻、不易摩擦之处）或标签上，并回注在入馆凭证（清册）和总登记帐上。

第九条 编目、建档

（一）博物馆必须建立藏品编目卡片。编目卡片是反映藏品情况的基本资料，是藏品保管和陈列、研究的基础工作。除填写总登记帐的项目外，还必须填写鉴定意见、铭记、题跋、流传经历等。文字必须准确、简明，并附照片、拓片或绘图。

（二）博物馆必须建立藏品档案，编制藏品分类目录和一级藏品目录。《一级藏品档案》和《一级藏品目录》的格式由文化部文物局规定。

各博物馆的《一级藏品档案》和《一级藏品目录》报本省、自治区、直辖市文物行政管理部门和文化部文物局备案。

（三）为加强博物馆的现代化建设，各地博物馆可根据本馆经济及人才条件，逐步使用电子计算机管理藏品。

第三章 藏品库房管理

第十条 藏品应有固定、专用的库房，专人管理。库房建筑和保管设备要求安全、坚固、适用、经济。建立定期的安全检查制度，发现不安全因素或发生文物损伤要及时处理并报告主管文物行政部门。发生火灾、藏品失窃等案件，应保护好现场，并立即上报当地公安部门、文物行政管理部门和文化部文物局。发生一级藏品损伤等重大事故，应立即上报文物行政管理部门和文化部文物局，并查明原因，根据情节轻重给有关人员以必要的行政处分，直至追究法律责任。

第十一条 库房应有防火、防盗、防潮、防虫、防尘、防光（紫外线）、防震、防空气污染等设备或措施。库内及其附近应保持整洁，禁止存放易燃易爆物品、腐蚀性物品及其他有碍文物安全的物品，并严禁烟火。库房区无人时，应拉断该区所有电源开关和总闸。

第十二条 藏品要按科学方法分类上架，妥善收藏。一级藏品、保密性藏品、经济价值贵重的藏品，要设立专库或专柜，重点保管。

第十三条 藏品出入库房必须办理出库、归库手续。对藏品的数量和现状，必须认真核对，点交清楚。藏品出库后，由接收使用部门负责保管养护，保管部门对使用情况进行监督和检查。使用部门应尊重藏品保管部门的意见，对发现的不安全因素，应及时予以纠正。

第十四条 严守库房机密，建立《库房日记》。非库房管理人员未经主管副馆长、馆长或藏品保管部门负责人许可，不得进库房。经许可者由库房管理人员陪同入库。库房一般不接待参观。

第十五条 建立健全各类藏品的保护管理制度和安全操作规程。每年均应从博物馆的业务经费中划出适当比例，用以更新和添置必要的藏品保护、藏品收藏设备，改善库房条件，减少、防止自然的和人为的因素对藏品的损害。

第四章 藏品的提用、注销和统计

第十六条 馆内需要提用藏品时，必须填写提用凭证，一级藏品、保密性藏品、经济价值贵重的藏品经主管副馆长或馆长批准，其他藏品经保管部门负责人批准，始得办理出库手续，用毕应及时归库，按原凭证进行核对，办清手续。陈列的藏品，要以确保安全为原则，采取切实措施加强管理。纤维质素的文物要特别加强保护。每年提取的次数不宜过多，每次陈列的时间不宜过长，并应减少或避免紫外光照射。未用于陈列的藏品，必须及时归库。

第十七条 馆级负责人提用藏品，须经同级其他负责人同意，藏品保管部门负责人提用一级藏品，须经主管副馆长或馆长批准，提用其他藏品，须经本部门其他负责人同意，填写提用凭证后办理出库手续。

第十八条 馆外单位提用藏品时，一般应在馆内进行。一级藏品经主管副馆长或馆长批准，其他藏品经保管部门负责人批准后，由有关保管人员承办并负责藏品的安全，用后立即归库。

藏品借出馆外应从严掌握，一级藏品须经主管文物行政管理部门批准，其他藏品经主管副馆长或馆长批准后，办理借出手续。借用单位必须采取措施，确保藏品安全,并按期归还。

第十九条 藏品严禁出售或作为礼品。馆际之间藏品可相互支援、调剂余缺、互通有无。

调拨、交换一级藏品,须报文化部文物局批准,调拨、交换其他藏品,须报省、自治区、直辖市文物行政管理部门批准。

调拨、交换出馆的藏品,必须办理注销手续;进馆的藏品,必须办理登帐、编目、入库手续。

第二十条 藏品总数及增减数字,每年年终应及时上报省、自治区、直辖市文物行政管理部门和文化部文物局。重要情况应附文字说明。

第二十一条 已进馆的文物、标本中,经鉴定不够入藏标准的,或已入藏的文物、标本中经再次鉴定,确认不够入藏标准、无保存价值的,应另行建立专库存放,谨慎处理。必须处理的,由本单位的学术委员会或社会上的有关专家复核审议后分门别类造具处理品清单,报主管文物行政部门批准后,妥善处理。

第五章 藏品的保养、修复、复制

第二十二条 积极开展藏品保护科学技术研究活动,运用传统保护方法和现代科学技术、设备,防止自然因素(温度、湿度、光线、虫害、污染等)对藏品的损害。根据需要与可能,建立藏品消毒、修复、复制、标本制作和科学实验等设施,培养专门技术人员,逐步加强藏品保护科技力量。

第二十三条 因藏品保护或科学研究的特殊需要,必须从藏品上取下部分样品进行分析化验时,由馆长或其授权的人员组织技术人员会同藏品保管部门共同制定具体方案。一级藏品一般不予取样,尽量使用时代、类型、质地相同的其他藏品替代,必须使用一级品原件进行分析化验的,其取样方案,须报文化部文物局审批。其他藏品的取样方案由省、自治区、直辖市文物行政管理部门审批。

第二十四条 凡采用新的藏品保护、修复技术,应先经过实验,通过主管文物行政管理部门组织有关技术人员和专家评审鉴定后推广运用。未经过实验和评审鉴定证明可确保藏品安全的新技术,博物馆不得随意采用。

第二十五条 藏品修复时,不得任意改变其形状、色彩、纹饰、铭文等。修复前、后要做好照相、测绘记录,修复前应由有关专家和技术人员制定修复方案;修复中要做好配方、用料、工艺流程等记录;修复工作完成后,这些资料均应归入藏品档案,并在编目卡片上注明。

一级藏品的修复方案由主管副馆长或馆长审核同意后报上一级主管文物行政管理部门批准。其他藏品的修复方案,国家博物馆和省、自治区、直辖市博物馆由藏品保管部门负责人批准或由藏品保管部门负责人会同科技修复部门负责人审批。其他博物馆由主管副馆长或馆长批准。

第二十六条 经常使用的一级藏品和容易损坏的藏品应予复制,作为陈列、研究的代用品。复制品应加标志,以免真伪混淆。复制品使用的材料、工艺程序、复制数量和复制时间等,均应作出详细记录归入藏品档案。

为藏品保管和陈列研究需要,复制一级藏品,由主管副馆长或馆长批准。这类复制品,不得作为商品对外提供。复制其他藏品,国家博物馆和省、自治区、直辖市博物馆由藏品保管部门负责人批准;其他博物馆由主管副馆长或馆长批准。

第六章 奖 惩

第二十七条 对在藏品保管工作中,有下列贡献的单位和个人,给予表扬或奖励:

(一)认真执行本办法,成绩显著的;

(二)库房保管措施落实,忠于职守,全年未发生文物损伤事故的;

(三)为保护藏品与违法犯罪行为坚决斗争的;

(四)在藏品保护科学和修复、复制技术方面有重要创造发明的;

(五)为博物馆征集文物、丰富馆藏做出特殊贡献的;

(六)长期从事藏品保管工作,贡献较大的。

第二十八条 有下列情形者,根据情节轻重给予批评教育或行政处分:

(一)违反本办法和《文物工作人员守则》的;

(二)发现藏品被盗、损坏或不安全因素,隐匿不报的;

(三)玩忽职守,违章操作,造成藏品损伤事故的;

(四)利用工作之便,以权谋私,中饱私囊但尚未构成刑事犯罪的。

第二十九条 有下列情形者,依法追究刑事责任:

(一)因渎职造成藏品(特别是一级藏品)重大损失,情节严重的;

(二)监守自盗藏品的或内外勾结、偷盗藏品的,依照《中华人民共和国刑法》有关条款从重制裁。

第七章 附 则

第三十条 本办法自公布之日起施行,适用于全国文物系统所属的各类型博物馆,同时也适用各级文物考古研究所和文物保管所。

第三十一条 本办法由馆长组织实施，当地主管文物行政管理部门和上级文物行政管理部门对实施的情况进行必要的指导、监督和检查。

第三十二条 各博物馆可根据本办法，结合具体情况，制定补充规定。原有规章制度中与本办法相违背的，以本办法为准。

第三十三条 各博物馆藏品保管部门或保管人员对违反本办法及馆内补充规章制度，妨碍文物安全的行为，有权不执行。双方认识无法统一时，由馆长决定。如仍存不同意见时，藏品保管部门可向主管文物行政管理部门反映并执行其最终决定。

群众艺术馆、文化馆管理办法

1992 年 5 月 27 日文化部发布

第一章 总 则

第一条 依据中华人民共和国宪法关于发展文化馆和其他文化事业的规定，为加强群众艺术馆、文化馆（以下简称两馆）的建设，增强两馆为社会主义两个文明建设服务的活力，更好地发挥其作用，特制定本办法。

第二条 两馆工作要坚持党的“一个中心、两个基本点”的基本路线，坚持“为人民服务、为社会主义服务”的方向和“百花齐放、百家争鸣”的方针，弘扬中华民族的优秀传统文化，汲取世界先进文明成果，丰富人民群众的精神文化生活，提高群众思想道德和科学文化素质，抵制资本主义、封建主义腐朽思想文化影响。

第三条 两馆建设要充分发挥地方的积极性，中央给予必要的支持。要加快改革步伐，扩大对外开放，拓宽两馆事业发展的渠道，以创造优越的物质条件，提供良好的服务。

第四条 要理顺内部关系，改善经营管理，增强活力，逐步建立自我发展的科学管理机制。

第二章 机 构

第五条 省、自治区、直辖市；计划单列市；地（州、盟）、地级市设立群众艺术馆。

县、旗、县级市、市辖区设立文化馆。

文化主管部门根据需要可适当设立文化馆分馆，属文化馆派出机构。

群众艺术馆与文化馆是业务指导关系。

第六条 各级文化主管部门会同政府编制部门，以两馆性质、任务、所在地区经济人口等状况和能保证正常工作开展为依据，参照中央有关部门关于两馆的编制标准，确定各馆编制数额。

第七条 两馆内部机构由各地根据实际需要确定。

第八条 两馆是独立的预算会计单位。

第三章 性 质

第九条 两馆是国家设立的全民所有制文化事业机构。

群众艺术馆是组织、指导群众文化艺术活动，培训业余文艺骨干及研究群众文化艺术的文化事业单位，也是群众进行文化艺术活动的场所。文化馆是开展社会宣传教育、普及科学文化知识、组织辅导群众文化艺术（娱乐）活动的综合性文化事业单位和活动场所。

第四章 任 务

第十条 运用各种文化艺术手段，进行时事政策、两个文明建设、国内外形势，以及爱国主义、集体主义和社会主义等方面的宣传教育。

第十一条 组织开展文艺演出、文化科技知识讲座和展览、影视录像发行放映、图书报刊、游艺等群众性文化艺术（娱乐）活动，使两馆成为吸引并满足群众求知、求乐、求美的文化艺术活动中心。

群众艺术馆侧重组织具有示范性的活动，引导群众文化活动逐步走向高层次。

文化馆要加强对乡、镇、街道、工矿企业、机关、学校等文化站（室）、俱乐部活动的指导。

第十二条 辅导、培训群众文化系统在职干部及业余文艺骨干，为国家和社会培育人才。

群众艺术馆侧重辅导、培训文化馆、站业务干部及具有一定水平的文艺社团（队）人员。

第十三条 组织、辅导和研究群众文艺创作，开展群众性文艺创作活动。业务干部要完成一定的创作任务。

第十四条 省级及计划单列市群众艺术馆，可编辑、出版以民族民间优秀文艺作品为主的，思想性、艺术性、趣味性较强的大众文艺报刊；根据需要编辑出版音乐、舞蹈、戏剧、美术、摄影等专门性报刊。

第十五条 积极开展以文补文和多种经营活动，要正确处理社会效益和经济效益的关系，其收入主要用于两馆事业的发展。

第十六条 群众艺术馆要组织、开展群众文化理论研究；文化馆应选择具有指导意义的课题进行调查研究。

第十七条 搜集、整理、保护民族民间文化艺术遗产。建立、健全群众文化艺术档案（资料）。

第十八条 有条件的馆要开展对外群众文化艺术交流活动，加强同各国之间群众文化艺术组织的友好往来。

第五章 干 部

第十九条 两馆分别设馆长一人、副馆长一至三人。馆长、副馆长应由符合革命化、年轻化、知识化、专业化的条件、大专以上文化程度、热爱群众文化工作及具有较强组织领导和管理能力的人员担任。

群众艺术馆长一般应享受当地文化主管部门中层机构负责人的待遇;文化馆长一般应享受当地文化主管部门负责人副职的待遇。

第二十条 两馆业务干部配备比例,不应少于人员总数的百分之七十五。

要支持和鼓励干部自学成才和在职学习。

第二十一条 两馆专业干部的补充、更新,除吸收录用专业院校毕业生外,可向社会招聘能胜任专业工作的人员。

第二十二条 两馆业务人员的专业职务,按照中央职称改革领导小组有关文件规定评定并实行专业职务聘任制。

第二十三条 对工作成绩优异的人员,应予表彰和奖励;对有突出贡献者,应报请有关部门,授予荣誉称号,破格晋职晋级。

对于违反职业道德,不遵守馆纪的人员,应根据有关规定给予必要的行政处罚。

第六章 设施、设备

第二十四条 两馆设施建设,应纳入当地城市建设总体规划并加以实施,其建筑用地定额指标,应纳入城市公共建筑定额指标体系。

第二十五条 两馆馆舍建筑面积,应根据当地经济和社会发展状况、人口分布、地理环境及业务活动等需要进行规划,其业务用房面积标准要求:

(一)省、自治区、直辖市及计划单列市群众艺术馆最低限为5,000平方米;

(二)地(州、盟)、地级市群众艺术馆、直辖市市辖区文化馆最低限为3,500平方米;

(三)县(旗)、县级市、地级市区文化馆最低限为2,000平方米;

(四)文化馆分馆最低限为1,000平方米。

两馆馆舍建筑设计规范,参照城乡建设环境保护部、文化部下发的《文化馆建筑设计规范》进行。

第二十六条 为保证两馆工作、活动正常进行,应通过多种途径,充实、更新所需设备及按照有关规定配备交通工具。逐步装备和完善现代化活动器材。

第二十七条 两馆设施属国家公共设施建设,产权属两馆所有,任何单位和个人不得挪用、挤占,违者依法追究其法律责任。

第七章 经 费

第二十八条 两馆经费列入当地政府财政预算,从文化事业经费中拨给。随着经济和社会的发展,年度拨款应逐年有所增加。

两馆应厉行节约,压缩不必要的行政杂支费,保证业务活动经费的使用。

第二十九条 两馆基本建设(含新建、改建、扩建)投资,列入当地政府基建投资计划并组织实施。

第三十条 文化主管部门对于两馆开展以文补文和多种经营活动,要给予重视和支持,加强管理和指导,其收入主要用于补充经费之不足。以文补文和多种经营的税收问题,应按国家有关部门规定给予优惠和减免。

有关部门不得因两馆上述收入而抵减预算内的经费。

第八章 制 度

第三十一条 两馆实行馆长负责制;全馆人员实行岗位责任制(经营人员实行承包责任制);在编专业人员实行专业职务聘任制。

第三十二条 两馆根据实际需要,应建立健全各项规章制度及管理办法,由馆长组织实施。

第九章 附 则

第三十三条 各省、自治区、直辖市文化厅、局可根据本办法制定适合本地区实际情况的实施细则(少数民族自治地方及聚居地区,应根据民族政策给予充分考虑),并抄送文化部备案。

第三十四条 本办法解释权属中华人民共和国文化部。

第三十五条 本办法自颁布之日起施行。

下篇　旅游法规政策

一、综合

资料补充栏

中华人民共和国旅游法

1. 2013年4月25日第十二届全国人民代表大会常务委员会第二次会议通过
2. 根据2016年11月7日第十二届全国人民代表大会常务委员会第二十四次会议《关于修改〈中华人民共和国对外贸易法〉等十二部法律的决定》第一次修正
3. 根据2018年10月26日第十三届全国人民代表大会常务委员会第六次会议《关于修改〈中华人民共和国野生动物保护法〉等十五部法律的决定》第二次修正

目　　录

第一章　总　　则

第一条　【立法目的】为保障旅游者和旅游经营者的合法权益，规范旅游市场秩序，保护和合理利用旅游资源，促进旅游业持续健康发展，制定本法。

第二条　【适用范围】在中华人民共和国境内的和在中华人民共和国境内组织到境外的游览、度假、休闲等形式的旅游活动以及为旅游活动提供相关服务的经营活动，适用本法。

第三条　【国家发展旅游事业】国家发展旅游事业，完善旅游公共服务，依法保护旅游者在旅游活动中的权利。

第四条　【基本原则】旅游业发展应当遵循社会效益、经济效益和生态效益相统一的原则。国家鼓励各类市场主体在有效保护旅游资源的前提下，依法合理利用旅游资源。利用公共资源建设的游览场所应当体现公益性质。

第五条　【社会参与】国家倡导健康、文明、环保的旅游方式，支持和鼓励各类社会机构开展旅游公益宣传，对促进旅游业发展做出突出贡献的单位和个人给予奖励。

第六条　【旅游市场规范】国家建立健全旅游服务标准和市场规则，禁止行业垄断和地区垄断。旅游经营者应当诚信经营，公平竞争，承担社会责任，为旅游者提供安全、健康、卫生、方便的旅游服务。

第七条　【旅游综合协调机制】国务院建立健全旅游综合协调机制，对旅游业发展进行综合协调。

县级以上地方人民政府应当加强对旅游工作的组织和领导，明确相关部门或者机构，对本行政区域的旅游业发展和监督管理进行统筹协调。

第八条　【旅游行业组织】依法成立的旅游行业组织，实行自律管理。

第二章　旅　游　者

第九条　【公平交易权】旅游者有权自主选择旅游产品和服务，有权拒绝旅游经营者的强制交易行为。

旅游者有权知悉其购买的旅游产品和服务的真实情况。

旅游者有权要求旅游经营者按照约定提供产品和服务。

第十条　【受尊重权】旅游者的人格尊严、民族风俗习惯和宗教信仰应当得到尊重。

第十一条　【特殊群体的便利和优惠】残疾人、老年人、未成年人等旅游者在旅游活动中依照法律、法规和有关规定享受便利和优惠。

第十二条　【获得救助权和赔偿】旅游者在人身、财产安全遇有危险时，有请求救助和保护的权利。

旅游者人身、财产受到侵害的，有依法获得赔偿的权利。

第十三条　【文明旅游】旅游者在旅游活动中应当遵守社会公共秩序和社会公德，尊重当地的风俗习惯、文化传统和宗教信仰，爱护旅游资源，保护生态环境，遵守旅游文明行为规范。

第十四条　【不得损害他人合法权益】旅游者在旅游活动中或者在解决纠纷时，不得损害当地居民的合法权益，不得干扰他人的旅游活动，不得损害旅游经营者和旅游从业人员的合法权益。

第十五条　【旅游者安全义务】旅游者购买、接受旅游服务时，应当向旅游经营者如实告知与旅游活动相关的个人健康信息，遵守旅游活动中的安全警示规定。

旅游者对国家应对重大突发事件暂时限制旅游活动的措施以及有关部门、机构或者旅游经营者采取的安全防范和应急处置措施，应当予以配合。

旅游者违反安全警示规定，或者对国家应对重大突发事件暂时限制旅游活动的措施、安全防范和应急处置措施不予配合的，依法承担相应责任。

第十六条　【出境入境旅游者义务】出境旅游者不得在境外非法滞留，随团出境的旅游者不得擅自分团、脱团。

入境旅游者不得在境内非法滞留，随团入境的旅游者不得擅自分团、脱团。

第三章　旅游规划和促进

第十七条　【规划编制】国务院和县级以上地方人民政府应当将旅游业发展纳入国民经济和社会发展规划。

国务院和省、自治区、直辖市人民政府以及旅游资源丰富的设区的市和县级人民政府，应当按照国民经济和社会发展规划的要求，组织编制旅游发展规划。对跨行政区域且适宜进行整体利用的旅游资源进行利用时，应当由上级人民政府组织编制或者由相关地方人民政府协商编制统一的旅游发展规划。

第十八条　【规划内容】旅游发展规划应当包括旅游业发展的总体要求和发展目标，旅游资源保护和利用的要求和措施，以及旅游产品开发、旅游服务质量提升、旅游文化建设、旅游形象推广、旅游基础设施和公共服务设施建设的要求和促进措施等内容。

根据旅游发展规划，县级以上地方人民政府可以编制重点旅游资源开发利用的专项规划，对特定区域内的旅游项目、设施和服务功能配套提出专门要求。

第十九条　【规划衔接】旅游发展规划应当与土地利用总体规划、城乡规划、环境保护规划以及其他自然资源和文物等人文资源的保护和利用规划相衔接。

第二十条　【规划兼顾】各级人民政府编制土地利用总体规划、城乡规划，应当充分考虑相关旅游项目、设施的空间布局和建设用地要求。规划和建设交通、通信、供水、供电、环保等基础设施和公共服务设施，应当兼顾旅游业发展的需要。

第二十一条　【资源保护】对自然资源和文物等人文资源进行旅游利用，必须严格遵守有关法律、法规的规定，符合资源、生态保护和文物安全的要求，尊重和维护当地传统文化和习俗，维护资源的区域整体性、文化代表性和地域特殊性，并考虑军事设施保护的需要。有关主管部门应当加强对资源保护和旅游利用状况的监督检查。

第二十二条　【规划执行评估】各级人民政府应当组织对本级政府编制的旅游发展规划的执行情况进行评估，并向社会公布。

第二十三条　【政策扶持】国务院和县级以上地方人民政府应当制定并组织实施有利于旅游业持续健康发展的产业政策，推进旅游休闲体系建设，采取措施推动区域旅游合作，鼓励跨区域旅游线路和产品开发，促进旅游与工业、农业、商业、文化、卫生、体育、科教等领域的融合，扶持少数民族地区、革命老区、边远地区和贫困地区旅游业发展。

第二十四条　【资金支持】国务院和县级以上地方人民政府应当根据实际情况安排资金，加强旅游基础设施建设、旅游公共服务和旅游形象推广。

第二十五条　【旅游形象推广】国家制定并实施旅游形象推广战略。国务院旅游主管部门统筹组织国家旅游形象的境外推广工作，建立旅游形象推广机构和网络，开展旅游国际合作与交流。

县级以上地方人民政府统筹组织本地的旅游形象推广工作。

第二十六条　【公共服务】国务院旅游主管部门和县级以上地方人民政府应当根据需要建立旅游公共信息和咨询平台，无偿向旅游者提供旅游景区、线路、交通、气象、住宿、安全、医疗急救等必要信息和咨询服务。设区的市和县级人民政府有关部门应当根据需要在交通枢纽、商业中心和旅游者集中场所设置旅游咨询中心，在景区和通往主要景区的道路设置旅游指示标识。

旅游资源丰富的设区的市和县级人民政府可以根据本地的实际情况，建立旅游客运专线或者游客中转站，为旅游者在城市及周边旅游提供服务。

第二十七条　【职业教育和培训】国家鼓励和支持发展旅游职业教育和培训，提高旅游从业人员素质。

第四章　旅 游 经 营

第二十八条　【旅行社设立】设立旅行社，招徕、组织、接待旅游者，为其提供旅游服务，应当具备下列条件，取得旅游主管部门的许可，依法办理工商登记：

（一）有固定的经营场所；

（二）有必要的营业设施；

（三）有符合规定的注册资本；

（四）有必要的经营管理人员和导游；

（五）法律、行政法规规定的其他条件。

第二十九条　【旅行社业务范围】旅行社可以经营下列业务：

（一）境内旅游；

（二）出境旅游；

（三）边境旅游；

（四）入境旅游；

（五）其他旅游业务。

旅行社经营前款第二项和第三项业务，应当取得相应的业务经营许可,具体条件由国务院规定。

第三十条　【禁止非法转让】旅行社不得出租、出借旅行社业务经营许可证,或者以其他形式非法转让旅行社业务经营许可。

第三十一条　【旅游服务质量保证金】旅行社应当按照规定交纳旅游服务质量保证金,用于旅游者权益损害赔偿和垫付旅游者人身安全遇有危险时紧急救助的费用。

第三十二条　【禁止虚假宣传】旅行社为招徕、组织旅游者发布信息,必须真实、准确,不得进行虚假宣传,误导旅游者。

第三十三条　【项目活动安排的禁止规定】旅行社及其从业人员组织、接待旅游者,不得安排参观或者参与违反我国法律、法规和社会公德的项目或者活动。

第三十四条　【产品和服务的订购】旅行社组织旅游活动应当向合格的供应商订购产品和服务。

第三十五条　【禁止不合理低价组团、诱骗消费】旅行社不得以不合理的低价组织旅游活动,诱骗旅游者,并通过安排购物或者另行付费旅游项目获取回扣等不正当利益。

旅行社组织、接待旅游者,不得指定具体购物场所,不得安排另行付费旅游项目。但是,经双方协商一致或者旅游者要求,且不影响其他旅游者行程安排的除外。

发生违反前两款规定情形的,旅游者有权在旅游行程结束后三十日内,要求旅行社为其办理退货并先行垫付退货货款,或者退还另行付费旅游项目的费用。

第三十六条　【领队或导游陪同】旅行社组织团队出境旅游或者组织、接待团队入境旅游,应当按照规定安排领队或者导游全程陪同。

第三十七条　【导游执业资格】参加导游资格考试成绩合格,与旅行社订立劳动合同或者在相关旅游行业组织注册的人员,可以申请取得导游证。

第三十八条　【旅行社对导游的义务】旅行社应当与其聘用的导游依法订立劳动合同,支付劳动报酬,缴纳社会保险费用。

旅行社临时聘用导游为旅游者提供服务的,应当全额向导游支付本法第六十条第三款规定的导游服务费用。

旅行社安排导游为团队旅游提供服务的,不得要求导游垫付或者向导游收取任何费用。

第三十九条　【领队执业资格】从事领队业务,应当取得导游证,具有相应的学历、语言能力和旅游从业经历,并与委派其从事领队业务的取得出境旅游业务经营许可的旅行社订立劳动合同。

第四十条　【导游和领队的委派】导游和领队为旅游者提供服务必须接受旅行社委派,不得私自承揽导游和领队业务。

第四十一条　【导游和领队从业行为规范】导游和领队从事业务活动,应当佩戴导游证,遵守职业道德,尊重旅游者的风俗习惯和宗教信仰,应当向旅游者告知和解释旅游文明行为规范,引导旅游者健康、文明旅游,劝阻旅游者违反社会公德的行为。

导游和领队应当严格执行旅游行程安排,不得擅自变更旅游行程或者中止服务活动,不得向旅游者索取小费,不得诱导、欺骗、强迫或者变相强迫旅游者购物或者参加另行付费旅游项目。

第四十二条　【景区开放条件】景区开放应当具备下列条件,并听取旅游主管部门的意见:

(一)有必要的旅游配套服务和辅助设施;

(二)有必要的安全设施及制度,经过安全风险评估,满足安全条件;

(三)有必要的环境保护设施和生态保护措施;

(四)法律、行政法规规定的其他条件。

第四十三条　【景区门票和收费管理】利用公共资源建设的景区的门票以及景区内的游览场所、交通工具等另行收费项目,实行政府定价或者政府指导价,严格控制价格上涨。拟收费或者提高价格的,应当举行听证会,征求旅游者、经营者和有关方面的意见,论证其必要性、可行性。

利用公共资源建设的景区,不得通过增加另行收费项目等方式变相涨价;另行收费项目已收回投资成本的,应当相应降低价格或者取消收费。

公益性的城市公园、博物馆、纪念馆等,除重点文物保护单位和珍贵文物收藏单位外,应当逐步免费开放。

第四十四条　【景区门票收费公示】景区应当在醒目位置公示门票价格、另行收费项目的价格及团体收费价格。景区提高门票价格应当提前六个月公布。

将不同景区的门票或者同一景区内不同游览场所的门票合并出售的,合并后的价格不得高于各单项门票的价格之和,且旅游者有权选择购买其中的单项票。

景区内的核心游览项目因故暂停向旅游者开放或者停止提供服务的,应当公示并相应减少收费。

第四十五条　【景区流量控制】景区接待旅游者不得超过景区主管部门核定的最大承载量。景区应当公布景区主管部门核定的最大承载量，制定和实施旅游者流量控制方案，并可以采取门票预约等方式，对景区接待旅游者的数量进行控制。

旅游者数量可能达到最大承载量时，景区应当提前公告并同时向当地人民政府报告，景区和当地人民政府应当及时采取疏导、分流等措施。

第四十六条　【居民从事旅游经营】城镇和乡村居民利用自有住宅或者其他条件依法从事旅游经营，其管理办法由省、自治区、直辖市制定。

第四十七条　【高风险旅游项目经营许可】经营高空、高速、水上、潜水、探险等高风险旅游项目，应当按照国家有关规定取得经营许可。

第四十八条　【网络业务经营】通过网络经营旅行社业务的，应当依法取得旅行社业务经营许可，并在其网站主页的显著位置标明其业务经营许可证信息。

发布旅游经营信息的网站，应当保证其信息真实、准确。

第四十九条　【相关旅游服务】为旅游者提供交通、住宿、餐饮、娱乐等服务的经营者，应当符合法律、法规规定的要求，按照合同约定履行义务。

第五十条　【安全保障和质量标准】旅游经营者应当保证其提供的商品和服务符合保障人身、财产安全的要求。

旅游经营者取得相关质量标准等级的，其设施和服务不得低于相应标准；未取得质量标准等级的，不得使用相关质量等级的称谓和标识。

第五十一条　【禁止商业贿赂】旅游经营者销售、购买商品或者服务，不得给予或者收受贿赂。

第五十二条　【旅游者个人信息保护】旅游经营者对其在经营活动中知悉的旅游者个人信息，应当予以保密。

第五十三条　【旅游客运经营规范】从事道路旅游客运的经营者应当遵守道路客运安全管理的各项制度，并在车辆显著位置明示道路旅游客运专用标识，在车厢内显著位置公示经营者和驾驶人信息、道路运输管理机构监督电话等事项。

第五十四条　【交由他人经营的责任】景区、住宿经营者将其部分经营项目或者场地交由他人从事住宿、餐饮、购物、游览、娱乐、旅游交通等经营的，应当对实际经营者的经营行为给旅游者造成的损害承担连带责任。

第五十五条　【经营者报告义务】旅游经营者组织、接待出入境旅游，发现旅游者从事违法活动或者有违反本法第十六条规定情形的，应当及时向公安机关、旅游主管部门或者我国驻外机构报告。

第五十六条　【责任保险】国家根据旅游活动的风险程度，对旅行社、住宿、旅游交通以及本法第四十七条规定的高风险旅游项目等经营者实施责任保险制度。

第五章　旅游服务合同

第五十七条　【旅游服务合同的订立】旅行社组织和安排旅游活动，应当与旅游者订立合同。

第五十八条　【包价旅游合同】包价旅游合同应当采用书面形式，包括下列内容：

（一）旅行社、旅游者的基本信息；

（二）旅游行程安排；

（三）旅游团成团的最低人数；

（四）交通、住宿、餐饮等旅游服务安排和标准；

（五）游览、娱乐等项目的具体内容和时间；

（六）自由活动时间安排；

（七）旅游费用及其交纳的期限和方式；

（八）违约责任和解决纠纷的方式；

（九）法律、法规规定和双方约定的其他事项。

订立包价旅游合同时，旅行社应当向旅游者详细说明前款第二项至第八项所载内容。

第五十九条　【旅游行程单】旅行社应当在旅游行程开始前向旅游者提供旅游行程单。旅游行程单是包价旅游合同的组成部分。

第六十条　【载明委托社、代理社、地接社、导游服务费】旅行社委托其他旅行社代理销售包价旅游产品并与旅游者订立包价旅游合同的，应当在包价旅游合同中载明委托社和代理社的基本信息。

旅行社依照本法规定将包价旅游合同中的接待业务委托给地接社履行的，应当在包价旅游合同中载明地接社的基本信息。

安排导游为旅游者提供服务的，应当在包价旅游合同中载明导游服务费用。

第六十一条　【投保提示义务】旅行社应当提示参加团队旅游的旅游者按照规定投保人身意外伤害保险。

第六十二条　【相关事项告知义务】订立包价旅游合同时，旅行社应当向旅游者告知下列事项：

（一）旅游者不适合参加旅游活动的情形；

（二）旅游活动中的安全注意事项；

（三）旅行社依法可以减免责任的信息；

（四）旅游者应当注意的旅游目的地相关法律、法规和风俗习惯、宗教禁忌，依照中国法律不宜参加的活动等；

（五）法律、法规规定的其他应当告知的事项。

在包价旅游合同履行中，遇有前款规定事项的，旅行社也应当告知旅游者。

第六十三条 【不能出团的处理】旅行社招徕旅游者组团旅游,因未达到约定人数不能出团的,组团社可以解除合同。但是,境内旅游应当至少提前七日通知旅游者,出境旅游应当至少提前三十日通知旅游者。

因未达到约定人数不能出团的,组团社经征得旅游者书面同意,可以委托其他旅行社履行合同。组团社对旅游者承担责任,受委托的旅行社对组团社承担责任。旅游者不同意的,可以解除合同。

因未达到约定的成团人数解除合同的,组团社应当向旅游者退还已收取的全部费用。

第六十四条 【包价旅游合同的转让】旅游行程开始前,旅游者可以将包价旅游合同中自身的权利义务转让给第三人,旅行社没有正当理由的不得拒绝,因此增加的费用由旅游者和第三人承担。

第六十五条 【旅游者解除合同】旅游行程结束前,旅游者解除合同的,组团社应当在扣除必要的费用后,将余款退还旅游者。

第六十六条 【因旅游者的原因解除合同】旅游者有下列情形之一的,旅行社可以解除合同:

(一)患有传染病等疾病,可能危害其他旅游者健康和安全的;

(二)携带危害公共安全的物品且不同意交有关部门处理的;

(三)从事违法或者违反社会公德的活动的;

(四)从事严重影响其他旅游者权益的活动,且不听劝阻、不能制止的;

(五)法律规定的其他情形。

因前款规定情形解除合同的,组团社应当在扣除必要的费用后,将余款退还旅游者;给旅行社造成损失的,旅游者应当依法承担赔偿责任。

第六十七条 【不可抗力等情形的处理】因不可抗力或者旅行社、履行辅助人已尽合理注意义务仍不能避免的事件,影响旅游行程的,按照下列情形处理:

(一)合同不能继续履行的,旅行社和旅游者均可以解除合同。合同不能完全履行的,旅行社经向旅游者作出说明,可以在合理范围内变更合同;旅游者不同意变更的,可以解除合同。

(二)合同解除的,组团社应当在扣除已向地接社或者履行辅助人支付且不可退还的费用后,将余款退还旅游者;合同变更的,因此增加的费用由旅游者承担,减少的费用退还旅游者。

(三)危及旅游者人身、财产安全的,旅行社应当采取相应的安全措施,因此支出的费用,由旅行社与旅游者分担。

(四)造成旅游者滞留的,旅行社应当采取相应的安置措施。因此增加的食宿费用,由旅游者承担;增加的返程费用,由旅行社与旅游者分担。

第六十八条 【协助返回】旅游行程中解除合同的,旅行社应当协助旅游者返回出发地或者旅游者指定的合理地点。由于旅行社或者履行辅助人的原因导致合同解除的,返程费用由旅行社承担。

第六十九条 【包价旅游合同的履行】旅行社应当按照包价旅游合同的约定履行义务,不得擅自变更旅游行程安排。

经旅游者同意,旅行社将包价旅游合同中的接待业务委托给其他具有相应资质的地接社履行的,应当与地接社订立书面委托合同,约定双方的权利和义务,向地接社提供与旅游者订立的包价旅游合同的副本,并向地接社支付不低于接待和服务成本的费用。地接社应当按照包价旅游合同和委托合同提供服务。

第七十条 【违约责任】旅行社不履行包价旅游合同义务或者履行合同义务不符合约定的,应当依法承担继续履行、采取补救措施或者赔偿损失等违约责任;造成旅游者人身损害、财产损失的,应当依法承担赔偿责任。旅行社具备履行条件,经旅游者要求仍拒绝履行合同,造成旅游者人身损害、滞留等严重后果的,旅游者还可以要求旅行社支付旅游费用一倍以上三倍以下的赔偿金。

由于旅游者自身原因导致包价旅游合同不能履行或者不能按照约定履行,或者造成旅游者人身损害、财产损失的,旅行社不承担责任。

在旅游者自行安排活动期间,旅行社未尽到安全提示、救助义务的,应当对旅游者的人身损害、财产损失承担相应责任。

第七十一条 【因地接社、履行辅助人原因违约】由于地接社、履行辅助人的原因导致违约的,由组团社承担责任;组团社承担责任后可以向地接社、履行辅助人追偿。

由于地接社、履行辅助人的原因造成旅游者人身损害、财产损失的,旅游者可以要求地接社、履行辅助人承担赔偿责任,也可以要求组团社承担赔偿责任;组团社承担责任后可以向地接社、履行辅助人追偿。但是,由于公共交通经营者的原因造成旅游者人身损害、财产损失的,由公共交通经营者依法承担赔偿责任,旅行社应当协助旅游者向公共交通经营者索赔。

第七十二条　【旅游者的赔偿责任】旅游者在旅游活动中或者在解决纠纷时，损害旅行社、履行辅助人、旅游从业人员或者其他旅游者的合法权益的，依法承担赔偿责任。

第七十三条　【旅游者要求的包价旅游合同】旅行社根据旅游者的具体要求安排旅游行程，与旅游者订立包价旅游合同的，旅游者请求变更旅游行程安排，因此增加的费用由旅游者承担，减少的费用退还旅游者。

第七十四条　【旅游代订、设计、咨询合同】旅行社接受旅游者的委托，为其代订交通、住宿、餐饮、游览、娱乐等旅游服务，收取代办费用的，应当亲自处理委托事务。因旅行社的过错给旅游者造成损失的，旅行社应当承担赔偿责任。

旅行社接受旅游者的委托，为其提供旅游行程设计、旅游信息咨询等服务的，应当保证设计合理、可行，信息及时、准确。

第七十五条　【按约定提供住宿服务】住宿经营者应当按照旅游服务合同的约定为团队旅游者提供住宿服务。住宿经营者未能按照旅游服务合同提供服务的，应当为旅游者提供不低于原定标准的住宿服务，因此增加的费用由住宿经营者承担；但由于不可抗力、政府因公共利益需要采取措施造成不能提供服务的，住宿经营者应当协助安排旅游者住宿。

第六章　旅 游 安 全

第七十六条　【旅游安全监管职责】县级以上人民政府统一负责旅游安全工作。县级以上人民政府有关部门依照法律、法规履行旅游安全监管职责。

第七十七条　【安全风险提示】国家建立旅游目的地安全风险提示制度。旅游目的地安全风险提示的级别划分和实施程序，由国务院旅游主管部门会同有关部门制定。

县级以上人民政府及其有关部门应当将旅游安全作为突发事件监测和评估的重要内容。

第七十八条　【旅游应急管理】县级以上人民政府应当依法将旅游应急管理纳入政府应急管理体系，制定应急预案，建立旅游突发事件应对机制。

突发事件发生后，当地人民政府及其有关部门和机构应当采取措施开展救援，并协助旅游者返回出发地或者旅游者指定的合理地点。

第七十九条　【旅游经营者的安全保障义务】旅游经营者应当严格执行安全生产管理和消防安全管理的法律、法规和国家标准、行业标准，具备相应的安全生产条件，制定旅游者安全保护制度和应急预案。

旅游经营者应当对直接为旅游者提供服务的从业人员开展经常性应急救助技能培训，对提供的产品和服务进行安全检验、监测和评估，采取必要措施防止危害发生。

旅游经营者组织、接待老年人、未成年人、残疾人等旅游者，应当采取相应的安全保障措施。

第八十条　【旅游经营者的安全说明、警示义务】旅游经营者应当就旅游活动中的下列事项，以明示的方式事先向旅游者作出说明或者警示：

（一）正确使用相关设施、设备的方法；

（二）必要的安全防范和应急措施；

（三）未向旅游者开放的经营、服务场所和设施、设备；

（四）不适宜参加相关活动的群体；

（五）可能危及旅游者人身、财产安全的其他情形。

第八十一条　【旅游经营者的安全救助、报告义务】突发事件或者旅游安全事故发生后，旅游经营者应当立即采取必要的救助和处置措施，依法履行报告义务，并对旅游者作出妥善安排。

第八十二条　【旅游者请求救助】旅游者在人身、财产安全遇有危险时，有权请求旅游经营者、当地政府和相关机构进行及时救助。

中国出境旅游者在境外陷于困境时，有权请求我国驻当地机构在其职责范围内给予协助和保护。

旅游者接受相关组织或者机构的救助后，应当支付应由个人承担的费用。

第七章　旅游监督管理

第八十三条　【监管职责】县级以上人民政府旅游主管部门和有关部门依照本法和有关法律、法规的规定，在各自职责范围内对旅游市场实施监督管理。

县级以上人民政府应当组织旅游主管部门、有关主管部门和市场监督管理、交通等执法部门对相关旅游经营行为实施监督检查。

第八十四条　【旅游主管部门及其工作人员的禁止行为】旅游主管部门履行监督管理职责，不得违反法律、行政法规的规定向监督管理对象收取费用。

旅游主管部门及其工作人员不得参与任何形式的旅游经营活动。

第八十五条　【旅游主管部门的监管权限】县级以上人民政府旅游主管部门有权对下列事项实施监督检查：

（一）经营旅行社业务以及从事导游、领队服务是否取得经营、执业许可；

（二）旅行社的经营行为；

（三）导游和领队等旅游从业人员的服务行为；

（四）法律、法规规定的其他事项。

旅游主管部门依照前款规定实施监督检查，可以对涉嫌违法的合同、票据、账簿以及其他资料进行查阅、复制。

第八十六条　【履职要求】旅游主管部门和有关部门依法实施监督检查，其监督检查人员不得少于二人，并应当出示合法证件。监督检查人员少于二人或者未出示合法证件的，被检查单位和个人有权拒绝。

监督检查人员对在监督检查中知悉的被检查单位的商业秘密和个人信息应当依法保密。

第八十七条　【配合义务】对依法实施的监督检查，有关单位和个人应当配合，如实说明情况并提供文件、资料，不得拒绝、阻碍和隐瞒。

第八十八条　【对违法行为的处理】县级以上人民政府旅游主管部门和有关部门，在履行监督检查职责中或者在处理举报、投诉时，发现违反本法规定行为的，应当依法及时作出处理；对不属于本部门职责范围的事项，应当及时书面通知并移交有关部门查处。

第八十九条　【信息共享】县级以上地方人民政府建立旅游违法行为查处信息的共享机制，对需要跨部门、跨地区联合查处的违法行为，应当进行督办。

旅游主管部门和有关部门应当按照各自职责，及时向社会公布监督检查的情况。

第九十条　【行业自律】依法成立的旅游行业组织依照法律、行政法规和章程的规定，制定行业经营规范和服务标准，对其会员的经营行为和服务质量进行自律管理，组织开展职业道德教育和业务培训，提高从业人员素质。

第八章　旅游纠纷处理

第九十一条　【旅游投诉受理机构】县级以上人民政府应当指定或者设立统一的旅游投诉受理机构。受理机构接到投诉，应当及时进行处理或者移交有关部门处理，并告知投诉者。

第九十二条　【旅游纠纷解决途径】旅游者与旅游经营者发生纠纷，可以通过下列途径解决：

（一）双方协商；

（二）向消费者协会、旅游投诉受理机构或者有关调解组织申请调解；

（三）根据与旅游经营者达成的仲裁协议提请仲裁机构仲裁；

（四）向人民法院提起诉讼。

第九十三条　【调解】消费者协会、旅游投诉受理机构和有关调解组织在双方自愿的基础上，依法对旅游者与旅游经营者之间的纠纷进行调解。

第九十四条　【代表人】旅游者与旅游经营者发生纠纷，旅游者一方人数众多并有共同请求的，可以推选代表人参加协商、调解、仲裁、诉讼活动。

第九章　法律责任

第九十五条　【违反旅行社业务经营许可规定的法律责任】违反本法规定，未经许可经营旅行社业务的，由旅游主管部门或者市场监督管理部门责令改正，没收违法所得，并处一万元以上十万元以下罚款；违法所得十万元以上的，并处违法所得一倍以上五倍以下罚款；对有关责任人员，处二千元以上二万元以下罚款。

旅行社违反本法规定，未经许可经营本法第二十九条第一款第二项、第三项业务，或者出租、出借旅行社业务经营许可证，或者以其他方式非法转让旅行社业务经营许可的，除依照前款规定处罚外，并责令停业整顿；情节严重的，吊销旅行社业务经营许可证；对直接负责的主管人员，处二千元以上二万元以下罚款。

第九十六条　【旅行社违反安排导游或领队有关规定的法律责任】旅行社违反本法规定，有下列行为之一的，由旅游主管部门责令改正，没收违法所得，并处五千元以上五万元以下罚款；情节严重的，责令停业整顿或者吊销旅行社业务经营许可证；对直接负责的主管人员和其他直接责任人员，处二千元以上二万元以下罚款：

（一）未按照规定为出境或者入境团队旅游安排领队或者导游全程陪同的；

（二）安排未取得导游证的人员提供导游服务或者安排不具备领队条件的人员提供领队服务的；

（三）未向临时聘用的导游支付导游服务费用的；

（四）要求导游垫付或者向导游收取费用的。

第九十七条　【旅行社违反有关经营规范的法律责任】旅行社违反本法规定，有下列行为之一的，由旅游主管部门或者有关部门责令改正，没收违法所得，并处五千元以上五万元以下罚款；违法所得五万元以上的，并处违法所得一倍以上五倍以下罚款；情节严重的，责令停业整顿或者吊销旅行社业务经营许可证；对直接负责的主管人员和其他直接责任人员，处二千元以上二万元以下罚款：

（一）进行虚假宣传，误导旅游者的；

（二）向不合格的供应商订购产品和服务的；

（三）未按照规定投保旅行社责任保险的。

第九十八条　【旅行社低价组团、诱骗消费的法律责任】

旅行社违反本法第三十五条规定的，由旅游主管部门责令改正，没收违法所得，责令停业整顿，并处三万元以上三十万元以下罚款；违法所得三十万元以上的，并处违法所得一倍以上五倍以下罚款；情节严重的，吊销旅行社业务经营许可证；对直接负责的主管人员和其他直接责任人员，没收违法所得，处二千元以上二万元以下罚款，并暂扣或者吊销导游证。

第九十九条　【旅行社违反报告义务的法律责任】旅行社未履行本法第五十五条规定的报告义务的，由旅游主管部门处五千元以上五万元以下罚款；情节严重的，责令停业整顿或者吊销旅行社业务经营许可证；对直接负责的主管人员和其他直接责任人员，处二千元以上二万元以下罚款，并暂扣或者吊销导游证。

第一百条　【旅行社有关违约行为的法律责任】旅行社违反本法规定，有下列行为之一的，由旅游主管部门责令改正，处三万元以上三十万元以下罚款，并责令停业整顿；造成旅游者滞留等严重后果的，吊销旅行社业务经营许可证；对直接负责的主管人员和其他直接责任人员，处二千元以上二万元以下罚款，并暂扣或者吊销导游证：

（一）在旅游行程中擅自变更旅游行程安排，严重损害旅游者权益的；

（二）拒绝履行合同的；

（三）未征得旅游者书面同意，委托其他旅行社履行包价旅游合同的。

第一百零一条　【旅行社安排违法或者违反社会公德的活动的法律责任】旅行社违反本法规定，安排旅游者参观或者参与违反我国法律、法规和社会公德的项目或者活动的，由旅游主管部门责令改正，没收违法所得，责令停业整顿，并处二万元以上二十万元以下罚款；情节严重的，吊销旅行社业务经营许可证；对直接负责的主管人员和其他直接责任人员，处二千元以上二万元以下罚款，并暂扣或者吊销导游证。

第一百零二条　【违反导游和领队从业规定的法律责任】违反本法规定，未取得导游证或者不具备领队条件而从事导游、领队活动的，由旅游主管部门责令改正，没收违法所得，并处一千元以上一万元以下罚款，予以公告。

导游、领队违反本法规定，私自承揽业务的，由旅游主管部门责令改正，没收违法所得，处一千元以上一万元以下罚款，并暂扣或者吊销导游证。

导游、领队违反本法规定，向旅游者索取小费的，由旅游主管部门责令退还，处一千元以上一万元以下罚款；情节严重的，并暂扣或者吊销导游证。

第一百零三条　【从业禁止】违反本法规定被吊销导游证的导游、领队和受到吊销旅行社业务经营许可证处罚的旅行社的有关管理人员，自处罚之日起未逾三年的，不得重新申请导游证或者从事旅行社业务。

第一百零四条　【行贿和受贿的法律责任】旅游经营者违反本法规定，给予或者收受贿赂的，由市场监督管理部门依照有关法律、法规的规定处罚；情节严重的，并由旅游主管部门吊销旅行社业务经营许可证。

第一百零五条　【景区的法律责任一】景区不符合本法规定的开放条件而接待旅游者的，由景区主管部门责令停业整顿直至符合开放条件，并处二万元以上二十万元以下罚款。

景区在旅游者数量可能达到最大承载量时，未依照本法规定公告或者未向当地人民政府报告，未及时采取疏导、分流等措施，或者超过最大承载量接待旅游者的，由景区主管部门责令改正，情节严重的，责令停业整顿一个月至六个月。

第一百零六条　【景区的法律责任二】景区违反本法规定，擅自提高门票或者另行收费项目的价格，或者有其他价格违法行为的，由有关主管部门依照有关法律、法规的规定处罚。

第一百零七条　【旅游经营者违反有关安全管理规定的法律责任】旅游经营者违反有关安全生产管理和消防安全管理的法律、法规或者国家标准、行业标准的，由有关主管部门依照有关法律、法规的规定处罚。

第一百零八条　【信用档案及公示】对违反本法规定的旅游经营者及其从业人员，旅游主管部门和有关部门应当记入信用档案，向社会公布。

第一百零九条　【监管部门工作人员渎职的法律责任】旅游主管部门和有关部门的工作人员在履行监督管理职责中，滥用职权、玩忽职守、徇私舞弊，尚不构成犯罪的，依法给予处分。

第一百一十条　【刑事责任】违反本法规定，构成犯罪的，依法追究刑事责任。

第十章　附　　则

第一百一十一条　【用语含义】本法下列用语的含义：

（一）旅游经营者，是指旅行社、景区以及为旅游者提供交通、住宿、餐饮、购物、娱乐等服务的经营者。

（二）景区，是指为旅游者提供游览服务、有明确的管理界限的场所或者区域。

（三）包价旅游合同，是指旅行社预先安排行程，提供或者通过履行辅助人提供交通、住宿、餐饮、游览、导游或者领队等两项以上旅游服务，旅游者以总价支付旅游费用的合同。

（四）组团社，是指与旅游者订立包价旅游合同的旅行社。

（五）地接社，是指接受组团社委托，在目的地接待旅游者的旅行社。

（六）履行辅助人，是指与旅行社存在合同关系，协助其履行包价旅游合同义务，实际提供相关服务的法人或者自然人。

第一百一十二条　【施行日期】本法自2013年10月1日起施行。

国务院关于加快发展旅游业的意见

1. 2009年12月1日
2. 国发〔2009〕41号

各省、自治区、直辖市人民政府，国务院各部委、各直属机构：

旅游业是战略性产业，资源消耗低，带动系数大，就业机会多，综合效益好。改革开放以来，我国旅游业快速发展，产业规模不断扩大，产业体系日趋完善。当前我国正处于工业化、城镇化快速发展时期，日益增长的大众化、多样化消费需求为旅游业发展提供了新的机遇。为充分发挥旅游业在保增长、扩内需、调结构等方面的积极作用，现就加快发展旅游业提出如下意见：

一、总体要求

（一）指导思想。以邓小平理论和“三个代表”重要思想为指导，深入贯彻落实科学发展观，进一步解放思想，深化改革开放，加强统筹协调，转变发展方式，提升发展质量，把旅游业培育成国民经济的战略性支柱产业和人民群众更加满意的现代服务业。

（二）基本原则。坚持改革开放，破除体制机制性障碍，充分发挥市场配置资源的基础性作用，走内涵式发展道路，实现速度、结构、质量、效益相统一；坚持以人为本，安全第一，寓管理于服务之中，不断满足人民群众日益增长的旅游消费需求；坚持以国内旅游为重点，积极发展入境旅游，有序发展出境旅游；坚持因地制宜，突出优势，推动各地旅游业特色化发展；坚持节能环保，合理利用资源，实现旅游业可持续发展。

（三）发展目标。到2015年，旅游市场规模进一步扩大，国内旅游人数达33亿人次，年均增长10%；入境过夜游客人数达9000万人次，年均增长8%；出境旅游人数达8300万人次，年均增长9%。旅游消费稳步增长，城乡居民年均出游超过2次，旅游消费相当于居民消费总量的10%。经济社会效益更加明显，旅游业总收入年均增长12%以上，旅游业增加值占全国GDP的比重提高到4.5%，占服务业增加值的比重达到12%。每年新增旅游就业50万人。旅游服务质量明显提高，市场秩序明显好转，可持续发展能力明显增强，力争到2020年我国旅游产业规模、质量、效益基本达到世界旅游强国水平。

二、主要任务

（四）深化旅游业改革开放。放宽旅游市场准入，打破行业、地区壁垒，简化审批手续，鼓励社会资本公平参与旅游业发展，鼓励各种所有制企业依法投资旅游产业。推进国有旅游企业改组改制，支持民营和中小旅游企业发展，支持各类企业跨行业、跨地区、跨所有制兼并重组，培育一批具有竞争力的大型旅游企业集团。积极引进外资旅游企业。在试点的基础上，逐步对外商投资旅行社开放经营中国公民出境旅游业务。支持有条件的旅游企业“走出去”。要按照统筹协调、形成合力的要求，创新体制机制，推进旅游管理体制改革。支持各地开展旅游综合改革和专项改革试点，鼓励有条件的地方探索旅游资源一体化管理。旅游行政管理及相关部门要加快职能转变，把应当由企业、行业协会和中介组织承担的职能和机构转移出去。五年内，各级各类旅游行业协会的人员和财务关系要与旅游行政管理等部门脱钩。

（五）优化旅游消费环境。逐步建立以游客评价为主的旅游目的地评价机制。景区门票价格调整要提前半年向社会公布，所有旅游收费均应按规定向社会公示。全面落实旅游景区对老年人和学生等特殊人群门票优惠政策。增加旅游目的地与主要客源地间的航线航班、旅游列车，完善旅客列车车票的预售和异地购票办法。城市公交服务网络要逐步延伸到周边主要景区和乡村旅游点，公路服务区要拓展旅游服务功能。进一步完善自驾车旅游服务体系。规范引导自发性旅游活动。博物馆、金融服务网点、邮政服务网点等在旅游旺季应适当延长开放和服务时间。各类经营场所的公用厕所要对游客开放。建立健全旅游信息服务平台，促进旅游信息资源共享。广播、电视、报刊、网站等公共媒体要积极开设旅游栏目，加大旅游公益宣传力度。

（六）倡导文明健康的旅游方式。在全社会大力倡导健康旅游、文明旅游、绿色旅游，使城乡居民在旅游活动中增长知识、开阔视野、陶冶情操。景区景点、宾馆饭店和旅行社等旅游企业要通过多种形式，引导每一位旅游者自觉按照《中国公民国内旅游文明行为公约》和《中国公民出境旅游文明行为指南》文明出行、文明消费。旅游者要尊重自然，尊重当地文化，尊重服务者，抵制不良风气，摒弃不文明行为。出境旅游者要维护良好的对外形象，做传播中华文明的使者。

（七）加快旅游基础设施建设。重点建设旅游道路、景区停车场、游客服务中心、旅游安全以及资源环境保护等基础设施。实施旅游厕所改扩建工程。加强主要景区连接交通干线的旅游公路建设。规划建设水路客运码头要充分考虑旅游业发展需求。加快推进中西部支线机场建设，完善旅游航线网络。确保景区和交通沿线通信顺畅。加强重点城市游客集散中心建设。力争通过五年努力，全国所有 A 级景区旅游交通基本畅通，旅游标识系统基本完善，旅游厕所基本达标，景区停车场基本满足需要。

（八）推动旅游产品多样化发展。实施乡村旅游富民工程。开展各具特色的农业观光和体验性旅游活动。在妥善保护自然生态、原居环境和历史文化遗存的前提下，合理利用民族村寨、古村古镇，建设特色景观旅游村镇，规范发展“农家乐”、休闲农庄等旅游产品。依托国家级文化、自然遗产地，打造有代表性的精品景区。积极发展休闲度假旅游，引导城市周边休闲度假带建设。有序推进国家旅游度假区发展。规范发展高尔夫球场、大型主题公园等。继续发展红色旅游。

（九）培育新的旅游消费热点。大力推进旅游与文化、体育、农业、工业、林业、商业、水利、地质、海洋、环保、气象等相关产业和行业的融合发展。支持有条件的地区发展生态旅游、森林旅游、商务旅游、体育旅游、工业旅游、医疗健康旅游、邮轮游艇旅游。把旅游房车、邮轮游艇、景区索道、游乐设施和数字导览设施等旅游装备制造业纳入国家鼓励类产业目录，大力培育发展具有自主知识产权的休闲、登山、滑雪、潜水、露营、探险、高尔夫等各类户外活动用品及宾馆饭店专用产品。大力发展旅游购物，提高旅游商品、旅游纪念品在旅游消费中的比重。以大型国际展会、重要文化活动和体育赛事为平台，培育新的旅游消费热点，特别要抓住举办 2010 年上海世界博览会的机遇，扩大旅游消费。

（十）提高旅游服务水平。以游客满意度为基准，全面实施《旅游服务质量提升纲要》。以人性化服务为方向，提升从业人员服务意识和服务水平。以品牌化为导向，鼓励专业化旅游管理公司推进品牌连锁，促进旅游服务创新。以标准化为手段，健全旅游标准体系，抓紧制定并实施旅游环境卫生、旅游安全、节能环保等标准，重点保障餐饮、住宿、厕所的卫生质量。以信息化为主要途径，提高旅游服务效率。积极开展旅游在线服务、网络营销、网络预订和网上支付，充分利用社会资源构建旅游数据中心、呼叫中心，全面提升旅游企业、景区和重点旅游城市的旅游信息化服务水平。

（十一）丰富旅游文化内涵。把提升文化内涵贯穿到吃住行游购娱各环节和旅游业发展全过程。旅游开发建设要加强自然文化遗产保护，深挖文化内涵，普及科学知识。旅游商品要提高文化创意水平，旅游餐饮要突出文化特色，旅游经营服务要体现人文特质。要发挥文化资源优势，推出具有地方特色和民族特色的演艺、节庆等文化旅游产品。充分利用博物馆、纪念馆、体育场馆等设施，开展多种形式的文体旅游活动。集中力量塑造中国国家旅游整体形象，提升文化软实力。

（十二）推进节能环保。实施旅游节能节水减排工程。支持宾馆饭店、景区景点、乡村旅游经营户和其他旅游经营单位积极利用新能源新材料，广泛运用节能节水减排技术，实行合同能源管理，实施高效照明改造，减少温室气体排放，积极发展循环经济，创建绿色环保企业。五年内将星级饭店、A 级景区用水用电量降低 20%。合理确定景区游客容量，严格执行旅游项目环境影响评价制度，加强水资源保护和水土保持。倡导低碳旅游方式。

（十三）促进区域旅游协调发展。中西部和边疆民族地区要利用自然、人文旅游资源，培育特色优势产业。东部发达地区、东北等老工业基地要通过经济结构调整，提升旅游发展水平。有序推进香格里拉、丝绸之路、长江三峡、青藏铁路沿线和东北老工业基地、环渤海地区、长江中下游地区、黄河中下游地区、泛珠三角地区、海峡西岸、北部湾地区等区域旅游业发展，完善旅游交通、信息和服务网络。积极推动海南国际旅游岛建设。继续促进内地居民赴香港、澳门旅游。加强海峡两岸旅游交流与合作。

三、保障措施

（十四）加强规划和法制建设。制定全国旅游业发展规划。旅游基础设施和重点旅游项目建设要纳入国民经济和社会发展规划。编制和调整城市总体规划、土地利用规划、海洋功能区划、基础设施规划、村镇规划要充分考虑旅游业发展需要。制定国民旅游休闲纲要。设立“中国旅游日”。落实带薪休假制度。抓紧旅游综合立法,加快制定旅游市场监管、资源保护、从业规范等专项法规,不断完善相关法律法规。

(十五)加强旅游市场监管和诚信建设。落实地方政府、经营主体、相关部门的监管责任。健全旅游监管体系,完善旅游质量监管机构,加强旅游服务质量监督管理和旅游投诉处理。旅游、工商、公安、商务、卫生、质检、价格等部门要加强联合执法,开展打击非法从事旅游经营活动,整治“零负团费”、虚假广告、强迫或变相强迫消费等欺诈行为,维护游客合法权益。加强旅游诚信体系建设,开展诚信旅游创建活动,制订旅游从业人员诚信服务准则,建立旅行社、旅游购物店信用等级制度。发挥旅游行业协会的作用,提高行业自律水平。

(十六)加强旅游从业人员素质建设。整合旅游教育资源,加强学科建设,优化专业设置,深化专业教学改革,大力发展旅游职业教育,提高旅游教育水平。建立和完善旅游职业资格和职称制度,健全职业技能鉴定体系,培育职业经理人市场。抓紧改革完善导游等级制度,提高导游人员专业素质和能力,鼓励专业技术人员特别是离退休老专家、老教师从事导游工作。实施全国旅游培训计划,加强对红色旅游、乡村旅游和文化遗产旅游从业人员培训,五年内完成对旅游企业全部中高级管理人员和导游人员的分级分类培训。

(十七)加强旅游安全保障体系建设。以旅游交通、旅游设施、旅游餐饮安全为重点,严格安全标准,完善安全设施,加强安全检查,落实安全责任,消除安全隐患,建立健全旅游安全保障机制。严格执行安全事故报告制度和重大责任追究制度。完善旅游安全提示预警制度,重点旅游地区要建立旅游专业气象、地质灾害、生态环境等监测和预报预警系统。防止重大突发疫情通过旅行途径扩散。推动建立旅游紧急救援体系,完善应急处置机制,健全出境游客紧急救助机制,增强应急处置能力。搞好旅游保险服务,增加保险品种,扩大投保范围,提高理赔效率。

(十八)加大政府投入。地方各级政府要加大对旅游基础设施建设的投入。各级财政要加大对旅游宣传推广、人才培训、公共服务的支持力度。中央政府投资重点支持中西部地区重点景区、红色旅游、乡村旅游等的基础设施建设。国家旅游发展基金重点用于国家旅游形象宣传、规划编制、人才培训、旅游公共服务体系建设等。安排中央财政促进服务业发展专项资金、扶持中小企业发展专项资金、外贸发展基金以及节能减排专项资金时,要对符合条件的旅游企业给予支持。要把旅游促进就业纳入就业发展规划和职业培训计划,落实好相关扶持政策。完善“家电下乡”政策,支持从事“农家乐”等乡村旅游的农民批量购买家电产品和汽车摩托车。

(十九)加大金融支持。对符合旅游市场准入条件和信贷原则的旅游企业和旅游项目,要加大多种形式的融资授信支持,合理确定贷款期限和贷款利率。符合条件的旅游企业可享受中小企业贷款优惠政策。对有资源优势和市场潜力但暂时经营困难的旅游企业,金融机构要按规定积极给予信贷支持。进一步完善旅游企业融资担保等信用增强体系,加大各类信用担保机构对旅游企业和旅游项目的担保力度。拓宽旅游企业融资渠道,金融机构对商业性开发景区可以开办依托景区经营权和门票收入等质押贷款业务。鼓励中小旅游企业和乡村旅游经营户以互助联保方式实现小额融资。支持符合条件的旅游企业发行短期融资券、企业债券和中期票据,积极鼓励符合条件的旅游企业在中小企业板和创业板上市融资。鼓励消费金融公司在试点过程中积极提供旅游消费信贷服务。积极推进金融机构和旅游企业开展多种方式的业务合作,探索开发适合旅游消费需要的金融产品,增强银行卡的旅游服务功能。

(二十)完善配套政策和措施。落实宾馆饭店与一般工业企业同等的用水、用电、用气价格政策。允许旅行社参与政府采购和服务外包。旅行社按营业收入缴纳的各种收费,计征基数应扣除各类代收服务费。排放污染物达到国家标准或地方标准并已进入城市污水处理管网的旅游企业,缴纳污水处理费后,免征排污费。旅游企业用于宣传促销的费用依法纳入企业经营成本。鼓励银行卡收费对旅行社、景区售票商户参照超市和加油站档次进行计费,进一步研究适当降低对宾馆饭店的收费标准。年度土地供应要适当增加旅游业发展用地。积极支持利用荒地、荒坡、荒滩、垃圾场、废弃矿山、边远海岛和可以开发利用的石漠化土地等开发旅游项目。支持企事业单位利用存量房产、土地资源兴办旅游业。

各地区、各有关部门要提高对加快发展旅游业重要意义的认识,强化大旅游和综合性产业观念,把旅游业作为新兴产业和新的经济增长点加以培育、重点扶持,切实抓好本意见的贯彻落实。国家发展改革委负责综合协调,国家旅游局会同有关部门进行业务指导并对本意见的贯彻执行情况开展督促检查。各级旅游行政管理及相关部门要充分发挥职能优势,加强协调配合,推动旅游业又好又快发展。

国务院办公厅关于进一步促进旅游投资和消费的若干意见

1. 2015年8月4日
2. 国办发〔2015〕62号

各省、自治区、直辖市人民政府,国务院各部委、各直属机构:

旅游业是我国经济社会发展的综合性产业,是国民经济和现代服务业的重要组成部分。通过改革创新促进旅游投资和消费,对于推动现代服务业发展,增加就业和居民收入,提升人民生活品质,具有重要意义。为进一步促进旅游投资和消费,经国务院同意,现提出以下意见:

一、实施旅游基础设施提升计划,改善旅游消费环境

(一)着力改善旅游消费软环境。建立健全旅游产品和服务质量标准,规范旅游经营服务行为,提升宾馆饭店、景点景区、旅行社等管理服务水平。大力整治旅游市场秩序,严厉打击虚假广告、价格欺诈、欺客宰客、超低价格恶性竞争、非法"一日游"等旅游市场顽疾,进一步落实游客不文明行为记录制度。健全旅游投诉处理和服务质量监督机制,完善旅游市场主体退出机制。深化景区门票价格改革,调整完善价格机制,规范价格行为。大力弘扬文明旅游风尚,积极开展旅游志愿者公益服务,提升游客文明旅游素质。

(二)完善城市旅游咨询中心和集散中心。各地要根据实际需要,在3A级以上景区、重点乡村旅游区以及机场、车站、码头等建设旅游咨询中心。鼓励依托城市综合客运枢纽和道路客运站点建设布局合理、功能完善的游客集散中心。2020年前,实现重点旅游景区、旅游城市、旅游线路旅游咨询服务全覆盖。

(三)加强连通景区道路和停车场建设。加大投入,加快推进城市及国道、省道至A级景区连接道路建设。加强城市与景区之间交通设施建设和运输组织,加快实现从机场、车站、码头到主要景区公路交通无缝对接。加大景区和乡村旅游点停车位建设力度。

(四)加强中西部地区旅游支线机场建设。围绕国家重点旅游线路和集中连片特困地区,支持有条件的地方按实际需求新建或改扩建一批支线机场,增加至主要客源城市航线。充分发挥市场力量,鼓励企业发展低成本航空和国内旅游包机业务。

(五)大力推进旅游厕所建设。鼓励以商建厕、以商养厕、以商管厕,用三年时间全国新建、改建5.7万座旅游厕所,完善上下水设施,实行粪便无害化处理。到2017年实现全国旅游景区、旅游交通沿线、旅游集散地的旅游厕所全部达到数量充足、干净无味、实用免费、管理有效的要求。

二、实施旅游投资促进计划,新辟旅游消费市场

(六)加快自驾车房车营地建设。制定全国自驾车房车营地建设规划和自驾车房车营地建设标准,明确营地住宿登记、安全救援等政策,支持少数民族地区和丝绸之路沿线、长江经济带等重点旅游地区建设自驾车房车营地。到2020年,鼓励引导社会资本建设自驾车房车营地1000个左右。

(七)推进邮轮旅游产业发展。支持建立国内大型邮轮研发、设计、建造和自主配套体系,鼓励有条件的国内造船企业研发制造大中型邮轮。按照《全国沿海邮轮港口布局规划方案》,进一步优化邮轮港口布局,形成由邮轮母港、始发港、访问港组成的布局合理的邮轮港口体系,有序推进邮轮码头建设。支持符合条件的企业按程序设立保税仓库。到2020年,全国建成10个邮轮始发港。

(八)培育发展游艇旅游大众消费市场。制定游艇旅游发展指导意见,有规划地逐步开放岸线和水域。推动游艇码头泊位等基础设施建设,清理简化游艇审批手续,降低准入门槛和游艇登记、航行旅游、停泊、维护的总体成本,吸引社会资本进入;鼓励发展适合大众消费水平的中小型游艇;鼓励拥有海域、水域资源的地区根据实际情况制定游艇码头建设规划。到2017年,全国建成一批游艇码头和游艇泊位,初步形成互联互通的游艇休闲旅游线路网络,培育形成游艇大众消费市场。

(九)大力发展特色旅游城镇。推动新型城镇化建设与现代旅游产业发展有机结合,到2020年建设一批集观光、休闲、度假、养生、购物等功能于一体的全国特色旅游城镇和特色景观旅游名镇。

(十)大力开发休闲度假旅游产品。鼓励社会资本大力开发温泉、滑雪、滨海、海岛、山地、养生等休闲度假旅游产品。重点依托现有旅游设施和旅游资源,

建设一批高水平旅游度假产品和满足多层次多样化休闲度假需求的国民度假地。加快推动环城市休闲度假带建设,鼓励城市发展休闲街区、城市绿道、骑行公园、慢行系统,拓展城市休闲空间。支持重点景区和旅游城市积极发展旅游演艺节目,促进主题公园规范发展。依托铁路网,开发建设铁路沿线旅游产品。

(十一)大力发展旅游装备制造业。把旅游装备纳入相关行业发展规划,制定完善安全性技术标准体系。鼓励发展邮轮游艇、大型游船、旅游房车、旅游小飞机、景区索道、大型游乐设施等旅游装备制造业。大力培育具有自主品牌的休闲、登山、滑雪、潜水、露营、探险等各类户外用品。支持国内有条件的企业兼并收购国外先进旅游装备制造企业或开展合资合作。鼓励企业开展旅游装备自主创新研发,按规定享受国家鼓励科技创新政策。

(十二)积极发展"互联网+旅游"。积极推动在线旅游平台企业发展壮大,整合上下游及平行企业的资源、要素和技术,形成旅游业新生态圈,推动"互联网+旅游"跨产业融合。支持有条件的旅游企业进行互联网金融探索,打造在线旅游企业第三方支付平台,拓宽移动支付在旅游业的普及应用,推动境外消费退税便捷化。加强与互联网公司、金融企业合作,发行实名制国民旅游卡,落实法定优惠政策,实行特惠商户折扣。放宽在线度假租赁、旅游网络购物、在线旅游租车平台等新业态的准入许可和经营许可制度。到2020年,全国4A级以上景区和智慧乡村旅游试点单位实现免费Wi-Fi(无线局域网)、智能导游、电子讲解、在线预订、信息推送等功能全覆盖,在全国打造1万家智慧景区和智慧旅游乡村。

三、实施旅游消费促进计划,培育新的消费热点

(十三)丰富提升特色旅游商品。扎实推进旅游商品的大众创业、万众创新,鼓励市场主体开发富有特色的旅游纪念品,丰富旅游商品类型,增强对游客的吸引力。培育一批旅游商品研发、生产、销售龙头企业,加大对老字号商品、民族旅游商品的宣传推广力度。加快实施中国旅游商品品牌提升工程,推出中国特色旅游商品系列。鼓励优质特色旅游商品进驻主要口岸、机场、码头等旅游购物区和城市大型商场超市,支持在线旅游商品销售。适度增设口岸进境免税店。

(十四)积极发展老年旅游。加快制定实施全国老年旅游发展纲要,规范老年旅游服务,鼓励开发多层次、多样化老年旅游产品。各地要加大对乡村养老旅游项目的支持,大力推动乡村养老旅游发展,鼓励民间资本依法使用农民集体所有的土地举办非营利性乡村养老机构。做好基本医疗保险异地就医医疗费用结算工作。鼓励进一步开发完善适合老年旅游需求的商业保险产品。

(十五)支持研学旅行发展。把研学旅行纳入学生综合素质教育范畴。支持建设一批研学旅行基地,鼓励各地依托自然和文化遗产资源、红色旅游景点景区、大型公共设施、知名院校、科研机构、工矿企业、大型农场开展研学旅行活动。建立健全研学旅行安全保障机制。旅行社和研学旅行场所应在内容设计、导游配备、安全设施与防护等方面结合青少年学生特点,寓教于游。加强国际研学旅行交流,规范和引导中小学生赴境外开展研学旅行活动。

(十六)积极发展中医药健康旅游。推出一批以中医药文化传播为主题,集中医药康复理疗、养生保健、文化体验于一体的中医药健康旅游示范产品。在有条件的地方建设中医药健康旅游产业示范园区,推动中医药产业与旅游市场深度结合,在业态创新、机制改革、集群发展方面先行先试。规范中医药健康旅游市场,加强行业标准制定和质量监督管理。扩大中医药健康旅游海外宣传,推动中医药健康旅游国际交流合作,使传统中医药文化通过旅游走向世界。

四、实施乡村旅游提升计划,开拓旅游消费空间

(十七)坚持乡村旅游个性化、特色化发展方向。立足当地资源特色和生态环境优势,突出乡村生活生产生态特点,深入挖掘乡村文化内涵,开发建设形式多样、特色鲜明、个性突出的乡村旅游产品,举办具有地方特色的节庆活动。注重保护民族村落、古村古镇,建设一批具有历史、地域、民族特点的特色景观旅游村镇,让游客看得见山水、记得住乡愁、留得住乡情。

(十八)完善休闲农业和乡村旅游配套设施。重点加强休闲农业和乡村旅游特色村的道路、电力、饮水、厕所、停车场、垃圾污水处理设施、信息网络等基础设施和公共服务设施建设,加强相关旅游休闲配套设施建设。到2020年,全国建成6000个以上乡村旅游模范村,形成10万个以上休闲农业和乡村旅游特色村、300万家农家乐,乡村旅游年接待游客超过20亿人次,受益农民5000万人。

(十九)开展百万乡村旅游创客行动。通过加强政策引导和专业培训,三年内引导和支持百万名返乡农民工、大学毕业生、专业技术人员等通过开展乡村旅游实现自主创业。鼓励文化界、艺术界、科技界专业人

员发挥专业优势和行业影响力,在有条件的乡村进行创作创业。到2017年,全国建设一批乡村旅游创客示范基地,形成一批高水准文化艺术旅游创业就业乡村。

(二十)大力推进乡村旅游扶贫。加大对乡村旅游扶贫重点村的规划指导、专业培训、宣传推广力度,组织开展乡村旅游规划扶贫公益活动,对建档立卡贫困村实施整村扶持,2015年抓好560个建档立卡贫困村乡村旅游扶贫试点工作。到2020年,全国每年通过乡村旅游带动200万农村贫困人口脱贫致富;扶持6000个旅游扶贫重点村开展乡村旅游,实现每个重点村乡村旅游年经营收入达到100万元。

五、优化休假安排,激发旅游消费需求

(二十一)落实职工带薪休假制度。各级人民政府要把落实职工带薪休假制度纳入议事日程,制定带薪休假制度实施细则或实施计划,并抓好落实。

(二十二)鼓励错峰休假。在稳定全国统一的既有节假日前提下,各单位和企业可根据自身实际情况,将带薪休假与本地传统节日、地方特色活动相结合,安排错峰休假。

(二十三)鼓励弹性作息。有条件的地方和单位可根据实际情况,依法优化调整夏季作息安排,为职工周五下午与周末结合外出休闲度假创造有利条件。

六、加大改革创新力度,促进旅游投资消费持续增长

(二十四)加大政府支持力度。符合条件的地区要加快实施境外旅客购物离境退税政策。设立中国旅游产业促进基金,鼓励有条件的地方政府设立旅游产业促进基金。支持企业通过政府和社会资本合作(PPP)模式投资、建设、运营旅游项目。各级人民政府要加大对国家重点旅游景区、"一带一路"及长江经济带等重点旅游线路、集中连片特困地区生态旅游开发和乡村旅游扶贫村等旅游基础设施和公共服务设施的支持力度。让多彩的旅游丰富群众生活,助力经济发展。

(二十五)落实差别化旅游业用地用海用岛政策。对投资大、发展前景好的旅游重点项目,要优先安排、优先落实土地和围填海计划指标。新增建设用地指标优先安排给中西部地区,支持中西部地区利用荒山、荒坡、荒滩、垃圾场、废弃矿山、石漠化土地开发旅游项目。对近海旅游娱乐、浴场等亲水空间开发予以优先保障。

(二十六)拓展旅游企业融资渠道。支持符合条件的旅游企业上市,鼓励金融机构按照风险可控、商业可持续原则加大对旅游企业的信贷支持。积极发展旅游投资项目资产证券化产品,推进旅游项目产权与经营权交易平台建设。积极引导预期收益好、品牌认可度高的旅游企业探索通过相关收费权、经营权抵(质)押等方式融资筹资。鼓励旅游装备出口,加大对大型旅游装备出口的信贷支持。

国务院办公厅关于促进全域旅游发展的指导意见

1. 2018年3月9日

2. 国办发〔2018〕15号

各省、自治区、直辖市人民政府,国务院各部委、各直属机构:

旅游是发展经济、增加就业和满足人民日益增长的美好生活需要的有效手段,旅游业是提高人民生活水平的重要产业。近年来,我国旅游经济快速增长,产业格局日趋完善,市场规模品质同步提升,旅游业已成为国民经济的战略性支柱产业。但是,随着大众旅游时代到来,我国旅游有效供给不足、市场秩序不规范、体制机制不完善等问题日益凸显。发展全域旅游,将一定区域作为完整旅游目的地,以旅游业为优势产业,统一规划布局、优化公共服务、推进产业融合、加强综合管理、实施系统营销,有利于不断提升旅游业现代化、集约化、品质化、国际化水平,更好满足旅游消费需求。为指导各地促进全域旅游发展,经国务院同意,现提出以下意见。

一、总体要求

(一)指导思想。

全面贯彻党的十九大精神,以习近平新时代中国特色社会主义思想为指导,认真落实党中央、国务院决策部署,统筹推进"五位一体"总体布局和协调推进"四个全面"战略布局,牢固树立和贯彻落实新发展理念,加快旅游供给侧结构性改革,着力推动旅游业从门票经济向产业经济转变,从粗放低效方式向精细高效方式转变,从封闭的旅游自循环向开放的"旅游+"转变,从企业单打独享向社会共建共享转变,从景区内部管理向全面依法治理转变,从部门行为向政府统筹推进转变,从单一景点景区建设向综合目的地服务转变。

(二)基本原则。

统筹协调,融合发展。把促进全域旅游发展作为推动经济社会发展的重要抓手,从区域发展全局出发,统一规划，整合资源，凝聚全域旅游发展新合力。大力推进“旅游+”，促进产业融合、产城融合，全面增强旅游发展新功能，使发展成果惠及各方，构建全域旅游共建共享新格局。

因地制宜，绿色发展。注重产品、设施与项目的特色，不搞一个模式，防止千城一面、千村一面、千景一面，推行各具特色、差异化推进的全域旅游发展新方式。牢固树立绿水青山就是金山银山理念，坚持保护优先，合理有序开发，防止破坏环境，摒弃盲目开发，实现经济效益、社会效益、生态效益相互促进、共同提升。

改革创新，示范引导。突出目标导向和问题导向，努力破除制约旅游发展的瓶颈与障碍，不断完善全域旅游发展的体制机制、政策措施、产业体系。开展全域旅游示范区创建工作，打造全域旅游发展典型，形成可借鉴可推广的经验，树立全域旅游发展新标杆。

（三）主要目标。

旅游发展全域化。推进全域统筹规划、全域合理布局、全域服务提升、全域系统营销，构建良好自然生态环境、人文社会环境和放心旅游消费环境，实现全域宜居宜业宜游。

旅游供给品质化。加大旅游产业融合开放力度，提升科技水平、文化内涵、绿色含量，增加创意产品、体验产品、定制产品，发展融合新业态，提供更多精细化、差异化旅游产品和更加舒心、放心的旅游服务，增加有效供给。

旅游治理规范化。加强组织领导，增强全社会参与意识，建立各部门联动、全社会参与的旅游综合协调机制。坚持依法治旅，创新管理机制，提升治理效能，形成综合产业综合抓的局面。

旅游效益最大化。把旅游业作为经济社会发展的重要支撑，发挥旅游“一业兴百业”的带动作用，促进传统产业提档升级，孵化一批新产业、新业态，不断提高旅游对经济和就业的综合贡献水平。

二、推进融合发展，创新产品供给

（四）推动旅游与城镇化、工业化和商贸业融合发展。建设美丽宜居村庄、旅游小镇、风情县城以及城市绿道、慢行系统，支持旅游综合体、主题功能区、中央游憩区等建设。依托风景名胜区、历史文化名城名镇名村、特色景观旅游名镇、传统村落，探索名胜名城名镇名村“四名一体”全域旅游发展模式。利用工业园区、工业展示区、工业历史遗迹等开展工业旅游，发展旅游用品、户外休闲用品和旅游装备制造业。积极发展商务会展旅游，完善城市商业区旅游服务功能，开发具有自主知识产权和鲜明地方特色的时尚性、实用性、便携性旅游商品，增加旅游购物收入。

（五）推动旅游与农业、林业、水利融合发展。大力发展观光农业、休闲农业，培育田园艺术景观、阳台农艺等创意农业，鼓励发展具备旅游功能的定制农业、会展农业、众筹农业、家庭农场、家庭牧场等新型农业业态，打造一二三产业融合发展的美丽休闲乡村。积极建设森林公园、湿地公园、沙漠公园、海洋公园，发展“森林人家”、“森林小镇”。科学合理利用水域和水利工程，发展观光、游憩、休闲度假等水利旅游。

（六）推动旅游与交通、环保、国土、海洋、气象融合发展。加快建设自驾车房车旅游营地，推广精品自驾游线路，打造旅游风景道和铁路遗产、大型交通工程等特色交通旅游产品，积极发展邮轮游艇旅游、低空旅游。开发建设生态旅游区、天然氧吧、地质公园、矿山公园、气象公园以及山地旅游、海洋海岛旅游等产品，大力开发避暑避寒旅游产品，推动建设一批避暑避寒度假目的地。

（七）推动旅游与科技、教育、文化、卫生、体育融合发展。充分利用科技工程、科普场馆、科研设施等发展科技旅游。以弘扬社会主义核心价值观为主线发展红色旅游，积极开发爱国主义和革命传统教育、国情教育等研学旅游产品。科学利用传统村落、文物遗迹及博物馆、纪念馆、美术馆、艺术馆、世界文化遗产、非物质文化遗产展示馆等文化场所开展文化、文物旅游，推动剧场、演艺、游乐、动漫等产业与旅游业融合开展文化体验旅游。加快开发高端医疗、中医药特色、康复疗养、休闲养生等健康旅游。大力发展冰雪运动、山地户外运动、水上运动、汽车摩托车运动、航空运动、健身气功养生等体育旅游，将城市大型商场、有条件景区、开发区闲置空间、体育场馆、运动休闲特色小镇、连片美丽乡村打造成体育旅游综合体。

（八）提升旅游产品品质。深入挖掘历史文化、地域特色文化、民族民俗文化、传统农耕文化等，实施中国传统工艺振兴计划，提升传统工艺产品品质和旅游产品文化含量。积极利用新能源、新材料和新科技装备，提高旅游产品科技含量。推广资源循环利用、生态修复、无害化处理等生态技术，加强环境综合治理，提高旅游开发生态含量。

（九）培育壮大市场主体。大力推进旅游领域大众创业、万众创新，开展旅游创客行动，建设旅游创客示范基地，加强政策引导和专业培训，促进旅游领域创业和就业。鼓励各类市场主体通过资源整合、改革重组、收购兼并、线上线下融合等投资旅游业，促进旅游投资主体多元化。培育和引进有竞争力的旅游骨干企业和大型旅游集团，促进规模化、品牌化、网络化经营。落实中小旅游企业扶持政策，引导其向专业、精品、特色、创新方向发展，形成以旅游骨干企业为龙头、大中小旅游企业协调发展的格局。

三、加强旅游服务，提升满意指数

（十）以标准化提升服务品质。完善服务标准，加强涉旅行业从业人员培训，规范服务礼仪与服务流程，增强服务意识与服务能力，塑造规范专业、热情主动的旅游服务形象。

（十一）以品牌化提高满意度。按照个性化需求，实施旅游服务质量标杆引领计划和服务承诺制度，建立优质旅游服务商名录，推出优质旅游服务品牌，开展以游客评价为主的旅游目的地评价，不断提高游客满意度。

（十二）推进服务智能化。涉旅场所实现免费WiFi、通信信号、视频监控全覆盖，主要旅游消费场所实现在线预订、网上支付，主要旅游区实现智能导游、电子讲解、实时信息推送，开发建设咨询、导览、导游、导购、导航和分享评价等智能化旅游服务系统。

（十三）推行旅游志愿服务。建立旅游志愿服务工作站，制定管理激励制度，开展志愿服务公益行动，提供文明引导、游览讲解、信息咨询和应急救援等服务，打造旅游志愿服务品牌。

（十四）提升导游服务质量。加强导游队伍建设和权益保护，指导督促用人单位依法与导游签订劳动合同，落实导游薪酬和社会保险制度，明确用人单位与导游的权利义务，构建和谐稳定的劳动关系，为持续提升导游服务质量奠定坚实基础。全面开展导游培训，组织导游服务技能竞赛，建设导游服务网络平台，切实提高导游服务水平。

四、加强基础配套，提升公共服务

（十五）扎实推进"厕所革命"。加强规划引导、科学布局和配套设施建设，提高城乡公厕管理维护水平，因地制宜推进农村"厕所革命"。加大中央预算内资金、旅游发展基金和地方各级政府投资对"厕所革命"的支持力度，加强厕所技术攻关和科技支撑，全面开展文明用厕宣传教育。在重要旅游活动场所设置第三卫生间，做到主要旅游景区、旅游线路以及客运列车、车站等场所厕所数量充足、干净卫生、实用免费、管理有效。

（十六）构建畅达便捷交通网络。完善综合交通运输体系，加快新建或改建支线机场和通用机场，优化旅游旺季以及通重点客源地与目的地的航班配置。改善公路通达条件，提高旅游景区可进入性，推进干线公路与重要景区连接，强化旅游客运、城市公交对旅游景区、景点的服务保障，推进城市绿道、骑行专线、登山步道、慢行系统、交通驿站等旅游休闲设施建设，打造具有通达、游憩、体验、运动、健身、文化、教育等复合功能的主题旅游线路。鼓励在国省干线公路和通景区公路沿线增设观景台、自驾车房车营地和公路服务区等设施，推动高速公路服务区向集交通、旅游、生态等服务于一体的复合型服务场所转型升级。

（十七）完善集散咨询服务体系。继续建设提升景区服务中心，加快建设全域旅游集散中心，在商业街区、交通枢纽、景点景区等游客集聚区设立旅游咨询服务中心，有效提供景区、线路、交通、气象、海洋、安全、医疗急救等信息与服务。

（十八）规范完善旅游引导标识系统。建立位置科学、布局合理、指向清晰的旅游引导标识体系，重点涉旅场所规范使用符合国家标准的公共信息图形符号。

五、加强环境保护，推进共建共享

（十九）加强资源环境保护。强化对自然生态、田园风光、传统村落、历史文化、民族文化等资源的保护，依法保护名胜名城名镇名村的真实性和完整性，严格规划建设管控，保持传统村镇原有肌理，延续传统空间格局，注重文化挖掘和传承，构筑具有地域特征、民族特色的城乡建筑风貌。倡导绿色旅游消费，实施旅游能效提升计划，降低资源消耗，推广使用节水节能产品和技术，推进节水节能型景区、酒店和旅游村镇建设。

（二十）推进全域环境整治。积极开展主要旅游线路沿线风貌集中整治，在路边、水边、山边、村边开展净化、绿化、美化行动，在重点旅游村镇实行改厨、改厕、改客房、整理院落和垃圾污水无害化、生态化处理，全面优化旅游环境。

（二十一）强化旅游安全保障。组织开展旅游风险评估，加强旅游安全制度建设，按照职责分工强化各有关部门安全监管责任。强化安全警示、宣传、引导，完善各项应急预案，定期组织开展应急培训和应急演练，建立政府救助与商业救援相结合的旅游救援体系。加强景点景区最大承载量警示、重点时段游客量调控和应急管理工作，提高景区灾害风险管理能力，强化对客运索道、大型游乐设施、玻璃栈道等设施设备和旅游客运、旅游道路、旅游节庆活动等重点领域及环节的监管，落实旅行社、饭店、景区安全规范。完善旅游保险产品，扩大旅游保险覆盖面，提高保险理赔服务水平。

（二十二）大力推进旅游扶贫和旅游富民。大力实施乡村旅游扶贫富民工程，通过资源整合积极发展旅游产业，健全完善"景区带村、能人带户"的旅游扶贫模式。通过民宿改造提升、安排就业、定点采购、输送客源、培训指导以及建立农副土特产品销售区、乡村旅游后备箱基地等方式，增加贫困村集体收入和建档立卡贫困人口人均收入。加强对深度贫困地区旅游资源普查，完善旅游扶贫规划，指导和帮助深度贫困地区设计、推广跨区域自驾游等精品旅游线路，提高旅游扶贫的精准性，真正让贫困地区、贫困人口受益。

（二十三）营造良好社会环境。树立"处处都是旅游环境，人人都是旅游形象"理念，面向目的地居民开展旅游知识宣传教育，强化居民旅游参与意识、形象意识和责任意识。加强旅游惠民便民服务，推动博物馆、纪念馆、全国爱国主义教育示范基地、美术馆、公共图书馆、文化馆、科技馆等免费开放。加强对老年人、残疾人等特殊群体的旅游服务。

六、实施系统营销，塑造品牌形象

（二十四）制定营销规划。把营销工作纳入全域旅游发展大局，坚持以需求为导向，树立系统营销和全面营销理念，明确市场开发和营销战略，加强市场推广部门与生产供给部门的协调沟通，实现产品开发与市场开发无缝对接。制定客源市场开发规划和工作计划，切实做好入境旅游营销。

（二十五）丰富营销内容。进一步提高景点景区、饭店宾馆等旅游宣传推广水平，深入挖掘和展示地区特色，做好商贸活动、科技产业、文化节庆、体育赛事、特色企业、知名院校、城乡社区、乡风民俗、优良生态等旅游宣传推介，提升旅游整体吸引力。

（二十六）实施品牌战略。着力塑造特色鲜明的旅游目的地形象，打造主题突出、传播广泛、社会认可度高的旅游目的地品牌，建立多层次、全产业链的品牌体系，提升区域内各类旅游品牌影响力。

（二十七）完善营销机制。建立政府、行业、媒体、公众等共同参与的整体营销机制，整合利用各类宣传营销资源和渠道，建立推广联盟等合作平台，形成上下结合、横向联动、多方参与的全域旅游营销格局。

（二十八）创新营销方式。有效运用高层营销、网络营销、公众营销、节庆营销等多种方式，借助大数据分析加强市场调研，充分运用现代新媒体、新技术和新手段，提高营销精准度。

七、加强规划工作，实施科学发展

（二十九）加强旅游规划统筹协调。将旅游发展作为重要内容纳入经济社会发展规划和城乡建设、土地利用、海洋主体功能区和海洋功能区划、基础设施建设、生态环境保护等相关规划中，由当地人民政府编制旅游发展规划并依法开展环境影响评价。

（三十）完善旅游规划体系。编制旅游产品指导目录，制定旅游公共服务、营销推广、市场治理、人力资源开发等专项规划或行动方案，形成层次分明、相互衔接、规范有效的规划体系。

（三十一）做好旅游规划实施工作。全域旅游发展总体规划、重要专项规划及重点项目规划应制定实施分工方案与细则，建立规划评估与实施督导机制，提升旅游规划实施效果。

八、创新体制机制，完善治理体系

（三十二）推进旅游管理体制改革。加强旅游业发展统筹协调和部门联动，各级旅游部门要切实承担起旅游资源整合与开发、旅游规划与产业促进、旅游监督管理与综合执法、旅游营销推广与形象提升、旅游公共服务与资金管理、旅游数据统计与综合考核等职责。发挥旅游行业协会自律作用，完善旅游监管服务平台，健全旅游诚信体系。

（三十三）加强旅游综合执法。建立健全旅游部门与相关部门联合执法机制，强化涉旅领域执法检查。加强旅游执法领域行政执法与刑事执法衔接，促进旅游部门与有关监管部门协调配合，形成工作合力。加强旅游质监执法工作，组织开展旅游执法人员培训，提高旅游执法专业化和人性化水平。

（三十四）创新旅游协调参与机制。强化全域旅游组织领导，加强部门联动，建立健全旅游联席会议、旅游投融资、旅游标准化建设和考核激励等工作机制。

（三十五）加强旅游投诉举报处理。建立统一受理旅游投诉举报机制，积极运用"12301"智慧旅游服务平台、"12345"政府服务热线以及手机APP、微信公众号、咨询中心等多种手段，形成线上线下联动、高效便捷畅通的旅游投诉举报受理、处理、反馈机制，做到及时公正，规范有效。

（三十六）推进文明旅游。加强文明旅游宣传引导，全面推行文明旅游公约，树立文明旅游典型，建立旅游不文明行为记录制度和部门间信息通报机制，促进文明旅游工作制度化、常态化。

九、强化政策支持,认真组织实施

(三十七)加大财政金融支持力度。通过现有资金渠道,加大旅游基础设施和公共服务设施建设投入力度,鼓励地方统筹相关资金支持全域旅游发展。创新旅游投融资机制,鼓励有条件的地方设立旅游产业促进基金并实行市场化运作,充分依托已有平台促进旅游资源资产交易,促进旅游资源市场化配置,加强监管、防范风险,积极引导私募股权、创业投资基金等投资各类旅游项目。

(三十八)强化旅游用地用海保障。将旅游发展所需用地纳入土地利用总体规划、城乡规划统筹安排,年度土地利用计划适当向旅游领域倾斜,适度扩大旅游产业用地供给,优先保障旅游重点项目和乡村旅游扶贫项目用地。鼓励通过开展城乡建设用地增减挂钩和工矿废弃地复垦利用试点的方式建设旅游项目。农村集体经济组织可依法使用建设用地自办或以土地使用权入股、联营等方式开办旅游企业。城乡居民可以利用自有住宅依法从事民宿等旅游经营。在不改变用地主体、规划条件的前提下,市场主体利用旧厂房、仓库提供符合全域旅游发展需要的旅游休闲服务的,可执行在五年内继续按原用途和土地权利类型使用土地的过渡期政策。在符合管控要求的前提下,合理有序安排旅游产业用海需求。

(三十九)加强旅游人才保障。实施"人才强旅、科教兴旅"战略,将旅游人才队伍建设纳入重点人才支持计划。大力发展旅游职业教育,深化校企合作,加快培养适应全域旅游发展要求的技术技能人才,有条件的县市应积极推进涉旅行业全员培训。鼓励规划、建筑、设计、艺术等各类专业人才通过到基层挂职等方式帮扶指导旅游发展。

(四十)加强旅游专业支持。推进旅游基础理论、应用研究和学科体系建设,优化专业设置。推动旅游科研单位、旅游规划单位与国土、交通、住建等相关规划研究机构服务全域旅游建设。强化全域旅游宣传教育,营造全社会支持旅游业发展的环境氛围。增强科学技术对旅游产业发展的支撑作用,加快推进旅游业现代化、信息化建设。

各地区、各部门要充分认识发展全域旅游的重大意义,统一思想、勇于创新,积极作为、狠抓落实,确保全域旅游发展工作取得实效。国务院旅游行政部门要组织开展好全域旅游示范区创建工作,会同有关部门对全域旅游发展情况进行监督检查和跟踪评估,重要情况及时报告国务院。

国务院办公厅关于进一步激发文化和旅游消费潜力的意见

1. *2019年8月12日*
2. *国办发〔2019〕41号*

各省、自治区、直辖市人民政府,国务院各部委、各直属机构:

为贯彻落实《中共中央、国务院关于完善促进消费体制机制进一步激发居民消费潜力的若干意见》,提升文化和旅游消费质量水平,增强居民消费意愿,以高质量文化和旅游供给增强人民群众的获得感、幸福感,经国务院同意,现提出以下意见:

一、总体目标

以习近平新时代中国特色社会主义思想为指导,顺应文化和旅游消费提质转型升级新趋势,深化文化和旅游领域供给侧结构性改革,从供需两端发力,不断激发文化和旅游消费潜力。努力使我国文化和旅游消费设施更加完善,消费结构更加合理,消费环境更加优化,文化和旅游产品、服务供给更加丰富。推动全国居民文化和旅游消费规模保持快速增长态势,对经济增长的带动作用持续增强。

二、主要任务

(一)推出消费惠民措施。继续推动国有景区门票降价。各地可结合实际情况,制定实施景区门票减免、景区淡季免费开放、演出门票打折等政策,举办文化和旅游消费季、消费月,举办数字文旅消费体验等活动。在依法合规的前提下鼓励发行文化和旅游消费联名银行卡并给予特惠商户折扣、消费分期等用户权益。拓展文化和旅游消费信贷业务,以规范发展为前提创新消费信贷抵质押模式,开发不同首付比例、期限和还款方式的信贷产品。(文化和旅游部、发展改革委、财政部、人民银行、银保监会和地方各级人民政府负责。以下均需地方各级人民政府负责,不再列出)

(二)提高消费便捷程度。推动实施移动支付便民示范工程,提高文化和旅游消费场所银行卡使用便捷度,推广移动互联网新兴支付方式。鼓励把文化消费嵌入各类消费场所,依托社区生活综合服务中心、城乡便民消费服务中心等打造群众身边的文化消费网点。鼓励依法依规对传统演出场所和博物馆进行设施改造提升,合理配套餐饮区、观众休息区、文创产品展示售卖区、书店等,营造更优质的消费环境。引导演出、文化娱乐、景区景点等场所广泛应用互联网售票、二维码验票。提升文化和旅游消费场所宽带移动通信网络覆盖水平，在具备条件且用户需求较强的地方，优先部署第五代移动通信（5G）网络。优化旅游交通服务，科学规划线路、站点设置，提供智能化出行信息服务。到2022年，实现全国文化和旅游消费场所除现金支付外，都能支持银行卡或移动支付，互联网售票和4G/5G网络覆盖率超过90%，文化和旅游消费便捷程度明显提高。（文化和旅游部、工业和信息化部、交通运输部、商务部、人民银行、文物局负责）

（三）提升入境旅游环境。整合已有资源，提升入境旅游统一宣介平台（含APP、小程序等移动端）水平。鼓励各地开发一批适应外国游客需求的旅游线路、目的地、旅游演艺及特色商品并在宣介平台上推荐。提升景区景点、餐饮住宿、购物娱乐、机场车站等场所多语种服务水平。鼓励银行业金融机构依法依规在文化和旅游消费集中区域设立分支机构。完善入境游客移动支付解决方案，提高游客消费便利性。研究出台以北京2022年冬奥会、冬残奥会为契机促进入境旅游的政策措施。确保入境旅游环境得到明显改善，入境消费规模保持持续扩大态势。（文化和旅游部、人民银行、银保监会、北京冬奥组委负责）

（四）推进消费试点示范。总结推广引导城乡居民扩大文化消费试点工作的经验模式，新确定一批国家文化和旅游消费试点城市（以下简称试点城市）。在试点城市基础上，择优确定国家文化和旅游消费示范城市（以下简称示范城市）并动态考核。推动试点城市、示范城市建设国际消费中心城市。鼓励建设集合文创商店、特色书店、小剧场、文化娱乐场所等多种业态的消费集聚地。到2022年，建设30个示范城市、100个试点城市，示范城市居民人均文化娱乐支出占消费支出比例超过6%，旅游收入增速保持两位数以上增长，进一步发挥示范引领作用。（文化和旅游部、发展改革委、财政部负责）

（五）着力丰富产品供给。鼓励打造中小型、主题性、特色类的文化旅游演艺产品。促进演艺、娱乐、动漫、创意设计、网络文化、工艺美术等行业创新发展，引导文化和旅游场所增加参与式、体验式消费项目，鼓励发展与自驾游、休闲度假相适应的租赁式公寓、汽车租赁等服务。积极拓展文化消费广度和深度，注重利用新技术发掘中华文化宝贵资源，为广大人民群众提供更加丰富多样的广播电视消费产品。规范旅游民宿市场，推动星级旅游民宿品牌化发展。提升国家级文化产业示范园区和国家文化产业示范基地的供给能力。鼓励文创产品开发与经营，拓宽文创产品展示和销售渠道。积极发展休闲农业，大力发展乡村旅游，实施休闲农业和乡村旅游精品工程，培育一批美丽休闲乡村，推出一批休闲农业示范县和乡村旅游重点村。推进国家全域旅游示范区建设，着力开发商务会展旅游、海洋海岛旅游、自驾车旅居车旅游、体育旅游、森林旅游、康养旅游等产品。支持红色旅游创新、融合发展。打造一批具有文旅特色的高品位休闲街区和度假产品。到2022年，培育30个以上旅游演艺精品项目，扩大文化和旅游有效供给。（文化和旅游部、发展改革委、农业农村部、广电总局、林草局负责）

（六）推动旅游景区提质扩容。支持各地加大对旅游景区的公共服务设施资金投入，保障景区游览安全，推动景区设施设备更新换代、产品创新和项目升级，加大对管理服务人员的培训力度。打造一批高品质旅游景区、重点线路和特色旅游目的地，为人民群众提供更多出游选择。合理调整景区布局，优化游览线路和方式，扩展游览空间。推进"互联网＋旅游"，强化智慧景区建设，实现实时监测、科学引导、智慧服务。推广景区门票预约制度，合理确定并严格执行最高日接待游客人数规模。到2022年，5A级国有景区全面实行门票预约制度。（文化和旅游部、发展改革委负责）

（七）发展假日和夜间经济。落实带薪休假制度，鼓励单位与职工结合工作安排和个人需要分段灵活安排带薪年休假、错峰休假。把握节假日及高峰期旅游消费集中的规律特征，优化景区与周边高速公路的衔接，督促各地在节假日期间加强高速公路和景区道路交通管理、增加公共交通运力、及时发布景区拥堵预警信息。大力发展夜间文旅经济。鼓励有条件的旅游景区在保证安全、避免扰民的情况下开展夜间游览服务。丰富夜间文化演出市场，优化文化和旅游场所的夜间餐饮、购物、演艺等服务，鼓励建设24小时书店。到2022年，建设200个以上国家级夜间文旅消费集聚区，夜间文旅消费规模持续扩大。（文化和旅游部、发展改革委、公安部、交通运输部、商务部负责）

（八）促进产业融合发展。支持邮轮游艇旅游、非物质文化遗产主题旅游等业态发展。促进文化、旅游与现代技术相互融合，发展基于5G、超高清、增强现实、虚拟现实、人工智能等技术的新一代沉浸式体验型文化和旅游消费内容。丰富网络音乐、网络动漫、网络表演、数字艺术展示等数字内容及可穿戴设备、智能家居等产品，提升文化、旅游产品开发和服务设计的数字化水平。发挥展会拉动文化和旅游消费的作用，支持文化企业和旅游企业通过展会进行产品展示、信息推广。引导文化企业和旅游企业创新商业模式和营销方式。到2022年，建设30个国家文化产业和旅游产业融合发展示范区，产业融合水平进一步提升，新型文化和旅游消费业态不断丰富。（文化和旅游部、发展改革委、交通运输部、商务部、广电总局负责）

（九）严格市场监管执法。加大文化和旅游市场监管力度，严厉打击违法违规经营行为，加强对文化和旅游市场的安全管理，强化对文化娱乐和旅游设施的质量安全监管。进一步完善市场主体和从业人员信用记录并逐步纳入全国信用信息共享平台和国家企业信用信息公示系统，对列入文化市场黑名单和旅游市场黑名单的市场主体和从业人员实施联合惩戒。到2022年，文化和旅游市场秩序得到进一步规范，产品和服务质量进一步提高，消费者权益得到更好保护。（文化和旅游部、应急部、市场监管总局负责）

三、保障措施

（十）强化政策保障。用好各类资金支持各地文化和旅游基础设施建设，并重点对试点城市、示范城市予以支持。充分发挥财政资金引导作用，鼓励地方开展文化和旅游消费试点示范，增加优质消费供给。支持有条件的地区发展支线航空、通用航空服务。鼓励各地利用老旧厂房开设文化和旅游消费场所，落实土地支持政策，完善用水用电用气等方面的优惠政策。探索开展旅游景区经营权、门票收入权质押以及旅游企业建设用地使用权抵押、林权抵押等贷款业务。促进交通一卡通互联互通。引导保险业金融机构根据文化和旅游行业特点开发种类丰富的保险产品。（文化和旅游部、发展改革委、财政部、自然资源部、住房城乡建设部、交通运输部、银保监会、民航局负责）

（十一）加强组织领导。发挥完善促进消费体制机制部际联席会议作用，加强对促进文化和旅游消费工作的统筹协调和督促落实。文化和旅游部负责对本意见落实情况进行跟踪分析评估，指导各地建立文化和旅游消费数据监测体系，加强大数据技术应用，整合共享数据资源，加强趋势分析研判，为促进文化和旅游消费提供决策依据。各地要根据本意见的要求，将促进文化和旅游消费作为重要工作任务，结合本地区实际，开展文化和旅游消费数据监测分析，不断完善促进文化和旅游消费政策。（文化和旅游部负责）

国家旅游局关于鼓励和引导民间资本投资旅游业的实施意见

1. 2012年6月5日
2. 旅办发〔2012〕280号

各省、自治区、直辖市旅游局（委）：

改革开放以来，各类民间资本进入旅游业，民间资本在旅游投资中的比重不断增加，综合效益不断提高。进一步发挥民间资本的重要作用，对于促进我国旅游业又好又快发展具有重要意义。根据《国务院关于进一步加快发展旅游业的意见》（国发〔2009〕41号）和《国务院关于鼓励和引导民间投资健康发展的若干意见》（国发〔2010〕13号），现就鼓励和引导民间资本投资发展旅游业提出以下实施意见。

一、坚持旅游业向民间资本全方位开放

（一）坚持改革开放，充分发挥市场配置资源的基础性作用。旅游业是开放性、包容性、竞争性特征鲜明的产业，必须充分发挥市场配置资源的基础性作用，鼓励各类社会资本公平参与旅游业发展，鼓励各种所有制企业依法投资旅游产业，坚定不移地推进市场化进程。

（二）切实将民间资本作为旅游发展的重要力量。充分发挥民间资本机制灵活、决策快速的特点，支持民间资本全方位进入旅游业，有效弥补旅游投资供需之间的缺口，不断增强战略性支柱产业功能，提高人民群众的满意度。

二、鼓励民间资本投资旅游业

（三）鼓励民间资本合理开发旅游资源。按照坚持严格保护、开发服从保护的原则，在科学规划指导下，鼓励民间资本依法采取多种形式合理开发、可持续利用各类地质、森林、风景名胜、水利、文物、城市公园、科教、工农业、湿地、海岛、海洋等旅游资源以及其他具有旅游利用价值的各种物质和非物质资源。支持和引导民间资本加大对中西部地区、贫困地区、少数民族地区和革命老区等区域特色旅游资源的开发力度。

（四）鼓励民间资本经营和管理旅游景区。支持民间资本组建专业化的旅游景区经营管理企业。对于法律法规未明确禁止准入的旅游景区，允许民间资本采取适当方式参与经营管理。对于民间资本独立或参与建设形成的旅游景区，切实保障其经营管理权益。

（五）鼓励民间资本开发各类旅游产品。鼓励民

间资本发挥自身优势，因地制宜地发展生态旅游、森林旅游、商务旅游、体育旅游、工业旅游、医疗健康旅游、邮轮游艇旅游等旅游产品，合理开发“农家乐”、休闲农庄等乡村旅游产品，引导民间资本参与城市周边休闲度假带建设，积极发展休闲度假旅游。

（六）向民间资本全面开放旅行服务业。支持民间资本兴办旅行社等旅行服务业。消除制约跨区经营的操作性障碍，推动大型旅行社集团化，中型旅行社专业化，小型旅行社网络化，形成适应市场需求的批发零售分工体系。鼓励民间资本利用新技术，发展旅游电子商务。落实好“允许旅行社参与政府采购和服务外包”的规定。

（七）向民间资本全面开放旅游饭店业。支持民间资本投资和管理旅游饭店。引导民间资本合理控制项目档次和规模，提升服务质量，丰富业态类型，优化结构，积极推动连锁化和集团化经营，塑造一批有竞争力和影响力的本土饭店品牌。落实好“宾馆饭店与一般工业企业同等的用水、用电、用气价格”政策。

（八）向民间资本全面开放旅游购物餐饮娱乐等服务领域。鼓励民间资本投资开发特色旅游商品，将名优土特产品就地转化为旅游商品；鼓励利用非物质文化遗产等素材，开发体验型强的旅游演艺和健康向上的娱乐活动。支持旅游目的地的社区居民和个体工商户经营旅游购物、餐饮和娱乐设施。

（九）鼓励民间资本投资经营旅游车船业。支持民间资本投资经营旅游客车、汽车租赁、汽车营地、游船游艇及邮轮等旅游车船业，投资经营观光巴士及城市与景区连接线的旅游交通。在准入条件、资质审核、监督管理等方面与国有企业同等对待。通过标准化、信息化等途径，提高旅游车船经营的平等性、便利性、规范性和安全性。支持民间资本经营旅游包机、旅游专列等业务。

（十）鼓励民间资本投资旅游装备和用品制造业。鼓励民间资本投资旅游房车、邮轮游艇、景区索道、游乐设施和数字导览设施等旅游装备制造。支持民间资本生产具有自主知识产权的休闲、登山、滑雪、潜水、露营、探险、高尔夫等各类户外活动用品及宾馆饭店专用产品。

（十一）鼓励民间资本投资旅游智力服务业。鼓励民间资本兴办旅游职业培训学校，实施职业资格和岗位技能培训，参与用人单位职工岗前、在岗、转岗和技能提升培训。旅游行政管理部门和相关机构在培训项目招投标时对民办旅游学校同等对待。支持民间资本开展旅游规划设计、市场营销、创意策划等业务，实施公开招标、公平竞争，对满足条件的机构给予相应资质认定。

（十二）鼓励民间资本投资旅游基础设施。结合地方实际和需要，合理设置利益补偿机制，招标选择民间资本投资建设旅游道路、旅游停车场、游客中心、旅游厕所、旅游码头、游览索道以及资源环境保护等基础设施。民间资本投资运营的旅游基础设施，可以享受同等的收费减免政策。

（十三）鼓励民间资本参与旅游公共服务体系建设。建立旅游公共服务社会化的参与机制，鼓励公共服务主体多元化。旅游咨询中心、集散中心、观光巴士、旅游安全等公共服务设施的建设和运营，在不影响公共服务公益性和功能的条件下，可结合地方实际，招标选择民间资本进行合作。对于民间资本参与的旅游公共服务项目，在有关政策上与国有投资平等对待。

三、提高民营旅游企业竞争力

（十四）支持民营旅游企业增强综合实力。鼓励民营旅游企业开展跨行业、跨地区、跨所有制兼并重组，加快规模化、网络化发展。支持有条件的民营旅游企业发展成为主业清晰、发展路径明确、竞争优势明显的集团化公司。鼓励和引导业务关联的民营旅游企业成立联合体，通过优势互补实施深度合作。

（十五）支持参与国有旅游企业改制重组。鼓励和引导民营企业通过参股、控股、资产收购等多种形式，参与国有旅游企业的改制重组。民营企业参与国有旅游企业改制重组，要认真执行国家有关资产处置、债务处理和社会保障等方面的政策要求，依法妥善安置职工，保证企业职工的正当权益。

（十六）鼓励和引导中小旅游企业发展。加快中小旅游企业服务体系建设。鼓励中小旅游企业发挥自主创业、吸纳就业、活跃市场等方面的优势，走特色化、专业化发展道路。加大对中小旅游企业在融资、财政、税收、人力资源培训等方面的政策支持力度。

（十七）支持民营旅游企业品牌建设。鼓励民营旅游企业发展自主品牌。支持民营旅游企业公平参与品牌质量评定工作，通过宣传营销、质量认证等途径，提高品牌的知名度和竞争力。各类旅游企业用于宣传促销的费用依法纳入企业经营成本。鼓励民营企业依托品牌和商誉等无形资产进行资本扩张和改善资本结构。

（十八）支持民营旅游企业自主创新和技术进步。引导民营旅游企业形成以企业为主体、市场为导向、产学研相结合的创新体系，加强对新产品、新业态的研发和应用。加快旅游业专利技术转化步伐，鼓励运用信息网络、新能源新材料新工艺、节能减排等现代科技成果，积极推动“智慧旅游”和“绿色旅游”发展。

（十九）支持有条件的民营旅游企业“走出去”。鼓励民营旅游企业在境外投资开设旅行社、旅游饭店等经营项目。支持民营企业之间、民营企业与国有企业之间组成联合体，共同开展境外旅游投资，参与国际市场竞争。利用驻外旅游办事处等网络，建立对外旅游投资咨询服务体系。

四、为民间旅游投资创造良好环境

（二十）清理对民间旅游投资的歧视性法规政策规定。清理和修改不利于旅游业向民间资本全方位开放的法规政策规定。整合简化涉及民间旅游投资管理的行政审批事项，清理限制跨区域旅游经营的地方保护壁垒，维护平等竞争的投资和经营环境。制订有关旅游业发展的法规政策规定和规划，要充分听取并吸纳民营旅游企业的合理意见。

（二十一）为民间旅游投资提供基础设施和公共资金保障。各级旅游部门要协调有关部门加大对旅游基础设施建设的投入，加大对旅游宣传推广、人才培训、公共服务的支持力度。开展旅游促销活动要为民营企业提供相应便利，帮助其拓展客源市场。安排国家旅游发展基金、中央财政促进服务业发展专项资金、扶持中小企业发展专项资金、外贸发展基金以及节能减排专项资金时，要对符合条件的民营旅游企业同等对待。支持民营旅游企业的产品和服务进入政府采购目录。

（二十二）加大对民间旅游投资的金融支持力度。对符合信贷原则的民营旅游企业和民间投资旅游项目，要加大多种形式的融资授信支持，合理确定贷款期限和贷款利率。符合条件的民营旅游企业可享受中小企业贷款优惠政策。对有资源优势和市场潜力但暂时经营困难的企业，金融机构要按规定积极给予信贷支持。进一步完善旅游企业融资担保等信用体系，加大各类信用担保机构对旅游企业和旅游项目的担保力度。拓宽民营旅游企业融资渠道，金融机构对商业性开发景区可以开办依托景区经营权和门票收入等质押贷款业务。鼓励中小旅游企业和乡村旅游经营户以互助联保方式实现小额融资。支持符合条件的旅游企业发行短期融资券、企业债券和中期票据，积极鼓励符合条件的旅游企业上市融资。

（二十三）加大对民间旅游投资的用地保障力度。积极协调有关部门，加大对民间旅游投资的土地保障力度，在制定、实施土地利用总体规划和年度计划时，要统筹考虑旅游项目用地需求，合理安排用地指标。支持民间资本依照有关法律法规，利用荒地、荒坡、荒滩、垃圾场、废弃矿山、边远海岛和可以开发利用的石漠化土地等开发旅游项目。

（二十四）为民营旅游企业提供人才保障。充分发挥旅游人才开发示范工程的带动作用，搭建旅游院校与民营企业人才培养良性互动的桥梁和纽带。坚持自主培养和人才引进相结合，着力培养一批知名的民营企业家、职业经理人和专业技术能手。鼓励在民营旅游企业实施《旅游企业职业经理人标准》，推进旅游企业经理人资格认证工作。发挥各类人才市场的作用，为旅游人才合理流动创造条件。

五、加强对民间投资的服务和管理

（二十五）完善全国旅游投资服务平台。加快推进以“一库两网”为核心的中国旅游投资平台系统建设和运转。按照《全国旅游投资平台系统管理办法》，保障项目信息填报的及时性、准确性和完整性。做好平台应用推广工作，执行信息定期发布制度。发挥项目系统的统计分析功能，为各级政府促进投资需求和引导民间投资提供决策依据，为企业科学决策，有效掌握宏观和区域旅游投资趋势提供帮助。

（二十六）指导和规范民间旅游投资。加强前置服务，增强民间投资科学性和合理性，指导和督促民营投资主体严格遵守国家政策法规和环保、用地、节能以及质量、安全等规定，防止破坏资源、破坏环境的开发建设以及透支资源、占有资源为目标的投资行为，防止出现质量和安全事故。引导企业按相应规范标准，有针对性地进行开发建设。支持民营企业以标准化手段提升服务质量和管理水平。

（二十七）加强市场诚信体系建设。建立信用等级制度，督促企业依法经营、诚信经营，承担相应的社会责任。加强服务质量监督管理和旅游投诉处理，整治恶性价格竞争、虚假广告、强迫或变相强迫消费等欺诈行为。发挥旅游行业协会作用，提高自律水平。

（二十八）营造有利于民间旅游投资的良好氛围。大力宣传党中央、国务院关于鼓励、支持和引导民间投资健康发展的方针、政策和措施，积极宣传民间投资在扩大旅游供给、满足旅游需求、优化产业结构和增强发展后劲等方面的作用和贡献，及时总结和表彰奖励先进典型，为民间旅游资本健康发展营造良好的舆论氛围和社会环境。

国家旅游局关于严格执行旅游法第三十五条有关规定的通知

1. 2013年12月16日
2. 旅发〔2013〕362号

各省、自治区、直辖市旅游局(委):

旅游法实施以来,旅游部门和企业对执行旅游法第三十五条有关规定,不同程度地存在着理解和执行不一致等问题。为了保证旅游法的正确、有效实施,坚定不移地取缔“零负团费”等违法经营行为,现就严格执行旅游法第三十五条有关规定通知如下:

一、关于指定具体购物场所和安排另行付费旅游项目

旅行社在旅游活动中指定具体购物场所和安排另行付费旅游项目的,应当按照诚实信用、自愿平等、协商一致的原则,与旅游者订立书面合同,且不得以不合理的低价组织旅游活动,不得诱骗旅游者,不得通过指定具体购物场所和安排另行付费旅游项目获取回扣等不正当利益,也不得影响其他不参加相关活动的旅游者的行程安排。

旅游者不同意参加旅行社指定的具体购物场所或者另行付费旅游项目活动的,旅行社及其从业人员不得因此拒绝订立旅游合同,也不得提高旅游团费或者另行收取费用。

二、关于“以不合理的低价组织旅游活动”

旅行社以低于接待和服务费用的价格或者行业公认的合理价格提供旅游服务,且无正当理由和充分证据证明的,应认定为“以不合理的低价组织旅游活动”。

三、关于“诱骗旅游者”

旅行社或者其从业人员通过虚假宣传,隐瞒旅游行程、具体购物场所及商品或者另行付费旅游项目等真实情况的手段,诱使旅游者参加旅游活动或者购买相关产品和服务的,应认定为“诱骗旅游者”。

四、关于“回扣等不正当利益”

旅行社或者其从业人员违反反不正当竞争的有关规定,或者通过诱骗、强迫、变相强迫旅游者消费,收受的旅游经营者以回扣、佣金、人头费或者奖励费等各种名义给予的财物或者其他利益,应认定为“回扣等不正当利益”。

五、关于“影响其他旅游者行程安排”

旅行社安排旅游者在指定具体购物场所或者另行付费旅游项目活动时,没有对其他不参加相关活动的旅游者作出合理的行程安排,导致其合法权益受到损害的,应认定为“影响其他旅游者行程安排”。

请各级旅游主管部门严格按照旅游法有关规定和本通知,加大执法力度,保障旅游者合法权益,确保旅游企业公平、有序、合法竞争,规范旅游市场秩序。

在线旅游经营服务管理暂行规定

1. 2020年8月20日文化和旅游部令第4号发布
2. 自2020年10月1日起施行

第一章　总　　则

第一条　为保障旅游者合法权益,规范在线旅游市场秩序,促进在线旅游行业可持续发展,依据《中华人民共和国旅游法》《中华人民共和国消费者权益保护法》《中华人民共和国网络安全法》《中华人民共和国电子商务法》《旅行社条例》等相关法律、行政法规,制定本规定。

第二条　在中华人民共和国境内提供在线旅游经营服务,适用本规定。

本规定所称在线旅游经营服务,是指通过互联网等信息网络为旅游者提供包价旅游服务或者交通、住宿、餐饮、游览、娱乐等单项旅游服务的经营活动。

第三条　本规定所称在线旅游经营者,是指从事在线旅游经营服务的自然人、法人和非法人组织,包括在线旅游平台经营者、平台内经营者以及通过自建网站、其他网络服务提供旅游服务的经营者。

本规定所称平台经营者,是指为在线旅游经营服务交易双方或者多方提供网络经营场所、交易撮合、信息发布等服务的法人或者非法人组织。

本规定所称平台内经营者,是指通过平台经营者提供旅游服务的在线旅游经营者。

第四条　在线旅游经营者提供在线旅游经营服务,应当遵守社会主义核心价值观的要求,坚守人身财产安全、信息内容安全、网络安全等底线,诚信经营、公平竞争,承担产品和服务质量责任,接受政府和社会的监督。

第五条　文化和旅游部按照职责依法负责全国在线旅游经营服务的指导、协调、监管工作。县级以上地方文化和旅游主管部门按照职责分工负责本辖区内在线旅游经营服务的监督管理工作。

第六条　各级文化和旅游主管部门应当积极协调相关部门在财政、税收、金融、保险等方面支持在线旅游行业发展，保障在线旅游经营者公平参与市场竞争，充分发挥在线旅游经营者在旅游目的地推广、旅游公共服务体系建设、旅游大数据应用、景区门票预约和流量控制等方面的积极作用，推动旅游业高质量发展。

第二章 运 营

第七条 在线旅游经营者应当依法建立旅游者安全保护制度，制定应急预案，结合有关政府部门发布的安全风险提示等信息进行风险监测和安全评估，及时排查安全隐患，做好旅游安全宣传与引导、风险提示与防范、应急救助与处置等工作。

第八条 在线旅游经营者发现法律、行政法规禁止发布或者传输的信息，应当立即停止传输该信息，采取消除等处置措施防止信息扩散，保存有关记录并向主管部门报告。

平台经营者应当对上传至平台的文字、图片、音视频等信息内容加强审核，确保平台信息内容安全。

第九条 在线旅游经营者应当按照《中华人民共和国网络安全法》等相关法律规定，贯彻网络安全等级保护制度，落实网络安全管理和技术措施，制定网络安全应急预案，并定期组织开展演练，确保在线旅游经营服务正常开展。

第十条 在线旅游经营者经营旅行社业务的，应当依法取得旅行社业务经营许可。

第十一条 平台经营者应当对平台内经营者的身份、地址、联系方式、行政许可、质量标准等级、信用等级等信息进行真实性核验、登记，建立登记档案，并定期核验更新。

平台经营者应当督促平台内经营者对其旅游辅助服务者的相关信息进行真实性核验、登记。

第十二条 在线旅游经营者应当提供真实、准确的旅游服务信息，不得进行虚假宣传；未取得质量标准、信用等级的，不得使用相关称谓和标识。平台经营者应当以显著方式区分标记自营业务和平台内经营者开展的业务。

在线旅游经营者为旅游者提供交通、住宿、游览等预订服务的，应当建立公开、透明、可查询的预订渠道，促成相关预订服务依约履行。

第十三条 在线旅游经营者应当保障旅游者的正当评价权，不得擅自屏蔽、删除旅游者对其产品和服务的评价，不得误导、引诱、替代或者强制旅游者做出评价，对旅游者做出的评价应当保存并向社会公开。在线旅游经营者删除法律、法规禁止发布或者传输的评价信息的，应当在后台记录和保存。

第十四条 在线旅游经营者应当保护旅游者个人信息等数据安全，在收集旅游者信息时事先明示收集旅游者个人信息的目的、方式和范围，并经旅游者同意。

在线旅游经营者在签订包价旅游合同或者出境旅游产品代订合同时，应当提示旅游者提供紧急联络人信息。

第十五条 在线旅游经营者不得滥用大数据分析等技术手段，基于旅游者消费记录、旅游偏好等设置不公平的交易条件，侵犯旅游者合法权益。

第十六条 在线旅游经营者为旅游者提供包价旅游服务的，应当依法与旅游者签订合同，并在全国旅游监管服务平台填报合同有关信息。

第十七条 经营旅行社业务的在线旅游经营者应当投保旅行社责任险。

在线旅游经营者应当提示旅游者投保人身意外伤害保险。销售出境旅游产品时，应当为有购买境外旅游目的地保险需求的旅游者提供必要协助。

第十八条 在线旅游经营者应当协助文化和旅游主管部门对不合理低价游进行管理，不得为其提供交易机会。

第十九条 平台经营者应当对平台内经营者服务情况、旅游合同履行情况以及投诉处理情况等产品和服务信息、交易信息依法进行记录、保存，进行动态管理。

第二十条 社交网络平台、移动应用商店等信息网络提供者知道或者应当知道他人利用其服务从事违法违规在线旅游经营服务，或者侵害旅游者合法权益的，应当采取删除、屏蔽、断开链接等必要措施。

第二十一条 平台经营者应当在首页显著位置公示全国旅游投诉渠道。

平台内经营者与旅游者发生旅游纠纷的，平台经营者应当积极协助旅游者维护合法权益。鼓励平台经营者先行赔付。

第二十二条 平台经营者发现以下情况，应当立即采取必要的救助和处置措施，并依法及时向县级以上文化和旅游主管部门报告：

（一）提供的旅游产品或者服务存在缺陷，危及旅游者人身、财产安全的；

（二）经营服务过程中发生突发事件或者旅游安全事故的；

（三）平台内经营者未经许可经营旅行社业务的；

（四）出现法律、法规禁止交易的产品或者服务的；

（五）其他应当报告的事项。

第三章 监督检查

第二十三条 各级文化和旅游主管部门应当建立日常检

查、定期检查以及与相关部门联合检查的监督管理制度,依法对在线旅游经营服务实施监督检查,查处违法违规行为。

在监督检查过程中,县级以上文化和旅游主管部门要求在线旅游经营者提供相关数据信息的,在线旅游经营者应当予以配合。县级以上文化和旅游主管部门应当采取必要措施保护数据信息的安全。

第二十四条 县级以上文化和旅游主管部门对有不诚信经营、侵害旅游者评价权、滥用技术手段设置不公平交易条件等违法违规经营行为的在线旅游经营者,可以通过约谈等行政指导方式予以提醒、警示、制止,并责令其限期整改。

第二十五条 在线旅游经营服务违法行为由实施违法行为的经营者住所地县级以上文化和旅游主管部门管辖。不能确定经营者住所地的,由经营者注册登记地或者备案地、旅游合同履行地县级以上文化和旅游主管部门管辖。

受理在线旅游经营服务相关投诉,参照前款处理。

第二十六条 县级以上文化和旅游主管部门依法建立在线旅游行业信用档案,将在线旅游经营者市场主体登记、行政许可、抽查检查、列入经营异常名录或者严重违法失信企业名单、行政处罚等信息依法列入信用记录,适时通过全国旅游监管服务平台或者本部门官方网站公示,并与相关部门建立信用档案信息共享机制,依法对严重违法失信者实施联合惩戒措施。

第二十七条 支持在线旅游经营者成立行业组织,并按照本组织章程依法制定行业经营规范和服务标准,加强行业自律,推动行业诚信建设和服务质量评价,监督、引导本行业经营者公平参与市场竞争。

第四章 法律责任

第二十八条 平台经营者知道或者应当知道平台内经营者不符合保障旅游者人身、财产安全要求或者有其他侵害旅游者合法权益行为,未及时采取必要措施的,依法与该平台内经营者承担连带责任。

平台经营者未对平台内经营者资质进行审核,或者未对旅游者尽到安全提示或保障义务,造成旅游者合法权益损害的,依法承担相应责任。

第二十九条 旅游者有下列情形之一的,依法承担相关责任:

(一)在旅游活动中从事违法违规活动的;

(二)未按要求提供与旅游活动相关的个人健康信息的;

(三)不听从在线旅游经营者的告知、警示,参加不适合自身条件的旅游活动,导致出现人身财产损害的;

(四)对国家应对重大突发事件暂时限制旅游活动的措施、安全防范和应急处置措施不予配合的。

第三十条 因不可抗力或者第三人造成旅游者损害的,在线旅游经营者应当及时进行救助。在线旅游经营者未及时进行救助造成旅游者损害的,依法承担相应责任。旅游者接受救助后,依法支付应当由个人承担的费用。

第三十一条 在线旅游经营者违反本规定第八条第一款规定,由县级以上文化和旅游主管部门依照《中华人民共和国网络安全法》第六十八条有关规定处理。

第三十二条 在线旅游经营者违反本规定第十条规定,未依法取得旅行社业务经营许可开展相关业务的,由县级以上文化和旅游主管部门依照《中华人民共和国旅游法》第九十五条的规定处理。

在线旅游经营者违反本规定第十七条第一款规定,未依法投保旅行社责任保险的,由县级以上文化和旅游主管部门依照《中华人民共和国旅游法》第九十七条有关规定处理。

第三十三条 平台经营者有下列情形之一的,由县级以上文化和旅游主管部门依照《中华人民共和国电子商务法》第八十条的规定处理:

(一)违反本规定第十一条第一款规定,不依法履行核验、登记义务的;

(二)违反本规定第二十二条规定,不依法对违法情形采取必要处置措施或者未报告的;

(三)违反本规定第十九条规定,不依法履行商品和服务信息、交易信息保存义务的。

第三十四条 在线旅游经营者违反本规定第十二条第一款有关规定,未取得质量标准、信用等级使用相关称谓和标识的,由县级以上文化和旅游主管部门责令改正,给予警告,可并处三万元以下罚款。

第三十五条 违反本规定第十六条规定,未在全国旅游监管服务平台填报包价旅游合同有关信息的,由县级以上文化和旅游主管部门责令改正,给予警告;拒不改正的,处一万元以下罚款。

第三十六条 在线旅游经营者违反本规定第十八条规定,为以不合理低价组织的旅游活动提供交易机会的,由县级以上文化和旅游主管部门责令改正,给予警告,可并处三万元以下罚款。

第三十七条 法律、行政法规对违反本规定行为另有规定的,依照其规定。县级以上地方文化和旅游主管部门在监督检查过程中发现在线旅游经营者有违反《中华人民共和国电子商务法》《中华人民共和国消费者权益保护法》《中华人民共和国网络安全法》等法律、行政法规、部门规章的行为，不属于本部门管辖的，应当及时将相关线索依法移送有关部门。

第五章 附 则

第三十八条 本规定自2020年10月1日起施行。

国家全域旅游示范区验收、认定和管理实施办法(试行)

1. 2019年3月1日文化和旅游部办公厅办资源发〔2019〕30号印发

2. 根据2020年4月8日文化和旅游部办公厅办资源发〔2020〕30号修订

第一章 总 则

第一条 为深入贯彻党的十九大精神，统筹推进“五位一体”总体布局和协调推进“四个全面”战略布局，牢固树立和贯彻落实新发展理念，认真落实党中央、国务院关于全域旅游的部署安排，不断深化旅游供给侧结构性改革，加快推进旅游业转型升级，大力促进旅游优质发展，切实加强对国家全域旅游示范区(以下简称示范区)工作的管理，依据《国务院办公厅关于促进全域旅游发展的指导意见》(国办发〔2018〕15号)、《全域旅游示范区创建工作导则》等有关文件要求，制定本办法。

第二条 本办法所指的示范区是指将一定行政区划作为完整旅游目的地，以旅游业为优势产业，统一规划布局，创新体制机制，优化公共服务，推进融合发展，提升服务品质，实施整体营销，具有较强示范作用，发展经验具备复制推广价值，且经文化和旅游部认定的区域。

第三条 示范区聚焦旅游业发展不平衡不充分矛盾，以旅游发展全域化、旅游供给品质化、旅游治理规范化和旅游效益最大化为目标，坚持改革创新，强化统筹推进，突出创建特色，充分发挥旅游关联度高、带动性强的独特优势，不断提高旅游对促进经济社会发展的重要作用。

第四条 示范区验收、认定和管理工作，遵循“注重实效、突出示范，严格标准、统一认定，有进有出、动态管理”的原则，坚持公开、公平、公正，通过竞争性选拔择优认定。

第二章 职责及分工

第五条 文化和旅游部统筹国家全域旅游示范区创建单位(以下简称创建单位)的验收、审核、认定、复核和监督管理等工作。

第六条 省级文化和旅游行政部门牵头负责本地区县级和地级创建单位的验收和监督管理等工作。

第七条 各级创建单位的人民政府负责组织开展创建、申请验收，及时做好总结、整改等相关工作。

第三章 验 收

第八条 文化和旅游部制定《国家全域旅游示范区验收标准(试行)》(以下简称《标准》)。《标准》基本项目总分1000分，创新项目加分200分，共计1200分。通过省级文化和旅游行政部门初审验收的最低得分为1000分。

第九条 文化和旅游部根据各地创建工作开展情况，启动创建单位验收工作。省级文化和旅游行政部门制定本辖区验收实施方案，报文化和旅游部备案后组织开展验收工作。验收以县级创建单位为基本单位。

第十条 县级创建单位开展创建满一年后方可向省级文化和旅游行政部门提出验收申请。地级创建单位，其辖区内70%以上的县级创建单位通过验收后，方可向省级文化和旅游行政部门提出验收申请。省级创建单位，其辖区内70%以上的地级创建单位通过验收后，省级人民政府可以向文化和旅游部提出认定申请。

第十一条 省级文化和旅游行政部门依据《标准》，对县级、地级创建单位组织初审验收，根据得分结果确定申请认定的单位，并形成初审验收报告。

第十二条 验收包括暗访、明查、会议审核三种方式。暗访由验收组自行安排检查行程和路线，重点对创建单位的产业融合、产品体系、公共服务体系、旅游环境等《标准》要求的内容进行检查。明查和会议审核由验收组通过听取汇报、查阅资料、现场观察、提问交谈等方式，重点对创建单位的体制机制、政策措施、旅游规划等《标准》要求的内容进行检查。

第四章 认 定

第十三条 示范区认定工作注重中央统筹与地方主导相结合，示范优先与兼顾公平相结合，充分考虑不同地域经济发展水平差异，调动各地开展示范区创建的积极性。

第十四条 省级文化和旅游行政部门负责向文化和旅游部提交县级、地级创建单位的认定申请、初审验收报告、验收打分及检查项目说明材料、创建单位专题汇报文字材料及全域旅游产业运行情况、创建工作视频。

第十五条　文化和旅游部以省级文化和旅游行政部门上报的县级、地级创建单位的初审验收报告等材料为认定参考依据，组织召开专家评审会对照以下8个方面进行会议评审。

1. 体制机制。建立党政统筹、部门联动的全域旅游领导协调机制，旅游综合管理体制改革成效显著，运行有效。旅游治理体系和治理能力现代化水平高，具有良好的旅游业持续健康发展的法制环境。

2. 政策保障。旅游业作为地方经济社会发展战略性支柱产业定位明确，在经济社会发展规划和城乡建设、土地利用、基础设施建设、生态环境保护等相关规划，以及综合性支持政策、重大项目建设等方面得到具体体现并取得实效。

3. 公共服务。旅游公共服务体系健全，厕所、停车场、旅游集散中心、咨询服务中心、智慧旅游平台、安全救援、自驾游、自助游等设施完善，运行有效。

4. 供给体系。旅游供给要素齐全，布局合理，结构良好，假日高峰弹性供给组织调控有效。旅游业带动性强，与文化等相关产业深度融合发展，业态丰富，形成观光、休闲、度假业态协调发展的产业结构，综合效益显著。具有不少于1个国家5A级旅游景区，或国家级旅游度假区，或国家级生态旅游示范区；或具有2个以上国家4A级旅游景区；或具有2个以上省级旅游度假区；或具有1个国家4A级旅游景区和1个省级旅游度假区。

5. 秩序与安全。旅游综合监管制度体系完善，市场监管能力强，投诉处理机制健全，建立旅游领域社会信用体系，市场秩序良好，游客满意度高，近三年没有发生重大旅游安全生产责任事故或重大旅游投诉、旅游负面舆情、旅游市场失信等市场秩序问题。

6. 资源与环境。旅游资源环境保护机制完善，实施效果良好，近三年未发生重大生态环境破坏事件。旅游创业就业和旅游扶贫富民取得积极成效。

7. 品牌影响。旅游目的地品牌体系完整，特色鲜明，识别度、知名度高，市场感召力强。

8. 创新示范。大力推进改革创新，积极破除全域旅游发展的瓶颈和障碍，具有解决地方旅游业长期发展问题的突破性、实质性措施，或在全国产生重要影响的发展全域旅游的示范性创新举措。

第十六条　文化和旅游部对通过会议评审的县级、地级创建单位，根据工作需要委托第三方机构进行现场检查，综合会议评审和现场检查结果确定公示名单，进行不少于5个工作日的公示。公示阶段无重大异议或重大投诉的通过公示；若出现重大异议或重大投诉等情况，文化和旅游部调查核实后做出相应处理。

第十七条　文化和旅游部对提出认定申请的省级创建单位组织召开专家评审会，对照体制机制、政策保障、公共服务、供给体系、秩序与安全、资源与环境、品牌影响、创新示范等8个方面进行会议评审。对通过会议评审的省级创建单位进行不少于5个工作日的公示。公示阶段无重大异议或重大投诉的通过公示；若出现重大异议或重大投诉等情况，文化和旅游部调查核实后做出相应处理。

第十八条　对通过公示的创建单位，文化和旅游部认定为“国家全域旅游示范区”。

第十九条　被认定为示范区的单位要按照高质量发展要求，不断深化改革，加快创新驱动，持续推进全域旅游向纵深发展。

第二十条　未通过认定的创建单位要根据文化和旅游部反馈的意见制定整改方案，落实整改措施。

第五章　监督管理

第二十一条　文化和旅游部建立国家全域旅游产业运行监测平台，对示范区和创建单位旅游产业运行情况进行动态监管。示范区和创建单位应按照要求报送本地区旅游接待人次、过夜接待人次、旅游收入、投诉处理等数据，以及重大旅游基础设施、公共服务设施、旅游经营项目等信息。

第二十二条　文化和旅游部建立“有进有出”的管理机制，统筹示范区的复核工作，原则上每3至5年完成对示范区的复核工作。省级文化和旅游行政部门对所辖区内已命名的示范区要进行日常检查，并参与复核工作。

第二十三条　文化和旅游部对于复核不达标或发生重大旅游违法案件、重大旅游安全责任事故、严重损害消费者权益事件、严重破坏生态环境行为和严重负面舆论事件的国家全域旅游示范区，视问题的严重程度，予以警告、严重警告或撤销命名处理。

第六章　附　　则

第二十四条　本办法由文化和旅游部负责解释。各省、自治区、直辖市，新疆生产建设兵团可参照此办法，制定符合本地实际的全域旅游示范区工作管理相关规定。

第二十五条　本办法自发布之日起施行。

国家全域旅游示范区验收标准（试行）

1. 2019年3月1日文化和旅游部办公厅办资源发〔2019〕30号印发

2. 根据2020年4月8日文化和旅游部办公厅办资源发〔2020〕30号修订

序号	验收指标及分值（总分1200分。其中，基本项1000分，创新项加分200分）	总体要求	评分标准
1	体制机制（90分）	建立适应全域旅游发展的统筹协调、综合管理、行业自律等体制机制，现代旅游治理能力显著提升。	1. 领导体制：建立全域旅游组织领导机制，把旅游工作纳入政府年度考核指标体系。（20分）
			2. 协调机制：建立部门联动、共同参与的旅游综合协调机制，形成工作合力。（25分）
			3. 综合管理机制：建立旅游综合管理机构，健全社会综合治理体系。（20分）
			4. 统计制度：健全现代旅游统计制度与统计体系，渠道畅通，数据完整，报送及时。（15分）
			5. 行业自律机制：建立各类旅游行业协会，会员覆盖率高，自律规章制度健全，行业自律效果良好。（10分）
2	政策保障（140分）	旅游业在地方经济社会发展战略中具有重要地位，旅游规划与相关规划实现有机衔接，全域旅游发展支持政策配套齐全。	1. 产业定位：旅游业被确立为主导产业，地方党委或政府出台促进全域旅游发展的综合性政策文件和实施方案，相关部门出台专项支持政策文件。（20分）
			2. 规划编制：由所在地人民政府编制全域旅游规划和相应专项规划，制定工作实施方案等配套文件，建立规划督查、评估机制。（20分）
			3. 多规融合：旅游规划与相关规划深度融合，国土空间等规划满足旅游发展需求。（20分）
			4. 财政金融支持政策：设立旅游发展专项资金，统筹各部门资金支持全域旅游发展，出台贷款贴息政策，实施旅游发展奖励补助政策，制定开发性金融融资方案或政策。（30分）
			5. 土地保障政策：保障旅游发展用地新增建设用地指标，在年度用地计划中优先支持旅游项目用地。有效运用城乡建设用地增减挂钩政策，促进土地要素有序流动和合理配置，构建旅游用地保障新渠道。（30分）
			6. 人才政策：设立旅游专家智库，建立多层次的人才引进和旅游培训机制，实施旅游人才奖励政策。（20分）
3	公共服务（230分）	旅游公共服务体系健全，各类设施运行有效。	1. 外部交通：可进入性强，交通方式快捷多样，外部综合交通网络体系完善。（20分）
			2. 公路服务区：功能齐全，规模适中，服务规范，风格协调。（15分）
			3. 旅游集散中心：位置合理，规模适中，功能完善，形成多层级旅游集散网络。（20分）
			4. 内部交通：内部交通体系健全，各类道路符合相应等级公路标准，城市和乡村旅游交通配套体系完善。（30分）
			5. 停车场：与生态环境协调，与游客流量基本平衡，配套设施完善。（15分）
			6. 旅游交通服务：城市观光交通、旅游专线公交、旅游客运班车等交通工具形式多样，运力充足，弹性供给能力强。（20分）

续表

序号	验收指标及分值（总分1200分。其中,基本项1000分,创新项加分200分）	总体要求	评分标准
			7. 旅游标识系统:旅游引导标识等系统完善,设置合理科学,符合相关标准。(25分)
			8. 游客服务中心:咨询服务中心和游客服务点设置科学合理,运行有效,服务质量好。(20分)
			9. 旅游厕所:“厕所革命”覆盖城乡全域,厕所分布合理,管理规范,比例适当,免费开放。(30分)
			10. 智慧旅游:智慧旅游设施体系完善、功能齐全、覆盖范围大、服务到位。(35分)
4	供给体系（240分）	旅游供给要素齐全,旅游业态丰富,旅游产品结构合理,旅游功能布局科学。	1. 旅游吸引物:具有品牌突出、数量充足的旅游吸引物。城乡建有功能完善、业态丰富、设施配套的旅游功能区。(50分)
			2. 旅游餐饮:餐饮服务便捷多样,有特色餐饮街区、快餐和特色小吃等业态,地方餐饮(店)品牌突出,管理规范。(35分)
			3. 旅游住宿:星级饭店、文化主题旅游饭店、民宿等各类住宿设施齐全,管理规范。(35分)
			4. 旅游娱乐:举办富有地方文化特色的旅游演艺、休闲娱乐和节事节庆活动。(35分)
			5. 旅游购物:地方旅游商品特色鲜明、知名度高,旅游购物场所经营规范。(35分)
			6. 融合产业:大力实施“旅游+”战略,实现多业态融合发展。(50分)
5	秩序与安全（140分）	旅游综合监管体系完善,市场秩序良好,游客满意度高。	1. 服务质量:实施旅游服务质量提升计划,宣传、贯彻和实施各类旅游服务标准。(20分)。
			2. 市场管理:完善旅游市场综合监管机制,整合组建承担旅游行政执法职责的文化市场综合执法队伍,建立旅游领域社会信用体系,制定信用惩戒机制,市场秩序良好。(25分)
			3. 投诉处理:旅游投诉举报渠道健全畅通有效,投诉处理制度健全,处理规范公正,反馈及时有效。(20分)
			4. 文明旅游:定期开展旅游文明宣传和警示教育活动,推行旅游文明公约,树立文明旅游典型,妥善处置、及时上报旅游不文明行为事件。(20分)
			5. 旅游志愿者服务:完善旅游志愿服务体系,设立志愿服务工作站点,开展旅游志愿者公益行动。(15分)
			6. 安全制度:建立旅游安全联合监管机制,制定旅游安全应急预案,定期开展安全演练。(12分)
			7. 风险管控:有各类安全风险提示、安全生产监督管控措施。(18分)
			8. 旅游救援:救援系统运行有效,旅游保险制度健全。(10分)

续表

序号	验收指标及分值（总分1200分。其中，基本项1000分，创新项加分200分）	总体要求	评分标准
6	资源与环境（100分）	旅游资源环境保护机制完善，实施效果良好。旅游创业就业和旅游扶贫富民取得一定成效，具有发展旅游的良好社会环境。	1.资源环境质量：制定自然生态资源、文化资源保护措施和方案。（24分）
			2.城乡建设水平：整体风貌具有鲜明的地方特色，城乡建设保护措施完善。（16分）
			3.全域环境整治：旅游区、旅游廊道、旅游村镇周边洁化绿化美化，“三改一整”等工程推进有力，污水和垃圾处理成效显著。（20分）
			4.社会环境优化：广泛开展全域旅游宣传教育，实施旅游惠民政策，旅游扶贫富民方式多样，主客共享的社会氛围良好。（40分）
7	品牌影响（60分）	实施全域旅游整体营销，品牌体系完整、特色鲜明。	1.营销保障：设立旅游营销专项资金，制定旅游市场开发奖励办法。（15分）
			2.品牌战略：实施品牌营销战略，品牌体系完整，形象清晰，知名度和美誉度高。（15分）
			3.营销机制：建立多主体、多部门参与的宣传营销联动机制，形成全域旅游营销格局。（10分）
			4.营销方式：采取多种方式开展品牌营销，创新全域旅游营销方式。（10分）
			5.营销成效：市场规模持续扩大，游客数量稳定增长。（10分）
8	创新示范（200分）	创新改革力度大，有效解决制约旅游业发展瓶颈，形成较强的示范带动作用。	1.体制机制创新：具有示范意义的旅游领导机制创新（6分）、协调机制创新（6分）、市场机制创新（6分）、旅游配套机制创新（6分）；旅游综合管理体制改革创新（6分）；旅游治理能力创新（6分）；旅游引领多规融合创新（8分）；规划实施与管理创新（6分）。（小计50分）
			2.政策措施创新：全域旅游政策举措创新（6分）；财政金融支持政策创新（6分）；旅游投融资举措创新（6分）；旅游土地供给举措创新（6分）；人才政策举措创新（6分）。（小计30分）
			3.业态融合创新：旅游发展模式创新（10分）；产业融合业态创新（10分）；旅游经营模式创新（10分）。（小计30分）
			4.公共服务创新：旅游交通建设创新（8分）；旅游交通服务方式创新（8分）；旅游咨询服务创新（8分）；“厕所革命”创新（8分）；环境卫生整治创新（8分）。（小计40分）
			5.科技与服务创新：智慧服务创新（10分）；非标准化旅游服务创新（10分）。（小计20分）
			6.环境保护创新：旅游环境保护创新（8分）。
			7.扶贫富民创新：旅游扶贫富民方式创新（8分）；旅游创业就业方式创新（4分）。（小计12分）
			8.营销推广创新：营销方式创新（10分）。

续表

序号	验收指标及分值（总分1200分。其中，基本项1000分，创新项加分200分）	总体要求	评分标准
9	扣分事项	不予审核项	1. 重大安全事故：近三年发生重大旅游安全生产责任事故的。
			2. 重大市场秩序问题：近三年发生重大旅游投诉、旅游负面舆情、旅游市场失信等市场秩序问题的。
			3. 重大生态环境破坏：近三年发生重大生态环境破坏事件的。
			4. 旅游厕所："厕所革命"不达标。
		主要扣分项	1. 安全生产事故：近三年发生旅游安全生产责任事故，处理不及时，造成不良影响的，扣35分。
			2. 市场秩序问题：近三年发生旅游投诉、旅游负面舆情、旅游市场失信等市场秩序问题，处理不及时，造成不良影响的，扣30分。
			3. 生态环境破坏：近三年发生生态环境破坏事件，处理不及时，造成不良影响的，扣35分。

国家旅游科技示范园区管理办法（暂行）

1. 2021年11月19日文化和旅游部印发

2. 文旅科教发〔2021〕119号

第一章　总　　则

第一条　为贯彻落实国家创新驱动发展战略，促进旅游和科技融合发展，推动国家旅游科技示范园区（以下简称"示范园区"）建设，规范示范园区评定和管理工作，制定本办法。

第二条　本办法所称示范园区，是以拓展旅游产品、丰富旅游业态、优化旅游服务、提升游客体验和满意度为目标，面向旅游业开展科技研发或应用，有明确的地理边界和独立管理机构的科技园区、产业园区、旅游景区、特色小镇等区域。

第三条　示范园区按照公开、公平、公正的程序择优评定，遵循自主创建、注重实效、突出示范、动态调整的原则进行管理。

第二章　管理职责

第四条　文化和旅游部负责统筹示范园区的管理工作，主要职责为：

（一）规划示范园区发展方向、布局、领域，制定示范园区的评定和管理要求、评定指标等相关规定；

（二）组织实施示范园区的申报、评定、考核和监督等工作；

（三）制定示范园区的扶持、发展政策，协调推动有关举措的实施。

第五条　省级文化和旅游主管部门负责统筹本行政区域内示范园区的建设管理工作，主要职责为：

（一）负责本行政区域内示范园区的申报单位推荐，对申报材料进行审核；

（二）掌握本行政区域内旅游和科技融合发展的动态，制定促进示范园区培育和发展的地方扶持政策；

（三）协助文化和旅游部开展示范园区的申报、评定、监督和考核工作，对已认定的示范园区进行日常管理。

第六条　示范园区的主要职责为：

（一）围绕旅游业高质量发展，开展科技研发或应用、装备生产或升级、标准制定或试点等工作；按照可借鉴、可复制的要求，在不同方向、不同领域、不同区域进行引领示范与交流合作。

（二）参加文化和旅游部、省级文化和旅游主管部门组织的重大活动，落实其有关示范园区的各项政策，配合监督与考核工作。

（三）制定示范园区运行发展的组织、经费、安全等具体管理规定，完善组织系统和制度设计，实行重大事项报告制度、信息报送制度等，建立相关管理机构。

第三章　申报条件与评定程序

第七条　申报示范园区，应当具备以下条件：

（一）主业突出，特色鲜明，具有旅游和科技融合发展的良好基础，在全国范围内具有引领性和示范性；

（二）有持续的旅游科技研发、应用投入和良好的发展潜力；

（三）近3年内未发生重大网络安全事件、突发环境事件或安全、消防、卫生等重大责任事故；

第八条　申报示范园区，应当经省级文化和旅游主管部门向文化和旅游部提交下列材料：

（一）国家旅游科技示范园区申报表；

（二）省级文化和旅游主管部门出具的推荐函；

（三）文化和旅游部要求的其他材料。

第九条　文化和旅游部按照下列程序组织评定示范园区：

（一）对申报材料完整性、合规性进行全面审核；

（二）组织专家组对申报材料进行评审；

（三）组织专家组通过现场答辩、实地考察等方式进行现场评审；

（四）专家组向文化和旅游部提出综合评定意见。

第十条　文化和旅游部应当根据评定情况择优确定公示名单，在文化和旅游部政府门户网站公示5个工作日后，对公示无异议或异议不成立的，发布公告予以认定。

第四章　监督与考核

第十一条　示范园区应当于每年2月底前将上年度发展情况和本年度工作计划经省级文化和旅游主管部门报送文化和旅游部。

第十二条　文化和旅游部、省级文化和旅游主管部门应当加强对示范园区的日常监督，必要时可视示范园区的建设和发展情况开展不定期抽查。

第十三条　文化和旅游部应当每3年对示范园区进行一次考核。考核结果分为通过考核、限期整改、撤销认定三种。限期整改的期限不超过1年。

第十四条　示范园区有下列情形之一，由文化和旅游部撤销示范园区认定：

（一）申报时通过提供虚假材料或采取其他不正当手段取得示范园区认定的；

（二）提供违背社会主义核心价值观的产品或服务，对社会造成严重不良影响的；

（三）因管理失当造成重大负面影响，未按期整改落实的；

（四）发生重大网络安全事件、突发环境事件或安全、消防、卫生等重大责任事故，负有主要责任的；

（五）考核未通过，限期整改仍未通过的；

（六）有其他严重违法违规行为的。

第五章　服务与支持

第十五条　文化和旅游部支持示范园区内符合条件的项目申报相关文化和旅游产业发展专项资金及科技发展专项资金，支持示范园区申报国家各级科技计划项目，支持示范园区与高等学校、科研院所、文化和旅游企事业单位等开展产学研合作。

第十六条　文化和旅游部、省级文化和旅游主管部门积极推动地方政府研究制定本行政区内支持措施，为示范园区发展营造良好的政策环境。

第十七条　各级文化和旅游主管部门支持示范园区内符合条件的优秀人才按照有关规定申报相关人才计划项目，参加各级文化和旅游主管部门组织的各类培训活动。

第十八条　各级文化和旅游主管部门为示范园区旅游和科技融合发展创造有利条件，提供多种形式的支持与服务，不断提升示范园区的建设和发展水平。

第六章　附　　则

第十九条　本办法由文化和旅游部负责解释，自发布之日起施行。

二、旅行社管理

资料补充栏

旅行社条例

1. 2009年2月20日国务院令第550号公布
2. 根据2016年2月6日国务院令第666号《关于修改部分行政法规的决定》第一次修订
3. 根据2017年3月1日国务院令第676号《关于修改和废止部分行政法规的决定》第二次修订
4. 根据2020年11月29日国务院令第732号《关于修改和废止部分行政法规的决定》第三次修订

第一章　总　　则

第一条　为了加强对旅行社的管理，保障旅游者和旅行社的合法权益，维护旅游市场秩序，促进旅游业的健康发展，制定本条例。

第二条　本条例适用于中华人民共和国境内旅行社的设立及经营活动。

本条例所称旅行社，是指从事招徕、组织、接待旅游者等活动，为旅游者提供相关旅游服务，开展国内旅游业务、入境旅游业务或者出境旅游业务的企业法人。

第三条　国务院旅游行政主管部门负责全国旅行社的监督管理工作。

县级以上地方人民政府管理旅游工作的部门按照职责负责本行政区域内旅行社的监督管理工作。

县级以上各级人民政府工商、价格、商务、外汇等有关部门，应当按照职责分工，依法对旅行社进行监督管理。

第四条　旅行社在经营活动中应当遵循自愿、平等、公平、诚信的原则，提高服务质量，维护旅游者的合法权益。

第五条　旅行社行业组织应当按照章程为旅行社提供服务，发挥协调和自律作用，引导旅行社合法、公平竞争和诚信经营。

第二章　旅行社的设立

第六条　申请经营国内旅游业务和入境旅游业务的，应当取得企业法人资格，并且注册资本不少于30万元。

第七条　申请经营国内旅游业务和入境旅游业务的，应当向所在地省、自治区、直辖市旅游行政管理部门或者其委托的设区的市级旅游行政管理部门提出申请，并提交符合本条例第六条规定的相关证明文件。受理申请的旅游行政管理部门应当自受理申请之日起20个工作日内作出许可或者不予许可的决定。予以许可的，向申请人颁发旅行社业务经营许可证；不予许可的，书面通知申请人并说明理由。

第八条　旅行社取得经营许可满两年，且未因侵害旅游者合法权益受到行政机关罚款以上处罚的，可以申请经营出境旅游业务。

第九条　申请经营出境旅游业务的，应当向国务院旅游行政主管部门或者其委托的省、自治区、直辖市旅游行政管理部门提出申请，受理申请的旅游行政管理部门应当自受理申请之日起20个工作日内作出许可或者不予许可的决定。予以许可的，向申请人换发旅行社业务经营许可证；不予许可的，书面通知申请人并说明理由。

第十条　旅行社设立分社的，应当向分社所在地的工商行政管理部门办理设立登记，并自设立登记之日起3个工作日内向分社所在地的旅游行政管理部门备案。

旅行社分社的设立不受地域限制。分社的经营范围不得超出设立分社的旅行社的经营范围。

第十一条　旅行社设立专门招徕旅游者、提供旅游咨询的服务网点（以下简称旅行社服务网点）应当依法向工商行政管理部门办理设立登记手续，并向所在地的旅游行政管理部门备案。

旅行社服务网点应当接受旅行社的统一管理，不得从事招徕、咨询以外的活动。

第十二条　旅行社变更名称、经营场所、法定代表人等登记事项或者终止经营的，应当到工商行政管理部门办理相应的变更登记或者注销登记，并在登记办理完毕之日起10个工作日内，向原许可的旅游行政管理部门备案，换领或者交回旅行社业务经营许可证。

第十三条　旅行社应当自取得旅行社业务经营许可证之日起3个工作日内，在国务院旅游行政主管部门指定的银行开设专门的质量保证金账户，存入质量保证金，或者向作出许可的旅游行政管理部门提交依法取得的担保额度不低于相应质量保证金数额的银行担保。

经营国内旅游业务和入境旅游业务的旅行社，应当存入质量保证金20万元；经营出境旅游业务的旅行社，应当增存质量保证金120万元。

质量保证金的利息属于旅行社所有。

第十四条　旅行社每设立一个经营国内旅游业务和入境旅游业务的分社，应当向其质量保证金账户增存5万元；每设立一个经营出境旅游业务的分社，应当向其质量保证金账户增存30万元。

第十五条　有下列情形之一的，旅游行政管理部门可以使用旅行社的质量保证金：

（一）旅行社违反旅游合同约定，侵害旅游者合法权益，经旅游行政管理部门查证属实的；

（二）旅行社因解散、破产或者其他原因造成旅游者预交旅游费用损失的。

第十六条　人民法院判决、裁定及其他生效法律文书认定旅行社损害旅游者合法权益，旅行社拒绝或者无力赔偿的，人民法院可以从旅行社的质量保证金账户上划拨赔偿款。

第十七条　旅行社自交纳或者补足质量保证金之日起三年内未因侵害旅游者合法权益受到行政机关罚款以上处罚的，旅游行政管理部门应当将旅行社质量保证金的交存数额降低50%，并向社会公告。旅行社可凭省、自治区、直辖市旅游行政管理部门出具的凭证减少其质量保证金。

第十八条　旅行社在旅游行政管理部门使用质量保证金赔偿旅游者的损失，或者依法减少质量保证金后，因侵害旅游者合法权益受到行政机关罚款以上处罚的，应当在收到旅游行政管理部门补交质量保证金的通知之日起5个工作日内补足质量保证金。

第十九条　旅行社不再从事旅游业务的，凭旅游行政管理部门出具的凭证，向银行取回质量保证金。

第二十条　质量保证金存缴、使用的具体管理办法由国务院旅游行政主管部门和国务院财政部门会同有关部门另行制定。

第三章　外商投资旅行社

第二十一条　外商投资旅行社适用本章规定；本章没有规定的，适用本条例其他有关规定。

第二十二条　外商投资企业申请经营旅行社业务，应当向所在地省、自治区、直辖市旅游行政管理部门提出申请，并提交符合本条例第六条规定条件的相关证明文件。省、自治区、直辖市旅游行政管理部门应当自受理申请之日起30个工作日内审查完毕。予以许可的，颁发旅行社业务经营许可证；不予许可的，书面通知申请人并说明理由。

设立外商投资旅行社，还应当遵守有关外商投资的法律、法规。

第二十三条　外商投资旅行社不得经营中国内地居民出国旅游业务以及赴香港特别行政区、澳门特别行政区和台湾地区旅游的业务，但是国务院决定或者我国签署的自由贸易协定和内地与香港、澳门关于建立更紧密经贸关系的安排另有规定的除外。

第四章　旅行社经营

第二十四条　旅行社向旅游者提供的旅游服务信息必须真实可靠，不得作虚假宣传。

第二十五条　经营出境旅游业务的旅行社不得组织旅游者到国务院旅游行政主管部门公布的中国公民出境旅游目的地之外的国家和地区旅游。

第二十六条　旅行社为旅游者安排或者介绍的旅游活动不得含有违反有关法律、法规规定的内容。

第二十七条　旅行社不得以低于旅游成本的报价招徕旅游者。未经旅游者同意，旅行社不得在旅游合同约定之外提供其他有偿服务。

第二十八条　旅行社为旅游者提供服务，应当与旅游者签订旅游合同并载明下列事项：

（一）旅行社的名称及其经营范围、地址、联系电话和旅行社业务经营许可证编号；

（二）旅行社经办人的姓名、联系电话；

（三）签约地点和日期；

（四）旅游行程的出发地、途经地和目的地；

（五）旅游行程中交通、住宿、餐饮服务安排及其标准；

（六）旅行社统一安排的游览项目的具体内容及时间；

（七）旅游者自由活动的时间和次数；

（八）旅游者应当交纳的旅游费用及交纳方式；

（九）旅行社安排的购物次数、停留时间及购物场所的名称；

（十）需要旅游者另行付费的游览项目及价格；

（十一）解除或者变更合同的条件和提前通知的期限；

（十二）违反合同的纠纷解决机制及应当承担的责任；

（十三）旅游服务监督、投诉电话；

（十四）双方协商一致的其他内容。

第二十九条　旅行社在与旅游者签订旅游合同时，应当对旅游合同的具体内容作出真实、准确、完整的说明。

旅行社和旅游者签订的旅游合同约定不明确或者对格式条款的理解发生争议的，应当按照通常理解予以解释；对格式条款有两种以上解释的，应当作出有利于旅游者的解释；格式条款和非格式条款不一致的，应当采用非格式条款。

第三十条　旅行社组织中国内地居民出境旅游的，应当为旅游团队安排领队全程陪同。

第三十一条　旅行社为接待旅游者委派的导游人员，应当持有国家规定的导游证。

取得出境旅游业务经营许可的旅行社为组织旅游

者出境旅游委派的领队,应当取得导游证,具有相应的学历、语言能力和旅游从业经历,并与委派其从事领队业务的旅行社订立劳动合同。旅行社应当将本单位领队名单报所在地设区的市级旅游行政管理部门备案。

第三十二条 旅行社聘用导游人员、领队人员应当依法签订劳动合同,并向其支付不低于当地最低工资标准的报酬。

第三十三条 旅行社及其委派的导游人员和领队人员不得有下列行为:

(一)拒绝履行旅游合同约定的义务;

(二)非因不可抗力改变旅游合同安排的行程;

(三)欺骗、胁迫旅游者购物或者参加需要另行付费的游览项目。

第三十四条 旅行社不得要求导游人员和领队人员接待不支付接待和服务费用或者支付的费用低于接待和服务成本的旅游团队,不得要求导游人员和领队人员承担接待旅游团队的相关费用。

第三十五条 旅行社违反旅游合同约定,造成旅游者合法权益受到损害的,应当采取必要的补救措施,并及时报告旅游行政管理部门。

第三十六条 旅行社需要对旅游业务作出委托的,应当委托给具有相应资质的旅行社,征得旅游者的同意,并与接受委托的旅行社就接待旅游者的事宜签订委托合同,确定接待旅游者的各项服务安排及其标准,约定双方的权利、义务。

第三十七条 旅行社将旅游业务委托给其他旅行社的,应当向接受委托的旅行社支付不低于接待和服务成本的费用;接受委托的旅行社不得接待不支付或者不足额支付接待和服务费用的旅游团队。

接受委托的旅行社违约,造成旅游者合法权益受到损害的,作出委托的旅行社应当承担相应的赔偿责任。作出委托的旅行社赔偿后,可以向接受委托的旅行社追偿。

接受委托的旅行社故意或者重大过失造成旅游者合法权益损害的,应当承担连带责任。

第三十八条 旅行社应当投保旅行社责任险。旅行社责任险的具体方案由国务院旅游行政主管部门会同国务院保险监督管理机构另行制定。

第三十九条 旅行社对可能危及旅游者人身、财产安全的事项,应当向旅游者作出真实的说明和明确的警示,并采取防止危害发生的必要措施。

发生危及旅游者人身安全的情形的,旅行社及其委派的导游人员、领队人员应当采取必要的处置措施并及时报告旅游行政管理部门;在境外发生的,还应当及时报告中华人民共和国驻该国使领馆、相关驻外机构、当地警方。

第四十条 旅游者在境外滞留不归的,旅行社委派的领队人员应当及时向旅行社和中华人民共和国驻该国使领馆、相关驻外机构报告。旅行社接到报告后应当及时向旅游行政管理部门和公安机关报告,并协助提供非法滞留者的信息。

旅行社接待入境旅游发生旅游者非法滞留我国境内的,应当及时向旅游行政管理部门、公安机关和外事部门报告,并协助提供非法滞留者的信息。

第五章 监督检查

第四十一条 旅游、工商、价格、商务、外汇等有关部门应当依法加强对旅行社的监督管理,发现违法行为,应当及时予以处理。

第四十二条 旅游、工商、价格等行政管理部门应当及时向社会公告监督检查的情况。公告的内容包括旅行社业务经营许可证的颁发、变更、吊销、注销情况,旅行社的违法经营行为以及旅行社的诚信记录、旅游者投诉信息等。

第四十三条 旅行社损害旅游者合法权益的,旅游者可以向旅游行政管理部门、工商行政管理部门、价格主管部门、商务主管部门或者外汇管理部门投诉,接到投诉的部门应当按照其职责权限及时调查处理,并将调查处理的有关情况告知旅游者。

第四十四条 旅行社及其分社应当接受旅游行政管理部门对其旅游合同、服务质量、旅游安全、财务账簿等情况的监督检查,并按照国家有关规定向旅游行政管理部门报送经营和财务信息等统计资料。

第四十五条 旅游、工商、价格、商务、外汇等有关部门工作人员不得接受旅行社的任何馈赠,不得参加由旅行社支付费用的购物活动或者游览项目,不得通过旅行社为自己、亲友或者其他个人、组织牟取私利。

第六章 法律责任

第四十六条 违反本条例的规定,有下列情形之一的,由旅游行政管理部门或者工商行政管理部门责令改正,没收违法所得,违法所得 10 万元以上的,并处违法所得 1 倍以上 5 倍以下的罚款;违法所得不足 10 万元或者没有违法所得的,并处 10 万元以上 50 万元以下的罚款:

(一)未取得相应的旅行社业务经营许可,经营国内旅游业务、入境旅游业务、出境旅游业务的;

（二）分社超出设立分社的旅行社的经营范围经营旅游业务的；

（三）旅行社服务网点从事招徕、咨询以外的旅行社业务经营活动的。

第四十七条　旅行社转让、出租、出借旅行社业务经营许可证的，由旅游行政管理部门责令停业整顿1个月至3个月，并没收违法所得；情节严重的，吊销旅行社业务经营许可证。受让或者租借旅行社业务经营许可证的，由旅游行政管理部门责令停止非法经营，没收违法所得，并处10万元以上50万元以下的罚款。

第四十八条　违反本条例的规定，旅行社未在规定期限内向其质量保证金账户存入、增存、补足质量保证金或者提交相应的银行担保的，由旅游行政管理部门责令改正；拒不改正的，吊销旅行社业务经营许可证。

第四十九条　违反本条例的规定，旅行社不投保旅行社责任险的，由旅游行政管理部门责令改正；拒不改正的，吊销旅行社业务经营许可证。

第五十条　违反本条例的规定，旅行社有下列情形之一的，由旅游行政管理部门责令改正；拒不改正的，处1万元以下的罚款：

（一）变更名称、经营场所、法定代表人等登记事项或者终止经营，未在规定期限内向原许可的旅游行政管理部门备案，换领或者交回旅行社业务经营许可证的；

（二）设立分社未在规定期限内向分社所在地旅游行政管理部门备案的；

（三）不按照国家有关规定向旅游行政管理部门报送经营和财务信息等统计资料的。

第五十一条　违反本条例的规定，外商投资旅行社经营中国内地居民出国旅游业务以及赴香港特别行政区、澳门特别行政区和台湾地区旅游业务，或者经营出境旅游业务的旅行社组织旅游者到国务院旅游行政主管部门公布的中国公民出境旅游目的地之外的国家和地区旅游的，由旅游行政管理部门责令改正，没收违法所得，违法所得10万元以上的，并处违法所得1倍以上5倍以下的罚款；违法所得不足10万元或者没有违法所得的，并处10万元以上50万元以下的罚款；情节严重的，吊销旅行社业务经营许可证。

第五十二条　违反本条例的规定，旅行社为旅游者安排或者介绍的旅游活动含有违反有关法律、法规规定的内容的，由旅游行政管理部门责令改正，没收违法所得，并处2万元以上10万元以下的罚款；情节严重的，吊销旅行社业务经营许可证。

第五十三条　违反本条例的规定，旅行社向旅游者提供的旅游服务信息含有虚假内容或者作虚假宣传的，由工商行政管理部门依法给予处罚。

违反本条例的规定，旅行社以低于旅游成本的报价招徕旅游者的，由价格主管部门依法给予处罚。

第五十四条　违反本条例的规定，旅行社未经旅游者同意在旅游合同约定之外提供其他有偿服务的，由旅游行政管理部门责令改正，处1万元以上5万元以下的罚款。

第五十五条　违反本条例的规定，旅行社有下列情形之一的，由旅游行政管理部门责令改正，处2万元以上10万元以下的罚款；情节严重的，责令停业整顿1个月至3个月：

（一）未与旅游者签订旅游合同；

（二）与旅游者签订的旅游合同未载明本条例第二十八条规定的事项；

（三）未取得旅游者同意，将旅游业务委托给其他旅行社；

（四）将旅游业务委托给不具有相应资质的旅行社；

（五）未与接受委托的旅行社就接待旅游者的事宜签订委托合同。

第五十六条　违反本条例的规定，旅行社组织中国内地居民出境旅游，不为旅游团队安排领队全程陪同的，由旅游行政管理部门责令改正，处1万元以上5万元以下的罚款；拒不改正的，责令停业整顿1个月至3个月。

第五十七条　违反本条例的规定，旅行社委派的导游人员未持有国家规定的导游证或者委派的领队人员不具备规定的领队条件的，由旅游行政管理部门责令改正，对旅行社处2万元以上10万元以下的罚款。

第五十八条　违反本条例的规定，旅行社不向其聘用的导游人员、领队人员支付报酬，或者所支付的报酬低于当地最低工资标准的，按照《中华人民共和国劳动合同法》的有关规定处理。

第五十九条　违反本条例的规定，有下列情形之一的，对旅行社，由旅游行政管理部门或者工商行政管理部门责令改正，处10万元以上50万元以下的罚款；对导游人员、领队人员，由旅游行政管理部门责令改正，处1万元以上5万元以下的罚款；情节严重的，吊销旅行社业务经营许可证、导游证：

（一）拒不履行旅游合同约定的义务的；

（二）非因不可抗力改变旅游合同安排的行程的；

（三）欺骗、胁迫旅游者购物或者参加需要另行付费的游览项目的。

第六十条 违反本条例的规定，旅行社要求导游人员和领队人员接待不支付接待和服务费用、支付的费用低于接待和服务成本的旅游团队，或者要求导游人员和领队人员承担接待旅游团队的相关费用的，由旅游行政管理部门责令改正，处2万元以上10万元以下的罚款。

第六十一条 旅行社违反旅游合同约定，造成旅游者合法权益受到损害，不采取必要的补救措施的，由旅游行政管理部门或者工商行政管理部门责令改正，处1万元以上5万元以下的罚款；情节严重的，由旅游行政管理部门吊销旅行社业务经营许可证。

第六十二条 违反本条例的规定，有下列情形之一的，由旅游行政管理部门责令改正，停业整顿1个月至3个月；情节严重的，吊销旅行社业务经营许可证：

（一）旅行社不向接受委托的旅行社支付接待和服务费用的；

（二）旅行社向接受委托的旅行社支付的费用低于接待和服务成本的；

（三）接受委托的旅行社接待不支付或者不足额支付接待和服务费用的旅游团队的。

第六十三条 违反本条例的规定，旅行社及其委派的导游人员、领队人员有下列情形之一的，由旅游行政管理部门责令改正，对旅行社处2万元以上10万元以下的罚款；对导游人员、领队人员处4000元以上2万元以下的罚款；情节严重的，责令旅行社停业整顿1个月至3个月，或者吊销旅行社业务经营许可证、导游证：

（一）发生危及旅游者人身安全的情形，未采取必要的处置措施并及时报告的；

（二）旅行社组织出境旅游的旅游者非法滞留境外，旅行社未及时报告并协助提供非法滞留者信息的；

（三）旅行社接待入境旅游的旅游者非法滞留境内，旅行社未及时报告并协助提供非法滞留者信息的。

第六十四条 因妨害国（边）境管理受到刑事处罚的，在刑罚执行完毕之日起五年内不得从事旅行社业务经营活动；旅行社被吊销旅行社业务经营许可的，其主要负责人在旅行社业务经营许可被吊销之日起五年内不得担任任何旅行社的主要负责人。

第六十五条 旅行社违反本条例的规定，损害旅游者合法权益的，应当承担相应的民事责任；构成犯罪的，依法追究刑事责任。

第六十六条 违反本条例的规定，旅游行政管理部门或者其他有关部门及其工作人员有下列情形之一的，对直接负责的主管人员和其他直接责任人员依法给予处分：

（一）发现违法行为不及时予以处理的；

（二）未及时公告对旅行社的监督检查情况的；

（三）未及时处理旅游者投诉并将调查处理的有关情况告知旅游者的；

（四）接受旅行社的馈赠的；

（五）参加由旅行社支付费用的购物活动或者游览项目的；

（六）通过旅行社为自己、亲友或者其他个人、组织牟取私利的。

第七章 附 则

第六十七条 香港特别行政区、澳门特别行政区和台湾地区的投资者在内地投资设立的旅行社，参照适用本条例。

第六十八条 本条例自2009年5月1日起施行。1996年10月15日国务院发布的《旅行社管理条例》同时废止。

旅行社条例实施细则

1. 2009年4月3日国家旅游局令第30号公布
2. 根据2016年12月12日国家旅游局令第42号《关于修改〈旅行社条例实施细则〉和废止〈出境旅游领队人员管理办法〉的决定》修改

第一章 总 则

第一条 根据《旅行社条例》（以下简称《条例》），制定本实施细则。

第二条 《条例》第二条所称招徕、组织、接待旅游者提供的相关旅游服务，主要包括：

（一）安排交通服务；

（二）安排住宿服务；

（三）安排餐饮服务；

（四）安排观光游览、休闲度假等服务；

（五）导游、领队服务；

（六）旅游咨询、旅游活动设计服务。

旅行社还可以接受委托，提供下列旅游服务：

（一）接受旅游者的委托，代订交通客票、代订住宿和代办出境、入境、签证手续等；

（二）接受机关、事业单位和社会团体的委托，为其差旅、考察、会议、展览等公务活动，代办交通、住宿、餐饮、会务等事务；

（三）接受企业委托，为其各类商务活动、奖励旅游等，代办交通、住宿、餐饮、会务、观光游览、休闲度假等事务；

（四）其他旅游服务。

前款所列出境、签证手续等服务，应当由具备出境旅游业务经营权的旅行社代办。

第三条　《条例》第二条所称国内旅游业务，是指旅行社招徕、组织和接待中国内地居民在境内旅游的业务。

《条例》第二条所称入境旅游业务，是指旅行社招徕、组织、接待外国旅游者来我国旅游，香港特别行政区、澳门特别行政区旅游者来内地旅游，台湾地区居民来大陆旅游，以及招徕、组织、接待在中国内地的外国人，在内地的香港特别行政区、澳门特别行政区居民和在大陆的台湾地区居民在境内旅游的业务。

《条例》第二条所称出境旅游业务，是指旅行社招徕、组织、接待中国内地居民出国旅游，赴香港特别行政区、澳门特别行政区和台湾地区旅游，以及招徕、组织、接待在中国内地的外国人、在内地的香港特别行政区、澳门特别行政区居民和在大陆的台湾地区居民出境旅游的业务。

第四条　对旅行社及其分支机构的监督管理，县级以上旅游行政管理部门应当按照《条例》、本细则的规定和职责，实行分级管理和属地管理。

第五条　鼓励旅行社实行服务质量等级制度；鼓励旅行社向专业化、网络化、品牌化发展。

第二章　旅行社的设立与变更

第六条　旅行社的经营场所应当符合下列要求：

（一）申请者拥有产权的营业用房，或者申请者租用的、租期不少于1年的营业用房；

（二）营业用房应当满足申请者业务经营的需要。

第七条　旅行社的营业设施应当至少包括下列设施、设备：

（一）2部以上的直线固定电话；

（二）传真机、复印机；

（三）具备与旅游行政管理部门及其他旅游经营者联网条件的计算机。

第八条　申请设立旅行社，经营国内旅游业务和入境旅游业务的，应当向省、自治区、直辖市旅游行政管理部门（简称省级旅游行政管理部门，下同）提交下列文件：

（一）设立申请书。内容包括申请设立的旅行社的中英文名称及英文缩写，设立地址，企业形式、出资人、出资额和出资方式，申请人、受理申请部门的全称、申请书名称和申请的时间；

（二）法定代表人履历表及身份证明；

（三）企业章程；

（四）经营场所的证明；

（五）营业设施、设备的证明或者说明；

（六）工商行政管理部门出具的《企业法人营业执照》。

旅游行政管理部门应当根据《条例》第六条规定的最低注册资本限额要求，通过查看企业章程、在企业信用信息公示系统查询等方式，对旅行社认缴的出资额进行审查。

旅行社经营国内旅游业务和入境旅游业务的，《企业法人营业执照》的经营范围不得包括边境旅游业务、出境旅游业务；包括相关业务的，旅游行政管理部门应当告知申请人变更经营范围；申请人不予变更的，依法不予受理行政许可申请。

省级旅游行政管理部门可以委托设区的市（含州、盟，下同）级旅游行政管理部门，受理当事人的申请并作出许可或者不予许可的决定。

第九条　受理申请的旅游行政管理部门可以对申请人的经营场所、营业设施、设备进行现场检查，或者委托下级旅游行政管理部门检查。

第十条　旅行社申请出境旅游业务的，应当向国务院旅游行政主管部门提交经营旅行社业务满两年、且连续两年未因侵害旅游者合法权益受到行政机关罚款以上处罚的承诺书和经工商行政管理部门变更经营范围的《企业法人营业执照》。

旅行社取得出境旅游经营业务许可的，由国务院旅游行政主管部门换发旅行社业务经营许可证。

国务院旅游行政主管部门可以委托省级旅游行政管理部门受理旅行社经营出境旅游业务的申请，并作出许可或者不予许可的决定。

旅行社申请经营边境旅游业务的，适用《边境旅游暂行管理办法》的规定。

旅行社申请经营赴台湾地区旅游业务的，适用《大陆居民赴台湾地区旅游管理办法》的规定。

第十一条　旅行社因业务经营需要，可以向原许可的旅游行政管理部门申请核发旅行社业务经营许可证副本。

旅行社业务经营许可证及副本，由国务院旅游行政主管部门制定统一样式，国务院旅游行政主管部门和省级旅游行政管理部门分别印制。

旅行社业务经营许可证及副本损毁或者遗失的，旅行社应当向原许可的旅游行政管理部门申请换发或者补发。

申请补发旅行社业务经营许可证及副本的，旅行社应当通过本省、自治区、直辖市范围内公开发行的报刊，或者省级以上旅游行政管理部门网站，刊登损毁或者遗失作废声明。

第十二条 旅行社名称、经营场所、出资人、法定代表人等登记事项变更的，应当在办理变更登记后，持已变更的《企业法人营业执照》向原许可的旅游行政管理部门备案。

旅行社终止经营的，应当在办理注销手续后，持工商行政管理部门出具的注销文件，向原许可的旅游行政管理部门备案。

外商投资旅行社的，适用《条例》第三章的规定。未经批准，旅行社不得引进外商投资。

第十三条 国务院旅游行政主管部门指定的作为旅行社存入质量保证金的商业银行，应当提交具有下列内容的书面承诺：

（一）同意与存入质量保证金的旅行社签订符合本实施细则第十五条规定的协议；

（二）当县级以上旅游行政管理部门或者人民法院依据《条例》规定，划拨质量保证金后 3 个工作日内，将划拨情况及其数额，通知旅行社所在地的省级旅游行政管理部门，并提供县级以上旅游行政管理部门出具的划拨文件或者人民法院生效法律文书的复印件；

（三）非因《条例》规定的情形，出现质量保证金减少时，承担补足义务。

旅行社应当在国务院旅游行政主管部门指定银行的范围内，选择存入质量保证金的银行。

第十四条 旅行社在银行存入质量保证金的，应当设立独立账户，存期由旅行社确定，但不得少于 1 年。账户存期届满 1 个月前，旅行社应当办理续存手续或者提交银行担保。

第十五条 旅行社存入、续存、增存质量保证金后 7 个工作日内，应当向作出许可的旅游行政管理部门提交存入、续存、增存质量保证金的证明文件，以及旅行社与银行达成的使用质量保证金的协议。

前款协议应当包含下列内容：

（一）旅行社与银行双方同意依照《条例》规定使用质量保证金；

（二）旅行社与银行双方承诺，除依照县级以上旅游行政管理部门出具的划拨质量保证金，或者省级以上旅游行政管理部门出具的降低、退还质量保证金的文件，以及人民法院作出的认定旅行社损害旅游者合法权益的生效法律文书外，任何单位和个人不得动用质量保证金。

第十六条 旅行社符合《条例》第十七条降低质量保证金数额规定条件的，原许可的旅游行政管理部门应当根据旅行社的要求，在 10 个工作日内向其出具降低质量保证金数额的文件。

第十七条 旅行社按照《条例》第十八条规定补足质量保证金后 7 个工作日内，应当向原许可的旅游行政管理部门提交补足的证明文件。

第三章 旅行社的分支机构

第十八条 旅行社分社（简称分社，下同）及旅行社服务网点（简称服务网点，下同），不具有法人资格，以设立分社、服务网点的旅行社（简称设立社，下同）的名义从事《条例》规定的经营活动，其经营活动的责任和后果，由设立社承担。

第十九条 设立社向分社所在地工商行政管理部门办理分社设立登记后，应当持下列文件向分社所在地与工商登记同级的旅游行政管理部门备案：

（一）分社的《营业执照》；

（二）分社经理的履历表和身份证明；

（三）增存质量保证金的证明文件。

没有同级的旅游行政管理部门的，向上一级旅游行政管理部门备案。

第二十条 分社的经营场所、营业设施、设备，应当符合本实施细则第六条、第七条规定的要求。

分社的名称中应当包含设立社名称、分社所在地地名和“分社”或者“分公司”字样。

第二十一条 服务网点是指旅行社设立的，为旅行社招徕旅游者，并以旅行社的名义与旅游者签订旅游合同的门市部等机构。

设立社可以在其所在地的省、自治区、直辖市行政区划内设立服务网点；设立社在其所在地的省、自治区、直辖市行政区划外设立分社的，可以在该分社所在地设区的市的行政区划内设立服务网点。分社不得设立服务网点。

设立社不得在前款规定的区域范围外，设立服务网点。

第二十二条 服务网点应当设在方便旅游者认识和出入的公众场所。

服务网点的名称、标牌应当包括设立社名称、服务网点所在地地名等，不得含有使消费者误解为是旅行社或者分社的内容，也不得作易使消费者误解的简称。

服务网点应当在设立社的经营范围内，招徕旅游者、提供旅游咨询服务。

第二十三条　设立社向服务网点所在地工商行政管理部门办理服务网点设立登记后，应当在3个工作日内，持下列文件向服务网点所在地与工商登记同级的旅游行政管理部门备案：

（一）服务网点的《营业执照》；

（二）服务网点经理的履历表和身份证明。

没有同级的旅游行政管理部门的，向上一级旅游行政管理部门备案。

第二十四条　分社、服务网点备案后，受理备案的旅游行政管理部门应当向旅行社颁发《旅行社分社备案登记证明》或者《旅行社服务网点备案登记证明》。

第二十五条　设立社应当与分社、服务网点的员工，订立劳动合同。

设立社应当加强对分社和服务网点的管理，对分社实行统一的人事、财务、招徕、接待制度规范，对服务网点实行统一管理、统一财务、统一招徕和统一咨询服务规范。

第四章　旅行社经营规范

第二十六条　旅行社及其分社、服务网点，应当将《旅行社业务经营许可证》、《旅行社分社备案登记证明》或者《旅行社服务网点备案登记证明》，与营业执照一起，悬挂在经营场所的显要位置。

第二十七条　旅行社业务经营许可证不得转让、出租或者出借。

旅行社的下列行为属于转让、出租或者出借旅行社业务经营许可证的行为：

（一）除招徕旅游者和符合本实施细则第四十条第一款规定的接待旅游者的情形外，准许或者默许其他企业、团体或者个人，以自己的名义从事旅行社业务经营活动的；

（二）准许其他企业、团体或者个人，以部门或者个人承包、挂靠的形式经营旅行社业务的。

第二十八条　旅行社设立的办事处、代表处或者联络处等办事机构，不得从事旅行社业务经营活动。

第二十九条　旅行社以互联网形式经营旅行社业务的，除符合法律、法规规定外，其网站首页应当载明旅行社的名称、法定代表人、许可证编号和业务经营范围，以及原许可的旅游行政管理部门的投诉电话。

第三十条　《条例》第二十六条规定的旅行社不得安排的活动，主要包括：

（一）含有损害国家利益和民族尊严内容的；

（二）含有民族、种族、宗教歧视内容的；

（三）含有淫秽、赌博、涉毒内容的；

（四）其他含有违反法律、法规规定内容的。

第三十一条　旅行社为组织旅游者出境旅游委派的领队，应当具备下列条件：

（一）取得导游证；

（二）具有大专以上学历；

（三）取得相关语言水平测试等级证书或通过外语语种导游资格考试，但为赴港澳台地区旅游委派的领队除外；

（四）具有两年以上旅行社业务经营、管理或者导游等相关从业经历；

（五）与委派其从事领队业务的取得出境旅游业务经营许可的旅行社订立劳动合同。

赴台旅游领队还应当符合《大陆居民赴台湾地区旅游管理办法》规定的要求。

第三十二条　旅行社应当将本单位领队信息及变更情况，报所在地设区的市级旅游行政管理部门备案。领队备案信息包括：身份信息、导游证号、学历、语种、语言等级（外语导游）、从业经历、所在旅行社、旅行社社会保险登记证号等。

第三十三条　领队从事领队业务，应当接受与其订立劳动合同的取得出境旅游业务许可的旅行社委派，并携带导游证、佩戴导游身份标识。

第三十四条　领队应当协助旅游者办理出入境手续，协调、监督境外地接社及从业人员履行合同，维护旅游者的合法权益。

第三十五条　不具备领队条件的，不得从事领队业务。

领队不得委托他人代为提供领队服务。

第三十六条　旅行社委派的领队，应当掌握相关旅游目的地国家（地区）语言或者英语。

第三十七条　《条例》第三十四条所规定的旅行社不得要求导游人员和领队人员承担接待旅游团队的相关费用，主要包括：

（一）垫付旅游接待费用；

（二）为接待旅游团队向旅行社支付费用；

（三）其他不合理费用。

第三十八条　旅行社招徕、组织、接待旅游者，其选择的交通、住宿、餐饮、景区等企业，应当符合具有合法经营资格和接待服务能力的要求。

第三十九条　在签订旅游合同时，旅行社不得要求旅游者必须参加旅行社安排的购物活动或者需要旅游者另行付费的旅游项目。

同一旅游团队中，旅行社不得由于下列因素，提出与其他旅游者不同的合同事项：

（一）旅游者拒绝参加旅行社安排的购物活动或者需要旅游者另行付费的旅游项目的；

（二）旅游者存在的年龄或者职业上的差异。但旅行社提供了与其他旅游者相比更多的服务，或者旅游者主动要求的除外。

第四十条 旅行社需要将在旅游目的地接待旅游者的业务作出委托的，应当按照《条例》第三十六条的规定，委托给旅游目的地的旅行社并签订委托接待合同。

旅行社对接待旅游者的业务作出委托的，应当按照《条例》第三十六条的规定，将旅游目的地接受委托的旅行社的名称、地址、联系人和联系电话，告知旅游者。

第四十一条 旅游行程开始前，当发生约定的解除旅游合同的情形时，经征得旅游者的同意，旅行社可以将旅游者推荐给其他旅行社组织、接待，并由旅游者与被推荐的旅行社签订旅游合同。

未经旅游者同意的，旅行社不得将旅游者转交给其他旅行社组织、接待。

第四十二条 旅行社及其委派的导游人员和领队人员的下列行为，属于擅自改变旅游合同安排行程：

（一）减少游览项目或者缩短游览时间的；

（二）增加或者变更旅游项目的；

（三）增加购物次数或者延长购物时间的；

（四）其他擅自改变旅游合同安排的行为。

第四十三条 在旅游行程中，当发生不可抗力、危及旅游者人身、财产安全，或者非旅行社责任造成的意外情形，旅行社不得不调整或者变更旅游合同约定的行程安排时，应当在事前向旅游者作出说明；确因客观情况无法在事前说明的，应当在事后作出说明。

第四十四条 在旅游行程中，旅游者有权拒绝参加旅行社在旅游合同之外安排的购物活动或者需要旅游者另行付费的旅游项目。

旅行社及其委派的导游人员和领队人员不得因旅游者拒绝参加旅行社安排的购物活动或者需要旅游者另行付费的旅游项目等情形，以任何借口、理由，拒绝继续履行合同、提供服务，或者以拒绝继续履行合同、提供服务相威胁。

第四十五条 旅行社及其委派的导游人员、领队人员，应当对其提供的服务可能危及旅游者人身、财物安全的事项，向旅游者作出真实的说明和明确的警示。

在旅游行程中的自由活动时间，旅游者应当选择自己能够控制风险的活动项目，并在自己能够控制风险的范围内活动。

第四十六条 为减少自然灾害等意外风险给旅游者带来的损害，旅行社在招徕、接待旅游者时，可以提示旅游者购买旅游意外保险。

鼓励旅行社依法取得保险代理资格，并接受保险公司的委托，为旅游者提供购买人身意外伤害保险的服务。

第四十七条 发生出境旅游者非法滞留境外或者入境旅游者非法滞留境内的，旅行社应当立即向所在地县级以上旅游行政管理部门、公安机关和外事部门报告。

第四十八条 在旅游行程中，旅行社及其委派的导游人员、领队人员应当提示旅游者遵守文明旅游公约和礼仪。

第四十九条 旅行社及其委派的导游人员、领队人员在经营、服务中享有下列权利：

（一）要求旅游者如实提供旅游所必需的个人信息，按时提交相关证明文件；

（二）要求旅游者遵守旅游合同约定的旅游行程安排，妥善保管随身物品；

（三）出现突发公共事件或者其他危急情形，以及旅行社因违反旅游合同约定采取补救措施时，要求旅游者配合处理防止扩大损失，以将损失降低到最低程度；

（四）拒绝旅游者提出的超出旅游合同约定的不合理要求；

（五）制止旅游者违背旅游目的地的法律、风俗习惯的言行。

第五十条 旅行社应当妥善保存《条例》规定的招徕、组织、接待旅游者的各类合同及相关文件、资料，以备县级以上旅游行政管理部门核查。

前款所称的合同及文件、资料的保存期，应当不少于两年。

旅行社不得向其他经营者或者个人，泄露旅游者因签订旅游合同提供的个人信息；超过保存期限的旅游者个人信息资料，应当妥善销毁。

第五章 监督检查

第五十一条 根据《条例》和本实施细则规定，受理旅行社申请或者备案的旅游行政管理部门，可以要求申请人或者旅行社，对申请设立旅行社、办理《条例》规定的备案时提交的证明文件、材料的原件，提供复印件并盖章确认，交由旅游行政管理部门留存。

第五十二条　县级以上旅游行政管理部门对旅行社及其分支机构实施监督检查时，可以进入其经营场所，查阅招徕、组织、接待旅游者的各类合同、相关文件、资料，以及财务账簿、交易记录和业务单据等材料，旅行社及其分支机构应当给予配合。

县级以上旅游行政管理部门对旅行社及其分支机构监督检查时，应当由两名以上持有旅游行政执法证件的执法人员进行。

不符合前款规定要求的，旅行社及其分支机构有权拒绝检查。

第五十三条　旅行社应当按年度将下列经营和财务信息等统计资料，在次年 4 月 15 日前，报送原许可的旅游行政管理部门：

（一）旅行社的基本情况，包括企业形式、出资人、员工人数、部门设置、分支机构、网络体系等；

（二）旅行社的经营情况，包括营业收入、利税等；

（三）旅行社组织接待情况，包括国内旅游、入境旅游、出境旅游的组织、接待人数等；

（四）旅行社安全、质量、信誉情况，包括投保旅行社责任保险、认证认可和奖惩等。

对前款资料中涉及旅行社商业秘密的内容，旅游行政管理部门应当予以保密。

第五十四条　《条例》第十七条、第四十二条规定的各项公告，县级以上旅游行政管理部门应当通过本部门或者上级旅游行政管理部门的政府网站向社会发布。

质量保证金存缴数额降低、旅行社业务经营许可证的颁发、变更和注销的，国务院旅游行政主管部门或者省级旅游行政管理部门应当在作出许可决定或者备案后 20 个工作日内向社会公告。

旅行社违法经营或者被吊销旅行社业务经营许可证的，由作出行政处罚决定的旅游行政管理部门，在处罚生效后 10 个工作日内向社会公告。

旅游者对旅行社的投诉信息，由处理投诉的旅游行政管理部门每季度向社会公告。

第五十五条　因下列情形之一，给旅游者的合法权益造成损害的，旅游者有权向县级以上旅游行政管理部门投诉：

（一）旅行社违反《条例》和本实施细则规定的；

（二）旅行社提供的服务，未达到旅游合同约定的服务标准或者档次的；

（三）旅行社破产或者其他原因造成旅游者预交旅游费用损失的。

划拨旅行社质量保证金的决定，应当由旅行社或者其分社所在地处理旅游者投诉的县级以上旅游行政管理部门作出。

第五十六条　县级以上旅游行政管理部门，可以在其法定权限内，委托符合法定条件的同级旅游质监执法机构实施监督检查。

第六章　法律责任

第五十七条　违反本实施细则第十二条第三款、第二十三条、第二十六条的规定，擅自引进外商投资、设立服务网点未在规定期限内备案，或者旅行社及其分社、服务网点未悬挂旅行社业务经营许可证、备案登记证明的，由县级以上旅游行政管理部门责令改正，可以处 1 万元以下的罚款。

第五十八条　违反本实施细则第二十二条第三款、第二十八条的规定，服务网点超出设立社经营范围招徕旅游者、提供旅游咨询服务，或者旅行社的办事处、联络处、代表处等从事旅行社业务经营活动的，由县级以上旅游行政管理部门依照《条例》第四十六条的规定处罚。

第五十九条　违反本实施细则第三十五条第二款的规定，领队委托他人代为提供领队服务，由县级以上旅游行政管理部门责令改正，可以处 1 万元以下的罚款。

第六十条　违反本实施细则第三十八条的规定，旅行社为接待旅游者选择的交通、住宿、餐饮、景区等企业，不具有合法经营资格或者接待服务能力的，由县级以上旅游行政管理部门责令改正，没收违法所得，处违法所得 3 倍以下但最高不超过 3 万元的罚款，没有违法所得的，处 1 万元以下的罚款。

第六十一条　违反本实施细则第三十九条的规定，要求旅游者必须参加旅行社安排的购物活动、需要旅游者另行付费的旅游项目，或者对同一旅游团队的旅游者提出与其他旅游者不同合同事项的，由县级以上旅游行政管理部门责令改正，处 1 万元以下的罚款。

第六十二条　违反本实施细则第四十条第二款的规定，旅行社未将旅游目的地接待旅行社的情况告知旅游者的，由县级以上旅游行政管理部门依照《条例》第五十五条的规定处罚。

第六十三条　违反本实施细则第四十一条第二款的规定，旅行社未经旅游者的同意，将旅游者转交给其他旅行社组织、接待的，由县级以上旅游行政管理部门依照《条例》第五十五条的规定处罚。

第六十四条　违反本实施细则第四十四条第二款的规定，旅行社及其导游人员和领队人员拒绝继续履行合同、提供服务，或者以拒绝继续履行合同、提供服务相威胁的，由县级以上旅游行政管理部门依照《条例》第五十九条的规定处罚。

第六十五条 违反本实施细则第五十条的规定，未妥善保存各类旅游合同及相关文件、资料，保存期不够两年，或者泄露旅游者个人信息的，由县级以上旅游行政管理部门责令改正，没收违法所得，处违法所得3倍以下但最高不超过3万元的罚款；没有违法所得的，处1万元以下的罚款。

第六十六条 对旅行社作出停业整顿行政处罚的，旅行社在停业整顿期间，不得招徕旅游者、签订旅游合同；停业整顿期间，不影响已签订的旅游合同的履行。

第七章 附 则

第六十七条 本实施细则由国务院旅游行政主管部门负责解释。

第六十八条 本实施细则自2009年5月3日起施行。2001年12月27日国家旅游局公布的《旅行社管理条例实施细则》同时废止。

中外合资经营旅行社试点经营出境旅游业务监管暂行办法

2010年8月29日国家旅游局、商务部令第33号公布施行

第一条 为了进一步加快旅游业的对外开放，加强国际旅游合作，引进国际先进的旅行社经营模式，促进我国旅行社业的转型升级，提高国际竞争能力，根据《旅行社条例》和国务院《关于加快发展旅游业的意见》，制定本办法。

第二条 国家在试点的基础上，逐步对外商投资旅行社开放经营中国内地居民出境旅游业务。

第三条 中外合资经营旅行社试点经营出境旅游业务应当遵守本办法。

第四条 本办法所称的中外合资经营旅行社试点经营出境旅游业务，是指取得试点资格的中外合资经营旅行社，从事招徕、组织、接待中国内地居民出国旅游和赴香港、澳门特别行政区旅游的经营活动；大陆居民赴台湾地区旅游的除外。

第五条 国家严格控制试点经营出境旅游业务的中外合资经营旅行社的数量。具体数量由国务院旅游行政主管部门决定。

第六条 中外合资经营旅行社申请试点经营出境旅游业务的，应当符合《旅行社条例》第八条规定的条件，并向国务院旅游行政主管部门提出申请，并提交符合《旅行社条例》第八条规定条件的相关证明文件。

第七条 试点经营出境旅游业务的中外合资经营旅行社，由国务院旅游行政主管部门在申请人中选择确定，并向申请人颁发《外商投资旅行社业务经营许可审定意见书》。

第八条 申请人持《外商投资旅行社业务经营许可审定意见书》以及投资各方签订的合同、章程向商务主管部门提出变更经营范围的申请。商务主管部门应当依照有关法律、法规的规定，作出批准或者不予批准的决定。予以批准的，换发《外商投资企业批准证书》，并通知申请人向国务院旅游行政主管部门换领《旅行社业务经营许可证》；不予批准的，应当书面通知申请人并说明理由。

申请人持换领的《旅行社业务经营许可证》和《外商投资企业批准证书》，向工商行政管理机关办理企业经营范围变更登记。

第九条 取得试点经营出境旅游业务资格的中外合资经营旅行社（以下简称试点旅行社），应当自换领《旅行社业务经营许可证》之日起3个工作日内，增存质量保证金120万元人民币，并向国务院旅游行政主管部门提交相关证明文件。

第十条 试点旅行社在经营出境旅游业务后三年内，应当每半年向国务院旅游行政主管部门提交下列经营情况和资料：

（一）组织、接待出境旅游者的组团数量和人次；

（二）出境旅游业务经营额；

（三）取得的经验和效果。

第十一条 本办法施行后三年内，国务院旅游行政主管部门应当按年度对试点经营出境旅游业务的效果进行评估，并可根据评估结果，对试点经营出境旅游业务及试点旅行社的数量作出调整。

第十二条 试点旅行社经营出境旅游业务，其经营活动应当遵守《旅行社条例》、《中国公民出国旅游管理办法》等法律、法规和规章。

第十三条 旅游行政管理部门和其他有关行政管理部门，按照《旅行社条例》、《中国公民出国旅游管理办法》，以及国家有关法律、法规和规章对试点旅行社实施监督管理。

第十四条 试点旅行社违反本办法规定的，由旅游行政管理部门和其他有关行政管理部门，按照《旅行社条例》、《中国公民出国旅游管理办法》，以及国家有关的法律、法规和规章的规定进行处罚。

第十五条　本办法自公布之日起施行。

旅行社责任保险管理办法

1. 2010年11月25日国家旅游局、中国保险监督管理委员会令第35号公布

2. 自2011年2月1日起施行

第一章　总　　则

第一条　为保障旅游者的合法权益，根据《中华人民共和国保险法》和《旅行社条例》，制定本办法。

第二条　在中华人民共和国境内依法设立的旅行社，应当依照《旅行社条例》和本办法的规定，投保旅行社责任保险。

本办法所称旅行社责任保险，是指以旅行社因其组织的旅游活动对旅游者和受其委派并为旅游者提供服务的导游或者领队人员依法应当承担的赔偿责任为保险标的的保险。

第三条　投保旅行社责任保险的旅行社和承保旅行社责任保险的保险公司，应当遵守本办法。

第二章　投　　保

第四条　旅行社责任保险的保险责任，应当包括旅行社在组织旅游活动中依法对旅游者的人身伤亡、财产损失承担的赔偿责任和依法对受旅行社委派并为旅游者提供服务的导游或者领队人员的人身伤亡承担的赔偿责任。

具体包括下列情形：

（一）因旅行社疏忽或过失应当承担赔偿责任的；

（二）因发生意外事故旅行社应当承担赔偿责任的；

（三）国家旅游局会同中国保险监督管理委员会（以下简称中国保监会）规定的其他情形。

第五条　中国保监会及其派出机构依法对旅行社责任保险的保险条款和保险费率进行管理。

第六条　旅行社责任保险的保险费率应当遵循市场化原则，并与旅行社经营风险相匹配。

第七条　旅行社投保旅行社责任保险的，应当与保险公司依法订立书面旅行社责任保险合同（以下简称保险合同）。

第八条　旅行社与保险公司订立保险合同时，双方应当依照《中华人民共和国保险法》的有关规定履行告知和说明义务。

第九条　订立保险合同时，保险公司不得强制旅行社投保其他商业保险。

第十条　保险合同成立后，旅行社按照约定交付保险费。保险公司应当及时向旅行社签发保险单或者其他保险凭证，并在保险单或者其他保险凭证中载明当事人双方约定的合同内容，同时按照约定的时间开始承担保险责任。

第十一条　保险合同成立后，除符合《中华人民共和国保险法》规定的情形外，保险公司不得解除保险合同。

第十二条　保险合同成立后，旅行社要解除保险合同的，应当同时订立新的保险合同，并书面通知所在地县级以上旅游行政管理部门，但因旅行社业务经营许可证被依法吊销或注销而解除合同的除外。

第十三条　保险合同解除的，保险公司应当收回保险单，并书面通知旅行社所在地县级以上旅游行政管理部门。

第十四条　旅行社的名称、法定代表人或者业务经营范围等重要事项变更时，应当及时通知保险公司。必要时应当依法办理保险合同变更手续。

第十五条　旅行社责任保险的保险期间为1年。

第十六条　旅行社应当在保险合同期满前及时续保。

第十七条　旅行社投保旅行社责任保险，可以依法自主投保，也可以有组织统一投保。

第三章　赔　　偿

第十八条　旅行社在组织旅游活动中发生本办法第四条所列情形的，保险公司依法根据保险合同约定，在旅行社责任保险责任限额内予以赔偿。

责任限额可以根据旅行社业务经营范围、经营规模、风险管控能力、当地经济社会发展水平和旅行社自身需要，由旅行社与保险公司协商确定，但每人人身伤亡责任限额不得低于20万元人民币。

第十九条　旅行社组织的旅游活动中发生保险事故，旅行社或者受害的旅游者、导游、领队人员通知保险公司的，保险公司应当及时告知具体的赔偿程序等有关事项。

第二十条　保险事故发生后，旅行社按照保险合同请求保险公司赔偿保险金时，应当向保险公司提供其所能提供的与确认保险事故的性质、原因、损失程度等有关的证明和资料。

保险公司按照保险合同的约定，认为有关的证明和资料不完整的，应当及时一次性通知旅行社补充提供。

旅行社对旅游者、导游或者领队人员应负的赔偿责任确定的，根据旅行社的请求，保险公司应当直接向受害的旅游者、导游或者领队人员赔偿保险金。旅行社怠于请求的，受害的旅游者、导游或者领队人员有权就其应获赔偿部分直接向保险公司请求赔偿保险金。

第二十一条 保险公司收到赔偿保险金的请求和相关证明、资料后，应当及时做出核定；情形复杂的，应当在30日内作出核定，但合同另有约定的除外。保险公司应当将核定结果通知旅行社以及受害的旅游者、导游、领队人员；对属于保险责任的，在与旅行社达成赔偿保险金的协议后10日内，履行赔偿保险金义务。

第二十二条 因抢救受伤人员需要保险公司先行赔偿保险金用于支付抢救费用的，保险公司在接到旅行社或者受害的旅游者、导游、领队人员通知后，经核对属于保险责任的，可以在责任限额内先向医疗机构支付必要的费用。

第二十三条 因第三者损害而造成保险事故的，保险公司自直接赔偿保险金或者先行支付抢救费用之日起，在赔偿、支付金额范围内代位行使对第三者请求赔偿的权利。旅行社以及受害的旅游者、导游或者领队人员应当向保险公司提供必要的文件和所知道的有关情况。

第二十四条 旅行社与保险公司对赔偿有争议的，可以按照双方的约定申请仲裁，或者依法向人民法院提起诉讼。

第二十五条 保险公司的工作人员对当事人的个人隐私应当保密。

第四章 监督检查

第二十六条 县级以上旅游行政管理部门依法对旅行社投保旅行社责任保险情况实施监督检查。

第二十七条 中国保监会及其派出机构依法对保险公司开展旅行社责任保险业务实施监督管理。

第五章 罚 则

第二十八条 违反本办法第十二条、第十六条、第十八条的规定，旅行社解除保险合同但未同时订立新的保险合同，保险合同期满前未及时续保，或者人身伤亡责任限额低于20万元人民币的，由县级以上旅游行政管理部门依照《旅行社条例》第四十九条的规定处罚。

第二十九条 保险公司经营旅行社责任保险，违反有关保险条款和保险费率管理规定的，由中国保监会或者其派出机构依照《中华人民共和国保险法》和中国保监会的有关规定予以处罚。

第三十条 保险公司拒绝或者妨碍依法检查监督的，由中国保监会或者其派出机构依照《中华人民共和国保险法》的有关规定予以处罚。

第六章 附 则

第三十一条 本办法由国家旅游局和中国保监会负责解释。

第三十二条 本办法自2011年2月1日起施行。国家旅游局2001年5月15日发布的《旅行社投保旅行社责任保险规定》同时废止。

旅行社服务质量赔偿标准

1. 2011年4月12日国家旅游局办公室公布
2. 旅办发〔2011〕44号

第一条 为了维护旅游者的合法权益，根据《旅行社条例》及有关法律、法规，制定本赔偿标准。

第二条 旅行社不履行合同或者履行合同不符合约定的服务质量标准，旅游者和旅行社对赔偿标准未做出合同约定的，旅游行政管理部门或者旅游质监执法机构在处理相关旅游投诉时，参照适用本赔偿标准。

第三条 由于不可抗力等不可归责于旅行社的客观原因或旅游者个人原因，造成旅游者经济损失的，旅行社不承担赔偿责任。

第四条 旅行社与旅游者订立合同或收取旅游者预付旅游费用后，因旅行社原因不能成行的，旅行社应在合理期限内通知旅游者，否则按下列标准承担赔偿责任：

（一）国内旅游应提前7日（不含7日）通知旅游者，否则应向旅游者全额退还预付旅游费用，并按下述标准向旅游者支付违约金：出发前7日（含7日）至4日，支付旅游费用总额10%的违约金；出发前3日至1日，支付旅游费用总额15%的违约金；出发当日，支付旅游费用总额20%的违约金。

（二）出境旅游（含赴台游）应提前30日（不含30日）通知旅游者，否则应向旅游者全额退还预付旅游费用，并按下述标准向旅游者支付违约金：出发前30日至15日，支付旅游费用总额2%的违约金；出发前14日至7日，支付旅游费用总额5%的违约金；出发前6日至4日，支付旅游费用总额10%的违约金；出发前3日至1日，支付旅游费用总额15%的违约金；出发当日，支付旅游费用总额20%的违约金。

第五条 旅行社未经旅游者同意，擅自将旅游者转团、拼团的，旅行社应向旅游者支付旅游费用总额25%的违约金。解除合同的，还应向未随团出行的旅游者全额退还预付旅游费用，向已随团出行的旅游者退还未实际发生的旅游费用。

第六条　在同一旅游行程中，旅行社提供相同服务，因旅游者的年龄、职业等差异增收费用的，旅行社应返还增收的费用。

第七条　因旅行社原因造成旅游者未能乘坐预定的公共交通工具的，旅行社应赔偿旅游者的直接经济损失，并支付直接经济损失20%的违约金。

第八条　旅行社安排的旅游活动及服务档次与合同不符，造成旅游者经济损失的，旅行社应退还旅游者合同金额与实际花费的差额，并支付同额违约金。

第九条　导游或领队未按照国家或旅游行业对旅游者服务标准提供导游或者领队服务，影响旅游服务质量的，旅行社应向旅游者支付旅游费用总额1%至5%的违约金，本赔偿标准另有规定的除外。

第十条　旅行社及导游或领队违反旅行社与旅游者的合同约定，损害旅游者合法权益的，旅行社按下述标准承担赔偿责任：

（一）擅自缩短游览时间、遗漏旅游景点、减少旅游服务项目的，旅行社应赔偿未完成约定旅游服务项目等合理费用，并支付同额违约金。遗漏无门票景点的，每遗漏一处旅行社向旅游者支付旅游费用总额5%的违约金。

（二）未经旅游者签字确认，擅自安排合同约定以外的用餐、娱乐、医疗保健、参观等另行付费项目的，旅行社应承担另行付费项目的费用。

（三）未经旅游者签字确认，擅自违反合同约定增加购物次数、延长停留时间的，每次向旅游者支付旅游费用总额10%的违约金。

（四）强迫或者变相强迫旅游者购物的，每次向旅游者支付旅游费用总额20%的违约金。

（五）旅游者在合同约定的购物场所所购物品系假冒伪劣商品的，旅行社应负责挽回或赔偿旅游者的直接经济损失。

（六）私自兜售商品，旅行社应全额退还旅游者购物价款。

第十一条　旅行社违反合同约定，中止对旅游者提供住宿、用餐、交通等旅游服务的，应当负担旅游者在被中止旅游服务期间所订的同等级别的住宿、用餐、交通等必要费用，并向旅游者支付旅游费用总额30%的违约金。

第十二条　本标准自发布之日起实施。

旅游服务质量保证金存取管理办法

1. 2013年9月26日国家旅游局办公室公布
2. 旅办发〔2013〕170号

第一章　总　　则

第一条　为规范对旅游服务质量保证金的管理，根据《中华人民共和国旅游法》、《中华人民共和国商业银行法》、《中华人民共和国担保法》、《中华人民共和国合同法》和《旅行社条例》的规定，制定本办法。

第二条　旅游服务质量保证金（以下简称"保证金"）是指根据《中华人民共和国旅游法》及《旅行社条例》的规定，由旅行社在指定银行缴存或由银行担保提供的一定数额用于旅游服务质量赔偿支付和团队旅游者人身安全遇有危险时紧急救助费用垫付的资金。

第三条　依据《旅行社条例》第十三条第一款的规定，为旅行社开设保证金专用账户或提供保证金担保业务的银行，由国家旅游局指定。国家旅游局本着公平、公开、公正的原则，指定符合法律、法规和本办法规定并提出书面申请的中国境内（不含港澳台地区）商业银行作为保证金的存储银行。

第四条　旅行社须在国家旅游局指定的范围内，选择一家银行（含其银行分支机构）存储保证金。保证金实行专户管理，专款专用。银行为旅行社开设保证金专用账户。当专用账户资金额度不足时，旅行社可对不足部分申请银行担保，但担保条件须符合银行要求。

第五条　银行本着服务客户的原则受理旅行社的保证金存储业务，按期办理保证金的存款、取款和支付手续，不得为不符合担保条件的旅行社提供担保。

第六条　旅行社要按照《旅行社条例》的规定，到指定银行办理存款、取款和支付手续。

第二章　存　　款

第七条　旅行社需要存缴保证金时，须持《营业执照》副本、《旅行社业务经营许可证》副本到银行办理存款手续。存缴保证金的旅行社须与银行签订《旅游服务质量保证金存款协议书》（附件1），并将复印件送许可的旅游行政主管部门备案。

第八条　为最大限度提高资金效益、简化续存手续，银行按照不少于一年定期、到期自动结息转存方式管理保证金，中途提取部分改按活期结算利息。利息收入全部归旅行社所有。

第九条　为防止保证金存单质押，银行应在存单上注明

"专用存款不得质押"字样。

第十条 银行提出保证金担保的，由银行向许可的旅游行政主管部门出具《旅游服务质量保证金银行担保函》（附件2）。银行担保期限不得少于一年。担保期限届满前3个工作日，应续办担保手续。

第三章 取 款

第十一条 旅行社因解散或破产清算、业务变更或撤减分社减交、三年内未因侵害旅游者合法权益受到行政机关罚款以上处罚而降低保证金数额50%等原因，需要支取保证金时，须向许可的旅游行政主管部门提出，许可的旅游行政主管部门审核出具《旅游服务质量保证金取款通知书》（附件3）。银行根据《旅游服务质量保证金取款通知书》，将相应数额的保证金退还给旅行社。

第十二条 发生《旅行社条例》第十五条规定的情形，银行应根据旅游行政主管部门出具的《旅游服务质量保证金取款通知书》及《旅游行政主管部门划拨旅游服务质量保证金决定书》，经与旅游行政主管部门核实无误后，在5个工作日内将保证金以现金或转账方式直接向旅游者支付。

第十三条 发生《旅行社条例》第十六条规定的情形，银行根据人民法院判决、裁定及其他生效法律文书执行。

第十四条 发生《旅游法》第三十一条规定的旅游者人身安全遇有危险时紧急救助费用垫付的情形，旅行社提出申请的（申请书样式见附件4），旅游行政主管部门应立即予以审核；旅游行政主管部门决定垫付的，需按实际所需确定垫付额度。申请额度和决定垫付额度均应在保证金账户现有额度内。

银行根据旅游行政主管部门出具的《旅游服务质量保证金取款通知书》及《关于使用旅游服务质量保证金垫付旅游者人身安全遇有危险时紧急救助费用的决定书》（附件5）后24小时内，经与旅游行政主管部门核实无误后，将保证金以现金或转账方式直接向《旅游服务质量保证金取款通知书》中确定的单位或账户提供。

第十五条 提供保证金担保的银行，因发生《旅行社条例》第十五条、第十六条规定的情形，在收到《旅游服务质量保证金取款通知书》及《旅游行政主管部门划拨旅游服务质量保证金决定书》或人民法院判决、裁定及其他生效法律文书5个工作日内履行担保责任；因发生《旅游法》第三十一条旅游者人身安全遇有危险时紧急救助费用垫付的情形，在收到《旅游服务质量保证金取款通知书》及《关于使用旅游服务质量保证金垫付旅游者人身安全遇有危险时紧急救助费用的决定书》24小时内履行担保责任。

第四章 附 则

第十六条 银行应及时和定期通报保证金情况信息，具体通报内容和方式如下：

（一）当旅游行政主管部门、人民法院依法划拨保证金后3个工作日内，将划拨单位、划拨数额、划拨依据文书等情况，通报给旅行社和许可的旅游行政主管部门。

（二）银行应每季度将保证金存款对账单一式两份，发给旅行社和许可的旅游行政主管部门。

第十七条 本办法自发布之日起实行。

附件：（略）

旅行社责任保险投保信息报送和检查暂行办法

1. 2013年10月30日国家旅游局办公室公布
2. 旅办发〔2013〕185号

第一条 为加强对旅行社投保旅行社责任保险情况的监督，规范旅游行政管理部门的相关检查工作，维护旅游者的合法权益，根据《中华人民共和国旅游法》、《旅行社条例》、《旅行社条例实施细则》、《旅行社责任保险管理办法》，制定本办法。

第二条 旅行社应将投保旅行社责任保险的相关信息资料通过国家旅游局指定的网上填报系统，向原许可的旅游行政管理部门报送。报送内容应包括承保公司名称、投保产品在保险监督管理部门的批准或备案文号、保险期间、保费、每次事故责任限额及年度累计责任限额、每次事故每人人身伤亡责任限额等。

第三条 已设立的旅行社应在其购买的旅行社责任保险合同生效或承保公司、保险额度等基本信息发生变化之日起3个工作日内完成报送工作。新设立的旅行社应当在进行工商登记之日起10个工作日内完成投保信息报送工作。

第四条 国家旅游局对全国旅行社投保旅行社责任保险的情况进行监督检查，县级以上地方旅游行政管理部门对本地区旅行社投保旅行社责任保险的相关情况进行监督检查，检查可以采取通过网上填报系统进行检查和现场抽查等形式。

检查的主要内容包括：

（一）旅行社责任保险的投保和信息资料报送情况；

（二）报送的信息资料的真实性和完整性；

（三）旅行社责任保险的责任范围、责任限额和其他约定内容的合法性；

（四）旅行社责任保险的有效期。

第五条　县级以上旅游行政管理部门应当通过当地政务网站或媒体，将检查结果及时予以公告。

第六条　旅行社未投保旅行社责任保险，解除保险合同但未同时订立新的保险合同，保险合同期满前未及时续保，或者人身伤亡责任限额低于 20 万元人民币的，由旅游行政管理部门依照《旅行社条例》第四十九条的规定处罚。

旅行社未报送投保信息资料或报送的信息资料不真实、不完整的，由旅游行政管理部门依照《旅行社条例》第五十条的规定处罚。

第七条　各省、自治区、直辖市旅游行政管理部门应当于每年的 3 月底前将上年度检查工作报告提交国家旅游局。

检查工作报告应当包括以下内容：

1. 本地旅行社上一年度投保旅行社责任保险的整体情况及存在的主要问题；

2. 本地组织实施检查的工作情况；

3. 检查、抽查结果和处罚情况。对予以处罚的旅行社，应当注明名称、许可证编号、处罚原因、处罚方式及处罚依据等；

4. 对旅行社责任保险工作的意见和建议。

第八条　国家旅游局于每年 6 月底前对各地上年度检查情况予以通报。

第九条　本规定自发布之日起施行。

三、导游人员管理

资料补充栏

导游人员管理条例

1. 1999年5月14日国务院令第263号发布
2. 根据2017年10月7日国务院令第687号《关于修改部分行政法规的决定》修订

第一条　为了规范导游活动，保障旅游者和导游人员的合法权益，促进旅游业的健康发展，制定本条例。

第二条　本条例所称导游人员，是指依照本条例的规定取得导游证，接受旅行社委派，为旅游者提供向导、讲解及相关旅游服务的人员。

第三条　国家实行全国统一的导游人员资格考试制度。

具有高级中学、中等专业学校或者以上学历，身体健康，具有适应导游需要的基本知识和语言表达能力的中华人民共和国公民，可以参加导游人员资格考试；经考试合格的，由国务院旅游行政部门或者国务院旅游行政部门委托省、自治区、直辖市人民政府旅游行政部门颁发导游人员资格证书。

第四条　在中华人民共和国境内从事导游活动，必须取得导游证。

取得导游人员资格证书的，经与旅行社订立劳动合同或者在相关旅游行业组织注册，方可持所订立的劳动合同或者登记证明材料，向省、自治区、直辖市人民政府旅游行政部门申请领取导游证。

导游证的样式规格，由国务院旅游行政部门规定。

第五条　有下列情形之一的，不得颁发导游证：

（一）无民事行为能力或者限制民事行为能力的；

（二）患有传染性疾病的；

（三）受过刑事处罚的，过失犯罪的除外；

（四）被吊销导游证的。

第六条　省、自治区、直辖市人民政府旅游行政部门应当自收到申请领取导游证之日起15日内，颁发导游证；发现有本条例第五条规定情形，不予颁发导游证的，应当书面通知申请人。

第七条　导游人员应当不断提高自身业务素质和职业技能。

国家对导游人员实行等级考核制度。导游人员等级考核标准和考核办法，由国务院旅游行政部门制定。

第八条　导游人员进行导游活动时，应当佩戴导游证。

导游证的有效期限为3年。导游证持有人需要在有效期满后继续从事导游活动的，应当在有效期限届满3个月前，向省、自治区、直辖市人民政府旅游行政部门申请办理换发导游证手续。

第九条　导游人员进行导游活动，必须经旅行社委派。

导游人员不得私自承揽或者以其他任何方式直接承揽导游业务，进行导游活动。

第十条　导游人员进行导游活动时，其人格尊严应当受到尊重，其人身安全不受侵犯。

导游人员有权拒绝旅游者提出的侮辱其人格尊严或者违反其职业道德的不合理要求。

第十一条　导游人员进行导游活动时，应当自觉维护国家利益和民族尊严，不得有损害国家利益和民族尊严的言行。

第十二条　导游人员进行导游活动时，应当遵守职业道德，着装整洁，礼貌待人，尊重旅游者的宗教信仰、民族风俗和生活习惯。

导游人员进行导游活动时，应当向旅游者讲解旅游地点的人文和自然情况，介绍风土人情和习俗；但是，不得迎合个别旅游者的低级趣味，在讲解、介绍中掺杂庸俗下流的内容。

第十三条　导游人员应当严格按照旅行社确定的接待计划，安排旅游者的旅行、游览活动，不得擅自增加、减少旅游项目或者中止导游活动。

导游人员在引导旅游者旅行、游览过程中，遇有可能危及旅游者人身安全的紧急情形时，经征得多数旅游者的同意，可以调整或者变更接待计划，但是应当立即报告旅行社。

第十四条　导游人员在引导旅游者旅行、游览过程中，应当就可能发生危及旅游者人身、财物安全的情况，向旅游者作出真实说明和明确警示，并按照旅行社的要求采取防止危害发生的措施。

第十五条　导游人员进行导游活动，不得向旅游者兜售物品或者购买旅游者的物品，不得以明示或者暗示的方式向旅游者索要小费。

第十六条　导游人员进行导游活动，不得欺骗、胁迫旅游者消费或者与经营者串通欺骗、胁迫旅游者消费。

第十七条　旅游者对导游人员违反本条例规定的行为，有权向旅游行政部门投诉。

第十八条　无导游证进行导游活动的，由旅游行政部门责令改正并予以公告，处1000元以上3万元以下的罚款；有违法所得的，并处没收违法所得。

第十九条　导游人员未经旅行社委派，私自承揽或者以其他任何方式直接承揽导游业务，进行导游活动的，由旅游行政部门责令改正，处1000元以上3万元以下的罚款；有违法所得的，并处没收违法所得；情节严重的，由省、自治区、直辖市人民政府旅游行政部门吊销导游证并予以公告。

第二十条 导游人员进行导游活动时，有损害国家利益和民族尊严的言行的，由旅游行政部门责令改正；情节严重的，由省、自治区、直辖市人民政府旅游行政部门吊销导游证并予以公告；对该导游人员所在的旅行社给予警告直至责令停业整顿。

第二十一条 导游人员进行导游活动时未佩戴导游证的，由旅游行政部门责令改正；拒不改正的，处500元以下的罚款。

第二十二条 导游人员有下列情形之一的，由旅游行政部门责令改正，暂扣导游证3至6个月；情节严重的，由省、自治区、直辖市人民政府旅游行政部门吊销导游证并予以公告：

（一）擅自增加或者减少旅游项目的；

（二）擅自变更接待计划的；

（三）擅自中止导游活动的。

第二十三条 导游人员进行导游活动，向旅游者兜售物品或者购买旅游者的物品的，或者以明示或者暗示的方式向旅游者索要小费的，由旅游行政部门责令改正，处1000元以上3万元以下的罚款；有违法所得的，并处没收违法所得；情节严重的，由省、自治区、直辖市人民政府旅游行政部门吊销导游证并予以公告；对委派该导游人员的旅行社给予警告直至责令停业整顿。

第二十四条 导游人员进行导游活动，欺骗、胁迫旅游者消费或者与经营者串通欺骗、胁迫旅游者消费的，由旅游行政部门责令改正，处1000元以上3万元以下的罚款；有违法所得的，并处没收违法所得；情节严重的，由省、自治区、直辖市人民政府旅游行政部门吊销导游证并予以公告；对委派该导游人员的旅行社给予警告直至责令停业整顿；构成犯罪的，依法追究刑事责任。

第二十五条 旅游行政部门工作人员玩忽职守、滥用职权、徇私舞弊，构成犯罪的，依法追究刑事责任；尚不构成犯罪的，依法给予行政处分。

第二十六条 景点景区的导游人员管理办法，由省、自治区、直辖市人民政府参照本条例制定。

第二十七条 本条例自1999年10月1日起施行。1987年11月14日国务院批准、1987年12月1日国家旅游局发布的《导游人员管理暂行规定》同时废止。

导游人员等级考核评定管理办法（试行）

1. 2005年6月3日国家旅游局令第22号公布
2. 自2005年7月3日起施行

第一条 为加强导游队伍建设，不断提高导游人员的业务素质，根据《导游人员管理条例》，制定本办法。

第二条 导游人员等级考核评定工作，遵循自愿申报、逐级晋升、动态管理的原则。

第三条 凡通过全国导游人员资格考试并取得导游员资格证书，符合全国导游人员等级考核评定委员会规定报考条件的导游人员，均可申请参加相应的等级考核评定。

第四条 国家旅游局负责导游人员等级考核评定标准、实施细则的制定工作，负责对导游人员等级考核评定工作进行监督检查。

第五条 国家旅游局组织设立全国导游人员等级考核评定委员会。

第六条 全国导游人员等级考核评定委员会组织实施全国导游人员等级考核评定工作。省、自治区、直辖市和新疆生产建设兵团旅游行政管理部门组织设立导游人员等级考核证实办公室，在全国导游人员等级考核评定委员会的授权和指导下开展相应的工作。

第七条 导游人员等级分为初级、中级、高级、特级四个等级。导游员申报等级时，由低到高，逐级递升，经考核评定合格者，颁发相应的导游员等级证书。

第八条 导游人员等级考核评定工作，按照“申请、受理、考核评定、告知、发证”的程序进行。

中级导游员的考核采取笔试方式。其中，中文导游人员考试科目为“导游知识专题”和“汉语言文学知识”；外语导游人员考试科目为“导游知识专题”和“外语”。高级导游员的考核采取笔试方式，考试科目为“导游案例分析”和“导游词创作”。特级导游员的考核采取论文答辩方式。

第九条 参加省部级以上单位组织的导游技能大赛获得最佳名次的导游人员，报全国导游人员等级考核评定委员会批准后，可晋升一级导游人员等级。一人多次获奖只能晋升一次，晋升的最高等级为高级。

第十条 旅行社和导游管理服务机构应当采取有效措施，鼓励导游人员积极参加导游人员等级考核评定。

第十一条 参与导游人员等级考核评定的命题和考核员必须是经全国导游人员等级考核评定委员会进行资格

认定。命题员和考核员接受全国导游人员等级考核评定委员会的委派,承担导游人员等级考核评定相关工作。

第十二条 参与考核评定的命题员和考核员不得徇私舞弊。全国导游人员等级考核评定委员会要加强对考核人员的监督管理,对有违规行为的要从严处理,撤销其资格。

第十三条 导游员等级证书由全国导游人员等级考核评定委员会统一印制。

第十四条 导游人员获得导游员资格证书和中级、高级、特级导游员证书后,可通过省、自治区、直辖市和新疆生产建设兵团旅游行政管理部门申请办理相应等级的导游证。

第十五条 导游人员等级考核评定的收费标准按照国家有关部门审批的标准执行。

第十六条 本办法由国家旅游局负责解释。

第十七条 本办法由 2005 年 7 月 3 日起施行。原有政策、规定与本办法不符的, 以本办法为准。

导游管理办法

1. 2017 年 11 月 1 日国家旅游局令第 44 号公布
2. 自 2018 年 1 月 1 日起施行

第一章 总 则

第一条 为规范导游执业行为,提升导游服务质量,保障导游合法权益,促进导游行业健康发展,依据《中华人民共和国旅游法》《导游人员管理条例》和《旅行社条例》等法律法规,制定本办法。

第二条 导游执业的许可、管理、保障与激励,适用本办法。

第三条 国家对导游执业实行许可制度。从事导游执业活动的人员,应当取得导游人员资格证和导游证。

国家旅游局建立导游等级考核制度、导游服务星级评价制度和全国旅游监管服务信息系统,各级旅游主管部门运用标准化、信息化手段对导游实施动态监管和服务。

第四条 旅游行业组织应当依法维护导游合法权益,促进导游职业发展,加强导游行业自律。

旅行社等用人单位应当加强对导游的管理和培训,保障导游合法权益,提升导游服务质量。

导游应当恪守职业道德,提升服务水平,自觉维护导游行业形象。

第五条 支持和鼓励各类社会机构积极弘扬导游行业先进典型,优化导游执业环境,促进导游行业健康稳定发展。

第二章 导游执业许可

第六条 经导游人员资格考试合格的人员,方可取得导游人员资格证。

国家旅游局负责制定全国导游资格考试政策、标准,组织导游资格统一考试,以及对地方各级旅游主管部门导游资格考试实施工作进行监督管理。

省、自治区、直辖市旅游主管部门负责组织、实施本行政区域内导游资格考试具体工作。

全国导游资格考试管理的具体办法,由国家旅游局另行制定。

第七条 取得导游人员资格证,并与旅行社订立劳动合同或者在旅游行业组织注册的人员,可以通过全国旅游监管服务信息系统向所在地旅游主管部门申请取得导游证。

导游证采用电子证件形式,由国家旅游局制定格式标准,由各级旅游主管部门通过全国旅游监管服务信息系统实施管理。电子导游证以电子数据形式保存于导游个人移动电话等移动终端设备中。

第八条 在旅游行业组织注册并申请取得导游证的人员,应当向所在地旅游行业组织提交下列材料:

(一)身份证;

(二)导游人员资格证;

(三)本人近期照片;

(四)注册申请。

旅游行业组织在接受申请人取得导游证的注册时,不得收取注册费;旅游行业组织收取会员会费的,应当符合《社会团体登记条例》等法律法规的规定,不得以导游证注册费的名义收取会费。

第九条 导游通过与旅行社订立劳动合同取得导游证的,劳动合同的期限应当在 1 个月以上。

第十条 申请取得导游证,申请人应当通过全国旅游监管服务信息系统填写申请信息,并提交下列申请材料:

(一)身份证的扫描件或者数码照片等电子版;

(二)未患有传染性疾病的承诺;

(三)无过失犯罪以外的犯罪记录的承诺;

(四)与经常执业地区的旅行社订立劳动合同或者在经常执业地区的旅游行业组织注册的确认信息。

前款第(四)项规定的信息,旅行社或者旅游行业组织应当自申请人提交申请之日起 5 个工作日内确认。

第十一条　所在地旅游主管部门对申请人提出的取得导游证的申请，应当依法出具受理或者不予受理的书面凭证。需补正相关材料的，应当自收到申请材料之日起5个工作日内一次性告知申请人需要补正的全部内容；逾期不告知的，收到材料之日起即为受理。

所在地旅游主管部门应当自受理申请之日起10个工作日内，作出准予核发或者不予核发导游证的决定。不予核发的，应当书面告知申请人理由。

第十二条　具有下列情形的，不予核发导游证：

（一）无民事行为能力或者限制民事行为能力的；

（二）患有甲类、乙类以及其他可能危害旅游者人身健康安全的传染性疾病的；

（三）受过刑事处罚的，过失犯罪的除外；

（四）被吊销导游证之日起未逾3年的。

第十三条　导游证的有效期为3年。导游需要在导游证有效期届满后继续执业的，应当在有效期限届满前3个月内，通过全国旅游监管服务信息系统向所在地旅游主管部门提出申请，并提交本办法第十条第（二）项至第（四）项规定的材料。

旅行社或者旅游行业组织应当自导游提交申请之日起3个工作日内确认信息。所在地旅游主管部门应当自旅行社或者旅游行业组织核实信息之日起5个工作日内予以审核，并对符合条件的导游变更导游证信息。

第十四条　导游与旅行社订立的劳动合同解除、终止或者在旅游行业组织取消注册的，导游及旅行社或者旅游行业组织应当自解除、终止合同或者取消注册之日起5个工作日内，通过全国旅游监管服务信息系统将信息变更情况报告旅游主管部门。

第十五条　导游应当自下列情形发生之日起10个工作日内，通过全国旅游监管服务信息系统提交相应材料，申请变更导游证信息：

（一）姓名、身份证号、导游等级和语种等信息发生变化的；

（二）与旅行社订立的劳动合同解除、终止或者在旅游行业组织取消注册后，在3个月内与其他旅行社订立劳动合同或者在其他旅游行业组织注册的；

（三）经常执业地区发生变化的；

（四）其他导游身份信息发生变化的。

旅行社或者旅游行业组织应当自收到申请之日起3个工作日内对信息变更情况进行核实。所在地旅游主管部门应当自旅行社或者旅游行业组织核实信息之日起5个工作日内予以审核确认。

第十六条　有下列情形之一的，所在地旅游主管部门应当撤销导游证：

（一）对不具备申请资格或者不符合法定条件的申请人核发导游证的；

（二）申请人以欺骗、贿赂等不正当手段取得导游证的；

（三）依法可以撤销导游证的其他情形。

第十七条　有下列情形之一的，所在地旅游主管部门应当注销导游证：

（一）导游死亡的；

（二）导游证有效期届满未申请换发导游证的；

（三）导游证依法被撤销、吊销的；

（四）导游与旅行社订立的劳动合同解除、终止或者在旅游行业组织取消注册后，超过3个月未与其他旅行社订立劳动合同或者未在其他旅游行业组织注册的；

（五）取得导游证后出现本办法第十二条第（一）项至第（三）项情形的；

（六）依法应当注销导游证的其他情形。

导游证被注销后，导游符合法定执业条件需要继续执业的，应当依法重新申请取得导游证。

第十八条　导游的经常执业地区应当与其订立劳动合同的旅行社（含旅行社分社）或者注册的旅游行业组织所在地的省级行政区域一致。

导游证申请人的经常执业地区在旅行社分社所在地的，可以由旅行社分社所在地旅游主管部门负责导游证办理相关工作。

第三章　导游执业管理

第十九条　导游为旅游者提供服务应当接受旅行社委派，但另有规定的除外。

第二十条　导游在执业过程中应当携带电子导游证、佩戴导游身份标识，并开启导游执业相关应用软件。

旅游者有权要求导游展示电子导游证和导游身份标识。

第二十一条　导游身份标识中的导游信息发生变化，导游应当自导游信息发生变化之日起10个工作日内，向所在地旅游主管部门申请更换导游身份标识。旅游主管部门应当自收到申请之日起5个工作日内予以确认更换。

导游身份标识丢失或者因磨损影响使用的，导游可以向所在地旅游主管部门申请重新领取，旅游主管部门应当自收到申请之日起10个工作日内予以发放或者更换。

第二十二条 导游在执业过程中应当履行下列职责：

（一）自觉维护国家利益和民族尊严；

（二）遵守职业道德，维护职业形象，文明诚信服务；

（三）按照旅游合同提供导游服务，讲解自然和人文资源知识、风俗习惯、宗教禁忌、法律法规和有关注意事项；

（四）尊重旅游者的人格尊严、宗教信仰、民族风俗和生活习惯；

（五）向旅游者告知和解释文明行为规范、不文明行为可能产生的后果，引导旅游者健康、文明旅游，劝阻旅游者违反法律法规、社会公德、文明礼仪规范的行为；

（六）对可能危及旅游者人身、财产安全的事项，向旅游者作出真实的说明和明确的警示，并采取防止危害发生的必要措施。

第二十三条 导游在执业过程中不得有下列行为：

（一）安排旅游者参观或者参与涉及色情、赌博、毒品等违反我国法律法规和社会公德的项目或者活动；

（二）擅自变更旅游行程或者拒绝履行旅游合同；

（三）擅自安排购物活动或者另行付费旅游项目；

（四）以隐瞒事实、提供虚假情况等方式，诱骗旅游者违背自己的真实意愿，参加购物活动或者另行付费旅游项目；

（五）以殴打、弃置、限制活动自由、恐吓、侮辱、咒骂等方式，强迫或者变相强迫旅游者参加购物活动、另行付费等消费项目；

（六）获取购物场所、另行付费旅游项目等相关经营者以回扣、佣金、人头费或者奖励费等名义给予的不正当利益；

（七）推荐或者安排不合格的经营场所；

（八）向旅游者兜售物品；

（九）向旅游者索取小费；

（十）未经旅行社同意委托他人代为提供导游服务；

（十一）法律法规规定的其他行为。

第二十四条 旅游突发事件发生后，导游应当立即采取下列必要的处置措施：

（一）向本单位负责人报告，情况紧急或者发生重大、特别重大旅游突发事件时，可以直接向发生地、旅行社所在地县级以上旅游主管部门、安全生产监督管理部门和负有安全生产监督管理职责的其他相关部门报告；

（二）救助或者协助救助受困旅游者；

（三）根据旅行社、旅游主管部门及有关机构的要求，采取调整或者中止行程、停止带团前往风险区域、撤离风险区域等避险措施。

第二十五条 具备领队条件的导游从事领队业务的，应当符合《旅行社条例实施细则》等法律、法规和规章的规定。

旅行社应当按要求将本单位具备领队条件的领队信息及变更情况，通过全国旅游监管服务信息系统报旅游主管部门备案。

第四章 导游执业保障与激励

第二十六条 导游在执业过程中，其人格尊严受到尊重，人身安全不受侵犯，合法权益受到保障。导游有权拒绝旅行社和旅游者的下列要求：

（一）侮辱其人格尊严的要求；

（二）违反其职业道德的要求；

（三）不符合我国民族风俗习惯的要求；

（四）可能危害其人身安全的要求；

（五）其他违反法律、法规和规章规定的要求。

旅行社等用人单位应当维护导游执业安全、提供必要的职业安全卫生条件，并为女性导游提供执业便利、实行特殊劳动保护。

第二十七条 旅行社有下列行为的，导游有权向劳动行政部门投诉举报、申请仲裁或者向人民法院提起诉讼：

（一）不依法与聘用的导游订立劳动合同的；

（二）不依法向聘用的导游支付劳动报酬、导游服务费用或者缴纳社会保险费用的；

（三）要求导游缴纳自身社会保险费用的；

（四）支付导游的报酬低于当地最低工资标准的。

旅行社要求导游接待以不合理低价组织的旅游团队或者承担接待旅游团队的相关费用的，导游有权向旅游主管部门投诉举报。

鼓励景区对持有导游证从事执业活动或者与执业相关活动的导游免除门票。

第二十八条 旅行社应当与通过其取得导游证的导游订立不少于 1 个月期限的劳动合同，并支付基本工资、带团补贴等劳动报酬，缴纳社会保险费用。

旅行社临时聘用在旅游行业组织注册的导游为旅游者提供服务的，应当依照旅游和劳动相关法律、法规的规定足额支付导游服务费用；旅行社临时聘用的导游与其他单位不具有劳动关系或者人事关系的，旅行社应当与其订立劳动合同。

第二十九条 旅行社应当提供设置“导游专座”的旅游客运车辆，安排的旅游者与导游总人数不得超过旅游客运车辆核定乘员数。

导游应当在旅游车辆“导游专座”就坐，避免在高速公路或者危险路段站立讲解。

第三十条 导游服务星级评价是对导游服务水平的综合评价，星级评价指标由技能水平、学习培训经历、从业年限、奖惩情况、执业经历和社会评价等构成。导游服务星级根据星级评价指标通过全国旅游监管服务信息系统自动生成，并根据导游执业情况每年度更新一次。

旅游主管部门、旅游行业组织和旅行社等单位应当通过全国旅游监管服务信息系统，及时、真实地备注各自获取的导游奖惩情况等信息。

第三十一条 各级旅游主管部门应当积极组织开展导游培训，培训内容应当包括政策法规、安全生产、突发事件应对和文明服务等，培训方式可以包括培训班、专题讲座和网络在线培训等，每年累计培训时间不得少于24小时。培训不得向参加人员收取费用。

旅游行业组织和旅行社等应当对导游进行包括安全生产、岗位技能、文明服务和文明引导等内容的岗前培训和执业培训。

导游应当参加旅游主管部门、旅游行业组织和旅行社开展的有关政策法规、安全生产、突发事件应对和文明服务内容的培训；鼓励导游积极参加其他培训，提高服务水平。

第五章 罚 则

第三十二条 导游违反本办法有关规定的，依照下列规定处理：

(一)违反本办法第十九条规定的，依据《旅游法》第一百零二条第二款的规定处罚；

(二)违反本办法第二十条第一款规定的，依据《导游人员管理条例》第二十一条的规定处罚；

(三)违反本办法第二十二条第(一)项规定的，依据《导游人员管理条例》第二十条的规定处罚；

(四)违反本办法第二十三条第(一)项规定的，依据《旅游法》第一百零一条的规定处罚；

(五)违反本办法第二十三条第(二)项规定的，依据《旅游法》第一百条的规定处罚；

(六)违反本办法第二十三条第(三)项至第(六)项规定的，依据《旅游法》第九十八条的规定处罚；

(七)违反本办法第二十三条第(七)项规定的，依据《旅游法》第九十七条第(二)项的规定处罚；

(八)违反本办法第二十三条第(八)项规定的，依据《导游人员管理条例》第二十三条的规定处罚；

(九)违反本办法第二十三条第(九)项规定的，依据《旅游法》第一百零二条第三款的规定处罚。

违反本办法第三条第一款规定，未取得导游证从事导游活动的，依据《旅游法》第一百零二条第一款的规定处罚。

第三十三条 违反本办法规定，导游有下列行为的，由县级以上旅游主管部门责令改正，并可以处1000元以下罚款；情节严重的，可以处1000元以上5000元以下罚款：

(一)未按期报告信息变更情况的；

(二)未申请变更导游证信息的；

(三)未更换导游身份标识的；

(四)不依照本办法第二十四条规定采取相应措施的；

(五)未按规定参加旅游主管部门组织的培训的；

(六)向负责监督检查的旅游主管部门隐瞒有关情况、提供虚假材料或者拒绝提供反映其活动情况的真实材料的；

(七)在导游服务星级评价中提供虚假材料的。

旅行社或者旅游行业组织有前款第(一)项和第(七)项规定行为的，依照前款规定处罚。

第三十四条 导游执业许可申请人隐瞒有关情况或者提供虚假材料申请取得导游人员资格证、导游证的，县级以上旅游主管部门不予受理或者不予许可，并给予警告；申请人在一年内不得再次申请该导游执业许可。

导游以欺骗、贿赂等不正当手段取得导游人员资格证、导游证的，除依法撤销相关证件外，可以由所在地旅游主管部门处1000元以上5000元以下罚款；申请人在三年内不得再次申请导游执业许可。

第三十五条 导游涂改、倒卖、出租、出借导游人员资格证、导游证，以其他形式非法转让导游执业许可，或者擅自委托他人代为提供导游服务的，由县级以上旅游主管部门责令改正，并可以处2000元以上1万元以下罚款。

第三十六条 违反本办法第二十五条第二款规定，旅行社不按要求报备领队信息及变更情况，或者备案的领队不具备领队条件的，由县级以上旅游主管部门责令改正，并可以删除全国旅游监管服务信息系统中不具备领队条件的领队信息；拒不改正的，可以处5000元以下罚款。

旅游行业组织、旅行社为导游证申请人申请取得导游证隐瞒有关情况或者提供虚假材料的，由县级以上旅游主管部门责令改正，并可以处5000元以下罚款。

第三十七条 对导游违反本办法规定的行为，县级以上旅游主管部门应当依照旅游经营服务不良信息管理有关规定，纳入旅游经营服务不良信息管理；构成犯罪的，依法移送公安机关追究其刑事责任。

第三十八条 旅游主管部门及其工作人员在履行导游执业许可、管理职责中，滥用职权、玩忽职守、徇私舞弊的，由有关部门责令改正，对直接负责的主管人员和其他直接责任人员依法给予处分。

第六章 附 则

第三十九条 本办法下列用语的含义：

（一）所在地旅游主管部门，是指旅行社（含旅行社分社）、旅游行业组织所在地的省、自治区、直辖市旅游主管部门或者其委托的设区的市级旅游主管部门、县级旅游主管部门；

（二）旅游行业组织，是指依照《社会团体登记管理条例》成立的导游协会，以及在旅游协会、旅行社协会等旅游行业社会团体内设立的导游分会或者导游工作部门，具体由所在地旅游主管部门确定；

（三）经常执业地区，是指导游连续执业或者3个月内累计执业达到30日的省级行政区域；

（四）导游身份标识，是指标识有导游姓名、证件号码等导游基本信息，以便于旅游者和执法人员识别身份的工作标牌，具体标准由国家旅游局制定。

第四十条 本办法自2018年1月1日起施行。

国家旅游局、人力资源社会保障部、中华全国总工会关于进一步加强导游劳动权益保障的指导意见

1. 2015年7月29日
2. 旅发〔2015〕164号

各省、自治区、直辖市旅游委、局，人力资源社会保障厅（局），总工会，中国财贸轻纺烟草工会，新疆生产建设兵团旅游局、人力资源社会保障局、工会：

导游是我国旅游从业人员队伍的重要组成部分，多年来，为展示旅游形象、传播先进文化、促进中外交流、推动旅游业发展做出了积极贡献。为贯彻党的十八届四中全会精神，落实旅游法和劳动合同法等法律及《国务院关于促进旅游业改革发展的若干意见》（国发〔2014〕31号，以下简称《若干意见》）的要求，维护和保障导游合法劳动权益，促进导游队伍平稳健康发展，现提出如下指导意见：

一、总体要求

（一）指导思想

以党的十八届四中全会精神为指导，以深入贯彻落实旅游法和《若干意见》为契机，以依法保障导游劳动权益为出发点，以广大游客更加满意为落脚点，以推动旅游业健康可持续发展为目标，坚持依法治旅、依法兴旅，坚持以人为本、科学发展，坚持社会公平正义，着力排除阻碍劳动者参与发展、分享发展成果的障碍，努力实现导游体面劳动、全面发展，营造健康有序、公平竞争的旅游行业发展环境。

（二）工作目标

以保障导游合法劳动报酬权益为核心，建立公开、公平、合理的导游薪酬制度；构建法律关系清晰、管理责任明确、权利义务对等、收入与服务质量挂钩、基本保障健全的导游劳动权益保障体系；营造良好的就业环境，实现导游体面劳动，促进劳动关系和谐；不断提高导游服务水平，优化队伍结构，培养一支爱岗敬业、诚实守信、服务至诚、形象健康的导游队伍，为从源头和基础上彻底解决影响旅游市场秩序的深层次问题提供条件。

（三）基本原则

1. 平稳有序，加快推进

导游劳动权益保障工作关系到旅游企业、从业者的切身利益。既要充分认识该项工作的必要性和紧迫性，也要充分认识该项工作的复杂性和艰巨性，既要积极破除阻碍旅游市场健康持续发展的不合理的导游用工管理模式，多措并举，加快推进，又要做到科学合理，平稳有序，力求实效。

2. 兼顾利益，实现共赢

切实保障导游的合法劳动权益，是旅行社应尽的法定义务，旅行社的健康有序发展也将为导游提供更多的就业机会和发展前景。必须兼顾各方利益，着眼于构建和谐劳动关系，真正实现共赢。

3. 加强协作，创新模式

开展导游劳动权益保障工作不仅需要旅游主管部门、人力资源社会保障部门和工会组织紧密合作，还需要发挥行业组织、用人单位及导游的主动性、积极性和创造性，大胆创新，突破难点，制定切实有效的配套方案和实施细则，探索有效的工作方法，扎实开展工作。

二、主要工作

(四)理顺旅行社与导游的关系

旅行社应依照劳动法、劳动合同法等法律法规规定,依法承担相应的责任。旅行社应当与其聘用的未与其他用人单位建立劳动关系或人事关系的导游签订劳动合同,且劳动合同期限应在1个月以上。劳动合同应明确双方基本信息、合同期限、工作内容、工作时间与劳动报酬、社会保险、休息休假、劳动保护与劳动条件等内容。临时聘用的导游,应是与其他用人单位建立劳动关系或人事关系,并获得原用人单位同意的人员。临时聘用时,旅行社可与其签订劳务协议,明确双方的权利、义务。

(五)依法保障导游合法劳动报酬和社会保险权益

1. 依法保障导游的劳动报酬权益

旅行社应建立和完善劳动报酬分配办法,合理确定基本工资、带团补贴、奖金等,按照旅游法、劳动合同法等相关法律法规规定及劳动合同约定,按月足额向导游支付劳动报酬。旅行社临时聘用导游的,应按照旅游法及劳务协议约定,按时足额向其支付导游服务费用。

2. 建立导游优质服务奖励制度

旅行社要尽快建立健全针对导游的职业技能、专业素质、游客评价、从业贡献为主要测评内容的导游绩效奖励制度,探索建立基于游客自愿支付的对导游优质服务的奖励机制。

3. 依法保障导游的社会保险权益

旅行社应依法参加各项社会保险,按规定为与其签订劳动合同的导游办理相关社会保险手续,足额缴纳各项社会保险费。

(六)加强导游执业的劳动保护和职业培训

旅行社应为导游提供必要的职业安全卫生条件,对女性导游实行特殊劳动保护,就反映强烈的"导游专座"、住宿待遇等问题,积极采取改进措施,降低导游的劳动风险,保障导游安全执业和体面劳动;依法投保旅行社责任保险,鼓励投保导游执业综合保险等补充保险,妥善处置导游因公伤亡事故;建立健全导游职业培训制度,加大投入,做好导游岗前培训和在职培训,支持导游参加提升素质的学习实践,不断提高导游的素质和能力。

(七)开展导游劳动报酬集体协商和指导性标准制定工作

各地要依法开展以协商确定导游劳动报酬为重点的集体协商试点工作。试点城市应按照相关规定,建立协商对话机制,确定协商主体,按程序选派代表进行集体协商;签订的集体合同经当地人力资源社会保障部门审查后生效。试点城市要依据现有法律法规,结合本地区经济社会发展水平、旅游市场状况、导游供求等实际状况,制定本地区导游劳动报酬的指导性标准,定期公布、调整。暂未进行集体协商试点的地区,要结合本地区实际情况,积极推动建立导游劳动报酬的指导性标准。

三、工作要求

(八)加强组织领导和协同推进

各地旅游主管部门、人力资源社会保障部门和工会组织要将保障导游劳动权益作为贯彻落实旅游法和《若干意见》的重要措施,高度重视,紧密配合,抓紧抓实。旅游主管部门要组织成立专门领导与工作机构,指定专人负责,主动联系人力资源社会保障部门和工会组织,建立沟通协调机制,共同研究,克服困难、改革创新。同时,要主动加强媒体宣传,加强舆论引导和舆情分析,营造良好的舆论环境。

(九)积极发挥导游行业组织和行业工会的作用

各地旅游主管部门要尽快推动同步建立健全导游行业组织和工会组织,充分发挥导游行业组织联系政府、服务会员、促进行业自律的作用,强化对会员的行为引导、规范约束、权益保护,组织实施导游注册、职业培训、先进典型宣传推广、咨询与援助等工作。工会组织要全面履行职能,维护导游合法权益,推动构建和谐劳动关系。

(十)督促用人单位落实主体责任

各地旅游主管部门、人力资源社会保障部门和工会组织要指导督促旅行社严格按照旅游法、劳动合同法等法律法规的相关规定,与导游签订规范的劳动合同,保障导游的合法劳动权益。对不与导游签订劳动合同、不按时支付劳动报酬、不按时足额缴纳社会保险费的用人单位,要依法依规严肃查处。旅游主管部门要引导旅行社健全导游服务管理机构,建立健全导游培训、管理制度,加强导游典型事迹宣传,建立游客对导游服务的评价和优质服务奖励制度,不断提升旅游服务质量,促进导游队伍健康发展。

(十一)努力提高导游人员素质,增强维权能力

各地要加强对导游的宣传教育培训,加强相关法律法规和标准的贯彻落实,健全导游诚信体系,建立淘汰退出机制。要积极强化导游维护自身劳动权益的意识,鼓励导游积极加入导游行业组织和工会组织,对用

人单位的违法行为及时向有关部门举报投诉。要引导导游积极践行社会主义核心价值观，自觉将“游客为本、服务至诚”的行业核心价值观作为职业行为导向，努力提高自身素质，不断提升专业技能和服务水平。要激励导游增强职业自信心和自豪感，自觉维护导游队伍良好形象，热爱旅游、服务旅游、奉献旅游，成为诚实守信、乐于奉献、积极向上、奋发有为的优秀导游。

国家旅游局关于深化导游体制改革加强导游队伍建设的意见（节录）

1. *2016年8月19日*
2. *旅发〔2016〕104号*

四、重点任务

（一）改革准入培训注册制度；改革导游考试制度，构建适应市场新需求的准入制度；改革导游培训方式，提升导游队伍专业技能与综合素质；改革导游注册制度。

1. 改革导游准入制度。实施全国统一的导游资格考试，不断改革完善考试内容与考试方式，形成科学规范、公开透明、便利高效的考试制度。提高考试工作信息化水平，增强考试便利性。增加考点分布，降低考试收费标准，减轻考生负担。统一规范考试标准，优化考试流程，加强考试督察检查，提高服务质量。试点开展特聘导游认定工作，制定管理办法，明确认定条件、认定程序、执业范围及奖惩机制等，以吸纳社会专门人才、小语种人才进入导游队伍，优化导游队伍结构。

2. 改革导游注册制度。取消导游资格证三年有效的规定，明确导游资格证终身有效，规范导游证使用时限，建设全国导游公共服务监管平台，启用电子导游证书取代原有IC卡导游证，再造导游注册流程，便利导游注册、领证执业。

3. 改革导游培训方式。构建强制性培训与自愿性培训相结合、岗前培训与在岗培训相衔接、“课堂培训、实操培训、网络培训”相统一的复合型培训体系；引导旅游院校加强导游相关专业学生实践技能和适应能力的培养，推动校企合作，促进院校教育与职业培训有机衔接，在全国旅游院校构建导游培训网络；遴选部分高等级旅游景区设立导游执业培训基地，丰富实操性培训；完善导游研修“云课堂”，拓宽覆盖面，丰富培训内容，为更多导游提供免费网络培训。

4. 创新导游思想政治和职业道德教育体系。遵循导游职业发展规律，创新思想政治和职业道德教育形式，通过丰富多彩、喜闻乐见、易于接受的活动，在导游队伍中持续强化国家意识、民族意识、法制意识、行业意识等教育，不断增强思想政治和职业道德教育的渗透力和感染力；大力倡导以“爱岗敬业、诚实守信、办事公道、服务群众、奉献社会”为主要内容的职业道德，使导游队伍成为践行社会主义核心价值观和旅游行业核心价值观、面向国内外游客讲好中国故事、弘扬中国精神、传播中国声音的生力军。

（二）改革导游执业制度，以市场化为导向，依据市场规则，构建自由执业、自由流通的导游执业制度，形成渠道丰富、主体多元、流通顺畅、市场活跃的导游执业生态。

5. 开展导游自由执业改革。拟选择导游管理基础好、市场秩序好、市场需求大的区域作为试点，开展导游自由执业改革，使导游执业渠道由单一旅行社委派转型为旅行社、互联网平台以及其它旅行服务机构等多元选择。制定实施导游自由执业管理办法和服务标准，建设完善全国导游公共服务监管平台，健全导游自由执业保险保障体系，建立导游自由执业纠纷综合处理机制；鼓励指导旅游企业参与试点工作，建立导游自由执业网络预约平台。

6. 取消导游异地执业壁垒。清除各地违法设置的导游异地执业障碍，打破导游异地执业的地区壁垒，真正把导游选聘管理权限放归市场，通过市场调节和企业自主选择，使导游资源在不同地区、不同时间的合理分配，促进导游流动更加开放化、导游资源配置更加市场化。

（三）健全执业保障体系。保障体系是导游队伍建设的重要支柱。从保障导游合法劳动报酬和社会保险权益、减轻导游执业负担等方面加强改革，破除导游参与分享发展成果的障碍，促进导游安全执业和体面执业，自觉践行行业核心价值观。

7. 开展劳动报酬集体协商。联合人社部、全国总工会，开展协商确定劳动报酬的试点工作，指导试点地区建立协商对话机制，制定本地区旅行社聘用导游劳动报酬指导性标准，建立公开、公平、合理的导游薪酬制度。

8. 健全导游保险保障体系。开展导游劳动权益保障督查，维护导游的合法权益。鼓励有条件的地方采取财政资金补贴一部分、社会捐助一部分、导游缴纳一部分等形式，帮助导游解决社会保险、执业保险费用问题；鼓励有实力、负责任的企业建立导游诚信基金、导游伤残基金等。探索试点导游自由执业责任保险制度,鼓励自由执业导游投保执业综合保险。

9. 清理不合理收费项目。各地立即清理利用注册、年审等向导游强制收取的年审费、注册费、挂靠费、管理服务费、高额会费等费用,停止开展各类收费的强制性培训。鼓励有条件的地方免费为导游提供培训机会,减轻导游执业负担。

10. 营造安全体面的执业环境。加强与交通运管部门的合作,共同推动落实《国家旅游局、交通运输部关于规范旅游用车"导游专座"的通知》的要求,强化对旅游客车生产企业、旅游客运企业及旅行社的监督检查,确保通知精神落到实处;加强与公安部门的协调,推动依法严厉处罚侮辱、殴打等严重侵害导游人身安全的违法行为,确保导游安全执业。督促旅行社等用人单位为导游安排干净、卫生、安全的陪同用房和餐饮;鼓励地方和企业为导游配备统一的、体现目的地形象、企业形象的工装,使导游体面执业。

(四)健全事中事后监管体制,利用信息技术提升对导游执业全过程、动态化的监管水平;建立导游社会化评价与监督体系;健全旅游纠纷综合处理机制,运用法治方式化解旅游纠纷矛盾;实现由点到面、由事前到事中事后、由静态向动态的监管转变。

11. 建立导游执业动态监管机制。取消导游年审制度。充分利用信息技术,打造汇集导游基本信息、执业信息、游客评价及旅行社、自由职业机构、旅游管理部门奖惩评价信息为一体的全国导游公共服务监管平台,向游客提供导游身份认证及执业信息、诚信记录查询,向导游提供注册申领电子导游证、管理执业信息、查询游客评价,向旅行社和导游行业组织提供导游注册审核、管理、查询,向旅游部门提供导游证核发、管理、统计分析,向执法机构提供实时查询导游位置、认证导游信息、在线记录导游违法信息,实现对导游执业全过程、动态化服务监管,形成权责明确、流程清晰、信息共享、运转高效、监督到位的市场监管格局。

12. 建立导游信用综合评价体系。改革导游计分管理等规则,从过去仅靠行政执法人员现场扣分,转变成通过建立游客评价、"用人单位"考核、旅游部门奖惩为一体的导游执业综合评价制度,用"结果导向"促使导游用优质服务获取市场好评和执业机会。以导游与游客平等、责权利对等为原则,通过契约规范约束双方行为,严肃惩戒导游失德失信行为,建立健全跨部门失信联合惩戒机制,将导游失德和违法违规行为列入《旅游不文明行为记录》和不诚信从业人员名录,并向社会公布。

13. 健全旅游纠纷综合处理机制。在旅游质监执法机构、旅游企业设立旅游投诉调解委员会及首席调解员,发挥调解委员会的行业性、专业性、自治性。推动建立以当事人和解、人民调解、行政调解、仲裁调解、司法调解相互衔接的大调解机制,并促进与仲裁、行政执法、司法诉讼的有效对接,使导游执业产生的纠纷在法制框架下高效解决。

(五)建立健全导游协会组织,贯彻落实《旅游法》,推动建立体制合理、功能完备、管理有效、行为规范的导游行业组织体系,发挥导游行业组织联系政府、服务会员、促进行业自律的作用,构建导游依法自治的现代社会组织。

14. 依法推进导游行业组织体系建设。推动各地级市(区)成立以导游个人会员为主的导游行业组织,各省成立以市级导游行业组织单位会员为主的导游行业联合会。推动各级导游行业组织组建数量适当、结构合理、精干高效的工作队伍,健全内设机构与工作机制,规范办事程序和工作流程。

15. 充分发挥导游行业组织自律作用。鼓励所有导游积极加入导游行业组织。促进各级导游行业组织建立健全以章程为核心的内部管理制度、会员约束制度,积极协调会员间利益,开展会员培训、权益维护、法律咨询等服务,切实把行业组织打造成"导游之家"。

16. 支持导游行业组织可持续发展。按照社会化、市场化改革方向,促进和引导行业协会自主运行、有序发展。鼓励各地采取购买服务的方式,支持导游行业组织依法开展导游注册工作,积极参与行业政策、标准制定及承担对导游的强制性培训任务。加强对导游行业组织的监督检查,严厉查处违规开展导游注册工作以及违反相关法律法规的导游行业组织。

(六)创新导游激励机制,从加强导游人才队伍建设、完善导游等级评定制度、打造星级导游服务品牌、树立导游正面典型等方面,创新导游激励机制,增强导游职业归属感和荣誉感。

17. 建立星级导游品牌制度。修订《导游服务规范》标准,建立与游客评价、执业时长、培训学习、导游等级、用人单位考核、旅游部门奖惩情况相挂钩的星级评价标准,建立去行政化、高度市场化和智能化的评价机制,打造导游职业服务品牌。

18. 完善导游等级评定制度。制定《导游等级标准》,进一步建立健全第三方参与的导游等级评定办法和机制,启动特级导游评定工作,打造导游职业技能品牌。

19. 加强导游正面宣传引导。大力弘扬导游先进典型,树立导游正面形象,激励和引导广大导游忠于职守、爱岗敬业,诚实守信、乐于奉献,使社会公众进一步理解、尊重和信任导游,增强导游的职业自信心和自豪感。持续征集宣传好导游事迹,举办全国导游大赛,开展“文明旅游我先行”活动,树立一批文明旅游引导标兵。努力争取提高导游在各级人大代表、政协委员及劳模中的名额,推动有关部门在积分入户等方面考虑导游等级、星级及所获的行业荣誉。

四、出入境旅游管理

资料补充栏

中华人民共和国护照法

1. 2006年4月29日第十届全国人民代表大会常务委员会第二十一次会议通过
2. 2006年4月29日中华人民共和国主席令第50号公布
3. 自2007年1月1日起施行

第一条 【立法目的】为了规范中华人民共和国护照的申请、签发和管理,保障中华人民共和国公民出入中华人民共和国国境的权益,促进对外交往,制定本法。

第二条 【定义】中华人民共和国护照是中华人民共和国公民出入国境和在国外证明国籍和身份的证件。

任何组织或者个人不得伪造、变造、转让、故意损毁或者非法扣押护照。

第三条 【护照的分类和推介】护照分为普通护照、外交护照和公务护照。

护照由外交部通过外交途径向外国政府推介。

第四条 【护照的签发】普通护照由公安部出入境管理机构或者公安部委托的县级以上地方人民政府公安机关出入境管理机构以及中华人民共和国驻外使馆、领馆和外交部委托的其他驻外机构签发。

外交护照由外交部签发。

公务护照由外交部、中华人民共和国驻外使馆、领馆或者外交部委托的其他驻外机构以及外交部委托的省、自治区、直辖市和设区的市人民政府外事部门签发。

第五条 【普通护照的申请】公民因前往外国定居、探亲、学习、就业、旅行、从事商务活动等非公务原因出国的,由本人向户籍所在地的县级以上地方人民政府公安机关出入境管理机构申请普通护照。

第六条 【申请普通护照的办理】公民申请普通护照,应当提交本人的居民身份证、户口簿、近期免冠照片以及申请事由的相关材料。国家工作人员因本法第五条规定的原因出境申请普通护照的,还应当按照国家有关规定提交相关证明文件。

公安机关出入境管理机构应当自收到申请材料之日起十五日内签发普通护照;对不符合规定不予签发的,应当书面说明理由,并告知申请人享有依法申请行政复议或者提起行政诉讼的权利。

在偏远地区或者交通不便的地区或者因特殊情况,不能按期签发护照的,经护照签发机关负责人批准,签发时间可以延长至三十日。

公民因合理紧急事由请求加急办理的,公安机关出入境管理机构应当及时办理。

第七条 【普通护照的登记项目和有效期】普通护照的登记项目包括:护照持有人的姓名、性别、出生日期、出生地,护照的签发日期、有效期、签发地点和签发机关。

普通护照的有效期为:护照持有人未满十六周岁的五年,十六周岁以上的十年。

普通护照的具体签发办法,由公安部规定。

第八条 【外交护照的使用范围】外交官员、领事官员及其随行配偶、未成年子女和外交信使持用外交护照。

在中华人民共和国驻外使馆、领馆或者联合国、联合国专门机构以及其他政府间国际组织中工作的中国政府派出的职员及其随行配偶、未成年子女持用公务护照。

前两款规定之外的公民出国执行公务的,由其工作单位依照本法第四条第二款、第三款的规定向外交部门提出申请,由外交部门根据需要签发外交护照或者公务护照。

第九条 【外交护照、公务护照的登记项目】外交护照、公务护照的登记项目包括:护照持有人的姓名、性别、出生日期、出生地,护照的签发日期、有效期和签发机关。

外交护照、公务护照的签发范围、签发办法、有效期以及公务护照的具体类别,由外交部规定。

第十条 【护照变更加注】护照持有人所持护照的登记事项发生变更时,应当持相关证明材料,向护照签发机关申请护照变更加注。

第十一条 【护照的换发和补发】有下列情形之一的,护照持有人可以按照规定申请换发或者补发护照:

(一)护照有效期即将届满的;

(二)护照签证页即将使用完毕的;

(三)护照损毁不能使用的;

(四)护照遗失或者被盗的;

(五)有正当理由需要换发或者补发护照的其他情形。

护照持有人申请换发或者补发普通护照,在国内,由本人向户籍所在地的县级以上地方人民政府公安机关出入境管理机构提出;在国外,由本人向中华人民共和国驻外使馆、领馆或者外交部委托的其他驻外机构提出。定居国外的中国公民回国后申请换发或者补发普通护照的,由本人向暂住地的县级以上地方人民政府公安机关出入境管理机构提出。

外交护照、公务护照的换发或者补发,按照外交部的有关规定办理。

第十二条 【护照的防伪和个人信息保密】护照具备视

读与机读两种功能。

护照的防伪性能参照国际技术标准制定。

护照签发机关及其工作人员对因制作、签发护照而知悉的公民个人信息,应当予以保密。

第十三条 【不予签发护照的情形】申请人有下列情形之一的,护照签发机关不予签发护照:

(一)不具有中华人民共和国国籍的;

(二)无法证明身份的;

(三)在申请过程中弄虚作假的;

(四)被判处刑罚正在服刑的;

(五)人民法院通知有未了结的民事案件不能出境的;

(六)属于刑事案件被告人或者犯罪嫌疑人的;

(七)国务院有关主管部门认为出境后将对国家安全造成危害或者对国家利益造成重大损失的。

第十四条 【三年以内不予签发护照的情形】申请人有下列情形之一的,护照签发机关自其刑罚执行完毕或者被遣返回国之日起六个月至三年以内不予签发护照:

(一)因妨害国(边)境管理受到刑事处罚的;

(二)因非法出境、非法居留、非法就业被遣返回国的。

第十五条 【护照的司法扣押和宣布作废】人民法院、人民检察院、公安机关、国家安全机关、行政监察机关因办理案件需要,可以依法扣押案件当事人的护照。

案件当事人拒不交出护照的,前款规定的国家机关可以提请护照签发机关宣布案件当事人的护照作废。

第十六条 【护照的作废和无效】护照持有人丧失中华人民共和国国籍,或者护照遗失、被盗等情形,由护照签发机关宣布该护照作废。

伪造、变造、骗取或者被签发机关宣布作废的护照无效。

第十七条 【骗取护照的责任】弄虚作假骗取护照的,由护照签发机关收缴护照或者宣布护照作废;由公安机关处二千元以上五千元以下罚款;构成犯罪的,依法追究刑事责任。

第十八条 【伪造、变造、出售护照的责任】为他人提供伪造、变造的护照,或者出售护照的,依法追究刑事责任;尚不够刑事处罚的,由公安机关没收违法所得,处十日以上十五日以下拘留,并处二千元以上五千元以下罚款;非法护照及其印制设备由公安机关收缴。

第十九条 【持用伪造或变造护照出入境的责任】持用伪造或者变造的护照或者冒用他人护照出入国(边)境的,由公安机关依照出境入境管理的法律规定予以处罚;非法护照由公安机关收缴。

第二十条 【护照签发机关的违法责任】护照签发机关工作人员在办理护照过程中有下列行为之一的,依法给予行政处分;构成犯罪的,依法追究刑事责任:

(一)应当受理而不予受理的;

(二)无正当理由不在法定期限内签发的;

(三)超出国家规定标准收取费用的;

(四)向申请人索取或者收受贿赂的;

(五)泄露因制作、签发护照而知悉的公民个人信息,侵害公民合法权益的;

(六)滥用职权、玩忽职守、徇私舞弊的其他行为。

第二十一条 【不同护照式样的规定和监制机关】普通护照由公安部规定式样并监制;外交护照、公务护照由外交部规定式样并监制。

第二十二条 【护照的工本费】护照签发机关可以收取护照的工本费、加注费。收取的工本费和加注费上缴国库。

护照工本费和加注费的标准由国务院价格行政部门会同国务院财政部门规定、公布。

第二十三条 【旅行证的申请情形】短期出国的公民在国外发生护照遗失、被盗或者损毁不能使用等情形,应当向中华人民共和国驻外使馆、领馆或者外交部委托的其他驻外机构申请中华人民共和国旅行证。

第二十四条 【出入境通行证的申请】公民从事边境贸易、边境旅游服务或者参加边境旅游等情形,可以向公安部委托的县级以上地方人民政府公安机关出入境管理机构申请中华人民共和国出入境通行证。

第二十五条 【海员证的申请】公民以海员身份出入国境和在国外船舶上从事工作的,应当向交通部委托的海事管理机构申请中华人民共和国海员证。

第二十六条 【施行日期】本法自2007年1月1日起施行。本法施行前签发的护照在有效期内继续有效。

中华人民共和国出境入境管理法

1. *2012年6月30日第十一届全国人民代表大会常务委员会第二十七次会议通过*
2. *2012年6月30日中华人民共和国主席令第57号公布*
3. *自2013年7月1日起施行*

目　　录

第一章　总　　则

第一条　【立法宗旨】为了规范出境入境管理，维护中华人民共和国的主权、安全和社会秩序，促进对外交往和对外开放，制定本法。

第二条　【调整范围】中国公民出境入境、外国人入境出境、外国人在中国境内停留居留的管理，以及交通运输工具出境入境的边防检查，适用本法。

第三条　【合法权益保护】国家保护中国公民出境入境合法权益。

在中国境内的外国人的合法权益受法律保护。在中国境内的外国人应当遵守中国法律，不得危害中国国家安全、损害社会公共利益、破坏社会公共秩序。

第四条　【出入境管理工作体制】公安部、外交部按照各自职责负责有关出境入境事务的管理。

中华人民共和国驻外使馆、领馆或者外交部委托的其他驻外机构（以下称驻外签证机关）负责在境外签发外国人入境签证。出入境边防检查机关负责实施出境入境边防检查。县级以上地方人民政府公安机关及其出入境管理机构负责外国人停留居留管理。

公安部、外交部可以在各自职责范围内委托县级以上地方人民政府公安机关出入境管理机构、县级以上地方人民政府外事部门受理外国人入境、停留居留申请。

公安部、外交部在出境入境事务管理中，应当加强沟通配合，并与国务院有关部门密切合作，按照各自职责分工，依法行使职权，承担责任。

第五条　【信息平台建设】国家建立统一的出境入境管理信息平台，实现有关管理部门信息共享。

第六条　【出入境边防检查】国家在对外开放的口岸设立出入境边防检查机关。

中国公民、外国人以及交通运输工具应当从对外开放的口岸出境入境，特殊情况下，可以从国务院或者国务院授权的部门批准的地点出境入境。出境入境人员和交通运输工具应当接受出境入境边防检查。

出入境边防检查机关负责对口岸限定区域实施管理。根据维护国家安全和出境入境管理秩序的需要，出入境边防检查机关可以对出境入境人员携带的物品实施边防检查。必要时，出入境边防检查机关可以对出境入境交通运输工具载运的货物实施边防检查，但是应当通知海关。

第七条　【留存人体生物识别信息】经国务院批准，公安部、外交部根据出境入境管理的需要，可以对留存出境入境人员的指纹等人体生物识别信息作出规定。

外国政府对中国公民签发签证、出境入境管理有特别规定的，中国政府可以根据情况采取相应的对等措施。

第八条　【管理与服务并重】履行出境入境管理职责的部门和机构应当切实采取措施，不断提升服务和管理水平，公正执法，便民高效，维护安全、便捷的出境入境秩序。

第二章　中国公民出境入境

第九条　【出境入境证件】中国公民出境入境，应当依法申请办理护照或者其他旅行证件。

中国公民前往其他国家或者地区，还需要取得前往国签证或者其他入境许可证明。但是，中国政府与其他国家政府签订互免签证协议或者公安部、外交部另有规定的除外。

中国公民以海员身份出境入境和在国外船舶上从事工作的，应当依法申请办理海员证。

第十条　【中国公民往来港澳台】中国公民往来内地与香港特别行政区、澳门特别行政区，中国公民往来大陆与台湾地区，应当依法申请办理通行证件，并遵守本法有关规定。具体管理办法由国务院规定。

第十一条　【出境入境查验程序和为中国公民提供便利措施】中国公民出境入境，应当向出入境边防检查机关交验本人的护照或者其他旅行证件等出境入境证件，履行规定的手续，经查验准许，方可出境入境。

具备条件的口岸，出入境边防检查机关应当为中国公民出境入境提供专用通道等便利措施。

第十二条　【不准出境情形】中国公民有下列情形之一的，不准出境：

（一）未持有效出境入境证件或者拒绝、逃避接受边防检查的；

（二）被判处刑罚尚未执行完毕或者属于刑事案件被告人、犯罪嫌疑人的；

（三）有未了结的民事案件，人民法院决定不准出境的；

（四）因妨害国（边）境管理受到刑事处罚或者因非法出境、非法居留、非法就业被其他国家或者地区遣返，未满不准出境规定年限的；

（五）可能危害国家安全和利益，国务院有关主管部门决定不准出境的；

（六）法律、行政法规规定不准出境的其他情形。

第十三条 【华侨回国定居】定居国外的中国公民要求回国定居的，应当在入境前向中华人民共和国驻外使馆、领馆或者外交部委托的其他驻外机构提出申请，也可以由本人或者经由国内亲属向拟定居地的县级以上地方人民政府侨务部门提出申请。

第十四条 【华侨在境内办理有关事务的身份证明】定居国外的中国公民在中国境内办理金融、教育、医疗、交通、电信、社会保险、财产登记等事务需要提供身份证明的，可以凭本人的护照证明其身份。

第三章 外国人入境出境

第一节 签 证

第十五条 【入境签证】外国人入境，应当向驻外签证机关申请办理签证，但是本法另有规定的除外。

第十六条 【签证种类】签证分为外交签证、礼遇签证、公务签证、普通签证。

对因外交、公务事由入境的外国人，签发外交、公务签证；对因身份特殊需要给予礼遇的外国人，签发礼遇签证。外交签证、礼遇签证、公务签证的签发范围和签发办法由外交部规定。

对因工作、学习、探亲、旅游、商务活动、人才引进等非外交、公务事由入境的外国人，签发相应类别的普通签证。普通签证的类别和签发办法由国务院规定。

第十七条 【签证登记项目】签证的登记项目包括：签证种类，持有人姓名、性别、出生日期、入境次数、入境有效期、停留期限，签发日期、地点，护照或者其他国际旅行证件号码等。

第十八条 【签证申请的条件和程序】外国人申请办理签证，应当向驻外签证机关提交本人的护照或者其他国际旅行证件，以及申请事由的相关材料，按照驻外签证机关的要求办理相关手续、接受面谈。

第十九条 【邀请函】外国人申请办理签证需要提供中国境内的单位或者个人出具的邀请函件的，申请人应当按照驻外签证机关的要求提供。出具邀请函件的单位或者个人应当对邀请内容的真实性负责。

第二十条 【口岸签证】出于人道原因需要紧急入境，应邀入境从事紧急商务、工程抢修或者具有其他紧急入境需要并持有有关主管部门同意在口岸申办签证的证明材料的外国人，可以在国务院批准办理口岸签证业务的口岸，向公安部委托的口岸签证机关（以下简称口岸签证机关）申请办理口岸签证。

旅行社按照国家有关规定组织入境旅游的，可以向口岸签证机关申请办理团体旅游签证。

外国人向口岸签证机关申请办理签证，应当提交本人的护照或者其他国际旅行证件，以及申请事由的相关材料，按照口岸签证机关的要求办理相关手续，并从申请签证的口岸入境。

口岸签证机关签发的签证一次入境有效，签证注明的停留期限不得超过三十日。

第二十一条 【不予签发签证的情形】外国人有下列情形之一的，不予签发签证：

（一）被处驱逐出境或者被决定遣送出境，未满不准入境规定年限的；

（二）患有严重精神障碍、传染性肺结核病或者有可能对公共卫生造成重大危害的其他传染病的；

（三）可能危害中国国家安全和利益、破坏社会公共秩序或者从事其他违法犯罪活动的；

（四）在申请签证过程中弄虚作假或者不能保障在中国境内期间所需费用的；

（五）不能提交签证机关要求提交的相关材料的；

（六）签证机关认为不宜签发签证的其他情形。

对不予签发签证的，签证机关可以不说明理由。

第二十二条 【免办签证情形】外国人有下列情形之一的，可以免办签证：

（一）根据中国政府与其他国家政府签订的互免签证协议，属于免办签证人员的；

（二）持有效的外国人居留证件的；

（三）持联程客票搭乘国际航行的航空器、船舶、列车从中国过境前往第三国或者地区，在中国境内停留不超过二十四小时且不离开口岸，或者在国务院批准的特定区域内停留不超过规定时限的；

（四）国务院规定的可以免办签证的其他情形。

第二十三条 【临时入境】有下列情形之一的外国人需要临时入境的，应当向出入境边防检查机关申请办理临时入境手续：

（一）外国船员及其随行家属登陆港口所在城市的；

（二）本法第二十二条第三项规定的人员需要离

开口岸的；

（三）因不可抗力或者其他紧急原因需要临时入境的。

临时入境的期限不得超过十五日。

对申请办理临时入境手续的外国人，出入境边防检查机关可以要求外国人本人、载运其入境的交通运输工具的负责人或者交通运输工具出境入境业务代理单位提供必要的保证措施。

第二节 入境出境

第二十四条 【入境查验】外国人入境，应当向出入境边防检查机关交验本人的护照或者其他国际旅行证件、签证或者其他入境许可证明，履行规定的手续，经查验准许，方可入境。

第二十五条 【不准入境情形】外国人有下列情形之一的，不准入境：

（一）未持有效出境入境证件或者拒绝、逃避接受边防检查的；

（二）具有本法第二十一条第一款第一项至第四项规定情形的；

（三）入境后可能从事与签证种类不符的活动的；

（四）法律、行政法规规定不准入境的其他情形。

对不准入境的，出入境边防检查机关可以不说明理由。

第二十六条 【责令不准入境外国人返回】对未被准许入境的外国人，出入境边防检查机关应当责令其返回；对拒不返回的，强制其返回。外国人等待返回期间，不得离开限定的区域。

第二十七条 【出境查验】外国人出境，应当向出入境边防检查机关交验本人的护照或者其他国际旅行证件等出境入境证件，履行规定的手续，经查验准许，方可出境。

第二十八条 【不准出境的情形】外国人有下列情形之一的，不准出境：

（一）被判处刑罚尚未执行完毕或者属于刑事案件被告人、犯罪嫌疑人的，但是按照中国与外国签订的有关协议，移管被判刑人的除外；

（二）有未了结的民事案件，人民法院决定不准出境的；

（三）拖欠劳动者的劳动报酬，经国务院有关部门或者省、自治区、直辖市人民政府决定不准出境的；

（四）法律、行政法规规定不准出境的其他情形。

第四章 外国人停留居留

第一节 停留居留

第二十九条 【签证停留期限】外国人所持签证注明的停留期限不超过一百八十日的，持证人凭签证并按照签证注明的停留期限在中国境内停留。

需要延长签证停留期限的，应当在签证注明的停留期限届满七日前向停留地县级以上地方人民政府公安机关出入境管理机构申请，按照要求提交申请事由的相关材料。经审查，延期理由合理、充分的，准予延长停留期限；不予延长停留期限的，应当按期离境。

延长签证停留期限，累计不得超过签证原注明的停留期限。

第三十条 【居留证件】外国人所持签证注明入境后需要办理居留证件的，应当自入境之日起三十日内，向拟居留地县级以上地方人民政府公安机关出入境管理机构申请办理外国人居留证件。

申请办理外国人居留证件，应当提交本人的护照或者其他国际旅行证件，以及申请事由的相关材料，并留存指纹等人体生物识别信息。公安机关出入境管理机构应当自收到申请材料之日起十五日内进行审查并作出审查决定，根据居留事由签发相应类别和期限的外国人居留证件。

外国人工作类居留证件的有效期最短为九十日，最长为五年；非工作类居留证件的有效期最短为一百八十日，最长为五年。

第三十一条 【不予签发居留证件的情形】外国人有下列情形之一的，不予签发外国人居留证件：

（一）所持签证类别属于不应办理外国人居留证件的；

（二）在申请过程中弄虚作假的；

（三）不能按照规定提供相关证明材料的；

（四）违反中国有关法律、行政法规，不适合在中国境内居留的；

（五）签发机关认为不宜签发外国人居留证件的其他情形。

符合国家规定的专门人才、投资者或者出于人道等原因确需由停留变更为居留的外国人，经设区的市级以上地方人民政府公安机关出入境管理机构批准可以办理外国人居留证件。

第三十二条 【居留期限的延长】在中国境内居留的外国人申请延长居留期限的，应当在居留证件有效期限届满三十日前向居留地县级以上地方人民政府公安机关出入境管理机构提出申请，按照要求提交申请事由的相关材料。经审查,延期理由合理、充分的,准予延长居留期限;不予延长居留期限的,应当按期离境。

第三十三条 【居留证件登记项目】外国人居留证件的登记项目包括:持有人姓名、性别、出生日期、居留事由、居留期限,签发日期、地点,护照或者其他国际旅行证件号码等。

外国人居留证件登记事项发生变更的,持证件人应当自登记事项发生变更之日起十日内向居留地县级以上地方人民政府公安机关出入境管理机构申请办理变更。

第三十四条 【停留证件】免办签证入境的外国人需要超过免签期限在中国境内停留的,外国船员及其随行家属在中国境内停留需要离开港口所在城市,或者具有需要办理外国人停留证件其他情形的,应当按照规定办理外国人停留证件。

外国人停留证件的有效期最长为一百八十日。

第三十五条 【证件的换发、补发】外国人入境后,所持的普通签证、停留居留证件损毁、遗失、被盗抢或者有符合国家规定的事由需要换发、补发的,应当按照规定向停留居留地县级以上地方人民政府公安机关出入境管理机构提出申请。

第三十六条 【办理有关证件的决定为最终决定】公安机关出入境管理机构作出的不予办理普通签证延期、换发、补发,不予办理外国人停留居留证件、不予延长居留期限的决定为最终决定。

第三十七条 【停留居留要求】外国人在中国境内停留居留,不得从事与停留居留事由不相符的活动,并应当在规定的停留居留期限届满前离境。

第三十八条 【证件查验】年满十六周岁的外国人在中国境内停留居留,应当随身携带本人的护照或者其他国际旅行证件,或者外国人停留居留证件,接受公安机关的查验。

在中国境内居留的外国人,应当在规定的时间内到居留地县级以上地方人民政府公安机关交验外国人居留证件。

第三十九条 【住宿登记】外国人在中国境内旅馆住宿的,旅馆应当按照旅馆业治安管理的有关规定为其办理住宿登记,并向所在地公安机关报送外国人住宿登记信息。

外国人在旅馆以外的其他住所居住或者住宿的,应当在入住后二十四小时内由本人或者留宿人,向居住地的公安机关办理登记。

第四十条 【外国人在中国境内出生、死亡报告】在中国境内出生的外国婴儿,其父母或者代理人应当在婴儿出生六十日内,持该婴儿的出生证明到父母停留居留地县级以上地方人民政府公安机关出入境管理机构为其办理停留或者居留登记。

外国人在中国境内死亡的,其家属、监护人或者代理人,应当按照规定,持该外国人的死亡证明向县级以上地方人民政府公安机关出入境管理机构申报,注销外国人停留居留证件。

第四十一条 【外国人工作】外国人在中国境内工作,应当按照规定取得工作许可和工作类居留证件。任何单位和个人不得聘用未取得工作许可和工作类居留证件的外国人。

外国人在中国境内工作管理办法由国务院规定。

第四十二条 【工作管理和指导目录】国务院人力资源社会保障主管部门、外国专家主管部门会同国务院有关部门根据经济社会发展需要和人力资源供求状况制定并定期调整外国人在中国境内工作指导目录。

国务院教育主管部门会同国务院有关部门建立外国留学生勤工助学管理制度,对外国留学生勤工助学的岗位范围和时限作出规定。

第四十三条 【非法就业】外国人有下列行为之一的,属于非法就业:

(一)未按照规定取得工作许可和工作类居留证件在中国境内工作的;

(二)超出工作许可限定范围在中国境内工作的;

(三)外国留学生违反勤工助学管理规定,超出规定的岗位范围或者时限在中国境内工作的。

第四十四条 【有关区域限制】根据维护国家安全、公共安全的需要,公安机关、国家安全机关可以限制外国人、外国机构在某些地区设立居住或者办公场所;对已经设立的,可以限期迁离。

未经批准,外国人不得进入限制外国人进入的区域。

第四十五条 【信息报告】聘用外国人工作或者招收外国留学生的单位,应当按照规定向所在地公安机关报告有关信息。

公民、法人或者其他组织发现外国人有非法入境、非法居留、非法就业情形的,应当及时向所在地公安机关报告。

第四十六条 【难民的停留居留】申请难民地位的外国人,在难民地位甄别期间,可以凭公安机关签发的临时身份证明在中国境内停留;被认定为难民的外国人,可以凭公安机关签发的难民身份证件在中国境内停留居留。

第二节　永久居留

第四十七条　【永久居留条件】对中国经济社会发展作出突出贡献或者符合其他在中国境内永久居留条件的外国人,经本人申请和公安部批准,取得永久居留资格。

外国人在中国境内永久居留的审批管理办法由公安部、外交部会同国务院有关部门规定。

第四十八条　【永久居留待遇】取得永久居留资格的外国人,凭永久居留证件在中国境内居留和工作,凭本人的护照和永久居留证件出境入境。

第四十九条　【永久居留资格的取消】外国人有下列情形之一的,由公安部决定取消其在中国境内永久居留资格:

(一)对中国国家安全和利益造成危害的;

(二)被处驱逐出境的;

(三)弄虚作假骗取在中国境内永久居留资格的;

(四)在中国境内居留未达到规定时限的;

(五)不适宜在中国境内永久居留的其他情形。

第五章　交通运输工具出境入境边防检查

第五十条　【出入境边防检查】出境入境交通运输工具离开、抵达口岸时,应当接受边防检查。对交通运输工具的入境边防检查,在其最先抵达的口岸进行;对交通运输工具的出境边防检查,在其最后离开的口岸进行。特殊情况下,可以在有关主管机关指定的地点进行。

出境的交通运输工具自出境检查后至出境前,入境的交通运输工具自入境后至入境检查前,未经出入境边防检查机关按照规定程序许可,不得上下人员、装卸货物或者物品。

第五十一条　【信息报告】交通运输工具负责人或者交通运输工具出境入境业务代理单位应当按照规定提前向出入境边防检查机关报告入境、出境的交通运输工具抵达、离开口岸的时间和停留地点,如实申报员工、旅客、货物或者物品等信息。

第五十二条　【配合边防检查】交通运输工具负责人、交通运输工具出境入境业务代理单位应当配合出境入境边防检查,发现违反本法规定行为的,应当立即报告并协助调查处理。

入境交通运输工具载运不准入境人员的,交通运输工具负责人应当负责载离。

第五十三条　【监护】出入境边防检查机关按照规定对处于下列情形之一的出境入境交通运输工具进行监护:

(一)出境的交通运输工具在出境边防检查开始后至出境前、入境的交通运输工具在入境后至入境边防检查完成前;

(二)外国船舶在中国内河航行期间;

(三)有必要进行监护的其他情形。

第五十四条　【登轮证件和船舶搭靠】因装卸物品、维修作业、参观访问等事由需要上下外国船舶的人员,应当向出入境边防检查机关申请办理登轮证件。

中国船舶与外国船舶或者外国船舶之间需要搭靠作业的,应当由船长或者交通运输工具出境入境业务代理单位向出入境边防检查机关申请办理船舶搭靠手续。

第五十五条　【船舶、航空器行驶规范】外国船舶、航空器在中国境内应当按照规定的路线、航线行驶。

出境入境的船舶、航空器不得驶入对外开放口岸以外地区。因不可预见的紧急情况或者不可抗力驶入的,应当立即向就近的出入境边防检查机关或者当地公安机关报告,并接受监护和管理。

第五十六条　【不准出境入境情形】交通运输工具有下列情形之一的,不准出境入境;已经驶离口岸的,可以责令返回:

(一)离开、抵达口岸时,未经查验准许擅自出境入境的;

(二)未经批准擅自改变出境入境口岸的;

(三)涉嫌载有不准出境入境人员,需要查验核实的;

(四)涉嫌载有危害国家安全、利益和社会公共秩序的物品,需要查验核实的;

(五)拒绝接受出入境边防检查机关管理的其他情形。

前款所列情形消失后,出入境边防检查机关对有关交通运输工具应当立即放行。

第五十七条　【备案】从事交通运输工具出境入境业务代理的单位,应当向出入境边防检查机关备案。从事业务代理的人员,由所在单位向出入境边防检查机关办理备案手续。

第六章　调查和遣返

第五十八条　【实施主体】本章规定的当场盘问、继续盘问、拘留审查、限制活动范围、遣送出境措施,由县级以上地方人民政府公安机关或者出入境边防检查机关实施。

第五十九条　【当场盘问、继续盘问和传唤】对涉嫌违反出境入境管理的人员，可以当场盘问；经当场盘问，有下列情形之一的，可以依法继续盘问：

（一）有非法出境入境嫌疑的；

（二）有协助他人非法出境入境嫌疑的；

（三）外国人有非法居留、非法就业嫌疑的；

（四）有危害国家安全和利益，破坏社会公共秩序或者从事其他违法犯罪活动嫌疑的。

当场盘问和继续盘问应当依据《中华人民共和国人民警察法》规定的程序进行。

县级以上地方人民政府公安机关或者出入境边防检查机关需要传唤涉嫌违反出境入境管理的人员的，依照《中华人民共和国治安管理处罚法》的有关规定执行。

第六十条　【拘留审查】外国人有本法第五十九条第一款规定情形之一的，经当场盘问或者继续盘问后仍不能排除嫌疑，需要作进一步调查的，可以拘留审查。

实施拘留审查，应当出示拘留审查决定书，并在二十四小时内进行询问。发现不应当拘留审查的，应当立即解除拘留审查。

拘留审查的期限不得超过三十日；案情复杂的，经上一级地方人民政府公安机关或者出入境边防检查机关批准可以延长至六十日。对国籍、身份不明的外国人，拘留审查期限自查清其国籍、身份之日起计算。

第六十一条　【不适用拘留审查的情形】外国人有下列情形之一的，不适用拘留审查，可以限制其活动范围：

（一）患有严重疾病的；

（二）怀孕或者哺乳自己不满一周岁婴儿的；

（三）未满十六周岁或者已满七十周岁的；

（四）不宜适用拘留审查的其他情形。

被限制活动范围的外国人，应当按照要求接受审查，未经公安机关批准，不得离开限定的区域。限制活动范围的期限不得超过六十日。对国籍、身份不明的外国人，限制活动范围期限自查清其国籍、身份之日起计算。

第六十二条　【遣送出境】外国人有下列情形之一的，可以遣送出境：

（一）被处限期出境，未在规定期限内离境的；

（二）有不准入境情形的；

（三）非法居留、非法就业的；

（四）违反本法或者其他法律、行政法规需要遣送出境的。

其他境外人员有前款所列情形之一的，可以依法遣送出境。

被遣送出境的人员，自被遣送出境之日起一至五年内不准入境。

第六十三条　【羁押场所和遣返场所】被拘留审查或者被决定遣送出境但不能立即执行的人员，应当羁押在拘留所或者遣返场所。

第六十四条　【行政救济】外国人对依照本法规定对其实施的继续盘问、拘留审查、限制活动范围、遣送出境措施不服的，可以依法申请行政复议，该行政复议决定为最终决定。

其他境外人员对依照本法规定对其实施的遣送出境措施不服，申请行政复议的，适用前款规定。

第六十五条　【边控通知】对依法决定不准出境或者不准入境的人员，决定机关应当按照规定及时通知出入境边防检查机关；不准出境、入境情形消失的，决定机关应当及时撤销不准出境、入境决定，并通知出入境边防检查机关。

第六十六条　【人身检查】根据维护国家安全和出境入境管理秩序的需要，必要时，出入境边防检查机关可以对出境入境的人员进行人身检查。人身检查应当由两名与受检查人同性别的边防检查人员进行。

第六十七条　【出境入境证件的无效、作废、注销和收缴】签证、外国人停留居留证件等出境入境证件发生损毁、遗失、被盗抢或者签发后发现持证人不符合签发条件等情形的，由签发机关宣布该出境入境证件作废。

伪造、变造、骗取或者被证件签发机关宣布作废的出境入境证件无效。

公安机关可以对前款规定的或被他人冒用的出境入境证件予以注销或者收缴。

第六十八条　【违法物品的扣押】对用于组织、运送、协助他人非法出境入境的交通运输工具，以及需要作为办案证据的物品，公安机关可以扣押。

对查获的违禁物品，涉及国家秘密的文件、资料以及用于实施违反出境入境管理活动的工具等，公安机关应当予以扣押，并依照相关法律、行政法规规定处理。

第六十九条　【出境入境证件的鉴定】出境入境证件的真伪由签发机关、出入境边防检查机关或者公安机关出入境管理机构认定。

第七章　法律责任

第七十条　【实施主体】本章规定的行政处罚，除本章另有规定外，由县级以上地方人民政府公安机关或者出入境边防检查机关决定；其中警告或者五千元以下罚款,可以由县级以上地方人民政府公安机关出入境管理机构决定。

第七十一条　【非法出境入境的法律责任】有下列行为之一的,处一千元以上五千元以下罚款;情节严重的,处五日以上十日以下拘留,可以并处二千元以上一万元以下罚款:

(一)持用伪造、变造、骗取的出境入境证件出境入境的;

(二)冒用他人出境入境证件出境入境的;

(三)逃避出境入境边防检查的;

(四)以其他方式非法出境入境的。

第七十二条　【协助非法出境入境的法律责任】协助他人非法出境入境的,处二千元以上一万元以下罚款;情节严重的,处十日以上十五日以下拘留,并处五千元以上二万元以下罚款,有违法所得的,没收违法所得。

单位有前款行为的,处一万元以上五万元以下罚款,有违法所得的,没收违法所得,并对其直接负责的主管人员和其他直接责任人员依照前款规定予以处罚。

第七十三条　【骗取出境入境证件的法律责任】弄虚作假骗取签证、停留居留证件等出境入境证件的,处二千元以上五千元以下罚款;情节严重的,处十日以上十五日以下拘留,并处五千元以上二万元以下罚款。

单位有前款行为的,处一万元以上五万元以下罚款,并对其直接负责的主管人员和其他直接责任人员依照前款规定予以处罚。

第七十四条　【违法出具邀请函的法律责任】违反本法规定,为外国人出具邀请函件或者其他申请材料的,处五千元以上一万元以下罚款,有违法所得的,没收违法所得,并责令其承担所邀请外国人的出境费用。

单位有前款行为的,处一万元以上五万元以下罚款,有违法所得的,没收违法所得,并责令其承担所邀请外国人的出境费用,对其直接负责的主管人员和其他直接责任人员依照前款规定予以处罚。

第七十五条　【转道偷渡的法律责任】中国公民出境后非法前往其他国家或者地区被遣返的,出入境边防检查机关应当收缴其出境入境证件,出境入境证件签发机关自其被遣返之日起六个月至三年以内不予签发出境入境证件。

第七十六条　【违反出境入境管理的法律责任】有下列情形之一的,给予警告,可以并处二千元以下罚款:

(一)外国人拒不接受公安机关查验其出境入境证件的;

(二)外国人拒不交验居留证件的;

(三)未按照规定办理外国人出生登记、死亡申报的;

(四)外国人居留证件登记事项发生变更,未按照规定办理变更的;

(五)在中国境内的外国人冒用他人出境入境证件的;

(六)未按照本法第三十九条第二款规定办理登记的。

旅馆未按照规定办理外国人住宿登记的,依照《中华人民共和国治安管理处罚法》的有关规定予以处罚;未按照规定向公安机关报送外国人住宿登记信息的,给予警告;情节严重的,处一千元以上五千元以下罚款。

第七十七条　【外国人违反活动区域限制的法律责任】外国人未经批准,擅自进入限制外国人进入的区域,责令立即离开;情节严重的,处五日以上十日以下拘留。对外国人非法获取的文字记录、音像资料、电子数据和其他物品,予以收缴或者销毁,所用工具予以收缴。

外国人、外国机构违反本法规定,拒不执行公安机关、国家安全机关限期迁离决定的,给予警告并强制迁离;情节严重的,对有关责任人员处五日以上十五日以下拘留。

第七十八条　【非法居留的法律责任】外国人非法居留的,给予警告;情节严重的,处每非法居留一日五百元,总额不超过一万元的罚款或者五日以上十五日以下拘留。

因监护人或者其他负有监护责任的人未尽到监护义务,致使未满十六周岁的外国人非法居留的,对监护人或者其他负有监护责任的人给予警告,可以并处一千元以下罚款。

第七十九条　【协助非法入境、非法居留的法律责任】容留、藏匿非法入境、非法居留的外国人,协助非法入境、非法居留的外国人逃避检查,或者为非法居留的外国人违法提供出境入境证件的,处二千元以上一万元以下罚款;情节严重的,处五日以上十五日以下拘留,并处五千元以上二万元以下罚款,有违法所得的,没收违法所得。

单位有前款行为的,处一万元以上五万元以下罚款,有违法所得的,没收违法所得,并对其直接负责的主管人员和其他直接责任人员依照前款规定予以处罚。

第八十条　【非法就业的法律责任】外国人非法就业的,

处五千元以上二万元以下罚款；情节严重的，处五日以上十五日以下拘留，并处五千元以上二万元以下罚款。

介绍外国人非法就业的，对个人处每非法介绍一人五千元，总额不超过五万元的罚款；对单位处每非法介绍一人五千元，总额不超过十万元的罚款；有违法所得的，没收违法所得。

非法聘用外国人的，处每非法聘用一人一万元，总额不超过十万元的罚款；有违法所得的，没收违法所得。

第八十一条 【违反停留居留规范的法律责任】外国人从事与停留居留事由不相符的活动，或者有其他违反中国法律、法规规定，不适宜在中国境内继续停留居留情形的，可以处限期出境。

外国人违反本法规定，情节严重，尚不构成犯罪的，公安部可以处驱逐出境。公安部的处罚决定为最终决定。

被驱逐出境的外国人，自被驱逐出境之日起十年内不准入境。

第八十二条 【违反口岸管理的法律责任】有下列情形之一的，给予警告，可以并处二千元以下罚款：

（一）扰乱口岸限定区域管理秩序的；

（二）外国船员及其随行家属未办理临时入境手续登陆的；

（三）未办理登轮证件上下外国船舶的。

违反前款第一项规定，情节严重的，可以并处五日以上十日以下拘留。

第八十三条 【交通运输工具违反边防检查管理的法律责任】交通运输工具有下列情形之一的，对其负责人处五千元以上五万元以下罚款：

（一）未经查验准许擅自出境入境或者未经批准擅自改变出境入境口岸的；

（二）未按照规定如实申报员工、旅客、货物或者物品等信息，或者拒绝协助出境入境边防检查的；

（三）违反出境入境边防检查规定上下人员、装卸货物或者物品的。

出境入境交通运输工具载运不准出境入境人员出境入境的，处每载运一人五千元以上一万元以下罚款。交通运输工具负责人证明其已经采取合理预防措施的，可以减轻或者免予处罚。

第八十四条 【交通运输工具违反出境入境管理的法律责任】交通运输工具有下列情形之一的，对其负责人处二千元以上二万元以下罚款：

（一）中国或者外国船舶未经批准擅自搭靠外国船舶的；

（二）外国船舶、航空器在中国境内未按照规定的路线、航线行驶的；

（三）出境入境的船舶、航空器违反规定驶入对外开放口岸以外地区的。

第八十五条 【出境入境管理工作人员的法律责任】履行出境入境管理职责的工作人员，有下列行为之一的，依法给予处分：

（一）违反法律、行政法规，为不符合规定条件的外国人签发签证、外国人停留居留证件等出境入境证件的；

（二）违反法律、行政法规，审核验放不符合规定条件的人员或者交通运输工具出境入境的；

（三）泄露在出境入境管理工作中知悉的个人信息，侵害当事人合法权益的；

（四）不按照规定将依法收取的费用、收缴的罚款及没收的违法所得、非法财物上缴国库的；

（五）私分、侵占、挪用罚没、扣押的款物或者收取的费用的；

（六）滥用职权、玩忽职守、徇私舞弊，不依法履行法定职责的其他行为。

第八十六条 【当场处罚】对违反出境入境管理行为处五百元以下罚款的，出入境边防检查机关可以当场作出处罚决定。

第八十七条 【罚款与收缴相分离】对违反出境入境管理行为处罚款的，被处罚人应当自收到处罚决定书之日起十五日内，到指定的银行缴纳罚款。被处罚人在所在地没有固定住所，不当场收缴罚款事后难以执行或者在口岸向指定银行缴纳罚款确有困难的，可以当场收缴。

第八十八条 【刑事责任】违反本法规定，构成犯罪的，依法追究刑事责任。

第八章 附 则

第八十九条 【有关概念解释】本法下列用语的含义：

出境，是指由中国内地前往其他国家或者地区，由中国内地前往香港特别行政区、澳门特别行政区，由中国大陆前往台湾地区。

入境，是指由其他国家或者地区进入中国内地，由香港特别行政区、澳门特别行政区进入中国内地，由台湾地区进入中国大陆。

外国人，是指不具有中国国籍的人。

第九十条 【制定边民管理规定】经国务院批准，同毗邻国家接壤的省、自治区可以根据中国与有关国家签订的边界管理协定制定地方性法规、地方政府规章，对两国边境接壤地区的居民往来作出规定。

第九十一条　【外交、领事人员的特别规定】外国驻中国的外交代表机构、领事机构成员以及享有特权和豁免的其他外国人，其入境出境及停留居留管理，其他法律另有规定的，依照其规定。

第九十二条　【出入境证件费用】外国人申请办理签证、外国人停留居留证件等出境入境证件或者申请办理证件延期、变更的，应当按照规定缴纳签证费、证件费。

第九十三条　【施行日期】本法自2013年7月1日起施行。《中华人民共和国外国人入境出境管理法》和《中华人民共和国公民出境入境管理法》同时废止。

中国公民出国旅游管理办法

1. 2002年5月27日国务院令第354号公布
2. 根据2017年3月1日国务院令第676号《关于修改和废止部分行政法规的决定》修订

第一条　为了规范旅行社组织中国公民出国旅游活动，保障出国旅游者和出国旅游经营者的合法权益，制定本办法。

第二条　出国旅游的目的地国家，由国务院旅游行政部门会同国务院有关部门提出，报国务院批准后，由国务院旅游行政部门公布。

任何单位和个人不得组织中国公民到国务院旅游行政部门公布的出国旅游的目的地国家以外的国家旅游；组织中国公民到国务院旅游行政部门公布的出国旅游的目的地国家以外的国家进行涉及体育活动、文化活动等临时性专项旅游的，须经国务院旅游行政部门批准。

第三条　旅行社经营出国旅游业务，应当具备下列条件：

（一）取得国际旅行社资格满1年；

（二）经营入境旅游业务有突出业绩；

（三）经营期间无重大违法行为和重大服务质量问题。

第四条　申请经营出国旅游业务的旅行社，应当向省、自治区、直辖市旅游行政部门提出申请。省、自治区、直辖市旅游行政部门应当自受理申请之日起30个工作日内，依据本办法第三条规定的条件对申请审查完毕，经审查同意的，报国务院旅游行政部门批准；经审查不同意的，应当书面通知申请人并说明理由。

国务院旅游行政部门批准旅行社经营出国旅游业务，应当符合旅游业发展规划及合理布局的要求。

未经国务院旅游行政部门批准取得出国旅游业务经营资格的，任何单位和个人不得擅自经营或者以商务、考察、培训等方式变相经营出国旅游业务。

第五条　国务院旅游行政部门应当将取得出国旅游业务经营资格的旅行社（以下简称组团社）名单予以公布，并通报国务院有关部门。

第六条　国务院旅游行政部门根据上年度全国入境旅游的业绩、出国旅游目的地的增加情况和出国旅游的发展趋势，在每年的2月底以前确定本年度组织出国旅游的人数安排总量，并下达省、自治区、直辖市旅游行政部门。

省、自治区、直辖市旅游行政部门根据本行政区域内各组团社上年度经营入境旅游的业绩、经营能力、服务质量，按照公平、公正、公开的原则，在每年的3月底以前核定各组团社本年度组织出国旅游的人数安排。

国务院旅游行政部门应当对省、自治区、直辖市旅游行政部门核定组团社年度出国旅游人数安排及组团社组织公民出国旅游的情况进行监督。

第七条　国务院旅游行政部门统一印制《中国公民出国旅游团队名单表》（以下简称《名单表》），在下达本年度出国旅游人数安排时编号发放给省、自治区、直辖市旅游行政部门，由省、自治区、直辖市旅游行政部门核发给组团社。

组团社应当按照核定的出国旅游人数安排组织出国旅游团队，填写《名单表》。旅游者及领队首次出境或者再次出境，均应当填写在《名单表》中，经审核后的《名单表》不得增添人员。

第八条　《名单表》一式四联，分为：出境边防检查专用联、入境边防检查专用联、旅游行政部门审验专用联、旅行社自留专用联。

组团社应当按照有关规定，在旅游团队出境、入境时及旅游团队入境后，将《名单表》分别交有关部门查验、留存。

出国旅游兑换外汇，由旅游者个人按照国家有关规定办理。

第九条　旅游者持有有效普通护照的，可以直接到组团社办理出国旅游手续；没有有效普通护照的，应当依照《中华人民共和国公民出境入境管理法》的有关规定办理护照后再办理出国旅游手续。

组团社应当为旅游者办理前往国签证等出境手续。

第十条 组团社应当为旅游团队安排专职领队。

领队在带团时，应当遵守本办法及国务院旅游行政部门的有关规定。

第十一条 旅游团队应当从国家开放口岸整团出入境。

旅游团队出入境时，应当接受边防检查站对护照、签证、《名单表》的查验。经国务院有关部门批准，旅游团队可以到旅游目的地国家按照该国有关规定办理签证或者免签证。

旅游团队出境前已确定分团入境的，组团社应当事先向出入境边防检查总站或者省级公安边防部门备案。

旅游团队出境后因不可抗力或者其他特殊原因确需分团入境的，领队应当及时通知组团社，组团社应当立即向有关出入境边防检查总站或者省级公安边防部门备案。

第十二条 组团社应当维护旅游者的合法权益。

组团社向旅游者提供的出国旅游服务信息必须真实可靠，不得作虚假宣传，报价不得低于成本。

第十三条 组团社经营出国旅游业务，应当与旅游者订立书面旅游合同。

旅游合同应当包括旅游起止时间、行程路线、价格、食宿、交通以及违约责任等内容。旅游合同由组团社和旅游者各持一份。

第十四条 组团社应当按照旅游合同约定的条件，为旅游者提供服务。

组团社应当保证所提供的服务符合保障旅游者人身、财产安全的要求；对可能危及旅游者人身安全的情况，应当向旅游者作出真实说明和明确警示，并采取有效措施，防止危害的发生。

第十五条 组团社组织旅游者出国旅游，应当选择在目的地国家依法设立并具有良好信誉的旅行社（以下简称境外接待社），并与之订立书面合同后，方可委托其承担接待工作。

第十六条 组团社及其旅游团队领队应当要求境外接待社按照约定的团队活动计划安排旅游活动，并要求其不得组织旅游者参与涉及色情、赌博、毒品内容的活动或者危险性活动，不得擅自改变行程、减少旅游项目，不得强迫或者变相强迫旅游者参加额外付费项目。

境外接待社违反组团社及其旅游团队领队根据前款规定提出的要求时，组团社及其旅游团队领队应当予以制止。

第十七条 旅游团队领队应当向旅游者介绍旅游目的地国家的相关法律、风俗习惯以及其他有关注意事项，并尊重旅游者的人格尊严、宗教信仰、民族风俗和生活习惯。

第十八条 旅游团队领队在带领旅游者旅行、游览过程中，应当就可能危及旅游者人身安全的情况，向旅游者作出真实说明和明确警示，并按照组团社的要求采取有效措施，防止危害的发生。

第十九条 旅游团队在境外遇到特殊困难和安全问题时，领队应当及时向组团社和中国驻所在国家使领馆报告；组团社应当及时向旅游行政部门和公安机关报告。

第二十条 旅游团队领队不得与境外接待社、导游及为旅游者提供商品或者服务的其他经营者串通欺骗、胁迫旅游者消费，不得向境外接待社、导游及其他为旅游者提供商品或者服务的经营者索要回扣、提成或者收受其财物。

第二十一条 旅游者应当遵守旅游目的地国家的法律，尊重当地的风俗习惯，并服从旅游团队领队的统一管理。

第二十二条 严禁旅游者在境外滞留不归。

旅游者在境外滞留不归的，旅游团队领队应当及时向组团社和中国驻所在国家使领馆报告，组团社应当及时向公安机关和旅游行政部门报告。有关部门处理有关事项时，组团社有义务予以协助。

第二十三条 旅游者对组团社或者旅游团队领队违反本办法规定的行为，有权向旅游行政部门投诉。

第二十四条 因组团社或者其委托的境外接待社违约，使旅游者合法权益受到损害的，组团社应当依法对旅游者承担赔偿责任。

第二十五条 组团社有下列情形之一的，旅游行政部门可以暂停其经营出国旅游业务；情节严重的，取消其出国旅游业务经营资格：

（一）入境旅游业绩下降的；

（二）因自身原因，在1年内未能正常开展出国旅游业务的；

（三）因出国旅游服务质量问题被投诉并经查实的；

（四）有逃汇、非法套汇行为的；

（五）以旅游名义弄虚作假，骗取护照、签证等出入境证件或者送他人出境的；

（六）国务院旅游行政部门认定的影响中国公民出国旅游秩序的其他行为。

第二十六条 任何单位和个人违反本办法第四条的规定，未经批准擅自经营或者以商务、考察、培训等方式变相经营出国旅游业务的，由旅游行政部门责令停止非法经营，没收违法所得，并处违法所得2倍以上5倍以下的罚款。

第二十七条 组团社违反本办法第十条的规定，不为旅游团队安排专职领队的，由旅游行政部门责令改正，并处5000元以上2万元以下的罚款，可以暂停其出国旅游业务经营资格；多次不安排专职领队的，并取消其出国旅游业务经营资格。

第二十八条 组团社违反本办法第十二条的规定，向旅游者提供虚假服务信息或者低于成本报价的，由工商行政管理部门依照《中华人民共和国消费者权益保护法》、《中华人民共和国反不正当竞争法》的有关规定给予处罚。

第二十九条 组团社或者旅游团队领队违反本办法第十四条第二款、第十八条的规定，对可能危及人身安全的情况未向旅游者作出真实说明和明确警示，或者未采取防止危害发生的措施的，由旅游行政部门责令改正，给予警告；情节严重的，对组团社暂停其出国旅游业务经营资格，并处5000元以上2万元以下的罚款，对旅游团队领队可以暂扣直至吊销其导游证；造成人身伤亡事故的，依法追究刑事责任，并承担赔偿责任。

第三十条 组团社或者旅游团队领队违反本办法第十六条的规定，未要求境外接待社不得组织旅游者参与涉及色情、赌博、毒品内容的活动或者危险性活动，未要求其不得擅自改变行程、减少旅游项目、强迫或者变相强迫旅游者参加额外付费项目，或者在境外接待社违反前述要求时未制止的，由旅游行政部门对组团社处组织该旅游团队所收取费用2倍以上5倍以下的罚款，并暂停其出国旅游业务经营资格，对旅游团队领队暂扣其导游证；造成恶劣影响的，对组团社取消其出国旅游业务经营资格，对旅游团队领队吊销其导游证。

第三十一条 旅游团队领队违反本办法第二十条的规定，与境外接待社、导游及为旅游者提供商品或者服务的其他经营者串通欺骗、胁迫旅游者消费或者向境外接待社、导游和其他为旅游者提供商品或者服务的经营者索要回扣、提成或者收受其财物的，由旅游行政部门责令改正，没收索要的回扣、提成或者收受的财物，并处索要的回扣、提成或者收受的财物价值2倍以上5倍以下的罚款；情节严重的，并吊销其导游证。

第三十二条 违反本办法第二十二条的规定，旅游者在境外滞留不归，旅游团队领队不及时向组团社和中国驻所在国家使领馆报告，或者组团社不及时向有关部门报告的，由旅游行政部门给予警告，对旅游团队领队可以暂扣其导游证，对组团社可以暂停其出国旅游业务经营资格。

旅游者因滞留不归被遣返回国的，由公安机关吊销其护照。

第三十三条 本办法自2002年7月1日起施行。国务院1997年3月17日批准，国家旅游局、公安部1997年7月1日发布的《中国公民自费出国旅游管理暂行办法》同时废止。

边境旅游暂行管理办法

1996年3月8日国家旅游局公布

第一条 为进一步扩大我国旅游业的对外开放，促进边境地区的经济繁荣和社会稳定，增进同毗邻国家人民的交往和友谊，完善边境旅游管理，制定本办法

第二条 本规定所称边境旅游，是指经批准的旅行社组织和接待我国及毗邻国家的公民，集体从指定的边境口岸出入境，在双方政府商定的区域和期限内进行的旅游活动。

第三条 国家旅游局是边境旅游的主管部门，负责制定边境旅游有关政策和管理办法，对边境旅游进行宏观管理，批准承办边境旅游的旅行社。

第四条 边境省、自治区旅游局负责对本行政区内的边境旅游业务的管理、监督、指导和协调，依据有关法规制定边境旅游管理的实施细则，定期向国家旅游局报告开展边境旅游情况。

第五条 边境市、县旅游局在上级旅游主管部门的指导下，负责协调管理本地区的边境旅游活动。

第六条 申请开办边境旅游业务的必备条件：

（一）经国务院批准对外国人开放的边境市、县；

（二）有国家正式批准对外开放的国家一、二类口岸，口岸联检设施基本齐全；

（三）有旅游行政管理部门批准可接待外国旅游者的旅行社；

（四）具备就近办理参游人员出入境证件的条件；

（五）具备交通条件和接待设施；

（六）同对方国家边境地区旅游部门签订了意向性协议。

第七条 同对方国家边境地区旅游部门签订意向性协议的主要内容：

（一）双方组织边境旅游的具体形式、向对方旅游

团提供的服务项目、活动范围以及结算方式；

（二）双方参游人员使用的出入境证件；

（三）双方组团单位负责教育本国参游人员遵守对方国家的法律法规，不携带双方国家禁止进出口的物品出入境；

（四）双方组团单位保障参游人员的合法权益，为参游人员办理人身意外保险；

（五）双方旅游部门维护边境地区的出入境秩序，保证旅游团按期返回本国，承担将对方滞留人员遣送回国的义务。

第八条 申请开办边境旅游业务的程序：

边境地区开办边境旅游业务，必须具备本规定第六条所列条件，做好可行性研究，拟定的实施方案，由省、自治区旅游局征求外事、公安、海关等有关部门的意见，并报省、自治区人民政府审核后，由省、自治区人民政府转国家旅游局审批。

所申办的边境旅游业务，如涉及同我已开展边境旅游的国家或地区，由国家旅游局商外交部、公安部、海关总署等部门审批；如涉及尚未同我开展边境旅游的国家或地区，由国家旅游局商外交部、公安部、海关总署后报国务院审批。经批准后，有关地方可对外签订正式协议或合同。

第九条 我国公民参加边境旅游的办法：

（一）除《中华人民共和国公民出境管理法》第八条规定的人员外，我国公民均可参加边境旅游。

（二）边境省、自治区公民参加本地区的边境旅游，应当向本地区有关承办旅行社申请，旅行社统一向公安机关出入境管理部门申办出境证件。

（三）非边境省、自治区的公民参加边境旅游，应当向其户口所在地授权经营出国旅游业务的一类旅行社申请，按规定向户口所在地公安机关出入境管理部门申办出境证件，并由边境地区有关旅行社统一办理出入境手续和安排境外旅游活动。

第十条 双方参游人员应持用本国有效护照或代替护照的有效国际旅行证件，或两国中央政府协议规定的有效证件。

第十一条 边境旅游的出入境手续：

（一）双方旅游团出入国境的手续按各自国家有关规定办理，签有互免签证协议的，按协议办理；未签有互免签证协议的，须事先办妥对方国家的入境签证。

（二）双方旅游团应集体出入国境，并交验旅游团名单，由边防检查机关规定验证放行。

（三）对双方参游人员携带的进出境行李物品，海关按《中华人民共和国海关对进出境旅客行李物品监管办法》及有关规定办理验放手续。

第十二条 严禁公费参游，不准异地申办出境证件，严禁滞留不归或从事非法移民活动，严禁携带违禁物品出入境。

旅游团成员如在境外滞留，有关承办旅行社须及时报告边防检查站和颁发出境证件的公安机关，并承担有关遣返费用。

第十三条 未经批准，任何单位和个人不得经营边境旅游业务或任意扩大边境旅游范围。对违反本办法开展边境旅游业务的单位或个人，各级旅游行政主管部门应会同有关部门给予罚款、追究有关负责人责任、勒令停业整顿、终止其边境旅游业务等处罚。

对违反国家其他有关法律、法规的，由各有关部门依法予以处理。

第十四条 外国旅游团成员非法进入我内地或非法滞留的，有关承办旅行社须及时报告公安机关，协助公安机关进行处理，并承担有关费用。

外国旅游团成员在华期间有其他违法行为的，有关旅行社须协助有关主管部门进行处理。

第十五条 本办法由国家旅游局负责解释。

第十六条 本办法自发布之日起施行。以往有关边境旅游的规定，凡与本办法不一致的，均以本办法为准。

大陆居民赴台湾地区旅游管理办法

1. 2006年4月16日国家旅游局、公安部、国务院台湾事务办公室令第26号公布

2. 根据2011年6月20日国家旅游局、公安部、国务院台湾事务办公室令第37号《关于修改〈大陆居民赴台湾地区旅游管理办法〉的决定》第一次修正

3. 根据2017年4月13日国家旅游局、公安部、国务院台湾事务办公室令第43号《关于修改〈大陆居民赴台湾地区旅游管理办法〉的决定》第二次修正

第一条 为规范大陆居民赴台湾地区旅游，根据《旅游法》、《旅行社条例》和《中国公民往来台湾地区管理办法》，制定本办法。

第二条 大陆居民赴台湾地区旅游（以下简称赴台旅游），可采取团队旅游或者个人旅游两种形式。

大陆居民赴台团队旅游应当由指定经营大陆居民赴台旅游业务的旅行社（以下简称组团社）组织，以团队形式整团往返。旅游团成员在台湾期间应当集体活动。

大陆居民赴台个人旅游可自行前往台湾地区，在台湾期间可自行活动。

第三条 组团社由国家旅游局会同有关部门，从取得出境旅游业务经营许可并提出经营赴台旅游业务申请的旅行社范围内指定，但国家另有规定的除外。组团社名单由海峡两岸旅游交流协会公布。

除被指定的组团社外，任何单位和个人不得经营大陆居民赴台旅游业务。

第四条 台湾地区接待大陆居民赴台旅游的旅行社（以下简称地接社），经大陆有关部门会同国家旅游局确认后，由海峡两岸旅游交流协会公布。

第五条 大陆居民赴台团队旅游实行配额管理。配额由国家旅游局会同有关部门确认后下达给组团社。

第六条 组团社在开展组织大陆居民赴台旅游业务前，应当与地接社签订合同、建立合作关系。

大陆居民赴台旅游团队出发前，组团社应当向国家旅游局旅游团队管理和服务信息平台提供符合规定的赴台旅游团队信息。旅游团队信息实行一团一登记。

第七条 组团社应当为每个团队委派领队，并要求地接社派导游全程陪同。

赴台旅游领队应当具备法律、法规规定的领队条件，经省级旅游主管部门培训，由国家旅游局指定。

第八条 大陆居民赴台旅游期间，不得从事或者参与涉及赌博、色情、毒品等内容及有损两岸关系的活动。

组团社不得组织旅游团成员参与前款活动，并应当要求地接社不得引导或者组织旅游团成员参与前款活动。

第九条 组团社应当要求地接社严格按照合同规定的团队日程安排活动；未经双方旅行社及旅游团成员同意，不得变更日程。

第十条 大陆居民赴台旅游应当持有效的《大陆居民往来台湾通行证》，并根据其采取的旅游形式，办理团队旅游签注或者个人旅游签注。

第十一条 大陆居民赴台旅游应当按照有关规定向公安机关出入境管理部门申请办理《大陆居民往来台湾通行证》及相应签注。

第十二条 赴台旅游团队应当凭《大陆居民赴台湾地区旅游团队名单表》，从大陆对外开放口岸整团出入境。

第十三条 旅游团出境前已确定分团入境大陆的，组团社应当事先向有关出入境边防检查总站或者省级公安边防部门备案。

旅游团成员因紧急情况不能随团入境大陆或者不能按期返回大陆的，组团社应当及时向有关出入境边防检查总站或者省级公安边防部门报告。

第十四条 赴台旅游的大陆居民应当按期返回，不得非法滞留。当发生旅游团成员非法滞留时，组团社应当及时向公安机关及旅游主管部门报告，并协助做好有关滞留者的遣返和审查工作。

第十五条 对在台湾地区非法滞留情节严重者，公安机关出入境管理部门自其被遣返回大陆之日起，六个月至三年以内不批准其再次出境。

第十六条 违反本办法规定，未被指定经营大陆居民赴台旅游业务，或者旅行社及从业人员有违反本办法规定行为的，由旅游主管部门根据《旅游法》和《旅行社条例》等规定予以处罚。有关单位和个人违反其他法律、法规规定的，由有关部门依法予以处理。

第十七条 本办法由国家旅游局、公安部、国务院台湾事务办公室负责解释。

第十八条 本办法自发布之日起施行。

出境旅游组团社签证专办员卡使用管理规定

2020年3月5日文化和旅游部文旅国际发〔2020〕8号印发

第一条 为规范出境旅游组团社向出境旅游目的地国家和地区驻华使领馆送办出境团体旅游签证工作，加强对出境旅游组团社签证专办员卡的管理，进一步便利出境旅游组团社开展出境旅游业务，根据《旅行社条例》《中国公民出国旅游管理办法》及有关法律法规，制定本规定。

第二条 本规定所称签证专办员卡，是指依据我国与有关国家和地区签署的双边旅游协议，为便于出境旅游组团社向出境旅游目的地国家和地区驻华使领馆申请办理出境旅游团体签证，由文化和旅游部国际交流与合作局印制，用于向各驻华使领馆证明出境旅游组团社团体旅游签证办理人员（以下称“签证专办员”）身份的证件。

我国境内取得出境旅游业务经营许可的旅行社，可以申请办理签证专办员卡。

第三条 文化和旅游部建立出境旅游组团社签证专办员管理服务系统（以下称“管理系统”）。

出境旅游组团社通过管理系统办理签证专办员卡的申领、换发、补领和取消等业务。

省级文化和旅游行政部门通过管理系统对本地区签证专办员卡有关的业务信息进行核验上报。

文化和旅游部通过管理系统对全国签证专办员卡有关的业务信息进行最终核验。

第四条 出境旅游组团社应当建立严格的签证专办员卡和签证专办员管理制度,承担本社签证专办员卡和签证专办员管理的主体责任。

第五条 出境旅游组团社申领新的签证专办员卡,应当通过管理系统提交有关信息材料。省级文化和旅游行政部门对相关信息材料进行核验后上报。文化和旅游部负责相关信息的最终核验工作,并于每月底统一制发全国当月申领的签证专办员卡。签证专办员卡有效期为3年。

第六条 有下列情形之一的,出境旅游组团社可以通过管理系统申请换发或者补领签证专办员卡:

(一)有效期届满需要续期的;

(二)有效期内因正常损耗影响正常使用的;

(三)有效期内签证专办员卡遗失的。

因前款第一项、第二项原因换发的,出境旅游组团社应当将原签证专办员卡通过省级文化和旅游行政部门上交文化和旅游部销毁。有效期届满需要续期的,出境旅游组团社应当在到期前2个月内申请。逾期未申请换发的,原签证专办员卡自动失效作废;签证专办员卡失效后再次申请换发新卡的,自文化和旅游部收到省级文化和旅游部门递交的材料之日起,6个月后予以办理。

因前款第三项原因补领的,出境旅游组团社应当通过省级文化和旅游行政部门向文化和旅游部提交载有遗失声明的报纸等材料。遗失声明应当在本地区市级以上正式发行的报纸上刊登,并明示旅行社名称、旅行社业务经营许可证号,遗失证件的签证专办员姓名及证件号码。

第七条 新申领签证专办员卡已届满1年的,出境旅游组团社可在其有效期内,通过管理系统申请取消签证专办员卡,并将旧卡通过省级文化和旅游行政部门交还文化和旅游部销毁。

第八条 签证专办员卡应当专社专人专用,即签证专办员卡仅供本人为本单位组织的出境旅游团组申办团体旅游签证使用,不得用于为其他单位、个人办理签证或者为其他目的进入外国驻华使领馆。

第九条 签证专办员进入出境旅游目的地国家和地区驻华使领馆前,应主动出示签证专办员卡,服从使领馆警卫和工作人员的管理。

第十条 因签证专办员的不当行为引起涉外纠纷的,出境旅游组团社要对当事人进行批评教育,责令改正。

第十一条 签证专办员有下列情形之一的,由省级文化和旅游行政部门收回签证专办员卡并交还文化和旅游部销毁。文化和旅游部将相关不良信息记入管理系统:

(一)因签证专办员的严重不当行为,驻华使领馆向文化和旅游部作出有效投诉的;

(二)将签证专办员卡借予他人使用的;

(三)签证专办员离职时拒不向出境旅游组团社交还签证专办员卡的。

第十二条 出境旅游组团社或者签证专办员利用签证专办员卡以旅游名义弄虚作假,骗取签证送他人出境的,由省级文化和旅游行政部门收回该社签证专办员卡并交还文化和旅游部销毁。文化和旅游行政部门将依法暂停其经营出境旅游业务或者取消其出境旅游业务经营资格。

第十三条 出境旅游组团社及有关单位和个人,伪造、变造签证专办员卡的,文化和旅游行政部门将依法依规作出严肃处理。

第十四条 本规定自2020年4月1日起施行。原国家旅游局办公室2010年印发的《关于启用出境旅游组团社签证专办员互联网审批管理系统及更换签证专办员卡的通知》(旅办发〔2010〕62号)同时废止。

五、旅馆、酒店管理

资料补充栏

旅馆业治安管理办法

1. 1987年9月23日国务院批准
2. 1987年11月10日公安部发布
3. 根据2011年1月8日国务院令第588号《关于废止和修改部分行政法规的决定》第一次修订
4. 根据2020年11月29日国务院令第732号《关于修改和废止部分行政法规的决定》第二次修订
5. 根据2022年3月29日国务院令第752号《关于修改和废止部分行政法规的决定》第三次修订

第一条 为了保障旅馆业的正常经营和旅客的生命财物安全，维护社会治安，制定本办法。

第二条 凡经营接待旅客住宿的旅馆、饭店、宾馆、招待所、客货栈、车马店、浴池等（以下统称旅馆），不论是国营、集体经营，还是合伙经营、个体经营、外商投资经营，不论是专营还是兼营，不论是常年经营，还是季节性经营，都必须遵守本办法。

第三条 开办旅馆，要具备必要的防盗等安全设施。

第四条 申请开办旅馆，应取得市场监管部门核发的营业执照，向当地公安机关申领特种行业许可证后，方准开业。

经批准开业的旅馆，如有歇业、转业、合并、迁移、改变名称等情况，应当在市场监管部门办理变更登记后3日内，向当地的县、市公安局、公安分局备案。

第五条 经营旅馆，必须遵守国家的法律，建立各项安全管理制度，设置治安保卫组织或者指定安全保卫人员。

第六条 旅馆接待旅客住宿必须登记。登记时，应当查验旅客的身份证件，按规定的项目如实登记。

接待境外旅客住宿，还应当在24小时内向当地公安机关报送住宿登记表。

第七条 旅馆应当设置旅客财物保管箱、柜或者保管室、保险柜，指定专人负责保管工作。对旅客寄存的财物，要建立登记、领取和交接制度。

第八条 旅馆对旅客遗留的物品，应当妥为保管，设法归还原主或揭示招领；经招领3个月后无人认领的，要登记造册，送当地公安机关按拾遗物品处理。对违禁物品和可疑物品，应当及时报告公安机关处理。

第九条 旅馆工作人员发现违法犯罪分子，行迹可疑的人员和被公安机关通缉的罪犯，应当立即向当地公安机关报告，不得知情不报或隐瞒包庇。

第十条 在旅馆内开办舞厅、音乐茶座等娱乐、服务场所的，除执行本办法有关规定外，还应当按照国家和当地政府的有关规定管理。

第十一条 严禁旅客将易燃、易爆、剧毒、腐蚀性和放射性等危险物品带入旅馆。

第十二条 旅馆内，严禁卖淫、嫖宿、赌博、吸毒、传播淫秽物品等违法犯罪活动。

第十三条 旅馆内，不得酗酒滋事、大声喧哗，影响他人休息，旅客不得私自留客住宿或者转让床位。

第十四条 公安机关对旅馆治安管理的职责是，指导、监督旅馆建立各项安全管理制度和落实安全防范措施，协助旅馆对工作人员进行安全业务知识的培训，依法惩办侵犯旅馆和旅客合法权益的违法犯罪分子。

公安人员到旅馆执行公务时，应当出示证件，严格依法办事，要文明礼貌待人，维护旅馆的正常经营和旅客的合法权益。旅馆工作人员和旅客应当予以协助。

第十五条 违反本办法第四条规定开办旅馆的，公安机关可以酌情给予警告或者处以200元以下罚款；未经登记，私自开业的，公安机关应当协助工商行政管理部门依法处理。

第十六条 旅馆工作人员违反本办法第九条规定的，公安机关可以酌情给予警告或者处以200元以下罚款；情节严重构成犯罪的，依法追究刑事责任。

旅馆负责人参与违法犯罪活动，其所经营的旅馆已成为犯罪活动场所的，公安机关除依法追究其责任外，对该旅馆还应当会同工商行政管理部门依法处理。

第十七条 违反本办法第六、十一、十二条规定的，依照《中华人民共和国治安管理处罚法》有关条款的规定，处罚有关人员；发生重大事故、造成严重后果构成犯罪的，依法追究刑事责任。

第十八条 当事人对公安机关的行政处罚决定不服的，按照《中华人民共和国治安管理处罚法》第一百零二条的规定办理。

第十九条 省、自治区、直辖市公安厅（局）可根据本办法制定实施细则，报请当地人民政府批准后施行，并报公安部备案。

第二十条 本办法自公布之日起施行。1951年8月15日公布的《城市旅栈业暂行管理规则》同时废止。

国家发展和改革委员会等关于规范酒店客房市场价格的意见

1. 2010年9月25日国家发展和改革委员会、国家旅游局、国家工商行政管理总局公布
2. 发改价格〔2010〕2243号

各省、自治区、直辖市发展改革委、物价局、旅游局(委)、工商局:

随着旅游及服务产业市场化改革的不断深入,我国酒店行业得到较快发展,价格秩序总体比较规范,价格水平相对稳定。但是,在部分地区、部分时段少数经营者利用区位优势地位,在重大节假日、大型活动、旅游重点接待地区,对酒店客房价格相互串通、跟风提价、哄抬价格,扰乱了正常的市场价格秩序,损害了广大消费者的合法权益,不利于酒店业的健康发展。为规范酒店客房价格秩序,加强酒店客房价格监管,营造良好的旅游消费环境,促进旅游等服务业健康发展,依据《价格法》等有关法律法规,现就规范酒店客房市场价格提出以下意见:

一、提高规范酒店客房市场价格重要性的认识

近年来,随着社会经济的快速发展,人民生活水平显著提高,居民消费结构逐渐由生存型转变为改善型、发展型乃至享受型,外出旅行群体迅速扩大,旅游等服务业发展迅速,酒店客房价格日益成为与广大消费者密切相关的民生价格。部分酒店客房价格的不合理上涨,逐渐成为影响消费者放心消费的因素之一。特别是重大节假日和大型活动期间,以及以旅游接待为主的重点旅游目的地,酒店客房价格的异常波动,对整个市场价格秩序的不良示范影响不断扩大。对此,各级价格、旅游、工商等行政主管部门要提高认识,从构建和谐社会的高度,充分认识保持当前酒店客房价格合理稳定的重要性,按照职能分工,相互协调、共同配合,切实加强酒店客房价格监管,维护正常的市场价格秩序和消费者合法权益,促进酒店服务业可持续发展。

二、规范酒店客房市场价格的重点

(一)重大节假日和大型活动期间的酒店客房价格。重大节假日和大型活动期间是人们出行和活动集中、酒店客房需求明显上升的特殊时期,对旅游及相关产业的发展具有较大的拉动作用,同时也是酒店客房价格易出现不合理上涨的敏感时期。各地各有关部门要重视和加强酒店客房价格的监测分析,密切关注酒店客房价格动态,及时发现苗头性、倾向性问题,有预见性、针对性地采取应对措施,切实履行政府监管职责,确保酒店客房价格水平的合理稳定。

(二)旅游接待重点地区的酒店客房价格。旅游接待重点地区是人们旅行出游的重要目的地,特别是在接待能力有限地区的旅游旺季,酒店客房价格的过度上涨,对游客消费心理有较大的负面影响,在一定程度上制约、限制了扩大旅游消费。各旅游接待重点地区的价格主管部门要站在维护公平价格和消费者利益的高度,加强对以接待游客为主、特别是接待能力有限和旅游旺季酒店客房价格的监管,确保广大游客敢于消费、放心消费。

三、规范酒店客房市场价格行为的措施

(一)建立酒店客房价格监测和信息发布制度。各级政府价格主管部门在重大节假日和大型活动前,要重点监测旅游热点区域和大型活动场所周边地区的酒店客房价格情况,及时掌握价格变动情况,主动发布重点酒店客房门市价格、实际住房率等相关信息,引导酒店经营企业合理定价和消费者合理消费。

(二)制定酒店客房价格异常波动应急机制。各省、自治区、直辖市政府价格主管部门应当加强对酒店客房价格的调控和引导,制定有效的监管机制,在酒店客房价格出现异常波动、大幅上涨时,应当及时启动应急预案。特别是旅游热点区域和大型活动场所周边地区,可根据《价格法》的规定,对酒店客房价格实施最高限价等临时价格干预措施,保证酒店客房价格的基本稳定。酒店经营企业应当确定合理的酒店客房价格水平,进入销售旺季后应当保持酒店客房价格的合理浮动,维持酒店客房价格总体稳定。旅行社、订房中心等经营单位应当共同维护酒店客房价格市场秩序,不得对预订客房任意加价销售。

(三)落实酒店客房价格明码标价规定。酒店经营企业要严格执行国家规定的商品和服务收费明码标价规定,在收费场所的醒目位置标示客房结算起止时间及各类客房价格,以降价、打折、特价等价格手段促销的,应当标明促销价格,提高酒店客房价格的透明度,以便于消费者的知晓和监督。降价销售商品和提供服务必须使用降价标价签、价目表,如实标明降价原因以及原价和现价,以区别于以正常价格销售商品和提供服务。经营者应当保留降价前记录或核定价格的有关资料,以便查证。

(四)加大事前监管力度。各级政府价格主管部门要进一步提高主动服务市场、规范市场价格行为意

识，对重大节假日和大型活动可能引发价格上涨的地区，要主动介入、提前应对，可采取市场巡查、政策提醒、发送告诫书、价格调查、向社会公告政策法规和具体的调控监管措施等，从源头上加强监管，防范于未然。

（五）发挥舆论的引导和监督作用。各级政府价格主管部门在实施市场价格监管中，要充分借助媒体的力量，积极发挥舆论的引导和监督作用。对认真遵守价格法规政策诚实守信的经营者进行大力宣传，对投诉纠纷较多、屡查屡犯、性质恶劣的典型案件要公开曝光，形成强大的舆论压力，促进经营者规范价格行为，诚信经营。

（六）完善价格举报快速反应机制。各地要充分发挥12358价格投诉举报电话的监督作用，及时主动处理价格举报案件。在重大节假日和大型活动期间，要实行专人24小时值班制度，认真受理群众的投诉工作，增强快速反应和快速处置能力，查处价格违法行为，做到有报必查，切实维护消费者合法利益。

（七）促进经营者自律规范。酒店、旅行社等旅游经营企业应当从维护企业形象，有利于旅游和服务业长远发展出发，不断提高服务水平和服务质量，自觉承担维护市场价格秩序、保护消费者利益的社会责任，加强价格自律，积极配合政府有关部门维护市场正常价格秩序，保持酒店客房价格的合理稳定，自觉接受价格、旅游、工商等部门的监督检查。各地区相关行业协会应当在业务主管部门的指导下，倡导行业自律，提升行业服务水平。

四、明确有关部门工作责任

（一）做好旅游消费市场价格监管工作。各级政府价格主管部门要采取日常巡查和组织专项检查等形式，严厉查处酒店、旅行社和订房中心等经营企业和单位炒卖酒店客房和哄抬酒店客房价格的行为，以及串通涨价、价格欺诈及违反临时价格干预措施等违法违规行为，维护正常的市场价格秩序。

（二）做好酒店服务质量监管工作。各级旅游主管部门要加强旅游市场的监测分析，定期发布酒店客房入住率、旅游出行客流量等信息。重大节假日和大型活动期间应做到实时监测，并及时发布信息，引导市场消费。要重点规范酒店的服务设施与标准，进一步提高酒店客房的服务质量和服务水平。

（三）做好旅游消费市场秩序监管工作。各级工商行政管理部门要加强各类宾馆酒店等经营企业经营行为的检查，进一步加大执法力度，做好旅行社、订房中心等经营单位依法登记注册工作。依法重点打击和查处无照经营等违法经营行为。

各省、自治区、直辖市价格、旅游、工商行政主管部门要结合当地实际制定本地区酒店客房价格监管办法，并上报国家相关部门。

文化和旅游部、公安部关于加强电竞酒店管理中未成年人保护工作的通知

1. 2023年8月3日
2. 文旅市场发〔2023〕82号

各省、自治区、直辖市文化和旅游厅（局）、公安厅（局），新疆生产建设兵团文化体育广电和旅游局、公安局：

近年来，电竞酒店行业快速发展，在满足群众需求、扩大消费等方面起到了积极作用，同时也存在接待未成年人等引发社会关注的问题。为认真贯彻落实《中华人民共和国未成年人保护法》有关规定，根据最有利于未成年人原则，切实加强电竞酒店管理中未成年人保护工作，促进行业健康有序发展，现就有关事项通知如下。

一、提高政治站位，充分认识加强电竞酒店管理中未成年人保护工作的重要意义

（一）提高政治站位。党中央、国务院历来高度重视未成年人保护工作，习近平总书记和有关中央领导同志多次对未成年人保护工作作出重要指示批示。加强未成年人保护工作，促进未成年人健康成长，是贯彻落实党中央、国务院决策部署并回应社会关切的重要举措，是各级政府管理部门肩负的重要职责。

（二）强化责任担当。各级文化和旅游行政部门、公安机关应当提高政治站位，主动担当作为，坚持问题导向，不断创新监管方式，既要坚决管住电竞酒店违规接待未成年人问题，又要秉持包容审慎原则，合理引导电竞酒店行业健康有序发展，做到守土有责、守土尽责。

二、加强底线管理，严禁电竞酒店违规接待未成年人

（三）明确业态属性。本通知所称的电竞酒店是指通过设置电竞房向消费者提供电子竞技娱乐服务的新型住宿业态，包括所有客房均为电竞房的专业电竞酒店和利用部分客房开设电竞房区域的非专业电竞酒店。电竞酒店每间电竞房的床位数不得超过6张，计

算机数量和入住人员不得超过床位数。

（四）严禁电竞酒店违规接待未成年人。专业电竞酒店和非专业电竞酒店的电竞房区域，属于不适宜未成年人活动的场所。电竞酒店经营者应当遵守《中华人民共和国未成年人保护法》等有关法律法规，不得允许未成年人进入专业电竞酒店和非专业电竞酒店的电竞房区域。

三、强化主体责任，严格落实未成年人保护规定

（五）设置禁入标志。专业电竞酒店经营者应当在酒店入口处的显著位置悬挂未成年人禁入标志；非专业电竞酒店经营者应当在相近楼层集中设置电竞房并划定电竞房区域，在电竞房区域入口处的显著位置悬挂未成年人禁入标志。电竞酒店经营者应当在前台显著位置和客房管理系统明示电竞房区域分布图。鼓励非专业电竞酒店经营者对电竞房区域进行物理隔离、电梯控制，防止未成年人擅自进入。

（六）履行告知义务。电竞酒店经营者应当在消费者预定、入住等环节明确告知其电竞房区域不接待未成年人；通过电子商务平台等开展客房预定的，应当以显著方式提示消费者电竞房区域不接待未成年人。电子商务平台经营者应当核验电竞酒店提示信息。

（七）落实“五必须”规定。电竞酒店非电竞房区域接待未成年人入住时，经营者应当严格落实“五必须”规定：必须查验入住未成年人身份并如实登记；必须询问未成年人父母或者其他监护人的联系方式并记录备案；必须询问同住人员身份关系等情况并记录备案；必须加强安全巡查和访客管理，预防对未成年人的不法侵害；必须立即向公安机关报告可疑情况，并及时联系未成年人的父母或者其他监护人，并同时采取相应安全保护措施。

（八）实施网络安全技术措施。电竞酒店经营者应当依法制定信息网络安全管理制度和应急处置预案，实施互联网安全保护技术措施。电竞酒店经营者应当设置禁止未成年人登录计算机、消费时长提示等功能，并通过网络技术措施服务提供者向文化和旅游行政部门提供电竞房分布、设置禁止未成年人登录功能以及阻断登录情况等可查询信息。

（九）实施图像采集技术措施。电竞酒店经营者应当按照有关规定，在大厅、前台、通道、电竞房区域主要出入口等公共区域内的合理位置安装图像采集设备并设置采集区域提示标识，加强检查值守，发现有未成年人违规进入电竞房区域的，要及时劝阻并联系其父母或者其他监护人。图像采集信息应当依法留存，不得不当披露、传播，并在文化和旅游行政部门等部门检查电竞房时提供查询。

（十）建立日常巡查制度。电竞酒店经营者应当建立日常巡查制度，发现有未成年人违规进入、未实名登记擅自进入等违法行为的，应当立即制止并分别向所在地县级文化和旅游行政部门、公安机关报告。文化和旅游行政部门、公安机关等有关部门有权依法对辖区内电竞酒店的电竞房实施监督检查，电竞酒店经营者应当配合，不得拒绝、阻挠。

四、加强协同监管，形成未成年人保护合力

（十一）建立协同监管机制。地方各级文化和旅游行政部门、公安机关应当会同相关部门，建立电竞酒店未成年人保护协同监管机制，加强信息通报、线索移送、执法联动等工作，引导督促经营者严格落实实名登记、设置未成年人禁入标志、禁止违规接待未成年人等要求，依法查处违规经营行为。公安机关在工作中发现电竞酒店经营者违规接待未成年人的，及时通报文化和旅游行政部门依法查处；文化和旅游行政部门在工作中发现电竞酒店经营者未落实实名登记及“五必须”规定的，及时通报公安机关依法查处。

（十二）严格文化和旅游市场行政处罚。电竞酒店经营者违规接待未成年人或者未设置未成年人禁入标志的，由文化和旅游行政部门依照《中华人民共和国未成年人保护法》第一百二十三条予以处罚。

（十三）严格治安管理行政处罚。电竞酒店非电竞房区域接待未成年人入住，或者接待未成年人和成年人共同入住时，未询问父母或者其他监护人的联系方式、入住人员的身份关系等有关情况的，由公安机关依照《中华人民共和国未成年人保护法》第一百二十二条予以处罚。电竞酒店未取得特种行业许可证，擅自经营旅馆业的，由公安机关依照《中华人民共和国治安管理处罚法》第五十四条予以处罚，并对非法经营行为予以取缔。

（十四）加强行业自律。电竞酒店有关行业协会应当加强行业自律，制定行业规范，开展培训教育，探索开展本领域的信用评价、服务等级评定工作，引导经营者严格落实《中华人民共和国未成年人保护法》有关规定。

（十五）加强社会监督。社会公众可以依法向文化和旅游行政部门、公安机关反映电竞酒店违规接待未成年人等情况；鼓励和支持电竞酒店入住人员向文化和旅游行政部门、公安机关举报电竞酒店违规接待未成年人等线索。

各省级文化和旅游行政部门应当会同公安机关部署开展电竞酒店摸底排查工作，摸清辖区内电竞酒店的企业名称、类型、住所、电竞房数量、计算机台数等情况，并于2023年10月31日前分别报送文化和旅游部、公安部。

特此通知。

六、旅游景点管理

资料补充栏

中华人民共和国自然保护区条例

1. 1994年10月9日国务院令第167号发布
2. 根据2011年1月8日国务院令第588号《关于废止和修改部分行政法规的决定》第一次修订
3. 根据2017年10月7日国务院令第687号《关于修改部分行政法规的决定》第二次修订

第一章 总 则

第一条 为了加强自然保护区的建设和管理,保护自然环境和自然资源,制定本条例。

第二条 本条例所称自然保护区,是指对有代表性的自然生态系统、珍稀濒危野生动植物物种的天然集中分布区、有特殊意义的自然遗迹等保护对象所在的陆地、陆地水体或者海域,依法划出一定面积予以特殊保护和管理的区域。

第三条 凡在中华人民共和国领域和中华人民共和国管辖的其他海域内建设和管理自然保护区,必须遵守本条例。

第四条 国家采取有利于发展自然保护区的经济、技术政策和措施,将自然保护区的发展规划纳入国民经济和社会发展计划。

第五条 建设和管理自然保护区,应当妥善处理与当地经济建设和居民生产、生活的关系。

第六条 自然保护区管理机构或者其行政主管部门可以接受国内外组织和个人的捐赠,用于自然保护区的建设和管理。

第七条 县级以上人民政府应当加强对自然保护区工作的领导。

一切单位和个人都有保护自然保护区内自然环境和自然资源的义务,并有权对破坏、侵占自然保护区的单位和个人进行检举、控告。

第八条 国家对自然保护区实行综合管理与分部门管理相结合的管理体制。

国务院环境保护行政主管部门负责全国自然保护区的综合管理。

国务院林业、农业、地质矿产、水利、海洋等有关行政主管部门在各自的职责范围内,主管有关的自然保护区。

县级以上地方人民政府负责自然保护区管理的部门的设置和职责,由省、自治区、直辖市人民政府根据当地具体情况确定。

第九条 对建设、管理自然保护区以及在有关的科学研究中做出显著成绩的单位和个人,由人民政府给予奖励。

第二章 自然保护区的建设

第十条 凡具有下列条件之一的,应当建立自然保护区:

(一)典型的自然地理区域、有代表性的自然生态系统区域以及已经遭受破坏但经保护能够恢复的同类自然生态系统区域;

(二)珍稀、濒危野生动植物物种的天然集中分布区域;

(三)具有特殊保护价值的海域、海岸、岛屿、湿地、内陆水域、森林、草原和荒漠;

(四)具有重大科学文化价值的地质构造、著名溶洞、化石分布区、冰川、火山、温泉等自然遗迹;

(五)经国务院或者省、自治区、直辖市人民政府批准,需要予以特殊保护的其他自然区域。

第十一条 自然保护区分为国家级自然保护区和地方级自然保护区。

在国内外有典型意义、在科学上有重大国际影响或者有特殊科学研究价值的自然保护区,列为国家级自然保护区。

除列为国家级自然保护区的外,其他具有典型意义或者重要科学研究价值的自然保护区列为地方级自然保护区。地方级自然保护区可以分级管理,具体办法由国务院有关自然保护区行政主管部门或者省、自治区、直辖市人民政府根据实际情况规定,报国务院环境保护行政主管部门备案。

第十二条 国家级自然保护区的建立,由自然保护区所在的省、自治区、直辖市人民政府或者国务院有关自然保护区行政主管部门提出申请,经国家级自然保护区评审委员会评审后,由国务院环境保护行政主管部门进行协调并提出审批建议,报国务院批准。

地方级自然保护区的建立,由自然保护区所在的县、自治县、市、自治州人民政府或者省、自治区、直辖市人民政府有关自然保护区行政主管部门提出申请,经地方级自然保护区评审委员会评审后,由省、自治区、直辖市人民政府环境保护行政主管部门进行协调并提出审批建议,报省、自治区、直辖市人民政府批准,并报国务院环境保护行政主管部门和国务院有关自然保护区行政主管部门备案。

跨两个以上行政区域的自然保护区的建立,由有关行政区域的人民政府协商一致后提出申请,并按照前两款规定的程序审批。

建立海上自然保护区，须经国务院批准。

第十三条　申请建立自然保护区，应当按照国家有关规定填报建立自然保护区申报书。

第十四条　自然保护区的范围和界线由批准建立自然保护区的人民政府确定，并标明区界，予以公告。

确定自然保护区的范围和界线，应当兼顾保护对象的完整性和适度性，以及当地经济建设和居民生产、生活的需要。

第十五条　自然保护区的撤销及其性质、范围、界线的调整或者改变，应当经原批准建立自然保护区的人民政府批准。

任何单位和个人，不得擅自移动自然保护区的界标。

第十六条　自然保护区按照下列方法命名：

国家级自然保护区：自然保护区所在地地名加“国家级自然保护区”。

地方级自然保护区：自然保护区所在地地名加“地方级自然保护区”。

有特殊保护对象的自然保护区，可以在自然保护区所在地地名后加特殊保护对象的名称。

第十七条　国务院环境保护行政主管部门应当会同国务院有关自然保护区行政主管部门，在对全国自然环境和自然资源状况进行调查和评价的基础上，拟订国家自然保护区发展规划，经国务院计划部门综合平衡后，报国务院批准实施。

自然保护区管理机构或者该自然保护区行政主管部门应当组织编制自然保护区的建设规划，按照规定的程序纳入国家的、地方的或者部门的投资计划，并组织实施。

第十八条　自然保护区可以分为核心区、缓冲区和实验区。

自然保护区内保存完好的天然状态的生态系统以及珍稀、濒危动植物的集中分布地，应当划为核心区，禁止任何单位和个人进入；除依照本条例第二十七条的规定经批准外，也不允许进入从事科学研究活动。

核心区外围可以划定一定面积的缓冲区，只准进入从事科学研究观测活动。

缓冲区外围划为实验区，可以进入从事科学试验、教学实习、参观考察、旅游以及驯化、繁殖珍稀、濒危野生动植物等活动。

原批准建立自然保护区的人民政府认为必要时，可以在自然保护区的外围划定一定面积的外围保护地带。

第三章　自然保护区的管理

第十九条　全国自然保护区管理的技术规范和标准，由国务院环境保护行政主管部门组织国务院有关自然保护区行政主管部门制定。

国务院有关自然保护区行政主管部门可以按照职责分工，制定有关类型自然保护区管理的技术规范，报国务院环境保护行政主管部门备案。

第二十条　县级以上人民政府环境保护行政主管部门有权对本行政区域内各类自然保护区的管理进行监督检查；县级以上人民政府有关自然保护区行政主管部门有权对其主管的自然保护区的管理进行监督检查。被检查的单位应当如实反映情况，提供必要的资料。检查者应当为被检查的单位保守技术秘密和业务秘密。

第二十一条　国家级自然保护区，由其所在地的省、自治区、直辖市人民政府有关自然保护区行政主管部门或者国务院有关自然保护区行政主管部门管理。地方级自然保护区，由其所在地的县级以上地方人民政府有关自然保护区行政主管部门管理。

有关自然保护区行政主管部门应当在自然保护区内设立专门的管理机构，配备专业技术人员，负责自然保护区的具体管理工作。

第二十二条　自然保护区管理机构的主要职责是：

（一）贯彻执行国家有关自然保护的法律、法规和方针、政策；

（二）制定自然保护区的各项管理制度，统一管理自然保护区；

（三）调查自然资源并建立档案，组织环境监测，保护自然保护区内的自然环境和自然资源；

（四）组织或者协助有关部门开展自然保护区的科学研究工作；

（五）进行自然保护的宣传教育；

（六）在不影响保护自然保护区的自然环境和自然资源的前提下，组织开展参观、旅游等活动。

第二十三条　管理自然保护区所需经费，由自然保护区所在地的县级以上地方人民政府安排。国家对国家级自然保护区的管理，给予适当的资金补助。

第二十四条　自然保护区所在地的公安机关，可以根据需要在自然保护区设置公安派出机构，维护自然保护区内的治安秩序。

第二十五条　在自然保护区内的单位、居民和经批准进入自然保护区的人员，必须遵守自然保护区的各项管理制度，接受自然保护区管理机构的管理。

第二十六条　禁止在自然保护区内进行砍伐、放牧、狩猎、捕捞、采药、开垦、烧荒、开矿、采石、挖沙等活动；但是，法律、行政法规另有规定的除外。

第二十七条　禁止任何人进入自然保护区的核心区。因科学研究的需要，必须进入核心区从事科学研究观测、调查活动的，应当事先向自然保护区管理机构提交申请和活动计划，并经自然保护区管理机构批准；其中，进入国家级自然保护区核心区的，应当经省、自治区、直辖市人民政府有关自然保护区行政主管部门批准。

自然保护区核心区内原有居民确有必要迁出的，由自然保护区所在地的地方人民政府予以妥善安置。

第二十八条　禁止在自然保护区的缓冲区开展旅游和生产经营活动。因教学科研的目的，需要进入自然保护区的缓冲区从事非破坏性的科学研究、教学实习和标本采集活动的，应当事先向自然保护区管理机构提交申请和活动计划，经自然保护区管理机构批准。

从事前款活动的单位和个人，应当将其活动成果的副本提交自然保护区管理机构。

第二十九条　在自然保护区的实验区内开展参观、旅游活动的，由自然保护区管理机构编制方案，方案应当符合自然保护区管理目标。

在自然保护区组织参观、旅游活动的，应当严格按照前款规定的方案进行，并加强管理；进入自然保护区参观、旅游的单位和个人，应当服从自然保护区管理机构的管理。

严禁开设与自然保护区保护方向不一致的参观、旅游项目。

第三十条　自然保护区的内部未分区的，依照本条例有关核心区和缓冲区的规定管理。

第三十一条　外国人进入自然保护区，应当事先向自然保护区管理机构提交活动计划，并经自然保护区管理机构批准；其中，进入国家级自然保护区的，应当经省、自治区、直辖市环境保护、海洋、渔业等有关自然保护区行政主管部门按照各自职责批准。

进入自然保护区的外国人，应当遵守有关自然保护区的法律、法规和规定，未经批准，不得在自然保护区内从事采集标本等活动。

第三十二条　在自然保护区的核心区和缓冲区内，不得建设任何生产设施。在自然保护区的实验区内，不得建设污染环境、破坏资源或者景观的生产设施；建设其他项目，其污染物排放不得超过国家和地方规定的污染物排放标准。在自然保护区的实验区内已经建成的设施，其污染物排放超过国家和地方规定的排放标准的，应当限期治理；造成损害的，必须采取补救措施。

在自然保护区的外围保护地带建设的项目，不得损害自然保护区内的环境质量；已造成损害的，应当限期治理。

限期治理决定由法律、法规规定的机关作出，被限期治理的企业事业单位必须按期完成治理任务。

第三十三条　因发生事故或者其他突然性事件，造成或者可能造成自然保护区污染或者破坏的单位和个人，必须立即采取措施处理，及时通报可能受到危害的单位和居民，并向自然保护区管理机构、当地环境保护行政主管部门和自然保护区行政主管部门报告，接受调查处理。

第四章　法律责任

第三十四条　违反本条例规定，有下列行为之一的单位和个人，由自然保护区管理机构责令其改正，并可以根据不同情节处以100元以上5000元以下的罚款：

（一）擅自移动或者破坏自然保护区界标的；

（二）未经批准进入自然保护区或者在自然保护区内不服从管理机构管理的；

（三）经批准在自然保护区的缓冲区内从事科学研究、教学实习和标本采集的单位和个人，不向自然保护区管理机构提交活动成果副本的。

第三十五条　违反本条例规定，在自然保护区进行砍伐、放牧、狩猎、捕捞、采药、开垦、烧荒、开矿、采石、挖沙等活动的单位和个人，除可以依照有关法律、行政法规规定给予处罚的以外，由县级以上人民政府有关自然保护区行政主管部门或者其授权的自然保护区管理机构没收违法所得，责令停止违法行为，限期恢复原状或者采取其他补救措施；对自然保护区造成破坏的，可以处以300元以上10000元以下的罚款。

第三十六条　自然保护区管理机构违反本条例规定，拒绝环境保护行政主管部门或者有关自然保护区行政主管部门监督检查，或者在被检查时弄虚作假的，由县级以上人民政府环境保护行政主管部门或者有关自然保护区行政主管部门给予300元以上3000元以下的罚款。

第三十七条　自然保护区管理机构违反本条例规定，有下列行为之一的，由县级以上人民政府有关自然保护区行政主管部门责令限期改正；对直接责任人员，由其所在单位或者上级机关给予行政处分：

（一）开展参观、旅游活动未编制方案或者编制的方案不符合自然保护区管理目标的；

（二）开设与自然保护区保护方向不一致的参观、旅游项目的；

（三）不按照编制的方案开展参观、旅游活动的；

（四）违法批准人员进入自然保护区的核心区，或者违法批准外国人进入自然保护区的；

（五）有其他滥用职权、玩忽职守、徇私舞弊行为的。

第三十八条　违反本条例规定，给自然保护区造成损失的，由县级以上人民政府有关自然保护区行政主管部门责令赔偿损失。

第三十九条　妨碍自然保护区管理人员执行公务的，由公安机关依照《中华人民共和国治安管理处罚法》的规定给予处罚；情节严重，构成犯罪的，依法追究刑事责任。

第四十条　违反本条例规定，造成自然保护区重大污染或者破坏事故，导致公私财产重大损失或者人身伤亡的严重后果，构成犯罪的，对直接负责的主管人员和其他直接责任人员依法追究刑事责任。

第四十一条　自然保护区管理人员滥用职权、玩忽职守、徇私舞弊，构成犯罪的，依法追究刑事责任；情节轻微，尚不构成犯罪的，由其所在单位或者上级机关给予行政处分。

第五章　附　　则

第四十二条　国务院有关自然保护区行政主管部门可以根据本条例，制定有关类型自然保护区的管理办法。

第四十三条　各省、自治区、直辖市人民政府可以根据本条例，制定实施办法。

第四十四条　本条例自1994年12月1日起施行。

风景名胜区条例

1. 2006年9月19日国务院令第474号公布

2. 根据2016年2月6日国务院令第666号《关于修改部分行政法规的决定》修订

第一章　总　　则

第一条　为了加强对风景名胜区的管理，有效保护和合理利用风景名胜资源，制定本条例。

第二条　风景名胜区的设立、规划、保护、利用和管理，适用本条例。

本条例所称风景名胜区，是指具有观赏、文化或者科学价值，自然景观、人文景观比较集中，环境优美，可供人们游览或者进行科学、文化活动的区域。

第三条　国家对风景名胜区实行科学规划、统一管理、严格保护、永续利用的原则。

第四条　风景名胜区所在地县级以上地方人民政府设置的风景名胜区管理机构，负责风景名胜区的保护、利用和统一管理工作。

第五条　国务院建设主管部门负责全国风景名胜区的监督管理工作。国务院其他有关部门按照国务院规定的职责分工，负责风景名胜区的有关监督管理工作。

省、自治区人民政府建设主管部门和直辖市人民政府风景名胜区主管部门，负责本行政区域内风景名胜区的监督管理工作。省、自治区、直辖市人民政府其他有关部门按照规定的职责分工，负责风景名胜区的有关监督管理工作。

第六条　任何单位和个人都有保护风景名胜资源的义务，并有权制止、检举破坏风景名胜资源的行为。

第二章　设　　立

第七条　设立风景名胜区，应当有利于保护和合理利用风景名胜资源。

新设立的风景名胜区与自然保护区不得重合或者交叉；已设立的风景名胜区与自然保护区重合或者交叉的，风景名胜区规划与自然保护区规划应当相协调。

第八条　风景名胜区划分为国家级风景名胜区和省级风景名胜区。

自然景观和人文景观能够反映重要自然变化过程和重大历史文化发展过程，基本处于自然状态或者保持历史原貌，具有国家代表性的，可以申请设立国家级风景名胜区；具有区域代表性的，可以申请设立省级风景名胜区。

第九条　申请设立风景名胜区应当提交包含下列内容的有关材料：

（一）风景名胜资源的基本状况；

（二）拟设立风景名胜区的范围以及核心景区的范围；

（三）拟设立风景名胜区的性质和保护目标；

（四）拟设立风景名胜区的游览条件；

（五）与拟设立风景名胜区内的土地、森林等自然资源和房屋等财产的所有权人、使用权人协商的内容和结果。

第十条　设立国家级风景名胜区，由省、自治区、直辖市人民政府提出申请，国务院建设主管部门会同国务院环境保护主管部门、林业主管部门、文物主管部门等有关部门组织论证，提出审查意见，报国务院批准公布。

设立省级风景名胜区，由县级人民政府提出申请，省、自治区人民政府建设主管部门或者直辖市人民政府风景名胜区主管部门，会同其他有关部门组织论证，提出审查意见，报省、自治区、直辖市人民政府批准公布。

第十一条 风景名胜区内的土地、森林等自然资源和房屋等财产的所有权人、使用权人的合法权益受法律保护。

申请设立风景名胜区的人民政府应当在报请审批前，与风景名胜区内的土地、森林等自然资源和房屋等财产的所有权人、使用权人充分协商。

因设立风景名胜区对风景名胜区内的土地、森林等自然资源和房屋等财产的所有权人、使用权人造成损失的，应当依法给予补偿。

第三章 规　　划

第十二条 风景名胜区规划分为总体规划和详细规划。

第十三条 风景名胜区总体规划的编制，应当体现人与自然和谐相处、区域协调发展和经济社会全面进步的要求，坚持保护优先、开发服从保护的原则，突出风景名胜资源的自然特性、文化内涵和地方特色。

风景名胜区总体规划应当包括下列内容：

（一）风景资源评价；

（二）生态资源保护措施、重大建设项目布局、开发利用强度；

（三）风景名胜区的功能结构和空间布局；

（四）禁止开发和限制开发的范围；

（五）风景名胜区的游客容量；

（六）有关专项规划。

第十四条 风景名胜区应当自设立之日起2年内编制完成总体规划。总体规划的规划期一般为20年。

第十五条 风景名胜区详细规划应当根据核心景区和其他景区的不同要求编制，确定基础设施、旅游设施、文化设施等建设项目的选址、布局与规模，并明确建设用地范围和规划设计条件。

风景名胜区详细规划，应当符合风景名胜区总体规划。

第十六条 国家级风景名胜区规划由省、自治区人民政府建设主管部门或者直辖市人民政府风景名胜区主管部门组织编制。

省级风景名胜区规划由县级人民政府组织编制。

第十七条 编制风景名胜区规划，应当采用招标等公平竞争的方式选择具有相应资质等级的单位承担。

风景名胜区规划应当按照经审定的风景名胜区范围、性质和保护目标，依照国家有关法律、法规和技术规范编制。

第十八条 编制风景名胜区规划，应当广泛征求有关部门、公众和专家的意见；必要时，应当进行听证。

风景名胜区规划报送审批的材料应当包括社会各界的意见以及意见采纳的情况和未予采纳的理由。

第十九条 国家级风景名胜区的总体规划，由省、自治区、直辖市人民政府审查后，报国务院审批。

国家级风景名胜区的详细规划，由省、自治区人民政府建设主管部门或者直辖市人民政府风景名胜区主管部门报国务院建设主管部门审批。

第二十条 省级风景名胜区的总体规划，由省、自治区、直辖市人民政府审批，报国务院建设主管部门备案。

省级风景名胜区的详细规划，由省、自治区人民政府建设主管部门或者直辖市人民政府风景名胜区主管部门审批。

第二十一条 风景名胜区规划经批准后，应当向社会公布，任何组织和个人有权查阅。

风景名胜区内的单位和个人应当遵守经批准的风景名胜区规划，服从规划管理。

风景名胜区规划未经批准的，不得在风景名胜区内进行各类建设活动。

第二十二条 经批准的风景名胜区规划不得擅自修改。确需对风景名胜区总体规划中的风景名胜区范围、性质、保护目标、生态资源保护措施、重大建设项目布局、开发利用强度以及风景名胜区的功能结构、空间布局、游客容量进行修改的，应当报原审批机关批准；对其他内容进行修改的，应当报原审批机关备案。

风景名胜区详细规划确需修改的，应当报原审批机关批准。

政府或者政府部门修改风景名胜区规划对公民、法人或者其他组织造成财产损失的，应当依法给予补偿。

第二十三条 风景名胜区总体规划的规划期届满前2年，规划的组织编制机关应当组织专家对规划进行评估，作出是否重新编制规划的决定。在新规划批准前，原规划继续有效。

第四章 保　　护

第二十四条 风景名胜区内的景观和自然环境，应当根据可持续发展的原则，严格保护，不得破坏或者随意改变。

风景名胜区管理机构应当建立健全风景名胜资源保护的各项管理制度。

风景名胜区内的居民和游览者应当保护风景名胜区的景物、水体、林草植被、野生动物和各项设施。

第二十五条　风景名胜区管理机构应当对风景名胜区内的重要景观进行调查、鉴定，并制定相应的保护措施。

第二十六条　在风景名胜区内禁止进行下列活动：

（一）开山、采石、开矿、开荒、修坟立碑等破坏景观、植被和地形地貌的活动；

（二）修建储存爆炸性、易燃性、放射性、毒害性、腐蚀性物品的设施；

（三）在景物或者设施上刻划、涂污；

（四）乱扔垃圾。

第二十七条　禁止违反风景名胜区规划，在风景名胜区内设立各类开发区和在核心景区内建设宾馆、招待所、培训中心、疗养院以及与风景名胜资源保护无关的其他建筑物；已经建设的，应当按照风景名胜区规划，逐步迁出。

第二十八条　在风景名胜区内从事本条例第二十六条、第二十七条禁止范围以外的建设活动，应当经风景名胜区管理机构审核后，依照有关法律、法规的规定办理审批手续。

在国家级风景名胜区内修建缆车、索道等重大建设工程，项目的选址方案应当报省、自治区人民政府建设主管部门和直辖市人民政府风景名胜区主管部门核准。

第二十九条　在风景名胜区内进行下列活动，应当经风景名胜区管理机构审核后，依照有关法律、法规的规定报有关主管部门批准：

（一）设置、张贴商业广告；

（二）举办大型游乐等活动；

（三）改变水资源、水环境自然状态的活动；

（四）其他影响生态和景观的活动。

第三十条　风景名胜区内的建设项目应当符合风景名胜区规划，并与景观相协调，不得破坏景观、污染环境、妨碍游览。

在风景名胜区内进行建设活动的，建设单位、施工单位应当制定污染防治和水土保持方案，并采取有效措施，保护好周围景物、水体、林草植被、野生动物资源和地形地貌。

第三十一条　国家建立风景名胜区管理信息系统，对风景名胜区规划实施和资源保护情况进行动态监测。

国家级风景名胜区所在地的风景名胜区管理机构应当每年向国务院建设主管部门报送风景名胜区规划实施和土地、森林等自然资源保护的情况；国务院建设主管部门应当将土地、森林等自然资源保护的情况，及时抄送国务院有关部门。

第五章　利用和管理

第三十二条　风景名胜区管理机构应当根据风景名胜区的特点，保护民族民间传统文化，开展健康有益的游览观光和文化娱乐活动，普及历史文化和科学知识。

第三十三条　风景名胜区管理机构应当根据风景名胜区规划，合理利用风景名胜资源，改善交通、服务设施和游览条件。

风景名胜区管理机构应当在风景名胜区内设置风景名胜区标志和路标、安全警示等标牌。

第三十四条　风景名胜区内宗教活动场所的管理，依照国家有关宗教活动场所管理的规定执行。

风景名胜区内涉及自然资源保护、利用、管理和文物保护以及自然保护区管理的，还应当执行国家有关法律、法规的规定。

第三十五条　国务院建设主管部门应当对国家级风景名胜区的规划实施情况、资源保护状况进行监督检查和评估。对发现的问题，应当及时纠正、处理。

第三十六条　风景名胜区管理机构应当建立健全安全保障制度，加强安全管理，保障游览安全，并督促风景名胜区内的经营单位接受有关部门依据法律、法规进行的监督检查。

禁止超过允许容量接纳游客和在没有安全保障的区域开展游览活动。

第三十七条　进入风景名胜区的门票，由风景名胜区管理机构负责出售。门票价格依照有关价格的法律、法规的规定执行。

风景名胜区内的交通、服务等项目，应当由风景名胜区管理机构依照有关法律、法规和风景名胜区规划，采用招标等公平竞争的方式确定经营者。

风景名胜区管理机构应当与经营者签订合同，依法确定各自的权利义务。经营者应当缴纳风景名胜资源有偿使用费。

第三十八条　风景名胜区的门票收入和风景名胜资源有偿使用费，实行收支两条线管理。

风景名胜区的门票收入和风景名胜资源有偿使用费应当专门用于风景名胜资源的保护和管理以及风景名胜区内财产的所有权人、使用权人损失的补偿。具体管理办法，由国务院财政部门、价格主管部门会同国务院建设主管部门等有关部门制定。

第三十九条　风景名胜区管理机构不得从事以营利为目的的经营活动，不得将规划、管理和监督等行政管理职能委托给企业或者个人行使。

风景名胜区管理机构的工作人员，不得在风景名胜区内的企业兼职。

第六章 法律责任

第四十条 违反本条例的规定，有下列行为之一的，由风景名胜区管理机构责令停止违法行为、恢复原状或者限期拆除，没收违法所得，并处50万元以上100万元以下的罚款：

（一）在风景名胜区内进行开山、采石、开矿等破坏景观、植被、地形地貌的活动的；

（二）在风景名胜区内修建储存爆炸性、易燃性、放射性、毒害性、腐蚀性物品的设施的；

（三）在核心景区内建设宾馆、招待所、培训中心、疗养院以及与风景名胜资源保护无关的其他建筑物的。

县级以上地方人民政府及其有关主管部门批准实施本条第一款规定的行为的，对直接负责的主管人员和其他直接责任人员依法给予降级或者撤职的处分；构成犯罪的，依法追究刑事责任。

第四十一条 违反本条例的规定，在风景名胜区内从事禁止范围以外的建设活动，未经风景名胜区管理机构审核的，由风景名胜区管理机构责令停止建设、限期拆除，对个人处2万元以上5万元以下的罚款，对单位处20万元以上50万元以下的罚款。

第四十二条 违反本条例的规定，在国家级风景名胜区内修建缆车、索道等重大建设工程，项目的选址方案未经省、自治区人民政府建设主管部门和直辖市人民政府风景名胜区主管部门核准，县级以上地方人民政府有关部门核发选址意见书的，对直接负责的主管人员和其他直接责任人员依法给予处分；构成犯罪的，依法追究刑事责任。

第四十三条 违反本条例的规定，个人在风景名胜区内进行开荒、修坟立碑等破坏景观、植被、地形地貌的活动的，由风景名胜区管理机构责令停止违法行为、限期恢复原状或者采取其他补救措施，没收违法所得，并处1000元以上1万元以下的罚款。

第四十四条 违反本条例的规定，在景物、设施上刻划、涂污或者在风景名胜区内乱扔垃圾的，由风景名胜区管理机构责令恢复原状或者采取其他补救措施，处50元的罚款；刻划、涂污或者以其他方式故意损坏国家保护的文物、名胜古迹的，按照治安管理处罚法的有关规定予以处罚；构成犯罪的，依法追究刑事责任。

第四十五条 违反本条例的规定，未经风景名胜区管理机构审核，在风景名胜区内进行下列活动的，由风景名胜区管理机构责令停止违法行为、限期恢复原状或者采取其他补救措施，没收违法所得，并处5万元以上10万元以下的罚款；情节严重的，并处10万元以上20万元以下的罚款：

（一）设置、张贴商业广告的；

（二）举办大型游乐等活动的；

（三）改变水资源、水环境自然状态的活动的；

（四）其他影响生态和景观的活动。

第四十六条 违反本条例的规定，施工单位在施工过程中，对周围景物、水体、林草植被、野生动物资源和地形地貌造成破坏的，由风景名胜区管理机构责令停止违法行为、限期恢复原状或者采取其他补救措施，并处2万元以上10万元以下的罚款；逾期未恢复原状或者采取有效措施的，由风景名胜区管理机构责令停止施工。

第四十七条 违反本条例的规定，国务院建设主管部门、县级以上地方人民政府及其有关主管部门有下列行为之一的，对直接负责的主管人员和其他直接责任人员依法给予处分；构成犯罪的，依法追究刑事责任：

（一）违反风景名胜区规划在风景名胜区内设立各类开发区的；

（二）风景名胜区自设立之日起未在2年内编制完成风景名胜区总体规划的；

（三）选择不具有相应资质等级的单位编制风景名胜区规划的；

（四）风景名胜区规划批准前批准在风景名胜区内进行建设活动的；

（五）擅自修改风景名胜区规划的；

（六）不依法履行监督管理职责的其他行为。

第四十八条 违反本条例的规定，风景名胜区管理机构有下列行为之一的，由设立该风景名胜区管理机构的县级以上地方人民政府责令改正；情节严重的，对直接负责的主管人员和其他直接责任人员给予降级或者撤职的处分；构成犯罪的，依法追究刑事责任：

（一）超过允许容量接纳游客或者在没有安全保障的区域开展游览活动的；

（二）未设置风景名胜区标志和路标、安全警示等标牌的；

（三）从事以营利为目的的经营活动的；

（四）将规划、管理和监督等行政管理职能委托给企业或者个人行使的；

（五）允许风景名胜区管理机构的工作人员在风

景名胜区内的企业兼职的；

（六）审核同意在风景名胜区内进行不符合风景名胜区规划的建设活动的；

（七）发现违法行为不予查处的。

第四十九条　本条例第四十条第一款、第四十一条、第四十三条、第四十四条、第四十五条、第四十六条规定的违法行为，依照有关法律、行政法规的规定，有关部门已经予以处罚的，风景名胜区管理机构不再处罚。

第五十条　本条例第四十条第一款、第四十一条、第四十三条、第四十四条、第四十五条、第四十六条规定的违法行为，侵害国家、集体或者个人的财产的，有关单位或者个人应当依法承担民事责任。

第五十一条　依照本条例的规定，责令限期拆除在风景名胜区内违法建设的建筑物、构筑物或者其他设施的，有关单位或者个人必须立即停止建设活动，自行拆除；对继续进行建设的，作出责令限期拆除决定的机关有权制止。有关单位或者个人对责令限期拆除决定不服的，可以在接到责令限期拆除决定之日起15日内，向人民法院起诉；期满不起诉又不自行拆除的，由作出责令限期拆除决定的机关依法申请人民法院强制执行，费用由违法者承担。

第七章　附　　则

第五十二条　本条例自2006年12月1日起施行。1985年6月7日国务院发布的《风景名胜区管理暂行条例》同时废止。

国家级风景名胜区规划编制审批办法

1. 2015年9月14日住房和城乡建设部令第26号发布
2. 自2015年12月1日起施行

第一条　为了规范国家级风景名胜区规划的编制和审批，根据《中华人民共和国城乡规划法》、《风景名胜区条例》等法律、行政法规，制定本办法。

第二条　国家级风景名胜区规划的编制和审批，适用本办法。

第三条　经批准的国家级风景名胜区规划是国家级风景名胜区保护、利用和管理的依据。风景名胜区管理机构以及县级以上地方人民政府住房城乡建设主管部门不得违反国家级风景名胜区规划审批各类建设活动。

国家级风景名胜区规划未经批准的，不得在国家级风景名胜区内进行建设活动。

第四条　编制国家级风景名胜区规划，应当坚持保护优先、开发服从保护的原则，突出风景名胜资源的自然特性、文化内涵和地方特色，实现风景名胜资源的永续利用。

第五条　国家级风景名胜区规划分为总体规划和详细规划。

第六条　省、自治区人民政府住房城乡建设主管部门和直辖市人民政府风景名胜区主管部门（以下简称风景名胜区规划组织编制机关），负责组织国家级风景名胜区所在地市、县人民政府和风景名胜区管理机构等开展国家级风景名胜区规划编制工作。

第七条　编制国家级风景名胜区总体规划应当由具有甲级资质的城乡规划编制单位承担。

编制国家级风景名胜区详细规划应当由同时具有乙级以上城乡规划编制单位资质和风景园林工程设计专项资质的单位承担。

第八条　编制国家级风景名胜区规划应当遵守国家有关技术规范和标准，采用符合国家有关规定的基础资料。

第九条　编制国家级风景名胜区总体规划，应当进行科学论证，并广泛征求有关部门、专家和公众意见；必要时，可以举行听证。

第十条　国家级风景名胜区总体规划应当包括下列内容：

（一）界定风景名胜区和核心景区的范围边界，根据需要划定外围保护地带；

（二）明确风景名胜资源的类型和特色，评价资源价值和等级；

（三）确定风景名胜区的性质和定位；

（四）提出风景名胜区保护与发展目标，确定风景名胜区的游客容量、建设用地控制规模、旅游床位控制规模等；

（五）确定功能分区，提出基础设施、游览服务、风景游赏、居民点的空间布局；

（六）划定分级保护范围，提出分级保护规定；明确禁止建设和限制建设的范围，提出开发利用强度控制要求；提出重要风景名胜资源专项保护措施和生态环境保护控制要求；

（七）确定重大建设项目布局；提出建设行为引导控制和景观风貌管控要求；确定需要编制详细规划的区域，提出详细规划编制应当遵从的重要控制指标或者要求；

（八）编制游赏、设施、居民点协调、相关规划协调等专项规划。

第十一条　国家级风景名胜区总体规划应当自国家级风

景名胜区批准设立之日起2年内编制完成。总体规划的规划期一般为20年。

第十二条 编制国家级风景名胜区详细规划应当符合国家级风景名胜区总体规划。总体规划确定的主要入口区、游览服务设施相对集中区等涉及较多建设活动的区域应当编制详细规划。

国家级风景名胜区详细规划应当包括下列内容:

(一)明确规划范围和规划区域的定位,分析总体规划相关要求;

(二)确定规划目标,提出发展控制规模;

(三)评价规划范围的资源、环境和用地条件,确定规划布局和建设用地的范围边界;

(四)提出建设用地范围内各地块的建筑限高、建筑密度、容积率、绿地率、给排水与水环境等控制指标及建筑形式、体量、风貌、色彩等设计要求;明确重要项目选址、布局、规模、高度等建设控制要求,对重要建(构)筑物的景观视线影响进行分析,提出设计方案引导措施;

(五)编制综合设施、游赏组织、居民点建设引导、土地利用协调等专项规划。

第十三条 编制国家级风景名胜区规划,不得在核心景区内安排下列项目、设施或者建筑物:

(一)索道、缆车、铁路、水库、高等级公路等重大建设工程项目;

(二)宾馆、招待所、培训中心、疗养院等住宿疗养设施;

(三)大型文化、体育和游乐设施;

(四)其他与核心景区资源、生态和景观保护无关的项目、设施或者建筑物。

第十四条 国家级风景名胜区规划成果应当包括规划文本、规划图纸、规划说明书、基础资料汇编、遥感影像图,以书面和电子文件两种形式表达。

征求意见及意见采纳的情况、专题论证材料、专家评审意见、公示情况等,应当纳入基础资料汇编。

第十五条 编制国家级风景名胜区总体规划,确需对经审定的风景名胜区范围进行较大调整或者安排索道、缆车等重大建设工程项目的,风景名胜区规划组织编制机关应当组织专家进行专题论证,形成专题论证材料。

第十六条 国家级风景名胜区规划编制完成后,风景名胜区规划组织编制机关应当组织专家进行评审。评审专家应当包括3名以上国务院住房城乡建设主管部门的风景园林专家委员会成员。

第十七条 国家级风景名胜区规划报送审批前,风景名胜区规划组织编制机关和风景名胜区管理机构应当依法将规划草案予以公示;公示时间不得少于30日。

第十八条 国家级风景名胜区总体规划由省、自治区、直辖市人民政府报国务院审批。

国家级风景名胜区详细规划由风景名胜区规划组织编制机关报国务院住房城乡建设主管部门审批。

第十九条 国家级风景名胜区总体规划审批前,国务院住房城乡建设主管部门应当按照国务院要求,组织专家对规划进行审查,征求国务院有关部门意见后,提出审查意见报国务院。

第二十条 风景名胜区规划组织编制机关和风景名胜区管理机构应当将经批准的国家级风景名胜区规划及时向社会公布,并为公众查阅提供便利。法律、行政法规规定不得公开的内容除外。

第二十一条 经批准的国家级风景名胜区规划不得擅自修改。确需对经批准的国家级风景名胜区总体规划中的风景名胜区范围、性质、保护目标、生态资源保护措施、重大建设项目布局、开发利用强度以及风景名胜区的功能结构、空间布局、游客容量进行修改的,应当报原审批机关批准;对其他内容进行修改的,应当报原审批机关备案。

国家级风景名胜区详细规划确需修改的,应当报原审批机关批准。

第二十二条 编制城市、镇规划,规划范围与国家级风景名胜区存在交叉或者重合的,应当将国家级风景名胜区总体规划中的保护要求纳入城市、镇规划。编制乡规划和村庄规划,规划范围与国家级风景名胜区存在交叉或者重合的,应当符合国家级风景名胜区总体规划。

国家级风景名胜区外围保护地带内的城乡建设和发展,应当与国家级风景名胜区总体规划的要求相协调。

第二十三条 任何单位和个人都应当遵守经批准的国家级风景名胜区规划,服从规划管理,并有权就涉及其利害关系的建设活动是否符合国家级风景名胜区规划的要求向风景名胜区管理机构查询。

任何单位和个人都有权向风景名胜区管理机构举报或者控告违反国家级风景名胜区规划的行为。

第二十四条 风景名胜区规划组织编制机关应当至少每5年组织专家对规划实施情况进行一次评估。评估报告应当及时报国务院住房城乡建设主管部门。

国家级风景名胜区总体规划的规划期届满前2

年,风景名胜区规划组织编制机关应当对规划进行评估,作出是否重新编制规划的决定。在新规划批准前,原规划继续有效。

第二十五条 违反本办法规定,风景名胜区规划组织编制机关或者风景名胜区管理机构有下列行为之一的,由上级地方人民政府或者主管部门责令改正,并依法对直接负责的主管人员和其他直接责任人员给予处分:

(一)未组织编制国家级风景名胜区规划的;

(二)未按照法定程序组织编制国家级风景名胜区规划的;

(三)批准设立之日起2年内未编制完成国家级风景名胜区总体规划的;

(四)擅自修改国家级风景名胜区规划的;

(五)未将批准的国家级风景名胜区规划予以公布的。

第二十六条 违反本办法规定,风景名胜区管理机构以及县级以上地方人民政府住房城乡建设主管部门违反国家级风景名胜区规划批准建设活动的,应当依法对直接负责的主管人员和其他直接责任人员给予处分。

第二十七条 本办法自2015年12月1日起施行。

旅游资源保护暂行办法

1. 2007年9月4日国家旅游局公布
2. 旅办发〔2007〕131号

第一条 为了加强对旅游资源和生态环境的保护,促进旅游业的健康协调可持续发展,建设资源节约型和环境友好型社会,特制定本办法。

第二条 本办法所称旅游资源是指自然界和人类社会凡能对旅游者产生吸引力,可以为旅游业合理利用,并可产生经济效益、社会效益和生态效益的各种事物和因素。

包括已开发的各类自然遗产、文化遗产、地质、森林、风景名胜、水利、文物、城市公园、科教、工农业、湿地、海岛、海洋等各类旅游资源,也包括未开发的具有旅游利用价值的各种物质和非物质资源。

第三条 旅游资源保护坚持严格保护、开发服从保护的原则,实现协调监管、合理利用、科学发展的目标。

第四条 国务院旅游行政管理部门负责全国旅游资源的普查、分类、定级、公告及相关保护工作,各地旅游行政管理部门负责本地区的旅游资源的普查、分类、定级、公告及相关保护工作。

第五条 旅游资源普查是旅游资源保护的基础,县级以上旅游行政管理部门应依据本办法和《旅游资源分类、调查与评价》等国家标准做好本地区的旅游资源普查工作,向社会公布,并适时补充、更新相关信息,作为开展旅游资源保护、制定旅游产业发展规划的基础数据库。

第六条 各级旅游行政管理部门应与同级人民政府的环保、建设、土地、林业、文化、水利等部门密切合作,承担推进本地区旅游资源保护工作的责任。

第七条 各级旅游行政管理部门应加强对旅游资源保护的宣传工作,不断增强旅游经营者、民众和游客的旅游资源保护意识。

旅行社、旅游景区、导游人员应担负起教育游客在旅游活动中保护旅游资源的职责。

第八条 任何社会团体和个人都有权利和义务依法从事旅游资源保护工作。

对于发现的旅游资源破坏事件,任何团体和个人都有义务及时向当地旅游部门举报。

第九条 各级旅游行政管理部门应确保旅游资源普查工作的资金。

第十条 鼓励社会团体、个人通过捐赠等方式依法设立旅游资源保护基金,专门用于旅游资源保护,任何单位和个人不得侵占、挪用。

海外社会团体、个人通过捐赠等方式在我国设立旅游资源保护基金,依照我国相关法律、法规等规定办理。

第十一条 各级旅游行政管理部门可以根据需要设立本地的"旅游资源保护监督员"和"旅游资源保护公益宣传大使"。监督员和公益宣传大使名单应向社会公布,并报相应旅游行政管理部门备案。若有变动,及时向社会公布并报告备案。

第十二条 各级旅游行政管理部门应对在本地旅游资源保护工作中作出突出贡献的集体和个人进行大力宣传和鼓励。

第十三条 设立旅游资源保护咨询专家组,建立旅游资源保护专家咨询报告制度。

专家组由各级旅游行政管理部门负责组建,并向社会公布。所聘专家应包括涉及旅游资源各种类型各方面的专家。

专家组为旅游资源保护工作提供咨询、建议、发表评论。并在每个五年规划的末期,提交本时期的《旅游资源保护报告》,由各级旅游行政管理部门向社会发布。

第十四条　各级旅游行政管理部门应协调处理好旅游资源保护和旅游发展之间的关系。单独编制旅游资源保护规划,并将旅游资源保护规划的主要内容纳入本地的旅游业发展规划。

旅游资源保护规划的编制应选择具有相应资质的旅游规划编制单位承担。

第十五条　依据国家有关法律法规的规定,依法从事旅游资源开发活动的单位或个人,在取得有关部门的立项和建设许可后,应及时到旅游资源所在地的旅游行政管理部门备案。

当地旅游行政管理部门有责任向备案的旅游资源开发单位或个人,提供本地的旅游业发展基本情况、发展预期等相关信息,并做好企业发展的有关业务指导工作。

第十六条　各级旅游行政管理部门应建立辖区内的旅游资源开发情况资料库,收集、登记旅游资源开发建设单位、建设规模、运营情况等信息,并将可以公开的信息及时向社会公布。

第十七条　开展旅游资源的招商开发活动,应提供全面和可信的项目立项、土地审批、资源保护等方面的信息,严禁虚假宣传,旅游行政管理部门应加强相关监督检查。

第十八条　依法从事旅游资源开发活动的单位和个人,应提前制定专项的旅游资源开发保护方案。方案包括旅游资源开发过中的保护措施和建成后景区的旅游资源保护措施。并报当地旅游行政管理部门备案。

第十九条　旅游景区从事旅游接待活动,应在旅游资源保护允许容量范围内开展,并制定相应的旅游高峰安全运行预案,及时向社会公布游客流量占景区最大接待容量的信息,合理疏导游客。

第二十条　严禁任何单位和个人在未经开发的旅游资源区域开展旅游经营活动。

在以上区域开展科学研究、体育运动、探险等非赢利活动,应提前向所在地旅游行政管理部门报告备案,包括活动目的、人数、停留天数、相应联系方式及预采取的旅游资源保护措施等内容。

第二十一条　建立旅游资源保护情况通报制度。各级旅游行政管理部门对于本地区发生的重大破坏旅游资源事件应及时报告同级人民政府和上级旅游行政管理部门。经过批准后,及时向社会通报旅游资源破坏事件的相关情况,正确引导舆论,接受社会各界监督。

第二十二条　对于破坏旅游资源的行为,由资源所在地旅游行政管理部门对行为主体予以教育、批评、责令其停止违法行为,并根据法律、法规,协同有关部门做出相应处罚。

第二十三条　对于各级旅游行政管理部门对辖区内旅游资源保护未履行监督职责或监督不力,造成严重后果的,由上一级旅游行政管理部门予以通报批评。

第二十四条　本办法由国家旅游局负责解释。

第二十五条　本办法自发布之日起实施。

旅游景区质量等级管理办法

1. 2012年4月16日国家旅游局公布
2. 旅办发〔2012〕166号

第一章　总　　则

第一条　为了加强旅游景区质量等级的评定和管理,提升旅游景区服务质量和管理水平,树立旅游景区行业良好形象,促进旅游业可持续发展,依据国家有关法律、法规和中华人民共和国国家标准《旅游景区质量等级的划分与评定》及相关评定细则,特制定本办法。

第二条　本办法所称的旅游景区,是指可接待旅游者,具有观赏游憩、文化娱乐等功能,具备相应旅游服务设施并提供相应旅游服务,且具有相对完整管理系统的游览区。

旅游景区质量等级的申请、评定、管理和责任处理适用本办法。

第三条　凡在中华人民共和国境内正式开业一年以上的旅游景区,均可申请质量等级。旅游景区质量等级划分为5个等级,从低到高依次为1A、2A、3A、4A、5A。

第四条　旅游景区质量等级管理工作,遵循自愿申报、分级评定、动态管理、以人为本、持续发展的原则。

第五条　国务院旅游行政主管部门负责旅游景区质量等级评定标准、评定细则等的编制和修订工作,负责对全国旅游景区质量等级评定标准的实施进行管理和监督。

各省、自治区、直辖市人民政府旅游行政主管部门负责对本行政区域内旅游景区质量等级评定标准的实施进行管理和监督。

第二章　评定机构与证书标牌

第六条　国务院旅游行政主管部门组织设立全国旅游景区质量等级评定委员会,负责全国旅游景区质量等级评定工作的组织和实施,授权并督导省级及以下旅游景区质量等级评定机构开展评定工作。

各省、自治区、直辖市人民政府旅游行政主管部门组织设立本地区旅游景区质量等级评定委员会，按照全国旅游景区质量等级评定委员会授权，负责本行政区域内旅游景区质量等级评定工作的组织和实施。

第七条　省级旅游景区质量等级评定委员会及时向全国旅游景区质量等级评定委员会报备各级评定委员会及其办公室成员组成与变动。

第八条　省级旅游景区质量等级评定委员会须全面掌握本地区各级旅游景区新增及变动情况，实现动态管理，每年分别于6月底和12月底将本地区各级旅游景区名称和数量报全国旅游景区质量等级评定委员会备案。

第九条　省级及以下旅游景区质量等级评定委员会出现玩忽职守，未按要求开展工作的，上级评定机构可以撤销其已获得的评定权限。

第十条　旅游景区质量等级的标牌、证书由全国旅游景区质量等级评定委员会统一制作，由相应评定机构颁发。旅游景区在对外宣传资料中应正确标明其等级。旅游景区质量等级标牌，须置于旅游景区主要入口显著位置。

第十一条　旅游景区可根据需要自行制作庄重醒目、简洁大方的质量等级标志，标志在外形、材质、颜色等方面要与景区特点相一致。

第三章　申请与评定

第十二条　3A级及以下等级旅游景区由全国旅游景区质量等级评定委员会授权各省级旅游景区质量等级评定委员会负责评定，省级旅游景区评定委员会可向条件成熟的地市级旅游景区评定委员会再行授权。

4A级旅游景区由省级旅游景区质量等级评定委员会推荐，全国旅游景区质量等级评定委员会组织评定。

5A级旅游景区从4A级旅游景区中产生。被公告为4A级三年以上的旅游景区可申报5A级旅游景区。5A级旅游景区由省级旅游景区质量等级评定委员会推荐，全国旅游景区质量等级评定委员会组织评定。

第十三条　申报3A级及以下等级的旅游景区，由所在地旅游景区评定机构逐级提交评定申请报告、《旅游景区质量等级评定报告书》和创建资料，创建资料包括景区创建工作汇报、服务质量和环境质量具体达标说明和图片、景区资源价值和市场价值具体达标说明和图片。省级或经授权的地市级旅游景区评定机构组织评定，对达标景区直接对外公告，颁发证书和标牌，并报全国旅游景区质量等级评定委员会备案。

第十四条　申报4A级的旅游景区，由所在地旅游景区评定机构逐级提交申请申请报告、《旅游景区质量等级评定报告书》和创建资料，省级旅游景区评定机构组织初评。初评合格的景区，由省级旅游景区评定机构向全国旅游景区质量等级评定委员会提交推荐意见，全国旅游景区质量等级评定委员会通过明查、暗访等方式进行检查，对达标景区对外公告，颁发证书和标牌。

第十五条　申报5A级的旅游景区，由所在地旅游景区评定机构逐级提交申请报告、《旅游景区质量等级评定报告书》和创建资料（含电子版），省级旅游景区评定机构组织初评。初评合格的景区，由省级旅游景区评定机构向全国旅游景区质量等级评定委员会提交推荐意见。

第十六条　全国旅游景区质量等级评定委员会对申报5A级旅游景区的评定程序如下：

（一）资料审核。全国旅游景区质量等级评定委员会依据景区评定标准和细则规定，对景区申报资料进行全面审核，审核内容包括景区名称、范围、管理机构、规章制度及发展状况等。通过审核的景区，进入景观评估程序，未通过审核的景区，一年后方可再次申请重审。

（二）景观价值评价。全国旅游景区质量等级评定委员会组建由相关方面专家组成的评议组，听取申报景区的陈述，采取差额投票方式，对景区资源吸引力和市场影响力进行评价，评价内容包括景区观赏游憩价值、历史文化科学价值、知名度、美誉度与市场辐射力等。通过景观评价的景区，进入现场检查环节，未通过景观评价的景区，两年后方可再次申请重审。

（三）现场检查。全国旅游景区质量等级评定委员会组织国家级检查员成立评定小组，采取暗访方式对景区服务质量与环境质量进行现场检查，检查内容包括景区交通等基础服务设施，安全、卫生等公共服务设施，导游导览、购物等游览服务设施，电子商务等网络服务体系，对历史文化、自然环境保护状况，引导游客文明旅游等方面。现场检查达标的景区，进入社会公示程序，未达标的景区，一年后方可再次申请现场检查。

（四）社会公示。全国旅游景区质量等级评定委员会对达到标准的申报景区，在中国旅游网上进行七个工作日的社会公示。公示阶段无重大异议或重大投诉的旅游景区通过公示，若出现重大异议或重大投诉的情况，将由全国旅游景区质量等级评定委员会进行核实和调查，做出相应决定。

（五）发布公告。经公示无重大异议或重大投诉的景区，由全国旅游景区质量等级评定委员会发布质量等级认定公告，颁发证书和标牌。

第十七条 各质量等级旅游景区必须按照国家统计部门和旅游行政主管部门要求，履行《旅游统计调查制度》，按时报送旅游景区各项相关统计数据和信息，确保数据的真实性和准确性。

第四章 检 查 员

第十八条 旅游景区质量等级评定现场工作由具有相应资格的检查员担负。旅游景区质量等级评定检查员分为国家级检查员和地方级检查员。

第十九条 旅游景区质量等级评定检查员需熟练掌握国家标准及相关细则要求，熟悉景区建设管理知识，业务水平高，实践经验丰富，严格遵守评定工作规范（见附录），工作责任心强。

第二十条 旅游景区质量等级评定检查员由旅游景区研究、管理的专业人员，旅游景区协会成员单位的有关人员，景区评定机构的相关人员组成。

第二十一条 旅游景区质量等级评定检查员采取分级培训聘任的方式。国家级检查员由全国旅游景区质量等级评定委员会培训，经国务院旅游行政主管部门批准后聘任并颁发证书，地方级检查员由省级旅游景区质量等级评定委员会聘任并颁发证书。

第二十二条 旅游景区质量等级评定国家级与地方级检查员每三年进行一次审核。对于出现重大工作失误、未按工作规范开展工作、未承担相应工作职责以及由于各种原因不再适宜担负旅游景区评定工作的检查员，不予通过审核，并取消旅游景区检查员资格。

第五章 管理与监督

第二十三条 各级旅游景区质量等级评定机构对所评旅游景区要进行监督检查和复核。监督检查采取重点抽查、定期明查和不定期暗访以及社会调查、听取游客意见反馈等方式进行。

第二十四条 全国旅游景区质量等级评定委员会负责建立全国旅游景区动态监测与游客评价系统和景区信息管理系统，系统收集信息和游客评价意见，作为对旅游景区监督检查和复核依据之一。

第二十五条 对游客好评率较低、社会反响较差、发生重大安全事故、被游客进行重大投诉经调查情况属实及未按时报送数据信息或填报虚假信息的景区，视情节给予相应处理。

第二十六条 4A级及以下等级景区复核工作主要由省级质量等级评定委员会组织和实施，复核分为年度复核与五年期满的评定性复核，年度复核采取抽查的方式，复核比例不低于10%。5A级旅游景区复核工作由全国旅游景区质量等级评定委员会负责，每年复核比例不低于10%。经复核达不到要求的，视情节给予相应处理。

第二十七条 对景区处理方式包括签发警告通知书、通报批评、降低或取消等级。

旅游景区接到警告通知书、通报批评、降低或取消等级的通知后，须认真整改，并在规定期限内将整改情况上报相应的等级评定机构。

第二十八条 旅游景区被处以签发警告通知书和通报批评处理后，整改期满仍未达标的，将给予降低或取消等级处理。凡被降低、取消质量等级的旅游景区，自降低或取消等级之日起一年内不得重新申请等级。

第二十九条 旅游景区质量等级评定委员会签发警告通知书、通报批评、降低或取消等级的处理权限如下：

1. 省、自治区、直辖市旅游景区质量等级评定委员会有权对达不到标准规定的3A级及以下等级旅游景区签发警告通知书、通报批评、降低或取消等级，并报全国旅游景区质量等级评定委员会备案。

2. 省、自治区、直辖市旅游景区质量等级评定委员会有权对达不到标准规定的4A级旅游景区签发警告通知书、通报批评，并报全国旅游景区质量等级评定委员会备案。如需对4A级旅游景区作出降低或取消等级的处理，须报全国旅游景区质量等级评定委员会审批，由全国旅游景区质量等级评定委员会对外公告。

3. 全国旅游景区质量等级评定委员会对达不到标准规定的5A级旅游景区作出相应处理。

4. 全国旅游景区质量等级评定委员会有权对达不到标准规定的各级旅游景区，作出签发警告通知书、通报批评、降低或取消等级通知的处理。

第六章 附 则

第三十条 本办法由国家旅游局负责解释。

第三十一条 本办法自2012年5月1日起施行。

附录一：国家A级旅游景区现场检查（明查）工作规范（略）

附录二：国家A级旅游景区现场检查（暗访）工作规范（略）

国家级旅游度假区管理办法

2019年12月20日文化和旅游部印发

第一条 为了规范国家级旅游度假区的认定和管理，促进旅游度假区高质量发展，满足人民日益增长的旅游度假休闲需求，制定本办法。

第二条 本办法所称旅游度假区，是指为旅游者提供度假休闲服务、有明确的空间边界和独立管理机构的区域。

本办法所称国家级旅游度假区，是指符合国家标准《旅游度假区等级划分》（GB/T 26358）相关要求，经文化和旅游部认定的旅游度假区。

第三条 国家级旅游度假区的认定和管理坚持以习近平新时代中国特色社会主义思想为指导，以人民为中心，弘扬社会主义核心价值观，提升度假休闲旅游发展水平，推动旅游业转型升级。

第四条 国家级旅游度假区的认定和管理坚持公开、公平、公正，遵循自愿申报、规范认定、动态管理和示范引领的原则。

第五条 国家级旅游度假区的认定和管理由文化和旅游部按照本办法和国家标准《旅游度假区等级划分》（GB/T 26358）及相关细则组织实施，具体工作由文化和旅游部资源开发司承担。

省级文化和旅游行政部门负责本辖区内国家级旅游度假区的初审推荐和日常管理，以及省级旅游度假区的认定和管理。

第六条 鼓励旅游度假区按照本办法和国家标准《旅游度假区等级划分》（GB/T 26358）及相关细则要求，积极开展国家级旅游度假区的建设和申报工作。

第七条 申报国家级旅游度假区，应当具备下列条件：

（一）符合国家标准《旅游度假区等级划分》（GB/T 26358）及相关细则要求；

（二）符合社会主义核心价值观要求；

（三）度假设施相对集聚，经营状况良好；

（四）旅游公共信息服务体系健全；

（五）游客综合满意度较高；

（六）在全国具有较高的知名度和品牌影响力；

（七）土地使用符合法律法规有关规定；

（八）主要经营主体近3年无严重违法违规等行为记录；

（九）近3年未发生重大旅游安全责任事故；

（十）被认定为省级旅游度假区1年以上。

第八条 申报国家级旅游度假区，应当经省级文化和旅游行政部门向文化和旅游部提交下列材料：

（一）省级文化和旅游行政部门推荐文件；

（二）国家级旅游度假区认定申请报告书，包括旅游度假区基本信息（含名称、管理机构、空间范围、面积、总览图等）、度假设施分布和经营状况、旅游公共信息服务体系、游客综合满意度、知名度和品牌影响力等内容；

（三）旅游度假区总体规划、自评报告及相关说明材料（含文字、图片和视频）；

（四）县级以上自然资源部门关于土地使用符合法律法规有关规定的相关材料；

（五）近3年无严重违法违规等行为记录和未发生重大旅游安全责任事故的承诺书；

（六）文化和旅游部要求的其他材料。

第九条 文化和旅游部按照下列程序组织认定国家级旅游度假区：

（一）对申报材料进行审核；

（二）组织专家评审组按照旅游度假区等级基础评价评分细则，对通过材料审核的旅游度假区进行基础评价；

（三）组织专家或者第三方机构按照旅游度假区等级综合评分细则，对通过基础评价的旅游度假区以暗访的形式进行现场检查；

（四）对通过现场检查的旅游度假区进行审议，根据需要可以安排答辩环节，确定公示名单；

（五）对确定的公示名单，在文化和旅游部政府门户网站公示5个工作日；

（六）对公示无异议或者异议不成立的，发布认定公告。

第十条 国家级旅游度假区等级标识、标牌样式由文化和旅游部统一设计。

国家级旅游度假区可以根据文化和旅游部统一设计的等级标识、标牌样式，自行制作简洁醒目、庄重大方、具有自身特点的等级标牌。

国家级旅游度假区应当将等级标牌置于度假区内醒目位置，并在宣传推广中正确使用其等级标识、标牌。

未被认定或者被取消国家级旅游度假区等级的，不得使用相关称谓和等级标识、标牌。

第十一条 国家级旅游度假区变更名称、管理机构或者调整空间边界的，应当自变更或者调整之日起2个月内，经省级文化和旅游行政部门报文化和旅游部备案。

第十二条 文化和旅游部建立有进有出的动态管理机制，采取重点复核与随机抽查相结合、明查与暗访相结合，或者委托第三方机构开展社会调查、游客意见反馈等方式，对国家级旅游度假区进行管理和复核。原则上每3年进行1次全面复核。

第十三条 国家级旅游度假区有下列情形之一的，文化和旅游部给予通报批评处理，并要求限期整改：

（一）经检查或者复核，部分达不到国家标准《旅游度假区等级划分》（GB/T 26358）及相关细则要求的；

（二）旅游公共信息服务体系不健全的；

（三）游客投诉较多或者旅游市场秩序混乱，且未及时有效处理的；

（四）因管理失当，造成严重不良社会影响的；

（五）发生较大旅游安全责任事故的；

（六）变更名称、管理机构或者调整空间边界未及时备案的；

（七）文化和旅游部认定的其他情形。

第十四条 国家级旅游度假区有下列情形之一的，文化和旅游部给予取消等级处理：

（一）经检查或者复核，与国家标准《旅游度假区等级划分》（GB/T 26358）及相关细则要求差距较大的；

（二）存在严重违背社会主义核心价值观行为的；

（三）资源环境遭到严重破坏的；

（四）发生重大旅游安全责任事故的；

（五）发生重大违法违规行为的；

（六）申报过程中弄虚作假的；

（七）文化和旅游部认定的其他情形。

第十五条 国家级旅游度假区受到通报批评处理的，应当及时认真进行整改，整改期限原则上不超过1年。整改期限届满后，经省级文化和旅游行政部门报文化和旅游部检查验收。通过检查验收的，下达整改合格通知；未通过检查验收的，文化和旅游部给予取消等级处理。

第十六条 国家级旅游度假区受到取消等级处理的，自取消等级之日起3年内不得申报国家级旅游度假区。

第十七条 文化和旅游部通过多种渠道和方式，对国家级旅游度假区加强旅游基础设施建设、旅游公共服务、品牌建设和形象推广等予以支持。

第十八条 鼓励地方各级文化和旅游行政部门协调相关部门，在土地使用、金融支持、人才引进、宣传推广等方面，对国家级旅游度假区提供支持与服务，为旅游度假区建设和发展营造良好环境。

第十九条 省级文化和旅游行政部门可以结合本地区实际，参照本办法，制定省级旅游度假区管理办法。

第二十条 本办法由文化和旅游部负责解释。

第二十一条 本办法自发布之日起施行。《国家旅游局办公室关于下发〈旅游度假区等级管理办法〉的通知》（旅办发〔2015〕81号）同时废止。

七、旅游安全及交通法律制度

资料补充栏

中华人民共和国铁路法

1. 1990年9月7日第七届全国人民代表大会常务委员会第十五次会议通过
2. 根据2009年8月27日第十一届全国人民代表大会常务委员会第十次会议《关于修改部分法律的决定》第一次修正
3. 根据2015年4月24日第十二届全国人民代表大会常务委员会第十四次会议《关于修改〈中华人民共和国义务教育法〉等五部法律的决定》第二次修正

目　录

第一章　总　　则

第一条　【立法目的】为了保障铁路运输和铁路建设的顺利进行，适应社会主义现代化建设和人民生活的需要，制定本法。

第二条　【铁路的含义】本法所称铁路，包括国家铁路、地方铁路、专用铁路和铁路专用线。

国家铁路是指由国务院铁路主管部门管理的铁路。

地方铁路是指由地方人民政府管理的铁路。

专用铁路是指由企业或者其他单位管理，专为本企业或者本单位内部提供运输服务的铁路。

铁路专用线是指由企业或者其他单位管理的与国家铁路或者其他铁路线路接轨的岔线。

第三条　【主管部门】国务院铁路主管部门主管全国铁路工作，对国家铁路实行高度集中、统一指挥的运输管理体制，对地方铁路、专用铁路和铁路专用线进行指导、协调、监督和帮助。

国家铁路运输企业行使法律、行政法规授予的行政管理职能。

第四条　【发展】国家重点发展国家铁路，大力扶持地方铁路的发展。

第五条　【宗旨】铁路运输企业必须坚持社会主义经营方向和为人民服务的宗旨，改善经营管理，切实改进路风，提高运输服务质量。

第六条　【保护设施】公民有爱护铁路设施的义务。禁止任何人破坏铁路设施，扰乱铁路运输的正常秩序。

第七条　【地方政府协助】铁路沿线各级地方人民政府应当协助铁路运输企业保证铁路运输安全畅通，车站、列车秩序良好，铁路设施完好和铁路建设顺利进行。

第八条　【技术管理规程】国家铁路的技术管理规程，由国务院铁路主管部门制定，地方铁路、专用铁路的技术管理办法，参照国家铁路的技术管理规程制定。

第九条　【科研】国家鼓励铁路科学技术研究，提高铁路科学技术水平。对在铁路科学技术研究中有显著成绩的单位和个人给予奖励。

第二章　铁路运输营业

第十条　【安全、正点】铁路运输企业应当保证旅客和货物运输的安全，做到列车正点到达。

第十一条　【运输合同】铁路运输合同是明确铁路运输企业与旅客、托运人之间权利义务关系的协议。

旅客车票、行李票、包裹票和货物运单是合同或者合同的组成部分。

第十二条　【保证按票乘车】铁路运输企业应当保证旅客按车票载明的日期、车次乘车，并到达目的站。因铁路运输企业的责任造成旅客不能按车票载明的日期、车次乘车的，铁路运输企业应当按照旅客的要求，退还全部票款或者安排改乘到达相同目的站的其他列车。

第十三条　【旅客运输服务】铁路运输企业应当采取有效措施做好旅客运输服务工作，做到文明礼貌、热情周到，保持车站和车厢内的清洁卫生，提供饮用开水，做好列车上的饮食供应工作。

铁路运输企业应当采取措施，防止对铁路沿线环境的污染。

第十四条　【有效车票乘车】旅客乘车应当持有效车票。对无票乘车或者持失效车票乘车的，应当补收票款，并按照规定加收票款；拒不交付的，铁路运输企业可以责令下车。

第十五条　【货物运输计划】国家铁路和地方铁路根据发展生产、搞活流通的原则，安排货物运输计划。

对抢险救灾物资和国家规定需要优先运输的其他物资，应予优先运输。

地方铁路运输的物资需要经由国家铁路运输的，其运输计划应当纳入国家铁路的运输计划。

第十六条　【按时运输货物】铁路运输企业应当按照合同约定的期限或者国务院铁路主管部门规定的期限，

将货物、包裹、行李运到目的站；逾期运到的，铁路运输企业应当支付违约金。

铁路运输企业逾期三十日仍未将货物、包裹、行李交付收货人或者旅客的，托运人、收货人或者旅客有权按货物、包裹、行李灭失向铁路运输企业要求赔偿。

第十七条　【损失赔偿】铁路运输企业应当对承运的货物、包裹、行李自接受承运时起到交付时止发生的灭失、短少、变质、污染或者损坏，承担赔偿责任：

（一）托运人或者旅客根据自愿申请办理保价运输的，按照实际损失赔偿，但最高不超过保价额。

（二）未按保价运输承运的，按照实际损失赔偿，但最高不超过国务院铁路主管部门规定的赔偿限额；如果损失是由于铁路运输企业的故意或者重大过失造成的，不适用赔偿限额的规定，按照实际损失赔偿。

托运人或者旅客根据自愿可以向保险公司办理货物运输保险，保险公司按照保险合同的约定承担赔偿责任。

托运人或者旅客根据自愿，可以办理保价运输，也可以办理货物运输保险；还可以既不办理保价运输，也不办理货物运输保险。不得以任何方式强迫办理保价运输或者货物运输保险。

第十八条　【免责】由于下列原因造成的货物、包裹、行李损失的，铁路运输企业不承担赔偿责任：

（一）不可抗力。

（二）货物或者包裹、行李中的物品本身的自然属性，或者合理损耗。

（三）托运人、收货人或者旅客的过错。

第十九条　【检查】托运人应当如实填报托运单，铁路运输企业有权对填报的货物和包裹的品名、重量、数量进行检查。经检查，申报与实际不符的，检查费用由托运人承担；申报与实际相符的，检查费用由铁路运输企业承担，因检查对货物和包裹中的物品造成的损坏由铁路运输企业赔偿。

托运人因申报不实而少交的运费和其他费用应当补交，铁路运输企业按照国务院铁路主管部门的规定加收运费和其他费用。

第二十条　【包装】托运货物需要包装的，托运人应当按照国家包装标准或者行业包装标准包装；没有国家包装标准或者行业包装标准的，应当妥善包装，使货物在运输途中不因包装原因而受损坏。

铁路运输企业对承运的容易腐烂变质的货物和活动物，应当按照国务院铁路主管部门的规定和合同的约定，采取有效的保护措施。

第二十一条　【领取】货物、包裹、行李到站后，收货人或者旅客应当按照国务院铁路主管部门规定的期限及时领取，并支付托运人未付或者少付的运费和其他费用；逾期领取的，收货人或者旅客应当按照规定交付保管费。

第二十二条　【无人领取】自铁路运输企业发出领取货物通知之日起满三十日仍无人领取的货物，或者收货人书面通知铁路运输企业拒绝领取的货物，铁路运输企业应当通知托运人，托运人自接到通知之日起满三十日未作答复的，由铁路运输企业变卖；所得价款在扣除保管等费用后尚有余款的，应当退还托运人，无法退还、自变卖之日起一百八十日内托运人又未领回的，上缴国库。

自铁路运输企业发出领取通知之日起满九十日仍无人领取的包裹或者到站后满九十日仍无人领取的行李，铁路运输企业应当公告，公告满九十日仍无人领取的，可以变卖；所得价款在扣除保管等费用后尚有余款的，托运人、收货人或者旅客可以自变卖之日起一百八十日内领回，逾期不领回的，上缴国库。

对危险物品和规定限制运输的物品，应当移交公安机关或者有关部门处理，不得自行变卖。

对不宜长期保存的物品，可以按照国务院铁路主管部门的规定缩短处理期限。

第二十三条　【对铁路侵权赔偿】因旅客、托运人或者收货人的责任给铁路运输企业造成财产损失的，由旅客、托运人或者收货人承担赔偿责任。

第二十四条　【专用铁路】国家鼓励专用铁路兼办公共旅客、货物运输营业；提倡铁路专用线与有关单位按照协议共用。

专用铁路兼办公共旅客、货物运输营业的，应当报经省、自治区、直辖市人民政府批准。

专用铁路兼办公共旅客、货物运输营业的，适用本法关于铁路运输企业的规定。

第二十五条　【价率规定】铁路的旅客票价率和货物、行李的运价率实行政府指导价或者政府定价，竞争性领域实行市场调节价。政府指导价、政府定价的定价权限和具体适用范围以中央政府和地方政府的定价目录为依据。铁路旅客、货物运输杂费的收费项目和收费标准，以及铁路包裹运价率由铁路运输企业自主制定。

第二十六条　【价格公告】铁路的旅客票价，货物、包裹、行李的运价，旅客和货物运输杂费的收费项目和收费标准，必须公告；未公告的不得实施。

第二十七条 【禁止伪造、倒卖票证】国家铁路、地方铁路和专用铁路印制使用的旅客、货物运输票证,禁止伪造和变造。

禁止倒卖旅客车票和其他铁路运输票证。

第二十八条 【遵守规定】托运、承运货物、包裹、行李,必须遵守国家关于禁止或者限制运输物品的规定。

第二十九条 【联运】铁路运输企业与公路、航空或者水上运输企业相互间实行国内旅客、货物联运,依照国家有关规定办理;国家没有规定的,依照有关各方的协议办理。

第三十条 【国际联运】国家铁路、地方铁路参加国际联运,必须经国务院批准。

第三十一条 【军事运输】铁路军事运输依照国家有关规定办理。

第三十二条 【争议解决】发生铁路运输合同争议的,铁路运输企业和托运人、收货人或者旅客可以通过调解解决;不愿意调解解决或者调解不成的,可以依据合同中的仲裁条款或者事后达成的书面仲裁协议,向国家规定的仲裁机构申请仲裁。

当事人一方在规定的期限内不履行仲裁机构的仲裁决定的,另一方可以申请人民法院强制执行。

当事人没有在合同中订立仲裁条款,事后又没有达成书面仲裁协议的,可以向人民法院起诉。

第三章 铁路建设

第三十三条 【发展规划】铁路发展规划应当依据国民经济和社会发展以及国防建设的需要制定,并与其他方式的交通运输发展规划相协调。

第三十四条 【建设计划】地方铁路、专用铁路、铁路专用线的建设计划必须符合全国铁路发展规划,并征得国务院铁路主管部门或者国务院铁路主管部门授权的机构的同意。

第三十五条 【纳入总体规划】在城市规划区范围内,铁路的线路、车站、枢纽以及其他有关设施的规划,应当纳入所在城市的总体规划。

铁路建设用地规划,应当纳入土地利用总体规划。为远期扩建、新建铁路需要的土地,由县级以上人民政府在土地利用总体规划中安排。

第三十六条 【建设用地】铁路建设用地,依照有关法律、行政法规的规定办理。

有关地方人民政府应当支持铁路建设,协助铁路运输企业做好铁路建设征收土地工作和拆迁安置工作。

第三十七条 【建设用地保护】已经取得使用权的铁路建设用地,应当依照批准的用途使用,不得擅自改作他用;其他单位或者个人不得侵占。

侵占铁路建设用地的,由县级以上地方人民政府土地管理部门责令停止侵占、赔偿损失。

第三十八条 【轨距】铁路的标准轨距为1435毫米。新建国家铁路必须采用标准轨距。

窄轨铁路的轨距为762毫米或者1000毫米。

新建和改建铁路的其他技术要求应当符合国家标准或者行业标准。

第三十九条 【验收】铁路建成后,必须依照国家基本建设程序的规定,经验收合格,方能交付正式运行。

第四十条 【交叉处】铁路与道路交叉处,应当优先考虑设置立体交叉;未设立体交叉的,可以根据国家有关规定设置平交道口或者人行过道。在城市规划区内设置平交道口或者人行过道,由铁路运输企业或者建有专用铁路、铁路专用线的企业或者其他单位和城市规划主管部门共同决定。

拆除已经设置的平交道口或者人行过道,由铁路运输企业或者建有专用铁路、铁路专用线的企业或者其他单位和当地人民政府商定。

第四十一条 【桥梁】修建跨越河流的铁路桥梁,应当符合国家规定的防洪、通航和水流的要求。

第四章 铁路安全与保护

第四十二条 【保证设施完好】铁路运输企业必须加强对铁路的管理和保护,定期检查、维修铁路运输设施,保证铁路运输设施完好,保障旅客和货物运输安全。

第四十三条 【治安秩序】铁路公安机关和地方公安机关分工负责共同维护铁路治安秩序。车站和列车内的治安秩序,由铁路公安机关负责维护;铁路沿线的治安秩序,由地方公安机关和铁路公安机关共同负责维护,以地方公安机关为主。

第四十四条 【用电】电力主管部门应当保证铁路牵引用电以及铁路运营用电中重要负荷的电力供应。铁路运营用电中重要负荷的供应范围由国务院铁路主管部门和国务院电力主管部门商定。

第四十五条 【山坡地整治】铁路线路两侧地界以外的山坡地由当地人民政府作为水土保持的重点进行整治。铁路隧道顶上的山坡地由铁路运输企业协助当地人民政府进行整治。铁路地界以内的山坡地由铁路运输企业进行整治。

第四十六条 【禁止妨碍铁路安全】在铁路线路和铁路桥梁、涵洞两侧一定距离内,修建山塘、水库、堤坝,开挖河道、干渠,采石挖砂,打井取水,影响铁路路基稳定或者危害铁路桥梁、涵洞安全的，由县级以上地方人民政府责令停止建设或者采挖、打井等活动，限期恢复原状或者责令采取必要的安全防护措施。

在铁路线路上架设电力、通讯线路，埋置电缆、管道设施，穿凿通过铁路路基的地下坑道，必须经铁路运输企业同意，并采取安全防护措施。

在铁路弯道内侧、平交道口和人行过道附近，不得修建妨碍行车瞭望的建筑物和种植妨碍行车瞭望的树木。修建妨碍行车瞭望的建筑物的，由县级以上地方人民政府责令限期拆除。种植妨碍行车瞭望的树木的，由县级以上地方人民政府责令有关单位或者个人限期迁移或者修剪、砍伐。

违反前三款的规定，给铁路运输企业造成损失的单位或者个人，应当赔偿损失。

第四十七条　【平交道口和人行过道】禁止擅自在铁路线路上铺设平交道口和人行过道。

平交道口和人行过道必须按照规定设置必要的标志和防护设施。

行人和车辆通过铁路平交道口和人行过道时，必须遵守有关通行的规定。

第四十八条　【运输危险品】运输危险品必须按照国务院铁路主管部门的规定办理，禁止以非危险品品名托运危险品。

禁止旅客携带危险品进站上车。铁路公安人员和国务院铁路主管部门规定的铁路职工，有权对旅客携带的物品进行运输安全检查。实施运输安全检查的铁路职工应当佩戴执勤标志。

危险品的品名由国务院铁路主管部门规定并公布。

第四十九条　【制止破坏行车设施】对损毁、移动铁路信号装置及其他行车设施或者在铁路线路上放置障碍物的，铁路职工有权制止，可以扭送公安机关处理。

第五十条　【制止危害行车安全】禁止偷乘货车、攀附行进中的列车或者击打列车。对偷乘货车、攀附行进中的列车或者击打列车的，铁路职工有权制止。

第五十一条　【禁止行走、坐卧铁路】禁止在铁路线路上行走、坐卧。对在铁路线路上行走、坐卧的，铁路职工有权制止。

第五十二条　【禁止放牧】禁止在铁路线路两侧二十米以内或者铁路防护林地内放牧。对在铁路线路两侧二十米以内或者铁路防护林地内放牧的，铁路职工有权制止。

第五十三条　【聚众拦车或冲击调度机构】对聚众拦截列车或者聚众冲击铁路行车调度机构的，铁路职工有权制止；不听制止的，公安人员现场负责人有权命令解散；拒不解散的，公安人员现场负责人有权依照国家有关规定决定采取必要手段强行驱散，并对拒不服从的人员强行带离现场或者予以拘留。

第五十四条　【哄抢物资】对哄抢铁路运输物资的，铁路职工有权制止，可以扭送公安机关处理；现场公安人员可以予以拘留。

第五十五条　【扰乱公共秩序】在列车内，寻衅滋事，扰乱公共秩序，危害旅客人身、财产安全的，铁路职工有权制止，铁路公安人员可以予以拘留。

第五十六条　【检疫】在车站和旅客列车内，发生法律规定需要检疫的传染病时，由铁路卫生检疫机构进行检疫；根据铁路卫生检疫机构的请求，地方卫生检疫机构应予协助。

货物运输的检疫，依照国家规定办理。

第五十七条　【交通事故】发生铁路交通事故，铁路运输企业应当依照国务院和国务院有关主管部门关于事故调查处理的规定办理，并及时恢复正常行车，任何单位和个人不得阻碍铁路线路开通和列车运行。

第五十八条　【人身伤亡】因铁路行车事故及其他铁路运营事故造成人身伤亡的，铁路运输企业应当承担赔偿责任；如果人身伤亡是因不可抗力或者由于受害人自身的原因造成的，铁路运输企业不承担赔偿责任。

违章通过平交道口或者人行过道，或者在铁路线路上行走、坐卧造成的人身伤亡，属于受害人自身的原因造成的人身伤亡。

第五十九条　【守卫桥梁、隧道】国家铁路的重要桥梁和隧道，由中国人民武装警察部队负责守卫。

第五章　法 律 责 任

第六十条　【携带危险品】违反本法规定，携带危险品进站上车或者以非危险品品名托运危险品，导致发生重大事故的，依照刑法有关规定追究刑事责任。企业事业单位、国家机关、社会团体犯本款罪的，处以罚金，对其主管人员和直接责任人员依法追究刑事责任。

携带炸药、雷管或者非法携带枪支子弹、管制刀具进站上车的，依照刑法有关规定追究刑事责任。

第六十一条　【破坏行车设施】故意损毁、移动铁路行车信号装置或者在铁路线路上放置足以使列车倾覆的障碍物的，依照刑法有关规定追究刑事责任。

第六十二条　【盗窃行车设施】盗窃铁路线路上行车设施的零件、部件或者铁路线路上的器材，危及行车安全的，依照刑法有关规定追究刑事责任。

第六十三条 【**聚众拦车或冲击调度机构**】聚众拦截列车、冲击铁路行车调度机构不听制止的，对首要分子和骨干分子依照刑法有关规定追究刑事责任。

第六十四条 【**哄抢物资**】聚众哄抢铁路运输物资的，对首要分子和骨干分子依照刑法有关规定追究刑事责任。

铁路职工与其他人员勾结犯前款罪的，从重处罚。

第六十五条 【**抢劫、伤害旅客**】在列车内，抢劫旅客财物，伤害旅客的，依照刑法有关规定从重处罚。

在列车内，寻衅滋事，侮辱妇女，情节恶劣的，依照刑法有关规定追究刑事责任；敲诈勒索旅客财物的，依照刑法有关规定追究刑事责任。

第六十六条 【**倒卖客票**】倒卖旅客车票，构成犯罪的，依照刑法有关规定追究刑事责任。铁路职工倒卖旅客车票或者与其他人员勾结倒卖旅客车票的，依照刑法有关规定追究刑事责任。

第六十七条 【**治安处罚**】违反本法规定，尚不够刑事处罚，应当给予治安管理处罚的，依照治安管理处罚法的规定处罚。

第六十八条 【**擅自铺设道口**】擅自在铁路线路上铺设平交道口、人行过道的，由铁路公安机关或者地方公安机关责令限期拆除，可以并处罚款。

第六十九条 【**多收费**】铁路运输企业违反本法规定，多收运费、票款或者旅客、货物运输杂费的，必须将多收的费用退还付款人，无法退还的上缴国库。将多收的费用据为己有或者侵吞私分的，依照刑法有关规定追究刑事责任。

第七十条 【**走私、倒卖**】铁路职工利用职务之便走私的，或者与其他人员勾结走私的，依照刑法有关规定追究刑事责任。

第七十一条 【**玩忽职守**】铁路职工玩忽职守、违反规章制度造成铁路运营事故的，滥用职权、利用办理运输业务之便谋取私利的，给予行政处分；情节严重、构成犯罪的，依照刑法有关规定追究刑事责任。

第六章 附　　则

第七十二条 【**运输企业**】本法所称国家铁路运输企业是指铁路局和铁路分局。

第七十三条 【**实施条例**】国务院根据本法制定实施条例。

第七十四条 【**施行日期**】本法自 1991 年 5 月 1 日起施行。

中华人民共和国公路法

1. 1997 年 7 月 3 日第八届全国人民代表大会常务委员会第二十六次会议通过

2. 根据 1999 年 10 月 31 日第九届全国人民代表大会常务委员会第十二次会议《关于修改〈中华人民共和国公路法〉的决定》第一次修正

3. 根据 2004 年 8 月 28 日第十届全国人民代表大会常务委员会第十一次会议《关于修改〈中华人民共和国公路法〉的决定》第二次修正

4. 根据 2009 年 8 月 27 日第十一届全国人民代表大会常务委员会第十次会议《关于修改部分法律的决定》第三次修正

5. 根据 2016 年 11 月 7 日第十二届全国人民代表大会常务委员会第二十四次会议《关于修改〈中华人民共和国对外贸易法〉等十二部法律的决定》第四次修正

6. 根据 2017 年 11 月 4 日第十二届全国人民代表大会常务委员会第三十次会议《关于修改〈中华人民共和国会计法〉等十一部法律的决定》第五次修正

目　　录

第一章　总　　则

第一条 【**立法目的**】为了加强公路的建设和管理，促进公路事业的发展，适应社会主义现代化建设和人民生活的需要，制定本法。

第二条 【**适用范围**】在中华人民共和国境内从事公路的规划、建设、养护、经营、使用和管理，适用本法。

本法所称公路，包括公路桥梁、公路隧道和公路渡口。

第三条 【**发展原则**】公路的发展应当遵循全面规划、合理布局、确保质量、保障畅通、保护环境、建设改造与养护并重的原则。

第四条 【**积极发展**】各级人民政府应当采取有力措施，扶持、促进公路建设。公路建设应当纳入国民经济和社会发展计划。

国家鼓励、引导国内外经济组织依法投资建设、经营公路。

第五条　【扶持地区】国家帮助和扶持少数民族地区、边远地区和贫困地区发展公路建设。

第六条　【公路等级】公路按其在公路路网中的地位分为国道、省道、县道和乡道，并按技术等级分为高速公路、一级公路、二级公路、三级公路和四级公路。具体划分标准由国务院交通主管部门规定。

新建公路应当符合技术等级的要求。原有不符合最低技术等级要求的等外公路，应当采取措施，逐步改造为符合技术等级要求的公路。

第七条　【保护公路】公路受国家保护，任何单位和个人不得破坏、损坏或者非法占用公路、公路用地及公路附属设施。

任何单位和个人都有爱护公路、公路用地及公路附属设施的义务，有权检举和控告破坏、损坏公路、公路用地、公路附属设施和影响公路安全的行为。

第八条　【主管部门】国务院交通主管部门主管全国公路工作。

县级以上地方人民政府交通主管部门主管本行政区域内的公路工作；但是，县级以上地方人民政府交通主管部门对国道、省道的管理、监督职责，由省、自治区、直辖市人民政府确定。

乡、民族乡、镇人民政府负责本行政区域内的乡道的建设和养护工作。

县级以上地方人民政府交通主管部门可以决定由公路管理机构依照本法规定行使公路行政管理职责。

第九条　【禁止非法设卡】禁止任何单位和个人在公路上非法设卡、收费、罚款和拦截车辆。

第十条　【鼓励科研】国家鼓励公路工作方面的科学技术研究，对在公路科学技术研究和应用方面作出显著成绩的单位和个人给予奖励。

第十一条　【专用公路】本法对专用公路有规定的，适用于专用公路。

专用公路是指由企业或者其他单位建设、养护、管理，专为或者主要为本企业或者本单位提供运输服务的道路。

第二章　公路规划

第十二条　【规划编制】公路规划应当根据国民经济和社会发展以及国防建设的需要编制，与城市建设发展规划和其他方式的交通运输发展规划相协调。

第十三条　【用地规划】公路建设用地规划应当符合土地利用总体规划，当年建设用地应当纳入年度建设用地计划。

第十四条　【规划体系】国道规划由国务院交通主管部门会同国务院有关部门并商国道沿线省、自治区、直辖市人民政府编制，报国务院批准。

省道规划由省、自治区、直辖市人民政府交通主管部门会同同级有关部门并商省道沿线下一级人民政府编制，报省、自治区、直辖市人民政府批准，并报国务院交通主管部门备案。

县道规划由县级人民政府交通主管部门会同同级有关部门编制，经本级人民政府审定后，报上一级人民政府批准。

乡道规划由县级人民政府交通主管部门协助乡、民族乡、镇人民政府编制，报县级人民政府批准。

依照第三款、第四款规定批准的县道、乡道规划，应当报批准机关的上一级人民政府交通主管部门备案。

省道规划应当与国道规划相协调。县道规划应当与省道规划相协调。乡道规划应当与县道规划相协调。

第十五条　【专用公路规划】专用公路规划由专用公路的主管单位编制，经其上级主管部门审定后，报县级以上人民政府交通主管部门审核。

专用公路规划应当与公路规划相协调。县级以上人民政府交通主管部门发现专用公路规划与国道、省道、县道、乡道规划有不协调的地方，应当提出修改意见，专用公路主管部门和单位应当作出相应的修改。

第十六条　【规划修改】国道规划的局部调整由原编制机关决定。国道规划需要作重大修改的，由原编制机关提出修改方案，报国务院批准。

经批准的省道、县道、乡道公路规划需要修改的，由原编制机关提出修改方案，报原批准机关批准。

第十七条　【命名、编号】国道的命名和编号，由国务院交通主管部门确定；省道、县道、乡道的命名和编号，由省、自治区、直辖市人民政府交通主管部门按照国务院交通主管部门的有关规定确定。

第十八条　【防止公路街道化】规划和新建村镇、开发区，应当与公路保持规定的距离并避免在公路两侧对应进行，防止造成公路街道化，影响公路的运行安全与畅通。

第十九条　【鼓励专用公路用于公共运输】国家鼓励专

用公路用于社会公共运输。专用公路主要用于社会公共运输时，由专用公路的主管单位申请，或者由有关方面申请，专用公路的主管单位同意，并经省、自治区、直辖市人民政府交通主管部门批准，可以改划为省道、县道或者乡道。

第三章 公路建设

第二十条 【监督管理】县级以上人民政府交通主管部门应当依据职责维护公路建设秩序，加强对公路建设的监督管理。

第二十一条 【建设资金】筹集公路建设资金，除各级人民政府的财政拨款，包括依法征税筹集的公路建设专项资金转为的财政拨款外，可以依法向国内外金融机构或者外国政府贷款。

国家鼓励国内外经济组织对公路建设进行投资。开发、经营公路的公司可以依照法律、行政法规的规定发行股票、公司债券筹集资金。

依照本法规定出让公路收费权的收入必须用于公路建设。

向企业和个人集资建设公路，必须根据需要与可能，坚持自愿原则，不得强行摊派，并符合国务院的有关规定。

公路建设资金还可以采取符合法律或者国务院规定的其他方式筹集。

第二十二条 【按规建设】公路建设应当按照国家规定的基本建设程序和有关规定进行。

第二十三条 【建设制度】公路建设项目应当按照国家有关规定实行法人负责制度、招标投标制度和工程监理制度。

第二十四条 【建设单位资质】公路建设单位应当根据公路建设工程的特点和技术要求，选择具有相应资格的勘查设计单位、施工单位和工程监理单位，并依照有关法律、法规、规章的规定和公路工程技术标准的要求，分别签订合同，明确双方的权利义务。

承担公路建设项目的可行性研究单位、勘查设计单位、施工单位和工程监理单位，必须持有国家规定的资质证书。

第二十五条 【施工审批】公路建设项目的施工，须按国务院交通主管部门的规定报请县级以上地方人民政府交通主管部门批准。

第二十六条 【符合标准】公路建设必须符合公路工程技术标准。

承担公路建设项目的设计单位、施工单位和工程监理单位，应当按照国家有关规定建立健全质量保证体系，落实岗位责任制，并依照有关法律、法规、规章以及公路工程技术标准的要求和合同约定进行设计、施工和监理，保证公路工程质量。

第二十七条 【建设用地】公路建设使用土地依照有关法律、行政法规的规定办理。

公路建设应当贯彻切实保护耕地、节约用地的原则。

第二十八条 【使用荒山、荒地】公路建设需要使用国有荒山、荒地或者需要在国有荒山、荒地、河滩、滩涂上挖砂、采石、取土的，依照有关法律、行政法规的规定办理后，任何单位和个人不得阻挠或者非法收取费用。

第二十九条 【政府支持】地方各级人民政府对公路建设依法使用土地和搬迁居民，应当给予支持和协助。

第三十条 【建设要求】公路建设项目的设计和施工，应当符合依法保护环境、保护文物古迹和防止水土流失的要求。

公路规划中贯彻国防要求的公路建设项目，应当严格按照规划进行建设，以保证国防交通的需要。

第三十一条 【影响其他设施】因建设公路影响铁路、水利、电力、邮电设施和其他设施正常使用时，公路建设单位应当事先征得有关部门的同意；因公路建设对有关设施造成损坏的，公路建设单位应当按照不低于该设施原有的技术标准予以修复，或者给予相应的经济补偿。

第三十二条 【改建公路】改建公路时，施工单位应当在施工路段两端设置明显的施工标志、安全标志。需要车辆绕行的，应当在绕行路口设置标志；不能绕行的，必须修建临时道路，保证车辆和行人通行。

第三十三条 【竣工验收】公路建设项目和公路修复项目竣工后，应当按照国家有关规定进行验收；未经验收或者验收不合格的，不得交付使用。

建成的公路，应当按照国务院交通主管部门的规定设置明显的标志、标线。

第三十四条 【公路用地】县级以上地方人民政府应当确定公路两侧边沟（截水沟、坡脚护坡道，下同）外缘起不少于一米的公路用地。

第四章 公路养护

第三十五条 【养护主体】公路管理机构应当按照国务院交通主管部门规定的技术规范和操作规程对公路进行养护，保证公路经常处于良好的技术状态。

第三十六条 【养护资金】国家采用依法征税的办法筹集公路养护资金，具体实施办法和步骤由国务院规定。

依法征税筹集的公路养护资金，必须专项用于公路的养护和改建。

第三十七条　【政府支持养护】县、乡级人民政府对公路养护需要的挖砂、采石、取土以及取水，应当给予支持和协助。

第三十八条　【义务工】县、乡级人民政府应当在农村义务工的范围内，按照国家有关规定组织公路两侧的农村居民履行为公路建设和养护提供劳务的义务。

第三十九条　【标志明显】为保障公路养护人员的人身安全，公路养护人员进行养护作业时，应当穿着统一的安全标志服；利用车辆进行养护作业时，应当在公路作业车辆上设置明显的作业标志。

公路养护车辆进行作业时，在不影响过往车辆通行的前提下，其行驶路线和方向不受公路标志、标线限制；过往车辆对公路养护车辆和人员应当注意避让。

公路养护工程施工影响车辆、行人通行时，施工单位应当依照本法第三十二条的规定办理。

第四十条　【修复公路】因严重自然灾害致使国道、省道交通中断，公路管理机构应当及时修复；公路管理机构难以及时修复时，县级以上地方人民政府应当及时组织当地机关、团体、企业事业单位、城乡居民进行抢修，并可以请求当地驻军支援，尽快恢复交通。

第四十一条　【水土保持】公路用地范围内的山坡、荒地，由公路管理机构负责水土保持。

第四十二条　【绿化】公路绿化工作，由公路管理机构按照公路工程技术标准组织实施。

公路用地上的树木，不得任意砍伐；需要更新砍伐的，应当经县级以上地方人民政府交通主管部门同意后，依照《中华人民共和国森林法》的规定办理审批手续，并完成更新补种任务。

第五章　路 政 管 理

第四十三条　【主管部门】各级地方人民政府应当采取措施，加强对公路的保护。

县级以上地方人民政府交通主管部门应当认真履行职责，依法做好公路保护工作，并努力采用科学的管理方法和先进的技术手段，提高公路管理水平，逐步完善公路服务设施，保障公路的完好、安全和畅通。

第四十四条　【占用、挖掘公路】任何单位和个人不得擅自占用、挖掘公路。

因修建铁路、机场、电站、通信设施、水利工程和进行其他建设工程需要占用、挖掘公路或者使公路改线的，建设单位应当事先征得有关交通主管部门的同意；影响交通安全的，还须征得有关公安机关的同意。占用、挖掘公路或者使公路改线的，建设单位应当按照不低于该段公路原有的技术标准予以修复、改建或者给予相应的经济补偿。

第四十五条　【跨越、穿越公路修建设施】跨越、穿越公路修建桥梁、渡槽或者架设、埋设管线等设施的，以及在公路用地范围内架设、埋设管线、电缆等设施的，应当事先经有关交通主管部门同意，影响交通安全的，还须征得有关公安机关的同意；所修建、架设或者埋设的设施应当符合公路工程技术标准的要求。对公路造成损坏的，应当按照损坏程度给予补偿。

第四十六条　【禁止妨碍畅通】任何单位和个人不得在公路上及公路用地范围内摆摊设点、堆放物品、倾倒垃圾、设置障碍、挖沟引水、利用公路边沟排放污物或者进行其他损坏、污染公路和影响公路畅通的活动。

第四十七条　【不得危及安全】在大中型公路桥梁和渡口周围二百米、公路隧道上方和洞口外一百米范围内，以及在公路两侧一定距离内，不得挖砂、采石、取土、倾倒废弃物，不得进行爆破作业及其他危及公路、公路桥梁、公路隧道、公路渡口安全的活动。

在前款范围内因抢险、防汛需要修筑堤坝、压缩或者拓宽河床的，应当事先报经省、自治区、直辖市人民政府交通主管部门会同水行政主管部门批准，并采取有效的保护有关的公路、公路桥梁、公路隧道、公路渡口安全的措施。

第四十八条　【限制机具】铁轮车、履带车和其他可能损害公路路面的机具，不得在公路上行驶。

农业机械因当地田间作业需要在公路上短距离行驶或者军用车辆执行任务需要在公路上行驶的，可以不受前款限制，但是应当采取安全保护措施。对公路造成损坏的，应当按照损坏程度给予补偿。

第四十九条　【轴载质量】在公路上行驶的车辆的轴载质量应当符合公路工程技术标准要求。

第五十条　【超限车辆】超过公路、公路桥梁、公路隧道或者汽车渡船的限载、限高、限宽、限长标准的车辆，不得在有限定标准的公路、公路桥梁上或者公路隧道内行驶，不得使用汽车渡船。超过公路或者公路桥梁限载标准确需行驶的，必须经县级以上地方人民政府交通主管部门批准，并按要求采取有效的防护措施；运载不可解体的超限物品的，应当按照指定的时间、路线、时速行驶，并悬挂明显标志。

运输单位不能按照前款规定采取防护措施的，由交通主管部门帮助其采取防护措施，所需费用由运输单位承担。

第五十一条 【禁作试车场】机动车制造厂和其他单位不得将公路作为检验机动车制动性能的试车场地。

第五十二条 【保护附属设施】任何单位和个人不得损坏、擅自移动、涂改公路附属设施。

前款公路附属设施，是指为保护、养护公路和保障公路安全畅通所设置的公路防护、排水、养护、管理、服务、交通安全、渡运、监控、通信、收费等设施、设备以及专用建筑物、构筑物等。

第五十三条 【损坏报告】造成公路损坏的，责任者应当及时报告公路管理机构，并接受公路管理机构的现场调查。

第五十四条 【禁设其他标志】任何单位和个人未经县级以上地方人民政府交通主管部门批准，不得在公路用地范围内设置公路标志以外的其他标志。

第五十五条 【平叉道口】在公路上增设平面交叉道口，必须按照国家有关规定经过批准，并按照国家规定的技术标准建设。

第五十六条 【建筑控制区】除公路防护、养护需要的以外，禁止在公路两侧的建筑控制区内修建建筑物和地面构筑物；需要在建筑控制区内埋设管线、电缆等设施的，应当事先经县级以上地方人民政府交通主管部门批准。

前款规定的建筑控制区的范围，由县级以上地方人民政府按照保障公路运行安全和节约用地的原则，依照国务院的规定划定。

建筑控制区范围经县级以上地方人民政府依照前款规定划定后，由县级以上地方人民政府交通主管部门设置标桩、界桩。任何单位和个人不得损坏、擅自挪动该标桩、界桩。

第五十七条 【授权行使】除本法第四十七条第二款的规定外，本章规定由交通主管部门行使的路政管理职责，可以依照本法第八条第四款的规定，由公路管理机构行使。

第六章 收费公路

第五十八条 【禁止乱收费】国家允许依法设立收费公路，同时对收费公路的数量进行控制。

除本法第五十九条规定可以收取车辆通行费的公路外，禁止任何公路收取车辆通行费。

第五十九条 【收费公路种类】符合国务院交通主管部门规定的技术等级和规模的下列公路，可以依法收取车辆通行费：

（一）由县级以上地方人民政府交通主管部门利用贷款或者向企业、个人集资建成的公路；

（二）由国内外经济组织依法受让前项收费公路收费权的公路；

（三）由国内外经济组织依法投资建成的公路。

第六十条 【收费期限】县级以上地方人民政府交通主管部门利用贷款或者集资建成的收费公路的收费期限，按照收费偿还贷款、集资款的原则，由省、自治区、直辖市人民政府依照国务院交通主管部门的规定确定。

有偿转让公路收费权的公路，收费权转让后，由受让方收费经营。收费权的转让期限由出让、受让双方约定，最长不得超过国务院规定的年限。

国内外经济组织投资建设公路，必须按照国家有关规定办理审批手续；公路建成后，由投资者收费经营。收费经营期限按照收回投资并有合理回报的原则，由有关交通主管部门与投资者约定并按照国家有关规定办理审批手续，但最长不得超过国务院规定的年限。

第六十一条 【收费权转让】本法第五十九条第一款第一项规定的公路中的国道收费权的转让，应当在转让协议签订之日起三十个工作日内报国务院交通主管部门备案；国道以外的其他公路收费权的转让，应当在转让协议签订之日起三十个工作日内报省、自治区、直辖市人民政府备案。

前款规定的公路收费权出让的最低成交价，以国有资产评估机构评估的价值为依据确定。

第六十二条 【公路经营企业】受让公路收费权和投资建设公路的国内外经济组织应当依法成立开发、经营公路的企业（以下简称公路经营企业）。

第六十三条 【收费标准】收费公路车辆通行费的收费标准，由公路收费单位提出方案，报省、自治区、直辖市人民政府交通主管部门会同同级物价行政主管部门审查批准。

第六十四条 【收费站】收费公路设置车辆通行费的收费站，应当报经省、自治区、直辖市人民政府审查批准。跨省、自治区、直辖市的收费公路设置车辆通行费的收费站，由有关省、自治区、直辖市人民政府协商确定；协商不成的，由国务院交通主管部门决定。同一收费公路由不同的交通主管部门组织建设或者由不同的公路经营企业经营的，应当按照“统一收费、按比例分成”的原则，统筹规划，合理设置收费站。

两个收费站之间的距离，不得小于国务院交通主管部门规定的标准。

第六十五条　【收费期限届满】有偿转让公路收费权的公路，转让收费权合同约定的期限届满，收费权由出让方收回。

由国内外经济组织依照本法规定投资建成并经营的收费公路，约定的经营期限届满，该公路由国家无偿收回，由有关交通主管部门管理。

第六十六条　【公路养护】依照本法第五十九条规定受让收费权或者由国内外经济组织投资建成经营的公路的养护工作，由各该公路经营企业负责。各该公路经营企业在经营期间应当按照国务院交通主管部门规定的技术规范和操作规程做好对公路的养护工作。在受让收费权的期限届满，或者经营期限届满时，公路应当处于良好的技术状态。

前款规定的公路的绿化和公路用地范围内的水土保持工作，由各该公路经营企业负责。

第一款规定的公路的路政管理，适用本法第五章的规定。该公路路政管理的职责由县级以上地方人民政府交通主管部门或者公路管理机构的派出机构、人员行使。

第六十七条　【损失补偿】在收费公路上从事本法第四十四条第二款、第四十五条、第四十八条、第五十条所列活动的，除依照各该条的规定办理外，给公路经营企业造成损失的，应当给予相应的补偿。

第六十八条　【管理办法】收费公路的具体管理办法，由国务院依照本法制定。

第七章　监督检查

第六十九条　【执法监督】交通主管部门、公路管理机构依法对有关公路的法律、法规执行情况进行监督检查。

第七十条　【路政】交通主管部门、公路管理机构负有管理和保护公路的责任，有权检查、制止各种侵占、损坏公路、公路用地、公路附属设施及其他违反本法规定的行为。

第七十一条　【执法保障】公路监督检查人员依法在公路、建筑控制区、车辆停放场所、车辆所属单位等进行监督检查时，任何单位和个人不得阻挠。

公路经营者、使用者和其他有关单位、个人，应当接受公路监督检查人员依法实施的监督检查，并为其提供方便。

公路监督检查人员执行公务，应当佩戴标志，持证上岗。

第七十二条　【依法行政】交通主管部门、公路管理机构应当加强对所属公路监督检查人员的管理和教育，要求公路监督检查人员熟悉国家有关法律和规定，公正廉洁，热情服务，秉公执法，对公路监督检查人员的执法行为应当加强监督检查，对其违法行为应当及时纠正，依法处理。

第七十三条　【专用车辆】用于公路监督检查的专用车辆，应当设置统一的标志和示警灯。

第八章　法律责任

第七十四条　【擅自设卡、收费】违反法律或者国务院有关规定，擅自在公路上设卡、收费的，由交通主管部门责令停止违法行为，没收违法所得，可以处违法所得三倍以下的罚款，没有违法所得的，可以处二万元以下的罚款；对负有直接责任的主管人员和其他直接责任人员，依法给予行政处分。

第七十五条　【擅自施工】违反本法第二十五条规定，未经有关交通主管部门批准擅自施工的，交通主管部门可以责令停止施工，并可以处五万元以下的罚款。

第七十六条　【违法行为】有下列违法行为之一的，由交通主管部门责令停止违法行为，可以处三万元以下的罚款：

（一）违反本法第四十四条第一款规定，擅自占用、挖掘公路的；

（二）违反本法第四十五条规定，未经同意或者未按照公路工程技术标准的要求修建桥梁、渡槽或者架设、埋设管线、电缆等设施的；

（三）违反本法第四十七条规定，从事危及公路安全的作业的；

（四）违反本法第四十八条规定，铁轮车、履带车和其他可能损害路面的机具擅自在公路上行驶的；

（五）违反本法第五十条规定，车辆超限使用汽车渡船或者在公路上擅自超限行驶的；

（六）违反本法第五十二条、第五十六条规定，损坏、移动、涂改公路附属设施或者损坏、挪动建筑控制区的标桩、界桩，可能危及公路安全的。

第七十七条　【污损路面、公路试车】违反本法第四十六条的规定，造成公路路面损坏、污染或者影响公路畅通的，或者违反本法第五十一条规定，将公路作为试车场地的，由交通主管部门责令停止违法行为，可以处五千元以下的罚款。

第七十八条　【造成路面损坏未报告】违反本法第五十三条规定，造成公路损坏，未报告的，由交通主管部门处一千元以下的罚款。

第七十九条　【设置其他标志】违反本法第五十四条规

定,在公路用地范围内设置公路标志以外的其他标志的,由交通主管部门责令限期拆除,可以处二万元以下的罚款;逾期不拆除的,由交通主管部门拆除,有关费用由设置者负担。

第八十条 【擅设平面交叉道口】违反本法第五十五条规定,未经批准在公路上增设平面交叉道口的,由交通主管部门责令恢复原状,处五万元以下的罚款。

第八十一条 【擅自建筑或埋设管线】违反本法第五十六条规定,在公路建筑控制区内修建建筑物、地面构筑物或者擅自埋设管线、电缆等设施的,由交通主管部门责令限期拆除,并可以处五万元以下的罚款。逾期不拆除的,由交通主管部门拆除,有关费用由建筑者、构筑者承担。

第八十二条 【授权执法】除本法第七十四条、第七十五条的规定外,本章规定由交通主管部门行使的行政处罚权和行政措施,可以依照本法第八条第四款的规定由公路管理机构行使。

第八十三条 【阻碍修建或执法】阻碍公路建设或者公路抢修,致使公路建设或者抢修不能正常进行,尚未造成严重损失的,依照《中华人民共和国治安管理处罚法》的规定处罚。

损毁公路或者擅自移动公路标志,可能影响交通安全,尚不够刑事处罚的,适用《中华人民共和国道路交通安全法》第九十九条的处罚规定。

拒绝、阻碍公路监督检查人员依法执行职务未使用暴力、威胁方法的,依照《中华人民共和国治安管理处罚法》的规定处罚。

第八十四条 【刑事责任】违反本法有关规定,构成犯罪的,依法追究刑事责任。

第八十五条 【民事责任】违反本法有关规定,对公路造成损害的,应当依法承担民事责任。

对公路造成较大损害的车辆,必须立即停车,保护现场,报告公路管理机构,接受公路管理机构的调查、处理后方得驶离。

第八十六条 【渎职】交通主管部门、公路管理机构的工作人员玩忽职守、徇私舞弊、滥用职权,构成犯罪的,依法追究刑事责任;尚不构成犯罪的,依法给予行政处分。

第九章 附 则

第八十七条 【施行日期】本法自1998年1月1日起施行。

中华人民共和国民用航空法

1. 1995年10月30日第八届全国人民代表大会常务委员会第十六次会议通过

2. 根据2009年8月27日第十一届全国人民代表大会常务委员会第十次会议《关于修改部分法律的决定》第一次修正

3. 根据2015年4月24日第十二届全国人民代表大会常务委员会第十四次会议《关于修改〈中华人民共和国计量法〉等五部法律的决定》第二次修正

4. 根据2016年11月7日第十二届全国人民代表大会常务委员会第二十四次会议《关于修改〈中华人民共和国对外贸易法〉等十二部法律的决定》第三次修正

5. 根据2017年11月4日第十二届全国人民代表大会常务委员会第三十次会议《关于修改〈中华人民共和国会计法〉等十一部法律的决定》第四次修正

6. 根据2018年12月29日第十三届全国人民代表大会常务委员会第七次会议《关于修改〈中华人民共和国劳动法〉等七部法律的决定》第五次修正

7. 根据2021年4月29日第十三届全国人民代表大会常务委员会第二十八次会议《关于修改〈中华人民共和国道路交通安全法〉等八部法律的决定》第六次修正

目 录

第一章　总　　则

第一条　【立法目的】为了维护国家的领空主权和民用航空权利，保障民用航空活动安全和有秩序地进行，保护民用航空活动当事人各方的合法权益，促进民用航空事业的发展，制定本法。

第二条　【领空范围】中华人民共和国的领陆和领水之上的空域为中华人民共和国领空。中华人民共和国对领空享有完全的、排他的主权。

第三条　【主管部门】国务院民用航空主管部门对全国民用航空活动实施统一监督管理；根据法律和国务院的决定，在本部门的权限内，发布有关民用航空活动的规定、决定。

国务院民用航空主管部门设立的地区民用航空管理机构依照国务院民用航空主管部门的授权，监督管理各该地区的民用航空活动。

第四条　【国家政策】国家扶持民用航空事业的发展，鼓励和支持发展民用航空的科学研究和教育事业，提高民用航空科学技术水平。

国家扶持民用航空器制造业的发展，为民用航空活动提供安全、先进、经济、适用的民用航空器。

第二章　民用航空器国籍

第五条　【民用航空器】本法所称民用航空器，是指除用于执行军事、海关、警察飞行任务外的航空器。

第六条　【登记机关】经中华人民共和国国务院民用航空主管部门依法进行国籍登记的民用航空器，具有中华人民共和国国籍，由国务院民用航空主管部门发给国籍登记证书。

国务院民用航空主管部门设立中华人民共和国民用航空器国籍登记簿，统一记载民用航空器的国籍登记事项。

第七条　【登记范围】下列民用航空器应当进行中华人民共和国国籍登记：

（一）中华人民共和国国家机构的民用航空器；

（二）依照中华人民共和国法律设立的企业法人的民用航空器；企业法人的注册资本中有外商出资的，其机构设置、人员组成和中方投资人的出资比例，应当符合行政法规的规定；

（三）国务院民用航空主管部门准予登记的其他民用航空器。

自境外租赁的民用航空器，承租人符合前款规定，该民用航空器的机组人员由承租人配备的，可以申请登记中华人民共和国国籍，但是必须先予注销该民用航空器原国籍登记。

第八条　【国籍标志和登记标志】依法取得中华人民共和国国籍的民用航空器，应当标明规定的国籍标志和登记标志。

第九条　【不得有双重国籍】民用航空器不得具有双重国籍。未注销外国国籍的民用航空器不得在中华人民共和国申请国籍登记。

第三章　民用航空器权利

第一节　一般规定

第十条　【权利范围】本章规定的对民用航空器的权利，包括对民用航空器构架、发动机、螺旋桨、无线电设备和其他一切为了在民用航空器上使用的，无论安装于其上或者暂时拆离的物品的权利。

第十一条　【权利种类】民用航空器权利人应当就下列权利分别向国务院民用航空主管部门办理权利登记：

（一）民用航空器所有权；

（二）通过购买行为取得并占有民用航空器的权利；

（三）根据租赁期限为六个月以上的租赁合同占有民用航空器的权利；

（四）民用航空器抵押权。

第十二条　【权利登记】国务院民用航空主管部门设立民用航空器权利登记簿。同一民用航空器的权利登记事项应当记载于同一权利登记簿中。

民用航空器权利登记事项，可以供公众查询、复制或者摘录。

第十三条　【国籍登记或权利登记转移】除民用航空器经依法强制拍卖外，在已经登记的民用航空器权利得到补偿或者民用航空器权利人同意之前，民用航空器的国籍登记或者权利登记不得转移至国外。

第二节 民用航空器所有权和抵押权

第十四条 【所有权登记】民用航空器所有权的取得、转让和消灭,应当向国务院民用航空主管部门登记;未经登记的,不得对抗第三人。

民用航空器所有权的转让,应当签订书面合同。

第十五条 【国家所有】国家所有的民用航空器,由国家授予法人经营管理或者使用的,本法有关民用航空器所有人的规定适用于该法人。

第十六条 【抵押权登记】设定民用航空器抵押权,由抵押权人和抵押人共同向国务院民用航空主管部门办理抵押权登记;未经登记的,不得对抗第三人。

第十七条 【抵押权转让】民用航空器抵押权设定后,未经抵押权人同意,抵押人不得将被抵押民用航空器转让他人。

第三节 民用航空器优先权

第十八条 【优先权】民用航空器优先权,是指债权人依照本法第十九条规定,向民用航空器所有人、承租人提出赔偿请求,对产生该赔偿请求的民用航空器具有优先受偿的权利。

第十九条 【具有优先权的债权】下列各项债权具有民用航空器优先权:

(一)援救该民用航空器的报酬;

(二)保管维护该民用航空器的必需费用。

前款规定的各项债权,后发生的先受偿。

第二十条 【优先权登记】本法第十九条规定的民用航空器优先权,其债权人应当自援救或者保管维护工作终了之日起三个月内,就其债权向国务院民用航空主管部门登记。

第二十一条 【执行或拍卖费用】为了债权人的共同利益,在执行人民法院判决以及拍卖过程中产生的费用,应当从民用航空器拍卖所得价款中先行拨付。

第二十二条 【优先权先于抵押权】民用航空器优先权先于民用航空器抵押权受偿。

第二十三条 【优先权转移】本法第十九条规定的债权转移的,其民用航空器优先权随之转移。

第二十四条 【优先权行使】民用航空器优先权应当通过人民法院扣押产生优先权的民用航空器行使。

第二十五条 【优先权终止】民用航空器优先权自援救或者保管维护工作终了之日起满三个月时终止;但是,债权人就其债权已经依照本法第二十条规定登记,并具有下列情形之一的除外:

(一)债权人、债务人已经就此项债权的金额达成协议;

(二)有关此项债权的诉讼已经开始。

民用航空器优先权不因民用航空器所有权的转让而消灭;但是,民用航空器经依法强制拍卖的除外。

第四节 民用航空器租赁

第二十六条 【合同形式】民用航空器租赁合同,包括融资租赁合同和其他租赁合同,应当以书面形式订立。

第二十七条 【融资租赁概念】民用航空器的融资租赁,是指出租人按照承租人对供货方和民用航空器的选择,购得民用航空器,出租给承租人使用,由承租人定期交纳租金。

第二十八条 【权利】融资租赁期间,出租人依法享有民用航空器所有权,承租人依法享有民用航空器的占有、使用、收益权。

第二十九条 【义务】融资租赁期间,出租人不得干扰承租人依法占有、使用民用航空器;承租人应当适当地保管民用航空器,使之处于原交付时的状态,但是合理损耗和经出租人同意的对民用航空器的改变除外。

第三十条 【标的物退还】融资租赁期满,承租人应当将符合本法第二十九条规定状态的民用航空器退还出租人;但是,承租人依照合同行使购买民用航空器的权利或者为继续租赁而占有民用航空器的除外。

第三十一条 【供货方义务】民用航空器融资租赁中的供货方,不就同一损害同时对出租人和承租人承担责任。

第三十二条 【租赁物转让】融资租赁期间,经出租人同意,在不损害第三人利益的情况下,承租人可以转让其对民用航空器的占有权或者租赁合同约定的其他权利。

第三十三条 【租赁登记】民用航空器的融资租赁和租赁期限为六个月以上的其他租赁,承租人应当就其对民用航空器的占有权向国务院民用航空主管部门办理登记;未经登记的,不得对抗第三人。

第四章 民用航空器适航管理

第三十四条 【设计型号合格证书】设计民用航空器及其发动机、螺旋桨和民用航空器上设备,应当向国务院民用航空主管部门申请领取型号合格证书。经审查合格的,发给型号合格证书。

第三十五条 【生产(维修)许可证书】生产、维修民用航空器及其发动机、螺旋桨和民用航空器上设备,应当向国务院民用航空主管部门申请领取生产许可证书、维修许可证书。经审查合格的,发给相应的证书。

第三十六条　【型号认可证书】外国制造人生产的任何型号的民用航空器及其发动机、螺旋桨和民用航空器上设备，首次进口中国的，该外国制造人应当向国务院民用航空主管部门申请领取型号认可证书。经审查合格的，发给型号认可证书。

已取得外国颁发的型号合格证书的民用航空器及其发动机、螺旋桨和民用航空器上设备，首次在中国境内生产的，该型号合格证书的持有人应当向国务院民用航空主管部门申请领取型号认可证书。经审查合格的，发给型号认可证书。

第三十七条　【适航证书】具有中华人民共和国国籍的民用航空器，应当持有国务院民用航空主管部门颁发的适航证书，方可飞行。

出口民用航空器及其发动机、螺旋桨和民用航空器上设备，制造人应当向国务院民用航空主管部门申请领取出口适航证书。经审查合格的，发给出口适航证书。

租用的外国民用航空器，应当经国务院民用航空主管部门对其原国籍登记国发给的适航证书审查认可或者另发适航证书，方可飞行。

民用航空器适航管理规定，由国务院制定。

第三十八条　【适航义务】民用航空器的所有人或者承租人应当按照适航证书规定的使用范围使用民用航空器，做好民用航空器的维修保养工作，保证民用航空器处于适航状态。

第五章　航 空 人 员

第一节　一 般 规 定

第三十九条　【航空人员范围】本法所称航空人员，是指下列从事民用航空活动的空勤人员和地面人员：

（一）空勤人员，包括驾驶员、飞行机械人员、乘务员；

（二）地面人员，包括民用航空器维修人员、空中交通管制员、飞行签派员、航空电台通信员。

第四十条　【航空人员资格】航空人员应当接受专门训练，经考核合格，取得国务院民用航空主管部门颁发的执照，方可担任其执照载明的工作。

空勤人员和空中交通管制员在取得执照前，还应当接受国务院民用航空主管部门认可的体格检查单位的检查，并取得国务院民用航空主管部门颁发的体格检查合格证书。

第四十一条　【随身携带执照及体检证书】空勤人员在执行飞行任务时，应当随身携带执照和体格检查合格证书，并接受国务院民用航空主管部门的查验。

第四十二条　【接受检查和考核】航空人员应当接受国务院民用航空主管部门定期或者不定期的检查和考核；经检查、考核合格的，方可继续担任其执照载明的工作。

空勤人员还应当参加定期的紧急程序训练。

空勤人员间断飞行的时间超过国务院民用航空主管部门规定时限的，应当经过检查和考核；乘务员以外的空勤人员还应当经过带飞。经检查、考核、带飞合格的，方可继续担任其执照载明的工作。

第二节　机　　组

第四十三条　【机组组成】民用航空器机组由机长和其他空勤人员组成。机长应当由具有独立驾驶该型号民用航空器的技术和经验的驾驶员担任。

机组的组成和人员数额，应当符合国务院民用航空主管部门的规定。

第四十四条　【操作】民用航空器的操作由机长负责，机长应当严格履行职责，保护民用航空器及其所载人员和财产的安全。

机长在其职权范围内发布的命令，民用航空器所载人员都应当执行。

第四十五条　【飞行前检查】飞行前，机长应当对民用航空器实施必要的检查；未经检查，不得起飞。

机长发现民用航空器、机场、气象条件等不符合规定，不能保证飞行安全的，有权拒绝起飞。

第四十六条　【飞行中机长的权力】飞行中，对于任何破坏民用航空器、扰乱民用航空器内秩序、危害民用航空器所载人员或者财产安全以及其他危及飞行安全的行为，在保证安全的前提下，机长有权采取必要的适当措施。

飞行中，遇到特殊情况时，为保证民用航空器及其所载人员的安全，机长有权对民用航空器作出处置。

第四十七条　【调整飞行任务】机长发现机组人员不适宜执行飞行任务的，为保证飞行安全，有权提出调整。

第四十八条　【遇险时机长的权力】民用航空器遇险时，机长有权采取一切必要措施，并指挥机组人员和航空器上其他人员采取抢救措施。在必须撤离遇险民用航空器的紧急情况下，机长必须采取措施，首先组织旅客安全离开民用航空器；未经机长允许，机组人员不得擅自离开民用航空器；机长应当最后离开民用航空器。

第四十九条　【发生事故时机长的义务】民用航空器发生事故，机长应当直接或者通过空中交通管制单位，如实将事故情况及时报告国务院民用航空主管部门。

第五十条 【机长知道遇险情况下的义务】机长收到船舶或者其他航空器的遇险信号，或者发现遇险的船舶、航空器及其人员，应当将遇险情况及时报告就近的空中交通管制单位并给予可能的合理的援助。

第五十一条 【飞行中机长不能履行职务的处置】飞行中，机长因故不能履行职务的，由仅次于机长职务的驾驶员代理机长；在下一个经停地起飞前，民用航空器所有人或者承租人应当指派新机长接任。

第五十二条 【一人驾驶】只有一名驾驶员，不需配备其他空勤人员的民用航空器，本节对机长的规定，适用于该驾驶员。

第六章 民用机场

第五十三条 【民用机场】本法所称民用机场，是指专供民用航空器起飞、降落、滑行、停放以及进行其他活动使用的划定区域，包括附属的建筑物、装置和设施。

本法所称民用机场不包括临时机场。

军民合用机场由国务院、中央军事委员会另行制定管理办法。

第五十四条 【建设原则与程序】民用机场的建设和使用应当统筹安排、合理布局，提高机场的使用效率。

全国民用机场的布局和建设规划，由国务院民用航空主管部门会同国务院其他有关部门制定，并按照国家规定的程序，经批准后组织实施。

省、自治区、直辖市人民政府应当根据全国民用机场的布局和建设规划，制定本行政区域内的民用机场建设规划，并按照国家规定的程序报经批准后，将其纳入本级国民经济和社会发展规划。

第五十五条 【机场建设规划与城建规划】民用机场建设规划应当与城市建设规划相协调。

第五十六条 【新、改、扩建机场程序】新建、改建和扩建民用机场，应当符合依法制定的民用机场布局和建设规划，符合民用机场标准，并按照国家规定报经有关主管机关批准并实施。

不符合依法制定的民用机场布局和建设规划的民用机场建设项目，不得批准。

第五十七条 【公告】新建、扩建民用机场，应当由民用机场所在地县级以上地方人民政府发布公告。

前款规定的公告应当在当地主要报纸上刊登，并在拟新建、扩建机场周围地区张贴。

第五十八条 【禁止的活动】禁止在依法划定的民用机场范围内和按照国家规定划定的机场净空保护区域内从事下列活动：

（一）修建可能在空中排放大量烟雾、粉尘、火焰、废气而影响飞行安全的建筑物或者设施；

（二）修建靶场、强烈爆炸物仓库等影响飞行安全的建筑物或者设施；

（三）修建不符合机场净空要求的建筑物或者设施；

（四）设置影响机场目视助航设施使用的灯光、标志或者物体；

（五）种植影响飞行安全或者影响机场助航设施使用的植物；

（六）饲养、放飞影响飞行安全的鸟类动物和其他物体；

（七）修建影响机场电磁环境的建筑物或者设施。

禁止在依法划定的民用机场范围内放养牲畜。

第五十九条 【障碍物】民用机场新建、扩建的公告发布前，在依法划定的民用机场范围内和按照国家规定划定的机场净空保护区域内存在的可能影响飞行安全的建筑物、构筑物、树木、灯光和其他障碍物体，应当在规定的期限内清除；对由此造成的损失，应当给予补偿或者依法采取其他补救措施。

第六十条 【违法设置障碍物处理】民用机场新建、扩建的公告发布后，任何单位和个人违反本法和有关行政法规的规定，在依法划定的民用机场范围内和按照国家规定划定的机场净空保护区域内修建、种植或者设置影响飞行安全的建筑物、构筑物、树木、灯光和其他障碍物体的，由机场所在地县级以上地方人民政府责令清除；由此造成的损失，由修建、种植或者设置该障碍物体的人承担。

第六十一条 【飞行障碍灯和标志】在民用机场及其按照国家规定划定的净空保护区域以外，对可能影响飞行安全的高大建筑物或者设施，应当按照国家有关规定设置飞行障碍灯和标志，并使其保持正常状态。

第六十二条 【机场使用许可证条件】国务院民用航空主管部门规定的对公众开放的民用机场应当取得机场使用许可证，方可开放使用。其他民用机场应当按照国务院民用航空主管部门的规定进行备案。

申请取得机场使用许可证，应当具备下列条件，并按照国家规定经验收合格：

（一）具备与其运营业务相适应的飞行区、航站区、工作区以及服务设施和人员；

（二）具备能够保障飞行安全的空中交通管制、通信导航、气象等设施和人员；

（三）具备符合国家规定的安全保卫条件；

（四）具备处理特殊情况的应急计划以及相应的

设施和人员；

（五）具备国务院民用航空主管部门规定的其他条件。

国际机场还应当具备国际通航条件，设立海关和其他口岸检查机关。

第六十三条　【机场使用许可证申领】民用机场使用许可证由机场管理机构向国务院民用航空主管部门申请，经国务院民用航空主管部门审查批准后颁发。

第六十四条　【设立国际机场】设立国际机场，由机场所在地省级人民政府报请国务院审查批准。

国际机场的开放使用，由国务院民用航空主管部门对外公告；国际机场资料由国务院民用航空主管部门统一对外提供。

第六十五条　【安全措施】民用机场应当按照国务院民用航空主管部门的规定，采取措施，保证机场内人员和财产的安全。

第六十六条　【服务设施】供运输旅客或者货物的民用航空器使用的民用机场，应当按照国务院民用航空主管部门规定的标准，设置必要设施，为旅客和货物托运人、收货人提供良好服务。

第六十七条　【环保】民用机场管理机构应当依照环境保护法律、行政法规的规定，做好机场环境保护工作。

第六十八条　【费用缴纳】民用航空器使用民用机场及其助航设施的，应当缴纳使用费、服务费；使用费、服务费的收费标准，由国务院民用航空主管部门制定。

第六十九条　【废弃或改用】民用机场废弃或者改作他用，民用机场管理机构应当依照国家规定办理报批手续。

第七章　空中航行

第一节　空域管理

第七十条　【统一管理原则】国家对空域实行统一管理。

第七十一条　【空域划分】划分空域，应当兼顾民用航空和国防安全的需要以及公众的利益，使空域得到合理、充分、有效的利用。

第七十二条　【具体办法】空域管理的具体办法，由国务院、中央军事委员会制定。

第二节　飞行管理

第七十三条　【管理单位】在一个划定的管制空域内，由一个空中交通管制单位负责该空域内的航空器的空中交通管制。

第七十四条　【飞行许可】民用航空器在管制空域内进行飞行活动，应当取得空中交通管制单位的许可。

第七十五条　【飞行航路与飞行高度】民用航空器应当按照空中交通管制单位指定的航路和飞行高度飞行；因故确需偏离指定的航路或者改变飞行高度飞行的，应当取得空中交通管制单位的许可。

第七十六条　【飞行规则】在中华人民共和国境内飞行的航空器，必须遵守统一的飞行规则。

进行目视飞行的民用航空器，应当遵守目视飞行规则，并与其他航空器、地面障碍物体保持安全距离。

进行仪表飞行的民用航空器，应当遵守仪表飞行规则。

飞行规则由国务院、中央军事委员会制定。

第七十七条　【飞行限制】民用航空器机组人员的飞行时间、执勤时间不得超过国务院民用航空主管部门规定的时限。

民用航空器机组人员受到酒类饮料、麻醉剂或者其他药物的影响，损及工作能力的，不得执行飞行任务。

第七十八条　【不得飞入禁区和限飞区】民用航空器除按照国家规定经特别批准外，不得飞入禁区；除遵守规定的限制条件外，不得飞入限制区。

前款规定的禁区和限制区，依照国家规定划定。

第七十九条　【飞越城市上空】民用航空器不得飞越城市上空；但是，有下列情形之一的除外：

（一）起飞、降落或者指定的航路所必需的；

（二）飞行高度足以使该航空器在发生紧急情况时离开城市上空，而不致危及地面上的人员、财产安全的；

（三）按照国家规定的程序获得批准的。

第八十条　【投掷物品】飞行中，民用航空器不得投掷物品；但是，有下列情形之一的除外：

（一）飞行安全所必需的；

（二）执行救助任务或者符合社会公共利益的其他飞行任务所必需的。

第八十一条　【不得飞出领空】民用航空器未经批准不得飞出中华人民共和国领空。

对未经批准正在飞离中华人民共和国领空的民用航空器，有关部门有权根据具体情况采取必要措施，予以制止。

第三节　飞行保障

第八十二条　【空中交通服务】空中交通管制单位应当为飞行中的民用航空器提供空中交通服务，包括空中交通管制服务、飞行情报服务和告警服务。

提供空中交通管制服务，旨在防止民用航空器同航空器、民用航空器同障碍物体相撞,维持并加速空中交通的有秩序的活动。

提供飞行情报服务,旨在提供有助于安全和有效地实施飞行的情报和建议。

提供告警服务,旨在当民用航空器需要搜寻援救时,通知有关部门,并根据要求协助该有关部门进行搜寻援救。

第八十三条 【航路回归】空中交通管制单位发现民用航空器偏离指定航路、迷失航向时,应当迅速采取一切必要措施,使其回归航路。

第八十四条 【航路设备】航路上应当设置必要的导航、通信、气象和地面监视设备。

第八十五条 【航路障碍物】航路上影响飞行安全的自然障碍物体,应当在航图上标明;航路上影响飞行安全的人工障碍物体,应当设置飞行障碍灯和标志,并使其保持正常状态。

第八十六条 【影响飞行安全设施修建】在距离航路边界三十公里以内的地带,禁止修建靶场和其他可能影响飞行安全的设施;但是,平射轻武器靶场除外。

在前款规定地带以外修建固定的或者临时性对空发射场,应当按照国家规定获得批准;对空发射场的发射方向,不得与航路交叉。

第八十七条 【影响飞行安全活动】任何可能影响飞行安全的活动,应当依法获得批准,并采取确保飞行安全的必要措施,方可进行。

第八十八条 【电台频率管理】国务院民用航空主管部门应当依法对民用航空无线电台和分配给民用航空系统使用的专用频率实施管理。

任何单位或者个人使用的无线电台和其他仪器、装置,不得妨碍民用航空无线电专用频率的正常使用。对民用航空无线电专用频率造成有害干扰的,有关单位或者个人应当迅速排除干扰;未排除干扰前,应当停止使用该无线电台或者其他仪器、装置。

第八十九条 【邮电通讯、气象机构服务】邮电通信企业应当对民用航空电信传递优先提供服务。

国家气象机构应当对民用航空气象机构提供必要的气象资料。

第四节 飞行必备文件

第九十条 【应携文件】从事飞行的民用航空器,应当携带下列文件:

(一)民用航空器国籍登记证书;

(二)民用航空器适航证书;

(三)机组人员相应的执照;

(四)民用航空器航行记录簿;

(五)装有无线电设备的民用航空器,其无线电台执照;

(六)载有旅客的民用航空器,其所载旅客姓名及其出发地点和目的地点的清单;

(七)载有货物的民用航空器,其所载货物的舱单和明细的申报单;

(八)根据飞行任务应当携带的其他文件。

民用航空器未按规定携带前款所列文件的,国务院民用航空主管部门或者其授权的地区民用航空管理机构可以禁止该民用航空器起飞。

第八章 公共航空运输企业

第九十一条 【概念】公共航空运输企业,是指以营利为目的,使用民用航空器运送旅客、行李、邮件或者货物的企业法人。

第九十二条 【申领经营许可证】企业从事公共航空运输,应当向国务院民用航空主管部门申请领取经营许可证。

第九十三条 【取得经营许可的条件】取得公共航空运输经营许可,应当具备下列条件:

(一)有符合国家规定的适应保证飞行安全要求的民用航空器;

(二)有必需的依法取得执照的航空人员;

(三)有不少于国务院规定的最低限额的注册资本;

(四)法律、行政法规规定的其他条件。

第九十四条 【组织形式、组织机构】公共航空运输企业的组织形式、组织机构适用公司法的规定。

本法施行前设立的公共航空运输企业,其组织形式、组织机构不完全符合公司法规定的,可以继续沿用原有的规定,适用前款规定的日期由国务院规定。

第九十五条 【义务】公共航空运输企业应当以保证飞行安全和航班正常,提供良好服务为准则,采取有效措施,提高运输服务质量。

公共航空运输企业应当教育和要求本企业职工严格履行职责,以文明礼貌、热情周到的服务态度,认真做好旅客和货物运输的各项服务工作。

旅客运输航班延误的,应当在机场内及时通告有关情况。

第九十六条 【航班航线】公共航空运输企业申请经营定期航班运输(以下简称航班运输)的航线,暂停、终止经营航线,应当报经国务院民用航空主管部门批准。

公共航空运输企业经营航班运输,应当公布班期时刻。

第九十七条　【营业收费项目】公共航空运输企业的营业收费项目，由国务院民用航空主管部门确定。

国内航空运输的运价管理办法，由国务院民用航空主管部门会同国务院物价主管部门制定，报国务院批准后执行。

国际航空运输运价的制定按照中华人民共和国政府与外国政府签订的协定、协议的规定执行；没有协定、协议的，参照国际航空运输市场价格确定。

第九十八条　【不定期运输】公共航空运输企业从事不定期运输，应当经国务院民用航空主管部门批准，并不得影响航班运输的正常经营。

第九十九条　【安全保卫方案】公共航空运输企业应当依照国务院制定的公共航空运输安全保卫规定，制定安全保卫方案，并报国务院民用航空主管部门备案。

第一百条　【禁运物品】公共航空运输企业不得运输法律、行政法规规定的禁运物品。

公共航空运输企业未经国务院民用航空主管部门批准，不得运输作战军火、作战物资。

禁止旅客随身携带法律、行政法规规定的禁运物品乘坐民用航空器。

第一百零一条　【危险品运输】公共航空运输企业运输危险品，应当遵守国家有关规定。

禁止以非危险品品名托运危险品。

禁止旅客随身携带危险品乘坐民用航空器。除因执行公务并按照国家规定经过批准外，禁止旅客携带枪支、管制刀具乘坐民用航空器。禁止违反国务院民用航空主管部门的规定将危险品作为行李托运。

危险品品名由国务院民用航空主管部门规定并公布。

第一百零二条　【安全检查】公共航空运输企业不得运输拒绝接受安全检查的旅客，不得违反国家规定运输未经安全检查的行李。

公共航空运输企业必须按照国务院民用航空主管部门的规定，对承运的货物进行安全检查或者采取其他保证安全的措施。

第一百零三条　【边防、海关检查】公共航空运输企业从事国际航空运输的民用航空器及其所载人员、行李、货物应当接受边防、海关等主管部门的检查；但是，检查时应当避免不必要的延误。

第一百零四条　【邮件运输】公共航空运输企业应当依照有关法律、行政法规的规定优先运输邮件。

第一百零五条　【保险】公共航空运输企业应当投保地面第三人责任险。

第九章　公共航空运输

第一节　一般规定

第一百零六条　【适用范围】本章适用于公共航空运输企业使用民用航空器经营的旅客、行李或者货物的运输，包括公共航空运输企业使用民用航空器办理的免费运输。

本章不适用于使用民用航空器办理的邮件运输。

对多式联运方式的运输，本章规定适用于其中的航空运输部分。

第一百零七条　【国内、国际航空运输】本法所称国内航空运输，是指根据当事人订立的航空运输合同，运输的出发地点、约定的经停地点和目的地点均在中华人民共和国境内的运输。

本法所称国际航空运输，是指根据当事人订立的航空运输合同，无论运输有无间断或者有无转运，运输的出发地点、目的地点或者约定的经停地点之一不在中华人民共和国境内的运输。

第一百零八条　【运输合同】航空运输合同各方认为几个连续的航空运输承运人办理的运输是一项单一业务活动的，无论其形式是以一个合同订立或者数个合同订立，应当视为一项不可分割的运输。

第二节　运输凭证

第一百零九条　【出票、验票】承运人运送旅客，应当出具客票。旅客乘坐民用航空器，应当交验有效客票。

第一百一十条　【客票内容】客票应当包括的内容由国务院民用航空主管部门规定，至少应当包括以下内容：

（一）出发地点和目的地点；

（二）出发地点和目的地点均在中华人民共和国境内，而在境外有一个或者数个约定的经停地点的，至少注明一个经停地点；

（三）旅客航程的最终目的地点、出发地点或者约定的经停地点之一不在中华人民共和国境内，依照所适用的国际航空运输公约的规定，应当在客票上声明此项运输适用该公约的，客票上应当载有该项声明。

第一百一十一条　【客票作用】客票是航空旅客运输合同订立和运输合同条件的初步证据。

旅客未能出示客票、客票不符合规定或者客票遗失，不影响运输合同的存在或者有效。

在国内航空运输中，承运人同意旅客不经其出票而乘坐民用航空器的，承运人无权援用本法第一百二十八条有关赔偿责任限制的规定。

在国际航空运输中，承运人同意旅客不经其出票而乘坐民用航空器的，或者客票上未依照本法第一百一十条第(三)项的规定声明的，承运人无权援用本法第一百二十九条有关赔偿责任限制的规定。

第一百一十二条　【行李票】承运人载运托运行李时，行李票可以包含在客票之内或者与客票相结合。除本法第一百一十条的规定外，行李票还应当包括下列内容：

(一)托运行李的件数和重量；

(二)需要声明托运行李在目的地点交付时的利益的，注明声明金额。

行李票是行李托运和运输合同条件的初步证据。

旅客未能出示行李票、行李票不符合规定或者行李票遗失，不影响运输合同的存在或者有效。

在国内航空运输中，承运人载运托运行李而不出具行李票的，承运人无权援用本法第一百二十八条有关赔偿责任限制的规定。

在国际航空运输中，承运人载运托运行李而不出具行李票的，或者行李票上未依照本法第一百一十条第(三)项的规定声明的，承运人无权援用本法第一百二十九条有关赔偿责任限制的规定。

第一百一十三条　【航空货运单及其作用】承运人有权要求托运人填写航空货运单，托运人有权要求承运人接受该航空货运单。托运人未能出示航空货运单、航空货运单不符合规定或者航空货运单遗失，不影响运输合同的存在或者有效。

第一百一十四条　【航空货运单形式】托运人应当填写航空货运单正本一式三份，连同货物交给承运人。

航空货运单第一份注明"交承运人"，由托运人签字、盖章；第二份注明"交收货人"，由托运人和承运人签字、盖章；第三份由承运人在接受货物后签字、盖章，交给托运人。

承运人根据托运人的请求填写航空货运单的，在没有相反证据的情况下，应当视为代托运人填写。

第一百一十五条　【航空货运单内容】航空货运单应当包括的内容由国务院民用航空主管部门规定，至少应当包括以下内容：

(一)出发地点和目的地点；

(二)出发地点和目的地点均在中华人民共和国境内，而在境外有一个或者数个约定的经停地点的，至少注明一个经停地点；

(三)货物运输的最终目的地点、出发地点或者约定的经停地点之一不在中华人民共和国境内，依照所适用的国际航空运输公约的规定，应当在货运单上声明此项运输适用该公约的，货运单上应当载有该项声明。

第一百一十六条　【未填航空货运单而载运货物的后果】在国内航空运输中，承运人同意未经填具航空货运单而载运货物的，承运人无权援用本法第一百二十八条有关赔偿责任限制的规定。

在国际航空运输中，承运人同意未经填具航空货运单而载运货物的，或者航空货运单上未依照本法第一百一十五条第(三)项的规定声明的，承运人无权援用本法第一百二十九条有关赔偿责任限制的规定。

第一百一十七条　【托运人义务】托运人应当对航空货运单上所填关于货物的说明和声明的正确性负责。

因航空货运单上所填的说明和声明不符合规定、不正确或者不完全，给承运人或者承运人对之负责的其他人造成损失的，托运人应当承担赔偿责任。

第一百一十八条　【航空货运单效力】航空货运单是航空货物运输合同订立和运输条件以及承运人接受货物的初步证据。

航空货运单上关于货物的重量、尺寸、包装和包装件数的说明具有初步证据的效力。除经过承运人和托运人当面查对并在航空货运单上注明经过查对或者书写关于货物的外表情况的说明外，航空货运单上关于货物的数量、体积和情况的说明不能构成不利于承运人的证据。

第一百一十九条　【托运人权利】托运人在履行航空货物运输合同规定的义务的条件下，有权在出发地机场或者目的地机场将货物提回，或者在途中经停时中止运输，或者在目的地点或者途中要求将货物交给非航空货运单上指定的收货人，或者要求将货物运回出发地机场；但是，托运人不得因行使此种权利而使承运人或者其他托运人遭受损失，并应当偿付由此产生的费用。

托运人的指示不能执行的，承运人应当立即通知托运人。

承运人按照托运人的指示处理货物，没有要求托运人出示其所收执的航空货运单，给该航空货运单的合法持有人造成损失的，承运人应当承担责任，但是不妨碍承运人向托运人追偿。

收货人的权利依照本法第一百二十条规定开始时，托运人的权利即告终止；但是，收货人拒绝接受航空货运单或者货物，或者承运人无法同收货人联系的，托运人恢复其对货物的处置权。

第一百二十条　【收货人权利】除本法第一百一十九条所列情形外，收货人于货物到达目的地点，并在缴付应付款项和履行航空货运单上所列运输条件后，有权要求承运人移交航空货运单并交付货物。

除另有约定外，承运人应当在货物到达后立即通知收货人。

承运人承认货物已经遗失，或者货物在应当到达之日起七日后仍未到达的，收货人有权向承运人行使航空货物运输合同所赋予的权利。

第一百二十一条　【托运人、收货人权利行使方式】托运人和收货人在履行航空货物运输合同规定的义务的条件下，无论为本人或者他人的利益，可以以本人的名义分别行使本法第一百一十九条和第一百二十条所赋予的权利。

第一百二十二条　【托运人与收货人关系不因一方权利的行使受影响】本法第一百一十九条、第一百二十条和第一百二十一条的规定，不影响托运人同收货人之间的相互关系，也不影响从托运人或者收货人获得权利的第三人之间的关系。

任何与本法第一百一十九条、第一百二十条和第一百二十一条规定不同的合同条款，应当在航空货运单上载明。

第一百二十三条　【与货物有关的文件、资料】托运人应当提供必需的资料和文件，以便在货物交付收货人前完成法律、行政法规规定的有关手续；因没有此种资料、文件，或者此种资料、文件不充足或者不符合规定造成的损失，除由于承运人或者其受雇人、代理人的过错造成的外，托运人应当对承运人承担责任。

除法律、行政法规另有规定外，承运人没有对前款规定的资料或者文件进行检查的义务。

第三节　承运人的责任

第一百二十四条　【人身损害责任】因发生在民用航空器上或者在旅客上、下民用航空器过程中的事件，造成旅客人身伤亡的，承运人应当承担责任；但是，旅客的人身伤亡完全是由于旅客本人的健康状况造成的，承运人不承担责任。

第一百二十五条　【财产损害责任及免责】因发生在民用航空器上或者在旅客上、下民用航空器过程中的事件，造成旅客随身携带物品毁灭、遗失或者损坏的，承运人应当承担责任。因发生在航空运输期间的事件，造成旅客的托运行李毁灭、遗失或者损坏的，承运人应当承担责任。

旅客随身携带物品或者托运行李的毁灭、遗失或者损坏完全是由于行李本身的自然属性、质量或者缺陷造成的，承运人不承担责任。

本章所称行李，包括托运行李和旅客随身携带的物品。

因发生在航空运输期间的事件，造成货物毁灭、遗失或者损坏的，承运人应当承担责任；但是，承运人证明货物的毁灭、遗失或者损坏完全是由于下列原因之一造成的，不承担责任：

（一）货物本身的自然属性、质量或者缺陷；

（二）承运人或者其受雇人、代理人以外的人包装货物的，货物包装不良；

（三）战争或者武装冲突；

（四）政府有关部门实施的与货物入境、出境或者过境有关的行为。

本条所称航空运输期间，是指在机场内、民用航空器上或者机场外降落的任何地点，托运行李、货物处于承运人掌管之下的全部期间。

航空运输期间，不包括机场外的任何陆路运输、海上运输、内河运输过程；但是，此种陆路运输、海上运输、内河运输是为了履行航空运输合同而装载、交付或者转运，在没有相反证据的情况下，所发生的损失视为在航空运输期间发生的损失。

第一百二十六条　【运输延误责任】旅客、行李或者货物在航空运输中因延误造成的损失，承运人应当承担责任；但是，承运人证明本人或者其受雇人、代理人为了避免损失的发生，已经采取一切必要措施或者不可能采取此种措施的，不承担责任。

第一百二十七条　【受害人过错】在旅客、行李运输中，经承运人证明，损失是由索赔人的过错造成或者促成的，应当根据造成或者促成此种损失的过错的程度，相应免除或者减轻承运人的责任。旅客以外的其他人就旅客死亡或者受伤提出赔偿请求时，经承运人证明，死亡或者受伤是旅客本人的过错造成或者促成的，同样应当根据造成或者促成此种损失的过错的程度，相应免除或者减轻承运人的责任。

在货物运输中，经承运人证明，损失是由索赔人或者代行权利人的过错造成或者促成的，应当根据造成或者促成此种损失的过错的程度，相应免除或者减轻承运人的责任。

第一百二十八条　【国内航空运输赔偿责任限额】国内航空运输承运人的赔偿责任限额由国务院民用航空主管部门制定，报国务院批准后公布执行。

旅客或者托运人在交运托运行李或者货物时，特别声明在目的地点交付时的利益,并在必要时支付附加费的,除承运人证明旅客或者托运人声明的金额高于托运行李或者货物在目的地点交付时的实际利益外,承运人应当在声明金额范围内承担责任;本法第一百二十九条的其他规定,除赔偿责任限额外,适用于国内航空运输。

第一百二十九条　【国际航空运输赔偿责任限额】国际航空运输承运人的赔偿责任限额按照下列规定执行:

(一)对每名旅客的赔偿责任限额为 16600 计算单位;但是,旅客可以同承运人书面约定高于本项规定的赔偿责任限额。

(二)对托运行李或者货物的赔偿责任限额,每公斤为 17 计算单位。旅客或者托运人在交运托运行李或者货物时,特别声明在目的地点交付时的利益,并在必要时支付附加费的,除承运人证明旅客或者托运人声明的金额高于托运行李或者货物在目的地点交付时的实际利益外,承运人应当在声明金额范围内承担责任。

托运行李或者货物的一部分或者托运行李、货物中的任何物件毁灭、遗失、损坏或者延误的,用以确定承运人赔偿责任限额的重量,仅为该一包件或者数包件的总重量;但是,因托运行李或者货物的一部分或者托运行李、货物中的任何物件的毁灭、遗失、损坏或者延误,影响同一份行李票或者同一份航空货运单所列其他包件的价值的,确定承运人的赔偿责任限额时,此种包件的总重量也应当考虑在内。

(三)对每名旅客随身携带的物品的赔偿责任限额为 332 计算单位。

第一百三十条　【无效免责条款】任何旨在免除本法规定的承运人责任或者降低本法规定的赔偿责任限额的条款,均属无效;但是,此种条款的无效,不影响整个航空运输合同的效力。

第一百三十一条　【诉讼限额】有关航空运输中发生的损失的诉讼,不论其根据如何,只能依照本法规定的条件和赔偿责任限额提出,但是不妨碍谁有权提起诉讼以及他们各自的权利。

第一百三十二条　【不适用赔偿责任限制的规定】经证明,航空运输中的损失是由于承运人或者其受雇人、代理人的故意或者明知可能造成损失而轻率地作为或者不作为造成的,承运人无权援用本法第一百二十八条、第一百二十九条有关赔偿责任限制的规定;证明承运人的受雇人、代理人有此种作为或者不作为的,还应当证明该受雇人、代理人是在受雇、代理范围内行事。

第一百三十三条　【赔偿责任限制适用承运人的受雇人、代理人】就航空运输中的损失向承运人的受雇人、代理人提起诉讼时,该受雇人、代理人证明他是在受雇、代理范围内行事的,有权援用本法第一百二十八条、第一百二十九条有关赔偿责任限制的规定。

在前款规定情形下,承运人及其受雇人、代理人的赔偿总额不得超过法定的赔偿责任限额。

经证明,航空运输中的损失是由于承运人的受雇人、代理人的故意或者明知可能造成损失而轻率地作为或者不作为造成的,不适用本条第一款和第二款的规定。

第一百三十四条　【异议提出】旅客或者收货人收受托运行李或者货物而未提出异议,为托运行李或者货物已经完好交付并与运输凭证相符的初步证据。

托运行李或者货物发生损失的,旅客或者收货人应当在发现损失后向承运人提出异议。托运行李发生损失的,至迟应当自收到托运行李之日起七日内提出;货物发生损失的,至迟应当自收到货物之日起十四日内提出。托运行李或者货物发生延误的,至迟应当自托运行李或者货物交付旅客或者收货人处置之日起二十一日内提出。

任何异议均应当在前款规定的期间内写在运输凭证上或者另以书面提出。

除承运人有欺诈行为外,旅客或者收货人未在本条第二款规定的期间内提出异议的,不能向承运人提出索赔诉讼。

第一百三十五条　【诉讼时效】航空运输的诉讼时效期间为二年,自民用航空器到达目的地点、应当到达目的地点或者运输终止之日起计算。

第一百三十六条　【连运责任】由几个航空承运人办理的连续运输,接受旅客、行李或者货物的每一个承运人应当受本法规定的约束,并就其根据合同办理的运输区段作为运输合同的订约一方。

对前款规定的连续运输,除合同明文约定第一承运人应当对全程运输承担责任外,旅客或者其继承人只能对发生事故或者延误的运输区段的承运人提起诉讼。

托运行李或者货物的毁灭、遗失、损坏或者延误,旅客或者托运人有权对第一承运人提起诉讼,旅客或者收货人有权对最后承运人提起诉讼,旅客、托运人和收货人均可以对发生毁灭、遗失、损坏或者延误的运输区段的承运人提起诉讼。上述承运人应当对旅客、托运人或者收货人承担连带责任。

第四节　实际承运人履行航空运输的特别规定

第一百三十七条　【缔约承运人、实际承运人】本节所称缔约承运人，是指以本人名义与旅客或者托运人，或者与旅客或者托运人的代理人，订立本章调整的航空运输合同的人。

本节所称实际承运人，是指根据缔约承运人的授权，履行前款全部或者部分运输的人，不是指本章规定的连续承运人；在没有相反证明时，此种授权被认为是存在的。

第一百三十八条　【缔约承运人、实际承运人责任范围】除本节另有规定外，缔约承运人和实际承运人都应当受本章规定的约束。缔约承运人应当对合同约定的全部运输负责。实际承运人应当对其履行的运输负责。

第一百三十九条　【缔约承运人、实际承运人行为对彼此的效力】实际承运人的作为和不作为，实际承运人的受雇人、代理人在受雇、代理范围内的作为和不作为，关系到实际承运人履行的运输的，应当视为缔约承运人的作为和不作为。

缔约承运人的作为和不作为，缔约承运人的受雇人、代理人在受雇、代理范围内的作为和不作为，关系到实际承运人履行的运输的，应当视为实际承运人的作为和不作为；但是，实际承运人承担的责任不因此种作为或者不作为而超过法定的赔偿责任限额。

任何有关缔约承运人承担本章未规定的义务或者放弃本章赋予的权利的特别协议，或者任何有关依照本法第一百二十八条、第一百二十九条规定所作的在目的地点交付时利益的特别声明，除经实际承运人同意外，均不得影响实际承运人。

第一百四十条　【索赔或指示对缔约承运人、实际承运人的效力】依照本章规定提出的索赔或者发出的指示，无论是向缔约承运人还是向实际承运人提出或者发出的，具有同等效力；但是，本法第一百一十九条规定的指示，只在向缔约承运人发出时，方有效。

第一百四十一条　【实际承运人、缔约承运人的受雇人、代理人适用赔偿责任限制】实际承运人的受雇人、代理人或者缔约承运人的受雇人、代理人，证明他是在受雇、代理范围内行事的，就实际承运人履行的运输而言，有权援用本法第一百二十八条、第一百二十九条有关赔偿责任限制的规定，但是依照本法规定不得援用赔偿责任限制规定的除外。

第一百四十二条　【实际承运人履约运输赔偿总额限制】对于实际承运人履行的运输，实际承运人、缔约承运人以及他们的在受雇、代理范围内行事的受雇人、代理人的赔偿总额不得超过依照本法得以从缔约承运人或者实际承运人获得赔偿的最高数额；但是，其中任何人都不承担超过对他适用的赔偿责任限额。

第一百四十三条　【对实际承运人提出诉讼】对实际承运人履行的运输提起的诉讼，可以分别对实际承运人或者缔约承运人提起，也可以同时对实际承运人和缔约承运人提起；被提起诉讼的承运人有权要求另一承运人参加应诉。

第一百四十四条　【实际承运人与缔约承运人的权利、义务不受影响】除本法第一百四十三条规定外，本节规定不影响实际承运人和缔约承运人之间的权利、义务。

第十章　通 用 航 空

第一百四十五条　【通用航空含义】通用航空，是指使用民用航空器从事公共航空运输以外的民用航空活动，包括从事工业、农业、林业、渔业和建筑业的作业飞行以及医疗卫生、抢险救灾、气象探测、海洋监测、科学实验、教育训练、文化体育等方面的飞行活动。

第一百四十六条　【应备条件】从事通用航空活动，应当具备下列条件：

（一）有与所从事的通用航空活动相适应，符合保证飞行安全要求的民用航空器；

（二）有必需的依法取得执照的航空人员；

（三）符合法律、行政法规规定的其他条件。

从事经营性通用航空，限于企业法人。

第一百四十七条　【登记】从事非经营性通用航空的，应当向国务院民用航空主管部门备案。

从事经营性通用航空的，应当向国务院民用航空主管部门申请领取通用航空经营许可证。

第一百四十八条　【合同】通用航空企业从事经营性通用航空活动，应当与用户订立书面合同，但是紧急情况下的救护或者救灾飞行除外。

第一百四十九条　【责任】组织实施作业飞行时，应当采取有效措施，保证飞行安全，保护环境和生态平衡，防止对环境、居民、作物或者牲畜等造成损害。

第一百五十条　【保险】从事通用航空活动的，应当投保地面第三人责任险。

第十一章　搜寻援救和事故调查

第一百五十一条　【民用航空器遇险】民用航空器遇到紧急情况时，应当发送信号，并向空中交通管制单位报告，提出援救请求；空中交通管制单位应当立即通知搜寻援救协调中心。民用航空器在海上遇到紧急情况时，还应当向船舶和国家海上搜寻援救组织发送信号。

第一百五十二条 【发现民用航空器遇险】发现民用航空器遇到紧急情况或者收听到民用航空器遇到紧急情况的信号的单位或者个人，应当立即通知有关的搜寻援救协调中心、海上搜寻援救组织或者当地人民政府。

第一百五十三条 【收到搜寻援救通知】收到通知的搜寻援救协调中心、地方人民政府和海上搜寻援救组织，应当立即组织搜寻援救。

收到通知的搜寻援救协调中心，应当设法将已经采取的搜寻援救措施通知遇到紧急情况的民用航空器。

搜寻援救民用航空器的具体办法，由国务院规定。

第一百五十四条 【执行救援】执行搜寻援救任务的单位或者个人，应当尽力抢救民用航空器所载人员，按照规定对民用航空器采取抢救措施并保护现场，保存证据。

第一百五十五条 【协助调查】民用航空器事故的当事人以及有关人员在接受调查时，应当如实提供现场情况和与事故有关的情节。

第一百五十六条 【事故调查组织、程序】民用航空器事故调查的组织和程序，由国务院规定。

第十二章 对地面第三人损害的赔偿责任

第一百五十七条 【赔偿范围】因飞行中的民用航空器或者从飞行中的民用航空器上落下的人或者物，造成地面（包括水面，下同）上的人身伤亡或者财产损害的，受害人有权获得赔偿；但是，所受损害并非造成损害的事故的直接后果，或者所受损害仅是民用航空器依照国家有关的空中交通规则在空中通过造成的，受害人无权要求赔偿。

前款所称飞行中，是指自民用航空器为实际起飞而使用动力时起至着陆冲程终了时止；就轻于空气的民用航空器而言，飞行中是指自其离开地面时起至其重新着地时止。

第一百五十八条 【赔偿责任人】本法第一百五十七条规定的赔偿责任，由民用航空器的经营人承担。

前款所称经营人，是指损害发生时使用民用航空器的人。民用航空器的使用权已经直接或者间接地授予他人，本人保留对该民用航空器的航行控制权的，本人仍被视为经营人。

经营人的受雇人、代理人在受雇、代理过程中使用民用航空器，无论是否在其受雇、代理范围内行事，均视为经营人使用民用航空器。

民用航空器登记的所有人应当被视为经营人，并承担经营人的责任；除非在判定其责任的诉讼中，所有人证明经营人是他人，并在法律程序许可的范围内采取适当措施使该人成为诉讼当事人之一。

第一百五十九条 【连带赔偿责任】未经对民用航空器有航行控制权的人同意而使用民用航空器，对地面第三人造成损害的，有航行控制权的人除证明本人已经适当注意防止此种使用外，应当与该非法使用人承担连带责任。

第一百六十条 【责任免除】损害是武装冲突或者骚乱的直接后果，依照本章规定应当承担责任的人不承担责任。

依照本章规定应当承担责任的人对民用航空器的使用权业经国家机关依法剥夺的，不承担责任。

第一百六十一条 【受害人过错】依照本章规定应当承担责任的人证明损害是完全由于受害人或者其受雇人、代理人的过错造成的，免除其赔偿责任；应当承担责任的人证明损害是部分由于受害人或者其受雇人、代理人的过错造成的，相应减轻其赔偿责任。但是，损害是由于受害人的受雇人、代理人的过错造成时，受害人证明其受雇人、代理人的行为超出其所授权的范围的，不免除或者不减轻应当承担责任的人的赔偿责任。

一人对另一人的死亡或者伤害提起诉讼，请求赔偿时，损害是该另一人或者其受雇人、代理人的过错造成的，适用前款规定。

第一百六十二条 【共同赔偿责任】两个以上的民用航空器在飞行中相撞或者相扰，造成本法第一百五十七条规定的应当赔偿的损害，或者两个以上的民用航空器共同造成此种损害的，各有关民用航空器均应当被认为已经造成此种损害，各有关民用航空器的经营人均应当承担责任。

第一百六十三条 【抗辩权】本法第一百五十八条第四款和第一百五十九条规定的人，享有依照本章规定经营人所能援用的抗辩权。

第一百六十四条 【过失造成损害不承担责任】除本章有明确规定外，经营人、所有人和本法第一百五十九条规定的应当承担责任的人，以及他们的受雇人、代理人，对于飞行中的民用航空器或者从飞行中的民用航空器上落下的人或者物造成的地面上的损害不承担责任，但是故意造成此种损害的人除外。

第一百六十五条 【追偿】本章不妨碍依照本章规定应

当对损害承担责任的人向他人追偿的权利。

第一百六十六条　【保险或责任担保】民用航空器的经营人应当投保地面第三人责任险或者取得相应的责任担保。

第一百六十七条　【保险人、担保人抗辩权】保险人和担保人除享有与经营人相同的抗辩权，以及对伪造证件进行抗辩的权利外，对依照本章规定提出的赔偿请求只能进行下列抗辩：

（一）损害发生在保险或者担保终止有效后；然而保险或者担保在飞行中期满的，该项保险或者担保在飞行计划中所载下一次降落前继续有效，但是不得超过二十四小时；

（二）损害发生在保险或者担保所指定的地区范围外，除非飞行超出该范围是由于不可抗力、援助他人所必需，或者驾驶、航行或者领航上的差错造成的。

前款关于保险或者担保继续有效的规定，只在对受害人有利时适用。

第一百六十八条　【对保险人或担保人提起诉讼】仅在下列情形下，受害人可以直接对保险人或者担保人提起诉讼，但是不妨碍受害人根据有关保险合同或者担保合同的法律规定提起直接诉讼的权利：

（一）根据本法第一百六十七条第（一）项、第（二）项规定，保险或者担保继续有效的；

（二）经营人破产的。

除本法第一百六十七条第一款规定的抗辩权，保险人或者担保人对受害人依照本章规定提起的直接诉讼不得以保险或者担保的无效或者追溯力终止为由进行抗辩。

第一百六十九条　【优先支付指定】依照本法第一百六十六条规定提供的保险或者担保，应当被专门指定优先支付本章规定的赔偿。

第一百七十条　【优先权】保险人应当支付给经营人的款项，在本章规定的第三人的赔偿请求未满足前，不受经营人的债权人的扣留和处理。

第一百七十一条　【诉讼时效】地面第三人损害赔偿的诉讼时效期间为二年，自损害发生之日起计算；但是，在任何情况下，时效期间不得超过自损害发生之日起三年。

第一百七十二条　【适用除外】本章规定不适用于下列损害：

（一）对飞行中的民用航空器或者对该航空器上的人或者物造成的损害；

（二）为受害人同经营人或者同发生损害时对民用航空器有使用权的人订立的合同所约束，或者为适用两方之间的劳动合同的法律有关职工赔偿的规定所约束的损害；

（三）核损害。

第十三章　对外国民用航空器的特别规定

第一百七十三条　【外国民用航空器在中国从事民用航空活动法律适用】外国人经营的外国民用航空器，在中华人民共和国境内从事民用航空活动，适用本章规定；本章没有规定的，适用本法其他有关规定。

第一百七十四条　【飞入中国领空依据】外国民用航空器根据其国籍登记国政府与中华人民共和国政府签订的协定、协议的规定，或者经中华人民共和国国务院民用航空主管部门批准或者接受，方可飞入、飞出中华人民共和国领空和在中华人民共和国境内飞行、降落。

对不符合前款规定，擅自飞入、飞出中华人民共和国领空的外国民用航空器，中华人民共和国有关机关有权采取必要措施，令其在指定的机场降落；对虽然符合前款规定，但是有合理的根据认为需要对其进行检查的，有关机关有权令其在指定的机场降落。

第一百七十五条　【应持证明】外国民用航空器飞入中华人民共和国领空，其经营人应当提供有关证明书，证明其已经投保地面第三人责任险或者已经取得相应的责任担保；其经营人未提供有关证明书的，中华人民共和国国务院民用航空主管部门有权拒绝其飞入中华人民共和国领空。

第一百七十六条　【从事国际航班运输与不定期运输条件】外国民用航空器的经营人经其本国政府指定，并取得中华人民共和国国务院民用航空主管部门颁发的经营许可证，方可经营中华人民共和国政府与该外国政府签订的协定、协议规定的国际航班运输；外国民用航空器的经营人经其本国政府批准，并获得中华人民共和国国务院民用航空主管部门批准，方可经营中华人民共和国境内一地和境外一地之间的不定期航空运输。

前款规定的外国民用航空器经营人，应当依照中华人民共和国法律、行政法规的规定，制定相应的安全保卫方案，报中华人民共和国国务院民用航空主管部门备案。

第一百七十七条　【禁止境内两点运输】外国民用航空器的经营人，不得经营中华人民共和国境内两点之间的航空运输。

第一百七十八条 【班期时刻与飞行计划】外国民用航空器，应当按照中华人民共和国国务院民用航空主管部门批准的班期时刻或者飞行计划飞行；变更班期时刻或者飞行计划的，其经营人应当获得中华人民共和国国务院民用航空主管部门的批准；因故变更或者取消飞行的，其经营人应当及时报告中华人民共和国国务院民用航空主管部门。

第一百七十九条 【起飞、降落机场】外国民用航空器应当在中华人民共和国国务院民用航空主管部门指定的设关机场起飞或者降落。

第一百八十条 【文件、航空器、人员等查验】中华人民共和国国务院民用航空主管部门和其他主管机关，有权在外国民用航空器降落或者飞出时查验本法第九十条规定的文件。

外国民用航空器及其所载人员、行李、货物，应当接受中华人民共和国有关主管机关依法实施的入境出境、海关、检疫等检查。

实施前两款规定的查验、检查，应当避免不必要的延误。

第一百八十一条 【国籍登记国有关证照效力】外国民用航空器国籍登记国发给或者核准的民用航空器适航证书、机组人员合格证书和执照，中华人民共和国政府承认其有效；但是，发给或者核准此项证书或者执照的要求，应当等于或者高于国际民用航空组织制定的最低标准。

第一百八十二条 【遇险救援】外国民用航空器在中华人民共和国搜寻援救区内遇险，其所有人或者国籍登记国参加搜寻援救工作，应当经中华人民共和国国务院民用航空主管部门批准或者按照两国政府协议进行。

第一百八十三条 【事故调查】外国民用航空器在中华人民共和国境内发生事故，其国籍登记国和其他有关国家可以指派观察员参加事故调查。事故调查报告和调查结果，由中华人民共和国国务院民用航空主管部门告知该外国民用航空器的国籍登记国和其他有关国家。

第十四章 涉外关系的法律适用

第一百八十四条 【法律冲突与适用】中华人民共和国缔结或者参加的国际条约同本法有不同规定的，适用国际条约的规定；但是，中华人民共和国声明保留的条款除外。

中华人民共和国法律和中华人民共和国缔结或者参加的国际条约没有规定的，可以适用国际惯例。

第一百八十五条 【所有权取得、转让、消灭法律适用】民用航空器所有权的取得、转让和消灭，适用民用航空器国籍登记国法律。

第一百八十六条 【抵押权法律适用】民用航空器抵押权适用民用航空器国籍登记国法律。

第一百八十七条 【优先权法律适用】民用航空器优先权适用受理案件的法院所在地法律。

第一百八十八条 【合同法律适用】民用航空运输合同当事人可以选择合同适用的法律，但是法律另有规定的除外；合同当事人没有选择的，适用与合同有最密切联系的国家的法律。

第一百八十九条 【损害赔偿法律适用】民用航空器对地面第三人的损害赔偿，适用侵权行为地法律。

民用航空器在公海上空对水面第三人的损害赔偿，适用受理案件的法院所在地法律。

第一百九十条 【不得违背中国社会公共利益】依照本章规定适用外国法律或者国际惯例，不得违背中华人民共和国的社会公共利益。

第十五章 法律责任

第一百九十一条 【劫持航空器责任】以暴力、胁迫或者其他方法劫持航空器的，依照刑法有关规定追究刑事责任。

第一百九十二条 【使用暴力危及飞行安全责任】对飞行中的民用航空器上的人员使用暴力，危及飞行安全的，依照刑法有关规定追究刑事责任。

第一百九十三条 【携带托运危险品责任】违反本法规定，隐匿携带炸药、雷管或者其他危险品乘坐民用航空器，或者以非危险品品名托运危险品的，依照刑法有关规定追究刑事责任。

企业事业单位犯前款罪的，判处罚金，并对直接负责的主管人员和其他直接责任人员依照前款规定追究刑事责任。

隐匿携带枪支子弹、管制刀具乘坐民用航空器的，依照刑法有关规定追究刑事责任。

第一百九十四条 【运输危险品责任】公共航空运输企业违反本法第一百零一条的规定运输危险品的，由国务院民用航空主管部门没收违法所得，可以并处违法所得一倍以下的罚款。

公共航空运输企业有前款行为，导致发生重大事故的，没收违法所得，判处罚金；并对直接负责的主管人员和其他直接责任人员依照刑法有关规定追究刑事责任。

第一百九十五条 【故意或唆使他人放置危险品责任】

故意在使用中的民用航空器上放置危险品或者唆使他人放置危险品，足以毁坏该民用航空器，危及飞行安全的，依照刑法有关规定追究刑事责任。

第一百九十六条 【传递虚假情报责任】故意传递虚假情报，扰乱正常飞行秩序，使公私财产遭受重大损失的，依照刑法有关规定追究刑事责任。

第一百九十七条 【盗窃、故意损毁、移动使用中的航行设施责任】盗窃或者故意损毁、移动使用中的航行设施，危及飞行安全，足以使民用航空器发生坠落、毁坏危险的，依照刑法有关规定追究刑事责任。

第一百九十八条 【聚众扰乱民用机场秩序责任】聚众扰乱民用机场秩序的，依照刑法有关规定追究刑事责任。

第一百九十九条 【玩忽职守】航空人员玩忽职守，或者违反规章制度，导致发生重大飞行事故，造成严重后果的，依照刑法有关规定追究刑事责任。

第二百条 【治安管理处罚】违反本法规定，尚不够刑事处罚，应当给予治安管理处罚的，依照治安管理处罚法的规定处罚。

第二百零一条 【违反有关适航证书规定的责任】违反本法第三十七条的规定，民用航空器无适航证书而飞行，或者租用的外国民用航空器未经国务院民用航空主管部门对其原国籍登记国发给的适航证书审查认可或者另发适航证书而飞行的，由国务院民用航空主管部门责令停止飞行，没收违法所得，可以并处违法所得一倍以上五倍以下的罚款；没有违法所得的，处以十万元以上一百万元以下的罚款。

适航证书失效或者超过适航证书规定范围飞行的，依照前款规定处罚。

第二百零二条 【违反有关型号合格证书、型号认可证书的规定的责任】违反本法第三十四条、第三十六条第二款的规定，将未取得型号合格证书、型号认可证书的民用航空器及其发动机、螺旋桨或者民用航空器上的设备投入生产的，由国务院民用航空主管部门责令停止生产，没收违法所得，可以并处违法所得一倍以下的罚款；没有违法所得的，处以五万元以上五十万元以下的罚款。

第二百零三条 【违反有关生产许可证书、维修许可证书规定的责任】违反本法第三十五条的规定，未取得生产许可证书、维修许可证书而从事生产、维修活动的，违反本法第九十二条、第一百四十七条第二款的规定，未取得公共航空运输经营许可证或者通用航空经营许可证而从事公共航空运输或者从事经营性通用航空的，国务院民用航空主管部门可以责令停止生产、维修或者经营活动。

第二百零四条 【生产、维修质量事故责任】已取得本法第三十五条规定的生产许可证书、维修许可证书的企业，因生产、维修的质量问题造成严重事故的，国务院民用航空主管部门可以吊销其生产许可证书或者维修许可证书。

第二百零五条 【违反关于航空人员执照、体检合格证书规定的责任】违反本法第四十条的规定，未取得航空人员执照、体格检查合格证书而从事相应的民用航空活动的，由国务院民用航空主管部门责令停止民用航空活动，在国务院民用航空主管部门规定的限期内不得申领有关执照和证书，对其所在单位处以二十万元以下的罚款。

第二百零六条 【机长责任】有下列违法情形之一的，由国务院民用航空主管部门对民用航空器的机长给予警告或者吊扣执照一个月至六个月的处罚，情节较重的，可以给予吊销执照的处罚：

（一）机长违反本法第四十五条第一款的规定，未对民用航空器实施检查而起飞的；

（二）民用航空器违反本法第七十五条的规定，未按照空中交通管制单位指定的航路和飞行高度飞行，或者违反本法第七十九条的规定飞越城市上空的。

第二百零七条 【民用航空器所有人或承租人责任】违反本法第七十四条的规定，民用航空器未经空中交通管制单位许可进行飞行活动的，由国务院民用航空主管部门责令停止飞行，对该民用航空器所有人或者承租人处以一万元以上十万元以下的罚款；对该民用航空器的机长给予警告或者吊扣执照一个月至六个月的处罚，情节较重的，可以给予吊销执照的处罚。

第二百零八条 【机长、机组人员违法责任】民用航空器的机长或者机组其他人员有下列行为之一的，由国务院民用航空主管部门给予警告或者吊扣执照一个月至六个月的处罚；有第（二）项或者第（三）项所列行为的，可以给予吊销执照的处罚：

（一）在执行飞行任务时，不按照本法第四十一条的规定携带执照和体格检查合格证书的；

（二）民用航空器遇险时，违反本法第四十八条的规定离开民用航空器的；

（三）违反本法第七十七条第二款的规定执行飞行任务的。

第二百零九条 【违法投掷物品责任】违反本法第八十条的规定，民用航空器在飞行中投掷物品的，由国务院民用航空主管部门给予警告，可以对直接责任人员处以二千元以上二万元以下的罚款。

第二百一十条 **【违法开放使用民用机场责任】**违反本法第六十二条的规定，未取得机场使用许可证开放使用民用机场的，由国务院民用航空主管部门责令停止开放使用；没收违法所得，可以并处违法所得一倍以下的罚款。

第二百一十一条 **【公共航空运输企业、通用航空企业违法责任】**公共航空运输企业、通用航空企业违反本法规定，情节较重的，除依照本法规定处罚外，国务院民用航空主管部门可以吊销其经营许可证。

从事非经营性通用航空未向国务院民用航空主管部门备案的，由国务院民用航空主管部门责令改正；逾期未改正的，处三万元以下罚款。

第二百一十二条 **【航空管理机构工作人员违法责任】**国务院民用航空主管部门和地区民用航空管理机构的工作人员，玩忽职守、滥用职权、徇私舞弊，构成犯罪的，依法追究刑事责任；尚不构成犯罪的，依法给予行政处分。

第十六章 附 则

第二百一十三条 **【计算单位】**本法所称计算单位，是指国际货币基金组织规定的特别提款权；其人民币数额为法院判决之日、仲裁机构裁决之日或者当事人协议之日，按照国家外汇主管机关规定的国际货币基金组织的特别提款权对人民币的换算办法计算得出的人民币数额。

第二百一十四条 **【对无人驾驶航空器的管理规定】**国务院、中央军事委员会对无人驾驶航空器的管理另有规定的，从其规定。

第二百一十五条 **【施行日期】**本法自 1996 年 3 月 1 日起施行。

铁路安全管理条例

1. 2013 年 8 月 17 日国务院令第 639 号公布
2. 自 2014 年 1 月 1 日起施行

第一章 总 则

第一条 为了加强铁路安全管理，保障铁路运输安全和畅通，保护人身安全和财产安全，制定本条例。

第二条 铁路安全管理坚持安全第一、预防为主、综合治理的方针。

第三条 国务院铁路行业监督管理部门负责全国铁路安全监督管理工作，国务院铁路行业监督管理部门设立的铁路监督管理机构负责辖区内的铁路安全监督管理工作。国务院铁路行业监督管理部门和铁路监督管理机构统称铁路监管部门。

国务院有关部门依照法律和国务院规定的职责，负责铁路安全管理的有关工作。

第四条 铁路沿线地方各级人民政府和县级以上地方人民政府有关部门应当按照各自职责，加强保障铁路安全的教育，落实护路联防责任制，防范和制止危害铁路安全的行为，协调和处理保障铁路安全的有关事项，做好保障铁路安全的有关工作。

第五条 从事铁路建设、运输、设备制造维修的单位应当加强安全管理，建立健全安全生产管理制度，落实企业安全生产主体责任，设置安全管理机构或者配备安全管理人员，执行保障生产安全和产品质量安全的国家标准、行业标准，加强对从业人员的安全教育培训，保证安全生产所必需的资金投入。

铁路建设、运输、设备制造维修单位的工作人员应当严格执行规章制度，实行标准化作业，保证铁路安全。

第六条 铁路监管部门、铁路运输企业等单位应当按照国家有关规定制定突发事件应急预案，并组织应急演练。

第七条 禁止扰乱铁路建设、运输秩序。禁止损坏或者非法占用铁路设施设备、铁路标志和铁路用地。

任何单位或者个人发现损坏或者非法占用铁路设施设备、铁路标志、铁路用地以及其他影响铁路安全的行为，有权报告铁路运输企业，或者向铁路监管部门、公安机关或者其他有关部门举报。接到报告的铁路运输企业、接到举报的部门应当根据各自职责及时处理。

对维护铁路安全作出突出贡献的单位或者个人，按照国家有关规定给予表彰奖励。

第二章 铁路建设质量安全

第八条 铁路建设工程的勘察、设计、施工、监理以及建设物资、设备的采购，应当依法进行招标。

第九条 从事铁路建设工程勘察、设计、施工、监理活动的单位应当依法取得相应资质，并在其资质等级许可的范围内从事铁路工程建设活动。

第十条 铁路建设单位应当选择具备相应资质等级的勘察、设计、施工、监理单位进行工程建设，并对建设工程的质量安全进行监督检查，制作检查记录留存备查。

第十一条 铁路建设工程的勘察、设计、施工、监理应当遵守法律、行政法规关于建设工程质量和安全管理的规定，执行国家标准、行业标准和技术规范。

铁路建设工程的勘察、设计、施工单位依法对勘察、设计、施工的质量负责,监理单位依法对施工质量承担监理责任。

高速铁路和地质构造复杂的铁路建设工程实行工程地质勘察监理制度。

第十二条 铁路建设工程的安全设施应当与主体工程同时设计、同时施工、同时投入使用。安全设施投资应当纳入建设项目概算。

第十三条 铁路建设工程使用的材料、构件、设备等产品,应当符合有关产品质量的强制性国家标准、行业标准。

第十四条 铁路建设工程的建设工期,应当根据工程地质条件、技术复杂程度等因素,按照国家标准、行业标准和技术规范合理确定、调整。

任何单位和个人不得违反前款规定要求铁路建设、设计、施工单位压缩建设工期。

第十五条 铁路建设工程竣工,应当按照国家有关规定组织验收,并由铁路运输企业进行运营安全评估。经验收、评估合格,符合运营安全要求的,方可投入运营。

第十六条 在铁路线路及其邻近区域进行铁路建设工程施工,应当执行铁路营业线施工安全管理规定。铁路建设单位应当会同相关铁路运输企业和工程设计、施工单位制定安全施工方案,按照方案进行施工。施工完毕应当及时清理现场,不得影响铁路运营安全。

第十七条 新建、改建设计开行时速120公里以上列车的铁路或者设计运输量达到国务院铁路行业监督管理部门规定的较大运输量标准的铁路,需要与道路交叉的,应当设置立体交叉设施。

新建、改建高速公路、一级公路或者城市道路中的快速路,需要与铁路交叉的,应当设置立体交叉设施,并优先选择下穿铁路的方案。

已建成的属于前两款规定情形的铁路、道路为平面交叉的,应当逐步改造为立体交叉。

新建、改建高速铁路需要与普通铁路、道路、渡槽、管线等设施交叉的,应当优先选择高速铁路上跨方案。

第十八条 设置铁路与道路立体交叉设施及其附属安全设施所需费用的承担,按照下列原则确定:

(一)新建、改建铁路与既有道路交叉的,由铁路方承担建设费用;道路方要求超过既有道路建设标准建设所增加的费用,由道路方承担;

(二)新建、改建道路与既有铁路交叉的,由道路方承担建设费用;铁路方要求超过既有铁路线路建设标准建设所增加的费用,由铁路方承担;

(三)同步建设的铁路和道路需要设置立体交叉设施以及既有铁路道口改造为立体交叉的,由铁路方和道路方按照公平合理的原则分担建设费用。

第十九条 铁路与道路立体交叉设施及其附属安全设施竣工验收合格后,应当按照国家有关规定移交有关单位管理、维护。

第二十条 专用铁路、铁路专用线需要与公用铁路网接轨的,应当符合国家有关铁路建设、运输的安全管理规定。

第三章 铁路专用设备质量安全

第二十一条 设计、制造、维修或者进口新型铁路机车车辆,应当符合国家标准、行业标准,并分别向国务院铁路行业监督管理部门申请领取型号合格证、制造许可证、维修许可证或者进口许可证,具体办法由国务院铁路行业监督管理部门制定。

铁路机车车辆的制造、维修、使用单位应当遵守有关产品质量的法律、行政法规以及国家其他有关规定,确保投入使用的机车车辆符合安全运营要求。

第二十二条 生产铁路道岔及其转辙设备、铁路信号控制软件和控制设备、铁路通信设备、铁路牵引供电设备的企业,应当符合下列条件并经国务院铁路行业监督管理部门依法审查批准:

(一)有按照国家标准、行业标准检测、检验合格的专业生产设备;

(二)有相应的专业技术人员;

(三)有完善的产品质量保证体系和安全管理制度;

(四)法律、行政法规规定的其他条件。

第二十三条 铁路机车车辆以外的直接影响铁路运输安全的铁路专用设备,依法应当进行产品认证的,经认证合格方可出厂、销售、进口、使用。

第二十四条 用于危险化学品和放射性物品运输的铁路罐车、专用车辆以及其他容器的生产和检测、检验,依照有关法律、行政法规的规定执行。

第二十五条 用于铁路运输的安全检测、监控、防护设施设备,集装箱和集装化用具等运输器具,专用装卸机械、索具、篷布、装载加固材料或者装置,以及运输包装、货物装载加固等,应当符合国家标准、行业标准和技术规范。

第二十六条 铁路机车车辆以及其他铁路专用设备存在缺陷,即由于设计、制造、标识等原因导致同一批次、型号或者类别的铁路专用设备普遍存在不符合保障人身、财产安全的国家标准、行业标准的情形或者其他危及人身、财产安全的不合理危险的,应当立即停止生产、销售、进口、使用;设备制造者应当召回缺陷产品,采取措施消除缺陷。具体办法由国务院铁路行业监督管理部门制定。

第四章　铁路线路安全

第二十七条　铁路线路两侧应当设立铁路线路安全保护区。铁路线路安全保护区的范围，从铁路线路路堤坡脚、路堑坡顶或者铁路桥梁（含铁路、道路两用桥，下同）外侧起向外的距离分别为：

（一）城市市区高速铁路为10米，其他铁路为8米；

（二）城市郊区居民居住区高速铁路为12米，其他铁路为10米；

（三）村镇居民居住区高速铁路为15米，其他铁路为12米；

（四）其他地区高速铁路为20米，其他铁路为15米。

前款规定距离不能满足铁路运输安全保护需要的，由铁路建设单位或者铁路运输企业提出方案，铁路监督管理机构或者县级以上地方人民政府依照本条第三款规定程序划定。

在铁路用地范围内划定铁路线路安全保护区的，由铁路监督管理机构组织铁路建设单位或者铁路运输企业划定并公告。在铁路用地范围外划定铁路线路安全保护区的，由县级以上地方人民政府根据保障铁路运输安全和节约用地的原则，组织有关铁路监督管理机构、县级以上地方人民政府国土资源等部门划定并公告。

铁路线路安全保护区与公路建筑控制区、河道管理范围、水利工程管理和保护范围、航道保护范围或者石油、电力以及其他重要设施保护区重叠的，由县级以上地方人民政府组织有关部门依照法律、行政法规的规定协商划定并公告。

新建、改建铁路的铁路线路安全保护区范围，应当自铁路建设工程初步设计批准之日起30日内，由县级以上地方人民政府依照本条例的规定划定并公告。铁路建设单位或者铁路运输企业应当根据工程竣工资料进行勘界，绘制铁路线路安全保护区平面图，并根据平面图设立标桩。

第二十八条　设计开行时速120公里以上列车的铁路应当实行全封闭管理。铁路建设单位或者铁路运输企业应当按照国务院铁路行业监督管理部门的规定在铁路用地范围内设置封闭设施和警示标志。

第二十九条　禁止在铁路线路安全保护区内烧荒、放养牲畜、种植影响铁路线路安全和行车瞭望的树木等植物。

禁止向铁路线路安全保护区排污、倾倒垃圾以及其他危害铁路安全的物质。

第三十条　在铁路线路安全保护区内建造建筑物、构筑物等设施，取土、挖砂、挖沟、采空作业或者堆放、悬挂物品，应当征得铁路运输企业同意并签订安全协议，遵守保证铁路安全的国家标准、行业标准和施工安全规范，采取措施防止影响铁路运输安全。铁路运输企业应当派员对施工现场实行安全监督。

第三十一条　铁路线路安全保护区内既有的建筑物、构筑物危及铁路运输安全的，应当采取必要的安全防护措施；采取安全防护措施后仍不能保证安全的，依照有关法律的规定拆除。

拆除铁路线路安全保护区内的建筑物、构筑物，清理铁路线路安全保护区内的植物，或者对他人在铁路线路安全保护区内已依法取得的采矿权等合法权利予以限制，给他人造成损失的，应当依法给予补偿或者采取必要的补救措施。但是，拆除非法建设的建筑物、构筑物的除外。

第三十二条　在铁路线路安全保护区及其邻近区域建造或者设置的建筑物、构筑物、设备等，不得进入国家规定的铁路建筑限界。

第三十三条　在铁路线路两侧建造、设立生产、加工、储存或者销售易燃、易爆或者放射性物品等危险物品的场所、仓库，应当符合国家标准、行业标准规定的安全防护距离。

第三十四条　在铁路线路两侧从事采矿、采石或者爆破作业，应当遵守有关采矿和民用爆破的法律法规，符合国家标准、行业标准和铁路安全保护要求。

在铁路线路路堤坡脚、路堑坡顶、铁路桥梁外侧起向外各1000米范围内，以及在铁路隧道上方中心线两侧各1000米范围内，确需从事露天采矿、采石或者爆破作业的，应当与铁路运输企业协商一致，依照有关法律法规的规定报县级以上地方人民政府有关部门批准，采取安全防护措施后方可进行。

第三十五条　高速铁路线路路堤坡脚、路堑坡顶或者铁路桥梁外侧起向外各200米范围内禁止抽取地下水。

在前款规定范围外，高速铁路线路经过的区域属于地面沉降区域，抽取地下水危及高速铁路安全的，应当设置地下水禁止开采区或者限制开采区，具体范围由铁路监督管理机构会同县级以上地方人民政府水行政主管部门提出方案，报省、自治区、直辖市人民政府批准并公告。

第三十六条　在电气化铁路附近从事排放粉尘、烟尘及腐蚀性气体的生产活动，超过国家规定的排放标准，危及铁路运输安全的，由县级以上地方人民政府有关部门依法责令整改，消除安全隐患。

第三十七条 任何单位和个人不得擅自在铁路桥梁跨越处河道上下游各 1000 米范围内围垦造田、拦河筑坝、架设浮桥或者修建其他影响铁路桥梁安全的设施。

因特殊原因确需在前款规定的范围内进行围垦造田、拦河筑坝、架设浮桥等活动的,应当进行安全论证,负责审批的机关在批准前应当征求有关铁路运输企业的意见。

第三十八条 禁止在铁路桥梁跨越处河道上下游的下列范围内采砂、淘金:

(一)跨河桥长 500 米以上的铁路桥梁,河道上游 500 米,下游 3000 米;

(二)跨河桥长 100 米以上不足 500 米的铁路桥梁,河道上游 500 米,下游 2000 米;

(三)跨河桥长不足 100 米的铁路桥梁,河道上游 500 米,下游 1000 米。

有关部门依法在铁路桥梁跨越处河道上下游划定的禁采范围大于前款规定的禁采范围的,按照划定的禁采范围执行。

县级以上地方人民政府水行政主管部门、国土资源主管部门应当按照各自职责划定禁采区域、设置禁采标志,制止非法采砂、淘金行为。

第三十九条 在铁路桥梁跨越处河道上下游各 500 米范围内进行疏浚作业,应当进行安全技术评价,有关河道、航道管理部门应当征求铁路运输企业的意见,确认安全或者采取安全技术措施后,方可批准进行疏浚作业。但是,依法进行河道、航道日常养护、疏浚作业的除外。

第四十条 铁路、道路两用桥由所在地铁路运输企业和道路管理部门或者道路经营企业定期检查、共同维护,保证桥梁处于安全的技术状态。

铁路、道路两用桥的墩、梁等共用部分的检测、维修由铁路运输企业和道路管理部门或者道路经营企业共同负责,所需费用按照公平合理的原则分担。

第四十一条 铁路的重要桥梁和隧道按照国家有关规定由中国人民武装警察部队负责守卫。

第四十二条 船舶通过铁路桥梁应当符合桥梁的通航净空高度并遵守航行规则。

桥区航标中的桥梁航标、桥柱标、桥梁水尺标由铁路运输企业负责设置、维护,水面航标由铁路运输企业负责设置,航道管理部门负责维护。

第四十三条 下穿铁路桥梁、涵洞的道路应当按照国家标准设置车辆通过限高、限宽标志和限高防护架。城市道路的限高、限宽标志由当地人民政府指定的部门设置并维护,公路的限高、限宽标志由公路管理部门设置并维护。限高防护架在铁路桥梁、涵洞、道路建设时设置,由铁路运输企业负责维护。

机动车通过下穿铁路桥梁、涵洞的道路,应当遵守限高、限宽规定。

下穿铁路涵洞的管理单位负责涵洞的日常管理、维护,防止淤塞、积水。

第四十四条 铁路线路安全保护区内的道路和铁路线路路堑上的道路、跨越铁路线路的道路桥梁,应当按照国家有关规定设置防止车辆以及其他物体进入、坠入铁路线路的安全防护设施和警示标志,并由道路管理部门或者道路经营企业维护、管理。

第四十五条 架设、铺设铁路信号和通信线路、杆塔应当符合国家标准、行业标准和铁路安全防护要求。铁路运输企业、为铁路运输提供服务的电信企业应当加强对铁路信号和通信线路、杆塔的维护和管理。

第四十六条 设置或者拓宽铁路道口、铁路人行过道,应当征得铁路运输企业的同意。

第四十七条 铁路与道路交叉的无人看守道口应当按照国家标准设置警示标志;有人看守道口应当设置移动栏杆、列车接近报警装置、警示灯、警示标志、铁路道口路段标线等安全防护设施。

道口移动栏杆、列车接近报警装置、警示灯等安全防护设施由铁路运输企业设置、维护;警示标志、铁路道口路段标线由铁路道口所在地的道路管理部门设置、维护。

第四十八条 机动车或者非机动车在铁路道口内发生故障或者装载物掉落的,应当立即将故障车辆或者掉落的装载物移至铁路道口停止线以外或者铁路线路最外侧钢轨 5 米以外的安全地点。无法立即移至安全地点的,应当立即报告铁路道口看守人员;在无人看守道口,应当立即在道口两端采取措施拦停列车,并就近通知铁路车站或者公安机关。

第四十九条 履带车辆等可能损坏铁路设施设备的车辆、物体通过铁路道口,应当提前通知铁路道口管理单位,在其协助、指导下通过,并采取相应的安全防护措施。

第五十条 在下列地点,铁路运输企业应当按照国家标准、行业标准设置易于识别的警示、保护标志:

(一)铁路桥梁、隧道的两端;

(二)铁路信号、通信光(电)缆的埋设、铺设地点;

(三)电气化铁路接触网、自动闭塞供电线路和电力贯通线路等电力设施附近易发生危险的地点。

第五十一条 禁止毁坏铁路线路、站台等设施设备和铁路路基、护坡、排水沟、防护林木、护坡草坪、铁路线路封闭网及其他铁路防护设施。

第五十二条 禁止实施下列危及铁路通信、信号设施安全的行为：

（一）在埋有地下光（电）缆设施的地面上方进行钻探，堆放重物、垃圾，焚烧物品，倾倒腐蚀性物质；

（二）在地下光（电）缆两侧各1米的范围内建造、搭建建筑物、构筑物等设施；

（三）在地下光（电）缆两侧各1米的范围内挖砂、取土；

（四）在过河光（电）缆两侧各100米的范围内挖砂、抛锚或者进行其他危及光（电）缆安全的作业。

第五十三条 禁止实施下列危害电气化铁路设施的行为：

（一）向电气化铁路接触网抛掷物品；

（二）在铁路电力线路导线两侧各500米的范围内升放风筝、气球等低空飘浮物体；

（三）攀登铁路电力线路杆塔或者在杆塔上架设、安装其他设施设备；

（四）在铁路电力线路杆塔、拉线周围20米范围内取土、打桩、钻探或者倾倒有害化学物品；

（五）触碰电气化铁路接触网。

第五十四条 县级以上各级人民政府及其有关部门、铁路运输企业应当依照地质灾害防治法律法规的规定，加强铁路沿线地质灾害的预防、治理和应急处理等工作。

第五十五条 铁路运输企业应当对铁路线路、铁路防护设施和警示标志进行经常性巡查和维护；对巡查中发现的安全问题应当立即处理，不能立即处理的应当及时报告铁路监督管理机构。巡查和处理情况应当记录留存。

第五章 铁路运营安全

第五十六条 铁路运输企业应当依照法律、行政法规和国务院铁路行业监督管理部门的规定，制定铁路运输安全管理制度，完善相关作业程序，保障铁路旅客和货物运输安全。

第五十七条 铁路机车车辆的驾驶人员应当参加国务院铁路行业监督管理部门组织的考试，考试合格方可上岗。具体办法由国务院铁路行业监督管理部门制定。

第五十八条 铁路运输企业应当加强铁路专业技术岗位和主要行车工种岗位从业人员的业务培训和安全培训，提高从业人员的业务技能和安全意识。

第五十九条 铁路运输企业应当加强运输过程中的安全防护，使用的运输工具、装载加固设备以及其他专用设施设备应当符合国家标准、行业标准和安全要求。

第六十条 铁路运输企业应当建立健全铁路设施设备的检查防护制度，加强对铁路设施设备的日常维护检修，确保铁路设施设备性能完好和安全运行。

铁路运输企业的从业人员应当按照操作规程使用、管理铁路设施设备。

第六十一条 在法定假日和传统节日等铁路运输高峰期或者恶劣气象条件下，铁路运输企业应当采取必要的安全应急管理措施，加强铁路运输安全检查，确保运输安全。

第六十二条 铁路运输企业应当在列车、车站等场所公告旅客、列车工作人员以及其他进站人员遵守的安全管理规定。

第六十三条 公安机关应当按照职责分工，维护车站、列车等铁路场所和铁路沿线的治安秩序。

第六十四条 铁路运输企业应当按照国务院铁路行业监督管理部门的规定实施火车票实名购买、查验制度。

实施火车票实名购买、查验制度的，旅客应当凭有效身份证件购票乘车；对车票所记载身份信息与所持身份证件或者真实身份不符的持票人，铁路运输企业有权拒绝其进站乘车。

铁路运输企业应当采取有效措施为旅客实名购票、乘车提供便利，并加强对旅客身份信息的保护。铁路运输企业工作人员不得窃取、泄露旅客身份信息。

第六十五条 铁路运输企业应当依照法律、行政法规和国务院铁路行业监督管理部门的规定，对旅客及其随身携带、托运的行李物品进行安全检查。

从事安全检查的工作人员应当佩戴安全检查标志，依法履行安全检查职责，并有权拒绝不接受安全检查的旅客进站乘车和托运行李物品。

第六十六条 旅客应当接受并配合铁路运输企业在车站、列车实施的安全检查，不得违法携带、夹带管制器具，不得违法携带、托运烟花爆竹、枪支弹药等危险物品或者其他违禁物品。

禁止或者限制携带的物品种类及其数量由国务院铁路行业监督管理部门会同公安机关规定，并在车站、列车等场所公布。

第六十七条 铁路运输托运人托运货物、行李、包裹，不得有下列行为：

（一）匿报、谎报货物品名、性质、重量；

（二）在普通货物中夹带危险货物，或者在危险货物中夹带禁止配装的货物；

（三）装车、装箱超过规定重量。

第六十八条 铁路运输企业应当对承运的货物进行安全检查，并不得有下列行为：

（一）在非危险货物办理站办理危险货物承运手续；

（二）承运未接受安全检查的货物；

（三）承运不符合安全规定、可能危害铁路运输安全的货物。

第六十九条 运输危险货物应当依照法律法规和国家其他有关规定使用专用的设施设备，托运人应当配备必要的押运人员和应急处理器材、设备以及防护用品，并使危险货物始终处于押运人员的监管之下；危险货物发生被盗、丢失、泄漏等情况，应当按照国家有关规定及时报告。

第七十条 办理危险货物运输业务的工作人员和装卸人员、押运人员，应当掌握危险货物的性质、危害特性、包装容器的使用特性和发生意外的应急措施。

第七十一条 铁路运输企业和托运人应当按照操作规程包装、装卸、运输危险货物，防止危险货物泄漏、爆炸。

第七十二条 铁路运输企业和托运人应当依照法律法规和国家其他有关规定包装、装载、押运特殊药品，防止特殊药品在运输过程中被盗、被劫或者发生丢失。

第七十三条 铁路管理信息系统及其设施的建设和使用，应当符合法律法规和国家其他有关规定的安全技术要求。

铁路运输企业应当建立网络与信息安全应急保障体系，并配备相应的专业技术人员负责网络和信息系统的安全管理工作。

第七十四条 禁止使用无线电台（站）以及其他仪器、装置干扰铁路运营指挥调度无线电频率的正常使用。

铁路运营指挥调度无线电频率受到干扰的，铁路运输企业应当立即采取排查措施并报告无线电管理机构、铁路监管部门；无线电管理机构、铁路监管部门应当依法排除干扰。

第七十五条 电力企业应当依法保障铁路运输所需电力的持续供应，并保证供电质量。

铁路运输企业应当加强用电安全管理，合理配置供电电源和应急自备电源。

遇有特殊情况影响铁路电力供应的，电力企业和铁路运输企业应当按照各自职责及时组织抢修，尽快恢复正常供电。

第七十六条 铁路运输企业应当加强铁路运营食品安全管理，遵守有关食品安全管理的法律法规和国家其他有关规定，保证食品安全。

第七十七条 禁止实施下列危害铁路安全的行为：

（一）非法拦截列车、阻断铁路运输；

（二）扰乱铁路运输指挥调度机构以及车站、列车的正常秩序；

（三）在铁路线路上放置、遗弃障碍物；

（四）击打列车；

（五）擅自移动铁路线路上的机车车辆，或者擅自开启列车车门、违规操纵列车紧急制动设备；

（六）拆盗、损毁或者擅自移动铁路设施设备、机车车辆配件、标桩、防护设施和安全标志；

（七）在铁路线路上行走、坐卧或者在未设道口、人行过道的铁路线路上通过；

（八）擅自进入铁路线路封闭区域或者在未设置行人通道的铁路桥梁、隧道通行；

（九）擅自开启、关闭列车的货车阀、盖或者破坏施封状态；

（十）擅自开启列车中的集装箱箱门，破坏箱体、阀、盖或者施封状态；

（十一）擅自松动、拆解、移动列车中的货物装载加固材料、装置和设备；

（十二）钻车、扒车、跳车；

（十三）从列车上抛扔杂物；

（十四）在动车组列车上吸烟或者在其他列车的禁烟区域吸烟；

（十五）强行登乘或者以拒绝下车等方式强占列车；

（十六）冲击、堵塞、占用进出站通道或者候车区、站台。

第六章 监督检查

第七十八条 铁路监管部门应当对从事铁路建设、运输、设备制造维修的企业执行本条例的情况实施监督检查，依法查处违反本条例规定的行为，依法组织或者参与铁路安全事故的调查处理。

铁路监管部门应当建立企业违法行为记录和公告制度，对违反本条例被依法追究法律责任的从事铁路建设、运输、设备制造维修的企业予以公布。

第七十九条 铁路监管部门应当加强对铁路运输高峰期和恶劣气象条件下运输安全的监督管理，加强对铁路运输的关键环节、重要设施设备的安全状况以及铁路运输突发事件应急预案的建立和落实情况的监督检查。

第八十条 铁路监管部门和县级以上人民政府安全生产

监督管理部门应当建立信息通报制度和运输安全生产协调机制。发现重大安全隐患，铁路运输企业难以自行排除的，应当及时向铁路监管部门和有关地方人民政府报告。地方人民政府获悉铁路沿线有危及铁路运输安全的重要情况，应当及时通报有关的铁路运输企业和铁路监管部门。

第八十一条 铁路监管部门发现安全隐患，应当责令有关单位立即排除。重大安全隐患排除前或者排除过程中无法保证安全的，应当责令从危险区域内撤出人员、设备，停止作业；重大安全隐患排除后方可恢复作业。

第八十二条 实施铁路安全监督检查的人员执行监督检查任务时，应当佩戴标志或者出示证件。任何单位和个人不得阻碍、干扰安全监督检查人员依法履行安全检查职责。

第七章 法律责任

第八十三条 铁路建设单位和铁路建设的勘察、设计、施工、监理单位违反本条例关于铁路建设质量安全管理的规定的，由铁路监管部门依照有关工程建设、招标投标管理的法律、行政法规的规定处罚。

第八十四条 铁路建设单位未对高速铁路和地质构造复杂的铁路建设工程实行工程地质勘察监理，或者在铁路线路及其邻近区域进行铁路建设工程施工不执行铁路营业线施工安全管理规定，影响铁路运营安全的，由铁路监管部门责令改正，处10万元以上50万元以下的罚款。

第八十五条 依法应当进行产品认证的铁路专用设备未经认证合格，擅自出厂、销售、进口、使用的，依照《中华人民共和国认证认可条例》的规定处罚。

第八十六条 铁路机车车辆以及其他专用设备制造者未按规定召回缺陷产品，采取措施消除缺陷的，由国务院铁路行业监督管理部门责令改正；拒不改正的，处缺陷产品货值金额1%以上10%以下的罚款；情节严重的，由国务院铁路行业监督管理部门吊销相应的许可证件。

第八十七条 有下列情形之一的，由铁路监督管理机构责令改正，处2万元以上10万元以下的罚款：

（一）用于铁路运输的安全检测、监控、防护设施设备，集装箱和集装化用具等运输器具、专用装卸机械、索具、篷布、装载加固材料或者装置、运输包装、货物装载加固等，不符合国家标准、行业标准和技术规范；

（二）不按照国家有关规定和标准设置、维护铁路封闭设施、安全防护设施；

（三）架设、铺设铁路信号和通信线路、杆塔不符合国家标准、行业标准和铁路安全防护要求，或者未对铁路信号和通信线路、杆塔进行维护和管理；

（四）运输危险货物不依照法律法规和国家其他有关规定使用专用的设施设备。

第八十八条 在铁路线路安全保护区内烧荒、放养牲畜、种植影响铁路线路安全和行车瞭望的树木等植物，或者向铁路线路安全保护区排污、倾倒垃圾以及其他危害铁路安全的物质的，由铁路监督管理机构责令改正，对单位可以处5万元以下的罚款，对个人可以处2000元以下的罚款。

第八十九条 未经铁路运输企业同意或者未签订安全协议，在铁路线路安全保护区内建造建筑物、构筑物等设施，取土、挖砂、挖沟、采空作业或者堆放、悬挂物品，或者违反保证铁路安全的国家标准、行业标准和施工安全规范，影响铁路运输安全的，由铁路监督管理机构责令改正，可以处10万元以下的罚款。

铁路运输企业未派员对铁路线路安全保护区内施工现场进行安全监督的，由铁路监督管理机构责令改正，可以处3万元以下的罚款。

第九十条 在铁路线路安全保护区及其邻近区域建造或者设置的建筑物、构筑物、设备等进入国家规定的铁路建筑限界，或者在铁路线路两侧建造、设立生产、加工、储存或者销售易燃、易爆或者放射性物品等危险物品的场所、仓库不符合国家标准、行业标准规定的安全防护距离的，由铁路监督管理机构责令改正，对单位处5万元以上20万元以下的罚款，对个人处1万元以上5万元以下的罚款。

第九十一条 有下列行为之一的，分别由铁路沿线所在地县级以上地方人民政府水行政主管部门、国土资源主管部门或者无线电管理机构等依照有关水资源管理、矿产资源管理、无线电管理等法律、行政法规的规定处罚：

（一）未经批准在铁路线路两侧各1000米范围内从事露天采矿、采石或者爆破作业；

（二）在地下水禁止开采区或者限制开采区抽取地下水；

（三）在铁路桥梁跨越处河道上下游各1000米范围内围垦造田、拦河筑坝、架设浮桥或者修建其他影响铁路桥梁安全的设施；

（四）在铁路桥梁跨越处河道上下游禁止采砂、淘金的范围内采砂、淘金；

（五）干扰铁路运营指挥调度无线电频率正常

使用。

第九十二条　铁路运输企业、道路管理部门或者道路经营企业未履行铁路、道路两用桥检查、维护职责的，由铁路监督管理机构或者上级道路管理部门责令改正；拒不改正的，由铁路监督管理机构或者上级道路管理部门指定其他单位进行养护和维修，养护和维修费用由拒不履行义务的铁路运输企业、道路管理部门或者道路经营企业承担。

第九十三条　机动车通过下穿铁路桥梁、涵洞的道路未遵守限高、限宽规定的，由公安机关依照道路交通安全管理法律、行政法规的规定处罚。

第九十四条　违反本条例第四十八条、第四十九条关于铁路道口安全管理的规定的，由铁路监督管理机构责令改正，处1000元以上5000元以下的罚款。

第九十五条　违反本条例第五十一条、第五十二条、第五十三条、第七十七条规定的，由公安机关责令改正，对单位处1万元以上5万元以下的罚款，对个人处500元以上2000元以下的罚款。

第九十六条　铁路运输托运人托运货物、行李、包裹时匿报、谎报货物品名、性质、重量，或者装车、装箱超过规定重量的，由铁路监督管理机构责令改正，可以处2000元以下的罚款；情节较重的，处2000元以上2万元以下的罚款；将危险化学品谎报或者匿报为普通货物托运的，处10万元以上20万元以下的罚款。

铁路运输托运人在普通货物中夹带危险货物，或者在危险货物中夹带禁止配装的货物的，由铁路监督管理机构责令改正，处3万元以上20万元以下的罚款。

第九十七条　铁路运输托运人运输危险货物未配备必要的应急处理器材、设备、防护用品，或者未按照操作规程包装、装卸、运输危险货物的，由铁路监督管理机构责令改正，处1万元以上5万元以下的罚款。

第九十八条　铁路运输托运人运输危险货物不按照规定配备必要的押运人员，或者发生危险货物被盗、丢失、泄漏等情况不按照规定及时报告的，由公安机关责令改正，处1万元以上5万元以下的罚款。

第九十九条　旅客违法携带、夹带管制器具或者违法携带、托运烟花爆竹、枪支弹药等危险物品或者其他违禁物品的，由公安机关依法给予治安管理处罚。

第一百条　铁路运输企业有下列情形之一的，由铁路监管部门责令改正，处2万元以上10万元以下的罚款：

（一）在非危险货物办理站办理危险货物承运手续；

（二）承运未接受安全检查的货物；

（三）承运不符合安全规定、可能危害铁路运输安全的货物；

（四）未按照操作规程包装、装卸、运输危险货物。

第一百零一条　铁路监管部门及其工作人员应当严格按照本条例规定的处罚种类和幅度，根据违法行为的性质和具体情节行使行政处罚权，具体办法由国务院铁路行业监督管理部门制定。

第一百零二条　铁路运输企业工作人员窃取、泄露旅客身份信息的，由公安机关依法处罚。

第一百零三条　从事铁路建设、运输、设备制造维修的单位违反本条例规定，对直接负责的主管人员和其他直接责任人员依法给予处分。

第一百零四条　铁路监管部门及其工作人员不依照本条例规定履行职责的，对负有责任的领导人员和直接责任人员依法给予处分。

第一百零五条　违反本条例规定，给铁路运输企业或者其他单位、个人财产造成损失的，依法承担民事责任。

违反本条例规定，构成违反治安管理行为的，由公安机关依法给予治安管理处罚；构成犯罪的，依法追究刑事责任。

第八章　附　　则

第一百零六条　专用铁路、铁路专用线的安全管理参照本条例的规定执行。

第一百零七条　本条例所称高速铁路，是指设计开行时速250公里以上（含预留），并且初期运营时速200公里以上的客运列车专线铁路。

第一百零八条　本条例自2014年1月1日起施行。2004年12月27日国务院公布的《铁路运输安全保护条例》同时废止。

旅游安全管理办法

1. 2016年9月27日国家旅游局令第41号公布
2. 自2016年12月1日起施行

第一章　总　　则

第一条　为了加强旅游安全管理，提高应对旅游突发事件的能力，保障旅游者的人身、财产安全，促进旅游业持续健康发展，根据《中华人民共和国旅游法》、《中华人民共和国安全生产法》、《中华人民共和国突发事件应对法》、《旅行社条例》和《安全生产事故报告和调查处理条例》等法律、行政法规，制定本办法。

第二条　旅游经营者的安全生产、旅游主管部门的安全监督管理,以及旅游突发事件的应对,应当遵守有关法律、法规和本办法的规定。

本办法所称旅游经营者,是指旅行社及地方性法规规定旅游主管部门负有行业监管职责的景区和饭店等单位。

第三条　各级旅游主管部门应当在同级人民政府的领导和上级旅游主管部门及有关部门的指导下,在职责范围内,依法对旅游安全工作进行指导、防范、监管、培训、统计分析和应急处理。

第四条　旅游经营者应当承担旅游安全的主体责任,加强安全管理,建立、健全安全管理制度,关注安全风险预警和提示,妥善应对旅游突发事件。

旅游从业人员应当严格遵守本单位的安全管理制度,接受安全生产教育和培训,增强旅游突发事件防范和应急处理能力。

第五条　旅游主管部门、旅游经营者及其从业人员应当依法履行旅游突发事件报告义务。

第二章　经 营 安 全

第六条　旅游经营者应当遵守下列要求:

(一)服务场所、服务项目和设施设备符合有关安全法律、法规和强制性标准的要求;

(二)配备必要的安全和救援人员、设施设备;

(三)建立安全管理制度和责任体系;

(四)保证安全工作的资金投入。

第七条　旅游经营者应当定期检查本单位安全措施的落实情况,及时排除安全隐患;对可能发生的旅游突发事件及采取安全防范措施的情况,应当按照规定及时向所在地人民政府或者人民政府有关部门报告。

第八条　旅游经营者应当对其提供的产品和服务进行风险监测和安全评估,依法履行安全风险提示义务,必要时应当采取暂停服务、调整活动内容等措施。

经营高风险旅游项目或者向老年人、未成年人、残疾人提供旅游服务的,应当根据需要采取相应的安全保护措施。

第九条　旅游经营者应当对从业人员进行安全生产教育和培训,保证从业人员掌握必要的安全生产知识、规章制度、操作规程、岗位技能和应急处理措施,知悉自身在安全生产方面的权利和义务。

旅游经营者建立安全生产教育和培训档案,如实记录安全生产教育和培训的时间、内容、参加人员以及考核结果等情况。

未经安全生产教育和培训合格的旅游从业人员,不得上岗作业;特种作业人员必须按照国家有关规定经专门的安全作业培训,取得相应资格。

第十条　旅游经营者应当主动询问与旅游活动相关的个人健康信息,要求旅游者按照明示的安全规程,使用旅游设施和接受服务,并要求旅游者对旅游经营者采取的安全防范措施予以配合。

第十一条　旅行社组织和接待旅游者,应当合理安排旅游行程,向合格的供应商订购产品和服务。

旅行社及其从业人员发现履行辅助人提供的服务不符合法律、法规规定或者存在安全隐患的,应当予以制止或者更换。

第十二条　旅行社组织出境旅游,应当制作安全信息卡。

安全信息卡应当包括旅游者姓名、出境证件号码和国籍,以及紧急情况下的联系人、联系方式等信息,使用中文和目的地官方语言(或者英文)填写。

旅行社应当将安全信息卡交由旅游者随身携带,并告知其自行填写血型、过敏药物和重大疾病等信息。

第十三条　旅游经营者应当依法制定旅游突发事件应急预案,与所在地县级以上地方人民政府及其相关部门的应急预案相衔接,并定期组织演练。

第十四条　旅游突发事件发生后,旅游经营者及其现场人员应当采取合理、必要的措施救助受害旅游者,控制事态发展,防止损害扩大。

旅游经营者应当按照履行统一领导职责或者组织处置突发事件的人民政府的要求,配合其采取的应急处置措施,并参加所在地人民政府组织的应急救援和善后处置工作。

旅游突发事件发生在境外的,旅行社及其领队应当在中国驻当地使领馆或者政府派出机构的指导下,全力做好突发事件应对处置工作。

第十五条　旅游突发事件发生后,旅游经营者的现场人员应当立即向本单位负责人报告,单位负责人接到报告后,应当于1小时内向发生地县级旅游主管部门、安全生产监督管理部门和负有安全生产监督管理职责的其他相关部门报告;旅行社负责人应当同时向单位所在地县级以上地方旅游主管部门报告。

情况紧急或者发生重大、特别重大旅游突发事件时,现场有关人员可直接向发生地、旅行社所在地县级以上旅游主管部门、安全生产监督管理部门和负有安全生产监督管理职责的其他相关部门报告。

旅游突发事件发生在境外的,旅游团队的领队应当立即向当地警方、中国驻当地使领馆或者政府派出机构,以及旅行社负责人报告。旅行社负责人应当在接到领队报告后1小时内,向单位所在地县级以上地方旅游主管部门报告。

第三章　风险提示

第十六条　国家建立旅游目的地安全风险(以下简称风险)提示制度。

根据可能对旅游者造成的危害程度、紧急程度和发展态势,风险提示级别分为一级(特别严重)、二级(严重)、三级(较重)和四级(一般),分别用红色、橙色、黄色和蓝色标示。

风险提示级别的划分标准,由国家旅游局会同外交、卫生、公安、国土、交通、气象、地震和海洋等有关部门制定或者确定。

第十七条　风险提示信息,应当包括风险类别、提示级别、可能影响的区域、起始时间、注意事项、应采取的措施和发布机关等内容。

一级、二级风险的结束时间能够与风险提示信息内容同时发布的,应当同时发布;无法同时发布的,待风险消失后通过原渠道补充发布。

三级、四级风险提示可以不发布风险结束时间,待风险消失后自然结束。

第十八条　风险提示发布后,旅行社应当根据风险级别采取下列措施:

(一)四级风险的,加强对旅游者的提示;

(二)三级风险的,采取必要的安全防范措施;

(三)二级风险的,停止组团或者带团前往风险区域;已在风险区域的,调整或者中止行程;

(四)一级风险的,停止组团或者带团前往风险区域,组织已在风险区域的旅游者撤离。

其他旅游经营者应当根据风险提示的级别,加强对旅游者的风险提示,采取相应的安全防范措施,妥善安置旅游者,并根据政府或者有关部门的要求,暂停或者关闭易受风险危害的旅游项目或者场所。

第十九条　风险提示发布后,旅游者应当关注相关风险,加强个人安全防范,并配合国家应对风险暂时限制旅游活动的措施,以及有关部门、机构或者旅游经营者采取的安全防范和应急处置措施。

第二十条　国家旅游局负责发布境外旅游目的地国家(地区),以及风险区域范围覆盖全国或者跨省级行政区域的风险提示。发布一级风险提示的,需经国务院批准;发布境外旅游目的地国家(地区)风险提示的,需经外交部门同意。

地方各级旅游主管部门应当及时转发上级旅游主管部门发布的风险提示,并负责发布前款规定之外涉及本辖区的风险提示。

第二十一条　风险提示信息应当通过官方网站、手机短信及公众易查阅的媒体渠道对外发布。一级、二级风险提示应同时通报有关媒体。

第四章　安全管理

第二十二条　旅游主管部门应当加强下列旅游安全日常管理工作:

(一)督促旅游经营者贯彻执行安全和应急管理的有关法律、法规,并引导其实施相关国家标准、行业标准或者地方标准,提高其安全经营和突发事件应对能力;

(二)指导旅游经营者组织开展从业人员的安全及应急管理培训,并通过新闻媒体等多种渠道,组织开展旅游安全及应急知识的宣传普及活动;

(三)统计分析本行政区域内发生旅游安全事故的情况;

(四)法律、法规规定的其他旅游安全管理工作。

旅游主管部门应当加强对星级饭店和A级景区旅游安全和应急管理工作的指导。

第二十三条　地方各级旅游主管部门应当根据有关法律、法规的规定,制定、修订本地区或者本部门旅游突发事件应急预案,并报上一级旅游主管部门备案,必要时组织应急演练。

第二十四条　地方各级旅游主管部门应当在当地人民政府的领导下,依法对景区符合安全开放条件进行指导,核定或者配合相关景区主管部门核定景区最大承载量,引导景区采取门票预约等方式控制景区流量;在旅游者数量可能达到最大承载量时,配合当地人民政府采取疏导、分流等措施。

第二十五条　旅游突发事件发生后,发生地县级以上旅游主管部门应当根据同级人民政府的要求和有关规定,启动旅游突发事件应急预案,并采取下列一项或者多项措施:

(一)组织或者协同、配合相关部门开展对旅游者的救助及善后处置,防止次生、衍生事件;

(二)协调医疗、救援和保险等机构对旅游者进行救助及善后处置;

(三)按照同级人民政府的要求,统一、准确、及时发布有关事态发展和应急处置工作的信息,并公布咨询电话。

第二十六条　旅游突发事件发生后,发生地县级以上旅游主管部门应当根据同级人民政府的要求和有关规定,参与旅游突发事件的调查,配合相关部门依法对应当承担事件责任的旅游经营者及其责任人进行处理。

第二十七条 各级旅游主管部门应当建立旅游突发事件报告制度。

第二十八条 旅游主管部门在接到旅游经营者依据本办法第十五条规定的报告后，应当向同级人民政府和上级旅游主管部门报告。一般旅游突发事件上报至设区的市级旅游主管部门；较大旅游突发事件逐级上报至省级旅游主管部门；重大和特别重大旅游突发事件逐级上报至国家旅游局。向上级旅游主管部门报告旅游突发事件，应当包括下列内容：

（一）事件发生的时间、地点、信息来源；

（二）简要经过、伤亡人数、影响范围；

（三）事件涉及的旅游经营者、其他有关单位的名称；

（四）事件发生原因及发展趋势的初步判断；

（五）采取的应急措施及处置情况；

（六）需要支持协助的事项；

（七）报告人姓名、单位及联系电话。

前款所列内容暂时无法确定的，应当先报告已知情况；报告后出现新情况的，应当及时补报、续报。

第二十九条 各级旅游主管部门应当建立旅游突发事件信息通报制度。旅游突发事件发生后，旅游主管部门应当及时将有关信息通报相关行业主管部门。

第三十条 旅游突发事件处置结束后，发生地旅游主管部门应当及时查明突发事件的发生经过和原因，总结突发事件应急处置工作的经验教训，制定改进措施，并在30日内按照下列程序提交总结报告：

（一）一般旅游突发事件向设区的市级旅游主管部门提交；

（二）较大旅游突发事件逐级向省级旅游主管部门提交；

（三）重大和特别重大旅游突发事件逐级向国家旅游局提交。

旅游团队在境外遇到突发事件的，由组团社所在地旅游主管部门提交总结报告。

第三十一条 省级旅游主管部门应当于每月5日前，将本地区上月发生的较大旅游突发事件报国家旅游局备案，内容应当包括突发事件发生的时间、地点、原因及事件类型和伤亡人数等。

第三十二条 县级以上地方各级旅游主管部门应当定期统计分析本行政区域内发生旅游突发事件的情况，并于每年1月底前将上一年度相关情况逐级报国家旅游局。

第五章 罚 则

第三十三条 旅游经营者及其主要负责人、旅游从业人员违反法律、法规有关安全生产和突发事件应对规定的，依照相关法律、法规处理。

第三十四条 旅行社违反本办法第十一条第二款的规定，未制止履行辅助人的非法、不安全服务行为，或者未更换履行辅助人的，由旅游主管部门给予警告，可并处2000元以下罚款；情节严重的，处2000元以上10000元以下罚款。

第三十五条 旅行社违反本办法第十二条的规定，不按要求制作安全信息卡，未将安全信息卡交由旅游者，或者未告知旅游者相关信息的，由旅游主管部门给予警告，可并处2000元以下罚款；情节严重的，处2000元以上10000元以下罚款。

第三十六条 旅行社违反本办法第十八条规定，不采取相应措施的，由旅游主管部门处2000元以下罚款；情节严重的，处2000元以上10000元以下罚款。

第三十七条 按照旅游业国家标准、行业标准评定的旅游经营者违反本办法规定的，由旅游主管部门建议评定组织依据相关标准作出处理。

第三十八条 旅游主管部门及其工作人员违反相关法律、法规及本办法规定，玩忽职守，未履行安全管理职责的，由有关部门责令改正，对直接负责的主管人员和其他直接责任人员依法给予处分。

第六章 附 则

第三十九条 本办法所称旅游突发事件，是指突然发生，造成或者可能造成旅游者人身伤亡、财产损失，需要采取应急处置措施予以应对的自然灾害、事故灾难、公共卫生事件和社会安全事件。

根据旅游突发事件的性质、危害程度、可控性以及造成或者可能造成的影响，旅游突发事件一般分为特别重大、重大、较大和一般四级。

第四十条 本办法所称特别重大旅游突发事件，是指下列情形：

（一）造成或者可能造成人员死亡（含失踪）30人以上或者重伤100人以上；

（二）旅游者500人以上滞留超过24小时，并对当地生产生活秩序造成严重影响；

（三）其他在境内外产生特别重大影响，并对旅游者人身、财产安全造成特别重大威胁的事件。

第四十一条 本办法所称重大旅游突发事件，是指下列情形：

（一）造成或者可能造成人员死亡（含失踪）10 人以上、30 人以下或者重伤 50 人以上、100 人以下；

（二）旅游者 200 人以上滞留超过 24 小时，对当地生产生活秩序造成较严重影响；

（三）其他在境内外产生重大影响，并对旅游者人身、财产安全造成重大威胁的事件。

第四十二条 本办法所称较大旅游突发事件，是指下列情形：

（一）造成或者可能造成人员死亡（含失踪）3 人以上 10 人以下或者重伤 10 人以上、50 人以下；

（二）旅游者 50 人以上、200 人以下滞留超过 24 小时，并对当地生产生活秩序造成较大影响；

（三）其他在境内外产生较大影响，并对旅游者人身、财产安全造成较大威胁的事件。

第四十三条 本办法所称一般旅游突发事件，是指下列情形：

（一）造成或者可能造成人员死亡（含失踪）3 人以下或者重伤 10 人以下；

（二）旅游者 50 人以下滞留超过 24 小时，并对当地生产生活秩序造成一定影响；

（三）其他在境内外产生一定影响，并对旅游者人身、财产安全造成一定威胁的事件。

第四十四条 本办法所称的“以上”包括本数；除第三十四条、第三十五条、第三十六条的规定外，所称的“以下”不包括本数。

第四十五条 本办法自 2016 年 12 月 1 日起施行。国家旅游局 1990 年 2 月 20 日发布的《旅游安全管理暂行办法》同时废止。

国内水路运输管理条例

1. 2012 年 10 月 13 日国务院令第 625 号公布

2. 根据 2016 年 2 月 6 日国务院令第 666 号《关于修改部分行政法规的决定》第一次修订

3. 根据 2017 年 3 月 1 日国务院令第 676 号《关于修改和废止部分行政法规的决定》第二次修订

4. 根据 2023 年 7 月 20 日《国务院关于修改和废止部分行政法规的决定》第三次修订

第一章 总 则

第一条 为了规范国内水路运输经营行为，维护国内水路运输市场秩序，保障国内水路运输安全，促进国内水路运输业健康发展，制定本条例。

第二条 经营国内水路运输以及水路运输辅助业务，应当遵守本条例。

本条例所称国内水路运输（以下简称水路运输），是指始发港、挂靠港和目的港均在中华人民共和国管辖的通航水域内的经营性旅客运输和货物运输。

本条例所称水路运输辅助业务，是指直接为水路运输提供服务的船舶管理、船舶代理、水路旅客运输代理和水路货物运输代理等经营活动。

第三条 国家鼓励和保护水路运输市场的公平竞争，禁止垄断和不正当竞争行为。

国家运用经济、技术政策等措施，支持和鼓励水路运输经营者实行规模化、集约化经营，促进水路运输行业结构调整；支持和鼓励水路运输经营者采用先进适用的水路运输设备和技术，保障运输安全，促进节约能源，减少污染物排放。

国家保护水路运输经营者、旅客和货主的合法权益。

第四条 国务院交通运输主管部门主管全国水路运输管理工作。

县级以上地方人民政府交通运输主管部门主管本行政区域的水路运输管理工作。县级以上地方人民政府负责水路运输管理的部门或者机构（以下统称负责水路运输管理的部门）承担本条例规定的水路运输管理工作。

第五条 经营水路运输及其辅助业务，应当遵守法律、法规，诚实守信。

国务院交通运输主管部门和负责水路运输管理的部门应当依法对水路运输市场实施监督管理，对水路运输及其辅助业务的违法经营活动实施处罚，并建立经营者诚信管理制度，及时向社会公告监督检查情况。

第二章 水路运输经营者

第六条 申请经营水路运输业务，除本条例第七条规定的情形外，申请人应当符合下列条件：

（一）取得企业法人资格；

（二）有符合本条例第十三条规定的船舶，并且自有船舶运力符合国务院交通运输主管部门的规定；

（三）有明确的经营范围，其中申请经营水路旅客班轮运输业务的，还应当有可行的航线营运计划；

（四）有与其申请的经营范围和船舶运力相适应的海务、机务管理人员；

（五）与其直接订立劳动合同的高级船员占全部船员的比例符合国务院交通运输主管部门的规定；

（六）有健全的安全管理制度；

（七）法律、行政法规规定的其他条件。

第七条 个人可以申请经营内河普通货物运输业务。

申请经营内河普通货物运输业务的个人，应当有符合本条例第十三条规定且船舶吨位不超过国务院交通运输主管部门规定的自有船舶，并应当符合本条例第六条第六项、第七项规定的条件。

第八条 经营水路运输业务，应当按照国务院交通运输主管部门的规定，经国务院交通运输主管部门或者设区的市级以上地方人民政府负责水路运输管理的部门批准。

申请经营水路运输业务，应当向前款规定的负责审批的部门提交申请书和证明申请人符合本条例第六条或者第七条规定条件的相关材料。

负责审批的部门应当自受理申请之日起30个工作日内审查完毕，作出准予许可或者不予许可的决定。予以许可的，发给水路运输业务经营许可证件，并为申请人投入运营的船舶配发船舶营运证件；不予许可的，应当书面通知申请人并说明理由。

第九条 各级交通运输主管部门应当做好水路运输市场统计和调查分析工作，定期向社会公布水路运输市场运力供需状况。

第十条 为保障水路运输安全，维护水路运输市场的公平竞争秩序，国务院交通运输主管部门可以根据水路运输市场监测情况，决定在特定的旅客班轮运输和散装液体危险货物运输航线、水域暂停新增运力许可。

采取前款规定的运力调控措施，应当符合公开、公平、公正的原则，在开始实施的60日前向社会公告，说明采取措施的理由以及采取措施的范围、期限等事项。

第十一条 外国的企业、其他经济组织和个人不得经营水路运输业务，也不得以租用中国籍船舶或者舱位等方式变相经营水路运输业务。

香港特别行政区、澳门特别行政区和台湾地区的企业、其他经济组织以及个人参照适用前款规定，国务院另有规定的除外。

第十二条 依照本条例取得许可的水路运输经营者终止经营的，应当自终止经营之日起15个工作日内向原许可机关办理注销许可手续，交回水路运输业务经营许可证件。

第十三条 水路运输经营者投入运营的船舶应当符合下列条件：

（一）与经营者的经营范围相适应；

（二）取得有效的船舶登记证书和检验证书；

（三）符合国务院交通运输主管部门关于船型技术标准和船龄的要求；

（四）法律、行政法规规定的其他条件。

第十四条 水路运输经营者新增船舶投入运营的，应当凭水路运输业务经营许可证件、船舶登记证书和检验证书向国务院交通运输主管部门或者设区的市级以上地方人民政府负责水路运输管理的部门领取船舶营运证件。

从事水路运输经营的船舶应当随船携带船舶营运证件。

海事管理机构在现场监督检查时，发现从事水路运输的船舶不能提供有效的船舶营运证件的，应当通知有关主管部门依法处理。

第十五条 国家根据保障运输安全、保护水环境、节约能源、提高航道和通航设施利用效率的需求，制定并实施新的船型技术标准时，对正在使用的不符合新标准但符合原有标准且未达到规定报废船龄的船舶，可以采取资金补贴等措施，引导、鼓励水路运输经营者进行更新、改造；需要强制提前报废的，应当对船舶所有人给予补偿。具体办法由国务院交通运输主管部门会同国务院财政部门制定。

第十六条 水路运输经营者不得使用外国籍船舶经营水路运输业务。但是，在国内没有能够满足所申请运输要求的中国籍船舶，并且船舶停靠的港口或者水域为对外开放的港口或者水域的情况下，经国务院交通运输主管部门许可，水路运输经营者可以在国务院交通运输主管部门规定的期限或者航次内，临时使用外国籍船舶运输。

在香港特别行政区、澳门特别行政区、台湾地区进行船籍登记的船舶，参照适用本条例关于外国籍船舶的规定，国务院另有规定的除外。

第三章 水路运输经营活动

第十七条 水路运输经营者应当在依法取得许可的经营范围内从事水路运输经营。

第十八条 水路运输经营者应当使用符合本条例规定条件、配备合格船员的船舶，并保证船舶处于适航状态。

水路运输经营者应当按照船舶核定载客定额或者载重量载运旅客、货物，不得超载或者使用货船载运旅客。

第十九条 水路运输经营者应当依照法律、行政法规和国务院交通运输主管部门关于水路旅客、货物运输的规定、质量标准以及合同的约定，为旅客、货主提供安全、便捷、优质的服务，保证旅客、货物运输安全。

水路旅客运输业务经营者应当为其客运船舶投保

承运人责任保险或者取得相应的财务担保。

第二十条 水路运输经营者运输危险货物，应当遵守法律、行政法规以及国务院交通运输主管部门关于危险货物运输的规定，使用依法取得危险货物适装证书的船舶，按照规定的安全技术规范进行配载和运输，保证运输安全。

第二十一条 旅客班轮运输业务经营者应当自取得班轮航线经营许可之日起60日内开航，并在开航15日前公布所使用的船舶、班期、班次、运价等信息。

旅客班轮运输应当按照公布的班期、班次运行；变更班期、班次、运价的，应当在15日前向社会公布；停止经营部分或者全部班轮航线的，应当在30日前向社会公布并报原许可机关备案。

第二十二条 货物班轮运输业务经营者应当在班轮航线开航的7日前，公布所使用的船舶以及班期、班次和运价。

货物班轮运输应当按照公布的班期、班次运行；变更班期、班次、运价或者停止经营部分或者全部班轮航线的，应当在7日前向社会公布。

第二十三条 水路运输经营者应当依照法律、行政法规和国家有关规定，优先运送处置突发事件所需的物资、设备、工具、应急救援人员和受到突发事件危害的人员，重点保障紧急、重要的军事运输。

出现关系国计民生的紧急运输需求时，国务院交通运输主管部门按照国务院的部署，可以要求水路运输经营者优先运输需要紧急运输的物资。水路运输经营者应当按照要求及时运输。

第二十四条 水路运输经营者应当按照统计法律、行政法规的规定报送统计信息。

第四章 水路运输辅助业务

第二十五条 运输船舶的所有人、经营人可以委托船舶管理业务经营者为其提供船舶海务、机务管理等服务。

第二十六条 申请经营船舶管理业务，申请人应当符合下列条件：

（一）取得企业法人资格；

（二）有健全的安全管理制度；

（三）有与其申请管理的船舶运力相适应的海务、机务管理人员；

（四）法律、行政法规规定的其他条件。

第二十七条 经营船舶管理业务，应当经设区的市级以上地方人民政府负责水路运输管理的部门批准。

申请经营船舶管理业务，应当向前款规定的部门提交申请书和证明申请人符合本条例第二十六条规定条件的相关材料。

受理申请的部门应当自受理申请之日起30个工作日内审查完毕，作出准予许可或者不予许可的决定。予以许可的，发给船舶管理业务经营许可证件，并向国务院交通运输主管部门备案；不予许可的，应当书面通知申请人并说明理由。

第二十八条 船舶管理业务经营者接受委托提供船舶管理服务，应当与委托人订立书面合同，并将合同报所在地海事管理机构备案。

船舶管理业务经营者应当按照国家有关规定和合同约定履行有关船舶安全和防止污染的管理义务。

第二十九条 水路运输经营者可以委托船舶代理、水路旅客运输代理、水路货物运输代理业务的经营者，代办船舶进出港手续等港口业务，代为签订运输合同，代办旅客、货物承揽业务以及其他水路运输代理业务。

第三十条 船舶代理、水路旅客运输代理业务的经营者应当自企业设立登记之日起15个工作日内，向所在地设区的市级人民政府负责水路运输管理的部门备案。

第三十一条 船舶代理、水路旅客运输代理、水路货物运输代理业务的经营者接受委托提供代理服务，应当与委托人订立书面合同，按照国家有关规定和合同约定办理代理业务，不得强行代理，不得为未依法取得水路运输业务经营许可或者超越许可范围的经营者办理代理业务。

第三十二条 本条例第十二条、第十七条的规定适用于船舶管理业务经营者。本条例第十一条、第二十四条的规定适用于船舶管理、船舶代理、水路旅客运输代理和水路货物运输代理业务经营活动。

国务院交通运输主管部门应当依照本条例的规定制定水路运输辅助业务的具体管理办法。

第五章 法律责任

第三十三条 未经许可擅自经营或者超越许可范围经营水路运输业务或者国内船舶管理业务的，由负责水路运输管理的部门责令停止经营，没收违法所得，并处违法所得1倍以上5倍以下的罚款；没有违法所得或者违法所得不足3万元的，处3万元以上15万元以下的罚款。

第三十四条 水路运输经营者使用未取得船舶营运证件的船舶从事水路运输的，由负责水路运输管理的部门责令该船停止经营，没收违法所得，并处违法所得1倍以上5倍以下的罚款；没有违法所得或者违法所得不足2万元的，处2万元以上10万元以下的罚款。

第三十五条 水路运输经营者未经国务院交通运输主管

部门许可或者超越许可范围使用外国籍船舶经营水路运输业务，或者外国的企业、其他经济组织和个人经营或者以租用中国籍船舶或者舱位等方式变相经营水路运输业务的，由负责水路运输管理的部门责令停止经营，没收违法所得，并处违法所得1倍以上5倍以下的罚款；没有违法所得或者违法所得不足20万元的，处20万元以上100万元以下的罚款。

第三十六条　以欺骗或者贿赂等不正当手段取得本条例规定的行政许可的，由原许可机关撤销许可，处2万元以上20万元以下的罚款；有违法所得的，没收违法所得；国务院交通运输主管部门或者负责水路运输管理的部门自撤销许可之日起3年内不受理其对该项许可的申请。

第三十七条　出租、出借、倒卖本条例规定的行政许可证件或者以其他方式非法转让本条例规定的行政许可的，由负责水路运输管理的部门责令改正，没收违法所得，并处违法所得1倍以上5倍以下的罚款；没有违法所得或者违法所得不足3万元的，处3万元以上15万元以下的罚款；情节严重的，由原许可机关吊销相应的许可证件。

伪造、变造、涂改本条例规定的行政许可证件的，由负责水路运输管理的部门没收伪造、变造、涂改的许可证件，处3万元以上15万元以下的罚款；有违法所得的，没收违法所得。

第三十八条　水路运输经营者有下列情形之一的，由海事管理机构依法予以处罚：

（一）未按照规定配备船员或者未使船舶处于适航状态；

（二）超越船舶核定载客定额或者核定载重量载运旅客或者货物；

（三）使用货船载运旅客；

（四）使用未取得危险货物适装证书的船舶运输危险货物。

第三十九条　水路旅客运输业务经营者未为其经营的客运船舶投保承运人责任保险或者取得相应的财务担保的，由负责水路运输管理的部门责令限期改正，处2万元以上10万元以下的罚款；逾期不改正的，由原许可机关吊销该客运船舶的船舶营运许可证件。

第四十条　班轮运输业务经营者未提前向社会公布所使用的船舶、班期、班次和运价或者其变更信息的，由负责水路运输管理的部门责令改正，处2000元以上2万元以下的罚款。

第四十一条　旅客班轮运输业务经营者自取得班轮航线经营许可之日起60日内未开航的，由负责水路运输管理的部门责令改正；拒不改正的，由原许可机关撤销该项经营许可。

第四十二条　水路运输、船舶管理业务经营者取得许可后，不再具备本条例规定的许可条件的，由负责水路运输管理的部门责令限期整改；在规定期限内整改仍不合格的，由原许可机关撤销其经营许可。

第四十三条　负责水路运输管理的国家工作人员在水路运输管理活动中滥用职权、玩忽职守、徇私舞弊，不依法履行职责的，依法给予处分。

第四十四条　违反本条例规定，构成违反治安管理行为的，依法给予治安管理处罚；构成犯罪的，依法追究刑事责任。

第六章　附　　则

第四十五条　载客12人以下的客运船舶以及乡、镇客运渡船运输的管理办法，由省、自治区、直辖市人民政府另行制定。

第四十六条　本条例自2013年1月1日起施行。1987年5月12日国务院发布的《中华人民共和国水路运输管理条例》同时废止。

城市道路管理条例

1. 1996年6月4日国务院令第198号发布
2. 根据2011年1月8日国务院令第588号《关于废止和修改部分行政法规的决定》第一次修订
3. 根据2017年3月1日国务院令第676号《关于修改和废止部分行政法规的决定》第二次修订
4. 根据2019年3月24日国务院令第710号《关于修改部分行政法规的决定》第三次修订

第一章　总　　则

第一条　为了加强城市道路管理，保障城市道路完好，充分发挥城市道路功能，促进城市经济和社会发展，制定本条例。

第二条　本条例所称城市道路，是指城市供车辆、行人通行的，具备一定技术条件的道路、桥梁及其附属设施。

第三条　本条例适用于城市道路规划、建设、养护、维修和路政管理。

第四条　城市道路管理实行统一规划、配套建设、协调发展和建设、养护、管理并重的原则。

第五条　国家鼓励和支持城市道路科学技术研究，推广先进技术，提高城市道路管理的科学技术水平。

第六条　国务院建设行政主管部门主管全国城市道路管理工作。

省、自治区人民政府城市建设行政主管部门主管本行政区域内的城市道路管理工作。

县级以上城市人民政府市政工程行政主管部门主管本行政区域内的城市道路管理工作。

第二章　规划和建设

第七条　县级以上城市人民政府应当组织市政工程、城市规划、公安交通等部门，根据城市总体规划编制城市道路发展规划。

市政工程行政主管部门应当根据城市道路发展规划，制定城市道路年度建设计划，经城市人民政府批准后实施。

第八条　城市道路建设资金可以按照国家有关规定，采取政府投资、集资、国内外贷款、国有土地有偿使用收入、发行债券等多种渠道筹集。

第九条　城市道路的建设应当符合城市道路技术规范。

第十条　政府投资建设城市道路的，应当根据城市道路发展规划和年度建设计划，由市政工程行政主管部门组织建设。

单位投资建设城市道路的，应当符合城市道路发展规划。

城市住宅小区、开发区内的道路建设，应当分别纳入住宅小区、开发区的开发建设计划配套建设。

第十一条　国家鼓励国内外企业和其他组织以及个人按照城市道路发展规划，投资建设城市道路。

第十二条　城市供水、排水、燃气、热力、供电、通信、消防等依附于城市道路的各种管线、杆线等设施的建设计划，应当与城市道路发展规划和年度建设计划相协调，坚持先地下、后地上的施工原则，与城市道路同步建设。

第十三条　新建的城市道路与铁路干线相交的，应当根据需要在城市规划中预留立体交通设施的建设位置。

城市道路与铁路相交的道口建设应当符合国家有关技术规范，并根据需要逐步建设立体交通设施。建设立体交通设施所需投资，按照国家规定由有关部门协商确定。

第十四条　建设跨越江河的桥梁和隧道，应当符合国家规定的防洪、通航标准和其他有关技术规范。

第十五条　县级以上城市人民政府应当有计划地按照城市道路技术规范改建、拓宽城市道路和公路的结合部，公路行政主管部门可以按照国家有关规定在资金上给予补助。

第十六条　承担城市道路设计、施工的单位，应当具有相应的资质等级，并按照资质等级承担相应的城市道路的设计、施工任务。

第十七条　城市道路的设计、施工，应当严格执行国家和地方规定的城市道路设计、施工的技术规范。

城市道路施工，实行工程质量监督制度。

城市道路工程竣工，经验收合格后，方可交付使用；未经验收或者验收不合格的，不得交付使用。

第十八条　城市道路实行工程质量保修制度。城市道路的保修期为一年，自交付使用之日起计算。保修期内出现工程质量问题，由有关责任单位负责保修。

第十九条　市政工程行政主管部门对利用贷款或者集资建设的大型桥梁、隧道等，可以在一定期限内向过往车辆（军用车辆除外）收取通行费，用于偿还贷款或者集资款，不得挪作他用。

收取通行费的范围和期限，由省、自治区、直辖市人民政府规定。

第三章　养护和维修

第二十条　市政工程行政主管部门对其组织建设和管理的城市道路，按照城市道路的等级、数量及养护和维修的定额，逐年核定养护、维修经费，统一安排养护、维修资金。

第二十一条　承担城市道路养护、维修的单位，应当严格执行城市道路养护、维修的技术规范，定期对城市道路进行养护、维修，确保养护、维修工程的质量。

市政工程行政主管部门负责对养护、维修工程的质量进行监督检查，保障城市道路完好。

第二十二条　市政工程行政主管部门组织建设和管理的道路，由其委托的城市道路养护、维修单位负责养护、维修。单位投资建设和管理的道路，由投资建设的单位或者其委托的单位负责养护、维修。城市住宅小区、开发区内的道路，由建设单位或者其委托的单位负责养护、维修。

第二十三条　设在城市道路上的各类管线的检查井、箱盖或者城市道路附属设施，应当符合城市道路养护规范。因缺损影响交通和安全时，有关产权单位应当及时补缺或者修复。

第二十四条　城市道路的养护、维修工程应当按照规定的期限修复竣工，并在养护、维修工程施工现场设置明显标志和安全防围设施，保障行人和交通车辆安全。

第二十五条　城市道路养护、维修的专用车辆应当使用统一标志；执行任务时，在保证交通安全畅通的情况下，不受行驶路线和行驶方向的限制。

第四章　路政管理

第二十六条　市政工程行政主管部门执行路政管理的人员执行公务，应当按照有关规定佩戴标志，持证上岗。

第二十七条　城市道路范围内禁止下列行为：

（一）擅自占用或者挖掘城市道路；

（二）履带车、铁轮车或者超重、超高、超长车辆擅自在城市道路上行驶；

（三）机动车在桥梁或者非指定的城市道路上试刹车；

（四）擅自在城市道路上建设建筑物、构筑物；

（五）在桥梁上架设压力在 4 千克/平方厘米（0.4 兆帕）以上的煤气管道、10 千伏以上的高压电力线和其他易燃易爆管线；

（六）擅自在桥梁或者路灯设施上设置广告牌或者其他挂浮物；

（七）其他损害、侵占城市道路的行为。

第二十八条　履带车、铁轮车或者超重、超高、超长车辆需要在城市道路上行驶的，事先须征得市政工程行政主管部门同意，并按照公安交通管理部门指定的时间、路线行驶。

军用车辆执行任务需要在城市道路上行驶的，可以不受前款限制，但是应当按照规定采取安全保护措施。

第二十九条　依附于城市道路建设各种管线、杆线等设施的，应当经市政工程行政主管部门批准，方可建设。

第三十条　未经市政工程行政主管部门和公安交通管理部门批准，任何单位或者个人不得占用或者挖掘城市道路。

第三十一条　因特殊情况需要临时占用城市道路的，须经市政工程行政主管部门和公安交通管理部门批准，方可按照规定占用。

经批准临时占用城市道路的，不得损坏城市道路；占用期满后，应当及时清理占用现场，恢复城市道路原状；损坏城市道路的，应当修复或者给予赔偿。

第三十二条　城市人民政府应当严格控制占用城市道路作为集贸市场。

第三十三条　因工程建设需要挖掘城市道路的，应当提交城市规划部门批准签发的文件和有关设计文件，经市政工程行政主管部门和公安交通管理部门批准，方可按照规定挖掘。

新建、扩建、改建的城市道路交付使用后 5 年内、大修的城市道路竣工后 3 年内不得挖掘；因特殊情况需要挖掘的，须经县级以上城市人民政府批准。

第三十四条　埋设在城市道路下的管线发生故障需要紧急抢修的，可以先行破路抢修，并同时通知市政工程行政主管部门和公安交通管理部门，在 24 小时内按照规定补办批准手续。

第三十五条　经批准挖掘城市道路的，应当在施工现场设置明显标志和安全防围设施；竣工后，应当及时清理现场，通知市政工程行政主管部门检查验收。

第三十六条　经批准占用或者挖掘城市道路的，应当按照批准的位置、面积、期限占用或者挖掘。需要移动位置、扩大面积、延长时间的，应当提前办理变更审批手续。

第三十七条　占用或者挖掘由市政工程行政主管部门管理的城市道路的，应当向市政工程行政主管部门交纳城市道路占用费或者城市道路挖掘修复费。

城市道路占用费的收费标准，由省、自治区人民政府的建设行政主管部门、直辖市人民政府的市政工程行政主管部门拟订，报同级财政、物价主管部门核定；城市道路挖掘修复费的收费标准，由省、自治区人民政府的建设行政主管部门、直辖市人民政府的市政工程行政主管部门制定，报同级财政、物价主管部门备案。

第三十八条　根据城市建设或者其他特殊需要，市政工程行政主管部门可以对临时占用城市道路的单位或者个人决定缩小占用面积、缩短占用时间或者停止占用，并根据具体情况退还部分城市道路占用费。

第五章　罚　　则

第三十九条　违反本条例的规定，有下列行为之一的，由市政工程行政主管部门责令停止设计、施工，限期改正，可以并处 3 万元以下的罚款；已经取得设计、施工资格证书，情节严重的，提请原发证机关吊销设计、施工资格证书：

（一）未取得设计、施工资格或者未按照资质等级承担城市道路的设计、施工任务的；

（二）未按照城市道路设计、施工技术规范设计、施工的；

（三）未按照设计图纸施工或者擅自修改图纸的。

第四十条　违反本条例第十七条规定，擅自使用未经验收或者验收不合格的城市道路的，由市政工程行政主管部门责令限期改正，给予警告，可以并处工程造价 2% 以下的罚款。

第四十一条　承担城市道路养护、维修的单位违反本条例的规定，未定期对城市道路进行养护、维修或者未按照规定的期限修复竣工，并拒绝接受市政工程行政主管部门监督、检查的，由市政工程行政主管部门责令限期改正，给予警告；对负有直接责任的主管人员和其他直接责任人员，依法给予行政处分。

第四十二条　违反本条例第二十七条规定，或者有下列行为之一的，由市政工程行政主管部门或者其他有关部门责令限期改正，可以处以2万元以下的罚款；造成损失的，应当依法承担赔偿责任：

（一）未对设在城市道路上的各种管线的检查井、箱盖或者城市道路附属设施的缺损及时补缺或者修复的；

（二）未在城市道路施工现场设置明显标志和安全防围设施的；

（三）占用城市道路期满或者挖掘城市道路后，不及时清理现场的；

（四）依附于城市道路建设各种管线、杆线等设施，不按照规定办理批准手续的；

（五）紧急抢修埋设在城市道路下的管线，不按照规定补办批准手续的；

（六）未按照批准的位置、面积、期限占用或者挖掘城市道路，或者需要移动位置、扩大面积、延长时间，未提前办理变更审批手续的。

第四十三条　违反本条例，构成犯罪的，由司法机关依法追究刑事责任；尚不构成犯罪，应当给予治安管理处罚的，依照治安管理处罚法的规定给予处罚。

第四十四条　市政工程行政主管部门人员玩忽职守、滥用职权、徇私舞弊，构成犯罪的，依法追究刑事责任；尚不构成犯罪的，依法给予行政处分。

第六章　附　　则

第四十五条　本条例自1996年10月1日起施行。

八、旅游市场监督

资料补充栏

国务院办公厅关于加强旅游市场综合监管的通知

1. *2016年2月4日*
2. *国办发〔2016〕5号*

各省、自治区、直辖市人民政府，国务院各部委、各直属机构：

为全面贯彻党的十八大和十八届二中、三中、四中、五中全会精神，按照党中央、国务院决策部署，加快建立权责明确、执法有力、行为规范、保障有效的旅游市场综合监管机制，进一步解决扰乱旅游市场秩序、侵害旅游者权益等突出问题，经国务院同意，现就加强旅游市场综合监管有关事项通知如下：

一、依法落实旅游市场监管责任

（一）强化政府的领导责任。国务院旅游工作部际联席会议下设旅游市场综合监管工作小组，由国家旅游局牵头负责统筹旅游市场综合监管的指导、协调、监督等工作。地方各级人民政府要建立健全旅游综合协调、旅游案件联合查办、旅游投诉统一受理等综合监管机制，统筹旅游市场秩序整治工作。要进一步落实游客不文明行为记录制度，大力营造诚信经营、公平竞争、文明有序的旅游市场环境，加快形成全国一盘棋的旅游市场综合监管格局。

（二）明确各相关部门的监管责任。按照“属地管理、部门联动、行业自律、各司其职、齐抓共管”的原则，建立旅游行政主管部门对旅游市场执法、投诉受理工作的有效协调机制，明确各相关部门责任。各有关部门配合旅游行政主管部门，做好相关行业指导、协调和督促检查工作。

（三）落实旅游企业的主体责任。各旅游企业要依照法律法规主动规范经营服务行为。旅行社要坚决抵制“不合理低价游”、强迫消费等违法行为。在线旅游企业要遵守公平竞争规则。购物店要自觉抵制商业贿赂。饭店、景区、交通、餐饮等企业要保障旅游者出游安全，提高服务品质。各市场主体要积极践行旅游行业“游客为本、服务至诚”的核心价值观，在旅游服务工作中诚实守信、礼貌待客，共同维护旅游市场秩序，让旅游者体验到优质服务。

（四）发挥社会公众的监督作用。要充分发挥“12301”等旅游服务热线和旅游投诉举报网络平台作用，鼓励社会各界积极提供各类违法违规行为线索。发挥旅游服务质量社会监督员和旅游志愿者的监督作用，提醒旅游者遵守旅游文明行为公约和行为指南，自觉抵制参加“不合理低价游”。要充分发挥旅游行业协会的自律作用，引导旅游经营者注重质量和诚信。强化媒体的舆论监督，支持媒体曝光扰乱旅游市场秩序的典型事件。

二、创新旅游市场综合监管机制

（五）制定旅游市场综合监管责任清单。各地区、各有关部门要尽快制定旅游市场综合监管责任清单，通过政府公告、政府网站、公开通报等方式，向社会公开旅游部门及相关部门职能、法律依据、实施主体、执法权限、监督方式等事项，加强部门间对旅游市场违法违规行为的信息沟通，强化联合执法协调监管的相关工作机制，提升综合监管效率和治理效果。

旅游部门：依法承担规范旅游市场秩序、监督管理服务质量、维护旅游消费者和经营者合法权益的责任；负责牵头组织对旅游市场秩序的整治工作；负责对组织“不合理低价游”、强迫和变相强迫消费、违反旅游合同等违法违规行为的监管和查处；负责联合相关部门组织查处“黑社”、“黑导”等非法经营行为；主动配合参与打击涉及旅游行业的“黑车”、“黑店”等非法经营行为；负责对涉及其他职能部门职责的投诉及案件进行转办等。

公安部门：依法严厉打击在旅游景区、旅游交通站点等侵害旅游者权益的违法犯罪团伙，及时查处强迫消费、敲诈勒索等违法犯罪行为等。

工商部门：依法查处旅游市场中的虚假广告、虚假或者引人误解的宣传、销售假冒伪劣商品、利用合同格式条款侵害消费者合法权益、垄断行为（价格垄断行为除外）、商业贿赂等不正当竞争行为及其他违法违规行为等。

交通运输部门：负责道路、水路运输市场监管，依法查处违法违规行为；负责对交通运输部门在管养公路沿线范围内依法设置的景区、景点指示牌被遮挡的投诉处理等。

文化部门：负责对旅游演出、娱乐场所文化经营活动等方面的投诉处理和案件查处等。

税务部门：依法承担组织实施法律法规规定的税、费征收管理责任，力争税款应收尽收；依照法定职权和程序对从事旅游市场经营的纳税人偷逃税款、虚开发票等税收违法行为严厉查处，涉嫌犯罪的依法移送司法机关处理等。

质检部门：依法对旅游场所大型游乐设施、客运索道等特种设备实施安全监察，对涉及特种设备安全的投诉举报及违法违规行为进行调查处理等。

价格主管部门：负责旅游市场价格行为监管，严肃查处旅游行业经营者不执行政府定价和政府指导价、不按规定明码标价、欺诈宰客、低价倾销，以及达成垄断协议、滥用市场支配地位等问题。充分发挥“12358”价格举报系统的作用，依法受理游客对价格违法行为的投诉举报，切实保护消费者合法权益，整顿规范旅游市场价格秩序等。

商务部门：发挥打击侵犯知识产权和制售假冒伪劣商品工作领导小组办公室的职能作用，协调有关成员单位，针对旅游纪念品市场侵权假冒问题，加大市场监管力度，维护消费者合法权益等。

通信主管部门：依法对电信和互联网等信息通信服务实行监管，承担互联网行业管理责任；督促电信企业和旅游互联网企业落实网络与信息安全管理责任，配合开展在线旅游网络环境和信息治理，配合处理网上虚假旅游广告信息等。

网信部门（互联网信息办公室）：依法清理网上虚假旅游信息，查处发布各类误导、欺诈消费者等虚假旅游信息的违法违规网站和账号等。

民航部门：依法承担航空运输和通用航空市场监管责任；依法查处民用航空企业侵害航空消费者权益的行为，维护旅游者机票退改签的合法权益；配合旅游部门共同治理旅游不文明行为等。

（六）完善旅游法律规范体系。及时修订《旅行社条例》、《导游人员管理条例》、《中国公民出国旅游管理办法》等法规、规章和规范性文件。完善《中华人民共和国旅游法》配套制度，针对在线旅游、邮轮旅游、露营地旅游等新情况，出台具有针对性的管理规范。探索建立综合监管机构法律顾问、第三方评价等制度。

（七）健全完善旅游市场监管标准。全面推进旅游业国家标准、行业标准和地方标准的制定修订工作，尽快编制《全国旅游标准化发展规划（2016—2020年）》，建立涵盖旅游要素各领域的旅游标准体系。加快旅游新业态、新产品管理服务标准的制定，使标准化工作适应旅游监管的新要求。持续推进旅游标准化试点工作，全面提升旅游企业和从业人员的管理和服务水平。探索建立旅游标准化管理与旅游市场准入、退出相结合的制度。

（八）推进旅游市场监管随机抽查。各有关部门在各自职责范围内，规范相关市场秩序执法检查工作，提高监管效能。要配合旅游部门建立旅游市场主体分类名录库和旅游市场主体异常对象名录库，将行业市场秩序监管与各部门诚信体系建设、全国旅游市场秩序综合水平指数等工作结合起来，及时公布相关市场秩序监管情况。综合运用行政处罚、信用惩戒等措施，加大对违法失信行为的惩处力度，强化随机抽查威慑力，引导相关市场主体自觉守法。

（九）建立健全旅游诚信体系。加快建立旅游行业失信惩戒制度，建立旅游信用信息公示制度，将旅游经营服务不良信息记录与企业信用信息公示系统对接，将旅游行政主管部门对旅游企业作出的行政许可准予、变更、延续信息和行政处罚信息在企业信用信息公示系统上公示，定期公布违法违规旅游经营者和从业人员旅游经营服务不良信息记录；依托全国统一的信用信息共享交换平台，加强信息互通，建立失信企业协同监管和联合惩戒机制，使旅游失信行为人付出巨大代价。

（十）推进综合监管体制改革试点。要根据深化行政管理体制改革的精神，创新执法形式和管理机制，加快理顺旅游执法机构与政府职能部门职责关系，在2016年底前将旅游市场执法列入综合行政执法体制改革试点。

（十一）加强执法与司法相衔接。加强相关部门间的执法协作，建立旅游市场执法机构与公安机关案情通报机制，及时查处侵害旅游者权益的违法犯罪行为。主动引导旅游者通过司法、人民调解等途径解决纠纷，提升旅游者依法维权、理性消费的能力。

三、全面提高旅游市场综合监管水平

（十二）加强《中华人民共和国旅游法》普法工作。各地区、各有关部门应加强《中华人民共和国旅游法》等法律法规普法宣传教育，加强对旅游市场综合监管人员的法律法规和执法程序培训，加大对旅游从业人员的依法经营培训力度，使其准确把握法律法规主要内容，牢固树立依法兴旅、依法治旅的观念和意识，提醒广大旅游者理性消费、文明出游。

（十三）加强对旅游市场综合监管的监督。各地区、各有关部门要将旅游市场秩序整治和服务质量提升工作纳入政府质量工作考核。对接到旅游投诉举报查处不及时、不依法对旅游违法行为实施处罚的，对涉嫌犯罪案件不移送的，以及在履行监督管理职责中滥用职权、玩忽职守、徇私舞弊的，要依法依纪追究有关单位和人员的责任；构成犯罪的，依法追究刑事责任。

（十四）严格规范旅游执法行为。各地区、各有关部门要建立健全旅游市场综合监管的长效机制，对重大处罚决定建立合法性审查机制，对旅游执法裁量权要有基准制度，进一步细化、量化行政裁量标准，合理规范裁量种类、幅度。对影响旅游市场秩序的重大事件要实行督办问责制度。

四、提高旅游市场综合监管保障能力

（十五）*健全旅游市场综合监管协调机构*。建立健全旅游执法机构，强化旅游质监执法队伍建设，承担全面受理旅游投诉、开展旅游服务质量现场检查和旅游行政执法工作。国家旅游局负责指定机构统一受理全国旅游投诉工作，向社会公开投诉电话，承担向有关部门或地方政府转办、跟踪、协调、督办旅游投诉处理情况的职责。各级政府要在2016年底前建立或指定统一的旅游投诉受理机构，实现机构到位、职能到位、编制到位、人员到位，根治旅游投诉渠道不畅通、互相推诿、拖延扯皮等问题。

（十六）*加强旅游市场综合监管基础保障*。各级政府要积极做好执法经费保障工作。利用旅游大数据开展旅游市场舆情监测分析工作，提升统计分析旅游投诉举报案件数据的水平。建立旅游市场综合监管过程记录制度，切实做到严格执法、科学执法、文明执法。

（十七）*提升旅游市场综合监管能力*。地方各级人民政府要加强对基层旅游市场综合监管人员的培训。所有旅游市场综合执法人员须经执法资格培训考试合格后方可执证上岗，全面提高执法能力和水平。

各地区、各有关部门要充分认识进一步加强旅游市场综合监管的重要意义，切实强化组织领导，积极抓好工作落实。国家旅游局要会同有关部门加强对本通知落实情况的监督检查，重大情况及时向国务院报告。

旅游行政处罚办法

1. 2013年5月12日国家旅游局令第38号公布
2. 自2013年10月1日起施行

第一章　总　　则

第一条　为规范旅游行政处罚行为，维护旅游市场秩序，保护旅游者、旅游经营者和旅游从业人员的合法权益，根据《中华人民共和国行政处罚法》、《中华人民共和国行政强制法》、《中华人民共和国旅游法》及有关法律、法规，制定本办法。

第二条　旅游行政处罚的实施和监督，应当遵守《中华人民共和国行政处罚法》、《中华人民共和国行政强制法》、《中华人民共和国旅游法》及有关法律、法规和本办法的规定。

第三条　实施旅游行政处罚，应当遵循合法合理、公正公开、处罚与教育相结合的原则。

第四条　旅游行政处罚的种类包括：

（一）警告；
（二）罚款；
（三）没收违法所得；
（四）暂停或者取消出国（境）旅游业务经营资格；
（五）责令停业整顿；
（六）暂扣或者吊销导游证、领队证；
（七）吊销旅行社业务经营许可证；
（八）法律、行政法规规定的其他种类。

第五条　县级以上人民政府组织旅游主管部门、有关主管部门和工商行政管理、产品质量监督、交通等执法部门对相关旅游经营行为实施监督检查。

县级以上旅游主管部门应当在同级人民政府的组织和领导下，加强与相关部门的执法协作和联合检查。

县级以上地方旅游主管部门应当逐步建立跨地区协同执法机制，加强执法协作，共享旅游违法行为查处信息，配合、协助其他地区旅游主管部门依法对本地区旅游经营者和从业人员实施的行政处罚。

第六条　对在行政处罚中获取的涉及相对人商业秘密或者个人隐私的内容，旅游主管部门及其执法人员应当予以保密。

第七条　除涉及国家秘密、商业秘密和个人隐私外，行政处罚结果应当向社会公开。

第二章　旅游行政处罚的实施主体与管辖

第八条　县级以上旅游主管部门应当在法定职权范围内实施行政处罚。

法律、法规授权从事旅游执法的机构，应当在法定授权范围内以自己的名义实施行政处罚，并对该行为的后果独立承担法律责任。

第九条　旅游主管部门可以在其法定职权范围内委托符合法定条件的旅游质监执法机构实施行政处罚，并对该行为的后果承担法律责任。受委托机构在委托范围内，以作出委托的旅游主管部门的名义实施行政处罚。

旅游主管部门委托实施行政处罚的，应当与受委托机构签订书面委托书，载明受委托机构名称、委托的依据、事项、权限和责任等内容，报上一级旅游主管部门备案，并将受委托机构名称、委托权限和事项向社会公示。

委托实施行政处罚，可以设定委托期限。

第十条　县级以上旅游主管部门应当加强行政执法队伍

建设,强化对执法人员的教育和培训,全面提高执法人员素质。

国家旅游局执法人员应当取得本局颁发的行政执法证件;县级以上地方旅游主管部门的执法人员应当取得县级以上地方人民政府颁发的行政执法证件。

第十一条 旅游行政处罚由违法行为发生地的县级以上地方旅游主管部门管辖。

旅行社组织境内旅游,旅游主管部门在查处地接社的违法行为时,发现组团社有其他违法行为的,应当将有关材料或其副本送组团社所在地县级以上地方旅游主管部门。旅行社组织出境旅游违法行为的处罚,由组团社所在地县级以上地方旅游主管部门管辖。

第十二条 国家旅游局负责查处在全国范围内有重大影响的案件。

省、自治区、直辖市旅游主管部门负责查处本地区内重大、复杂的案件。

设区的市级和县级旅游主管部门的管辖权限,由省、自治区、直辖市旅游主管部门确定。

吊销旅行社业务经营许可证、导游证、领队证或者取消出国(境)旅游业务经营资格的行政处罚,由设区的市级以上旅游主管部门作出。

第十三条 旅游主管部门发现已立案的案件不属于自己管辖的,应当在10日内移送有管辖权的旅游主管部门或者其他部门处理。接受移送的旅游主管部门认为案件不属于本部门管辖的,应当报上级旅游主管部门指定管辖,不得再自行移送。

违法行为构成犯罪的,应当按照《行政执法机关移送涉嫌犯罪案件的规定》,将案件移送司法机关,不得以行政处罚代替刑事处罚。

第十四条 两个以上旅游主管部门都有管辖权的行政处罚案件,由最先立案的旅游主管部门管辖,或者由相关旅游主管部门协商;协商不成的,报共同的上级旅游主管部门指定管辖。

第十五条 上级旅游主管部门有权查处下级旅游主管部门管辖的案件,也可以把自己管辖的案件移交下级旅游主管部门查处。

下级旅游主管部门对其管辖的案件,认为需要由上级旅游主管部门查处的,可以报请上级旅游主管部门决定。

第三章 旅游行政处罚的适用

第十六条 国家旅游局逐步建立、完善旅游行政裁量权指导标准。各级旅游主管部门行使旅游行政处罚裁量权应当综合考虑下列情节:

(一)违法行为的具体方式、手段、程度或者次数;

(二)违法行为危害的对象或者所造成的危害后果;

(三)当事人改正违法行为的态度、措施和效果;

(四)当事人的主观过错程度。

旅游主管部门实施处罚时,对性质相同、情节相近、危害后果基本相当、违法主体类同的违法行为,处罚种类及处罚幅度应当基本一致。

第十七条 当事人的同一违法行为同时违反两个以上法律、法规或者规章规定的,效力高的优先适用。

法律、法规、规章规定两种以上处罚可以单处或者并处的,可以选择适用;规定应当并处的,不得选择适用。

对当事人的同一违法行为,不得给予两次以上罚款的行政处罚。

第十八条 违法行为轻微并及时纠正,且没有造成危害后果的,不予处罚。违法行为在2年内未被发现的,不再给予行政处罚,但法律另有规定的除外。

第十九条 有下列情形之一的,应当从轻或者减轻处罚:

(一)主动消除或者减轻违法行为危害后果的;

(二)受他人胁迫实施违法行为的;

(三)配合行政机关查处违法行为有立功表现的;

(四)其他依法应当从轻或者减轻处罚的情形。

第二十条 执法人员在现场检查中发现违法行为或者实施行政处罚时,应当责令当事人立即改正违法行为。不能立即改正的,应当责令限期改正,限期改正期限一般不得超过15日,改正期间当事人应当停止相关违法行为。

责令改正应当以书面形式作出,可以一并列入行政处罚决定书。单独出具责令改正通知书的,应当说明违法行为的事实,以及责令改正的依据、期限、要求。

第四章 旅游行政处罚的一般程序

第一节 立案和调查

第二十一条 旅游主管部门在监督检查、接到举报、处理投诉或者接受移送、交办的案件,发现当事人的行为涉嫌违反旅游法律、法规、规章时,对符合下列条件的,应当在7个工作日内立案:

(一)对该行为可能作出行政处罚的;

(二)属于本部门管辖的;

(三)违法行为未过追责时效的。

立案应当经案件承办机构或者旅游主管部门负责人批准。

案件情况复杂的,经承办机构负责人批准,立案时间可以延长至14个工作日内。

第二十二条 旅游主管部门对不符合立案条件的,不予立案;立案后发现不符合立案条件的,应当撤销立案。

对实名投诉、举报不予立案或者撤销立案的,应当告知投诉人、举报人,并说明理由。

第二十三条 在现场检查中发现旅游违法行为时,认为证据以后难以取得的,可以先行调查取证,并在10日内决定是否立案和补办立案手续。

第二十四条 对已经立案的案件,案件承办机构应当指定两名以上的执法人员承办,及时组织调查取证。

第二十五条 执法人员有下列情形之一的,应当自行回避,当事人及其代理人也有权申请其回避:

(一)是本案当事人或者其近亲属的;

(二)本人或者其近亲属与本案有直接利害关系的;

(三)与当事人有其他关系,可能影响公正执法的。

第二十六条 需要委托其他旅游主管部门协助调查取证的,应当出具书面委托调查函。受委托的旅游主管部门应当予以协助;有正当理由确实无法协助的,应当及时函告。

第二十七条 执法人员在调查、检查时,有权采取下列措施:

(一)进入有关场所进行检查、勘验、先行登记保存证据、录音、拍照、录像;

(二)询问当事人及有关人员,要求其说明相关事项和提供有关材料;

(三)查阅、复制经营记录和其他有关材料。

第二十八条 执法人员在调查、检查时,应当遵守下列规定:

(一)不得少于两人;

(二)佩戴执法标志,并向当事人或者有关人员出示执法证件;

(三)全面、客观、及时、公正地调查违法事实、违法情节和危害后果等情况;

(四)询问当事人时,应当告知其依法享有的权利;

(五)依法收集与案件有关的证据,不得以诱导、欺骗等违法手段获取证据;

(六)如实记录当事人、证人或者其他有关人员的陈述;

(七)除必要情况外,应当避免延误团队旅游行程。

第二十九条 旅游行政处罚的证据包括当事人的陈述和辩解、证人证言、现场笔录、勘验笔录、询问笔录、听证笔录、鉴定意见、视听资料、电子数据和书证、物证等。

据以认定事实的证据,应当合法取得,并经查证属实。

旅游主管部门办理移送或者指定管辖的案件,应当对原案件办理部门依法取得的证据进行核实。

第三十条 执法人员现场检查、勘验时,应当通知当事人到场,可以采取拍照、录像或者其他方式记录现场情况,并制作笔录,载明时间、地点和事件等内容。无法找到当事人、当事人拒绝到场或者在笔录上签名、盖章的,应当注明原因。有其亲属、所在单位人员或者基层组织人员等其他人在现场的,可由其他人签名。

第三十一条 执法人员询问当事人和有关人员时,应当单独进行,并制作询问笔录,由执法人员、被询问人、陈述人、谈话人签名或者盖章。一份询问笔录只能对应一个被询问人、陈述人或者谈话人。

第三十二条 执法人员应当收集、调取与案件有关的书证、物证、视听资料和电子数据等原始凭证作为证据,调取原始证据确有困难的,可以提取相应的复印件、复制件、照片、节录本或者录像。

书证应当经核对与原件无误,注明出证日期和证据出处,由证据提供人和执法人员签名或者盖章;证据提供人拒绝签名或者盖章的,应当注明原因。

第三十三条 在证据可能灭失或者以后难以取得的情况下,经旅游主管部门负责人批准,执法人员可以采取先行登记保存措施,并移转保存。执法人员难以保存或者无须移转的,可以就地保存。

情况紧急的,执法人员可以先采取登记保存措施,再报请旅游主管部门负责人批准。

先行登记保存有关证据,应当当场出具先行登记保存证据决定书,载明先行登记保存证据的名称、单位、数量以及保存地点、时间、要求等内容,送达当事人。

第三十四条 对于先行登记保存的证据,应当在7日内采取下列措施:

(一)及时采取记录、复制、拍照、录像、公证等证据保全措施;

(二)需要鉴定的,送交鉴定。

旅游主管部门应当在期限届满前,解除先行登记保存措施。已移转保存的,应当返还当事人。

第三十五条 有下列情形之一的,可以终结调查:

(一)违法事实清楚、证据充分的；

(二)违法事实不成立的；

(三)作为当事人的自然人死亡的；

(四)作为当事人的法人或者其他组织终止,无法人或者其他组织承受其权利义务,又无其他关系人可以追查的；

(五)其他依法应当终结调查的情形。

调查终结后,对违法行为应当给予处罚的,执法人员应当提出行政处罚建议,并报案件承办机构或者旅游主管部门负责人批准;不予处罚或者免予处罚的,报案件承办机构或者旅游主管部门负责人批准后,终止案件。

第二节 告知和听证

第三十六条 旅游主管部门在作出行政处罚决定前,应当以书面形式告知当事人作出行政处罚决定的事实、理由、依据和当事人依法享有的陈述、申辩权利。

旅游主管部门可以就违法行为的性质、情节、危害后果、主观过错等因素,以及选择的处罚种类、幅度等情况,向当事人作出说明。

第三十七条 旅游主管部门应当充分听取当事人的陈述和申辩并制作笔录,对当事人提出的事实、理由和证据,应当进行复核。当事人提出的事实、理由或者证据成立的,应当予以采纳;不能成立而不予采纳的,应当向当事人说明理由。

旅游主管部门不得因当事人申辩而加重处罚。

第三十八条 旅游主管部门作出较大数额罚款、没收较大数额违法所得、取消出国(境)旅游业务经营资格、责令停业整顿、吊销旅行社业务经营许可证、导游证或者领队证等行政处罚决定前,应当以书面形式告知当事人有申请听证的权利。

听证告知的内容应当包括,提出听证申请的期限,未如期提出申请的法律后果,以及受理听证申请的旅游主管部门名称、地址等内容。

第一款所称较大数额,对公民为 1 万元人民币以上、对法人或者其他组织为 5 万元人民币以上;地方人民代表大会及其常务委员会或者地方人民政府另有规定的,从其规定。

第三十九条 听证应当遵循公开、公正和效率的原则,保障当事人的合法权益。

除涉及国家秘密、商业秘密或者个人隐私的外,应当公开听证。

第四十条 当事人要求听证的,应当在收到行政处罚听证告知书后 3 日内,向听证部门提出申请。

旅游主管部门接到申请后,应当在 30 日内举行听证,并在听证 7 日前,将举行听证的时间、地点、主持人,以及当事人可以申请听证回避、公开、延期、委托代理人、提供证据等事项,书面通知当事人。

申请人不是本案当事人,当事人未在规定期限内提出申请,或者有其他不符合听证条件的情形,旅游主管部门可以不举行听证,但应当向申请人说明理由。

第四十一条 同一旅游行政处罚案件的两个以上当事人分别提出听证申请的,可以合并举行听证;部分当事人提出听证申请的,可以只对该部分当事人的有关情况进行听证。

第四十二条 当事人应当按期参加听证,未按期参加听证且未事先说明理由的,视为放弃听证权利。

当事人有正当理由要求延期的,经听证承办机构负责人批准可以延期一次,并通知听证参加人。延期不得超过 15 日。

第四十三条 听证应当由旅游主管部门负责法制工作的机构承办。听证由一名主持人和若干名听证员组织,也可以由主持人一人组织。听证主持人、听证员、书记员应当由旅游主管部门负责人指定的非本案调查人员担任。

涉及专业知识的听证案件,可以邀请有关专家担任听证员。

听证参加人由案件调查人员、当事人和与本案处理结果有直接利害关系的第三人及其委托代理人等组成。公开举行的听证,公民、法人或者其他组织可以申请参加旁听。

当事人认为听证主持人、听证员或者书记员与本案有直接利害关系的,有权向旅游主管部门提出回避申请。

第四十四条 当事人在听证中有下列权利:

(一)对案件事实、适用法律及有关情况进行陈述和申辩;

(二)对案件调查人员提出的证据进行质证并提出新的证据;

(三)核对听证笔录,依法查阅案卷相关证据材料。

当事人、案件调查人员、第三人、有关证人举证、质证应当客观、真实,如实陈述案件事实和回答主持人的提问,遵守听证纪律。

听证主持人有权对参加人不当的辩论内容予以制止,维护正常的听证程序。听证参加人和旁听人员违反听证纪律的,听证主持人可以予以警告,情节特别严重的,可以责令其退出会场。

第四十五条 组织听证应当按下列程序进行:

(一)听证主持人询问核实案件调查人员、听证当事人、第三人的身份,宣布听证的目的、会场纪律、注意事项、当事人的权利和义务,介绍听证主持人、听证员和书记员,询问当事人、第三人是否申请回避,宣布听证开始;

(二)调查人员就当事人的违法事实进行陈述,并向听证主持人提交有关证据、处罚依据;

(三)当事人就案件的事实进行陈述和辩解,提交有关证据;

(四)第三人陈述事实,并就其要求提出理由,提交证据;

(五)调查人员、当事人、第三人对相关证据进行质证,听证主持人对重要的事实及证据予以核实;

(六)调查人员、当事人、第三人就与本案相关的事实、处罚理由和依据进行辩论;

(七)调查人员、当事人、第三人作最后陈述;

(八)主持人宣布听证结束。

听证过程应当制作笔录,案件调查人员、当事人、第三人应当在听证结束后核对听证笔录,确认无误后签名或者盖章。

第四十六条 听证主持人认为听证过程中提出的新的事实、理由、依据有待进一步调查核实或者鉴定的,可以中止听证并通知听证参加人。经调查核实或者作出鉴定意见后,应当恢复听证。

第四十七条 有下列情形之一的,终止听证:

(一)申请人撤回听证申请的;

(二)申请人无正当理由不参加听证会、在听证中擅自退场,或者严重违反听证纪律被听证主持人责令退场的;

(三)应当终止听证的其他情形。

听证举行过程中终止听证的,应当记入听证笔录。

第四十八条 听证结束后,听证主持人应当向旅游主管部门提交听证报告,并对拟作出的行政处罚决定,依照下列情形提出意见:

(一)违法事实清楚、证据充分、适用法律、法规、规章正确,过罚相当的,建议作出处罚;

(二)违法事实清楚、证据充分,但适用法律、法规、规章错误或者处罚显失公正的,建议重新作出处罚;

(三)违法事实不清、证据不足,或者由于违反法定程序可能影响案件公正处理的,建议另行指定执法人员重新调查。

听证会结束后,行政处罚决定作出前,执法人员发现新的违法事实,对当事人可能加重处罚的,应当按照本办法第三十六条、第四十条的规定,重新履行处罚决定告知和听证告知程序。

第四十九条 旅游主管部门组织听证所需费用,列入本部门行政经费,不得向当事人收取任何费用。

第三节 审查和决定

第五十条 案件调查终结并依法告知、听证后,需要作出行政处罚的,执法人员应当填写行政处罚审批表,经案件承办机构负责人同意后,报旅游主管部门负责人批准。

旅游主管部门应当对调查结果进行审查,根据下列情况,分别作出处理:

(一)确有应受行政处罚的违法行为的,根据情节轻重及具体情况,作出行政处罚决定;

(二)违法行为轻微,依法可以不予行政处罚的,不予行政处罚;

(三)违法事实不能成立的,不得给予行政处罚;

(四)违法行为已构成犯罪的,移送司法机关。

对情节复杂的案件或者因重大违法行为给予公民3万元以上罚款、法人或者其他组织20万元以上罚款,取消出国(境)旅游业务经营资格,责令停业整顿,吊销旅行社业务经营许可证、导游证、领队证等行政处罚的,旅游主管部门负责人应当集体讨论决定。地方人民代表大会及其常务委员会或者地方人民政府对集体讨论的情形另有规定的,从其规定。

第五十一条 决定给予行政处罚的,应当制作行政处罚决定书。旅游行政处罚决定书应当载明下列内容:

(一)当事人的姓名或者名称、证照号码、地址、联系方式等基本情况;

(二)违反法律、法规或者规章的事实和证据;

(三)行政处罚的种类和依据;

(四)行政处罚的履行方式和期限;

(五)逾期不缴纳罚款的后果;

(六)不服行政处罚决定,申请行政复议或者提起行政诉讼的途径和期限;

(七)作出行政处罚决定的旅游主管部门名称和作出决定的日期,并加盖部门印章。

第五十二条 旅游行政处罚案件应当自立案之日起的3个月内作出决定;案情复杂或者重大的,经旅游主管部门负责人批准可以延长,但不得超过3个月。

案件办理过程中组织听证、鉴定证据、送达文书,以及请示法律适用或者解释的时间，不计入期限。

第五十三条　旅游行政处罚文书应当送达当事人，并符合下列要求：

（一）有送达回证并直接送交受送达人，由受送达人在送达回证上载明收到的日期，并签名或者盖章；

（二）受送达人是个人的，本人不在交他的同住成年家属签收，并在送达回证上载明与受送达人的关系；

（三）受送达人或者他的同住成年家属拒绝接收的，送达人可以邀请有关基层组织的代表或者有关人员到场，说明情况，在送达回证上载明拒收的事由和日期，由送达人、见证人签名或者盖章，把文书留置受送达人的住所或者收发部门，也可以把文书留在受送达人的住所，并采用拍照、录像等方式记录送达过程；

（四）受送达人是法人或者其他组织的，应当由法人的法定代表人、其他组织的主要负责人或者该法人、组织办公室、收发室等负责收件的人签收或者盖章，拒绝签收或者盖章的，适用第（三）项留置送达的规定；

（五）经受送达人同意，可以采用传真、电子邮件等能够确认其收悉的方式送达行政处罚决定书以外的文书；

（六）受送达人有代理人或者指定代收人的，可以送交代理人或者代收人签收并载明受当事人委托的情况；

（七）直接送达确有困难的，可以用挂号信邮寄送达，也可以委托当地旅游主管部门代为送达，代收机关收到文书后，应当立即送交受送达人签收。

受送达人下落不明，或者以前款规定的方式无法送达的，可以在受送达人原住所地张贴公告，或者通过报刊、旅游部门网站公告送达，执法人员应当在送达文书上注明原因和经过。自公告发布之日起经过 60 日，即视为送达。

第五十四条　旅游行政处罚决定书应当在宣告后当场交付当事人；当事人不在场的，旅游主管部门应当按照本办法第五十三条的规定，在 7 日内送达当事人，并根据需要抄送与案件有关的单位和个人。

第五十五条　在案件处理过程中，当事人委托代理人的，应当提交授权委托书，载明委托人及其代理人的基本信息、委托事项及权限、代理权的起止日期、委托日期和委托人签名或者盖章。

第五十六条　违法行为发生地的旅游主管部门对非本部门许可的旅游经营者作出行政处罚的，应当依法将被处罚人的违法事实、处理结果告知原许可的旅游主管部门。取消出国（境）旅游业务经营资格或者吊销旅行社业务经营许可证、导游证、领队证的，原许可的旅游主管部门应当注销或者换发许可证件。

第五章　旅游行政处罚的简易程序

第五十七条　违法事实清楚、证据确凿并有法定依据，对公民处以 50 元以下、对法人或者其他组织处以 1000 元以下罚款或者警告的旅游行政处罚，可以适用本章简易程序，当场作出行政处罚决定。

第五十八条　当场作出旅游行政处罚决定时，执法人员应当制作笔录，并遵守下列规定：

（一）不得少于两人，并向当事人出示行政执法证件；

（二）向当事人说明违法的事实、处罚的理由和依据以及拟给予的行政处罚；

（三）询问当事人对违法事实、处罚依据是否有异议，并告知当事人有陈述、申辩的权利，听取当事人的陈述和申辩；

（四）责令当事人改正违法行为，并填写预定格式、编有号码、盖有旅游主管部门印章的行政处罚决定书，由执法人员和当事人签名或者盖章，并将行政处罚决定书当场交付当事人；

（五）依法当场收缴罚款的，应当向当事人出具省、自治区、直辖市财政部门统一制发的罚款收据。

当场作出行政处罚决定的，执法人员应当在决定之日起 3 日内向旅游主管部门报告；当场收缴的罚款应当在规定时限内存入指定的银行。

第五十九条　当场处罚决定书应当载明第五十一条规定的内容和作出处罚的地点。

第六章　旅游行政处罚的执行

第六十条　当事人应当在行政处罚决定书确定的期限内，履行处罚决定；被处以罚款的，应当自收到行政处罚决定书之日起 15 日内，向指定的银行缴纳罚款。

申请行政复议或者提起行政诉讼的，不停止行政处罚决定的执行，但有下列情形的除外：

（一）处罚机关认为需要停止执行的；

（二）行政复议机关认为需要停止执行的；

（三）申请人申请停止执行，行政复议机关认为其要求合理决定停止执行，或者人民法院认为执行会造成难以弥补的损失，并且停止执行不损害社会性公共利益，裁定停止执行的；

（四）法律、法规规定的其他情形。

第六十一条　当事人逾期不履行处罚决定的，作出处罚决定的旅游主管部门可以采取下列措施：

（一）到期不缴纳罚款的，每日按罚款数额的百分之三加处罚款，但加处罚款的数额不得超出罚款额；

（二）向旅游主管部门所在地有管辖权的人民法院申请强制执行。

第六十二条 申请人民法院强制执行应当在下列期限内提出：

（一）行政处罚决定书送达后，当事人未申请行政复议或者提起行政诉讼的，在处罚决定书送达之日起3个月后起算的3个月内；

（二）复议决定书送达后当事人未提起行政诉讼的，在复议决定书送达之日起15日后起算的3个月内；

（三）人民法院对当事人提起行政诉讼作出的判决、裁定生效之日起3个月内。

第六十三条 旅游主管部门申请人民法院强制执行前，应当催告当事人履行义务。催告应当以书面形式作出，并载明下列事项：

（一）履行义务的期限；

（二）履行义务的方式；

（三）涉及金钱给付的，应当有明确的金额和给付方式；

（四）当事人依法享有的陈述权和申辩权。

旅游主管部门应当充分听取当事人的意见，对当事人提出的事实、理由和证据，应当进行记录、复核。当事人提出的事实、理由或者证据成立的，应当采纳。

催告书送达10日后当事人仍未履行义务的，可以申请强制执行。

第六十四条 旅游主管部门向人民法院申请强制执行，应当提供下列材料：

（一）强制执行申请书；

（二）处罚决定书及作出决定的事实、理由和依据；

（三）旅游主管部门的催告及当事人的陈述或申辩情况；

（四）申请强制执行标的情况；

（五）法律、行政法规规定的其他材料。

强制执行申请书应当由旅游主管部门负责人签名，加盖旅游主管部门的印章，并注明日期。

第六十五条 当事人确有经济困难，需要延期或者分期缴纳罚款的，应当在行政处罚决定书确定的缴纳期限届满前，向作出行政处罚决定的旅游主管部门提出延期或者分期缴纳的书面申请。

批准当事人延期或者分期缴纳罚款的，应当制作同意延期（分期）缴纳罚款通知书，送达当事人，并告知当事人缴纳罚款时，应当向收缴机构出示。

延期、分期缴纳罚款的，最长不得超过6个月，或者最后一期缴纳时间不得晚于申请人民法院强制执行的最后期限。

第六十六条 旅游主管部门和执法人员应当严格执行罚缴分离的规定，不得非法自行收缴罚款。

罚没款及没收物品的变价款，应当全部上缴国库，任何单位和个人不得截留、私分或者变相私分。

第七章 旅游行政处罚的结案和归档

第六十七条 有下列情形之一的，应当结案：

（一）行政处罚决定由当事人履行完毕的；

（二）行政处罚决定依法强制执行完毕的；

（三）不予处罚或者免予处罚等无须执行的；

（四）行政处罚决定被依法撤销的；

（五）旅游主管部门认为可以结案的其他情形。

第六十八条 结案的旅游行政处罚案件，应当制作结案报告，报案件承办机构负责人批准。结案报告应当包括案由、案源、立案时间、当事人基本情况、主要案情、案件办理情况、复议和诉讼情况、执行情况、承办人结案意见等内容。

第六十九条 旅游行政处罚案件结案后15日内，案件承办人员应当将案件材料立卷，并符合下列要求：

（一）一案一卷；

（二）与案件相关的各类文书应当齐全，手续完备；

（三）书写文书用签字笔或者钢笔；

（四）案卷装订应当规范有序，符合文档要求。

第七十条 案卷材料可以分为正卷、副卷。主要文书、外部程序的材料立正卷；请示报告与批示、集体讨论材料、涉密文件等内部程序的材料立副卷。

第七十一条 立卷完成后应当立即将案卷统一归档。案卷保管及查阅，按档案管理有关规定执行，任何单位、个人不得非法修改、增加、抽取案卷材料。

第八章 旅游行政处罚的监督

第七十二条 各级旅游主管部门应当加强行政处罚监督工作。

各级旅游主管部门负责对本部门和受其委托的旅游质监执法机构实施的行政处罚行为，进行督促、检查和纠正；上级旅游主管部门负责对下级旅游主管部门及其委托的旅游质监执法机构实施的行政处罚行为，进行督促、检查和纠正。

各级旅游主管部门法制工作机构，应当在本级旅游主管部门的组织、领导下，具体实施、协调和指导行政处罚工作。

各级旅游主管部门应当设立法制工作机构或者配备行政执法监督检查人员。

第七十三条　旅游行政处罚监督的主要内容包括：

（一）旅游行政执法主体资格是否符合规定；

（二）执法人员及其执法证件是否合法、有效；

（三）行政检查和行政处罚行为是否符合权限；

（四）对违法行为查处是否及时；

（五）适用的行政处罚依据是否准确、规范；

（六）行政处罚的种类和幅度是否合法、适当；

（七）行政处罚程序是否合法；

（八）行政处罚文书使用是否规范；

（九）重大行政处罚备案情况。

第七十四条　对旅游行政处罚的监督，可以采取定期或者不定期方式，通过案卷评查和现场检查等形式进行；处理对行政处罚行为的投诉、举报时，可以进行调查、查询，调阅旅游行政处罚案卷和其他有关材料。

第七十五条　各级旅游主管部门及其委托的旅游质监执法机构不履行法定职责，或者实施的行政处罚行为违反法律、法规和本办法规定、处罚不当的，应当主动纠正。

上级旅游主管部门在行政处罚监督中，发现下级旅游主管部门有不履行法定职责、处罚不当或者实施的行政处罚行为违反法律、法规和本办法规定等情形的，应当责令其纠正。

第七十六条　重大旅游行政处罚案件实行备案制度。

县级以上地方旅游主管部门作出的行政处罚决定，符合本办法第三十八条第一款规定的听证条件的，应当自结案之日起15日内，将行政处罚决定书的副本，报上一级旅游主管部门备案。

第七十七条　旅游行政处罚实行工作报告制度。

县级以上地方旅游主管部门应当分别于当年7月和翌年1月，汇总本地区旅游行政处罚案件，并对旅游行政处罚工作的基本情况、存在的问题以及改进建议，提出工作报告，报上一级旅游主管部门。

省、自治区、直辖市旅游主管部门应当在当年8月31日和翌年2月28日前，将工作总结和案件汇总情况报国家旅游局。

第七十八条　承担行政复议职责的旅游主管部门应当认真履行行政复议职责，依照有关规定配备专职行政复议人员，依法对违法的行政处罚决定予以撤销、变更或者确认，保障法律、法规的正确实施和对行政处罚工作的监督。

第七十九条　各级旅游主管部门应当建立健全对案件承办机构和执法人员旅游行政处罚工作的投诉、举报制度，并公布投诉、举报电话。受理投诉、举报的机构应当按照信访、纪检等有关规定对投诉、举报内容核查处理或者责成有关机构核查处理，并将处理结果通知投诉、举报人。受理举报、投诉的部门应当为举报、投诉人保密。

第八十条　各级旅游主管部门可以采取组织考评、个人自我考评和互查互评相结合，案卷评查和听取行政相对人意见相结合，日常评议考核和年度评议考核相结合的方法，对本部门案件承办机构和执法人员的行政处罚工作进行评议考核。

第八十一条　对在行政处罚工作中做出显著成绩和贡献的单位和个人，旅游主管部门可以依照国家或者地方的有关规定给予表彰和奖励。

旅游行政执法人员有下列行为之一的，由任免机关、监察机关依法给予行政处分；构成犯罪的，依法追究刑事责任：

（一）不依法履行行政执法职责的；

（二）滥用职权、徇私舞弊的；

（三）其他失职、渎职的行为。

第九章　附　　则

第八十二条　本办法有关期间的规定，除第二十一条的规定外，均按自然日计算。期间开始之日，不计算在内。期间届满的最后一日是节假日的，以节假日后的第一日为期间届满的日期。行政处罚文书在期满前邮寄的，视为在有效期内。

第八十三条　本办法所称的“以上”包括本数或者本级，所称的“以下”不包括本数。

第八十四条　省、自治区、直辖市人民政府决定旅游行政处罚权由其他部门集中行使的，其旅游行政处罚的实施参照适用本办法。

第八十五条　本办法自2013年10月1日起施行。

旅游行政许可办法

1. 2018年3月9日国家旅游局令第46号公布

2. 自2018年5月1日起施行

第一章　总　　则

第一条　为了规范旅游行政许可行为，保护公民、法人和其他组织的合法权益，保障和监督旅游主管部门有效实施行政管理，根据《行政许可法》及有关法律、行政法规，结合旅游工作实际，制定本办法。

第二条　本办法所称旅游行政许可，是指旅游主管部门及具有旅游行政许可权的其他行政机关根据公民、法人或者其他组织的申请，经依法审查，准予其从事特定活动的行为。

第三条　旅游行政许可的设定、实施和监督检查，应当遵守《行政许可法》《旅游法》及有关法律、法规和本办法的规定。

旅游主管部门对其他机关或者对其直接管理的事业单位的人事、财务、外事等事项的审批，不适用本办法。

第四条　实施旅游行政许可，应当依照法定的权限、范围、条件和程序，遵循公开、公平、公正的原则。

旅游主管部门应当按照国家有关规定将行政许可事项向社会公布，未经公布不得实施相关行政许可。行政许可的实施和结果，除涉及国家秘密、商业秘密或者个人隐私的外，应当公开。

符合法定条件、标准的，申请人有依法取得旅游行政许可的平等权利，旅游主管部门不得歧视。

第五条　实施旅游行政许可，应当遵循便民、高效的原则，以行政许可标准化建设为指引，运用标准化原理、方法和技术，提高办事效率，提供优质服务。

国家旅游局负责建立完善旅游行政许可全国网上审批平台，逐步推动旅游行政许可事项的网上办理和审批。地方各级旅游主管部门应当逐步将本部门旅游行政许可事项纳入或者接入全国网上审批平台统一实施。

实施行政许可的旅游主管部门应当编制旅游行政许可服务指南，建立和实施旅游行政许可信息公开制、一次性告知制、首问责任制、顶岗补位制、服务承诺制、责任追究制和文明服务制等服务制度和规范。

第六条　旅游行政规章、规范性文件及其他文件一律不得设定行政许可。

旅游行政规章可以在上位法设定的行政许可事项范围内，对实施该行政许可作出具体规定，但不得增设行政许可；对行政许可条件作出的具体规定，不得增设违反上位法的其他条件。

第七条　公民、法人或者其他组织对旅游主管部门实施行政许可，享有陈述权、申辩权；有权依法申请行政复议或者提起行政诉讼；其合法权益因旅游主管部门违法实施行政许可受到损害的，有权依法要求赔偿。

第八条　旅游行政许可决定依法作出即具有法律效力，非经法定程序不得改变。

旅游行政许可所依据的法律、法规、规章修改或者废止，或者准予行政许可所依据的客观情况发生重大变化的，为了公共利益的需要，旅游主管部门可以依法变更或者撤回已经生效的行政许可。由此给公民、法人或者其他组织造成财产损失的，应当依法给予补偿。

第二章　实 施 机 关

第九条　旅游行政许可由旅游主管部门或者具有旅游行政许可权的其他行政机关在其法定职权范围内实施。

旅游主管部门内设机构和派出机构不得以自己的名义实施行政许可。

第十条　旅游主管部门可以在其法定职权范围内委托具有权限的下级旅游主管部门实施行政许可，并应当将受委托的旅游主管部门和委托实施的旅游行政许可事项予以公告。

委托的旅游主管部门对委托行为的后果，依法承担法律责任。

受委托的旅游主管部门在委托范围内，以委托的旅游主管部门名义实施行政许可，不得转委托。

第十一条　旅游主管部门应当确定具体承担旅游行政许可办理工作的内设机构（以下简称承办机构）。承办机构的主要职责包括：

（一）受理、审查旅游行政许可申请，并向旅游主管部门提出许可决定建议；

（二）组织旅游行政许可听证工作；

（三）送达旅游行政许可决定和证件；

（四）旅游行政许可的信息统计、信息公开工作；

（五）旅游行政许可档案管理工作；

（六）提供旅游行政许可业务咨询服务；

（七）依法对被许可人从事旅游行政许可事项的活动进行监督检查。

承办机构需要其他业务机构协助办理的，相关业务机构应当积极配合。

第三章　申请与受理

第十二条　从事依法需要取得旅游行政许可活动的，应当向行政机关提出申请。申请书需要采用格式文本的，旅游主管部门应当免费提供申请书格式文本和常见错误实例。申请书格式文本中不得包含与申请行政许可事项没有直接关系的内容。

申请人依法委托代理人提出行政许可申请的，应当提交申请人、代理人的身份证明文件和授权委托书。

授权委托书应当载明授权委托事项和授权范围。

第十三条 旅游主管部门应当将旅游行政许可事项、依据、申请条件、数量限制、办理流程、办结期限及申请材料目录和申请书示范文本等,在办公场所或者受理场所及政务网站公示,方便申请人索取使用、获取信息。

申请人要求对公示内容予以说明、解释的,承办机构应当说明、解释,提供准确、可靠的信息。

第十四条 旅游主管部门应当设置一个固定场所作为旅游行政许可业务办理窗口,配备政治素质高、业务能力强、熟悉掌握旅游行政许可业务工作的受理人员,统一受理申请、提供咨询和送达决定,并在办公区域显著位置设立指示标志,引导申请人到受理窗口办理许可业务。

旅游行政许可事项纳入行政服务大厅集中受理的,按照相关规定和要求执行。

第十五条 申请人申请行政许可,应当如实向旅游主管部门提交有关材料和反映真实情况,并对其申请材料实质内容的真实性负责。旅游主管部门不得要求申请人提交与其申请的行政许可事项无关的材料。

第十六条 受理申请时,旅游行政许可受理人员应当审查下列事项:

(一)申请事项是否属于本部门行政许可受理范围;

(二)申请人或者代理人提交的身份证件和授权委托书是否合法有效,授权事项及范围是否明确;

(三)申请材料中是否明确附有申请人签名或者盖章;

(四)申请人提交的材料是否符合所申请事项的各项受理要求。

第十七条 对申请人提出的行政许可申请,旅游主管部门应当根据下列情况分别作出处理:

(一)申请事项依法不需要取得行政许可的,应当即时告知申请人不受理,并向申请人出具《行政许可申请不予受理通知书》,说明理由和依据;

(二)申请事项依法不属于本部门职权范围的,应当即时作出不予受理的决定,并向申请人出具《行政许可申请不予受理通知书》,告知申请人向有关行政机关申请;

(三)申请材料存在文字、计算等可以当场更正的错误的,应当允许申请人当场更正,并告知其在修改处签名或者盖章确认;

(四)申请材料不齐全或者不符合法定形式的,应当当场或者在5日内一次性告知申请人需要补正的全部内容,并向申请人出具《行政许可申请补正材料通知书》。逾期不告知的,自收到申请材料之日起即为受理;

(五)申请人未在规定的期限内提交补正材料,或者提交的材料仍不符合要求但拒绝再补正的,应当作出不予受理的决定,并向申请人出具《行政许可申请不予受理通知书》,说明理由和依据;

(六)申请事项属于本部门职权范围,申请材料齐全、符合法定形式或者申请人依照本部门要求提交全部补正材料的,应当受理行政许可申请,并向申请人出具符合行政许可受理单制度要求的《行政许可申请受理通知书》。

旅游主管部门出具前款规定的相关书面凭证,应当加盖单位印章或者行政许可专用印章,并注明日期。

第四章 审查与决定

第十八条 旅游主管部门应当根据申请人提交的申请材料,对其是否具备许可条件、是否存在不予许可的情形等进行书面审查;依法需要对申请材料的实质内容进行核实的,应当指派两名以上工作人员进行现场核查。

核查人员在现场核查或者询问时,应当出示证件,并制作现场核查笔录或者询问笔录。现场核查笔录、询问笔录应当如实记载核查的时间、地点、参加人和内容,经被核查人、被询问人核对无误后签名或者盖章,并由核查人员签字。当事人或者有关人员应当如实回答询问,并协助核查。

第十九条 旅游主管部门对行政许可申请进行审查时,发现该行政许可事项直接关系他人重大利益的,应当告知该利害关系人。申请人、利害关系人有权进行陈述和申辩。

行政许可办理工作人员对申请人、利害关系人的口头陈述和申辩,应当制作陈述、申辩笔录;经复核,申请人、利害关系人提出的事实、理由成立的,应当采纳。

第二十条 申请人在作出行政许可决定前自愿撤回行政许可申请的,旅游主管部门应当准许。

申请人撤回申请的,应当以书面形式提出,并返还旅游主管部门已出具的相关书面凭证。对纸质申请材料,旅游主管部门应当留存复制件,并将原件退回。

第二十一条 有下列情形之一的,旅游主管部门应当作出中止审查的决定,并通知申请人:

(一)申请人因涉嫌侵害旅游者合法权益等违法违规行为被行政机关调查,或者被司法机关侦查,尚未结案,对其行政许可事项影响重大的;

(二)申请人被依法采取限制业务活动、责令停业整顿、指定其他机构托管、接管等措施，尚未解除的；

（三）对有关法律、法规、规章的规定，需要进一步明确具体含义，请求有关机关作出解释的；

（四）申请人主动要求中止审查，理由正当的。

法律、法规、规章对前款情形另有规定的，从其规定。

行政许可中止的原因消除后，应当及时恢复审查。中止审查的时间不计算在法定期限内。

第二十二条 有下列情形之一的，旅游主管部门应当作出终止审查的决定，并通知申请人：

（一）申请人自愿撤回申请的；

（二）作为申请人的自然人死亡或者丧失行为能力的；

（三）作为申请人的法人或者其他组织终止的。

第二十三条 旅游主管部门对行政许可申请进行审查后，能够当场作出决定的，应当当场作出书面行政许可决定；不能当场作出决定的，应当在法定期限内按照规定程序作出行政许可决定。

第二十四条 申请人的申请符合法定条件、标准的，旅游主管部门应当依法作出准予行政许可的书面决定；不符合法定条件、标准的，旅游主管部门应当依法作出不予行政许可的书面决定，说明理由，并告知申请人享有依法申请行政复议或者提起行政诉讼的权利。

行政许可书面决定应当载明作出决定的时间，并加盖单位印章或者行政许可专用印章。

第二十五条 旅游主管部门作出准予行政许可的决定，需要颁发行政许可证件的，应当在法定期限内向申请人颁发加盖单位印章或者行政许可专用印章的行政许可证件。

行政许可证件一般应当载明证件名称、发证机关名称、被许可人名称、行政许可事项、证件编号、发证日期和证件有效期等事项。

第二十六条 旅游主管部门可以采取下列方式送达行政许可决定以及其他行政许可文书：

（一）受送达人到旅游主管部门办公场所或者受理场所直接领取，在送达回证上注明收到日期，并签名或者盖章；

（二）邮寄送达的，申请书载明的联系地址为送达地址，受送达人及其代收人应当在邮件回执上签名或者盖章，回执上注明的收件日期为送达日期；

（三）受送达人拒绝接收行政许可文书的，送达人可以邀请有关基层组织或者所在单位的代表到场，说明情况，在送达回证上记明拒收事由和日期，由送达人、见证人签名或者盖章，把许可文书留在受送达人的住所；也可以把许可文书留在受送达人的住所，并采用拍照、录像等方式记录送达过程，即视为送达；

（四）直接送达有困难的，可以委托当地旅游主管部门送达；

（五）无法采取上述方式送达的，可以在公告栏、受送达人住所地张贴公告，也可以在报刊上刊登公告。自公告发布之日起60日后，即视为送达。

第二十七条 旅游主管部门作出的准予行政许可决定，应当按照《政府信息公开条例》的规定予以公开，并允许公众查阅。

第二十八条 旅游主管部门应当在颁发行政许可证件之日起30日内，逐级向上级旅游主管部门备案被许可人名称、行政许可事项、证件编号、发证日期和证件有效期等事项或者共享相关信息。

第五章 听 证

第二十九条 法律、法规、规章规定实施旅游行政许可应当听证的事项，或者旅游主管部门认为需要听证的其他涉及公共利益的重大行政许可事项，旅游主管部门应当向社会公告，并举行听证。

第三十条 旅游行政许可直接涉及申请人与他人之间重大利益关系的，旅游主管部门应当在作出行政许可决定前发出《行政许可听证告知书》，告知申请人、利害关系人有要求听证的权利。

第三十一条 申请人、利害关系人要求听证的，应当在收到旅游主管部门《行政许可听证告知书》之日起5日内提交申请听证的书面材料；逾期不提交的，视为放弃听证权利。

第三十二条 旅游主管部门应当在接到申请人、利害关系人申请听证的书面材料后20日内组织听证，并在举行听证的7日前，发出《行政许可听证通知书》，将听证的事项、时间、地点通知申请人、利害关系人，必要时予以公告。

第三十三条 听证主持人由旅游主管部门从审查该行政许可申请的工作人员以外的人员中指定，申请人、利害关系人认为主持人与该行政许可事项有直接利害关系的，有权申请回避。

第三十四条 行政许可审查工作人员应当在举行听证5日前，向听证主持人提交行政许可审查意见的证据、理由等全部材料。申请人、利害关系人也可以提出证据。

第三十五条 听证会按照下列程序公开进行：

（一）主持人宣布会场纪律；

（二）核对听证参加人姓名、年龄、身份，告知听证参加人权利、义务；

（三）行政许可审查工作人员提出审查意见的证据、理由；

（四）申请人、利害关系人进行申辩和质证；

（五）行政许可审查工作人员与申请人、利害关系人就争议事实进行辩论；

（六）行政许可审查工作人员与申请人、利害关系人作最后陈述；

（七）主持人宣布听证会中止、延期或者结束。

第三十六条　对于申请人、利害关系人或者其委托的代理人无正当理由不出席听证、未经听证主持人许可中途退出或者放弃申辩和质证权利退出听证会的，听证主持人可以宣布听证取消或者终止。

第三十七条　听证记录员应当将听证的全部活动制作笔录，由听证主持人和记录员签名。

听证笔录应当经听证参加人确认无误或者补正后，当场签名或者盖章。听证参加人拒绝签名或者盖章的，由听证主持人记明情况，在听证笔录中予以载明。

第三十八条　旅游主管部门应当根据听证笔录，作出行政许可决定。对听证笔录中未认证、记载的事实依据，或者听证结束后申请人提交的证据，旅游主管部门不予采信。

第六章　档案管理

第三十九条　旅游主管部门应当按照档案管理法律、法规和标准要求，建立科学的管理制度，配备必要的设施设备，指定专门的人员，采用先进技术，加强旅游行政许可档案管理。

第四十条　旅游行政许可档案管理内容主要包括下列材料：

（一）申请人依法提交的各项申请材料；

（二）旅游主管部门实施许可过程中直接形成的材料；

（三）法律、法规规定需要管理的其他材料。

材料形式应当包括文字、图标、声像等不同形式的记录。

第四十一条　承办机构应当对档案材料进行分类、编号、排列、登记、装订，及时整理立卷，并定期移交本部门档案管理机构归档。

档案交接、保管、借阅、查阅、复制等，应当遵守有关规定，严格履行签收、登记、审批手续。涉及国家秘密的，还应当依照《保密法》及其实施条例的规定办理。

第四十二条　旅游主管部门应当明确有关许可档案的保管期限。保管期限到期时，经鉴定档案无保存价值的，可按有关规定销毁。

第七章　监督检查

第四十三条　旅游主管部门应当建立健全旅游行政许可监督检查制度，采取定期或者不定期抽查等方式，对许可实施情况进行监督检查，及时纠正行政许可实施中的违法行为。

旅游主管部门应当制定旅游行政许可实施评价方案，明确评价主体、方式、指标和程序，并组织开展评价，依据评估结果持续提高许可工作质量。

第四十四条　旅游主管部门应当依法对被许可人从事旅游行政许可事项的活动进行监督检查，并将监督检查的情况和处理结果予以记录，由监督检查人员签字后归档。公众有权查阅监督检查记录。

第四十五条　有《行政许可法》规定的撤销、注销情形的，旅游主管部门应当依法作出撤销决定、办理注销手续。

第四十六条　旅游主管部门及其工作人员在实施行政许可、监督检查过程中滥用职权、玩忽职守、徇私舞弊的，由有权机关依法给予行政处分；构成犯罪的，依法追究刑事责任。

第四十七条　行政许可申请人、被许可人有违反《行政许可法》《旅游法》及有关法律、法规和本办法规定行为的，旅游主管部门应当依法给予处理；构成犯罪的，依法追究刑事责任。

公民、法人或者其他组织未经行政许可，擅自从事依法应当取得旅游行政许可的活动的，旅游主管部门应当依法采取措施予以制止，并依法给予行政处罚；构成犯罪的，依法追究刑事责任。

第八章　附　　则

第四十八条　本办法规定的期限以工作日计算，但第二十六条和第二十八条规定的期限除外。

第四十九条　法规、规章对旅游主管部门实施旅游行政许可有特别规定的，按照有关规定执行。

省、自治区、直辖市人民政府决定旅游行政许可权由其他部门集中行使的，其旅游行政许可的实施参照适用本办法。

第五十条　本办法自2018年5月1日起施行。2006年11月7日国家旅游局发布的《国家旅游局行政许可实施暂行办法》同时废止。

国家旅游局关于打击组织“不合理低价游”的意见

1. 2015年9月29日
2. 旅发〔2015〕218号

各省、自治区、直辖市旅游委、局，新疆生产建设兵团旅游局：

一些旅行社组织“不合理低价游”严重侵害旅游者权益，扰乱旅游市场秩序。为维护广大旅游者和旅游经营者的合法权益，现提出以下意见。

一、“不合理低价”的认定

所谓“不合理低价”，是指背离价值规律，低于经营成本，以不实价格招揽游客，以不实宣传诱导消费，以不正当竞争扰乱市场。有以下行为之一，可被认定为“不合理低价”：一是旅行社的旅游产品价格低于当地旅游部门或旅游行业协会公布的诚信旅游指导价30%以上的；二是组团社将业务委托给地接社履行，不向地接社支付费用或者支付的费用低于接待和服务成本的；三是地接社接待不支付接待和服务费用或者支付的费用低于接待和服务成本的旅游团队的；四是旅行社安排导游领队为团队旅游提供服务，要求导游领队垫付或者向导游领队收取费用的；五是法律、法规规定的旅行社损害旅游者合法权益的其他“不合理低价”行为。

二、对“不合理低价”违法行为的处罚处理

各级旅游部门按以下标准依法对“不合理低价游”违法行为进行处罚处理：

（一）对旅行社的处罚处理：一是没收违法所得，责令停业整顿三个月，情节严重的，吊销旅行社业务经营许可证；二是处三十万元罚款，违法所得三十万元以上的，处违法所得五倍罚款；三是列入旅游经营服务不良信息，并转入旅游经营服务信用档案，向社会予以公布。

（二）对旅行社相关责任人的处罚处理：一是对直接负责主管人员和其他直接责任人员，没收违法所得，处二万元罚款；二是被吊销旅行社业务经营许可证的旅行社法人代表和主要管理人员，自处罚之日起未逾三年的，不得从事旅行社业务；三是列入旅游经营服务不良信息，并转入旅游经营服务信用档案，向社会予以公布。

三、工作要求

（一）各地要督促旅行社积极转变发展方式，坚持依法依规经营，坚持改革创新和诚信经营，坚持靠品质和服务赢得市场，自觉抵制“不合理低价”行为，共同维护好旅游市场秩序。

（二）各地要加大对导游领队的教育引导，积极提升服务质量，严格履行旅游合同，抵制接待“不合理低价”团队，主动举报旅行社的“不合理低价”行为，自觉维护导游领队的合法劳动权益。

（三）各地要加强对旅游者的宣传引导，通过公益广告、印制宣传手册等，让旅游者正确识别“不合理低价”，理性消费，自觉抵制和主动举报旅行社“不合理低价”的行为。

（四）各地要积极推动旅游行业协会制定和公布以核算旅游线路成本为参考的诚信旅游指导价，加强行业自律，倡议会员相互监督，积极举报“不合理低价”行为。

（五）各级旅游部门要严格执行意见要求，加大对旅游市场上“不合理低价”的打击力度，会同公安、工商等部门把治理“不合理低价”作为治理旅游市场乱象的突破口和切入点，发扬钉钉子的精神，坚决遏制旅游市场乱象。

国家旅游局关于打击旅游活动中欺骗、强制购物行为的意见

1. 2015年9月29日
2. 旅发〔2015〕217号

各省、自治区、直辖市旅游委、局，新疆生产建设兵团旅游局：

购物是旅游活动的重要组成部分，是规范旅游市场秩序的关键环节。“欺骗、强制旅游购物”已严重损害旅游者权益，深为人民群众诟病。为进一步明确旅行社及从业人员、购物场所和旅游者的责任和义务，大力整治“欺骗、强制旅游购物”，现提出以下意见。

一、“欺骗、强制旅游购物”行为的认定

有以下行为之一，可被认定为“欺骗、强制旅游购物”：一是旅行社未经旅游者书面同意，安排购物的；二是旅行社、导游领队对旅游者进行人身威胁、恐吓等行为强迫旅游者购物的；三是旅行社、导游领队安排的购物场所属于非法营业或者未向社会公众开放的；四是旅行社、导游领队安排的购物场所销售商品掺杂、掺假，以假充真、以次充好，以不合格产品冒充合格产品的；五是旅行社、导游领队明知或者应知安排的购物场

所的经营者有严重损害旅游者权益记录的；六是旅行社、导游领队收取购物场所经营者回扣等不正当利益的；七是购物场所经营者存在《消费者权益保护法》第五十六条规定情形的；八是法律、法规规定的旅行社、导游领队及购物场所经营者通过安排购物损害旅游者合法权益的其他行为。

二、对“欺骗、强制旅游购物”违法行为的处罚处理标准

各级旅游部门按以下标准依法对“欺骗、强制旅游购物”违法行为进行处罚处理：

（一）对旅行社的处罚处理：一是没收违法所得，责令停业整顿三个月，情节严重的，吊销旅行社业务经营许可证；二是处三十万元罚款，违法所得三十万元以上的，处违法所得五倍罚款；三是列入旅游经营服务不良信息，并转入旅游经营服务信用档案，向社会公布。

（二）对旅行社相关责任人的处罚处理：一是对直接负责主管人员和其他直接责任人员，没收违法所得，处二万元罚款；二是被吊销旅行社业务经营许可证的旅行社法人代表和主要管理人员，自处罚之日起未逾三年的，不得从事旅行社业务；三是列入旅游经营服务不良信息，并转入旅游经营服务信用档案，向社会予以公布。

（三）对导游、领队的处罚处理：一是没收违法所得，处二万罚款，并吊销导游证、领队证；二是被吊销导游证、领队证的导游、领队，自处罚之日起未逾三年的，不得重新申请导游证、领队证；三是列入旅游经营服务不良信息，并转入旅游经营服务信用档案，向社会予以公布。

（四）对购物场所及其经营者的处理：一是列入旅游经营服务不良信息，并转入旅游经营服务信用档案，向社会予以公布；二是要求旅行社及其从业人员不得带旅游者进入被列入旅游经营服务信用档案名单的购物场所；三是依法移送公安、工商等相关部门。

三、工作要求

（一）各地要督促旅行社诚信经营、提升品质，加强部门和分支机构及导游领队的管理，审慎选择购物场所，并与其签订合同，明确产品服务质量及责任，抵制“欺骗、强制旅游购物”行为，使用国家旅游局与国家工商总局制定的合同范本，载明旅游购物场所的基本信息，提示可能存在的消费风险。

（二）各地要加大对导游领队的培训教育，引导广大导游领队用辛勤劳动、诚实劳动创造美好生活，自觉提高自身素质和服务水平，主动举报旅行社、购物场所的“欺骗、强制旅游购物”行为。

（三）各地要通过媒体合作，加大对旅游者的宣传教育，引导旅游者理性消费、理性维权，与旅行社签订正规的旅游合同，拒绝签订旅行社提供的虚假旅游合同，主动索要团费和购物发票，积极举报旅行社、导游领队、购物场所经营者的违法违规行为。

（四）各级旅游部门要严格执行意见要求，要针对问题多发的旅游市场，加大对“欺骗、强制旅游购物”的打击力度，主动协调公安、工商、商务等部门，加强联合执法，共同净化旅游购物环境，推动旅游业可持续发展。

九、旅游纠纷

资料补充栏

旅游投诉处理办法

1. 2010年5月5日国家旅游局令第32号公布
2. 自2010年7月1日起施行

第一章　总　　则

第一条　为了维护旅游者和旅游经营者的合法权益，依法公正处理旅游投诉，依据《中华人民共和国消费者权益保护法》、《旅行社条例》、《导游人员管理条例》和《中国公民出国旅游管理办法》等法律、法规，制定本办法。

第二条　本办法所称旅游投诉，是指旅游者认为旅游经营者损害其合法权益，请求旅游行政管理部门、旅游质量监督管理机构或者旅游执法机构（以下统称"旅游投诉处理机构"），对双方发生的民事争议进行处理的行为。

第三条　旅游投诉处理机构应当在其职责范围内处理旅游投诉。

地方各级旅游行政主管部门应当在本级人民政府的领导下，建立、健全相关行政管理部门共同处理旅游投诉的工作机制。

第四条　旅游投诉处理机构在处理旅游投诉中，发现被投诉人或者其从业人员有违法或犯罪行为的，应当按照法律、法规和规章的规定，作出行政处罚、向有关行政管理部门提出行政处罚建议或者移送司法机关。

第二章　管　　辖

第五条　旅游投诉由旅游合同签订地或者被投诉人所在地县级以上地方旅游投诉处理机构管辖。

需要立即制止、纠正被投诉人的损害行为的，应当由损害行为发生地旅游投诉处理机构管辖。

第六条　上级旅游投诉处理机构有权处理下级旅游投诉处理机构管辖的投诉案件。

第七条　发生管辖争议的，旅游投诉处理机构可以协商确定，或者报请共同的上级旅游投诉处理机构指定管辖。

第三章　受　　理

第八条　投诉人可以就下列事项向旅游投诉处理机构投诉：

（一）认为旅游经营者违反合同约定的；

（二）因旅游经营者的责任致使投诉人人身、财产受到损害的；

（三）因不可抗力、意外事故致使旅游合同不能履行或者不能完全履行，投诉人与被投诉人发生争议的；

（四）其他损害旅游者合法权益的。

第九条　下列情形不予受理：

（一）人民法院、仲裁机构、其他行政管理部门或者社会调解机构已经受理或者处理的；

（二）旅游投诉处理机构已经作出处理，且没有新情况、新理由的；

（三）不属于旅游投诉处理机构职责范围或者管辖范围的；

（四）超过旅游合同结束之日90天的；

（五）不符合本办法第十条规定的旅游投诉条件的；

（六）本办法规定情形之外的其他经济纠纷。

属于前款第（三）项规定的情形的，旅游投诉处理机构应当及时告知投诉人向有管辖权的旅游投诉处理机构或者有关行政管理部门投诉。

第十条　旅游投诉应当符合下列条件：

（一）投诉人与投诉事项有直接利害关系；

（二）有明确的被投诉人、具体的投诉请求、事实和理由。

第十一条　旅游投诉一般应当采取书面形式，一式两份，并载明下列事项：

（一）投诉人的姓名、性别、国籍、通讯地址、邮政编码、联系电话及投诉日期；

（二）被投诉人的名称、所在地；

（三）投诉的要求、理由及相关的事实根据。

第十二条　投诉事项比较简单的，投诉人可以口头投诉，由旅游投诉处理机构进行记录或者登记，并告知被投诉人；对于不符合受理条件的投诉，旅游投诉处理机构可以口头告知投诉人不予受理及其理由，并进行记录或者登记。

第十三条　投诉人委托代理人进行投诉活动的，应当向旅游投诉处理机构提交授权委托书，并载明委托权限。

第十四条　投诉人4人以上，以同一事由投诉同一被投诉人的，为共同投诉。

共同投诉可以由投诉人推选1至3名代表进行投诉。代表人参加旅游投诉处理机构处理投诉过程的行为，对全体投诉人发生效力，但代表人变更、放弃投诉请求或者进行和解，应当经全体投诉人同意。

第十五条　旅游投诉处理机构接到投诉，应当在5个工作日内作出以下处理：

（一）投诉符合本办法的，予以受理；

（二）投诉不符合本办法的，应当向投诉人送达《旅游投诉不予受理通知书》，告知不予受理的理由；

（三）依照有关法律、法规和本办法规定，本机构无管辖权的，应当以《旅游投诉转办通知书》或者《旅游投诉转办函》，将投诉材料转交有管辖权的旅游投诉处理机构或者其他有关行政管理部门，并书面告知投诉人。

第四章　处　　理

第十六条　旅游投诉处理机构处理旅游投诉，除本办法另有规定外，实行调解制度。

旅游投诉处理机构应当在查明事实的基础上，遵循自愿、合法的原则进行调解，促使投诉人与被投诉人相互谅解，达成协议。

第十七条　旅游投诉处理机构处理旅游投诉，应当立案办理，填写《旅游投诉立案表》，并附有关投诉材料，在受理投诉之日起 5 个工作日内，将《旅游投诉受理通知书》和投诉书副本送达被投诉人。

对于事实清楚、应当即时制止或者纠正被投诉人损害行为的，可以不填写《旅游投诉立案表》和向被投诉人送达《旅游投诉受理通知书》，但应当对处理情况进行记录存档。

第十八条　被投诉人应当在接到通知之日起 10 日内作出书面答复，提出答辩的事实、理由和证据。

第十九条　投诉人和被投诉人应当对自己的投诉或者答辩提供证据。

第二十条　旅游投诉处理机构应当对双方当事人提出的事实、理由及证据进行审查。

旅游投诉处理机构认为有必要收集新的证据，可以根据有关法律、法规的规定，自行收集或者召集有关当事人进行调查。

第二十一条　需要委托其他旅游投诉处理机构协助调查、取证的，应当出具《旅游投诉调查取证委托书》，受委托的旅游投诉处理机构应当予以协助。

第二十二条　对专门性事项需要鉴定或者检测的，可以由当事人双方约定的鉴定或者检测部门鉴定。没有约定的，当事人一方可以自行向法定鉴定或者检测机构申请鉴定或者检测。

鉴定、检测费用按双方约定承担。没有约定的，由鉴定、检测申请方先行承担；达成调解协议后，按调解协议承担。

鉴定、检测的时间不计入投诉处理时间。

第二十三条　在投诉处理过程中，投诉人与被投诉人自行和解的，应当将和解结果告知旅游投诉处理机构；旅游投诉处理机构在核实后应当予以记录并由双方当事人、投诉处理人员签名或者盖章。

第二十四条　旅游投诉处理机构受理投诉后，应当积极安排当事双方进行调解，提出调解方案，促成双方达成调解协议。

第二十五条　旅游投诉处理机构应当在受理旅游投诉之日起 60 日内，作出以下处理：

（一）双方达成调解协议的，应当制作《旅游投诉调解书》，载明投诉请求、查明的事实、处理过程和调解结果，由当事人双方签字并加盖旅游投诉处理机构印章；

（二）调解不成的，终止调解，旅游投诉处理机构应当向双方当事人出具《旅游投诉终止调解书》。

调解不成的，或者调解书生效后没有执行的，投诉人可以按照国家法律、法规的规定，向仲裁机构申请仲裁或者向人民法院提起诉讼。

第二十六条　在下列情形下，经旅游投诉处理机构调解，投诉人与旅行社不能达成调解协议的，旅游投诉处理机构应当做出划拨旅行社质量保证金赔偿的决定，或向旅游行政管理部门提出划拨旅行社质量保证金的建议：

（一）旅行社因解散、破产或者其他原因造成旅游者预交旅游费用损失的；

（二）因旅行社中止履行旅游合同义务、造成旅游者滞留，而实际发生了交通、食宿或返程等必要及合理费用的。

第二十七条　旅游投诉处理机构应当每季度公布旅游者的投诉信息。

第二十八条　旅游投诉处理机构应当使用统一规范的旅游投诉处理信息系统。

第二十九条　旅游投诉处理机构应当为受理的投诉制作档案并妥善保管相关资料。

第三十条　本办法中有关文书式样，由国家旅游局统一制定。

第五章　附　　则

第三十一条　本办法由国家旅游局负责解释。

第三十二条　本办法自 2010 年 7 月 1 日起施行。《旅行社质量保证金暂行规定》、《旅行社质量保证金暂行规定实施细则》、《旅行社质量保证金赔偿暂行办法》同时废止。

最高人民法院、司法部、文化和旅游部关于依法妥善处理涉疫情旅游合同纠纷有关问题的通知

1. 2020年7月13日
2. 法〔2020〕182号

各省、自治区、直辖市高级人民法院、司法厅(局)、文化和旅游厅(局),解放军军事法院,新疆维吾尔自治区高级人民法院生产建设兵团分院、新疆生产建设兵团司法局、新疆生产建设兵团文化体育广电和旅游局:

为贯彻落实党中央关于统筹推进疫情防控和经济社会发展工作部署,扎实做好“六稳”工作,落实“六保”任务,依法妥善化解涉疫情旅游合同纠纷,切实保障在常态化疫情防控中加快推进生产生活秩序全面恢复,抓紧解决复工复产面临的困难和问题,力争把疫情造成的损失降到最低限度,保障人民群众生命安全和身体健康,现将有关事项通知如下。

一、处理涉疫情旅游合同纠纷的基本要求

1. 增强大局意识。旅游业是国民经济的重要支柱产业,推动旅游业平稳健康发展,对于促进经济平稳增长、持续改善民生具有重大意义。新冠肺炎疫情给旅游行业造成巨大冲击,由此导致旅游合同纠纷数量激增。文化和旅游部门、司法行政部门、人民法院要充分认识妥善处理旅游合同纠纷的重要意义,增强责任意识,发挥好行政机关与审判机关化解纠纷的职能作用,协同处理涉疫情旅游合同纠纷,为促进旅游业与经济社会持续发展、维护社会稳定提供服务和保障。

2. 妥善化解纠纷。文化和旅游部门、司法行政部门、人民法院应当始终以法律为准绳,客观、全面、公平认定疫情在具体案件中对旅游经营者、旅游者造成的影响,在明确法律关系性质和合同双方争议焦点的基础上,平衡各方利益,兼顾旅游者权益保护与文化旅游产业发展,积极、正面引导旅游经营者和旅游者协商和解、互谅互让、共担风险、共渡难关,妥善化解纠纷,争取让绝大多数涉疫情旅游合同纠纷以非诉讼方式解决,维护良好的旅游市场秩序。

二、建立健全多元化解和联动机制

3. 建立旅游合同纠纷多元化解机制。文化和旅游部门、司法行政部门、人民法院应当充分发挥矛盾纠纷多元化解机制作用,坚持把非诉讼纠纷解决机制挺在前面,强化诉源治理、综合治理,形成人民调解、行政调解、司法调解优势互补、对接顺畅的调解联动工作机制。文化和旅游部门、人民调解组织应当充分发挥调解职能作用,及时组织调解。司法行政部门应当组织律师积极参与旅游合同纠纷调解,充分发挥律师调解专业优势。当事人起诉的,人民法院可以征得当事人同意后,通过人民法院调解平台,委派或者委托特邀调解组织、特邀调解员进行调解。对调解不成的简易案件,人民法院应当速裁快审,努力做到能调则调,当判则判,及时定分止争。

4. 畅通矛盾纠纷化解的协作对接渠道。文化和旅游部门、司法行政部门、人民法院应当发挥主观能动性,在兼顾法、理、情的基础上主动服务、创新服务。各部门、各单位之间主动加强沟通协调,共享信息,相互支持配合,形成工作合力。文化和旅游部门、司法行政部门对投诉、调解中反映出的新问题应及时与人民法院沟通。人民法院与当地文化和旅游部门、司法行政部门共同研判纠纷化解思路,确保纠纷处理的社会效果和法律效果统一。

5. 充分发挥非诉讼纠纷化解机制作用。文化和旅游部门指导旅游经营者通过网络、电话、面谈等多种沟通方式加速涉疫情旅游合同纠纷的处理,简化流程、缩短时间;指导旅游经营者对员工进行培训,有效提升处理投诉人员业务水平,做好解释和安抚工作;做好涉疫情旅游合同纠纷的投诉处理工作,引导投诉人与被投诉人达成和解。人民调解组织可引导当事人选择人民调解调处矛盾纠纷并安排业务精通的调解员进行调解;律师调解工作室(中心)接到人民法院委派、委托调解或者接到当事人调解申请后,积极组织具有相应专业特长的律师调解员进行调解。当事人达成调解协议后,能够即时履行的即时履行,不能即时履行的明确履行时间,并引导当事人对调解协议申请司法确认。人民法院通过司法审查、司法确认等方式为非诉纠纷解决提供支持。

6. 提供便捷高效的诉讼服务。人民法院开辟旅游合同纠纷诉讼绿色通道。有条件的地方可以充分发挥“旅游巡回法庭”在基层一线的作用,及时调处旅游合同纠纷。充分运用在线诉讼平台,开展线上调解、线上审判活动,切实将“智慧法院”用于解决群众实际困难。充分发挥小额速裁程序优势,通过快捷高效的法律服务,实现涉疫情旅游合同案件的快立、快审、快结。

三、依法妥善处理涉疫情旅游合同纠纷

7. 严格执行法律政策。依据民法总则、合同法、旅游法,最高人民法院关于审理旅游纠纷案件适用法律

若干问题的规定、关于依法妥善审理涉新冠肺炎疫情民事案件若干问题的指导意见(一),以及文化和旅游部办公厅印发的关于全力做好新型冠状病毒感染的肺炎疫情防控工作暂停旅游企业经营活动的紧急通知等相关法律、司法解释、政策,妥善处理涉疫情旅游合同的解除、费用负担等纠纷。

8.积极引导变更旅游合同。结合纠纷产生的实际情况,准确把握疫情或者疫情防控措施与旅游合同不能履行之间的因果关系,积极引导当事人在合理范围内调整合同中约定的权利义务关系,包括延期履行合同、替换为其他旅游产品,或者将旅游合同中的权利义务转让给第三人等合同变更和转让行为,助力旅游企业复工复产。旅游经营者与旅游者均同意变更旅游合同的,除双方对旅游费用分担协商一致的以外,因合同变更增加的费用由旅游者承担,减少的费用退还给旅游者。

9.慎重解除旅游合同。疫情或者疫情防控措施直接导致合同不能履行的,旅游经营者、旅游者应尽可能协商变更旅游合同。旅游经营者、旅游者未就旅游合同变更达成一致且请求解除旅游合同的,请求解除旅游合同的一方当事人应当举证证明疫情或者疫情防控措施对其履行合同造成的障碍,并已在合同约定的或合理的期间内通知合同相对人。旅游合同对解除条件另有约定的遵循合同约定。

10.妥善处理合同解除后的费用退还。因疫情或者疫情防控措施导致旅游合同解除的,旅游经营者与旅游者应就旅游费用的退还进行协商。若双方不能协商一致,旅游经营者应当在扣除已向地接社或者履行辅助人支付且不可退还的费用后,将余款退还旅游者。旅游经营者应协调地接社和履行辅助人退费,并提供其已支付相关费用且不能退回的证据,尽力减少旅游者因疫情或者疫情防控措施受到的损失。旅游经营者主张旅游者承担其他经营成本或者经营利润的,不予支持。旅游经营者应及时安排退费,因客观原因导致不能及时退费的,应当及时向旅游者作出说明并出具退款期限书面承诺。

11.妥善处理安全措施和安置费用的负担。因疫情影响旅游者人身安全,旅游经营者应当采取相应的安全措施,因此支出的费用,由旅游经营者与旅游者分担。因疫情或者疫情防控措施造成旅游者滞留的,旅游经营者应当采取相应的合理安置措施,因此增加的食宿费用由旅游者承担,增加的返程费用由旅游经营者与旅游者分担。

12.妥善认定减损和通知义务。旅游经营者、履行辅助人与旅游者均应当采取措施减轻疫情或疫情防控措施对合同当事人造成的损失,为防止扩大损失而支出的合理费用,可依公平原则予以分担。旅游经营者和旅游者应将受疫情或者疫情防控措施影响不能履行合同的情况及时通知对方,以减轻对方的损失。旅游经营者或旅游者未履行或未及时履行减损和通知义务的,应承担相应责任。

四、做好法律政策宣传工作

13.主动宣传法律、政策和典型案例。文化和旅游部门、司法行政部门、人民法院应当加大对涉疫情法律法规、政策文件等的解释和宣传力度,通过报纸、电视台、电台及各类新媒体解答涉疫情旅游合同纠纷热点问题,增强民众依法处理纠纷的自觉性,倡导旅游者理性维权。不断总结经验,宣传典型案例,提升涉疫情旅游合同矛盾纠纷多元化解机制在全社会的影响力和公信力。

14.共同维护社会稳定。涉疫情旅游合同纠纷牵涉面广、群体效应强,文化和旅游部门、司法行政部门、人民法院应密切关注各类媒体报道及投诉过程中的特殊情况,预防发生负面舆情和群体性事件,努力为统筹推进疫情防控和经济社会发展工作提供更加有力的服务和保障。

最高人民法院关于审理旅游纠纷案件适用法律若干问题的规定

1. 2010年9月13日最高人民法院审判委员会第1496次会议通过、2010年10月26日公布、自2010年11月1日起施行(法释〔2010〕13号)

2. 根据2020年12月23日最高人民法院审判委员会第1823次会议通过、2020年12月29日公布的《最高人民法院关于修改〈最高人民法院关于在民事审判工作中适用《中华人民共和国工会法》若干问题的解释〉等二十七件民事类司法解释的决定》(法释〔2020〕17号)修正

为正确审理旅游纠纷案件,依法保护当事人合法权益,根据《中华人民共和国民法典》《中华人民共和国消费者权益保护法》《中华人民共和国旅游法》《中华人民共和国民事诉讼法》等有关法律规定,结合民事审判实践,制定本规定。

第一条　本规定所称的旅游纠纷,是指旅游者与旅游经营者、旅游辅助服务者之间因旅游发生的合同纠纷或者侵权纠纷。

“旅游经营者”是指以自己的名义经营旅游业务，向公众提供旅游服务的人。

“旅游辅助服务者”是指与旅游经营者存在合同关系，协助旅游经营者履行旅游合同义务，实际提供交通、游览、住宿、餐饮、娱乐等旅游服务的人。

旅游者在自行旅游过程中与旅游景点经营者因旅游发生的纠纷，参照适用本规定。

第二条 以单位、家庭等集体形式与旅游经营者订立旅游合同，在履行过程中发生纠纷，除集体以合同一方当事人名义起诉外，旅游者个人提起旅游合同纠纷诉讼的，人民法院应予受理。

第三条 因旅游经营者方面的同一原因造成旅游者人身损害、财产损失，旅游者选择请求旅游经营者承担违约责任或者侵权责任的，人民法院应当根据当事人选择的案由进行审理。

第四条 因旅游辅助服务者的原因导致旅游经营者违约，旅游者仅起诉旅游经营者的，人民法院可以将旅游辅助服务者追加为第三人。

第五条 旅游经营者已投保责任险，旅游者因保险责任事故仅起诉旅游经营者的，人民法院可以应当事人的请求将保险公司列为第三人。

第六条 旅游经营者以格式条款、通知、声明、店堂告示等方式作出排除或者限制旅游者权利、减轻或者免除旅游经营者责任、加重旅游者责任等对旅游者不公平、不合理的规定，旅游者依据消费者权益保护法第二十六条的规定请求认定该内容无效的，人民法院应予支持。

第七条 旅游经营者、旅游辅助服务者未尽到安全保障义务，造成旅游者人身损害、财产损失，旅游者请求旅游经营者、旅游辅助服务者承担责任的，人民法院应予支持。

因第三人的行为造成旅游者人身损害、财产损失，由第三人承担责任；旅游经营者、旅游辅助服务者未尽安全保障义务，旅游者请求其承担相应补充责任的，人民法院应予支持。

第八条 旅游经营者、旅游辅助服务者对可能危及旅游者人身、财产安全的旅游项目未履行告知、警示义务，造成旅游者人身损害、财产损失，旅游者请求旅游经营者、旅游辅助服务者承担责任的，人民法院应予支持。

旅游者未按旅游经营者、旅游辅助服务者的要求提供与旅游活动相关的个人健康信息并履行如实告知义务，或者不听从旅游经营者、旅游辅助服务者的告知、警示，参加不适合自身条件的旅游活动，导致旅游过程中出现人身损害、财产损失，旅游者请求旅游经营者、旅游辅助服务者承担责任的，人民法院不予支持。

第九条 旅游经营者、旅游辅助服务者以非法收集、存储、使用、加工、传输、买卖、提供、公开等方式处理旅游者个人信息，旅游者请求其承担相应责任的，人民法院应予支持。

第十条 旅游经营者将旅游业务转让给其他旅游经营者，旅游者不同意转让，请求解除旅游合同、追究旅游经营者违约责任的，人民法院应予支持。

旅游经营者擅自将其旅游业务转让给其他旅游经营者，旅游者在旅游过程中遭受损害，请求与其签订旅游合同的旅游经营者和实际提供旅游服务的旅游经营者承担连带责任的，人民法院应予支持。

第十一条 除合同性质不宜转让或者合同另有约定之外，在旅游行程开始前的合理期间内，旅游者将其在旅游合同中的权利义务转让给第三人，请求确认转让合同效力的，人民法院应予支持。

因前款所述原因，旅游经营者请求旅游者、第三人给付增加的费用或者旅游者请求旅游经营者退还减少的费用的，人民法院应予支持。

第十二条 旅游行程开始前或者进行中，因旅游者单方解除合同，旅游者请求旅游经营者退还尚未实际发生的费用，或者旅游经营者请求旅游者支付合理费用的，人民法院应予支持。

第十三条 签订旅游合同的旅游经营者将其部分旅游业务委托旅游目的地的旅游经营者，因受托方未尽旅游合同义务，旅游者在旅游过程中受到损害，要求作出委托的旅游经营者承担赔偿责任的，人民法院应予支持。

旅游经营者委托除前款规定以外的人从事旅游业务，发生旅游纠纷，旅游者起诉旅游经营者的，人民法院应予受理。

第十四条 旅游经营者准许他人挂靠其名下从事旅游业务，造成旅游者人身损害、财产损失，旅游者依据民法典第一千一百六十八条的规定请求旅游经营者与挂靠人承担连带责任的，人民法院应予支持。

第十五条 旅游经营者违反合同约定，有擅自改变旅游行程、遗漏旅游景点、减少旅游服务项目、降低旅游服务标准等行为，旅游者请求旅游经营者赔偿未完成约定旅游服务项目等合理费用的，人民法院应予支持。

旅游经营者提供服务时有欺诈行为，旅游者依据消费者权益保护法第五十五条第一款规定请求旅游经营者承担惩罚性赔偿责任的，人民法院应予支持。

第十六条　因飞机、火车、班轮、城际客运班车等公共客运交通工具延误，导致合同不能按照约定履行，旅游者请求旅游经营者退还未实际发生的费用的，人民法院应予支持。合同另有约定的除外。

第十七条　旅游者在自行安排活动期间遭受人身损害、财产损失，旅游经营者未尽到必要的提示义务、救助义务，旅游者请求旅游经营者承担相应责任的，人民法院应予支持。

前款规定的自行安排活动期间，包括旅游经营者安排的在旅游行程中独立的自由活动期间、旅游者不参加旅游行程的活动期间以及旅游者经导游或者领队同意暂时离队的个人活动期间等。

第十八条　旅游者在旅游行程中未经导游或者领队许可，故意脱离团队，遭受人身损害、财产损失，请求旅游经营者赔偿损失的，人民法院不予支持。

第十九条　旅游经营者或者旅游辅助服务者为旅游者代管的行李物品损毁、灭失，旅游者请求赔偿损失的，人民法院应予支持，但下列情形除外：

（一）损失是由于旅游者未听从旅游经营者或者旅游辅助服务者的事先声明或者提示，未将现金、有价证券、贵重物品由其随身携带而造成的；

（二）损失是由于不可抗力造成的；

（三）损失是由于旅游者的过错造成的；

（四）损失是由于物品的自然属性造成的。

第二十条　旅游者要求旅游经营者返还下列费用的，人民法院应予支持：

（一）因拒绝旅游经营者安排的购物活动或者另行付费的项目被增收的费用；

（二）在同一旅游行程中，旅游经营者提供相同服务，因旅游者的年龄、职业等差异而增收的费用。

第二十一条　旅游经营者因过错致其代办的手续、证件存在瑕疵，或者未尽妥善保管义务而遗失、毁损，旅游者请求旅游经营者补办或者协助补办相关手续、证件并承担相应费用的，人民法院应予支持。

因上述行为影响旅游行程，旅游者请求旅游经营者退还尚未发生的费用、赔偿损失的，人民法院应予支持。

第二十二条　旅游经营者事先设计，并以确定的总价提供交通、住宿、游览等一项或者多项服务，不提供导游和领队服务，由旅游者自行安排游览行程的旅游过程中，旅游经营者提供的服务不符合合同约定，侵害旅游者合法权益，旅游者请求旅游经营者承担相应责任的，人民法院应予支持。

第二十三条　本规定施行前已经终审，本规定施行后当事人申请再审或者按照审判监督程序决定再审的案件，不适用本规定。